[2판]

게슈탈트 심리치료

창조적 삶과 성장

| 김정규 저 |

GESTALT THERAPY
Creative Life and Growth (2nd ed.)

학지사

2판 · 서문

이 책의 초판을 쓴 지 20년 만에 개정판을 내놓게 되었다. 1995년에 처음 이 책을 내놓을 때만 해도 게슈탈트치료를 배우고자 하는 열정은 누구보다 강했었지만, 돌아보면 아직 채 영글지 않은 풋과일과 같은 상태였다. 내가 배우면서 좋았던 부분들을 기록으로 남기고 싶은 마음에서 책을 썼는데, 당시 기대했던 것보다 훨씬 좋은 반응을 접하면서 어리둥절한 느낌이 있었다. 시간이 지나면서 빠진 부분도 많고 허술한 부분도 여기저기 눈에 떠어 얼른 보완하고 싶은 마음이 들었지만, 조금 더 배우고 난 뒤에 고치자며 조금씩 뒤로 미루다 보니 이렇게 세월이 지나가 버렸다.

이 책을 쓴 뒤 내게는 참으로 많은 일들이 일어났었다. 독일과 미국에서 게슈탈트치료 수련을 계속하였고, 그 인연으로 많은 사람들을 만났다. 게슈탈트치료의 스승들을 만나 많은 것들을 배웠고, 게슈탈트치료를 함께 배우는 도반(道伴)들도 꽤 생겼다. 책으로만 보는 것이 아니라 실제 그들과 몸으로 부대끼며 게슈탈트를 배우는 것이 참으로 좋았다. 2001년도에 미국 LA에서 연구년을 보내면서 더욱 많은 사람들과 교류할 수 있었고, 이듬해에 귀국한 다음부터는 게슈탈트치료와 정신분석의 대가들을 매년 한두 분씩 국내로 초청해 학술대회와 워크숍을 개최했다.

그동안 한국에서 게슈탈트치료를 보급하기 위해 백방으로 노력해 왔다. 처음에는 개인적으로 집단상담이나 워크숍을 운영하는 형태로 시작했고, 나중에는 한국임상심리학회 내에 게슈탈트치료연구회를 조직하여 활동하였다. 1994년부터는 3년 과정의 게슈탈트치료 지도자 프로그램을 개설하여, 2015년 2월 현재 총 97명의 수료자를 배출하였다. 2010년도에는 한국게슈탈트상담심리학회를 창립하여 『한국게슈탈트상담연구』라는 학회지를 연 2회씩 발간하고 있으며, 또한 게슈탈트상담심리사 자격증 제도를 마련하여 현재 보건복지부 인가 민간자격으로 등록되어 있다.

국내에서 발표되는 게슈탈트치료 논문의 숫자는 해마다 꾸준히 늘고 있으며, 이 책의 초판 발행 때와는 달리 이제 게슈탈트치료는 국내에서 더 이상 생소하거나 낯선 분야가 아니다. 무엇보다 반가운 것은 이제 국내에도 게슈탈트치료를 20년 넘게 해 오면서 자신의 정체성을 게슈탈트치료로 생각하는 심리치료 및 상담심리 전문가들이 꽤 많이 생겨났다는 사실이다. 이들 도반들과 함께 앞으로 한국에서 게슈탈트치료를 더 연구하고 보급하는 데 전력을 다하고자 한다.

개정판을 내기로 마음먹고 한 3년 전부터 조금씩 손을 보기 시작했는데, 이전에 쓴 내용들을 읽어 보니 고등학생이 된 뒤 초등학교 때 그린 그림을 보면서 느끼는 양가감정 같은 것이 들었다. 즉, 살짝 부끄러운 마음이 들면서도 동시에 묘한 애착이 느껴졌다. 어디를 어떻게 손봐야 할까? 여기저기 비도 새고, 바람도 들어오고, 구들도 너무 오래되었고, 외관도 낡은 느낌이 들지만, 그래도 처음 지었을 때는 아담하고 정갈했던 새집이었지 …. 무엇보다 그동안 가족들과 함께 살면서 정이 들었고, 친척들과 손님들이 찾아와 함께 대화를 나누며 많은 추억과 이야기가 태어났던 집이 아니었던가?

완전히 뜯고 새로 짓는다는 것은 집에 대한 예의도 아니거니와 이 공간에서 함께했던 많은 사람들에게 당황스러움과 아쉬움, 혼란스러움을 가져다줄 것이란 생각도 들었다. 무엇보다도 나부터 과거와 단절되는 느낌이 들어 허전해질 것 같았다. 그래서 최대한 집의 옛 모습을 살리되, 눈에 띄지 않게 조금씩 꼭 필요한 부분을 중심으로 '리모델링'을 하기로 했다.

막상 공사를 시작하니 의외로 손볼 때가 많아 시간이 꽤 걸렸다. 서까래도 몇 개 새로 갈아야 했고, 마루도 손봐야 했다. 수납공간이 부족해서 건물에 붙여 창고도 하나 달아내야 했다. 가장 신경 쓴 부분은 역시 배관시설이었다. 구들을 걷어 내고 파이프를 새로 깔고 예전엔 난방이 안 되던 곳까지 골고루 온기가 돌게 고쳤다. 가구나 소품들은 낡았지만, 가급적 옛것은 버리지 않고 닦거나 칠해서 다시 쓰는 쪽으로 결정했다.

겨울이 오기 전에 공사를 끝내기 위해 서둘러 공사를 마쳤다. 경비와 시간의 한계 등으로 인해 원하는 만큼 충분히 마무리지은 느낌은 아니지만, 어쨌건 수리를 마치고 나니 오랫동안 미루었던 숙제를 해결하고 난 뒤의 홀가분한 느낌이 있다. 언제까지 이 집을 또다시 수리하지 않고 쓸 수 있을지 모르겠다. 그래도 한동안은 이 집에서 살면서 편안함과 안락함을 느끼고 싶다. 다시 친구들도 부르고 손님도 초대해서 새로운 공간에서 밤새워 그동안 못 다 나눈 이야기꽃을 피워 보리라.

개정판을 내면서 많은 인연들에게 감사를 드리고 싶다. 가장 먼저 떠오르는 것은 지난 20년 동안 개인상담과 집단상담에서 만났던 많은 내담자들의 모습이다. 그분들 한 분 한 분과 함께 보낸 시간은 내게 참으로 의미 있었고, 서로에게 진정한 배움과 성장을 가져다준 행복한 순간들이었다. 그들이 아니었더라면, 이 책은 결코 세상에 나올 수 없었을 것이다.

이 책이 나오기까지 빚진 손길들이 많다. 항상 묵묵히 내 곁을 지키며 필요한 것들을 일일이 챙겨 주었던 아내에게 누구보다 큰 감사를 느낀다. 개정판이 나오도록 늘 독려해 주셨던 학지사 김진환 사장님, 방대한 양의 원고를 정성스럽게 다듬어 주신 이현구 차장님과 출판사 직원들, 자료 수집과 정리에 도움을 준 고나영 박사와 김나리, 김민정, 김은정, 김희성, 서명규, 유정미, 이상하, 이정민, 최우림 선생, 그리고 아름다운 삽화를 제공해 준 유미란 선생에게도 감사를 표한다. 지금은 고인이 되신 어머니의 영전에 엎드려 이 책을 바친다. 어머니가 아니셨으면 아마 나는 치료자의 길을 걷지 않았을 것이다.

2015년 2월
수동 서재에서 저자

1판 • 서문

이 책을 쓰기 시작한 지 4년 만에 완성을 보게 되었다. 책을 빨리 마무리지어야겠다는 생각이 자나 깨나 항상 가슴을 누르고 있었는데 이제 정말 홀가분한 심정이다. 또한 처음 시작할 때에는 모든 것이 희미했었는데, 책을 쓰는 동안 자료정리를 하고 사색을 해 나가는 과정을 통하여 차츰 게슈탈트치료에 대한 전체적인 윤곽이 뚜렷이 잡혀 기쁘기도 하다.

내가 게슈탈트치료를 접하게 된 것은 독일 본에서 유학할 당시였다. 독일 친구들이 게슈탈트치료에 대해 많이 이야기했기 때문에 자연스럽게 호기심이 생겨 수련과정을 밟게 되었다. 게슈탈트치료에 입문한 지 벌써 10여 년이 되었는데도 아직 갈 길이 요원하다는 생각이 든다. 하지만 그동안 내가 걸어 온 발자취를 돌아볼 때 스스로 생각해도 참으로 대견스럽게 느껴진다.

그동안 실로 많은 사람들을 만났다. 사람들과의 만남을 통해 그들의 슬픔과 아픔을 알게 되었고, 그것을 통해 나 자신의 아픔과 고통을 더욱 생생하게 직면하고 조명할 수 있었다. 사람들을 만나면서 나를 발견해 가는 과정이 한편으로 두려우면서도 다른 한편으로는 정말 재미있고 행복한 시간들이었다. 책을 통해서도 배웠지만 사람들을 만나면서도 배웠으며, 치료를 받으면서도 배웠지만 치료를 하면서도 배웠다. 치료자이든 내담자이든 항상 내가 만나는 사람들이 모두 나의 스승이라는 생각을 했다.

내가 만난 사람들 중에 나에게 가장 많은 영향을 미친 사람들의 이름을 적어 두고 싶다. 독일 뒤셀도르프 프리츠 펄스 연구소의 가브리엘레 뵈닝, 미국 클리블랜드 연구소의 조지프 징커, 미국 샌디에이고 게슈탈트치료 연구소의 어빙 폴스터와 미리엄 폴스터, 그리고 한국에서 선불교적 소집단 훈련인 동사섭 수련을 창안하신 용타 스님이 그분들이다. 이 자리를 빌려 그분들께 깊은 감사를 드린다.

지난 세월을 돌아보면 나 자신과의 끝없는 싸움이었다고 생각된다. 한 고개 넘었는가 생각되면 또 한 고개가 나타나고 정말 백팔번뇌의 끝이 어딜까 하는 의문도 들었다. 그러나 다시 생각해 보면 지금 내가 괴로워하는 문제들은 과거에 내가 괴로워했던 문제들이 아니거나 혹은 그 아픔의 정도에 있어서 적어도 과거의 수준은 아니라는 것을 느낀다. 그것이 모두 게슈탈트치료 때문이었다고는 말하고 싶지 않다. 게슈탈트치료는 단지 나 자신과의 싸움을 도와주는 좋은 도구였을 뿐이라고 생각한다. 하지만 그것은 결코 적은 도움은 아니었다.

게슈탈트치료는 내 자신을 발견해 나가는 데 방향을 제시해 주었을 뿐 아니라 구체적인 방법까지 제공해 주었다. 그런 의미에서 앞으로도 나의 길을 닦아 나가는 데 게슈탈트치료는 유일한 도구는 아니라 할지라도 좋은 동반자 중의 하나가 되어 주리라 생각한다.

게슈탈트치료는 동양 사상의 영향을 강하게 받은 치료기법이기 때문에 동양인에게 잘 맞는 치료라고 생각한다. 특히 한국 사람은 불교와 도교, 성리학 등 풍부한 정신적인 전통을 갖고 있으며 또한 감정이 매우 풍부하고 솔직한 민족이기 때문에 게슈탈트치료가 잘 맞는다고 생각한다.

이렇게 졸저를 내놓는 것이 부끄러운 마음도 없지 않으나, 그것보다 이 책을 통해 한국에서 게슈탈트치료에 대한 관심이 더욱 높아져 많은 선후배 동학들이 함께 게슈탈트치료를 배우고 연구하고 보급하는 바람이 일어났으면 하는 마음이 간절하다. 끝으로 자료정리를 도와준 최기혜 선생, 원고 교정을 도와준 박경순 선생, 김유미 양, 김하정 양, 표지 그림을 제공해 주신 성신여대 미술대학 박복규 교수, 출판을 허락해 주신 학지사 김진환 사장님, 정성스레 원고를 다듬어 주신 최순화 씨와 직원 일동 그리고 지난 4년간 항상 뒤에서 말없이 격려해 주고 뒷바라지를 해 주었던 아내와 올해 팔순이 되신 어머님께 깊은 감사를 드린다.

1995년 6월
저자

차 • 례

 제1부 **게슈탈트 심리치료의 이해**

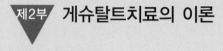

제2부 게슈탈트치료의 이론

제3부 게슈탈트치료의 방법론

제 **1** 부

게슈탈트 심리치료의 이해

게슈탈트 심리치료는 매우 흥미롭고 창의적인 치료기법으로 정신병, 신경증, 성격장애 등 다양한 정신병리 현상뿐만 아니라 각종 정신·신체 질환 및 일상생활 속의 스트레스 그리고 대인관계의 양식까지 모든 정신적·신체적·사회적 활동을 그 대상으로 하고 있으면서도, 체계적이고 창의적인 시각으로 문제를 접근해 들어간다.

　　게슈탈트치료의 독창성은 내담자의 문제를 이해하고 해결하는 방법의 참신성에 있다. 즉, 게슈탈트치료는 다양한 삶의 문제들을 하나씩 따로 떼어 보지 않고, 그것들이 전체적이고 유기적으로 서로 관련된 것으로 이해하는 새롭고 독특한 접근방법을 제시하고 있다. 또한 게슈탈트치료는 신체와 정신 그리고 환경을 서로 불가분의 관계에 있는 통합적이고 유기적인 존재로 이해함으로써 과거 심리치료이론들의 이원론적 세계관을 극복했다. 게슈탈트치료는 내담자들로 하여금 자신의 문제를 새로운 시각에서 바라보고, 독창적인 방법으로 해결하도록 해 줌으로써 그들의 삶을 창조적이고 신선한 것으로 바꾸어 준다.

　　게슈탈트치료는 우리가 알지 못하는 무의식의 세계를 파헤치는 것을 목표로 하지 않는다. 오히려 우리 가까이 있는 것들을 좀 더 선명하게 알아차리고 접촉함으로써 점차 우리의 시야를 확장하여 새롭고 창의적인 삶을 살도록 도와준다.

제 **1** 장
게슈탈트 심리치료의 역사적 배경

1. 게슈탈트혁명

고든 휠러(G. Wheeler)는 지난 세기 동안 인간 의식에 네 번의 큰 변화가 있었다고 하면서, 진화론, 정신분석학, 행동주의 심리학, 그리고 게슈탈트혁명을 그 계기로 꼽았는데 그 내용을 요약하면 다음과 같다(Wheeler, 2011).

다윈(C. Darwin)의 진화론은 인간이해에 대한 그 이전 시대의 패러다임을 완전히 바꿔 놓은 커다란 변화를 가져왔다. 즉, 이전의 신학, 철학, 과학에서는 모두 인간은 신의 창조에 의해 탄생한, 이성을 지닌 특별한 존재로서 다른 동물들과의 사이에는 건널 수 없는 간격이 있다고 간주되었는데, 진화론은 이를 무너뜨리고 인간을 다른 동물들과 동일한 선상에서 오직 생물학적 관점에서만 바라보았다. 이는 당시까지 믿어 왔던 종교적·철학적 세계관을 송두리째 뒤흔들어 놓으면서 인류 정신사에 큰 충격을 가했다.

다음으로 프로이트(S. Freud)의 정신분석학은 인간의 의식에 대한 이전의 믿음을 마구 뒤흔들어 놓은 또 하나의 큰 사건이었다. 이전의 철학과 신학 그리고 과학이 모두 인간이 스스로 주체적으로 판단하고 행동할 수 있는 주체의식을 지녔으며, 그것을 통제하는 것이 이성이라고 믿었다면, 정신분석학은 이를 거꾸로 뒤집어엎었다. 즉, 인간 의식은 아주 조그만 부분에 지나지 않으며, 오히려 더 큰 무의식의 영역이 있어 우리의 생각과 감정, 행동을 지배한다는 발상이었다.

다윈의 진화론에 이어 정신분석학은 인간존재를 더욱 초라한 모습으로 바꿔 놓았다. 더구나 프로이트의 세계관은 19세기 자연과학적 기초에 서 있었으며, 기계론적이었다. 인간의 자아란 결국 거대한 이드 충동과 초자아의 압력 사이에서 중재자 역할 내지는 심부름꾼 정도로 전락해 버렸다. 이제 인간은 더 이상 자유롭게 생각하고, 판단하고, 행동하는 주체적·이성적 존재가 아닌 것이다. 인간행동은 자아, 초자아, 원초아의 충동의 역학관계에 의해 기계적으로 결정된다고 보았다. 정신분석학이 이후 철학, 신학, 문학, 사회학에 끼친 영향은 실로 광범위했으며, 아직도 그 영향은 지속되고 있다.

다음으로 행동주의 심리학의 출현이 가져다준 변화도 지대하다. 파블로프(I. Pavlov)와 왓슨(J. B. Watson), 스키너(B. F. Skinner) 등의 행동주의 심리학은 인간행동을 자극과 반응이라는 두 개념으로 단순화시켜 기계론적으로 설명하였다. 행동주의 심리학에서는 인간을 더 이상 스스로 생각하고 판단하는 능력을 갖춘 주체적인 정신적 존재로 인정하지 않았다. 모든 행동은 자극과 반응의 '우발적 연계성(contingency)' 차원에서 확률적 설명으로 단순화되었으며, 처벌과 보상으로 어떤 행동도 '조형할(shaping)' 수 있다고 보았다. 한 걸음 더 나아가서 인간행동은 주어진 조건과 상황변인만 알면 결과를 예측할 수 있으며, 상황적 조건을 조작함으로써 행동을 얼마든지 통제 내지는 조종할 수 있다고 보았다.

다윈의 진화론, 프로이트의 정신분석학에 이어 이처럼 행동주의는 인간존재를 더 이상 물러설 수 없는 벼랑 끝까지 몰아세웠다. 인간은 이제 최소한의 존엄성을 지닌 정신적 존재로 인정받지 못할뿐더러 스스로 생각하고, 판단하고, 의사결정을 하는 주체적 행위자의 자격도 부여받지 못했다. 여기까지는 정신분석적 세계관에도 내포되어 있는 부분이었다. 하지만 행동주의는 한 걸음 더 나아갔다. 즉, 인간은 이제 동물과 같은 기준으로 관찰되고, 실험되고, 훈련될 수 있다고 믿어졌으며, 실험자의 의도에 따라 얼마든지 미리 정한 방향으로 행동과 감정, 그리고 생각까지도 조종할 수 있는 대상으로 간주되었다.

인간은 이제 더 이상 자율적인 의지를 지닌 생명체가 아닌 하나의 기계로 전락하게 되었다. 자신이 처한 상황과 환경에 적극적으로 능동적으로 대처해 나가는 행위 주체가 아니라, 단지 외부 자극을 '입력(input)' 받아 미리 예상할 수 있는 방향으로 '출력(output)'이 가능한 인간 기계가 탄생한 것이다. 바야흐로 이제 인간은 '존재(being)'가 아니라 '대상(object)'이 되어 버렸다. 오늘날 이러한 행동주의이론은 우리의 일상을 광범위하게 파고들었으며, 우리도 모르는 사이에 우리는 관찰과 실험, 그리고 조종의 대상이 되어 버렸다.

한편, 지난 세기에 걸쳐 이렇게 서서히 진행된 도도한 시대의 흐름에 맞서는 새로운 사상이 나타났는데 프란츠 브렌타노(Franz Brentano)와 그의 제자들이 그 흐름을 주도했다. 즉, 카를 슈툼프(Carl Stumpf), 에드문트 후설(Edmund Husserl)에 이어 막스 베르트하이머(Max Wertheimer), 볼프강 쾰러(Wolfgang Kohler), 쿠르트 코프카(Kurt Koffka) 등의 현상학자와 게슈탈트 심리학자들이 그들이었다.

빌헬름 분트(Wilhelm Wundt)의 구조주의 심리학에 반대하며 이들 게슈탈트 심리학자들은 인간은 기계가 아니라 능동적 행위를 하는 정신을 가진 존재라고 주장했다. 인간은 카메라처럼 외부자극을 그냥 수동적으로 받아들이는 기계가 아니라, 그것들을 주체적으로 자신의 필요에 따라 적극적으로 조직화하고, 해석하며, 관계적 맥락 속에서 이해한다는 것이었다.

게슈탈트 치료자들은 이러한 원리를 심리치료 분야에 응용함으로써 게슈탈트 심리이론을 더욱 확장하였다. 게슈탈트 치료자들은 특히 인간 정서의 중요성을 강조하면서 사고, 정서, 신체, 행동의 통합성을 강조하였다. 무엇보다도 게슈탈트치료는 정신분석이나 행동주의와는 달리 개인과 타인, 인간과 환경의 상호 불가분의 관계를 역설하며 인본주의적 제3세력운동을 주도하였다.[1]

현대 뇌 과학, 신경생물학, 생물사회학의 새로운 연구결과들은 게슈탈트치료의 이러한 입장들을 지지하는 증거들을 속속 제시해 주고 있다. 이 분야의 새로운 연구들은 인간의 뇌가 컴퓨터가 아니며, 정서를 중심으로 방향성을 갖고 능동적으로 환경을 조직화하여 이해한다는 것을 밝혀냈다. '거울신경세포(mirror neuron)'의 발견은 또한 인간이 서로 연결된 존재임을 밝혀 주고 있다. 특히, 인간의 뇌는 기계와는 달리 능동적으로 자극을 조직화하며, [자신에게 필요한 방향으로] 선택적으로 지각하고, 통합해 나간다는 것을 밝혀냈다.

2. 게슈탈트치료의 탄생

게슈탈트치료는 독일 출생의 유대계 정신과 의사 프리츠 펄스(Fritz Perls)에 의해 창안된 심리치료이다. 펄스는 베를린에서 태어나서 그곳에서 성장하였으며, 28세에 의학박사 학위를 받았

[1] 서양철학이 인간의 주체성의 문제를 놓고 이러한 변화를 거쳐 가는 동안 동양철학도 성리학을 중심으로 비슷한 논쟁들이 있었다. 성리학은 도덕철학적 관점에서 주자의 학설을 중심으로 이(理)와 기(氣)의 관계를 규명하려는 방향으로 발전했는데, 조선의 퇴계와 고봉의 사단칠정 논쟁은 매우 치밀한 논리로 인간 이성의 역할을 놓고 심도 있는 논쟁을 벌였다. 고봉은 우리의 감정이 외부자극에 의해 수동적(기계적)으로 촉발된다고 주장함으로써 인간의 주체적 의지나 선택 가능성을 부정했다. 반면에 퇴계는 이성의 우위를 역설하면서 인간의 주체적 행위자로서의 측면을 강조하였다(주광호, 2013).

프리츠 펄스(Fritz Perls)

로라 펄스(Laura Perls)

다. 그리고 1925년부터 7년간 정신분석 수련을 받았는데, 이때 그는 자신이 바보처럼 느껴졌고 매우 혼란스러웠으나, 나중에 빌헬름 라이히(Wilhelm Reich)와 카렌 호나이(Karen Horney)에게 분석을 받으면서 다소 기분이 나아졌다고 술회했다.

그는 심리학에도 관심을 가졌으나 빌헬름 분트의 실험심리학에 만족할 수 없었다고 한다. 그러던 중 1926년 프랑크푸르트에서 당시 유명했던 신경정신의학자 쿠르트 골드슈타인(Kurt Goldstein)을 만나서, 전체로서 통합된 유기체 이론을 접하고 매우 깊은 감명을 받았다고 한다. 이후 그는 프랑크푸르트와 비엔나, 베를린을 전전하며 오토 페니켈(Otto Fenichel), 도이취(Deutsch), 히트슈반(Hitschwan), 하펠(Happel) 등으로부터 지도감독을 받았다. 1934년 그는 히틀러의 탄압을 피해 남아프리카로 갔는데 여기에서 정신분석학회를 창립하기도 했다. 이때까지만 해도 그는 아직 정신분석에 깊이 관여하고 있었다.

1936년에 그는 마리엔바드에서 개최된 세계 정신분석학회에 참석하여 '구강적 저항'이라는 이론을 발표했는데, 이때 그의 이론은 프로이트에게 받아들여지지 않았다. 그는 프로이트의 이러한 보수적인 태도에 실망하여 정신분석으로부터 멀어지기 시작했다. 그는 골드슈타인의 유기체 이론과 스머츠(J. C. Smuts)의 생태학 이론을 토대로 개체와 환경을 하나의 전체적인 통합체로 보는 새로운 시각을 확립하기 시작했다. 1947년에는 프로이트의 공격본능 이론을 비판하는 새로운 이론을 개발하여 『자아와 허기 그리고 공격성(Ego, Hunger and Aggression)』이라는 책으로 펴냈다. 이 책의 저술과 더불어 그는 프로이트 학파와 완전히 결별하였다.

1946년에는 미국으로 이주하여 다시 이 책을 발간하였는데, 아직 학계로부터 별 반응을 얻지 못했다. 1950년에는 '알아차림(awareness)'에 관한 이론을 정립하는 한편, 처음으로 '게슈탈트치료'라는 용어를 만들었다. 그리고 1951년에는 헤퍼린(R. Hefferline), 폴 굿맨(Paul Goodman) 등과 공저로 『게슈탈트치료(Gestalt Therapy)』라는 책을 펴냈다.

1960년대에 들어서면서부터는 정신분석이 점차 퇴조하기 시작했으며, 때를 맞추어 유럽으로부터 실존주의 정신의학 사조가 들어오기 시작했다. 이때 게슈탈트치료도 점차 인정을 받기 시작했다. 시간이 지나면서 실존주의 정신의학은 지나치게 복잡한 개념과 언어적 사변 때문에 실망을 가져다준 반면에, 게슈탈트치료는 많은 관심을 끌면서 이른바 제3세력운동이라고 불리는 인본주

의 심리학의 흐름을 주도하게 되었다. 펄스가 1970년에 77세의
나이로 죽었을 때 게슈탈트치료는 서구에서 가장 인기 있는 치
료법의 하나로 발전해 있었다(Perls, 1993).

게슈탈트치료는 카렌 호나이의 정신분석치료이론을 위시하
여 골드슈타인의 유기체 이론, 빌헬름 라이히의 신체 이론, 쿠르
트 레빈(Kurt Lewin)의 장이론, 베르트하이머 등의 게슈탈트 심
리학, 모레노(J. Moreno)의 사이코드라마, 라인하르트(M.
Reinhardt)의 연극과 예술철학, 하이데거(M. Heidegger)와 마르

폴 굿맨(Paul Goodman)

틴 부버(Martin Buber), 파울 틸리히(Paul Tillich) 등의 실존철학, 그리고 동양 사상, 그중에서도 특
히 도가(道家)와 선(禪)사상 등의 광범위한 영향을 받으면서 탄생한 치료기법이다.

게슈탈트치료는 이렇게 많은 치료기법과 사상의 영향을 받아
생겨났고, 아직도 그러한 영향의 흔적을 찾아볼 수 있지만, 결코
그것들을 단순히 혼합해서 만든 비빔밥은 아니다. 게슈탈트치료
는 외부로부터의 영향들을 독자적인 관점에서 통합함으로써 하
나의 새로운 정체성을 확립하였다. 또한 게슈탈트치료는 항상
새로운 경험과 이론에 개방되어 있어 끊임없이 그 폭과 깊이를
넓혀 나가고 있다.

게슈탈트치료는 어떤 다른 치료기법들보다도 개방적이다. 그
것은 게슈탈트치료가 어느 고정된 교의를 고집하지 않기 때문이

빌헬름 라이히(Wilhelm Reich)

다. 게슈탈트치료는 다른 치료이론이나 치료기법들과의 접촉을 통해 항상 지속적으로 변화 · 발
전해 왔으며, 현재도 발전하고 있다.

게슈탈트치료는 정신분석을 포함한 요소주의 심리학에 반대하여 게슈탈트 심리학의 영향하
에 과정적이고 종합적인 심리학 운동으로 나타났다. 그래서 개체를 여러 개의 심리적인 요소로
분할하여 분석하기보다는, 전체 장(field)의 관점에서 통합적으로 이해하려고 시도했다.

한편, 게슈탈트 심리학이 지각연구에만 국한한 데 반해 게슈탈트치료는 그 적용범위를 사고,
감정, 신체감각, 행동 등 모든 유기체 영역으로 확장시켰다. 게슈탈트치료는 게슈탈트 심리학의
이론 중에서 특히 다음의 관점들을 치료이론에 도입하였다.

① 개체는 장을 전경과 배경으로 구조화하여 지각한다. 즉, 관심을 끄는 부분을 전경으로 하고
나머지는 배경으로 하여 지각한다. 예컨대, 데이트를 하고 있는 남자에게는 여자친구가 전

경이고 길가는 사람들은 배경으로 물러나 보이지 않는다.

②개체는 장을 능동적으로 조직하여 의미 있는 전체로 지각하는 경향을 지니고 있다. 즉, 게 슈탈트를 형성하여 지각한다. 예컨대, 우리가 하루 동안에 하는 일들은 무수히 많지만 우리 는 그것들을 어떤 일관되고 의미 있는 전체로 지각한다. 가령, "오늘은 그동안 밀렸던 집안 일을 했다."와 같이 말한다.

③개체는 자신의 현재 욕구를 바탕으로 게슈탈트를 형성하여 지각한다. 예컨대, 백지에 그려 진 원을 보고 배고픈 사람은 빵으로 지각하는 데 반해, 놀고 싶은 아이는 이를 공으로 지각 한다.

④개체는 미해결된 상황을 완결지으려는 경향을 지니고 있다. 예컨대, 대화 도중에 방해를 받 아 이야기가 중단된 경우, 개체는 다시 이를 완결지으려 한다.

⑤개체의 행동은 개체가 처한 상황의 전체 맥락을 통하여 이해된다. 예컨대, 형이 갖고 노는 장난감을 달라고 울며 떼쓰는 아이의 행동은 간혹 자기편을 들어 주는 어머니가 곁에서 지 켜보고 있는 맥락에서 온전히 이해될 수 있다.

게슈탈트 치료이론의 형성에는 게슈탈트 심리학 이외에 골드슈타인의 유기체 이론과 레빈의 장이론이 영향을 미쳤다. 골드슈타인은 뇌손상 환자의 연구를 통해 유기체는 '자기조정 원리'에 따라 장을 전경과 배경으로 나누어 지각한다는 것을 밝혔다. 또한 카렌 호나이의 '당위(should)' 개념도 게슈탈트치료의 성격이론에 영향을 미쳤다. 특히 개체의 내면세계가 상전과 하인의 양극 으로 분열되는 현상은 호나이의 이론에서 영향을 받은 것이다.

빌헬름 라이히가 게슈탈트치료에 미친 영향도 상당히 크다. 그는 신경증 구조와 신체의 관계 에 대해 독자적인 견해를 내놓아 정신분석학에서 새로운 돌파구를 마련한 인물이다. 그는 우리의 감각운동이나 신체활동은 심리작용과 밀접하게 관련되어 있다고 하여, 신체언어의 중요성에 대 해 주의를 환기시켰다. 그는 모든 신경증은 신체적 고착으로 나 타난다고 하여, 종래의 추상적인 억압 개념 대신에 '신체적 방어 (Charakter Panzer)'라는 개념을 내놓았다.

펄스는 이러한 라이히의 신체이론을 게슈탈트치료에 접목시 키는 한편, 신체와 감각, 감정, 욕구, 사고 그리고 행동 등을 서로 분리된 현상이 아닌, 서로 연결된 하나의 의미 있는 전체로 보았 다. 즉, 인간의 행동은 이러한 부분들의 기계적인 연합이 아니라, 이들을 통합하는 의미 있는 전체라는 것이다. 또한 환경과의 관

카렌 호나이(Karen Horney)

계에 있어서도 개체를 환경과 분리된 존재가 아니라 개체와 환경을 포함하는 전체 장의 부분으로 봤다. 즉, 개체는 환경과 함께 하나의 새로운 통합적인 전체를 이루고 있으며, 따라서 개체의 행동은 전체 장의 맥락 속에서 이해되어야지 따로 떼어서는 안 된다고 했다.

그는 개체를 따로 연구하는 것은 해부학이나 생리학의 영역이고, 환경만을 연구하는 것은 물리학이나 지리학의 영역인데, 이들 학문은 개체와 환경을 전체 장으로부터 분리시켜 연구하는 것이 특징이라고 했다. 그러나 심리학은 개체와 환경을 따로 떼어서 연구해서는 안 되며, 둘을 통합적으로 봐야 한다고 했다. 그는 그럼에도 과거의 심리학은 개체를 환경과의 관계에서 분리시켜 버림으로써 전체 장의 통합성을 깨뜨리고, 개체를 환경으로부터 소외시켜 버리고 말았다고 비판했다(Perls, 1976).

제**2**장
게슈탈트 심리치료의 이론적 토대

게슈탈트치료의 이론적 토대는 현상학적 접근, 장이론적 접근, 대화적 접근, 실험적 접근의 네 기둥 위에 서 있다고 볼 수 있으며, 이들은 모두 서로 밀접하게 연관되어 있다. 즉, 현상학적 접근은 **지금-여기**의 현상들을 중심으로 다룬다는 점에서 장이론과 서로 통하는 부분이 있으며, 또한 이 두 가지는 대화적 접근의 토대 위에 서 있다는 점에서 서로 유기적으로 연관되어 있다. 그리고 앞의 세 가지는 모두 게슈탈트치료의 실험적 접근을 통하여 가장 잘 구현될 수 있다는 점에서 서로 긴밀한 관계에 있다. 하지만 이들은 그 성격상 서로 구분되는 측면들이 있으므로 하나씩 따로 살펴보기로 한다.

1. 현상학적 접근

게슈탈트치료는 추상적 개념을 매개로 하는 분석적이고 실체론적인 접근보다는 주로 지금-여기의 살아 있는 생생한 현상들을 중심으로 접근한다. 이때 '현상(phenomenon)'이란 개체에 의해 지각된(혹은 지각될 수 있는) 모든 경험의 대상을 뜻하며, 이는 매 순간 변화하는 에너지들의

'과정(process)'이다. 예컨대, 우리의 감정이나 욕구, 생각, 신체상태, 행동, 사물, 자연, 타인, 타인들과의 상호작용 등 매 순간 지금-여기에서 실제 일어나고 변화해 가는[혹은 사라지는] 모든 것들이 다 현상이다.

게슈탈트치료는 모호한 개념이나 이론 혹은 머릿속에 상상된 것들이 아니라 우리 눈앞에 분명하게 주어진 것들을 토대로 감각적인 알아차림을 사용하면서 생생한 발견과 체험을 지향한다. 이러한 방법을 현상학적 접근이라고 하는데, 이는 어떠한 자료도 [이론이나 기대 혹은 선입견에 의해] 미리 배제하지 않으면서 존재하는 것, 있는 것들이 모두 온전히 드러나도록 일체의 의도를 내려놓은 채, 관찰된 행동이나 경험들을 무차별적으로 있는 그대로 '기술(description)'하는 것을 중시한다 (Yontef, 1993).

현상학적 접근에서는 개념적 사유나 추론에만 근거한 사고는 쉽게 현실기반을 상실하여 미로에 빠져 버리므로 가장 확실한 현실이라고 할 수 있는 '현상'들을 중심으로 탐구해 나간다. 현상학에서는 이를 '주어진 것(given)'이라고 하는데, 이는 관찰자의 해석이나 분석을 통해서가 아닌, 그 상황에서 드러나는 그 자체로서 '명백하고(obvious)' 분명한 것들, 즉 우리의 감각을 통해 알아차리고 분별할 수 있는 것들을 가리킨다. 게슈탈트치료는 이러한 명백히 주어진 것들을 토대로 치료적 작업을 진행해 나간다.

많은 치료자나 내담자들은 이러한 분명한 것들에 대한 명확한 인식이 없는 상태에서 막연한 설명과 분석을 행한다. 즉, 명백한 것들을 놓아두고 모호하고 추상적인 관념들을 쫓아다닌다. 그러다 보니 치료에 와서 많은 말을 하면서도 내담자들은 정작 자신이 필요한 것을 말하지 못하고, 말하면서도 무엇을 말하는지 잘 모르는 경우가 많다. 치료자 또한 내담자를 있는 그대로 보지 못한 채 관념의 늪에 빠져 버림으로써 내담자와 대화를 하면서도 내담자의 실존과는 거리가 먼 이야기를 하는 상황이 벌어지곤 한다.

게슈탈트치료에서는 이러한 관념적 접근, 즉 생각만 하는 것을 지양하고, 지금-여기의 명백한 현상들을 토대로 내담자 자신의 감각을 사용하면서 실제로 지금-여기에서 무엇이 일어나고 있는지, 그리고 어떻게 일어나고 있는지를 **내담자 스스로** 탐구하고, 깨닫고, 필요하면 실험을 통해서 자신의 문제에 대한 해결책을 직접 찾아 나가도록 안내한다. 게슈탈트치료에서 [치료자가] 내담자가 치료상황에서 느끼는 감정, 욕구, 신체상태 혹은 떠오르는 생각 등을 묻는 장면을 자주 볼 수 있는데, 그것은 바로 이처럼 내담자로 하여금 지금-여기의 [확실한] 현상을 토대로 치료적 작업을 수행해 나갈 수 있도록 도와주기 위한 목적이다.

내담자의 이야기를 들을 때도 게슈탈트 치료자는 내담자의 이야기 내용보다는 내담자가 이야기를 하면서 보여 주는 비언어적 행동들, 예컨대 얼굴표정이나 시선, 제스처, 신체자세, 동작, 웃음, 눈물, 하품, 말 돌리기, 말의 속도변화, 말하는 방식 등 다양한 현상들에 더 주목한다. 이런 현상들이야말로 가장 진실한 자료들이며, 또한 중요한 **프로세스**들이기 때문이다. 이러한 현상들에 초점을 맞추면 도중에 길을 잃을 염려가 없다. 지금-여기의 현상을 두고, 자칫 모호한 사변적 개념을 따라갈 때 우리는 쉽게 좌초하거나 길을 헤매게 된다. 치료과정에서 방향을 잃게 되면, 항상 지금-여기로 돌아와서 지금 무엇이 일어나고 있는지를 살펴서 새롭게 출발해야 한다.

현상학적 접근은 지금-여기에 존재하는 것에 대해 좀 더 명료하고 상세하게 알아차리고, 기술하는 것을 목표로 하는데, 이때 치료자의 관찰 외에도 내담자와의 대화 및 실험을 적극적으로 활용한다. 이러한 과정을 통해 지금-여기에 직접 드러나지 않은 현상도 차츰 밝힐 수 있는데, 이러한 방법을 '**현상학적 초점화**(phenomenological focusing)'라고 부른다.

현상학적 초점화는 내담자와 치료자 사이에 나타나는 현상을 조명하기 위해 현상학적 방법을 사용하는 일종의 방향성을 가진 알아차림이다. 이때 치료자나 내담자는 모두 자신의 관점이나 경험이 절대적인 사실이라는 생각을 내려놓고(bracketing) 지금-여기에서 경험되는 것을 기술하면서 서로의 내면에서 일어나는 현상과 은연중의 가정[해석이나 추측]들을 지각하고, 이를 대화과정을 통해 함께 탐색하면서 조율해 가는 과정이다.

관계중심의 현상학적 토대 위에 서 있는 게슈탈트치료에서는 위에서 설명한 것처럼 치료자와 환자는 원칙적으로 동일한 행위를 한다. 그러나 처음에는 대개 치료자가 내담자에게 어떤 감정을 느끼는지[혹은 생각을 하는지] 묻거나 내담자에 대한 자신의 가설을 추측 형태로 물으면서 확인하는 방식으로 진행한다. 하지만 치료가 진행되면서 내담자도 차츰 이런 일에 동참할 수 있게 된다. 치료자와 내담자의 대화에서 이런 방식은 서로 평등한 관계에서 이루어지며, 이는 전이분석처럼 치료자가 일방적으로 내담자의 무의식에 대해 해석하는 것과는 차이가 있다.

한편, 이러한 게슈탈트치료의 현상학적 접근은 성리학에서 학문적 방법으로 중요시하는 거경궁리(居敬窮理)의 태도와 매우 유사하다. 여기서 거경은 몸과 마음을 삼가고 바르게 가져서 어떤 일을 하더라도 마음이 집중되어 흐트러짐이 없도록 하는 내적 수양법이고, 궁리는 관찰을 통해 사물의 이치를 궁구하여 정확한 지식을 얻는 외적 수양법이다.

이퇴계 선생은 이 두 가지를 모두 포함하는 경(敬) 철학을 그의 학문의 중심에 두었었는데, 마음이 아직 움직이지 않은 상태(未發)에서는 마음을 경건히 유지하기 위해 존양(存養)을 해야 하며, 마음이 이미 움직였을 때(已發)는 경(敬)으로 돌아가기 위해 성찰(省察)을 해야 한다고 말했다. 여기서 존양은 현상학의 판단중지(epoche)와 유사하고, 성찰은 괄호치기(bracketing)에 비견된다 하겠다. 이를 심리치료 상황에 적용한다면, 치료자는 일체의 가치판단이나 평가를 하지 않은 상태에서(未發), 즉 경(敬)의 마음으로 내담자를 만나야 하며, 만일 그러한 판단이나 평가가 떠오르면(已發) 얼른 이를 성찰해서 내려놓고 다시 경(敬)의 마음으로 돌아와야 한다는 의미가 된다.

　이것이 행위자[혹은 치료재]의 내적 수양법에 해당되는 것이라면, 외부 사물을 연구하는 방법은 앞서 언급한 궁리로서 이는 구체적으로 격물치지(格物致知)를 일컫는다. 격물이라 함은 현상을 자세히 들여다본다는 뜻인데, 이것 또한 현상학적 관점과 매우 유사하다. 즉, 표면에 드러난 현상들을 잘 관찰하면 깊은 진리에 도달한다는 의미인바, 추상적인 원리나 이론을 중심으로 진리를 탐구하는 것이 아니라, 일상에 드러난 현상들을 자세히 들여다봄으로써 그 속에 존재하는 이치를 깨닫는다는 것으로 철저히 경험론적인 접근이다. 퇴계 선생은 실제로 매화를 자세히 관찰하는 방법으로 격물공부를 하였다고 한다.

　퇴계 선생은 내적 수양법과 외적 수양법, 즉 거경과 궁리가 결국은 하나로 통한다고 했다. 마음을 온전히 비우고 정신이 집중된 상태에서, 사물[혹은 현상]을 면밀히 관찰하여 그 속에 있는 진리를 발견해 내야 한다는 것이다(心統性情圖說,『退溪集』7-24).

　이를 심리치료에 적용한다면 치료자가 일체의 선입견이나 가치판단, 평가를 내려놓고, 온전히 경(敬)의 마음으로 내담자를 대해야 하며, 또한 동시에 내담자의 마음이나 행동을 자세히 관찰하여 내담자의 실상을 제대로 볼 수 있어야 한다는 것이다. 그렇게 되기 위해서는 내적 수양과 더불어 사물을 면밀히 관찰하는 습관을 기르는 것도 필요하다. 세잔느는 바다를 그리기 위해 몇 날 며칠을 파도를 바라보았다고 하며, 시인 안도현은 시작(詩作) 강의에서 학생들에게 멸치를 5시간 동안 관찰하여 묘사해 오는 숙제를 내주었다고 한다. 그렇다면 치료자들도 당연히 내담자들의 내면에 일어나는 미세한 현상들[신체, 정서, 생각, 이미지 등]을 면밀히 격물(格物)하여 내담자에 대한 참된 지식에 도달해야 하지 않을까?

2. 장이론적 접근

　현대물리학에서는 모든 물리현상을 서로 연결된 에너지들의 관계망으로 이해하는 장이론적 관점이 적용되고 있다. 장이론에서는 모든 물리적 현상을 다른 것들로부터 고립된 채로 단독적으로 존재할 수 없고, 모든 것들은 장 속에서 서로 영향을 주고받으면서 시공에 있어서 변화하며, 또한 관찰자의 상태와 시각에 따라 다르게 관찰되고, 상대적이며 가변적인 것으로 본다(Yontef, 1993).

　이러한 장이론적 관점은 인간행동이나 심리현상에도 그대로 적용될 수 있다. 즉, 모든 개체는 유기체-환경 장의 관계성 내에서 존재하며, 개체나 환경 모두 이러한 관계성을 떠나서 그 자체로는 [고립된 채] 존재할 수 없다. 우리는 아무것도 없는 텅 빈 공간에 그냥 버려진 존재가 아니라 세상이라는 관계망, 즉 '장(field)' 속으로 태어나는 존재이다. 세상이 없는 우리는 생각할 수 없고, 우리가 없는 세상 또한 존재할 수 없다(Heidegger, 1986).

모든 것은 장에 속해 있으며, 장의 모든 요소[1]들은 상호영향을 미친다. 장은 통일된 전체로서 모든 것이 모든 것에 서로 영향을 주는 관계에 놓여 있다. 그러므로 개체의 행동도 개체가 속해 있는 장의 전체적 관점에서 이해되어야 한다. 예컨대, 한 내담자의 행동은 그의 욕구, 흥미, 과거 경험, 그가 처한 상황, 그가 장을 '**조직화하여(organize)**' 지각하는 방식, 그가 하는 생각, '**상상(imagining)**' 등 다양한 요인들에 의해 영향을 받으며, 치료자의 행동 또한 마찬가지이다.

장에 속해 있는 모든 요소들은 항상 상호작용적이며, **같은 시간대에 존재하는 힘들로서** 서로 영향을 주고받는다. 어떤 것이 장에서 영향력을 발휘하려면 반드시 그것은 지금-여기의 장에 작용하는 힘으로서 존재해야만 한다. 또한 [과거에 있었던] 아무리 중요한 사건이라 할지라도 그것이 현재 장에 존재하는 힘으로 와 있지 않으면 장에 어떠한 영향도 미칠 수 없다. 따라서 현재에 영향을 미치는 어떤 [과거] 사건이 있다면, 그것은 어떤 형태로든 [현재 작용하는 힘으로] 지금-여기의 장에 와 있다고 할 수 있다.

이러한 장이론적 관점은 진단과 치료의 측면에서 게슈탈트치료를 여느 치료법과는 전혀 다른 방향으로 이끈다. 우선 내담자 문제의 진단에 있어 모든 문제는 지금 현재에 다 와 있다고 전제하기 때문에 내담자의 [과거] 이야기에 집중하기보다는 내담자가 현재 장에서 나타내는[혹은 보여 주는] 정서나 태도, 동작, 행동, 생각, 지각, 상상 등에 주목한다. 예컨대, 내담자가 어린 시절의 애정결핍과 관련된 자신의 의존성 문제에 대해 이야기한다면, 치료자는 그러한 이야기 내용에 대해 [우선적으로] 집중하기보다는 내담자가 보고하는 의존성이 지금-여기의 장에서도[즉, 치료자와의 관계 속에서도] 나타나고 있는지, 있다면 어떤 식으로 나타나고 있는지에 초점을 맞춘다.

이는 과거중심이 아닌 현재중심의 치료전략이라고 할 수 있는데, 그것은 장이론에 의하면 모든 중요한 것은 현재에 다 와 있으므로 과거로 갈 필요가 없다고 보기 때문이다. 게다가 과거경험이 내담자의 현재 행동을 일으킨 배경이 될 수는 있지만 원인은 될 수 없다고 보기 때문이다. 즉, 내담자의 [현재의] 의존적 행동의 원인은 과거의 애정결핍이 아니라 [과거경험을 통해 그가 세상에 대해 형성한] **현재** 그가 갖고[유지하고] 있는 신념, 자기 이미지 그리고 **현재** 그가 하는 생각, 상상, 기대, 신체과정, 행동패턴들이라고 보기 때문이다.

---

1) 장의 모든 '요소'란 장에 존재하는 모든 '현상'들을 가리킨다. 예컨대, 내담자의 문제, 내담자의 욕구, 감정, 생각, 신체상태, 행동, 치료자의 욕구, 생각, 태도, 감정, 신체상태, 행동, 치료실의 분위기, 소음, 조명의 밝기 등 지금-여기의 장에 영향을 미치는 모든 현상을 지칭한다. 따라서 장이론은 현상학과 서로 밀접한 관련을 갖는다.

따라서 좀 더 세부적인 과정진단을 위해서는 치료자는 내담자가 치료자를 어떻게 지각하고, 어떻게 평가하고, 어떤 상상을 하는지, 그리고 자신의 존재나 능력에 대해서는 어떻게 평가하고 있는지, 주변 환경이나 상황에 대해서는 어떻게 지각하고 있는지, 그래서 어떤 식으로 행동하는지 등을 관찰하거나 질문을 통해서 자세히 탐색해야 한다(Yontef, 2008).

이처럼 장이론은 단순히 과거경험이[또는 과거 사건이] 현재를 '야기할(cause)' 수 없으며, 원인은 항상 현재 장의 힘들에 의해 설명되어야 한다고 본다. 앞의 예에서 내담자의 의존적 행동의 원인은 그가 과거경험을 배경으로 해서 [과거에] 형성해 **현재도 유지하고 있는** 태도와 행동, 그리고 그런 행동을 지지해 주고 있는 [치료자를 포함한] 주변 환경의 반응들이다. 따라서 내담자 문제의 진단을 위해서는 과거의 이야기[스토리]가 아닌 **현재**의 내담자 태도와 행동, 그리고 치료자의 반응에 주목해야 한다. 내담자 스토리를 탐색하는 것은 내담자의 행동의 배경을 이해하는 데 도움이 된다. 하지만 그것은 어디까지나 보조의 차원이지 주가 되어서는 안 된다.[2]

다음으로 치료를 하는 과정에서도 장이론적 관점은 게슈탈트치료를 특별한 방식으로 진행하게 만든다. 즉, 게슈탈트 치료자는 내담자 문제에 대한 설명이나 해석보다는 지금-여기에서의 알아차림이나 실험 혹은 대화과정을 통해서 내담자 스스로 [문제를 일으키는] 자신의 지각이나 행동방식 그리고 환경적 상황적 요소들을 직접 보고 알아차리고 통찰하거나, [실험을 통하여] 행동 및 상황변화를 체험하도록 이끌어 준다.

내담자의 행동변화는 결코 과거 사건과 현재증상 사이의 연관성을 **설명**해 주거나 **해석**해 주는 방식으로는 일어나지 않는다. 그런 접근은 내담자의 자율적 선택행동과 현재 상황에서의 제반 장의 역동을 고려하지 않은 고전물리학적[기계론적이고 결정론적인] 인과론에 입각해 있다고 볼 수 있다.

내담자의 변화는 인지와 정서, 그리고 행동의 세 차원으로 나눠 생각할 수 있는데, 이 모두가 다 중요하다. 우선 인지의 변화는 통찰에 의해 나타난다. 게슈탈트치료에서 통찰이란 알아차림의 한 형태로서 장이 어떻게 조직화되어 있는지를 이해하는 것이다. 즉, 개체가 자신의 지각과 행동

---

2) 대부분의 다른 치료에서는 특정 이론에 입각하여 치료자가 중요하다고 생각하는 내담자의 스토리들을 [내담자가 현재 장 속에서 보이는 행동과는 무관하게] 탐색하는 데 반해, 게슈탈트치료에서는 현재 맥락과 관계없이 스토리를 탐색하는 것은 무의미하다고 본다. 그렇게 나온 스토리는 지금-여기의 장과 연결성을 찾을 수 없으므로 그것이 지금-여기에서 어떤 의미가 있는지 [혹은 영향력이 있는지] 알 수 없으며, 있다고 하더라도 어떤 의미가[혹은 영향력이] 있는지 알 길이 없기 때문이다. 한편, 내담자가 먼저 [현재 맥락과 관계없이] 스토리를 꺼내는 경우도 자주 있는데, 그때도 치료자는 그냥 스토리를 따라가기보다는 그 이야기를 왜 꺼냈는지, 꺼내면서 어떤 감정이 느껴지는지, 어떤 생각이 떠오르는지 등을 물어서 스토리를 지금-여기의 장과 연결시킴으로써 그것의 [장에서의] 의미를 파악해야 한다. 그렇게 함으로써 내담자의 스토리가 현재 장으로부터 분리되는 것을 막을 수 있기 때문이다. 지금-여기의 현상을 중심으로 스토리를 발굴하게 된 경우에는 같은 스토리라고 하더라도 지금-여기의 현상과 관련 없이 [치료자 또는 내담자가] 임의로 제안하여 듣게 된 스토리와는 그 의미가 전혀 다르다.

방식이 어떻게 장 속의 다른 힘들과 영향을 주고받는지 그 연관성을 알아차리고 깨닫는 것이다 (Yontef, 2008, p. 376).

인지변화는 과거 사건에 대한 이야기를 함으로써[혹은 그것의 영향에 대해 **해석**해 줌으로써] 일어나는 것이 아니라, 현재 장에서 내담자 자신이 어떻게 하고 있는지, 그리고 치료자를 비롯한 환경과 상황이 어떻게 반응하고 있는지를 **알아차림**으로써 일어난다. 그러므로 치료자는 설명이나 해석이 아니라 내담자로 하여금 현재 자신이 하고 있는 행동과 더불어 지금-여기의 장에서 일어나고 있는 제반 과정들에 주목하도록 해 주어야 한다.

정서나 행동의 변화도 마찬가지로 과거 사건 중심이 아니라 지금-여기의 행위에 초점을 맞춰야 가능해진다. 즉, 실험이나 대화를 통해 지금-여기에서 새로운 경험을 함으로써 변화가 일어난다. 예컨대, 치료자에게 의존적인 행동을 하던 내담자가 자신의 자원을 발견하고, [치료자의 지지를 받으면서] 스스로 자기결정을 하면서 성공적인 자립행동을 해냄으로써 당당해지는 경험을 해 나갈 수 있게 된다.

이처럼 장이론은 진단이나 치료에 있어서 모두 게슈탈트치료를 일관성 있게 지금-여기 중심으로 이끌어 주는데, 그것은 현재에 일어나는 사건[현상]만이 올바른 알아차림과 판단, 그리고 행동과 경험의 변화를 가져올 수 있다고 보기 때문이다. 내담자가 보이는 문제는 비록 과거에 시작되었지만, 그것들은 지금-여기에 살아 있는 과거이다. 그래서 문제를 발견하는 것도 문제를 다루는 것도 지금-여기에서만이 가능하다. 이때 '지금-여기'는 정지된 시간이 아니다. 그것은 변화하는 **과정**으로서 과거와 연결되어 있으며, 또한 미래를 향해서도 열려 있는 실존적 시간이다 (Yontef, 2008, p. 365).

3. 대화적 접근

게슈탈트치료는 치료자와 내담자 간에 서로 동등한 자격으로서 진솔한 만남과 대화를 토대로 이루어진다. 이러한 대화에서는 어떤 목표를 미리 정해 두고 거기에 도달하기 위해 노력하는 것이 아니라 아무 조건 없이 서로 열린 마음으로 대한다. 즉, 대화를 통해 어떤 결과에 도달할지 그 내용을 미리 정하지 않고 온전히 열어 둔다. 치료자와 내담자는 온전히 지금-여기의 만남과 교류를 통해 매 순간 서로의 상황에 의해 유기체적으로 조절되도록 내맡긴다. 이는 지금-여기와 '과정(process)'에 대한 믿음을 전제로 할 때 가능해진다.

게슈탈트치료의 대화는 치료자와 내담자가 서로 영향을 주고받을 수 있는 열린 과정이다. 서로의 관계는 상대를 수단으로 대하지 않고 목적으로 대하며, 대상화시키지 않고 인격으로 대한다. 이는 마르틴 부버가 '나-너 관계(I-Thou relation)'라고 정의한 대화적 관계와 같은 의미이다. 대화적 관계는 서로 긴밀하고 친밀한 관계이지만, 융합관계는 아니다. 즉, 연결성은 지향하되 '분리(separation)'는 가능한 관계이다. 대화는 접촉과 마찬가지로 그 자체가 목적이며, 자기구조를 공고히 하는 것이 목적이 아니다.

대화는 자기를 열어 타인의 세계에 참여하는 것이다. 다음 순간에 무엇이 일어날지 미리 정하지 않고, 장에서의 '나타남(emergence)'을 신뢰하면서 함께 춤을 추는 것이다. 대화는 게슈탈트 치료에서 목표로 하는 접촉의 가장 완성된 형태이다. 대화는 애착을 토대로 개인과 개인 간의 관계를 형성하고 발전시킴으로써 관계적 존재로서의 인간본성을 실현시킨다. 대화는 만남을 가능하게 해 주며, 만남을 통하여 치유가 일어난다.

만남이란 한 사람의 존재와 다른 사람의 존재가 접촉하는 것이다, 이러한 만남을 통해서 내면의 해결할 수 없는 갈등에 치유적 변화가 일어난다. 대니얼 스턴(D. Stern)은 이를 '만남의 순간(moment of meeting)'이란 개념으로 설명하였다. 그는 치유란 모든 개인이 갖고 있는 '암묵적 관계지식(implicit relational knowing)'이 변화하는 것이며, 이는 실존적 만남의 순간에 일어난다고 했다(Stern, 2006).

게슈탈트치료는 대화적 실존주의라고 할 수 있는데, 그것은 대화를 통한 만남과 그에 기초한 '관계 맺기'를 지향한다. '관계 맺기'는 상호접촉의 특별한 형태이며, 이러한 관계 맺기는 가장 발달된 접촉의 한 양태이다. 게슈탈트치료의 '알아차림'과 '접촉'은 이러한 관계 맺기라는 좀 더 큰 전체의 부분들이라고 할 수 있다.

관계 맺기는 인간실존에 빼놓을 수 없는 구성요소이다. 그것은 인간은 관계 속에서 태어나고 관계를 떠나 살 수 없는 존재이기 때문이다. 관계 맺기가 없으면 개인이 구별된 존재로서 살 수도 없다. 관계를 떠나서 개인은 정의될 수 없고, 살아 있다고 느낄 수도 없다. 관계 맺기를 피하고 사는 사람들이 있는데, 그들은 외부와 접촉하기보다는 자신을 분열시켜 자기 자신과 관계를 맺는 환상 속에서 산다. 반전이나 융합 등은 이러한 관계 맺기의 결여로 인한 현상이다.

대화적 만남이 가능하도록 하기 위해 치료자는 포함과 현전을 실천해야 한다. '포함(inclusion)'은 마르틴 부버가 주장한 개념으로서 치료자가 자신의 선입견이나 가치판단을 한 옆에 '제쳐 두고(bracketing)' 내담자의 현상학적인 세계로 조심스럽게 들어가면서 그의 경험을 존중하면서 그것을 그 자체로 경험하며, [그 자체로] 수용하는 것을 의미한다. 이때 치료자는 내담자와 접촉하면서 그로부터 영향을 받을 수 있어야 한다. 즉, 내담자의 세상에 자신을 포함시키는 것이다. 치료자는 포함을 통해 내담자와 관계를 하며, 내담자에 대해 알게 된다.

'현전(presence)'은 치료자가 온전한 자신으로 치료에 임하는 것을 의미한다. 즉, 역할로서가 아닌 진정한 자기 자신으로서 상대방을 만나는 것이다. 이때 치료자는 자신의 감정에 대해서도 수용하면서 솔직히 표현한다. 내담자에 대해서는 명료하고 정확한 판단을 하여 그가 모르고 있는 자신의 잠재력이나 소외된 실존적인 면들까지 수용해 주는 '확인(confirm)'을 실천한다.

대화는 이러한 포함과 현전을 동시에 실천하는 것으로서 서로가 서로로부터 영향을 받는 방식으로 접촉하고 관계하면서도 상대방을 통제하거나 조종하거나 착취하지 않고 목적으로 대한다. 또한 상대방의 경험을 존중하고 수용하면서 상호 간의 차이를 인정하고 허용한다.

게슈탈트치료에서 내담자는 전이분석의 대상이 아니라 대화적 관계의 파트너이다. 전이가 발생하면 현상학적으로 탐색하고 다루어지지만, 전이분석이 일차적 목표는 아니다. 전이는 그것이 일어나서 방해될 때만 다루어지며, 두 사람 간의 전경은 대화와 현재의 존재이다. 정신분석에서도 관계와 수용을 말하지만 현상학적이지 않은 해석과 대화적이 아닌 바탕에 서 있다.

게슈탈트치료에서는 내담자의 욕구와 역동에 대한 치료자의 이해를 바탕으로 현상학적 초점화와 실험을 사용할 수도 있다. 하지만 그것은 해석적이지는 않다. 현상학적 초점화와 실험의 목표는 대화적 관계 속에서의 알아차림 향상이다. 좋은 관계는 [치료자와 내담자 모두의] 알아차림에 의해, 그리고 알아차림을 위해 만들어진다. 관계는 두 사람 사이에 일어나는 사건 중 하나이며, 그것은 과정이다. 즉, 경계가 명확한 두 사람이 서로 독립성을 유지한 채 서로 연결되는 과정에서 일어나는 것이다. 이는 분리하기와 움직임, 그리고 알아차림을 포함한다.

게슈탈트치료에서는 때로는 서로의 대화적 관계를 강화시키기 위해 실험기법이 사용될 수 있다. 예컨대, "나를 좀 쳐다보면서 이야기해 보세요." 혹은 "나를 쳐다보지 않으시니까 나 혼자 버려진 느낌입니다."라는 식으로 내담자에게 피드백을 해 줌으로써 치료자와 내담자가 더 대화적 관계로 나아갈 수 있게 된다. 이처럼 게슈탈트치료에서는 종종 치료자의 적극적 현전을 이용하는데, 이는 정신분석의 수동적 태도와는 차이가 난다. 게슈탈트치료의 실험 기법들은 대화적 토대 위에서 행해지며, 대화도 본질적으로 실험적이다(Yontef, 2008, pp. 243-253).

4. 실험적 접근

게슈탈트치료의 실험은 전통적인 '말하기 치료(talk therapy)'를 넘어서는 심리치료의 새로운 차원을 열었다. 즉, 단순히 뭔가에 대해 말하는 것을 넘어서 성장에 필요한 뭔가를 발견하고 체험하기 위해 어떤 행동을 하도록 초대된다. 이러한 과정에서 내담자의 이야기는 현재 사건으로 탈바꿈된다. 내담자는 더 이상 기억을 더듬어 지나간 사건에 대한 보고를 하는 방식이 아니라 지금-여기에서 일어나는 사건 속으로 들어와 자신의 감각과 정서, 상상력을 사용하면서 지금-여기의 생생한 만남으로 체험함으로써 그의 말은 생명을 얻어 살아 움직이며, 그로부터 마침내 예기치 않았던 통찰과 발견이 일어난다(Kim & Daniels, 2008).

게슈탈트치료에서는 내담자에게 다양한 실험을 제안함으로써 내담자로 하여금 자신의 내면의 갈등을 탐색하게 하고, 타인과의 접촉을 통하여 미해결과제를 완결짓고, 새로운 창의적 행동을 통하여 내면의 잠재력을 개발하고, 이를 환경과의 접촉에 적극적으로 활용할 수 있도록 도와준다. 실험은 내담자가 자신의 세계에 고립된 채 갇혀 있던 상태에서 벗어나서, 그 고리를 끊고 새로운 돌파구를 찾도록 해 준다. 이는 고착된 반복적 패턴을 파기하고 새로운 행동을 선택하고 확립할 수 있는 계기로 이끌어 준다.

이때 치료자는 실험에서 일종의 '안전한 긴급사태(safe emergency)'를 마련해 줌으로써 내담자가 자유롭게 무언가를 해 보고 경험하도록 해 준다. 실험은 지금-여기에서 나타나는 '현상'과 만나도록 해 주는 효과적인 방법이다. 신체동작을 과장되게 하거나 자신이 한 말을 반복하게 하거나, 혹은 빈 의자를 향해 미해결과제를 직접 말하게 하는 등의 방법을 통해 지금-여기에서 무언가를 경험하게 해 준다. 이는 단순히 말하거나 생각하는 차원이 아니라 무언가를 실제로 하면서 체험을 하도록 해 주는 것이다.

실험은 알아차림을 증진시키기 위한 현상학적 방법의 일부이다. 게슈탈트치료는 알아차림 증진이 가장 중요한 목적인데, 실험은 알아차림을 증진시킬 수 있는 매우 효과적인 방법이다. 특히 내담자들이 어떻게 스스로 자신의 경험으로부터 도망가는지 알아차리도록 도와준다(Yontef, 2008, p. 246).

때때로 실험은 내담자의 비언어적 메시지를 알아차리게 해 주거나 혹은 특정적인 대인관계 행동패턴을 깨닫게 해 주기 위해 행해진다. 내담자의 비언어적 단서들은 펄스가 언급했던 이른바 '분명한 것(the obvious)'에 해당되며, 이는 언어적 내용보다 종종 더 분명하게 내담자의 현상들을 보여 준다. 즉, 내담자들이 말하는 내용보다 내담자들이 보여 주는 행동들이 훨씬 더 신뢰성 있는 정보를 제공해 준다.

조지프 징커(Joseph Zinker)는 실험의 목적을 내담자의 행동의 범위를 확장시켜 주고, 미해결 과제를 완결시켜 주며, 양극성을 발견하게 해 주고, 성격의 분열된 측면들을 자극하여 통합하도록 해 주며, 내사된 부분을 추방하거나 재통합하도록 해 주며, 자신의 정서를 자각하는 능력을 향상시켜 주고, 자기지지적인 태도를 갖도록 도와주며, 좀 더 책임감 있는 사람이 되도록 도와주기 위함이라고 하였다(Zinker, 1977).

내담자들은 흔히 지적으로만 이야기함으로써 자신의 진정한 감정이나 욕구, 과정에 대해 알지 못하며, 따라서 지적인 통찰을 해도 행동에는 변화가 오지 않는다. 또한 프로그램화된 행동적 혹은 인지행동적 기법들은 내담자의 내적 경험에 대한 탐색을 충분히 하지 않기 때문에 효과가 제한적이다. 반면에 게슈탈트 실험은 내면의 탐색과 경험, 발견 그리고 행동을 통해 지적 · 정서적 · 신체적 · 행동적 차원을 통합함으로써 유기체적 변화를 가져다준다(Kim & Daniels, 2008).

현상학적이고 장이론적인 용어로 설명한다면 실험은 장의 구조와 개인의 알아차림 과정을 탐색하고 통찰하기 위해, 그리고 장에서 무엇이 가능한지를 알아보기 위해 사용한다. 예컨대, 집단원 한 사람이 집단에서 자신의 외로운 감정을 개방함으로써[또 개방하는 실험을 함으로써], 지금까지 타인들과의 접촉을 차단한 사람은 바로 자기 자신이었으며, 앞으로 어떤 대안적 행동방식이 가능한지를 알아차릴 수 있을 것이다(Kim & Daniels, 2008, p. 202).

치료자는 흔히 내담자가 무엇을 느끼는지, 무슨 생각을 하는지를 발견하도록 도와주기 위해 [실험을 사용하여] 내담자로 하여금 좀 더 심층적인 접촉을 하게 해 준다. 예컨대, 어머니에 대한 양가적 감정에 '대해서(about)' 말하는 내담자에게 빈 의자에 앉아 있는 어머니에게(to) 직접 말하도록 시킴으로써 양가감정의 정서적 · 신체적 · 인지적 차원이 모두 경험되게 해 줄 수 있다.

한편, 실험은 그 자체로서 자동적으로 효과가 나타나는 것은 아니다. 어떤 맥락에서 어떤 방식으로, 그리고 어떤 관계에서 행하는지에 따라 실험은 전혀 다른 결과를 초래할 수 있다. 즉, 실험은 단순한 기술의 적용이 아니다. 내담자의 이야기에 진심으로 귀 기울이면서 대화적 관계에서 현전하면서 실험의 과정을 온전히 함께 따라가 주는 치료자와의 만남을 통해서 비로소 체험과 변화가 일어날 수 있다.

　　실험에서 내담자는 수동적으로 분석당하거나 해석을 받는 혹은 강화에 의해 행동수정을 받는 것이 아니라, 스스로 능동적인 발견과 학습을 해 나간다. 예컨대, 부인과의 이혼과정에서 우울과 무감각을 느끼는 내담자가 빈 의자에 앉아 있는 부인에게 작별인사를 **하는**(행동적 요소) 실험을 하면서 그동안 억눌러 왔던 슬픔과 분노감정을 **접촉하게**(정서적 요소) 될 것이고, 그동안 이런 감정을 억압함으로써 스스로 무감각하게 만들었던 것을 **깨닫게**(인지적 요소) 될 것이다. 또한 부인에게 작별인사를 하는 과정에서 고통스러운 감정을 피하기 위해 **호흡을 멈추는**(신체적 요소) 것도 알아차릴 것이다.

　　모든 실험은 대화적 맥락에서 나와야 하며, 끝난 다음 다시 대화적 맥락으로 돌아가야 한다. 이는 게슈탈트치료가 지향하는 '연결성(connectedness)'의 목표와 부합해야 하기 때문이다(Polster, 2006). 실험이 대화적 맥락에서 벗어나서 행해지면 내담자와 치료자는 사라지고 무의미한 실험만이 남게 된다. 즉, 실험의 원래 목적은 실종되고, 내담자와 치료자는 그 과정에서 소외되어 버린다. 게슈탈트치료의 실험은 현상학적, 장이론적, 대화관계적 접근을 치료현장에서 구현하는 도구이자 또한 과정이다.

제 **3** 장

주요 개념

1. 게슈탈트

분트의 실험심리학과 대비하여 게슈탈트 심리학에서 새롭게 밝혀낸 중요한 사실은 인간은 사진기나 녹음기처럼 외부자극을 단순히 수동적으로 받아들이는 것이 아니라 각자의 욕구나 흥미에 따라 능동적으로 조직화하여 혹은 편집하여 지각한다는 것이다. 게슈탈트란 바로 이렇게 개체가 환경을 자신의 주관적인 관점에서 의미 있는 형태로 조직화하여 지각한 것을 의미한다(Polster & Polster, 1974).

게슈탈트(Gestalt)란 말은 '모양' '형태' '전체' 혹은 '구조를 가진 개체' 등의 뜻을 지닌 독일어인데, 영어로 번역이 불가능하기 때문에 영어권에서도 이 말을 그냥 사용한다. 게슈탈트 심리학자들에 의하면 개체는 어떤 자극에 노출되면 그것들을 하나하나의 부분들로 보지 않고 ① 완결, ② 근접성, ③ 유사성의 원리에 입각하여 자극을 하나의 의미 있는 전체 혹은 형태, 즉 '게슈탈트'로 만들어[조직화하여] 지각하는 경향이 있다고 한다.

예컨대, 엄마가 그릇에 남은 음식 찌꺼기를 버리고, 세제를 사용해 그릇을 닦고, 다시 그릇을 물로 헹구는 등의 행동을 하는 것을 보고 있던 아이가 "엄마, 지금 뭐해?"라고 묻는다면 엄마는 "응, 지금 설거지하는 거야!"라고 대답할 것이다.

여기서 어머니는 아이에게 자신의 행위를 하나씩 따로 분리하지 않고, 하나의 의미 있는 전체로 설명해 주었는데, 여기서 '설거지'가 바로 게슈탈트라고 할 수 있다. 아이가 알고 싶어 했던 것도 바로 이 게슈탈트였다. 어머니의 동작 하나하나에 대해서는 아이도 보고 있었다. 아이가 알고 싶었던 것은 어머니의 행동 하나하나를 묶는 전체행동의 의미였다.

게슈탈트치료에서는 '게슈탈트' 개념을 치료적인 영역에 확장하여 사용하는데, 여기서 게슈탈트란 '개체에 의해 지각된 자신의 **행동동기**'를 뜻한다. 즉, 개체가 자신의 유기체적 욕구나 감정을 하나의 의미 있는 행동동기로 조직화하여 지각한 것을 뜻한다. 예컨대, 할아버지가 손주를 안아 보고 싶은 것, 음악을 들으며 차를 한 잔 마시고 싶은 것, 혹은 오랜 친구를 다시 만나 보고 싶은 것 등 우리의 크고 작은 모든 **행동동기**들은 다 우리의 게슈탈트들이다.

개체가 게슈탈트를 형성하는 이유는 우리의 욕구나 감정을 하나의 유의미한 행동으로 만들어서 실행하고 완결짓기 위함이다. 즉, 이들을 환경과의 접촉을 통해 해소[완결]하기 위함이다. 여기서 주의할 점은 개체의 욕구나 감정이 바로 게슈탈트는 아니라는 것이다. 개체가 이들을 자신이 처한 상황과 환경을 고려하여 그 상황에서 실현 가능한 행동동기로 지각한 것이 게슈탈트이다.

이때 게슈탈트는 프로이트의 리비도 개념처럼 환경과 분리되어 단순히 그 자체로 존재하는 생화학적인 물질이 아니라, 항상 환경과의 관계 속에서 형성되고 완결되는 개체의 행동동기라고 말할 수 있다. 예를 들어 설명하기로 하자.

혜진이는 어느 날 이웃인 은주네 집에 가서 함께 장난감을 갖고 놀았다. 놀이 도중에 혜진이는 장난감 통에 들어 있는 빨간 치마 인형이 마음에 들어 그것을 집었다. 그런데 은주가 그 인형은 자기가 필요하다고 하면서 자기 앞에 갖다 놓고 주지 않았다.

혜진이는 자기 고집대로 하려는 은주가 못마땅해서 집에 돌아가겠다고 말했다. 그러자 은주는 혜진이에게 인형을 양보하면서 좀 더 같이 놀자고 했다. 혜진이는 웃으면서 그러자고 했다.

이 사례에서 혜진이나 은주가 서로 함께 놀고 싶어 했고, 또 장난감 놀이를 선택한 것이나, 빨간 치마 인형을 좋아하는 것 등은 모두 그들이 형성한 게슈탈트이지만 그 자체로서 존재하는 객관적 사물, 즉 객체가 아니다. 만일 은주가 혼자 집에 있었더라면, 혹은 둘 다 무척 배가 고팠다면,

빨간 치마 인형은 아무런 흥미를 못 끌었을지 모른다.

즉, 빨간 치마 인형을 가지고 놀고 싶은 게슈탈트는 아이들이 처한 상황과 관계없이 항상 그 자체로서 존재한다기보다는 아이들의 욕구와 상황의 상호작용을 통해 특정한 순간에 형성된 것일 뿐이다. 이처럼 개체는 객관적으로 존재하는 게슈탈트를 수동적으로 인식하는 것이 아니라, 특정한 상황 속에서 자신의 욕구와 흥미에 따라 그 순간 가장 매력 있는 혹은 절실한 행동동기를 게슈탈트로 형성한다.

이러한 게슈탈트는 개체가 어느 한순간에 느끼는 갈증이나 혹은 잠시 쉬고 싶은 욕구처럼 단위가 작고 단순한 것으로부터, 밀린 집안일을 하는 것이나 오랜만에 친구를 만나 몇 시간 정다운 대화를 나누고 싶은 중간 크기의 것, 좋은 아버지가 되고 싶거나 문필가로 성공하고 싶은 것처럼 그 실현에 시간이 오래 걸리고 구조도 복잡한 게슈탈트까지 여러 크기의 것들이 있다.

개체는 자신의 모든 활동을 게슈탈트를 형성함으로써 조정하고 해결한다. 만일 개체가 게슈탈트 형성에 실패하면 심리적·신체적 장애를 겪게 된다. 따라서 건강한 삶이란 매 순간 분명하고 강한 게슈탈트를 형성할 수 있는 능력과 같다고 하겠다. 하지만 개체가 게슈탈트를 형성하려고 인위적으로 노력할 필요는 없다. 건강한 유기체는 자신에게 가장 필요한 것을 매 순간 본능적으로 알아차리고 해결해 나갈 수 있기 때문이다.

또한 어느 한순간에 여러 개의 게슈탈트가 동시에 형성되면 어떻게 처리해야 하나 걱정할 필요도 없다. 유기체는 '자기조정 능력(self regulation)'이 있어 매 순간 가장 필요한 행동을 우선적으로 선택하기 때문이다. 다만 문제는 개체가 이러한 자연스러운 유기체 활동을 인위적으로 차단하고 방해함으로써 발생하게 된다. 이러한 차단행위를 '접촉경계혼란'이라고 한다. 이에 대해서는 뒤에 자세히 설명하기로 한다(Hansen et al, 1977: Perls, 1976; Thomson, 1968; Yontef, 1984; Zinker, 1977).

2. 전경과 배경

우리는 대상을 인식할 때 우리에게 관심 있는 부분은 지각의 중심 부분으로 떠올리지만, 나머지는 배경으로 처리한다. 예컨대, 그림을 감상할 때 그림은 전면으로 부각되지만 액자는 배경으로 물러나며, 다음 순간 액자에 관심을 가지면 액자가 전면으로 떠오르고 그림은 배경으로 사라지는 현상을 경험할 수 있다. 이처럼 어느 한순간에 관심의 초점이 되는 부분을 '전경(前景; figure)'이라 하고, 관심 밖으로 물러나는 부분을 '배경(背景; ground)'이라고 한다.

전경과 배경

게슈탈트치료에서는 개체가 게슈탈트를 형성하여 지각하는 것도 전경과 배경의 관계로 설명한다. 예컨대, 갈증을 느낀다는 것은 그 순간에 갈증이 전경으로 떠오르고 다른 것은 잠시 배경으로 물러나는 것이다. 따라서 게슈탈트를 형성한다는 말은 개체가 어느 특정한 순간 자신에게 가장 중요한 욕구나 감정을 전경으로 떠올린다는 말과 같은 뜻이다.

건강한 개체는 매 순간 자신에게 중요한 게슈탈트를 선명하고 강하게 형성하여 전경으로 떠올릴 수 있는 데 반해, 그렇지 못한 개체는 전경을 배경으로부터 명확히 구분하지 못한다. 즉, 특정한 욕구나 감정을 다른 것과 구분하여 분명한 게슈탈트로 형성하지 못한다. 이런 사람들은 자신이 진정으로 하고 싶은 일이 무엇인지 잘 모르며, 따라서 행동목표가 불분명하고 매사에 의사결정을 잘 하지 못하고 혼란스러워한다(Zinker, 1977).

개체가 전경으로 떠올렸던 게슈탈트를 완결[해소]하고 나면 그것은 전경에서 배경으로 물러난다. 그러면 다시 새로운 게슈탈트가 형성되어 전경으로 떠오르고, 해소되고 나면 다시 배경으로 물러나는 과정을 되풀이한다. 이러한 순환과정을 '게슈탈트의 형성과 해소' 혹은 '전경과 배경의 교체'라고 부른다. 건강한 개체에 있어서는 전경과 배경의 교체가 자연스럽게 일어난다.

예컨대, 아이가 오빠와의 관계에서 있었던 속상한 일을 엄마에게 이야기했을 때, 엄마가 잘 들어 주고 공감해 준다면 아이의 속상했던 감정은 해결되어 배경으로 물러나고, 이제 아이는 다른 이야기를 하거나, 아니면 친구를 만나러 밖으로 나갈 것이다.

배경은 개체의 다양한 과거의 삶의 경험들이 녹아 있는 바탕과 같은 곳이다. 그래서 언제든지 필요에 따라 그곳으로부터 새로운 전경이 떠오를 수가 있다. 앞의 예에서 아이가 엄마에게 다가가는 행동이 전경으로 떠오를 수 있었던 것은 아이가 과거에 비슷한 경험을 성공적으로 했던 배경이 있었기에 가능했다. 만일 엄마로부터 자주 거부당하는 경험을 했다면 아마도 오빠와의 일을 엄마에게 호소하는 행동을 전경으로 떠올리기가 어려웠을 것이다. 이처럼 개체가 자신에게 필요한 행동을 그때그때 전경으로 떠올려 건강하게 해결할 수 있으려면 다양한 성공적인 경험을 배경으로 둘 수 있어야 한다(Polster & Polster, 1974).

3. 미해결과제

개체가 전경으로 떠올렸던 게슈탈트가 해결되고 나면 이는 배경으로 사라진다. 그러면 자연스럽게 그다음으로 관심이 가는 대상을 전경으로 떠올릴 수 있다. 이러한 전경과 배경의 교체는 유기체적 욕구와 환경적 여건에 따라 자연스럽게 이루어진다. 그런데 개체가 게슈탈트 형성을 제대로 하지 못했거나, 혹은 게슈탈트를 형성했어도 이의 해결을 방해받았을 때 그것은 온전히 배경으로 물러나지 못한다.

이러한 완결되지 않은 게슈탈트를 '미해결 게슈탈트' 혹은 '미해결과제(unfinished business)'라고 말한다. 이러한 미해결과제는 배경으로 물러나지 못한 채 중간층에 머물면서 계속 전경으로 떠오르려 하기 때문에 다른 게슈탈트를 형성하는 것을 방해한다. 예컨대, 앞의 어린이가 오빠와의 관계에서 있었던 속상한 이야기를 엄마에게 했는데, 엄마가 잘 들어 주지 않고 무시했다면, 아이는 엄마에게 이해받지 못한 마음이 미해결과제로 남아 이것이 해결될 때까지 다른 일에 온전히 집중할 수가 없게 된다.

이처럼 미해결과제는 전경과 배경의 자연스러운 교체를 방해하기 때문에 개체의 적응에 장애가 된다. 우리는 살면서 누구나 많은 미해결과제를 갖게 되지만, 건강한 개체는 어느 정도까지는 이들을 충분히 소화해 낼 수 있다. 하지만 수치심, 죄책감, 소외감, 불안, 분노, 열등감 등 근원적인 핵심감정들이 반복적으로 미해결과제로 남게 되면 개체는 유기체적 욕구를 효과적으로 해결하는 데 실패하게 되고, 마침내 심리적 · 신체적 장애를 일으킨다(Perls, 1969a, 1976; Polster, 1974).

많은 사람들이 미해결과제를 쌓아 둠으로써 대인관계에서 고통을 받게 되는데, 그 출발점은 대부분 앞의 예에서처럼 개체가 처한 환경이 우호적이지 않기 때문이다. 특히 '자기구조(self structure)'가 아직 공고해지지 않은 아동기에 양육자로부터 반복적으로 거부당하는 경험을 하게 되면 만성적인 미해결과제가 쌓이게 되어 부적응을 초래한다.

부모를 포함하여 환경의 우호적 보살핌이 아이의 성장에 무척 중요하지만, 그렇다고 해서 완벽해야 하는 것은 아니다. 어떤 환경도 개체에게 완벽한 지지와 보호를 제공해 줄 수 없다. 그럼에도 불구하고 개체는 어느 정도의 좌절은 충분히 견뎌 낼 수 있으며, 오히려 적절한 좌절은 성장에 반드시 필요하기조차 하다(Perls et al., 1951).

문제는 안타깝게도 많은 경우에 있어 부모와 환경의 문제로 인해 지속적으로 개체에게 필요한 것을 주지 못한다는 점이다. 그런 경우 아이는 어느 순간 자기를 보호하기 위해 더 이상의 노력을 하지 않고 포기하게 된다. '엄마에게 이야기해 봐야 소용없어! 엄마는 나를 이해하지 못해!'라든가 혹은 '엄마는 나를 좋아하지 않아!'라는 결론을 내리고 더 이상 엄마에게 다가가려는 노력을 하지 않게 된다. 즉, 마음 문을 닫아 버리는 것이다. 그렇게 되면 미해결과제가 풀리지 않고 지속적으로 남게 된다. 더욱 불행한 일은 아이의 이런 태도가 엄마에게만 한정되는 것이 아니라 다른 어른들까지도 함께 불신하는 방향으로 발전할 수 있다는 점이다. 그렇게 되면 미해결과제는 구조적으로 계속 늘어날 수밖에 없게 된다.

많은 사람들이 이와 같은 방식으로 수많은 미해결과제를 경험하고, 또한 축적하면서 살아가기 때문에 삶을 신선하고 생기 있게 살지 못한다. 게슈탈트치료는 이러한 미해결과제를 완결짓는 일을 매우 중시한다. 미해결과제를 해결하려면 '지금-여기(here and now)'를 알아차리는 것이 중요하다. 미해결과제는 항상 지금-여기에 와 있기 때문이다. 사람들은 미해결과제가 해결 불가능하다고 생각하여 덮어 버리려 하지만, 미해결과제는 해결되기 전까지는 결코 사라지지 않으며, 계속 해결을 요구하며 전경 근처에 머문다.

펄스는 미해결과제를 찾기 위해 프로이트처럼 무의식의 창고 깊숙이 박혀 있는 과거사를 파헤칠 필요가 없다고 말한다. 그는 모든 것은 지금-여기에 명백히 드러나 있다고 말한다. 즉, 미해결과제는 끊임없이 전경으로 떠오르려고 노력하기 때문에 항상 지금-여기에 그 모습을 드러내고 있으며, 따라서 개체는 단지 그것을 피하지 않고 알아차리기만 하면 된다고 했다(Perls et al., 1951; Perls, 1976, p. 121).[1]

미해결과제는 한국적인 개념으로는 한(恨)과 매우 비슷하다고 볼 수 있다. 한이 쌓이면 그것이 우리의 삶을 지배하게 되고, 우리는 삶의 현장에 생생하게 참여할 수가 없게 된다. 우리를 얽매어 구속하고 있는 한이 풀려야만 비로소 지금-여기에 깨어 있는 실존적인 삶을 살 수가 있게 된다.

한의 종류를 열거해 보면 한의 미해결과제적인 성격을 더욱 명확히 알 수 있다. 한에는 어떤 사람에 대한 해결되지 않은 미움과 적개심인 원한(怨恨), 두고두고 아픔을 느끼게 하는 통한(痛恨), 이제 더 이상 해결할 수 없게 된 일을 뉘우치고 한탄하는 회한(悔恨), 오랫동안 해결하지 못하여 남아 있는 구한(舊恨), 살아 있을 동안 해결하지 못하여 남게 된 유한(遺恨), 어떤 사람을 향한 해결할 수 없는 정(情)의 감정으로 인한 정한(情恨) 등이 있다.

---

1) 펄스는 프로이트의 '억압(repression)' 개념에 대해 비판하면서 이드충동은 근본적으로 억압이 불가능하다고 말했다. 개체가 자신이 처한 상황을 고려하여 의도적인 억제(suppression)를 할 수 있지만, 그것은 프로이트가 말한 것처럼 무의식에 갇혀 있어 접근이 불가능한 것이 아니라고 했다. 오히려 의식의 주변을 서성거리면서 늘 신체적 불편감으로 남아 있으면서 해결을 요구한다고 했다. 이러한 억제는 처음에는 의식적인 차원에서 의도적으로 행해지지만 차츰 '습관화(habit)'되어 잊힌 채 반복적으로 행해진다고 했다. 여기서 잊힌다는 의미는 억압이나 무의식을 뜻하는 것이 아니다. 이는 자신의 행동이 습관화되어 있어 그렇게 하고 있는지 알아차리지 못한다는 의미이다. 따라서 다른 사람의 도움을 통해서든 아니면 스스로든 알아차리기만 하면 된다는 것이다.

이러한 서로 다른 한들의 공통점은 모두 '해결하지 못한 과제'라고 할 수 있다. 따라서 한은 게슈탈트치료에서 말하는 미해결과제와 거의 비슷하다고 하겠다. 우리말에 한의 개념이 매우 세분화되어 있는 것은 우리 민족의 한이 많았기 때문이기도 하겠지만, 또한 이를 극복하려는 의지와 또 이를 성공적으로 극복한 체험들로 인한 결과라고 본다. 즉, '화풀이' '분풀이' '살풀이' '한을 푼다.' '맺힌 것을 푼다.' '회포를 푼다.' 등의 개념에서도 나타나듯이 우리 민족은 한을 그냥 쌓아 두지만 않고, 적극적으로 풀려고 노력했음을 알 수 있다.

게슈탈트치료는 미해결과제의 완결을 중요한 목표로 삼고 있는데, 이는 바로 한을 푸는 것과 같은 의미라고 하겠다. 이렇게 볼 때 한국인들에게 게슈탈트치료는 낯선 외국의 문화라기보다는 오히려 우리에게 매우 익숙한 치료방식 혹은 행동방식일 수 있다. 이러한 관점에서 동학과 후학이 게슈탈트치료의 한국 토착화에 함께 힘썼으면 하는 바람이 간절하다.

예컨대, 판소리, 탈춤, 마당극, 사물놀이, 농악 등 우리 조상들이 남겨 준 다양한 민속예술들이 앞으로 게슈탈트치료에 응용되고 발전될 수 있으리라 생각한다. 실제 독일의 뮌헨 게슈탈트치료 연구소(ZIST)에 근무하는 한 독일인 심리치료자가 한국에서 사물놀이를 배운 후, 그것을 게슈탈트치료에 응용하여 3년간의 전문가 훈련과정을 만들어 운영하는 것을 보고 나는 참으로 느낀 바가 많았다.

4. 반복회귀 게슈탈트

미해결과제가 해결되지 않은 채 전경으로 떠오르지도 못하고, 그렇다고 배경으로 물러나지도 못한 채 중간층에 머물러 있으면, 앞에서 설명한 것처럼 개체의 삶에 많은 부정적인 영향을 미친다. 그런데 이러한 미해결과제가 개체의 생존에 매우 중요한 것이라면 그 영향은 더욱 클 수밖에 없다. 예컨대, 엄마의 무조건적 관심과 애정이 아이의 생존과 성장에 절대적으로 중요한데, 무슨 이유에서든 엄마가 아이에게 필요한 애정을 주지 못한다면 아이는 이를 어떤 대가를 치르더라도 결코 포기할 수가 없다.

그래서 다른 중요한 과업들을 다 미룬 채, 엄마의 인정을 받기 위해 평생 엄마 주변을 맴돌게 된다. 그가 하는 모든 일은 자기도 모르게 엄마의 인정을 받기 위한 목표에 맞추어진다. 즉, 엄마의 인정이라는 미해결욕구[또는 미해결과제]는 그의 삶에서 항상 따라다니면서 행동의 주된 동기가 된다. 이처럼 미해결과제를 해결하기 위한 목적에서 반복적으로 추구되는 행동동기를 '반복회귀 게슈탈트(recurrent gestalt)'[2]라고 부른다(Kim & Yontef, 2013; Polster & Polster, 1974).

앞에서도 언급한 것처럼 이러한 미해결과제를 완결시키려는 경향성은 그 대상이 주 양육자에게만 향하는 것이 아니라 다른 중요한 대상들에게도 전이되어 나타난다. 예컨대, 다른 양육자나 어른, 선생님, 직장 상사, 성직자, 선배 혹은 친구관계에서도 나타난다. 즉, 이들로부터 [주 양육자로부터 받지 못한] 관심과 인정을 받기 위해 자신의 중요한 [현재] 욕구나 동기를 누르고 우선적으로 [과거의 중요한] 미해결과제를 충족시키려는 방향으로 행동하게 된다. 여기서 주의할 점은 전이되는 것은 아이와 부모의 관계가 아니라 '반복회귀 게슈탈트[또는 주제]'라는 사실이다. 즉, 어떤 상황을 특정한 방식으로 지각하고, '조직화하며(organize)', 동기화하려는 경향성이 전이된다는 것이다 (Perls, 2005).

이러한 반복회귀 게슈탈트는 '좌절된 중요한 행동동기들'이라고 할 수 있는데, 예를 들면 안전욕구, 성적욕구, 소속욕구, 인정욕구, 애정욕구, 성취욕구, 반영욕구, 공감욕구, 이상화욕구, 지지욕구, 독립욕구 등이 초기 성장과정에서 반복적으로 좌절되어 거기에 고착이 일어나게 된 것이다. 이는 주관적으로 삶의 '주제(issue, theme)'로 경험된다. 개체는 이러한 주제를 극복하기 위해 반복적으로 노력하지만, 그러한 시도는 대부분 별로 성공적이지 못하다. 왜냐하면 개체가 사용하는 방법은 대개 어린 시절부터 반복적으로 사용해 왔던 미숙한 방법들인데, 그것은 유연성이 부족하고 비효율적인 방법으로서 지금의 상황적 현실과 잘 맞지 않기 때문이다.[3]

내담자들이 보이는 주제[혹은 증상]들은 모두 이러한 반복회귀 게슈탈트의 작용이다. 즉, 모든 주제들은 과거의 미해결과제가 현재에 영향을 미치면서 나타나는 현상이다. 따라서 주제들의 배후에는 과거의 좌절경험들이 있으며, 그것들이 지금-여기에서 살아 움직이며 표현되는 것들이라고 할 수 있다.[4] 이러한 반복회귀 게슈탈트들은 대부분 자동화된 행동방식들로서 내담자들이

---

2) 이는 흔히 게슈탈트 치료이론 문헌에서 '고정된 게슈탈트(fixed gestalt)'란 개념으로 통용되는데, 저자와 게리 욘테프(Gary Yontef) 박사는 2013년 4월 이메일 토론과정을 통해 '고정된'이란 말은 부정확할 뿐 아니라 지나치게 부정적인 연상을 일으키므로 '반복회귀(recurrent)'란 개념이 더 낫다는 데 의견일치를 보았다. 내담자의 게슈탈트가 정말 문자 그대로 고정되었다면 다른 게슈탈트 형성이 불가능할 텐데 사실은 그렇지 않으며, 단지 특정 미해결주제가 반복해서 나타날 뿐이며, 그것 또한 상당히 유동성이 있기 때문이다. 그리고 여기서 주의할 점은 반복되는 것은 미해결과제 자체가 아니라 미해결과제를 해결하려는 경향성이라는 것이다. 다시 말해서 내담자는 매번 자신이 처한 상황을 자신의 중요한 미해결과제를 해결하려는 방향으로 지각하며, 동기화되는 경향이 있다는 것이다. 예컨대, 어린 시절 아버지의 무능함으로 인해 극심한 경제적 고통을 받았던 사람이 다시는 그런 고통을 겪지 않기 위해 항상 성실하고 책임감 있는 태도로 살면서 자신이 처한 모든 상황을 [경제적] 성공이냐 실패냐의 관점에서 지각하고 동기화될 수 있다. 그래서 그는 삶의 여유를 즐기거나 편안한 인간관계를 갖지 못하고 늘 경쟁적이고 불안한 삶을 살지 모른다. 이것이 내담자의 '반복회귀 게슈탈트' 또는 '주제(theme)'이다. 이는 본인에게 무의식적인 경우가 대부분이지만 치료자의 도움으로 알아차릴 수 있게 된다. 위 내담자의 주제는 '경제적 안정' 이라고 정의할 수 있겠다.

3) 반복회귀 게슈탈트는 어린 시절 처음 발생했을 당시에는 대부분 그 상황에서 매우 창의적이며, 의미 있는, 때로는 효과적인 행동방식들이었다. 다만 현재 맥락에서는 더 이상 효과적이지 않다는 뜻이다.

무의식적으로 보이는 행동들이다. 게슈탈트치료에서는 이러한 무의식적 행동들을 '탈자동화 (deautomatize)'하도록, 즉 알아차림을 통하여 새로운 행동가능성에 눈을 뜨도록 도와주는 데 역 점을 둔다(Perls, 2005).

5. 자기

게슈탈트치료에서 '자기(self)'는 정신분석이나 행동치료에서와는 달리 환경과 분리된 그 자체 로서 존재하는 객체[또는 실체]가 아니라, 서로 불가분의 관계에 있는 유기체/환경의 상호 관계에서 작동하는 '접촉기능의 체계(system of contact function)'이다. 즉, 유기체가 환경에 적응하기 위해 필요한 접촉을 시행하는 기능의 체계일 뿐이다. 여기서 자기는 접촉의 순간에 나타났다가 접촉이 끝나면 다시 줄어들거나 사라지는 가변적인 '과정(process)'이라고 할 수 있다.

자기는 유기체와 환경 양쪽 모두에 속하면서 그 '경계(boundary)'에서 작용하지만, 그렇다고 해서 거 기에 항상 고정적으로 존재하는 실체는 아니다. 게슈 탈트치료의 자기는 데카르트(Descartes)적 이분법을 지양한 포스트-데카르트적 철학에 입각해 있으며, 우리의 존재를 물화(物化)시키는 실체적 형이상학을 지양하고, 관계적 존재로 정립하는 현상학적 · 실존 철학적 개념이다. 자기는 실체론적 입장에서는 마치 존재하지 않는 것처럼 생각될 수 있지만, 실존론적으 로는 존재한다고 할 수 있다.

자기는 매 순간 '변화하는 현재(transient present)' 를 접촉하는 기능이라고도 할 수 있다. 즉, 변화무상한 현재를 접촉하면서 유기체의 적응을 돕는 다. 앞에서 설명한 전경과 배경의 교체를 통해 성장을 이끌어 가는 주체가 바로 자기이다. 따라서 **작업 중에 있는** '접촉경계(contact boundary)'라고 볼 수 있다. 이때 자기는 유기체에게 유익한 것

---

4) 하지만 정신분석과 달리 게슈탈트치료에서는 증상의 배후에 있는 과거를 발굴하여 **해석하지** 않는다. 그런 방법은 대부분 정확하지 않으며, 무엇보다도 내담자의 주의를 지금-여기에서 돌려 과거로 향하게 함으로써 현재 삶으로부터 소외시킬 수 있기 때문이다. 게슈탈트치료에서 과거를 탐색하는 것은 지금-여기의 의미를 이해하고, 지금-여기의 상황을 더욱 명료하 게 알아차리며, 특히 치료자와의 대화적 관계에서 지금-여기를 알아차리고 새로운 관계체험을 하도록 돕기 위함이다.

은 받아들이고, 해로운 것은 차단하는 등의 선택과 배제를 통해 새로운 전경을 형성하고 이를 접촉을 통해 완결시킨다. 자기는 매 순간의 지배적인 욕구와 환경의 자극에 따라 변화하며, 이런 의미에서 '반응체계(system of response)'라고도 할 수 있다(Perls et al., 1951).

자기는 과거의 낡은 방식에 고착하지 않고, 변화하는 환경으로부터 새롭게 요구되는 방식으로 창조적으로 적응해 나간다. 따라서 흔히 치료자들이 말하는 "당신 자신이 되시오(Be your self)!"라는 말은 오해의 여지가 있다. 왜냐하면 그 말에서 암시되는 '고정적 자기'란 존재하지 않기 때문이다. 자기는 단지 매 순간 변화하는 상황과 접촉하는 기능일 뿐이다.[5]

자기는 자발적이며, 열정적으로 매 순간 변화의 과정을 이끌어 가는 동력이다. 하지만 자기는 능동적이면서도 수용적이며, 행위적이면서도 피행위적이다. 즉, 자기는 접촉을 수행하는 과정에서 상황을 능동적으로 조정하고 관리하면서도, 또한 그 과정에 자신을 수용적으로 내맡김으로써 장의 통합이 일어나도록 허용한다.

자기는 상황을 인위적으로 통제하려거나 혹은 반대로 상황에 의해 일방적으로 지배당하는 양극을 지양하면서도, 주어진 상황에 적절하게 행동함으로써 새로운 성장을 이루어 내는 통합적 과정이다. 말하자면 '중(middle)'의 과정이라고 하겠다. 즉, 어느 한쪽에 치우치지 않고, 무심(無心)하면서도 새로움을 창조해 낸다. 즉, 환경과의 관계에서 관심과 호기심을 갖고서 능동적으로 다가가면서도 인위적으로 행하지 않음으로써 이루지 못하는 것이 없는 도(道)의 상태와 같다(Perls et al., 1951).[6]

이러한 자기와 동일시하면서 창조적으로 유기체적 욕구를 해결해 나가면 심리적으로 건강하다고 할 수 있으나, 반대로 자기와 동일시하지 않고 유기체에 해가 되는 외부적 요인들과 동일시를 함으로써 자신의 자발성과 유기체적 욕구를 억누르면 불건강하다고 할 수 있다. 심리치료는 자아(ego)를 훈련시켜 자기와 동일시하여 사고와 지각, 감정, 행동의 주체가 자기라는 것을 알아차리도록 해 주는 것이라 할 수 있다.

---

5) 게슈탈트치료의 자기는 하이데거 철학의 존재(Sein) 개념과 통한다. 즉, 고정적 실체가 아닌 관계 속의 존재로서 대상화될 수 없으며, 비본질적 태도에 의해 항상 망각과 상실의 위험에 노출되어 있다는 점에서 그러하다. 또한 불교의 공(空) 개념과도 매우 유사하다. 즉, 불교에서는 우리의 자아를 포함한 모든 존재를 그 자체로 실체가 없다고 보며, 무상(無常)이라고 보는 관점이 그러하다. 불교에서의 공 개념도 형이상학적 실체 개념을 부정하고 과정(process)으로서의 존재를 부각시킨다.

6) 펄스는 철학자 프리들랜더(Friedlander)의 '창조적 무관심(creative indifference)' 개념을 발전시켜 '중(middle)'을 이야기했는데, 이는 유교의 중용사상, 성리학의 경(敬) 사상, 그리고 도가의 '무위(無爲)' 사상과도 통한다. 즉, 어떤 인위적인 노력이나 의도가 배제된 채, 인간의 순수한 본성이 발현되는 '주일무적(主一無適)'한 상태이다. 게슈탈트치료의 목표가 개체로 하여금 미해결과제를 해소하고 현재 순간과 생생하게 만나도록, 즉 환경과의 접촉에서 필요한 순간에 자기가 온전히 작동하도록 도와주는 것이라고 볼 때, 불교의 무아사상, 유교의 중용사상, 성리학의 경 사상, 도가의 무위사상 등 동양 및 한국 철학사상과 상통한다고 할 수 있다.

오늘날 현대인들은 과연 이러한 자기를 어떻게 느끼고 있는지에 대해 한 작가의 글을 인용하고자 한다. 그는 거대한 상품더미에 뒤덮인 21세기를 사는 현대인들을 자기를 상실해 버린 우주의 정신적 미아로 진단한다.

> "… 세 번의 방문을 통해 내가 받은 베를린에 대한 인상은 한마디로 거대한 얼터너티브 상품더미라는 것이다. 그건 '송두율'을 떠올리는 한국 지식인들의 베를린, 냉전과 유학생의 도시가 아니었다. 그리고 그것은 인간과 언어와 도시를 포함하여 존재하는 모든 것이 상품이 되어 버린 한국의 상황과 다르지 않았다. 〈중략〉 어쩌면 지금 내가 늘어놓은 말들이 서글프게 들릴지도 모르겠다. 하지만 그렇다면 당신은 아직 당신이 속한 이 시대, 이천 년대에 대해서 잘 모르고 있는 것이다. 혹은 아직 충분히 이천 년대적이지 못한 것이다. 슬퍼할 것이 하나 없다. 왜냐하면 이천 년대는 마음이 없기 때문이다. 이천 년대의 우리는 슬퍼할 마음의 주인인 자기를 더는 갖고 있지 않기 때문이다. 감정이란 무엇인가? 슬픔과 분노란 또 무엇인가? 상품 카탈로그에 불과해진 이천 년대의 인간들에게 그것은 미지의 영역이다(김사과, 2013).

6. 성격

'성격(personality)'은 개인이 삶에서 취하는 태도들의 종합체계로서 자율적이면서 책임 있는 행동을 수행한다. 자기가 유기체와 환경의 접촉을 수행하는 '미시적 과정(micro process)'이라고 한다면, 성격은 장기간에 걸쳐 형성된 비교적 일관성 있고 안정적인 체계로 굳어진 '거시적 과정(macro process)'이다. 하지만 성격 또한 자기와 마찬가지로 고정된 실체는 아니며, 항상 변화하고 있는 과정이다.

성격은 자기가 환경과 접촉하는 과정에서 사회의 요구와 기대, 압력 등에 반응하면서 일정한 틀을 갖추게 된 것으로서 소속집단과의 동일시, 모방, 도덕규범의 내면화, 권위자 목소리의 '내사(introjection)', 자기 나름의 책략개발 등에 의해 형성된다(Perls et al., 1951, pp. 201-204).

그런데 성격은 하나의 통일된 모습이 아니라 여러 측면들로 구성된 복합체이며, 각 측면들은 또한 서로 반대되는 극을 이루고 있다. 예컨대, 따뜻함과 냉정함, 활발함과 조용함, 부드러움과 딱딱함, 섬세함과 무딤, 밝음과 어두움, 가벼움과 무거움, 빠름과 느림, 우아함과 서투름, 감성적임과 이성적임, 명쾌함과 흐리멍텅함, 친절함과 잔인함 등이다.

한 개인은 이 모든 부분들을 다 갖고 있지만, 어느 한쪽 측면을 더 많이 발달시켜서 성격의 균형이 맞지 않은 경우가 많다. 그 이유는 각자 타고난 기질 외에도 성장과정에서 환경으로부터 받은 영향 및 그에 대한 자신의 선택과 반응 때문이다. 건강한 개인은 서로 다른 반대 극들을 골고루 접촉하고 통합되어 있는 데 반하여, 그렇지 못한 사람은 어느 한쪽 극을 과도하게 발달시킨 채, 다른 극은 억압하거나 소외시킨다(Zinker, 1977).

성격의 각 측면들은 각각 서로 다른 배경으로 인해 형성되었고, 따라서 독자적인 역동을 갖고 있는데, 이들은 종종 서로 양립될 수 없는 갈등관계로 인식되는 경우가 많다. '상전(topdog)'과 '하인(underdog)'으로 불리는 성격의 두 측면이 가장 대표적인 예인데, 상전은 하인을 억압하고, 하인은 상전에게 반항하거나 비협조적인 태도를 보임으로써 서로의 발목을 잡고 있는 '내적분열(inner split)' 상태에 빠지게 된다. 그렇게 되면 개체는 환경과 유기적인 접촉을 하지 못하고 성장장애를 겪게 된다(Polster & Polster, 1974).

내담자의 성격이 이처럼 심하게 분열되어 있는 경우 치료자는 내담자로 하여금 대립되는 성격 측면들을 각각 그 자체로 인정하고 서로 동등한 자격으로 대화적 접촉을 하도록 유도하여, 성격 부분들 간의 균형이 회복되고 새로운 통합이 일어나도록 도와주어야 한다. 하지만 이러한 과정은 쉽지 않은데, 그것은 내담자의 내사된 가치관이 일방적으로 상전의 편을 들기 때문이다. 그래서 치료 초기에는 치료자가 하인의 존재에 대해 지지해 주고 공감해 주는 것이 필요하다.[7]

성격의 분열이 일어나는 원인은 유기체의 동일시 및 소외체계인 '자아(ego)'가 내사들로 말미암아 '자기과정(self process)' 중 어떤 것들을 소외시키기 때문이다. 즉, 자기가 유기체의 반응들 중 특정한 것들을 게슈탈트로 조직화하도록 허용하지 않고 막아 버림으로써 자기를 불구로 만들어 버리기 때문이다(Yontef, 2008, p. 78). 이처럼 자아에 의해 자기 기능이 제한되거나 손상됨으로써 성격의 부분들이 소외되고 억압되어, 마침내 유기체의 자기조절이 실패하게 된다. 내담자들은 이러한 자기소외 과정을 스스로 알아차리지 못함으로써 부적응이 계속되는데, 게슈탈트치료에서는 이러한 습관적인 과정을 알아차리도록 도와주는 데 중점을 둔다.

---

[7] 치료 초반에는 대개 상전의 목소리가 압도적이고 일방적이지만, 치료자의 도움으로 하인의 목소리가 점차 힘을 얻어 가면서 서로 각자의 존재에 대해 인정하게 되고, 또한 서로의 입장에 대한 경청과 이해도 나타난다. 흥미롭게도, 치료가 진행됨에 따라 내담자는 처음에는 당위적이고 원론적으로 느껴졌던 상전의 명령들이 사실은 자신의 개인적인 경험에 의해 형성된 것임을 점차 깨닫게 된다. 그렇게 되면 상전과 하인은 서로의 입장과 존재를 인정하면서 협력과 공존의 방향으로 손을 맞잡는 변화가 일어난다.

게슈탈트 심리치료

제 **4** 장
알아차림-접촉 주기

앞에서 전경과 배경을 설명하면서 개체가 배경으로부터 전경을 명확히 분리시켜 자각하는 것이 유기체의 생존에 필수적이라는 점을 지적했다. 개체[1]는 배경으로부터 분명한 게슈탈트를 형성해 내어 전경으로 떠올리고, 이를 환경과의 상호작용을 통해 해결하여 배경으로 사라지게 하고, 다시 새로운 게슈탈트를 형성하여 전경으로 떠올리는 순환과정을 되풀이한다.

펄스는 이러한 현상을 '게슈탈트 형성과 해소의 반복 순환'이라고 기술하는 한편, 우리의 유기체적 삶은 바로 이러한 게슈탈트의 끊임없는 반복 순환이라고 하였다(Perls, 1969a; Smith, 1990). 그러면 이러한 게슈탈트의 형성과 해소가 개체의 내부에서 구체적으로 어떠한 모습으로 진행되는지 예를 들어 설명하기로 한다.

어느 한 농부가 들에서 일을 하다가 갈증을 느껴 물을 마셨다. 그리고 나서 한동안 다시 일에 열중했는데 이번에는 허기를 느꼈다. 그는 잠시 일손을 놓고 참을 먹었다. 잠시 후 하던 일

---

1) 이 책에서 개체란 대부분 '자기(self)'와 동일한 개념으로 사용한다. 이론적으로 좀 더 정확한 설명이 요구될 때는 두 용어를 구분하여 사용하겠지만, 편의상 대부분 '개체(individual)'란 용어를 사용하는데, 그 이유는 자기란 개념이 다소 추상적이며 어려운 데 반해 개체란 말은 좀 더 알기 쉽게 다가오기 때문이다.

을 다시 계속하는데, 갑자기 아들 등록금 문제가 생각나 일이 손에 잡히지 않았다. 그는 하던 일을 멈추고 논두렁에 앉아 담배를 피우면서 멍하니 생각에 잠겼다.

예의 농부는 처음에는 상황적인 필요와 유기체적 욕구에 따라 가장 중요한 것들을 차례로 게슈탈트로 형성하여 해소하였다. 즉, 그는 처음에는 다른 방해가 없었으므로 일에 몰두할 수 있었고, 나중에 신체적인 욕구가 자각되었으나 이를 게슈탈트로 형성하여 해소하였으므로 다시 자연스럽게 일에 열중할 수 있었다. 그러나 나중에 그의 중요한 미해결과제가 떠올랐고, 이를 그 자리에서 바로 해소할 수 없었기 때문에 그때부터 그는 자연스러운 전경과 배경의 교체에 실패했다. 즉, 그는 전처럼 다시 자연스럽게 일에 몰두할 수 없었다.

이러한 전경과 배경의 교체에서 알아차림과 접촉이 매우 중요하다. 왜냐하면 개체는 알아차림과 접촉을 통해 전경과 배경을 교체하기 때문이다. 이때 알아차림은 게슈탈트 형성과 관계하며, 접촉은 게슈탈트의 해소에 관계한다. 이때 이러한 전체 과정을 이끌어 가는 것은 앞에서 설명한 '자기(self)'이다.

먼저 '알아차림(awareness)'은 개체가 자신의 유기체적 욕구나 감정을 지각한 다음 게슈탈트로 형성하여 전경으로 떠올리는 행위를 말한다. 알아차림은 누구에게나 자연적으로 갖추어져 있는 능력이다. 다만 접촉경계혼란이 개입함으로써 개체는 자신의 알아차림을 인위적으로 '차단'하고, 그 결과 게슈탈트 형성에 실패하고 만다. 앞의 예에서 농부는 갈증이나 허기를 알아차렸기 때문에 이를 게슈탈트로 형성할 수 있었다. 만일 그가 매우 서둘러 일을 해야 할 사정이 있었더라면 아마 그는 일에 열중한 나머지 갈증이나 허기를 못 알아차렸을지도 모른다.

다음으로 접촉은 전경으로 떠오른 게슈탈트를 해소하기 위해 환경과 상호작용하는 행위를 뜻한다. 예에서 농부는 물을 마시고 참을 먹음으로써 자신의 게슈탈트를 해소하였다. 여기서 물을 마시고 참을 먹는 행위가 바로 접촉이다. 즉, 에너지를 동원하여 실제로 환경과 만나는 행동이 접촉이다. 게슈탈트가 형성되어 전경으로 떠올라도 이를 환경과의 접촉을 통해 완결짓지 못하면 배경으로 사라지지 않는다. 따라서 접촉은 알아차림과 함께 서로 보완적으로 작용하여 '게슈탈트 형성-해소'의 순환과정을 도와주어 유기체의 성장에 이바지한다.

만일 어느 한쪽이라도 결여되면 전경과 배경의 원활한 교체가 불가능하다. 예에서 농부가 자신의 미해결과제인 아들 등록금 문제를 알아차리기는 했지만 이를 당장 환경과의 접촉을 통해 해결할 수 없었기 때문에, 그는 전경과 배경의 원활한 교체에 실패하고 말았다.

한편, 이렇게 게슈탈트가 생성되고 해소되는 반복과정을 '알아차림-접촉 주기'라고 부르는데, 다음에서는 이에 대해 좀 더 자세히 알아보기로 한다. 징커는 알아차림-접촉 주기를 다음 그림에서와 같이 여섯 단계로 나누어 설명했다(Zinker, 1977, pp. 96-113).

먼저 ① 배경에서 ② 어떤 유기체적 욕구나 감정이 신체감각의 형태로 나타나고 ③ 이를 개체
가 알아차려 게슈탈트로 형성하여 전경으로 떠올리고 ④ 이를 해소하기 위해 에너지(흥분)를 동
원하여 ⑤ 행동으로 옮기고 ⑥ 마침내 환경과의 접촉을 통해 게슈탈트를 해소한다. 그러면 그 게
슈탈트는 배경으로 물러나 사라지고 개체는 휴식을 취한다. 그런데 잠시 후 다시 새로운 욕구나
감정이 배경으로부터 떠오르고 이를 알아차려 게슈탈트를 형성하고 해소하는 새로운 알아차림-
접촉 주기가 되풀이 된다.

건강한 유기체는 이렇게 환경과의 교류를 통하여 알아차림-접촉 주기를 자연스럽게 반복하
면서 성장해 간다. 그런데 접촉경계혼란으로 말미암아 알아차림-접촉 주기가 단절되며, 그 결과
개체는 미해결과제를 쌓게 되고, 마침내 심리장애를 일으킨다(Perls, 1969b).

알아차림-접촉 주기는 앞에서 기술한 여섯 단계의 어디에서나 단절될 수 있는데, 다음 내용에
서는 이를 단계별로 나누어 설명하기로 한다.

1. 배경으로부터 감각이 나타나는 과정의 장애

알아차림-접촉의 첫 단계에서는 배경으로부터 유기체적 욕구나 감정이 신체감각의 형태로
느껴지는데 이것이 차단되어 신체감각 자체가 느껴지지 않을 수 있다. 예컨대, 신체의 고통이나
불편한 상태 등이 무시되어 느껴지지 않는다거나 혹은 외부 환경에서 일어나고 있는 사건들이 지
각되지 않는 현상이 일어날 수 있다. 이러한 현상은 깊은 수면상태나 약물복용 상태 혹은 정신의
해리상태에서 관찰된다. 이러한 상태에 있는 사람들은 에너지를 회복하는 데 문제를 느끼며, 우
울증에 빠질 수 있다(Zinker, 1977).

클라크슨이 보고하는 한 내담자는 매일 저녁 늦게까지 일하는데 한기를 잘 느끼지 못하여

P. 클라크슨(P. Clarkson)

옷을 잘 챙겨 입지 않아 자주 감기몸살을 앓았다. 그녀는 어릴 때 부모들로부터 보살핌을 제대로 받지 못하고 버려져 자란 탓에 신체는 자신으로부터 소외되어 버렸고, 그래서 자신의 신체에서 일어나는 생리적 변화를 잘 알아차리지 못하는 것이다. 그녀는 고통스러운 감각이나 자극들을 골라내 지각에서 배제시키는 방법을 학습한 것이다. 그녀는 자신의 삶에서 기쁨과 즐거움을 소외시켜 버린 것처럼 보였는데 직장에서 하루 종일 로봇처럼 쉬지 않고 일만 해서 고용주가 걱정이 되어 그녀를 상담소에 보낸 것이었다(Clarkson, 1990, pp. 46-47).

분열성 성격장애를 보이는 내담자가 흔히 이러한 감각장애를 보인다. 그들은 신체적 감각이나 환경적 자극에 대해 이들을 최소화시키거나 왜곡시켜 버려 신체감각이나 외부 환경자극들을 잘 느끼지 못한다.

2. 감각과 알아차림 사이의 장애

다음으로 신체감각에 대한 지각은 이루어지지만 이를 환경과의 유기적인 관련 속에서 조직화함으로써 하나의 의미 있는 유기체적 욕구나 감정으로 알아차리지 못하는 현상이 발생할 수 있다. 이러한 장애가 생기면 개체는 신체감각을 지각하지만 그것을 잘못 해석하는 일이 발생한다.

예컨대, 불안한 상황에서 호흡이 거칠어지고 심장이 빨리 뛰는 현상을 불안반응으로 느끼지 못하고 심장마비로 잘못 해석하는 내담자들이 있는가 하면, 정신분열증 환자들은 종종 어떤 감각을 머릿속에 종양이 생긴 것으로 지각하기도 한다. 또 어떤 내담자들은 하복부나 골반에 느껴지는 성적인 감각을 불안이나 복통 혹은 경련으로 잘못 지각하기도 한다. 그리고 전환신경증 환자들은 흔히 성적 감각을 신체의 마비나 무감각으로 잘못 지각하기도 한다(Zinker, 1977).

이러한 단절현상은 개체가 자신의 욕구를 오랫동안 억압해 왔기 때문에 생긴다. 가혹한 환경 속에서 성장한 개체는 성장과정에서 자신의 기본적인 유기체적 욕구와 감정을 표현하거나 해소하는 것을 금지당하게 되고, 따라서 이들을 억압함으로써 자신의 신체감각을 유기체적 욕구나 감정으로 지각하는 데 어려움이 있다. 즉, 이들을 분명한 게슈탈트로 형성하여 전경으로 떠올릴 수가 없다.

이들은 평소 자신의 욕구나 감정에 주의를 기울이지 않거나 고의로 무시함으로써 알아차림에 혼란을 가져온다. 게슈탈트 심리치료에서는 이러한 내담자에게 그의 신체감각에 주의를 집중하도록 요구함으로써 올바른 알아차림으로 이끌어 줄 수 있다. 자신의 화난 감정을 차단해 버림으로써 분노감을 전혀 알아차리지 못하고 있는 내담자를 치료한 사례를 살펴보자.

치료자: 존, 당신은 지금 신체에서 무엇을 느낄 수 있나요?

내담자: 팔이 긴장되어 있어요! 특히 손목부분이 죄는 느낌입니다.

치료자: 그 팔의 긴장을 풀기 위해서 팔을 어떻게 사용할 수 있을까요?

내담자: 팔을 폈다 오므렸다 할 수 있겠지요. (이렇게 말하면서 그는 팔운동을 했다. 그는 아직도 팔이 긴장되어 있는 것이 어떤 의미가 있는지 알지 못한다.)

치료자: 계속 팔을 움직여 보세요. 그리고 무엇이 느껴지는지 말씀해 보세요. (내담자는 팔을 점점 강하게 휘두르면서 부드러웠던 얼굴모습이 차츰 일그러지면서 괴로운 표정으로 바뀌어 갔다.)

내담자: 주먹으로 무언가를 치고 싶어요!

내담자는 이와 같은 절차를 통해 처음엔 단순히 신체근육의 긴장으로만 느꼈던 것을 서서히 분노감정으로 알아차릴 수 있게 되었다. 여기서 만일 치료자가 내담자에게 베개를 주면서 주먹으로 쳐 보라고 한다면, 내담자는 그 행동을 통하여 더욱 분명하게 자신의 분노감정을 알아차릴 수 있게 될 것이다. 그리고 이때 "지금 당신이 때리고 있는 대상이 누구인 것 같습니까?"라는 질문을 통하여 내담자는 또한 자신의 적개심의 대상에 대해서도 알아차리게 될지도 모른다(Zinker, 1977, pp. 100-101).

3. 알아차림과 에너지 동원 사이의 장애

이 단계의 장애는 게슈탈트 형성에는 성공했지만 이를 해소하기 위한 에너지 동원 혹은 '흥분'에는 실패한 경우이다. 이러한 현상은 흔히 지식인이나 강박장애 환자에게서 관찰할 수 있다. 이는 머리로는 이해하지만 에너지 동원이 잘 되지 않아서 행동으로 못 옮기는 경우이다. 즉, 어떤 욕구를 알아차리고 이를 해결하고 싶어는 하지만, 실제 행동으로 실천할 의욕이 일어나지 않는 것이다.

이러한 장애는 내담자가 자신의 분노감, 성적 감정, 부드러움, 사랑의 감정, 자기주장 혹은 자신감 등 자신의 생생한 유기체 에너지와 접촉하는 것에 대한 두려움과 밀접한 관계가 있다. 즉, 이들은 만일 자신이 이러한 감정을 표현한다면 아마 미치게 되거나 무슨 큰일이 벌어지든가 아니면 다른 사람들로부터 조롱당하거나 또는 심한 비난을 받게 될 것이라는 공포를 갖고 있다 (Zinker, 1977).

이러한 불합리한 공포의 원인은 부모로부터의 내사(introjection)이다. 즉, 그들은 무엇이 옳고 그른지에 대한 부모나 중요한 타인의 견해를 무비판적으로 받아들여 그에 따라 행동해 왔기 때문에 자신의 에너지에 대한 신뢰감이 없다. 그들은 오랫동안 내사된 도덕적 규범에 따라서만 행동해 왔기 때문에 자기 자신의 욕구를 실현시키는 행동에 대해서는 공포심을 갖는다. 그들은 자신의 에너지를 별로 사용해 보지 않았기 때문에 우연히 이러한 에너지를 접촉하게 되면 어떻게 할지를 몰라 피하고 외면해 버린다.

조지프 징커(Joseph Zinker)

이때 그들은 의도적으로 숨을 죽여서 신체에 산소공급을 줄임으로써 흥분에너지를 줄인다. 흥분에너지가 활성화되기 위해서는 산소가 필수적이기 때문이다. 신경증 환자와 정신증 환자는 대개 호흡이 얕다. 신경증 환자들은 폐에 공기를 지나치게 담아두고 내쉬지를 않아서 가슴이 부풀어 있고, 정신증 환자들은 숨을 잘 들이쉬지 않아서 가슴이 오므라들어 있다고 한다. 그러나 두 집단이 모두 다 산소공급을 원활히 받지 못하며, 에너지를 효율적으로 사용하지 못하는 점에서는 공통적이다(Zinker, 1977; Smith, 1990).

이러한 내담자들을 위한 치료에서는 인지적인 차원에서만 머물러서는 안 된다. 치료자는 내담자에게 심호흡을 시키거나 신체감각에 집중하도록 안내하는 한편, 신체적인 활동이나 감정표현 등을 통해 자신의 에너지를 사용하는 연습을 시켜 주어야 한다. 예컨대, 고함을 지르게 한다든가 또는 베개를 때리면서 분노감을 표현하게 해 준다든가 혹은 춤을 추면서 흥분에너지를 발산시키는 활동을 하게 해 주는 것도 좋다. 혹은 어린아이처럼 마음껏 감정을 표출해 보는 놀이도 도움이 된다(Zinker, 1977).

4. 에너지 동원과 행동 사이의 장애

어떤 내담자들은 에너지 동원에는 성공하지만, 이를 게슈탈트를 완결시키는 방향으로 효율적으로 사용하지 못한다. 즉, 동원된 에너지를 외부 환경과 접촉하는 행동으로 옮기지 못하고 도중에 에너지를 차단해 버린다. 이를 자동차의 모터에 비유하자면 마치 중립기어 상태에서 헛바퀴를 돌리는 것과 같다고 하겠다.

예컨대, 내담자는 자신의 분노감을 자각하고 에너지를 동원하지만, 이 에너지를 분노감을 느끼는 대상에게 표출하지 못하고, 자기 자신에게로 돌려 자신을 비난하고 질책하는 행동으로 바꾸어 버린다. 혹은 자신의 성적 욕구를 지각하고 흥분하지만 이를 이성에게 표현하지 못하고, 자신에게로 향하게 하여 자위행위에 빠지거나 공상이나 짝사랑으로 바꾸어버릴 수도 있다(Smith, 1990).

이러한 차단행동은 흔히 신체근육을 긴장시키는 형태로 나타나는데, 이는 빌헬름 라이히가 말한 '신체방어' 개념으로 설명 가능하다. 즉, 흥분에너지를 신체긴장으로 눌러버림으로써 활동에너지의 낭비를 가져온다는 것이다. 이런 사람들은 마치 브레이크를 밟은 채 운전을 하려는 사람과 비슷하다고 할 수 있다(Polster & Polster, 1974, p. 159).

이렇듯 동원된 에너지를 효과적인 행동으로 연결시키지 못하면 개체는 게슈탈트의 해소 대신에 긴장과 죄책감을 느끼게 되고, 이런 행동이 만성적으로 되풀이되면 해소되지 않은 긴장 에너지로 말미암아 만성긴장, 고혈압, 동맥경화, 성기능장애, 당뇨병, 암 등을 일으킬 수 있다.

대개 신경증 환자들이 이러한 차단을 많이 하는데, 이 집단은 그들의 유기체적 욕구에 대해 알아차리고 있고, 또 이를 행동으로 옮기기 위해 에너지도 동원한다. 그러나 정작 이를 행동으로 옮겨야 할 순간에 TV를 켠다거나, 공상을 하거나 혹은 엉뚱한 일을 벌여서 게슈탈트를 완결시키지 못한다. 그들은 외부현실과 접촉하는 것이 두렵기 때문에, 생각이나 관념, 공상, 자기합리화 뒤에 숨어 버리는 것이다.

그런데 이러한 내담자가 자신의 에너지를 외부로 표출시키지 않고 붙들고 있는 데에는 나름대로의 개인적 배경이 있다. 따라서 치료자는 이들에게 강제로 에너지를 표출하도록 요구해서는 안 되며, 그들이 안전한 치료적 상황에서 단계적으로 에너지를 조금씩 외부로 표현하도록 이끌어 주어야 한다. 예컨대, 처음에는 분노감정을 집단에서 그것도 언어적 차원에서만 표현하도록 하고, 다음으로는 차츰 개인적으로 감당할 수 있는 한도 내에서 외부대상을 상대로 시도해 보도록 도와주어야 한다(Zinker, 1977).

한편, 이 단계의 장애는 지나치게 심한 에너지 동원으로 인하여 발생할 수도 있다. 예컨대, 불안장애 환자들에게서 자주 이런 현상이 나타나는데, 그들은 지나치게 흥분된 상태에 있거나 목표대상이 불분명한 에너지 동원을 하고 있다. 그들은 항상 신체가 들떠 있는 듯한 흥분상태에 놓여 있으며, 항상 행동을 할 준비가 되어 있는 가동상태에 있지만 무슨 행동을 해야 할지 잘 모르고 안절부절못하는 상태에 있다. 따라서 그들의 행동은 목표가 결여되어 있고 에너지를 효과적으로 사용하지 못함으로써 만족스럽게 게슈탈트 완결을 하지 못한다.

　이러한 현상은 흔히 그들이 내사한 자신에 대한 부모들의 해로운 평가 때문에 발생한다. 즉, 그들은 부모의 자신에 대한 부정적인 평가를 '입증'하기 위해 무의식적으로 자기패배적이고 파괴적인 행동을 하여, 대인관계를 어렵게 만들고 스스로 괴로운 상황을 만들어 간다. 예컨대, 친구들에게 의도적으로 불친절하게 행동한다든가, 지루하고 싫증나는 방식으로 대한다든가 하여 친구들의 미움을 자초하기도 한다(Clarkson, 1990).

5. 행동과 접촉 사이의 장애

　어떤 내담자들은 에너지를 동원하여 행동으로 옮기지만, 접촉에 실패함으로써 게슈탈트를 완결하지 못한다. 이러한 현상은 내담자의 행동이 목표대상을 잘 겨냥하지 못하고 산만하게 일어남으로써 발생한다. 즉, 에너지를 효과적으로 쓰지 못하고 여기저기 흩어 버리기 때문에 자신이 원하는 결과를 얻지 못하는 것이다.

　임상적으로는 히스테리 환자의 행동이 여기에 해당한다. 그들은 말이 많고 행동도 분주하지만 자신의 체험을 잘 통합하지 못하며 많은 일들에 관여하지만 행동이 산만하며, 에너지를 모아서 어느 한 행동에 투여하지 못하고 여기저기 흩어 버린다. 또한 그들은 음식을 먹지만 맛을 잘 음미하지 못하고, 성행위를 하지만 그저 막연한 느낌에 머문다.

　외적으로는 현실과 제대로 접촉하지 못하고, 내적으로는 실체감을 느끼지 못하여 무언지 모르게 공허감을 느낀 그들은 이러한 내적 공허감을 메우기 위해 지나치게 성에 집착하거나 마약복용을 하기도 하고 먹는 것에 집착하기도 한다. 이러한 행위를 하는 순간만은 자기 자신과 접촉하는 듯한 느낌이 들기 때문이다.

　그들은 많은 행동을 하지만 그러한 행동은 원래의 유기체적 욕구를 충족시키지 못하고 에너지만 낭비하고 만다. 이러한 내담자는 강박행동이나 약물중독에서 볼 수 있는 것처럼 같은 행동을 반복적으로 시도하지만, 그러한 행동을 통하여 자신의 유기체적 욕구를 효과적으로 해소하지 못한다(Clarkson, 1990, p. 48).

　이러한 내담자에게는 행동을 여러 단계로 나누어 하나하나씩 자각하도록 해 주는 한편, 행동 결과에 대해서도 찬찬히 음미하도록 해 주어야 한다. 그리고 충동적으로 혹은 산만하게 행동을 하기보다는 조그만 행동단위에 초점을 맞추어 서서히 단계적으로 자신의 에너지와 접촉하도록 도와주는 것이 필요하다. 이때 어떠한 행동이 내담자 자신에게 만족을 가져다주는지 조심해서 관찰하도록 하는 한편, 그 과정을 통해 깨달은 바를 언어적으로 묘사해 보도록 요구하는 것이 도움이 된다(Zinker, 1977).

6. 접촉과 물러남 사이의 장애(리듬 장애)

정상적인 경우라면 개체는 접촉이 끝나면 자연스럽게 만족해서 뒤로 물러나 쉬게 된다. 그리고 다시 새로운 알아차림-접촉 주기의 리듬이 시작된다. 하지만 어떤 사람들은 항상 긴장하여 높은 지점에 머물러 있으려고 한다. 즉, 그들은 만족을 모르며, 물러나 쉴 줄을 모른다.

자연스럽게 기능하는 유기체는 긴장과 이완, 일과 휴식, 깨어 있음과 잠듦, 기쁨과 슬픔, 타인에게 다가감과 물러나 혼자 있음, 수용과 배척 등의 리듬 속에서 산다. 현대 산업사회에서는 위에 있는 것은 가치 있고, 아래에 있는 것은 무가치하다는 편견이 지배한다. 그래서 늘 말하는 것이 침묵보다 낫고, 쉬지 않고 일하는 것이 쉬는 것보다 가치가 있다고 말한다. 또한 기쁨은 인정하되 슬픔은 거부하고, 타인과 함께 있는 것을 찬양하고 고독은 나쁜 것으로 본다. 이러한 문화적 편견이 리듬 장애를 초래한다(Zinker, 1977).

리듬 있는 삶이란, 때로는 혼돈과 당황, 부끄러운 실패까지도 포함하는 생동적이고 다양한 변화의 과정을 받아들이는 삶이다. 접촉과 물러남 사이의 리듬이 차단된 사람들은 체험의 정점에서 자신을 놓아 버리지 못하고 실적에 집착한다. 그들은 피곤함을 부정하고 일에 매달리며, 자신이 충분히 욕구를 달성했는지 알지 못하기 때문에 물러나지 못한다. 또한 자신이 이미 타인으로부터 얻은 접촉의 양을 정확히 인식하지 못하기 때문에 계속 접촉을 요구하여 타인으로 하여금 지치고 싫증나게 만들기도 한다.

이런 사람들이 가장 두려워하는 것은 침묵과 공백이다. 이들은 조용히 물러나서 자신이 접촉한 체험을 충분히 음미하지 못하는데, 그 이유는 침묵과 공백에 들어가면 과거 어렸을 적에 받았던 상처와 아픔이 되살아날지 모른다는 막연한 공포감을 갖고 있기 때문이다. 이러한 공포감을 직면하지 않기 위해 그들은 일이나 다른 중독행동으로 도망가는 것이다(Clarkson, 1990).

이런 사람들에게 가장 필요한 것은 오히려 이러한 공백에 몸을 맡기고 그 상태에 머물러 봄으로써 과거의 미해결과제를 직면하고 완결시키는 것이다. 이렇게 하여 미해결과제를 완결시키고 나면 그때는 편안한 마음으로 물러나 쉬면서 접촉을 통해 얻은 만족감을 즐길 수 있게 되며, 그렇게 되면 체험된 것들을 음미하고 나의 일부분으로 동화시킬 수 있게 된다.

이렇게 하여 완결된 게슈탈트는 이제 배경으로 사라지고 자각되지 않지만 음식을 먹고 난 뒤 그것들이 비록 더 이상 자각되지 않더라도 우리의 영양분이 되어 몸속에 동화되듯이 접촉된 내용은 이제 우리의 한 부분이 된다. 불행하게도 현대문화는 축제 같은 것을 통하여 이러한 후반의 충족감을 충분히 느끼도록 해 주지 않고, 곧바로 다음의 목표로 몰아붙인다. 게슈탈트치료에서는 내담자가 접촉에서 얻은 만족감을 충분히 체험함으로써 게슈탈트를 완결시키는 것을 중요시한다.

이 단계에서 주의할 점은 완벽주의에 빠져들지 말아야 한다는 것이다. 즉, 편안히 물러나 쉴 수 있기 위해서는 어떤 활동이 '완벽하게' 끝이 나지 않아도 이를 받아들이고 만족할 수 있어야 한다. 완벽을 고집하는 한 물러나 쉴 수가 없다.

자신이 노력해서 이루어 놓은 성과에 대해서 다소 불완전하더라도 그것을 그대로 받아들이면서 객관적인 태도로 바라보고 음미하며 찬탄하고 나아가서 축배를 들 수 있어야 한다. 그래야 편히 물러나서 쉴 수 있게 되며, 그런 다음에야 비로소 다음 게슈탈트를 선명하게 전경으로 떠올릴 수 있게 된다.

치료자나 내담자 모두 이 단계를 충분히 음미하지 못하면, 항상 허둥지둥 성공을 위해서만 시간을 보내는 사람이 되며, 마침내 에너지가 고갈되는 위험에 빠질 수가 있다. 클라크슨(Clarkson, 1990)은 치료자와 내담자 모두에게 아래의 라인홀드 니버(Reinhold Niebuhr)의 기도문을 음미할 것을 권한다.

> 주님, 제가 바꿀 수 없는 일에 대해서는
> 그것을 받아들일 수 있는 평화로운 마음을 주시고,
> 제가 바꿀 수 있는 일에 대해서는
> 그것에 도전하는 용기를 주시고,
> 또한, 그 둘을 구별할 수 있는 지혜를 내려 주소서.

이제까지 살펴본 6단계의 알아차림-접촉 주기는 개체가 게슈탈트를 형성하고 해소하는 과정을 통하여 자연스럽게 유기체 활동을 진행하는 과정이라고 볼 수 있다. 어느 단계에서든 알아차림-접촉 주기가 차단이 되면 유기체는 게슈탈트를 건강하게 완결지을 수 없고, 따라서 미해결과제가 쌓이게 되어 현실적응에 실패하게 된다.

제**5**장
게슈탈트 심리치료의 정신병리이론

앞에서는 개체가 게슈탈트를 형성하고 이를 환경과의 상호작용을 통해 완결시키는 과정을 **'알아차림-접촉'** 주기로 설명하였다. 이제 이러한 자연스러운 게슈탈트의 형성과 해소과정을 방해하는 정신병리 현상을 **'접촉경계혼란(contact boundary disturbances)'** 의 개념으로 설명하기로 한다.

개체는 유기체-환경의 전체 장으로부터 따로 분리하여 생각할 수 없다. 개체의 모든 활동은 항상 환경과의 관계 속에서 일어나며, 게슈탈트의 형성과 해소[파괴]도 환경과의 교류를 통해서만 가능하다.

그런데 이러한 개체와 환경의 교류와 접촉은 접촉경계에서 이루어진다. 여기서 접촉경계란 개체와 환경 간의 경계를 의미한다. 그러나 이는 어떤 고정된 공간적 경계를 의미하는 것이 아니라 단지 개체와 환경이 한 덩어리가 아니라는 것을 의미할 뿐이다. 이러한 경계는 항상 움직이며 유동적인데, 이는 두 '극(pole)'을 분리시키면서 동시에 만나게 해 준다.

인간과 인간의 만남에서도 경계는 매우 중요하다. 각자 자신의 영역이 타인의 영역과 구분되는 경계가 있어야 서로 건강하게 기능할 수 있다. 만일 접촉경계혼란에 의해 서로 간의 경계가 불분명해지면 서로 잘 접촉할 수 없으며, 그 결과 성장에 장애가 생긴다. 개체는 접촉을 통해서만 자신에게 필요한 것을 얻어 성장할 수 있기 때문이다.

건강한 개체는 접촉경계에서 환경과 교류하면서 자신에게 필요한 것은 경계를 열어 받아들이고, 환경에서 들어오는 해로운 것에 대해서는 경계를 닫음으로써 이들의 해독으로부터 자신을 보호한다. 그러나 경계에 문제가 생기게 되면 이러한 환경과의 유기적인 교류와 접촉이 차단되고 심리적·생리적 혼란이 생긴다. 이것이 접촉경계혼란이다.

접촉경계혼란은 개체와 환경 간의 경계가 너무 단단하거나 불분명해질 때, 혹은 경계가 상실될 때 생긴다. 만일 경계가 너무 단단하면 환경으로부터 자양분을 받아들이지 못하게 되고, 또 경계가 너무 불분명하면 들어오는 해독을 막지 못하며, 그리고 경계가 상실되면 개체의 정체감이 없어져 버린다.

어떠한 경우이든 접촉경계혼란은 개체와 환경의 유기적인 접촉을 방해하며, 따라서 개체는 미해결과제를 쌓게 되어 마침내 환경에 창조적으로 적응하는 데 실패한다.[1] 이런 맥락에서 게슈탈트 치료자들은 모든 정신병리 현상은 항상 접촉경계혼란으로 인해 발생한다고 본다. 그것은 유기체 이론에 입각해서 볼 때 심리적 혹은 생리적 장애란 미해결과제와 동일한 개념이고, 그리고 미해결과제는 접촉경계혼란으로 인해 발생하기 때문이다(Perls et al., 1951; Levitsky & Perls, 1970).

펄스는 접촉경계혼란이란 우리와 환경이 서로 직접 만나지 못하도록 둘 사이에 마치 중간층 같은 것이 끼어 있는 현상이라고 말했다. 이 중간층을 그는 '마야(maja)'라고 불렀는데, 이때 마야는 개체와 환경이 직접 만나는 것을 방해하는 '환상'이라고 했다. 그는 또한 마야를 편견이나 선입견 같은 것에 비유했다. 만일 우리가 어떤 사람에 대해 선입견을 갖고 있으면 그를 있는 그대로 만날 수 없는 것처럼, 마야도 우리로 하여금 자신과 환경을 바로 접촉할 수 없게 만든다는 것이다. 그에 따르면 우리는 일상생활에서 수많은 마야에게 에너지를 빼앗기기 때문에 환경과 접촉할 에너지가 남지 않게 된다고 했다(Perls, 1969b, 1988; Harman, 1982, 1989). 만일 우리가 이 중간층을 걷어 버릴 수만 있다면 우리는 다시 본연의 존재를 회복할 수 있을 것이다. 펄스는 우리가 심리치료를 통하여 혹은 종교적인 수련을 통하여 중간층을 걷어 버렸을 때의 상태를 다음과 같이 기술했다.

이 중간층의 마야를 걷어 버리면 우리에게 불현듯이 깨달음이 찾아온다. 갑자기 우리 앞에

---

[1] 미해결과제가 쌓인다는 것은 해결되지 않은 정서적 문제들이 배경에 머물러 있는 것을 말하는데, 이들은 아직 해결되지 않았으므로 끊임없이 해결을 요구하며 전경으로 떠오르려고 한다. 그러나 접촉경계혼란에 의해 전경으로 떠오르지도 못하고, 그렇다고 해서 해결된 것이 아니므로 온전히 배경으로 사라지지도 못한다. 즉, 배경을 깨끗하게 비워 주지 못한다. 자기(self)는 이런 상태에서 현재 상황에 필요한 것들을 새로운 전경으로 강하게 떠올리지 못함으로써 적응에 장애를 일으킨다.

세계가 다시 나타난다. 마치 꿈에서 깨어나듯이 당신은 마야의 미몽에서 깨어나게 된다. 그러면 당신은 자신이 다시 온전히 존재하게 된 것을 느끼게 된다. 이제 당신은 선입견에 빠져 있거나 또는 과거에 집착하면서, 혹은 앞으로 일어날 일을 걱정하면서 사는 마야의 삶에서 벗어나서 점점 더 많이 당신 자신 그리고 세계와 접촉하게 된다(Perls, 1982, pp. 57-58).

접촉경계혼란은 마치 우리의 의식에 안개가 낀 것과 같은 것이다. 우리는 이 안개 때문에 자신과 세계를 바로 접촉하지 못하고 오리무중에서 헤매고 있다고 하겠다. 접촉경계혼란으로 말미암아 개체는 자신의 유기체 에너지를 환경과 효과적으로 교류하고 접촉하는 데 쓰지 못하고 공상이나 환상 같은 무의미한 활동들에 분산시켜 버린다.

이러한 개체는 자신의 경계가 불명확하여 자신의 정체성을 확립하지 못한다. 이런 사람들은 자신이 과연 누구인지, 무엇을 진정으로 원하는지, 어디까지가 자기고 어디서부터 타인인지 잘 구분하지 못한다. 접촉경계혼란이 심해지면 경계가 매우 불투명해져 마침내 신체경계까지 흐려져, 심리적인 불안을 허기로 잘못 지각하여 음식을 먹는 행위로 대체하는 사람들도 있다(Smith, 1990; Clarkson, 1990).

하르만(R. Harman)에 따르면 한 사람의 접촉경계혼란은 항상 모든 사람들과의 관계에서 똑같은 정도로 일어난다기보다는 특정한 사람과의 관계에서 혹은 특정한 상황에서 더 많이 일어난다고 한다(Harman, 1982, p. 21).

펄스는 접촉경계혼란이 일어나는 형태로서 내사, 투사, 융합, 반전, 자의식의 다섯 가지 종류를 들었고, 어빙 폴스터(Erving Polster)는 펄스의 분류에서 자의식을 빼고 편향을 추가시켰다. 앞으로 이 책에서는 이들을 '접촉경계혼란 행동'이라고 부르기로 한다. 이런 서로 다른 형태의 접촉경계혼란 행동들은 한 사람에게 다양한 방식으로 나타날 수 있으며, 여러 가지가 결합되어 동시에 또는 순차적으로 나타날 수도 있다.

한편, 이러한 장애들은 어디까지나 내담자의 행동현상을 이해하기 위해 기술적으로 사용하는 개념으로서 그 자체가 진단체계는 아니다. 게슈탈트치료에서는 오히려 임상 진단범주들에 대해 제한적 가치만 부여한다. 그것은 임상 진단범주들이 대부분 너무 막연하고 포괄적인 개념의 차원들이어서 치료에 구체적인 도움을 주지 못한다고 보기 때문이다(Polster, 1974; Clarkson, 1990). 그러면 접촉경계혼란이 나타나는 여러 가지 형태들을 하나씩 살펴보자.

1. 내사

개체는 환경과의 접촉을 통하여 자신에게 필요한 것들을 외부로부터 받아들여 이를 소화하고 동화시킴으로써 성장해 나갈 수 있다. 이때 개체는 그것들을 그냥 받아들이는 것이 아니라 공격성을 사용하여 외부에서 들어온 것들의 구조를 파괴시켜 자신이 흡수할 수 있는 형태로 바꾸어 놓는데, 펄스는 이를 '치아 공격성(dental aggression)'이라고 불렀다.

치아 공격성은 음식물 섭취행동에서 전형적으로 관찰할 수 있다. 유아는 어머니의 젖을 그냥 빨아 삼키지만, 차츰 이가 나면서부터는 음식물을 씹어 먹는다. 즉, 치아공격성을 사용함으로써 음식물을 파괴하여 신체의 일부로 동화시킨다. 만일 음식물을 제대로 씹지 않고 삼키면 음식물은 소화되지 않은 채 남아 있게 되고 결국에는 병을 일으키고 만다.

이러한 원리는 음식물 섭취행동뿐 아니라 개체와 환경 간의 관계방식에서도 중요하다. 예컨대, 개체는 부모나 선생님과의 관계에서 그들의 주장이나 행동 가치관을 자기 나름대로 따져 보고 비판적으로 받아들여야 한다. 즉, 치아 공격성을 사용하여 외부로부터의 이물질들을 파괴하여 자기 것으로 동화해야 한다. 그런데 개체가 환경으로부터 이러한 자신의 공격성을 사용하는 것을 제지당하게 되면 권위자의 행동이나 가치관을 무비판적으로 받아들이게 된다. 이때 이렇게 무비판적으로 받아들임으로써 자기 것으로 동화되지 못한 채 이물질로 남아 있으면서, 개체의 행동이나 사고방식에 악영향을 미치는 타인의 행동방식이나 가치관을 '내사(introjection)'라고 말한다.

개체는 내사로 말미암아 고정된 부적응 행동패턴을 개발하고 **습관적이고** 자동화된 행동을 반복한다. 그렇게 되면 개체는 매 상황에서 발생하는 자신의 다양한 욕구에 따라 행동하지 못하고 내사된 것들의 명령에 따라 그것이 자기 자신의 삶인 줄 잘못 알고 살아간다. 예컨대, 부모의 가치관이나 사회의 도덕률을 지나치게 많이 내사한 개체는 그러한 것들이 자기 자신인 줄 착각하고, 내사된 규칙과 도덕적 명령에 따라서만 행동한다. 그런데 그렇게 되면 이물질을 파괴하고 동화시키는 데 사용되어야 할 공격성이 자기 자신에게 향하여 자신을 괴롭히거나, 혹은 외부로 투사되어 편집증적 공포심을 갖게 되는 문제가 생긴다(Perls, 1969a, pp. 128-145).

내사의 실례라고 할 수 있는 '착해야 한다.' '순종해야 한다.' '성공해야 한다.' '성실해야 한다.' '튀지 마라.' '얕보이지 마라.' '남을 믿지 마라.' 등은 대부분 사회행동과 관련하여 개체의 자율적인 행동을 억누르는 초자아의 명령이다. 이러한 내사의 형성에는 문화적인 영향도 많이 작용한다. 가령 "여자는 조신해야 하고, 남자는 꿋꿋해야 한다."는 것처럼 성에 따라 내사가 다르게 이루어질 수 있다.

펄스(1969a)는 내사는 마치 음식물을 제대로 씹지 않고 삼킴으로써 복통이나 설사를 일으키게 되는 것처럼 사회와 부모의 가치관을 비판을 통하여 자기 것으로 동화시키지 못하고, 그냥 무비판적으로 받아들임으로써 내면적인 갈등을 일으키는 현상이라고 했다.[2]

내사가 심한 개체는 자신의 진정한 욕구가 무엇인지 잘 모른 채 타인의 기대에 따라 맞추어 사는 데 익숙해 있다. 그들은 스스로 자신의 의지와 욕구를 가질 수 있다는 생각을 하지 못한다. 그들은 대부분 '모범생'으로서 윗사람의 마음에 들게 행동하지만, 정작 자기 자신이 진정으로 무엇을 원하는지 잘 알지 못하며, 스스로 자신의 삶의 목표를 정하여 창의적인 삶을 사는 것을 두려워한다. 이들은 대개 피상적이고 판에 박힌 행동을 하며 깊은 대인관계를 맺지 못하는 경향이 있다.

이들의 행동은 흔히 조급하고 참을성이 부족하다. 천천히 씹으면서 자기 것으로 소화하기보다는 타인의 것들을 그냥 '받아 삼키는' 태도를 보인다. 또한 스스로 판단하여 선택하고 책임지기보다는 권위 있는 사람 혹은 자기가 속한 집단이 대신 결정을 내려 주기를 바라며, 그것들을 무비판적으로 받아들이는 태도를 보인다. 따라서 그들의 행동은 흔히 자신의 욕구와 무관하게 나타난다. 즉, 자신이 무엇을 하고 싶은지에 따라 행동하기보다는 다른 사람들이 자신의 행동을 어떻게 평가할까를 더 의식하면서 행동한다.

그들은 대체로 타인과 사회로부터 인정은 받지만 내면세계는 축적된 미해결과제로 인해 분열되어 있다. 즉, 내사된 도덕적 명령들과 이에 반발하는 내면의 목소리가 서로 싸우는 이른바 '자기고문 게임'에 빠지거나 혹은 내사된 것들을 타인에게 투사하고서 타인과 갈등을 일으키기도 한다. 이러한 내사는 자신과 타인 간의 경계를 흐리게 함으로써 접촉경계혼란을 초래하고, 미해결과제를 증가시켜서 결국 개체를 부적응상태에 빠뜨린다.

펄스는 신경증의 원인을 부모 태도의 나쁜 측면과 동일시한 결과로 보았다. 부모 태도의 좋은 측면과의 동일시는 개체가 쉽게 동화하여 자기 것으로 만들 수 있는 데 반하여, 나쁜 측면과 동일시한 것은 쉽게 소화할 수 없으므로 그냥 내사된 상태로 개체 속에 남아 개체의 통합성을 방해하여 장애를 일으킨다는 것이다.

개체는 자기 속에 들어와 있는 이러한 '나쁜 부모'의 메시지를 받아들임으로써 자기경계의 혼란을 일으키게 되며, 따라서 성장에 저해가 되는 방향으로 행동한다. 펄스는 '좋은 부모'란 개체

---

2) 내사는 마치 컴퓨터 프로그램 같은 것으로서 특정한 인지적 구조를 바탕으로 개체의 행동과 감정에 영향을 미친다. 이는 다른 접촉경계혼란 행동들과 밀접한 연관을 갖고서 서로 영향을 주고받는다. 예컨대, '순종해야 한다.'는 내사는 분노감정을 억제하는 반전행동을 동반할 수 있으며, "성공해야 한다."는 내사는 질투심과 공격행동을 조장할 수도 있다. 또한 이는 타인에게 투사됨으로써 위축된 행동을 낳을 수도 있다.

가 환경과의 적응과정에서 만족스럽게 욕구를 충족하면서 자신을 실현시켜 나가도록 촉진시켜 주는 부모 태도의 측면이고, '나쁜 부모'란 개체로 하여금 자신과 환경에 대해 파괴적으로 행동 하도록 만드는 부모 태도의 측면이라고 했다.

모든 부모들을 '좋은 부모'와 '나쁜 부모'로 양분할 수는 없다. 부모들은 모두 양쪽 측면을 다 지니고 있는데, 차이는 단지 어느 쪽을 더 많이 가졌느냐 하는 문제일 것이다. 물론 자녀들이 부 모의 태도를 어떻게 지각하고 받아들였느냐 하는 측면도 중요하다.

신경증은 개체가 자기 자신과 자신이 아닌 것 사이를 분명히 구분하지 못하는 것, 즉 '경계장 애'라고 말할 수 있는데, 내사도 이런 점에서 대표적인 경계장애라고 할 수 있다. 따라서 치료란 어느 것이 자기이고, 어느 것이 자기가 아닌지를 명확히 구분할 수 있도록 도와주는 것이라고도 할 수 있다. 즉, 개체가 자기 자신이 되는 것을 방해하는 요소들을 제거함으로써 개체로 하여금 다시 진정한 자기 자신이 되도록 도와주는 것이라 하겠다.

내사는 심리치료에서 내담자들이 반복해서 보이는 전형적인 사고나 행동을 통해서 확인할 수 있다. 여기서 치료자는 그들의 내사된 사고나 태도를 의식화시키고 이를 재검토하게 한 후에 어 느 것이 진정한 자신이고, 어느 부분이 내사된 부분인지를 구분하도록 도와주어야 한다. 이때, 진 정한 자신이 아닌 것들과는 과감하게 결별하는 것이 필요하다(Perls, 1969a, 1976).

대부분의 심리치료는 부모에 대한 나쁜 이미지를 바꾸어 주는 데 상당한 비중을 둔다. 즉, '새로운 부모 이미지 심기(reparenting)'를 강조한다. 게슈탈트치료에서는 한 걸음 더 나아가 내 사가 심한 내담자들에게는 나쁜 부모의 이미지와 결별하도록 도와주어야 한다고 말한다. 말하 자면 '나쁜 부모 이미지 분리 작업'이 필요하다는 것이다. 즉, 내담자들로 하여금 부모나 사회의 부당한 요구와 기대로부터 결별하고, 자신의 경계를 확실히 느끼도록 해 주어야 한다는 것이다 (Smith, 1990; Clarkson, 1990). 스미스는 이러한 나쁜 부모 이미지 분리작업을 실제 치료적으로 어 떻게 진행할 수 있는지에 대해 다음과 같이 말한다.

상사의 무리한 요구에 대해 싫으면서도 계속 복종하며 자신의 욕구를 전혀 표현하지 않는 내담자가 있다면 빈 의자 기법을 사용하여 상사에게 '싫습니다.'라는 말을 해 보도록 시키는 것이 도움이 되며, 궁극적으로는 어릴 때의 상황을 재현시켜 부모에게 '싫어요.'를 말하도록 시키는 것이 필요하다.

구체적으로 내담자가 빈 의자 기법을 통해 부모나 상사의 요구를 직면하게 될 때, 어떤 기 분이 느껴지는지 혹은 어떤 신체감각이 느껴지는지 관찰하게 하는 것도 좋다. 이때 "당신이 두려워하는 것이 뭐죠?"라고 물어서, 내담자의 파국적 기대를 알아내고, 그것이 과거 어릴 때

경험의 어느 부분을 연상시키는지 물어봄으로써 자신의 행동과 경험 간의 연관성을 자각시켜 줄 수 있다.

만일 내담자가 현재의 상사에 대해 보이는 자신의 태도와 과거 부모와의 관계에서 보였던 태도 사이에 어떤 관련성을 발견하고서 "아, 상사와의 관계에서 보이는 제 행동이 우리 아버지와의 관계에서 보였던 제 행동과 같네요! 아버지도 제게 항상 무엇을 많이 시켰는데, 그때 나는 싫다는 말을 못 했어요."라고 말하면서 자신의 새로운 발견에 놀라움을 표현할지도 모른다.

그러면 이제 치료자는 내담자에게 아버지 역할을 해 보도록 시킬 수도 있다. 이때 아버지의 감정을 다소 과장하여 표현해 보도록 요구해야 한다. 가능하면 손가락으로 가리켜 가며 아들에게 무리한 요구를 하는 연기를 하도록 시키면서 이러한 작업을 내담자가 자신의 내사된 부분을 또렷이 의식할 때까지 계속시키는 것이 좋다.

이러한 과정을 통해서 치료자는 내담자가 갖고 있는 '파국적 기대'를 들을 수 있는데, 이러한 파국적 기대는 대개 애정의 거부, 결별선언 등이다. 예컨대, "내 말을 듣지 않으면 자식으로 인정하지 않겠다." "집에서 쫓아 내겠다." "다시는 안보겠다." 등과 같은 말들이다.

이때 치료자는 내담자가 부모로부터 내사한 것들을 알아차리도록 해 주는 한편, 그러한 말을 듣는 순간의 신체감각을 자각시켜 주고, 또한 그 상황에서의 자신의 욕구를 자각시켜서 어린 시절의 내사에 대해 더 이상 맹목적으로 복종하지 않고 자신의 선택을 하도록 도와주어야 한다.

이 시점에서 내담자가 아버지에게 "이젠 더 이상 아버지가 시키시는 대로 하기 싫어요."라고 말할 수 있으면 이것이 부모 분리작업이다. 이러한 부모 분리작업에서는 빈 의자에 내사된 부모를 앉히고서, 신체동작을 해 가면서 큰 소리로 "싫어요."라고 외치게 해야 한다. 여기서 개체가 도저히 소화할 수 없는 요소들은 온몸으로 싫다고 말해야 한다. 그래야만 유기체에 해독스러운 요소들을 쫓아낼 수 있다(Smith, 1990, pp. 23-25).

한편, 이러한 절차는 너무 빨리 진행하게 되면 위험할 수 있다. 즉, 이때까지 내담자가 전적으로 의지해 온 부모 이미지와의 너무 성급한 결별은 내담자들로 하여금 버림받은 기분, 절망감, 그리고 자살충동을 불러일으킬 수도 있기 때문이다. 내담자들에게 있어서 부모로부터 결별한다는 것은 동시에 그들의 사랑을 포기한다는 것과 같은 의미로 받아들여질 수 있기 때문이다. 그래서 이 절차를 거치는 동안 부모와의 결별에 따른 애도작업을 함께 하는 것이 필요하다.

치료자는 내사가 심한 내담자에게 간단한 실험을 통하여 그들의 억압되었던 욕구를 자각하도록 도와줄 수 있다. 예컨대, 내담자에게 "일어서세요!" "앉으세요!"를 계속시키면 내담자는 한참 따라 하다가 "이제 하기 싫어요!"라는 말을 하게 될 것이다. 혹은 치료자가 아무 말도 하지 않고 내담자의 무릎 위에 앉거나 보자기 같은 것을 내담자의 머리 위에 덮어씌워 놓고서 내담자가 어떤 반응을 보이는지 기다려보는 것도 의미 있는 결과를 초래할 수 있다.

처음엔 대부분의 내담자가 치료자의 이런 행동에 대해 별 반응을 보이지 않고 받아들이지만 시간이 지나면서 무릎이 아프니 좀 비켜 달라고 말하거나, 아니면 손으로 밀어 내거나 보자기를 벗어 던지는 등 싫다는 의사를 표현할 수 있게 된다. 다음에 심한 내사를 보이는 내담자에 대한 치료사례를 소개하겠다.

> 메리는 치료시간에 치료자의 제안에 따라, 자신이 어머니에게 섭섭하게 느끼는 것들을 모두 노트에 적었는데 그날 밤 꿈에서 그녀는 어머니가 그 노트를 들여다보는 것을 보고서, "어머니는 나의 감정을 통제할 권리가 없어요! 이제 더 이상 그렇게 하시도록 내버려 두지 않겠어요!"라고 어머니에게 소리쳤다. 꿈에서 깨어난 그녀는 처음으로 자신을 독립적인 인격으로 느끼게 되었다. 치료시간에 와서 꿈 이야기를 하면서 메리는 한편으론 이제까지 자신이 의존해 왔던 어머니와 결별하는 슬픔과 두려움을 털어놓으면서도, 다른 한편으로는 이제 자신이 원하는 삶을 살고 싶다는 결심을 말했다(Clarkson, 1990).

심리치료자의 말도 내담자에게 내사될 수 있다는 지적에 대하여 미리엄 폴스터(Polster, 1990)는 '좋은 내사'와 '나쁜 내사'를 구분하면서 성숙한 치료자의 가치관이나 제안은 좋은 내사에 해당하며, 이러한 좋은 내사는 내담자가 스스로 자립할 능력이 생길 때까지, 나쁜 내사를 일시적으로 대체하는 역할을 할 수 있다고 했다. 또한 그녀는 좋은 내사는 내담자에게 마치 이유식과 같이 긍정적으로 작용하여, 내담자가 스스로 일어설 때까지 당분간 지지적인 효과를 발한다고 했다. 즉, 때가 되면 내담자는 이유식으로부터 힘을 얻어서 일반적인 음식을 소화해 낼 수 있다는 것이다. 이러한 의미에서 그녀는 대상관계이론에서 말하는 '일시적 내사'라는 용어를 차용해도 좋겠다고 했다.

한 가지 흥미로운 사실은 멜라니 클라인(Melanie Klein)이 말한 것처럼 흔히 내담자는 성장과정에서 환경을 실제보다 더욱 비관적으로 지각함으로써 필요 이상으로 지나치게 엄격한 내사를 하는 현상을 보이기도 한다는 것이다. 예컨대, 아무도 그렇게 요구한 적도 없고, 또 그 정도로 극한적인 상황도 아닌데 아동들은 '나는 절대 슬퍼해서는 안 된다.'라든가 '절대 부모님 마음을 아프게 해드려서는 안 된다.' 혹은 '절대로 나의 분노감을 표현해서는 안 된다.'는 등의 지나치게 엄격한 내사를 스스로 채택하는 경우가 있다는 것이다.

내사에서 정말 중요한 것은 실제 부모의 교육이나 태도 그 자체보다도, 오히려 그러한 부모의 교육이나 태도를 개체가 어떻게 내사했느냐 하는 부분일 수 있다. 즉, 실제 부모나 선생님보다는 개체 속에 내사되어 있는 그들의 이미지와 메시지가 더 중요하다. 통상적으로 볼 때, 많은 내담자의 경우 '실제 부모'보다 '내사된 부모'가 훨씬 더 엄격하고 도덕적이다. 그것은 개체의 추가적인 노력 때문에 나타나는 현상이다(Brown, 1961).

지금까지 앞에서 언급한 내사들은 대부분 외부로부터 알게 모르게 주입된 것들로서 개체의 자율적이고도 즉흥적인 활동들을 제한한다. 하지만 내사는 외부 환경의 직접적 압력이나 특별한 교육 없이도 개체 스스로 자신의 성장배경적 경험에 따라 형성될 수도 있다. 즉, 성장기 열악한 환경에서 자신이 겪은 고통스러운 경험을 반복하지 않기 위해, 혹은 부모나 주변으로부터 칭찬을 받기 위해 스스로 내면적 규범을 만들어 그에 따라 자신을 억제하는 행동을 할 수 있다.

예컨대, 어릴 적 부모의 경제적 무능함 때문에 심리적으로 몹시 힘들었던 사람이 자기는 커서 유능한 사람이 되어 다시는 그 같은 고통을 경험하지 않겠다고 결심하고 '무능함은 최고의 악이다.'라는 내사를 형성하거나, 혹은 어려운 처지에 놓여 있는 부모의 상황을 이해하고 스스로 착한 아이가 되어야 한다는 내사를 형성한 경우 등이 있을 수 있다.

이처럼 스스로 선택하여 형성한 내사의 경우도 외부로부터 주입된 내사와 마찬가지로 개체의 생생한 욕구와 감정을 억제함으로써 심리적 장애를 일으킬 수 있다.

나의 한 내담자는 어머니가 일찍 남편을 잃고 아들 셋을 혼자 힘으로 키우며 힘들게 살았다. 내담자는 막내였는데 형들은 어머니의 고생하시는 것에 대해 별로 생각 없이 행동했다. 형들은 자주 어머니에게 새 옷을 사 내라, 용돈을 달라 떼를 쓰고, 요구를 들어주지 않으면 울고불고 야단이었다.

그러나 이 내담자는 일찍 철이 들었고 어머니의 고생하시는 모습을 보고 차마 그런 말을 하지 못했다. 그는 형들의 무심한 행동을 이해할 수 없었고 그러한 형들이 미웠다. 그는 양말이 떨어져도 어머니가 기워 주면 싫다는 말 한마디 하지 않고 신었으며, 신발이 떨어져도 더 신어도 괜찮다고 말했다.

어머니는 그에게 야단 한번 치시는 적이 없었지만 그는 어머니를 생각해서 항상 자신의 욕구를 억압했다. 그는 스스로 '너는 절대로 형들처럼 어머니의 마음을 아프게 해 드려서는 안 돼! 너마저 어머니 속 썩이면 어머니는 이 세상에 아무도 의지할 사람이 없어 …!'라고 내사를 하였다. 누구도 그에게 그런 내사를 강요한 사람이 없었지만, 그는 스스로 그러한 내사를 하였던 것이다. 그는 사회적으로 꽤 성공한 사람이 되었고, 항상 타인의 심정을 먼저 헤아려 주는 성격 때문에 많은 사람들로부터 칭찬을 받았다. 하지만 정작 그 자신은 막연한 불행감에 시달리고 있었다.

그는 몇 차례의 치료작업을 통해 차츰 자신의 억압된 욕구를 알아차릴 수 있었다. 즉, 자기도 어렸을 때 형들처럼 아무 생각 없이 어머니에게 새 양말을 사 내라, 새 신을 사 내라 하고 떼를 쓰고 싶은 마음이 있었음을 발견했다. 그는 마침내 빈 의자에 앉은 어머니에게 이렇게 울부짖었다.

"어머니! 난 더 이상 착한 아이가 아니에요! 나도 다른 아이들처럼 맛있는 것도 먹고 싶고 마음껏 뛰놀고 싶어요! 어머니 때문에 마음껏 놀지도 못하고, 어머니 싫어! 난 더 이상 착한 아이 노릇하기 싫어! 난 더 이상 이렇게 살고 싶지 않단 말야! 이젠 나보고 착하다는 말 하지 마!"

내사는 다른 접촉경계혼란의 기본이 된다. 즉, 내사는 우리의 뇌에 입력된 일종의 프로그램 같은 것으로서 개인이 겪는 모든 접촉경계혼란에 다 관여되어 있다. 예컨대, 투사나 융합, 반전, 자의식, 편향 등에 모두 관여하면서 그것들과 함께 나타나는 경우가 많다. 따라서 다른 접촉경계혼란을 다룰 때, 반드시 내사도 함께 살펴보아야 한다.

2. 투사

내담자는 흔히 자신의 생각이나 욕구, 감정 등을 타인의 것으로 지각하는데 이러한 현상을 투사(projection)라고 부른다. 예컨대, 자신이 타인에 대해 애정이나 적개심을 갖고 있으면서, 오히려 타인이 자신에게 그러한 감정을 갖고 있는 것으로 지각한다거나, 사실은 자기가 자신을 부정적으로 보고 있으면서 타인이 자기를 그렇게 볼 것이라고 생각하는 것 등이다. 이러한 현상은 개체가 자신의 욕구나 감정을 자신의 것으로 자각하고 접촉하는 것을 두려워한 나머지, 그것에 대한 책임소재를 타인에게 돌림으로써 나타난다.

이러한 투사는 정신분석에서 병리현상으로 중요하게 다루어 온 개념으로 게슈탈트치료에서도 거의 같은 의미로 사용한다. 다만 게슈탈트치료에서는 투사의 범위를 정신분석에서보다 좀 더 넓게 잡는다. 즉, 현실왜곡이 병적으로 심각한 정도가 아니라도 선택적 지각현상이 일어나면 투사로 본다.

한편, 게슈탈트치료에서는 투사를 **창조적인 투사**와 **병적인 투사**로 나누어 설명하는데, 전자는 개체가 새로운 상황에 처하여 그 상황에 능동적으로 대처하는 한 방편으로서 의도적으로 자신의 상상력과 창의력을 사용하는 행위를 말하며, 후자는 개체가 직면하기 힘든 자신의 내적인 욕구나 감정 등을 회피하기 위하여 무의식적이고 반복적으로 하는 행위를 지칭한다. 그러나 대개 게슈탈트 치료이론에서 투사라고 하면 후자를 지칭하며, 전자를 말할 때는 창조적 투사라고 따로 명기한다(Perls, 1969b; Polster & Polster, 1974; Zinker, 1977).

투사의 대상이 되는 것은 감정이나 욕구뿐 아니라 개인의 생각이나 가치관도 포함되며, 또한 부정적인 측면뿐만 아니라 긍정적인 측면도 투사가 가능하다. 예컨대, 미움이나 질투심, 분노감은 물론이고 부드러운 감정이나 자신감, 창조적 에너지 등도 투사될 수 있다.

개체가 투사를 하는 것은 그렇게 함으로써 자신의 욕구가 좌절되는 것보다 고통을 덜 받게 되기 때문이다. 즉, 개체가 자신 속의 받아들이기 힘든 부분들을 부정해 버리고, 그것들을 타인의 것으로 돌려 버림으로써 심리적 부담을 덜 수 있기 때문이다(Clarkson, 1990).

또한 투사를 함으로써 자신의 억압된 욕구를 동시에 충족시키는 효과도 갖는다. 예를 들어, 자신의 공격성을 억압하고 타인에게 투사하는 내담자의 경우 투사를 함으로써 자신의 공격성을 방어하는 동시에 타인을 매개로 하여 이를 충족시킬 수 있게 된다(Horney, 1991).

폴스터 등은 투사가 내사의 영향에 의해 생긴다고 말한다. 즉, 개체에 내사된 가치관이나 도덕적 규범이 개체로 하여금 그의 특정한 욕구나 감정 혹은 생각을 허용하지 않기 때문에 이를 타인의 것으로 지각함으로써 해결한다는 것이다. 예를 들어, 어떤 다른 사람이 자기를 미워하고 곤경에 빠뜨리려 한다고 의심하고 있는 사람의 경우에, 실제는 그 사람 자신이 다른 사람을 미워하는 것일 수가 있는데, 이는 자신이 타인에 대해 그러한 부정적인 감정을 갖고 있다는 사실을 윤리적인 차원에서(내사의 영향으로) 받아들일 수 없기 때문에 타인에게 투사한다는 것이다(Polster & Polster, 1974, pp. 78-82).

대인관계 갈등은 흔히 이렇게 자신의 내면에서 받아들일 수 없는 부분들을 타인에게 투사함으로써 나타난다. 요컨대, 우리는 악을 자신의 안에 있는 것으로 인정하기보다는 자신 밖에 있는 것으로 보는 것이 편하기 때문에 타인을 악한 존재로 규정하고 그들과 대립갈등을 일으킨다. 즉, 우리 자신과 싸우는 것보다는 타인과 싸우는 것이 쉬우며, 우리 자신의 악과 대치하는 것보다는 악마에 대항하는 것이 쉽기 때문이다. 예를 들어, 인종차별주의자를 싫어하는 사람은 자신이 인종차별주의자라는 것을 위장하고 있는 것일 수 있으며, 독재자를 타도하자고 외치는 사람의 내면에 독재자의 성향이 꿈틀거리고 있을 수도 있다(Clarkson, 1990).

다른 사람들의 특정한 행동에 대해 지나치게 민감하게 반응하며 그것에 대해 심하게 부정적인 반응을 보이는 사람의 심리에도 투사가 개입되어 있을 수 있다. 그것은 그 사람 자신이 무척 하고 싶은 충동을 느끼는 행동이지만 자신의 내사된 가치관 때문에 억압하고 있는데, 이 행동을 타인이 하는 것을 보면 이제껏 억압해 온 자신의 억압된 충동이 자신의 통제를 벗어나려 하는 것으로 느껴지기 때문에 지나치게 민감하게 반응하는 것이다.

> 나의 한 내담자는 나이에 비해 매우 침착하고 조신하며, 항상 모범적이고 자신의 욕구나 주장을 남 앞에서 내세우는 법이 없는 매우 헌신적인 여성이었다. 그녀는 모든 일을 묵묵히 해내었고, 타인에게 불편을 끼치는 일이 좀체 없었다. 그런데 요즘 그녀는 함께 지내는 룸메이트가 가끔 떼를 쓰거나 응석을 부리는 행동을 하는데, 그것이 몹시 거슬려 속으로 막 짜증을 낸다고 했다. 그녀의 어린 시절을 탐색해 봤더니 그녀가 6살 때 조카가 태어나서 자기가 더 이상 집안의 귀염둥이 노릇을 할 수 없게 되어, 그때부터 일찍 '조숙하고 철든' 아이가 되었다고 했다.

여기서 우리는 그녀가 룸메이트의 응석 부리는 행동에 대해 갖는 지나친 불쾌감은 그녀 스스로의 억압된 응석 부리고 싶은 욕구가 룸메이트에게 투사되어 나타나는 것에 대한 불쾌감임을 알 수 있다.

일반적으로 사람들은 자신의 욕구나 행동경향이 존재하기 때문에 다른 사람의 욕구나 행동경향을 쉽게 감지할 수 있다. 예컨대, 욕심쟁이가 쉽게 다른 사람의 욕심을 알아보고, 또 자기가 뽐내고 싶어 하는 사람이 타인의 뽐내는 행동을 금방 알아챈다. 그러나 투사 그 자체가 병적인 것은 아니다. 오히려 투사는 인간에게 없어서는 안 될 중요한 능력이다. 이 능력이 없으면 타인을 이해할 수도 없다. 인간은 자신의 심리를 근거로 해서 타인을 이해할 수 있기 때문이다. 문제는 자신의 투사행위를 모르고 있을 때 발생한다. 즉, 자신의 악을 타인과 환경에 투사하여 싸우거나, 자신 속의 잠재력과 창조적인 힘을 타인이나 기타 외부 대상에 투사해 버릴 때 생기게 된다.

이러한 투사는 비단 심리학적인 현상에서뿐만 아니라 정치, 종교, 도덕, 사회, 경제, 문화, 예술 등 모든 인간의 행위영역에서 나타나는 현상이다. 특히 종교현상에서 나타나는 투사의 문제는 많은 철학자들과 심리학자들의 관심의 대상이었다. 그중에서도 특히 프리드리히 니체(Friedrich Nietzsche)와 카를 구스타프 융(Carl Gustav Jung)이 투사와 관련된 종교현상에 대해 많은 관심을 보였다. 종교현상에서 나타나는 투사에 대한 그들의 견해를 간략히 살펴보기로 한다.

니체는 많은 사람들이 자신의 인격에서 스스로 받아들이기 힘든 부분을 억압하고, 이를 외부의 대상들에다 투사하여 그것에 악마라는 이름을 붙이고 그것과 싸우고 있다고 말했다. 니체는 이러한 억압된 부분을 '우리의 내면에 있는 야수(das innere Vieh)' 혹은 '그림자(Schatten)'라고 불렀다. 그런데 이러한 '야수' 혹은 '그림자'는 우리 안에 존재하는 인간의 본성 가운데 중요한 부분으로서 '야성(野性)'을 뜻하는데, 이는 바로 인간 삶의 원동력이며 인간이 인간다울 수 있는 가장 중요한 근원이라고 했다.

그에 의하면 기독교의 영향으로 많은 사람들이 내부 인격을 신과 악마로 분열시켜 놓고 싸움으로써 내전상태에 빠지게 되며, 그 때문에 죄책감에서 벗어날 수가 없다고 한다. 그는 고대 그리스의 종교에서는 이러한 인간 내면에 있는 야수가 여러 가지 종교행사와 예술 활동에서 동일시를 통하여 승화되었으나, 기독교에서는 항상 이를 통제하거나 외부로 투사해 버림으로써 우리의 내면세계가 분열되어 버렸다고 비판했다(Nietzsche, 1905, 1955).

융도 이러한 투사문제에 대해 많은 관심을 보였다. 특히 그는 니체의 견해와 많은 유사점을 보였는데, 특히 그의 '그림자' 개념을 그대로 수용하고 있다. 니체와 함께 그는 개체로부터 수용되지 않는 인격의 부분을 '그림자'라고 불렀는데, 이러한 투사는 개체로 하여금 타인에 대한 견해를 흐리게 하고 객관적인 판단을 저해하기 때문에 위험한 것으로 보았다.

그에 따르면 개체는 그림자를 외부에 투사함으로써 자신의 인격의 한 부분은 적대적인 쪽에 남게 되며, 이렇게 하여 소외된 그림자는 마침내 개체의 적이 되어 개체에게 보복을 가해 온다고 하였다. 따라서 이를 자각하고 받아들여 통합하는 것이 매우 중요하다.

또한 그는 우리의 내면세계에 끼친 기독교의 영향에 대해 관심을 많이 보였는데, 특히 대속(代贖)의 의미를 투사와 관련시켜 해석했다. 즉, 그리스도를 통한 대속의 의미는 우리의 죄를 밖으로 투사하는 데서 비롯된 것으로 이때 자신의 죄를 밖으로 투사해 버림으로써 죄에 대한 책임을 회피하는 결과를 초래한다고 했다.

그는 포이에르바하(Ludwig Feuerbach)와 함께 '최고선(das höchste Gut)'으로서의 하나님에 대한 표상도 우리의 선함과 아름다움 그리고 진실을 외부에 투사한 것이라는 사실을 지적하면서, "우리가 만일 최고선과 최고악을 밖에 투사해 버린다면 우리의 영혼은 비어 있는 것이 아니겠는가?"라고 반문하였다(Jung, 1964, pp. 173-183, 1971, 1983; Harsch, 1965, pp. 128-129).

게슈탈트 심리치료에서는 우리의 생각과 감정, 욕구 그리고 행동이 우리 자신의 창조물이라는 것을 자각하고 이해할 때 비로소 좀 더 책임감 있는 삶을 살아갈 수 있고, 우리의 삶을 능동적으로 개척해 가면서 우리 자신의 작품으로 '만들어 갈(gestalten) 수 있다고 말한다. 즉, 좋든 싫든 우리의 삶은 우리 자신의 작품이라는 사실을 받아들여야만 더 이상 병적인 투사에 의해 내적 · 외적 갈등과 대인 갈등에 빠져들지 않고, 실존적인 삶을 살아갈 수 있다는 것이다.

투사는 자신의 유기체적 욕구를 자각하고 접촉하며 해소하는 과정을 방해할 뿐 아니라 타인과의 접촉도 방해한다. 그것은 타인의 존재를 있는 그대로 바로 보지 못하게 하고, 나의 생각, 나의 욕구로 상대편을 지각하게 만듦으로써 타인들을 진정으로 만나지 못하게 한다. 따라서 타인과 진정한 접촉을 할 수 있기 위해서는 나 자신의 내부를 먼저 점검해 볼 필요가 있다. 즉, 자신의 내부에 있는 억압된 생각이나 충동들과 접촉을 하게 되면 이 부분들과 차츰 화해를 하게 되고, 그 결과 차츰 타인과의 관계에서 올바른 접촉을 할 수 있게 된다.

예컨대, 자신의 공격성을 억압하고 접촉하지 못하는 사람은 이를 타인들에게 투사해 버림으로써 타인과의 관계가 악화될 수 있는데, 이런 사람은 자신의 공격성을 접촉하고 해소함으로써 자신의 문제를 해결할 수 있고 또한 타인과의 관계도 향상된다.

이런 문제는 성격의 긍정적인 측면들과 관련해서도 일어날 수 있다. 즉, 우리 내면의 '양극성(polarity)'의 부분들 중에 자신감이라든가 따뜻함, 혹은 부드러움 같은 것들이 충분히 개발되지 않았거나 잘 접촉되지 않는 내담자가 자신의 이런 부분을 타인에게 투사하고서 타인을 부러워하거나 그에게 의존하려는 행동을 할 수도 있다.

흔히 연인이나 배우자를 선택할 때 이런 현상이 많이 일어나는데, 사람들은 상대에게 자신의 긍정적 속성을 투사하고서 상대를 쫓아다닌다. 이때 그들이 상대를 좋아하는 것은 그 사람의 존재 때문이라기보다는 자신의 투사물을 사랑하는 것이다. 따라서 그것은 진정한 사랑이라고 볼 수 없을 것이다. 이렇게 시작된 관계는 대개 얼마 못 가서 실망과 짜증을 초래한다. 따라서 건전한 대인관계를 위해서는 각자 자신의 내적 측면들을 골고루 접촉하고 통합하는 것이 필요하다(Jung, 1964, 1983; Zinker, 1977).

우리는 많은 투사를 하면서 살아간다. 그것은 이미 말한 것처럼 내사와 관련되어 있고, 또한 오랫동안 인류는 투사라는 방법을 문화적으로 물려받아 왔기 때문이다. 그리고 어렵고 고통스러운 현실을 사실로 직면하는 것보다는 차라리 그것을 외부로 투사하여 책임을 회피해 버리는 것이 쉽기 때문이다. 하지만 이러한 투사는 접촉경계혼란을 일으키는 중요한 원천이며 우리로 하여금 지금-여기에 깨어 있지 못하게 하는 중요한 장애이므로 이를 해결하지 않으면 안 된다(Perls et al., 1951, 1969b; Polster & Polster, 1974).

투사를 해결하는 데에는 여러 접근법이 있는데, 그중 하나는 내담자로 하여금 자신의 지각과 거꾸로 행동하도록 요구하는 것이다. 예컨대, 내담자가 어떤 사람이 자기를 미워하는 것 같다고 말하면, 치료자는 거꾸로 내담자에게 내담자 자신이 그 사람을 미워한다고 말하게끔 시키는 것이다. 이런 실험을 통해 내담자에게 그 사람에 대한 자신의 증오감을 접촉시켜 줄 수 있다. 이렇게 하여 내담자가 자신의 증오감을 접촉할 수 있게 되면, 다음 단계로 그 사람에게 말한 내용을 다시 구체적으로 이유를 들어 설명하도록 시킨다. 그렇게 하면 내담자는 자신의 내면에 있는 공격성을 접촉할 수 있게 되기 때문이다. 투사와 관련하여 클라크슨의 사례를 소개한다.

내담자는 치료자가 자기가 별로 재미없고 따분한 사람이라서 이제 싫증이 났을 것이라고 치료자에게 말했다. 또 그는 자신의 공격적이고 파괴적인 충동은 치료자를 놀라게 할지도 모르므로 자신을 통제해야만 한다고 말하기도 했다. 치료자는 그의 이러한 생각이 투사임을 깨닫도록 해 주기 위해 그에게 "나는 나 자신에게 싫증이 났다. 그리고 나의 파괴적인 충동이 두렵다."라고 말하게 시켰더니 그는 진지하게 생각한 후에 자신의 투사를 깨달았다.

또 다른 한 내담자는 자기존중감이 매우 낮았는데, 치료자는 그에게 돌에 대해 가능한 모든 긍정적인 진술들을 해 보라고 말했다. 그러자 그 내담자는 돌의 속성으로 "안정되고 신뢰성 있고 유용하며, 아름답고 신기하다." 등의 수식어들을 사용했다. 이때 치료자는 다시 내담자에게 '나는'이라는 말을 그 형용사들 앞에 붙여서 말하도록 시켰는데, 내담자는 이 실험을 하고 난 뒤, 마침내 자기 자신 속에도 그러한 속성이 있음을 발견하고 매우 기뻐했다(Clarkson, 1990).

이것은 내담자가 이제까지 자기 자신의 장점을 다른 사람들에게 투사했듯이, 돌에게도 자신의 장점을 투사한 사실을 발견하고서 자신의 새로운 모습을 찾아내고 놀라워한 것이다. 일반적으로 우리가 타인의 장점을 알아볼 수 있는 것은 우리 자신 속에도 그러한 장점이 있기 때문이다.

투사를 심하게 하는 내담자의 경우 대개 자아경계가 경직되어 있고 타인과의 교류나 접촉이 별로 없으며 피해의식도 많다. 그들은 대부분 자신감이 없고 타인의 이목에 지나치게 예민하며, 심한 방어를 보인다. 이러한 내담자의 투사를 거두어들이고, 자신의 유기체 및 타인과의 접촉을 강화시켜 주기 위해서는 내담자와의 신뢰감 형성이 매우 중요하다. 그러기 위해서 치료자는 내담자의 시각을 이해하고 지지해 주는 것이 우선적으로 필요하다. 즉, 그들의 입장에서 이해해 주고 지지해 주는 과정을 통해 단계적으로 신뢰감을 형성해 주어야 한다. 상호신뢰가 없는 상태에서 무턱대고 게슈탈트 기법들을 사용하는 것은 바람직하지 않다(Polster & Polster, 1987).

3. 융합

펄스는 '융합(confluence)'이란 밀접한 관계에 있는 두 사람이 서로 간에 차이점이 없다고 느끼도록 은연중에 합의함으로써 발생하는 '접촉경계혼란'이라고 말했다. 즉, 친구가 행복하다고 느끼면 자기도 행복하다고 느끼고, 친구가 불행을 느끼면 자신도 함께 불행을 느끼는 마치 일심동체의 관계와 같은 것이다(Perls et al., 1951).

이러한 관계에 있는 사람들은 겉으로 보기에는 서로 지극히 위해 주고 보살펴 주는 사이인 것

어빙 폴스터(Erving Polster)

미리엄 폴스터(Miriam Polster)

처럼 보이지만, 내면적으로는 서로 독립적으로 행동하지 못하고 의존관계에 빠져 있는 경우가 많다. 즉, 자기 혼자서는 살아갈 수 없다고 생각하기 때문에 상대편을 놓아 주지 않고 붙들고 있는 상태라 하겠다.

폴스터와 폴스터(E. Polster & M. Polster, 1974, p. 93)는 융합은 두 사람 간에 서로 다투지 않기로 계약을 맺은 것과 같은 상태라고 정의했다. 즉, 명시적인 약속은 하지 않았지만 묵시적으로 서로 지켜야 하는 약속과 같은 것이라 했다. 그들은 평소에는 이러한 계약의 존재를 잘 의식하지 못하지만, 계약 당사자 간에 어느 한쪽이 실수에 의해서 혹은 고의로 계약을 위반하면 서로 간에 계약이 존재한다는 사실을 알게 된다. 이러한 융합관계는 주로 부부 사이나 부모 자식 간에 많이 발견되지만, 오랫동안 사귄 친구 사이나 혹은 개인과 소속단체 사이에도 존재할 수 있다.

융합관계에 있는 두 사람은 태아와 어머니의 관계에서처럼 서로 간에 경계가 없다. 두 사람은 마치 하나의 개체인 것처럼 착각하며 산다. 그들은 자신의 개체성을 희생하여 마치 '우리'라는 보호막 속에 들어가 안주하고 있는 것처럼 보인다. 그들은 이러한 관계를 깨뜨리려는 시도에 대해서는 자신의 안전에 대한 심각한 위협으로 느낀다. 따라서 그들은 서로 간에 어떤 갈등이나 불일치도 용납하지 못한다.

그들은 오랫동안 서로 길들여진 관계에 익숙해져 있기 때문에 서로 간의 균형 상태를 깨뜨리는 행동은 금기로 되어 있다. 각자의 개성과 자유를 포기하고 그 대가로 얻은 안정을 깨뜨리려는 행위는 서로에 대한 암묵적 '계약'을 위반하는 것이므로 상대편의 분노와 짜증을 사게 되며, 융합관계를 깨뜨린 사람은 죄책감을 느끼게 된다.[3]

펄스 등(1951, pp. 118-123)에 의하면 죄책감과 짜증은 융합관계에 위협이 닥치면 나타나는 감

---

[3] 대체로 한국인을 포함한 동양인들은 서구인들에 비해 융합 경향이 심한 편이다. 이는 집단주의 문화에서 비롯한 것이라 할 수 있다. 즉, 개인의 주체성보다는 집단의 이익과 질서를 더 중시하는 분위기와 관련이 있다. 이는 반드시 부정적이라고 볼 수는 없으나 전술한 것처럼 심해지면 개인의 부적응을 초래할 수 있다. 한편, 논어에 나오는 공자의 다음 글귀를 보면 공자가 융합 경향을 바람직하지 않은 것으로 본 것이 흥미롭다. "자왈(子曰) 군자(君子) 화이부동(和而不同), 소인(小人) 동이불화(同而不和)", 즉 인격이 성숙한 사람은 서로 생각이나 행동이 같지 않더라도 타인과 조화롭게 잘 지낸다. 하지만 미성숙한 사람은 겉으로는 생각과 행동을 같이하지만, 실제로는 서로 잘 화합하지 못한다고 하였다. 여기서 공자도 개인의 독립적 행동을 성숙한 행동으로 보았고, 이를 타인과의 조화로운 행동의 기초로 여겼다는 것을 알 수 있다.

정이라고 한다. 이때, 죄책감은 융합관계를 위반한 사람이 느끼는 감정이고, 짜증은 이의 시정을 요구하는 사람 쪽에서 내보내는 감정이다. 독일어로 죄책감은 Schuldgefühl인데, 여기서 Schuld 는 '빚지다'라는 의미이다. 즉, 죄책은 바로 계약을 위반한데 대한 부담감, 즉 '빚진' 느낌이며, 짜증은 빚 갚기를 요구하는 분노감정이다. 이러한 죄책감이나 짜증은 모두 위험에 처한 융합관계를 복원할 목적에서 발생하는 감정이라고 할 수 있다. 다음은 융합관계를 보여 주는 나의 임상사례이다.

> 내담자는 30세의 미혼여성인데, 외모는 가냘프고 창백했다. 그녀는 자신이 성장해 온 과정을 통해서 어머니의 영향을 너무 많이 받은 사실에 대해 최근에 와서 불편을 느끼기 시작했는데 치료에서 그녀는 이렇게 말했다. "나는 어머니의 인형이었어요. 어머니는 내게 뭐든지 다 해 줬어요. 나를 자기 자신보다도 더 사랑했지요. 어릴 적 학교 다닐 때 항상 학교까지 데려다 주시고, 데리러 오시고 … 어머닌 제가 대학교에 다닐 때까지 머리를 빗어 주시고, 옷을 골라 주셨지요. 우린 항상 함께 다녔지요. 마치 친구처럼 말예요.
>
> 내가 미팅을 하고 돌아오면 어머니는 나보다 더 흥분하셔서 어땠는지 물어보시곤 했지요. 그런데 내가 진지하게 남자친구를 사귀게 되면서부터 어머니는 매우 서운해 하셨어요. 마치 자식을 잃어버리기라도 한 듯이 말이에요 …. 지금 생각해 보면 매번 남자친구들과의 관계가 오래 지속되지 못하고 끝나 버린 것은 어머니가 그들을 싫어하셨기 때문인 것 같아요."
>
> 어머니에게서 독립하고 싶다는 말을 해 보았는지 묻는 나의 질문에 그녀는 "그런 말을 들었으면, 어머니는 뒤로 넘어지셨을 거예요. 전 어머니를 배신할 수 없었어요!"라고 대답했다. 그러면서도 그녀는 어머니가 자신의 사생활을 일일이 간섭하는 것에 대해 이젠 정말 지쳤다고 말했다. 하지만 어머니에게 그런 말을 하는 것은 너무 죄송스럽기 때문에, 요즘은 어머니와 되도록이면 안 마주치려고 노력한다고 말했다.

펄스 등(1951)은 융합관계에 놓여 있는 사람들은 서로 아무런 새로움도 없이 그냥 서로에게 매달려 진부하고 생기 없는 삶을 살아간다고 지적했다. 융합으로 인하여 자신의 경계를 갖지 못할 때 개체는 자신의 욕구와 감정을 제대로 전경으로 떠올려 해소할 수가 없고 따라서 그러한 삶은 미해결과제를 계속 축적시킨다.

실제로 별개의 존재인 두 사람이 똑같은 감정이나 생각을 가진다는 것이 사실상 불가능하기 때문에 융합관계를 유지하는 것은 쉽지 않으며, 따라서 융합관계를 깨뜨리지 않기 위해서는 자신의 정체성을 포기하는 수밖에 없으며 그러자면 삶의 활기를 잃어버리게 된다.

하르만(1989)에 의하면 융합관계에 있는 사람들은 그들 사이에 아무런 새로운 일이 일어나지 않도록 항상 장치를 마련한다고 한다. 즉, 새로운 일이 발생하면 서로 간에 불일치가 생길 수 있으며, 이는 그들의 관계에 중대한 위협을 초래할 수 있기 때문에 항상 현상유지를 위해 애쓴다는 것이다. 그러나 그렇게 살면 서로 공서관계는 유지되겠지만, 동시에 흥미로운 일이나 신나는 일도 없어지게 되며, 관계는 진부하고 피상적인 것이 되어 버린다.

만일 융합관계에 있는 사람들에게 의견불일치가 생기면 그들은 대화를 통해 서로 의견을 조율하거나 각자 의견이 다르다는 것을 합의할 능력이 없다. 그들은 어떤 수단을 동원해서라도 다시 융합관계를 회복하거나, 혹은 고립 속으로 도피하는 둘 중의 한 가지 행동을 한다.

융합관계를 복원시키고자 할 때는 자신을 다른 사람에게 맞추거나 아니면 다른 사람을 자기에게 맞추도록 만들어야 한다. 전자의 경우에는 자신의 욕구를 억압하고 순종적인 사람이 되어 그냥 관계의 유지를 위해서 모든 것을 희생하는 것이고, 후자는 상대편을 설득하거나 강요하거나 협박하여 억지로 관계를 유지하는 경우이다. 하지만 어느 경우이든 이런 방법은 현상유지를 위한 비상수단일 뿐, 서로 간에 진정한 평화는 없다(Perls et al., 1951, pp. 118-123).

흔히 융합관계는 공허감이나 고독감을 피하기 위한 목적으로 시작되고, 또한 유지되는 측면이 있다. 즉, 융합관계에 있는 사람들은 자신감이 없어 다른 사람의 힘을 빌리지 않으면 자기 혼자서는 어떤 일이든 할 수 없다고 생각한다. 그들에게 혼자 있는 것은 큰 공포감을 가져다주기 때문에 차라리 자신의 개성과 주체성을 포기하고 타인과 융합하는 것이 고독감과 공허감을 마주하는 것보다는 낫다고 생각한다.

두 사람의 융합관계를 보면 보통 한 사람은 보호하는 위치에 있고 다른 한 사람은 보호받는 위치에 있지만, 후자는 물론이고 전자도 은연중에 자신이 버림받을지 모른다는 공포심을 갖고 있다. 그는 다만 이를 알아차리지 못하고 있을 뿐이다. 이러한 관계에 놓이게 되면 두 사람 다 성장에 장애가 생긴다. 즉, 서로가 경계가 없이 한 덩어리가 되어 살기 때문에 고독감이나 공허감을 피할 수는 있겠지만 서로가 독립된 개체로서 유기체적 욕구를 자각하고 접촉하지 못하므로 생동감을 상실하고 만다. 그들은 단지 차가운 외부 대기에 직접 노출되지 않을 목적으로 두껍고 단단한 껍질을 만들어 그 속에 안주하고 있을 뿐이다.

어릴 적에 융합관계를 체험한 내담자는 분리공포를 갖고 있는 데 반해, 어릴 때 버림받고 고립상태에 있었던 사람은 타인에 의해 '삼켜지는 것'에 대한 공포를 갖고 있다. 즉, 전자의 경우는 독립을 원하지만 독립해서 살아 보지 못했기 때문에 분리공포를 갖고 있고, 후자의 경우는 보호받고 사랑받는 경험을 하지 못했으므로 타인이 애정을 보이고 관심을 표명하면 두려워서 달아난다. 따라서 심한 융합을 보이는 내담자의 부모-자식 관계는 너무 투과적인 데 반해, '삼킴을 당하는' 공포를 갖는 내담자의 그것은 지나치게 비투과적이다. 후자의 경우는 자기애적 성격장애 같은 데서 자주 관찰할 수 있는데, 이런 사람들에게는 오히려 건강한 융합체험이 필요하다(Harman, 1989; Clarkson, 1990; Fromm, 1994).

대개 치료 초기에는 인생의 초기경험이 반영되는 두려움이 많이 나타난다. 집단치료 첫 시간에 "내가 가장 두려워하는 것은 …" 이란 말로 시작하여 문장을 완성하는 게임을 시켜 보면 내담자들의 이러한 두려움을 쉽게 관찰할 수 있다. 이때 융합을 보이는 내담자는 흔히 "여러분이 저를 외면하는 것입니다." 와 같은 말을 하고, 삼킴을 당하는 데 대한 공포감을 가진 사람은 "여러분이 나에게 너무 가까이 다가오는 것입니다." 와 같은 말을 하는 것을 관찰할 수 있다.

한편 펄스 등(1951, pp. 118-123)은 건강한 융합도 있음을 지적했는데, 이는 건강한 개체가 일시적으로 다른 사람들과 동일시하여 하나가 되는 현상으로서 생기와 만족스러움을 가져다준다고 하였다. 예컨대, 단체 운동경기에서 자기 팀을 응원하는 것 같은 경우이다. 이러한 융합은 모든 사람들에게 자연적으로 발생하며, 살아가는 데 꼭 필요한 활력의 요소들이다. 반면에 불건강한 융합의 경우는 알아차림과 접촉의 결여로 인하여 독립적인 개체 간의 만남에서 체험되는 생생함과 흥미진진함 같은 것이 없다. 이러한 융합관계에서는 단지 오랫동안 그 속에 안주해 옴으로 말미암아 '불편하지 않음' 같은 것이 있을 뿐이다. 그것은 개체가 적극적으로 체험하며 느끼는 감정상태라기보다는 불편하지 않다는 정도의 소극적 상태일 뿐이다(Perls et al., 1951, p. 451).

독립적인 개체가 상대방과 접촉하게 될 때 개체는 기쁨과 즐거움뿐 아니라 슬픔과 고통 등 다양한 감정들을 모두 체험하게 된다. 따라서 진정한 접촉은 융합관계에서와는 달리 개체를 모험적이고 역동적으로 되게 하며 때로는 걷잡을 수 없는 감정의 소용돌이 속으로 몰아넣는다. 하지만 그로 인해 생동감 있고 창조적인 유기체의 삶으로 피어나게 한다.

펄스는 우리의 대인관계가 융합관계인지를 알아보기 위해 아래와 같은 실험을 해 볼 것을 제안했다(Perls et al., 1951, pp. 118-123).

> 당신이 어떤 일로 해서 죄책감이나 짜증을 느끼는 사람이 있는지 살펴보십시오. 만일 다른 사람들과의 관계에서도 똑같은 일로 인해 죄책감이나 짜증을 느끼게 됩니까? 만일 그렇지 않다면 당신은 지금 당신이 죄책감이나 짜증을 느끼는 사람과 융합관계에 있다고 볼 수 있습니다. 만일 당신이 이러한 관계를 청산하고자 한다면, 죄책감이나 분노감으로 자신을 괴롭히기보다는 자신의 접촉영역을 확대할 방법을 강구해 보십시오.

융합은 경계선 성격장애 환자들에게 많이 나타난다. 이런 내담자의 성장과정을 보면 부모–자식 관계가 지나치게 밀착되어 있어, 분명한 경계가 형성되어 있지 않다. 부모가 자식에게 필요한 것들을 다 알아서 조달해 주기 때문에, 정작 자식은 자기 자신이 무엇이 필요한지, 무엇을 하고 싶은지 잘 모른다. 단지 그들은 부모만 쳐다보면 되는 식으로 자라왔기 때문에 자신의 욕구가 무엇인지 그리고 심지어 자기 자신이 누구인지조차 모르게 된다.

이러한 내담자에게는 부모, 특히 어머니와의 사이에 경계를 그어 주는 작업을 해야 한다. 즉, 자기 자신의 욕구를 자각하고 자신의 행동에 대해 책임지는 것을 가르치는 한편, 부족한 자신감을 극복할 수 있도록 도와주어야 한다. 이런 내담자는 대개 의존적이고 자신감이 부족하고 자아정체감이 약하기 때문에 지지적인 치료를 해야 한다(Harman, 1989b).

집단에서 이런 내담자를 치료할 때는 내담자 자신이 다른 사람들과 다르다는 것은 부정적이거나 평가적인 것이 아니라는 사실을 깨닫도록 해 줘야 한다. 즉, 각자가 서로 다른 개체로서 자기의 욕구와 관심을 갖는 것은 상대방을 '배신'하는 것이 아니라, 자연스럽고 당연한 일이라는 것을 느끼도록 해 주어야 한다. 그러기 위해 치료자는 내담자에게 자주 "지금 어떻게 느끼십니까?" "지금 무엇을 하고 싶으십니까?" 등의 질문을 하여 내담자 자신이 유일하고 독특한 개체임을 느끼도록 해 주어야 한다.

내담자에게 개인적인 답변을 요하는 질문들을 해서 자신과 타인의 차이를 명확히 느끼도록 해 주는 것도 좋다. 가령, 내담자로 하여금 되도록이면 많은 상황에서 "당신은 그렇게 생각하지만, 나는 이렇게 생각합니다."와 같은 말을 사용하도록 요구함으로써, '나'와 '너'의 경계를 구분하는 연습을 시켜 주는 것이다. 이 연습은 우선 집단원들 상호 간에 먼저 실시하는 것이 좋다. 그다음에는 치료자와도 실험해 보는 것이 필요하다. 이때 치료자는 내담자의 말을 적극 경청하면서 수용해 줌으로써 내담자로 하여금 과거 자신의 부모와의 관계에서와는 다른 독립적인 자신의 존재를 체험하도록 해 줄 수 있다(Harman, 1989b).

흔히 치료에서 내담자가 성장과 발전을 모색해 나가는 도중에, 내사된 부모의 메시지가 나타나 내담자의 독립시도에 대해 찬물을 끼얹기도 한다. 예컨대, 꿈에 부모가 나타나서 내담자의 독립을 경고하든가 혹은 아래와 같은 내사된 메시지들이 마치 내면의 목소리처럼 들려오기도 한다.

"사랑하는 부모님을 배신하거나 매도해서는 안 된다."
"부모님은 나를 위해 모든 것을 희생하셨는데, 혹시 내가 잘못 생각하고 있는 것은 아닐까?"
"나는 부모님의 보호를 필요로 해! 나는 혼자 일어설 능력이 없어!"
"지금껏 부모님 말씀에 순종하면서 아무 문제가 없었는데, 내가 괜히 모험을 하는 것은 아닐까?"

이러한 내사된 메시지의 저항에 부딪치면 내담자들은 대개 심한 죄책감을 느끼고 좌절하여, 마침내 부모로부터 독립해 나가는 것을 포기해 버리기도 한다. 이때 치료자는 인내심을 갖고서 내담자의 두려움과 죄책감을 이해해 주는 동시에, 내담자로 하여금 다시 재도전하도록 용기를 북돋워 주어야 한다(Harman, 1989b).

4. 반전

'반전(retroflection)'은 개체가 타인에게 하고 싶은 행동을 자기 자신에게 하는 것, 혹은 타인이 자기에게 해 주기를 바라는 행동을 스스로 자기 자신에게 하는 것을 뜻한다. 즉, 타인과 상호작용하기보다는 자기 자신을 행동의 대상으로 삼는 것을 말한다. 예컨대, 타인에게 화를 내기보다는 자기 자신에게 화를 내거나, 타인으로부터 위로받기보다는 스스로 자기를 위로하는 행동을 하는 것이다.

이러한 행동은 개체가 성장한 환경이 억압적이거나 비우호적이어서 자연스러운 접촉행동을 할 수 없을 때 나타난다. 흥미로운 사실은 원래 개체의 욕구를 억압한 것은 환경이었지만, 지금은 개체 자신이 환경을 대신하여 자신의 욕구를 억압한다는 사실이다.

이는 개체가 부모나 주변 환경의 태도를 자신의 인격 속으로 내사하였기 때문에 일어나는 현상이다. 이때 개체는 내사로 인하여 내면세계가 두 부분으로 분열되어, 한쪽은 행위자로 다른 쪽은 피행위자로 된다. 그래서 원래는 개체와 환경 간의 갈등이었던 것이 이제는 개체의 내부갈등으로 바뀌게 된 것이다. 이러한 과정은 처음에는 의식적으로 행해지지만, 나중에는 차츰 습관화되어 마침내 무의식적으로 된다(Perls et al., 1951).

펄스는 반전을 다른 접촉경계혼란 행동들과 비교하여 다음과 같이 묘사했다.

> 내사를 보이는 사람은 다른 사람이 기대하는 대로 행동하고, 투사를 하는 사람은 타인이 자기에게 하고 있다고 생각되는 행동을 타인에게 하며, 병적인 융합관계에 있는 사람은 누가 누구에게 무슨 행동을 하고 있는지 모르고, 반전을 하는 사람은 타인에게 하고 싶은 행동을 자기 자신에게 한다. 내사를 하는 사람은 타인을 자기 자신으로 잘못 알고 있고 투사를 하는 사람은 자기 자신의 감정이나 행동을 타인의 것으로 잘못 지각하며, 융합을 보이는 사람은 나와 너를 구분하지 못하고 한 덩어리가 되어 있는 데 반하여, 반전하는 사람은 자기 자신이 두 부분으로 분열되어 있어 자기 자신과 행동을 주고받는다(Perls, 1976, p. 40).

반전은 환경과 접촉하기보다는 자기 자신과 관계하는 현상이므로 접촉경계혼란을 일으킨다. 즉, 반전에서는 기껏해야 자기 자신의 일부와 접촉하고 있을 뿐, 타인이나 환경 혹은 자신의 억압된 측면과는 관계를 맺지 못한다. 그래서 반전을 보이는 내담자는 타인과의 접촉을 통해 체험할 수 있는 생생함을 잃어버린다. 이런 사람은 흔히 타인과 함께 있을 때에도 혼자 속으로 내적 대화를 하거나 딴생각을 하면서 타인과의 접촉을 회피한다.

반전을 보이는 내담자는 치료장면에서도 자기 자신에게 말함으로써 치료자와 말하는 것을 회피하거나 딴생각을 함으로써 치료자와 만나지 못한다. 이때 그들은 흔히 "나는 나 자신이 부끄럽다." "나 자신에게 화가 난다." "나 자신에게 말한다." "나 자신을 보살펴야 한다." "나 자신을 달랜다." "나 자신을 스스로 통제해야만 한다." 와 같은 말을 자주 한다(Harman, 1989b).

반전과 관련된 폴스터의 사례를 하나 소개한다.

내담자는 30세 된 남자인데, 어릴 때 뇌염에 걸려서 말이 어눌하고 아이들로부터 놀림을 받는 일이 많았다. 그는 아이들에게 화가 났지만, 아무 대꾸도 하지 않고 사람들을 피해 혼자 하루 종일 계단에 쭈그리고 앉아서, "바보짓을 하면 안 돼! 실수하면 안 돼!"라고 중얼거리면서 아이들에 대한 분노를 자기 자신에게 돌려 자신의 분노감정을 통제했다(Polster & Polster, 1974).

이 사례에서 내담자는 만일 아이들에 대한 자신의 분노감정을 표출시키면 더욱 놀림을 받게 될 것이라는 것을 알았기 때문에 분노감을 자기 자신에게 돌린 것이다.

성장과정에서 부모가 지나치게 엄격하여 자녀들의 욕구나 감정을 잘 수용하지 않거나, 혹은 반대로 부모가 너무 병약하거나 어려운 처지에 있어서 자녀가 그들에게 어떤 비판을 하거나 요구를 할 수 없을 때, 아이들은 자신의 욕구충족을 포기하고 자신의 감정이나 욕구를 억제하게 되는데, 반전은 이러한 행동이 반복됨으로써 형성된다.

이때 개체의 내부에서는 에너지가 밖으로 나가려고 하지만, 스스로 이를 억제함으로써 행동으로 표출되지 못한다. 여기서 밖으로 나가려는 에너지와 이를 통제하려는 에너지가 서로 대치되어 팽팽한 내적 긴장상태가 생긴다. 이는 마치 항공모함에서 비행기가 이륙하기 위해 엔진을 가동해서 앞으로 나가려고 애쓰지만 꽁무니의 고리가 비행기를 붙들고 있어 한동안 팽팽한 긴장이 생기는 것과 유사하다. 반전은 비행기가 앞으로 나아가지 못하도록 붙들고 있는 행동과 같다고 하겠다. 개체에게서 이런 힘은 신체적 긴장으로 나타난다. 반전은 내적인 충동을 신체적 긴장을 통해 막는 것이라 할 수 있다.

반전에서 유기체의 에너지는 두 부분으로 나뉘어 한 부분은 밖으로 나가려는 데 쓰이고, 다른 부분은 이를 붙드는 데 사용된다. 그런데 개체는 양쪽의 에너지를 다 의식하지 못하며, 단지 이를 신체의 긴장과 통증으로만 느낀다. 치료자는 반전을 보이는 내담자로 하여금 자신의 에너지가 신체적으로 변형되어 표출되고 있는 것을 자각시켜 주고, 또한 그 에너지를 접촉할 수 있도록 도와주어야 한다.

개체가 어떤 상황에서 자신의 욕구를 억제함으로써 환경에 적응하는 것은 성장과정에서는 지극히 정상적인 행동으로 간주될 수 있지만, 불필요한 상황에서조차 반전행동을 계속하는 것은 유기체의 성장에 방해가 된다. 개체가 반전을 통하여 얻을 수 있는 이익은 환경이 용납하지 않는 행동을 하지 않음으로써 환경으로부터 어떤 처벌이나 불이익을 받지 않으며, 또한 비록 그 대상이 자기 자신이기는 하지만 반전행동을 통하여 부분적으로 욕구나 충동을 해소할 수 있다는 점이다. 즉, 반전은 사회적으로 용납되지 않는 욕구나 충동을 통제하는 효과를 갖는 동시에 방향이 잘못되기는 했지만 그것을 해소하는 두 가지 기능을 갖고 있다. 예컨대, 부모에게 화를 내기보다는 자기 자신에게 화를 냄으로써 부모로부터 처벌을 피할 수 있고, 또한 자기 자신을 공격함으로써 일종의 가학증적인 쾌감을 얻게 된다. 또한 자신을 공격함으로써 타인을 공격하는 것보다 죄책감을 덜 가질 수 있는 장점도 있다.

펄스 등(1951)은 개체가 타인이 자기에게 해 주기를 바라는 것을 자기 스스로 자기에게 하는 것도 반전이라고 했다. 예를 들면 타인이 자기에게 관심과 사랑을 보여 주기를 바라는 사람이 타인과의 접촉을 통해 이를 얻으려 하기보다는 스스로 자기에게 그런 행동을 하는 것이다. 이런 현상도 성장과정의 가족관계에서 형성되는 것이다. 가령, 아이가 태어난 가정이 매우 냉정한 분위기여서 아이가 울어도 잘 안아 주지도 않는 등 아이에게 필요한 욕구를 부모나 다른 사람이 잘 충족시켜 주지 않으면, 아이는 이러한 환경에서 스스로 자기 자신을 돌보는 것을 학습한다. 이런 아이들은 자기가 필요한 것을 타인으로부터 요구하기보다는 스스로 필요한 것을 찾아 해결하는 데 익숙해진다. 이런 사람은 나중에 자라서 값비싼 음식과 옷, 자동차를 사서 스스로를 '호강' 시킨다.

하지만 아무리 자신을 스스로 보살핀다고 하지만 내적으로는 "나의 부모는 나를 사랑하지 않아! 나는 사랑스러운 존재가 아닌가 봐."라는 생각을 유지하기 때문에 내적인 공허감을 지니고 산다. 더 큰 불행은 세상 사람들이 모두 자기 부모와 같지 않다는 사실을 검증해 보거나 믿으려고 하지 않는다는 데 있다. 그들은 모든 사람들이 다 자기부모와 마찬가지로 자기를 좋아하지 않을 것이라고 미리 단정짓고서 스스로 자기를 보살피는 데만 신경을 쓴다.

자기를 스스로 보살피는 사람은 그래도 나은 편이다. 어떤 사람들은 환경이 자기에게 해 주지 않는 행동을 자기 자신에게도 허용하지 않고, 늘 자신을 감시하며 욕구를 억압하는 경향이 있다. 이들은 다른 사람과의 상호작용을 통해 자신의 욕구를 충족하는 것을 포기했을 뿐 아니라, 자기를 너무 억압하고 소외시킨 나머지 자기가 자기 자신에게조차도 가까운 느낌이 들지 않고 마치 이상한 물건처럼 느껴진다. 그래서 이들은 타인을 만지거나 애무하지 않을 뿐 아니라 자신의 몸도 잘 만지지 않는다. 이들은 성적으로 매우 억압되어 있어 자위행위조차도 하지 않는다. 이런 사람에게는 우선 자신의 몸과 친해지는 것부터 가르쳐야 한다. 그래야만 그것을 바탕으로 해서 나중에 타인과의 교류와 접촉이 가능해지기 때문이다. 이들은 타인과의 성적 접촉을 할 수 있기 위해 먼저 자위를 배우는 것이 도움이 된다(Polster & Polster, 1987).

> 나의 내담자 중 한 사람은 어릴 때 부모로부터 관심을 잘 받지 못하고 자라서 타인과의 관계에서 거리감과 냉담함을 보여 왔다. 몇 년 동안의 치료를 통해 자기존중감이 많이 생겼지만 여전히 타인과의 친밀감을 느끼는 부분에서는 아직도 어려움이 있었다. 결혼 후에 그녀는 딸을 낳았는데, 마음으로는 무척 사랑했지만 딸과의 스킨십이 무척 힘들었다. 이렇게 해서는 안 되겠다고 생각해서 그녀는 딸을 '마사지' 해 주는 동작을 하면서 조금씩 노력을 해서 나중에는 스킨십이 자연스러워졌고, 둘째를 낳았을 때는 훨씬 쉬웠다고 했다.

강박증상에 나타나는 현상도 반전과 관련하여 이해할 수 있다. 즉, 강박증상은 사회적으로 용납되기 힘든 욕구나 충동을 행동으로 옮기려는 자기의 부분과 이를 제지하려는 자기 부분 사이에 벌어지는 싸움의 결과로 나타나는 증상이라고 볼 수 있는데, 여기서 개체는 욕구를 표출하려는 부분과 이를 억압하는 부분으로 분열된다. 이때 유기체의 억압된 욕구가 해소되지 않으면 유기체는 끊임없이 이를 의식의 표면으로 떠올리려고 노력하지만, 내면의 다른 부분은 이를 위협으로 느끼기 때문에 계속 억압함으로써 내면의 자기부분들 사이에는 지속적인 내전상태가 벌어지게 되며, 이것이 강박증상으로 나타난다. 강박증상은 겉으로 봐서는 자신이나 타인에게 무의미해 보이는 행동을 끊임없이 반복하는 현상인데, 이는 해소되지 않은 유기체적 욕구와 이를 반전시키는 자기부분과의 싸움에서 비롯된 것이다(Perls et al., 1951).

반전의 또 다른 형태는 열등의식이다. 열등의식은 자기 자신을 부정적으로 평가하고 비난하는 행동으로서 이는 원래 타인에 대한 자신의 평가행동을 자기 자신에게 돌린 것이라고 할 수 있다. 이런 맥락에서 펄스 등(1951)은 열등의식은 숨겨진 교만에 지나지 않는다고 하였다.

우리는 타인을 바라볼 때는 대체로 그들의 가치를 객관적으로 평가할 수 있으나 자기 자신을 바라볼 때는 어느 한쪽 측면에 집착하여 올바른 평가를 하지 못한다. 특히 열등의식이 개입될 때는 더욱 그렇다. 그것은 우리 자신에 대한 평가기준이 타인에 대한 평가기준보다 더 높기 때문이다. 따라서 열등의식의 배후에 있는 것은 우월감이라는 것을 알 수 있다.

열등감에 빠져 있는 내담자에게 자기 자신을 평가하고 비난하기보다는 타인을 평가하고 비난하게 시키면 자신이 갖고 있는 열등감이 단순히 '자기학대 게임'에 지나지 않으며, 그것이 부질없는 일임을 깨닫게 된다. 즉, 자기 자신에 대해 많은 에너지를 투입하여 세밀히 분석하고 가치판단을 하듯이 타인에게도 마찬가지의 지극한 관심을 갖고서 자세한 분석을 통해 가치판단을 해 보라고 하면 대부분의 사람들은 실패하고 만다. 이런 실험을 통해 내담자는 자신을 평가하고 비난하는 것과 같은 강도로 타인을 평가하고 비난하는 것이 쉽지 않음을 깨닫게 되는데, 이런 실험을 계속시키면 반전행동을 호전시킬 수 있다.

펄스는 자기관찰도 반전의 한 형태로 보았다. 자기관찰은 자기가 관찰자와 관찰대상으로 나뉘어 자기를 대상화시키는 것이다. 여기서 개체는 외부 환경과 관계하기보다는 자기 자신과 관계함으로써 환경과 접촉하지 못하고 자기 속에 갇히게 된다. 이러한 자기관찰의 극단적인 형태를 건강염려증에서 발견할 수 있다. 건강염려증 환자들은 끊임없이 자신의 신체상태를 관찰하면서 건강에 집착하는데, 이들은 환경과의 교류에 사용되어야 할 에너지를 자기 자신에게 반전시킨다.

그런데 자기관찰과 알아차림은 서로 구별해야 한다. 자기관찰은 자신을 두 부분으로 나눠 자기를 대상으로 관찰하는 것이라면, 알아차림은 자기가 분열되지 않고 통합적으로 체험된다. 펄스는 자기관찰이 어떤 물체를 불빛으로 비추는 것이라면, 알아차림은 스스로 타오르는 불꽃에 비유할 수 있다고 했다(Perls et al., 1951).

마지막으로 죄책감도 반전과 관련된 현상이다. 펄스 등(1951)은 죄책감은 투사된 분노감이라고 말했으나, 폴스터와 폴스터(Polster & Polster, 1974)는 이를 반전된 분노감이라고 했다. 폴스터에 의하면 반전에서 개체는 자신을 양분시켜 행위자와 피행위자의 두 부분으로 분열되는데, 이때 자기 자신에게 화를 내는 것이 죄책감이라고 했다. 여기서 화를 내는 쪽은 부모를 내사한 부분이고, 공격을 받는 쪽은 원래의 자기라고 볼 수 있다. 폴스터에 의하면 개체는 부모에게 분노감을 느끼지만 부모가 무섭기 때문에, 혹은 부모가 불쌍하기 때문에 그것을 표현하지 못하고, 대신 자기에게 향하게 되는데, 이때 체험되는 감정이 죄책감이라는 것이다. 그래서 죄책감을 분노감정의 반전으로 본 것이다.

개체가 분노감을 자기에게 향하는 것은 투사로도 설명할 수 있다. 즉, 개체는 자신의 부모에 대한 분노를 소화할 수 없으므로 이것을 억압하는 한편, 이를 부모에게 투사하여 부모가 자기에게 분노하는 것으로 지각할 수 있다. 그런데 이때의 부모는 개체의 마음속에 내사되어 있는 부모이며, 이러한 내사를 개체는 자기 자신으로 착각하고 있으므로 이는 결국 자기가 자기에게 분노하는 현상, 즉 반전이라고 할 수 있겠다. 이때 개체는 죄책감을 느끼는데, 이것은 마치 부모에게 꾸중을 들을 때 개체가 죄책감을 느끼는 것과 비슷한 현상이라고 하겠다. 이렇게 볼 때, 죄책감은 투사에 의해 매개된다고 할 수 있으며, 따라서 펄스가 말한 것처럼 죄책감은 분노감이 투사된 것이라고 말할 수 있다(Harman, 1989; Clarkson, 1990).

흔히 만성두통이나 고혈압, 소화기 장애, 호흡기 장애 등 여러 가지 정신 · 신체질환들은 반전으로 인해 발생하는 장애이다. 예컨대, 개체가 울음을 참거나 분노감을 억압하거나 혹은 밖으로 향하려는 유기체의 자연스러운 운동을 강제로 억제하면, 이것이 신체긴장으로 바뀌고 그 결과 정신 · 신체질환이 발생하게 된다.

개체가 유기체의 활동에너지를 차단시킴으로써 유기체 에너지가 외부로 표출되지 못하면 이는 긴장으로 전환되어 신체적 고통과 불편으로 나타난다. 그래서 반전을 하게 되면 근육운동만 느껴질 뿐 원래의 유기체적 욕구나 감정은 느껴지지 않는다. 이처럼 억압된 유기체 에너지가 신체근육의 긴장상태로 나타나 표출되는 현상을 빌헬름 라이히는 '인격 무장'이라고 불렀는데 이는 개체가 만성적인 반전을 하면 신체가 마치 딱딱한 갑옷처럼 되어 방어막을 형성한다고 하여 붙인 이름이다(Reich, 1949).

펄스 등(1951)에 의하면 대부분의 반전은 분노감정 때문에 일어난다고 한다. 그런데 분노는 개체의 가장 중요한 미해결감정 가운데 하나로서, 이를 차단시켜 반전하면 결국 유기체는 수도관이 막힌 것과 같은 상태가 된다. 즉, 분노감정의 차단으로 말미암아 다른 정서가 형성되지도 표현되지도 못한다. 분노감정이 해결되지 않으면 시간이 지나도 분노는 사라지지 않고 미해결과제로 남아, 개체가 다른 긍정적인 감정을 체험할 기회를 막아 버린다(Resnick, 1990).

우울증도 이러한 반전된 분노감과 관련하여 나타나는 증상이다. 흔히 우울증 환자들은 사랑하는 사람에 대해 분노나 불만감을 표현하지 못하고 그것을 자기 자신에게 반전시킴으로써 죄책감에 빠지고 우울해지게 된다. 이러한 반전이 심해지면 자살을 시도하게 되는데, 자살은 개체가 타인에 대한 적개심을 송두리째 자신에게 향하게 함으로써 자신을 파괴하는 행동으로 볼 수 있다.

한편 반전을 할 수 있는 능력은 인간의 고유한 능력이며, 반전이 항상 병적인 것은 아니다. 인간이 문명을 발전시킬 수 있었던 것은 자기 자신을 관찰자와 피관찰자로 나누어서 자신의 행동에 대한 평가를 내리고 새로운 방향을 설정할 수 있는 능력이 있었기 때문이라고 할 수 있다.

예컨대, 개체가 자신의 적개심이나 지나친 자신감을 통제하지 않으면 생명이 위험에 처하게 되는 경우도 있다. 상황에 따라 욕구의 직접적인 표출이 개체에게 불이익을 가져다줄 수 있고, 또 타인에게도 해를 끼칠 수 있다. 따라서 개체가 자신의 행동을 의식적으로 통제하는 것은 건강한 심리작용이라 할 수 있다. 다만 이러한 행동이 만성화되고 무의식적으로 되어, 개체의 의식적인 통제를 벗어나 상황과 관계없이 지속될 때 병적인 것이 된다고 할 수 있다(Perls et al., 1951).

많은 내담자들이 반전행동에서 벗어나지 못하는 것은 새로운 경험에 대한 두려움 때문이다.

내담자는 자신의 과거경험에 비추어 볼 때, 타인에게 어떤 욕구를 표현하거나 행동을 했다가 거부당하거나 처벌받을 수 있다는 두려움 때문에, 차라리 자신의 욕구나 충동을 억압하고 자기 자신을 희생양으로 삼는 것이 편하다고 생각한다. 그러나 펄스 등(1951)은 이런 사람들에게 "당신은 자신을 지나치게 비난하는 것을 멈추어야 합니다. 적어도 타인보다 자신을 더 많이 비난하는 것은 옳지 못합니다. 결국 당신 자신도 타인과 마찬가지로 한 인간이니까요."라고 충고한다.

반전이 심한 내담자에게는 행동을 반대로 하게 하여 충동의 표출을 원래의 방향으로 되돌려 주어야 한다. 예를 들면, 자신에게 화를 내고 있는 사람에게는 그 분노감을 원래의 대상에 향하게 해 주고, 습관적으로 자위행위를 하는 사람은 성적인 충동을 이성에게 향하도록 해 주어야 한다. 이런 맥락에서 하르만은 "나 자신에게 말한다." "나 자신의 어떠어떠한 모습을 발견한다." "나 자신에게 화가 난다."와 같은 내적 대화를 하면서 반전행동을 하는 내담자에게 "그 말을 아버지에게 한번 해 보세요!" 또는 "그 말을 남편에게 한번 해 보시겠어요?" 혹은 집단상황의 경우에는 "그 말을 우리들 모두에게 돌아가면서 한번 해 보시겠어요?"라고 요구함으로써, 내담자의 욕구나 충동의 방향을 바로 돌려 주는 것이 필요하다고 했다.

반전행동을 하는 내담자는 환경과의 접촉에 써야 할 에너지를 자신의 내부로만 돌리므로 치료자는 내담자가 이러한 억압된 에너지를 외부의 적합한 대상을 찾아 건설적으로 사용하도록 도와주어야 한다. 하지만 반전을 보이는 내담자는 내적으로 심각한 분열상태를 겪고 있고 서로 대립되는 에너지들이 갈등을 일으키고 있어, 마치 내전과 같은 상태에 처해 있으므로 당장 에너지를 밖으로 향하게 하는 것은 쉽지가 않다. 따라서 치료자는 우선 내담자의 이러한 내부갈등과 싸움을 알아차리도록 하여 억압된 욕구나 충동들을 통합시키면서 서서히 단계적으로 에너지를 외부로 돌리도록 도와주어야 한다. 다음은 심한 반전행동으로 인해 고통을 겪고 있는 내담자의 치료사례이다.

하르만은 자신의 내담자가 남편과의 갈등을 목 메인 소리로 말하는 것을 보고, 그녀가 현재 어떤 행동을 하는지 물었다. 그러자 그녀는 자기를 질식시키고 있는 것 같다고 대답하면서 남편에 대한 억압된 분노감을 자각했다. 잠시 후 그녀는 빈 의자에 앉은 남편에게 자신의 분노감정을 표현할 수 있었고, 그녀의 목소리는 다시 정상으로 돌아왔다.

그녀는 이 실험을 통하여 이제까지 항상 자기 자신에게 반전시켜 왔던 분노감정을 남편에게 직접 표현했는데, 그러한 행동이 염려했던 것과는 달리 남편과의 관계에 종말을 가져오지 않으며 오히려 자신의 감정을 표현함으로써 둘 사이에 더 활발한 접촉이 이루어질 수 있다는 사실을 깨달았다(Harman, 1989).

스미스는 자신의 한 내담자가 말을 하는 동안 목소리가 떨렸지만 감정은 잘못 느끼는 것을 관찰하였다. 그는 내담자가 울음을 참기 위해 신체를 긴장시킴으로써 자신의 감정을 차단하고 있는 사실을 알고 내담자에게 "좀 더 부드럽게 말씀해 보시겠습니까?"라고 요구함으로써 내담자의 억압해 온 감정을 접촉시켜 주었다. 그랬더니 내담자는 차츰 자신의 슬픈 감정과 접촉할 수 있었고, 마침내 울음을 터뜨리면서 신체긴장이 사라졌고 목소리도 정상으로 돌아왔다(Smith, 1990).

반전행동을 심하게 하는 내담자에게는 내담자로 하여금 말할 때마다 매번 손가락으로 상대를 가리키거나, 타인과 신체접촉을 해 가면서 말하도록 요구함으로써 자신의 말이 누구를 지칭하는지, 자신의 감정이나 욕구, 충동이 어디를 향하는 것인지 분명히 밝히도록 해 주는 것이 도움이 된다(Polster & Polster, 1974; Harman, 1989).

반전을 통하여 개체는 신체긴장이 심해지고 그 결과 두통, 위장장애, 근육경색, 가슴부분의 통증 등 여러 가지 신체증상의 호소를 하게 되는데, 이때 목과 어깨, 팔 부분의 긴장은 누군가에게 기대고 싶은 애정욕구의 억제이거나 혹은 공격욕구의 반전일 수 있다고 한다(Zinker, 1977; Harman, 1989b).

이러한 신체긴장이나 신체통증이 자각되면 이들을 피하지 않고 그대로 받아들이면서 가만히 바라보노라면 증상은 유기체의 자기조정력에 의해 서서히 사라진다. 즉, 고통을 전경이 되게 하여 가만히 직면하면 그것들이 생각했던 것보다도 견디기가 쉽다는 것을 발견하게 된다. 시간이 지나면서 신체통증은 다른 활동에너지로 바뀌어 사라지게 되어 개체는 자유로움을 느끼게 된다. 이러한 실험을 정신·신체증상뿐만 아니라 우울감이나 피로감, 불안감 등에도 좋은 효과가 있다. 즉, 우울감이나 흥분 또는 불안감을 없애려 하지 않고 그것들을 있는 그대로 받아들이면서 바라보고 있으면, 이들은 유기체의 자기조정력에 의해 유기체에 통합되면서 저절로 사라진다(Perls et al., 1951).

우리는 반전을 하는 순간 자기도 모르게 호흡을 멈추므로 호흡을 잘 관찰함으로써 우리의 반전행동을 알아차릴 수 있다. 이때 호흡을 정지하는 것을 알아차리게 되면 다시 자연스러운 호흡으로 돌아갈 수 있으며, 자연스러운 호흡을 하게 되면 억압했던 욕구나 충동을 다시 접촉하고 완결지을 수 있게 된다. 하지만 억지로 호흡연습을 할 필요는 없다. 단지 자기 자신이 자연스러운 호흡을 방해하고 있다는 사실을 깨달으면 이를 멈추게 되고, 그러면 다시 자연스러운 호흡으로 돌아가게 된다. 다음은 펄스와 징커가 고안한 호흡 관찰법을 소개한 것이다.

먼저 숨을 대여섯 번 길게 내쉬십시오. 그리고 부드럽게 숨을 쉬십시오. 이때 억지로 하지 말고 자연스럽게 하십시오. 코와 목구멍 그리고 머릿속으로 공기의 흐름이 전해지는 것을 느껴 보십시오. 그리고 숨이 팔 다리로 퍼져가는 것을 느껴 보세요. 또 숨이 내장 속으로, 근육 속으로 그리고 온몸 구석구석까지 흘러 들어가는 것을 느껴 보십시오. 숨을 쉴 때 가슴이 팽창하고 움츠러드는 것을 느껴 보십시오. 그리고 이때 느껴지는 신체감각을 알아차려 보십시오 (Perls et al., 1951)

숨을 깊이 그리고 천천히 쉬면서 호흡을 관찰하십시오. 숨을 쉬면서 의식이 어디에 머물러 있는지 느껴 보십시오. 신체의 어느 부위가 초점에 떠오릅니까? 입술? 얼굴? 생식기? 가슴? 어깨? 신체의 어느 부위가 긴장되어 있는지 알아차려 보세요.

다시 가볍게 숨을 쉬면서 에너지가 가장 많이 몰려 있는 신체부위에 의식을 집중해 보십시오. 따뜻한 숨을 보내어 이 부분의 굳은 근육을 풀어 녹여 준다는 기분으로 깊이 호흡해 보십시오. 그리고 그 부위에 어떤 행동이든 한번 해 보라고 속삭여 보십시오! 어떤 근육운동이 혹은 행동이 나타납니까? 근육의 움직임과 에너지 활동의 변화를 관찰해 보십시오(Zinker, 1977).

이러한 연습은 신체감각에 대한 자각을 높여 주고, 그로 인해 자신의 억압된 감정이나 욕구를 발견해 내는 계기가 될 수도 있다. 하지만 이런 실험은 전문가의 도움을 받으면서 하는 것이 좋다. 끝으로 반전행동에 대한 클라크슨(1990)의 치료 방법을 소개한다.

1) 근육의 사용

내담자를 바닥에 눕게 하고 자신의 신체를 느끼도록 해 준다. 고의로 이완시키거나 혹은 긴장하지 않고 신체 자체의 리듬감각을 느껴 보도록 한다. 그냥 가만히 신체 각 부위를 자각해 보는 것이다. 건강한 사람의 근육은 긴장되어 있지도 늘어져 있지도 않다. 균형이 잡혀 있고 지지를 잘 하고 있으며 언제든지 잘 반응할 수 있는 상태에 있다.

내담자에게 자신의 호흡을 자각하면서 신체 내부로부터 오는 감각을 느껴 보게 한다. 이때, 불안과 호흡의 관계를 자각하도록 주의시켜 주는 것이 필요하다. 즉, 내담자가 어떻게 스스로 자연스러운 호흡을 방해해서 자신의 신체를 긴장시키는지 자각하도록 해 줌으로써 자신의 반응과 행동에 대해 스스로 책임질 수 있도록 도와주어야 한다.

2) 행동방향의 수정

치료자는 내담자의 반전을 의식화시켜 주는 한편, 자신의 욕구나 충동의 방향을 바로 찾도록 도와주어야 한다. 즉, 자신에게 사랑을 베풀지 않는 부모에 대한 분노감을 억압하기보다는 이를 자각하고 부모에게(최소한 빈 의자를 놓고서 상징적으로라도) 향하게 하도록 해 주어야 한다.

흔히 내담자는 "모든 부모님은 자식을 사랑하신다. 따라서 부모님의 어떠한 행동도 모두 자식을 위한 것이다."라는 깨뜨릴 수 없는 순진무구한 신화를 간직하고 있다. 그래서 부모의 사랑을 얻는 데 실패하면 그 원인을 자기 자신에게로 돌리고 자신을 비난하게 된다.

내담자는 부모도 인간이므로 실수할 수 있고, 또 잘못 을 저지를 수도 있다는 사실을 명확히 인식하는 것이 필요하다. 내담자가 부모에 대해 가졌던 정당한 분노감을 표현할 수 있을 때, 이를 해소하고 통합할 수 있으며 나중에 진정으로 부모를 용서하고 화해할 수 있게 된다. "부모님은 완전하다"라는 신화를 고수하고 있으면 분노감을 해소할 수 없으며, 결국 반전을 통한 감정과 행동의 왜곡이 일어날 수밖에 없다.

이러한 반전행동의 치료로서 에너지의 방향을 바로잡아주는 것이 필요하다. 즉, 자신에게 향한 공격심을 부모나 환경 등 공격충동의 원래 방향으로 향하게 해 주는 것이다. 가령, 부모로부터 방임되어 온 내담자의 경우 자신을 벌하기보다는 부모를 벌하는 장면을 상상하게 하여 공격충동의 표출방향을 수정해 줄 수 있다.

내담자에게 이런 치료작업을 하면, 흔히 갑작스러운 에너지의 폭발로 나타날 수도 있고, 또한 장시간에 걸쳐서 서서히 표출되어 정화될 수도 있는데, 이러한 작업은 되도록 서서히 진행시키는 것이 좋다. 즉, 처음에는 신체자각을 통해 근육의 긴장과 호흡장애를 자각시키고, 다음에는 그러한 방어행동을 통하여 억압하고 있는 자신의 감정이나 충동을 알아차리게 해 주고 나서, 마지막 단계로 이러한 에너지를 조금씩 밖으로 표출시키면서 통합시키는 것이다.

3) 억압해 온 행동의 실행

내담자는 부모나 환경에 대한 분노감으로 인해 한편으로는 부모에게 화내고 공격하고 싶은 마음을 갖고 있으나, 다른 한편으로는 그들로부터의 보복을 두려워한다. 이때 그들은 이에 대한 해결책으로 자신을 비난하고 질책하게 되는데 이 과정에서 호흡장애를 비롯하여 정신·신체장애를 앓는다. 이런 내담자에게 베개를 상징적인 공격대상으로 상상하고 손으로 움켜쥐거나 주먹으로 때리는 동작을 하면서 억압된 감정을 행동으로 표출하도록 돕는 것이 필요하다. 이런 실험은 처음에는 어색하고 힘들게 느껴지지만 치료자가 격려해 줌으로써 내담자는 차츰 자발적으로 할 수 있게 된다. 이러한 방식을 좋아하지 않는 내담자들도 있으므로 이런 방법을 모든 내담자에게 다 강요해서는 안 된다. 어떤 특정한 방법을 사용하느냐 않느냐보다도, 내담자가 이제껏 억압해 온 행동을 표현할 적절한 창조적인 실험을 만들어 낼 수 있느냐가 더 중요하다.

4) 감정정화

반전을 해소하는 방법 중에서 감정표현이나 감정정화법이 중요하다. 아리스토텔레스에 의하면 감정정화(catharsis)는 깨끗이 씻는 것을 의미한다. 연극이나 예술행위를 통하여 혹은 언어적인 표현이나 신체적인 행위를 통하여, 억압된 감정을 의식의 표면에 떠올려 표출시킴으로써 감정정화가 된다는 것이다. 이러한 감정정화를 통하여 오랫동안 억눌러 왔던 감정을 밖으로 뿜어냄으로써 미해결과제들을 해소할 수 있다. 그런데 이런 작업은 내적 · 외적 지지가 충분히 있을 때 실시해야 한다. 즉, 내담자가 자신이 어떤 행동을 하더라도 치료자나 집단원이 다 이해하고 수용할 것이라는 신뢰감을 가질 때 가장 효과적이다.

이러한 작업을 하는 동안 강한 신체적 · 생리적인 감정정화 현상이 수반되는 경우도 있다. 즉, 오랫동안 억압을 통하여 긴장되어 있던 근육과 세포들이 풀어지면서 에너지가 한꺼번에 방출되어 몸을 심하게 떨거나 땀을 심하게 흘리거나 혹은 온몸으로 통곡하는 경우 등이다(Stevens, 1975; Clarkson, 1990).

5. 자의식

'자의식(egotism)'이란 개체가 자기 자신에 대해 지나치게 의식하고 관찰하는 현상을 말하는데, 이러한 행동은 개체가 자신의 행동에 대한 타인의 반응을 지나치게 의식하기 때문에 생긴다. 이런 사람들은 자신의 행동 하나하나를 지나치게 세심하게 관찰하며, 타인의 반응에 매우 민감하게 반응한다. 이러한 행동은 환경과의 교류와 접촉을 방해하고 유기체의 자연스러운 활동을 제지하여, 개체는 자기 내부에 갇히게 되며 접촉경계혼란을 일으키게 된다. 자의식을 통하여 모든 것이 지나치게 계산되고 의식화될 때, 개체의 행동은 자연스러움이 없어지고 인위적인 것이 된다.

이러한 개체는 자신의 노력을 통하여 이룬 결과에 만족하며 그것을 충분히 누리기보다는, 항상 관찰자의 위치에서 자신의 행동을 감시하고 통제한다. 그래서 편안한 마음으로 타인과 접촉하지 못하며, 자신의 욕구나 감정을 해소하지도 못하고 항상 자신을 병적으로 관찰하며 긴장상태에서 산다(Clarkson, 1990).

자의식이 많은 사람은 다른 사람들로부터 존경받고 싶고, 관심을 끌고 싶어 하지만 거부당할까 두려워서 행동을 드러내 놓고 하지 못하는 사람들이다. 그래서 자의식은 충족되지 않은 자기애적 욕구에 의해 발생한다고 볼 수 있다. 자의식이 많은 사람들은 다른 사람들의 관심의 대상이 되면, 당황해서 매우 불안해지고 신체적으로 심한 긴장을 느낀다.

그들은 많은 사람들이 모인 곳에 나간다든가, 여러 사람들 앞에서 연설을 해야 한다든가, 혹은 여러 사람이 앉아 있는 앞을 지나간다든가 하는 등 많은 사람들로부터 시선을 받는 순간 자의식이 심해진다. 대인 공포증상을 보이는 사람들이 바로 이러한 대표적인 예이다. 그들은 타인이 볼 때, 전혀 문제가 안 되는 사소한 자신의 행동이나 신체증상에 대해 지나치게 신경을 쓰며, 타인이 어떻게 생각할까에 대해 과도한 걱정을 한다.

자의식은 한편으로는 자신의 자기애적 욕구를 의식하고 있지만, 다른 한편으로는 이를 행동을 통해 표출하지 않고 제지함으로써 갈등상황에 빠지게 되는 현상이다. 즉, 자의식은 반전으로 인해 생기는 현상으로, 개체가 자신이 매력을 느끼는 대상이나 혹은 분노를 느끼는 대상보다는 자기 자신에게 주의를 기울임으로 인해 발생하는 것이다. 그래서 자의식은 밖으로 향하지 못하고 안으로 향한 의식이라 할 수 있다. 요컨대, 자의식은 개체가 어떤 행동을 하려는 욕구나 감정이 있고 이를 알아차리고 있지만, 그 행동을 했을 때의 결과에 대해 확신을 하지 못하기 때문에, 행동을 억제하여 엉거주춤하게 되고 그래서 어색해지고 그러한 자신의 어색한 모습을 의식하게 될 때 생기는 의식상태이다. 이때 행동으로 옮겨지지 못한 욕구나 감정은 억압되지도, 투사되지도 못하고 그렇다고 행동으로 옮겨지지도 못해 의식에 남아 있는 상태라고 하겠다.

자의식이 많은 사람은 다른 사람의 눈을 쳐다보거나 자연스럽게 대화를 나누지도 못하며, 항상 타인이 자기를 어떻게 볼까 하는 염려와 공상 속에 빠져 산다. 자의식은 타인과의 관계에서 감정이나 행동을 억제할 때도 발생한다. 예컨대, 타인이 자기에게 받아들이기 곤란한 요구를 할 때 이를 잘라 거절하지 못하면 자의식이 생긴다. 즉, 자신의 행동에 대해 타인이 비난하거나 거부반응을 보일 것을 두려워하기 때문에 타인의 무리한 요구를 거절하지 못함으로써 자의식이 생길 수도 있다. 이때 자신에게 무리한 부탁을 하는 사람에게 분노감을 갖지만 이를 표현하지 못함으로써 신체적인 긴장감과 함께 자의식을 느끼게 된다(Perls, 1969a).

한편, 자의식과 알아차림은 서로 구분되어야 한다. 전자의 경우는 개체가 두 부분으로 분열되어 관찰자와 피관찰자로 나누어지지만, 후자의 경우는 그러한 구분이 없이 유기체 현실이 하나의 통합적인 현상으로 체험된다. 예컨대, 어떤 사람이 음악에 맞추어 춤을 출 때 몸과 마음 그리고 음악이 하나가 되어 통합적으로 체험된다.

하지만 만일 그가 춤추는 파트너나 구경꾼들을 의식하여 온전히 음악에 몰입하지 못하고 자신의 행동을 대상화시켜서 관찰하게 되면 알아차림은 사라지고 자의식에 빠지게 된다. 자의식에서는 항상 무언가 억제되어 표현되지 않은 것이 있고, 따라서 미해결과제가 있는 데 반해 알아차림에서는 미해결과제가 없다.

자의식이 발생하는 과정을 보면 개체의 욕구나 감정이 전경으로 떠올라 행동으로 표현되려고 하는 순간 개체가 위에서 말한 이유들로 인해 이의 표현을 억제하게 되며, 따라서 이러한 욕구나 감정들은 억압되지도 표현되지도 못하는 상태가 된다. 그렇다고 개체가 이러한 욕구나 감정을 타인에게 투사해 버리기에는 그것들을 너무 많이 자각하고 있어 불가능하다. 그래서 이러한 욕구나 감정은 해소되지 않은 채 개체에 남아 있게 되며 이것이 자의식을 만든다. 이렇게 억제되어 행동으로 표현되지 못한 충동은 배경으로 사라지지도, 전경으로 떠오르지도 못하여 중간층에 머물게 되며, 이는 접촉경계혼란을 일으킨다(Perls, 1969a).

이때 개체가 자신의 욕구나 감정을 행동으로 표현하지 못하는 것은 투사된 검열 때문이다. 검열이란 어떤 자신의 욕구나 감정이 바람직한지 그렇지 못한지 검사를 해 보고, 바람직한 행동은 하도록 내보내고 그렇지 않은 것은 행동화되지 못하도록 통제하는 것을 뜻한다.

투사된 검열이란 자신 속에 존재하는 검열을 타인이 자기에게 갖는 생각일 것이라고 착각하는 것을 뜻한다. 즉, 자신의 검열을 타인에게 투사한다는 뜻이다. 말하자면 자신이 어떤 행동을 했을 때, 다른 사람이 그러한 나의 행동을 나쁘다고 여길 것이라고 생각하기 때문에 자신의 욕구와 충동을 억제한다고 볼 수 있다.

이러한 검열은 우리 자신의 가치판단과 생각을 타인에게 투사한 것이다. 만일 내가 나의 감정이나 충동을 행동으로 옮긴다면 타인들이 나의 그러한 행동을 나쁘게 볼 것이라고 단정짓고서, 자신의 행동을 억압하고 반전시킨다. 그러나 이러한 생각은 어디까지나 나의 생각이고 나의 가치판단이지, 타인이 정말 그렇게 생각하고 판단하는지는 알 수 없다. 또 설령 타인이 나의 어떤 행동을 나쁘게 본다고 하더라도 내 스스로가 나의 행동을 나쁘게 보지 않으면, 즉 검열하지 않으면 자의식은 생기지 않는다(Perls, 1969a).

어떤 내담자들은 자신이 충분히 할 수 있는 행동이고 환경도 그에게 그러한 행동을 하기를 요구하는데도, 그 행동을 자연스럽게 수행하지 않고 완벽을 추구하며 행동을 지연시키면서 천착한다. 그들은 자신의 행동이 더 이상 아무런 위험도 가져오지 않는다는 것을 확인하기 전에는 결코 그것을 행동으로 옮기려 하지 않는다. 즉, 그들은 환경과의 접촉을 통하여 시행착오를 거치면서 학습하기보다는, 사전에 모든 상대편의 반응을 다 예상해서 점검해 보고 또 자신을 살펴본 다음 행동으로 옮기려는 태도를 갖는다. 그러므로 그들의 행동에는 자연스러움과 자발성이 결여되어 있다.

> 펄스의 한 중년 남자 내담자는 자기 여비서에 대해 못마땅한 감정을 느끼고 있었으나 표현을 하지 않고 참아 왔는데, 그녀가 가까이 올 때마다 매우 불편해지고 자의식을 느꼈다. 그의 자의식은 그녀에 대한 귀찮은 감정을 표현하지 못함으로 말미암아 발생한 것이었다. 펄스는 내담자로 하여금 빈 의자를 놓고 여비서에게 느끼는 자신의 못마땅한 감정을 표현하도록 시켰는데, 작업 후에 그는 훨씬 편해졌다. 이 작업에서 그는 그녀에 대한 억압된 분노감정과 염증을 마음껏 표현했는데, 그러한 과정을 통해 그녀에 대한 분노감정과 염증이 중간층으로부터 전경으로 떠오를 수 있었고, 마침내 해소되고 배경으로 사라질 수 있었던 것이다. 치료를 통하여 용기를 얻은 내담자는 마침내 여비서를 해고해 버리고 자의식에서 벗어날 수 있었다 (Perls, 1969a).

사실 우리가 살아가면서 어느 정도의 자의식은 불가피하고 또한 그 자체로서 가치가 있는 측면도 있다. 만일 우리가 자의식이 전혀 없다면 일을 너무 서둘러 함으로써 많은 실수를 저지를 수도 있고, 그 결과 개체가 성장해 가는 데 방해요인이 될 수도 있다. 다만 이러한 자의식이 너무 지나칠 때 문제가 된다.

자의식이 심한 사람은 항상 사전에 자신의 행동을 관찰하고 통제 · 조절하며, 타인의 반응을 미리 계산해 봄으로써 어떠한 실패나 좌절도 발생하지 않도록 사전에 준비를 하려고 한다. 그렇게 함으로써 그들은 자신의 능력에 대해 어느 정도 자부심을 느끼고 안심하게 되지만, 그러한 행동은 어디까지나 자신이 낭패를 당하는 상황에 처하는 것을 막고 타인으로부터의 배척을 예방하기 위해 사용하는 방어행동에 불과하다(Perls et al., 1951).

그들은 환경으로부터의 비난이나 당혹스러운 반응을 피하기 위해 자신 속으로 달아나 환경과 고립되며, 오직 자기 자신만이 유일한 현실로 남게 된다. 이때 그들은 환경을 자신의 내면세계에 구축해 놓음으로써 타인과의 접촉을 통해 생기는 현실적인 문제를 피할 수 있고, 자신 속에 구축한 관념의 세계에 안주함으로써 타인으로부터의 어떠한 비난이나 공격도 받지 않을 수 있다. 하지만 그러한 환경은 실존적 환경이 아니다. 그것은 개체에게 아무런 영양분도 공급하지 못하며, 성장도 변화도 허락하지 않는 관념의 세계이다. 이러한 비현실적 관념세계는 개체에게 아무런 새로운 경험을 제공하지 못하기 때문에 개체는 마침내 그 속에서 권태와 고독에 휩싸이게 된다. 그래서 이러한 권태감과 고독감을 피하기 위해 알코올이나 마약으로 도피하는 사람들도 있다(Perls et al., 1951).

자의식이 심한 사람들은 흔히 자신을 조정하여 현실에 잘 적응하고 표면적으로 전혀 문제를 일으키지 않는 이른바 '점잖은 신사'들이다. 펄스는 이러한 자의식은 정신분석치료를 오랫동안 받은 사람들에게서 흔히 관찰할 수 있는 증상이라고 하였다. 즉, 그들은 자신의 성격에 대해 잘 알고 있고, 자신의 문제를 분석적으로 잘 이해하고 있으나 자신과 환경을 통합적으로 체험하지 못한다고 한다. 즉, 그들은 끝없이 자신과 자신의 문제에 대해 분석하지만, 결코 자발적이고 자연스러운 행동을 취할 생각을 하지 않는다고 한다. 그들은 분석 속에 자신을 가두어 놓고 관찰하는 것을 실제 행동하는 것보다도 훨씬 안전하다고 생각하기 때문에, 자신이 구축한 분석의 세계 속에 도피해 사는 것이다(Perls et al., 1951, Perls, 1969a).

자의식은 백일몽과도 유사한 점이 있다. 우선 백일몽은 자의식과 마찬가지로 미해결과제들로 인해 발생하며 행동을 통한 문제해결보다는 공상적인 세계로 도피하는 점에서 자의식과 비슷하다. 백일몽을 많이 꾸는 사람들일수록 정작 현실적으로 그러한 욕구들을 실현시킬 수 있는 순간이 다가오면 행동으로 옮기지 못하고 자의식에 빠져 버린다. 그것은 그들이 항상 자의식과 환상 속에서만 살 뿐, 막상 실제 상황에 부딪치게 되면 그들의 욕구나 감정을 차단해 버리기 때문이다(Perls, 1969a).

자의식의 치료를 위해서는 우선 내담자로 하여금 자신의 욕구나 감정, 관심 등을 알아차리게 해 주고 나서, 이를 다시 말로나 행동 혹은 예술행위 등으로 표현하게 해 주어야 한다. 그것은 자의식이 반전에서처럼 밖으로 향해야 할 감정이 밖으로 향하지 못하고 의식되고 있는 상태이기 때문이다. 자의식을 치료할 수 있는 또 다른 방법은 환경자각 쪽으로 전환시켜 주는 것이다. 즉, 자의식에 시달리는 내담자는 그들의 모든 주의와 신경을 자기 자신의 감정이나 욕구 혹은 행동에 초점을 맞추는데, 이러한 주의와 관심을 외부활동이나 일에 돌리고 그러한 활동에 열정을 기울이고 심취하도록 이끌어 주는 것이다. 그렇게 함으로써 개체는 자신을 잊어버리게 되고 에너지의 흐름이 정상화되어, 마침내 억압된 미해결과제가 해소됨으로써 자의식에서 벗어나게 된다.

또한 자의식을 극복하기 위해서는 내담자가 타인의 관심의 초점이 되려는 생각을 버리고 지나친 자기애적 욕구를 포기하도록 설득해야 한다. 결국 과도한 자기애적 욕구가 타인을 지나치게 의식하게 만들고, 그 결과 자의식에 사로잡히게 만들기 때문이다(Perls, 1969a).

자의식이 심한 내담자들은 심리치료를 받으면서도 자신의 문제에 지나치게 집착하는 경향을 보인다. 어느 정도 내적인 갈등이 해결되면 자기 자신을 잊어버리고 행동으로 나아가서 환경과의 접촉이 필요한데, 자의식이 심한 내담자들은 끊임없이 자신의 '문제'들을 찾아내어 '완전한' 해결을 보려는 욕심을 낸다. 그들은 현실과의 만남을 통해 시행착오를 거치며 현실에 적응하는 것을 학습하려 하지 않는다. 그들의 과도한 자기애적 욕구와 자기집착은 그들로 하여금 타인으로부터 거부당하거나 마음에 상처를 입는 것을 도저히 용납하지 않는다. 그런 일들은 그들에게 너무나 고통스러운 것으로 생각되기 때문에, 그들은 행동으로 나아가기 전에 '완벽한' 준비를 하려고 한다.

하지만 이렇게 지나치게 완벽한 '문제해결'에 집착함으로써 그들은 치료에 매달리게 되고, 그 결과 자연스럽게 환경과의 접촉을 하지 못하게 된다. 이러한 경향은 흔히 치료를 종결하는 단계에서 치료의 부작용으로 나타난다. 게슈탈트치료의 마지막 단계에서도 종종 이런 현상이 나타나는데, 이때 내담자는 완벽하게 자각하고, 완벽하게 표현하고, 완벽하게 유기체적 삶을 살아야 한다는 관념에 사로잡히게 된다. 그래서 게슈탈트 치료이론 자체가 오히려 내담자들을 옭아매는 틀이 되어 그들을 구속하는 현상이 생길 수 있다. 어떠한 이론도 그 자체로서 완전할 수 없으며, 더구나 이론의 가치는 행동으로 나아가는 지침 역할을 할 뿐이라는 것을 알아야 한다. 이론에 매달리고 집착하는 것은 내담자들의 자기애적 욕구와 그로 인한 완벽욕구 때문에 생기는 현상이다.

치료자는 내담자들이 치료의 종결단계에서 현실적응에 대한 두려움 때문에 치료자에게 매달리거나 치료의 완벽을 기하려는 경향을 보이면, 이러한 내담자의 불안을 수용하는 동시에 내담자가 서서히 현실과 접촉하도록 격려해 주어야 한다. 이때 치료자 스스로 유머를 갖고서 자신의 결점이나 허점을 받아들이는 모델이 되어 주어야 한다. 만일 완벽주의를 보이는 것이 내담자의 원래 성격문제라고 판단되면, 자의식 문제를 처음부터 다시 차근차근 되짚어 보는 작업이 필요하다(Clarkson, 1990).

어떤 내담자들은 치료를 통하여 많은 것을 발견하고 느끼고 생각하지만, 그들이 얻은 것을 충분히 음미하며 만족감에 젖어들지 못하고, 바로 다음 순간 또 다른 문제를 찾아 나섬으로써 끝없이 완벽을 추구하는 행동을 보이는데, 이러한 행동은 자의식에서 벗어나지 못하고 자아에 집착하기 때문에 생기는 것이다. 이런 내담자들에게는 중간중간에 치료작업이 일단락될 때마다 잠시 멈추게 하고, 그들이 노력하여 얻은 것들을 충분히 음미하고 누리도록 해 주는 것이 필요하다.

게슈탈트치료에서는 자의식을 극복하기 위한 방법으로 명상법을 사용하기도 한다. 이때 사용하는 명상기법은 내담자의 과잉통제를 완화하기 위해 인간과 자연 및 우주와의 연결성을 체험하도록 해 주는 데 초점을 맞춘다. 무한 공간과 무한 연속의 시간을 명상해 봄으로써 내담자는 자아로부터의 해방감을 맛볼 수 있다. 즉, 이제까지 자기 자신 속에만 갇혀 있던 자의식에서 벗어나 무한한 세계로 자신이 확대되며, 좁은 자아로부터 해방되는 것을 체험한다.

치료의 종결단계에서는 내담자가 자신의 문제를 잊어버리고 순수히 유기체 및 실존하는 환경과 접촉해 보도록 해 주는 것이 필요하다. 내담자는 치료를 통하여 자아를 여러 각도에서 새로이 발견하고 조명했으므로 이제는 자아를 놓아 버리고, 지금-여기의 실존을 만나고 접촉하는 것이 필요하다. 선(禪)에서처럼 자아를 버리고(無我), 무심한 상태에서 사물을 보고, 듣고, 느끼며, 접촉하는 것이다. 그리고 대상과 하나가 되어 보는 연습을 하는 것도 자아를 벗어나는 좋은 방법이다(Clarkson, 1990).

게슈탈트치료에서는 저항하고 거부하고 도전하는 것을 강조한다. 하지만 다른 한편으로는 [집착을] 내려놓고, 그만하면 됐다고 자족하는 것을 배우는 것도 중요하다고 말한다. 특히 호전적이고 성취욕이 강한 사람일수록 이런 연습이 필요하다. 즉, 이제까지 자신이 노력하여 이루어 놓은 것들에 대해 긍정적인 시각으로 바라보며, 대범하게 자기를 놓아 버리면서 자족하는 것이다. 충분히 만족감을 누리면서 자기집착과 자의식으로부터 놓여나 새로운 힘을 얻는 것이다. 게슈탈트의 완결이란 어떤 것을 완벽하게 해내는 것이 아니라, 오히려 현재 일어나고 있는 현상들을 피하지 않고 직면하고, 수용함으로써 그것들을 일단락짓는 것이다. 즉, 어떤 체험을 했을 때, 그것을 받아들이고 자족함으로써 그 체험을 마무리하는 것이다.

6. 편향

내담자들은 흔히 환경과의 접촉이 자신이 감당하기 힘든 심리적 결과를 초래할 것이라 예상할 때, 이러한 경험에 압도당하지 않기 위해 환경과의 접촉을 피해 버리거나 혹은 자신의 감각을 둔화시켜 버림으로써 환경과의 접촉을 약화시키는데, 이것이 '편향(deflection)'이다. 이때 개체는 환경과의 접촉에 사용되어야 할 에너지를 철회함으로써 접촉을 피한다. 편향 행동의 예를 들면, 말을 장황하게 하거나 초점을 흐리는 것, 말하면서 상대편을 쳐다보지 않거나 웃어 버리는 것, 구체적으로 말하지 않고 추상적인 차원에서 빙빙 돌려 말하는 것, 자신의 감각을 차단시키는 것 등이 있다(Polster & Polster, 1974, pp. 89-92).

개체는 편향을 사용함으로써 만일의 경우에 발생할 수 있는 위험과 좌절을 사전에 예방할 수 있고, 또 현재 존재하는 고통을 덜 느낄 수 있다. 그러나 편향이 습관적 행동이 되어 버리면 개체는 타인이나 환경으로부터 고립되며, 삶의 활력과 생동감이 감소되어 무기력해지게 된다. 흔히 내담자들이 "사는 것이 별로 재미가 없다."고 말하는 것을 듣는데, 이는 그들이 대인관계에서 자신의 내적 에너지를 접촉하지 않고 편향시켜 버리기 때문에 나타나는 결과이다. 이처럼 개체는 심리적 갈등과 혼란을 피하기 위해 자신의 감정을 편향시킴으로써 부정적인 감정은 덜 느끼게 되지만, 동시에 긍정적인 감정도 차단되어 버리므로 삶 자체를 잃어버리게 된다고 할 수 있다.

편향은 알아차림을 흐리게 하는 수단으로써 우리의 지각이나 감각을 둔감화시키는 것이 있는 데, 이러한 태도는 흔히 지식인들에게서 많이 볼 수 있다. 편향은 혼자 있을 때도 나타날 수 있지만, 대개 환경과 상호작용을 필요로 하는 상황에서, 특히 부담스러운 사람과의 대화관계 상황에서 많이 나타난다. 이때 말하는 사람과 듣는 사람 모두가 편향할 수 있다. 말하는 사람은 자신의 감정을 직접 표현하기보다는 빙빙 돌려 초점을 피하거나, 말할 때 상대방의 눈을 맞추지 않거나, 추상적 개념을 사용하여 설명을 함으로써 편향할 수 있으며, 듣는 사람도 말하는 사람의 이야기에 집중하지 않거나, 눈길을 피하거나, 말하는 사람에게 질문을 함으로써 편향시킬 수 있다 (Polster & Polster, 1974, pp. 89-92; Smith, 1990).

나의 한 내담자는 성장과정에서 가정환경이 매우 복잡해 어두운 어린 시절을 보냈고, 아직도 가족문제가 상당 부분 해결되지 않은 채 남아 있었다. 그런데 이 내담자는 자신과 가족문제에 대해 이야기하면서 전혀 감정이 없는 사람처럼 아주 차분한 목소리로 마치 남의 이야기하듯 말했다. 그는 자신이 매우 부정적 감정을 갖고 있는 식구에 대해 말할 때조차도 전혀 흥분하거나 감정적 반응을 보이지 않고, 마치 뢴트겐 사진을 보며 판독하듯이 분석적인 태도로 묘사하였다. 내가 이러한 그의 태도를 지적하면서, 자신의 감정 직면을 피하는 이유를 물었다. 내담자는 미처 자신의 그러한 태도를 알아채지 못하고 있었으나 나의 지적을 받고 한참 생각한 다음, 그러한 행동은 부정적 감정을 덮어 버리고 피하려는 태도로서, 아마 오랜 시간에 걸쳐 형성된 습관인 것 같다고 말했다. 그는 자신의 성장환경을 뒤돌아볼 때, 자신의 개인적 감정에 관심을 기울일 여유가 없었다고 했다. "감정을 느끼다 보면 식구 간에 서로 불편해지고, 또 더 많은 갈등에 휩싸일 수 있기 때문에, 머리로 생각을 해서 합리적으로 상황을 타개해 나갈 수밖에 없었던 것 같아요."라고 말했다. 그는 그렇게 살다 보니 마음 편한 점도 있었지만, 대신에 자신의 인생은 "살면서 그렇게 좋은 것도, 그렇게 싫은 것도 없는 덤덤한 삶이 되어 버렸다."고 말했다.

알아차림과 접촉을 차단한다는 점에서 편향은 반전과도 유사하다. 하지만 반전은 신체긴장을 수반함으로써 관찰 가능한 외현적인 행동으로 나타나는 데 반해, 편향은 감각적인 기제를 통해 지각을 차단하거나 추상적·개념적 사고 작용으로 나타나므로 당사자가 말하지 않으면 잘 알아보기 힘들다. 그러나 자세히 관찰해 보면 편향을 사용하는 내담자도 타인의 말을 귀 기울여 듣지 않는다든지, 추상적 개념을 많이 사용하는 등 특징적 행동이 있다. 성장과정에서 유기체적 욕구의 좌절을 많이 경험한 내담자는 자신의 욕구를 차츰 포기하는 것을 학습했기 때문에, 나중에 성인이 되었을 때 주변 사람들이 자기에게 긍정적인 반응을 보이면 이를 받아들이기 힘들어 편향시켜 버린다. 이는 타인의 접근이 자신이 감당할 수 있는 한계를 넘어서기 때문이다. 그런데 주로 긍정적 반응을 편향시키는 사람이 있는가 하면, 부정적 반응을 많이 편향시키는 사람도 있다.

편향을 사용하여 알아차림과 접촉을 차단하는 것은 과거의 고통스러운 충격경험이었던 것들, 예컨대 계속적인 애정결핍이나 성폭행, 혹은 중요한 타인으로부터 거부당한 경험 등을 극복하기 위한 의미 있는 자구책들이었고, 따라서 이 행동이 처음 발생한 당시로서는 효과적인 행동이었을 수 있다. 하지만 현재로서는 더 이상 현실적 기반을 상실한 행동이기 때문에 부적응행동이라고 볼 수 있다(Clarkson, 1990).

편향은 개체가 불안, 죄책감, 심리적 갈등, 긴장감 등 여러 가지 불편한 감정을 피하기 위해 사용하는 적응기제의 하나라고 볼 수 있는데, 그중에서도 특히 불안의 방어가 중요한 목적이다. 그것은 불안이 개체가 경험하는 다양한 종류의 고통과 부정적 감정에 총체적으로 관여하기 때문이다.

펄스에 따르면 불안이란 행동으로 옮겨질 수 없는 흥분, 또는 억제된 흥분에너지라고 했다. 즉, 어떤 행동을 하고 싶은 욕구나 감정을 느낄 때 흥분에너지가 동원되지만, 개체는 그 순간 흥분을 행동으로 옮겼을 때 초래될 수 있는 좌절 상황을 예상해 호흡을 멈춤으로써 흥분을 억제하게 되는데, 그때 느끼는 감정이 불안이라는 것이다. 따라서 불안이란 흥분을 행동으로 옮기지 못하고 막아 버림으로써 해소되지 못한 흥분에너지로 인해 생기는 감정이다. 이때, 편향은 불안을 막는 방법으로서 흥분에너지 자체를 피해 버리거나 둔화시키는 책략을 택한 것이다. 즉, 투여된 흥분에너지 자체가 줄어들어 해소되지 않은 흥분에너지도 적어지고, 따라서 불안이 덜 느껴지도록 하는 것이다. 그러나 그 대가는 흥분에너지의 축소로 말미암아 삶의 활기와 생생함이 사라져 버려 사는 것이 덤덤해져 버린다. 그러면 바른 해결책은 어떤 것일까?

펄스에 의하면 만일 개체가 미래를 생각하지 않고 지금-여기에 충실히 몰입할 수 있으면, 흥분은 자연스럽게 행동으로 옮겨질 수 있게 되고 불안은 체험되지 않는다고 했다. 이런 의미에서 펄스는 "불안은 현재와 미래 사이의 간격(gap)이다."라고 말했다(Perls et al., 1951, pp. 127-129). 즉, 개체가 지금-여기를 떠나 나중에 발생할 수 있는 부정적 결과를 예상하면, 그러한 예상행동이 지금-여기의 흥분을 억제하게 되고, 이때 행동으로 바뀌지 못한 흥분은 불안으로 체험된다. 따라서 미래로 달려가 머무는 시간이 길어질수록 불안은 더욱 커지게 된다. 펄스는 "만일 당신이 온전히 지금-여기에 있을 수 있으면 당신은 불안해지지 않는다. 왜냐하면 당신이 지금-여기에 몰입하면, 흥분이 일어나자마자, 바로 그 에너지가 행동으로 옮겨지기 때문이다."라고 하였다(Perls, 1969b, p. 3).

말하자면 우리가 불안을 느끼는 것은 지금-여기를 떠나 미래를 예상함으로 인해 흥분을 차단하게 되고, 따라서 흥분이 행동으로 변화될 수 없기 때문에 나타나는 현상이라고 하겠다. 따라서 만일 개체가 지금-여기에만 몰입하여 집중한다면 흥분은 바로 모두 행동에너지로 전환되어 불안은 발생하지 않게 된다. 그래서 게슈탈트치료에서는 이러한 원리를 이용하여 내담자들의 불안과 갈등상황을 마치 그것들이 지금-여기에서 벌어지고 있는 일인 것처럼 상상하면서 '실연(enactment)'해 보도록 시켜 불안을 극복하게 한다.

흥분은 알아차림과 접촉에 있어서 빼놓을 수 없는 요소이다. 우리가 알아차림과 접촉을 할 수 있는 것도 흥분이 있기 때문이다. 알아차림은 유기체의 활동에너지인 흥분을 지각하는 것이고, 접촉은 이러한 에너지를 받아들여 행동으로 전환시켜 주는 행위라고 할 수 있다. 그러나 흥분은 불안을 초래할 수 있기 때문에 사람들은 편향을 사용하여 흥분을 억제하거나 마비시켜 버린다. 이때 그들은 자신들뿐만 아니라 자신의 아이들에게도 이러한 교육을 시킨다. 그래서 아이들은 부모의 교육을 내사하여 흥분을 위험한 것으로 생각하여 억제하게 된다. 이렇게 삶에서 흥분을 억제하고 마비시켜 버린 사람들은 멋진 여성을 보거나 황홀한 음악을 들어도 흥분을 느끼지 못하며, 신나는 일이 있어도 덤덤하게 지나가고, 기쁜 일이 생겨도 금방 시들해져 버린다.

흥분이 없으면 불안을 못 느끼는 것은 사실이다. 그러나 인생의 즐거움과 기쁨도 동시에 없어지게 된다. 결국 흥분을 줄임으로써 삶의 생기와 활력도 동시에 줄어들어 권태와 무력감, 공허감과 우울감에 빠지게 된다. 따라서 편향은 불안을 줄이는 데 도움이 되지만 그 대신 값비싼 대가를 치른다고 하겠다. 게슈탈트치료에서는 흥분을 인생의 가장 훌륭한 가치로 찬양하고 격려한다. 따라서 편향을 치료하고 극복하는 것은 게슈탈트치료의 중요한 과제가 된다. 집단상담의 초기에는 내담자들이 한꺼번에 많은 새로운 자극에 노출되고 심한 불안을 느끼기 때문에 투사와 편향이 많이 나타난다. 이러한 방어행동은 어느 정도 긍정적 기능도 있다. 특히 한꺼번에 너무 많은 자극이 들어와서 자신을 보호해야 할 필요가 있을 때, 일시적 방어는 유기체의 건강한 자기조정 활동의 일환이라고 볼 수 있다(Harman, 1989b).

하지만 이러한 방어를 그냥 오랫동안 묵과해서는 안 된다. 치료자는 이러한 내담자들의 방어를 알아차리게 해 주고 직면시킴으로써 이를 극복해 나가도록 도와주어야 한다. 치료자는 편향을 심하게 하는 내담자에게는 질문이나 요구, 도발, 간청 등 여러 가지 수단을 동원하여 자신의 흥분에너지와 접촉하도록 도와주어야 한다. 가령, 말을 장황히 하여 자신의 흥분에너지와의 접촉을 피하는 내담자에게는 간결한 문장으로 말하게끔 시킨다든지, 지적인 개념을 사용하여 자신의 문제를 사소한 것으로 보이게끔 묘사하는 내담자에게는 그때그때 상황에서 내담자가 느끼는 감정을 물어봄으로써 좀 더 자신의 감정을 직면하도록 해 주어야 한다.

폴스터(1974)는 내담자로 하여금 말끝마다 치료자에게 '당신은'이라는 말로 시작하는 문장을 만들어 대화하도록 요구함으로써 치료자와 좀 더 깊이 접촉하도록 도와줄 수 있다고 했다. 또 하르만(1989)은 말할 때마다 치료자의 눈길을 피하는 내담자에게 의자를 옮겨 다니며 눈 접촉을 함으로써, 내담자와의 접촉을 증진시킬 수 있었다고 보고했다. 편향을 보이는 내담자들은 흔히 신체감각도 억압하고 있는데, 이들에게는 다음과 같은 지시문을 통해서 신체 알아차림을 높여 줄 수 있다.

당신의 신체감각에 온전히 집중하시오. 당신의 주의를 온몸 구석구석으로 고루 보내십시오. 빨리 이완하려고 노력하지 마세요. 당신의 신체감각을 느껴 보세요. 고통스러운 것이든, 즐거운 것이든 피하지 말고 느껴 보십시오. 이 연습을 통하여 당신은 차츰 당신의 감각을 다시 찾게 됩니다. 그러다 보면 당신은 이전보다 훨씬 예민해져서, 고통과 기쁨을 더 많이 느끼게 됩니다.

이제까지 여섯 종류의 접촉경계혼란 유형에 대해 알아보았다. 각각의 접촉경계혼란 행동들은 서로 기능적으로, 과정적으로 관련되어 있으면서도 내용적으로는 제각기 구분될 수 있는 것들이다. 이러한 접촉경계혼란들로 말미암아 개체는 자기경계가 혼란되어 자기 자신과 환경을 제대로 알아차리지 못하고, 중간층에 머물면서 환상과 공상적인 삶을 살아간다. 따라서 접촉경계혼란을 극복함으로써 개체는 좀 더 유기체의 현실을 잘 받아들일 수 있고, 환경과의 자연스러운 접촉을 통하여 변화·성장할 수 있다.

폴스터(1974)는 '접촉경계혼란' 또는 '경계장애'란 말 대신에 '자기조정 기제(self regulatory mechanism)'라는 말을 더 선호했다. 그는 이른바 장애라고 불리는 행동들이 개체의 특정한 상황에 대한 자연적이고 유기적인 반응행동이라고 보았다. 마치 어린이들이 심한 열이 나면 혼수상태에 빠지는 것처럼 이런 현상은 유기체가 위기상황에 처했을 때, 자연스럽게 보이는 유기적인 반응이므로 접촉-경계 혼란이나 접촉경계장애라는 개념보다는 유기체의 '자기조정 기제'란 용어가 더 낫다고 제안했다. 즉, 유기체는 자신의 정상적인 반응능력을 넘어서는 감당하기 힘든 상태에 처하게 되면 스스로 조정능력을 동원하여 그 상황에 대처하게 되는데, 그때 나타나는 반응방식이 바로 내사나 투사, 융합, 반전, 자의식, 편향 등이라는 것이다.

따라서 개체가 이러한 수단을 동원하여 위기상황을 극복하는 것은 지극히 자연스러운 행동이며, 더 나은 창조적인 대응방식은 나중에 뒤따른다고 하였다. 그래서 내담자들이 치료상황에서 보이는 저항행동들도 대부분은 유기체가 자기조정 기제를 동원하여 그 상황에서 보이는 최선의 행동이므로 긍정적인 기능이 있다는 것이다. 임상가들이 자주 범하는 오류 가운데 하나가, 내담자들을 미리 정해져 있는 진단범주에 분류시키지 않으면 안 된다는 강박관념을 갖고 있는 것인데, 이러한 폴스터의 주장은 매우 경청할 만한 가치가 있다.

대부분의 게슈탈트 치료자들은 무비판적으로 전통적 진단명을 사용하는 것에 대해 찬성하지 않는다. 그것은 왜곡된 정보를 줄 수도 있고, 치료자의 눈을 가려 시야를 좁게 만드는 위험성을 지니고 있기 때문이다. 이런 맥락에서 볼 때, 이제까지 논한 여섯 가지의 접촉경계혼란들도 하나의 병리적인 진단범주로 사용하는 것보다는 내담자들의 특정 행동을 역동적으로 이해하는 방편적 수단으로 사용하는 것이 더 타당하다.

대부분의 게슈탈트 치료자들은 과정중심의 평가를 하는데, 이때 접촉경계혼란 개념을 토대로 집단원들이 갖는 접촉의 질을 면밀히 분석 평가한다. 예컨대, 그들의 경계는 튼튼한지, 경계의 혼란이 있는지, 있으면 어떤 형태로 일어나고 있는지, 외부 환경과의 접촉에 기꺼이 응하는지, 거부당할 위험을 무릅쓰고서도 타인과 접촉을 하는지, 접촉을 회피하고 있으면 어떤 방식으로 하고 있는지, 또한 접촉을 철회하는 순간은 언제이고 어떤 상황에서인지 등을 점검한다. 결론적으로 접촉경계혼란의 개념을 임상 진단체계로 사용하는 것은 문제가 있지만, 이를 내담자의 현재를 이해하고, 치료적 방향을 수립하고, 치료효과를 평가하는 데 활용하는 것은 의미 있는 일이라고 하겠다.

제**2**부

게슈탈트치료의 이론

제**6**장
게슈탈트치료의 치료적 목표

이 장에서는 게슈탈트치료에서 추구하는 몇 가지 중요한 목표에 대하여 살펴보기로 한다. 이 때 각각의 목표는 서로 독립적이라기보다는 상호 관련되어 있고 상호 보완적이다. 하지만 편의상 하나씩 따로 나누어서 생각해 보기로 한다.

1. 체험확장

징커(1977)는 게슈탈트치료의 목표 중 하나는 개체가 환경과의 만남에서 자신의 사고와 감정, 욕구, 상상물, 신체감각, 그리고 환경에 대한 지각을 넓히고 접촉하는 한편, 이러한 것들을 타인에게 상처를 주지 않으면서 자연스럽게 표현하여 자신의 욕구를 충족하는 것을 배우는 데에 있다고 했다. 요컨대 개체가 자신의 욕구나 충동을 억압하지 않으면서 동시에 환경의 자극이나 상황에 대해서도 열려 있어, 자신의 유기체적 욕구를 자연스럽게 알아차리고, 표현하고, 환경과 자유롭게 유기적으로 교류할 수 있어야 한다는 것이다.

심리장애를 겪고 있는 사람들은 자신의 감정과 욕구의 상당 부분을 억압하고 있으며 그것들과의 접촉이 차단되어 있다. 어떤 의미에서 심리증상들은 개체의 정신·신체적 기능이 제약받아 유기체적 활동영역이 좁아지는 현상이라고 볼 수 있다. 게슈탈트치료의 목표는 이러한 축소된 활동영역을 다시 확장시켜 줌으로써 유기체의 자연스러운 기능을 회복시키는 데 있다. 예컨대, 성욕을 억압하고 차단하는 개인은 자신의 유기체 에너지의 한 부분이 활성화되지 못하며, 따라서 자연스러운 행동이 불가능해져 심리적·신체적 증상들을 갖게 된다. 하지만 성욕을 자신의 한 부분으로 체험할 수 있게 되면, 이러한 증상들로부터 벗어날 수 있게 된다.

내담자는 자신의 억압된 감정이나 욕구와 직면하는 것을 두려워하기 때문에 이들을 방어하기 위해 많은 에너지를 소모하고, 그 결과 창의적이고 자유로운 삶을 살지 못한다. 게슈탈트치료에서는 이러한 방어를 해제하고 억압했던 내면의 부분들을 다시 접촉하게 해 주어, 내담자의 체험영역, 즉 **'나-경계(I-boundary)'**를 확장시켜 준다. '나-경계'가 넓어질수록 개체는 자신의 욕구와 감정을 다양하게 체험할 수 있게 되고, 그만큼 활동영역도 확장된다.

체험영역의 확장을 통하여 내담자는 자신의 감정과 욕구에 대해 좀 더 수용적으로 되며, 그 결과 이제까지의 좁은 틀을 벗어나 사고와 감정, 행동이 자유로워진다. 체험영역의 확장은 내담자에게 자신감을 가져다주고, 자신의 또 다른 영역을 탐색하도록 용기를 불러일으킨다. 그렇게 되면 내담자는 자신의 감정과 욕구를 좀 더 자유롭게 표현할 수 있게 되며, 점차 삶의 다양한 가능성을 향해 새로운 도전을 할 수 있게 된다.

우리는 자신의 욕구나 감정 그리고 환경과의 접촉을 외면하지 않고, 다양한 삶의 리듬에 열려 있는 마음자세를 갖는 것이 중요하다. 그것은 즐거움과 기쁨뿐만 아니라 슬픔과 고통까지도 삶의 중요한 체험이 되기 때문이다. 다른 사람과 함께 있는 즐거움을 누릴 수 있되, 잠시 혼자 떨어져 침묵과 휴식, 정적의 풍요로운 가치를 음미하는 것도 무척 소중하다. 자신을 사랑할 줄 알아야 하겠지만, 때로는 자신을 비판하고 못마땅해 하며 불행감을 맛보는 것도 필요한 일이다. 자신감과 희망에 벅차오르는 감격을 느낄 수 있되, 때로는 혼동과 수치의 달콤함 속에 빠져 보는 체험도 소중하다. 성인의 진지함도 좋지만 가끔은 장난기 어린 유치함도 삶에 필요한 양념이다. 혼란스러움에 몸을 내맡기고서 새로운 통찰이 일어날 때까지 조용히 머물러 보는 체험 또한 귀하다.

내담자는 체험확장의 과정을 통하여 모험과 도전을 배우고, 불안과 공포를 극복하고, 삶에 새롭게 도전하며 자유를 얻는 과정을 학습하게 된다. 삶이 더 이상 무섭고 두렵기만 한 것이 아니라, 흥미를 불러일으키고 만족감을 가져다주며, 마음을 열고 나서면 무한한 새로운 세계가 펼쳐지는 체험도 하게 된다.

내담자는 더 이상 자신의 욕구와 감정을 습관적으로 억압하거나 피하지 않고, 오히려 그것들을 신선한 체험으로 받아들일 수 있게 되며, 타인과의 만남 또한 귀찮고 부담스러운 일이 아니라,

내가 혼자서는 절대로 가 볼 수 없는 세계로 나아가는 통로가 된다는 것을 깨닫게 된다. 그래서 내담자는 새로운 체험이 자신의 정체성을 흔들기보다는 도리어 삶의 새로운 활력과 동력을 제공해 주며, 체험 자체가 삶의 가장 중요한, 어쩌면 유일한 가치라는 것을 깨닫게 된다.

2. 통합

심리장애란 개체가 전체로서 유기적으로 작용하지 못하고, 여러 부분들로 분리되어 편린으로 존재하는 것을 뜻한다. 즉, 장애상태에 있는 개체는 자신의 전체를 통합적으로 지각하지 못하고 일부분만을 자신의 것으로 인정함으로써, 인격의 여러 부분들을 자신으로부터 소외시켜 이들과 접촉하지 못하게 된다. 펄스(1969b)는 이러한 인격의 소외된 부분들을 '인격의 구멍'이라고 불렀다.

가령, 자신의 성적 욕구를 억압한 사람은 생식기 부분에 '구멍'이 났으며, 자신의 분노감정을 억압해 그 감정을 못 느끼는 사람은 가슴의 한 부분에 '구멍'이 났다고 말할 수 있다는 것이다. 이렇게 인격의 부분에 '구멍'이 뚫림으로써 개체는 전체로서 통합적으로 기능할 수 없게 되고 그 허전함을 메꾸기 위해 타인에 의존하게 된다고 한다(Smith, 1990, p. 13).

이러한 인격의 분할은 앞 장에서 설명한 접촉경계혼란으로 말미암아 발생한다. 즉, 자기 자신의 부분을 타인이나 외부 환경에 투사해 버리거나, 자신의 것이 아닌 것을 자신의 일부로 잘못 알고 있거나, 자신과 타인의 부분들을 혼동함으로써 자신의 경계를 잃어버리거나, 자신의 에너지를 차단시켜 버림으로써 이와 접촉하지 못하는 등 여러 접촉경계혼란은 우리의 인격을 통합된 전체로 작용하지 못하게 만든다.

심리치료에서는 이러한 분리되고 소외된 인격의 부분들을 다시 접촉하고 체험하게 함으로써, 마침내 내담자들이 이들을 자신의 인격의 일부로 통합시키도록 해 준다. 게슈탈트치료에서는 자기에게 속하지 않는 부분들은 밖으로 추방하는 동시에, 외부로 투사했거나 자신의 내부에 격리되어 자신의 것으로 자각되지 못한 에너지는 자신의 것으로 자각하고 통합할 수 있도록 도와준다.

특히 외부로 투사한 자신의 에너지를 다시 자각하여 통합하는 것을 중요시하는데, 이러한 투사된 에너지는 창조적으로 사용되지 못하고 파괴적으로 쓰이게 될 가능성이 크기 때문이다. 가령, 외부로 투사된 자신의 긍정적인 힘은 내담자로 하여금 타인이나 환경에 의존하게 만들고, 외부로 투사된 공격충동은 불신감과 피해의식을 조장하게 된다. 그리고 외부로 향해야 할 분노감정이 안으로 자기 자신에게 향하게 되면, 우울감과 죄책감을 일으키며 마침내 파괴적인 결과를 초래하게 된다.

이와 같이 생동적인 삶의 에너지들을 차단하고, 억압하고, 투사해 버림으로써, 인격은 분리되고 유기체의 통합적인 기능은 상실된다. 따라서 심리치료는 바로 이러한 분리되고 소외된 유기체 에너지들을 다시 찾아서 자각하고 통합함으로써, 개체가 전체로서 유기적으로 기능할 수 있도록 해 주는 데 그 중요한 의미가 있다고 하겠다.

통합된 개체는 문제가 생길 경우에는 이를 유기체의 자율적인 조정기능에 내맡기므로 모든 것이 자연스럽게 조절된다. 때로는 고통을 감수해야 할 상황이 발생하지만 유기체는 시간이 지나면서 이를 이겨 나갈 힘이 있으므로 근본적으로 해결되지 않는 문제는 없게 된다. 성숙한 개체는 현재의 고통을 있는 그대로 받아들이기 때문에, 그 고통은 결국 통합되고 치유되어 그 순간의 고통으로 끝난다. 반대로 고통을 피하기 위해 유기체적 욕구를 억압하거나 투사하게 되면, 고통은 치유되지 않고 오히려 영속화된다.

통합은 자기와 세계에 대한 새로운 인식을 가져다준다. 경험을 통하여 자신에 대한 새로운 개념을 형성하는 것이 치료의 중요한 목표라고 할 수 있는데, 이제까지 소외되었던 자신의 부분들을 통합하는 것은 자신에 대한 새로운 개념형성을 하게 해 준다. 정신분석치료도 내담자의 자신에 대한 새로운 개념형성을 중시하지만, 그 방법에 있어서 게슈탈트치료와 차이가 있다. 즉, 정신분석에서는 인지적인 통찰을 중시하여 개념 A에서 개념 B로, 다시 개념 C로 이행함으로써 새로운 개념을 형성하는 방법을 택한다.

그러나 게슈탈트치료에서는 체험을 통해 새로운 개념으로 이행한다. 즉, 구체적 상황에서 구체적 행동을 실험해 보고 그 결과를 체험함으로써 행동변화가 일어나므로 체험을 통해서 새로운 개념으로 간다고 할 수 있다. 이렇게 형성된 자기에 대한 새로운 개념은 안정성이 있고 쉽게 흔들리지 않는다.

3. 자립

게슈탈트치료의 기본입장은 내담자가 스스로 자신을 보살필 수 있다고 믿으며, 따라서 치료는 내담자의 이러한 자립능력을 일깨워 주고 그 능력을 다시 회복하도록 도와주는 방향으로 이루어진다. 즉, 게슈탈트치료에서는 내담자 스스로 자신의 내적 힘을 동원하여 자립하는 것을 강조한다. 내담자는 흔히 자기에게는 자신에게 필요한 자원과 능력이 없다고 믿기 때문에 외부지지를 받기 위해 타인에게 의존하거나 타인을 조종하려고 한다. 게슈탈트치료에서는 이러한 시도를 좌

절시킴으로써 내담자 스스로 자신의 에너지를 동원하여 주체적으로 행동하고, 자기지지를 배우
도록 도와준다(Harman, 1989).

내담자들은 흔히 "나는 내가 타인을 필요로 할 때, 그들이 내 곁에 오지 않을까 봐 두렵다. 그래
서 나는 그들을 항상 기쁘게 해 주어야 한다. 아니면 다른 방법을 써서 그들을 붙들어 두어야 한
다."라고 믿는다(Simkin, 1976). 이처럼 그들은 자신이 느끼는 것을 그대로 말하면 다른 사람들이
더 이상 자기 곁에 오지 않을 것이라 생각하기 때문에 그들이 나에게 원하는 행동이라고 여겨지
는 행동, 즉 역할연기를 하는 것이다. 말하자면 타인의 지지를 받기 위한 '게임'을 하는 것이다.

이러한 게임은 자기 자신과 타인을 지치게 만들 뿐이다. 사실 내담자에게는 스스로를 지지할
자원과 힘이 충분히 있으므로 항상 타인이 필요한 것이 아니다. 단지 내담자 스스로 자기 자신을
약하다고 잘못 생각하기 때문에 불필요한 '게임'을 하는 것이다.

치료에서는 내담자 자신이 갖고 있는 내적 자원들을 알아차리고 그것을 사용하여 자기 스스로
자립할 수 있다는 것을 깨닫도록 도와주어야 한다. 많은 내담자들은 자신의 에너지를 외부에다
투사하고서, 그것들을 타인으로부터 얻기 위해서 그들에게 의존하려 하거나 혹은 잘 보이려고
노력한다. 그들은 무엇이 옳고 그른지 스스로 판단할 능력이 자신에게는 없으며, 또한 혼자 힘으
로 자기에게 필요한 것을 구할 수 없다고 믿기 때문에 타인에게 의존하려고 한다. 말하자면 그들
은 자신의 감각들과 판단을 모두 외부에 투사해 버렸으므로 자신을 신뢰하지 못하고 내적으로 항
상 불안정하다. 이러한 사람들은 중심이 결여되어 있으며 내적으로 공허함을 느낀다.

치료자는 내담자로 하여금 자신의 역할연기 행동이 궁극적으로 문제해결에 도움이 되지 않는
다는 사실을 인식하고, 그러한 노력을 포기하도록 해 주어야 한다. 그러자면 치료자는 그들이 쓰

고 있는 가면을 지적해 주고, 역할연기가 나타날 때마다 이를 직면시켜 주어야 한다. 즉, 자신이 필요로 하는 것은 자신 속에 있으며, 그것들을 활용함으로써 스스로 일어설 수 있다는 사실을 깨닫게 해 주어야 한다.

또한 내담자들이 두려워하는 것이 사실은 자신의 불합리한 공상에 지나지 않으며, 따라서 허구에 불과하다는 것을 깨닫도록 도와주어야 한다. 그러기 위해 치료자는 타인을 조종하거나 타인에게 의지하려는 내담자의 노력들을 좌절시켜야 한다. 그렇게 되면 내담자는 자신에게 있는 자원들을 동원할 수밖에 없고, 마침내 자신 안의 에너지들을 접촉하고 체험함으로써 자신감을 회복하게 된다.

이런 맥락에서 펄스는 좌절을 통해서만 진정한 성장이 가능하다고 주장했다. 이때 좌절이란 치료자가 자신의 가학증적 욕구를 충족시키기 위해 내담자에게 상처를 주는 것을 뜻하지 않는다. 좌절이란 내담자가 치료자나 타인에게 의존하려 하거나 그들을 조종하려는 태도에 대해, 단지 치료자가 동조하지 않음을 의미한다.

좌절을 겪으면 내담자는 자신의 인격의 구멍, 즉 '공허(void)'를 발견하고서 두려워하게 된다. 이 상태는 그가 더 이상 타인에게 의존하지도 못하고 그렇다고 자기 자신의 힘을 신뢰하지도 못하는 상태이므로 매우 무섭게 느껴진다. 이것이 '막다른 골목(impasse)'이다. 이는 내담자가 가장 두려워하는 상태라고 하겠다. 이를 직면하기 싫어서 지금껏 가면적인 역할연기 행동을 해 왔는데, 치료자는 좌절을 통하여 내담자를 바로 이 상태에 직면시키는 것이다. 내담자가 막다른 골목에 처하여 자신의 공허와 진지하게 직면하게 되면, 그는 마침내 자신이 이제까지 어떻게 스스로의 에너지를 차단해 왔으며, 어떻게 스스로의 감각과 판단을 무시하고 짓밟아 왔는지, 또 어떻게 스스로의 권위와 안정을 무너뜨려 왔는지 깨닫게 된다.

내담자들은 이때까지 자신에게는 스스로 일어설 힘이 없다고 믿어 왔는데, 그러한 생각은 단지 자신의 불합리한 공상에 지나지 않았다는 사실을 깨닫게 된다. 그는 항상 자신이 역할연기를 하지 않으면 사람들은 자기를 도와주지 않을 것이며, 그렇게 되면 자기는 혼자 살 능력이 없으며, 이제 세상은 끝장이라는 '파국적 기대(catastrophic expectation)'를 해 왔다. 그런데 정말 막다른 골목에 혼자 내던져짐으로써 자신의 내적 자원을 동원할 수밖에 없고, 실제로 부딪쳐 봄으로써 자기 안에 자신에게 필요한 모든 자원이 있다는 것을 깨닫게 된다. 그러면 이제까지 생각해 왔던 막다른 골목도 실재하지 않는 허구에 지나지 않음을 알게 되며, 이제 더 이상 역할연기를 통해 타인으로부터 무엇을 얻으려는 행동을 하지 않게 된다.

이제 그는 자기 스스로 일어설 수 있음을 알기 때문에 더 이상 주위환경에 의해 휘둘리지 않고, 독립적이며 자신감 있는 삶을 살 수 있게 된다. 과거의 삶은 타인에게 어떠어떠한 이미지를 주어야 한다는 허구적인 이상과 공상에 집착된 것이었다. 그러나 이제는 타인의 기대나 요구에 따라 살기보다는 자기 자신의 삶을 살고 싶어 한다. 펄스는 이러한 상태를 비유를 들어 설명했다. **"미친 사람은 '나는 에이브러햄 링컨이다.'라고 말하고, 신경증 환자는 '나는 에이브러햄 링컨처럼 되고 싶다.'라고 말하며, 건강한 사람은 '나는 나고, 너는 너다.'라고 말한다."** (Perls, 1969b, p. 43)

4. 책임자각

펄스는 건강한 개체의 특성 중의 하나로 책임을 들었다. 여기서 책임은 단순히 도덕적인 책임만을 뜻하지 않는다. 펄스에 의하면 책임이란 '어떤 상황에 대해 능동적으로 반응할 수 있는 능력'이라고 했다. 다시 말해서 책임이란 주위에서 벌어지고 있는 사건들을 잘 알아차리고, 그에 대해 적극적으로 반응할 수 있는 능력이라는 것이다(Perls, 1969b).

개체가 자신의 유기체적 욕구와 상황에 깨어 있으면서, 이들에 대해 회피하지 않고 능동적으로 반응할 수 있을 때 진정한 행동의 선택권이 있으며, 또한 그렇게 될 때 자신의 행동에 대해 진정으로 책임질 수 있다. 자신의 유기체 과정을 차단시켜 미해결과제가 쌓인 개체는 상황에 대해 능동적으로 반응할 수 없으며, 따라서 책임 있는 행동을 할 수 없다. 따라서 책임이란 개체가 자신의 삶을 환경과의 유기적 관계 속에서 능동적이고 자율적으로 선택하고, 그에 따른 결과를 자신의 것으로 받아들일 수 있는 능력이다. 그래서 책임은 단순한 도덕적 당위나 의무가 아니라, 자율적이고 적극적인 행위 능력을 뜻한다.

자신의 행동기준을 타인의 시선이나 기대, 요구에만 맞추는 사람은 스스로 자립하지 못하는 사람이며, 따라서 그는 자신의 행동에 책임을 지지 못한다. 그는 타인에게 의존하거나 타인을 조종함으로써 필요한 자원을 얻으려 하는데, 그의 자기이해는 열등의식에 기초하고 있다. 즉, 자신은 부족한 사람이라 스스로 자립할 수 없는 존재라는 생각을 갖고 있다. 스스로 열등하다고 생각하는 사람이 자신의 행동에 대해 책임질 수 없는 것은 너무나 당연하다고 하겠다. 아들러(A. Adler, 1914, 1920)는 열등감이란 자신의 행동을 선택하고, 그에 따르는 결과에 대해 책임을 지기 싫기 때문에 회피의 수단으로 갖는 감정이라고도 했다.

나의 한 내담자는 항상 자신을 '무능하고 바보 같은 존재'라고 격하시켜 말하는 습관이 있었다. 주변 사람들이 보기에 그는 자신이 말하는 것처럼 그런 '바보'가 아니었다. 평상시 그의 말이나 행동은 여느 사람과 그렇게 다르지 않았다. 자신의 욕구와 감정에 대해 비교적 정확히 파악하고 있었고, 행동 또한 효율성이 있었다. 그가 자신을 '무능하고 바보 같은 인간'이라고 말하는 것은 항상 주위로부터 새로운 행동을 요구받거나 책임 있는 행동을 기대 받을 때였다. 따라서 그의 열등의식은 책임지는 것에 대한 두려움을 반영하는 것이었다. 즉, 책임회피를 정당화하기 위한 무의식적 '알리바이(alibi)'로 보였다.

우울감정 또한 게슈탈트치료의 책임의식과는 상반되는 현상이다. 이는 매우 흥미로운 현상인데, 우울증 환자들의 내면을 들여다보면 완벽주의를 엿볼 수 있기 때문이다. 즉, 그들은 내면의 지나치게 엄격한 기준에 스스로 못 미치는데 대한 강한 자기비판의 목소리를 갖고 있다. 얼핏 보면 그들은 매우 책임의식이 강하고, 도덕적인 것처럼 보인다. 하지만 자세히 들여다보면 그들의 내사된 비판적 목소리는 비현실적이며, 건강하지 못한 것들로서 오히려 내담자의 현실과 상황에 대한 반응능력, 즉 책임감을 저하시킨다. 이와 관련하여 크로커(S. Crocker, 1988)는 우울감정도 하나의 선택이라고 지적했다. 우리는 모두 자신의 역할을 선택할 수 있으며, 어떤 사람이 우울하다면 그는 단지 우울 역할을 선택하고 있을 뿐이라고도 하였다. 말하자면 그는 '우울 게임'을 하고 있다는 것이다.

내담자가 자신이 열등하다고 생각하기 때문에 책임지는 행동을 선택하지 못하든, 아니면 아들러(1914, 1920)의 이론에서처럼 책임지기 싫어서 열등감을 선택하든, 혹은 지나치게 엄격한 도덕기준을 내사함으로써 현실과 상황에 제대로 반응할 수 없는 상태인 우울을 선택하든, 치료적인 차원에서 볼 때 책임이 갖는 의미는 동일하다. 즉, 내담자가 어떤 이유에서든 자신의 행동을 책임지는 선택을 하지 않으면, 혹은 할 수 없으면, 그는 현실과 상황에 대한 적절한 반응을 할 수 없게 된다.

S. 크로커(S. Crocker)

책임이란 우리 자신이 처한 상황에 능동적으로 적극적으로 반응할 수 있는 능력이다. 책임을 자각하고 인정할 때, 우리는 유능한 사람이 된다. 즉, 우리의 잠재력을 최대한 발휘해서 현실적 상황에 능동적으로 대처할 수 있게 된다. 책임자각은 따라서 도덕적 명령이라기보다는 현실 대응능력이며, 심리건강의 지표라고 할 수 있다.

5. 성장

게슈탈트치료는 증상 제거보다는 내담자의 성장에 더욱 관심을 기울인다. 그것은 게슈탈트치료의 기본 철학과 관련 있는 것으로서, 개체를 어떤 고정적인 사물이나 객체로 보기보다는 환경과의 관계 속에서 스스로 변화·성장해 나가는 생명체로 보기 때문이다. 즉, 개체의 어떠한 상태가 '정상'이고 어떠한 모습이 '비정상'이라는 규준을 미리 정해 놓고 내담자를 거기에 맞추는 식이 아니라, 내담자 스스로 자신의 가장 이상적 상태로 변화하고 성장해 나갈 수 있다는 믿음을 견지한다. 그래서 펄스는 심리치료의 목표는 내담자의 인격에서 어떤 병적인 부분을 제거하거나 교정하는 것이 아니라, 내담자의 자생력을 북돋아 주어 스스로 혼란을 극복하고 마침내 새로운 변화와 성장을 향해 나아가도록 도와주는 데 있다고 했다(Perls et al., 1951, p. 237).

개체의 본질은 성장에 있다고 말할 수 있다. 즉, 항상 끊임없이 외부 환경과의 접촉을 하면서 새로운 것을 받아들이고, 이를 자신에게 맞도록 소화시키고 동화시킴으로써 항상 새로운 모습으로 변화하고 성장하는 것이 생명체의 모습이다. 골드슈타인과 매슬로(A. Maslow)는 인간의 여러 가지 욕구 가운데 성장욕구를 가장 기본적인 욕구로 보았다. 골드슈타인은 자기실현욕구 개념을 처음으로 제안했는데, 그는 개체는 자신의 모든 존재영역에서 자신의 잠재력을 최대한 꽃피우고 성장시키려는 경향성이 있다고 하였다. 이는 뇌손상 병사들의 연구에 의해 밝혀진바, 인간의 가장 근본적 욕구로서 성욕이나 공격충동동보다도 더 선행하는 것이라 했다.

또한 매슬로는 **'상위욕구(meta needs)'**라는 개념을 소개하였는데, 이것 또한 성장욕구의 한 유형이라고 볼 수 있으며, 더 이상 다른 목적을 갖지 않는 자체목적을 뜻한다. 그는 이러한 욕구의 예로서 순수, 정의, 아름다움, 진리, 자유 등을 들었다. 매슬로에 의하면 이러한 욕구가 좌절되면 이른바 '상위 정신장애(meta illness)'를 앓게 되며, 이러한 장애도 다른 장애들과 마찬가지로 개체에게 매우 심각한 결과를 초래할 수 있다고 했다. 가령, 자유를 억압당하는 사람의 경우 생명의 위험을 무릅쓰고 대항행동을 하며, 그러한 노력이 좌절될 때 심각한 정신장애를 초래할 수 있다는 것이다. 그는 대부분의 심리치료기법들은 개체의 애정욕구, 인정욕구, 소속욕구, 안전욕구 등의 좌절로 인한 증상들을 치료하는 목표만 갖고 있지 인간의 가장 심원한 욕구인 성장욕구의 좌절은 다루지 않는다고 비판했다(Goldstein, 1939; Maslow, 1958).

게슈탈트치료에서는 이러한 내담자의 성장욕구를 진지하게 받아들일 뿐만 아니라, 내담자의 인격적 성장을 처음부터 중요한 치료목표로 간주하고 있다. 펄스에 의하면 유기체가 계속 존속할 수 있는 것은 바로 새로운 것을 동화시켜서 변화하고 성장하는 데에 있다고 하였다. 즉, 개체는 성장을 해야만 살아갈 수 있으며, 그렇지 않으면 부패하고 만다는 것이다. 살아 있다는 것은 끊임없이 외부의 것들을 받아들이고 이를 동화시켜서 자신을 변화시킴으로써 외부와의 유기적 관계 속에 존재한다는 것을 의미한다고 했다. 그는 이러한 성장과 새로운 것의 동화와의 관계를 개체의 발달과정에서 잘 관찰할 수 있다고 하였다.

그는 어린이들은 발달과정에서 처음에는 어머니의 젖을 빨아서 그냥 목구멍으로 넘기기만 함으로써 어머니에 대해 매우 의존적인 관계에 있지만, 앞니가 나게 되면서부터 이빨을 사용하여 음식물을 물어뜯고 씹어 삼키게 되는데, 이는 공격충동을 발산함과 동시에 다시 공격충동을 창조적인 성장 에너지로 변환시키는 이중적 의미를 갖는다고 하였다. 즉, 음식물을 앞니로 물어뜯고 어금니로 잘게 부수는 행동은 음식물이라는 외부로부터 들어온 이질적 요소를 파괴시키는 공격적 행위이지만, 동시에 그렇게 함으로써 이들을 소화시키고 흡수, 동화할 수 있으며, 그 결과 음식물을 자신의 일부로 만드는 과정이라는 것이다.

어떤 사람이 음식물을 섭취하는 태도는 실제 그 사람의 환경과의 접촉방식과 밀접한 관련을 보인다고 한다. 예컨대, 내사 경향성이 강한 사람은 식사 시간에 음식물을 잘 씹지 않고, 그냥 대충 우물거려서 삼키거나 혹은 식사를 하면서도 딴생각이나 공상을 함으로써 음식물과의 직접적 접촉을 하지 않는 경향이 있다고 한다. 그래서 펄스는 음식을 먹을 때, 딴생각이나 공상을 하기보다는 음식을 씹는 데에 집중하는 것이 치료에 도움이 된다고 했다(Perls et al., 1951, pp. 193-230).

건강한 개체는 자신에게 동화될 수 있는 것은 '**파괴**'시키거나 소화시켜서 자신의 영양분이 되도록 하지만, 자신이 받아들일 수 없는 것은 처음부터 거부하고 이미 들어온 것은 뱉어내거나 토해 버린다. 반면에 건강하지 못한 개체는 환경과의 관계에서 사회나 부모 혹은 권위적인 대상이 자기가 받아들일 수 없는 것을 요구할 때, 이를 거부하지 못하고 그냥 받아 삼킨다. 이렇게 삼킨 것들을 내사라고 하는데 이들은 개체에 의해 파괴되어 동화되지 못한 것들이므로 내부에서 '이물질'로 남아 여러 가지 정서적·인지적·신체적 문제들을 일으킨다.

게슈탈트치료에서는 내부에 씹지 않고 그냥 삼켜진 이물질들은 다시 꺼내서 되새김질함으로써, 즉 다시 파괴함으로써 이들을 동화시킬 수 있고, 그 결과 성장할 수 있다고 믿는다. 하지만 이러한 성장에 대한 시도는 개체에게 심한 불안감을 가져다줄 수도 있다. 그것은 개체가 이제까지 피하고 억압해 왔던 욕구들을 직면해야 하고, 편견과 내사들을 파괴해야 하며, 불안을 방어해 주던 합리적 계획들을 포기하고 미지의 세계를 향해 그냥 온몸을 내맡기는 '모험'을 의미하기 때문이다.

성장은 마치 낡은 옷을 벗어 버리고 새로운 옷을 입어 보는 것과 비교할 수 있는바, 개체는 불편한 점이 있긴 해도 익숙해져 있는 옷을 벗어 버리고, 한 번도 입은 적이 없는 옷을 입어 보는 것에 대해 심한 공포심을 느낄 수 있다. '내가 이 옷을 입으면 남이 어떻게 볼까? 혹시 남들이 비웃

지 않을까? 내가 이 옷을 입고 대체 어떤 행동을 취할 수 있을까? 이 옷이 정말 나에게 어울릴까?'
등 많은 생각들이 떠오르고 불안해진다. 그래서 내담자들은 종종 치료가 어느 정도 진전되다가
성장에 대한 공포를 느껴 다시 지금껏 안주해 온 틀 속으로 도피하는 행동을 보인다.

치료자는 내담자의 이러한 공포를 이해해 주고 조심스럽게 다루어야 한다. 그러나 동시에 내
담자에게 자신감과 희망을 불러일으켜 새롭게 도전하도록 격려해 주어야 한다(Perls et al., 1951,
p. 360).

6. 실존적 삶

우리는 본성의 상당 부분을 타인이 우리에게 갖는 기대역할과 맞지 않는다는 이유로 밖으로
내쫓아 버림으로써 인격에 공백이 생긴다. 하지만 우리는 그렇게 생긴 공백을 역할연기로 때우면
서 '가공의 인생'을 살아간다. 우리는 그러한 역할연기가 마치 우리 자신의 진정한 모습인 것처
럼 착각하며 산다.

우리는 우리의 내면에 자아이상을 만들어 놓고 타인들이 우리에게 요구하는 기대에 따라 완벽
하게 살려고 노력하지만 그것은 사실상 실현하기가 불가능하다. 그러한 행동은 우리의 유기체적
현실과 맞지 않고 오히려 우리의 본성을 짓밟고 억압하게 되므로 사실상 우리 존재에 가해지는
저주라고도 볼 수 있다.

개체가 어느 정도까지 기대역할을 수행하는 것은 현실적으로 필요하지만, 이를 완벽하게 수행
하라고 요구하는 '내사된(introjected)' 도덕적 명령들은 개체의 존재를 부정하고 삶을 파괴하는
요소가 된다. 역할연기적인 삶을 사는 동안 진정한 우리 자신이 되지 못하고, 타인의 기대와 도덕
적 명령을 수행하는 꼭두각시로 전락하기 때문이다. 이러한 삶은 궁극적으로 어떤 삶의 기쁨도 가
져다주지 못하고 결국에는 내적인 불만과 짜증만 초래하게 된다.
그래서 개체의 내부는 기대역할을 수행하라고 요구하는 부분
(topdog; 상전)과 이에 불만을 갖고 반항하며 회피적인 자세를 보
이는 부분(underdog; 하인)으로 분열되어 서로 싸우게 되고, 그
결과 심한 내적 갈등에 빠지게 된다.

이러한 맥락에서 아널드 바이서(Arnold Beisser, 1970)는 게슈
탈트치료의 목표는 내담자가 스스로 자기 자신을 되찾도록 격려
하고 도와주는 것이라고 했다. 그래서 치료자는 개조자의 역할

아널드 바이서(Arnold Beisser)

을 거부해야 하며, 단지 내담자로 하여금 스스로 자기 자신이 되도록 격려해야 한다는 것이다. 내담자는 어떤 이상적인 사람이 되려는 시도를 포기하고 자기 자신이 될 때, 비로소 변화와 성장이 일어날 수 있다는 것이다.

자기 자신이 된다는 것은 실존적 삶을 산다는 것과 같은 의미이다. 어느 다른 누구도 아닌 바로 자기 자신의 삶을 사는 것이 실존적 삶이다. 실존적 삶은 개체가 유기체의 자연스러운 욕구에 따라 사는 것을 의미한다. 이러한 삶은 자신의 모든 에너지를 불안과 고통을 피하기 위해 미래를 계획하고 방어를 구축하는 데만 소모하는 병적인 삶과 구별된다. 그러한 삶은 자신에 대해 부당하게 부정적인 관념을 형성하고서 이를 극복하려는 절망적인 노력을 하거나, 혹은 자신에 대해 과도한 이상적 기준을 설정해 놓고서 이를 유지하기 위해 전전긍긍하지도 않는다.

실존적 삶은 **'남보다 나은'** 자신을 입증하기보다는 **자기 자신**이 되려고 노력한다. 즉, 자기 자신의 진정한 존재 가능성을 매 순간마다 실현시키는 데서 삶의 진정한 의미를 찾는다. 비실존적 삶이 "나는 어떠어떠한 사람이 되어야 한다."는 개념에 집착하는 데 반해, 실존적 삶은 나 자신의 존재를 실현시키는 데에 목표를 둔다.

자신의 실존적 욕구를 외면하는 삶은 거짓된 삶이며, 자신을 소외시키고 현실로부터 도피하는 폐쇄적이고 공상적인 삶이다. 그러한 삶은 허구적인 목표를 설정하고서 개체로 하여금 끊임없이 그 목표에 도달하도록 채찍질하고 항상 도달하지 못한 부분만큼에 대해 질책하는 비관적 삶이다. 이러한 삶은 항상 미래의 허구적인 목표와 당위에 자신의 삶을 고착시키므로 현재는 영원히 부정적인 상태로 지각된다. 그러한 상태에 있는 개체는 현재를 있는 그대로 받아들일 수가 없으며, 그들에게 현재란 항상 '고쳐져야 할 그 무엇'으로서 과도기적 지위밖에 얻지 못한다. 미래도 마찬가지로 '어떠한 당위가 실현되어야 할 이론적 시점'으로 상정될 뿐, 실제로 유기체가 자신을 실현시키는 장으로서의 '열려 있는' 미래는 거부된다.

반면에 실존적 삶은 미래의 당위가 아니라 현재에 존재하는 것이 중심이 된다. 현재에 살아 숨 쉬고 움직이는 나와 너, 나와 세계의 실존적 상황에서의 참 만남이 관심의 대상이다. 이러한 삶은 **'어떠어떠해야 한다(sollen)'**가 아니라 **'어떠어떠하게 있다(ist)'**를 중요하게 생각한다. 또, 내가 **'가져야 할 그 무엇'**이 아니라, 내가 **'체험하고 있는 현실'**이 전경을 차지한다. 모든 존재는 **'어떠어떠해야 한다.'**는 당위에 의해 판단되지 않고, 지금 있는 모습대로 받아들여진다.

이러한 실존적 삶은 항상 **'있음(Sein)'**에 초점을 맞추므로 긍정적 시각을 키우고, 삶과 현실에 적극적이고 참여적인 태도를 갖게 한다. 그래서 현재는 감사와 만족으로 체험되고 미래는 기대와 설렘으로 기다려진다. 또한 나와 타인의 존재는 존재 그 자체로서 신비롭게 느껴지며, 유일하고 귀하게 체험되며, 서로 간에 참 만남이 이루어지게 된다.

결론적으로 실존적 삶이란 개체가 내적으로는 자신의 유기체적 욕구와 현실을 외면하지 않고 받아들임으로써 자신의 에너지를 통합하여 모든 잠재적 가능성을 실현시켜 나가고, 외적으로는 타인을 대함에 있어 그들을 나의 투사로서가 아니라 그들 본연의 모습으로 보고, 사물을 판단함에 있어서도 나의 채색된 개념을 통해서가 아니라 사물의 있는 모습 그대로 보는, 즉 실존적 상황에 열려 있는 삶이라 하겠다.

제**7**장
게슈탈트치료의 방법론적 특징

1. 지금-여기의 체험

지나간 과거에 대해서는 더 이상 생각하지 않고, 아직 오지 않은 미래에 대해서는 걱정하지 않으며, 현재를 반가운 선물로 받아들이는 것이 게슈탈트치료의 기본태도이다. 그것은 실존적인 삶은 현재에 있어서만 가능하기 때문이다. 과거나 미래는 관념의 세계이다. 그것은 현재와의 관련을 떠나 그 자체만으로는 아무런 의미가 없다. 과거나 미래에 집착하는 것은 현재를 직면하지 않으려는 데서 비롯한다. 현재의 축복을 버리고 그러한 게임에 빠짐으로써 우리는 현실로부터 소외된다. 우리가 과거나 미래에 집착하는 것은 '**현재 순간의 온전함**'을 믿지 않기 때문이다.

모든 살아 있는 것들은 현재에 온전히 실존한다. 한 송이 장미꽃은 이 순간에 온전히 자신의 존재를 드러내고 있다. 현재 눈앞에 벌어지고 있는 현상들을 불완전하다고 보기 때문에 우리는 지금-여기를 떠나 관념적인 세계를 헤매 다니게 되고, 그 결과 우리는 실존을 상실하게 된다. 지금-여기의 온전함을 보고 깨닫고 느끼는 것이 게슈탈트치료의 중요한 부분이다(Naranjo, 1971).

현상학적 관점이 모든 실존치료에 공통적이다. 현상학적 관점이란 어떤 **객관적** 사실보다는 개체가 **주관적으로** 체험하는 것을 중시하는 입장을 말한다. 현상학에서 시간이란 '**이어지는 시점**

들의 합'이 아니라, 현상적으로 의식에 나타나며 주관적으로 체험되는 '**의식의 흐름(Bewußt-seinsstrom)**'이다. 따라서 엄밀한 의미에서 지금-여기만이 실존적인 시간이라 할 수 있다. 현상학자들에 의하면 세계는 이러한 의식의 흐름에 지나지 않는다고 한다. 즉, 세계는 우리의 의식에 알려져 오는 현상들 이외에 아무것도 아니다. 이러한 입장에서 볼 때 세계는 주관적인 것이다. 따라서 개체가 체험하고 의식하는 현상 밖에 따로 '**객관적으로 존재하는 세계**'를 인정할 수 없다는 것이다. 이는 매우 추상적인 철학이론임에 틀림없다. 하지만 이러한 이론이 심리치료이론이나 기법에 미치는 영향은 매우 크다.

가령, 치료자가 내담자를 이해하는 태도와 관련해서 현상학적 입장에 서 있는 치료자는 내담자의 세계를 그의 주관적 체험과 의식의 흐름을 떠나 존재하는 어떤 객체도 가정하지 않는다. 그는 단지 내담자 의식의 흐름에 대해서만 관심을 갖게 된다. 이때 이러한 의식의 흐름은 지금-여기에서 일어나는 것이다. 따라서 치료자는 내담자와 관계함에 있어 **지금-여기**에 초점을 맞추려고 한다. 즉, 지금-여기에 일어나고 있는 내담자의 감정, 욕구, 사고, 심상, 신체감각, 행동 등의 현상에 주의를 기울인다. 예컨대 치료자는 "**당신이 방금 여동생에 대한 이야기를 하면서 아랫입술을 깨무셨는데, 그것을 알고 계셨습니까?**"라고 묻거나 "**이번에는 의도적으로 입술을 깨물면서 여동생에게 말해 보시겠습니까?**"라고 말하면서 지금-여기에서 내담자에게 일어나고 있는 현상에 주의를 기울인다.

펄스 등(1951)은 우리에게 "**관념의 세계를 떠나 감각세계로 돌아오시오(lose your mind, and come to your senses!)**"라고 촉구했다. 이는 지금-여기에 집중하라는 의미와 같은데, 그렇게 함으로써 **전이나 관념**의 세계에 빠지지 않고, **지금-여기의 현상**들에 깨어 있을 수 있기 때문이다.

지금-여기에 집중하는 기법은 원래 '**해리기법(dissociative method)**'으로 개발되었다. 즉, 내담자들은 흔히 자신의 문제에 대한 원인을 과거 부모의 잘못된 교육이나 외상적 사건 때문이라고 탓하는 경향이 많은데, 지금-여기에 집중함으로써 이러한 인과적 사고를 희석시키고 내담자 스스로 자신의 행동에 대한 책임을 자각할 수 있게 해 준다. 지금-여기에 집중하는 것은 내담자의 의식을 과거나 미래로부터 해방시켜 현재로 돌아오게 해 주는 효과가 있다. 실제로 단순히 지금-여기에만 계속 집중함으로써 최면술이나 향정신성 약물을 사용했을 때와 비슷한 효력을 얻을 수도 있다.

펄스는 지금-여기에 대해 강조했지만, 그것이 어떤 '**흐름의 연속**'이라는 측면을 부각시키지 않음으로써 다소 오해를 빚어냈다. 펄스의 생전에 미국인들은 현재를 무시하고 너무 미래적 삶을 살았기 때문에 그는 지금-여기를 강조했다. 하지만 오늘날은 현재가 너무 남용되어 썩어 가고 있다. 즉, 미래에 대한 아무런 생각 없이 그냥 현재를 위해 사는 것이 유행으로 바뀌어 버렸다. 그래서 진정한 의미에서 지금-여기의 의미가 자주 오해된다. 히피처럼 어제도 없고 내일도 없이 사는 것이 지금-여기에 사는 것이 아니다. 개인의 미래에 대한 희망, 욕구 등을 탐색하고, 그것들과 현재 행동과의 관계를 조명하고 도와주는 의미에서의 지금-여기가 진정한 의미의 실존적 태도이다. 과거나 미래를 완전히 배제하고 무시하는 현재란 디지털시계와 같이 잘라진 비실존적 현재이다.

미래에 대한 아무런 계획도, 생각도 없이 그냥 미래를 만났을 때는 일부 독단적 게슈탈트 치료자들이 말하는 것처럼 어떻게 해결은 될 것이다. 그러나 그러한 미래는 아무런 활력이 없는 사건의 발생에 불과할 것이다. 미래에 대한 기다림이나 설렘도 중요한 현재적 사건이다. 따라서 지금-여기의 개념에서 미래를 배제할 이유가 없다. 중요한 것은 지금-여기의 **시점** 그 자체가 아니다. 지금-여기의 **기능**과 **집중** 그리고 이때 발생하는 **움직임** 혹은 **변화**가 더 중요하다. 폴스터는 이와 관련하여 다음과 같이 말했다.

> 나는 내담자가 자신의 행동변화에 대한 감각을 익히도록 도와주려고 노력한다. 자신의 행동이 어떠한지를 아는 것보다 더 중요한 것은 자신의 행동이 어떻게 **변화하는지**를 알아차리는 일이다. 이는 **지금-여기**에 집중함으로써 자연스럽게 알게 된다. 이때 중요한 것은 **집착**이 아니라 **집중**하는 것이다(Polster & Polster, 1974).

게슈탈트치료에서는 내담자가 지금-여기를 떠나 과거 사건에 초점을 맞추는 것을 허용하지 않는다고 말하는 것도 오해이다. 게슈탈트치료에서 추구하는 것은 내담자가 자기 자신에 대해 좀 더 명확한 **자각**을 하도록 도와주는 것이다. 따라서 내담자의 과거 사건에 초점을 맞추는 것도 중요한 일이다. 다만, 그것들을 하나의 지나간 사건으로서가 아니라, '**지금-여기의 체험**'으로 만들어 줌으로서 새로운 의미를 발견하도록 해 주어야 한다. 즉, 정신분석에서처럼 과거 사건의 **의미**를 통해 지금의 경험을 **해석**하는 것이 아니라, **지금-여기**에서 과거 사건을 새롭게 **체험**함으로써 과거 사건에 대한 **새로운 의미**를 **발견**하는 것이다. 가령, 치료자가 내담자의 과거 이야기를 들었을 때는 **"그때의 사건을 말씀하시면서 지금 느끼는 기분이 어떠신지요?"**라고 질문하면, 내담자는 자신의 과거에 대해 새로운 조망을 가질 수 있게 된다. 이때 내담자는 자신의 과거경험을 새롭게 지각하거나 통찰을 갖게 되어 마침내 과거경험을 통합할 수 있게 되는 것이다(Polster & Polster, 1974; Crocker, 1988).

대부분의 게슈탈트 기법들은 **집중기법** 혹은 **현재화 기법**에 속한다. 전자는 알아차림을 증진시켜 주는 기법들로서, 희미한 경험을 더욱 또렷하고 명확하게 해 주는 역할을 한다. 후자는 클로디오 나란조(Claudio Naranjo)에게서 나온 개념인데 사건들을 현재로 끌고 오는 기법이다. 이는 과거의 사건이나 미래에 대한 공상 등을 그것들이 마치 지금-여기에서 일어나고 있는 것처럼 취급하는 방법이다. 이때 두 기법 모두 **'지금-여기'의 체험**을 증가시키는 목적으로 사용된다. 내담자들은 이러한 **'지금-여기' 체험**을 통해 진정한 성장을 할 수 있다. 즉, 지금-여기에 집중함으로써 자신의 감각과 감정, 욕구가 되살아나는 것이다. 그래서 게슈탈트치료에서는 지금-여기에 머무를 수 있는 능력이 우리의 최대 **'지지(support)'**가 된다고 말한다(Smith, 1990).

2. 발견학습 중심

펄스는 인간의 기본 동기 중에 자신의 행동의 의미체계를 완결지으려는 경향이 있다는 사실을 게슈탈트 심리학 이론을 빌어 설명했다. 게슈탈트 심리학에서는 개체가 시각적인 지각과 관련하여 대상을 완결된 온전한 형태로 지각하려는 경향성이 있음을 지적하였는데, 펄스는 이를 치료 이론에 응용하여 개체가 삶의 주제와 관련하여 자신의 삶에서 미완결된 주제를 완성하려는 욕구가 있다고 말했다. 여기서 주제란 행동동기와 같은 의미이다. 그러한 동기의 예로서 단기적인 것으로는 어느 한순간의 갈증이나 성욕 또는 타인으로부터 따뜻한 관심을 받고 싶은 욕구 같은 것이 있으며, 장기적인 것으로는 저명한 화가나 소설가가 되고 싶은 욕구 등을 들 수 있겠다. 인간은 누구나 이러한 욕구를 갖고 있으며, 만일 개체가 이를 완결시키지 못하면 긴장과 불안을 체험하게 되며, 심각한 장애를 겪을 수도 있다.

하지만 이러한 주제를 완결시키려면 우선 삶의 크고 작은 주제들을 발견해야 한다. 즉, 자신의 미해결된 행동동기가 무엇인지를 알아차려야 그것을 완결시키기 위한 노력을 할 수 있다. 게슈탈트치료에서는 이러한 주제의 발견을 게슈탈트 형성이라고 말한다. 개체는 게슈탈트 형성을 통해 자신의 욕구와 감정, 나아가서 삶의 목표를 알게 되고, 이에 따라 행동지침이 생기게 된다. 따라서 게슈탈트치료에서는 개체로 하여금 자신의 크고 작은 주제들을 찾아 해결하도록 도와주는 데 역점을 둔다.

게슈탈트 치료작업은 복잡한 이론에 의해 내담자의 행동을 '설명'하거나 '분석'하기보다는 단지 내담자로 하여금 자신의 내부와 외부에서 일어나고 있는 단순하고 구체적인 현실들을 알아차리고 만남으로써 자신을 바로 이해하고, 환경과의 효과적인 접촉방식을 스스로 깨닫고 발견하도록 도와주려 한다(Smith, 1990, p. 32).

게슈탈트치료에서는 이러한 내담자들에게 먼저 주변 환경과 자신의 내부에서 일어나고 있는 외적 · 내적 현실들을 알아차리고 발견하는 연습을 시킨다. 예컨대, 개인상담이나 집단상담 첫 시간에 내담자로 하여금 각자 자신이 발견하는 내적 혹은 외적 현실들을 알아차린 다음 소리 내어 말하게 시킨다.

이러한 발견학습은 두 단계로 나누어 설명할 수 있는데, 첫 번째 단계는 자신이 처해 있는 내적 혹은 외적 현실을 있는 그대로 알아차리는 것을 배우는 것이다. 즉, 환경에 있는 사물들이나 자신의 억압된 욕구들, 삶의 목표와 의미, 자신의 사고패턴, 행동패턴 등을 알아차리는 것이다.

둘째 단계는 내담자가 치료자의 도움을 받으면서 자신이 지금껏 해 오지 않은 행동들을 실험해 보고, 그 결과 새로운 행동방식과 삶의 영역을 발견하고 체험하여, 마침내 이를 자신의 삶에 통합하는 과정이다. 말하자면 첫째 단계가 미해결된 게슈탈트를 발견하는 것이라고 한다면, 둘째 단계는 이러한 게슈탈트를 해소하고 통합하는 새로운 방법을 발견하고 통합하는 것을 뜻한다. 여기서 첫째 단계와 둘째 단계는 상보적인 관계에 있으므로 서로 번갈아 가며 이루어지게 된다.

하지만 어떤 종류의 게슈탈트는 첫째 단계를 수행함으로써 저절로 완결되는 것도 있다. 예컨대, 어머니가 자신을 사랑하지 않는다고 오해해 온 내담자가 어떤 계기로 어머니의 사랑을 깨닫게 된다든지, 혹은 자신이 이기적이라고 자책해 온 사람이 자신의 행동을 다른 시각에서 바라보게 됨으로써 자신이 그러한 사람이 아니라는 것을 발견하게 되는 것 등은 첫째 단계만으로도 게슈탈트를 완결지을 수 있다. 게슈탈트치료에서 발견학습이 어떻게 이루어지는지 가제타(L. Garzetta)와 하르만(R. Harman)이 소개한 여성 내담자 사례를 통하여 살펴보기로 한다.

그녀의 내면세계는 즐거움을 맛보려는 느슨한 부분과 자신을 매우 엄격하게 통제하는 두 부분으로 나누어져 서로 통합되지 못한 채 싸우면서 갈등관계에 있었다. 치료자가 그녀에게 이런 점을 지적했더니, 그녀는 이제껏 타인에게 방종한 사람으로 안 보이기 위해 자기 삶의 생생한 면을 잘라 내었던 것 같다고 말하며 자신의 행동을 통찰했다.

치료자는 그녀가 말을 하는 도중에도 자신을 차단시키는 행동을 하는 것이 보인다고 지적해 주었다. 그녀는 치료자의 이러한 피드백을 통해 마침내 자신의 무의식적 행동을 발견할 수 있었다. 또 그녀가 슬픔을 느끼지 않기 위해 울음을 참고 있는 것을 발견하고 치료자는 그녀가 울음을 통제하는 이유를 물었는데, 그녀는 "만일 울게 되면 통제력을 상실할 것 같아서 …"라고 대답했다. 치료자는 다시 "만일 당신이 통제를 잃으면, 내가 당신을 어떻게 볼 것 같습니까?"라고 물었다. 그러자 그녀는 "이성적으로 생각하면 내가 울음을 억제해야 할 이유가 없는 것 같아요. 그러나 그렇게 해서는 안 될 것 같아요."라고 답했다.

치료자는 그녀가 이 말을 큰 소리로 하도록 시킴으로써 감정 직면을 시켰다. 그녀는 "그러나 그렇게 해서는 안 될 것 같아요."라고 여러 번 말하다가 마침내 울음을 터뜨렸다. 잠시 후에 그녀는 어릴 때 생각이 난다며 어머니가 자신이 어렸을 때 뭐든지 못하도록 제지를 많이 했었다고 말했다. 이때 치료자는 내담자에게 "그 조그만 소녀가 한 번 되어 보시겠습니까?"라고 요구함으로써, 다시 그녀의 억압된 슬픔을 체험하도록 해 주었다.

내담자는 이 실험을 통하여 슬픔을 느끼고 표현하는 것이 자기가 예상했던 것처럼 자신을 붕괴시키지 않는다는 새로운 사실을 발견하였으며, 마침내 자신의 슬픔을 접촉하고 완결시킬 수 있었다. 즉, 그녀는 이 작업을 통하여 첫째와 둘째 단계의 발견학습을 성공적으로 수행하였다(Garzetta & Harman, 1990, pp. 151-181).

3. 관계중심

고전적인 정신분석치료는 내담자와 치료자를 서로 분리된 실체로 파악함으로써 두 사람 간의 실존적인 만남을 불가능하게 하고 있다. 즉, 치료자와 내담자의 관계를 오로지 전이와 역전이 현상에 의해서만 설명하는데, 그러한 관계는 환상적이고 착각적인 관계에 불과하다.[1]

---

1) 고전적인 정신분석이론은 데카르트적 이원론에 입각해서 주체와 객체를 이분법적으로 나누고 있다. 치료자와 내담자도 완전히 서로 분리된 개체로 봄으로써 전이나 역전이 개념을 사용한다. 포스트-데카르트 철학에 입각한 게슈탈트치료와 현대 정신분석이론에서는 이러한 이분법을 지양하고, '상호주관성(intersubjectivity)'의 관계를 주창한다. 즉, 치료자와 내담자는 이분법적으로 나눌 수 없는 상호 연결된 존재이며, 상호 영향을 주고받는 관계에 있다고 본다.

고전적인 정신분석치료는 전이와 역전이를 넘어서는 치료자
와 내담자의 대화와 교류차원에 대해서는 침묵하고 있는데, 그
것은 단지 두 사람 간의 관계를 리비도 충족을 위한 대상선택의
관계로만 보기 때문이다.

제임스 S. 심킨(James S. Simkin, 1976)은 정신분석치료의 특징
을 수직적 관계로 규정짓는 한편, 게슈탈트치료의 그것은 수평
적 관계로 정의했다. 그의 주장에 따르면 수직적 관계에서는 치
료자가 자신의 감정을 숨김으로써 내담자의 의존성을 북돋우고

제임스 S. 심킨(James S. Simkin)

전이를 유발시키는 반면, 수평적 관계에서는 치료자는 내담자와 동등한 입장에서 자신의 감정을
드러내고 표현함으로써 내담자에게 새로운 관계 체험을 하도록 해 주며, 또한 치료자 자신도 더
불어 자신에 대해 학습할 기회를 갖는 점이 특징이라고 했다.

그는 또한 수직적 관계에서는 내담자 혼자 이야기하고 치료자는 분석과 해석만 하므로 두 사
람 사이에 의존적 관계 외에는 어떠한 실존적인 관계도 불가능하므로 진정한 치료적 변화를 초래
하지 못한다고 말했다.

프로이트의 인식론적 관점은 주객 대립의 실체관이다. 그의 이론에서 볼 때 대인관계 혹은 행
동이란 주체가 리비도를 충족하기 위해 객체를 찾아내어 선택하는 과정, 즉 리비도 해소활동에
지나지 않는다. 이러한 인식론적 관점에서 존재는 사물과 마찬가지로 대상화된다. 그러나 하이데
거(1967)에 의하면 사물은 다른 사물과는 무관하게 '그저 놓여 있지만(vorhanden-sein)', 우리의
존재는 '세계-내-존재'이다. 즉, 우리는 세계 속으로 태어나며 타인과의 관계성 속에 있는 것이
우리의 고유한 존재방식이라는 것이다.

우리의 존재는 타인과의 관계성 속에서 비로소 명확히 드러난다. 이는 마치 꿀의 진정한 의미
가 벌과 관련해서 명백히 이해되는 것과 같다. 즉, 꿀은 벌과 무관하게 독립적으로 있는 것이 아
니다. 꿀의 의미는 꽃의 씨받기 의지와 벌의 먹이 찾기 행동의 관계성 속에서 비로소 드러난다.

마찬가지로 우리의 감정, 욕구, 행동도 우리의 의지나 타인의 행동과는 무관하게 독립적으로
그저 놓여 있는 사물이나 대상이 아니다. 우리의 행동과 타인과의 관계성은 이미 삶의 선행조건
으로 구성되어 있다. 즉, 타인과 만남으로써 비로소 서로 관계를 맺기 시작하는 것이 아니라, 우
리의 삶은 이미 관계성 속에서 출발하는 것으로서, 이러한 관계성을 외면하지 않고 실현할 때 실
존적인 삶을 살 수 있다.

게슈탈트 치료이론은 이러한 하이데거의 실존철학적 입장을 지지한다. 즉, 게슈탈트 치료이론
에서 볼 때 개체는 우주와 독립적으로 존재하는 객체가 아니며, 환경과의 상호 의존적인 관계에

있다고 본다. 징커에 의하면 우리의 감정과 흥분, 운동 등은 그 자체로서 그냥 존재하는 것이 아니라 세계와 관계하기 위해 존재하며, 세계와의 관계성 속에서 그 존재 의미가 드러난다. 즉, 우리의 감정과 흥분, 운동 등은 내가 세계와 관계하기 위해 선택하는 행동이라는 것이다.

그런데 우리의 행동이 세계와의 관련성을 발견할 수 없을 때 삶은 무의미하게 되어 버리고 심리적 교착상태에 빠지게 된다. 이런 의미에서 심리적 장애란 개체가 세계로부터 단절되는 것이라고도 볼 수 있다(Zinker, 1977, 1990).

현대정신분석의 새로운 학파인 자기심리학(self-psychology)도 개체와 장(場)의 불가분성에 대해 게슈탈트 심리치료와 같은 입장에 서 있다. 즉, 자기심리학은 개체와 장의 상호 관계에 대한 주관적 체험을 강조한다. 자기심리학은 고전적인 정신분석이론의 전이이론에 대해 반발하면서 전이에 대하여 새로운 의미를 부여한다.

전이는 단순한 과거경험의 되풀이가 아니라 내담자가 현실에서의 적응 및 자기보호를 위한 조직화 활동의 일환이라고 본다. 즉, 전이란 내담자가 치료자와의 관계를 자신의 주관적인 체험구조 안으로 동화시키면서 체험하는 방법이라는 것이다. 또한 고전적인 정신분석이론이 방어를 내담자가 자신의 억압된 이드 충동이 의식화되는 것을 막는 것이라고 본 데 반하여, 자기심리학은 개인과 대상 간의 안정된 관계를 보호하기 위한 노력이라고 봄으로써 내담자와 치료자의 관계를 중요한 치료적 변인으로 삼았다. 이러한 관점은 게슈탈트치료의 입장과도 매우 유사하다(Jacobs, 1992, pp. 25-59).

전이는 두 사람 간의 여러 가지 관계형태 중의 하나지만 가장 순수한 관계는 '나-너 관계'(Yontef, 1979, 1981, 1984, 1987), 혹은 '대화관계'(Hycner, 1985; Tobin, 1983)이다. 리치 하이스너(Rich Hycner, 1985)에 의하면 게슈탈트치료의 목표는 치료자와 내담자가 상호교류를 하면서 순수한 대화적 관계를 갖는 것이라고 했다. 이른바 실존적 관계를 갖는 것이다. 이러한 치료적 관계에서는 전이관계가 청산되면서 치료자는 내담자에게 실존인물로 나타난다.

리치 하이스너(Rich Hycner)

게슈탈트치료의 진정한 본질은 치료자와 내담자 사이에 형성되는 새로운 관계에 있다고 할 수 있다. 즉, 치료자는 내담자에게 특정한 기법을 적용시키는 것이 아니라, 자기 자신을 내담자와의 관계상황 속으로 투여함으로써 내담자와의 새로운 관계체험을 창출하는 것이다. 이때 내담자는 물론, 치료자 자신도 그러한 관계를 통하여 변화하고 성장할 수 있게 된다.

게슈탈트 치료자는 내담자와 치료자 관계에서 전이가 일어날 수 있음을 인정하지만, 고전적인 정신분석이론에서처럼 전이를 조장하거나 분석하지 않는다. 게슈탈트치료에서는 자연적으로 발생하는 전이현상은 인정하지만, 그것을 분석하기보다는 치료자 자신의 감정을 내담자에게 분명히 표현하고, 지금-여기에서의 상호 관계에 초점을 맞춤으로써, 내담자의 왜곡된 지각을 치료자와의 새로운 관계를 통하여 현재의 새로운 경험으로 통합할 수 있도록 이끌어 준다. 예를 들어, 치료자는 내담자에게 과거 그의 부모들과는 다른 방식으로 대함으로써, 내담자로 하여금 새로운 대인관계 체험을 하게 하고, 그 바탕 위에서 새로운 행동방식을 실험하고 체득할 수 있도록 해 준다(Perls et al., 1951; Resnick, 1990).

한편, 전이와 관련하여 주의해야 할 점은 역전이 현상이다. 치료자들은 신비적인 힘과 자신을 동일시함으로써 역전이에 빠지는 실수를 종종 범한다. 특히 치료자가 자신의 미해결된 과제를 내담자와의 관계에 투사함으로써 역전이를 일으키는 수가 있는데, 그것은 치료자가 자신의 미해결 과제를 쌓아 둠으로써 내담자와 순수하게 지금-여기에서 만나는 것이 불가능해지기 때문이다.[2]

역전이의 또 다른 형태로서 과거 내담자의 부모들이 내담자에게 느꼈던 감정(거부감, 죄책감)을 치료자가 똑같이 느끼는 현상이 있다. 그리고 내담자가 체험하는 혹은 피하는 감정을 치료자가 똑같이 체험하는 융합현상도 역전이의 한 형태로 볼 수 있다. 치료자는 이러한 역전이와 지금-여기의 순수한 관계에 근거한 반응들을 분별할 줄 알아야 한다.

개인 간의 관계자체를 철학적인 중요명제로 삼기 시작한 사람은 하이데거였다. 그는 '공동 현존재(Mitdasein)'라는 개념을 사용함으로써 개체가 자신을 타인에게 개방할 수 있는 가능성을 존재론적 관점에서 논의하였다. 그의 견해에 따르면 인간은 세계-내-존재로서 이미 태어날 때부터 세계와 관계를 맺도록 운명지어진다는 것이다. 이는 인간 상호 관계에서도 적용되는데, 하이데거는 이를 설명하기 위해 '보살핌(Fürsorge)'이라는 개념을 사용하였다(Heidegger, 1967).

루드비히 빈스방거(Ludwig Binswanger)는 하이데거의 영향을 받아 **'사랑'**과 **'보살핌'**을 그의 철학적 기본명제로 삼았다. 이때 그에게 있어서 사랑은 특정한 감정이라기보다는 존재양식의 하

---

2) 여기서 전이나 역전이를 이야기하는 것은 게슈탈트 치료자들이 고전적인 정신분석가들처럼 데카르트적 이분법에 입각해서 내담자나 치료자의 투사를 인정한다는 의미는 아니다. 단지 내담자나 치료자 모두 각자 자신의 미해결과제가 상대방에 대한 지각에 왜곡된 영향을 미칠 수 있음을 지적하는 것일 뿐이다. 서로에 대한 지각에 영향을 미치는 요인들로는 각자의 미해결과제뿐만 아니라 각자 상대방에게 하는 행동들이 있다. 예컨대, 내담자가 치료자에게 보이는 반응은 내담자의 미해결과제가 치료자에게 투사되어 나타나는 전이의 측면과 더불어 내담자를 대하는 치료자의 행동에 의해 유발되는 측면도 있다. 따라서 치료자는 내담자의 행동을 무조건 전이로 해석할 것이 아니라 치료자 자신의 행동에 의해 유발된 측면에 대해서도 돌아봐야 한다. 이는 역전이 측면에 대해서도 마찬가지이다. 즉, 치료자가 내담자에 대해 느끼는 감정들은 자신의 미해결과제에 의해서도 영향을 받겠지만, 내담자가 치료자를 대하는 태도에 의해서도 영향을 받는다. 게슈탈트치료적 관점에서 볼 때, 치료자와 내담자는 모두 서로에 대한 지각에 있어서 각자 서로의 미해결과제와 더불어 상대방의 행동에 의해 함께 영향을 받는다.

나이다. 그는 사랑하는 두 사람 간의 관계에서 '우리'라는 만남이 가능하게 되고, '나'에게 '너'가 알려져 옴으로써 비로소 우리는 완전한 존재에 참여할 수 있게 된다. 그는 사람들이 서로 만나 관계를 맺고 변화하는 모든 만남을 '사랑'으로 규정하였다.

그런데 '보살핌' 혹은 '근심'이 존재의 유한성을 체험하는 것이라면 '사랑'은 서로의 합일과 무한을 체험하는 것이다. 그는 이러한 만남을 게슈탈트 개념으로 설명하려고 시도했다. 게슈탈트는 아래와 위, 멀고 가까운 것, 과거와 미래 등의 대립이 사라지고 현재 순간에 통합적인 만남이 이루어지는 것이라고 하였다. 즉, 모든 분열과 대립을 통합하는 원리로서 게슈탈트 개념을 이해하였다. 그래서 무한한 원리인 '사랑'과 유한한 원리인 '근심'을 하나로 통합하는 것이 게슈탈트라고 하였다.

게슈탈트는 창조적인 사랑의 힘이 어떤 특정한 삶의 형상으로 구체화되어 나타나는 것이다. 요컨대, 게슈탈트는 심장(사랑)과 이성(근심)의 화해로 볼 수 있다. 즉, 사랑은 '우리'라는 하나로 뭉치는 힘인 데 반해, 근심은 이성의 사고력에 의해 제한을 가하고 분리시키는 힘이며, 이 둘이 변증법적으로 통합되어 나타나는 것이 게슈탈트이다. 따라서 인간관계는 바로 이러한 심장과 이성의 대립되는 차원이 변증법적으로 통합되어 구체적인 게슈탈트로 나타나는 것이다.

이러한 맥락에서 볼 때, 한 사람의 인격은 그 자체로서 단독적으로 존재하는 것이 아니라, 서로 대화하고 만나는 순간마다 새로운 탄생을 하는 것이다. 그래서 타인과의 만남의 순간에 개체는 자신의 제한된 존재를 초월하여 열려 있는 무한성에 참여하게 되며, 그 결과 제한적인 자기를 극복하게 된다고 하였다(Binswanger, 1962, p. 583).

부버는 관계의 개념을 매우 중시한 철학자인데 그는 인간행동을 '나-너 관계(I-thou relationship)' 혹은 '만남(meeting)'으로 설명하려고 했다. 그에게 있어서 만남이란 "인격적으로 독립된 두 개인이 서로 자신의 정체성을 유지하면서, 동시에 두 사람이 함께 알려지지 않은 새로운 세계로 나아감이며, 또한 그것에 내맡김이다"(Buber, 1962, p. 366). 그는 이러한 '만남' 혹은 '나-너 관계'는 인간의 본원적인 존재방식에 해당한다고 말했다. 그의 유명한 저서 『대화적 원리(Das Dialogische Prinzip)』에서 그는 '나-너 관계'와 '나-그것 관계'의 차이점에 대해 다음과 같이 기술하고 있다.

'나-그것 관계'란 개체가 인간과 자연을 대함에 있어서, 그들을 마치 고정적 형태를 지닌 물리적인 대상인 것처럼 취급하는 태도를 뜻한다. 예컨대, 한 인간을 대할 때 그를 감정을 느끼고 나름대로의 가치관을 갖고서 삶을 살아가는 한 존재로 보지 않고, 그가 가진 재산이나 지위, 학력, 권력 혹은 노동력 등을 수치화해서 평가하고 분석하여 그러한 값을 가진 사물로 보는 태도이다. 부버는 이러한 태도로 인간과 자연을 바라볼 때, 인간은 물론이거니와 자연까지도 그 본연의 존재로부터 소외되어 마침내 그 존재를 잃어버리게 된다고 했다.

'나-너' 관계란 인간과 자연을 대함에 있어 그들을 하나의 대상으로서가 아니라 존재로 대하는 태도이다. 즉, 그들을 나의 대화 상대인 '너(thou)'로 대하는 것이다. 이는 상대편을 나의 이익을 얻기 위한 도구, 즉 '사물'로 대하는 '나-그것' 관계와는 달리 목적으로 대한다. 이때, 상대편은 나와 대등한 위치에 있으며, 서로의 관계는 이용관계가 아니라 교류관계이다. 즉, 서로의 존재에 대한 관심을 갖고 접근하고 대화하며, 서로 영향을 주고받아 함께 변화하고 성장하는 동반자 관계이다. 나는 너를 통해 확인받고, 너는 나를 통해 존재를 실현하는 그런 관계이다.

부버에 의하면 '나-그것 관계'는 엄밀한 의미에서 '관계'가 아니다. 이것은 상대편을 대상화시키고 사물화시킴으로써 서로의 관계성을 상실한 상태이다. 상대편은 '그것'으로 대상화되며 실존적 존재로서가 아니라 개념화된 내용물로서만 파악될 뿐이다. 우리는 그러한 대상과 실존적 관계를 맺을 수 없다.

그것들은 단지 내가 필요에 따라 사용하는 물건이거나 혹은 일시적으로 스쳐 지나가는 허깨비 같은 것에 불과하다. 그것은 아무런 생명이 없으며 현재에 존재하지 않는다. 반면에 나-너 관계는 실존성을 그 특징으로 하는데, 상대편의 존재를 나와의 관계를 통하여 현재에 임재하게 만든다. 즉, 상대편의 존재는 어떤 추상적 개념이나 틀 속에 갇힌 관념이 아니라, 바로 지금-여기에서 나와 관계하는 존재로 나타나게 된다.

하이데거는 '관계성'은 상호성을 전제한다고 했다. 즉, 관계성은 내가 상대편에게, 그리고 상대편이 나에게 서로 영향을 주고받는 상호성을 전제한다는 것이다. 이는 어른과 아이의 관계, 인간과 동물의 관계, 인간과 자연의 관계 등 모든 상호 관계에 다 해당된다고 하여, 우리는 모든 삼라만상과 관계성 속에 살고 있으며, 이것이 인간 삶의 실존적 조건이라고 했다. 부버가 말하는 나-너 관계도 바로 이러한 근원적인 관계성을 지시하는 것으로서 인간과 인간, 인간과 동물, 인간과 자연의 모든 관계를 나-너 관계로 파악할 때, 인간은 참다운 자신의 존재를 회복할 수 있다고 했다(Buber, 1992).

이러한 부버의 나-너 관계 개념은 로라 펄스(Laura Perls)를 통하여 게슈탈트 심리치료이론의 형성에 영향을 미쳤다. 로라 펄스는 부버와 개인적인 친교를 통해 그의 철학을 배우게 되었는데, 그의 철학은 이후 여러 게슈탈트 치료자들로부터 수용되었다. 심킨(1976) 같은 이는 게슈탈트의 본질은 나-너 관계와 지금-여기라고 말하였으며, 하이스너(1985)는 나-너 관계란 각자의 독특성이 강조되는 관계를 말하며, 상호 직접적이며 솔직한

마르틴 부버(Martin Buber)

관계가 유지되는 상태라고 정의했다. 심킨과 욘테프(Simkin & Yontef, 1984)는 나-너 관계가 현상학적 · 실존적 심리치료 관계에 가장 적합한 형태의 접촉이라고 말하는 한편, 게슈탈트 대화관계의 특징은 대화 당사자들이 각자 자신에 대한 정체성을 유지한 채 타인을 판단하거나 분석하지 않으면서 타인의 경험세계에 자신을 이입시키는 것이라 했다.

이런 맥락에서 심킨과 욘테프는 게슈탈트치료는 치료자와 내담자 간의 나-너 관계에서 출발해야 하며, 치료자는 어떤 이론을 표방하는 과학자가 아니라 자신을 온전히 내담자와의 대화관계에 투여하여 성실성과 책임감을 갖고 상호 교류하는 데 관심을 가져야 한다고 했다. 즉, 치료자는 실존적 인물로서 나-너 관계에 들어가야 하며, 자신의 감정을 그대로 내보여야 한다고 했다. 그렇게 함으로써 치료자는 진정으로 내담자와 서로 만날 수 있다는 것이다. 이런 관계에서는 서로 친밀감과 진정성을 느낄 수 있으며, 서로 간에 미해결과제를 축적시키지 않는다고 했다.

나-너 관계를 촉진시키기 위해 치료자는 스스로 모범을 보이는 동시에 내담자의 비실존적 대화방식을 지적하고 나-너 관계로 이끌어 주어야 한다. 사람들은 흔히 자신의 이야기를 남의 말 하듯 하며, 또 상대편에게 하는 말도 수신인이 드러나지 않는 막연한 말로 하는데, 치료자는 항상 이러한 불분명한 표현이 나오면 그것이 누구에게 하는 말인지 물어야 한다. 내담자가 말할 때 수신자를 생략하는 것은 흔히 다른 사람과의 접촉을 회피하는 것일 수 있기 때문이다. 때로는 내담자로 하여금 다른 사람에게 한 자신의 말이 상대편에게 잘 도달했는지 확인해 보도록 요구하는 것도 필요하다. 수신자를 생략하고 말하는 습관을 가진 내담자에게는 말을 할 때마다 수신자의 소재를 밝히는 연습을 시키는 것도 좋다(Levitsky & Perls, 1970).

4. 프로세스 중심

게슈탈트치료는 '내용(content)'보다는 '과정(process)'을 더 중시하는 치료이다. 전자가 사실이나 판단에 관한 것이라면, 후자는 현상의 일어남과 사라짐, 즉 흐름에 대한 것이다. 전자는 개념적 사고에 의해 추상적으로 파악되는 데 반해, 후자는 감각이나 직관을 통해 구체적으로 인식된다.[3]

---

3) 콘텐트는 말이나 글의 표면적인[문법적인] 의미를 지칭하는 데 반해, 프로세스는 그것들의 이면에 내포된 의도나 감정, 욕구 등 다양한 현상을 가리킨다. 예컨대, 혼자 아이스크림을 먹고 있는 형을 본 동생이 **"형, 맛있어?"**라고 물은 것에 대해, 형이 **"응, 맛있어!"**라고 답한다면, 그는 동생의 질문을 콘텐트로만 이해한 것이다. 만일 공감능력이 좋은 형이라면, **"아, 너도 먹고 싶은 게로구나? 좀 나눠 줄까?"**라고 말할 것이다. 즉, 동생의 질문에 담겨 있는 프로세스를 읽고 거기에 반응할 것이다. 콘텐트는 '이다' '아니다' '이거다' '저거다'라는 사실적 판단을 말하는 것이고, 프로세스란 표현된 말이나 글의 이면에 담긴[혹은 흐르는] 혹은 행동상에 드러나는 정서나 욕구, 의도, 신체, 행동패턴 등 다양한 현상들을 지칭하는 말이다.

정신분석이나 행동치료를 비롯한 대부분의 전통적 심리치료들은 **'내용'**과 관련된 목표를 갖고 있다. 즉, 바람직한 상태의 **내용**이 무엇인지를 사전에 결정하고 그것을 추구한다. 그러나 게슈탈트치료는 **'과정'**에 대한 목표만을 세운다. 즉, [상황에] 주어진 것을 탐색하고, 알아차리고, 그것을 수용하는 것이 목표이다.

게슈탈트치료의 장이론에 따르면 모든 것들은 변화의 과정이다. 모든 것은 에너지이며, '장 (field)'의 역동적 힘들에 의해 구조화되며, 시간의 흐름을 따라 움직이고 변화한다. 모든 것은 행위이고, 무언가가 되는 과정이며, 진화하고 변화하는 과정 중에 있다(Yontef, 2008, p. 369). 즉, 고정된 사물이나 실체[4]는 없으며, 시간을 따라 변화해 가는 에너지의 흐름일 뿐이다. 우리의 정서나 신체, 욕구, 사고, 이미지, 행위, 관계들도 모두 이러한 변화과정에 있는 에너지로 볼 수 있다. 이들은 장 안에 있는 다른 힘들과 서로 영향을 주고받으면서 끊임없는 변화과정에 있다.

프로세스는 현상학적 접근의 기본단위이다. 프로세스는 지금-여기의 장에 일어나는 모든 현상들의 상호작용이며 흐름이다. 프로세스만이 **'실재(real existence)'**이다. 콘텐트는 어떤 사실이나 사태에 대한 판단이나 분석으로서 **현상**을 직접적으로 파악한 것이 아니라 개념적 추상을 통한 구성물에 불과하다. 즉, 그것들은 실재하는 것이 아니라 판단자의 머릿속에서만 존재한다. 예컨

---

4) 콘텐트는 항상 고정된 사물이나 실체를 가정한다. 예컨대, **"경찰서는 학생이 공부하는 곳이다."**란 문장은 '맞다' '틀리다'는 판단을 내릴 수 있는 콘텐트를 담고 있다. 여기서 경찰서, 학생, 공부라는 단어 하나하나는 항상 고정된 의미를 내포하고 있으며, 어떤 실체를 가정하고 있다. 그러나 이러한 개념들은 우리의 오성이 만들어 낸 범주일 뿐, 그 자체가 **실재**하는 것은 아니다. 반면에 앞의 예에서처럼 아이스크림을 먹고 싶은 동생의 욕구나 그것을 몰라주는 형에 대한 원망감 등은 그 순간 실재하는 프로세스들이다.

대, 물가가 올랐다든지, 아이가 의존성이 높다든지, 아이 부모가 자녀교육에 무관심하다든지, 부모가 자신을 사랑하지 않았다든지 하는 등의 진술[판단]은 우리가 직접 관찰하거나 접촉할 수 있는 현상이 아니다. 이러한 콘텐트는 사실이나 사태를 파악하고 이해하는 데 도움을 주지만, 그 자체가 **실재**하는 **현상**은 아니다. 그런데도 우리는 많은 경우 이러한 콘텐트를 실재로 간주함으로써 진정한 실존을 놓치거나 왜곡한다.

치료자가 내담자의 이야기를 들을 때, 콘텐트와 프로세스를 구분하는 것이 매우 중요하다. 내담자의 이야기 중 많은 부분은 콘텐트로 이루어져 있다. 예컨대, 한 내담자가 **"제 아버지는 권위적이었고, 어머니는 양가적이었습니다."** 라고 말한다면, 치료자는 부모의 양육태도에 대한 이 내담자의 주관적 판단을 전해 들었을 뿐, 실제로 무엇이 어떻게 일어났는지에 대한 구체적 자료[정보]는 전혀 제공받지 못했다. 즉, 내담자의 진술은 [주관적] 콘텐트일 뿐, 실제 일어난 프로세스는 아니다. 그런데도 많은 치료자들은 마치 그러한 콘텐트가 객관적 사실인 양 그것을 토대로 온갖 추리나 분석, 혹은 치료적 개입을 시도한다.

게슈탈트치료에서는 프로세스라는 좀 더 확실한 [현상학적] 토대 위에서 치료를 행한다. 위의 경우 치료자는 내담자에게 **" '아버지가 권위적이었다.'는 말이 무슨 의미인지, 구체적인 예를 들어 좀 설명해 주실래요?"** 라고 질문할 것이다. 아마도 내담자는 **"아버지는 저희 자식들에게 잘해 주셨어요. 하지만, 당신 기대에 못 미치면 등을 돌리셨어요."** 라고 말하며 이마를 찡그릴지 모른다. 치료자는 내담자에게 **"그러면 당신은 어떻게 행동하셨나요?"** 라고 재차 물을지 모른다. 그러면 내담자는 **"아버지 눈치를 보며, 더 열심히 공부해서 아버지 마음을 풀어 드렸어요."** 라고 말하며 한숨을 내쉴지도 모른다.

이러한 문답을 통해 치료자는 내담자의 생생한 프로세스를 보고, 들으며, 파악할 수 있게 된다. 즉, 내담자와 아버지 사이에 어떤 일들이 일어났는지, 그때 내담자가 어떻게 느끼고, 어떻게 행동했는지 등을 구체적으로 그려 볼 수 있게 된다. 즉, 아버지가 냉담한 반응을 보였을 때 놀라고 당황하는 아이의 마음, 그리고 다시 아버지의 사랑을 얻기 위해 전전긍긍 노력하는 아이의 모습을 그려 볼 수 있다. 이런 이야기를 하는 도중 이마를 찡그리거나 한숨을 내쉬는 내담자의 신체반응은 **지금-여기**에서 생생하게 관찰할 수 있는 프로세스이다. 내담자의 이야기[콘텐트] 속에 들어 있는 **과거** 프로세스와 **지금-여기**의 프로세스를 종합해서 보면 내담자와 아버지 사이에 어떤 일들이 일어났는지를 입체적으로 파악할 수 있다.

만일 내담자 자신도 아직 잘 알아차리지 못하고 있는 좀 더 심층적인 프로세스를 탐색하고 싶다면 [그리고 물론 내담자가 준비가 되어 있다면] 실험을 하나 제안해 볼 수도 있다. 예컨대, 아버지와 자기를 대신할 인형을 각각 하나씩 선택해서, 자기 인형을 잡고서 아버지 인형에게 하고 싶은 말을 하도록 시키는 것이다. 아마도 내담자는 이 과정에서 아버지 인형에게 말하면서 눈물을 흘리며, 슬픔과 분노감정을 드러낼지도 모른다. **"아버지, 대체 왜 그러셨어요? 어린아이가 무얼 안다고 그렇게 갑자기 표변하셔서 쌀쌀맞은 얼굴을 하셨어요? 화가 나요. 정말 무서웠단 말에요."** **"아직도 가끔 아버지 눈치를 살피는 제가 너무 싫어요. 더 화가 나는 것은 남편이 아무 말도 안 하고 있을 때, 쩔쩔매는 제 모습을 보면서 스스로 황당하고 어이없단 말에요."**

이 과정을 지켜보던 치료자는 잠시 생각하다가 내담자로 하여금 이번에는 아버지 인형을 잡고서 자기 인형에게 대답해 보도록 시킬지도 모른다. 그러면 내담자는 아버지가 되어서 딸에게 이렇게 말할지도 모른다. **"네가 많이 아팠구나. 미안하다. 나는 네가 긴장을 놓으면 할아버지처럼 될까 봐 걱정이 되었어. 할아버지는 평생 한 번도 돈을 번 적이 없으셨어. 그 때문에 할머니랑 온 가족들이 너무 힘들었거든."** 치료자는 다시 내담자의 인형을 바꾸게 하고, 대화를 시킬지 모른다. 그러면 내담자가 딸이 되어 아버지 인형에게 **"아버지가 미안하다고 하시니 제 마음이 좀 풀려요. 그래도 너무 하셨어요. 제가 그렇게 불성실한 아이가 아니었잖아요? 얼마나 열심히 노력했었는데 …."**

다시 아버지 인형을 잡은 내담자는 딸에게 이렇게 말할지 모른다. **"그러게, 네 말이 맞아. 넌 정말 성실한 아이였지. 내가 너무 걱정이 많았던 게야. 미안해!"** 그러자 내담자는 아버지 인형에게 **"네, 괜찮아요. 아버지 마음 이해해요. 저희가 걱정돼서 그러셨던 거죠. 아버지가 저희를 사랑하신 것도 알아요."**라고 말하며 편안한 얼굴로 돌아오며 아버지를 수용하는 프로세스가 나타날지도 모른다. 그러면서 아버지에 대한 평가[콘텐트]가 **'권위적'**에서 **'걱정이 많은 분'**으로 바뀔지도 모른다. 콘텐트는 요약이며 이름일 뿐이다. 과정은 이름이 아니라 **흐름**이며, **실재**이다. 콘텐트는 고정적인 것인 데 반해, 프로세스는 유동적이다. 콘텐트는 무언가를 규정하고 단정짓고 가둔다면, 프로세스는 관찰하고, 경험하며, 변하고 흐른다.

치료가 콘텐트 중심으로만 진행되면 내담자의 실존은 가려지고 공허한 개념들만 난무하며, 알맹이 없는 껍데기만 나뒹굴게 된다. 반면에 프로세스 중심의 치료는 살아 있는 맥락에서 내담자의 실존을 생생하게 드러내 주며, 현실과의 접촉으로 이끌어 준다. 그렇다고 해서 콘텐트가 무의미한 것은 아니다. 콘텐트는 프로세스를 요약하여 개념으로 정리하여 이름을 붙인 것으로서 유용한 측면이 있다. 만일 치료를 프로세스 중심으로만 한다면 너무 세세한 현상들에 파묻혀 전체를 조망하지 못하는 위험이 발생할 수도 있다. 콘텐트와 프로세스는 서로 보완적 기능을 하므로 적절히 통합해서 사용해야 한다. **프로세스 없는 콘텐트는 공허하며, 콘텐트 없는 프로세스는 맹목적**인 것이라고 말할 수 있다.

내담자들이 치료에 오면 주로 하는 것이 '이야기(storytelling)'인데, 이야기는 콘텐트와 프로세스를 모두 내포하고 있다. 그런데 어떤 내담자들은 [프로세스를 무시하고] 콘텐트 위주로 이야기하는가 하면, 반대로 어떤 내담자들은 '개념적 사고[콘텐트]'를 등한시하고 지나치게 세부적 프로세스 묘사에 몰두한다. 어느 경우이든 효율적 의사소통이라고 말할 수 없다. 가장 이상적인 스토리텔링은 적절한 양의 콘텐트와 [그것을 뒷받침하는] 적절한 양의 세부적 프로세스 묘사가 잘 통합된 형식일 것이다. 하지만 어떤 내담자도 완벽한 스토리텔링을 하지는 못한다. 따라서 치료자가 이 과정을 도와주어야 하는데, 콘텐트 위주로 이야기하는 내담자에게는 질문이나 반영을 통해 프로세스가 드러나게 해 주고, 프로세스 위주로 이야기하는 내담자의 경우에는 [요약이나 이름 붙이기를 통해] 적절히 콘텐트를 부가해 주어야 한다.

이런 작업에서 흔히 관찰할 수 있는 것은 내담자의 언어적 진술, 즉 콘텐트와 비언어적 행동, 즉 표정이나 목소리, 신체동작, 행동 등으로 보여 주는 프로세스가 서로 불일치하는 현상이다. 예컨대, 남자친구와 헤어진 사건에 대해 이야기하는 내담자에게 현재의 감정을 물었을 때, 아무렇지도 않다고 대답하면서도 목소리가 떨리면서 표정이 어두워지는 경우가 있다. 이런 상황에서 치료자는 내담자의 불일치를 직면시켜 줌으로써 콘텐트와 프로세스가 서로 일치하도록 이끌어 주어야 한다. 물론 이때 콘텐트가 프로세스에 맞도록 변화가 일어나게 된다. 그것은 프로세스는 실제로 일어나는 현상이므로 인위적으로 변화시킬 수 없는 데 반해, 콘텐트는 개념화과정에서 얼마든지 왜곡이 가능하기 때문이다.

프로세스는 억압되어 무의식적일 수는 있으나 [치료자의 도움을 받아] 알아차림에 의해 원상태로 회복될 수 있다. 이때 치료자의 중요한 역할 가운데 하나는 [주로 표정이나 목소리, 몸동작을 통해 나타나는] 내담자 프로세스를 관찰하여 이를 내담자에게 자각시켜 주는 일이다. 내담자가 자신의 프로세스를 알아차리게 되면, 불일치된 콘텐트를 프로세스에 맞춰 바꿀 수 있게 된다. 내담자는 자신의 프로세스를 알아차리면 처음엔 놀람과 당황스러움을 느끼고 이를 부인하거나 회피하고 싶어 한다. 하지만 치료자가 충분한 공감과 지지를 해 주면 내담자는 마침내 자신의 프로세스를 직면하고 수용할 수 있게 된다. 앞의 예에서 치료자는 **"말씀은 아무렇지도 않다고 하시지만 목소리가 떨리시네요? 표정도 좀 어두우시고요?" " '아무렇지도 않아요.'란 말을 다시 한번 해 주실래요?"** 라고 말할 수 있다. 아마도 내담자는 울음을 터뜨리며 **"아무렇지 않지 않아요. 정말 화가 나요. 슬퍼요!"**라고 말할지 모른다.

내담자의 이야기[콘텐트]는 다양한 프로세스를 담고 있지만, 모든 콘텐트를 다 탐색하여 프로세스를 일일이 다 드러나게 할 수도 없고, 또 그럴 필요도 없다. 다만 중요한 콘텐트일 경우에는 질문을 통해 프로세스를 드러나게 해 줘야 한다. 앞선 예의 경우처럼 아버지에 대한 함축적 내용을 담은 [아버지가 권위적이라는] 콘텐트 같은 것은 반드시 질문을 통해 구체화시켜야 한다. 흥미로운 점은 이 과정에서 내담자의 **과거 프로세스**와 더불어 **현재 프로세스**도 함께 나타난다는 점이다. 전자는 사건 당시의 프로세스이고, 후자는 이야기를 하는 지금 이 순간의 프로세스이다.

보통 치료자는 전자에 더 초점을 맞추게 되는데, 사실은 경우에 따라 후자가 더 중요할 수도 있다. 후자에는 과거 이야기를 하면서 지금-여기에서 되살아나는 감정이나 신체반응 그리고 지금 이 순간에 [처음으로] 하는 생각이나 행동 등도 포함되는데, 이런 것들로 말미암아 새로운 프로세스가 생겨날 수 있기 때문이다. 앞의 예에서 아버지 인형에게 자신의 분노를 표현하면서 울음을 터뜨리는 것은 내담자가 **처음** 하는 행동인데, 이를 통해 내담자는 자신의 분노감정을 수용하고 통합하는 **새로운** 경험을 할 수 있다. 이 과정에서 내담자는 아버지로부터 [그리고 치료자로부터] 수용받는 경험을 하면서, **처음으로** 아버지와 진정한 화해를 하는 경험을 하게 될지도 모른다.

물론 이 과정에서 치료자가 [미숙함으로 인해 혹은 다른 이론적 배경으로 인해] 내담자의 분노행동을 '반영(mirroring)' 해 주지 않으면, 내담자는 죄책감이나 무력감을 느끼는 프로세스를 나타낼지도 모른다. 만일 이러한 프로세스를 치료자가 알아차릴 수 있다면, 이를 내담자에게 자각시켜 주거나 내담자와 함께 탐색함으로써 어떻게 이런 프로세스가 나타났는지를 [현상학적으로] 밝혀낼 수 있을 것이다. 치료자의 실수는 알아차리기만 하면 얼마든지 건설적으로 활용될 수 있다. 예컨대, 앞의 내담자의 경우 치료자의 지지가 없으면 쉽게 방어가 무너져 죄책감이나 무력감으로 빠지는 프로세스를 보여 준다는 것이 드러나면 이를 탐색하여 의미를 밝혀냄으로써 내담자 문제를 해결하는 데 결정적 도움이 될 수 있을 것이다.

많은 경우 프로세스는 콘텐트에 묻혀 있거나, 지금-여기에 나타나고 있더라도 잘 알아차리지 못하고 스쳐 지나간다. 치료자는 내담자의 중요한 프로세스는 조명하여 드러나게 해서 알아차리도록 도와주어야 한다. 프로세스에는 크고 작은 것, 느리거나 빠른 것, 신체적이거나 정서적인 것, 생각이나 심상적인 것, 내면적으로 일어나는 것과 외부에서 일어나는 것, 두 사람 혹은 여러 사람 사이에서 일어나는 것 등 다양한 형태가 있다. 어떤 것이든 한순간에 두드러지는 프로세스는 알아차리는 것이 필요하다. 특히 억압되거나 차단되어 반복적으로 패턴화된 프로세스는 알아차리는 것이 중요하다.

프로세스를 알아차리면 프로세스는 변화하며, 새롭게 진화한다. 반대로 억압되고 차단되어 있으면, 미해결과제로 남아 문제를 일으킨다. 알아차림은 새로운 프로세스를 만들어 낸다. 즉, 변화를 일으킨다. 변화란 고정된 패턴이 사라지고 하나의 새로운 프로세스가 나타나는 것을 일컫는다. 이때 우리는 이러한 새로운 프로세스도 알아차릴 수 있다. 종종 변화보다 더 중요한 것은 변화에 대한 알아차림이다. 치료시간에 스토리텔링과 그에 대한 작업을 통해 내담자의 문제나 행동 [혹은 기분이나 생각]에 종종 변화가 일어나는데, 내담자는 물론 치료자도 그러한 변화를 알아차리지 못하고 그냥 놓쳐 버리는 경우가 많다. 치료자는 내담자로 하여금 이러한 자신의 변화된 상태를 알아차리도록 도와주어야 한다. 이는 간단히 **"마칠 시간이 되었는데, 오늘 작업을 하고 난 지금 기분이 어떠신가요?"**라고 물어 주는 것만으로도 충분할 때가 있다.

프로세스에 대해 가장 이해하기 어려우면서도 가장 중요한 부분은 내담자의 행위에 대한 것이다. 즉, 내담자가 하는 여러 가지 행위들도 모두 프로세스라는 점이다. 예컨대, 내담자가 하는 생각, 지각, 떠올리는 이미지, 표현, 억압, 회피, 행동 등이 모두 장의 다른 요소들에 변화를 가져다 주는[혹은 변화를 방해하는] 프로세스라는 것이다. 내담자가 [의식적으로 또는 무의식적으로] 하는 행위[프로세스]들을 알아차리게 되면 장에 새로운 변화가 일어난다. 예컨대, 앞선 예의 내담자가 남편[혹은 치료자]이 말없이 가만히 있는 모습을 화난 아버지 모습으로 지각하는 프로세스를 [치료자의 도움을 받아] 알아차릴 수 있게 되면, [그리고 아버지와의 미해결과제를 해결하고 나면] 다음번에 남편[혹은 치료자]의 그런 모습을 볼 때, 남편[혹은 치료자]의 있는 모습을 그대로[왜곡하지 않고] 지각하게 되는 변화가 일어날 것이다.

미해결과제도 엄밀히 들여다보면 내담자가 하는 행위를 포함하여 장에서 구성된 것이다. 즉, 과거의 충격적 경험이 있었고, 그것을 다시 경험하고 싶지 않은 동기에서 내담자가 새로운 상황을 옛날의 시각에서 동일한 것으로 지각함으로써 계속 같은 것으로 지각되는 과정을 거쳐 유지되는 것이다. 따라서 지금 현재에 내담자가 하는 행위[즉, 프로세스]가 달라짐으로써 경험은 변화될 수 있다. 물론 치료자의 지지라든가 공감, 이해, 수용에 따라 내담자의 행위도 영향을 받을 수 있다. 그리고 내담자의 행위 또한 치료자의 태도에 영향을 미칠 수도 있다. 즉, 내담자와 치료자 모두 장의 역동적 조직화에 함께 참여한다. 과거의 미해결과제를 떠안고 있다든가, 고정된 게슈탈트 형태의 자기 이미지를 유지한다든가 하는 것은 모두 내담자가 행하는 프로세스들이다(Yontef, 2008, p. 367).

마지막으로 프로세스 개념에 대해 매우 흥미로운 사실은 모든 임상적 현상들을 **'과정용어(process term)'**로 바꿔서 기술할 수 있다는 점이다. 즉, 단정적인[고정된 실체를 가정하는] 콘텐트적 임상용어들, 예컨대 우울증, 강박증, ADHD 등의 개념들을 시공에서 발달·변화하는 **과정 개념**으로 기술할 수 있다. 다시 말해서 모든 실체 개념, 즉 **'구조(structure)'**들을 미세한 **프로세스**의 움직임들로 고쳐 설명할 수 있다는 것이다.

만일 진단명들이 지칭하는 것들이 고정적 실체라면, 우리의 어떠한 치료적 개입도 변화를 이끌어 낼 수 없을 것이다. 반대로 그것들이 유동적인 프로세스라고 한다면 무척 다양한 시도들이 가능할 것이다. 따라서 게슈탈트치료적 개입은 항상 프로세스 중심이다. 예컨대, **'권위적인'** 아버지나 **'양가적인'** 어머니에 **'대해(about)'** 분석하거나 해석하기보다 **'등 돌리고 앉은'** 아버지

'에게(to)' 직접 자신의 감정을 표현해 보도록 해 주는 실험을 선택한다. 이는 **불변적인 구조**를 바꾸려고 시도하기보다는 **행위**[프로세스]를 통한 **프로세스의 변화**를 도모하는 것이다.

5. 창조적 태도

게슈탈트치료는 창조성을 바탕으로 한다. 게슈탈트치료는 어떤 예정된 구도에 따라 치료를 계획하고 실천에 옮기는 기계적 작업이 아니다. 그것은 마치 우리가 삶을 기계공학이나 건축공학의 원리에 입각하여 계획하고 설계하여 살지는 않는 것과 같다.

게슈탈트의 형성과 해소과정은 항상 새로운 변화와 창조를 가져온다. 게슈탈트는 바로 삶을 뜻한다. 삶은 끊임없이 생명을 창조하고 파괴시키면서 창조적인 변화를 창출해 낸다. 이러한 삶의 현상은 항상 반복되지만 그때마다 태어나는 생명은 항상 새롭듯이, 매 순간 형성되고 소멸되는 우리의 게슈탈트는 항상 새롭고 다르다.

사람들이 태어나고 죽고 또다시 태어나고 죽는 과정은 영원히 반복되지만 자세히 관찰해 보면 똑같은 모습, 똑같은 운명으로 태어나는 사람은 한 사람도 없다. 사람들이 기쁨과 슬픔, 고통과 애환을 겪으며 살아가는 것도 항상 반복되지만, 똑같은 기쁨과 똑같은 슬픔, 똑같은 고통과 똑같은 애환은 하나도 없다. 내담자와 치료자의 관계도 항상 새로운 관계에서 새로운 게슈탈트를 형성하면서 매 순간 서로 창조적으로 만난다.

사람들은 말한다. 삶이란 다 그렇고 그런 것이라고. 사는 것이 뭐 별것 있느냐고. 부자나 가난한 사람이나 하루 세끼 밥 먹고, 똥 싸고, 사소한 것 가지고 서로 다투며 살다가 결국 늙으면 병들어 죽는 것 아니냐고. 아마 이런 종류의 허무주의적 생각을 안 해 본 사람은 별로 없을 것이다. 굳이 니체의 영원회귀 사상을 들먹이지 않더라도 우리는 다양한 삶의 경험들을 너무나 쉽게 동일성의 반복으로 단정 짓는다. 그런데 여기서 우리는 묻지 않을 수 없다. 우리가 경험하는 동일성이 외부세계의 동일함 때문인지, 아니면 우리가 모든 것을 종합하여 결국은 동일하게 보려는 선험적 인식의 틀 때문인지? 아니면 새로움을 기존질서를 흔드는 위협으로 보는 무의식적 태도로 인하여 새로움을 거부하는 태도 때문인지?

우리의 경험은 외부 객관세계를 수동적으로 지각함으로써 발생하는 것이 아니다. 우리는 세계-내-존재로서 세계와 상호작용하면서 세계를 창조하면서 세상을 경험해 나간다. 즉, 우리와 세상은 별개의 존재가 아니다. 우리가 경험하는 세상은 우리가 그것과 상호작용하면서 창조해 내는 세상이다. 우리의 세상은 고정된 것이 아니다. 우리가 변화를 두려워하며 세상을 늘 같은 방식으로 생각하고 살면, 우리의 세상은 반복적이고 동일한 세상이 된다. 하지만 삶을 매 순간 새로움으로 바라보고, 새롭게 행동하면 세상은 매 순간 새롭게 달라진다.

삶을 새롭게 바라보는 태도가 창조성이다. 삶은 우리의 창조성으로 인해 끊임없이 새롭게 창조된다. 삶은 창조성의 축제이다. 삶과 우리가 분리될 수 없다. 삶은 우리의, 그리고 각자의 삶이다. 삶은 매 순간 새로운 것을 창조해 낸다. 창조성을 통하여 우리는 삶의 고통을 환희로 바꿀 수 있으며, 우리의 한계를 극복하고 새로운 가능성에 참여할 수 있다. 창조성은 바로 삶을 긍정하는 것이다. 삶 자체가 창조성의 발현이며, 삶에 참여하는 것이 바로 창조성이다. 삶에의 참여는 삶을 긍정하게 만들며, 삶의 긍정을 통하여서만 죽음까지도 긍정할 수 있게 된다(Jaspers, 1985).

창조성은 진정한 용기의 표현이다. 그것은 위험을 무릅쓰고 미지의 세계로 자신을 내던짐이며 삶의 현장에 뛰어듦이다. 반복과 동일성은 두려움과 방어에 의해 나타나는 정체 현상이다. 그것은 삶의 정지이며, 위축이다. 삶의 본질은 정체가 아니라 움직임과 변화이다. 삶의 에너지는 두려움과 위축이 아니라, 용기와 팽창이다. 그것은 닫힘이 아니라 열림이며, 정체가 아니라 흘러감이다. 삶은 두려움과 멈춤이 아니라 용기이며, 뛰어듦이다.

심리치료는 바로 이러한 창조적 작업과정이다. 심리치료는 내담자가 자신의 삶을 새롭게 **'창출해 내는(gestalten)'** 작업이다. 즉, 세계와의 관계 속에서 자신의 새로운 모습을 발견하고, 새로운 삶의 가능성들을 실현하는 것이 심리치료이다. 심리치료는 바로 삶의 목표와도 일치한다. 나의 모든 삶의 영역에서, 세계와의 관계 속에서 나와 세계를 새롭게 발견하면서, 모든 삶의 가능성을 꽃피워 나가는 것이 삶의 목표이자 치료의 목표이다.

게슈탈트 치료자는 자신의 생각이나 감정, 욕구, 상상들을 적극적이고 창조적인 실험으로 발전시킴으로써 치료상황을 창조적 실험의 장으로 만들어 낸다. 치료자는 종종 내담자가 하는 아주 사소한 표현을 실마리로 해서도 내담자로 하여금 창조적이고 새로운 경험의 지평으로 나아가게 할 수 있다. 가령, 한 내담자가 "이 재떨이는 아름답고 귀엽게 생겼네요?"라고 말했을 때, 치료자는 내담자에게 "방금 재떨이를 묘사한 형용사들을 당신 자신에게 그대로 사용해서 당신을 저에게 소개해 보시겠습니까?"라고 말함으로써 내담자로 하여금 자신에 대한 새로운 체험을 하도록 해 줄 수 있다(Zinker, 1977).

펄스는 치료란 창조적 태도를 통해서 문제에 대한 새로운 해결을 가져다주는 것이라고 했다. 문제에 대한 해결책은 유기체 안에 있는 것도, 환경 속에 있는 것도 아니다. 오로지 개체가 환경과 접촉하는 과정에서 창출되고 발견된다. 개체가 문제에 봉착하여 성장하지 못하는 것은 자신이 구축한 세계에 갇혀 버렸기 때문이다. 따라서 개체는 자신의 구태의연한 시각에서 벗어나서 환경과 새롭게 만남으로써 문제에 대한 새로운 해결책을 찾을 수 있다(Perls et al., 1951, p. 367).

심리치료는 내담자들이 일상적인 생활을 창조적인 삶, 창조적인 과정으로 체험할 수 있도록 도와주는 작업이다. 어제 느꼈던 것을 오늘도 똑같이 느낀다면, 그것은 더 이상 창조적 삶이 아니다. 창조적으로 살기 위해서는 체험을 강하고 깊게, 그리고 넓게 할 필요가 있다. 결국 창조성이란 체험의 영역을 얼마나 확장시킬 수 있는가의 문제와 직결되기 때문이다. 정형화된 삶을 사는 사람은 마치 궤도 위로만 다니는 전차와 같다고 할 수 있다. 창조적인 사람은 자신의 욕구에 따라 자유롭게 자신의 체험영역을 확장할 수 있는 사람이다.

수박 겉핥기식 삶은 창조적인 삶으로 볼 수 없다. 창조적인 삶이란 양적으로 많은 체험을 한다는 의미가 아니라, 체험에 있어서 막힌 데가 없는 삶이란 뜻이다. 즉, 어떤 상황에 처했을 때 정형화된 행동패턴으로만 반응하지 않고, 새로운 방식으로 반응하고 체험할 수 있는 능력을 의미한다. 만일 창조적인 사람이 종교활동을 한다면, 그렇지 않은 사람보다 더 깊은 영적 체험을 하게 되고, 집단무의식의 체험에까지도 나아갈 수 있을 것이다.

창조성은 소수 전문 예술인들만의 활동은 아니다. 징커(1977)는 창조적 활동은 호흡과 같이 우리 모두에게 필요한 것이라고 주장한다. 그는 우리의 개인적 경험이나 상상력을 다른 대상이나 언어 상징 등에 투사하는 용기를 가질 때, 우리는 모두 창조적인 사람이 될 수 있다고 말한다. 그러기 위해서는 우리가 다른 사람을 사랑할 때 떠안게 되는 위험과 같은 종류의 불확실성을 감수할 용기가 있어야 한다고 한다.

그는 창조성은 문제찾기와도 관련 있으며, 결국 모든 치료는 내담자의 문제가 어디에 있는지를 찾는 것부터 시작해야 한다고 했다. 이때 창조성이 그러한 문제를 찾고 해결하는 데에 큰 기여를 할 수 있다고 했다. 가령, 내담자가 내놓은 사소한 소재로부터 출발하여 이를 창의적인 실험으로 발전시킴으로써 성공적인 치료작업을 해낼 수도 있다. 이러한 창조적 실험의 예를 들면 다음과 같다.

징커(1977)는 그의 내담자인 조지프에게 그의 에너지가 지금 어디에 머물고 있는지 묻는 것부터 시작했다. 조지프는 그의 에너지가 얼굴에 모여 있다고 대답했고 작업을 통하여 차츰 그 긴장의 의미가 드러났다. 즉, 그의 굳어진 얼굴은 그가 체면을 잃는 것에 대한 두려움을 갖고 있는 것과 관련 있음이 밝혀졌다. 그리고 신체감각을 매개로 하여 그의 감정을 탐색한 결과 집단원들과의 거리감이 체험되었고, 다시 그것은 어머니와의 관계에서 경직된 면과 관련되어 있다는 사실이 발견되었다. 마침내 그러한 조지프의 감정은 모든 여성들에 대한 그의 경직된 태도와도 관련 있음이 드러났다.

징커는 이 치료작업에서 조지프의 문제를 해결하기 위한 과정으로 다음과 같이 접근했다.

　① 그의 체험을 그대로 파악하는 단계
　② 그의 성격을 이해하기 위해 이론적 가설을 수립하는 단계
　③ 그가 자신의 문제행동을 구체적으로 체험하면서 관찰할 수 있도록 실험을 마련해 주는 단계

여기서 세 번째 단계가 특히 치료자의 창조성을 필요로 하는 단계이다. 치료자는 내담자로 하여금 자신의 문제행동을 단순화시키고 객관화시켜 봄으로써 이를 스스로 체험하면서 해결할 수 있도록 창조적 실험의 장을 마련해 주어야 한다. 창조적 실험을 만들어 냄으로써 치료자와 내담자는 서로 함께 새로운 경험세계를 창출해 낼 수 있게 된다.

이러한 실험작업을 통하여 내담자는 스스로 자신의 삶을 창조해 나갈 수 있다는 자신감을 얻게 된다. 이로써 내담자는 실험상황에서 창조적 행동을 해냄으로써 이제 다른 사람이 설정한 목표를 향해서가 아니라 스스로 자신을 변화시켜 가는 과정으로서 치료를 소중히 여기게 되고, 치료에서 얻은 이러한 경험을 일상생활에서도 활용할 수 있게 된다.

게슈탈트 치료자는 항상 창조적 도약을 할 준비가 되어 있어야 한다. 그런데 창조적 도약을 위해서는 항상 **프로세스**에 대해 눈을 뜨고 있어야 하고, 자신의 생각과 나타나는 현상이 다르면, 즉 자신의 가설이 잘못되었다고 판단되면 즉시 새로운 가설을 채택하는 유연성이 필요하다. 가령, 내담자가 저항을 보일 때는 같은 행동을 계속 요구할 것이 아니라 내담자가 받아들일 수 있는 행동을 대안으로 채택할 수 있어야 하고, 자유로운 분위기를 만들어 주어서 내담자가 자신을 능동적이고 창조적으로 실험하면서 탐색할 수 있도록 도와주어야 한다. 창조성은 자유로운 분위기에서 가장 잘 살아나기 때문이다.

6. 실존적 체험 중심

펄스는 철학을 ① 분석주의(aboutism), ② 당위주의(shouldism), ③ 사실주의(is-ism), ④ 실존주의(existentialism)의 네 가지로 나누었다. 분석주의는 모든 것을 대상화시키는 시각으로 인간까지도 대상화시켜서 감정이나 인간적 관계를 배제하는 과학적 태도라고 했다. 그는 이러한 입장은 사물들에 대한 객관적인 연구태도로서 우리의 직접적인 체험에 대한 연구방법으로서는 부적당하다고 했다.

그에 의하면 분석주의적 입장을 취하는 치료자는 내담자와 대화를 나눌 때, 내담자의 존재와 만나기보다는 언어나 행동, 증상들을 마치 암세포를 관찰하듯이 대상화시켜서 분석하는 태도를 취하기 때문에, 이미 자기소외의 문제로 인해 고통받고 있는 내담자를 더욱 자신의 실존으로부터 멀어지게 만든다고 했다. 즉, 자신의 존재를 밀착되게 체험하지 못함으로 인해 실존적인 공허를 느끼는 내담자에게 치료자는 분석을 통하여 내담자의 문제를 객관화시켜 버리게 되고, 따라서 그에게 이미 문제가 되고 있는 자기소외 현상을 더욱 강화시킬 수 있다는 것이다.

정신분석이나 행동주의 심리학은 대체로 이러한 분석주의에 입각하여 이론을 전개하고 있다고 볼 수 있는데, 이러한 분석주의는 철학적 인식론에서 본다면 주관과 객관의 대립을 전제하는 이분법적 형이상학의 범주에 속한다고 할 수 있다. 이러한 이론은 개체의 행동을 객관적인 개념을 사용하여 분류하고 분석한다.

이는 개체의 행동이 나타나는 상황과 개체의 특수성 그리고 전체 속에서의 맥락 등을 무시한 채 일반화된 결론을 도출하려고 시도한다. 그래서 마침내 개체의 행동단면들을 분석, 분류, 진단하여 이를 이른바 '과학적' 지식으로 축적하고, 그로부터 연역하여 개인의 치료에 적용시키려 한다. 하지만 이런 방법은 결정적인 한계를 지니고 있다.

아무리 정확하고 정밀한 분석을 한다 하더라도 그 분석한 내용들을 토대로 유기체의 통합적인 '전체'를 알아낼 수는 없기 때문이다. 마치 수많은 x-ray 촬영을 한 결과를 토대로 살아 있는 인체의 현실을 재구성해 낼 수 없는 것과 같다. 게슈탈트치료는 '전체는 부분의 합과는 다르다.'는 전제에서 출발한다. 개체를 분석하는 순간 이미 유기체의 살아 있는 현실을 소외시키고 죽게 만들어 버린다는 것이다.

당위주의 혹은 도덕주의는 인간행동의 규범과 규칙을 미리 설정해 놓고 이에 따라 행동해야 한다고 요구하는 입장으로서, 이 또한 우리의 현상적인 경험에 대한 관심에서 나온 것은 아니다. 이는 전통 종교적 입장으로서 항상 "어떠어떠해야 한다."는 도덕적 명령에 근거한 지시적인 태도이다.

펄스에 의하면 이는 불만족에서 출발하는 철학이며, '상전-하인 게임' '자기향상 게임' '자기고문 게임'을 조장하며, 결국 자기학대와 짜증 그리고 죄책감만 유발하게 된다고 하였다. 우리가 자신의 생각, 자신의 가치판단이라고 알고 있는 많은 것들은 사실 내사된 도덕적 가치와 당위적인 판단들이다. 우리는 무비판적으로 이러한 가치판단과 당위주의에 따라 행동하면서 자신을 학대하며 파괴적인 삶을 살고 있다고 펄스는 주장한다.

사실주의는 사실을 규명하려는 입장인데 우리가 생각하고 상상하는 것이 사실 혹은 실제 (reality)와 일치하는지, 맞는지(fit) 여부에 대해 관심을 쏟는 태도를 지칭한다. 이러한 입장은 실증 주의적인 태도로서 '사실 자체(fact itself)'가 존재한다는 믿음 위에 기초하고 있다. 펄스는 대부분 의 형이상학적 철학자들의 입장이 여기에 머물고 있다고 비판했다. 인지행동치료의 입장도 여기 에 속한다고 볼 수 있다. 그는 이러한 입장은 소박한 실재론에 서 있으며, 인식론적인 관점에서 볼 때 더 이상 설득력이 약하다고 보았다. 또한 사실주의에 집착하게 되면 분석주의와 마찬가지 로 우리의 존재를 상실하게 될 우려가 있다고 했다. 즉, 사실주의 입장에서는 우리의 행위 자체가 존재라는 인식이 결여되어 있는 것이다.

마지막으로 실존주의는 '있는 것(what is)'에 대한 철학으로서 현상학적 태도이며, 게슈탈트 심리치료가 이 입장에 속한다고 했다. 즉, 게슈탈트치료는 과거나 미래의 사건이 아니라 바로 지 금-여기에서 일어나는 체험에 관심을 기울인다.

펄스는 과거나 미래는 실존하지 않으며, 삶은 지금-여기에서 일어나는 그 무엇이라고 했다. 그렇다고 게슈탈트치료에서 과거나 미래를 부정하는 것은 아니다. 과거와 미래는 현재 행동의 맥 락 속에서 의미를 갖는다. 단지 과거나 미래 그 자체로서는 무의미하다는 것이다. 한편, 과거 사 건이나 미래사건도 현재화하여 지금-여기에서 체험하도록 해 줌으로써 실존적 사건으로 체험될 수 있다(Perls, 1969b, 1976; Rosenfeld, 1978; Smith, 1990).

게슈탈트치료는 실존철학의 영향을 많이 받았다. 펄스와 그의 동료들은 처음에 자신들이 만든 심리치료의 이름을 실존치료라고 부르려고도 했었다.[5] 그러나 당시에 실존주의라고 하면 주로 사르트르(Jean Paul Sartre)의 실존주의로 이해되었으며, 다소 허무주의적으로 비추어졌으므로 마침내 게슈탈트치료라고 부르기로 했었다고 한다. 그럼에도 불구하고 게슈탈트치료의 내용은 실존철학, 그중에서도 특히 하이데거의 철학에 많은 영향을 입었다(Rosenblatt, 1991, p. 12).

여기서 게슈탈트 심리치료를 이해하기 위해 하이데거의 사상을 간단히 소개하는 것이 필요할 것 같다. 하이데거는 종래의 서양 철학자들이 거의 대부분 **'존재자(Seiende)'**에 대한 탐구에만 열중해 왔고, 그 결과로서 **'이데아(Idea)' '우지아(Ousia)' '최고 존재자(Summum ens)' '자아 (Ego)' '이성(Vernunft)' '의식(Bewußtsein)' '정신(Geist)' '의지(Wille)'** 등의 실체 개념들만

---

5) 펄스와 그의 동료들은 원래 정신분석가들이었으나 펄스가 1936년 마리엔바드에서 개최된 국제 정신분석학회에서 음식섭 취에서의 파괴행동과 이화작용에 대해 발표를 하는 것을 계기로 차츰 고전적인 정신분석에서 독립해 나갔다. 1947년에 『자 아와 허기 그리고 공격성(Ego, Hunger and Aggression)』이라는 책을 펴내면서 이러한 경향은 더욱 발전했다. 하지만 아직 도 그들은 자신들을 수정노선의 정신분석가로 생각하고 있었다. 게슈탈트 심리치료라는 말은 펄스가 1951년에 폴 굿맨과 함께 펴낸 『게슈탈트 심리치료: 인격성장에 있어서의 흥분과 성장(Gestalt Therapy: Excitement and Growth in the Human Personality)』이라는 책에서 처음 사용하였다.

을 양산해 내었다고 주장했다. 이러한 존재자에 대한 철학, 즉 형이상학은 존재자의 본질을 **'실체성(Substanzialität)'** 과 **'주관성(Subjektivität)'** 하에서 파악하였다.

이러한 형이상학은 보편적 존재자와 최고의 존재자를 규정하는 것이 주관심사였으므로 이러한 철학을 그는 **'존재신학(Onto-theo-logie)'** 이라고 불렀다. 그는 이러한 철학적 전통이 플라톤 (Plato)과 아리스토텔레스(Aristotle)의 철학으로부터 시작하여 데카르트(Rene Descartes), 칸트 (Immanuel Kant)를 지나 헤겔(Georg Wilhelm Friedrich Hegel), 니체에 이르렀다고 비판하였다.

하이데거에 의하면 이러한 형이상학적 존재 물음은 존재자의 근거에 대한 인식이 문제였는바, 형이상학은 존재자를 우리의 **'표상주관(Subjekt)'** 에 대하여 **'대상(Gegen-stand)'** 으로 대립하는 사물로 규정한다고 한다. 그는 이러한 형이상학적 입장과 결별하고 대상이 아닌 **'존재(Seyn)'** 의 진리를 찾아 나서게 된다. 그래서 그는 우리의 존재를 더 이상 주관과 객관으로 분리되는 대상화된 실체로서가 아니라 숨기지 않고 자신을 드러내는 존재로서, 우리와 **가까이 있는(Nähe)**, 우리와 **'함께하는(zusammegehören)' '지금 있는(an-wesen)'** 존재로 이해하였다. 이러한 존재는 인간의 존재, 즉 **'현존재(Dasein)'** 와의 관계를 통하여 그 의미가 새롭게 규명된다. 현존재는 자신을 감추지 않고 드러냄으로써 존재와 만나게 된다.

하이데거의 후기철학에서는 존재 자체가 우리의 현존재에게 자신을 알려 오는데, 우리는 그러한 존재에 귀 기울이고 함께 호응하는 것이 중요하다고 하였다. 하이데거에게 있어서 **'진리 (Aletheia)'** 는 이제 더 이상 형이상학에서처럼 **'관념과 대상의 일치(adequatio intellectus et rei)'** 가 아니라 **'존재의 비은닉성(Unverborgenheit)'** 으로 정의된다.

그는 또한 전통적인 서양 철학자들의 **'형이상학적 존재 물음'** 이 존재망각의 역사를 초래한 것에 반하여 자신의 철학은 개체의 존재회복 역사를 도래시킬 것이라고 하였다. 이전 철학자들이 존재자에 대해서만 천착함으로써 개체의 존재를 상실하고 망각해 버린 데 반하여, 하이데거 철학은 개체의 존재와 의미를 회복시켜 주었다는 데에 그 의의가 있다고 할 것이다(Heidegger, 1929, 1967, 1980).

하이데거의 철학은 인간의 대상화와 그로 말미암은 인간존재의 소외문제를 심도 있게 다루었다. 그의 철학은 데카르트 이후의 전통이 되어 버린 주객대립, 주객분리의 철학을 그 기원에까지 거슬러 올라가서 철저히 비판하면서 인간존재의 회복에 관심을 기울였다. 사실 인간성의 소외문제를 다룬 철학자는 그가 처음은 아니었다. 그에게 많은 영향을 주었던 니체와 헤겔 철학의 중요한 관심사가 인간존재와 소외에 관한 것이었다. 19세기에 접어들면서 독일 철학계를 중심으로 유럽의 지성들이 실존적 위기를 느꼈으며, 그러한 분위기는 문학, 예술, 종교 등 모든 분야에 강한 발자취를 남겼다.

펄스가 성장하고 학업을 수행했던 베를린도 바로 그러한 반지식적·반합리주의적·반전통주의적 분위기에 휩싸여 있었다. 그가 실존철학을 알게 된 것은 결코 우연한 일은 아니었다. 그가 만나고 교류했던 인물들은 대부분 자유롭고 진취적인 사상가들이었다. 나중에 그가 정신분석으로부터 결별할 수 있었던 것도 그의 자유분방한 지적 편력과 타고난 낙천적 성격 덕분이었다 (Buchholtz, 1985; Rosenblatt, 1991).

게슈탈트 심리치료는 실존철학의 배경에 서 있지만 이론적 체계로서만 존재하기보다는 내담자와의 만남을 통해 삶의 현장에서 실현되기를 갈망한다. 하지만 전혀 철학적 배경을 무시하고 치료기법만 익혀서 사용하려는 태도는 옳지 못하다. 그것은 기법을 통해 완성하고자 하는 것, 추구하는 목표와 진실은 바로 철학적인 것이기 때문이다. 게슈탈트 심리치료는 그러한 철학적인 목표를 구체적인 기법과 연결시키는 예술이기도 하다. 나란조에 의하면 게슈탈트치료의 철학적 목표는 "지금-여기에 살면서, 공상과 불필요한 생각은 끊고, 자신의 감정과 욕구는 표현하며,

클로디오 나란조(Claudio Naranjo)

불편함과 고통도 피하지 않고 직면하며, 자기 자신의 판단에 의하지 않은 어떠한 당위나 기준도 받아들이지 않으며, 자신의 행동과 감정 생각에 대해 책임을 지며, 온전히 자기 자신이 되는 것"(Naranjo, 1971, p. 50)이다.

게슈탈트치료의 장점 가운데 하나는 실존철학을 심리치료와 성공적으로 결합시킨 점이라 하겠다. 펄스 이전에도 이미 실존철학을 심리치료에 연결시키려는 시도들이 있었고 이론서도 나왔으나, 구체적인 방법론에 막혀 있었다. 스미스는 실존치료에 대한 책들을 읽으면서 많은 감명을 받았으나 실제 실존치료

를 어떻게 하는지에 대해서 도움을 받지 못하던 중 게슈탈트치료를 만나 크게 감동했다고 회고했다. 말하자면 펄스는 실존치료의 방법론을 개척한 것이다(Smith, 1990, p. 14).

펄스가 그의 실존치료를 게슈탈트치료라고 명명한 배경을 이해하기 위해서는 그가 교류했던 베르트하이머와 골드슈타인 그리고 겔프(A. Gelb) 등 게슈탈트 심리학자들의 영향을 고려해야 하겠지만, 그에 못지않게 신학자이면서 철학자였던 부버와 틸리히 등과의 만남을 이해하는 것도 필요하다. 또한 게슈탈트라는 개념이 독일 사상가들에게서 어떤 의미로 사용됐는지 아는 것도 도움이 된다. 여기서 잠깐 게슈탈트 개념의 철학적인 의미에 대해 살펴보기로 한다.

게슈탈트라는 독일어 단어에 구체적인 의미를 부여한 사람은 괴테(Johann Wolfgang von Goethe)가 처음이었다. 그는 게슈탈트라는 개념을 플라톤의 **아이도스(형상)** 학설에 반대되는 입장에서 사용하였다. 플라톤은 감각세계와 지성적인 세계를 명확히 구분하였다. 전자는 현상이 일

어나는 세계이고 후자는 관념의 세계이다. 그는 현상계는 항상 변화 속에 있지만 관념의 세계는 불변적인 본질의 세계라고 보았다. 그런데 이 두 세계는 서로 만날 수 없으며 오로지 사유에 의해서 그려 볼 수 있을 뿐이라고 했다.

괴테는 이론적으로만 상정할 수 있는 절대불변의 세계는 무의미한 것으로 간주했다. 그는 눈으로 보고, 귀로 듣고, 손으로 만질 수 있는 감각세계만이 실재하는 것으로 생각하였다. 그에게 본질적인 것은 영원불변한 **관념의 세계**가 아니라 스스로 자신을 나타내며 '**펼쳐 보이는 것**(sich offenbaren und entfalten)'이었다. 즉, 그는 현상계로 자신의 모습을 드러내면서 다시 사라지는 **존재의 생동**에서 본질을 찾았다. 영원한 것은 오히려 순간적이고 변화하는 것 속에서 찾아야 하며, 모든 것은 가장 작은 것 속에 있다는 것이다(Buchholz, 1985, p, 23; Weischedel, 1990).

플라톤의 이분법적 사상은 데카르트를 거쳐 19세기와 20세기까지 그 영향력을 행사하여 정신과 육체, 이성과 자연 등의 대립을 초래했다. 한편, 스피노자(Baruch de Spinoza)와 괴테 등의 철학과 사상에서는 이분법을 지양하는 내용을 발견할 수 있다. 괴테의 사상에서는 관념과 생성·변화, 형상과 질료가 하나로 연결된다. 그에 의하면 영원한 것이 순간의 모습에서 나타나는 것이 바로 게슈탈트의 형성이라고 한다. 즉, 본질로부터 매 순간 게슈탈트가 탄생한다는 것이다. 게슈탈트는 관념의 세계와 현상계를 구분하지 않고 바로 하나의 통합적인 모습으로 나타난다. 마치 게슈탈트는 현상계의 배후에 있다가 현상계로 잠시 자신의 모습을 드러내었다가 다시 배후로 사라지지만, 그 짧은 순간에 모든 것이 다 들어 있다는 것이다.

게슈탈트는 여러 가지 다른 모습으로 자신을 드러내었다가 다시 감추지만, 그 본질은 하나라고 볼 수 있다. 그것은 바로 **삶**이요 **생명**이다. 게슈탈트가 배경에서 전경으로 나타나는 것은 바로 이러한 짧은 순간에 영원한 진리가 실현되는 순간이다. 이처럼 괴테는 어떤 고정불변의 **진리**보다는 존재의 **생동**과 **변화**에 더 역점을 두었고, **사유**보다는 **행동**을 통한 **의미발견**을 더 강조했다.

실러(Friedrich von Schiller)도 괴테와 비슷한 생각을 했다. 그는 헤겔과 카시러의 영향을 받았는데 칸트와 피히테가 이성과 자연의 이분법을 채택한 것에 대해 비판하였다. 그는 게슈탈트를 예술철학의 관점에서 논하고 있다. 예술에서는 설명할 수 없는 것, 보이지 않는 것(관념, 이데아 등)들을 보이는 것으로 형상화시킨다. 미술작품에서 소재는 일상생활에서 접하는 것들에 기초하지만, 작품은 그것들을 넘어서는 무언가를 형상화한다고 하였다.

괴테는 1798년에 실러에게 보낸 편지에서 "**외부로부터 정신에 도달하기는 영원히 불가능하고, 또한 정신으로부터 외부에 도달하기도 가능하지 않다고 생각합니다. 따라서 주객이 분리되지 않은 자연 상태에 머무는 것이 가장 현명한 태도라고 생각합니다.**"라고 쓰면서 자신의 자연주의적 관점을 피력했다. 칸트는 그의 선험철학에서 현실이란 이성에 의해 구성된 '**표상**

(Vorstellung)'에 불과하다고 보았는데, 괴테는 그의 자연철학적 입장에서 이러한 칸트의 입장을 비판했다.

　게슈탈트 개념은 헤라클레이토스의 철학에까지 거슬러 올라가 추적할 수 있다. 헤라클레이토스는 "만물은 항상 변화한다(panta rhei)"라는 말과 함께 변증법적 철학을 견지했다. "우리는 같은 강물에 두 번 다시 들어갈 수 없다."라는 그의 말에서도 암시되듯이, 그는 존재의 본질을 생성·변화의 과정 그 자체에 두었다. 어떠한 것도 영원불변의 고정적 실체는 아니라는 것이다. 그는 우리가 체험하는 현상들은 모순과 대립으로 가득 차 있지만, 그 자체로서 진리를 드러내고 있다고 하여 변화와 생성의 과정 자체를 존재의 신비로 인정했다. 이러한 그의 입장은 아리스토텔레스, 스피노자, 괴테, 니체, 하이데거 등에 의해 계승되었다(Buchholz, 1985; Weischedel, 1990).

　게슈탈트에 대한 좀 더 현대적인 의미해석은 메를로-퐁티(Maurice Merleau-Ponty)에 의해 행해졌다. 그는 "게슈탈트는 사건과 사물들의 복잡한 움직임을 형상으로 파악함으로써 우리의 인식을 가능하게 해 준다."고 말했다. 그는 또한 "게슈탈트는 외부 사물이나 환경 속에 있는 속성이 아니라 우리의 의식 속에 나타나는 것이다."라고 하였다. "하지만 그것은 순수한 주관적 산물도 아니며, 또한 이 세상을 가능하게 하는 조건도 아니다. 그것은 우리의 내적인 것과 외적인 것의 동일성이며, 변증법적인 생성이다." 한마디로 말해서 "게슈탈트는 세상이 우리에게 알려져 나타나는 양식"이라는 것이다. 그에 의하면 게슈탈트는 주객이 분리되지 않고 통합적으로 인식되게 만든다. 그래서 그는 어떤 의미에서는 사물이 우리의 시각을 점령하여 우리를 매혹시킴으로써, 우리가 사물을 보는 것이 아니라 사물이 우리를 보는 측면도 있다고 했다(Merleau-Ponty, 1976, p. 159).

　괴테나 실러 그리고 메를로-퐁티의 철학에서 게슈탈트 개념은 분명히 주객 대립의 형이상학적 관점을 넘어서서 존재의 현상학으로 이해되고 있는 것을 알 수 있다. 그들에게 있어서 게슈탈트는 더 이상 초자연적인 이데아도 아니고 영구불변의 실체도 아니다. 그것은 생성·변화의 강물의 표면으로 잠시 떠올랐다가 사라지는 물거품이다. 하지만 그것은 바로 존재의 생동이며, 존재의 신비이다. 이는 형상과 질료, 소유와 존재, 정신과 물질, 관념과 실체의 끝없는 변증법적 대립과 그것들의 극복의 운동과정에서 나타나는 실존적 삶 그 자체이다.

　'생야일편부운기(生也一片浮雲起) 사야일편부운멸(死也一片浮雲滅)'이라는 선가(禪家)의 구절이 있다. 즉, 태어남이란 한 조각의 구름이 생겨나는 것과 같고, 죽음이란 한 조각의 구름이 사라지는 것과 같다는 뜻이다. 여기서 구름에 비견할 수 있는 것이 게슈탈트이다. 구름은 붙들 수 있는 실체가 없지만 그렇다고 아무것도 없는 무도 아니다. 따라서 구름에 집착할 것도 못 되지만 이를 무시할 수도 없다. 구름은 잠시 한순간에 일어났다가 다음 순간에 사라지지만, 그러한 생멸(生滅)은 지칠 줄 모르고 끊임없이 새롭게 반복된다. 그것이 바로 게슈탈트의 생성과 소멸이며,

삶과 죽음이다. 또한 생명의 넓은 바다에서 출렁이는 온갖 실존의 춤들이다.

7. 존재수용적 자세

심킨(1976)에 의하면 어른들은 무언중에 어린이들에게 **"너는 네 자신으로서는 이 세상에 설 땅이 없다. 너는 바뀌어야 한다. 네가 네 자신으로 남아 있으면 아무도 너를 받아들이지 않을 것이다."**라는 잘못된 교육을 한다고 비판했다. 그는 많은 어른들이 어린이들에게 자신을 세상에 맞추어야만 살아남을 수 있다는 왜곡된 인생관을 심어 주고 있는데, 그것은 정말 슬픈 현실이라고 말하였다.

얼마나 많은 사람들이 바로 이러한 잘못된 교육에 의해 희생되었는지 모른다. 우리는 아주 어릴 적부터 이러한 거짓말에 속아서 자신의 진정한 삶을 살려는 본연적인 욕구를 싹에서부터 짓밟힌 채, 아무 희망도 없이 타인들이 우리에게 제시한 가치관에 따라 살아왔으며, 그 결과 우리의 삶은 황폐화되어 버렸다고 그는 통렬히 비판했다. 결국 자신의 삶을 살지 못하고 공허한 정치적 구호나 도덕적 명제만을 좇아 살아온 내담자들은 마침내 자신의 실존을 상실하게 되어 버리고, 아무 목적 없이 가치의 무풍지대를 표류하고 방황하는 실존적 위기를 맞게 된다는 것이다.

심킨(1976)의 견해에 따르면 존재상실의 위기는 존재부정의 잘못된 교육에 의한 결과이다. 우리의 존재를 있는 그대로 수용받지 못하고 어떤 인위적인 목표와 사회적인 가치기준에 의해 조건적으로만 인정받는 환경에서 살아옴으로써, 우리 존재는 철저하게 부정되어 왔다고 하겠다. 우리가 받은 교육은 우리가 살아남을 수 있는 길은 아주 좁고 제한되어 있다는 강박적인 내용이었으며, 우리는 항상 쫓기고 허덕이면서 좁은 공간에서 서로 밀어내고 서로를 끌어내리면서 살아왔다. 마치 그 좁은 공간에서 밀려나면 아득한 나락으로라도 떨어질 것처럼 파국적인 상상을 하면서.

심킨(1976)은 **"이 세상에는 우리 모두가 살 수 있는 충분히 넓은 공간이 있다."**고 말한다. 우리가 결코 서로 빼앗고 죽이고 쟁취해야만 살아남을 수 있는 것이 아니라, 서로 평화적으로 함께 살 수 있는 공간이 얼마든지 있다는 것이다. 그 넓은 공간에서 우리는 모두 각자 독특한 방식으로 살아갈 수 있는 수천수만의 가능성들이 주어져 있다는 것이다. 그는 우리에게 단지 그러한 길이 있다는 사실을 믿고 찾아나서는 용기가 필요하다고 역설한다. 사실 얼마나 많은 사람들이 자신을 무가치한 존재로 혹은 열등한 존재로 보기 때문에 삶의 소중한 에너지를 파괴적으로 낭비하고 절망에 빠져 살다가 죽는지 모른다. 우리의 관점과 시각이 삶을 파괴적인 것으로도, 창조적인 것으로도 만들 수 있다는 점에서 바른 생각은 정말 중요하다.

게슈탈트치료는 모든 사람을 독특하고 가치 있는 존재로 생각하며, 각자 모두 자신의 삶을 최대한 창조적으로 꽃피워 나갈 수 있다고 믿는다. 그래서 치료자는 내담자의 존재를 있는 그대로 수용하려고 노력한다. 즉, 내담자의 능력이나 사회적 지위와 관계없이 그리고 미래의 가능성과도 관계없이 그를 그냥 한 존재로서 받아들이라는 의미이다. 만일 우리가 타인을 대함에 있어서 우리가 그들을 위해 설정한 목표 때문에 사랑하는 것이 아니라, 그들의 존재 자체 때문에 관심을 기울이고 사랑한다면 우리는 진정으로 그들의 성장을 도와줄 수 있게 될 것이다. 심킨(1976)은 우리와 타인과의 관계가 불행해지게 되는 것은 상대편의 존재를 있는 그대로 인정하고 수용하지 못하기 때문이라고 보았다.

그는 우리가 타인을 있는 그대로 수용하지 못하는 것은 그들을 위해 정해 놓은 우리의 목표를 향해 그들을 개조하려고 들기 때문이라면서, 그러한 노력들은 결국 실패할 수밖에 없다고 하였다. 더구나 그러한 태도는 상대편의 존재를 사랑하는 것이 아니라 우리가 정해 놓은 목표를 사랑하는 것이라고 비판하였다. 진정한 인간관계는 우리의 생각을 바꾸어 그러한 노력을 포기하고 타인을 지금 있는 그대로 받아들임으로써 가능해질 수 있다고 했다.

그는 또한 각자 자기 자신에 대해서도 솔직해지고 자신의 욕구, 자신의 실존을 이해하고 받아들이는 것이 삶을 활기차게 사는 방법이라고 말했다. 즉, 자신과 타인을 모두 있는 그대로 받아들이면서 서로에게 아무것도 기대하지 말고 아무것도 요구하지 않으면서, 있는 그대로를 만나는 것이 실존적 삶을 살 수 있는 길이라고 했다.

정신분석가 위니컷(D. W. Winnicott, 1989)은 '**참 자기**(true self)'와 '**거짓 자기**(false self)'를 구분하였는데, 참 자기는 유기체가 환경과의 관계에서 환경을 신뢰하고 자신의 위치를 떳떳하고 가치 있는 존재로 체험하는 경향성이라고 하였다. 그는 개체는 누구나 참 자기의 측면을 갖추어 태어나지만, 환경이 개체를 지속적으로 좌절시키게 되면 마침내 개체는 참 자기를 억압하고 자신을 보잘 것 없고 하찮은 존재로 보는 거짓 자기를 개발하게 된다고 했다. 그는 건강한 어머니는 유아의 욕구를 바로바로 알아차리고 적절하게 대처함으로써 유아의 참 자기를 육성해 주는 능력이 있지만, 그렇지 못한 어머니는 참 자기를 억압하고 불신감을 심어 주어 거짓 자기를 발달시킨다고 말했다. 이런 관점에서 그는 치료자의 역할은 참 자기가 제대로 개발되지 못한 내담자를 도와서 참 자기가 싹터 나올 수 있도록 도와주는 것이라고 했다(Winnicott, 1989; Moore & Fine, 1990).

이러한 관점은 게슈탈트 심리치료가 추구하는 이상과 일치하고 있다. 즉, 게슈탈트치료에서는 치료자가 내담자의 존재수용 욕구를 전적으로 충족시켜 주어야 한다고 말하는데, 이는 위니컷이 참 자기의 육성을 강조하는 입장과 같다. 내담자는 자신의 존재를 수용받음으로써 환경에 대한 신뢰감을 회복할 수 있고, 그 결과 개체는 환경과의 적극적인 관계를 탐색하고 새로운 탐험을 시도해 나갈 수 있게 된다. 그래서 이제까지 자신을 방어하려는 쪽으로만 행동해 오던 내담자가 이제는 환경과의 접촉을 통해 스스로 변화 · 성장하게 된다.

타인으로부터 사랑받는다는 것은 타인을 사랑한다는 의미도 내포한다. 사랑받는다는 것은 사랑을 주는 사람을 받아들이는 것을 의미하며, 그것은 다시 그로부터 상처받을 수 있는 가능성을 허용하는 것이기 때문이다. 즉, 그에게 나의 마음의 벽을 열어 보이는 것이다. 바꾸어 말하면 그것은 더 이상 방어하지 않고 상대를 신뢰하는 행위라고 하겠다. 많은 사람들이 타인의 호의나 사랑을 받아들이지 못하는 것은 바로 상대를 신뢰하지 못하기 때문이다.

내담자와 치료자의 관계에서도 이러한 현상이 일어나는바, 내담자는 자신이 치료자로부터 혹은 집단원들로부터 자신의 존재가 받아들여지고 있다는 것을 알아차리게 되면, 차츰 그들에 대한 방어를 해제하고 그들을 신뢰하고 사랑하게 된다. 그렇게 되면 지금껏 치료자나 다른 집단원들을 부모에 대한 전이감정으로만 보다가 차츰 실존인물로 지각하고, 그들을 있는 그대로 받아들이게 된다. 치료란 어떤 의미에선 치료자 및 타인에 대한 지각의 변화과정이라고 볼 수 있다. 치료자가 내담자에게 사랑스러운 태도로 대하고 그의 존재를 있는 그대로 수용함으로써 차츰 내담자도 타인에게 이러한 태도를 보이게 된다.

이러한 맥락에서 징커(1977)는 내담자를 진정으로 도와주려면 그를 근원적으로 사랑해야 한다고 역설한다.

상대편을 만나되 나의 기대로서가 아니라, 있는 모습 그대로 만나고 받아들이고 사랑하는 태도가 필요하다. 낙조를 바라볼 때 우리는 있는 그대로 받아들이고 사랑한다. 마찬가지로 내담자에 대해서도 그의 존재를 있는 그대로 사랑하고 함께 기뻐함으로써, 그의 변화에도 진정으로 동참하고 기뻐할 수 있다. 미래의 당위적인 모습을 사랑하는 자세로는 현재의 내담자를 사랑할 수 없다. 진정한 치료자의 태도는 내담자를 나의 주관에서 보지 않고, 그의 고유한 존재방식을 인정하면서 그를 객관적으로 바라보며, 그와 함께 삶을 배우고 기뻐하는 자세이다.

치료자가 내담자에 대해 갖는 이러한 태도는 마치 할아버지가 손녀에게 갖는 애정이나 관심과 비슷하다. 혹은 종교적인 사랑인 아가페나 형제애와도 통한다고 하겠다. 이러한 아가페적인 사랑은 내담자에게 신뢰감을 심어 주고 그 결과 서로의 감정이 자유롭게 살아나고 더 나아가 창조적인 에너지가 활성화된다. 서로의 존재에 대한 수용과 신뢰감이 결여되면 창조적인 치료작업이 불가능해진다. 내담자는 그렇지 않아도 불안을 갖고 있는데, 치료자의 애정과 관심을 느낄 수 없으면, 자신의 감정을 털어놓지 않기 때문이다.

치료자는 또한 지식의 전달자로서가 아니라 내담자의 성장을 이끌어 주는 사람이 되어야 한다. 치료자는 내담자를 자기의 지식을 필요로 하는 의존적인 사람으로 만들기보다는, 자신의 내적 성장속도에 따라 자연스럽게 자라나고 있는 고유한 개체로 존중하면서 결코 그의 성장을 앞지르는 조기처방이나 재촉을 해서는 안 된다. 그러한 태도는 자신의 지식을 자랑하기 위한 허영심이나 가짜 사마리아인 정신에서 비롯된 것이다. 상대편을 있는 그대로 받아들이고 그의 자연스러운 성장과정에 함께 동참하면서 함께 기뻐할 수 있을 때, 진정한 치료가 가능하다.

치료자는 인간을 있는 그대로 본질적으로 사랑하는 자세가 필요하다. 즉, 어떤 영원한 진리나 천박한 자기정당성에 집착하지 않고, 내담자로 하여금 스스로 자신의 성장과정에 몰두하면서 배우는 자유를 만끽하게 허용해 주고, 스스로 가설을 자유롭게 변경해 가면서 학습하는 기쁨을 누리게 해 주어야 한다(Zinker, 1977).

이처럼 치료자가 내담자를 무조건적으로 수용해야 한다는 사실은 아무리 강조해도 지나치지 않지만, 이는 어디까지나 치료자가 지향하는 이상적 목표일 뿐 반드시 그래야 한다는 것은 아니다. 자칫 이를 치료자에 대한 도덕적 명령이나 요구로 해석하게 되면, 이를 행하지 못하는 치료자들에게 죄책감을 불러일으키게 되고, 결국 치료관계에 악영향을 미치게 될 것이다. 사실 치료상황에서 치료자들이 때때로 어떤 내담자에 대해 까닭 없이 미운 감정과 원망이 생기기도 하는 것은 불가피한 일 가운데 하나이다.

심킨(1976)은 이러한 미움의 감정도 넓은 의미에서는 사랑과 관심에서 비롯하는 것이라고 말한다. 그는 무관심한 사람에게는 관심을 안 갖게 되어 그가 죽든 살든 전혀 상관하지 않게 되며, 따라서 사랑도 미움도 없다고 말했다. 즉, 우리는 관심이 있는 사람에게만 사랑과 미움의 감정을 갖게 된다는 것이다. 어떤 사람에게 관심이 있으면 불가피하게 긍정감정과 부정감정을 모두 갖게 된다는 것이다.

그는 또한 **"사랑과 미움은 너무나 가깝게 연결되어 있어서 강한 사랑의 감정이 순식간에 강한 미움으로 바뀌는 것을 종종 보게 된다. 어떤 사람을 진정으로 사랑한다면 좋은 감정만 가지게 될 것이라고 상상하는 것이 바로 죄책감을 갖게 되는 원인이다."**라고 했다(Simkin, 1976, pp. 72-73).

치료자가 내담자의 존재를 수용하는 것은 너무나도 필요한 일이지만 그것은 결코 강요나 도덕적 당위에 의해서 달성될 수 있는 것은 아니다. 치료자도 다른 사람과 마찬가지로 한 인간으로서 사랑과 미움을 느낄 수 있는 권리가 있으며, 이러한 과정을 거치면서 서서히 아가페적인 사랑의 감정을 체험하는 경지에 나아갈 수 있다고 생각한다. 여기서 징커가 한 다음 말은 경청할 가치가 있다. **"내담자를 진심으로 사랑하는 것은 언제나 가능하지는 않다. 하지만 정성스럽게 대하는 것은 반드시 필요하다."**(Zinker, 1977)

게슈탈트 심리치료

제**8**장

성격변화 단계

펄스(1969a/1969b)는 심리치료를 통한 성격변화의 단계를 다섯 개의 심리층 개념으로 설명하였다. 이때 이러한 심리층은 한 개체 속에 실제로 존재하는 여러 겹의 껍질 같은 것은 아니다. 이는 단지 심리치료를 통해 성격이 변화하고 성숙되어 가는 변화과정을 비유적으로 설명한 개념이다.

그는 첫째 층을 '피상층(cliche or phony layer)' 이라고 불렀는데, 이는 사람들이 서로 형식적이고 의례적인 규범에 따라 피상적으로 만나는 단계이다. 이 단계에서 내담자들은 자신의 좋은 모습만을 보이며, 대인관계에서 되도록이면 갈등을 피하는 방향으로 예의 바르게 행동한다. 내담자들은 치료 초기에 주로 이 단계에서 행동하며, 표면적으로는 세련되고 적응적인 행동을 하는 것처럼 보이지만, 아직 자신을 깊이 노출시키지 않기 때문에 진정한 변화는 일어나지 않는다.

우리 삶에서 대부분의 인간관계는 이러한 피상층에서 이루어지며, 많은 경우에 그것은 필요하며, 적응적인 면도 있다. 예컨대 처음 만나는 사람과의 관계에서, 혹은 공적인 관계의 만남에서 이런 행동방식은 불가피할뿐더러 어떤 면에서는 적절하다고 볼 수도 있다. 하지만 오랫동안 함께 생활해 오거나 서로 잦은 접촉을 하는 사람들과의 관계에서도 여전히 피상층에 머물러 있다면, 분명히 그 관계는 좀 더 자세히 들여다볼 필요가 있다. 즉, 내담자가 그러한 행동을 의도적으로 하고 있는지, 혹은 무의식적으로 하고 있는지 알아보고, 만일 의도적이라면 목적이 무엇인지를 탐색해야 할 것이다. 무의식적이라 할지라도 그것을 알아차리도록 도와준 다음, 그 행동이 의도하는 바가 무엇인지를 밝혀야 할 것이다.

혼히 그러한 행동의 이면에는 접촉을 회피하려는 동기가 숨어 있으며, 그것은 접촉과정에서 자신이 과거에 받았던 상처를 다시 받을 수 있다는 염려와 두려움이 가로놓여 있다. 즉, 피상층에 머무름으로써 안전을 추구하려는 마음이 있는 것이다. 이때 내담자들은 대부분 안전을 선택함으로써 자신이 어떤 것들을 잃는지에 대해서는 알고 싶어 하지 않는다.

둘째 층은 '공포층(phobic)' 혹은 '연기층(role playing layer)'이라고 부르는데, 이는 개체가 자신의 고유한 모습으로 살아가지 않고, 부모나 주위환경의 기대역할에 따라 행동하며 살아가는 단계이다. 이 단계에 있는 내담자는 환경에 적응하기 위해 자신의 욕구를 억압하고 주위에서 바라는 역할행동을 연기하면서 사는데, 이때 그는 자신이 하는 행동이 연기라는 것을 망각하고 그것이 진정한 자신인 줄 착각하고 산다. 즉, 진정한 자신이 아닌 '가짜 자기'로서 자신을 속이며 산다.[1]

역할연기의 전형적인 예를 들면 모범생, 지도자, 협조자, 중재자, 반란자, 희생자, 구원자 등이 있다. 이러한 역할연기는 집단치료상황에서 흔히 관찰할 수 있다. 예컨대, 리더의 말에 매우 얌전하게 순종하기만 하는 사람, 항상 다른 사람들을 위해 책임을 떠맡고 나서는 사람, 리더에게 [일종의 사명감을 갖고서] 사사건건 반발하는 사람, 집단에서 약자를 보면 항상 구원자 역할을 하는 사람 등이다. 그들은 자신의 그러한 행동이 무의식적으로 반복되는 자신의 역할연기라는 것을 자각하지 못하는 경우가 많다.

우리는 일상생활에서 많은 역할연기를 한다. 부모로서의 역할, 선생으로서 혹은 학생으로서의 역할, 선배로서 혹은 후배로서의 역할연기를 하며 대부분의 시간들을 보낸다. 그러나 이렇게 역할연기를 하는 가운데 우리는 진정한 우리 자신으로부터 점점 멀어지게 된다. 그 결과 자기실현이 좌절되고 신경증에 걸리게 된다.

역할연기는 의존적 태도에서 비롯한다. 우리는 종종 [살아남기 위해] 타인의 인정과 보살핌이 절대적으로 필요하다고 믿기 때문에 진정한 우리의 모습을 드러내기보다는, 남이 우리를 어떻게 볼까에 초점을 맞춰 행동한다. 예컨대, 실제보다 더 친절한 척 행동하거나, 실제보다 더 정의로운

---

1) 전통적으로 동양 사상에서는 자기를 속이지 않는 태도를 매우 중시했다. 대학에서는 뜻을 성실하게 해야 하며, 그러자면 '자기를 속이지 말아야 한다(무자기)'고 했고[大學 誠意章 所謂誠其意者: 毋自欺也], 중국 당나라 때 서암(법명 사언) 스님은 날마다 아침에 일어나면 혼잣말로 자신에게 "남에게 속지 마라(莫受人瞞)!"라고 말했다고 한다. 여기서 남이란 망념인 자기 마음을 가리킨다. 우리나라의 성철스님도 생전에 자주 제자들에게 자기를 속이지 마라[불기자심, 不欺自心]고 말씀하셨다고 한다. 우리는 오랜 역할연기에 익숙해져 자신도 모르게 스스로를 속이며 사는 거짓 삶을 살고 있으므로 선현들은 이를 가장 경계했던 것이다.

사람인 것처럼, 혹은 실제보다 더 강한 혹은 더 부자인 것처럼 연기하기도 한다. 경우에 따라서는 실제보다 더 약한, 혹은 더 불쌍한 사람으로 보이려고도 한다.

이는 얼른 보기에는 모순된 행동처럼 보이지만 어떤 행동이 타인으로부터 인정을 받을 수 있다고 믿느냐에 따라 얼마든지 이상한(?) 행동들을 할 수 있다. 예컨대, 어떤 사람은 타인의 인정을 받기 위해 정의로운 행동을 연기할 수 있지만, 반대로 동일한 목적을 위하여 불의한 행동을 할 수도 있다. 동일한 인물도 주변 사람들이 어떤 행동을 더 높이 평가한다고 믿느냐에 따라 약한 모습도 강한 모습도 연기할 수 있다.

우리는 진정한 자기 자신과 만나는 것을 매우 두려워한다. 그것은 내사된 사회규범과 부모의 목소리가 우리의 내면에서 끊임없이 우리를 위협하기 때문이다. 우리의 내면에는 만일 우리가 타인의 기대에 어긋나면, 아주 나쁜 일이 발생할 것이라는 경고의 목소리가 있다. 사실 대부분의 어린이들은 부모나 주위의 기대를 무시하고 자기가 원하는 것을 하려고 할 때, 알게 모르게 제지당하는 경험을 하면서 자라기 때문에, 진정한 자신이 되는 것에 대한 공포를 학습하면서 어른이 된다(Clarkson, 1990).

우리 자신이 된다는 것은 외형이 아닌, 즉 다른 사람의 기준이나 평가가 아닌 우리 자신의 진정한 욕구와 관심에 따라 사는 것이다. 즉, 매 순간 우리 자신의 본래적 잠재력에 눈떠서 그것에 따라 우리 자신을 실현시켜 나가는 것이다. 그런데 신경증적 행동은 우리 자신이 표준이 되기보다는 사회와 타인의 기대에 따라 우리 자신을 맞추어 사는 것이다. 사회는 이러한 신경증을 구조적으로 강화시키고 유지시킨다. 이러한 맥락에서 루소(Jean Jacques Rousseau)의 사회 비판은 매우 타당하다. 루소는 각 개인이 천성적으로 타고난 성품을 사회라는 이기적인 제도가 망쳐 놓는다고 신랄하게 비판했다(Weischedel, 1990).

경직된 사회체제일수록 개인에게 부과하는 도덕적 규범과 기대가 제약적이다. 그러한 사회일수록 개인의 진정한 욕구와 창의성은 북돋아 주지 않고 타인들의 기대에 따라 역할연기를 하면서 살기를 요구한다. 즉, 개인으로 하여금 진정한 자신이 되어서는 안 된다는 요구를 한다. 개인은 그러한 사회적 기대와 요구들을 내사하여 그 기대에 따라 자신을 맞추며, 어떤 사람은 평생 모범생으로서, 또 어떤 사람은 지도자로서, 혹은 희생자로서의 역할연기에만 빠져 살다가 생을 마감한다(Zinker, 1977).

역할연기에 의존하는 사람들은 자신이 진정 누구인지를 깨닫기보다는, 자기는 '어떠어떠한 사람이어야 한다.'는 관념에 따라 산다. 또한 그들은 타인에 대해서도 마찬가지로 진정한 한 인간으로서 이해하지 못하고 단지 '그들은 어떠어떠하게 행동해야 한다.'라는 관념적인 규준과 틀로 대한다. 그래서 그들의 행동이 나의 기대와 틀에 맞지 않으면, 그들을 평가하고 비난하는 게임에 빠져든다. 이러한 인간관계는 서로의 진정한 존재를 대하고 만나는 것이 아니라, 서로에 대한 기대와 이미지 그리고 환상을 좇는 것이다. 우리가 이러한 역할연기를 그만둘 수 없는 이유는, 그렇게 되면 큰 일이 벌어질 것이라는 비현실적 공포를 갖고 있기 때문이다. 그래서 우리는 온갖 대가를 치르더라도 반드시 현상유지를 하려고 애쓴다(Zinker, 1977).

셋째 층은 **'교착층'** 혹은 **'막다른 골목(impasse)'**이라고 부르는데, 이 단계에 오면 개체는 이제껏 해 왔던 역할연기를 그만두고 자립하려고 시도하지만, 동시에 심한 공포를 체험한다. 내담자는 지금까지 환경으로부터 도움을 받기 위해 역할연기를 해 왔으나 치료과정을 통해 역할연기의 무의미성을 깨닫고 역할연기는 포기했지만, 다른 한편으로는 아직 스스로 자립할 수 있는 능력은 생기지 않은 상태이므로, 오도 가도 못하는 실존적 딜레마에 빠지게 됨으로써 심한 허탈감과 공허감 그리고 공포감을 체험하게 된다(Perls, 1975, p. 13).

내담자는 이러한 공포감과 공허감을 만나는 것이 두렵기 때문에 이 단계에 들어서기를 한사코 회피한다. 집단치료 장면에서 내담자들은 자신을 직면하려는 순간 농담을 하거나 웃어 버림으로써 이 단계와 만나는 것을 피하는 것을 흔히 관찰할 수 있다. 그러나 치료가 진전되면 내담자들은 마침내 이 단계에 도달하게 되는데, 이때 내담자들은 흔히 '갑자기 모든 게 혼란스럽다.' '도대체 무엇이 무엇인지 모르겠다.' '앞으로 어떻게 해야 좋을지 모르겠다.' '마음이 공허하다.' '쉬고 싶다.' 등의 표현을 한다(Clarkson, 1990).

이러한 현상이 바로 **'막다른 골목 체험'**인데, 이때 치료자는 내담자로 하여금 이러한 상태를 피하지 말고 직면하여 견뎌 내도록 격려해 주어야 한다. 내담자가 이러한 혼돈상태와 공백상태를 참고 통과하게 되면, 유기체적인 변화가 일어나면서 새로운 돌파구가 열리기 때문이다. 즉, 지금까지 한 번도 가보지 않은 새로운 세계를 향해 발을 내딛을 때 느껴지는 당황스러움과 두려움, 혼란스러움을 그 자체로 수용하면서 가만히 직면하여 머물면 서서히 새로운 경계가 열린다. 로라 펄스는 이러한 과정을 성장을 지향하는 모든 내담자들이 반드시 통과해야 할 관문이라고 했다. 모험을 피하기 위해 스스로 만든 세계에 안주하면 안정은 느낄 수 있겠지만 성장이라는 중요한 가치를 놓치게 된다고 했다(Perls, 2005).

넷째 층은 **'내파층(implosive layer)'**이라고 부르며, 이 단계에 오면 내담자는 자신이 억압하고 차단해 왔던 욕구나 감정을 알아차리게 된다. 그런데 이러한 유기체 에너지들은 오랫동안 차단되어 왔던 것들이기 때문에 상당한 파괴력을 갖고 있다. 내담자들은 이러한 파괴적 에너지를 외부로 발산하면 타인과의 관계가 악화될 것이라는 두려움을 느끼기 때문에 이를 자신의 내부로 향하게 한다. 이러한 에너지는 내담자 내부에서 폭발하여 자신에게 파괴적으로 작용하고, 이는 죽음에 대한 공포로 체험되기도 한다.

이때 신체근육이 긴장되고 온몸이 굳어지는 현상이 나타나기도 한다. 이렇게 외부로 발산되지 못하고 내부에서 맴도는 에너지들은 마침내 내담자 안에서 동결되어 얼어붙은 것 같은 상태가 된다(Perls et al., 1951). 이 단계의 내담자들은 처벌에 대한 두려움 때문에, 혹은 상대편에게 상처를 줄까 봐 두렵기 때문에, 자신의 감정을 표현하지 않고 억제하며, 타인에게 분노감을 표현하기보다는 자기 자신에게 공격성을 돌려 자신을 비난하고 질책하는 행동을 한다. 이 단계에서 내담자는 앞에서 설명한 접촉경계혼란 장애 가운데 주로 반전행동을 많이 보인다(Zinker, 1977).

마지막 층은 **'폭발층(explosive layer)'**이라고 부른다. 이 단계에 오면 내담자는 자신의 감정이나 욕구를 더 이상 억압하거나 차단하지 않고 접촉하여 직접 외부세계로 표현한다. 즉, 내담자는 자신의 욕구와 감정을 분명하게 알아차려 강한 게슈탈트를 형성하고 마침내 환경과의 접촉을 통해 완결시킨다. 또한 이전에 억압하고 차단했던 미해결과제들도 전경으로 떠올려 해결한다. 종종 참았던 분노를 접촉하여 외부로 폭발하거나, 슬픔을 온전히 만나 울음을 터뜨려 몸 밖으로 배출한다. 성적인 에너지를 폭발적으로 접촉하여 오르가즘에 도달하거나, 크게 웃어 제치면서 기쁨을 온몸으로 표출하기도 한다.

내담자들은 이 단계에 도달하면 이제까지 자신을 지탱해 왔던 유아적인 욕구와 어리석은 생각들['사람들이 나를 인정해 주고 사랑해 주어야만 해. 그렇지 않으면 나 혼자는 살 수 없어. 내가 착하게 행동하면 사람들이 나를 좋아할 거야. 내가 구원자 역할을 함으로써 사람들로부터 인정받을 수 있어. 약하게 보이면 안 돼.' 등]을 포기하고, 자신의 잃어버린 과거의 삶에 대해 슬퍼하며 애도하기도 한다. 이러한 과정에서 내담자들은 종종 깊은 단계의 치료적 작업을 통과하기도 하는데, 이때 지금까지 자신이 잘 접촉하지 못하고 회피해 왔던 감정들을 비로소 만나게 된다. 예컨대, 억울한 일을 당하면 주로 울면서 슬픈 감정 쪽으로 돌리며 분노를 억압해 왔던 사람이 이제 울지 않고 강한 분노감정을 표현할 수 있게 되거나, 반대로 사소한 일에도 벌컥벌컥 화만 내지 정작 그 밑에 있는 상실감과 슬픈 감정은 접촉하지 못하던 사람이 마침내 외면했던 슬픈 감정을 접촉하고 깊은 애도작업을 하게 되는 경우이다.

이러한 체험들은 내담자의 오래된 미해결과제를 완결시키고, 새로운 경험의 지평을 열어 줌으로써 흔히 치료의 획기적인 전환점을 가져오기도 한다. 이 단계에 도달하게 되면 내담자들은 신체적·정서적으로 강렬한 자각과 접촉을 경험하게 되며, 또한 인지적으로도 깊은 통찰을 함으로써 마침내 정신과 신체의 통합을 경험하기도 한다(Perls, 1969b).

이 과정에서 게슈탈트치료가 지향하는 목표는 단순히 내담자로 하여금 억압된 미해결감정들을 접촉하여 배출함으로써 카타르시스를 경험하도록 해 주는 것이 아니다. 또한 여러 감정들을 다양하게 접촉함으로써 더 많은 행복감을 느끼게 해 주려는 것도 아니다. 오히려 반대로 치료를 통하여 내담자들은 종종 분노라든가 슬픔, 죄책감, 외로움 등과 같은 힘든 감정들을 더 강하게 느낌으로써 적어도 일시적으로는 더 힘들어질 수도 있다. 그럼에도 불구하고 게슈탈트치료에서 내담자들로 하여금 회피해 왔던 이런 감정들을 직면하고, 접촉하도록 이끌어 주는 이유는 이 모든 것들이 유기체가 환경과의 교류과정에서 불가피하게 경험해야만 하는 것들이기 때문이다.

이런 것들을 회피하고 억압하면 결국은 삶의 실존을 상실하게 되며, 생기와 활기를 잃고 생명력이 파괴될 것이기 때문이다. 게슈탈트치료의 목표는 유기체가 환경과의 만남에서 겪게 되는 다양한 경험들과 그에 따른 모든 감정들을 고통스러운 것이든 유쾌한 것이든 모두 [적어도 장기적으로는] 외면하지 않고, 알아차리고 접촉함으로써 삶이 온전히 실존적으로 영위될 수 있도록 도와주는 데 있다. 폭발층에서 일어나는 현상들이 바로 이런 것들이다. 지금까지 살면서 불편감 때문에 회피하고 억압해 왔던 감정들을 직면하고 접촉함으로써 마침내 막혔던 수도관이 뚫리면서 물이 콸콸 쏟아져 나오는 것과 같다고 하겠다.

이 과정은 결코 내담자에게 편안함을 가져다주지만은 않는다. 오히려 심한 불안과 공포를 통과해야 하고, 막다른 골목에서 길을 잃고 방황하기도 하며, 안으로 위축되어 맴돌기도 하다가 마침내 깊은 곳에 갇혀 있던 내면의 에너지를 접촉하면서 폭발하는 것이다. 이러한 폭발과정도 슬픔과 외로움, 분노, 죄책감, 애도, 우울을 포함한 온갖 고통스러운 감정을 모두 포함하는 매우 역동적인 경험이며, 결코 행복하기만 한 상태가 아니다. 그럼에도 불구하고 이 과정을 거쳐야만 하는 이유는 그렇게 해야만 우리의 온전한 실존을 되찾을 수 있기 때문이다. 실존은 고통스럽지만 생생하며, 살아 있다. 실존은 불안과 두려움, 분노, 수치심, 외로움 등 온갖 고통과 아픔을 다 동반하면서 설렘과 기대, 흥분, 기쁨을 오롯이 드러나게 해 주는 살아 있는 과정이다.

많은 내담자들은 치료가 끝나면 무척 행복한 감정들로 가득할 것이라는 상상을 한다. 그러나 실상은 그와 다르다. 치료는 내담자를 동화책에 나오는 왕자와 공주의 세계로 인도해 주지 않는다. 치료는 반대로 내담자들을 현실로 데려다 준다. 온갖 고통과 슬픔을 외면하지 않고 생생하게 대면하는 현실로 이끌어 준다. 그래서 어떤 내담자들은 치료종결을 앞두고 치료받기 이전으로 돌아가고 싶어 하기도 한다. 정말로 치료가 될까 봐 무서워서 치료를 중단하고 도망가는 내담자들도 있다. 삶의 온갖 날것과 민낯을 대하는 것이 치료라면 차라리 환상의 세계로 다시 도피하는 것이 낫다고 생각하는 것이다. 다시 말하지만 심리치료는 행복해지기 위해 받는 것이 아니다. 온전히 살기 위해서, 좀 더 온전히 살기 위해서, 즉 실존하기 위해서 받는 것이다. 우리 자신과 타인, 그리고 세상을 있는 그대로 만나고, 그것들과 좀 더 생생하게 연결되고, 매 순간을 생생하게 살기 위해서 받는 것이다.

마지막으로 성격변화의 단계들을 알아차림-접촉 주기와 관련해 설명한다면, 피상층과 공포층은 게슈탈트 형성이 아직 덜 된 단계이고, 교착층은 게슈탈트 형성은 되었으나 어느 방향으로 나아가야 할지 몰라 에너지 동원을 하지 못하는 단계이며, 내파층은 에너지 동원은 되었지만 그것을 외부와의 접촉에 사용하지 못하고, 자신의 내부로 향하게 함으로써 헛바퀴를 돌리고 있는 상태라고 할 수 있다. 마지막으로 폭발층은 내담자가 자신에게 필요한 분명한 게슈탈트를 형성한 다음 에너지를 동원하여 외부와의 접촉을 통하여 이를 완결하고 해소하는 단계라고 할 수 있다. 이는 치료의 종결단계에 해당되는데, 이는 한 번 만에 바로 도달하기보다는 앞의 단계들을 반복적으로 오가면서 전진과 후퇴를 거듭하며 서서히 도달하게 된다.

이러한 치료과정은 일반적으로 피상층에서 공포층으로, 다시 공포층에서 교착층으로, 그리고 나서 다시 내파층을 거쳐 마침내 폭발층에 도달하는 식으로 순차적으로 진행한다고 할 수 있다. 하지만 세부적으로 보면 이러한 진행은 각 내담자마다 갖고 있는 미해결과제들의 성격에 따라 각각 다르게 나타날 수 있다. 즉, 어떤 내담자들은 피상층이나 공포층에 묶여 있어 그 단계를 벗어나는 것이 가장 힘든데, 또 어떤 내담자들은 교착층 또는 내파층에 집착하고 있어 그 단계를 못 벗어나기도 한다. 그리고 같은 내담자라 하더라도 분노감정에 대해서는 쉽게 접촉이 되지만, 슬픔이나 외로움을 접촉하는 것이 어려울 수 있고, 반대로 슬픔이나 외로움은 비교적 쉽게 접촉할 수 있으나 분노감정은 접촉하기 어려워 그 부분에서는 피상층에 머물러 있을 수 있다.

이와 같은 변화의 진행속도 및 진행양상에 대한 개인 간 차이 혹은 개인내적 차이들은 모두 각 내담자들의 독특한 성장배경적 경험과 그에 따라 각자가 선택한 적응방식에 기인한 것으로서, 각 내담자들의 고유한 사고패턴, 정서패턴, 행동패턴들과 서로 밀접한 연관이 있다. 따라서 이 장에서 논의한 성격변화의 각 단계들은 모든 내담자에게 동일하게 기계적으로 적용할 수 없는 단지 개략적 모델로 봐야 하며, 각 내담자의 변화단계는 그가 갖고 있는 특수한 미해결과제 및 그로 인해 발생한 주제에 따라 개별적으로 자세히 살펴보아야 할 것이다. 예컨대, 어떤 내담자는 아직 피상층에 머무르면서 수치심과 관련된 분노감정에 대해서는 접촉하지 못하고 있다면, 어린 시절 몇 년 동안 친척집에 맡겨져 자람으로써 겪었던 버림받은 주제와 관련된 슬픔은 온전히 접촉하면서 울음으로 표현할 수 있는 폭발층에 도달했을 수도 있다.

제**9**장

알아차림

게슈탈트치료에서 가장 핵심적인 개념은 알아차림(awareness)과 접촉이라고 말할 수 있다. 게 슈탈트치료에서는 모든 심리장애는 궁극적으로 알아차림과 접촉이 결여된 상태라고 보며, 따라 서 내담자들은 알아차림과 접촉을 회복함으로써 건강한 상태로 돌아갈 수 있다고 보기 때문이다. 이런 맥락에서 모든 게슈탈트 치료기법들은 알아차림과 접촉을 증진시키는 방법들이라고 할 수 있다. 그러면 이 두 개념을 하나씩 따로 살펴보겠다.

1. 알아차림의 개념정의

펄스는 "알아차림 그 자체가 바로 치료적일 수 있다(awareness per se-by and of itself-can be curative)."라고 말했으며(Perls et al., 1951, p. 232), 또한 심킨과 욘테프(1984)도 "알아차림이 게 슈탈트치료의 유일한 목표이며, 필요한 모든 것이다."라고 주장했다. 사실 알아차림 개념은 오랫 동안 게슈탈트치료의 화두와 같은 역할을 수행해 왔다.

'알아차림은 개체가 주어진 상황에서 개체-환경의 장에서 일어나는 자신에게 중요한 내적 ·

게리 욘테프(Gary Yontef)

외적 사건들을 지각하고 체험하는 것'이라고 정의할 수 있다. 다시 말해서 알아차림이란 개체가 자신의 삶에서 현재 일어나고 있는 모든 현상들을 방어하거나 피하지 않고, 있는 그대로 지각하고 체험하는 행위를 뜻한다. 즉, 알아차림은 개체가 자신의 욕구나 감정, 생각, 이미지, 행동, 환경 그리고 자신이 처한 상황 등을 지각하는 것을 뜻한다. 그리고 자기 행동의 주체가 자기 자신이라는 것을 깨닫는 것, 그리고 특정 상황에서 자신이 선택할 수 있는 행동 반응을 아는 것 등도 모두 알아차림에 해당한다. 요컨대, 알아차림이란 우리의 내적 · 외적 상황에 대해 구체적으로, 현실적으로 아는 것이라고 말할 수 있겠다(Yontef, 1984).

그런데 여기서, 개체가 모든 자신의 내적 · 외적 상황에 대해 모두 아는 것은 불가능할 뿐만 아니라, 오히려 불필요하기까지 하다. 다만 개체는 주어진 상황에서 자신에게 중요한 내적 · 외적 상황에 대한 알아차림은 있어야 한다. 그것은 이미 1장에서 설명했듯이 개체는 환경과 상호작용하면서 자신에게 중요한 유기체적 욕구나 감정을 게슈탈트로 형성하여 해소하는데, 이때 자신의 내적 · 외적 상황에 대한 알아차림이 있어야만 게슈탈트를 형성할 수 있고, 또한 환경과 접촉하여 게슈탈트를 완결지을 수 있기 때문이다.

알아차림은 개체의 활동수준에 따라 생리적 · 감각적 · 감정적 · 인지적 · 지각적 그리고 행동적 차원 등 개체 활동의 모든 영역에서 일어날 수 있다. 이때 알아차림은 어느 한두 영역에서만 일어날 수도 있고, 여러 영역에서 동시에 일어날 수도 있다. 만일 어느 한 차원에서라도 알아차림이 차단되면 전체적인 알아차림은 그만큼 불완전해지며, 따라서 분명하고 강한 게슈탈트 형성을 하지 못하게 된다(Resnick, 1990).

알아차림은 누구나 갖고 있는 능력이며, 또한 자연스러운 상태에서는 누구나 사용하고 있는 유기체의 고유한 능력이다. 이는 유기체가 자신을 환경에 적응시키면서 성장해 나가기 위해 반드시 필요한 생존도구이다. 알아차림은 그 자체로서 하나의 중요한 체험이기 때문에 단순히 도구적 가치를 넘어서서 그 자체로서 매우 소중하다.

개체가 자기가 원하는 것을 얻었다 하더라도, 자신의 내부와 외부에서 일어나는 현상들을 지각하고, 느끼고, 음미하고, 그 속에 젖어드는 체험, 즉 알아차림을 하지 못한다면 그것들은 아무 의미도 없을 것이다. 알아차림은 바로 삶의 **내용**이며 삶의 **과정**이라고 할 수 있다.

알아차림에 대해 더 자세히 알아보기 전에 먼저 용어 선정의 배경을 간단히 설명하기로 한다. **알아차림의 원어인** 'awareness'는 감각적 · 감정적 · 인지적 · 지각적 그리고 행동적 차원들을 모두 포함하는 다차원적인 지각을 뜻하는바, 이러한 복합적인 의미를 가장 잘 살리는 용어로는 '알아차림'이 가장 적당한 것으로 판단하였다. 자각이란 용어도 이와 비슷한 개념이지만, 이를 사용할 경우에는 자칫 인지적인 지각만을 뜻하는 것으로, 혹은 개인의 내적 상태에 대한 지각으로만 오해될 여지가 있기 때문에 덜 적합하다고 판단했다.

뿐만 아니라 자각이란 용어를 사용한다면 방법론에 대한 오해를 불러일으킬 소지도 있다. 즉, 자각이란 용어는 개체가 자신을 대상화하여 자신을 관찰하고 응시하는 '자의식(self-consciousness)'과 혼동될 수 있다. awareness는 자의식과는 달리 자기를 대상화시키는 것이 아니라 자신의 생각이나 행동 또는 신체감각이나, 욕구, 감정 혹은 환경이나 상황 등 모든 내적·외적인 현상들을 단순히 발견하고 체험하는 것이다.

이러한 관점에서 볼 때, 순수한 우리말인 알아차림이 이러한 의미를 가장 잘 반영할 것으로 판단되므로 이 개념을 선택하기로 했다. 하지만 때로는 알아차림이란 말이 문맥상 어색하게 느껴지는 경우가 있는데, 그럴 때는 문장을 매끄럽게 만들기 위해 '자각' 혹은 '지각'이란 용어도 섞어 쓰기로 한다. 그러나 어디까지나 그 의미는 여기서 말하는 알아차림과 동일한 뜻으로 이해되어야 한다.

알아차림 개념은 분트 이후 실험 심리학자들이 오랫동안 사용해 왔던 방법인 '내관(introspection)'과도 구별되어야 한다. 우선 알아차림은 내부 사건뿐만 아니라 외부 환경이나 상황에 대한 지각까지도 포함하므로 내관보다 훨씬 넓은 개념이다. 그리고 내부 사건에 대한 지각에 있어서도 알아차림은 우리 자신 속에 일어나는 사고나 감정, 욕구, 감각 등의 여러 현상들을 나타나는 그대로 단순히 발견하고 체험하는 행위인 데 반해, 내관은 개체가 자신을 둘로 분리해서 한 부분이 다른 부분을 객체로서 관찰하는 행위이다. 이때 내관은 자신을 대상화하여 관찰하고, 평가하는 과정에서 [그러한 행위 자체가] 내적인 현상들에 영향을 미침으로써 그것들을 있는 그대로 알아차리지 못하게 만든다.

반면에 알아차림은 지금-여기에서 일어나는 현상들을 인위적으로 분석하거나 통제하지 않고 내, 외부에서 일어나는 현상들을 자연스럽게 지각하고 체험하는 것이므로, 개체는 환경과의 유기적인 관계 속에서 통합체로 머물 수 있다. 또한, 내관은 이미 일어난 내부 사건들을 분석, 분류하고 개념적으로 정리하는 작업이므로 시간적으로 볼 때 과거 사건을 재정리하는 분석 작업이라고 말할 수 있는 데 반하여, 알아차림은 지금-여기에서 환경과의 상호작용을 통하여 일어나는 현상들을 바로 현재 순간에 지각하는 것이므로 항상 현재적이며 직접적인 체험이다(Perls et al., 1951).

알아차림은 이론검증과도 차이가 있다. 이론검증은 무엇이 일어날 것인지 미리 예상하고 그것이 정말 일어나는지를 확인하는 작업이다. 말하자면 무엇을 볼 것인가를 미리 정해 놓고서 그것을 보는 것이다. 반면에 알아차림은 무엇을 볼 것인지를 미리 정하지 않고 개방시켜 놓는다. 즉, 미리 어떤 가설이나 이론에 의해 특정 자료들을 제외시키지 않고, 현재에 나타나는 것들을 회피하지 않고, 나타나는 그대로 지각하고 체험하는 것이다.

알아차림은 마치 낭만적인 여행에 비유할 수 있다. 무엇이 나타날지, 어떠한 체험을 할지, 미리 알 수 없으며 그런 것을 상정하지도 않는다. 그냥 사건이 일어나도록 자신을 개방하고서 그것을 지각하고 체험하는 것이다. 이러한 여행은 개체로 하여금 항상 새롭고 실존적인 체험을 가능케 해 준다.

알아차림은 분석적 태도와도 구별해야 한다. 알아차림은 무엇을 분석하거나 분류하는 것이 아니라 그냥 체험하는 것이다. 즉, 알아차림은 인식론적으로 볼 때 세계를 주체와 객체로 이원화시켜서 파악하는 태도가 아니라 주체와 객체가 분리되지 않은 통합적 체험을 뜻한다. 분석적 태도는 세계를 이해함에 있어 주체와 객체로 나누어서 개념적으로 접근하여 파악하려 하므로 실존적 현상들을 놓쳐 버린다. 우리가 지각하고 체험하는 현상들은 인식론적으로 볼 때, 객관적으로 존재하는 객체가 아니다.

예컨대, 갈증이라는 현상을 놓고 볼 때, 어떤 인식주체가 있어 갈증이라는 객체를 지각하는 것이 아니다. 즉, 갈증은 인식주체를 떠나서 따로 객관적으로 존재하는 것이 아니다. 갈증이란 단지 개체와 환경의 상호작용 과정에서 발생한 개체-환경 장의 현상일 뿐이다. 개체는 단지 이러한 현상을 알아차리거나 혹은 못 알아차리거나 할 뿐이다.

이는 우리의 욕구뿐만 아니라 신체감각, 감정이나 사고, 행동, 상황 그리고 주위 사물에 대한 지각에까지도 모두 해당되는 말이다. 그런 것들은 모두 인식 주체와 분리되어 객관적으로 존재하는 객체가 아니라 개체-환경 장에서 나타나는 현상들일 뿐이다. 예컨대, 우리가 길가에 서 있는 한 그루 나무를 지각하는 것도 우리라는 인식주체가 있어서 나무라는 객체를 지각하는 것이 아니다. 정확히 말해서 우리는 우리의 망막에 비친 나무의 상을 알아차릴 뿐인 것이다.

말하자면 우리가 체험하는 모든 것들은 그 자체로서 존재하는 객체가 아니라 우리와 환경의 상호작용에 의해 나타나는 현상들이라고 할 수 있다. 우리는 단지 이러한 현상들을 알아차리거나 못 알아차리거나 할 뿐이다.[1] 이들을 대상화시키고, 개념화시켜서 분석하고 파악하려는 태도는 비실존적인 태도로서 결국 우리를 현상으로부터 소외시킬 뿐이다. 알아차림은 이러한 분석적 태

---

1) 나무를 바라보는 인식주체와 나무는 각각 객관적으로 존재한다고 봐야 하지 않을까 하는 의문이 있을 수 있다. 이런 문제는 칸트의 『순수이성 비판』에서 자세히 논구되어 있는데, 칸트는 그러한 객체가 있다고 가정했지만 이들이 실재 어떠한지, 즉 사물 자체(Ding an sich)가 어떠한지는 알 수 없다고 말했다. 그러나 나중에 후설의 현상학에서는 이러한 칸트의 이원론적 인식론을 비판하고 그러한 주객의 대립을 극복하려고 시도했다. 게슈탈트 치료이론은 인식론에서 후설의 현상학적 관점과 맥을 같이한다.

도를 지양하고 개체-환경 장에서 일어나는 현상들을 있는 그대로 지각하고 체험하는 방식이다.

내담자들은 흔히 눈앞에 드러나는 명백한 현상들을 보지 못하고, 상상이나 논쟁에 빠짐으로써 사변의 숲에서 길을 잃어버린다. 그들은 현재에 일어나고 있는 명백하고 분명한 것들을 무시하고, 애매하고 불확실한 개념이나 과거의 사건들에 매달린다. 그들은 자신의 감각과 지각을 사용하여 현상을 알아차리기보다는 분석과 사변에 빠져 버린다(Yontef, 1979).

끝으로 알아차림과 집중의 관계에 대해 간단히 설명하기로 한다. 알아차림은 신체감각이나 감각, 욕구, 감정, 사고, 이미지, 행동, 환경 혹은 상황 등에 대해 관심을 기울여 지각하는 것이다. 즉, 환경과의 상호 관계에서 일어나는 현상들에 대해 주의를 집중함으로써 그것들을 지각하는 행위이다. 따라서 알아차림도 집중의 한 형태라고 말할 수 있다. 하지만 이는 어느 한 가지 일에 몰두하는 분석적 집중과는 다르다. 예컨대, 열심히 글을 읽고 있는 선비가 소나기가 와서 마당에 널어놓은 곡식이 빗물에 다 떠내려가는 것을 알아차리지 못하거나, 수학문제를 열심히 풀고 있는 학생이 밥 먹으라는 어머니의 부르는 소리를 못 듣는 것과 같은 것이 분석적 집중이다.

이러한 분석적 집중은 어느 한 행위에 집중함으로써 오히려 자연스러운 알아차림을 방해하고 제한하는 현상이라고 할 수 있다. 즉, 분석적 집중은 인위적인 노력과 의지에 의해 어느 한 가지 일에 몰두하여 빠져 있는 상태라고 볼 수 있으며, 이때 개체와 환경과의 접촉은 제한되며 알아차림이 온전하지 못하다.

반면에 알아차림은 유기체-환경의 상호교류에서 생기는 현상들에 그때그때 자연스럽게 집중하는 행위로서, 게슈탈트를 형성하여 완결시키게 되며, 그렇게 하고 나면 자연스럽게 그로부터 벗어나게 되므로 어느 한 상태에 집착하여 빠져 머물러 있지 않는다. 위에서 예로 든 선비는 글 읽기에 빠진 나머지 개체-환경의 장에서 일어나고 있는 현상들을 못 알아차리고 자기 세계에 갇혀 있었다. 소나기가 쏟아지는 소리가 분명히 그의 고막을 울렸음에도 불구하고, 그것을 못 알아차린 것은 그가 인위적인 집중으로 말미암아 환경지각을 차단했기 때문이다. 그가 잘 기능하는 건강한 개체였다면 글 읽기에 정신없이 빠져 있지 않고, 비 오는 소리를 듣고 잠시 독서를 중단하고 서둘러 곡식을 챙겨 광으로 넣었을 것이다.

그러면 아래에 각각 다른 차원들에서의 알아차림 예를 소개하겠다.

> 지혜 씨는 오랫동안 시어머니에 대한 미움을 누르고 살아왔다. 그녀는 자신의 신체가 항상 긴장되어 있음을 잘 알아차리지 못했다. (신체감각 알아차림)

> 현국 씨는 어릴 적 매우 가난한 집에서 자랐기 때문에 추위와 배고픔을 참는 데 익숙해져

있다. 지금은 작지만 안정적인 회사의 사장이지만 사무실에서 늦도록 일을 하면서 자주 식사 시간을 넘겨 버린다. 오랜 습관으로 허기를 잘 알아차리지 못하기 때문이다. (욕구 알아차림)

지현 씨는 어릴 적부터 항상 자기를 과잉보호해 온 어머니에 대해 요즘 자주 분노감이 올라오는 것을 느낀다. 하지만 동시에 자기를 사랑해 준 어머니에 대해 분노감을 느끼는 것에 대한 죄책감도 올라옴을 알아차렸다. (감정 알아차림)

대학을 졸업하고 아직 몇 달 동안 직장을 구하지 못하고 있는 현수 씨는 오늘도 면접을 보러 갔다가 돌아오는 길인데, 수심에 잠긴 채 걷고 있다. 화창한 봄 날씨와 담벼락에 흐드러지게 피어 있는 개나리꽃이랑, 산들거리며 지나가는 봄바람을 알아차리지 못한다. (환경 알아차림)

명규 씨는 대기업의 중견사원이다. 그는 자주 우울해지고 막연히 불안하다. 그는 종종 자기도 모르게 자신에게 '세상 사람들이 너를 진정으로 좋아한다고 생각하지 마! 네가 그들에게 잘 보이지 않으면, 금방 네게서 등 돌릴 거야!'라고 말한다는 사실을 알아차리지 못한다. (사고 알아차림)

미현 씨는 어릴 적 새엄마로부터 꾸중을 많이 들으며 자랐다. 그녀는 나이 많은 여자를 보면 자신도 모르게 야단맞는 이미지를 떠올리며 몸이 움츠러들면서 기가 죽는다. 하지만 이런 현상을 스스로 알아차리지는 못한다. (이미지 알아차림)

은지 씨는 어릴 때 어머니로부터 남자 형제들과 심한 차별대우를 받으며 자랐다. 지난 몇 년간 그녀는 남자들과 교제를 하다가도, 자기도 모르게 어느 정도 가까워지면 관계를 끊어 버리는 행동을 되풀이해 왔다. 그녀는 최근 자신의 이러한 행동패턴을 알아차리고 깜짝 놀랐다. (행동패턴 알아차림)

현주 씨는 아버지의 과잉보호를 받으며 자라 자립심이 부족하고, 따라서 자신감이 없었는데 심리치료를 통해 자신에게도 자립할 수 있는 힘이 있다는 사실을 알아차리게 되었다. (내적인 힘 알아차림)

기호 씨는 피해의식이 많은 성격이다. 그는 주변 사람들이 자기를 미워하고 있으며, 언제든

약점을 잡히면 그들이 자신을 공격할지 모른다고 생각하고 항상 경계하고 있다. 그런데 그는 이것이 자신의 투사행동인 줄 알아차리지 못하고 있다. (접촉경계혼란 행동 알아차림)

민정 씨는 어릴 때, 형제간들 중 막내라서 아무도 자신의 말에 귀 기울여주지 않는다는 생각을 많이 하며 자랐다. 지금도 친구들과 여럿이 모였을 때는 아무도 자기 이야기에 관심 없을 것이란 생각 때문에 과묵한 편이다. 친구들은 민정 씨가 왜 말이 없는지 무척 답답해하며 그녀의 말을 듣고 싶어 하는데, 그녀는 이런 상황을 잘 알아차리지 못한다. (상황 알아차림)

2. 알아차림과 치료

건강한 개인은 유기체와 환경의 상호작용에 깨어 있으면서 이러한 상호작용 중에 매 순간 자신에게 가장 중요한 욕구와 감정을 알아차려 분명한 게슈탈트를 형성하는 데 어려움이 없다. 그러나 그렇지 못한 사람들은 이미 5장에서 자세히 설명한 것처럼 접촉경계혼란으로 말미암아 환경과의 교류에서 명료한 게슈탈트를 형성하는 데 실패하고, 그로 말미암아 적응장애를 일으킨다. 개체가 알아차림을 차단시키면 게슈탈트 형성은 불가능하게 되고, 행동은 목표와 방향감각을 상실하게 되며, 해소되지 못한 욕구와 감정은 미해결과제로 남아 문제를 일으킨다. 즉, 미해결과제는 완결을 요구하면서 강박적으로 반복해서 나타나게 된다.

게슈탈트 치료이론은 모든 정신병리 현상들은 알아차림의 결여로 인해 발생한다고 본다. 즉, 만일 개인이 유기체-환경에서 일어나는 중요한 현상들을 잘 알아차린다면 미해결과제가 쌓이지 않게 되고, 따라서 정신병리 현상도 생기지 않는다는 것이다. 프로이트는 성격을 비유하여 마치 빙산과 같다고 했다. 억압된 성충동과 공격충동을 수면 아래의 빙산에 비유한 것이다. 그에 따르면 우리의 행동을 지배하는 힘은 바로 이러한 무의식의 영역에 갇혀 있는 충동들이라는 것이다. 그래서 치료는 이러한 무의식적 에너지들을 의식화시키는 한편, 이것들이 병적 행동들의 원인이라는 것을 통찰하는 데 있다고 본다.

그러나 펄스는 성격을 물 위에 떠 있는 공에 비유했다. 이는 억압을 보는 그의 시각을 잘 드러내 주고 있다. 즉, 그는 억압되어 무의식의 영역에 갇혀 있는 충동 같은 것들이 따로 존재한다고 생각하지 않았다. 그는 개체에게 중요한 현상들은 모두 수면 위에 다 나와 있다고 보았다. 단지 개체는 차단행동 때문에 이러한 자신의 유기체 에너지를 제대로 접촉하지 못하고 있을 뿐이라는 것이다. 따라서 내담자는 무의식의 세계를 파헤칠 필요 없이 현재 상황에 나타나는 것들만 자각하면 된다는 것이다(Perls et al., 1951; Clarkson, 1990).

이처럼 게슈탈트치료에서는 증상의 배후에 있는 원인을 찾아내려는 태도인 '왜(why)'보다는 현재 나타나고 있는 현상, 즉 '무엇(what)'과 그것들의 나타나는 방식인 '어떻게(how)'에 대해 더 많은 비중을 둔다. 그것은 내담자가 현재 갖고 있는 문제의 원인이 과거에 있었던 어떤 충격적 사건의 억압 때문이 아니라, 지금-여기에서 보이는 내담자의 특정한 행동방식 때문이라고 보기 때문이다. 예컨대, 자신의 현재 욕구나 감정을 알아차리지 않고 차단하거나 무의식적으로 부적 응적인 행동패턴을 반복하는 등의 행동방식 같은 것들이다.

게슈탈트 치료이론에서는 미해결과제들을 비롯해서 개체에게 영향을 미치는 모든 힘들은 어떤 형태로든 지금-여기에 그 모습을 드러내고 있다고 본다. 만일 특정 자료가 감정이나 사고 차원에서 접근할 수 없는 경우에는 적어도 신체적으로는 접근 가능하다고 본다. 그래서 게슈탈트 치료이론에서는 정신분석이론과는 달리 내담자로 하여금 과거의 충격적 사건들을 회상하거나, 자신의 억압된 충동들을 의식화하도록 해 주기 위해 과거의 삶을 추적하고 분석할 필요 없이, 단지 현재에 나타나는 현상들을 알아차리고 집중하면 된다고 말한다.

여기서 주의할 점은 알아차림은 내담자가 억압하고 있던 과거 사건에 대한 기억을 회복하거나, 혹은 억압하고 있던 충동을 찾아내어 이들이 어떻게 자신의 행동을 지배하고 있었는지 그 인과관계를 분석하여 지적으로 통찰하는 작업이 아니라는 것이다. 알아차림은 그냥 단순히 지금-여기에서 일어나고 있는 신체감각이나 욕구, 감정, 생각, 이미지 혹은 환경, 상황, 자신의 행동방식 등을 자각하고 체험하는 작업이다. 다시 말해서 지금-여기에서 일어나고 있지만 자각하지 못했던, 즉 비의식적이었던 현상들을 자각하고 직면하는 것이다.

알아차림은 정신병리의 발생학적 차원에서뿐 아니라, 치료적 차원에서도 중요한 의미가 있다. 즉, 정신병리 현상은 알아차림이 결여된 것이라고 한다면, 치료란 바로 알아차림을 회복시켜 주는 것이라 할 수 있다. 이때 알아차림은 유기체-환경 장의 현상들을 수동적으로 지각하는 것이 아니라, 이들을 더욱 명료한 행동동기, 즉 게슈탈트로 형성하여 적극적인 행동으로 이끌어 주는 '조직화하는 행위(organizing activity)'를 의미한다.

알아차림은 미해결과제를 전경으로 떠올려 강한 게슈탈트를 형성하여 이의 완결을 가능하게 해 주는 행위이다. 게슈탈트치료에서 치료란 강한 게슈탈트를 형성하는 것과 같다고 말할 수 있는데, 알아차림은 게슈탈트를 형성하는 행위라고 할 수 있다. 이런 점에서 알아차림은 게슈탈트 치료의 핵심적 개입이 된다고 할 수 있다(Resnick, 1990).

알아차림을 치료적으로 사용하는 방법에는 두 가지가 있다. 하나는 미해결과제를 알아차림으로써 분명한 게슈탈트를 형성하여 완결하는 것이고, 또 하나는 현재 상황에서 매 순간 새롭게 일어나는 욕구나 감정을 알아차려 게슈탈트를 형성하는 것이다. 여기서 미해결과제를 알아차리는 데 사용되는 알아차림과 새로운 욕구나 감정을 알아차리는 데 사용되는 알아차림이 서로 다른 종류의 알아차림이 아님은 물론이다. 다만 개체가 그 순간에 어느 쪽에 관심을 집중하느냐의 차이가 있을 뿐이다. 게슈탈트치료에서는 이들 양쪽을 모두 중요시한다.

하지만 개체가 어느 한순간에 알아차림을 집중할 수 있는 것은 한 가지뿐이다. 그래서 개체는 어느 한 시점에서 미해결과제를 알아차려 이를 게슈탈트로 형성하는 작업과 지금-여기의 욕구와 감정을 알아차려서 게슈탈트로 형성하는 작업 둘 중에 하나를 그때그때 선택해야만 한다. 이때 건강한 개체는 둘 중에 더 급한 것을 자연스럽게 알아차릴 수 있다.

이러한 두 작업은 서로 보완적인 관계에 있는바, 미해결과제를 해결함으로써 지금-여기에 더 잘 집중할 수 있고, 또한 지금-여기에 더 잘 집중함으로써 미해결과제가 쌓이지 않게 된다. 반대로 미해결과제를 회피하는 개체는 지금-여기에 집중할 수 없고, 그 결과 미해결과제가 쌓여 가는 악순환을 반복하게 된다.

치료적 작업은 미해결과제의 해결 또는 지금-여기의 현상을 알아차리는 작업 둘 가운데 어느 쪽을 먼저 하더라도 상관없다. 하지만 미해결과제의 해결에 먼저 집중하는 것이 통상적인 절차이다. 미해결과제가 내담자에게 고통을 가져다주고 있으므로 자연스럽게 그쪽으로 집중하게 되기 때문이다. 미해결과제를 다룸에 있어서 현재 맥락과 무관하게 단순히 과거를 회상하거나 언어화하는 차원의 의식화는 별 의미가 없다. 미해결과제를 알아차리고 거기에 알아차림을 집중함으로써 이들을 분명한 행동동기로 만들 때, 즉 강한 게슈탈트를 형성할 수 있을 때 비로소 치료적이라고 할 수 있다.

알아차림은 단순히 문제를 인식하는 것이 아니다. 그것은 미해결과제를 자각하여 전경으로 떠올리고 거기에 집중하여 미해결과제가 완결될 때까지 거기에 '머무르는(staying with)' 과정을 포함한다. 예컨대, 앞의 예에서 은지 씨가 이성과의 깊은 관계를 회피하는 자신의 현재 행동이 과거 성장기의 경험과 관련이 있다는 지적인 이해를 한다고 하더라도 그것이 바로 문제해결을 가져다주지는 못한다.

문제의 완전한 해결을 위해서는 그녀는 해결되지 않은 어머니에 대한 적개심 그리고 남자 형제들에 대한 원망감과 질투심 등을 지금-여기의 게슈탈트로 분명히 형성하여 완결지을 수 있어야 한다. 그렇게 하기 위해서는 아무리 고통스럽더라도 그러한 미해결과제들을 알아차리고 전경으로 떠올려 충분히 거기에 머물러 보아야 한다. 이제까지 회피해 왔던 적개심이나 원망의 감정을 알아차려 전경으로 떠올린다는 것은 매우 고통스러운 일이다. 하지만 이를 피하지 않고 직면함으로써 마침내 이를 완결지어 배경으로 사라지게 할 수 있다.

폴스터(1987)에 의하면 개체가 점차 자신의 차단해 온 영역들과 무의식적 행동에 대해 알아차리게 됨에 따라, 자기 삶의 중요한 주제에 대해 단계적으로 접근하고 접촉이 가능하게 된다고 한다. 하지만 미해결과제에 대한 알아차림은 많은 고통을 가져다주므로 내담자들은 차라리 미해결과제들을 회피하고 싶어 한다. 그러나 알아차림을 지속해 나가면 미해결과제가 해결될 수 있고, 미해결과제가 해결되는 만큼 지금-여기의 상황에 몰입할 수 있게 된다.

끝으로 주의할 점은 알아차림이 없는 행동을 모두 다 병적인 것으로 보아서는 안 된다는 것이다. 사실 우리 행동의 많은 부분들은 자동화된 행동들이다. 가령, 글을 쓴다거나 길을 걷는 행동 혹은 자동차 운전을 하는 행동 등은 대부분 알아차림 없이 일어난다. 이들은 부적응행동이 아니라 오히려 적응행동으로서 일상생활을 운용하는 데 매우 유용하다. 만일 그러한 단순하고 기계적인 행동들을 일일이 다 알아차린다면 자연스러운 행동의 흐름이 깨져 버릴 것이다(Resnick, 1990).

3. 알아차림의 종류

알아차림은 그 대상을 기준으로 볼 때 '현상 알아차림'과 '행위 알아차림'의 둘로 나누어 볼 수 있다. 전자는 개체가 자신의 신체감각이나 욕구, 감정, 생각, 이미지, 환경, 상황 등 개체의 내부나 외부에서 일어나는 현상들을 알아차리는 것이다. 이들은 개체가 만들어 내는 것이 아니라 개체와 환경의 상호작용 과정에서 자연적으로 발생하는 내적·외적인 현상들이다. 하지만 후자는 개체가 자신의 행위방식을 알아차리는 것으로서, 예컨대 접촉경계혼란 행동, 특정한 사고패턴, 특정한 행동패턴 등을 알아차리는 것이다. 여기서 접촉경계혼란 행동, 사고, 행동 등은 모두 개체가 스스로 하는 행위들인바, 개체는 이들을 알아차릴 수도 있고, 알아차리지 못할 수도 있다. 즉, 이들도 알아차림의 대상이 된다.

여기서 전자를 **'무엇(what)'**에 대한 알아차림이라고 한다면, 후자는 **'어떻게(how)'**에 대한 알아차림이라고 할 수 있다(Yontef, 1979/1993).

1) 현상 알아차림

현상 알아차림은 개체와 환경의 상호작용 과정에서 발생하는 현상들을 알아차리는 것으로서, 이는 개체가 삶을 영위하기 위해 필요로 하는 가장 기본적인 행위이다. 즉, 이는 유기체적 욕구와 신체감각들, 그에 따른 감정들, 환경적 사건들 그리고 현재의 상황에 대한 지각 등을 포함하는데,

만일 개체가 이러한 현상들을 잘 알아차리지 못하면 개체는 환경에 적응하는 데 실패하고 만다.

현상 알아차림은 ① 신체감각, ② 욕구, ③ 감정, ④ 이미지, ⑤ 내적인 힘, ⑥ 환경, ⑦ 상황, ⑧ 관계에 대한 알아차림 등 8개 영역으로 나눌 수 있다. 하지만 이들은 각각 서로 무관한 독립적인 영역들은 아니다. 오히려 이들은 상호 밀접한 관계에 있으며, 어느 한 영역에 대한 알아차림은 다른 영역의 알아차림을 증가시켜 준다. 그러나 어느 한두 개의 영역에 대해서만 지각하고 나머지 부분에 대해서는 알아차림이 일시적으로 차단될 수도 있다.

(1) 신체감각에 대한 알아차림

내담자들이 자신의 욕구나 감정을 잘 못 느끼는 경우가 많다. 특히 자신의 욕구나 감정을 직면하기를 회피하고 차단해 온 내담자들은 이를 자각하는 데 많은 시간과 자각연습을 필요로 한다. 그래서 치료에서 내담자들에게 가장 먼저 해 주어야 하는 것은 자신의 욕구와 감정을 자각하고 표현하는 것을 도와주는 일이다.

여기서 흥미로운 사실은 욕구나 감정은 비교적 쉽게 차단하거나 회피할 수 있지만 신체감각은 그렇지 않다는 것이다. 따라서 내담자들이 욕구나 감정을 차단하여 신체증상으로 바꾸어 표출할 때, 신체감각을 자각시켜 줌으로써 다시 욕구나 감정을 자각하도록 도와줄 수 있다는 점이다.

신체감각은 욕구나 감정보다 이전 단계로서 그 자체가 바로 어떤 행동동기를 유발하는 것은 아니지만, 욕구나 감정을 체험하는 데 필요한 생리적 기초를 이루고 있다. 예컨대, 우리가 배고픔이나 갈증을 느끼는 것, 쉬고 싶은 것, 성적인 갈망 등 모든 욕구들은 일차적으로 신체감각과 밀접하게 연결되어 있다. 즉, 이러한 욕구들은 신체의 긴장이나 흥분 혹은 이완 등으로 표현되면서 욕구를 자각시켜 준다.

감정도 마찬가지로 신체감각과 연결되어 있다. 예컨대, 슬픔이나 기쁨, 분노, 사랑, 즐거움, 그리움, 행복감 등 우리의 감정들은 모두 그에 상응하는 신체적 상태를 갖고 있다. 그래서 특정 감정을 억압하고 있는 내담자에게 그것과 관련된 신체감각을 알아차리도록 도와주면 그 감정을 자각할 수 있게 된다. 예컨대, 분노감정을 억압하고 있는 내담자에게 어금니와 턱의 긴장감을 느껴 보도록 요구함으로써 분노감정과 접촉하도록 도와줄 수 있다.

나의 한 내담자는 집단치료상황에서 자신의 감정을 물었을 때 편안하다고 말했는데, 그의 신체자세는 긴장되어 보였다. 그래서 나는 그에게 신체감각을 알아차려 보라고 했는데, 그러자 그는 "아! 제가 긴장하고 있네요. 사람들이 많아서 좀 불안했던가 봐요!"라고 말하며 바로 자신의 감정상태를 알아차렸다.

또 다른 내담자는 어머니에 대해 떨리는 목소리로 이야기하면서 입술은 금방 울 듯이 삐죽거렸다. 이때 내담자의 감정을 물었더니 놀랍게도 그녀는 잘 모르겠다고 대답했다. 그래서 그녀의 신체상태를 자각시켜 주었더니, 그녀는 차단되었던 슬픔을 자각하고 울음을 터뜨렸다.

이처럼 신체감각을 자각하는 것은 욕구나 감정을 알아차리는 데 도움이 된다. 그 뿐 아니라 신체감각에 집중함으로써 우리의 체험을 강화할 수 있는 장점도 있다. 즉, 신체감각에 집중함으로써 피상적이고 지적인 지각에 머물지 않고 삶의 중요한 순간들을 깊이 있게 체험하고 만족감을 얻을 수 있다. 예컨대, 성행위를 하면서 신체감각에 충분히 몰입하여 머무는 체험이나 칭찬을 듣는 순간 기쁨을 차단하지 않고 심호흡과 함께 신체에 집중하여 자각하는 것은 그 순간의 체험을 심화시켜 준다. 이는 애도작업을 할 때도 마찬가지이다. 가령, 성폭행을 당한 내담자의 분노감정을 다루는 작업에서 내담자로 하여금 자신의 분노를 단지 인지적 차원에서만 다루는 것이 아니라, 정서적—신체적으로 다시 체험함으로써 진정한 치유를 경험하게 해 줄 수 있다.

(2) 욕구에 대한 알아차림

개체의 활동에 있어서 가장 기본적인 것은 욕구에 대한 알아차림이다. 개체는 자신의 욕구를 알아차림으로써 이를 해소하기 위해 행동을 시작하기 때문이다. 따라서 욕구에 대한 알아차림은 모든 개체 활동에 있어서 필수불가결한 요소라 하겠다. 만일 개체가 자신이 원하는 것이 무엇인지 명확히 알지 못하면 그는 행동의 목표와 방향성이 상실되고 행동이 혼란에 빠져 버린다. 실제 많은 사람들은 자신이 원하는 것이 무엇인지 잘 모른 채 살아간다. 그것은 이들이 성장과정에서 자신의 욕구를 자각하고 표현하는 것에 대해 주위로부터 부정적인 반응을 받거나 심지어는 죄악시하는 교육을 받아 왔기 때문이다. 이들은 오랫동안 자신의 욕구를 억압하고 타인의 기대나 도덕적 기준에 의해서만 행동해 왔기 때문에 자신의 진정한 욕구를 자각하는 것이 쉽지 않다.

이런 사람들은 외적인 기준에서 볼 때 매우 착실하고 모범적인 행동을 하는 사람들이지만, 살아가면서 자신들이 필요로 하는 게슈탈트를 분명히 형성하고 해소하는 데 실패하고 있다. 따라서 내적으로는 공허감과 우울감을 지니고 산다. 이들에게는 자신의 욕구를 알아차리도록 해 주는 것이 가장 선행되어야 할 작업이다. 하지만 이는 쉬운 일이 아니다. 이들은 자신의 욕구를 자각하는 것에 대해 두려움이나 죄책감을 갖고 있기 때문에 처음에는 매우 당황하거나 거부감을 표시하는 경우가 많다. 이런 사람들의 언어 사용 습관을 보면 대개 지적이고 개념적이거나 당위적인 표현을 많이 쓰는데, 그러한 언어 사용은 자신의 욕구를 억압하거나 은폐하는 데 이용되고 있다. 그래서 치료자는 이들의 언어표현을 바꾸어 줌으로써 자신의 욕구를 자각하도록 도와줄 수 있다.

이러한 목적에 사용할 수 있는 치료적 방법을 하나 소개하면 내담자에게 **"나는 지금 무엇 무엇을 하고 싶어요."**라는 문장을 매 회기마다 4~5개 정도 말해 보라고 시키는 것이다. 혹은 이를 글로 써오게 하는 숙제를 내주어도 좋다. 이런 사람들은 처음에는 간단한 과제도 무척 힘들어하지만, 나중에는 실험을 통해 놀라운 체험을 하기도 한다. 가령, 우울하던 사람이 갑자기 활기를 찾으면서 명랑해진다거나, 자신의 욕구를 처음으로 자각하면서 매우 놀라는 반응을 보이기도 한다. 이들은 자신의 욕구를 자각하는 것이 두려웠기 때문에 오랫동안 이를 차단하고 회피하면서 살아온 사람들이다. 그래서 처음엔 이러한 실험이 두렵기도 하고, 또 어색하고 무의미하게 느껴지기도 한다. 하지만 치료자가 격려해 주면 차츰 흥미를 갖고 임한다.

이러한 실험을 시킬 때 치료자는 내담자가 너무 막연하고 추상적인 표현을 하지 않도록 주의를 주어야 한다. 가령, **"나는 사랑받기를 원해요." "나는 존경받기를 원해요." "나는 성공하고 싶어요." "나는 좋은 남편이 되고 싶어요."** 등의 표현들은 너무 일반적이고 추상적이어서, 내담자가 그러한 욕구를 충족시키기 위해 어떤 행동을 해야 할지 알 수 없다. 이런 표현은 오히려 내담자의 욕구 자각을 흐리게 하고 혼동시키는 결과를 초래할 수도 있다. 그래서 치료자는 내담자가 이런 막연한 표현을 하면 **"당신이 지금-여기에서 원하는 것이 무엇인가요?"**라고 물어 줌으로써 지금 이 순간의 구체적이고 분명한 욕구를 자각하고 표현하도록 도와주어야 한다.

가령, **"나는 지금 좀 쉬고 싶어요." "나는 지금 바람을 좀 쐬러 나가고 싶어요." "지금 화를 내고 싶어요." "선생님이 지금 내 말을 좀 들어 주셨으면 좋겠어요."**와 같이 지금-여기에서 느끼는 구체적이고 분명한 욕구를 알아차리고 표현하도록 해 주어야 한다. 이때 가장 중요한 부분은 반드시 **지금-여기**의 욕구에 초점을 맞추어야 한다는 것이다. 그것은 욕구란 항상 지금-여기에서 일어나는 현상이기 때문이다. 과거나 미래 시점에 대한 이야기나 혹은 일반적인 이야기는 개념적이고 추상적인 것이 될 수밖에 없으며, 그러한 것들은 욕구를 자각하게끔 이끌어 주지 못하고 분석이나 사변으로 흐르게 만든다. 반면에 지금-여기에 초점을 맞추면 구체적이고 실존적 현상들에 주의를 집중시켜 개체-환경 장에서 일어나는 지금 이 순간의 욕구를 알아차리게 해 준다.

개체가 자신의 욕구에 대한 알아차림이 높아지면 행동에 분명한 방향성과 목적이 생길 뿐 아니라, 대인관계에서도 서로 분명한 의사소통이 가능하게 되어 욕구해소가 효율적으로 이루어진다. 즉, 각자 자신의 욕구를 분명하게 자각하고 표현함으로써 상대방에 대해 분석이나 추측에 의해서가 아니라 직접적으로 알게 되고 오해와 왜곡이 줄어들면서 서로 간에 의사소통이 분명해진다. 다음은 실제 치료사례이다.

부부치료를 받기 위해 찾아온 폴스터의 내담자 비비안과 스텐은 서로에 대해 불만을 털어 놓았다. 비비안은 남편 스텐이 자기를 소중히 대하지 않는다고 말했고, 스텐은 아내 비비안이 자기를 이해심 있게 대해 주지 않는다고 불평했다. 치료자는 두 사람에게 각자 자신들의 욕구를 구체적으로 분명하게 표현하도록 요구했더니 다음과 같은 사실이 밝혀졌다.

비비안은 스텐이 집에 돌아오자마자 낮에 있었던 일들을 떠들어 대기보다는 아내의 기분이 어떤지 좀 물어 주고 관심을 가져 주기를 바랬고, 스텐은 스텐대로 아내가 자기가 어떤 고민거리를 이야기하면 항상 이런저런 충고를 하기보다는 자신의 말을 좀 이해심 깊게 들어 주었으면 좋겠다는 말을 했다. 이렇게 각자의 욕구가 분명해지자 그들은 서로의 욕구에 대해 분명히 알게 되었고, 따라서 효과적인 의사소통과 더불어 각자의 욕구해소도 가능하게 되었다(Polster & Polster, 1987, p. 214).

(3) 감정에 대한 알아차림

감정은 개체가 자신의 욕구와 관련하여 주관적으로 체험하는 느낌이다. 개체가 원하는 욕구가 충족되거나 혹은 충족될 수 있다고 판단하면 유쾌한 감정을 느끼지만, 그렇지 못한 경우에는 불쾌한 감정을 느낀다. 어느 경우이든 감정은 개체의 행동에 직접적인 영향을 미친다. 개체가 감정을 알아차리는 것은 몇 가지 측면에서 매우 중요하다.

첫째, 감정을 알아차림으로써 삶의 질이 높아진다는 것이다. 어떤 의미에서 산다는 것은 하루하루 매 순간순간 끊임없이 어떤 체험을 해 나가는 연속적 과정이라고 할 수 있는데, 이때 감정을 알아차린다는 것은 이러한 체험과정들을 실현하는 것과 같은 의미이다. 그것은 체험이란 바로 우리의 경험들을 감정적으로 지각하고 느끼는 것과 동일하기 때문이다.

예를 들어 보자. 무더운 여름에 사랑하는 연인과 함께 시원한 계곡에 물놀이 가는 경험을 했다고 하자. 거기서 두 사람이 느낀 자연의 싱그러움과 계곡물의 시원함, 그리고 두 사람 사이에 오간 대화에서 느낀 낭만적인 사랑의 감정들을 빼고서 과연 체험이라고 따로 이름 붙일 만한 것들이 있을까? 이렇게 질문을 해 볼 수도 있겠다. 만일 두 사람이 혹은 그중 한 사람이 감정을 잘못 느끼는 사람이라고 하자. 그렇다면 그 사람(들)은 과연 무엇을 체험했다고 말할 수 있을까? 실제 많은 사람들은 감정을 잘 자각하지 못하며 살아가고 있다. 그것은 감정을 자각하지 않음으로써 고통을 덜 느낄 수 있기 때문이다. 그러나 감정을 알아차리지 못하면 그만큼 삶의 활기와 생기도 못 느낀다. 반대로 감정을 잘 알아차리면 고통과 슬픔도 많이 느끼겠지만, 또한 그에 비례해서 삶의 기쁨과 행복감도 더욱 생생하게 느끼게 될 것이다. 무엇보다 삶을 제한하지 않고, 있는 그대로 실존적으로 체험하며 살 것이다.

둘째, 감정을 알아차림으로써 욕구를 더욱 선명하게 알아차리게 되어, 게슈탈트 형성을 돕는다는 점이다. 우리는 많은 경우에 있어서 욕구를 직접 자각하는 것이 아니라, 감정을 통해서 자각하기 때문에, 감정을 알아차리는 것은 매우 중요하다. 감정을 자각하지 못하면 유기체적 욕구의 자각과 해소도 함께 차단될 수 있기 때문이다. 즉, 감정은 욕구와 서로 밀접하게 관련되어 있는 바, 욕구가 성취되었을 때 좋은 감정을 느끼고 그렇지 못할 때 불쾌한 감정을 느낀다. 만일 개체가 좋은 감정을 느끼게 되면 그와 관련된 욕구를 긍정적으로 받아들이고, 다시 이를 추구하고 싶은 의욕이 생긴다. 그러나 개체가 어떤 일을 성취하고도 좋은 감정을 못 느끼면, 그 일을 하고 싶은 동기가 생기지 않는다. 따라서 좋은 감정을 느낄 수 있는 것은 욕구자각과 그에 따른 게슈탈트 형성에 매우 중요하다. 이는 불쾌한 감정에 대해서도 마찬가지이다. 내담자들은 흔히 불쾌한 감정을 느끼는 것이 고통스럽기 때문에 이들을 회피하거나 억압해 버리는데, 불쾌한 감정을 분명하게 체험하는 것도 좋은 감정을 느끼는 것과 마찬가지로 행동에 뚜렷한 방향을 제시해 주기 때문에 매우 중요하다.

셋째, 감정을 알아차림으로써 미해결과제를 해소할 수 있다. 이는 특히 불쾌한 감정의 경우 더욱 그렇다. 많은 사람들은 자신의 불쾌한 감정을 잘 못 느끼고 덤덤하게 살아간다. 불쾌한 감정을 안 느끼니까 좋을 것 같지만, 감정을 못 느끼는 것과 해소된 것은 서로 다르다. 사람들은 불쾌한 감정을 느끼게 되는 것을 두려워하기 때문에 그러한 감정을 억압하거나 회피해 버리는 것이다. 그렇게 되면 불쾌한 감정은 못 느끼지만 문제가 해결되지는 않았으므로 미해결과제로 남게 된다. 사람들이 부정적 감정을 억압하는 이유는 성장과정에서 그러한 감정을 느끼고 표현했을 때 처벌을 받거나 외면당한 경험이 있기 때문이다. 혹은 도덕주의적인 교육을 지나치게 내사했기 때문에 부정적 감정을 차단하기도 한다.

대부분의 내담자들은 일상생활에서 감정을 생생하게 느끼기보다는 어렴풋이 느끼거나 아예 억압하며 산다. 치료자는 이러한 내담자들에게 희미하게 체험되는 감정에 집중하여 이를 더 잘 알아차리도록 격려해야 한다. 만일 내담자가 자신의 중요한 감정을 알아차리지 못하거나 그냥 지나칠 때는 내담자의 감정을 묻거나 또는 치료자가 관찰한 것을 말해 줌으로써 내담자의 알아차림을 도와줄 수 있다. 이때 주의할 점은 항상 '현재 있는 것(what is)'을 소재로 해야 한다. 즉, 내담자의 현재 유기체 과정에 초점을 맞추어, 지금-여기에 일어나는 감정을 알아차리게 해 주어야 한다는 것이다.

감정의 알아차림뿐 아니라 감정을 표현하는 것도 매우 중요하다. 어떤 내담자들은 강박적인 체계를 만들어 놓고 그 속에 갇혀 있어서, 비록 자신의 감정을 느끼고는 있지만, 올바른 목표를 선택하여 표현하지 못함으로써 여러 가지 부적응행동을 보이는 경우가 있다. 치료자는 이러한 내담자들에게 그들의 감정을 표현할 수 있도록 도와주어야 한다. 감정표현은 유기체적 욕구의 실현과 밀접한 관련이 있기 때문이다. 여기서 긍정적인 감정을 표현하지 못하는 경우와 부정적인 감정을 표현하지 못하는 두 경우가 있을 수 있는데, 두 경우 모두 부적응을 초래한다.

대인관계에 있어서 긍정적 감정의 표현은 물론이고 부정적 감정의 표현까지도 장기적으로 볼 때 서로에게 도움이 된다. 즉, 상대편에게 긍정적 감정을 표현하는 것은 서로 간에 우호적인 분위기를 만들어 서로 간의 접촉을 촉진시켜 주며, 부정적인 감정을 표현하는 것도 우선은 갈등을 일으키는 측면이 있지만, 장기적으로는 서로에게 도움이 된다. 왜냐하면 부정적 감정의 표현이 상대편으로부터 이해받고 수용될 수도 있으며, 그렇지 못한 경우에도 처음에는 다소의 갈등이 생길 수 있지만, 서로 간에 내재하는 문제를 외현화시킴으로써 적극적으로 문제를 해결할 수 있는 가능성이 열리기 때문이다.

앞에서도 잠시 언급되었지만, 대인관계에서 감정을 표현함으로써 얻을 수 있는 가장 큰 이점은 서로 간에 분명한 의사소통이 가능해지고 따라서 접촉이 증가한다는 점이다. 상대편에게 감정을 표현해 주는 것은 상대에게 자신의 상태에 대한 정확한 정보를 제공해 주는 것이 되기 때문이다. 흔히 서로 간에 감정표현을 잘 하지 않기 때문에 오해가 생기고 접촉이 단절된다. 감정표현을 하지 않음으로 해서 문제가 생긴 한 사례를 소개한다.

폴스터의 한 여자 내담자는 그녀의 상사에게 심한 분노감을 느끼고 있었다. 상사가 그녀에게 다소 불친절하게 행동한 것은 사실이지만, 그래도 그녀의 반응은 그녀가 처한 상황에 견주어 볼 때 지나칠 정도였다. 치료자는 빈 의자를 놓고 상사에게 불만과 분노를 터뜨리도록 해 보았지만 별로 효과가 없었다. 그러다가 치료자는 시간이 지나면서 그녀가 인정욕구는 매우 강하지만 타인의 호의를 잘 받아들이지 않으며, 자신의 감정도 잘 표현하지 않는다는 사실을 관찰했다. 그리고 과거에 사귀던 남자들과의 관계에서도 그녀는 비슷하게 행동한 사실을 알아내었다. 즉, 그녀는 자신에게 잘 해 주던 남자들에게 호감을 느끼고 있었지만 그러한 감정을 표현한 적이 거의 없었다.

그들은 나중에 지쳐서 그녀를 버리고 가 버렸는데, 그때 그녀는 심한 좌절감과 수치심을 느꼈고, 또한 그들에 대해 강한 분노감을 느꼈다. 그녀는 이러한 감정을 해결하지 못함으로써 남자들에 대한 강한 적개심을 갖게 되었던 것이다. 치료자는 그녀에게 빈 의자를 놓고 가 버린 남자친구들에게 자신의 감정을 표현하는 장면을 연출해 보라고 요구했고, 그녀는 이 작업에서 그들에 대한 분노감정뿐 아니라 그들에 대해 가졌던 사랑의 감정과 호감도 표현했다. 그 결과 마침내 그녀는 그들에 대한 적개심을 해결할 수 있었다. 이렇게 하여 미해결감정을 해결하게 된 그녀는 매우 조용한 성격으로 변했고, 그녀의 상사에 대한 비현실적인 분노감정도 해결하게 되었다. 그러자 상사는 이제 그녀의 삶에서 더 이상 큰 비중을 차지하지 않게 되었다(Polster & Polster, 1987, p. 212).

　게슈탈트치료에서는 종종 내담자들에게 현재에 체험되는 자신의 감정을 자각하고 표현하는 연습을 시키는 경우가 있는데, 대부분의 내담자들은 처음엔 이런 작업을 매우 어색하게 여긴다. 그것은 그들이 일상생활의 대부분을 생각하고, 계획하고, 분석하는 일로 보내지, 감정을 체험하고 표현하는 일은 무시해 왔기 때문이다. 그래서 흔히 내담자들은 자신들의 생각이나 의견들을 내놓아 토론을 벌임으로써 시간을 보내려고 한다. 치료자는 내담자들의 이러한 시도를 좌절시키는 동시에 생각이나 의견의 형태로 포장되어 있는 배후의 감정들을 알아차리도록 도와주어야 한다. 이때 치료자는 성급히 어떤 해석을 시도하거나, 혹은 내담자에게 자신의 추측을 억지로 받아들이도록 강요해서는 안 된다. 치료자는 내담자가 스스로 자신의 감정을 자각하도록 도와주는 역할에 머물러야 한다.

　한편, 내담자들은 항상 미래를 걱정하거나 과거의 문제를 분석하는 데 익숙해져 있기 때문에 지금-여기에 집중하는 데 많은 어려움을 느낀다. 치료자는 이런 내담자들에게 항상 지금-여기로 돌아오도록 주의를 환기시켜 주어야 한다. 이때 치료자는 내담자에게 현재는 항상 변하고 있기 때문에 알아차림도 매 순간 달라질 수밖에 없다는 사실을 일깨워 주어야 한다.

　흔히 내담자들은 **지금** 어떤 감정을 느끼는지 물으면, 최근의 감정에 대해 말한다. 즉, **지금-여기**가 아닌 **요즘**의 혹은 **오늘**의 감정을 말한다. 그런 경우 치료자는 내담자에게 **"아니, 요즘의 감정이 아니라, 지금 막 느끼시는 감정이 무엇인가요?" "남편과 있었던 사건을 제게 이야기하시고 난 지금, 지금 막 드는 느낌이 뭔지 말씀해 주실래요?"** 라는 식으로 고쳐서 되물어 주어야 한다. 그렇게 하면 대부분의 내담자들은 좀 당황하면서도 정확하게 답을 한다. 이런 순간이 참으로 중요하다. 이런 질문을 통해 그들은 처음으로 **지금-여기**에 대해 눈을 뜨게 되고, 신선한 경험을 하게 되기 때문이다.

　감정자각과 관련하여 흥미로운 사실 한 가지는 어느 한 감정에 머물러 집중하여 그 감정을 충분히 체험하면, 감정의 변화가 일어날 수 있다는 사실이다. 특히, 해결되지 않은 고통스러운 감정의 경우에 이런 작업이 상당히 도움이 된다. 예컨대, 내담자가 어떤 상실의 슬픔을 경험하게 될 때, 치료자는 내담자에게 그 감정을 피하지 말고 계속 머물러 체험해 보도록 요구함으로써, 그 감정이 완결되어 사라지고 마침내 새로운 감정이 떠오를 수 있다. 다음은 이러한 치료작업의 한 예를 소개한 것이다.

한 남자 내담자는 부인과 이혼하는 상황에서 아직 부인에 대한 감정이 여러 가지로 복잡했고 양가적이었다. 그는 그녀에 대한 자신의 감정이 분명하지 않았기 때문에 어떤 행동을 구체적으로 옮기지 못하고 곤란을 느끼고 있었다. 그래서 그는 아이들의 양육문제, 그녀의 무책임한 행동 등 주로 외적인 문제들에 대해서만 이야기했다. 그러다가 나중에 옛날 둘이서 좋았던 시절의 추억에 대한 이야기가 나왔고, 그 감정에 집중함으로써 울음을 터뜨리면서 자신의 감추어졌던 감정을 접촉할 수 있었다. 마침내 그는 둘 사이의 깨어진 희망에 대해 슬퍼하는 감정을 표현할 수 있었고, 이제 더 이상 책임감으로 포장된 슬픔이 아닌 진정한 상실의 슬픔을 느끼며 통곡할 수 있었다. 그의 부인과의 관계에 있어서 미해결과제는 상실의 슬픔을 충분히 완결시키지 못한 것이었다. 그가 이제까지 직면하기 두려워서 피해 왔던 감정을 충분히 느끼고 애도함으로써 그는 마침내 새로운 출발을 할 수 있는 발판을 마련하게 되었다(Polster & Polster, 1987, pp. 210-211).

(4) 이미지에 대한 알아차림

우리의 내면에는 끊임없이 과거의 경험들이 다양한 '이미지(image)' 또는 심상(心象)으로 떠오르는데, 이들은 대부분 무의식적으로 스쳐 지나가거나 의식에 떠오르더라도 그다지 주의를 받지 못하고 묻혀 버린다. 하지만 이러한 이미지들은 우리의 정서나 행동에 직접, 간접적인 영향을 미치므로 우리에게 중요한 의미가 있다. 이미지들은 자세히 관찰해 보면 시각적인 것들, 청각적인 것들, 후각적인 것들, 미각적인 것들, 운동감각적인 것들로 나누어지며, 대상별로는 동물이나 식물을 포함한 자연환경이나 길거리나 건물을 포함한 도시환경, 다양한 사건들이 일어난 시공간, 타인과 자신을 포함한 사람들에 대한 이미지 등으로 세분화할 수 있다.

이미지들은 낮 동안은 백일몽처럼 지나가는 반면, 밤에는 꿈으로 나타나기도 한다. 이미지들은 유쾌한 것들도 있고, 중립적인 것들, 불쾌한 것들도 있다. 일회적으로 나타났다가 사라지는 것들도 있지만, 반복적으로 나타나는 것들도 있다. 특정 상황에 처하거나 어떤 장면을 떠올리면 함께 나타나는 것들도 있지만, 그것과 관계없이 수시로 떠오르는 것들도 있다.

우리가 하는 행동들을 가만히 살펴보면 이러한 이미지들에 의해 영향을 받는 경우가 많다. 우리가 좋아하는 물건, 즐겨 찾는 공간, 함께하고 싶은 사람, 열정을 바쳐서 하는 일, 싫어하는 공간, 싫어하는 사람, 싫어하는 활동, 싫어하는 상황 등을 떠올리면 그런 것들과 관련된 이미지들을 발견할 수 있다. 즉, 우리가 좋아하는 혹은 싫어하는 대상이나 활동의 배후에는 대부분 그와 관련된 긍정적 혹은 부정적 이미지가 자리 잡고 있다. 따라서 내담자들의 회피행동 또는 중독행동 등을 이해하기 위해서는 내담자가 의식하지 못하는 내면의 이미지들을 탐색하는 것이 필요하다.

다음은 내가 만난 몇몇 내담자들의 사례를 소개한 것이다.

남편과 사이가 좋지 않은 영희 씨는 4살 난 딸아이를 볼 때마다 이유 없이 미운감정이 생기면서 아이에게 짜증을 내는 자신을 발견하며 '이러면 안 되는데!'라는 생각과 함께 죄책감을 느낀다고 했다. 하지만 자신에게 왜 그런 감정이 올라오는지 몰라 매우 답답해했다. 치료시간에 자세히 탐색을 했는데, 아이에 대해 어떤 점이 싫으냐고 묻자 처음엔 얼른 답을 못 하더니, 갑자기 아이의 얼굴이 남편과 겹쳐져 보인다는 사실을 깨닫고 그녀는 매우 놀라워했다. 자기에게 무관심하고 냉정한 남편과 이마가 꼭 닮은 딸아이를 볼 때마다 자신도 모르게 남편의 모습이 떠올라 싫은 느낌이 들었던 것 같다며 울음을 터뜨렸다.

대학교에 갓 입학한 현우 군은 학우들이 아주 완벽한 모습으로 보이는 데 반해 자기 자신은 어린아이처럼 작고 미성숙하게 느껴져 그들에게 다가서거나 어울리지 못하고, 강의가 끝나기가 무섭게 얼른 혼자 집으로 와 버리곤 했다. 고등학교 다닐 때까지는 공부에만 몰두했기 때문에 별로 불편을 느끼지 못했으나, 대학에 와서는 모든 것을 스스로 알아서 판단해야 하고, 자유롭게 친구들과 어울려야 하는 상황이 너무나 당황스러웠다. 그는 무의식적으로 이러한 자기의 모습을 아주 작고 위축된 어린아이로, 학우들은 당당하고 성숙한 어른의 이미지로 떠올리며 학우들과 만나는 상황을 회피했다.

50대 초반 독신인 지혜 씨는 그동안 열심히 일해서 모은 돈으로 장만한 자신의 집을 아주 깔끔하고 아늑하게 잘 꾸며 놓고 있었다. 하지만 그녀는 일이 끝나고 집에 돌아갈 시간이 되면 왠지 모르게 자꾸 밖으로 돌며 집에 들어가는 것을 피하는 자신을 발견했다. 집에 대한 그녀의 이미지를 탐색해 보았더니, 놀랍게도 그녀는 집에 대해 매우 부정적인 느낌과 함께 몸서리쳐지는 신체반응을 보였다. 그러면서 어린 시절 집에서 부모님이 항상 소리치고 싸우던 소리, 물건이 부서지고 몸에 상처가 나서 피를 흘리던 어머니의 모습, 아버지의 험악한 얼굴 등과 함께 지옥 같았던 집의 이미지를 떠올렸다.

위의 예들에서 볼 수 있듯이 우리가 잘 알아차리지 못하지만 우리의 내면에는 많은 이미지들이 저장되어 있으면서 우리의 현실지각과 행동에 지대한 영향을 미친다. 이러한 이미지들을 알아차리면, 우리는 그것들의 영향력으로부터 상당 부분 벗어날 수 있다. 영희 씨의 경우 남편과 딸아이의 차이점을 되도록 많이 찾아내는 작업을 하면서 차츰 남편으로부터 딸아이를 분리해 낼 수 있었고, 현우 군의 경우 학우들과 어울려 보는 실험을 통해 그들이 자기가 생각한 것처럼 모두 완벽하지 않다는 것을 알아차릴 수 있었다. 지혜 씨의 경우도 어린 시절의 집과 지금의 집을 혼동하지 않도록 주의 깊게 환경을 알아차리도록 도와줌으로써 집에 대한 부정적 이미지를 완화시킬 수 있었다.

내면에 저장된 이미지들은 대부분 좀처럼 쉽게 없어지지 않는다. 자기도 모르게 끊임없이 떠오르면서 알게 모르게 우리의 지각과 행동에 영향을 미치는 경향이 있다. 하지만 매번 그런 이미지가 떠오를 때마다 알아차리게 되면, 그때마다 이미지는 조금씩 약화된다. 이미지를 알아차리면 그것을 잠시 놓아 버릴 수 있는데, 그렇게 되면 현실을 바로 볼 수 있게 된다. 영희 씨의 경우 딸아이를 미워하는 감정이 드는 순간 그것을 신호로 삼아 얼른 정신을 차리면서 남편의 이미지를 놓아 버릴 수 있었고, 동시에 딸아이를 있는 모습 그대로 바라볼 수 있었다. 부정적 이미지를 약화시킬 수 있는 또 하나의 방법은 의도적으로 긍정적 이미지를 떠올리는 것이다.

> 40대 초반의 재호 씨는 매일 고속도로를 달려야 하는 화물차 운전기사였는데, 심한 공황장애를 겪고 있었다. 그는 종종 운전하다가 갑자기 심장이 빨리 뛰며 질식해 죽을 것 같은 두려움에 휩싸여 속히 고속도로를 벗어나 병원으로 달려가야 했다. 그는 도저히 운전을 더 할 수 없어 직장을 그만두고 치료를 받으러 왔다. 정신과의사와 내가 함께 이끈 공황장애 집단에 참석한 그는 몇 달 후에 증상이 많이 호전되었으나 여전히 고속도로를 나서는 것은 부담스러워했다. 공황발작이 오는 과정을 자세히 탐색해 보았더니 그는 사소한 신체감각에 지나치게 예민하게 반응하는 경향이 있었고, 신체반응에 이어 파국적 이미지를 떠올리는 습관이 있었다. 그는 내 지시에 잘 따르고 집단을 아주 의지하는 모습이었으므로 나는 그에게 운전하다가 불안해지면 앞 유리를 TV 화면처럼 생각하고, 거기에 내가 환히 웃는 얼굴을 비쳐 떠올려 보라고 말했다. 그는 다시 운전을 하게 되었고, 몇 달 뒤에 밝은 목소리로 내게 전화를 했는데, 그 방법이 매우 효과가 있었다며 고맙다고 여러 번 인사를 했다.

(5) 내적인 힘에 대한 알아차림

이는 개체가 자신이 갖고 있는 힘 또는 행위능력을 알아차리는 것을 뜻한다. 여기서 힘이란 어떤 일을 해결할 수 있는 능력, 어떤 상황을 견딜 수 있는 힘, 또는 자신이 처한 환경에 어떤 변화를 초래할 수 있는 능력 등을 뜻한다. 예컨대, 혼자 시장 보러 갈 수 있는 것, 집에서 혼자 한나절 동안 지낼 수 있는 것, 분노감정이나 슬픈 감정, 또는 외로운 감정이나 기쁜 감정 등을 피하지 않고 접촉할 수 있는 것, 상대편에게 나의 부정적인 감정을 표현할 수 있는 것, 상대편의 부당한 요구를 거절할 수 있는 것, 칭찬을 듣고 받아들일 수 있는 것 등 수없이 많다.

많은 내담자들은 자신이 갖고 있는 이러한 힘을 잘 자각하지 못하기 때문에 어떤 행동을 실천에 옮기지 못하며, 따라서 환경과의 접촉에 실패한다. 특히, 우울증 환자들은 이러한 경향이 심해서, 자신이 갖고 있는 힘을 잘 알아차리지 못함으로써 긍정적인 체험을 가져다줄 행동을 시도하지 않는다. 결과적으로 그들은 항상 부정적인 감정상태에 머물게 된다.

개체가 자신이 갖고 있는 힘을 자각하게 되면 현실을 직시하고 적응적인 행동을 할 수 있지만, 자신의 힘을 외부 환경에 투사해 버림으로써 알아차리지 못하게 되면, 타인에게 의존하거나 아니면 타인을 비현실적으로 두려워하게 된다. 그렇게 되면 타인을 조종하려 하거나 타인을 피하는 행동을 하게 된다. 펄스 등(1951)에 따르면 심리장애는 개체가 '스스로 자기를 지지하지(self support)' 못하고 환경적 지지에 매달리는 상태라고 한다. 이는 개체가 자신에게 있는 힘을 알아차리지 못하기 때문에 나타나는 현상이라고 할 수 있다.

내담자들은 자신에게 내재하는 힘을 보지 못하기 때문에 밖에서 그것을 보충하려고 시도한다. 치료자는 내담자의 이러한 시도를 좌절시키고, 내담자로 하여금 자기 자신 속에 있는 힘을 알아차리도록 도와주어야 한다. 내담자들은 실제 자기가 생각하는 것보다 훨씬 많은 힘을 소유하고 있다. 치료자나 다른 사람에게는 그것이 명백히 보이지만 정작 본인은 그것을 잘 알아차리지 못한다. 그것은 내담자가 자기를 보는 시각이 왜곡되어 있기 때문이다. 많은 내담자들은 치료에 와서 자신의 무력감을 호소한다. 마치 자기는 아무 능력도 없는 가련한 존재인 것처럼 절망적인 심경을 말하기도 한다.

만일 치료자가 이러한 내담자의 비관적 시각을 자신도 모르게 그대로 받아들이면, 그 치료는 이미 실패한 것이나 다름없다. 따라서 치료자는 내담자가 갖고 있는 힘을 재빨리 발견하여 내담자로 하여금 스스로 자신의 힘을 자각하도록 도와줄 수 있어야 한다. 다음은 나의 한 여성 내담자 사례를 소개한 것이다.

그녀는 어릴 적 어머니로부터 항상 사소한 일로 야단을 맞으며 자랐다. 그녀는 그때마다 어머니에게 맞서 반발했고, 오히려 보란 듯이 악착같이 이를 악물고 노력하며 살았다. 그녀는 마침내 사회적으로 성공했고 사람들로부터 인정을 받게 되었다. 하지만 자주 자신을 무가치한 존재로 느끼고 무력감에 젖어들었다. 그녀의 이러한 무력감은 어릴 적 어머니로부터 거부당한 경험과 관련 있었다. 즉, 자기는 어머니가 원했던 아들이 아니었고 따라서 무가치한 존재라는 어머니의 시각이 그녀의 삶 한 구석을 지배하고 있었다.

그녀의 이러한 무력감은 그녀가 자신이 갖고 있는 힘을 잘 알아차리지 못했기 때문에 생긴 것이었다. 즉, 그녀는 비록 어머니로부터 거부당했지만 그냥 주저앉지 않고 어머니에 맞서 싸우는 저력을 보여 주었고, 또 사회생활을 하면서도 어려운 상황을 잘 헤쳐 나온 힘이 있었다. 그녀에게 아직도 그러한 힘이 살아 있음은 물론이다. 그녀는 작업을 통하여 어릴 적 어머니에 대해 가졌던 분노감을 자각하고서, 고함을 지르며 어머니에 대한 분노감을 표현함으로써 어머니에 대한 미해결감정을 해소할 수 있었다. 또한 그녀는 자신이 단지 어머니의 권력 앞에 무력하게 희생만 당한 존재가 아니었다는 사실과 어머니와의 싸움에서 길러진 그 힘으로 사회생활의 온갖 어려움을 극복해 낼 수 있었다는 사실을 새롭게 인식하면서 한층 자신감을 회복했다.

이처럼 내담자들이 자신의 내적인 힘을 자각하지 못하는 예는 비교적 흔한데, 이는 과거 어린 시절 무기력했던 경험에 대한 기억이 현실지각에 영향을 미치기 때문이다. 즉, 어떤 문제 상황에 처하면 내담자는 그 상황에 대처할 수 있는 자신의 내적인 힘을 알아차리고, 거기에 따라 행동하기보다는 과거의 유사한 상황에서의 부정적 경험을 떠올려 자신의 현실대처능력을 고려하지 않은 채 무조건 포기해 버리고 위축되는 것이다. 따라서 현재 상황에 대해 내담자 자신이 갖고 있는 대처능력, 즉 내적인 힘을 알아차리는 것은 내담자가 자신감을 회복하는 데 있어 매우 중요하다.

내적인 힘에 대한 알아차림은 다른 현상 알아차림들과도 서로 밀접한 관련이 있는데, 그중에서도 특히 상황 알아차림과 깊은 관련이 있다. 즉, 개체가 자신의 힘을 잘 알아차리고 있으면 상황을 정확히 지각할 수 있지만, 그렇지 않고 자신의 힘을 잘 알아차리지 못하거나 외부에 투사했을 경우에는 자신이 처한 상황을 정확히 지각하지 못하고, 실제보다 더 위협적으로 지각함으로써 상황을 회피하게 된다.

(6) 환경에 대한 알아차림

환경에 대한 알아차림이란 주위 환경에 무엇이 있는지, 어떤 일이 벌어지는지 알아차리는 것이다. 예컨대, 길을 가다가 길 가운데에 웅덩이가 생긴 것을 알아차린다든가, 혹은 동네에 새로운 가게가 하나 들어선 것 등을 알아차리는 것이다. 환경에 대한 알아차림은 환경과의 접촉을 위해 매우 중요하다. 주위 환경에 어떤 일이 벌어지는지 혹은 어떠한 변화가 있는지를 잘 알아차리지 못하면 환경과의 효과적인 접촉이 불가능하기 때문이다.

미해결과제로 인하여 자신의 내적인 문제에 사로잡혀 있는 개체는 환경을 잘 알아차리지 못하며, 따라서 환경과의 접촉이 원활하지 못하다. 앞에 든 예에서 직장을 못 구하고 있는 현수 씨는 자신의 미해결과제로 말미암아 화창한 봄 날씨와 산들거리며 지나가는 봄바람, 담벼락에 피어 있는 개나리 꽃, 엿장수의 한가로운 가위질 소리를 잘 알아차리지 못하였다. 따라서 환경과의 접촉이 되지 못했고, 그 결과 길을 걷는 동안 잠시나마 봄의 정취를 느끼고 행복한 기분을 맛볼 수 있는 가능성을 놓쳐 버렸다.

성적 억압이 심한 사람은 거리를 지나가는 매력적인 이성들의 모습을 잘 알아차리지 못한다. 그들은 내적인 성적 갈등을 해결하지 못했기 때문에 환경에 나타나는 매력적인 자극들을 회피하거나 차단해 버리기 때문이다. 이러한 현상은 로르샤흐 검사를 통해서도 관찰할 수 있는바, 그들은 로르샤흐 카드에 들어 있는 색채에 대해 잘 반응하지 않는다. 폴스터와 폴스터(1974)는 편향이라는 개념으로 이러한 현상을 설명하였는바, 이는 개체가 환경과의 접촉 과정에서 자신이 감당하기 힘든 외부 자극으로부터 자신을 보호하기 위해 환경에 대한 알아차림을 차단시키는 것이다.

이러한 현상은 시각뿐만 아니라 청각적이나 촉각적·후각적·미각적 자극에 대해서도 관찰된다. 즉, 개체는 미해결과제가 축적되었을 경우 자신의 내부에 많은 에너지를 빼앗기기 때문에 외부의 소리를 잘 듣지 못하거나, 촉각이 둔해지거나 냄새를 잘못 맡거나 혹은 음식 맛을 잘 모른다고 한다. 하지만 미해결과제들이 완결되는 정도만큼 개체는 지금-여기의 개체-환경 장에 개방될 수 있으며, 그에 비례해서 환경에 대한 알아차림도 증가한다(Enright, 1971).

환경에 대한 알아차림은 신체감각, 욕구, 감정 등에 대한 알아차림과 무관하지 않다. 이런 것들에 대한 알아차림은 환경 알아차림을 증가시켜 주고, 또한 역으로 환경 알아차림은 그런 것들에 대한 알아차림을 높여 준다. 그래서 내담자에게 내부지각과 환경지각을 번갈아 가면서 해 보도록 함으로써 내적 공상에서 벗어나서 현실과의 접촉을 높여 줄 수 있다. 대개 개인작업을 끝낼 무렵이면 내담자들은 자신의 내적 상태에서 해방되고 환경과 접촉할 수 있는 준비가 되어 있다. 따라서 치료자는 이때 내담자에게 환경접촉을 시켜 주는 것이 바람직하다. 가령, 다른 집단원들과의 눈 접촉을 시키거나 서로 간에 피드백을 교환하게 하는 것이 좋다(Perls, 1969b).

흥미로운 사실은 환경에 대한 알아차림이 잘 되지 않는 내담자들은 대부분 다루어지지 않은 미해결과제가 있다는 점이다. 흔히 이런 내담자들은 일시적으로 혹은 지속적으로 멍한 상태에 있으며, 주변상황의 변화를 잘 알아차리지 못하고 제때 반응을 하지 못한다. 심한 트라우마를 겪은 사람들일수록 이런 현상은 더욱 뚜렷하게 나타난다. 치료자는 이런 내담자들을 유심히 관찰하여 미해결과제를 찾아내어 다루어 주어야 한다. 미해결과제를 다루어 주고 나면, 내담자들의 환경에 대한 알아차림이 갑자기 높아지는 현상을 어렵지 않게 관찰할 수 있다. 치료가 끝나면 종종 내담자들이 "주변이 밝게 보여요. 사물들이 더 또렷하고 생생하게 느껴져요!"와 같은 말을 하는 것을 들을 수 있다.

환경에 대한 알아차림 자체가 치료적일 수도 있다. 드물긴 하지만 가끔 치료 도중에 내담자에게 갑자기 공황상태가 오는 경우를 볼 수 있는데, 이때는 신체접촉과 함께 환경에 대한 알아차림을 하도록 도와주는 것이 매우 중요하다. 즉, 환경에 대한 알아차림이 공황상태로부터 벗어날 수 있는 강력한 치료도구가 될 수 있다.

내가 이끄는 집단에 참여했던 한 30대 후반의 여성은 어린 시절의 트라우마를 다루는 작업을 하다가 갑자기 공황발작이 와서 호흡곤란을 일으키며 극심한 공포에 질렸었다. 그녀는 얼굴을 손으로 가린 채 엉엉 소리를 지르며 울면서 온몸을 사시나무 떨듯 벌벌 떨었다. 나는 그녀의 팔을 꽉 잡아 주면서 심호흡을 하도록 도와주는 동시에 아무 일도 일어나지 않을 테니 걱정하지 말라며 안심을 시켰다. 그러면서 내 목소리가 들리는지 물었다. 그녀는 그 와중에도 머리를 끄덕여 주었다. 나는 계속해서 그녀의 마음을 헤아려 주는 말들을 하면서 꼭 안아 주었다. 그러면서 내 말이 들리는지 중간중간 확인했다. 그녀는 안겨서 울면서도 내 질문에 고개를 끄덕여 주었다. 어린 시절 어머니로부터 매 맞고 집밖으로 쫓겨나 어두운 골목에서 혼자 떨고 섰던 장면이 떠올라 공황발작을 일으킨 것이었다. 차츰 시간이 지나면서 그녀는 조금씩 진정이 되었고, 집단원들과 나는 그녀에게 한 마디씩 지지의 말을 해 주었고, 그녀는 집단원들과 나의 목소리를 들으며 서로 간의 접촉을 유지했다. 많이 진정이 된 상태에서 나는 그녀에게 살며시 눈을 뜨고 집단원들의 얼굴과 눈을 접촉해 보라고 말했다. 그리고 누가 보이는지, 그녀를 향해 미소짓고 있는 집단원들의 얼굴이 보이는지 물었다. 그녀는 부끄러운 듯이 얼굴에 미소를 지으며 한 사람 한 사람의 이름을 대며 고맙다고 말했다.

(7) 상황에 대한 알아차림

이것은 현재 개체가 자신이 처한 상황을 있는 그대로 정확히 지각하는 것을 말한다. 개체가 현재의 자기가 처한 상황을 잘 알아차리는 것은 매우 중요하다. 개체는 자신의 '욕구(need)'를 파악하는 한편, 환경의 '요구(demand)'를 지각하여 이 양자의 적절한 타협에 의해 환경에 창조적으로 적응해 나가야 하는데, 그러기 위해서는 자신이 처한 상황을 정확히 아는 것이 필요하기 때문이다. 만일 개체가 그다지 어렵지 않은 상황을 매우 어려운 상황으로 잘못 지각하거나, 혹은 반대로 상당히 어려운 상황을 별로 어렵지 않은 상황으로 왜곡하여 지각하는 것은 모두 개체의 행동에 부정적인 결과를 초래한다. 예를 들어 보자.

서현 씨는 상사의 지시에 지나치게 맞추려는 태도로 인하여 스트레스를 많이 받아 왔다. 부서원들이 다 같이 들은 지시사항을 혼자서 과도하게 책임지려는 모습을 보이며 힘들어했다.

그녀는 자신이 어떤 일을 하지 않으면 다른 사람들은 마치 아무도 그 일을 하지 않을 것 같은 생각이 자주 들었고, 그렇게 되면 부서가 마비될 것 같은 위기감이 들어 지나치게 과로하는 습관이 있었다. 그러던 어느 날 그녀는 신체적 한계를 느껴 도저히 더 이상 감당할 수 없는 지경에 이르러 상담을 받으러 왔다.

그녀는 어린 시절 요구 많은 언니와 말썽 많은 남동생 사이에서 엄마의 힘든 사정을 잘 알고 있었기에 항상 자신의 욕구를 억누르고 엄마를 도우며 살았었다. 그녀는 어릴 때 자신이 처한 상황을 잘 알아차렸기에 거기에 맞게 처신함으로써 엄마의 인정을 받을 수 있었다. 하지만 현재 성인이 된 지금의 상황은 분명히 그때와는 다를 수 있는데도, 그녀는 그것을 알아차리지 못하고 있었다. 나는 그녀에게 **"지금 상황도 어린 시절과 비슷한가요? 만일 당신이 하지 않으면, 아무도 할 사람이 없을까요?"**라고 물었다. 그녀는 곰곰이 생각하더니 **"아니, 반드시 그렇지 않아요. 제가 하지 않으면 누군가 하겠지요. 그러네요. 그런 생각을 별로 해 보지 않았네요."**라며 좀 어이없다는 듯이 웃었다.

그 시간 이후로 그녀는 회사에서 자신이 처한 상황을 유심히 관찰하면서 과도한 책임을 내려놓는 연습을 했다. 몇 주 뒤에 그녀는 상담시간에 와서 웃으면서 **"제가 그렇게 총대를 다 메지 않아도 세상이 뒤집어지지는 않는 것 같네요!"**라고 말했다. 또 **"예전처럼 그렇게 전력투구를 하지 않으니 다소 불안하기도 하고, 허전하기도 해요. 하지만 훨씬 마음이 놓이기도 해요. '내가 다 하지 않아도 되는구나!'란 생각이 들어서요. 사람들이 생각보다 각자 자기 맡은 책임은 다 하고 있더라고요. 제 착각이었던 것 같아요. 사람들을 믿지 못한 것 말이에요. 제가 교만했던 것 같아요."**라고 덧붙였다. 이후 그녀는 훨씬 과로를 덜 했고, 신체적으로도 많이 회복되면서, 마음도 한결 편해졌다.

이런 변화가 가능했던 것은 먼저 그녀가 자신이 처한 현재 상황을 객관적으로 보려고 노력했기 때문이었다. 즉, 현재 상황을 정확히 관찰하고 알아차림으로써 새로운 실험을 시도할 수 있었던 것이다. 그다음으로 자신이 행한 실험의 결과가 애초 염려했던 바와는 달리 별로 나쁘게 나오지 않았다는 것도 알아차릴 수 있었기 때문이었다.

상황에 대한 알아차림도 다른 현상 알아차림들과 무관하지 않다. 즉, 개체는 신체감각이나, 욕구, 감정, 이미지, 내적인 힘, 환경 알아차림 등을 통해 미해결과제들을 해결한 정도만큼, 상황을 왜곡하지 않고 있는 그대로 정확히 지각할 수 있다. 역으로 상황에 대한 알아차림은 환경과의 효과적인 접촉을 증가시켜 주고, 따라서 다른 현상 알아차림들과 마찬가지로 미해결과제들을 완결 짓는 데 기여한다.

(8) 관계에 대한 알아차림

관계란 주관적이고, 상대적이며, 또한 유동적인 것이어서 대인관계에서 객관적 관계란 존재하지 않는다. 즉, 서로 간의 관계는 각자 주관적 지각에 따라 서로 다르게 느낀다. 예컨대, A와 B의 관계에서 A는 자신이 B와 친하다고 느끼지만, B는 A에 대해 그렇게 느끼지 않을 수 있다. 그러면 두 사람의 관계는 친한 관계인가? 그렇지 않은 관계인가? 이 질문에 대한 답은 양쪽 다 틀렸다는 것이다. 그것은 질문이 잘못되었기 때문이다. 즉, 각자의 지각을 떠나 객관적으로 존재하는 관계라는 것은 현상학적 관점에서 볼 때 무의미한 명제라고 할 수 있다.

하지만 우리는 상대방이 우리에 대해 어떻게 느끼는지[지각하는지]에 대해 알아차릴 수 있는 능력 또한 있으므로 서로의 관계에 대해 비교적 정확한 판단을 할 수 있다. 예컨대, 앞의 예에서 A는 자신이 B와 친하다고 느끼지만 B는 자기에 대해 그렇게 느끼지 않는다는 것 또한 자각하고 있을 수 있다. 이것이 관계에 대한 알아차림이다. 관계에 대한 알아차림은 하나의 능력으로서 사람마다 그 능력에 있어 차이가 있으나, 노력에 의해 길러질 수 있다. 관계에 대한 알아차림이 높을수록 서로의 관계를 향상시킬 가능성이 높아지는 데 반해, 관계에 대한 알아차림이 부족할수록 관계개선은 어렵다.

이제까지 설명한 8개의 현상 알아차림들 중에 관계에 대한 알아차림은 가장 어려우면서도 가장 중요한 것이다. 궁극적으로 인간은 관계적 존재로서 관계에 대한 알아차림이 정확하지 않으면 여러 가지 문제를 일으킬 수밖에 없기 때문이다. 관계는 매우 주관적이고, 상대적이며, 유동적인 것이긴 하지만 실재하는 현상으로서 우리의 삶에서 결정적인 역할을 한다. 가까운 사람들 사이에 서로 구속하지 않으면서도 친밀하고 우호적인 관계를 형성하는 것은 참으로 중요하다. 그런 관계를 만들어 내기 위해서는 서로 간의 관계가 어떠한가를 정확히 알아차릴 수 있어야 한다.

지희 씨는 친구들 사이에서 말이 없는 편이다. 친구들은 재미있게 떠들며 이야기하는데 그녀는 주로 듣기만 하지, 자신의 이야기를 잘 하지 않는다. 친구들이 궁금해서 물으면 잠깐 몇 마디를 할 뿐 여전히 소극적인 태도를 보인다. 이런 지희 씨에 대해 친구들은 이유를 몰라 무척 안타깝게 여긴다. 지희 씨가 좀 더 자신을 드러내고 함께 재미있게 이야기하면 좋을 텐데, 그렇게 하지 않는 그녀에 대해 어딘지 모르게 거리감도 느낀다. 하지만 그런 지희 씨의 모습에 익숙해져서 그냥 받아들이는 편이다.

지희 씨는 쌍둥이였는데, 세 살 때부터 일곱 살 때까지 혼자 할머니 댁에서 자랐다. 어머니가 힘들어서 둘을 같이 키울 수가 없었기 때문이었다. 일곱 살에 집에 돌아왔을 때, 다른 형제들은 서로 친하게 지내고 있었다. 지희 씨는 형제들과 어떻게 섞여야 할지 몰라 우두커니 혼자서 있는 경우가 많았다. 지희 씨는 자기는 다른 사람들과 다르며, 사람들이 자기를 별로 좋아하지 않는다는 생각을 자주 했다. 이런 생각은 나중에 친구들과의 관계에서도 유지되었다. 즉, 친구들과 어울리고 싶었지만 그들이 자기를 좋아하지 않을 거라는 생각에 잘 다가가지 못한다. 그녀는 친구들이 자기와 친해지고 싶어 하는 것을 잘 알아차리지 못한다.

정훈 씨는 매우 성실한 가장이다. 회사생활을 열심히 했고, 밤늦게까지 야근을 하는 경우도 잦았다. 집에 돌아오면 피곤하여 주말에는 하루 종일 잠을 자거나, 잠시 시간이 있으면 컴퓨터를 켜서 게임을 했다. 아이를 돌보거나 집안일을 하는 것은 주로 아내의 몫이었다. 그는 경제적인 부분을 해결하고 있기 때문에 자신이 할 일은 다했다고 믿었다. 아내가 함께하는 시간이 너무 적은 것 같다고 불만을 이야기하면, 버럭 소리를 지르거나 귀찮은 표정을 지었다. 그녀는 소리 지르는 남편의 모습이 친정아버지를 연상시켜 힘들었다. 무엇보다 대화가 되지 않는다는 느낌이 무척 갑갑했다. 그녀는 점차 남편에 대한 애정이 식어 가는 것을 느끼고 있었고, 결혼생활에 회의를 느끼기 시작했다. 하지만 정훈 씨는 아내가 자신과의 관계를 이처럼 불행하게 느낀다는 것을 잘 알아차리지 못하고 있다.

인수 씨는 개인상담에서 어릴 적 권위적이고 독선적이었던 아버지 밑에서 억눌려 자랐던 경험으로 인해 자신의 이후 삶이 얼마나 투쟁적으로 변했었는지에 대해 매우 열띤 어조로 흥분해서 이야기했다. 나는 그의 이야기가 무척 극적인 내용들이 많았을 뿐 아니라 아버지와 아들 두 사람 모두 강한 개성이 느껴져 아주 재미있게 들었다. 이야기를 들으면서 간혹 호기심이 발동해 이것저것 묻기도 하고, 아버지에게 대들었던 그의 용감한 행동에 대해 감탄도 하고, 지지도 보냈다. 그런데 그는 이러한 나의 관심이나 반응들에 대해서는 별로 신경 쓰지 않는 것처럼 보였다. 나는 그를 잠시 멈추게 하고, 나와 그런 이야기를 나누는 지금 이 순간의 기분이 어떤지 물었다. 그리고 내가 그의 이야기를 듣고 있다는 것이 느껴지는지에 대해서도 물었다. 그는 매우 의아하다는 듯이 힐끗 나를 쳐다보고는 그런 건 잘 모르겠다며, 계속 자신의 과거경험에 대해 이것저것 계속 이야기를 했다. 나는 다시 그를 멈추게 하고, 왜 그렇게 많은 이야기를 하려는지 물었다. 그는 어이없다는 듯이 잠시 멍한 표정을 짓더니, **"나 자신이 어떤 사람인지 알고 싶어서요."**라고 대답했다. 그는 어린 시절에 갇혀 있었다. 어린 시절 아버지와의 관계가 온통 그의 전경을 차지하고 있어, 지금-여기에서 상담자와의 관계를 알아차리지 못하고 있었다. 아니 더 정확히 말해서 [무의식적으로, 습관적으로] 무시하고 있었다.

지희 씨나 정훈 씨의 경우 두 사람 모두 타인과의 관계에 대한 알아차림이 정확하지 않음으로 인해 과거의 미해결과제를 해결하지 못하거나 혹은 새로운 문제를 만들어 내는 것을 볼 수 있다. 현재 자신이 맺고 있는 대인관계가 어떠하든 상관없이 그 관계의 질을 정확히 알아차림으로써 새로운 행동목표를 정할 수 있다는 점에서 관계에 대한 알아차림은 성장에 필수적이다. 예컨대, 한 사람이 자신이 가족이나 친구와 맺고 있는 관계가 융합관계라면 그것을 알아차림으로써 독립적이면서도 우호적인 관계로 나가기 위해 노력할 수 있을 것이고, 반대로 고립적이고 단절된 상태라면 또한 그것을 알아차림으로써 거기에서 벗어나 건강한 연결성을 향한 노력을 기울일 수 있을 것이기 때문이다.

치료시간은 내담자의 평소 관계패턴을 점검해 볼 수 있는 좋은 기회이다. 인수 씨처럼 자신의 미해결과제에 함몰되어 지금-여기의 관계에 대한 알아차림이 잘 되지 않는 경우, 치료자는 이를 신속히 알아차려서 치료적 개입을 해야 한다. 인수 씨의 경우 자신이 관계에 대한 알아차림이 잘 되지 않는다는 사실조차 잘 알아차리지 못하고 있다고 하겠는데, 이때 치료자는 내담자에 대한 솔직한 자신의 감정을 개방함으로써 내담자로 하여금 치료자의 존재를 느끼게 해 주거나, 혹은 치료자가 권위적이고 비판적인 사람, 이성적이고 지적인 사람, 무심하고 냉담한 사람, 따뜻하고 공감적인 사람 등의 역할연기를 해 줘서 내담자로 하여금 다양한 관계를 경험하게 해 줌으로써 관계에 대한 알아차림을 높여 줄 수도 있을 것이다.

2) 행위 알아차림

현상 알아차림이 한 개인의 내면이나 외부 혹은 개인들 사이에 일어나는 현상을 알아차리는 것이라면,[2] 행위 알아차림은 개체가 스스로 [무의식적으로] 하는 자신의 행위방식, 특히 부적응적인 행동방식들을 알아차리는 것을 뜻한다. 따라서 전자가 '어떤 것'에 대한 알아차림이라면, 후자는 '어떻게'에 대한 알아차림이라고 할 수 있다.

게슈탈트치료는 내용보다는 과정을 중시하는 기법이다. 내담자를 이해함에 있어서도 그의 전기(傳記)보다도 살아온 스타일에 더 많은 치료적 가치를 둔다. 즉, 그가 일생 동안 무엇을 하며 살아왔느냐보다도 어떻게 살아왔느냐가 더 많은 것을 시사해 준다고 본다.

---

2) 개인의 내면과 외부를 구분하는 것은 이분법적인 발상으로서 게슈탈트치료의 장이론적 관점에서 볼 때, 맞지 않는 표현이다. 우리가 외부에 있다고 가정하는 외부 환경의 사물들을 인식하는 것도 우리가 안에서 밖을 인식한다기보다는 이미 우리의 지각체계에 들어와 접촉되고 있는 현상들을 우리가 지각하는 것이다. 여기서는 편의상 개인의 내면과 외부, 개인들 사이로 구분한 것일 뿐 실제로는 이렇게 구분하는 것은 정확하지 않다.

우리는 종종 스스로 자신의 유기체 성장을 방해하는 방향으로 행동하기도 하는데, 그러한 행동은 대개 습관화되어 있어 우리는 이를 의식하지 못한다. 그런데 만일 우리가 이러한 자신의 부적응 행동방식을 알아차리게 되면 이를 중지할 수 있게 된다. 만일 내담자들이 자기가 어떻게 자신의 문제를 스스로 만들어 내고 있는지에 대한 행위 알아차림을 하게 되면 증상은 즉시 사라진다.[3]

소위 심리장애란 내담자 스스로 [무의식적으로] 만들어 내는 것들이므로 그러한 부적응 행동방식들을 알아차리게 되면 문제가 해결된다. 따라서 게슈탈트치료에서 치료자는 내담자의 문제를 해결하기 위해 과거 사건들을 찾아내어 분석하지 않고 단지 내담자가 현재 자기 자신의 욕구와 감정을 어떻게 스스로 억압하고 차단하는지, 어떻게 새로운 체험을 회피하고 방어하는지 **지금-여기**에서 알아차릴 수 있도록 도와주는 데 초점을 맞춘다. 이때 내담자는 자기 행동의 '**어떻게**'에 집중함으로써 자신의 억압행위를 알아차리고, 그 결과 억압을 해제할 수 있게 된다. 여기서 중요한 사실은 억압된 **내용**을 의식화하는 것이 아니라, 자신의 억압하는 **행위**를 알아차리는 것이다 (Perls et al., 1951; Simkin, 1976; Harman, 1989a).

내담자가 부적응행동을 계속 유지하는 것은 스스로 자신의 행동에 대한 알아차림이 없기 때문이다. 만일 내담자가 자신들이 하고 있는 행위를 알아차리게 되면 그 행동에 대해 선택을 할 수 있게 된다. 즉, 무의식적이고 습관적으로 하던 부적응행동에 대해 그러한 행동을 자신이 스스로 하고 있다는 사실을 알아차리게 되면, 그 행동을 계속할 것인지 아니면 이제 그만 둘 것인지를 선택할 수 있게 된다. 이때 부적응행동을 의식적으로 선택할 확률은 높지 않다. 따라서 그러한 행동을 중단하고 적응적인 행동, 즉 현상 알아차림을 선택하게 된다.

이와 같이 행위 알아차림은 무의식적 행동을 의식적 행동으로 바꾸어 줌으로써 내담자로 하여금 자신의 행동에 대한 통제력을 갖게 해 주며, 결과적으로 적응적인 행동을 선택하도록 해 준다고 하겠다. 행위 알아차림에는 접촉경계혼란, 고정된 사고패턴, 그리고 고정된 행동패턴에 대한 알아차림의 세 가지가 있는데, 이들을 하나씩 살펴보기로 한다.

(1) 접촉경계혼란 행동에 대한 알아차림

이미 5장에서 자세히 설명하였지만, 유기체가 자연스럽게 게슈탈트를 형성하지 못하는 것, 즉 현상 알아차림을 잘 못 하는 것은 내사, 투사, 융합, 반전, 자의식, 편향 등 접촉경계혼란으로 인한 결과이다. 펄스의 표현에 따르면 접촉경계혼란은 마치 개체와 현실의 중간층에 있는 환상과

---

[3] 행위 알아차림은 증상을 즉시 사라지게 해 주지만, 대부분의 문제행동은 습관화되어 있기 때문에 다시 나타난다. 하지만 그런 행동이 나타날 때마다 행위 알아차림을 계속하게 되면, 증상은 차츰 줄어든다.

같은 것으로서 개체와 현실 간의 접촉을 방해하여 유기체를 환경으로부터 소외시킨다(Perls et al., 1951).

내담자가 스스로 만든 허구적인 환상세계로부터 벗어나 올바른 현실접촉을 하기 위해서는 접촉경계혼란 행동을 중지해야만 한다. 그렇게 하기 위해서는 먼저 그러한 행동의 배경과 의미를 이해하는 한편, 자신의 이러한 행동을 알아차릴 수 있어야 한다.[4] 따라서 치료자는 내담자가 치료상황에서 나타내 보이는 접촉경계혼란 행동을 그때그때 알아차리도록 도와주어야 한다.

한편, 내담자가 자신의 접촉경계혼란 행동을 한두 번 확인하고 이해하는 것만으로 접촉경계혼란 행동이 바로 사라지는 것은 아니다. 내담자들은 우선 자신의 접촉경계혼란 행동에 대해 반복된 관찰과 확인을 통하여 그러한 행동에 대한 탐지능력을 증가시키는 한편, 실제 상황에서 나타나는 자신의 접촉경계혼란 행동들을 알아차리는 연습을 반복해야 한다.

만일 내담자가 접촉경계혼란 행동을 하는 순간 이를 알아차리게 되면, 이러한 행동을 무의식적으로 반복하지는 않게 된다. 왜냐하면 자신의 행동이 접촉경계혼란 행동인 줄 알아차렸다는 것은 바로 그 행동의 무의미성을 깨달았다는 것과 같은 의미이기 때문이다. 어떤 사람이 이사를 갔는데, 자기도 모르게 [습관적으로] 옛날 집으로 걸음을 향하다가 문득 자신의 착각을 알아차렸다면, 가던 길을 멈추고 방향을 바꾸지 않을까? 물론 실제 삶 속의 문제는 이렇게 단순하지 않은 경우가 많이 있을 것이다. 하지만 그 원리는 동일하다고 하겠다.

접촉경계혼란 행동은 어느 한순간에 한 가지 종류만 일어나는 것이 아니라 여러 가지의 접촉경계혼란 행동이 함께 동시에 나타날 수 있다. 예컨대 아래와 같은 현상이 있을 수 있다.

집단장면에서 A는 친구인 B가 C로부터 공격을 받고 의기소침해지자 자기도 같이 맥이 풀린 채 우울해져 가만히 앉아 있었다. 그는 더 이상 집단의 흐름을 함께 따라가지 못하고 풀이 죽어 혼자 생각에 빠져 버렸다.

위와 같은 현상은 집단장면에서 흔히 볼 수 있는 참여자 행동의 하나이다. A의 행동을 자세히 살펴보면 A는 B와 융합관계에 있었기 때문에 B가 공격을 받자 마치 자기 자신이 공격을 받은 것처럼 느끼고 C에게 분노했다. 그래서 그는 B를 대신해 C와 싸우고 싶었다. 하지만 A는 C와 그를 편드는 사람들이 무서웠기 때문에 C에 대한 분노감을 자기 자신에게 반전시켜 버렸고 따라서 우

---

[4] 접촉경계혼란 행동은 13장 게슈탈트치료의 절차에서 '주제의 발견'이라는 제목으로 자세히 다루었는데, 주제의 의미를 이해하기 위해서는 배경탐색이 필요하다. 주제를 발견하고 배경탐색을 하게 되면 주제의 의미가 명확히 이해되고, 또한 주제가 더욱 선명하게 보이게 되는데, 그렇게 되면 주제와 관련된 접촉경계혼란 행동들을 쉽게 알아차릴 수 있게 된다.

울해진 것이다.

만일 리더가 A의 이러한 접촉경계혼란 행동들을 하나씩 자각시켜 준다면, 그는 이를 해결하고 다시 집단으로 돌아올 수 있게 될 것이다. 이때 리더는 항상 집단원들의 행동 중에서 현재 순간에 가장 정점에 있는 부분에 대해 먼저 주의를 기울여야 한다. 즉, 가장 표면에 드러나고 있는 접촉 경계혼란 행동을 먼저 자각시켜 주어 이를 해결한 후, 다시 전면으로 부각되는 측면에 대해 작업을 해야 한다. 즉, 앞의 예에서 리더는 먼저 A의 반전행동을 알아차리게 해 줌으로써 C에 대한 분노감정을 자각하게 주어야 한다. 이때 A는 필요하면 치료자의 도움을 받아 C에 대한 분노감정을 표현할 수 있을 것이다. 그다음에는 왜 A가 C에 대해 분노감을 느끼게 되었는지 탐색해 봄으로써 B와의 융합관계를 알아차릴 수 있을 것이다.

이때 리더는 A로 하여금 B와 융합관계를 이루게 된 심리적 배경으로서 A가 자신의 내적인 힘을 B에게 투사하고 있음을 자각시켜 줄 수도 있다. 그렇게 되면 A는 마침내 자신의 내적인 힘을 회복하고 B와의 융합관계로부터 벗어나게 될 것이다.

내담자들이 사용하는 접촉경계혼란 중에서 반전은 흔히 신체근육의 긴장을 동반하므로 치료자가 관찰하기에 용이하다. 이때 치료자는 이러한 내담자의 신체상태를 자각시켜 줌으로써 내담자로 하여금 자신의 접촉경계혼란 행동을 알아차리도록 도와줄 수 있다. 즉, 치료자는 내담자의 표정이나 신체자세 혹은 근육긴장, 목소리의 떨림 등 신체상태를 자세히 관찰하여 내담자의 차단행동을 자각시켜 줄 수 있다.

치료자는 내담자의 신체행동을 과장되게 표현하도록 시킴으로써 좀 더 자신의 행위에 대한 자각을 증진시켜 줄 수도 있다. 이처럼 신체상태에 대한 자각은 매우 중요하다. 하지만 많은 내담자들은 자신이 신체를 사용하여 알아차림을 차단하고 있다는 사실을 깨닫지 못한다(Zinker, 1977).

(2) 사고패턴에 대한 알아차림

사고는 신체감각이나 욕구, 감정, 이미지, 내적인 힘 등과는 달리 유기체 현상이 아니다. 이는 접촉경계혼란 행동들처럼 개체가 행하는 행동의 하나이다. 즉, 이는 사실을 종합하여 분석하고, 판단하며, 추론하는 등의 적극적인 행위이다.

우리는 사고를 통하여 현실에 적응해 나가기 때문에 사고는 우리가 적응해 가는 데 매우 중요한 기능을 갖고 있다. 만일 인간에게 사고기능이 없다면 인간은 환경과의 효과적인 교류를 할 수 없을 것이다. 하지만 우리는 대부분 실제 생활에서 매 순간 깊은 사고를 통하여 현실을 판단하지는 않는다. 만일 그렇게 한다면 그것은 매우 번거로운 일이 될 것이다. 우리는 주로 자신의 과거 경험을 토대로 미리 일정한 사고의 틀, 즉 사고패턴을 만들어서 그것에 의해 [자동적으로] 현실을 판단한다.

이러한 방식은 매우 경제적이고 어떤 면에서는 건강한 행동이라고 할 수 있다. 그러나 우리가 갖고 있는 이러한 사고패턴이 너무 경직되고 고정된 패턴일 때는 문제가 된다. 왜냐하면 현재에 벌어지는 어떠한 사건도 과거 사건과 똑같을 수는 없는데, 고정된 사고패턴을 가진 사람은 새로운 사건이나 현상들을 과거의 것들과 같은 것으로 간주하고 동일하게 취급해 버리기 때문이다.

특히 부정적 과거경험이 많은 사람일수록 이러한 고정된 사고패턴이 끼치는 악영향은 매우 크다. 즉, 그들은 현실을 있는 그대로 보고 판단하는 것이 아니라 과거 자신의 부정적 경험의 어둡고 굴절된 안경을 통하여 현재를 지각하기 때문에 환경과의 올바른 교류가 어렵다. 그들은 현재에 아무리 긍정적 사건이 발생해도 그것을 긍정적으로 지각하지 못하고, 그냥 패턴화된 부정적 시각으로 보기 때문에 좌절경험을 많이 하게 되며, 그 결과 자신감을 상실하고 우울감에 빠지게 된다.

이러한 부정적 사고패턴의 예를 들면 "열심히 해 봤자 결과는 뻔해!" "어차피 안 될 텐데 뭐!" "사람들은 나를 좋아하지 않아!" "세상은 차가운 곳이야!" "완벽하지 않으면 비난받을 거야!" "다른 사람의 인정을 받지 않으면 끝장이야!" "내가 희생하지 않으면 아무도 나를 좋아하지 않을 거야!" 등 수없이 많다.

나의 내담자 한 사람은 40대 중반의 대기업 간부사원이었는데, 그는 자신의 사회적 지위에 비해 상당히 소심하고 위축된 모습을 보여 주어 처음엔 의아한 마음이 들었었다. 나는 그와의 상담을 통해 그의 내적 사고가 매우 부정적으로 패턴화되어 있다는 것을 발견했다. 즉, 그는 어떤 일을 하기에 앞서 항상 "그 일이 정말 잘 될 수 있을까?"라고 자문하든가 아니면 "아무래도 안 될 것 같아!"라고 생각하는 버릇이 있었다. 나는 그의 이러한 사고패턴을 자각시켜 주었다. 그는 생각에 잠기더니 다음과 같은 어린 시절에 있었던 사건을 기억해 내었다.

그는 중학교 다닐 때 야구를 썩 잘 했고 앞으로 야구선수가 되고 싶었는데, 아버지의 반대로 야구선수의 꿈이 좌절되어 무척 실의에 빠졌던 적이 있었다. 그 후로 그는 **"나의 욕구는 결코 충족될 수 없어!"** 라는 부정적 생각을 자주 했으며, 어떤 일을 시작하려고 할 때마다 항상 **"과연 그게 실현될 수 있을까?"** 라는 의문을 가지는 습관이 생겼다. 그래서 그는 어떤 일이든 조금 진행하다가 말아 버리는 소극적 성격이 되어 버렸다. 그는 이렇게 어린 시절의 일에 대해 말하고서 그때의 충격이 이렇게 자신의 삶을 지배해 온 줄은 미처 몰랐다며 놀라워했다. 그는 자신의 부정적 사고패턴이 자신을 매우 소극적인 사람으로 만들고 있다는 사실을 깨닫고, 이제부터라도 자신의 생각을 한번 바꾸어 보겠다고 말했다.

부정적 사고패턴의 형성은 대체로 경직되고 해로운 내사와 관련이 있다. 예컨대, **"반드시 경쟁에서 이겨야만 한다." "패자는 아무런 가치가 없다." "다른 사람으로부터 인정받지 못하면 무가치한 삶이다." "나를 희생해야만 인정받는다." "아무도 믿어서는 안 된다."** 등 지나치게 편협한 가치관의 형태를 띤 내사들을 들 수 있는데, 이러한 내사는 부모나 양육자의 교육에 의해 주입된 것이거나 혹은 자신의 상처받은 경험을 통해 스스로 형성한 것들이다. 어떤 경로를 통해 형성되었든 간에, 이러한 내사는 부정적 사고패턴의 형태로 내재하면서 [무의식적으로] 우리의 삶을 지배하게 된다.

접촉경계혼란 행동의 경우에서와 마찬가지로 이러한 부정적 사고패턴들도 내담자가 그런 사고패턴이 형성된 배경과 의미를 이해하고 통찰하고 나면, 그것들의 영향력을 줄일 수 있게 된다. 즉, 그런 생각이 그 자체로서 타당한 것이 아니라 자신의 학습경험에 의해 내사된 생각일 뿐이라는 것을 알게 되면 그런 생각을 무비판적으로 받아들이기보다는 잠시 멈추고 그 생각이 타당한지 생각해 보거나 실험을 통해 타당성을 검증해 보고 싶은 마음이 일어날 것이다.

그런데 이런 생각들은 대부분 습관화된 자동적 사고의 형태로 존재하므로 그것을 알아차리지 못하면, 여전히 우리의 삶을 지배하게 된다. 따라서 자동적[무의식적] 사고패턴에 대한 알아차림이 무척 중요하다. 자신도 모르게 부정적 사고패턴이 나타나면, 바로 그 순간에 알아차릴 수 있어야 한다. 그렇게 되면 그 프로세스를 멈출 수 있게 되고, 동시에 그것으로부터 벗어날 수 있게 된다.

부정적인 사고패턴을 바꾸기 위해서는 많은 노력을 필요로 한다. 즉, 자신의 부정적 사고가 나올 때마다 이것을 알아차리고 멈춰야 하며, 또한 달리 생각하는 연습을 꾸준히 해야 한다. 부정적 사고패턴이 굳어져 고정된 사고가 되기까지 오랜 시간이 걸린 것처럼, 그것을 바꾸는 데도 시간이 걸린다. 하지만 의식적으로 체계적으로 노력함으로써 시간을 단축시킬 수는 있다. 따라서 부정적 사고패턴이 나타날 때마다 즉시 이를 알아차려 멈추고, 동시에 어떤 것이 합리적인 생각일까 자문하면서 이성적으로 사고하는 습관을 길러야 한다.

(3) 행동패턴에 대한 알아차림

행위 알아차림의 또 다른 대상으로서 접촉-경계혼란 행동이 반복됨으로써 습관적으로 굳어져 버린 행동패턴, 즉 **'반복회귀 게슈탈트(recurrent gestalt)'**에 대한 자각을 들 수 있다. 내담자들은 흔히 경직된 행동패턴을 형성하여 환경과의 접촉을 차단하고, 자기 세계에 갇혀 산다. 치료자는 내담자로 하여금 이러한 역기능적인 행동구조를 알아차리도록 해 줌으로써, 그러한 틀에서 벗어나 환경과 자연스럽게 교류 및 접촉할 수 있도록 해 주어야 한다. 경직된 행동패턴이 생기는 것은 개체가 성장과정에서 여러 가지 이유로 인해 자신의 중요한 게슈탈트를 완결짓지 못함으로써, 미해결과제의 완결을 요구하며 개체를 계속 압박하기 때문이다(Clarkson, 1990, pp. 42-45).

이러한 경직된 행동패턴 혹은 반복회귀 게슈탈트는 개체로 하여금 현재 상황을 적응적으로 대처하지 못하게 만들며, 상황에 관계없이 항상 똑같은 행동방식을 반복하게 한다. 흔히 우리가 성격이라고 말하는 것이 바로 이런 경직된 행동패턴에 해당한다. 이런 맥락에서 펄스는 성격이 없는 것이 건강한 유기체라고 말했다. 성격은 예측 가능한 고정된 행동을 낳으며 그러한 행동은 유기체 성장을 저해하기 때문이다(Perls, 1969b).

예컨대, 냉정한 부모에게서 사랑을 받지 못하고 자란 사람이 부모의 사랑을 받기 위해 갖은 노력을 다하게 되는 것을 볼 수 있다. 그런 사람의 행동은 충족되지 못한 애정욕구를 해소하고 싶은 동기에 의해 특징지어진다. 즉, 항상 착하고, 누구에게나 친절하고, 자신의 욕구를 억누르는 등 자신의 욕구를 무시하고 타인의 요구에 자기를 맞추는 형식으로 행동이 정형화된다.

이러한 경직된 행동패턴은 개체로 하여금 장의 변화에 따라 새로운 게슈탈트를 형성하는 것을 방해하며, 세계를 항상 똑같은 방식으로 지각하게 만든다. 즉, 세계를 지금-여기에서 항상 새롭게 전개되는 현상으로서가 아니라 고정적이고 관념적인 것으로 지각하게 만든다(Yontef, 1979/1993).

게슈탈트치료에서는 선형적인 인과관계 대신 현재 행동의 구조에 대해 관심을 기울인다. 여기에서 구조란 내담자의 행동패턴이 어떻게 자신의 부적응행동과 서로 관련되어 있는지를 밝히는 것을 뜻한다. 이때 내담자 스스로 자신의 행동구조를 발견하고 자각하는 것이 중요하다.

경직된 행동패턴은 내담자의 편협한 가치체계와도 많은 관련이 있다. 대개 내담자들은 자신의 가치평가 체계에 대해 잘 의식하지 못하고 있지만, 주의해서 관찰해 보면 그들의 행동의 상당 부분은 이러한 내재된 가치평가 체계에 기초하고 있음을 알 수 있다. 그런데 우리의 내면에 자리 잡고 있는 가치평가는 시대착오적인 것들이 많다. 이들은 한때는 우리가 살아남기 위해 필요한 것이었을 수 있지만, 지금은 오히려 적응에 장애요소가 되는 것이 많다.

가령, 어릴 때 외롭고 버림받은 처지에서 자란 사람은 **'아무도 나를 무시해서는 안 돼!' '내가 무시당하는 것은 가장 비참한 일이야!'**라고 생각한다. 그러한 사람들에게는 타인으로부터 무시당하지 않는 것이 아주 중요한 가치로 작용할 수 있다. 그런 가치평가 체계가 성장과정에서 혹은 사회생활의 적응과정에서 분명히 중요한 역할을 했음을 부인할 수 없다. 그러나 성인이 된 지금에 있어서 그런 것이 더 이상 가장 중요한 가치기준이 될 수는 없다. 이제는 과감히 그러한 껍질(방어)을 벗고 나와야 한다. 그러한 가치기준은 현재에 와서는 오히려 자신의 행동을 구속하고 타인과의 관계를 경직되게 만드는 장애물일 수 있기 때문이다.

낡은 보호막을 깨고 나오는 것은 내담자들에게 일시적으로 상당한 불안과 공포를 가져다주겠지만, 이를 벗고 나올 때 비로소 새로운 가능성이 열리게 된다. 가치관들을 재정립하기 위해서는 우선 어릴 때부터 간직해 온 무의식적 가치기준들을 명료히 자각하는 것이 필요하다. 그러기 위해서는 일단 자신의 고정된 가치관이나 행동들을 알아차리는 작업이 선행되어야 한다. 그리고 나서 다음 단계로는 그것들이 아직도 현실적으로 필요한 것인지 아니면 수정되어야 할 것인지 검토하고 판단해야 한다.

만일 그런 가치가 현재의 욕구를 충족시키는 데 아직도 유용한 것이라면 계속 보존할 수 있다. 그러나 그것이 현재에는 더 이상 중요하지 않은 유아적 욕구를 충족시키는 것이라면 과감하게 내버리고 새로운 가치를 찾아 나서야 할 것이다. 이런 문제와 관련하여 폴스터의 한 사례를 소개한다.

> 내담자 리라는 여사장이었는데 자기의 비서가 불성실했지만 불쌍해서 해고하지 않고 늘 데리고 있었다. 또한 그녀는 남동생과의 관계에서도 자기는 매우 강한 사람이고 동생은 매우 연약하고 불쌍한 존재이므로, 자기가 항상 그를 보호해 주어야 한다고 믿었다. 사실 그녀 자신도 매우 연약하고 상처받기 쉬운 측면이 있었지만, 그녀는 그것을 인정하는 것이 두려워 자신의 연약하고 불쌍한 처지를 비서와 동생에게 투사하여 그들을 보호하는 행동을 해 온 것이다.

여기서 내담자의 가치평가 체계는 **'약한 자는 도움을 받아야 한다.'** **'나는 약한 자를 도와주어야 한다.'**는 것과 그리고 **'나 자신은 약해서는 안 된다.'**라는 것이다. 이러한 가치체계는 어릴 때 두 남매가 고아로 자라면서 살아남기 위해 그녀가 스스로 개발한 것이었다. 따라서 이는 그 당시로는 의미 있는 가체체계였다고 하겠다. 하지만 성인이 된 지금에 와서는 반드시 필요한 것이 아닌데도 그녀는 이것을 고수하고 있다.

그녀가 비서와 남동생을 보호하는 행동은 자신의 약한 측면을 그들에게 투사하고서 그것을 보호하는 것이었다. 이때 그녀의 그러한 행동 이면에는 **'나는 절대로 약해서는 안 된다.'**는 경직된 가치 체계가 작용하고 있다. 만일 그녀가 자기 자신도 약한 모습을 가질 수 있으며, 또 타인으로부터 보호받을 수도 있다는 새로운 가치체계를 갖게 된다면, 그녀의 고정된 행동패턴은 바뀌게 될 것이다. 즉, 동생이나 다른 연약한 사람에게 자신을 투사하고 그들을 보호하는 절망적인 노력은 불필요할 것이다. 그렇게 되면 그들을 더 편하게 대할 수 있을 것이고 행동도 훨씬 자유로워질 것이다.

그녀는 치료를 통하여 자신의 행동패턴을 자각하는 한편, 거기에 관련된 자신의 투사를 알아차렸다. 또한 그녀는 자기 자신의 연약하고 상처받기 쉬운 측면을 발견하였고, 마침내 그러한 약한 부분을 받아들일 수 있었다. 그 결과 자신의 약한 부분을 타인에게 투사해서 타인을 도우려는 강박적 행동패턴으로부터 벗어날 수 있었다.

그녀는 이제 자신도 다른 사람들과 마찬가지로 약해질 수 있고, 타인의 도움을 받을 수도 있다는 생각을 하게 되었다. 그리고 사람들이 진정으로 타인의 도움과 보호를 필요로 하는 경우와 자신의 투사로 인해 타인을 과잉보호함으로써 그들을 의존적으로 만드는 것의 차이점도 깨닫게 되었다.

그녀는 이제 다음과 같은 새로운 가치기준을 갖게 되었다.

> 자신에게 불쌍하게 보인다고 해서 무조건 도와줄 필요가 있는 것은 아니며, 또한 도움을 필요로 하는 사람이라고 해서 모두 불쌍한 사람인 것은 아니다.

무엇보다도 그녀는 이제 타인을 불쌍하게 생각하지 않으면서도 그들을 사랑하거나 도움을 줄 수 있으며, 또한 자신이 타인으로부터 사랑받거나 도움을 받는다는 사실이 반드시 자신이 불쌍한 존재라는 것을 의미하지 않는다는 사실도 깨닫게 되었다(Polster & Polster, 1987, pp. 215-217).

행위 알아차림은 현상 알아차림보다 대체로 더 어렵다고 할 수 있다.[5] 현상 알아차림에서는 단지 의식에 나타나는 현상들을 알아차리기만 하면 되지만, 행위 알아차림에서는 자신이 [무의식적으로 혹은 자동적으로] 한 혹은 하고 있는 행동을 알아차려야 하는데, 그러기 위해서는 상위인지(meta-cognition) 능력을 필요로 한다. 이는 대뇌의 '전전두피질(prefrontal cortex)'의 '집행기능(executive function)'과 관련되어 있으며, 초등학교 고학년 이전에는 아직 제대로 발달되지 않는다. 6개월 이전의 유아들을 관찰해 보면 기본적인 행위 알아차림이 잘 되지 않는 것들을 볼 수 있다. 예컨대, 손에 들고 있던 장난감을 떨어뜨리거나 던지고서는 왜 그것이 손에서 사라졌는지를 이해하지 못한다거나, 보행기에 앉혀 놓으면 엄마 쪽으로 가려는데, 어떻게 하다 보면 뒤로 가기도 하고, 앞으로 나아가기도 하는데, 자신의 행동이 어떤 결과를 초래했는지를 아직 잘 이해하지 못한다.

3) 알아차림 자체

앞에서는 현상 알아차림과 행위 알아차림에 대해서 살펴보았다. 하지만 이들은 알아차림의 대

---

[5] 현상 알아차림들 사이에도 난이도의 차이가 있다. 가장 쉬운 것이 환경에 대한 알아차림이고, 그다음은 신체감각, 욕구, 감정에 대한 알아차림이며, 그 밖에 이미지, 내적인 힘, 상황, 관계에 대한 알아차림은 훨씬 어려워서 성인들에게도 쉽지 않다.

상들을 놓고 구분한 개념으로, 알아차림 자체는 아니다. 즉, 현상 알아차림과 행위 알아차림은 알아차림의 대상이 무엇이냐 하는 점에서는 서로 구별되지만 둘 다 알아차림이라는 점에서는 동일하다. 이는 알아차림 자체와는 다르다. 우리의 신체감각이나 욕구, 감정, 이미지, 환경, 사고패턴, 행동패턴 등은 알아차림의 대상들이지 알아차림 자체는 아니다. 그런 것들은 알아차림 없이도 존재한다.

그러면 알아차림 자체란 무엇인가? 알아차림 자체란 하나의 행위인 동시에 능력이다. 이는 마치 우리가 사물을 보는 행위에 비유할 수 있다. 우리가 사물을 보는 행위에는 사물을 보려는 우리의 의지작용과 함께 시력이라는 능력이 포함된다. 이는 우리가 알아차린 혹은 알아차릴 수 있는 대상들과는 구분된다.

우리가 사물들을 분명하게 알아차리지 못하는 것은 바로 알아차림 자체가 결여되어 있기 때문이다. 이러한 상태가 바로 접촉경계혼란이라고 볼 수 있다 즉, 접촉경계혼란은 마치 안경에 먼지가 많이 묻어 있어 대상들을 잘 알아차리지 못하는 상태와 같다. 그런데 안경의 먼지를 닦아 내면 사물을 잘 볼 수 있게 되듯이, 접촉경계혼란을 제거하면 알아차림 자체가 높아지며 대상들을 잘 알아차릴 수 있게 된다. 따라서 게슈탈트치료에서 중요한 것은 알아차림의 대상들이 아니라 알아차림 자체이다. 마치 알아차림의 대상들이 '황금 달걀'이라면, 알아차림 자체는 '황금 달걀'을 낳는 닭에 비유할 수 있겠다(Naranjo, 1978).

정신분석을 위시한 대부분의 전통 심리치료에서는 내담자의 억압된 욕구나 감정의 의식화 혹은 내담자의 특정 문제에 대한 이해와 통찰을 강조하지만, 이들은 어디까지나 알아차림의 대상들에 해당하므로 게슈탈트치료에서는 이러한 것들을 가장 중요한 것으로 생각하지 않는다. 즉, 이해나 통찰은 단지 치료의 부산물로 간주되며, 알아차림 자체처럼 '자체목적'으로 추구되지는 않는다. 그것은 통찰이나 이해가 알아차림 자체와는 달리 내담자의 행동을 직접적으로 변화시켜 주지 못한다고 보기 때문이다.

이미 앞 장에서 자세히 설명한 것처럼 접촉경계혼란을 제거하는 것은 그것을 알아차림으로써 가능하다. 예컨대, 어떤 사람이 자신의 투사를 알아차리면 그 투사가 사라지고 현실에 대한 알아차림이 높아진다고 할 수 있다. 그런데 여기서 접촉경계혼란이란 알아차림이 없는 상태를 뜻하는데, 어떻게 [없는] 알아차림을 사용해서 접촉경계혼란을 제거할 수 있다는 것인지? 이는 모순이 아닌지 의문을 제기할 수 있다.

이에 대한 대답은 매우 간단하다. 즉, 그러한 의문은 형식 논리학적 문제이지 실제 현상에 있어서는 전혀 문제가 되지 않는다는 것이다. 예컨대, 우리가 집중력을 높이기 위해서는 집중력 연습을 하는 것과 같이 알아차림 자체를 높이기 위해서는 알아차림 연습[6]을 하면 된다는 것이다. 또 다른 예를 들면 수학실력을 높이기 위해 수학문제를 계속 풀어 보는 것이나 근력을 키우기 위해 규칙적으로 운동을 하는 것 등과 같은 것이다. 이런 것들이 가능한 이유는 그것이 집중력이든, 알아차림이든, 사고능력이든, 혹은 신체근력이든 모두 그 자체가 고정불변의 현상이 아니라 하나의 생명현상으로서 개체가 자신의 노력에 의해 스스로 그 상태를 변화시킬 수 있는 것들이기 때문이다.

그러면 알아차림 자체란 인간에게 있어서 어떤 의미를 갖는가? 알아차림 자체는 인간의 본성에 갖추어져 있는 고유한 능력이다. 마치 사고능력이나 기억능력처럼 알아차림 자체도 인간에게 갖추어져 있는 자연적인 능력의 하나이다. 한편 이는 인지, 감정, 신체, 지각적 요소들을 포함하고 있지만 그것들을 단순히 합산한 것은 아니다. 그것들 모두를 포함하면서도 또한 그것을 넘어서는 통합적이고 총체적인 파지방식이다. 그리고 이는 인간뿐만 아니라 모든 생물에게 다 갖추어져 있는 능력이다.

알아차림은 인간의 다른 어떤 기능보다도 삶에 더 본질적으로 필요한 것이며, 인간이 인간으로 되기 위해 필요한 가장 기본적인 능력이다. 왜냐하면 만일 알아차림이 없다면 우리는 우리 자신을 우리 자신으로 알아차리지 못하게 될 것이기 때문이다. 예컨대, 우리의 욕구와 감정이 무엇인지, 우리 자신의 가치관은 무엇인지, 우리 자신의 생각은 어떠한지, 나아가서 우리 자신이 누구인지 등 이 모든 것을 아는 데는 알아차림이 없어서는 안 된다. 그런데 많은 사람들은 알아차림이 결여되어 있으므로 자기 자신을 제대로 알지 못하고 살아간다. 가령 내사된 부분을 자기 자신으로 잘못 알고 있거나, 융합에 의해서 자기 자신을 잃어버리고 살거나, 혹은 투사나 편향으로 말미암아 자기 자신의 부분들을 소외시켜 버린다.

이러한 자기소외는 비인간화를 초래하며, 이는 알아차림의 상실로 인해 발생하는 것이다. 알아차림은 우리가 우리 자신의 정체성을 확립하고 우리 자신이 되는 행위이다. 따라서 알아차림의 의미는 인간이 자신의 본성을 회복하는 행위라 할 수 있다. 즉, 모든 인위적인 것을 버리고 본연의 자신으로 돌아가는 것이다. 자기 자신이 아닌 다른 그 무엇이 되려는 인위적 노력을 포기하고, 진정한 자기 자신을 되찾는 것이다.

알아차림은 일시적으로 고통스러운 일이 생기더라도 그것을 참고 견뎌 내며, 자신이 처해 있는 상태를 있는 그대로 받아들이고 사랑하는 행위이다. 반대로 접촉경계혼란은 고통을 회피하기 위해 알아차림을 차단하는 데서 시작된다. 그런데 알아차림을 차단하고 회피함으로써 일시적으

---

6) 알아차림 연습은 현상 알아차림과 행위 알아차림으로 나누어 연습할 수 있는데, 게슈탈트 관계성 향상 프로그램(GRIP)에서는 알아차림 연습을 6단계로 세분화해서 두 사람 혹은 여러 사람이 함께 대화를 나누면서 단계적으로 연습하도록 체계화시켰다(김정규, 2010a).

로 고통을 면할 수 있을지 모르지만 결국에는 자기소외와 존재상실로 이어지게 된다. 하지만 알아차림은 희망과 기쁨뿐만 아니라 운명적으로 닥치는 고통과 슬픔까지도 피하지 않고 모두 직면하며 받아들이는 행위이다. 즉, 인간 삶에 실존적으로 밀어닥치는 모든 현상들을 거부하지 않고 있는 그대로 받아들이는 것이다. 이러한 알아차림을 통해 인간은 진정한 실존을 회복할 수 있다 (Yontef, 1979).

알아차림은 현상학적 태도로 현실을 만나는 것이다. 즉, 지금-여기에 일어나는 모든 것들을 제한하지 않고 있는 그대로 받아들이는 것이다. 요컨대, 내용 통제를 포기하는 것이다. 내용 통제란 어떤 기대나 표준, 당위 혹은 이론 등에 의해 미리 지각을 제한하여 특정한 내용을 안 보려는 태도로서 바로 그러한 태도에 의해 접촉경계혼란이 일어난다.

알아차림이란 어떤 것도 통제하지 않고 현상적으로 나타나는 모든 것에 대해 열린 태도로 지각하는 것이다. 심지어 무(無)나 공허(空虛)도 피하지 않고 직면하는 것이다. 즉, 아무런 대상이 없는 상태에서도 인위적으로 무엇을 찾아 나서지 않고, 단지 그 상태에 머물면서 아무것도 존재하지 않는 것, 아무것도 체험할 수 없는 것마저 받아들이는 것이다(Naranjo, 1978).

현상학적 태도를 방해하는 가장 전형적인 요인이 '당위(should)'라고 할 수 있다. 펄스는 카렌 호나이의 **'당위의 횡포'**라는 개념을 수용하면서 **"당위를 몰아내는 것이 알아차림이다."**라고까지 표현했다. 대부분의 일상인들은 실제 일어나고 있는 현실을 알아차리기보다는 **'현실은 어떠어떠해야 한다.'**는 당위를 내사하거나 혹은 그것을 현실로 착각하고 산다. 그렇게 함으로써 그들은 현실과 자신을 소외시켜 버린다. 그러나 알아차림은 '당위의 횡포'가 초래하는 것과 반대의 결과를 가져다준다. 즉, 알아차림은 현실과 자신을 밀접한 접촉 · 교류 관계로 이끌어 준다. 그것은 알아차림이란 모든 내적 · 외적 자극에 대해 열린 태도를 의미하기 때문이다.

게슈탈트 심리치료

제 **10** 장

접촉

1. 접촉의 개념정의

접촉(contact)은 알아차림과 더불어 개체의 유기체 순환과정을 이끄는 두 축을 이루고 있다. 즉, 알아차림이 개체가 유기체-환경의 장에서 벌어지는 현상들을 전경으로 떠올려 게슈탈트를 형성하는 행위라고 한다면, 접촉은 그렇게 형성된 게슈탈트를 행동을 통하여 완결하는 행위이다. 따라서 만일 알아차림만 있고 접촉이 없으면, 개체는 자신의 유기체적 욕구를 해결하지 못하여 환경에 적응하는 데 실패하고 말 것이다.

이때 알아차림은 접촉의 전 과정을 함께 따라간다. 즉, 접촉에는 알아차림이 포함된다. 하지만 알아차림 없이도 어떤 행위를 할 수는 있는데, 이런 경우는 접촉적인 행동이라고 볼 수 없다. 예컨대, 밥맛을 못 느끼면서 식사를 하거나 아무런 감정 없이 기계적으로 성행위를 하는 경우, 혹은 어떤 사람과 만나 이야기를 하지만 피상적인 수준에서만 말함으로써 실제로 어떤 의미 있는 만남이 일어나지 않는 경우 등이다.

요약하면, 접촉이란 개체가 알아차림을 통해 게슈탈트를 형성한 후 이를 해결하기 위해 환경에서 매력적인 목표물을 찾아내어 그것을 향해 행동하는 것을 말한다. 이때 개체의 감각기관은 목표물을 포착하는 데, 그리고 운동기관은 그 목표물에 접근하는 데 도움을 준다. 여기서 매력적인 목표물이란 개체에게 새로움과 흥미를 일으키는 환경적 자원을 뜻하는바, 그것은 어떤 사물이나 인간일 수도 있고 혹은 어떤 상황이나 환경 혹은 문학이나 예술, 학문, 이데올로기, 종교 등일 수도 있다. 어떠한 경우이든 그것은 개체의 욕구나 감정을 해소하게 해 줌으로써 개체를 변화ㆍ성장시킬 수 있는 원동력이 된다.

개체가 환경에서 이러한 목표물을 찾아내고 접근하는 과정은 전경과 배경의 원리에 따라 이루어진다. 즉, 개체는 유기체-환경 장에서 어느 한순간에 가장 매력적인 목표물을 전경으로 떠올림으로써 이를 향해 나아간다. 이러한 의미에서 접촉을 **'장에 대한 알아차림과 운동반응'**이라고도 말할 수 있다(Perls et al., 1951, p. 229).

펄스는 이러한 접촉을 ① 전 접촉단계(fore-contact), ② 접촉단계(contacting), ③ 최종 접촉단계(final contact), ④ 후 접촉단계(post-contact)의 네 단계로 나누어 설명했다(Perls et al., 1951, pp. 403-405).

전 접촉단계는 신체가 배경이 되고 어떤 흥미로운 환경적 자극이 전경이 되는 단계이다. 예컨대, 한 사람이 사막에서 길을 잃고 헤매던 중에 오아시스를 발견했을 때, 그 순간 오아시스가 그의 전경으로 떠오를 것이다. 즉, 오아시스는 그의 갈증을 충족시켜 줄 수 있는 흥미로운 환경적 자극으로서 전경을 차지하게 된다.

다음으로 접촉단계에서는 전 접촉단계에서 전경이었던 것이 배경으로 물러나고 그것을 해결할 수 있는 행동 가능성들이 전경이 되며, 그중에서 가능한 행동은 선택되어 실제 행동으로 옮겨지고 그렇지 못한 것은 거부된다. 이때 개체는 에너지 동원과 함께 의도적인 환경조작을 통하여 장애물을 제거하면서 매력적인 대상에 접근하는 행동을 한다. 예컨대, 오아시스를 향해서 열심히 걸어가며, 마침내 오아시스에 도착해서 사람들에게 두레박을 빌려 열심히 물을 긷는 행위 등이 접촉단계에서 행해지는 행동들이다.

최종 접촉단계는 이제 더 이상 중요하지 않은 환경적 자극이나 신체는 배경으로 물러나고 목표물만이 전경이 된다. 이때 모든 의도적 행동은 사라지고 지각과 운동 그리고 감정이 하나가 되며, 목표물만이 전경으로 남아 생생하게 알아차려진다. 이는 오아시스에서 우물물을 마시는 행위에 해당하는데, 물을 마시는 동안 모든 것은 배경으로 사라지고 오로지 물만이 전경으로 생생하게 알아차려진다.

마지막으로 후 접촉단계는 전경과 배경의 구분이 사라진 채 유기체-환경이 상호작용함으로써 게슈탈트가 완결되어 사라지는 과정이다. 즉, 물이 몸속으로 흡수되면서 갈증이 사라지는 과정에 해당한다.

결론적으로 접촉이란 새롭고 흥미로운 환경자극에 이끌려 이를 향해 나아가 이를 받아들이고, 마침내 이를 동화시켜서 개체 스스로 변화하고 성장하는 과정이라고 할 수 있다.

2. 접촉의 종류

접촉은 자기 자신과의 접촉, 대인관계 접촉 그리고 환경과의 접촉의 셋으로 나누어 생각해 볼 수 있다. 하지만 이 셋은 서로 유기적인 관계에 있기 때문에 이들을 따로 구분한다는 것은 상당히 인위적이다. 예컨대, 어떤 한 사람과의 접촉은 자기 자신의 내적인 한 측면과의 접촉과 관련 있으며, 또한 어떤 한 사람을 거부하는 것은 자신의 한 측면을 소외시키는 것과 유관하다. 마찬가지로 외부 환경과 접촉하는 것도 자기 자신의 한 부분과의 접촉 혹은 타인과의 접촉과 무관하지 않다. 이처럼 세 종류의 접촉을 실제로 명확하게 구분하는 것은 어렵지만, '발견법적인(heuristic)' 측면에서 유용하다고 생각하기 때문에 편의상 이러한 분류를 도입하기로 한다.

1) 자기 자신과의 접촉

자기 자신과의 접촉은 뒤에 자세히 설명하게 될 **'나-경계(I-boundary)'**와 밀접한 관계가 있다. 즉, 개체는 나-경계에 포함되는 자신의 부분들과는 쉽게 접촉할 수 있지만, 그것을 넘어서는 범위의 행동이나 욕구, 감정, 가치관 등에 대해서는 접촉하기가 힘들다(Harman, 1989a).

개체는 살아오는 동안 자기 자신이라고 동일시해 온 부분들에 대해서만 허용적이고, 그 범위를 넘어서는 자신의 욕구나 감정, 행동 혹은 생각에 대해서는 회피한다. 만일 그러한 것들이 전경으로 떠오르려 하면 불안과 죄책감을 느끼게 되어 차단해 버린다. 이렇게 해서 차단된 자신의 측면들은 자신으로부터 소외되어 미해결과제로 남게 되고, 이들은 마침내 심리장애를 일으킨다. 이러한 미해결과제의 예를 들면, 억압된 성적 욕구, 해결되지 않은 분노감, 해결되지 않은 슬픔, 충족되지 않은 애정욕구 같은 것들이 있다.

이러한 미해결과제들은 타인과의 관계에서도 악영향을 미친다. 예컨대, 아버지에 대한 해결되지 않은 적개심은 타인에게 투사됨으로써 대인관계가 어려워질 수 있고, 어머니로부터 애정욕구를 충족받지 못하였기 때문에 자신의 애정욕구를 억압해 온 사람은, 타인의 애정욕구에 대해 냉담하게 반응할 수 있다. 그러므로 개체가 자신의 소외된 측면들과 접촉함으로써 점차 나-경계를 넓혀 나가는 것은 자기 자신을 위해서는 물론이고, 타인과의 원활한 접촉을 위해서도 매우 필요한 일이다.

하지만 타인과의 접촉은 순전히 자신의 내적 측면들과의 접촉에만 의존하는 것은 아니다. 개체는 다른 타인과 만나 새로운 것들을 받아들이고, 동화함으로써 자신의 경계를 새롭게 넓힐 수도 있다. 그래서 변화 · 성장이란 개체가 자신의 소외된 측면들과 접촉하거나 혹은 타인과의 만남을 통하여 새로움을 체험함으로써 자신의 영역을 넓혀 나가는 것이라 할 수 있다. 이때 개체가 성장할수록 '나–경계'는 더욱 넓어지며, 그렇게 되면 세상에서 일어나는 일들을 더 많이, 더 깊이 접촉하고 체험할 수 있게 된다.

2) 대인관계 접촉

대인관계 접촉은 세 종류의 접촉 가운데 가장 보편적인 형태로서, 일반적으로 접촉이라고 하면 이것을 의미한다. 인간은 사회적 동물이기 때문에 대인관계 접촉은 우리 삶의 본질적 특징의 하나를 이루고 있다. 즉, 대인관계 접촉을 떠나서는 누구도 생존할 수 없으며, 설령 물리적인 생존을 하더라도 대인관계 접촉이 결여된 삶은 아무런 의미를 갖지 못한다.

우리는 태어나는 순간부터 죽는 순간까지 대인관계 접촉을 가지며 살아간다. 삶의 기쁨과 고통, 즐거움과 슬픔, 희망과 절망, 행복과 불행, 의미와 무의미, 우리는 이 모든 것들을 대인관계 접촉을 통해서 느끼고, 깨닫고, 배운다.

한마디로 사람은 사람 속에서 사람과의 만남을 통하여, 사람(人間)이 되며, 또한 사람으로 살수 있다. 인간을 떠나 인간으로부터 소외되고, 인간과 단절되면 인간은 더 이상 인간답게 살수 없다. 대인관계 접촉은 인간을 인간으로 살 수 있게 해 주는 원천이다. 이 세상에 대인관계 접촉을 완전히 단절하고 사는 사람은 없다. 무인도에 표류해 혼자 살아남은 난파선 선원조차도 대인관계 접촉이 완전히 단절된 것은 아니다. 그는 사랑하는 아내와 자식들을 그리워하며 고향으로 돌아가기를 간절히 원하기 때문에 아마도 나뭇가지를 주워 모아 불을 피워 구조신호를 보낼 것이다. 이러한 그의 행동은 이미 전 접촉단계에 해당한다.

정신병에 걸려 세상과 접촉을 끊고 자기 세계로 도피해 버린 만성 정신분열증 환자도 사람들이 자신을 따뜻한 마음으로 받아 주기를 간절히 바란다. 그도 역시 최소한 전 접촉단계에 서 있다. 그러나 다른 한편으로 수많은 사람들이 온전한 대인관계 접촉을 체험하지 못한 채 실망과 좌절감 속에 살아간다. 그들은 모두 진실한 대인관계 접촉을 원하지만 실제로는 헛바퀴만 돌리면서 서로 제대로 만나지 못하며 산다.

그래서 삶은 만족스럽지 못하고 괴롭게만 느껴진다. 결국에는 삶에 대한 회의가 들고 모든 것이 무의미하게 느껴지기까지 한다. 자살을 시도하는 사람들은 대부분 이러한 대인관계 접촉에 대한 그들의 욕구가 극도로 좌절됨으로써 삶에 대해 철저한 무의미를 느낀 사람들이라고 할 수 있다. 치료자의 역할은 대인관계 접촉에 실망했거나 좌절감을 느끼는 사람에게 다시 의미 있는 대인관계 접촉을 체험하도록 해 줌으로써, 삶에 대한 희망을 되찾도록 도와주는 데 있다고 하겠다.

대인관계 접촉의 가장 기본적인 단위는 두 사람 간의 접촉이다. 두 사람 간에 원활한 접촉이 가능하면 다른 또 한 사람과의 좋은 접촉을 위한 기초가 마련되었다고 할 수 있다. 반면에 어느 한 사람과의 접촉이 상당히 불완전하다면, 그는 다른 타인과의 접촉에 있어서도 유사한 어려움을 보일 확률이 높을 것이라 추측할 수 있다. 따라서 두 사람 간의 접촉은 모든 대인관계 접촉의 원형이 될 수 있다. 그런데 두 사람 사이에 원활한 접촉이 가능하기 위해서는 아래의 조건들이 갖추어져야 한다.

(1) 나와 네가 다르다는 의식이 있어야 한다

좋은 대인관계 접촉이 가능하기 위해서는 나와 다른 사람의 경계가 명확해야 한다. 즉, 나와 나 아닌 사람과의 차이가 인식되면서 서로 간에 상호작용이 일어날 수 있어야 한다. 흔히 사람들은 서로 생각이 비슷하거나 성향이 비슷한 사람끼리만 가까이 사귀려고 한다. 나와 다른 생각, 다른 성향, 다른 경험을 가진 사람을 대하면 내가 부정당할 것 같은 두려움이 들기 때문인지도 모른다. 하지만 접촉은 새로움에 대한 호기심과 흥미로부터 출발한다. 새로움에 다가가서 이를 만나고 받아들임으로써 성장하고 변화하는 것이 접촉이다. 서로의 차이를 무시하고, 의견의 일치를 보려는 것은 현상유지의 동기일 뿐 진정한 접촉을 가져다주지 못한다.

대부분의 사람들이 접촉에 실패하는 것은 서로의 차이점을 접촉의 좋은 출발점으로 생각하기보다는, 융합관계를 위협하는 요인으로 생각하여 서로의 차이점을 안 보려 하거나 혹은 없애 버리려 들기 때문이다(Harman, 1989a).

(2) 에너지의 움직임 혹은 변화가 있어야 한다

접촉은 항상 같은 자리에 머무르려는 태도와 상반된다. 접촉은 감각기관과 운동기관을 사용하여 새로움을 향해 나아가는 과정을 포함한다. 즉, 접촉은 새로움을 향해 적극적으로 흥분에너지를 투여하는 행위로서, 변화를 지향하는 행위이다. 접촉은 필연적으로 변화를 초래한다. 그것은 개체가 자신과 다른 개체를 만나 교류하는 과정에서 서로 영향을 주고받을 수밖에 없기 때문이다. 엄밀히 말하자면 다른 개체에 흥미를 느껴 흥분에너지를 투여하는 순간부터 이미 변화는 시작된다고 할 수 있다. 접촉과 변화는 서로 불가분의 관계에 있다(Resnick, 1990).

변화나 움직임이 없으면 두 개체는 서로 고립되거나 혹은 서로 융합되고 만다. 어느 경우이든 두 개체는 서로 다른 개체로 존재할 수 없다. 역설적이지만 움직임과 변화가 있을 때만 두 개체는 서로 구별되며, 서로 만날 수 있다. 움직임과 변화는 두 개체가 살아 있다는 증거이며, 살아 있는 개체만이 서로 구별되는 정체성을 가질 수 있다.

(3) 그 순간의 마음을 개방할 수 있어야 한다. 즉, 표현해야 한다

원활한 접촉을 위해서는 현재 순간에 자신의 가장 중요한 내적 경험, 즉 마음을 상대편에게 표현해야 한다. 마음을 표현한다는 것은 자기 내면을 열어 보여 주면서 동시에, 상대편을 접촉으로 초대하는 행위이다. 표현이 없으면 서로 간의 접촉은 최종 접촉단계에 도달할 수 없다. 하지만 표현은 상황에 맞게 적절해야 한다. 아무에게나 집에 놀러오라고 초대하는 것은 적절하지 않으며, 좋은 접촉이 될 수 없다. 표현은 자신과 상대편에게 모두 조율된 수준에서 단계적으로 해야 한다. 또한 기왕이면 우아하고 예술적으로 이루어진다면 더욱 좋을 것이다. 그렇게 되면 접촉은 하나의 예술로 승화될 수 있을 것이다.

치료자는 내담자가 타인과 어떻게 접촉하고 있는지 혹은 접촉을 회피하고 있는지 면밀히 살펴야 한다. 많은 내담자들은 지성화를 사용하여 누구에게 **직접 말하는(talking to)** 대신 '무엇 무엇에 **대해 말하는(talking about)**' 태도를 취한다. 이러한 방식은 전형적인 접촉 회피 태도로서 자신의 내면을 개방하기보다는 감추거나 닫아 버리는 것이다. 이런 태도가 반복적인 패턴으로 되면, 접촉을 위한 흥분에너지는 멸실되어 삶은 생기와 활력을 잃게 된다. 접촉이 끊어지거나 피폐한 상태에서 무의미와 공허감에 빠지게 된다(Harman, 1989a).

접촉의 속도는 너무 서두르거나 혹은 반대로 너무 지연되거나 답답하게 이루어지기보다는 적절한 탐색과정을 거치면서도 힘 있게 나아가야 한다. 평가나 거절에 대한 두려움보다 새로움에 대한 호기심과 접촉욕구가 조금이라도 더 커야 앞으로 나아갈 수 있다. 경험해 보지 못한 미지의 세계에 대한 막연한 불안을 감수하고, **프로세스(process)에 대한 신뢰**[1]를 갖고서 풍덩 뛰어드는

---

[1] 프로세스에 대한 신뢰란 '변화의 과정'에 대한 믿음을 의미한다. 우리의 수많은 행위의 결과는 우리와 타인, 혹은 우리와 환경과의 상호작용에 의해 매 순간 미리 예측할 수 없는 일련의 과정들(process)로 나타난다. 그 프로세스가 어떻게 나타날지 알 수 없기 때문에 우리는 쉽게 행동을 하지 못한다. 즉, 부정적 결과가 나올지도 모르기 때문에 위험 감수를 하지 않으려고 한다. 이는 프로세스가 긍정적으로 전개될 것이라는 믿음이 없다는 말과 같다. 그런데 프로세스에 대한 신뢰는 우리가 갖는 마음자세의 하나로서 우리가 얼마든지 그러한 믿음을 가질 수도 있고, 안 가질 수도 있다. 두려움에도 불구하고 프로세스에 대한 신뢰를 갖고 뛰어들면, 바로 그 신뢰 때문에 실제로 긍정적 프로세스가 생겨날 수 있다. 반대로 프로세스에 대한 신뢰를 하지 않으면 부정적 프로세스가 생겨난다. 즉, 두려움으로 인해 필요한 행동을 하지 않으면, 그 결과 긍정적 경험

용기가 필요하다. 자신의 마음을 개방하는 것은 항상 위험을 안고 있다. 하지만 안전지대에 계속 머무르려는 방어적 자세로는 성공적인 접촉경험을 할 수 없다. 삶은 항상 어느 정도의 위험을 내포하고 있다. 프로세스에 대한 신뢰는 이런 위험에 도전할 수 있게 해 주고, 마침내 접촉과 성장이라는 더 큰 보상경험을 가져다준다.

내가 중국 조선족 연변자치주 연길시의 게슈탈트치료 워크숍에서 만난 한 중년 남성은 매우 성실하고 가정적인 사람이었다. 그는 깡마른 얼굴과 왜소한 체격을 갖고 있었으나 깊게 파인 눈은 유난히 반짝거리며 빛났다. 그는 자신의 문제는 가족이나 타인들을 사랑하고 싶은데, 어릴 때 부모로부터 받은 애정이 너무 없어서 자신에게는 사랑이 없으며, 따라서 다른 사람에게 줄 사랑이 없다며 떨리는 목소리로 울먹거리며 말했다.

나는 묘하게도 그런 일로 괴로워하며, 눈물을 흘리면서 말하는 그의 태도나 얼굴표정 등을 통해 그의 마음속 깊은 곳에 갈 곳을 몰라 소용돌이치는 사랑의 에너지를 느낄 수 있었다. 그는 부인을 도와 부엌일이나 아이를 돌보는 일도 많이 해 주는 편이었다. 하지만 부인에게 애정표현은 전혀 하지 않았는데, 부인이 늘 자기에게 사랑하느냐고 물어보는 것이 무척 불편하다고 했다. 매번 그의 대답은 무뚝뚝한 함경도 사투리로 **"꼭 그걸 말로 해야 하느냐?"** 라든가 혹은 **"당신은 내가 그런 말을 안 한다는 것 알면서 왜 자꾸 물어보느냐?"** 라고 면박을 주는 것이었다.

나는 그에게 부인을 사랑하는지 물어봤다. 그는 잘 모르겠다고 말했다. 이것저것 부인과의 관계에 대해 물어봤더니 그는 매우 자상한 남편이었다. 단지 자신에게는 사랑이 없다는 고정관념 때문에 아내에 대한 사랑을 인정할 수가 없었다. 또 하나의 원인으로서 만약 아내에 대한 사랑을 인정한다면, 그것과 분리할 수 없는 아내로부터 사랑받고 싶은 자신의 욕구도 함께 인정해야 하는 딜레마를 들 수 있겠다. 그가 기억하는 것처럼 부모로부터 사랑받은 경험이 전혀 없었다면 그런 욕구를 인정한다는 것은 참으로 위험한 일이 아닐 수 없을 것이기 때문이다.

만일 아내에게 사랑한다는 말을 한다면 어떤 일이 벌어질 것 같은지 물었더니, 그는 무척 당황하며 손사래를 쳤다. 그는 온몸으로 거부반응을 보이고 있었다. 분명히 위험상황에 대한 경고반응이었다. 끈질긴 문답이 이어졌고, 그는 마침내 **"너무 약해질 것 같다. 무너질지 모르겠다."** 는 대답을 했다. 그 과정을 지켜보던 다른 한 젊은 남자도 거들었다. **"그런 말 하면 밀질**

을 못 하게 되고, 두려움은 더욱 커진다. 트라우마를 겪으면 자연히 프로세스를 신뢰하는 마음이 줄어든다. 그래서 방어적으로 되고, 그 결과 후유증은 더욱 커진다. 하지만 트라우마를 겪었더라도 항상 프로세스에 대한 신뢰는 가능하다. 프로세스에 대한 신뢰를 통하여 우리는 트라우마로 인한 상처를 극복할 수 있다.

것 같습니다." 그 말을 들은 여성들은 다들 큰 소리로 웃었다. 두 남자 모두 프로세스에 대한 신뢰가 없었다. 따라서 외부의 지지가 필요한 상황이었다. 빈 의자를 앞에다 놓고, 그는 집단원들의 응원을 받으며 식은땀을 뻘뻘 흘리며 아내에게 애정표현을 했다. 20여 분의 시간이 경과하면서 그는 마침내 부드러운 목소리로 아내에게 애정표현을 하는 데 성공했고, 모두들 함께 기뻐했다. 그의 얼굴은 환히 웃고 있었고, 매우 흡족해했다.

3) 환경과의 접촉

환경이란 인간 이외의 모든 생물이나 무생물을 포함한 자연 및 인공적 환경을 뜻한다. 우리는 살아가면서 매 순간 환경과 접촉하고 있다. 예컨대, 길거리, 차, 건물, 숲, 강, 계곡, 바위, 새, 풀벌레 등 우리를 둘러싸고 있는 주변 환경들과 끊임없이 접촉하며 산다. 하지만 다른 한편으로는 우리는 이러한 환경과 온전히 접촉하지 못하고 산다. 대부분의 사람들은 자신의 미해결과제 때문에, 혹은 오랜 생활습관 때문에 환경과 온전히 접촉하지 못한 채 살아간다. 만일 우리가 환경과 완전히 단절된다면 이 세상에 살아남을 수 없을 것이다.

자기 자신과의 접촉이 대인관계 접촉이나 환경과의 접촉을 증진시켜 줄 수 있는 것과 마찬가지로, 환경과의 접촉 또한 자기 자신과의 접촉 및 대인관계 접촉을 증진시켜 줄 수 있다. 예컨대, 봄이 오고, 꽃이 피고, 새가 우는 자연의 변화와 잘 접촉을 할 수 있는 사람은 자신이나 타인과도 잘 조화될 수 있다.

환경과 잘 접촉한다는 것은 언어적 개념의 매개 없이 환경을 있는 그대로 지각하고 만나는 것을 의미한다. 예컨대, 삼림의 수종을 조사하고 분류하며, 숲의 면적을 계산해 보고, 목재의 질을 평가한다든가 하는 등의 행위는 숲을 있는 그대로 잘 접촉하는 것이 아니다. 그냥 아무 생각 없이 숲속을 거닐면서 흥미가 끌리는 나무를 쳐다보거나 혹은 나무 둥치를 만져 보기도 하고, 숲의 냄새를 맡으며 숲과 하나가 되는 행위가 접촉이다. 그것은 숲을 분석하거나 관찰하는 것이 아니라 숲과 만나 하나가 되어 숲을 체험하는 행위이다. 음악을 듣는 것도 마찬가지이다. 음악의 구조를 이론적으로 분석하고 평가하는 것은 음악과 접촉하는 것이 아니다. 그냥 음악 자체에 빠져들어 음악과 하나가 되어 음악을 체험하는 것이 음악과 접촉하는 것이다.

접촉이란 뭔가를 체험하는 것이다. 체험은 그 대상과 하나가 될 때 가능해진다. 즉, 그냥 순수하게 자신을 개방하고서 그 대상에 내맡김으로써 그것과 하나가 되는 것이다. 접촉은 마치 도(道)와 같다. 그냥 자연에 몸을 내맡기는 것이다. 그 상황에 맡기고 따르는 것이다. 어떤 인위적인 사고나 이론적 태도를 버리고, 순수한 유기체적 체험이 가능하도록 자연에 내맡기는 것이다. 즉, 모든 것을 유기체의 자기조정 능력에 내맡기는 것이다(M. Polster, 1990).

3. 접촉과 관련된 제 개념들

1) 접촉과 자기

개체는 환경에 있는 새로운 자원들과 접촉함으로써 미해결과제들을 해소하고 변화 · 성장할 수 있다. 여기서 이러한 접촉을 행하는 주체 혹은 체계가 바로 '**자기**(self)'이다. 자기는 유기체적 욕구와 환경의 조건을 감안하여 전경과 배경을 형성하면서, 유기체와 환경의 교류를 통괄 지휘하는 **반응체계**라고 말할 수 있다.

이러한 자기는 매우 유동적인 체계인데, 유기체적 욕구와 환경의 자극에 따라 그때그때 상태가 달라진다. 예를 들어, 개체가 잠을 자는 동안은 별로 환경에 반응할 필요가 없으므로 자기는 감소한다. 그래서 자기를 '**현재 작용하고 있는 접촉−경계**'라고 말하기도 한다.

자기는 유기체−환경 장에서 매 순간 가장 중요한 목표물을 전경으로 떠올리고 나머지는 배경으로 물러나게 하는 방법으로 유기체의 적응과 성장을 이끌어 나간다. 따라서 자기는 개체가 살아가는 의미를 발견하고 실현하는 데 매우 중요한 역할을 하고 있다. 요컨대, 자기는 삶을 창조하는 예술가에 비교할 수 있다.

심리적 건강과 불건강은 개체가 이러한 자기를 찾아내어 동일시할 수 있느냐, 아니면 자기를 소외시키느냐의 문제로 귀착시킬 수 있다. 만일 개체가 자기와 동일시함으로써 흥분을 억제하지 않고 접촉행동에 건설적으로 사용할 수 있으면 건강하다고 말할 수 있으나, 반대로 자기를 소외시키고 자기가 아닌 것과 동일시하면서 자발성을 억누르면, 개체는 무기력해지고 혼동에 빠지게 되므로 불건강하다고 말할 수 있다.

여기서 자기와 동일시하는 혹은 소외시키는 기능을 담당하는 체계를 '자아(ego)'라고 부르는데, 게슈탈트치료의 요체는 이러한 자아를 훈련시켜 자기와 동일시하도록 도와주는 작업이라고 할 수 있다. 치료란 개체가 자기를 활성화하여 고유한 자신의 능력과 존재를 회복하는 것이라 할 수 있다(Perls et al., 1951, p. 235).

자기(self)는 창조적인 적응체계로서 경험을 재편성하고 조정하는 기능을 갖고 있으며 창조적인 접촉을 수행하는 기관이다. 그런데 이러한 자기는 환경과의 교류를 통해서 비로소 그 존재가 드러나고 실현된다. 펄스 등(1951, p. 401)에 따르면 자기는 환경과의 만남에서 새로운 것을 동화시키고 변화·성장을 주도하는 조정체계로서 어떤 의미에서는 생물학적 기능이라고 할 수 있다. 하지만 자기는 유기체의 일부분은 아니다. 펄스는 **"자기는 장이 유기체를 포함하는 방식이다(it is the way the field includes the organism.)"**라고 하여 자기를 장의 기능으로 이해했다.

자기가 가장 잘 드러나는 순간이 최종 접촉단계이다. 최종 접촉단계에서는 개체의 자발적인 운동과 몰입이 일어나면서 지각과 운동 그리고 감정이 하나가 되어 전경을 형성하게 된다. 이때 알아차림과 접촉은 하나가 되고 개체는 통합성을 체험하게 되며, 자기는 스스로 자기 자신을 느끼게 된다. 여기서 자기가 체험하는 것은 유기체와 환경의 상호작용이다.

역설적으로 들릴지 모르지만, 이처럼 자기는 환경과 따로 떨어져 있을 때가 아니라 환경과 생생하게 만날 때 비로소 진정한 자기가 될 수 있다. 이러한 생각은 게슈탈트치료의 인간관을 잘 대변해 주고 있다. 즉, 인간을 고립적인 존재로서가 아니라 유기체-환경 장에서 환경과 끊임없는 교류 속에 있는 존재로 파악하고 있는 것이다.

어느 청년이 한 아름다운 여성에게 매력을 느껴 그녀에게 접근하고 싶은 욕구가 생겼다. 이는 '전 접촉단계'에 해당한다. 그런데 이 청년은 갑자기 자신은 얼굴도 못생겼고, 학벌도 좋지 못하다는 생각이 들어 풀이 죽었고, 따라서 그는 그 여성에게 다가갈 용기를 잃어버렸다. 이는 접촉단계에서 차단이 된 것이다. 그는 이 순간 한국 사회의 내사된 규범과 동일시함으로써 자기를 소외시켜 버렸고, 그 결과 환경과의 접촉도 단절되어 버렸다. 따라서 비교의식과 열등의식만이 그의 의식을 지배할 뿐, 진정한 그의 존재라고 할 수 있는 자기는 소외되어 비실존적인 상태에 빠진 것이다.

다음 순간 그 청년은 이렇게 생각을 바꾸었다. **"나는 비록 얼굴이 잘 생기거나 학벌이 좋은 것은 아니야. 하지만, 대범하고 인간성이 좋고, 유머 감각이 있지 않아? 밑져야 본전이니 그녀에게 말이나 한번 건네 보자!"** 그는 마침내 그녀에게 데이트 신청을 했고, 그녀는 그의 소탈한 성격이 마음에 들어 데이트에 응해 주었다. 접촉에 성공한 것이다. 몇 번의 데이트를 통하여 둘은 서로 매우 가까워졌고, 사랑에 빠졌다. 이제 그에게 이 세상은 온통 둘만을 위해 존재하는 것처럼 느껴졌고 그는 너무 행복했다. 이 세상에 태어난 후 처음 맛보는 기분이었다. 그는 그녀를 만나면서 비로소 진정한 자신의 존재를 발견한 느낌이 들었다.

이 예에서 청년이 진정한 자기를 발견하고 체험하게 된 것은 그녀와의 만남을 통해서였다. 즉, 그가 스스로 만든 고립으로부터 벗어나 환경과 교류 및 접촉함으로써 오히려 자기 자신을 만나고 실현시킬 수 있었다.

2) 접촉과 흥분

접촉은 개체가 유기체-환경 장에서 새롭고 매력적인 목표물을 알아차리고 이를 향해 나아가, 이를 만나고 받아들여 동화시킴으로써 변화·성장하는 것이라고 할 수 있다. 이때 개체가 이러한 일련의 접촉행동을 하기 위해서는 에너지가 있어야 한다. 즉, 에너지를 동원해서 감각기관과 운동기관에 투여함으로써 목표물에 접근해야 이를 접촉하고 동화시킬 수가 있다. 펄스는 이때 사용되는 유기체 에너지를 '**흥분(excitement)**'이라고 불렀다. 이는 생명체를 움직이는 활성에너지라고 할 수 있다.

그런데 개체는 이러한 흥분에너지를 바로 행동으로 바꿀 수는 없다. 개체는 먼저 그가 처한 환경과 상황을 판단하고 난 뒤, 그 판단 결과에 따라 비로소 흥분에너지를 행동에 투입하게 된다. 즉, 개체는 매력적인 목표물에 다가가는 데 아무런 내적·외적인 장애가 없다고 판단될 때는 접근행동을 하지만, 그렇지 않다고 판단될 때는 흥분을 억제하거나 행동을 회피한다. 펄스는 이처럼 상황판단으로 인하여 '**변형된 흥분에너지**'를 감정이라고 불렀는데, 이러한 감정의 체험은 우리의 욕구와 그 대상에 대해 중요한 정보를 제공해 준다(Perls et al., 1951, pp. 233-234).

개체가 환경에 다가가는 행동을 할 때뿐 아니라 환경 속의 새로움을 만나고 이를 받아들여 동화시키는 과정에서도 흥분은 매우 중요하다. 흥분을 통해서 유기체와 환경이 통합될 수 있기 때문이다. 이때 흥분에너지는 유기체뿐만 아니라 환경적 대상으로부터도 나온다. 삶이란 이러한 흥분에너지의 끊임없는 출렁임 속에서 유기체와 환경이 만나고 헤어지는 과정이라고도 볼 수 있다.

접촉이란 개체가 유기체-환경 장에서 새로운 것에 이끌려 뛰어들어 만나고 체험하고, 마침내 유기체적 욕구를 해소하면서 스스로 새롭게 변화·성장하는 행위라고 말할 수 있는데, 이때 개체가 생생한 접촉을 체험했을 때는 생기와 활기를 느끼게 되지만, 억지로 접촉을 했거나 접촉이 불가능할 때는 지루함과 무기력감을 느끼게 된다.

접촉은 신선하고 놀랍고 긴장된 체험을 가져다주며, 미래에 대한 흥분과 기대를 포함한다. 영화나 소설에서 새로운 상황에서 새로운 인물들의 만남을 통해 새로운 드라마가 펼쳐지듯이 우리는 매 순간 접촉을 통해 새롭게 태어난다. 모든 생명은 자신 이외의 다른 것들과 새롭게 만나지 않으면 결국 퇴락하고 만다. 이때 새로움은 항상 흥분을 일으키고, 흥분은 바로 변화에 대한 원동력이 된다. 접촉은 바로 이러한 흥분에너지를 받아들여 변화하고 성장하는 것이라고 말할 수 있다.

그런데 많은 사람들은 변화에 대한 두려움 때문에 접촉을 회피한다. 새로운 것은 변화를 가져오고, 변화란 안전을 위협하는 것이라고 생각하여 변화를 거부하는 것이다. 그렇게 하면 현상유지는 할 수 있지만 아무런 새로움도 체험할 수 없고, 결국 변화와 성장은 막혀 버린다. 에너지는 정체되고, 삶은 활기를 잃고 무미건조해지며, 지루하고 권태로워진다. 치료자는 이러한 내담자의 억압된 흥분에너지를 발견하여 이를 다시 접촉에 사용하도록 해서 삶의 활기를 되찾도록 도와주어야 한다(Perls et al., 1951; Polster, 1990).

3) 접촉과 환경

우리는 흔히 유기체가 환경과 접촉한다고 말한다. 그러나 우리가 지각을 통해 알 수 있는 가장 확실한 것은 유기체도 환경도 아니다. 유기체나 환경은 단지 개념적 대상일 뿐 우리가 직접 오관으로 확인하고 인지할 수 있는 대상은 아니다. 우리가 지각할 수 있는 가장 확실한 것은 유기체와 환경간의 **접촉**이다.

우리가 어떤 물체를 본다고 할 때, 실제 일어나는 것은 유기체가 외부 대상을 보는 것이 아니라 우리가 망막에 맺혀 있는 물체의 상을 지각할 뿐이다. 즉, 유기체와 환경 간에 이루어진 접촉의 결과를 알아차리는 것이다. 유기체와 환경이 각각 따로 존재한다고 생각하는 것은 둘 사이의 접촉을 근거로 해서 미루어 짐작한 것일 뿐이다. 따라서 우리는 유기체와 환경을 따로따로 생각하고 그것들 간의 접촉을 상정하기보다는 오히려 유기체와 환경을 포함하는 전체 장의 관점에서 생각하는 것이 옳다. 유기체와 환경은 따로따로 존재하는 것이 아니라 서로 떼려야 뗄 수 없는 유기적 관계인 장(field)을 이루고 있다. 따라서 유기체의 행동은 항상 이러한 장의 차원에서 환경과의 관계를 전제하고서 이해해야 한다.

이런 의미에서 접촉은 유기체와 환경 간의 **관계 장** 차원에서 이해해야 한다. 접촉은 서로 고립적으로 존재하는 유기체와 환경 사이에 발생하는 그 무엇이 아니라, 오히려 둘 사이의 관계를 선험적으로 규정하는 조건이다. 즉, 접촉을 통해 비로소 유기체와 환경은 그 존재가 드러난다(Perls et al., 1951, p. 227). 예컨대, 고기와 물은 각각 별개이지만 서로의 접촉이 선행되었기 때문에 비로소 각자의 존재의미가 드러난다. 말하자면 고기와 물의 접촉이 먼저 있고 그러한 접촉 속에서 둘의 존재가 확인된다고 하겠다. 둘의 접촉을 떠나 고기와 물이 독립적으로 존재한다고 보는 것은 분석적 사고의 산물에 지나지 않는다.

접촉이란 개체가 유기체-환경 장에서 전경과 배경을 형성하는 것이라고 볼 수 있는데, 이는 흥분과 감정 그리고 목표물에 대한 관심을 수반한다. 이때 개체의 흥분과 감정, 관심을 떠나 독자적으로 존재하는 중립적인 대상이란 없다. 표백된 중립적인 대상이란 미신적 과학의 허상에 불과하다. 개체가 전경과 배경을 형성하는 것에 대해 관심과 흥분을 보이는 것은 유기체-환경 장이 실재한다는 것에 대한 가장 직접적인 증거이다. 만일 유기체-환경 장이 실재가 아니라면 개체가 동기를 형성하고 접촉을 시도하더라도 접촉은 불가능할 것이고 따라서 현실적응도 불가능할 것이다. 하지만 모든 생명체들이 동기를 형성하고 현실에 성공적으로 적응하는 것을 볼 때, 유기체-환경 장은 실재한다고 하겠다.

일반적으로 전경과 배경의 형성에는 항상 개체의 관심과 흥분이 포함되어 있고, 이는 유기체-환경 장의 직접적인 증거이다. 개체는 자신의 동기에 의해 유발되어 행동함에도 불구하고 현실에 적응하는 데 성공한다. 이것이 가능한 것은 바로 개체의 동기, 즉 게슈탈트 속에는 이미 개체의 욕구와 외부현실이 통합되어 있기 때문이다. 예를 들어, 물을 마시고 싶은 욕구 속에는 이미 환경적 현실이 내포되어 있다. 즉, 물을 마시고 싶은 유기체적 욕구와 그것을 충족시켜 줄 수 있는 대상인 물이 함께 **'유기체-환경 장'**을 이루고 있다(Perls et al., 1951, pp. 233-234).

4) 접촉과 접촉경계

유기체는 환경과의 접촉을 통해 자신에게 필요한 것을 얻고, 또한 환경에게 무언가를 돌려주는 상호 교류관계 속에 존재한다. 이때 유기체와 환경이 만나는 장소를 **'접촉경계(contact boundary)'**라고 하는데, 모든 심리적인 사건들은 바로 이 접촉경계에서 일어난다. 그런데 여기서 경계란 어떤 고정된 장소를 뜻하는 것이 아니며, 유기체의 한 부분이라기보다는 단지 유기체와 환경의 특정한 관계를 유지하는 기능이라고 할 수 있다. 즉, 접촉경계는 유기체와 환경을 분리하지 않고 다만 유기체의 한계를 정하고 보호해 주는 기능을 갖는다(Perls et al., 1951, p. 229; Perls, 1976).

예컨대, 물과 고기를 구분해 주는 경계는 분명히 있지만 그 경계는 결코 둘을 분리시키지 않는다. 만일 그 경계가 물과 고기를 분리시키는 성질의 것이라면 고기는 살아남을 수 없을 것이기 때문이다. 접촉-경계에서는 동화시킬 수 있는 것은 받아들여 동화시키고, 동화시킬 수 없는 것은 배척하는 등의 작용이 일어난다. 유기체는 이러한 작용을 통해 성장하고 변화하면서 종을 유지시킨다. 환경과 유기체가 상호작용함에 있어 접촉-경계에서는 접근, 회피, 지각, 감정, 조작, 평가, 교류, 싸움 등 모든 삶의 활동들이 일어나는데, 이것이 바로 접촉이다. 이때 개체는 이러한 접촉을 **'체험'**이라는 형태로 파악한다. 즉, 체험이란 **개체가 접촉을 주관적으로 지각한 것**을 의미한다. 이러한 개체의 체험은 접촉경계에서 일어난다. 따라서 만일 접촉경계가 없다면 체험도 불가능하다. 그래서 체험이란 바로 접촉경계의 기능이라고도 말할 수 있다.

체험은 감정의 형태로 자각되는데, 자기 자신에 대한 감정뿐 아니라 자신이 아닌 것, 자신을 넘어서는 것 즉, 경계가 만나는 것에 대한 감정도 포함한다. 펄스에 따르면 심리적으로 실재하는 것은 체험뿐이라고 한다. 즉, 접촉-경계에 의해 그 의미가 발견되고 행동이 이루어지는 것들만이 심리적으로 실재한다는 것이다. 그래서 그는 심리학을 체험을 연구하는 학문이라고 정의했다(Perls et al., 1951, p. 258).

5) 접촉과 나-경계

접촉을 통해 모든 사람들은 자신의 밖에 있는 세계를 자신에게 이익이 되는 방향으로 통합하고 체험한다. 만지고, 말하고, 미소 짓고, 쳐다보고, 묻고, 받아들이고, 상대편을 원하고 … 이 모든 것들이 삶에서 이루어지는 중요한 접촉활동들이다(Polster & Polster, 1987).

그런데 이러한 접촉은 독립적인 개체만이 체험할 수 있으며, 융합관계에 있는 개체는 진정한 접촉을 체험할 수 없다. 접촉은 개체가 자신과 다른 새로운 그 무엇에 다가가서 그것과 만남으로써 변화하고 성장하는 것인데, 융합관계에 있는 개체는 서로의 차이점을 인정하고 있지 않기 때문이다. 접촉은 고립된 개체에 있어서도 불가능하다. 진정한 접촉은 독립된 개체이면서 동시에 환경과의 관계를 유기적으로 유지하고 있는 개체에서만 가능하다.

접촉이란 단순히 두 개체가 함께 있는 것이 아니다. 접촉이란 독립적인 한 개체가 다른 개체나 환경에 다가가 그것과 만나 하나가 되고 변화되어, 새로운 개체로 다시 태어나는 과정이다. 말하자면 접촉은 옛 껍질을 벗고 **'새로운 나'**로 태어나는 과정이라고 말할 수 있다. 접촉경계는 개체와 환경 간의 경계를 유지해 주면서도 동시에 서로의 만남을 가능하게 해 준다. 즉, 접촉경계는 개체로부터 무언가를 밖으로 내보내기도 하고, 외부로부터 무언가를 받아들이기도 하는 반투과적인 세포막과 같은 것이다. 이러한 막은 너무 딱딱해서 아무것도 통과시키지 못해서도 안 되고, 또한 너무 느슨해서 모든 것을 다 들여보내서도 곤란하다. 자신에게 유익한 것은 통과시키면서도, 해로운 것은 차단할 수 있어야 한다.

여기서 경계란 **'나'**와 **'나 아닌 것'**이 서로의 관계를 체험하는 접촉점이라고 하겠다. 흥미로운 사실은 접촉을 통해서 양자의 존재가 모두 더 명확해진다는 점이다. 말하자면 물과 고기의 접촉을 통해 비로소 물과 고기 양자의 존재가 더 선명히 드러나는 것과 같다고 하겠다.

자아(ego)는 유기체와 환경 간의 접촉에서 자기를 동일시함으로써 자기를 돕는 기능을 한다. 이때 자아의 기능은 자기와 자기가 아닌 것을 구별하는 것이다. 자아는 어떤 생화학적 성분을 가진 실체가 아니라 단지 동일시 기능일 뿐이다. 이러한 자아는 개체가 새로운 것을 만나는 순간 작동한다. 자아는 자기를 동일시함으로써 자기를 체험할 수도 있고, 반대로 동일시하지 않음으로써 자기를 소외시킬 수도 있다. 예컨대, 개체가 매력적인 이성을 보고 흥분을 느끼는 순간, 이를 부도덕한 행위로 생각하여 자기의 성적 욕구 부분을 동일시하지 않음으로써 이 부분을 자신으로부터 소외시킬 수 있다.

이때 개체가 접촉할 수 있는 자신의 측면, 즉 자기 자신의 부분이라고 인정하고 지각하는 범위를 **'나-경계(I-boundary)'**라고 말하는데, 개체는 나-경계 안에서는 쉽게 접촉활동을 할 수 있으나, 이 범위를 넘어서는 자신의 측면이나 타인들의 행동에 대해서는 불안을 느끼고 접촉을 차단해 버린다. 나-경계는 사람마다 차이가 있어서 어떤 사람은 넓은 경계를 갖고 있어 자유로운 활동을 하지만, 어떤 사람은 매우 좁은 테두리를 고수하면서 평생 동안 그 선을 넘지 않는다. 이러한 나-경계는 개체의 성장배경과 삶의 경험들에 의하여 형성된다.

나-경계에는 신체적인 경계, 가치영역의 경계, 친숙함의 경계, 행동표현의 경계, 자기노출의 경계 등 여러 영역에 걸쳐 서로 다른 경계가 있다. 그래서 어느 한 영역에서는 좁은 나-경계를 가진 사람이 다른 영역에는 넓은 경계를 보이는 경우도 있다. 각 개체는 이러한 나-경계를 넘어서는 부분들에 대해서는 자기로 인식하지 못하며, 따라서 접촉도 일어나지 않는다. 예컨대, 어떤 사람들은 성기 혹은 기타 신체의 특정 부분에 대해서는 나-경계에 포함시키지 않음으로써 그 신체 부분과 접촉이 되지 않는 경우도 있다(Polster & Polster, 1987, p. 117).

너무나 제한된 나-경계를 가진 내담자는 이러한 경계를 넘어서는 어떤 활동도 하려 들지 않음으로써 심리적 장애를 겪는다. 예컨대, 자신의 가치관에 벗어나는 행동은 아예 시도하지 않는다거나, 자신이 살아온 지역 혹은 행동반경을 벗어나지 않는 등, 좁은 나-경계 속에 갇힘으로써 외부와의 접촉은 물론 자기 자신의 미개발된 부분들과의 접촉도 단절된 채, 단조롭고 폐쇄적으로 살아가는 사람들이 있다. 이들은 나–경계를 넘어서는 상황이나 경험에 처할 때는 알아차림과 접촉을 차단시켜 버린다.

각자의 나–경계는 친구나 직장, 거주지, 애정 대상 등, 접촉할 대상을 고르는 데 많은 영향을 미친다. 즉, 자신의 나–경계를 벗어나는 속성을 지닌 친구나 직장, 거주지, 이성 등에 대해서는 접촉을 피하게 된다. 따라서 환경과의 원활한 접촉을 위해서는 넓은 나–경계가 필요하다. 개인에 따라 나–경계의 범위는 매우 다양하다. 경계가 완전히 고정된 사람은 없으나 이의 범위에는 개인차가 많다. 나–경계가 좁으면 개체가 체험할 수 있는 영역이 줄어들어 온전히 기능하기 힘들다. 예컨대, 어머니가 된 여성이 아직도 소녀 시절의 경계에 머물러 있음으로써 어머니로서 체험할 수 있는 다양한 경험들을 회피하고 억압할 수 있다. 따라서 치료자는 이러한 내담자의 나–경계를 넓혀 주어 삶의 다양한 경험들을 수용하고, 새로운 경험에 개방하고 도전할 수 있도록 도와주어야 한다.

> 폴스터의 한 남자 내담자는 이전에는 다른 사람들에게 자신의 문제를 털어놓는 것을 나약한 행동이라고 생각하여, 타인에게 일체 자신의 약한 모습을 보여 주지 않았다. 말하자면 약한 모습을 보이는 행동은 그의 나–경계를 벗어나는 것이었다. 그런데 집단의 따뜻한 수용적 분위기에서 그는 마침내 집단원들 앞에 자신의 문제를 처음으로 털어놓으며 울음을 터뜨렸다. 이러한 경험을 한 후에 그는 오히려 전보다 더 안정된 모습을 보였고, **"내 자신이 물리적으로 확장된 것 같은 느낌이 든다."** 라고 말함으로써 나–경계의 확장을 보여 주었다(Polster & Polster, 1987, p. 113).

6) 접촉과 지지

접촉과 지지는 서로 밀접한 관련이 있다. 개체가 환경과 접촉하는 과정을 보면, 먼저 개체는 유기체–환경 장에서 매력적인 대상을 발견하고 흥미를 느껴 다가가서 그것을 받아들이고 통합하는 등의 행동을 하게 되는데, 성공적인 접촉을 위해서는 이러한 행동을 중도에 멈추지 않고, 계속 밀고 나갈 수 있는 힘이 필요하다. 즉, 접촉행동을 하기 위해서는 개체가 스스로를 지탱하고, 환경과의 만남을 유지시키고, 외부 환경에서 받아들인 요소들을 소화하고 흡수, 동화하는 등의 일을 해야 하는데, 이러한 작업에는 상당한 힘이 필요하다. 이러한 작업에 사용되는 힘을 '지지(support)'라고 한다(Resnick, 1990).

지지란 어떤 일을 할 수 있도록 받쳐 주는 힘이라고 말할 수 있는데, 접촉을 제대로 할 수 있기 위해서는 튼튼한 지지가 있어야 한다. 예를 들어, 외국에 이민 간 사람이 경제적인 뒷받침이 충분하고, 친척이나 아는 사람이 그곳에 살고 있고, 그 나라의 말까지 안다면 든든한 지지가 되어 그곳 사람들과 쉽게 접촉할 수 있고, 외국생활에 잘 적응할 수 있을 것이다. 그러나 아무리 자신의 욕구나 감정, 환경에 대한 알아차림이 잘 되더라도, 어학능력이 부족하거나 자신감이 없거나, 아는 사람이 전혀 없는 등 내외적인 지지가 충분히 없으면 환경과의 원활한 접촉이 불가능하다. 이처럼 성공적으로 접촉을 시도하고, 유지하고 마무리할 수 있기 위해서는 반드시 튼튼한 지지가 뒷받침되어야 한다.

로라 펄스는 지지와 접촉의 관계에 대해 많이 강조했는데, 그녀는 알아차림-접촉 주기에 대해 말하는 것은 결국 지지에 대한 논의로 연결될 수밖에 없다고 말했다. 왜냐하면 알아차림-접촉 주기는 결국 개체의 지지능력에 의해 결정적인 영향을 받기 때문이라는 것이다. 즉, 알아차림이나 전 접촉단계가 성공적으로 행해졌다 하더라도, 지지가 부족하면 접촉단계와 최종 접촉단계로 이행할 수가 없다는 것이다.

그녀는 지지를 **'환경적 지지**(environmental support)'와 **'자기지지**(self support)'의 두 종류로 구분했는데, 여기서 환경적 지지란 가족이나 친척, 친구, 직장동료, 동창회, 친목단체, 종교단체, 각종 사회단체, 학교, 정부기관, 사법기관, 병원, 각종 복지시설 등 개인이 어려움에 처했을 때 도움을 제공해 주는 각종 인적ㆍ물적ㆍ제도적ㆍ사회적 지지체계들을 의미한다. 개인이 필요로 하는 모든 것을 자기지지로만 해결할 수 없으므로 환경적 지지는 개인의 적응을 위해 매우 중요한 부분이다. 실제 개인이 환경과의 접촉에 실패하는 이유는 환경적 지지가 부족하기 때문인 경우가 많다. 따라서 치료에서는 내담자가 접촉의 문제를 보일 때 환경적 지지의 부족 때문인지 살펴보고 이에 대한 대책을 마련해 줄 필요가 있다.

자기지지는 스스로 자신을 지지하는 지원 시스템을 뜻하는데, 여기에는 아래의 두 가지가 있다.

① 개인이 갖추고 있는 자기보존 체계로서 여기에는 신체상태, 정보 및 지식, 사고능력, 과거 경험의 양, 대인관계 기술, 가치관, 신앙 등이 있다.
② 자아강도와 유사한 개념인데 자신이 처해 있는 상황과 동일시할 수 있는 능력을 뜻한다. 즉, 어떤 상황에 처했을 때 그 상황으로부터 달아나지 않고, 그 상태에 머물러 있을 수 있는 능력을 의미한다.

심리치료에서는 환경적 지지보다는 개인적 지지를, 그중에서도 두 번째의 자기지지를 더 중시하는데, 이는 쉽게 말해서 현재 상태를 체험할 수 있는 능력이라고 할 수 있다. 예컨대, 개인이 두렵거나 불쾌한 상황에 처했을 때, 혹은 자신에게 익숙하지 않은 상태에 놓이게 되었을 때, 그것을 회피하지 않고 거기에 머물러 있음으로써 현재 상태를 그대로 체험할 수 있는 능력 같은 것이다.

이러한 자기지지가 중요한 것은 어떤 문제이든 궁극적인 해결책은 항상 개체가 처한 현재 상황에 머물러 견뎌 내는 체험으로부터 생겨나기 때문이다. 예컨대, 타인의 칭찬을 잘 견디지 못하는 사람의 경우, 칭찬을 받았을 때 피하지 않고 쑥스러운 기분상태에 계속 머물러 봄으로써 칭찬을 받아들이고, 흡수하여 새로운 활력을 얻을 수 있게 된다.

유기체는 현재 자기가 처한 상황이 부정적이든 긍정적이든 그 순간과 동일시함으로써 그 순간에 필요한 반응을 스스로 조정해 나갈 수 있다. 가령, 어떤 사람이 어느 순간에 두려운 감정이 든다면 그 상황을 피하기보다는 현재의 두려운 감정을 직면하여, 그것을 인정하고 받아들임으로써 그 두려움을 극복할 수 있다. 만일 두려움을 피하면 그 두려움은 극복된 것이 아니기 때문에 사라지지 않는다. 두려운 상황에서 개인의 자기지지는 두려움을 직면하여 받아들이는 행동이다. 다른 곳으로 피하면 설 자리를 잃고 표류하게 된다. 그 상황과 동일시하고 받아들이고 견뎌 내는 능력 혹은 행위가 바로 자기지지이다.

한편 ①과 ②는 서로 보완적이다. 즉, 개체가 신체적으로 건강할수록, 어떤 일에 대한 사전 정보가 많을수록, 과거에 그런 일을 겪어 본 경험이 많을수록, 대인관계 기술이 좋을수록, 건강한 가치관과 신앙을 갖고 있을수록, 현재의 어려움을 더 잘 직면하여 극복할 수 있다. 이때 흔히 ①만이 지지로 이해되지만 사실은 ②가 더 중요하다. 그것은 개인적 자기보존체계가 아무리 잘 갖추어져 있더라도, 실제 이를 활용하려는 자세가 되어 있지 않으면 아무런 소용이 없기 때문이다. ②는 문제를 만났을 때 피하지 않고, 직면하려는 태도 및 능력을 의미한다(Resnick, 1990).

자기지지에는 앞에서 언급한 것들 이외에 호흡을 통한 지지가 있는데, 이는 특별한 치료적 의미를 갖고 있다. 호흡은 개체가 필요로 하는 에너지를 공급하는 가장 기본적인 통로이기 때문이다. 개체는 호흡을 통하여 외기와 접촉하면서 생명을 유지하는데, 만일 호흡이 안정되지 않으면 어떤 접촉도 깊은 수준에서 이루어질 수 없다.

펄스(1969b)는 불안은 흥분에너지와 호흡량의 차이와 같다고 말했다. 즉, 호흡을 멈추는 만큼 흥분에너지가 행동으로 전환되지 못하고 불안으로 바뀐다는 것이다. 그래서 불안을 체험하는 순간 심호흡을 하면 불안으로 바뀌었던 흥분에너지를 현실과의 접촉에 사용할 수 있게 되어 불안은 사라진다는 것이다.

그는 이를 다음과 같은 수식으로 표현했다.

$$(A = E - B; \; A \rightarrow Anxiety \;\; E \rightarrow Excitement \;\; B \rightarrow Breath)$$

펄스는 불안은 미래와 현재의 차이라고도 말했는데, 이는 개체가 현실과의 접촉을 떠나 미래에 예상되는 사건을 앞당겨 상상함으로써 불안이 생긴다는 사실을 지적한 것이다. 따라서 불안을 없애려면 그것을 체험하는 순간 현재로 돌아와서 현실과 접촉하면 된다.

이것도 그는 다음과 같은 수식으로 표현했다.

$$(A = F - P; \; A \rightarrow Anxiety \;\; F \rightarrow Future \;\; P \rightarrow Present)$$

여기서 호흡을 하는 것과 현재로 돌아오는 행동은 같은 것이다. 즉, 현재를 떠나면 호흡을 원활히 할 수 없고, 호흡을 멈추면 현재와 접촉할 수가 없다. 반대로 호흡을 온전히 하고 있으면 현재와 접촉할 수 있고, 현재에 제대로 깨어 있으면 또한 호흡은 자연스럽게 돌아온다. 따라서 치료에서는 둘 중의 하나를 도와주면 된다고 하겠다. 가령, 호흡을 멈추고 긴장해 있는 내담자에게 치료자는 긴장을 풀고 편안히 심호흡을 하라고 말함으로써 현재와 접촉하게 해 줄 수 있고, 끊임없이 미래에 일어날지도 모르는 '끔찍한' 사건을 앞당겨 상상하는 내담자에게는 현재 일어나고 있는 사건에 대해 주목하게 해 줌으로써 현재와 접촉하게 하고, 그 결과 편안한 호흡을 가져다줄 수 있다.

어느 쪽이든 결과적으로는 지금-여기의 알아차림과 접촉으로 이어질 것이다. 실제 게슈탈트 치료에서는 양쪽을 모두 강조한다. 그래서 내담자에게 지금-여기의 감정, 욕구, 사고 그리고 환경에 대한 알아차림을 강조하는 동시에 내담자가 호흡을 멈추는 것을 볼 때마다 호흡을 편안히 하도록 지시한다.

7) 접촉과 관계

게슈탈트치료는 알아차림과 접촉을 기반으로 하지만, 궁극적으로는 관계성을 향상시키는 것이 그 목표이다. 하지만 그동안 게슈탈트치료는 관계에 대해 명시적으로 강조해 오지는 않았다. 주로 순간적인 접촉과 흥분, 감각적 알아차림, 그리고 정서적 표현을 강조해 왔는데, 그것은 프리츠 펄스의 영향이기도 했다. 그는 1950년대 당시 서구의 분위기가 지나치게 지적 우월주의가 횡행하며 인간의 실존을 외면하는 것에 반기를 들고 지금-여기의 알아차림과 접촉을 통해 생생한 삶의 활기를 되찾아 오는 데 주력했다. 그러나 지나치게 즉흥적이고 순간적인 접촉과 흥분에 초점을 맞춘 치료 스타일은 좀 더 장기적인 변화의 과정과 관계의 차원을 등한시하는 문제를 초래했다. 1980년대 이후 게슈탈트치료는 이러한 문제점을 보완하기 위해 관계의 측면에 관심을 두고 일대 변혁을 이루었다(Yontef, 2008).

관계는 접촉이 반복 누적됨으로써 생겨나는 현상이다. 접촉은 일회적 사건인 데 반해, 관계는 여러 번의 접촉을 통해 생겨난다. 하지만 관계란 단순히 접촉의 순간들을 합한 것이 아니라 접촉이 반복되면서 생겨나는 하나의 새로운 전체이며 게슈탈트이다. 두 사람이 혹은 여러 사람이 서로 자주 만나면서 그 사이에 이전에 없었던 무언가 새로운 것이 형성된다. 이는 하나의 연속성을 지닌 현상으로서 그 관계에 속하는 사람들의 정체성을 규정하는 데 매우 중요한 역할을 한다. 즉, 어떤 사람의 정체성을 이해하기 위해서는 그 사람이 맺고 있는 사람들과의 관계를 들여다보아야 한다. 관계는 그 관계에 있는 어떤 사람에게도 속해 있는 것이 아니면서도, 그 안에 속해 있는 사람들을 전체로 포함한다.

엄밀히 말해서 관계는 접촉을 통해서 생겨나는 것이 아니라, 접촉을 통해 실현되는 것이다. 즉, 관계란 모든 사람들 사이에 가능성으로서 이 세상에 태어나기 전부터 이미 선험적으로 주어진 것인데, 접촉을 통해 그것이 점점 더 현실화되는 것이다. 예컨대, 어떤 가정에 한 아이가 태어난다고 한다면, 그 아이는 태어나는 순간부터 그 가족의 일원이 된다. 즉, 가족관계의 한 구성원이 되는 것이다. 가족이 매일 접촉하고 보살펴 줌으로써 가족관계는 실현된다. 하지만 태어나는 순간 고아원에 버려진다면, 그 아이는 가족과 접촉할 기회를 갖지 못함으로써 가족관계는 하나의 선험적 가능성으로서는 주어졌지만 구체적으로 실현되지는 못하고 만다. 가족관계뿐만 아니라 부부관계, 연인관계, 친구관계, 사제관계, 동료관계, 노사관계 등 수 많은 인간관계도 마찬가지로 모두 선험적 가능성으로서 주어지는 것들이지만, 접촉이 없으면 실현될 수 없다.[2]

하이데거(1986)는 그의 실존철학에서 인간은 '세상(die Welt)', 즉 관계성 속으로 태어난다고 하였다. 인간은 관계성을 떠나서는 생존할 수 없다. 게슈탈트치료에서는 그 출발부터 이 점을 분명히 하였다. 하지만 전술한 것처럼, 그 실제에 있어서는 지금-여기의 순간적인 접촉과 흥분, 해소에 초점을 맞춰 왔다. 하지만 최근의 동향은 어떻게 접촉이 연속성을 지닌 관계로 발전해 나가는지, 그리고 치료과정에서 이를 응용할 수 있는지에 대해 관심을 기울이고 있다. 특히 치료자-내담자 관계를 어떻게 정립해 나가야 긍정적 치료효과를 가져올 수 있는지에 대해 많은 논의가 이루어지고 있다(Hycner, 1995; Jacobs, 1995, Jacobs, 2012; Yontef, 2008).[3]

---

2) 여기서 관계라고 함은 비착취적이고 동등하며, 건강한 접촉적인 관계를 말한다. 일상 언어에서는 비인간적인, 착취적인, 불건강한 관계까지도 모두 관계라고 일컫지만, 진정한 의미에서 그러한 관계는 관계라고 말할 수 없다. 물론 완벽한 관계는 불가능하지만, 게슈탈트치료에서 지향하는 것은 온전한 접촉의 기반에서 서로 독립적이면서도 유기적이며, 협력적인 관계이다.

3) 서구의 철학과 심리학에서 관계의 차원에 대한 관심이 점차 높아지고 있으며, 최근에는 정신분석을 위시하여 인본주의 심리학에서 관계중심적 접근들이 늘어나고 있는 것은 반가운 현상이 아닐 수 없다. 게슈탈트치료에서는 그 출발부터 관계중심의 프레임에서 이론이 정립되었다. 한편, 동양의 유교사상은 철저하게 관계중심의 철학이라고 할 수 있다. 공자와 맹자의

관계는 자기 자신과의 관계, 대인관계, 환경과의 관계 등으로 세분해서 생각할 수 있다. 자기 자신과의 관계는 자신의 감정이나 욕구, 신체감각, 이미지, 내적인 힘 등을 억압하거나 소외시키지 않고 있는 그대로를 잘 접촉하고 수용함으로써 건강하게 형성될 수 있다. 그렇게 되기 위해서는 인위적인 가치기준이나 평가체계, 자기를 대상화시키는 태도를 버리고 존재수용적 마음가짐을 가질 필요가 있다. 환경과의 관계가 건강해지기 위해서도 마찬가지로 환경을 대상화시켜 착취의 수단으로 대하는 태도를 버리고, 인간과 서로 유기적인 전체를 이루고 있는 관계적 상대로 대해야 한다.

대인관계는 서로 독립적 인격으로 대하면서 동등하면서도 유기적 관계의 '너(Thou)'로 대할 때, 이상적인 관계로 발전할 수 있다. 이런 관계에서는 서로를 수단으로서가 아니라 목적으로 대하며, 서로의 존재를 평가하지 않고 있는 그대로를 수용한다. 서로의 경계가 명확하면서도 서로의 존재에 대한 관심과 흥미에 이끌려 다가가며, 만남을 통해 서로 교류하며 함께 성장한다. 이런 성숙한 관계는 가족 간에, 부부 간에, 친구 간에, 사제 간에, 동료 간에, 상사와 부하 간에, 의사와 환자 간에, 판매원과 고객 간에 항상 가능하다. 게슈탈트치료에서는 이러한 이상적 관계를 **'대화적 관계**(dialogic relationship)'라고 지칭한다.

대화적 관계는 서로를 보살펴 주고, 치유해 주며, 서로를 성장시켜 준다. 각자 자신의 경계를 유지하면서도 적극적으로 자기를 표현하고, 상대편의 세계를 향해 자기를 개방함으로써 서로 만나며, 만남의 과정에서 서로를 **'확인**(confirm)'해 주고, 지지해 준다. 대화는 허공을 향한 독백이 아니라 서로 마주 보고 현전하며 자기를 개방하고, 서로 경청하며, 서로의 이야기에 자기를 '포함시키면서(inclusion)' 공감하고, 반응해 주는 과정이다. 상대편의 어떠한 말이나 행동도 평가절하되거나 무시되지 않고 진지하게 접수되며, [언어적 혹은 비언어적] 반응을 받는다.

대화는 막연하거나 추상적이 아니라 구체적으로 진행되며, 내용보다는 프로세스, 즉 마음을 위주로 조명된다. 표현은 넋두리나 하소연보다는 직접적인 정서개방이 선호되며, 반응은 분석이나 충고, 동일시보다는 공감이나 자기개방, 확인과 지지의 형태로 이루어진다. 이는 치료자와 내담자의 관계에서도 마찬가지이다. 치료자는 내담자와의 관계에서 내담자를 '너(Thou)'로 대하면서 경청과 현전, 온전한 수용과 지지를 실천한다. 필요하다고 판단되면, 치료자 자신의 혼란스러운 마음을 포함하여 자신의 과정[4]을 있는 그대로 개방함으로써 동등하면서도 진실한 대화적 관

사상은 물론이고, 신유학의 성리학에서도 관계는 가장 중요한 철학적 화두였다. 게슈탈트치료의 한국 토착화와 관련하여 앞으로 이 분야는 중요한 연구의 대상이다.

4) 여기서 '과정(process)'이라 함은 치료자가 치료시간에 경험하는 자신의 감정이나 생각 혹은 이미지 등을 지칭한다. 예컨대, 치료를 하면서 경험하는 불편감이나 고민, 혼란스러움, 딜레마 등을 솔직하게 있는 그대로 내담자에게 말해 주는 것을 뜻한다.

계를 실현한다. 이러한 관계는 치료자와 내담자의 관계를 수직적이거나 일방적이 아닌 수평적이면서 상호적이며, 상호 협력적이고, 교류적으로 만들어 주기 때문에 내담자에게는 물론 치료자에게도 치유적 경험을 가져다준다. 궁극적으로 심리적 치유는 이러한 '관계(relationship)'를 통해 일어난다.

4. 접촉의 차원

접촉은 두 개의 서로 다른 독립적인 존재가 서로에게 흥미를 느껴 가까이 다가가 만나 하나가 되고, 서로로부터 무언가를 얻어 새로운 존재로 다시 태어나고 또다시 다른 새로운 것을 향해 다가가는 행위라고 할 수 있다. 이때 접촉은 두 존재가 단순히 함께 있거나 함께 무엇을 한다는 의미가 아니다. 접촉은 둘이 서로 다른 개체라는 인식이 있으면서 자발적으로 하나가 되는 과정이다. 그러나 접촉은 둘의 차이를 없애 버리는 것이 아니다. 둘이 만나는 순간 서로 하나가 되지만, 다음 순간 각자 다시 새로운 독립적 개체로 태어나게 해 준다. 즉, 접촉은 서로를 새롭게 변화시켜 주는 창조적 만남이다.

접촉은 생기를 불어넣어 준다. 미켈란젤로의 작품에서 아담이 창조된 다음, 하나님이 그를 만짐으로써 그에게 생명을 불어넣어 주기를 기다리는 그림이 있다. 이는 두 존재의 접촉을 통하여 새로운 생명이 탄생한다는 사실을 상징적으로 표현하고 있다(Polster, 1987). 이러한 접촉은 정치, 종교, 사회, 문화, 예술, 문학, 대인관계 등 모든 인간 활동의 차원에서 이루어질 수 있다. 접촉의 대상은 작게는 한 떨기 장미꽃을 보는 것으로부터 시작해서 크게는 서로 다른 문화권이 될 수도 있다. 예컨대, 유럽 문명과 아시아 문명 간의 접촉 같은 것이다.

실제 인류역사에 길이 남을 위대한 창조물들은 모두 이러한 접촉을 통해 이루어졌다. 그리스 문명은 고대 그리스인들의 소아시아 문명과의 접촉을 통해 탄생했고, 유럽 문명은 그리스 문명과 로마 문명의 조우에 의해 태어났다. 인도의 불교와 중국 노장사상이 만남으로써 선불교라는 새로운 꽃을 피워 냈으며, 실존철학은 20세기말에 동양 사상과 유럽 사상이 만남으로써 당시 기계문명과 산업화로 병들어 가던 유럽 사회를 변혁시킬 희망의 철학으로 태어났다.

여기서는 접촉의 단위를 좁혀 아래의 영역들에 국한시켜 살펴보기로 한다.

1) 감각적 차원

시각, 청각, 후각, 미각, 신체감각 등 우리의 오관이 만들어 내는 감각들이 접촉의 가장 원초적인 형태이다. 우리는 이러한 감각들을 사용해서 환경과 접촉한다. 우리가 환경과 접촉하는 것은 일차적으로 대부분 이러한 감각기관들에 의존한다. 따라서 만일 감각기관들 중 어느 한 부분에 이상이 생기면, 특히 시각이나 청각 기관에 이상이 생기면 환경과의 접촉에 큰 어려움을 겪게 된다.

이러한 감각기관들이 환경과의 접촉에 결정적인 역할을 하지만, 많은 사람들은 자신의 감각기관들을 제대로 사용하지 않고 생각이나 공상에 빠진 채 살아가기 때문에, 환경과 잘 접촉하지 못하고 산다. 따라서 게슈탈트치료에서는 감각기관들을 다시 활성화시켜서 환경을 잘 접촉하도록 연습시키는 것을 중요하게 생각한다.

한편, 아무리 혼란된 상태에 있는 사람이라 하더라도 환경과 전혀 접촉이 없는 사람은 없다. 우리는 살아 있는 한 어떤 형태로든 항상 환경과 접촉을 하고 있다. 가령, 숨을 쉬고, 잠을 자고, 음식을 먹는 행위만 하더라도 이미 환경과 접촉을 하고 있는 것이다. 단지 환경과 얼마나 잘 접촉하고 있는지에 대해서는 개인차가 있다고 하겠다. 단순히 무엇을 보고 듣는다고 해서 잘 접촉하고 있다고 할 수는 없다. 어떻게 보고 어떻게 듣는가가 중요하다. 즉, 지금-여기에 온전히 깨어 있으면서 보고, 듣고, 냄새 맡고, 맛보고, 느낄 수 있어야만 깊은 접촉이 가능하다. 만일 접촉경계혼란이 있으면 감각적 차원의 알아차림과 접촉이 제대로 이루어지지 않는다.

2) 신체적 차원

접촉은 보고, 듣고, 냄새 맡고, 맛보고, 만지는 등의 감각을 모두 포함하지만 촉각, 즉 만지는 것이 가장 원형적인 형태이다. 이는 진화의 과정에서 가장 원시적인 생명체가 외부 환경과 접촉을 시작할 때, 시각이나 청각, 후각, 미각 등의 고등 감각기관은 아직 생겨나지 않은 상태에서 촉각을 사용하여 환경과 교류했음을 보아도 알 수 있다. 유아의 발달에서도 생후 몇 달 동안은 무엇이든 입에 갖다 넣는 등, 주로 촉각에 많이 의존하는 것을 관찰할 수 있다.

이러한 행동은 차츰 성장하면서 줄어들지만, 그래도 어린이들이 처음 보는 사물을 대할 때 자기도 모르게 손으로 만지는 행위를 하는 것을 보면 촉각은 성장 후에도 여전히 중요한 접촉 기관임을 알 수 있다. 그래서 접촉이란 개념은 만진다(觸, touch)라는 말과 거의 동의어가 되어 있다. 다른 여러 가지 접촉의 방법에 비해 만지는 것은 지성의 층을 뚫고 직접 존재와 만나는 강렬한 경험을 가져다준다. 실제로 사람들이 강한 접촉을 원하는 상태에 처하면 대개 신체적인 접촉을 원하는 것을 보더라도 촉각에 의한 접촉이 얼마나 깊은 것인지 알 수 있다.

예컨대, 죽음을 직면했다가 기적적으로 다시 살아난 사람들은 예외 없이 가까운 사람들과의 강렬한 신체접촉을 원한다. 우리는 가끔 TV 화면을 통해 아랍 테러범들에 의해 비행기 안에 며칠씩 억류되었다가 간신히 풀려나온 인질들이 마중 나온 가족과 친척들, 친구들과 뜨거운 포옹을 하는 장면들을 볼 수 있다. 임종을 앞둔 사람들도 마지막으로 가족과의 신체접촉을 원하는 것을 볼 수 있다. 신체접촉은 인간의 가장 강렬한 본능의 하나인 것으로 보인다. 성행위는 그중에서도 가장 강렬한 신체접촉 욕구의 표현이라고 하겠다. 이 외에도 우리는 일상생활 가운데 신체접촉 현상을 많이 볼 수 있다. 친한 사람들이 만나고 헤어질 때는 물론이거니와, 처음 보는 사람들이 서로 인사할 때 악수를 하는 것도 신체접촉 욕구의 표현임이 명백하다.

어떤 학자는 우리가 눈물을 흘리는 것도 신체접촉 욕구의 표현이라고 주장하기도 한다. 즉, 눈물이라는 신체의 일부를 밖으로 내보냄으로써 타인에게 더 가까이 가려는 반응이라는 것이다. 실제 우리는 눈물을 흘리는 사람에게 가까이 다가가서 안아 주거나, 머리를 쓰다듬어 주는 행위를 하지 않는가? 이러한 신체적 접촉은 종종 신체적 그리고 생리적 과정을 동반하면서 개체에게 강렬한 감정의 체험과 해소를 가져다준다. 때로는 여러 가지 복잡한 말로 설명하고 표현하는 것보다 한 번의 신체적 접촉이 더 깊은 수준에서 만족감을 가져다주는 경우도 있다.

이와 관련해서 나의 한 집단사례와 가족사 하나를 소개한다.

무섭고 냉정한 아버지에게서 억눌리며 자랐던 한 여자 내담자는 남자 치료자와 남자 집단원들에 대해 항상 불신감과 경계심을 갖고 있었다. 그러다가 그녀는 어느 날 장(field)에서 이러한 자신의 감정을 표현하였고, 그 얘기를 들은 한 남자 집단원이 그녀에게 다가가서 허락을 받은 후 그녀를 따뜻하게 안아 주었다. 그녀는 그와의 신체접촉을 통해 처음으로 자신이 남자들로부터 받아들여질 수 있다는 것을 느꼈고, 마침내 그의 품에 안겨 흐느껴 울었다. 이 사건을 계기로 그녀는 남자 집단원들에 대한 경계심을 풀었다. 그녀는 오랫동안 친정아버지를 미워하고 거부해 왔는데, 이 집단이 끝나고 나서 친정아버지를 찾아가 그동안 하고 싶었던 이야기를 모두 했다. 아버지는 그녀의 이야기를 잘 들어 주었고, 그녀에게 상처 준 부분에 대해 미안하다고 말했다. 그녀는 태어나 처음으로 아버지 품에 안겨 흐느껴 울었고, 이후로 아버지와 화해를 하게 되었다고 한다.

나의 증조부는 조선조 말에 가세가 기울어 경상도와 전라도를 떠돌며 등짐장수를 하였는데, 아내가 어린 자식 둘을 놔두고 일찍 죽었기 때문에, 큰아들은 처제에게 맡기고 작은아들은 소금지게 위에 얹어 지고 행상을 다녔다. 어느 날 주막에 이런 모습으로 나타난 그를 보고 주모가 딱하게 여겨, 그 아이를 자기에게 양자로 달라고 했다. 그는 생각 끝에 아들을 주모에게 맡기고 장삿길을 떠났다. 그는 이후로 자취를 감추었다가 15년 정도 지난 어느 날 주막에 다시 나타났다. 주모는 그를 반겨 맞아 주었고 산에서 나뭇짐을 지고 내려오는 작은아들을 불러 아버지에게 인사시켰다. 아버지는 아들을 따뜻한 눈길로 쳐다보더니 말없이 아들의 온몸을 어루만졌다. 아들은 아버지의 손길이 몸에 닿을 때마다 주체할 수 없는 눈물을 흘렸다. 두 부자는 그동안 살아왔던 이야기를 하며 밤을 지새웠다. 아버지는 아들에게 형이 살아 있다는 사실과 어디에 살고 있는지를 말해 주었다. 이야기를 하다가 아들이 새벽녘에 깜박 졸았는데, 눈을 떠 보니 아버지는 이미 온 데 간 데 없었다. 아들에게 폐를 끼치지 않기 위해 혼자 훌쩍 떠나 버렸던 것이다. 그 뒤 세월이 흘렀는데 멀리서 아버지가 돌아가셨다는 기별이 와서, 두 형제가 만나 아버지의 시신을 거두어 고향 땅에다 장사 지냈다. 그 후 작은아들은 해마다 아버지의 기일이 다가올 즈음에는 한 열흘 전부터 담뱃대를 시렁 위에 올려 버리고, 의관을 정제하여 마음을 가다듬고는 애틋한 부정을 기렸다고 한다.

예에서 본 것처럼 신체접촉에 대한 욕구는 인간에게 있어서 매우 중요한 욕구임에 틀림없다. 그러나 현대사회로 올수록 이러한 신체접촉은 많이 줄어들었다. 옛날에는 손으로 만지며 하던 일들이 이제 대부분 기계로 처리된다. 노동에서도 직접 흙을 만지고 농작물을 손으로 처리하던 때와는 달리 모두 기계가 하는 것을 구경만 할 뿐이다.

교통수단의 발달로 인하여 발바닥과 땅의 접촉도 거의 없어졌다. 하지만 이러한 변화가 반드시 비관적인 것만은 아니다. 기계는 우리에게 새로운 접촉 가능성을 열어 주고 있기 때문이다. 예컨대, 전화를 사용하여 멀리 있는 사람과 접촉한다거나, 교통수단을 이용하여 우리의 행동반경을 넓힌 것이나, 광학기계를 이용하여 미세한 생물이나 멀리 있는 세계와도 접촉이 가능하게 되었다. 대체로 현대의 문화는 만지는 것에 대해 금기시하고 있으나, 차츰 접촉에 대한 편견이 사라지면 이는 다시 심리치료의 소중한 도구로 사용될 것이다(Polster, 1990).

3) 감정적 차원

접촉의 또 다른 차원은 감정의 차원이다. 감정은 전 접촉단계, 접촉단계, 최종 접촉단계, 후 접촉단계의 모든 단계에 관계한다. 전 접촉단계에서 감정은 개체로 하여금 어떤 새로운 대상에 대한 관심과 흥미를 갖도록 만들어 환경과 접촉을 시도하도록 돕고, 접촉단계에서는 그러한 접촉

행동에 대한 호감을 계속 유지함으로써 접촉행동을 강화시켜 주며, 최종 접촉단계에서는 새로운 대상과 자기 자신이 하나가 되는 것을 기쁨으로 체험하도록 해 줌으로써 이 단계를 주도적으로 이끈다. 마지막으로 후 접촉단계에서는 접촉을 성공적으로 끝낸 것에 대해 만족감을 느끼게 함으로써 게슈탈트를 완결지어 주는 역할을 한다.

이처럼 감정은 모든 접촉행동에 관여하고 있으므로 감정을 억압하거나 회피하면 접촉도 차단되어 버린다. 그러므로 게슈탈트치료에서는 감정을 알아차리는 것을 매우 중시한다. 흔히 내담자는 자신의 감정을 잘못 느끼는 경우가 많은데, 이는 과거의 외상사건에 대한 고통을 잊기 위해 감정을 억압해 왔기 때문일 수도 있고, 분석적인 학교교육이나 직업 등의 영향으로 감정을 경시하는 생활습관이 생겼기 때문일 수도 있다. 어떠한 원인에 의해서든 감정이 억압되거나 경시되는 경우에 자신 및 환경과의 접촉이 단절되어 심각한 문제를 야기할 수 있다. 따라서 치료자는 내담자로 하여금 자신의 억압되거나 소홀히 다루어졌던 감정들을 다시 알아차리고 접촉하도록 도와주어야 한다.

이러한 작업은 처음에는 내담자에게 매우 어색하게 느껴지고 때로는 불안과 고통을 가져다주지만, 차츰 자신의 감정을 받아들이고 통합할 수 있으면 행동의 새로운 지평이 열리게 된다. 예컨대, 두려워했던 행동을 할 수 있게 된다거나, 혹은 싫어했던 행동을 좋아하게 되는 등, 새로운 체험이 가능해지게 된다.

　　내가 독일에서 참여했던 집단에서 한 스위스 여성은 남자들에 대한 경계심이 유난히 높았고, 남자들의 아주 사소한 행동에도 매우 민감하게 신경질적으로 반응했다. 그녀는 며칠이 지나면서 차츰 집단에 대한 신뢰감을 보였고, 어느 날 개인작업을 통해 이제까지 한 번도 타인에게 말해 본 적이 없는 자신의 비밀을 털어놓았다. 그녀가 어렸을 때 폴란드인 처녀 가정부와 함께 살았는데, 어느 날 부모가 외출하고 없을 때, 가정부는 방바닥에 누워서 자기와 여동생에게 자신의 배 위에 올라가 뛰라고 했다는 것이다. 멋도 모르고 그 일을 했는데, 나중에 알고 보니 몰래 아이를 떼기 위해 그런 일을 시킨 것이었다. 그러한 사실을 알고 나서 그녀는 매우 충격을 받았고, 깊은 죄책감에 빠지게 되었으며, 또한 그때부터 모든 남자들에 대한 강한 불신감과 경계심이 생기게 되었다고 한다. 이어서 그녀는 작업을 통해 그동안 억압해 왔던 가정부에 대한 분노감을 터뜨렸고, 한참 동안 흐느껴 울면서 자기 속에 갇혀 있던 응어리를 풀어냈다. 작업이 끝났을 때 그녀는 마치 새로 태어난 사람처럼 보였다. 이제 그녀는 남자들의 따스한 눈길들을 받아들일 수 있었고, 그들과 어깨동무를 하고 산책도 나갈 수 있게 되었다.

그녀는 이제까지 가정부에 대한 자신의 분노감정을 억압하고 있었기 때문에 자신을 자책하며 살아왔다. 그런데 이제 그녀는 가정부에 대한 자신의 분노감정을 접촉하고 해결했기 때문에 죄책 감으로부터 해방될 수 있게 되었다. 그리고 그동안 세상 남자들에 대한 적개심과 피해의식 때문에 시달려 왔는데, 이제 자신의 분노감정을 해결함으로써 남성에 대한 우호적 감정까지도 느낄 수 있게 된 것이다. 그녀는 이 작업을 통하여 자신의 내적인 감정을 접촉하고 해결함으로써, 대인관계의 차원에서도 새로운 장을 열 수 있게 되었다.

4) 언어적 차원

적절한 상황에서 적합한 말은 신체접촉 못지않게 서로를 깊이 만나게 해 준다. 언어는 대화 상대자와 친밀한 접촉을 가능하게 해 주므로 대인관계에서 매우 중요하다. 언어적 차원의 접촉은 인간에게 있어서 어떤 다른 생물체보다도 고도로 발달되었는데, 이는 인간의 무한한 발달 가능성을 보여 주는 측면이라 하겠다.

인간은 언어를 통해서 감각의 차원을 넘어서서 타인과 광범위하게 접촉할 수 있다. 즉, 우리는 공간적으로뿐만 아니라 시간적으로 떨어져 있는 상대와도 언어를 통하여 접촉할 수 있다. 2,000년 전에 기록된 성경을 통하여 예수와 만날 수 있고, 도덕경을 통하여 2,400년 전의 노자와도 만날 수 있다. 그런가 하면 글을 남겨 놓음으로써 수천 년, 수만 년 후의 사람들과도 만날 수 있는 가능성이 열려 있다. 이처럼 언어를 통하여 우리의 접촉범위는 거의 무한대로 넓어졌다.

하지만 모든 언어가 다 접촉에 기여한다는 보장은 없다. 오히려 언어가 서로 간의 접촉을 방해하는 경우도 있다. 예컨대, 애매모호하게 하는 말, 핵심을 잡지 못하는 말, 사변의 숲에서 길을 잃어버린 말, 장황하여 흥미를 잃게 만드는 말, 자신의 의도를 숨기는 말, 접촉을 회피하는 말 등이 그것이다.

언어가 서로의 접촉에 도움이 되기 위해서는 몇 가지 지켜야 할 사항이 있는데, 우선 표현된 언어는 간결하고 정확해야 한다. 아무리 복잡한 사건이나 인간관계의 문제라 할지라도 그 핵심은 간단하다. 그런데도 사람들이 간단히 말하지 않는 것은 자기 스스로 무슨 말을 하고자 하는지 명확하지 않아서거나 아니면 상대와 진정한 접촉을 원하지 않기 때문일 것이다. 다음으로 중요한 부분은 추상적 개념으로서가 아닌 구체적인 사건을 이야기하고, 구체적 상황 속에서 개인이 느낀 감정이나 욕구를 상대에게 진솔하게 말하는 것이다. 추상적 개념 차원에서만 이야기하면 같은 개념에 대해서도 각자 서로 다른 것을 상상하는 일이 발생할 수 있으며, 무엇보다 실상이 없으므로 대화당사자 간에 접촉이 일어나지 않는다.

접촉적인 대화가 되기 위해서는 또한 말하는 사람이나 듣는 사람 모두 진지한 노력을 해야 한다. 특히 듣는 사람의 태도가 중요하다. 상대편의 말을 주의 깊게 듣지 않고 건성으로 흘려들음으로써 접촉이 단절될 수 있기 때문이다. 내담자는 흔히 다른 사람들의 말을 흘려듣거나 딴생각을 함으로써 접촉을 차단한다. 이런 내담자에게는 상대편이 무슨 말을 했는지 물어보거나, 상대가 한 말을 다시 되풀이하도록 시킴으로써 언어적 접촉을 증진시켜 주어야 한다.

마지막으로 대화 당사자들은 표현된 언어 자체에 매달려서는 안 된다. 즉, 언어로 표명된 것들의 이면에 담겨진 메시지에 귀를 기울여야 한다. 사소한 단어에 집착하거나 형식 논리에만 의존해서는 말하는 이의 의중을 놓치기 쉽다. 치료자는 내담자 언어의 심층구조를 이해하고, 그 속에 담긴 메시지를 전해 들음으로써 내담자의 순간순간의 프로세스와 접촉할 수 있어야 한다.

5) 명상적 차원

우리는 살아 있는 생명체와는 물론, 생명이 없는 모든 자연 대상물들과도 접촉할 수 있다. 생명이 **'있다'** 혹은 **'없다'**고 보는 것은 도구적 이성의 분석적 사고의 산물에 불과하다. 인간을 포함한 자연과 우주 전체는 하나의 생명체로서 서로 끊임없는 유기적인 관계 속에서 교류하고 있다. 이런 관점에서 볼 때 숲 속에 있는 한 그루 나무를 보는 것이나, 저녁 하늘의 낙조를 바라보는 것, 폭포수가 떨어지는 소리를 듣는 것, 동굴 속의 정적에 귀 기울이는 것 등, 이 모든 것들이 다 우리에게 의미 있는 접촉이 될 수 있다.

자연과의 순수한 접촉은 우리의 삶을 더욱 풍요롭게 해 주고 새로운 활력을 가져다주며, 우리로 하여금 자연과의 소외를 극복하고 본래적인 삶으로 돌아가게 해 준다. 하이데거는 현대문명은 인간을 자연으로부터 소외시켜 '비본래적인 삶(Uneigentlichkeit)'에 빠지게 만들었다고 비판했다(Heidegger, 1986). 여기서 하이데거가 말하는 **본래적인 삶**이란 단순하고 자연스러운 삶이다. 본래적인 삶에서는 사는 이유가 분명하고, 삶은 그 자체로 이해된다. 사는 것은 즐겁고 유쾌한 일이며, 의미 있는 일이다. 인간은 자연과 함께 있기 때문에 삶은 유기체적으로 체험되며, 왜 사는지 혹은 어떻게 살아야 하는지가 자명하고 명료하다.

반면에, 비본래적인 삶에서는 모든 게 불확실하다. 자연은 갑자기 예측하기 어려운 무서운 대상으로 돌변하고 이웃은 불신의 대상으로만 보이며, 심지어 자기 자신마저 낯설게 느껴진다. 왜 사는지, 어떻게 살아야 하는지가 의문스러워지고 모든 게 혼란스러워진다. 삶이 이렇게 변해 버린 이유는 우리의 삶이 자연으로부터 소외되었기 때문이다. 하지만 자연과 다시 만나 접촉함으로써 우리는 이러한 소외를 극복하고 본래적 삶을 회복할 수 있다.

명상은 우리와 자연을 다시 접촉하게 해 줌으로써 우리에게 본래적인 삶을 회복시켜 주는 방법이다. 여기서 명상이란 인위적·개념적 사고를 지양하고, 직관과 감각을 사용하여 자연현상을 포함한 지금-여기의 현상들과 직접적으로 접촉하게 해 주는 사유형태를 지칭한다. 예컨대, 새벽 안개가 드리워진 숲을 무심히 관조하거나, 창가에 앉아 아름다운 저녁노을을 바라보면서 음악의 선율에 젖어들거나, 눈감은 채 아름다운 자연 사물들을 마음속에 떠올려 보거나, 상상의 나래를 펴서 한 마리 갈매기가 되어 끝없는 바다 위를 날아보는 것 등이 모두 훌륭한 명상이다.

명상은 자연과의 생생하고도 직접적 만남을 가능하게 해 주며, 그 만남을 통해 우리 안에 무언가 일어나게 해 주고 새로운 변화를 가져다준다. 명상은 삶과 우주의 신비를 체험하게 해 준다. 명상을 통하여 우리는 무한한 생명의 바다 위로 끊임없이 나타나고 사라지는 변화무쌍한 존재의 향연에 참여할 수 있다. 명상은 우리와 자연이 분리와 소외를 극복하고 하나가 되게 해 준다.

산사에서 보내는 하룻밤의 체험을 통해서도 우리는 영혼의 바닥까지 닿는 깊은 명상에 이를 수 있다. 잠들기 전 베갯맡에 들려오는 이름 모를 풀벌레 소리들에 가만히 귀 기울여 보면, 까만 정적 속에 파동치는 생명의 떨림들을 느낄 수 있다. 자연과 내가 하나의 생명체로 어우러져 함께 유영하는 체험을 한다. 끝없이 펼쳐진 대우주의 한 모퉁이에서 외롭게 울어 대는 풀벌레들, 그들은 무한히 넓은 우주 속의 하찮은 존재일지 모른다. 하지만 살아 있는 저 작은 존재들의 외침이 영원한 세월을 침묵을 지키며 누워 있는 저 광막한 우주를 깨워 일으켜 앉힌다.

밤을 지새워 우는 풀벌레 소리들에 하염없이 함께 젖어들어 본다. 이 시간에 깨어 실존하는 생명의 소리들이여! 살아 있음을 이보다 더 극명하게 표현할 수 있는 존재가 어디에 또 있단 말인가? 가장 단순한 소리로, 가장 명확한 소리로, **"나 여기 살아 있네! 나 여기 살아 있네!"** 라고 외치고 있지 않은가? 나도 그 풀벌레가 되어 함께 생명의 바다, 금빛 파도에 노닐면서 **"나 여기 살아 있네! 나 여기 살아 있네!"** 하고 하얀 울음을 울어 본다. 잦아드는 풀벌레 소리, 우주를 가득 채우며 어디론가 아득히 아득히 퍼져나간다. 어디서 왔는지, 어디로 가는지 알 수도 없고, 알 필요도 없이 … 영원히 영원히, 다만 지금-여기에서, 삶의 한 가운데서 **"나 여기 살아 있네 …" "나 여기 살아 있네 …"** 하고 밤새 함께 울어 본다.

이제 나와 풀벌레, 나와 대자연은 하나가 되어, 생명의 바다에 함께 어우러져 넘실거린다. 대우주의 합창에 함께 하나가 되어 자유로워진다. 이제 나는 더 이상 내가 누구인지 묻지 않는다. 나의 영혼의 바닥은 대우주에 닿아 있음을 느낀다. 나는 우주 속에, 우주는 내 속에 하나가 되어 있다. 나의 숨결은 우주로 퍼져 나가고, 우주는 내 속에서 살아 숨 쉰다. 지금-여기에 우주가 들락날락한다. 들고 나고, 들고 나고, 지금-여기에 살아 숨 쉬는 우주가 느껴진다. 모든 것이 지금-여기에 살아 숨 쉬고 있다. 일체의 사념은 사라지고, 오직 지금-여기의 생명의 고동만이 우주와 함께 숨 쉬고 있다.

5. 접촉의 치료적 의미

모든 심리장애는 성장장애이다. 즉, 개체는 환경과 접촉함으로써 새로운 것을 받아들여 변화 · 성장해 가는데, 접촉경계혼란 때문에 유기체 에너지를 환경과의 효과적인 접촉에 쓰지 못하고 여기저기 흩어 버림으로써 접촉이 단절되고, 마침내 성장이 멈춘 상태가 심리장애이다. 이때 환경과의 접촉에 쓰여야 할 흥분에너지가 차단됨으로 말미암아 두 가지 문제가 발생한다.

① 환경과 교류할 에너지가 공급되지 않음으로써 개체는 활력이 떨어지고 무기력해진다.
② 현실과 차단된 흥분에너지는 불안으로 변형되어 표출되므로 개체는 불안에 시달리게 된다. 그래서 접촉이 단절되면 개체는 무기력해지고 불안해져서 마침내 심리장애를 일으키게 되는 것이다.

따라서 치료란 개체가 자신의 접촉경계혼란을 알아차려 제거하고, 불안으로 변형되어 표출되는 흥분에너지를 다시 환경과의 접촉에 사용함으로써 변화 · 성장하도록 해 주는 것이라 할 수 있다. 즉, '알아차림-접촉 주기'를 다시 복원시켜 원활하게 작동하도록 도와주는 것이 치료라고 할 수 있다(Perls et al., 1951, p. 246).

흔히 내담자는 타인과 접촉하게 되면 자신의 정체성을 상실하게 될까 봐 두려워 접촉을 회피한다. 그들은 타인과 깊은 접촉을 하게 되면 자신의 기존체계가 파괴될 것이라는 공포심을 갖고 있다. 사실 그러한 공포는 어느 정도 현실적인 근거가 있다. 개체가 새로운 것과 만나 그것을 받아들이게 되면, 자신이 쌓아 올린 체계와 자기개념 등이 다소 변화되고 재조정될 수 있다. 말하자면, 과거의 체계가 부분적으로 파괴된다고 하겠다. 내담자가 갖는 공포는 바로 이러한 자기변화에 대한 두려움이라고 할 수 있다. 하지만 접촉을 통한 변화는 단순히 과거를 부정하는 것이 아니다. 그것은 과거와 새로운 것을 동시에 포괄하면서, 한 차원 더 높은 곳으로 발전시키는 변증법적 통합이다. 그런데 내담자는 이것을 자기부정으로 생각하기 때문에 두려워하는 것이다.

신경증은 변화가 두려워 새로움을 거부하는 데서 비롯된다. 즉, 현재 겪고 있는 고통이 차라리 예측할 수 없는 변화보다는 낫다고 판단하기 때문에 증상에 집착하는 것이 신경증이다. 신경증 중상은 현상유지가 그 목적이며, '접촉경계혼란' 행동은 바로 현상유지를 위해 행해지는 행동이다.

나의 내담자 중 한 사람은 심한 폭식증을 앓고 있었는데, 그녀는 어머니와의 갈등이 매우 심했고, 어머니의 통제행동에 저항하는 수단의 하나로 자신이 토한 음식을 비닐봉지에 담아 치우지 않고 방 안에 계속 쌓아 두어 악취가 온 방에 가득하도록 만들었다. 어머니는 딸의 그런 행동 때문에 미칠 지경이 되었고, 딸에게 심리치료를 받도록 했다. 어린 시절에 학업문제로 어머니로부터 심한 간섭을 받으며 자랐던 그녀는 어머니에 대한 적개심이 무척 많았고, 자신에 대한 자존감은 매우 낮았다. 치료를 받기 시작한 지 2개월쯤 된 어느 날 그녀는 돌연 치료를 그만 받겠다고 선언했다. 왜 그런지 물었더니 놀랍게도 돌아온 그녀의 대답은 **"이대로 계속 가면 병이 나을 것 같아 두려워요. 10여 년 이상 의지해 온 도피처였던 폭식증이 없어지면 어떻게 살아야 할지 상상이 안 돼요. 병 때문에 지금까지 고통을 받으며 힘들게 살았지만, 그것이 주는 안정감도 있었거든요. 이제 만일 내 병이 나아 버린다면, 어떻게 살아야 할지 모르겠어요."**라는 것이었다. 그 말과 함께 그녀는 더 이상 치료에 오지 않았다.

개체가 갖는 자기파괴에 대한 공포는 공상적인 것에 불과하다. 개체는 환경과 접촉하게 되면 자기를 상실하게 될 것이라고 생각하는데 사실은 반대이다. 오히려 환경과 만나고 접촉함으로써 개체는 진정한 자기를 발견하고 실현시킬 수 있다. 반면에 개체가 접촉을 거부하고 외부로부터 고립되면 진정한 자기는 소외되어 성장을 멈추게 되며, 그 결과 공포와 불안에 휩싸인 채 비실존적인 삶을 살게 된다.

접촉을 차단하는 것은 마치 죽음을 선택하는 것과 같다. 즉, 물고기가 물을 떠나는 것과 같다. 죽음이란 자기를 상실하고, 정체성을 잃어버린 상태이다. 아이러니컬하게도 우리는 자기를 상실하게 될까 봐 두려워 환경과의 접촉을 피하는데, 오히려 그 결과 자기를 잃어버리게 된다. 그럼에도 불구하고 우리가 이처럼 현상유지에 매달리는 것은 이러한 삶에 익숙해져 있기 때문이다. 결과가 아무리 좋을지 몰라도 새로운 것에 대해서는 두려움이 앞서는 것이다.

이러한 두려움은 오직 현실과의 접촉을 통해서만 극복할 수 있다. 공포심은 개체가 어떤 행동의 결과에 대해 미리 부정적인 예상을 함으로써 생기는 것인데, 이는 실제 행동을 통해 그것이 비현실적인 공포였다는 사실을 스스로 깨달아야만 없어질 수 있다. 즉, 공포는 현실과 접촉함으로써 사라질 수 있다. 그렇게 하자면 우리는 새로움에 대해 자신을 개방하고, 과감하게 자신에 대한 집착을 놓아 버리는 실존적 결단과 용기가 필요하다. 일시적인 고통이 두려워서 언제까지나 자신의 좁은 틀 안에 갇혀 있게 되면 성장과 변화는 불가능하다.

접촉은 항상 행복한 감정만을 초래하는 것은 아니다. 때로 접촉은 슬픔과 외로움, 분노와 공포, 죄책감과 수치심 같은 고통스러운 감정들을 경험하게 한다. 자신의 억압된 분노감이나 슬픔을 접촉하게 되면 내담자는 이들을 어떻게 직면해야 할지 몰라 일시적으로 공포감정을 체험하기도 한다. 하지만 장기적으로 볼 때, 이러한 억압된 감정들과의 접촉은 결국은 개체에게 도움이 된다. 실존적 삶이란 즐거움뿐만 아니라 슬픔과 외로움, 두려움과 죄책감, 수치심, 분노와 우울까지도 포함하는 삶이다. 이런 감정들은 모두 일시적이며, 영원하지 않다. 직면하면서 접촉하면 마침내 수용의 과정을 거치며 사라진다. 일시적인 고통이 싫어 실존적 정서들을 계속 외면하면 결국 자기는 소외되고 비실존적 삶에 빠지게 된다.

> 게리는 처음에 치료자와 부인에 대해 몹시 의존적인 태도를 보였는데, 그의 이러한 태도는 어린 시절 어머니와의 관계에서 비롯한 측면이 있었다. 그는 치료를 받던 어느 날, 어린 시절에 있었던 한 사건을 기억해 냈다. 어머니가 게리의 잘못을 심하게 꾸중하신 뒤 아버지에게 일러 아버지로부터 매 맞던 일이 생각났다. 그는 이제까지 억압해 왔던 어머니에 대한 분노감정을 치료상황에서 처음으로 표출시킴으로써, 미해결된 감정을 완결지을 수 있었다. 그는 주먹으로 베개를 때리고 발로 차면서 자신의 억압된 분노감정을 접촉하였다. 이 작업을 통해 그는 어머니로부터 사랑을 받는다는 것이 이제 더 이상 불가능하다는 사실을 명확히 깨닫고 깊은 슬픔을 체험했다. 이 작업은 그에게 무척 고통스러운 것이었지만, 작업이 끝난 뒤 마침내 그는 자신의 내면의 감옥에서 해방되었다. 그는 이제 어머니에 대한 의존감정을 청산할 수 있었고, 좀 더 독립적으로 타인을 만날 수 있게 되었다(Clarkson, 1990, pp. 119-121).

고전적인 정신분석치료에서는 치료자와 내담자의 관계를 전이의 관점에서만 이해하기 때문에, 둘 사이의 지금-여기에서의 실존적인 만남에 대해서는 별도의 의미를 부여하지 않았다. 반면에 게슈탈트치료에서는 치료자와 내담자 사이에 이루어지는 지금-여기에서의 접촉을 강조한다. 접촉이 치료의 중요한 관건이라고 보기 때문이다. 내담자는 치료자와의 접촉을 통하여 이제까지 회피해 왔던 현실을 다시 접촉하는 것을 배우게 된다.

부분적으로 내담자의 치료자에 대한 지각이 전이에 의해 영향을 받는 측면이 있다 하더라도, 내담자는 치료자의 해석에 의해서가 아니라 지금-여기에서의 치료자와의 접촉을 통해 더욱 많은 도움을 받을 수 있다. 결국 변화와 성장은 접촉을 통해 이루어지기 때문이다. 따라서 치료에서는 전이를 분석하는 것보다는 지금-여기에서의 내담자와의 접촉을 증진시키는 방향으로 나가야 한다.

내담자는 마약중독 경험이 있는 20세 대학생이었다. 그녀는 자신의 과거 이야기를 하면서 다른 사람들이 자신에 대해 나쁘게 볼 것이라는 불안을 토로했다. 특히 여자 집단원들이 많이 의식된다고 하였다. 그녀는 치료자의 권유로 자신의 불안을 몇 명의 여자들에게 직접 말하는 과정에서 그들과 접촉할 수 있었고, 그 결과 집단원들이 자신을 비난하지 않을 뿐 아니라 오히려 따뜻하게 받아들이고 있다는 사실을 발견하고서, 차츰 그들과 가까워지게 되었다. 그녀는 집단원들 몇 사람에게 차례로 돌아가면서 신체접촉을 하였고, 마침내 한 여자 동료의 품에 안겨 울음을 터뜨렸다. 그녀는 자신이 집단원들로부터 조건 없이 받아들여진다는 것을 체험하면서 이제까지의 불안과 염려가 사라지고 긴장이 풀렸다. 그녀는 이제 집단과 하나가 되어 어울렸으며 자유로워졌다(Polster, 1987, pp. 101-103).

이 사례에서 볼 수 있듯이 내담자는 치료자의 해석이 아니라, 치료자나 집단원들과의 적극적이고 자발적인 접촉을 통해 행동의 변화를 보여 주었다. 치료자의 지적인 해석은 추상적인 차원에서 해답을 줌으로써, 자칫 내담자의 자발적인 학습의욕과 학습의 기쁨을 저해할 수 있다. 한 인간의 삶의 에너지와 그로부터 비롯되는 다양한 활동들을 해석이라는 이름하에 한두 개의 문장으로 요약할 수 있다고 생각하는 것은 치료자의 오만이다. 차라리 진실하게 내담자와 만나 접촉하면서 삶의 무한한 가능성에 내맡기는 것이 지혜로운 치료자의 태도라 하겠다(Polster, 1987, pp. 101-108).

제 **3**부

게슈탈트치료의 방법론

제 **11** 장
게슈탈트 심리치료의 치료자 역할

1. 치료자의 태도

1) 관심과 감동능력

치료자는 내담자의 존재와 그의 삶의 이야기에 대해 진지한 흥미와 관심을 보일 수 있어야 하며, 내담자의 이야기에 심취하고 감동할 수 있는 능력을 갖고 있어야 한다. 그것은 내담자가 진정으로 필요로 하는 것은 그들의 이야기를 신나게 들어 주는 사람이기 때문이다. 내담자의 이야기를 신나게 들어 준다는 것은 바로 그들의 삶을 긍정해 주고, 확인해 주며, 그들을 받아들여 주는 일이 된다.

이 세상에서 자신의 이야기를 관심 있게 들어 주고, 그 이야기에 감동해 주는 사람보다 더 고마운 사람은 없을 것이다. 좋은 치료자란 바로 내담자의 이야기를 신나게 들어 주는 능력을 갖춘 사람이라고 할 수 있다. 그런데 많은 내담자는 한편으로는 치료자가 자기 이야기를 들어 주기를 원하면서도 정작 치료자를 대하면, 자기 삶에 대해 이야기하기보다는 자신의 증상이나 타인의 이야기를 늘어놓는다. 그것은 그들이 자기 자신에 대해 부정적인 가치판단을 하고 있기 때문이다.

"내 인생은 정말 시시하고 무의미해! 다른 사람의 인생에 비하면 너무 하찮은 일들뿐이었어! 내 이야기는 해 봐야 다른 사람이 별로 듣고 싶어 하지도 않을 거야!" 라고 생각하는 것이다.

치료자는 내담자가 가지고 있는 이러한 태도를 그대로 받아들여서는 안 된다. 내담자의 생각은 과거의 부정적인 경험들로 인해 왜곡되어 있기 때문이다. 치료자는 이러한 내담자의 존재를 놓고서 내담자와 끈질긴 **'싸움'** 을 벌여야 한다. 마치 내담자는 **"내 인생은 별 볼 일 없는 시시한 것입니다. 제발 내게 관심 보이지 마세요!"** 라고 고집스럽게 주장하는 데 대하여, 치료자는 **"나는 그렇게 생각하지 않습니다. 당신은 정말 소중한 사람입니다. 나는 당신을 자세히 알고 싶습니다. 당신의 살아온 이야기를 좀 들려주세요!"** 라고 말하듯이, 그의 존재에 대해 끈기 있고 진지한 관심과 흥미를 보일 수 있어야 한다. 폴스터는 내담자와의 이러한 싸움에서 치료자가 아주 유리한 고지에 있음을 확신하면서 다음과 같이 말한다.

> 당신은 도망가려는 내담자에게 이길 수밖에 없습니다. 다만 당신에게 그가 정말 흥미로운 사람이라는 확실한 믿음만 있다면! 내담자의 자기 자신에 대한 무감동을 이겨 내십시오. 모든 내담자는 최고의 흥미와 관심의 대상입니다. 가장 지루해 보이는 내담자야말로 가장 스릴 있는, 유별난 역사를 갖고 있기 때문입니다(Polster, 1994).

사실 치료자가 이렇게 자포자기적인 내담자에게 깊은 흥미와 관심을 보인다는 것은 쉬운 일이 아니다. 그것은 단순히 치료자로서의 의무감만으로 가능한 것은 아니다. 이는 치료자가 삶에 대한 깊은 사색과 성찰을 통하여 인간을 포함한 존재 일반에 대한 근원적인 신뢰와 사랑을 가지고 있을 때 비로소 가능하다.

만일 치료자가 내담자 자신보다도 더 내담자의 존재와 삶에 대해 깊은 관심과 애정을 갖고서 그의 삶에 흥미를 보인다면, 마침내 내담자는 이제까지 자기가 자신에 대해 가졌던 생각을 고칠 것이다. 기실 그가 자신에 대해 가졌던 부정적인 견해는 거부당한 경험이나 거부당할지 모른다는 두려움에서 나온 것이지, 진정으로 자신에 대한 무관심에서 나온 것은 아닐 것이다. 따라서 치료자가 진정한 관심과 애정으로 자신의 이야기에 흥미를 보이고 조그만 사건 하나에까지도 깊은 공감과 감동을 보이는 것을 보면, 내담자는 마침내 진지하게 자신을 바라볼 수 있는 마음이 생기게 된다.

심리치료는 내담자가 자기 자신을 받아들이면서부터 시작된다고 할 수 있는데, 치료자가 내담자를 진지하게 받아들여 줌으로써, 내담자 스스로 자기 자신을 진지하게 받아들이도록 이끌어 줄 수 있다. 이때 치료자가 내담자의 이야기에 진술한 흥미와 관심을 보이고, 그의 이야기에 감동

받고 놀라워하는 것보다 그를 진지하게 받아들이는 방법은 없을 것이다.

2) 존재허용적 태도

치료자는 내담자 스스로 자신의 삶을 살도록 허용해 주어야 한다. 다시 말해서 치료자의 가치관이나 계획에 의해서가 아니라 내담자 스스로의 본성에 따라 자신의 존재를 실현해 나가도록 허용해 주어야 한다. 아무리 치료자의 가치관이나 계획이 훌륭하더라도, 치료자의 생각에 따라 내담자의 행동을 조형하려 든다면, 그것은 치료자가 정한 목표를 달성하는 것이지 내담자의 존재를 실현시켜 주는 것은 아닐 것이다.

치료자가 진심으로 내담자를 사랑하고 그의 존재를 있는 그대로 받아들인다면, 그는 내담자 스스로 가고 싶어 하는 길을 가도록 허용해 줄 것이다. 요컨대, 그의 존재를 허용하는 마음을 가질 것이다. 그의 존재를 허용하기 위해서는 그의 행동에 대한 나의 기대를 포기하는 것이 필요하다. 상대에게 기대를 하는 것은 상대가 나의 계획에 따라 행동해 주기를 명령하는 것과 같다. 기대는 상대편에 대한 나의 계획을 미화시키는 용어에 불과하다. 어쩌면 기대는 단순한 명령보다 훨씬 더 해로울 수 있다. 왜냐하면 기대는 도덕적으로 포장되어 있으므로 단순한 명령보다 거역하기가 더 힘들기 때문이다(Simkin, 1976).

내담자의 존재를 허용한다는 것은 그가 가고자 하는 길을 허락하는 것으로 나의 욕심, 나의 기대를 포기하는 데서부터 시작한다. 즉, 치료자가 내담자에 대한 소유욕을 포기한다는 것이다. 내담자의 문제 중 많은 부분은 그들의 성장환경이 그들로 하여금 자신의 길을 가도록 허용해 주지 않은 데서 발생한 것이라 할 수 있다. 따라서 허용적인 치료자와의 관계를 통하여 **'교정적 정서체험'**을 하는 것이 내담자에게는 매우 중요하다.

치료자는 내담자를 위해 무언가 해 주기에 앞서, 먼저 철저하게 자신의 마음가짐을 점검해 보아야만 한다. 즉, **'나는 진정으로 내담자의 존재를 허용할 수 있는가? 내담자로 하여금 그의 길을 가도록 허락해 줄 수 있는가?'** 하고 자문해 보아야 한다. 만일 이 문제를 덮어 버린 채 성급하게 내담자를 위해 이것저것 권하거나 무엇을 해 주려는 것은 자칫 위선이거나 자기기만이 될 수 있다.

진정으로 내담자의 길을 허용하려는 마음가짐이 되었을 때, 비로소 치료자는 새로운 출발점에 서게 된다. 이제 그는 더 이상 내담자에게 어떤 것이 좋을까 하고 혼자 궁리하거나 혹은 스스로 어떤 것을 결정하고서 그가 그렇게 하기를 기대하는 행동 같은 것은 하지 않을 것이다. 그는 이제 내담자에게 그가 무엇을 원하는지 직접 물어볼 것이다. 그리고 내담자의 대답을 들으면 그것을 허용하고, 나아가서 그의 길을 축복해 줄 것이다. 만일 그가 성공하면 함께 기뻐해 줄 것이고, 그가 실패하면 자신의 아픔인 것처럼 안타까워해 줄 것이다. 그러나 결코 그를 질책하지 않을 것이다. 오직 그가 다시 일어서서 자신의 길을 가기를 진심으로 원할 것이다.

많은 내담자들은 타인의 기대에 맞추어 사는 데 익숙해져 있기 때문에, 자신의 삶을 사는 것이 어떤 것인지 잘 모를뿐더러, 모처럼 그런 기회가 와도 오히려 불안해한다. 과연 그렇게 살아도 되는지, 혹시 도덕적으로 어긋나는 행동은 아닌지 자문하면서 망설인다. 치료자는 이러한 내담자를 격려하여 자신의 길을 가도록 용기를 북돋아 주어야 한다. 그리고 치료자는 내담자로 하여금 그가 자기 자신의 길을 가더라도 치료자의 관심과 사랑을 잃지 않을 것이라는 신뢰를 갖도록 해 주어야 한다.

3) 현상학적 태도

모든 치료행위는 내담자에게서 나타나는 생명현상의 흐름을 따라가면서 진행되어야 한다. 즉, 치료자는 항상 내담자로 하여금 스스로 문제를 발견하게 하고, 탐색과 실험을 통하여 스스로 문제를 해결해 나가도록 도와주어야 한다. 치료자는 내담자가 원하는 바를 수용하고, 그것을 따라가는 태도가 필요하다. 그것은 내담자가 어디로 가기를 원하든, 거기에는 항상 충분한 이유가 있기 때문이다. 만일 치료시간에 내담자가 갑자기 치료자와 함께 놀고 싶다고 말한다면, 그때는 함께 놀아 주는 것이 치료적이다. 치료자는 이끄는 자가 되기보다는 항상 따라가는 자가 되어야 한다. 치료자는 마치 산파와 같이 내담자의 생명현상을 따라가며 그것이 발현되도록 도와주는 역할에 만족해야 한다(Simkin, 1976, p. 77).

많은 치료자들은 은연중에 자기가 자신 없는 방향은 피하고, 자기에게 익숙한 길로 내담자를 끌고 가는 실수를 범하곤 한다. 예컨대, 스스로 조직 생활에 적응을 하지 못했던 치료자가 상사와의 갈등을 겪고 있는 내담자에게 은연중에 회사를 그만두는 쪽으로 충고하는 것 같은 경우이다. 치료자의 또 다른 전형적인 실수는 치료자가 자기 자신의 문제를 내담자에게 투사하여 씨름하는 것이다. 예컨대, 아버지에 대한 미움이 해결되어 이제 아버지와 화해하고 싶어 하는 내담자에게 치료자 자신의 아버지에 대한 미해결된 적개심을 투사하여, 내담자로 하여금 아버지에게 계속 분노하기를 요구하는 것과 같은 것이다. 이 중에서 어느 경우이든 치료자는 내담자의 현상에 따라가기보다는, 치료자 자신의 공포나 욕구에 의해 좌우된 것으로서, 내담자에게 별 도움이 못 될 뿐 아니라 오히려 해로울 수도 있다.

치료자의 개인적 문제로 인해 발생하는 문제 외에도 심리학의 시대적 흐름 내지는 유행과 관련해서 행해지는 오류도 있다. 예컨대, 한때 정신분석치료가 맹위를 떨치던 시기에는 치료자들이 대부분의 내담자들에게 **'오이디푸스 콤플렉스'** 진단을 내렸으며, 최근의 서구 심리학자들은 많은 내담자에게 너무 쉽게 **'성적 남용 피해자'**라는 레테르를 붙여 버린다. 이러한 오류는 치료자가 내담자의 문제를 정확히 진단하지 못했다는 차원에서만 문제가 되는 것이 아니다. 정작 더 큰 문제는 내담자를 편협한 학문이론으로만 규정짓고 분류해 버림으로써 내담자의 실존을 외면해 버린다는 점이다.

치료자는 항상 내담자로 하여금 스스로 자신의 치료주제를 선택하게 하고, 작업의 방향이나 깊이도 스스로 정하도록 허용해 주어야 한다. 그렇게 하기 위해서는 치료자는 내담자의 관심이 어디에 있는지, 그리고 에너지 수준은 어느 정도인지 항상 세심하게 점검해야 한다. 작업이 끝났을 때도 내담자에게 아직 미진한 부분이 남아 있는지 물어보는 것이 좋다. 흔히 치료자는 충분하다고 생각하지만 내담자는 아직 미진하다고 느끼는 경우가 있기 때문이다. 문제를 해결해 나가는 과정에 있어서도 치료자는 너무 성급하게 개입하거나 혹은 너무 빨리 포기해서는 안 된다. 치료자는 인내심을 갖고 내담자에게서 나타나는 현상들을 지켜보면서 내담자 자신의 내적 과정이 스스로 전개되도록 도와주어야 한다.

4) 창조적 대응

내담자를 따라가라는 것은 내담자의 생명현상을 따라가라는 뜻이지, 치료자가 내담자의 생각이나 시각을 그대로 받아들이라는 뜻이 아니다. 만약 치료자가 내담자의 생각이나 시각을 그대로 채택한다면, 치료자도 내담자와 함께 그의 문제에 빠져 헤어나지 못하게 될 가능성이 높다. 어떤 면에서는 내담자가 치료자를 찾아오게 된 데는 스스로의 고정된 시각에서 벗어나지 못하고, 전형적인 행동방식을 고수해 왔기 때문이라고 볼 수 있다. 따라서 치료자는 내담자가 갖고 있는 고정된 시각에서 벗어나 새로운 관점을 가질 수 있도록 도와주어야 한다. 그러기 위해서는 치료자는 내담자를 내담자 자신과는 다른 눈으로 볼 수 있어야 한다.

몇 번의 구혼에 실패하여 자신을 이 세상에서 가장 비참한 존재로 생각하고 있는 내담자가 있다고 한다면, 치료자는 그 문제를 진지하게 바라봐 줌으로써 그가 보여 주고 있는 프로세스를 따라가야 하겠지만 내담자의 문제 시각을 그대로 취해서는 안 된다. 즉, 치료자는 내담자의 괴로운 심정을 공감해 주고, 함께 고민에 동참해야 하겠지만, 결코 그가 처한 상황에 대해 내담자처럼 비관적 시각으로만 봐서는 안 된다.

창조적인 치료자는 어린아이와 같이 기존의 가치관이나 선입견에 좌우되지 않고 상황을 있는 그대로 볼 수 있는 눈을 가진다. 그는 어떤 현상이나 과정도 그냥 당연하게 생각하지 않는다. 구혼을 몇 번 거절당했다는 사실을 바로 자신의 무능력이나 무가치로 연결시키는 내담자의 판단은 구태의연한 사회적 통념을 받아들인 결과이다. 창조적인 치료자는 내담자의 이러한 선입견은 물론, 사회적 통념으로부터도 자유로워져 있어야 한다. 그는 마치 아무것도 모르는 어린아이처럼 내담자에게 천연덕스럽게 다음과 같은 질문을 할 수 있어야 한다.

왜 그녀가 당신과 결혼하고 싶어 하지 않았나요? 당신의 어디가 싫은지 물어보셨나요? 당신은 그녀의 어디가 좋았나요? 그것을 그녀에게 말했나요? 왜 말하지 않으셨나요? 당신의 장점에 대해서는 말씀하셨나요? 어떻게 말씀하셨나요? 그녀의 반응을 당신은 어떻게 해석하셨나요?

그는 이러한 질문을 통해 내담자를 선입견과 고정관념으로부터 흔들어 깨워 자신에 대해 다시 생각해 보도록 자극할 수 있다. 처음에 이런 질문을 받은 내담자는 다소 의아하고 성가시다고 생각할지도 모른다. 그러나 순진무구하고 진지한 치료자의 눈빛을 보고, 내담자는 자신도 모르게 자세를 고쳐 앉을 것이다. 또한 그는 머리를 좌우로 흔들거나 이마에 손을 갖다 대고 괴로운 표정을 지을 것이다.

조금 전까지만 해도 모든 것이 확실해 보였고, 자기가 이 세상에서 가장 비참한 존재라는 사실은 바뀔 수 없는 진리로 여겨졌었는데 지금은 모든 것이 불확실해진 것이다. 지금 그는 생각이 혼란스럽고 괴롭지만, 이 괴로움은 이전의 비참함과는 다른 감정이라는 것을 알기 때문에 무언가 새로운 희망을 갖고서 모든 걸 다시 생각해 보려고 노력할지 모른다.

창조적인 치료자는 아직 밖으로 온전히 드러나지는 않았지만, 내담자 속에 꿈틀거리는 생명력을 보고 거기에서 내담자의 새로운 가능성을 발견한다. 그는 내담자가 나아가야 할 방향에 대해 미리 정해진 답을 갖고 있지는 않다. 그러나 내담자가 자신의 창조적 생명력에 자신을 내맡기면 새로운 삶이 펼쳐질 것이라는 사실을 믿어 의심하지 않는다.

치료자가 할 수 있는 일은 내담자의 창조적 생명력이 발현될 수 있도록 촉매역할을 해 주는 것이다. 그렇게 하기 위해 치료자는 내담자를 창조적인 놀이행위에 초대할 수 있다. 다음과 같은 질문을 던지는 것도 이러한 창조적 놀이의 한 방법이다.

그때 그녀와 만나서 어떻게 하셨는지 그 장면을 한번 보여 주실 수 있겠습니까? 그녀와 당신의 대역을 할 사람을 우리 중에서 각각 한 사람씩 뽑아 주시고, 필요한 대사를 말씀해 주세요. 당신은 이제 자신이 주인공인 연극의 연출자이자 동시에 감독이며, 또한 관객입니다.

이러한 놀이를 통해 치료자는 내담자를 자신의 갇힌 세계로부터 잠시 해방시켜 함께 미지의 세계로 탐험여행을 가는 것이다. 놀이에 초대받은 내담자는 아마 처음에는 엉덩이를 뒤로 뺄지도 모른다. 하지만 내담자는 곧 치료자가 재미있는 놀이친구라는 사실을 발견하고, 슬그머니 모래 판에 들어와 함께 모래파기를 할지도 모른다.

잠시 후엔 놀이에 열중한 나머지 집에 두고 온 일 따위는 까마득히 잊어버리고 깔깔대고 웃거 나, 아니면 갑자기 화가 나서 자기가 지은 모래집을 발로 뭉개 버릴지도 모른다. 그리고 나서는 다음과 같은 혼잣말을 중얼거릴지도 모른다.

> 지금 생각해 보니, 난 참 바보같이 행동했네요. 그때 그녀에게 너무 미지근하게 대했던 것 같네요. 내가 그녀라 해도 나 같은 남자에게 별로 마음이 안 끌렸을 것 같아요. 그리고 보면, 나 는 살아오면서 항상 그랬던 것 같아요. 상대편이 내게 먼저 무슨 말을 해 주기를 기다리고, 반 응이 없으면 좌절하고 ….

이처럼 창조적인 놀이는 자기 자신을 잊어버리게 해 준다. 그 속에서 내담자는 자신의 창조적 인 에너지와 만나게 되고, 타인과도 밀도 있게 만난다. 창조적 놀이를 통해 내담자는 자신의 고정 된 시각으로부터 벗어나 마침내 자신에 대해 웃을 수 있게 된다. 내담자는 이제 삶이 즐거워지고 새롭게 하늘을 쳐다볼 수 있게 된다.

2. 치료자의 과제

1) 알아차림과 접촉의 증진

게슈탈트 치료자의 주된 치료적 과제는 내담자로 하여금 자신의 욕구와 감정을 분명히 알아차 리고 이를 환경과의 접촉을 통해 해소할 수 있도록 도와주는 일이다. 알아차림은 개체로 하여금 자신의 미해결과제와 더불어 현재의 욕구와 감정 그리고 소망을 깨닫도록, 그리고 접촉은 이러 한 것들을 환경과의 만남을 통해 해소해 주는 동시에 이들을 창조적인 활동에너지로 바꾸어 주는 행위이다.

알아차림과 접촉은 게슈탈트치료에서 가장 중시하는 개념이다. 펄스는 **"알아차림 그 자체만 으로도 치료적일 수 있다."**라고 하여 알아차림의 의미를 특히 강조했다(Perls et al., 1951, p. 232).

하지만 알아차림은 접촉과 연결될 때 진정한 가치가 나타난다. 즉, 알아차림을 통해 개제의 욕구와 소망이 전경으로 떠오르게 되지만, 접촉을 통해 비로소 이의 완결이 가능하기 때문이다.

　게슈탈트 치료자는 내담자의 알아차림을 높여 주기 위해 내담자를 분석하기보다는 자신의 감각자료들을 더욱 많이 활용한다. 예컨대, 내담자의 목소리가 작아진다거나 표정이 어두워지는 것, 혹은 신체자세가 달라지는 것들을 관찰하여 내담자에게 말해 줌으로써, 내담자로 하여금 자신의 내적 상태를 알아차리게 해 준다. 따라서 치료자는 감각적으로 민감해야 한다. 즉, 치료자는 내담자에게서 일어나는 새로운 변화를 놓치지 않고 관찰해야 한다.

　치료자는 내담자의 신체활동이나 표정뿐만 아니라 언어 사용 습관에 대해서도 주의를 기울여야 한다. 예컨대, 어떤 내담자는 핵심을 피해 빙빙 돌려 말하는가 하면, 또 어떤 내담자는 냉소적인 표현을 많이 쓰는데, 이러한 언어 습관이 내담자의 핵심주제를 반영하고 있을 수도 있기 때문이다. 때로는 내담자의 이러한 언어 습관을 피드백해 주는 것만으로도 내담자가 자신의 문제를 깨닫는 수도 있다. 하지만 치료자는 자기가 관찰한 것을 모두 다 내담자에게 이야기할 필요는 없으며, 단지 적절한 시기를 택해 중요한 내용에 대해서만 말해 주는 것이 좋다. 왜냐하면 너무 조기에 여러 가지 피드백을 하면, 오히려 내담자의 거부반응을 불러일으킬 수도 있기 때문이다.

　내담자의 접촉 능력을 향상시켜 주는 방법의 한 가지는 치료자가 자신과 내담자와의 만남을 최대한 접촉적으로 이끄는 것이다. 예컨대, 내담자가 자신의 문제를 추상적으로 분석하는 데 열중해 있으면, 치료자는 그의 대화방식이 서로 간의 접촉을 방해하고 있다는 피드백을 해 줌과 동시에 자신은 그와의 진솔한 만남에 관심이 있음을 알려 주는 것이다. 즉, 자신은 내담자의 '문제'에 대해 관심이 있다기보다는, 오히려 그와의 개인적 만남에 더욱 관심이 있다는 사실을 말해 줌으로써, 두 사람 간의 진정한 접촉·교류가 일어나도록 해 주는 것이다.

　게슈탈트치료에서 치료자와 내담자의 관계는 내담자의 학습과 변화에 더욱 비중을 둔다는 점에서, 그리고 두 사람 간의 교류방식을 주로 치료자가 안내해 준다는 측면에서 형식적으로는 서로 동등하지는 않다. 하지만 내용적으로 볼 때는 치료자와 내담자 모두 각자 진솔한 마음으로 서로 간의 만남에 열려 있고, 상대편으로부터 서로 영향을 주고받으면서 변화된다는 점에서 서로 동등하다. 요컨대, 두 사람은 서로 형식적으로는 불평등한 면이 있지만, 내용적으로는 동등한 관계에 있다고 하겠다. 치료자와 내담자가 인격적으로 서로 동등한 위치에서 만나지 않으면 진정한 만남과 접촉은 불가능하며, 따라서 치료도 불가능하다. 치료란 어느 한 사람이 다른 사람에게 무엇을 해 주는 것이라기보다는 서로 간의 진솔한 접촉을 통해 두 사람 사이에 일어나는 그 무엇이기 때문이다.

　치료자와 내담자 두 사람 간에 활발한 접촉과 교류가 일어나기 위해서는 치료자가 내담자의 이야기에 함께 관련될 수 있어야 한다. 즉, 치료자가 내담자의 이야기에 참여할 수 있고, 때로는 그 이야기의 일부분이 될 수도 있으며, 나아가 그와 함께 새로운 이야기를 만들어 낼 수 있는 관계가 될 때, 두 사람 사이에 진정한 교류가 일어난다고 할 수 있다. 만일 내담자가 치료자와 이야기하면서 자기 생각만 늘어놓거나 혹은 어떤 추상적인 개념들에 대해 질문하거나 토론하는 식으로만 한다면, 치료자와 내담자는 그 이야기에 서로 실존적으로 관련될 수 없으며, 그렇게 되면 공허한 개념들만 난무하게 되고, 두 사람 간의 실존적 조우는 불가능하다. 실존적 만남이 배제된 곳에는 어떠한 성장이나 변화도 불가능하다.

치료자가 내담자의 이야기에 관련된다는 말은 내담자의 이야기에 초대된다는 뜻이다. 내담자는 자신의 이야기를 하되, 허공에 대고 말하는 것이 아니라 치료자라는 한 인간**에게** 하며, 치료자는 어떤 한 사례를 놓고 이를 **분석**하는 것이 아니라 한 인간의 이야기에 가슴을 열어서 듣고, 그것에 **반응**하는 것이다.

2) 좌절과 지지

펄스(1996b)는 치료자는 내담자의 자립적 태도나 행동은 격려하고 지지해 주되 의존적 태도나 회피행동은 좌절시켜야 한다고 말했다. 그런데 여기서 말하는 좌절이란 치료자가 내담자의 의존적이거나 회피적인 태도를 강화시켜 주지 않음으로써 결과적으로 내담자가 좌절을 느낀다는 뜻이지, 결코 치료자가 내담자에게 상처가 되는 말을 하거나 꾸중을 하라는 것이 아니다.

펄스는 내담자의 진정한 성장은 좌절을 겪음으로써 가능해진다고 하여 좌절에 특별한 의미를 부여했다. 예컨대, 어린아이가 걸음을 배울 때 길에 넘어지는 것은 어린아이에게 좌절이 되지만, 이는 걸음을 배우는 데 반드시 필요한 경험이다. 그런데 만일 어머니가 아이가 좌절을 겪는 것이 안타까워 늘 업고 다닌다면 아이는 걸음을 못 배울 것이다.

치료자는 결코 마음 약한 어머니처럼 행동해서는 안 된다. 보기 안쓰러워도 내담자 혼자 일어서도록 지켜보아야 하며, 내담자의 자구적인 노력이 보일 때만 격려하고 지지해야 한다. 얼른 나서서 도와주거나 대신 해 주는 행동은 내담자에게 그 순간은 도움이 되는 것처럼 보이지만 장기적으로 볼 때 그를 더욱 어려움에 처하게 만든다. 치료현장에서 자주 일어나는 일 중 하나가 치료자들이 내담자의 문제에 대해 분석하거나 설명해 주는 것이다. 이는 가만히 들여다보면 치료자 자신이 불안해서 하는 행동들이다. 내담자 스스로 경험을 통해 깨닫도록 기다려 주지 못하는 데는 반드시 치료자의 문제가 있다.

무엇보다도 치료자가 가장 경계해야 할 것 중에 하나는 내담자로 하여금 자기에게 의존하도록 만드는 것이다. 치료자는 흔히 자기애적 욕구를 충족시키기 위해 내담자를 의존적으로 만들기도 하는데, 그러한 행동은 너무나 교묘하게, 때로는 무의식적으로 일어나기 때문에 조심하지 않으면 내담자와 치료자 모두에게 해악을 끼칠 수 있다.

펄스는 도움을 부탁하는 자신의 한 의존적인 내담자에게 **"뭐라고요? 나더러 당신의 일을 뺏으라고요?"** 라고 반문함으로써 그녀 문제의 핵심을 찔러 주었다. 이러한 그의 반응은 순간적으로 내담자로 하여금 좌절을 느끼게 했을지도 모른다. 그러나 그것은 단순히 내담자를 좌절시킨 것이 아니라 내담자의 자립능력을 존중하는 마음이 깔린 반응이었기 때문에, 내담자는 그의 진의를 감지했을 것이고 결국 도움이 되었을 것이다.

좌절은 내담자의 발달성숙 정도에 맞춰서 활용해야 한다. 가령, 장애가 심하거나 정신증이 있는 경우에는 되도록 좌절을 최소화시키고 많은 지지를 해 주어야 한다. 그들은 자아강도가 약해서 좌절을 견딜 수 있는 힘이 부족하기 때문이다. 예컨대, 경계선 환자들에게는 거의 좌절을 주어서는 안 된다. 그들은 조그만 좌절을 겪어도 쉽게 상처를 받으며, 사소한 지적도 개인적인 공격으로 지각하는 경향이 있다(Shepherd, 1970; Smith, 1990).

신경증 환자의 경우에도 개인차가 많으며, 개인적 발달수준에 맞게 좌절의 정도를 조절해야 한다. 또한 같은 내담자라 하더라도 치료의 초기단계에는 좌절을 견디는 힘이 부족하므로 되도록 이면 좌절보다는 지지를 많이 해야 한다. 내담자가 충분한 라포형성이 되지 않은 상태에서 너무 일찍 좌절을 겪게 되면, 치료자에 대해 불신감과 피해의식을 느끼게 된다. 지지를 통해 내담자의 자아강도가 어느 정도 높아지고 치료자와 라포가 충분히 형성되었을 때 비로소 좌절의 치료적 가치가 있다. 좌절은 내담자가 자신에게 닥친 좌절의 의미를 이해할 수 있고, 또한 치료자의 배려를 함께 느낄 수 있을 때만 효과가 있다.

최근 게슈탈트치료에서는 지지에 대해 점점 더 많이 강조하는 경향을 보인다. 특히 폴스터 같은 이들은 지지의 중요성을 매우 강조한다. 그는 과거 정신분석가들을 위시해서 많은 심리치료자들이 내담자가 무엇을 잘못하고 있는지를 지적하느라 바쁜 나머지, 그들이 무엇을 잘 하고 있는지를 찾아내 말해 주는 데는 너무 인색했다고 비판한다(Polster, 1994).

대부분의 내담자는 자신의 행동에 대해 부정적으로 생각하는 경향이 있는데, 어떤 형식으로든 치료자가 내담자의 행동의 병리현상을 지적해 주는 것은 내담자의 자신에 대한 부정적 시각을 강화시키고, 치료자와의 신뢰관계를 해칠 수 있다. 아무리 치료자의 지적이 옳다 하더라도 그것을 지적해 주는 것은 별개의 차원이며, 치료적으로 그리 지혜롭지 못하다. 반대로 치료자가 내담자의 지각이나 반응의 건강한 부분을 발견하여 인정해 주고 지지해 줌으로써 내담자는 자신감을 회복할 수 있으며, 그 바탕 위에서 비로소 스스로 문제를 해결하려는 마음이 생긴다.

이런 맥락에서 폴스터는 치료자는 내담자가 이미 알고 있는 것, 이미 잘 하고 있는 것을 발견하여 칭찬해 주고, 그 행동을 더욱 강화해 주는 것이 중요하다고 말한다. 그렇게 함으로써 내담자는 자신감을 회복할 수 있으며, 또한 자립적인 태도를 가질 수 있다(Polster, 1994). 아무리 안 좋은 상태에 있는 내담자라 할지라도 반드시 건강하게 기능하는 측면이 있다. 치료자는 바로 내담자의 이러한 부분을 찾아내어 지지해 줌으로써, 자기 자신을 새로운 시각에서 바라보게 해 줄 수 있다. 치료에서 중요한 것은 내담자로 하여금 자신이 연극의 관람자가 아니라 배우임을 깨닫도록 해 주는 것이다. 지지는 내담자로 하여금 자신의 삶이라는 연극을 자기 스스로 창조해 내고 있다는 것을 깨닫도록 도와준다.

내담자를 지지해 주는 또 다른 방법으로 지적 재구조화가 있다. 이는 내담자가 부정적으로 보고 있는 자신의 행동에 대해 그것이 단지 부정적 측면만 있는 것이 아니라, 한때 스스로 자신을 보호하기 위해 창조했던 긍정적 기능도 있다는 점을 지적해 주는 것이다. 이러한 작업을 통해 내담자는 자신의 문제를 바라보는 시각이 달라지며, 그 결과 당장 행동을 바꾸지 않아도 차츰 문제해결이 가능해진다(Smith, 1990).

나의 한 내담자는 어릴 때 난폭한 성격이었던 아버지로 인해 남성들에 대해 매우 부정적인 시각을 갖고 있었다. 그녀는 내게도 매우 경계하는 태도를 보였는데, 한편 자신의 그러한 태도가 병적이라고 말하면서 괴로워했다. 나는 그녀의 이러한 태도가 결코 부정적 측면만 있는 것은 아니며, 분명히 자신을 보호하는 데 도움이 되었을 거라고 말해 주었다. 만일 남성에 대해 그처럼 경계하는 태도를 갖지 않았더라면, 실제 어린 시절 겪었던 상처와 아픔을 반복해서 겪었을지도 모르는 일 아니겠냐고 말했더니, 그녀는 고개를 끄덕이며 나의 말에 수긍하면서 안도하는 모습을 보여 주었다. 그러면서 차츰 나에 대한 경계심을 누그러뜨렸다.

3) 저항의 수용

정신분석에서는 아직도 저항이라는 개념을 많이 사용하지만, 게슈탈트치료에서는 차츰 저항이라는 개념을 덜 사용하는 경향이 있다. 특히, 폴스터 등은 아예 저항이라는 개념을 사용하지 말 것을 제안했다. 그에 따르면 저항은 유기체의 통합성을 위협하는 외부압력에 대한 내담자의 정당한 자기방어 노력이라는 것이다. 그리고 이른바 '저항' 행동은 내담자 경험의 중요한 내용이라는 것이다(Polster et al, 1974).

내담자는 종종 치료상황에서 불안을 느낄 때, 자기 자신에게 불리한 방향으로 행동하기도 한다는 의미에서 저항이라는 현상이 있다는 것은 부정할 수 없다. 예컨대, 억압해 왔던 과거의 괴로운 기억이나 이미 해결된 것으로 생각했던 과거의 문제들이 다시 의식되려고 할 때, 내담자는 치료에 나오기 싫어하거나 와서도 그 문제를 회피하고 싶어 한다.

이처럼 저항은 내담자로 하여금 자신의 핵심갈등을 직면하지 않고 피하게 만듦으로써 문제해결을 방해하기도 한다. 그래서 치료에 있어서 저항은 조심스럽게 다뤄야 할 문제이다. 하지만 과거 치료자들은 저항이라는 말을 너무 남용해 왔다. 즉, 치료에 대해 내담자가 소극적인 태도를 취하면 무조건 저항이라는 딱지를 붙여, 치료자 자신의 실수나 미숙함으로 인한 내담자의 정당한 방어마저 저항으로 몰아붙이고, 치료자 자신의 책임을 회피하는 수단으로 악용하기도 했다.

많은 경우에 있어서 저항이라고 불리는 내담자의 행동은 치료자의 미숙함 혹은 성급한 개입에 대한 내담자의 정당한 자기보호 행동이다. 만일 치료자가 내담자와 충분히 신뢰관계가 형성되어 있고, 조심스럽게 내담자의 세계에 접근한다면 내담자는 안정감을 느낄 것이고, 그렇게 되면 저항의 필요성을 느끼지 않는다. 징커에 따르면 내담자로 하여금 심한 저항을 하게 하는 것은 치료자의 미숙에서 나온 것이라고 한다. 즉, 치료적 창조성의 결여와 경직성 때문에 저항이 나타난다는 것이다. 그는 치료자는 내담자의 저항에 맞서 싸울 것이 아니라, 저항을 수용하는 것이 저항을 극복하는 길이라고 했다(Zinker, 1977).

대개 어느 한순간에 내담자가 보이는 행동은 그 순간에 내담자가 할 수 있는 최선의 행동이다. 따라서 내담자가 보이는 저항행동도 그 순간에 있어서 내담자로서는 최선의 행동일 수 있다. 이러한 의미에서 볼 때, 저항은 단순히 내담자의 왜곡지각에 의해 일어난다기보다는 치료자와의 상호 관계 속에서 발생하는 행동이라고 보는 것이 옳다. 즉, 내담자가 어느 한순간에 소화할 수 있는 정도 이상의 자극을 주었을 때 저항이 나타날 수 있다. 그러므로 치료자는 내담자의 저항행동을 지적하거나 비난할 것이 아니라, 오히려 자신의 행동을 돌아보는 동시에 내담자의 행동을 이해하려고 애써야 한다.

대부분 내담자의 저항행동은 치료자에 대한 불신 때문에 나타난다. 치료자가 자신의 문제를 잘 이해하지 못한다고 느끼거나, 혹은 자신을 비난하거나 질책하는 것으로 느낄 때, 아니면 자신의 경계를 침입하거나 위협한다고 느낄 때, 저항이 나타난다. 어떤 경우이든 내담자가 치료자에게 신뢰감을 못 느끼면, 스스로 자신을 보호하려 하고, 그것이 저항으로 나타난다. 따라서 내담자의 저항은 상당 부분 정당한 것이라고 말할 수 있다.

내담자가 치료자를 불신하는 것은 어쩌면 너무나 당연한 일이다. 만일 내담자에게 그런 행동상의 문제가 없다면 치료를 받으러 오지도 않았을 것이기 때문이다. 생각해 보면 내담자가 저항을 보이는 것은 고마운 일이기도 하다. 만일 내담자가 저항을 보이지 않는다면 내담자 자신이 큰 상처를 입게 될 수도 있고, 치료자도 자신의 잘못을 깨닫지 못할 수도 있기 때문이다.

저항에는 종종 내담자의 문제를 가리키는 '표지(sign)' 기능을 하는 것도 있다. 즉, 치료자의 실수나 미숙함에 의해서가 아니라 내담자가 미처 준비되지 않은 영역을 탐색하려고 할 때, 자연스러운 반응으로 나타나는 것이 있다. 이런 경우 저항은 내담자의 중요한 미해결과제와 관련이 있으므로 우회할 것이 아니라, 저항 자체를 탐색하는 것이 필요하다. 이는 내담자가 오랫동안 고통을 겪어 왔지만, 어떻게 해결해야 할지 몰라 덮어 둔 문제와 연관되어 있으며, 흔히 수치심이나 죄책감, 공포를 동반한다.

대부분 이런 저항은 치료자가 내담자의 주제를 탐색하는 과정에서 치료자의 질문에 대답하기를 거부하는 형태로 나타난다. 이때, 치료자는 내담자에게 대답을 강요하기보다는 **"만일 대답을 하게 된다면, 어떤 일이 일어날 거라고 생각하세요?"** 혹은 **"만일 이야기를 하고 나면 당신 기분이 어떨 것 같아요?"** 등의 질문을 해 주는 것이 좋다. 대부분의 내담자들은 이런 질문에 대해서는 대답을 한다. 대체로 **"창피할 것 같아요." "후회할 것 같아요." "비참할 것 같아요."** 등의 반응을 많이 듣게 되는데, 이때 치료자는 **"왜, 그런 감정을 느낄 것 같습니까?" "과거에 그런 감정을 느낀 적이 있으셨나요?"** 등의 질문을 해 줌으로써 내담자의 과거 스토리를 이끌어 낼 수 있다.

이때 듣게 되는 스토리들은 대부분 해결되지 않은 과거의 트라우마 사건과 관련 있는 것들인데, 치료자는 이러한 이야기들을 주의 깊게 경청하며, 온전히 공감하고 수용해 주어야 한다. 필요하면 내담자의 편이 되어서 함께 분노하거나 슬퍼하며, 따뜻한 지지와 연대를 보여 줌으로써 내담자의 자기개방이 길바닥에 버려져 함부로 행인들의 발에 밟히지 않도록 해 주어야 한다. 그렇지 않으면 내담자는 다시는 자기개방을 하려 들지 않을 것이다.

4) 관계성의 향상

게슈탈트치료의 장기적 목표는 내담자의 관계성 향상에 있다. 심리장애가 있는 사람은 미시적으로 보면 일상생활 속에서 알아차림과 접촉이 원활히 되지 않는 문제를 보인다. 하지만 거시적으로 보면 이러한 알아차림과 접촉의 반복된 차단과 단절로 인해 관계성에 문제가 생긴다. 관계성이란 인간존재의 근본사태를 규정하는 실존철학적 개념으로서 누구나 태어나면서부터 관계성을 갖는다. 즉, 우리는 관계성 속으로 태어난다고 말할 수 있다(Heidegger, 1986). 그러나 이런저런 트라우마 경험을 하면서 우리는 알아차림과 경험을 차단하며, 그 결과 관계성에 문제가 생긴다. 관계성에 문제가 생긴다는 것은 구체적으로 대인관계에서 안정적으로 편안한 관계를 형성 또는 유지하지 못하고, 불안정하고 취약한 행동양상을 보이는 것을 의미한다.

관계성이 높은 사람은 성격이 안정적이고, 대인관계에서 타인을 신뢰하며, 쉽게 상처받지 않으며, 어려운 일이 생기면 타인의 도움을 받아 쉽게 문제를 해결할 수 있다. 관계성은 개인이 필요시에 언제든 접속할 수 있는 '연결망(network)'에 비견할 수 있다. 개인이 한 개의 세포라면, 건강한 관계성이란 그 세포가 다른 세포들과 연결망을 통해 잘 연결되어 있다는 것을 의미한다. 관계성에 문제가 있다는 것은 다른 세포들과의 연결통로가 막혀 있거나 병들어 제대로 기능하지 못한다는 의미이다.

연결망은 그에 속한 구성원들의 지지기반[혹은 지지체계]이 됨으로써 각 구성원들로 하여금 자신의 역량을 극대화할 수 있도록 도와주는 버팀목이 된다. 연결망을 떠나서는 어떤 구성원도 독자적으로 살아남을 수 없다. 관계성이 낮다는 것은 이러한 연결망의 지지기반 없이 세상을 고립적으로 살아가는 것과 같으며, 조금만 바람이 세게 불어도 파도에 쉽게 휩쓸리는 조각배처럼 불안정하다.

관계성은 한두 번의 성공적인 알아차림과 접촉으로 인해 생겨날 수 없다. 이는 중요한 타인들, 특히 어린 시절 부모나 가족들과의 관계에서 안정적이고도 지속적인 지지와 접촉을 통해 형성된다. 불행히도 많은 내담자들은 이러한 유익한 경험이 부족하거나 결여되어 있다. 그들의 알아차림과 접촉은 불완전하며, 관계성은 미약하게 발달되어 있다.[1] 따라서 게슈탈트 치료자는 내담자가 건강한 관계성을 형성할 수 있도록 도와주어야 한다.

관계성의 향상은 꾸준한 관심과 노력에 의해 이루어질 수 있다. 일회적인 알아차림이나 통찰은 너무나 힘이 약하다. 반복적인 만남을 통해 서로에 대한 믿음과 신뢰가 생겨나야 한다. 누구와도 안정적인 관계를 맺지 못하고 있는, 혹은 과거의 관계가 흔들리거나 깨어져 혼란에 빠진 내담자에게는 우선 지속적으로 붙들어 주는 사람이 필요하다. 확실히 내담자 편에 서서 그를 지지해 주고, 안아 주고, 품어 줄 사람이 필요하다.

관계성이 잘 형성되지 못하거나 흔들린 사람은 심한 두려움에 빠져 있다. 세상을, 타인을 믿지 못하는 두려움과 절망에 빠져 있다. 그들에게 가장 필요한 것은 그들을 온전히 이해해 주고, 받아 줄 사람이다. 그런 사람을 만나 보살핌을 받고, 쉬면서, 안정을 찾아 차츰 사람을 믿게 되고, 기댈수 있게 되고, 좋아하게 되는 관계경험을 해야 한다. 관계성은 한 사람을 좋아하고, 신뢰하고, 그사람과의 만남을 통해 삶의 의미를 느끼고, 그래서 그 사람을 다시 만나고 싶고, 기다리게 되는 과정을 통해 생겨나고 자란다. 그러기 위해서 치료자는 내담자에게 어머니와 같은, 좋은 친구와

---

1) 모든 인간은 관계성 속으로 태어나지만 가만히 내버려 둬도 관계성이 형성되어 아름답게 꽃피는 것은 아니다. 씨앗이 밭에 뿌려지더라도 적당한 거름과 물을 주고, 잡초를 뽑고, 벌레를 잡아 주면서 잘 보살피지 않으면 꽃피고 열매를 맺을 수 없는 것과 같은 이치이다.

같은 존재가 되어야 한다.

치료자는 어머니처럼, 좋은 친구처럼 항상 그 자리에 있어야 한다. 마치 둥지와 같은 존재, 내담자가 삶이 두려워지고 힘들어질 때, 언제든지 돌아와 품에 안길 수 있는 그런 둥지, 상처받은 날개를 쉬면서 치유받고, 다시 날 수 있는 힘이 생길 때까지 품어 주는 그런 둥지 같은 존재가 되어야 한다. 내담자를 섣불리 가르치려 들거나 나무라서는 안 된다. 치료자는 그에게 단지 고통스러운 삶의 여정을 묵묵히 함께 걸어가며 이심전심으로 서로를 보듬어 안는 길동무 같은 존재가 되어야 한다. 두 사람의 관계는 쌍방적이다. 치료자만 내담자에게 소중한 것이 아니라 내담자도 치료자에게 소중한 존재로 될 때, 두 사람 사이에 관계성이 생겨난다.

치료자는 내담자를 존중하면서도 격의 없이 대해야 한다. 자신의 약한 모습도 보여 주고, 허물도 그대로 보여 줄 수 있어야 한다. 그와 나는 동등한 존재로서 서로를 애틋하게 생각하며 아끼는 **사이**여야 한다. 무엇보다 그의 존재를 있는 그대로 사랑해야 한다. 관계성은 어느 한 사람이 다른 사람에게 일방적으로 해 주는 **그 무엇**이 아니다. 두 사람이 서로를 좋아하고, 아끼고, 신뢰하며, 소중히 생각하는 마음이 오가는 과정에 만들어지는 **길** 같은 것이다. 그런데 그러한 길은 단순한 물질이 아니다. 그것 자체로 존재하는 사물이 아니다. 길의 의미는 그것을 통해 연결되는 사람들과의 관계를 떠나서 별도로 존재하지 않는다. 길은 그 위를 다니는 사람들을 통해서 그 의미가 온전해진다. 길은 그것을 만들고 사용하는 모든 사람들에게 **속하면서도** 그 누구의 **소유**도 아니다. 길은 소유할 수 있는 물건이 아니기 때문이다.

관계성은 여러 사람 사이에 생겨날 수 있다. 하지만 최초의 관계성은 어머니와의 사이에 생겨난다. 어머니와 좋은 관계성을 형성한 사람은 다른 사람들과도 관계를 맺기 쉽다. 관계에 상처를 받아 관계성에 문제가 생긴 사람에게 치료자는 어머니와 같은 역할을 해 줘야 한다. 내담자로 하여금 처음부터 다시 시작할 수 있도록 어머니의 자궁이 되어 주어야 한다. 세상으로 다시 나갈 수 있는 신뢰와 용기가 생겨나도록 그 속에 보듬어 안아 키워 주어야 한다.

어머니에게 아이의 존재가 무조건적이듯이 치료자에게 내담자의 존재는 무조건적이어야 한다. 존재 자체로서 귀하고, 사랑스럽고, 어여뻐야 한다. 아이의 눈높이에 맞춰 어머니가 놀아 주듯이, 치료자는 내담자의 자리로 내려와 마주 앉아야 한다. 친구가 되어 함께 깔깔대며 웃기도 하고, 함께 진지하게 고민도 해야 한다. 유치하게 장난도 치고, 서로 어깨동무 하고 함께 뛰어다니며 놀기도 해야 한다.

함께 있으면 편하고, 기댈 수 있고, 놀고 싶고, 장난도 치고 싶고, 힘들 때는 속마음을 털어놓으며 울 수도 있는 그런 친구, 그런 친구 같은 엄마가 되어 줄 수 있을 때, 관계성은 자라난다. 그 사이에 길이 생겨난다. 그 길을 통해 다시 세상으로 나아갈 수 있게 된다. 그 길은 사람 사이에 생겨나며, 그 길을 통해 사람이 사람답게 살 수 있게 된다. 인간(人間)은 **사람 사이**란 뜻이다. **사이**가 바로 관계성이다. 사람 **사이에 난 길**이 관계성이다. 그 길이 없으면 사람은 살 수가 없다. 길이 끊어진 곳에 다시 길을 내야 한다. 치료자와 내담자가 함께 그 길을 만들어 내야 한다. 우정과 사랑으로 매일 매일 함께 그 길을 만들어야 한다.

관계성이 낮은 내담자가 처음 치료실 문을 열고 들어올 때는 서로 편안한 관계로 만나는 것이 아니다. 내담자는 두려움과 의심으로 몸을 바싹 긴장하고 있거나, 낙심하고 우울한 상태에 빠져 있거나, 깊은 절망과 회의와 무기력한 상태에서 찾아온다. 치료자는 이때 의기소침해져 어깨를 축 늘어뜨린 **겉 사람**만 봐서는 안 된다. 흐린 구름 위로 찬연히 존재의 빛을 발하고 있는 해를 볼 수 있어야 한다. 거센 파도와 풍랑이 일고 있는 저 바다 밑에 고요히 침묵을 지키고 있는 심연을 볼 수 있어야 한다. 내담자의 존재와 나의 존재가 함께 맞닿아 있는 그 심연에 명멸하는 은밀한 존재의 빛을 볼 수 있어야 한다. 그 틈 사이로 이미 조금씩 생겨나는 희미한 통로를 볼 수 있어야 한다.

치료자의 순진무구한 믿음에 내담자가 아무런 저항 없이 따라 줄 거라는 낙관은 금물이다. 고의는 아닐지라도 내담자는 상처받은 아픔으로 인하여, 치료자를 쉽게 믿거나 순순히 협조해 주지 않는다. 친구가 되어 주려는 치료자가 상처 주었던 사람들의 모습으로 보이기 때문에 경계하고, 뒤로 물러서는 행동을 끊임없이 반복한다. 안타깝게도 치료자 또한 상처받은 경험들로 말미암아 비슷한 문제를 보이곤 한다. 그래서 치료자와 내담자의 만남은 결코 순탄한 과정이 아니다. 그것은 마치 안개 가득한 공원길에서 서로를 찾아 헤매는 것과도 같다. 서로 만나지 못하고 수많은 샛길들을 헤매다가 우연히 마주칠 때, 반가움과 기쁨은 이루 말할 수 없을 것이다.

치료자와 내담자의 만남은 정녕 그토록 어렵고 험난한 길일 수밖에 없는 것일까? 방향도 모르고, 지형도 모르고, 앞도 보이지 않는 미로를 헤매다 어쩌다 운이 좋으면 요행히 만나게 되는 룰렛 게임 같은 것일 수밖에 없는가? 다행히 치료자와 내담자는 시각에만 의존하지는 않는다. 즉, 서로 목소리를 낼 수 있다. 서로 부르고, 귀 기울이고, 응답하고, 그러면서 만남은 한 걸음 한 걸음 앞으로 내딛으며 나아가다 보면, 뜻하지 않은 순간에 갑자기 선물과 같이 주어진다. 기독교인이라면 그것을 하나님의 은총이라 부를 것이고, 불교인이라면 그것을 세세의 귀한 인연의 결과라고 말할 것이다. 어떻게 부르던 두 사람의 만남은 분명 값을 매길 수 없는 큰 선물이며 무한한 축복일 것이다.

3. 치료단계에 따른 문제

치료자는 치료의 단계에 따라 제기되는 특수한 상황적인 문제들에 대해 깨어 있어야 하며, 그에 따른 적절한 대처를 할 수 있어야 한다.

1) 초기단계

삶의 고비 고비마다 개인은 자신의 과거의 삶에서 쌓아 온 모든 지식과 역량을 총동원해서 위기에 도전하게 되는데, 치료장면도 내담자에게는 새로운 도전을 요구하는 일종의 위기상황이다. 내담자들이 치료를 받으러 올 때는 대부분 어려운 위기상황에 처해서이다. 게다가 치료자라는 낯선 사람을 만나서 심리치료라는 특별한 형식으로 대화를 해야 하는 것 또한 무척 낯설고 어색하다. 따라서 치료를 시작하는 초기단계는 내담자에게 이 두 가지를 모두 극복해 내야 하는 이중 위기상황이다. 이는 정도는 다를지라도 치료자에게도 마찬가지로 문제가 된다. 즉, 알지 못하는 새로운 사람을 만나야 하고, 그를 이해하고 수용하며, 그의 행동 스타일에 보조를 맞추면서 회복을 돕는 과정은 매번 새로운 적응을 필요로 하는 상당한 스트레스 상황이다.

이러한 상황에 잘 적응하기 위해 치료자는 우선 자신의 스트레스를 스스로 잘 감당할 수 있을 만큼 충분히 안정되어 있어야만 한다. 그러기 위해서는 정기적으로 수퍼비전과 상담치료를 받는 것이 필요하다. 그리고 장기적으로는 치료자의 소진문제도 다루어야만 한다. 이러한 조건들이 모두 충족되었다 하더라도 초기단계는 다음과 같은 이유에서 치료자와 내담자 모두에게 가장 어려우면서도 또한 가장 중요한 단계이다.

① 내담자의 고통과 증상이 가장 극심한 상태이다.
② 내담자의 시각이 매우 좁아져 있고, 경직되어 있다.
③ 위기상황을 대처할 내적 · 외적 자원이 충분치 않다.
④ 자신감과 의욕이 상실되어 있다.
⑤ 치료자에 대한 신뢰가 없다.

이런 상황에서 치료자가 해야 할 가장 중요한 과제는 우선 치료자에 대한 신뢰를 키워 주는 일이다. 내담자는 치료자뿐만 아니라 세상 사람들에 대한 신뢰를 상실한 상태에 있다. 심리적 문제는 본질적으로 신뢰에 상처를 입은 것이라고 할 수 있다. 아이들은 이 세상에 태어날 때, 부모와 세상에 대한 무한한 신뢰를 갖고 온다. 그 신뢰에 상처를 주는 것이 부모이고 또한 세상이다. 상처 입어 마음 문을 닫은 내담자의 마음이 다시 열리도록 도와주는 것이 치료이다.

따라서 치료자는 초기단계에서 내담자와의 신뢰관계 형성에 각별히 신경 써야 한다. 그러나 일단 신뢰관계가 형성되고 나면 내담자들은 오히려 치료자를 이상화시키고 신격화시키는 태도를 보이기도 하는데, 이는 내담자의 독립성을 저해하기 때문에 문제가 될 수 있다. 하지만 내담자의 이러한 경향은 지극히 인간적인 현상이라고 볼 수 있다. 시간이 지나면 내담자는 차츰 치료자의 발에도 진흙이 묻어 있다는 사실을 발견하고, 자신의 자리로 돌아오게 된다. 따라서 내담자의 그러한 태도를 너무 빨리 좌절시킬 필요는 없다(Clarkson, 1990).

성폭력 피해로 인해 세상을 무서워하고 불신으로 가득한 내담자는 치료자와의 첫 대면을 무척이나 불안한 마음으로 맞이한다. 시부모와의 갈등으로 심신이 지칠 대로 지쳐 찾아온 내담자는 치료자가 과연 자신의 편이 되어 줄 사람인지 조심스럽게 살핀다. 갑작스럽게 실직을 당해 충격에 빠져 있다 부인의 권고로 방문하게 된 중년남자는 이게 다 무슨 소용일까 하는 심정으로 멍하니 치료자를 쳐다본다. 어머니의 성화에 못 이겨 오게 된 학교부적응 청소년은 만사가 귀찮다는 식으로 치료자를 잘 쳐다보지도 않는다. 남자친구로부터 이별통보를 받고 내방한 여성은 온통 슬픔으로 압도되어 금세라도 울음을 터뜨릴 듯 애처로운 눈빛으로 치료자를 바라본다.

처음 치료자를 만나는 내담자의 마음은 양가감정으로 왔다 갔다 한다. 한편으로는 치료자를 지금까지 살면서 자신을 실망시키고 상처를 주었던 사람들과 동일한 종류의 사람으로, 다른 한편으로는 그와는 정반대로 지혜롭고, 따뜻하고, 모든 것을 품어 줄 것 같은 자비로운 모습으로 투사한다. 치료자를 대하는 마음이 이처럼 양가적인 만큼 내담자의 마음은 짧은 순간에도 몇 번씩 지옥과 천국을 오간다. 내담자가 쉽게 자기개방을 못 하는 것도, 혹은 자기개방을 하다가도 어느 순간 갑자기 화제를 바꿔 버리는 것도, 내담자의 이러한 양가적 태도 때문이다. 치료 초기단계는 변덕스러운 날씨처럼 불안정한 내담자의 마음이 안정될 수 있도록 인내심을 발휘하여 포용해 주는 것이 필요하다.

치료 초기에는 내담자의 문제를 파악하고, 그 배경을 탐색하는 작업이 이루어진다. 내담자가 현재 보이는 문제는 대부분 과거로부터 반복되어 온 것들로서 나타나는 양상만 바뀔 뿐, 그 본질에 있어서는 과거의 그것들과 유사하거나 동일한 경우가 많다. 내담자의 문제는 대개 초기 애착형성 과정에 뿌리를 둔 것들로서 성장과정에서 수많은 사건들과 상호작용하면서 반복회귀 게슈탈트로 굳어진 것들이다. 치료자와의 첫 만남에서 이런 문제는 자연스럽게 노정되면서 지금-여기의 치료자-내담자 관계에도 나타난다. 치료자는 내담자의 이러한 행동방식들을 유심히 살펴

되 섣불리 고치려 들거나 충고하기보다는 오히려 그런 모습을 수용하면서 보조를 맞춰 주는 것이 필요하다.

하지만 내담자의 '접촉기능(contact function)'이 좋지 않을 때는 초기단계라 할지라도 적절한 기회를 봐서 이를 향상시켜 주는 방향으로 개입해야 한다. 예컨대, 치료자를 잘 쳐다보지 않는다거나, 계속 쉴 새 없이 혼자 말한다거나, 정서를 잘 알아차리지 못하고 추상적인 개념으로만 말한다거나, 주고받고 말하는 것이 잘 안 되고 혼자 독백하는 것 같다거나, 너무 장황하게 말한다거나, 했던 말을 계속 부연 설명한다거나, 너무 단정적인 표현이 많다거나, 지나치게 자책하는 경향이 있다거나, 너무 흥분한 나머지 정서접촉이 잘 안 된다거나 할 때, 치료자는 이러한 '프로세스(process)'를 알아차리게 해 주면서 조금씩 접촉기능에 대한 감각을 길러주는 것이 중요하다.

가령, **"말씀하시면서 저를 잘 쳐다보지 않으시네요?"**라든가 **"말씀하신 내용을 잠시 제가 요약을 해 보겠습니다."**라든지, **"어떤 내용인지는 알겠습니다. 하지만 어떤 감정을 느끼셨는지는 잘 모르겠습니다."**라든지, **"하셨던 말씀을 계속 반복하는 것 같은 느낌이 듭니다."** 혹은 **"제가 ○○ 님 말씀을 잘 이해하는 것 같습니까?" "어떤 부분을 이해하지 못한 것 같습니까?" "○○님이 말씀을 잘 안 하시니까 저와 이야기하는 것이 싫으신가 하는 생각이 듭니다."** 등의 개입을 통해 심리치료가 치료자와 내담자가 함께 걸어가며 대화하는 과정이란 사실을 이해하도록 도와주어야 한다.

초기단계에서 달성해야 할 목표 중 가장 중요한 것은 신뢰관계 형성이다. 처음 치료를 시작할 때 내담자는 치료자에게 이런저런 많은 이야기를 하게 되지만, 그 내용은 대부분 자신의 문제에 대한 것들이다. 그 문제의 원인이 자기 자신에게 있거나 환경에 있거나 간에 그 문제를 다루어야 한다는 것에 대해서는 치료자나 내담자나 암묵적으로 동의하고 있다. 그래서 매시간 이런저런 **'문제'**에 **대해(about)** 이야기하고, 문제에 **대한(about)** 풀이를 한다. 그렇게 되면 심리치료는 문제풀이로 요약할 수 있다. 그런데 과연 심리치료란 '문제풀이'일까? 많은 치료자들은 **"그럼 문제풀이가 아니면 무엇이란 말이오?"**라고 물을지 모르겠다. 정신분석과 인지행동치료자들은 말할 것도 없거니와 꼭 그쪽으로 자신의 정체성을 확립한 사람이 아닐지라도 이런 입장은 크게 다르지 않을 수 있다.

그것은 17세기 이후로 모든 것을 합리적 이성으로 설명할 수 있다는 데카르트적 근대철학의 영향하에 있는 현대교육을 받은 우리의 현주소가 아닐까 한다. 모든 문제에 대해 우리는 원인을 분석하고, 대책을 수립하여, 해결하는 방향으로 행동해 왔다. 이는 자연과학의 영역뿐만 아니라, 일상생활의 문제, 대인관계의 문제에 대해서도 마찬가지이다. 삶의 문제와 물리학적 자연과학의 문제를 동일한 선상에서 바라보았던 데카르트의 시각은 현대교육을 받은 사람들에게 당연한 것으로 간주되고 있다. 데카르트는 정신과 물질의 이원세계를 나누었지만, 그것들을 모두 이성의 사유에 의해 연역적으로 풀어낼 수 있다고 믿었다. 그에게 있어 자아와 영혼, 물질은 각각 독립적인 실체였으며, 관계의 개념은 불필요했다. 그에게 있어 모든 문제는 명료하고 확실한 사유의 결여에 의해 생긴 것이었다.

지금까지 얼마나 많은 내담자와 치료자들이 내담자의 **문제**를 **풀기** 위해 노력해 왔던가? 내담자가 알고 있지 못한 문제들을 찾아내어 **답**을 주려고 애써 왔던가? 때로는 해석이라는 이름으로, 때로는 통찰이라는 이름으로, 때로는 인지수정이라는 이름으로, 때로는 코칭이라는 이름으로, 혹은 그냥 단순히 충고나 피드백이라는 이름으로 답을 주려고 노력하지 않았던가? 어떤 이름으로 부르든 그러한 개입의 핵심은 내담자가 잘못 알고 있는 것을 똑바로 가르쳐 줌으로써 합리적 사고를 하도록 도와주려는 데 있다. 하지만 거기에는 치료자와 내담자의 관계라는 차원은 끼어들 여지가 없다. 문제의 원인은 잘못된 **생각**에 있지 **관계**에 있다고 보지 않기 때문이다.

게슈탈트치료의 기본전제는 모든 문제[혹은 고통]의 원인은 관계에 있다고 보기 때문에 기존의 여러 치료들과는 '병인론(etiology)'에 있어 근본적 차이가 있다. 게슈탈트치료는 관계에 상처를 입은 것이 문제의 원인이라고 본다. 부모와 세상으로부터 상처를 입으면서 그들을 더 이상 믿지 못하는 상태가 된 것이 내담자의 문제라고 보는 것이다. 내담자들이 보이는 전이나 인지왜곡은 생각의 장애[또는 오류]가 아니라 **상처받은 관계**로 인한 **증상**일 뿐이다. 즉, 전이나 인지왜곡으로 불리는 현상들은 심리적 문제의 원인이 아니라 오히려 결과일 뿐이다. 원인이 제거되면 증상은 사라진다. 즉, 관계가 회복되면 전이나 인지왜곡은 저절로 사라진다. 이런 맥락에서 대니얼 스턴(Stern, 2002, 2003, 2006)이 현대 정신분석치료의 목적은 내담자의 **'암묵적 관계지식(implicit relational knowledge)'**의 변화라고 지적한 것은 게슈탈트치료 관점에서 볼 때, 높이 평가할 만하다.

치료 초기에 내담자의 대인관계에 대한 암묵적 관계지식은 매우 부정적이고 회의적이다. 치료자에 대한 지각에 있어서도 마찬가지로 유보적이다. 치료자는 이런 내담자에 대해 충분히 수용해 주고 기다리면서 이해하기 위해 노력해야 한다. 내담자의 이야기를 그의 입장에서 이해하고 공감하면서 들어야 한다. 그리고 그의 편이 되어 주어야 한다. 이 단계에서 내담자에게 필요한 것은 냉철한 분석가나 옳고 그름을 가려 줄 판사가 아니라, 상처받은 마음을 이해해 주고 보듬어 주면서 온전히 자기편이 되어 줄 사람이다. 삶의 위기에 처해 두려움과 혼란, 우울과 절망에 빠져 허우적거릴 때, 확실히 손을 내밀어 잡아 줄 든든한 형님이나 언니 같은 사람이다.

내담자의 모든 이야기를 진심으로 걱정하는 마음으로 경청하면서, 흔들리지 않는 주의력과 관심으로 눈을 맞추며 하나하나 세심하게 들어 주는 현전하는 치료자의 눈빛이 그 무엇보다 중요하다. 내담자의 이야기에 건성으로 기계적으로, 사무처리 하듯 혹은 분석하듯 듣는 것이 아니라, 온전히 마음을 다하여 능동적으로 들어 주는 자세가 필요하다. 내담자의 진술이 불충분할 때는 질문을 하여 내담자로 하여금 보충하도록 격려하는 것도 필요하다. 가끔 내담자의 경험과 유사한 자신의 경험을 개방하는 것도 도움이 된다. 이야기를 나누면서 순간순간 내담자의 심정이 어떨까를 역지사지로 생각하면 훨씬 생생한 만남이 가능해진다.

나는 종종 내담자의 이야기를 들으면서 마치 전쟁터에서 구사일생으로 살아남아 도망쳐 온 병사의 이야기를 듣는 것 같다고 느끼곤 한다. 치료실은 영화의 한 장면에서 볼 수 있는 후방의 후송병원이고, 내담자는 거기에 실려 온 부상병이다.[2] 그는 행정책임자인 내게 자신이 어떻게 전장에서 어깨에 총상을 입었으며, 죽을 고비를 넘기며 며칠씩 밥을 굶으며 산과 들을 헤매다가 기적적으로 아군부대를 만나 구조되었는지 숨 돌릴 새도 없이 설명한다. 그는 안전한 후방의 병원에 와 있지만 아직도 정신적 충격을 벗어나지 못해 현실과 전쟁터의 구분이 명확하지 않을 정도로 몹시 혼란되어 있다. 하지만 나는 전에도 다른 부상병들에게서 비슷한 이야기를 많이 들었던 터라 그의 이야기가 생생하게 느껴지지 않으면서 나도 모르게 사무적으로 듣는 자신을 발견하고 깜짝 놀란다.

그러면서 내가 그 병사라고 생각하면서 행정책임자인 내게 이야기하는 심정을 상상해 본다. 건성으로 사무적인 태도로 듣고 있는 나를 보면서 무척 야속한 마음이 든다. **"내게는 삶과 죽음의 이야기인데, 저 사람에게는 내가 단지 사건일지에 기록해 두어야 할 하나의 사례일 뿐 내 존재는 아무 의미가 없구나. 저 사람과 나는 아무런 관계가 없구나!"**라는 생각이 들면서 기운이 쭉 빠지면서 말할 의욕이 사라진다. 내가 살아남은 의미마저 느껴지지 않으면서 심한 외로움에 빠져든다. 차라리 총을 들고 싸울 때나 죽기 살기로 도망쳐 나올 때는 느끼지 못했던 허무감이 나를 사로잡는다. 가슴이 답답해지며 차가운 냉기가 온몸을 휩싼다. **"내가 살아남은 것을 저 사람은 반겨 맞아 주지 않는구나." "세상 사람들이 다 그렇겠지?"**란 생각이 들며, 왜 살아남았는지, 왜 살아남아야 하는지 모든 것이 혼란스럽다.

갑자기 정신이 번쩍 들면서 나 자신으로 돌아왔다. 나는 그 병사인 내담자가 참으로 고마웠다. 이렇게 살아 돌아와 준 것이. 그리고 나를 믿고 이렇게 열심히 자신의 이야기를 들려주는 것이. 그가 얼마나 소중한 사람인지, 얼마나 귀한 생명인지, 이렇게 기적적으로 살아남은 것이 너무나 고맙고 기뻤다. 나는 그에게 나의 이런 마음을 표현했다. 환한 미소를 지으며 진심으로 그의 생환을 축하해 주며, 내가 그의 형인 것처럼, 내가 그의 부모인 것처럼 함께 기뻐해 주고 감격하며 신

---

2) 내담자들은 실제로 자신이 전쟁터에서 살아남은 생존자와 같다는 생각을 한다. 여기서 내가 떠올린 후송병원의 메타포(metaphor)는 사실상 내담자의 실존을 가장 잘 상징하는 이미지가 아닐까 생각한다. 치료실은 후송병원과 같은 역할을 해 주어야 한다. 종종 후송병원에 와서 내담자들은 전쟁터보다 더 심한 상처를 입고 절망한다.

께 감사했다. 그의 손도 잡아 주었다. 나의 경험도 이야기해 주었다. 나도 비슷한 일을 겪었기 때문에 당신이 얼마나 무서웠을지, 얼마나 힘들었을지, 그리고 얼마나 살고 싶었을지 잘 이해한다고 말해 주었다.

다시 그가 되어 나를 바라보았다. 참으로 고맙고 기뻤다. 그의 환히 웃는 미소는 나의 형이, 나의 부모님이 내게 보여 주었던 미소와 똑같다. 내가 살아 돌아온 것을 마치 자신의 일인 양 좋아하면서 진심으로 기뻐해 주는 그를 아끼는 내가 오해했었구나. 정말 기쁘고 마음이 홀가분하다. 정말 잘 살아 돌아왔구나. 살다 보니 이런 날도 오는구나. 그동안 죽고 싶을 만큼 힘든 순간들이 많았는데, 이제는 잘 생각도 나지 않네? 삶이 갑자기 의미 충만하게 느껴지면서 행복한 마음이 가득해졌어. 하늘에 태양이 눈부시구나. 나무들도 풀들도 모두 찬란하게 빛이 나고 있네? 온 세상이 생기로 가득해! 역시 세상은 살 만한 가치가 있어! 이 병원에서 정말 좋은 친구를 한 사람 사귀게 된 것 같아. 앞으로 기대가 되네. 처음에 여기에 왔을 땐 나와 관계있는 사람이 아무도 없었는데, 이제 딱 한 사람이지만 나를 아는 사람이 생겼어. 이제 어려움이 있으면 그에게 이야기할 수 있다는 것이 너무 다행이야! 그는 믿을만한 사람인 것 같아!

나와 그는 이제 서로 믿을 수 있는 친구관계에 들어선 것 같다. 그와 나는 서로 복도에서 만나면 반갑게 인사하고, 점점 친한 관계로 발전해 가고 있다. 그는 어려움이 있으면 내게 찾아와 솔직히 이야기하고 문제해결을 위해 의논한다. 일상적인 문제는 끊임없이 생겨나고 해결하고, 또 생겨나지만 그것들은 근본적인 문제는 아니다. 신뢰관계가 없었던 초기의 상태가 근본적인 문제였다. 이제 그런 문제는 많이 사라졌다. 아직도 많은 문제들이 남아 있지만, 그런 문제를 해결해 나갈 기초체력은 회복한 상태인 것 같다.

2) 전개단계

치료자와의 신뢰관계가 형성되고 나면, 내담자는 차츰 자신이 겪고 있는 고통의 본질에 대해 치료자와 함께 들여다볼 준비를 하게 된다. 즉, 자신이 겪고 있는 고통의 성격이 무엇이며, 그 정도는 어떠한지, 어떤 상황에서 그런 고통을 겪게 되었는지, 고통을 일으킨 원인은 무엇이었는지, 또한 그것을 유지시키고 있는 조건들은 무엇인지, 그리고 그런 고통이 일회적인 것인지 아니면 자기 삶의 과정에서 계속 반복되어 왔는지, 만일 그렇다면 어떤 이유에서 반복되어 왔는지 등에 대해 찬찬히 들여다보도록 안내된다.

물론 이런 작업은 한꺼번에 이루어지는 것도, 과학적으로 체계적으로 진행되는 것도 아니다. 오히려 시간을 두고 천천히 여기저기를 왔다 갔다 하면서 불규칙하게 전개된다. 대부분의 작업은

[치료자의 이런저런 질문을 받으면서] 내담자가 그때그때 떠오르는 자신의 [과거]이야기를 하는 형식으로 이루어진다. 이때 치료자는 질문을 통해 내담자로 하여금 자신의 고통의 범위와 맥락, 그와 관련된 자신의 행위 등에 대해 여러 각도에서 조망하면서 좀 더 세분화된 알아차림을 하도록 도와준다.

내담자는 치료자에게 이야기를 하면서 자기 자신에 대해 많은 것들을 알아차리고 경험하게 된다. 지금껏 살면서 주변 사람들에게 많은 이야기를 하고 살았겠지만, 정기적으로 일정한 시간을 내어 자신의 이야기를 속속들이 해 본 사람은 많지 않을 것이다. 더구나 자신이 겪고 있는 어려움에 대해 세밀하게 들여다보면서 그와 관련된 과거경험들을 하나씩 발굴해 내어 먼지를 털어 내고 자세히 들여다보는 경험을 한 사람은 더욱 드물 것이다. 이 과정은 때로는 무섭고, 때로는 매우 고통스러울 수 있다. 지나간 트라우마 사건들을 새삼 끄집어내 들여다보는 일은 무척 힘든 일이며, 잘 훈련된 치료자 도움 없이 해내기 어렵다. 그래서 이 단계에서 갑자기 치료를 그만두고 도망치는 내담자들이 적지 않다.

하지만 이 과정은 우회할 수 없는 중요한 관문이다. 비록 고통스럽더라도 반드시 직면하여 뚫고 지나가야 한다. 트라우마가 미해결과제의 형태로 남아 내담자에게 고통을 주고 있는 상황이므로 그것들을 발굴해 내어 치료해야 한다. 미해결과제는 현재 내담자가 느끼는 고통의 형태로 자기를 알리고 있다. 그런 점에서 고통은 고마운 현상이다. 고통을 못 느낀다면 미해결과제를 찾을 수 없을 것이고, 그렇게 되면 치료가 불가능할 것이기 때문이다. 몸에 열이 나고 두통이 생기는 것이 환자가 병들었음을 알려 주듯, 내담자의 심리적 고통도 내담자의 삶에 문제가 생겼음을 알려 주는 신호이다.

내담자의 [현재] 고통을 쫓아가면 반드시 과거의 이야기들이 나온다. 상처받은 사건과 그것을 억눌렀던 스토리들이다. 바닷속 깊숙이 묻혀 있는 도자기들을 발굴하여 건져내 올려 흙을 닦아 내면 그것들은 반짝반짝 빛을 발한다. 금이 가고 깨어진 조각들이 스스로 이야기를 한다. **우리**는 그 이야기에 귀를 기울여야 한다. **우리**라 함은 치료자와 내담자를 말한다. 그 이야기는 내담자 자신을 포함해서 누구에게도 전해진 적이 없었던 것이다. 이제 적어도 두 사람의 청중을 만난 **이야기**는 눈물을 흘리며 우리에게 자신의 **이야기**를 한다.[3] 이는 참으로 엄숙하고 신성한 순간이다.

---

3) "이야기가 우리에게 자신의 이야기를 한다."는 말은 언뜻 논리적으로 모순된 것처럼 들릴지 모르겠으나 하이데거의 철학에서 **말이 우리에게 말을 건다(Die Sprache spricht sich uns an.)**라는 표현이 나온다. 그의 견해에 따르면 우리의 존재는 말을 통해 자신을 드러내며, 말이 곧 존재라는 것이다. 이야기는 가장 순수한 말의 형태인바, 내담자의 존재는 내담자의 이야기를 통해 드러나고 알려진다. 그런데 내담자의 어떤 이야기들은 내담자 자신과 주변 사람들에 의해 억압되고, 그 존재가 드러나지 못한다. 게슈탈트치료에서는 이러한 이야기들이 자신의 존재를 드러내도록 격려하고, 거기에 주의와 관심을 기울인다. 비슷한 맥락에서 '내면의 아이(inner child)'란 용어를 쓰는 사람들이 있으나, 이 개념은 '인격화(personification)'의 문제를 안고 있으므로 게슈탈트치료에서는 잘 사용하지 않는다.

두 사람은 옷깃을 여미고 자세를 고쳐 앉아 그 이야기와 대면의식(儀式)을 치른다. 고귀한 한 영혼의 가장 중요한 역사를 처음으로 세상에서 만나는 의례에 한 마음으로 동참한다.

이야기를 통해 치료자는 내담자를 이해하게 되고, 내담자는 자기 자신을 이해하게 된다. 이야기를 들으며 내담자와 치료자는 함께 눈물을 흘린다. 이야기[또는 존재]가 그동안 얼마나 힘들었을까 마음이 아파서이다. 이야기도 함께 눈물을 흘린다. 하지만 그의 눈물 속에는 기쁨도 함께 들어 있다. 오랜 세월 동안 깊은 바닷속 깜깜한 곳에 갇혀 있다가 생각지도 못했던 순간에 구출되었을 뿐 아니라, 볼에 흐르는 눈물을 닦아 주고, 안아 주고, 측은지심으로 봐 주는 다른 존재를 만난 것이 꿈인가 생신가 해서이다. 이야기는 신이 나서 한도 끝도 없이 계속 이야기를 한다. 하면 할수록 새로운 이야기가 자꾸 떠오른다. 슬프고, 우울하고 힘들었던 이야기만 있는 것이 아니다. 즐겁고 기뻤던 이야기, 행복했던 이야기, 설레고 신났던 이야기, 화나고 짜증났던 이야기, 무섭고 두려웠던 이야기들도 나온다.

세상에 이야기 아닌 것이 없다. 모든 것이 다 이야기이다. 모든 곳에서 이야기가 나온다. 몸이 긴장되는 것, 고개가 떨구어지는 것, 말하다가 천장을 쳐다보는 것, 몸을 안절부절못하는 것, 의자 뒤로 몸을 빼는 것, 말이 안 나오는 것, 말을 더듬는 것, 말하다가 갑자기 딱 멈추는 것, 말이 빨라지는 것, 인상을 찌푸리는 것, 경멸스러운 표정을 짓는 것, 목소리가 갑자기 작아지거나 커지는 것, 말하다가 갑자기 웃거나 눈물이 나오는 것, 한숨이 나오는 것, 갑자기 머리가 아픈 것, 멍해지는 것 등 온갖 비언어적 동작이나 신체자세, 얼굴표정, 행동방식들이 모두 말 아닌 것이 없다.

몸은 수많은 이야기를 간직하고 있고, 순간순간 끊임없이 자기를 표현하고 있다. 몸의 이야기를 들으려면 몸에게 물어야 한다. **"몸을 뒤로 빼시는데, 몸이 뭐라고 말하는 것 같습니까?" "갑자기 웃으시는데, 왜 웃으셨나요?" "머리가 아프다고 하셨는데, 머리가 뭐라고 말하는 것 같습니까? 머리가 되어서 대답해 보시겠어요?" "눈물을 흘리시는데, 눈물이 뭐라고 말하는 것 같습니까?"** 등의 질문을 통해 내담자가 몸에 관심을 기울이고 몸의 말에 귀 기울이도록 도와주어야 한다. 이 많은 몸의 이야기들을 만나면서 내담자와 치료자는 함께 놀라고 신기해한다. 치료에 오는 것이 재미있어진다. 몰랐던 자기를 발견해 나가는 것이 새롭고 신선하며, 다음 시간이 기다려진다. 자기를 싫어했던 내담자가 자기를 조금씩 알아 가며, 아끼고 사랑하는 마음이 생겨난다.

하지만 여전히 더 깊은 곳에 무엇이 있을지 몰라 두렵고 떨리는 마음이 있다. 치료자의 격려와 공감, 현전이 이러한 과정을 충분히 견뎌 나갈 수 있게 든든히 받쳐 준다. 전개단계의 가장 중요한 과제는 내담자로 하여금 자신의 내면에 귀 기울이게 해 주는 것이다. 그리하여 자신의 숨어 있던 이야기, 억압되었던 이야기, 흘려들었던 이야기들을 발견하여 이들을 대면하고, 귀 기울이고, 마음 아파하고, 안아 주고, 받아 주고, 때로는 함께 울고 때로는 함께 웃으며, 그 이야기들이 바로 자기 자신임을 인정하고 수용하게 되는, 그리고 마침내 자랑스럽게 생각하게 되는 과정을 받쳐 주는 것이다. 이 과정은 고통스럽지만, 단지 고통스럽기만 한 것은 아니다. 만남이 있고, 눈물과 웃음이 있으며, 그로 인한 통합이 있다.

내담자는 이 과정에서 지금껏 억압하고 차단해 왔던 자신의 감정과 욕구를 접촉하게 된다. 이 때 내담자들은 흔히 혼란을 체험한다. 가령, 자신이 억압했던 욕구나 감정과 만남에 따라 갑자기 공포를 느끼기도 한다. 예컨대, 자신의 억압된 적개심이나 공격충동을 접촉하면서 이러다가 자 신이 살인자나 범죄자가 되는 것이 아닌가 하는 공포심을 느끼기도 한다. 혹은 성적으로 지나치 게 억압해 오던 내담자는 자신의 성적 욕구를 접촉하면서 이러다가 자신이 타락한 인간이 되지 않을까 하는 불안을 갖기도 한다.

대인관계에 있어서도 이전에는 회피하고 억압하던 행동방식을 다시 시도하면서 주변 사람들 과 좌충우돌하게 되어 주변 사람들이 의아한 반응을 보이기도 한다. 그래서 내담자는 자신의 행 동이 무언가 잘못되지 않았나 하고 혼란스러워하기도 한다. 이러한 것은 모두 과거의 억압에 의 해 생긴 고정된 행동방식에서 자유롭고 새로운 행동으로 나아가는 과도기에 나타나는 자연스러 운 현상이므로, 치료자는 내담자의 혼란스러운 심정을 이해해 주는 동시에 그를 안심시켜 주고 격려와 지지를 보내주어야 한다(Clarkson, 1990).

3) 변화단계

이전 단계가 스토리, 즉 이야기의 발굴과 그것을 통한 내담자 존재의 이해와 만남을 목표로 했 다면, 변화단계의 목표는 내담자의 내적 · 외적 프로세스, 대인관계 패턴 등의 탐색 및 알아차림, 새로운 행동방식의 습득, 관계성의 회복 등이라고 하겠다. 내담자의 이야기들은 그 자체로서 중 요한 의미를 담고 있는 콘텐트(content)들이지만, 그 속에는 또한 수많은 크고 작은 프로세스들이 들어 있다. 치료자는 내담자의 이야기를 통해 내담자 존재를 발견하고, 이해하고, 느낄 수 있지 만, 한 걸음 더 나아가 순간순간 내담자 마음의 '**미시적 과정**(micro process)'들을 읽거나 관찰할 수 있으며, 또한 더 긴 시간에 걸쳐 진행되어 온 '**거시적 과정**(macro process)'들, 즉 삶의 역사를 조망할 수도 있다.

치료자는 내담자의 이야기를 들으면서 두 가지 작업을 동시에 진행할 수 있다. 한 가지는 내담 자의 이야기의 '**내용**(content)'을 들으면서 내담자 존재를 발견하고, 이해하는 작업이다. 이를 통 해 내담자가 겪고 있는 고통이나 문제의 의미를 이해하는 것이다. 다른 한 가지는 이야기를 들으 면서 이야기 속에 들어 있는 '**프로세스**(process)', 즉 흐름을 발견하고 이를 조명하는 작업이다.

전자가 내담자의 이야기 **속에** 빠져 들어가서 하는 작업이라면, 후자는 이야기 **밖에** 나와서 관찰하는 작업이라고 할 수 있다. 전자가 **'무엇(what)'**에 대한 작업이라면, 후자는 **'어떻게(how)'**에 대한 작업이라고 할 수 있다. 즉, 내담자의 고통이나 문제[혹은 기쁨이나 분노]가 구체적으로 어떻게 생겨나고, 유지되며, 사라지는지 그 과정들을 생생하게 눈으로 볼 수 있도록 하는 작업이다.

이러한 프로세스 작업을 통해 내담자는 자신의 모습과 행동을 있는 그대로 볼 수 있게 되며, 또한 그러한 행동과 결과 사이의 연계성을 통찰할 수 있게 된다. 즉, 문제와 고통이 어떻게 생겨나는지, 그 과정에서 자신이 기여하는 부분이 무엇인지, 구체적으로 그 과정에서 자신이 **어떻게** 하고 있는지 등을 생생하게 알아차리게 된다. 프로세스 작업은 자기 자신을 외부 관찰자의 시각으로 아무런 편견이나 가치판단 없이 객관적으로 보면서 알아차리는 작업이다. 마치 과학자가 사물을 관찰하듯이, 혹은 명상을 할 때 내면의 신체적 혹은 정신적 현상들을 아무런 평가나 판단 없이 매 순간 일어나는 대로 관찰하며 알아차리듯이, 그냥 발견하고 인지하는 것이다.

처음엔 내담자들은 주로 이야기의 내용 차원에 몰입해 있기 때문에 이야기의 프로세스적 차원에 대해서는 잘 알아차리지 못한다. 게다가 이런 프로세스들은 대부분 무의식적으로 일어나기 때문에 더욱 알아차리기 어렵다. 따라서 치료자는 내담자의 프로세스를 발견하여 반영해 주는 것이 필요하다. 프로세스는 이야기 내용 속에 들어 있는 프로세스와 이야기를 하는 과정에 나타나는 프로세스의 두 가지로 나눌 수 있다. 전자는 이야기 속 주인공에게 일어나는 다양한 현상들[생각, 감정, 욕구, 신체감각, 행동]의 흐름이고, 후자는 이야기를 하는 과정에서 내담자에게 일어나는 혹은 치료자와 내담자 사이에 일어나는 현상들이다.[4]

예컨대, 내담자가 어린 시절 낯선 사람으로부터 성추행 당했던 사건을 이야기한다면, 이야기 **속의** 프로세스, 즉 **과거 프로세스**란 사건 당시 내담자가 느꼈던 놀란 감정, 수치스러운 감정, 분노감정, 혹은 사건이 있고 난 다음 **"그때 아무 말도 못 하고 가만히 있었던 것은 내 잘못이었어!"**라고 생각한 것 등이 될 것이고, 스토리텔링의 과정에서 나타나는 프로세스, 즉 **현재 프로세스**란 이야기를 하는 지금 이 순간 일어나는 내담자의 생각이나 감정, 표정 혹은 신체자세, 행동 등을 말한다. 가령, 이야기를 하면서 **"치료자가 나를 비난할지도 몰라!"**라는 생각을 하거나, 얼굴이 붉어지거나, 수치스러워하는 표정을 짓거나, 고개를 돌려 외면하거나, 말하면서 천장을 처다보거나, 혹은 분노로 인해 목소리가 커지면서 주먹을 불끈 쥐는 행동을 하는 것 등이다.

---

4) 전자는 시간적으로 과거에 일어난 것들이므로 **과거 프로세스**라고 할 수 있고, 후자는 지금-여기에서 나타나는 것들이므로 **현재 프로세스**라고 이름 붙일 수 있겠다. 이러한 프로세스들은 다시 **현상 프로세스**와 **행위 프로세스**로 나눌 수 있는데, 이는 9장에서 설명한 **현상 알아차림** 및 **행위 알아차림**과 짝을 이루는 개념들이다. 요컨대 프로세스란 알아차림의 대상이 되는 현상 또는 행위라고 말할 수 있다. 이런 맥락에서 **'알아차림이란 항상 프로세스를 알아차리는 것'**이라고 할 수 있다.

　이러한 프로세스들은 내담자의 이야기에서 직접 언급되지 않는다 하더라도 내담자 내면에서 혹은 내담자와 타인 혹은 내담자와 치료자 사이에서 일어났을 수 있다. 따라서 치료자는 이러한 내담자 프로세스들을 추측해 보거나 혹은 직접 탐색하여 밖으로 드러나게 해 줄 수 있다. 내담자 프로세스를 모두 다 드러나게 할 필요는 없지만, 중요한 프로세스들은 반영하거나 탐색을 통해 드러나게 해 주어야 한다. 내담자의 고통이나 문제들은 프로세스를 **알아차리지** 못하기 때문에 발생하거나 유지되기 때문이다. 이는 과거 프로세스든 현재 프로세스든 마찬가지이다. 치료자는 항상 프로세스에 눈을 떠서 필요하면 언제든지 개입하여 내담자로 하여금 프로세스를 **알아차릴** 수 있도록 도와주어야 한다.

　내담자의 이야기를 들으면서 치료자는 일차적으로 과거 프로세스를 먼저 살펴야 한다. 즉, 이야기 속 사건현장에서 내담자가 어떤 생각을 했고, 어떤 감정을 느꼈는지, 왜 그런 감정을 느꼈는지, 또한 그 상황에서 어떤 이미지를 떠올렸으며, 신체반응은 어땠는지, 대응행동은 어떻게 했는지, 왜 그렇게 했는지 등을 조명함으로써 치료자와 내담자가 함께 내담자를 다각도로 이해할 수 있어야 한다. 이는 선입견 없는 현상학적 탐색에 의해 이루어져야 한다. 그렇게 해야만 내담자의 실존이 온전히 그 자체로 드러날 수 있기 때문이다.

　다음으로는 현재 프로세스를 탐색해야 한다. 즉, 내담자가 이야기를 하는 과정에서 어떤 생각을 하고, 어떤 감정을 느끼며, 어떤 이미지를 떠올리는지, 신체반응과 자세는 어떻게 변화하는지, 또한 치료자와의 관계에서 어떻게 행동하는지 등을 관찰[또는 탐색]하는 것이다. 이때 중요한 감정이나 이미지, 신체현상, 반복적인 사고패턴, 반복적인 행동패턴 등에 대해서는 반영하거나 피드백을 해 주어야 한다. 필요하면 실험을 제안하여, '미시적 과정(micro process)'들이 더 자세히 드러나게 하거나, 기존의 프로세스에 변화가 일어날 수 있도록 해 줄 수도 있다.

　과거 프로세스를 먼저 다루는 이유는 그것이 더 쉽게 파악되며, 또한 내담자가 더 편안하게 수용할 수 있기 때문이다. 현재 프로세스는 탐색하기가 상대적으로 더 어려울 뿐만 아니라, 내담자가 준비되지 않았을 때는 거부감을 일으킬 수도 있다. 하지만 과거 프로세스에 비해 현재 프로세스는 더욱 생생하고 분명하여 치료자와 내담자에게 모두 의미 있는 통찰을 가져다주곤 한다. 또한 과거 프로세스는 기억을 더듬어 찾아내거나 상상력을 동원하여 추측해 내야 하는 면이 있어, 부정확하거나 왜곡 내지는 차단되었을 가능성이 있는 데 반해, 현재 프로세스는 왜곡되지 않은 생생한 자료들이라 할 수 있다. 아무튼 과거 프로세스와 현재 프로세스는 상보적 역할을 할 수 있으므로 필요에 따라, 그리고 상황에 따라 적절히 사용하면 된다.

　초기단계에서는 주로 과거 프로세스를 다루는 것이 안전하며, 전개단계와 변화단계로 넘어올 수록 현재 프로세스의 비중을 조금씩 높여 가는 것이 좋다. 변화단계에 와서는 좀 더 현재 프로세스에 초점을 맞춰 내담자의 문제를 심층적으로 탐색·조명하는 것이 필요하다. 이때 가장 많이 나타나는 주제에는 양가감정, 상전과 하인, 양극성, 머리와 몸, 신체 프로세스 등이 있다. 양가감정은 의사결정을 잘 내리지 못하는 내담자에게 주로 나타나는 프로세스인데, 어떤 행동을 선택하는 데 있어 찬반 논리가 팽팽하게 맞서는 것이다. 상전과 하인 프로세스는 내담자의 행동 이면에서 작용하는 내사된 목소리와 유기체적 욕구 사이의 갈등이다. 양극성은 익숙한 자기 부분과 소외된 자기 부분과의 대립이며, 머리와 몸은 양극성의 대표적 형태로서 억압적인 이성과 소외된 몸의 갈등이다. 신체 프로세스는 억압된 정서나 욕구가 다양한 신체현상으로 나타나는 것이다.

현재 프로세스를 다루는 여러 가지 방법 중 가장 효과적인 것은 실험을 제안하는 것이다. 실험은 언어적 기술의 한계를 넘어 내담자의 내적 프로세스를 밖으로 직접 드러나게 해 주는 매우 강력한 도구이다. 실험의 과정에서 내담자가 미처 알지 못했던, 내면의 과정들이 외부로 드러나면서 치료자는 물론 내담자 자신도 깜짝 놀라는 체험을 하게 되는 경우가 많다. 실험의 매력은 실험 과정에서 어떤 프로세스가 나타날지 아무도 미리 알 수 없다는 점이다. 때로는 폭군 같은 상전의 모습을 발견하고 내담자 스스로 경악하기도 하고, 완전히 무기력한 하인의 모습을 보면서 또다시 놀라는 일은 비교적 흔히 볼 수 있는 장면이다.

실험의 또 다른 매력은 내담자가 지금껏 몰랐던 자신의 내적 프로세스를 발견하는 것을 넘어서서, 여러 가지 대안들에 대한 **'행동실험'**을 통해 본인이 상상하지도 못했던 방향으로 새로운 해결책을 발견하고, 통합하는 경험을 가능케 해 준다는 점이다. 예컨대, 어머니 말씀에 늘 순종하며 의존적으로 살아왔던 청소년이 빈 의자에 앉은 어머니에게 자신의 욕구와 생각을 분명하게 **'말해 보는 실험'**을 통해 자신의 내적인 힘을 발견하고, 자신감과 더불어 행동의 변화가 일어나는 것을 목격할 수 있다.

이러한 실험의 과정에서 종종 그동안 잊고 있었던 중요한 과거 스토리[콘텐트]들이 발굴되기도 한다. 그런 스토리들은 또다시 크고 작은 많은 프로세스들을 내포하고 있어, 새로운 탐색작업을 요하기도 한다. 이런 맥락에서 프로세스와 콘텐트는 서로 꼬리를 물고 돌아가는 해석학적 순환을 이룬다. 따라서 프로세스를 다루는 것은 항상 콘텐트와 연관 속에서 이루어져야 한다. 프로세스와 콘텐트는 서로 동떨어져 있지 않다. 콘텐트와 프로세스는 서로를 내포하면서, 또한 서로를 반영한다. 따라서 치료자는 콘텐트와 프로세스를 번갈아 왔다 갔다 하며 통합적으로 작업을 진행해야 한다. 콘텐트를 들으면서는 그 속에 들어 있는 프로세스를 봄으로써, 프로세스를 탐색할 때는 그 속에 들어 있는 콘텐트를 이해함으로써 콘텐트와 프로세스는 서로를 보완할 수 있다.

변화단계에서 내담자는 신뢰할 수 있는 치료자와의 접촉을 통하여 차츰 자신의 억압된 욕구나 감정을 직면하고 그것들을 조금씩 받아들일 수 있게 된다. 처음에는 내 것이 아닌 것처럼 느껴졌던 감정이나 욕구가 자연스럽게 나의 것으로 받아들여지며, 삶에서 생기와 활기가 살아난다. 이전에는 피해 왔던 행동들을 새롭게 시도하면서 성취감과 즐거움을 느끼게 된다. 이제 주변 사람들의 시선에 대해서도 더 이상 그렇게 민감하지 않게 되고, 자신의 행동에 대해 스스로 신뢰감을 갖게 된다. 내담자는 자신의 내적 갈등을 해소하고 통합할 줄 알기 때문에, 더 이상 에너지를 차단하거나 분산하려고 하지 않는다.

하지만 종종 이러한 변화를 추구해 나가는 과정에서 갑자기 옛날로 되돌아가기도 하고, 혹은 충동적이거나 돌발 행동을 하기도 한다. 이러한 현상은 아직 내담자의 상태가 안정되지 못하기 때문에 일어난다. 따라서 치료자는 이러한 내담자의 불안정한 상태를 민감하게 파악하는 한편, 정서적 지지와 지적 재구조화를 통해 내담자를 도와주는 것이 필요하다. 예컨대, 자기 욕구를 억압하고 타인중심으로 살아왔던 내담자가 자신의 새로운 행동에 대해 타인이 비난할 것 같은 불안감 때문에 옛날 행동패턴으로 돌아가려는 경향을 보일 때, 치료자는 내담자의 불안한 마음을 이해해 주면서도 그의 진정한 욕구를 다시 발견하고 그에 따라 행동하도록 지지해 주어야 한다.

또한 내담자들은 흔히 새로운 행동을 시도함에 있어 필요한 의사결정 방법이나 대인관계 기술, 문제해결 전략 등이 부족하여 어려움을 겪는 수가 있다. 이때 치료자는 내담자에게 필요한 실제적인 대처기술들을 가르쳐 줌으로써 적응능력을 향상시켜 주는 것도 필요하다. 예컨대, 직장 동료나 상사에게 도움을 요청하거나, 이성과 만나서 대화하는 기술 등이다. 이 단계의 내담자들은 흔히 치료의 영향으로 인해 지나치게 감정을 폭발하는 경향을 보이기도 하는데, 치료자는 치료상황과 현실상황과의 차이를 지적해 주고 내담자로 하여금 적절한 수준의 행동을 선택하는 법을 가르쳐 주어야 한다(Clarkson, 1990; Polster & Polster, 1974).

4) 종결단계

내담자가 위기상황에 처해 치료자를 처음 찾아왔을 때, 내담자의 일차적 관심은 치료자가 아니었다. 고통과 실존적 위기에 처한 자기 존재가 전경이었다. 좀 더 정확히 말한다면 자기 존재를 위태롭게 만드는 위기와 고통, 즉 문제가 주관심사였다. 내담자는 문제 때문에 찾아왔고, 오로지 문제에서 벗어나는 것이 목적이었다. 그에게 치료자는 그저 자신의 문제를 해결해 줄 기술자 정도로 여겨졌다. 그에 대해 알고 싶거나, 그와 어떤 개인적인 관계를 맺고 싶은 마음은 아니었다.

하지만 치료를 하면서 내담자는 자신의 이야기를 하게 되고, 그 이야기를 듣는 치료자의 반응을 접하면서, 때로는 고맙고, 때로는 섭섭하고, 때로는 화가 나고 미워지기도 하면서 점차 치료자와 관계를 맺기 시작한다. 그러다가 종결단계에 이르면, 내담자와 치료자는 서로 특별한 관계가 된다. 치료자는 자기 인생에서 처음으로 자신의 이야기를 마음 깊이 들어 주고 이해해 준 사람이 었고, 자신에게 일어나는 사소한 감정 하나하나를 신경 써 주며 함께 슬퍼하고, 함께 기뻐해 준 사람이었다. 치료자는 더 이상 문제를 풀어 주고 답을 가르쳐 주는 과외선생님이 아니라 차츰 한 **사람**으로, 한 존재로 다가오기 시작한다.

　이제 내담자가 문제에 대해 이야기하더라도 **문제**가 더 이상 지속적으로 전경을 차지하지는 않는다. 대화를 하면서 차츰 문제는 자연스럽게 배경으로 물러나고, 치료자와의 **관계**가 전경으로 떠오르기 시작한다. 치료 초기엔 아버지나 엄마가 겹쳐지면서 온갖 자기 감정의 투사로만 보이던 치료자가 안개를 헤치고 나와 불쑥 맨 얼굴로 자기 앞에 선다. 나와는 다른 욕구와 감정을 지닌, 나와는 다른 시각과 생각을 가진 한 독립적 존재로 다가선다. 내담자는 그러한 치료자의 존재가 낯설기도 하고, 비현실적으로 느껴지기도 한다. 자신이 지금껏 상상해 왔던 모습과는 너무 다르기 때문이다.

　분명히 화낼 만한 상황인데도 화를 내지 않는다거나, 자기를 들볶거나 몰아세워야 할 상황에 그냥 지켜봐 준다거나, 때로는 지쳐서 풀이 죽어 있는 자신의 곁으로 살며시 다가와 손을 잡아 주는 그를 보면서 적이 의심스러우면서도 다른 한편으로는 그에게 조금씩 호기심과 흥미가 생기는 것이 스스로도 잘 이해가 가지 않는다. 바위 뒤에 숨어서 그를 관찰하고 있다가 살며시 다가가 옷자락도 당겨 보고, 다리도 만져 보다가, 느닷없이 엉덩이를 발로 걷어차고 도망치는 심술에 스스로 화들짝 놀라기도 한다. 다 커서도 친해지려면 꼭 어린아이들처럼 몸 장난을 하면서 상대방을 시험해야만 하는 걸까?

　그렇게 하면 자기도 아프니 그러지 말라며 정색을 하는 치료자를 보며 잠시 당황스럽고 민망할 수도 있다. 하지만 그 정도는 달게 받아들일 수 있다. 내가 잘못했으니 말이다. 기꺼이 용서를 빌고, 다시 그를 찾아가는 발걸음이 피아노 건반 위를 걷는 듯 가볍고 경쾌하다. 하지만 여전히 기회 있을 때마다 심술을 부리거나 떼를 쓰기도 하고, 삐치기도 한다. 마치 어린 시절 충분히 놀지 못하고, 응석 부리지 못했던 아이가 한풀이라도 하듯 그런 행동은 한동안 지속된다. 그렇게 못되게 굴다가도 가끔씩 기분이 좋으면 예쁘게 생긋 웃는 모습을 보이기도 한다.

　엄마도 아이를 키우면서 어른이 된다고 했던가? 같이 울고, 같이 웃으며 함께 자란다고 했던가? 내담자도 치료자에게 단지 내담자이기만 한 것은 아니다. 내담자를 통해 치료자도 자기 자신을 돌아보고, 이해하고, 수용하게 된다. 내담자가 자라면서 치료자도 함께 자란다. 어느 순간 내담자와 치료자라는 구분마저 사라져 버린다. 그저 한 사람과 다른 한 사람이 만날 뿐이다. 어떠한 가치판단이나 선입견도 없이, 두 존재 사이에 어떠한 장애물도 없이, 오롯이 한 존재와 다른 한 존재가 만나는 것이다.

한 사람이 다른 한 사람의 깊은 내면을 발견하고 만나게 되면, 두 사람 사이에 종종 외경심과 더불어 더할 수 없는 친밀감이 생겨난다. 존재란 마치 고향과 같은 것일까? 상대방의 존재를 만날 때, 나의 존재는 잃어버렸던 고향을 다시 찾은 것 같은 감격과 기쁨, 그리고 안도감과 함께 근원적인 친밀감을 경험한다. 나의 존재와 상대방의 존재는 근원에서 서로 연결된 하나이다. 상대방 존재와의 만남은 상실했던 나의 근원과 다시 연결된 느낌을 준다.

종결단계에서 내담자와 치료자는 서로 친구가 된다. 아이와 엄마가 자라면서 서로 친구가 되듯, 내담자와 치료자도 그렇게 서로 친구가 된다. 친구는 말하지 않아도 서로 속마음을 안다고 한다. 함께 있어만 주어도 위안이 되고, 고개만 끄덕여 줘도 위로가 된다고 한다. 친구는 세상으로 나아가는 다리이다. 갑자기 세상이 무서워져서 등 돌리고 싶었을 때, 친구는 팔을 벌려 품어 주었다. 친구는 나를 꼭 안아 주었고, 나는 친구를 통해 다시 세상에 대한 믿음을 회복했다. 이제 세상으로 돌아갈 준비가 되었다.

"친구여 안녕! 그동안 고마웠어! 널 잊지 못할 거야. 힘든 일이 있으면 널 떠올릴 거야. 잘 있어! 너도 날 기억해 주면 좋겠어!" 치료자도 그에게 대답한다. **"그래, 잘 가! 나도 널 잊지 못할 거야! 너와 함께한 시간은 내게도 무척 소중한 시간이었어. 너를 통해 나를 다시 만났고, 너를 통해 세상을 더 깊게 만났어! 나를 만나 네가 변했듯이, 너를 통해 나도 치유되었어. 만남은 너와 나를 함께 피어나게 했어! 잘 가, 친구여! 행운을 빌게!"**

내담자가 돌아갈 세상은 예전에 그가 떠나왔던 그곳이 아니다. 그곳은 이미 변해 사라지고 없다. 무엇보다 그곳으로 돌아갈 **옛날의** 그가 없다. 그는 변해 사라지고 없다. [지금의] 그가 마주칠 세상은 그가 한 번도 걸어 보지 않았던 **새 세상**이다. 그는 신발을 벗고 신성한 땅으로 들어가야 한다. 이제 **새로운 다리**로 한 발자국 한 발자국 앞으로 나아가야 한다. 그가 내딛는 발자국마다 **그의 세상**이 모락모락 피어난다. 씩씩하게 걸어가다가도 가끔씩 움찔하며 멈춰서는 것은 아직 새로운 걸음에 익숙지 않아서이다. 뒤돌아보니 저만치 친구가 빙그레 웃고 섰다. 어서 가라고 친구가 손짓을 한다.

종결단계에서 치료자는 내담자가 치료에서 학습한 것들을 통합하여 실생활에 응용할 수 있도록 도와주어야 한다. 내담자로 하여금 치료에서 지금까지 느끼고 깨달은 점들을 정리해서 일기장에 써 보도록 하고, 또한 숙제를 내주어 그것들을 행동으로 실천하도록 격려해야 한다. 또한 치료 장면을 떠났을 때를 대비하여 예상되는 어려운 상황들을 가정해 보고 역할극이나 상상기법을 통해 미리 실험을 해 보도록 제안하는 것도 도움이 된다.

치료를 종결할 때 흔히 융합의 문제가 일어난다. 치료를 시작할 때는 과거의 인물들과 융합을 보인 것이 문제일 수 있지만, 종결단계에 와서는 치료자와 지나치게 동일시하거나 융합되는 것이 문제가 될 수 있다. 이러한 문제를 보이는 내담자에게는 토론을 통하여 일부러 치료자와 다른 의견을 말해 보고, 치료자의 제의를 거부하는 등의 실험을 해 보게 함으로써, 치료자와 자신이 각각 독립적 개체이며, 서로 다른 생각과 감정을 가질 수 있다는 사실을 체험적으로 깨닫게 해 주어야 한다.

예컨대, **"선생님은 한식을 좋아하시지만, 저는 양식을 좋아합니다." "선생님은 낙태를 반대하시지만, 저는 조건부로 찬성합니다."** 등 치료자와 다른 자신의 생각이나 감정을 말해 보도록 연습시키는 것이 도움이 된다. 반대로, 흔히 융합 경향을 많이 보이던 내담자가 치료가 끝나갈 무렵에 지나치게 **"너는 너고, 나는 나다."** 라는 식으로 행동함으로써 종종 타인과 불필요한 마찰을 일으키는 경우가 있다. 이런 행동에 대해 치료자는 역할연기를 통해 좀 더 유연한 태도를 보여 줌으로써 내담자로 하여금 상황에 맞게 적절히 자기조절을 하도록 가르치는 것도 필요하다.

치료가 끝나 가면서 때로는 애도작업을 하는 것이 필요하다. 즉, 더 이상 이룰 수 없는 일에 대해 포기하고 슬퍼하면서 받아들이는 작업이다. 애도작업이 필요한 이유는 내담자가 어린 시절에 가졌던 유아적 소망과 그것의 좌절로 인한 슬픔을 충분히 인정하고 받아들이면, 그것으로부터 놓여나 현실로 돌아올 수 있기 때문이다. 예컨대, 어머니의 오빠에 대한 편애로 상처받았던 내담자가 혹시 어머니의 사랑을 받을 수 있을까 해서 필사적으로 노력해 왔던 여성이 어느 날 문득 어머니가 자기를 사랑할 수 있는 능력이 없다는 것을 깨닫고, 헛된 미련을 버리고 충분히 슬퍼하면서 현실로 돌아오는 것 같은 것이다.

유아적 소망을 포기한다는 것은 결코 쉬운 일은 아니다. 환상의 세계를 깨고 현실로 돌아오는 것은 마치 따뜻한 담요를 벗어 버리고 갑자기 차가운 바깥 공기에 노출되는 것과 같다. 현실로 돌아오는 것은 종종 심한 두려움과 공포심, 외로움과 절망감을 수반하는 무척 고통스러운 과정이다. 내담자들이 막심한 고통과 비용지불에도 불구하고 자신의 오랜 증상을 계속 붙들며 한사코 그것을 놓지 않는 이유는 현실과 마주치는 것이 그만큼 두렵기 때문이다.

나의 30대 중반 여성 내담자는 치료종결을 무척 두려워했다. 그녀는 치료 초기의 극심한 대인불안과 우울감이 많이 호전되었고, 모임에 나가서 사람들과도 제법 편안하게 어울릴 수 있게 되었다. 하지만 한사코 종결을 거부하고 있었는데, 혼자 독립해서 자기 길을 가는 것을 치료자로부터 관심과 보살핌을 거부당하는 것으로 여겼기 때문이었다. 그녀는 부모로부터 받지 못했던 절대적 관심과 사랑을 치료자로부터 받고 있다는 환상을 품고 있었고, 따라서 그 환상을 깨고 싶지 않았다. 그녀는 치료실을 떠나는 것을 차가운 현실로 내동댕이쳐지는 것으로 상상했다. 그래서 치료자가 종결하자고 할까 봐 염려가 되어 며칠마다 한번 씩 자기를 내치지 말아 달라며 이메일을 보내왔다.

치료를 종결할 때 어떤 내담자들은 차라리 치료를 시작하기 전의 삶이 더 좋았다며 옛날을 그리워하기도 한다. 치료자는 내담자의 이러한 고통을 이해해 주면서 현실적응을 위한 배려를 해주어야 한다. 즉, 충분한 시간을 두고, 내담자의 변화를 천천히 지켜봐 줘야 한다. 그러면서 삶이란 항상 기쁨과 행복만 있는 것이 아니라 고통과 슬픔도 불가피하며, 그 모든 것들이 다 현실의 일부이고, 그것들을 부정하지 않고 모두 받아들일 수 있을 때, 삶이 더욱 생생해진다는 것을 깨닫도록 도와줘야 한다.

대부분의 내담자들은 어렵긴 하지만 이런저런 우여곡절을 거치면서도 무사히 종결한다. 하지만 종결단계에 와서 갑자기 치료되었던 증상이 재발하는 경우도 종종 있다. 예컨대, 과거 어린 시절 부모와의 결별에 대한 아픈 상처를 갖고 있는 내담자는 종결단계에서 갑자기 우울해지기도 한다. 치료자 혹은 집단원들과 결별하는 상황을 과거 부모와 헤어지던 상황과 비슷하게 체험하기 때문이다. 이런 상황에서 어떤 내담자는 슬픔을 억압하고 부정해 버리기도 한다. 예컨대, 그들은 집단원들과의 이별에 대해 **"또 만날 텐데 뭐!"**라고 말하면서 자신의 슬픈 감정을 부인하기도 한다.

어떤 내담자는 이러한 결별의 고통이 싫어서 조기에 치료를 종결하기도 하고, 또 어떤 내담자는 치료를 종결하지 않고 질질 끈다. 또한 한 치료자를 떠나보내면 곧바로 다음 치료자를 찾음으로써 종결을 회피하기도 한다. 치료자는 종결단계에 나타나는 이러한 내담자의 다양한 행동들에 대해 솔직한 대화를 통해 관심을 보여야 한다. 그런데 치료자도 과거 유사한 문제를 가졌을 때, 상황이 복잡해질 수 있다. 즉, 자신의 과거고통을 재체험하는 것이 두려워 자신의 문제를 내담자에게 투사하여 내담자를 [과잉보호면서] 붙들려는 행동을 하거나, 아니면 반대로 이별의 고통을 피하기 위해 내담자를 조기에 내쫓는 수도 있다. 치료자는 자신의 이러한 행동을 점검하고 수퍼바이저로부터 도움을 받는 것이 좋다.

종결단계에 나타날 수 있는 내담자의 또 다른 반응은 치료자에 대한 불신감이다. 즉, 어린 시절 부모로부터 버림받은 상처가 있는 내담자의 경우, 치료종결을 자신에 대한 유기(遺棄)로 해석할 수 있다. 즉, 치료자가 자신을 버릴지도 모른다는 공포심이 들어 치료자를 증오하거나 원망하는 심리가 나타나며, 종종 이런 주제의 악몽이나 백일몽을 꾸기도 한다. 혹은 관련된 어린 시절의 기억이 되살아나서 치료의 종결이 미루어지기도 한다. 치료자는 내담자의 이러한 주제를 신속히 알아차리고 그에 적절히 대처해야 한다. 즉, 내담자의 치료자에 대한 감정을 탐색하여 그것이 내담자의 과거 미해결과제임을 알아차리도록 해 주는 한편, 지금-여기에서의 대화를 통해 치료자와의 연결성을 회복하도록 도와주어야 한다.

제 **12** 장

게슈탈트 심리치료의 치료기법

게슈탈트치료에서는 여러 가지 다양한 기법을 개발하여 치료에 사용한다. 하지만 기법은 어디까지나 치료를 위한 부수적인 도구일 뿐이므로 기법 그 자체만으로 치료를 할 수 있다고 생각해서는 안 된다. 오히려 정말 좋은 치료란 인위적인 기법이나 트릭을 사용하지 않고 자연스러운 대화와 만남으로써 진행하는 것이다. 따라서 다음 내용에서 소개하는 여러 가지 기법들은 어디까지나 치료를 돕기 위한 보조수단 정도로 생각해야 할 것이다.

진정으로 게슈탈트치료를 이해하기 위해서는 기법 자체보다도 그 기법들이 개발된 이론적 배경이나 목적을 잘 이해해야 할 것이다. 그러자면 게슈탈트 치료이론을 공부하는 것은 물론이고, 게슈탈트치료 연수회 같은 곳에 참여해서 기법들이 사용되는 구체적 상황과 진행방식들을 잘 관찰할 필요가 있다. 그러면 기법들에 대해 하나씩 살펴보기로 한다.

1. 욕구자각과 감정자각

게슈탈트치료에서 가장 중시하는 것 중에 하나는 지금-여기에서 체험되는 욕구와 감정을 자각하는 것이다. 그것은 개체가 지금-여기의 욕구와 감정을 자각함으로써 자기 자신 및 환경과 잘 접촉하고, 교류할 수 있게 되어 성장과 변화가 가능하게 되기 때문이다. 내담자가 미해결과제가 있을 경우 이는 대개 억압된 감정이나 욕구의 형태로 존재하므로 이들을 자각하고 전경으로 떠올림으로써 해결할 수 있으며, 미해결과제가 없는 경우에는 지금-여기의 욕구와 감정을 자각함으로써 현재 순간의 유기체적 욕구를 실현시킬 수 있게 된다.

따라서 어떤 경우이든 지금-여기의 욕구와 감정을 알아차리는 것은 내담자의 변화·성장에 긍정적 영향을 미친다. 많은 종류의 게슈탈트기법들이 있지만, 사실 대부분의 기법들은 내담자로 하여금 자신의 욕구와 감정을 좀 더 잘 자각하도록 도와주는 것들이라고 할 수 있다. 그러므로 욕구자각과 감정자각을 돕기 위한 어떤 단일기법을 별도로 소개할 필요는 없다. 다만 여기서는 치료자가 내담자로 하여금 자신의 욕구와 감정을 좀 더 선명하게 알아차리도록 도와줄 수 있는 몇 가지 질문을 소개하기로 한다.

> 지금 어떤 느낌이시죠? 지금 무엇이 자각되시나요? 생각을 멈추고 현재 느낌에 집중해 보세요! 지금 마음이 어떤지 알아차려 보시겠어요? 지금 그 말씀을 하시면서 어떤 감정이 느껴지세요? 지금 좀 화가 나 보여요! 눈물이 흐르네요? 지금 어떤 감정이신가요? 당신이 지금 원하는 것이 무엇입니까? 방금하신 말씀 중에 명사를 동사로 바꾸어서 말씀해 보세요! **"나는 … 을 하고 싶다."** 라는 문장을 세 개 정도 완성시켜 보세요!

2. 신체자각

게슈탈트치료에서는 정신작용과 신체작용이 서로 불가분의 관계에 있다고 보기 때문에 치료자는 자주 내담자에게 현재 상황에서 느끼는 신체감각을 자각하도록 요구한다. 이때 특히 에너지가 많이 집중되어 있는[혹은 긴장되어 있는] 신체 부분에 대한 알아차림을 중시한다. 그것은 이러한 신체현상이 대개 통합되지 않은 감정들과 관련이 있기 때문이다.

미해결된 에너지는 흔히 근육의 긴장으로 나타나거나 심하면 신체통증으로 체험되기도 하는데, 내담자는 이를 자각함으로써 소외된 자신의 부분들을 접촉하고 통합할 수 있게 된다. 신체자각을 돕기 위해 치료자의 다음과 같은 질문이 도움이 된다.

> 당신의 호흡을 자각해 보세요! 당신의 신체감각을 한번 느껴 보세요. 당신의 몸이 무엇을

표현하려고 하는지 알아차려 보세요. 몸이 말을 할 수 있다면 뭐라고 말할 것 같습니까? 당신은 지금 어깨를 움츠리고 있네요? 당신은 지금 발로 방바닥을 차고 있네요? 이마를 찡그리시네요? 갑자기 팔짱을 끼셨네요? 어떤 마음을 표현하는 것입니까? 한숨을 쉬시네요? 갑자기 웃으시네요? 어떤 마음을 표현한 것입니까? 심장이 쿵쾅거린다고요? 심장이 한 번 되어 보세요. 심장이 뭐라고 말합니까? 당신 목소리가 떨리는군요. 목소리를 주의 깊게 들어 보세요. 목소리에서 무엇을 느끼십니까? 지금 당신 목소리는 마치 겁에 질린 어린아이가 내는 소리 같습니다. 방금 목소리가 달라졌네요? 지금 당신의 목소리가 누구의 목소리와 비슷합니까?

3. 환경자각

내담자들은 흔히 미해결과제로 인해 자기 자신에게 너무 몰입해 있기 때문에, 주위 환경에서 일어나는 사건이나 상황을 잘 자각하지 못하며, 따라서 현실과 단절되어 있는 경우가 많다. 이때 내담자로 하여금 주변 사물과 환경에 대해 자각하도록 해 줌으로써 현실과의 접촉을 증진시킬 수 있으며, 그 결과 오히려 미해결과제를 알아차리고 해결할 수 있는 힘을 얻도록 도와줄 수 있다. 또한 환경과의 접촉을 통하여 내담자로 하여금 공상과 현실이 다르다는 것을 알아차리도록 도와줄 수도 있다. 예컨대, 다른 사람들이 자신을 비웃을 것이라고 생각하고 있는 내담자에게 다른  사람들의 눈을 돌아가며 쳐다보게 함으로써 현실과 접촉하게 해 줄 수 있고, 마침내 비현실적인 공포로부터 벗어나게 해 줄 수 있다.

다음과 같은 질문이나 지시가 내담자의 환경자각에 도움이 된다.

방 안에 무엇이 보이십니까? 방 안에 전에 없던 새로운 것이 보입니까? 눈을 감고 상대편의 얼굴 모습을 떠올려 보세요. 눈을 뜨고 그 사람의 얼굴을 자세히 관찰해 보세요. 어떠한 차이가 느껴지십니까? 다른 사람의 눈을 한 번 쳐다보세요. 주변 사물들을 한 번 둘러보세요. 눈을 감고 귀에 들리는 소리에 집중해 보세요. 눈을 뜨고 주변 사물들을 살펴보세요. 사물들을 자세히 살펴보시고, 색깔과 모양을 눈여겨보세요.

4. 언어자각

언어도 강렬한 접촉수단의 하나이다. 그런데 언어를 어떻게 사용하는가에 따라 접촉이 증가할 수도 있지만, 반대로 단절될 수도 있다. 따라서 내담자의 언어 사용 습관을 면밀히 관찰하여, 잘못된 언어 습관을 고쳐주는 것도 치료자의 중요한 과제 중 하나이다. 각자의 언어 사용 습관에 따라 다양한 행동특성이 드러난다. 말의 양을 인색하게 사용하는 사람, 폭포수처럼 쏟아내는 사람, 어물어물하는 사람, 명사를 많이 사용하는 사람, 동사를 많이 사용하는 사람, 시적인 표현을 쓰는 사람, 정확한 용어를 선호하는 사람, 장황한 말투 혹은 간단명료한 말투를 쓰는 사람 등 각자 독특한 언어 행동 특징을 보인다.

언어 사용에 따라 접촉을 차단하는 방법은 다양하다. 따라서 언어 사용 습관을 명료화시키는 것이 중요하다. 접촉의 차단과 관련하여 흔히 내담자의 언어 행동 가운데 문제가 되는 것은 책임회피적 언어 습관이다. 즉, 자신의 행위에 대한 책임을 지지 않는 언어를 사용하는 것이다.

내담자가 사용하는 언어에서 행동의 책임소재가 불명확한 경우, 치료자는 내담자로 하여금 언어형식을 바꾸어 말하도록 요구함으로써, 자신의 욕구나 감정 혹은 행동에 대해 스스로 책임지도록 도와줄 수 있다. 예컨대, **'나는'**이라고 말해야 할 장소에 **'우리' '당신' '그것'** 등 대명사를 사용하는 경우에 **'나는'**이라고 바꾸어 말하도록 요구하며, **"… 하여야 할 것이다." "… 해서는 안 될 것이다."** 등 객관적인 어투로 말하는 경우에 **"나는 … 하고 싶다." "나는 … 하기 싫다."** 등으로 바꾸어 말하게 함으로써 자기 행동에 대한 책임의식을 높여 줄 수 있다(Passons, 1975).

내담자로 하여금 이러한 언어 행동에 대한 책임의식을 높여 주기 위해 개발된 몇 가지 기법들이 있는데, **'그것'**이라는 말 대신에 **'나'**라는 말을 사용하게 하거나, 명사 대신에 동사를 사용하도록 요구하거나, 수동태 문장 대신에 능동태 문장을 쓰도록 요구하는 것 등이다. 예를 들어, **"손이 어떻게 하고 있습니까?"**라는 질문에 **"그것은 떨리고 있습니다."**라고 대답한다면 **'그것'**을 **'나'**로 바꾸어 **"나는 손을 떨고 있습니다."**로 말해 보도록, 그리고 **"나는 질식할 것 같습니**

다."와 같은 표현은 **"나는 나 자신을 질식시키고 있습니다."**로 고쳐 말해 보도록, 또 **"나는 그런 것은 할 수 없어요."**라는 표현에 대해서는 **"나는 그런 것은 안 할래요."**라고 말하도록 요구함으로써 자신의 행동에 대한 선택과 그에 따른 책임소재를 더욱 명확히 해 줄 수 있다(Levitsky & Perls, 1970).

내담자가 **'하지만'**이라는 말을 많이 사용하는 것도 흔히 자신의 책임을 회피하려는 시도로 볼 수 있다. 가령 **"늦지 않으려고 했습니다만 …" "싸우지 않으려고 했지만 …"** 등의 어투가 그것이다. 이런 경우에는 **'하지만'**이라는 접속사를 **'그리고'**라는 말로 바꾸어 말하게 함으로써 내담자의 회피행동을 자각시켜 줄 수 있다.

내담자가 자신의 입장은 밝히지 않고 질문만 하는 것도 자신의 동기를 감추고 행동의 책임을 상대편에게 떠넘기려는 시도일 수 있다. 이런 경우에 치료자는 내담자에게 질문을 서술문으로 바꾸어 말하도록 요구함으로써, 자신의 감정이나 의견에 대해 책임지도록 도와줄 수 있다.

예컨대, 갑이 을에게 어떤 말을 했는데, 병은 그 말이 기분 나쁘게 들렸다. 그래서 을에게 **"조금 전에 갑의 말을 듣고 기분이 어떠셨는지 궁금해요."**라고 물었다. 이때 을은 갑의 말을 기분 나쁘게 듣지 않았기 때문에 병이 자기에게 왜 그런 질문을 하는지 몰라 의아해할 수 있다. 그러면 병은 을에게 자신의 분노감정을 억압하고 있다고 몰아붙일지도 모른다. 이러한 병의 행동은 자신의 갑에 대한 분노감을 을에게 투사한 것이다.

만약 병이 **"조금 전에 갑이 당신에게 그런 말을 할 때, 나는 그 말이 기분 나쁘게 들렸습니다. 내가 당신이었다면 화를 냈을 것 같아요."**라고 말한다면 그것은 병이 자신의 감정에 대해 책임지는 것이 된다.

투사의 문제를 해결할 수 있는 또 다른 방법은 내담자에게 다음과 같은 언어 게임을 시켜 보는 것이다. 즉, 내담자가 하는 말끝마다 **"… 그리고 그 책임은 내가 집니다." "… 그렇게 보는 것은 나의 시각입니다."** 등의 말을 덧붙이도록 하여, 내담자의 모든 지각과 감정, 사고, 환상, 신체적 동작 등을 자신의 것으로 받아들이도록 도와주는 게임이다.

예를 들어 **"내 목소리가 떨리고 있습니다. 그리고 그 책임은 내가 집니다." "내 목소리가 매우 작아졌습니다. 그리고 그 책임은 내가 집니다." "나는 B가 얄밉게 보입니다. 그러나 그렇게 보는 것은 나의 시각입니다."** 등과 같이 말하도록 요구하는 것이다. 어느 정도 이 게임에 익숙해지면 좀 더 적극적인 능동문을 사용하여 말하도록 시킨다. 예컨대, **"나는 K가 불쌍해 보여요!"**라는 말 대신에 **"나는 K가 불쌍하다고 생각합니다."**라는 식으로 표현하도록 하는 것이다(Clarkson, 1990).

이러한 표현은 자신의 지각이나 사고에 대해서는 물론이고 자신의 감정이나 욕구, 신체동작에 이르기까지 모든 행동에 적용시킬 수 있다. 가령 **"나는 왼쪽 다리를 떨고 있으며, 숨을 죽이고 있습니다." "나는 목소리를 가느다랗게 만들고 있습니다." "나는 지금 갑에게 분노감정을 일으키고 있습니다."**와 같이 말하게 하는 것이다.

이 게임의 의미는 내담자로 하여금 지금-여기에 깨어 있어 자신의 의식적·무의식적 사고와 감정 그리고 신체동작에까지 모든 행동의 주체가 자기 자신이며, 따라서 그 책임도 자신에게 있음을 자각하도록 도와주는 데 있다.

이러한 기법은 대부분의 신경증이 회피에서 비롯한다는 점에서 볼 때 매우 유용하다. 즉, 내담자로 하여금 자기가 당면하고 있는 어려움이나 증상들은 모두 궁극적으로 자기 스스로 만들어 내고 있다는 사실을 깨닫도록 해 줌으로써, 새로운 행동의 가능성을 열어 주는 것이다. 이 게임은 처음에는 어색하게 느껴지지만, 대부분의 내담자는 시간이 지나면서 이러한 작업을 의미 있는 것으로 받아들인다(Levitsky & Perls, 1970).

흔히 내담자는 비접촉적인 언어 습관을 유지하는데, 상호 간의 접촉을 증진시켜 주기 위해서 이러한 언어 습관을 교정해 주는 것이 필요하다.

> 나의 한 내담자는 말을 빙빙 돌려 하는 습관이 있었다. 그는 말을 할 때마다 '물론' '하지만' '비록' '그럼에도 불구하고' 등의 수식어를 지나치게 많이 사용함으로써, 자신의 감정을 회피할 뿐 아니라, 듣는 사람으로 하여금 매우 답답하게 만들었다. 그래서 그에게 이런 수식어들을 다 빼고 말하도록 시켰더니 처음엔 매우 불안해하였으나 차츰 익숙해졌고, 마침내 서로 간에 훨씬 자연스러운 대화가 가능해졌다.

사람들은 흔히 자신의 의견이 아닌 것처럼 말하며, 또 상대에게 하는 말이 아닌 것처럼 막연하게 한다. 치료자는 내담자의 언어를 면밀히 관찰하여 항상 그것이 누구의 생각인지, 그리고 누구에게 하는 말인지를 명확히 하도록 해 주어야 한다. 흔히 수신자를 불분명하게 하는 것은 다른 사람과의 접촉을 회피하려는 시도일 수 있다. 따라서 수신자를 명확히 밝히도록 함으로써 서로 간의 접촉을 증진시켜 줄 수 있다. 경우에 따라서는 집단에서 수신자를 손가락으로 가리켜 가며[옆 사람일 경우 손으로 짚어 가며], 말하게 하는 것도 좋은 실험이다.

자신이 한 말이 다른 사람에게 **'도달하는지'** 알아차려 보는 것도 중요하다. 말이 많아지는 이유 중에 하나는 자신의 말이 타인에게 도달하지 못했을 것이라고 생각하기 때문이다. 반대의 경우도 있다. 즉, 상대편이 알아듣지도 못하게 어물어물 혼잣말을 하고 넘어가는 경우이다. 어떤 경우이든 자신의 말이 상대편에게 도달했는지 확인하게 해 주는 것이 도움이 된다. 이때 상대편의 표정을 살펴보거나 제스처를 관찰해 봄으로써[혹은 상대에게 직접 물어봄으로써] 자신의 말이 상대에게 접수되었는지 알아볼 수 있다. 서로 접촉이 이루어지지 않고 있는데도 그것을 못 알아차린 채 계속 이야기하는 것은 대화 단절을 가져오는 원인이 된다(Levitsky & Perls, 1970).

내담자의 언어에서 자주 문제가 되는 또 한 가지 측면은 그들의 언어가 너무 개념적이고 추상적이어서 내담자가 체험하고 있는 세계를 치료자가 함께 공감하기 힘들다는 점이다. 이런 경우에 치료자는 내담자로 하여금 구체적 예를 들어 설명하도록 요구해야 한다. 즉, 추상적인 표현에 **'살을 붙임으로써(flesh out)'** 형체를 알아볼 수 있게 만들어야 한다. 예컨대, 내담자가 **"나의 아버지는 매우 엄한 분이셨습니다."**라고 말한다면, 치료자는 **"아버지가 어떻게 엄하셨는지, 예를 들어 구체적으로 설명해 주실 수 있겠습니까?"**라고 물어서, 내담자의 실제 체험세계가 드러나도록 해 주어야 한다. 그래야만 치료자가 내담자의 세계에 동참하고 공감할 수 있기 때문이다 (Polster, 1994).

내담자가 추상적이고 관념적인 표현을 사용할 때 쓸 수 있는 또 다른 개입방법은 내담자로 하여금 실제 자신이 묘사하는 개념이 되어 보도록 요구하는 것이다. 예컨대, 내담자가 **"나는 원칙주의자입니다."**라고 말했을 때, 치료자는 내담자에게 **"그러면 원칙주의자가 한 번 되어 보십시오."**라고 말하여, 내담자로 하여금 원칙주의자의 행동을 연출해 보도록 요구하는 것이다. 이런 실험은 치료자와 내담자 사이에 가로놓인 벽을 제거해 주어 서로 간에 활발한 접촉을 촉진시켜 준다.

5. 책임자각

프로이트는 내담자들은 어린 시절의 문제 때문에 성장하지 못한다고 말했지만, 펄스는 이를 잘못된 생각이라고 비판했다. 그에 의하면 사람들이 성장하지 못하는 이유는 성인으로서의 책임을 지기를 거부하기 때문이라고 한다. 이는 어린 시절의 문제가 중요하지 않다는 말이 아니다.

어린 시절의 충격적 경험이나 해로운 환경 등이 개체의 성장에 결정적인 영향을 미쳤음을 펄스도 강조하고 있다. 다만 여기서 펄스가 말하고자 하는 것은 지금-여기에서의 문제이다. 어렸을 때의 문제로 인하여 아주 심한 장애를 가진 내담자라 하더라도 지금-여기에서 다시 성장할 수 있는 가능성은 있다는 것이다. 다시 말해 지금-여기에서 성장하지 못하는 원인을 어렸을 때의 해로운 환경

이나 충격적 경험으로 돌릴 수만은 없다는 것이다(Hansen et al., 1977).

　내담자들은 흔히 어떤 상황에 처해서 결정을 못 내림으로써 그 상황을 얼버무리거나 회피하는 것을 볼 수 있는데, 결정을 못 내리는 것은 결과에 대한 책임이 두렵기 때문이다. 그러나 역설적 표현이지만, 사실 중요한 것은 결정하고 선택하는 행위 그 자체이다. 무엇을 결정했는지는 그다지 중요하지 않다. 무엇을 결정하는 것이 중요하다고 생각하는 순간 결정하는 것이 두려워진다. 잘못 결정하면 끝이라는 생각을 하면 결정을 내릴 수가 없다. 그런 생각이 들면 결정 하나하나의 의미가 너무 크게 부각되고, 그렇게 되면 공포심 때문에 아무것도 할 수 없게 된다. 그렇게 되면 타인에게 대신 결정해 줄 것을 요구하게 되고, 결과가 잘못되면 타인을 비난하게 되는 것이다.

　결정을 내린다는 것은 자신의 행동을 스스로 선택한다는 의미이고, 그러한 행동의 결과에 대해 자신이 책임지겠다는 의지를 포함한다. 반대로 결정을 못 내리는 것은 어떤 행위를 선택하지 않는 것이고, 따라서 그 행위에 대해 책임질 의사도 없다는 뜻이다. 그런 사람은 스스로 어떤 행위도 하지 못하고 어정쩡한 상태에 머문다. 그들은 책임지는 행동을 하지 않으므로 일의 결과가 좋더라도 그것이 자신이 한 일이라는 느낌이 없어 기쁨으로 느끼지 못한다. 그러한 상태가 신경증이다. 이런 맥락에서 마르틴 부버는 **"악마가 존재한다면 그는 신에 거역하기로 결정한 자가 아니라, 거역할지 말지를 망설이면서 영원히 결정을 못 내리고 있는 자일 것이다."** 라고 말했다(Simkin, 1976).

　어떤 행위에 대해 스스로 결정내리고 책임지게 될 때, 성숙한 인격이라고 할 수 있다. 그것이 힘들고 어려운 결정일수록 결정하기는 힘들겠지만, 그러한 결정에 대한 가치는 더욱 높아진다고 하겠다. 때로는 자기 스스로 선택하지 않은 어려운 상황에 놓일 수도 있다. 하지만 그런 경우에도 여전히 우리의 행동 선택에 대한 문제는 남는다. 빅터 프랭클(Viktor Frankl)이 말했듯이 우리는 우리가 처한 상황을 우리 자신이 만든 것이 아니라 할지라도, 그에 대한 **반응**은 우리 스스로 선택할 수 있다.

　프랭클은 나치 집단수용소에서 많은 사람들의 행동을 관찰할 수 있었는데, 사람마다 처한 상황은 같았지만 그 상황에 대한 반응은 저마다 너무 달랐다고 한다. 즉, 모두 극한 상황에 처한 것은 마찬가지였지만, 어떤 사람은 차분하고 이성적으로 행동하는가 하면, 어떤 사람은 이성을 잃고 모든 것을 포기해 버리는 사람도 있었다는 것이다(Frankl, 1964).

6. 실험

　넓은 의미에서 실험이란 게슈탈트치료에서 사용하는 모든 기법을 총칭하는 개념이다. 즉, 실험은 치료자와 내담자가 함께 행하는 모든 탐색적 활동을 가리킨다. 하지만 여기서는 실험을 다른 기법과 동등한 하나의 기법으로서 좁은 의미로 사용한다. 즉, 실험이란 내담자의 문제를 밝히고 이해하며 해결하는 데 있어 치료자가 창의적 아이디어를 생각해 내고, 내담자와 함께 하나의 상황을 연출해 내어 문제해결을 돕는 기법을 뜻한다.

예컨대, 어머니에 대한 양가감정을 **분석**하기보다는 자연스럽게 어머니와의 양가감정이 드러나는 상황을 연출해 냄으로써, 치료자와 내담자 모두 내담자의 양가감정을 눈으로 보고 귀로 들을 수 있도록 만드는 것이 실험이다. 한 걸음 더 나아가 빈 의자에 앉은 어머니에게 어머니에 대한 양가감정을 하나씩 차례로 표현해 봄으로써, 어떤 일이 벌어지는지 부닥쳐 보는 것도 실험이 될 수 있다. 이처럼 실험이란 어떤 현상을 관념적으로 분석하지 않고, 실제 행위를 통하여 탐색하고 행동해 봄으로써 문제를 명확히 드러내고, 나아가 문제에 대한 새로운 해결책을 모색해 보는 모든 창의적인 노력을 뜻한다.

따라서 실험은 특정한 기법이라기보다는 치료작업을 해 나가는 과정에서 치료자와 내담자에 의해 공동으로 고안되고 사용되는 모든 창의적 활동이라고 할 수 있다. 여기서 실험은 그 자체가 중요한 것이 아니라 이를 통해 내담자의 문제를 탐색하고, 명료화해 주고, 내담자에게 새로운 경험을 할 수 있도록 새로운 장을 마련해 준다는 데 진정한 의미가 있다. 이런 맥락에서 실험은 진단과 치료의 두 가지 기능을 다 갖는다(Latner, 1973).

실험은 많은 다른 기법들과 함께 사용할 수도 있다. 예컨대, 실험의 테두리 내에서 빈 의자 기법, 두 의자 기법, 양극성의 통합, 상전과 하인의 대화, 반대로 하기, 과장하기, 같은 문장 반복하기, 문장 완성하기, 머물러 있기, 몸이 되어 말하기, 투사하기, 실연하기, 역할연기, 상대편 되어 보기, '누구누구에게 말하기(talking to)', '한 순배 돌기(making rounds)', 은유 사용하기, 환상작업, 꿈 작업(Kim & Daniels, 2008, pp. 198-227) 등을 함께 응용할 수도 있다.

사실 실험을 함에 있어 치료자는 실험이 어떻게 전개될지, 실험 도중에 무슨 일이 일어날지 사전에 알 수 없다. 실험은 치료자가 어떤 인위적인 목표를 정하지 않고, 그냥 자연적인 과정에 내맡겨서 그때그때 나타나는 흐름을 따라가 보는 것이다. 그러면서 발견되는 현상을 알아차리고, 접촉하다 보면 뭔가 새로운 것을 경험하게 된다. 미리 정해 놓은 것은 아무것도 없지만 실험을 하는 동안 벌어지는 상황에 진지하게 몰입하다 보면 무언가 새로운 것이 나타나고, 그것을 경험하다 보면 어떤 변화가 일어나게 된다.

실험을 통하여 내담자는 자신의 삶을 더욱 깊이 조명해 볼 수 있다. 예컨대, 오이디푸스 콤플렉스를 **분석**하기보다는 실험을 통해 아버지**에게** 말해 봄으로써 아버지에 대한 감정을 깊이 탐색하고 만날 수 있으며, 새로운 대응행동을 연습해 볼 수도 있다. 아버지와의 관계에 대해서도 실험은 단순히 과거의 **지나간 이야기**로서가 아니라 지금-여기에서 아버지와의 새로운 **관계체험**을 가능하게 해 준다. 이처럼 실험은 내담자로 하여금 언어로만 매개된 간접경험이 아니라, 직접적인 체험을 하게 해 줌으로써 내담자의 변화·성장을 가능하게 해 준다(Polster, 1990; Smith, 1990).

징커에 의하면 실험을 하는 목적은

① 내담자의 행동반경을 넓혀 주고,

② 내담자 자신의 행동들이 스스로의 창조품이라는 자각을 높여 주며,

③ 내담자의 경험적 학습을 증가시키며,

④ 행동을 통해 새로운 자아개념 형성을 도와주며,

⑤ 미해결된 상황을 완결시키고, 알아차림-접촉 주기의 차단을 극복하도록 해 주며,

⑥ 인지적 이해와 신체적 표현을 통합시키고,

⑦ 의식되지 않은 양극성들을 발견하게 해 주며,

⑧ 성격의 분열된 측면, 갈등을 통합시켜 주고,

⑨ 내사들을 몰아내거나 통합시키며,

⑩ 억압된 감정이나 사고의 자연스러운 표출을 도우며,

⑪ 내담자가 좀 더 자립적이고 자신감을 갖고, 더 탐색적인 태도를 갖게 하며,

⑫ 자신에 대해 더 책임을 지도록 도와주기 위함이다(Zinker, 1977).

이러한 실험에는 우리의 내면에서 일어나는 모든 생각이나, 감정, 욕구, 이미지, 환상들이 다 훌륭한 소재로 사용될 수 있다. 실험은 반드시 어떤 계획에 의해서 행해지는 것이 아니고, 실험의 방법 또한 따로 정해져 있지 않다. 즉, 그때그때 필요에 따라, 그리고 치료자의 창의성에 따라 매우 다양한 실험이 가능하다. 가령, 집단이 처음 시작할 때, 서로 서먹서먹한 분위기를 해소하기 위해 아주 가볍게 각자 원하는 동물들의 소리를 내 보도록 할 수도 있고, 지금 이 순간에 떠오르는 이미지들을 알아차리고 개방하는 실험을 해 볼 수도 있다.

실험은 단순히 **현재 존재하는** 것으로부터 시작하는 것이 좋다. 예컨대, 각자 신체상태를 알아차리고, 그 신체부분이 되어서 말을 해 보거나, 내면의 갈등을 알아차리고 대립되는 목소리들 간에 대화를 시켜 보는 것으로 시작할 수도 있다. 혹은 집단원들이 자발적으로 하는 표현을 토대로 행동실험으로 발전시킬 수도 있다. 예컨대, 한 집단원이 자신이 집단에서 어린애처럼 느껴진다고 말한다면, 그 집단원에게 실제로 집단에서 어린아이처럼 행동해 보라는 실험을 제안해 볼 수도 있다.

　　실험은 내담자의 모호한 진술이나 추상적인 설명을 구체적 행동수준에서 명료하게 드러내 주는 장점이 있다. 내담자의 언어적 설명만 듣고는 내담자를 정확히 이해하기가 힘들고, 때로는 왜곡된 추론을 할 수도 있다. 예를 들어, 한 내담자가 자신은 매우 무능한 사람이라고 말했다고 하자. 여기서 무능하다는 말은 너무 모호한 개념이기 때문에, 치료자는 우선 질문을 통해 내담자가 말하는 의미가 무엇인지부터 밝혀야 할 것이다. 만약 그가 말하는 무능함이란 부인이 그에게 항상 **경제적 능력** 차원에서 해 왔던 비난을 의미하는 것으로 밝혀진다면, 치료자는 그의 앞에 빈 의자를 놓고 부인과 대화를 시켜 보는 실험을 제안해서 어떻게 그가 부인의 비난을 내사하여 스스로를 비하하고 있는지 발견할지도 모른다.

　　실험은 치료자와 내담자 사이에 일어나는 사건으로서, 어느 한쪽이 일방적으로 얻고 다른 쪽은 주기만 하는 관계가 아니다. 오히려 실험은 치료자와 내담자가 함께하는 창조적인 여행으로서 서로가 이 여행으로부터 도움을 얻을 수 있다. 치료자는 여행의 안내자 역할을 하면서 내담자와 함께 미지의 세계를 열어 가는 기쁨을 경험하게 되고, 내담자는 자신의 삶에 대해 이제까지와는 다른 시각으로 보게 됨으로써 삶의 경이로움을 체험하게 된다. 내담자는 이 여행에서 단순히 수동적인 관광객은 아니다. 내담자는 때로 자발적으로 탐험에 나서 실험을 이끌어 가기도 한다. 그렇게 함으로써 내담자는 자신의 체험영역을 확장하고, 스스로 자신의 문제에 대한 해결사가 된다.

　　실험에서는 '아, 그렇구나!' 체험이 중요하다. 이는 개념적인 이해가 아니라 체험을 통해 문제를 직관적이고, 총체적으로 깨닫는 신선한 체험이다. 이는 늘 고정된 시각으로 자신의 문제를 보다가 어느 순간 전혀 다른 차원에서 바라봄으로써 순간적으로 문제에서 벗어나는 색다른 체험이다. 이러한 체험은 내담자 자신이 적극적이고 능동적인 자세로 실험에 임함으로써 가능해진다. 즉, 실험 정신을 갖고서 자신을 개방하면서 새로운 경험에 몸을 내던져 보는 용기가 있어야 한다.

　　그렇게 되기 위해서는 치료자의 역할도 중요하다. 즉, 내담자가 어떤 행동을 하더라도 치료자로부터 비판받지 않고 수용될 것이라는 신뢰감이 생기도록 분위기를 조성해 주어야 하며, 또한 내담자가 자유롭게 실험할 수 있도록 최대한의 행동범위를 제공해 주어야 한다. 즉, 창의적인 아이디어를 발휘하여 내담자가 마음껏 자신의 잠재능력을 실천할 수 있도록 안전하고도 흥미로운 장을 마련해 주어야 한다(Zinker, 1977; Polster, 1987).

　　게슈탈트치료에서 창안해 낼 수 있는 실험의 종류는 무한하다. 그것은 치료상황에 존재하는 [일어나는] 모든 현상들이 다 실험의 소재가 될 수 있기 때문이다. 즉, 내담자의 생각이나 감정, 욕구, 지각, 이미지, 환상, 행동 등 모든 것들이 다 실험의 소재가 된다. 강박증이 있는 내담자에게 치료자의 책상 위에 놓여 있는 물건들을 엉망으로 헝클어뜨려 보라든가, 혹은 치료 도중에 친구에게 전화를 걸어 시시한 농담을 해 보라는 실험을 제안할 수도 있다. 부모의 말을 한 번도 거역해 보지 않은 매우 순종적인 내담자에게는 치료자가 하는 말마다 모두 반대해 보라고 제안할 수도 있을 것이다(Clarkson, 1990).

독특하고 신선한 실험은 내담자와 치료자 모두에게 새로운 발견과 통찰을 가져다준다. 진부한 실험은 활력을 주지 못하고, 단순한 기교로 전략하고 만다. 따라서 참신한 아이디어를 생각해 내는 것이 매우 중요하다. 하지만 실험은 단순한 아이디어에 그쳐서는 안 된다. 내담자에게 결과적으로 어떤 의미 있는 실험이 되어야 한다. 그렇게 되기 위해서는 내담자의 문제와 역동에 대한 정확한 이해와 진단이 선행되어야 하며, 내담자의 반복회기 게슈탈트를 비롯하여 전형적인 접촉경계혼란 유형에 대해서도 파악하고 있어야 한다.

실험을 위해 치료자가 억지로 인위적인 상황을 만드는 것은 좋지 않다. 즉, 치료장면에서 저절로 일어나는 현상들을 관찰하고, 그것을 바탕으로 해서 자연스럽게 실험을 구상하는 것이 바람직하다. 만일 대화 도중에 내담자가 자신의 프로세스를 억압하여 그 부분과 접촉하는 것을 피하면, 바로 이러한 거부행동이나 차단행동 자체를 알아차리도록 해 주는 것이 좋은 실험이 될 수 있다. 예컨대, 내담자가 **"그 얘기는 하고 싶지 않아요. 해 봐야 뭐하냐는 생각이 들어요."** 라고 말한다면, 치료자는 **"그 얘기를 하면, 어떤 일이 벌어질 것 같나요?"** 라고 물어 준 다음, 이야기를 하려는 자기와 하지 말라고 하는 자기의 대화를 시켜 보는 실험을 하는 것이다. 그렇게 되면 차단행동의 배경이 선명하게 드러나게 된다.

실험에서는 다양한 놀이적 시도가 중요하다. 놀이는 고의성과 집착을 놓아 버리는 행위이다. 그것은 새로움에 참여함이며, 삶에 뛰어듦이다. 삶의 순간순간은 다른 새로운 가능성을 포함하는 놀이와 같다. 놀이는 가능성의 한계를 탐색하는 실험이며 창조성의 밑거름이다. 놀이는 불안과 집착 대신에 흥미와 해방을 가져다주며, 아무런 제약 없이 자유롭게 새로운 가능성을 실험하게 해 준다. 놀이는 우리 속의 열정과 낭만을 일깨워 준다. 또한 어린 시절의 생동감과 즐거움을 다시 불러일으키고, 아무 걱정 없이 세상을 향해 모험적으로 뛰어들게 해 줌으로써 내담자 속에 갇혀 있던 어린아이를 해방시켜, 새 하늘과 새 땅에서 **새로운 경험**의 지평을 열게 해 준다.

내담자는 놀이에 매혹되어 그 속에서 자유롭게 학습자가 되고, 삶의 새로운 가능성들을 마음껏 실험하게 된다. 내담자는 생동감을 느끼며, 살아 있는 존재로서의 자신을 발견한다. 놀이는 때로는 모험과 그에 따른 위험도 내포하고 있지만, 창조적인 치료자는 지나치게 신중한 태도를 버리고 다소 위험부담을 안고 모험을 감행한다. 그는 일이 잘못될 것 같으면 신속히 방향 전환을 할 수 있는 능력이 있기 때문이다(Zinker, 1977).

그러면 실험과 관련하여 나의 치료사례 3개와 스미스(E. Smith)의 사례 1개를 소개하기로 한다.

심한 강박 증상을 보이는 남자 내담자가 있었다. 그는 완벽주의적인 어머니와의 관계를 모든 사람들에게 투사하여, 항상 그들로부터 인정받기 위해 절망적인 노력을 하고 있었다. 즉, 그는 모든 사람들이 자기 어머니와 마찬가지로 자기에게 완벽적인 행동을 요구한다고 생각했기 때문에 매사에 실수하지 않으려고 무척 애썼다. 그래서 그는 항상 긴장하며 살았고 내적으로 심한 좌절감과 패배감에 젖어 있었다. 나는 이 내담자에게 매번 집단에서 어떤 행동을 하기 전에 상대편이 자기에게 무엇을 원하는지 짐작해 보도록 요구했다. 그는 몇 번의 실험을 거치면서 자신이 어머니와의 관계를 타인과의 관계에 투사하고 있다는 사실을 깨달을 수 있었으며, 그 후로는 집단에서 훨씬 여유로운 태도를 보였다.

결벽증이 심한 남자 내담자가 있었다. 그는 자신은 물론 가족들에게도 병균이 옮을까 봐 항상 조바심하며 살았다. 나는 그에게 가능한 가장 비위생적인 행동을 집단에서 실험해 보라고 제안했다. 처음에 그는 매우 망설였으나 치료라 생각하고 해 보라는 말에 힘을 얻어 열심히 노력했다. 그는 더러운 가구를 손으로 만지기도 하고, 아무데나 털썩 주저앉기도 하다가 마침내 더러운 바닥에 뒹굴기도 했다. 이 실험을 통해 그는 비록 결벽증이 완치되지는 않았지만, 이 문제에 대해 상당히 여유로운 태도를 갖게 되었다.

지나치게 목표 지향적으로 살아온 나머지 삶을 제대로 즐기지도 못하고 막연한 불안감에 시달리고 있는 한 남자 내담자에게 나는 무엇이든 좋으니 한 시간 동안 **'실없는'** 행동을 최대한 많이 해 보라고 제안했다. 그는 처음에 이 제안에 대해 매우 어이없어했다. 일부러 귀한 시간을 쪼개서 왔는데, 기껏 시키는 것이 '실없는 짓'을 해 보라니 이해가 안가는 표정이었다. 하지만 시간이 지나면서 차츰 실험에 흥미를 보이면서 '실없는 짓'을 즐기기 시작했다. 나는 그의 '실없는 짓'을 격려하면서, 보조자에게 그가 매번 '실없는 짓'을 한 번 할 때마다 그 횟수를 화이트보드에 기록하도록 시켰다. 그는 처음에 조심스럽게 집단원들에게 장난을 걸기 시작하더니 나중에는 기상천외한 아이디어를 다 동원해서 놀이에 열중했다. 그가 한 시간 동안 생각해 낸 실없는 짓의 수는 100여 개가 넘었다. 그는 이 실험을 통해 오랫동안 억압되었던 자신의 창조적 에너지를 재발견하였을 뿐 아니라, 이를 마음껏 펼쳐 볼 수 있었다. 그는 실험이 끝난 뒤에 **"이제까지 긴장의 연속이었던 삶에서 해방되어 정말 마음껏 자유로운 체험을 할 수 있어서 기쁘다."**고 말했다.

상사의 부당한 압력에 대해 **'아니요'**라고 말하지 못하는 내담자에게 스미스는 그의 신체감각을 관찰하라고 말했다. 그는 숨을 멈추고 있었는데, 스미스는 **"이제 숨을 길게 들이쉬고 상사를 한 번 쳐다보세요. 그리고 무슨 일이 일어나는지 한 번 관찰해 보세요. 자! 이번엔 한쪽 다리를 꼬아 올리고 어깨를 쫙 펴고서 그를 한 번 똑바로 쳐다보세요. 그리고 무슨 일이 일어나는지 보세요."**라고 말했다. 내담자는 처음엔 상사를 바로 쳐다보는 것조차 두려워했으나, 치료자의 도움과 호흡의 지지를 받으며 상사를 쳐다봄으로써 차츰 두려움을 극복할 수 있었고, 마침내 상사에게 당당하게 **'아니요'**라고 말할 수 있었다(Smith, 1990).

흔히 내담자들은 경직된 사고방식과 편협한 가치관 때문에 대인관계의 어려움을 겪는다. 이런 내담자들에게는 때로는 발상전환 연습이 도움이 된다. 가령, 치료자와 함께 가능한 한 많은 **'엉뚱한 아이디어 내놓기'** 놀이를 하는 것이다. 즉, 어떤 가치판단이나 검열도 없이 되도록 많은 아이디어들을 내어놓는 것이다. 이때 생각해 낸 아이디어의 내용이 도덕적으로 옳고 그른 것이 아니라, 얼마나 기발하고 재미있는지가 평가기준이 된다. 예컨대, 비싼 물건을 잃어버렸을 때 어떻게 하면 좋을까? 라는 문제에 대해서, **"그 물건에 대한 영결식을 거행한다."**라든가, 시험을 잘못 쳤을 때에는 **"친구들을 불러서 기념파티를 연다."**는 등 재미있는 아이디어를 냈을 경우에 칭찬해 주는 것이다. 이러한 실험을 통해 내담자는 즐겁게 놀이하는 기분으로, 문제를 다른 시각에서 유연하게 볼 수 있는 여유를 찾을 수도 있다(Clarkson, 1990).

실험을 시작할 때는 먼저 내담자의 동의와 협조를 구해야 한다. 내담자가 내키지 않는 실험은 별 의미가 없기 때문이다. 내담자의 협조를 얻기 위해서는 실험을 쉽고 자연스럽게 유도하는 것이 중요하다. 가령, 전혀 경험이 없는 내담자에게 갑자기 빈 의자에 앉아 있는 어머니에게 말을 해 보라는 요구는 자연스럽지 못하다. 아마 그런 말을 들으면 내담자는 거부감을 느끼거나 당황하게 될 것이다. 따라서 실험을 시작하기 전에 자연스럽게 그 상황으로 안내해야 한다. 예컨대, **"지금 앞에 있는 빈 의자에 어머니가 앉아 있다는 상상을 해 보실 수 있겠습니까? 상상이 되는지요? 지금 어떤 느낌이 들죠?"**라고 물음으로써 실험을 할 수 있는 마음상태로 천천히 유도해 줘야 한다.

또한 치료자는 실험을 시작하기 전에 내담자의 토양이 어떠한지 먼저 살피고 조사해 두어야 한다. 예컨대, 치료자에 대한 신뢰 정도가 어떠한지, 치료에 대해 어떤 기대를 갖고 있는지, 신체적인 고통은 없는지, 불안을 견뎌 낼 수 있는 능력은 어느 정도인지, 언어 사용은 효율적으로 하고 있는지 등을 알아 두는 것이 도움이 된다.

만일 내담자에게 치료를 시작할 수 있을 정도로 충분한 기초가 되어 있지 않으면, 먼저 기초 작업부터 해 두어야 한다. 사전에 충분히 토양을 다듬어 두지 않으면, 나중에 제대로 학습이 이루어질 수 없기 때문이다. 예컨대, 치료자에 대한 신뢰감이 부족한 경우 치료자는 이 부분을 세심히 배려해서 신뢰감 형성에 노력해야 하며, 내담자의 불안이 지나치게 높은 경우는 그 원인을 찾아내어 불안감을 해소시켜 주어야 한다. 또 지나치게 방어가 심한 내담자의 경우는 우회적인 방법을 사용해서 접근하는 것도 필요하다. 예컨대, 빈 의자 대신 그림가족인형 같은 것을 사용하는 것도 한 방법이다.

내담자가 사용하는 언어가 너무 장황하거나 추상적이지 않은지, 너무 혼자 이야기를 많이 하지 않는지, 상대편을 보지 않고 말하지는 않는지 등을 미리 살펴서 효과적인 대화가 될 수 있도록 준비시켜 주고, 또한 실험을 시작하기 전에 심호흡을 시킨 다음 신체를 안정된 자세를 취하도록 준비시키는 것도 도움이 된다.

> 징커의 한 남자 내담자는 자신의 문제를 말하면서 쉬지 않고 계속 빠른 속도로 말을 하였다. 그는 마치 길가의 풍경에 전혀 관심을 기울이지 않고 열심히 목표점을 향해 뛰기만 하는 마라톤 선수 같아 보였다. 치료자가 그의 이러한 행동을 자각시켜 주면서 그가 왜 그렇게 허겁지겁 빨리 말하는지 물었더니, 그는 **"당신이 내가 하는 말에 흥미를 잃을까 봐 그랬습니다."** 라고 대답했다. 그래서 치료자는 그에게 천천히 그리고 또박또박 말하도록 부탁했다. 그랬더니 서로 간에 접촉적인 대화를 할 수 있었다(Zinker, 1977).

준비 작업이 끝나면 다음으로 치료자는 내담자의 이야기를 들으면서 수많은 내용을 간추리고 정리하여, 하나의 주제를 잡아내야 한다. 이때 내담자의 주제는 순간순간 바뀔 수 있지만, 그것들은 서로 연결되어 있다. 때로는 여러 개의 주제가 하나의 큰 주제를 이루고 있을 수도 있으며, 같은 주제가 시간적 간격을 두고 반복해서 나타날 수도 있다. 흔히 사소한 주제에서 시작해도 도중에 핵심적인 주제가 튀어나오는 경우가 있으므로, 치료자는 그러한 가능성에 대비해서 항상 열려 있어야 한다.

마침내 어떤 주제를 찾게 되면 치료자는 이를 토대로 실험을 개발해야 한다. 실험을 개발하는 과정은 마치 예술품을 만드는 것과 같다. 모든 절차는 자연스러워야 하며, 목표가 뚜렷하고 명료해야 한다. 치료자는 실험을 왜 하는지 스스로 분명해야 하며, 내담자는 그 실험이 자신의 문제해결과 어떻게 관련이 있는지 납득할 수 있어야 한다. 따라서 치료자는 실험을 시작하기 전에 내담자에게 실험이 무엇인지, 실험을 왜 하는지에 대해 친절하게 설명해 주어야 한다. 하지만 그래도 실험을 시작하려고 하면 많은 내담자들은[특히 실험을 처음 접하는 내담자는] 실험을 무척 어색해한다. 이때 치료자는 당황하지 말고 차분히 [확신을 갖고서] 실험의 과정을 이끌어 줘야 한다.

예컨대, **"괜찮습니다. 그냥 떠오르는 대로 말씀하시면 됩니다. 정답이 따로 없으니까요. 아버지가 빈 의자에 앉아 계시다고 상상해 보시죠. 아버지를 한 번 쳐다보시겠어요? 어떤 말을 하고 싶으세요?"**라는 식으로 말하면서 내담자가 몰입해서 자연스럽게 말이 나오도록 편안하게 이끌어 줘야 한다. 경우에 따라서는 내담자가 한 말을 보충하거나, 혹은 다른 말로 바꿔서 명료한 문장으로 다듬어 주는 것도 좋다.

불안이 심한 내담자들은 그렇게 해도 여전히 치료자가 지시해 주기를 바라거나, 너무 위축되어 얼어붙기도 한다. 하지만 어떤 경우이든 실험은 그 자체로서 완전히 실패할 수는 없다. 내담자가 실험에서 보이는 어떠한 행동이나 반응들도 모두 내담자의 고유한 프로세스를 보여 주는 면이 있기 때문이다. 치료자는 그러한 프로세스를 잘 관찰하여 활용하면 비록 원래 의도한 바를 달성하지 못했다 하더라도 얻는 바가 있기 때문이다. 물론 이 과정에서 내담자가 상처를 입지 않도록 잘 보호해 주는 것은 당연하다. 그리고 실험을 할 때, 항상 끝까지 해야 한다는 생각도 불필요하다. 실험의 원래 목적이 어느 정도 달성되었거나, 그렇지 않더라도 도중에 중요한 프로세스를 발견했으면 그것으로도 충분할 수 있다.

실험을 구상할 때는 내담자가 시행할 수 있는 수준을 가늠해서 적당한 주제를 선택해야 한다. 갑자기 너무 높은 수준을 요구하면 저항이 일어난다. 예컨대, 오랫동안 감정을 차단해 온 내담자에게 바로 가까운 사람에 대한 분노감정을 표현하게 하는 것은 좋지 않다. 이런 경우에는 신체감각을 자각하는 것으로부터 시작해서 차츰 발성연습을 해 보도록 시키고, 가장 쉬운 상대를 골라서 최소한의 감정을 표현해 보는 식으로 단계를 높여 가는 것이 좋다. 또한 실험을 할 때 치료자는 내담자의 현상학적 과정, 역동적 구조, 심리장애의 배경 등을 어느 정도 파악하고서 해야 한다. 예컨대, 라포형성이 충분히 되지 않은 자기애적 성격장애 내담자에게 신체증상이나 신체자세에 지나치게 주의를 집중시키면, 수치심과 함께 분노반응을 유발할 수도 있기 때문이다(Zinker, 1977; Yontef, 1993).

심리치료란 내담자의 가슴속에 자각의 불을 지피고, 접촉하게 만드는 것이라 할 수 있다. 이는 내담자와 치료자가 서로 에너지를 접촉함으로써 이루어진다. 상대편을 지각하고 에너지를 살려 주는 것이다. 그런데 종종 내담자의 에너지는 자각되지 못하고, 신체적 경직이나 고통 혹은 저항행동으로 치환되어 나타난다. 이때 내담자의 에너지가 집중되어 있는 위치를 알면 그것을 활용하여 실험을 개발할 수도 있다. 내담자의 에너지가 모여 있는 곳을 찾아내기 위해 치료자는 내담자를 일으켜 세워 함께 걸어 보기도 하고, 내담자 주위를 돌면서 관찰해 보거나 [내담자의 허락을 얻어] 손으로 만져 볼 수도 있다. 신체의 한 부분은 에너지가 흐르지만, 다른 부분은 막혀 있을 수도 있기 때문이다.

집단에서는 집단원들끼리 서로 짝을 지어 관찰하면서 에너지가 막혀 있는 부분을 찾아내어 서로 피드백을 해 줄 수도 있다. 이때 호흡하는 자세와 얼굴 표정을 참고하면 에너지를 찾아내기 쉽다. 그러고 나서 에너지가 막혀 있는 곳을 따뜻하게 해서 풀어 주는 것이 좋다. 즉, 에너지가 막혀 있는 곳을 문지르거나 뜨거운 수건 혹은 전기담요를 사용하여 데워 줌으로써 방어를 풀어 줄 수 있다. 그렇게 하면 신체의 에너지가 막힌 부분에 갇혀 있는 기억이나 감정을 의식화할 수 있다. 이때 막혀 있는 신체 부분 안으로 호흡을 가다듬으며 상상으로 침잠해 보거나, 단순히 그 부분을 움직여 보는 것도 좋다. 이렇게 해서 떠오르는 상상이나 감정을 소리나 말로 표현하거나 고함을 질러 보기도 하고, 달리거나 깡충 뛰어오르기, 몸을 웅크리거나, 베개를 때리는 실험 등을 해 볼 수도 있다.

이런 과정을 통해 내담자는 자신의 내적 에너지를 알아차릴 수 있으며, 차단되었던 에너지를 다시 사용할 수 있게 된다. 흔히 이런 작업 도중에 저항이 일어나는데, 피하려 하지 말고 오히려 과장해서 표현하거나 그것과 동일시해 봄으로써 저항을 해소할 수 있다. 관절이나 근육의 긴장을 느낄 때도 이를 과장해서 표현해 봄으로써, 그곳에 갇혀 있던 에너지가 활성화되고 자유로워진다. 이렇게 해서 에너지가 접촉되고 해소되면, 내담자에게 휴식을 취하게 해 주는 것이 좋다. 실험을 끝내고 난 뒤에는 내담자에게 실험을 통해 무엇을 새롭게 깨달았는지 물어봄으로써, 학습한 것을 다시 다져 주는 것이 좋다. 실험을 마치면 내담자는 자신의 문제에 대해 새로운 시각을 갖게 되며, 그로 인해 삶의 다른 영역에도 변화가 온다(Zinker, 1977).

7. 현재화 기법

현재화 기법은 과거 사건들을 마치 지금-여기에서 일어나는 사건인 것처럼 체험하게 해 줌으로써 과거 사건과 관련된 내담자의 생각이나 감정, 욕구, 환상, 행동 등을 지금-여기에 일어나는 현상들로 다룰 수 있게 해 준다. 과거는 단순히 흘러가 버린 것이 아니다. 만일 흘러가 버린 것이라면 지금 내담자에게 전혀 문제가 되지도 않을 것이다.

어떤 의미에서 과거는 현재에 살아 있다고 볼 수 있다. 왜냐하면 아직 살아 있는 과거만이 우리의 기억에 남아 있을 수 있기 때문이다. 그런 의미에서 현재화 기법은 과거를 인위적으로 현재화시키는 것이라기보다는 아직 살아 있는 과거를 온전히 살려 내는 작업이라고도 하겠다. 그렇게 함으로써 미완성 상태에 남아 있는 과거를 완결시킬 수 있게 된다. 예컨대, 어머니의 죽음에 대한 애도작업을 하지 못하고 슬픔을 억압해 온 내담자에게 어머니의 죽음 장면을 현재화시켜서 재체험하게 하고, 애도작업을 하게 해 줌으로써 미해결과제를 완결시킬 수 있다.

미래에 예기되는 사건에 대해서도 막연한 예상이 아니라 마치 그런 사건이 지금-여기에서 일어나는 것처럼 현재화시켜 다룸으로써, 내담자로 하여금 공상적 차원이 아니라 현실적인 차원에서 문제를 직면하고 그에 대한 해결책을 모색하도록 도와줄 수 있다. 개체가 불안을 체험하는 것은 허구적으로 절망적 상태를 그려 놓고 그것을 두려워하는 것이다. 현재화 기법은 개체가 예상하는 부정적 상황이 실제 지금-여기에 벌어졌다고 가정하게 함으로써 가상을 현실로 만들어 주어 개체로 하여금 현실적인 대응을 할 수 있도록 해 준다. 즉, 공상에 의한 불안은 그 자체가 허구적이기 때문에 없앨 수가 없지만, 아무리 힘든 현실이라 하더라도 실제 상황에서는 이를 이겨 나갈 수 있기 때문에 현재화 기법은 내담자에게 자신의 문제를 성공적으로 극복하는 체험을 가져다 준다.

실제 유능한 회사원임에도 불구하고 실직에 대한 비현실적으로 과도한 공포 때문에 아무것도 할 수 없게 된 내담자에게 치료자는 **"당신이 오늘 회사로부터 감원 통보를 받았다고 한 번 상상해 봅시다. 지금 어떤 심정이십니까? 어떤 생각이 떠오르나요? 지금 당신은 어떻게 하고 계십니까? 오늘 저녁에는 무엇을 하실 생각이십니까?"** 등의 질문을 하여 내담자가 두려워하는 상황을 현재화시켜 직면하도록 만들어 줄 수 있다. 아마 내담자는 **"한 번 부딪쳐 보니 내가 전에 상상했던 것만큼 그렇게 비참하지는 않네요. 어떻게 해서든 살아남아야겠다는 생각이 들어요. 어쩌면 잘 될지도 모르겠다는 생각도 들어요."**라고 대답할지도 모른다.

나의 한 내담자는 고시공부를 하는 중에 심한 불안과 불면증이 생겨 찾아왔는데, 자기는 반드시 고시를 합격해야 하는데 요즘은 도무지 공부에 집중할 수가 없고 자꾸 불안해진다는 것이었다. 만일 고시에 붙지 않으면 어떻게 될 것 같으냐고 물었더니, 그는 한 번도 생각해 보지 않았다고 대답했다. 그는 모든 것을 고시에 걸고 있었는데 공부가 안 되니 미칠 것 같다는 것이다. 왜 꼭 고시를 하려는지 물었더니, 자기는 다른 것은 하고 싶지도 않고 할 능력도 안 된다는 것이었다. 계속 대화를 해 본 결과 그는 자기존중감이 매우 낮았고, 자기를 인정받을 수 있는 유일한 길이 고시라고 생각하고 있었다.

그는 고시에 떨어지면 세상이 무너질 것 같고, 자신은 천애의 고아가 될 것 같은 비현실적인 상상을 하고 있었다. 그가 그런 공상을 하고 있으니 공부가 잘 될 리 없었다. 만일 고시에 붙는다 하더라도 그런 사고방식으로 산다면 문제가 생길 것이다. 나는 그에게 **"당신이 다시 고시에 낙방했다고 가정해 봅시다. 이제 나이로 보나 주위 여건으로 볼 때, 도저히 더 이상 고시 공부를 계속할 수가 없게 되었습니다. 한 번 상상해 보세요. 상상이 되십니까? 지금 심정이 어**

떻습니까? 어떤 생각이 듭니까? 앞으로 어떻게 하실 작정이신가요?" 등의 질문을 했다.

그는 이제껏 생각해 보지 않았던 상황을 실제 일어난 것으로 상상하는 실험을 통해 자기 자신에게 의외로 힘이 있다는 사실을 새롭게 깨달았다. 그는 처음에는 매우 좌절되고 실망스러운 감정을 표현했지만, 차츰 현실을 지각하는 동시에 자신에게도 현실에 적응할 수 있는 용기와 능력이 있다는 사실을 발견하고 놀라워했다. 실험을 끝내면서 그는 **"당해 보니 이대로 죽을 수는 없다는 생각이 들어요. 아직 내 나이가 얼마 안 들었다는 생각도 들고요. 목표를 한 번 바꾸어 고시 공부하는 노력으로 살아간다면 무엇이든 못 하랴 싶어요! 이제까지 내가 너무 편협하게 생각했던 것 같아요!"** 라고 말했다.

그 후로 그는 다시 공부에 집중할 수 있었고 불면증도 없어졌다. 그는 몇 달 후에 나에게 편지를 보냈는데, 현실적으로 생각하여 진로를 바꾸기로 했으며, 이제 고시에 대한 미련을 깨끗이 털어 버렸다고 했다. 그가 잃은 것은 고시에 대한 허구적인 환상과 자신에 대한 잘못된 평가기준이었으며, 그가 얻은 것은 현실에 대한 올바른 감각과 조금씩 자라나는 자신감이었다.

8. 실연

'실연(enactment)'이란 내담자가 자신에게 중요했던 과거의 어떤 장면이나 혹은 미래에 있을 수 있는 장면들을 현재 상황에 벌어지는 장면으로 상상하면서, 어떤 행동을 실제로 연출해 보는 것을 뜻한다. 즉, 내담자가 그 상황에서의 자신의 감정이나 입장을 추상적인 개념을 사용하여 설명하기보다는 직접 행동으로 연기해 보는 것이다. 그렇게 함으로써 내담자는 미처 몰랐던 자신의 감정이나 행동패턴들을 발견할 수도 있고, 회피해 왔던 행동들을 실험해 볼 수도 있다. 대부분의 심리치료는 치료자가 내담자의 문제를 듣고 나서, 그것에 대해 내담자와 함께 분석하거나 문제에 대한 새로운 통찰을 얻도록 도와주는 형식을 취한다. 이러한 방법이 가진 한계는 주로 내담자의 기억에 의존한다는 점이다. 즉, 실제 있었던 사건을 기억해 내고 그것을 위주로 작업하는 점이다.

실연은 이러한 한계를 극복하여 내담자로 하여금 자신의 문제를 현재 치료장면에서의 행동으로 끌어올려 실험하고 탐색해 볼 수 있게 해 준다. 자신의 문제들에 대해 말하기보다는, 문제의 내용을 구체화시킴으로써 그것들을 현실적으로 다룰 수 있게 만들어 주는 것이다. 내담자는 실연을 통하여 상상 속에서 타인과 상호작용할 수도 있다. 상상에 관여된 인물들이 실제 치료상황에 오는 것은 아니지만, 상징적으로 치료장면에 오게 되고, 그것은 실제사건에서와 비슷한 힘을 갖게 된다. 심리적으로 볼 때 이러한 상징적인 의미를 내포하는 실연행동은 실제생활 속에서의 행동과 못지않은 위력을 발휘한다. 따라서 이는 게슈탈트치료에서 가장 중요한 기법 중에 하나이다 (Smith, 1990). 실연의 치료적 의미는 다음과 같다.

①알아차림을 증가시켜 준다.

②미해결과제들을 완결시켜 준다. 가령, 어떤 사람에 대한 억압된 분노감을 보복에 대한 두려움 없이 해소할 수 있다.

③양극성을 다룰 수 있다. 가령, 내담자는 자신의 지각된 강점과 약점들을 모두 연기해 봄으로써 자신의 소외된 측면을 통합할 수 있다.

④과거의 행동방식을 청산하고 새로운 행동방식을 실험해 봄으로써 새로운 행동방식을 습득할 수 있다(Harman, 1989a).

9. 현실검증

내담자는 흔히 자신의 상상이나 투사를 현실과 혼동하기 때문에 여러 가지 어려움을 겪는다. 가령, 현실을 지나치게 무서운 것으로 상상하기 때문에 현실을 회피하게 된다. 치료자는 내담자의 이러한 경향성을 파악한 후 현실로 돌아오도록 이끌어 주어야 한다. 즉, 현실이 내담자가 상상하는 것과는 다를 수 있다는 것을 알게 해 줌으로써 다시 현실감각을 키워 줄 수 있다. 이때 치료자는 내담자로 하여금 자신의 감각을 활용하도록 훈련시킴으로써 현실과 자신이 만든 환상들을 구별하도록 해 줄 수 있다. 펄스가 **"생각을 버리고 감각으로 돌아오라."** 라고 말한 것처럼, 내담자가 자신의 오관에 기초할 때 현실로 돌아올 수 있다(Perls et al., 1951).

예컨대, 내담자가 **"사람들이 날 비웃을지도 모른다는 생각이 들어요."** 라고 말했을 때 치료자는 내담자에게 **"그러면 여기에 있는 사람들의 표정을 한 사람씩 살펴보세요! 이제 당신이 눈으로 본 것을 말씀해 보세요!"** 라고 말함으로써 내담자를 현실로 돌아오게 해 줄 수 있다. 내담자들은 흔히 과거 상황과 현재 상황을 동일한 것으로 착각하기 때문에 현재 상황에서 자유롭게 행동하지 못한다. 어릴 적에 친구들로부터 놀림을 많이 받았던 사람은 지금도 타인이 자기를 비웃거나 괴롭히려 들지 모른다는 생각을 하기 때문에 사람들을 회피할 수 있다. 치료자는 이런 내담자에게 현실검증을 시켜 줌으로써 과거의 충격으로부터 벗어나게 해 줄 수 있다.

현실검증이란 내담자로 하여금 현실은 그들이 상상하는 것과 반드시 동일하지 않다는 사실을 알아차리게 해 주는 것을 뜻한다. 예컨대, 타인이 자기를 비웃을지 모른다는 생각을 하는 사람에게는 집단에 참여한 사람들에게 돌아가면서 그들이 자기에 대해 어떤 생각과 감정을 갖고 있는지 물어보게 하거나, 혹은 집단원의 표정을 살피게 하거나, 눈 접촉이나 신체접촉을 통하여 자신에 대한 그들의 태도를 직접 확인하도록 해 주는 것들이 모두 현실검증의 방법이다.

10. 빈 의자 기법

'빈 의자 기법(empty chair technic)'은 게슈탈트치료에서 가장 많이 쓰는 기법 가운데 하나로서, 내담자가 미해결과제를 갖고 있지만 현재 치료장면에 올 수 없는 대상과의 관계를 다룰 때 사용한다. 예컨대, 돌아가신 아버지가 빈 의자에 앉아 계시다고 상상하고 아버지에게 하고 싶은 말을 하도록 시키는 것이다. 간혹 빈 의자와 대화하는 것에 대해 거부감을 표시하는 내담자도 있지만, 치료자가 자연스럽게 안내해 주면 대부분의 내담자는 이 기법에 쉽게 적응한다. 이 기법은 누구누구에 '대해서(about)' 말하기보다는 누구누구 '에게(to)' 직접 말하도록 함으로써 미해결감정을 접촉하고, 해결할 수 있도록 도와주기 위한 목적으로 사용한다.

직접대화는 간접적인 묘사에 비해 훨씬 큰 위력을 가지고 있다. 예컨대, 아버지에 **대해** 말하는 것은 아버지와 관련된 여러 가지 상황을 말로 설명해야 하는 어려움이 있고, 또한 아버지의 행동이나 의도를 자신의 주관적으로 판단해 버리거나, 그것의 원인을 인과적으로 설명해 버림으로써 아버지를 실존적으로 만나지 못하고 대상화시킬 위험이 있다. 반면에 직접대화에서는 치료자나 집단원들이 내담자의 문제 상황과 함께 내담자의 행동을 직접 관찰하고 이해할 수 있는 장점이 있다. 무엇보다 빈 의자 기법은 과거 사건이나 미래적 사건을 현재사건으로 만듦으로써 그것들의 **현재적** 의미를 드러나게 해 준다.

빈 의자 작업을 사용하는 가장 대표적인 예는 부모나 상사 등 권위적 인물에 대한 미해결 분노감정을 다루는 것이다. 통상적으로 치료자는 내담자에게 빈 의자에 앉아 있는 권위적 인물에게 하고 싶은 말을 해 보도록 시키면서 작업을 시작한다. 빈 의자 작업을 할 때는 내담자와의 대화 속에서 자연스럽게 흘러나온 말을 활용해서 시작하는 것이 좋다. 예컨대, "**어머니가 남동생 편을 든다는 생각에 화가 났을 때, 어머니에게 그 화난 감정을 말하셨나요? 못 하셨다고요? 왜 못 하셨나요? 지금 한번 해 보실래요? 자, 여기 빈 의자가 있어요. 빈 의자에 어머니가 앉아 계시다고 생**

각하고, 화난 감정을 한 번 표현해 보시겠어요?"라고 말하며 자연스럽게 이끌어 주는 것이다.

종종 내담자는 권위적 인물에게 아무 말도 못하거나, 쩔쩔매거나, 혹은 아예 말을 하고 싶어 하지 않는다. 그런 경우 치료자는 내담자의 현재 마음을 알아차리게 하고, 그 감정을 직접 권위자에게 말해 보도록 시키면 도움이 된다. 예컨대, **"아버지, 어떻게 말씀드려야 할지 잘 모르겠습니다."**라든지, 혹은 **"아버지 앞에 앉으니 떨려서 말이 안 나오네요!"**라든지, 혹은 **"엄마, 엄마 앞에 앉으니 숨이 턱 막혀요."**라고 그 순간의 감정을 말하는 것으로부터 시작하면 좋다. 간혹 부모님을 쳐다보고 싶지 않다는 내담자도 있다. 그럴 때는 의자를 돌려놓고, 의자를 뒤에서 보면서 부모님에게 말하도록 해 주는 것도 괜찮다.

빈 의자 작업은 애도작업을 하는 데도 매우 효과가 있는 기법이다. 돌아가신 부모님이나 혹은 가까웠던 사람들을 떠나보내지 못함으로써 우울한 감정에 사로잡혀 있는 경우, 그 대상을 빈 의자에 앉혀 놓고 하고 싶은 말을 하도록 해 주는 것이다. 내담자들은 이때 종종 매우 격한 감정을 접촉하면서 울음을 터뜨리거나 통곡을 하는 경우가 있다. 치료자는 그 과정을 묵묵히 지켜봐 주며, 지지를 해 주어야 한다. 때로는 손을 잡아 주거나 몸을 감싸 안아 주면서 애도작업을 온전히 해내도록 도와주어야 한다. 애도작업을 하면서 빈 의자로 가서 그 대상이 되어 자기에게 대답을 하는 기회도 주는 것이 좋다. 자기 의자와 빈 의자를 왔다 갔다 하며, 그간의 미해결감정들을 온전히 접촉하고 표현하도록 도와준 다음, 마지막으로 작별작업을 하고 마무리해야 한다.

빈 의자 작업은 불편한 감정을 느끼는 대상과의 감정을 다루는 데도 탁월한 효과가 있다. 흔히 내담자는 자신의 문제에 너무 집착한 나머지 상대편의 감정이나 행동에 대한 이해가 부족한 경우가 있는데, 이때 빈 의자에 가서 앉아 봄으로써 상대편의 입장을 이해하는 기회를 갖게 되며, 이로 인해 서로 간의 갈등을 해소할 수도 있다. 나의 한 내담자는 아들이 공부를 열심히 하지 않는 것 때문에 늘 밉고 화가 났는데, 아들을 빈 의자에 앉혀 놓고 양쪽을 왔다 갔다 하며 대화를 하다가, 아들 자리에서 말하면서 문득 자기가 어렸을 때 아버지에게 했던 말들을 떠올리면서 깜짝 놀라고서는, 아들의 입장을 이해하게 되었고, 아들과 서로 화해하는 장면을 경험했다.

빈 의자와의 대화는 외부로 투사된 자신의 욕구나 감정, 가치관을 자각하게 해 주는 데도 도움이 된다. 우리는 흔히 외부로부터 조종당하고 강요받고 위협당하는 것으로 느낄 때가 있는데, 이것은 우리 자신의 힘을 외부로 투사하고 이를 짓밟아 버림으로써 온다. 빈 의자 기법은 이러한 투사된 힘을 접촉하고 도로 회수할 수 있게 해 준다. 이런 작업을 통해 처음에는 우리에게 공포감을 주기도 하고, 위협도 주던 욕구나 감정이 성장에 도움이 되는 자양분으로 바뀌게 된다.

한 내담자가 교회와 어머니 그리고 남편에 대해 여러 가지 좋지 않은 감정을 갖고 있었는데, 치료자는 이를 빈 의자를 향해 말하도록 시켰다. 그녀는 교회가 자신을 도덕적으로 지나치게 통제하며, 어머니는 자기를 집에서 내보내려고 하며, 또 남편은 자기에게 적개심을 갖고서 무뚝뚝하게 대한다고 불평을 늘어놓았다. 이때 치료자는 그녀에게 교회와 어머니 그리고 남편을 차례로 빈 의자에 앉혀 놓고 불만을 이야기하도록 시켰는데, 그녀는 이 작업을 통하여 빈 의자에 앉은 대상이 소유하고 있다고 생각했던 에너지들이 대부분 자기 자신의 감정이나 욕구 혹은 태도들이었다는 사실을 알아차릴 수 있었다. 즉, 자기 자신이 도덕적으로 매우 엄격하여 자신을 통제하고 있으며, 자기 자신이 스스로가 어머니로부터 떠나고 싶어 했고, 또 남편에 대해 자기 스스로가 매우 적개심을 갖고 무뚝뚝하게 대한다는 사실을 깨달을 수 있었다.

그녀의 이러한 부정적 감정들은 자신의 지나치게 엄격한 내사 부분들에 대한 갈등에서 비롯된 것이었는데, 그녀는 이제 자신의 내사 부분들과의 타협을 통해 성숙된 여성으로서 적합한 수준의 욕구를 받아들이는 것이 자신에게 가장 필요한 과제라는 것을 알게 되었다. 작업은 처음에 외부 대상에 대한 피상적인 태도에서 시작되었으나 차츰 내재적이고 심층적인 측면(내재화된 부모의 가치관, 내적 욕구)으로 옮아갔다. 마침내 자신의 내부에서 문제의 원인을 찾으려고 함으로써, 외부로 투사했던 '탓'들이 사라지고 진정한 해결이 가능해졌다. 이 단계에 와서 비로소 실제적인 외부의 문제들[교회의 모순적 태도, 어머니 자신의 문제 등]도 더욱 확실히 드러나고 올바로 인식되게 되었다. 이제 더 이상 자신을 비난하지 않음으로써 객관적으로 문제 인식을 할 수 있게 되었으며, 따라서 어머니에 대한 이해도 새롭게 하게 되었다(Zinker, 1977).

11. 두 의자 기법

두 의자 기법(two chair technic)은 내담자의 인격이 내사된 상전의 목소리로 인하여 상전과 하인의 두 부분으로 분열되어 있을 때, 이러한 내면의 부분들 간에 대화를 시킴으로써 내담자의 내면이 서로 통합될 수 있도록 도와주는 기법이다. 펄스는 우리의 무의식적 행동을 지배하는 두 개의 자기 부분을 각각 '상전(topdog)'과 '하인(underdog)'이라고 명명했다. 상전은 프로이트의 초자아 개념에 해당하는바, 내사된 가치관이나 도덕적 명령들로서 권위적이고 지시적이다. 상전은 항상 하인에게 도덕적 명령을 하고 하인의 게으름을 질타하며 몰아붙인다. 하인은 억압되고 희생된 인격의 측면, 늘 설교를 들으며 괴롭힘을 당하는 아이 측면의 대표이다.

하인은 항상 다음에는 잘 하겠다고 약속하지만, 역시 말뿐이고 행동은 꾸물거리며 태만함으로써 결국 상전과의 게임에서 승리한다. 즉, 표면적으로는 상전의 명령에 복종하는 척하지만, 계속 상전이 몰아붙이면 변명을 하거나 상황을 회피해 버림으로써 상전과의 싸움에서 만만치 않은 저력을 보인다. 이처럼 우리의 인격은 상전과 하인으로 양분되어 싸우며 서로 통제하려 하고, 그 결과 끝없는 싸움에 말려들어 창조적인 에너지를 고갈시킨다. 이러한 상태를 펄스는 신경증적인 **'자기고문 게임(self-torture game)'** 이라고 불렀다.

상전은 완벽주의를 추구하며 하인에게 도달할 수 없는 이상을 요구한다. 이때 상전이 사랑하는 것은 삶이 아니라 자신의 **이상**이다. 하인이 자신의 이상을 달성하지 못하면 호되게 나무라지만, 정작 자신이 추구하는 이상의 내용이 무엇인지는 자기도 모른다. 하인은 상전의 비난에 대해 분노를 느끼지만, 이를 표출하지 못하고, 현상유지를 위해 반전시켜 버리는데, 이렇게 반전된 분노감정이 짜증이다. 내담자는 대인관계에서 이러한 자신의 짜증을 외부로 투사하게 되는데, 이때 내담자가 느끼는 것이 죄책감이다. 타인이 자신을 비난하고 질책하는 것으로 느끼는 것이다. 사실 이러한 죄책감은 자신의 좌절된 분노감인데, 그것이 외부로부터 오는 것으로 왜곡하여 지각하는 것이다. 이렇게 볼 때 죄책감은 하인이 상전에 대한 승리의 대가로 감당해야 하는 부분이라 하겠다(Perls et al., 1951).

내사된 목소리인 상전은 외부의 평가나 가치관 등이 유기체로 들어온 것으로서 오히려 주인 행세를 하며 유기체[하인]를 통제하고 지배하려 든다. 내사가 심할 때는 유기체 부분들을 억압하고 개체의 행동을 좌지우지하여 현실적응을 어렵게 만든다. 두 의자 기법[1]은 이러한 자기고문 게임을 중단시켜, 상전과 하인 간에 진정한 대화를 하도록 해 줌으로써 문제해결을 시도한다. 그 방법은 먼저 내면의 두 부분 간에 치열한 다툼이 벌어지도록 해 주고, 그 과정에서 서로 대화를 통해 갈등을 해결하도록 촉구하는 것이다. 즉, 두 의자를 왔다 갔다 하며 대화를 통해 상전과 하인 간에의 간극을 좁혀 주는 것이다.

이 과정에서 처음에는 서로 자신의 입장만 팽팽하게 견지하던 상전과 하인이 차츰 한 발자국씩 물러서서 상대편의 말에 귀를 기울이고, 마침내 서로 간에 양보와 타협이 이루어지게 된다. 이러한 접근은 내담자로 하여금 자신의 두 부분들을 오가면서 양쪽의 입장이 되어 보게 함으로써 내면의 진정한 통합을 가능하게 해 준다. 정신분석은 꿈이나 자유연상, 전이의 해석 등을 통하여 내담자로 하여금 자신의 문제에 대한 통찰을 얻도록 도와주려는 데 반하여, 게슈탈트치료는 내

---

[1] 두 의자 기법은 빈 의자 기법과 외견상 같아 보이지만, 반대편 의자에 앉은 대상이 다르다. 빈 의자의 경우는 치료장면에 올 수 없는 [미해결과제를 지닌] 외부대상이 앉는 데 반해, 두 의자 작업의 경우는 내담자 내면의 두 측면이 앉는다. 즉, 상전과 하인 혹은 서로 다른 양극성의 부분들이 서로 마주 앉아 대화한다. 빈 의자 작업을 하다가 보면 흔히 내면의 두 부분이 등장하는데, 그때는 자연스럽게 빈 의자 작업을 두 의자 작업으로 전환시켜야 한다. 이때 의자는 그대로지만, 대상이 달라지므로 치료자는 내담자에게 맞은편에 앉은 대상이 사람인지, 아니면 자기 내부의 다른 측면인지를 분명히 구분시켜 주어야 한다.

담자로 하여금 소외시켜 왔던 자신의 부분들이 직접 **되어 보게** 함으로써 그것들을 통합시키도록 도와준다(Beisser, 1970).

예를 들면, 내담자에게 성적인 자기 부분을 억압하는 내사된 목소리가 있을 때, 치료자는 내담자로 하여금 자신의 내사에 대항해서 왜 자기가 성적인 부분을 억압해야 하는지 묻고 따지면서 덤벼들도록 권할 수 있다. 그러면 상전이 그 이유를 말할 것이다. 이때 치료자는 하인으로 하여금 또 따지고 묻도록 격려할 수 있다. 내담자는 이러한 과정을 통해서 차츰 자신의 성적인 부분을 조금씩 접촉할 수 있게 되고, 그렇게 되면 내담자는 이제까지 소외시켜 온 자신의 성적인 부분들과 동일시함으로써 이를 통합할 수 있게 된다.

상전과 하인 외에도 인격의 여러 부분들 간에 대화를 시킬 수 있다. 예컨대, 공격성 대 수동성, 얌전함 대 방종함, 남성성 대 여성성 등 이른바 양극성의 측면들 간에도 서로 대화를 하도록 기회를 만들어 줄 수 있다. 때로는 왼손과 오른손 간에, 상체와 하체 간에, 혹은 꿈의 여러 부분들 간에도 대화를 시킬 수 있다. 치료자는 이 과정에서 내담자에게 상전과 하인을 비롯하여 서로 다른 자기 부분들을 구별할 수 있도록 도와주는 한편, 내담자로 하여금 각 부분들을 동일시하여 이들을 통합하도록 해 주어야 한다. 그렇게 되면 개체는 내면화된 규범과 사회적 요구에 대한 기계적이고 무조건적인 복종 대신에 현실과 자신의 욕구를 고려하여 합리적 행동을 선택할 수 있게 된다.

대부분의 내담자는 처음에 자신들의 행동이나 감정이 내사에 의해 영향을 받고 있는 것을 잘 깨닫지 못한다. 이때 치료자는 내담자의 말이나 행동을 관찰하여 상전을 찾아내고 이를 내담자에게 의식화시켜 주어야 한다. 흔히 사용하는 기법은 상전과 하인을 두 의자에 나누어 앉히고 서로 대화를 시키는 방법이다. 실제로 내담자의 내면에서는 자주 상전과 하인 사이에 대화가 진행되는데, 두 의자 기법은 이러한 상전과 하인의 **내적** 대화를 **외적** 대화로 가시화시켜 주는 역할을 한다.

치료를 위해서는 일단 내담자의 내적인 대화를 외적인 대화로 만들어 주는 것이 중요하다. 그래야만 상전과 하인의 목소리를 분명히 알아차릴 수 있고, 그에 적절한 대응을 할 수 있게 되기 때문이다. 많은 내담자들은 처음에는 상전의 목소리를 듣는 데 상당한 어려움을 느끼며, 대화를 시작하더라도 상전과 제대로 싸우지도 못한 채, 쉽게 상전의 목소리에 굴복해 버리므로 치료자는 끈기 있게 대화를 재개시켜야 한다.

일단 대화가 시작되면 치료자는 상전과 하인 간에 존재하는 갈등을 좀 더 분명한 형태로 드러나게 해 주어야 한다. 이들 사이의 갈등을 억압하거나 무시하는 것은 진정한 해결책이 못 된다. 오히려 갈등을 심화시키고 밖으로 드러내 줌으로써 내담자가 자신의 문제를 명확히 직면하고, 합리적 해결책을 찾을 수 있게 된다. 이런 맥락에서 폴스터는 **"치료자는 내담자의 소외된 자기**

부분들 간에 존재하는 잠재적 갈등을 외현적인 갈등으로 만들어 주어야 한다. 이때 자기 부분들 간에 치열한 싸움을 붙여서 서로의 입장이 명료하게 드러나도록 해 주어야 한다. 그러면 차츰 서로의 말에 귀를 기울이게 되며, 마침내 타협을 통해 화해가 가능하게 된다."라고 말했다(Polster, 1994).

이때 치료자는 때로는 내담자의 하인을 지원하여 **"저쪽이 당신 말은 듣지도 않는 것 같아요! 그 점에 대해 어떻게 생각하세요?" "그 말 듣고 정말 아무렇지도 않으세요?"** 등의 질문을 하여 상전과 하인 사이의 갈등을 더욱 부채질하는 것도 필요하다. 만일 내담자가 이러한 갈등을 두려워하면 그 이유가 무엇인지 자세히 탐색해 봄으로써 몰랐던 프로세스를 발견할 수도 있다. 예컨대, 죄책감이나 수치심, 혹은 버려질 것에 대한 두려움 같은 주제가 새롭게 드러날 수도 있다. 그러면 그러한 주제를 다루고 난 다음, 다시 두 의자 작업으로 돌아가야 한다.

이렇게 상전과 하인 사이에 싸움을 하다 보면 차츰 서로 간의 입장을 이해하게 되고, 마침내 대화를 통하여 서로 화해를 하거나 타협을 하게 된다. 그렇게 하고 나면 비록 다소 불편한 과정을 거치긴 했지만 상대편의 입장을 좀 더 분명히 이해하게 되고, 서로에 대해 더 많이 알게 되므로 진정한 대화와 소통이 가능하게 된다. 이처럼 싸움을 통하여 모든 것이 더욱 명료해지고 긍정적인 해결책이 나올 수 있으므로 굳이 싸움을 나쁘게 볼 이유는 없다.

상전이 지나치게 강하거나 해로운 내용일 경우는 그 자체에 대한 정밀한 탐색과 작업을 통해 심도 있게 다루어야 한다. 예컨대, 자신은 부모의 혼외정사에 의해 태어났으므로 다른 사람들과 다르다든지, 혹은 어릴 적 성폭력 피해를 당했으므로 인생이 끝났다든지, 어릴 때 학교에서 남의 물건을 훔친 적이 있으므로 영원히 그 죄에서 벗어날 수 없다든지 등의 생각은 무척 파괴적인 영향을 미치므로 상전의 목소리를 상대로 치료자가 특별히 관심을 갖고 다루어 줘야 한다. 이때 매우 효과적인 방법 중 하나는 상전을 대상으로 **'인터뷰'**를 하는 것이다. 이런 작업을 하는 데는 **그림가족인형**[2]이 매우 도움이 된다. 그 과정을 간단히 설명하면 다음과 같다.

치료자는 우선 대화를 통해 내담자의 상전과 하인의 목소리를 찾아낸 다음, 내담자로 하여금 각각 상전과 하인을 대표할 인형을 하나씩 고르게 한다. 그러고 나서 두 인형 간에 대화를 시켜야 한다. 이때 상전의 목소리가 너무 가혹하여 하인이 위축되어 제대로 대응을 하지 못할 경우, 치료자는 내담자로 하여금 자신을 온전히 수용해 줄 수 있는 어떤 존재[하나님, 천사, 부처님, 부모, 치료자, 친구]를 떠올려 보라고 하고, 그 존재를 대신할 인형을 한 개 고르게 해서 하인에게 위로나 인정을

---

2) '게슈탈트 관계성 향상 프로그램(GRIP)' 도구 중 하나로 할아버지, 할머니, 아버지, 어머니, 형제자매, 성인, 아동 청소년들, 아기, 강아지 피겨 등 15개의 작은 봉제인형들로 구성되어 있음.

해 주는 말을 하게 한다. 그러고 나서 그 인형이 상전에게 왜 하인에게 그렇게 모질게 대하는지 인터뷰를 하는 방법이다.

인터뷰는 치료자가 먼저 진행하다가 나중에는 내담자에게 그 역할을 넘겨줘도 괜찮다. 자비로운 인형은 상전과 인터뷰를 하면서 시종 차분하게 이해심을 갖고 질문을 하면서 때로는 공감과 수용을 해 주면서 대화를 주고받는다. 이 과정에서 흔히 상전은 놀랍게도 갑자기 자신의 행동동기를 깨닫고 깜짝 놀라기도 한다. 즉, [예상되는 외부의 비난에 대비해서] 하인을 보호할 목적으로 하인에게 그토록 가혹하게 대했다는 사실을 깨닫고, 눈물을 흘리며 하인에게 미안하다는 말과 함께 따뜻한 말을 해 주면서 하인에게 화해를 청하기도 한다.

두 의자 작업은 매우 효과적인 내면작업을 가능하게 해 주며, 그 영향이 오랫동안 지속된다. 우리의 많은 갈등은 사실 내면의 서로 다른 목소리들이 싸우는 것으로 볼 수 있으며, 대부분의 이러한 프로세스들은 우리도 모르게 무의식적으로 진행된다. 치료자는 내담자와 대화하면서 내담자의 이러한 프로세스들을 세심하게 관찰하여 의식화시켜 주는 동시에, 두 의자 작업 같은 것을 통해 외현화시켜 주면 매우 효과적으로 다룰 수 있게 된다. 그리고 반드시 두 의자 작업을 하지 않더라도 치료자가 이러한 프로세스를 읽을 수 있으면, [머릿속에서 내담자 내면의 두 목소리들이 두 의자를 왔다 갔다 하며 대화하는 장면을 떠올리면서 들으면] 똑같은 대화를 나누어도 훨씬 심도 있는 작업이 가능하다.

12. 직면

펄스가 가장 중시했던 주제 가운데 하나가 '회피(avoidance)'이다. 내담자들은 흔히 자신의 진정한 욕구나 감정을 회피해 버림으로써 미해결과제들을 쌓아 가기 때문이다. 치료자는 내담자의 이러한 회피행동을 지적해 주는 동시에 자신의 진정한 동기를 직면하게 해 줌으로써 미해결과제를 해소하게 해 줄 수 있다. 내담자가 자신의 미해결 욕구나 감정을 직면하기를 두려워하는 이유는 그것들을 직면하면 큰 일이 벌어질 것이라는 잘못된 상상을 하기 때문이다. 치료적 작업은 바로 이러한 상상이 허구라는 것을 깨닫도록 만들어 주는 데 있다 하겠다.

내담자가 자신의 미해결과제들을 직면하면 오히려 '유기체적 변화'가 일어난다. 즉, 억압되었던 에너지들이 전경으로 떠올라 접촉되고, 그 결과 미해결과제는 해소되어 개체를 자유롭게 해 주며, 유기체는 변화·성장하게 된다. 이러한 변화는 통찰에 의해서 이루어진다기보다는 **체험**에 의해 가능해진다. 통찰은 단지 체험을 굳건히 다져 주는 시멘트와 같은 역할을 할 뿐이다(Perls et al., 1951).

직면한다는 것은 진실을 회피하지 않고 있는 그대로 받아들인다는 의미이다. 신학자 파울 틸리히는 **'존재할 수 있는 용기(the courage to be)'**를 역설하고 있는데, 이는 진실을 외면하지 않고 직면하는 자세를 뜻한다. 현실이 즐겁든 고통스럽든, 그것을 방어하거나 왜곡하지 않고 있는 그대로 받아들이는 자세를 뜻한다. 그런데 그렇게 살기 위해서는 진정한 용기를 필요로 한다는 것이다(Tillich, 1953). 사람들은 고통을 직면하는 것이 두렵기 때문에 미리 어떤 상황에 대해 두려움을 갖고 회피해 버리는 경향이 있는데, 문제에 대한 진정한 해결책은 문제를 피하지 않고 직면하는 것이다. 심지어 죽음까지도 피하지 않고 직면하는 것이다.

아이러니컬하게도 우리는 오히려 죽음을 직면하고 받아들임으로써 삶을 진정으로 받아들일 수 있고, 그 결과 자유롭고 창조적인 존재가 될 수 있다. 현대인은 죽음을 직면하지 않기 위해 마약과 도박, 성과 물질적인 향락으로 도피하지만, 그로 인해 실존적인 삶을 잃어버린다(Enright, 1971).

내담자가 회피하는 것은 어떤 감정이나 욕구일 수도 있고, 혹은 어떤 상황이나 특정한 행동일 수도 있다. 하지만 어떤 경우이든 이들을 피하지 않고 직면함으로써 해결이 가능하다. 회피되는 욕구나 감정은 대부분 미해결과제인데, 대표적인 것으로 죄책감과 분노감정이 있다. 치료자는 내담자의 이러한 욕구나 감정들을 직면시켜 줌으로써 알아차림—접촉 주기를 다시 활성화시켜 줄 수 있다. 이때 이러한 욕구나 감정을 직면시켜 주는 한 가지 방법은 내담자가 하는 말의 내용과 내담자의 얼굴 표정이나 말하는 목소리, 혹은 행동의 불일치를 지적하는 것이다. 즉, 말로는 두려워하지 않는다고 하면서 목소리는 떨린다든지, 다른 사람이 자기에게 신경 쓰지 말았으면 좋겠다고 말하면서도 계속 타인의 관심을 끄는 행동을 하는 등의 모순된 행동들을 지적해 주는 것이다(Garzetta, & Harman, 1990).

내담자가 어떤 상황을 회피하는 것을 발견하면, 치료자는 내담자가 그 상황을 직면하고 머무름으로써 그 상황을 극복하도록 도와주어야 한다. 상황이 아무리 슬프거나 고통스럽더라도 피하지 않고 그 상황에 그대로 머물러 직면하면, 그러한 감정들은 해소되어 마침내 완결될 수 있다. 내담자들이 미리 앞질러 그것이 견딜 수 없이 고통스러울 거라 예단하고 피해 버리기 때문에 문제가 장기화되는 것이다.

흔히 내담자들은 곤란한 상황을 피하기 위한 수단으로 웃음을 이용한다. 그런데 웃음을 통하여 중요한 경험으로부터 도망쳐 버리기 때문에 문제해결이 되지 않는 것이다. 이때 치료자는 내담자에게 **"웃지 않으면서 말씀해 보시겠어요?"** 혹은 **"지금 감정이 어떠신가요?"**라고 물음으로써 내담자로 하여금 그 상황을 직면하도록 해 줄 수 있다(Levitsky, & Perls, 1970). 혹은 치료자는 내담자에게 **"당신은 지금 무엇을 회피하고 있습니까?"** 또는 **"당신이 지금 두려워하는 것은 무엇**

입니까?" 라고 바로 물어서 내담자가 회피하는 내용을 알아내고 **"지금 당신이 두려워하는 그 일이 벌어졌다고 상상해 보세요! 지금 느낌이 어떻습니까?"** 라고 물음으로써 내담자가 회피하는 상황을 직면시키는 방법도 있다.

지금-여기의 감정을 정확하게 자각하는 것도 좋은 직면이다. 예컨대, 과거에 일어났던 사건에 지나치게 집착함으로써 우울증에 시달리는 내담자에게 치료자는 그의 행복한 순간을 포착하여 **"지금 당신은 무척 즐거워 보이는군요?"** 라고 물어, 내담자가 자신의 생각과는 달리 자신도 타인과 마찬가지로 행복한 시간이 있다는 사실을 알아차리도록 해 주는 것도 좋은 치료적 개입이다.

회피행동을 직면시키는 또 다른 방법은 내담자가 사용하는 언어를 고쳐 말하도록 요구하는 것이다. 즉, **'그러나' '못 한다' '죄송해요'** 등의 말 대신에 **'그리고' '안 한다' '화가 나요!'** 등으로 바꾸어 말하게 시키고, 또 수동문은 능동문으로 바꾸어 표현하도록 시키는 것이다. 예를 들어 내담자가 **"나는 그에게 미안했지만, 미안하다는 말이 안 나왔다."** 라고 말한다면 치료자는 **"나는 그에게 미안했다. 그리고 미안하다는 말을 안 했다."** 로 바꾸어 말하도록 요구하는 것이다.

또 내담자가 제3자에게 말하는 형식을 취하면, 이를 2인칭으로 바꾸어서 말하도록 시키는 것이 좋다. 즉, 내담자는 타인에 대한 자신의 감정을 직접적으로 표현함으로써 생길 수 있는 위험을 예방하기 위해, 완곡하게 돌려 말하거나 일반적인 주제를 이야기하듯 하는데, 이러한 내담자의 태도를 지적하고 직접적으로 감정표현을 하도록 요구하는 것이다. 만일 집단원 중의 한 사람에 관한 이야기라면, 직접 그를 쳐다보며 **"나는 당신에게 이러이러한 감정을 느낍니다."** 라는 식으로 말하도록 시키는 것이다. 다음과 같은 질문이 내담자의 직면을 도와줄 수 있다.

① 그런데 지금 왜 그런 말씀을 하시지요? (동기 직면)

② 누구를 즐겁게 해 주려고 하십니까? (동기 직면)

③ 그런 말을 하는 사람이 누구입니까? (내사 직면)

④ 지금 내가 하는 말을 아무 비판 없이 그대로 삼키시는 것 같군요? (내사 직면)

⑤ 어떤 일이 일어날 것이라고 상상하십니까? (투사 직면)

⑥ 방금 하신 말씀을 좀 더 진지한 표정으로 말씀해 주시겠습니까? (회피 직면)

⑦ 말끝에 **'그러나'** 를 덧붙이시는 것을 알고 계십니까? (회피 직면)

⑧ 어떻게 그렇게 생각하실 수 있으십니까? 나는 화성에서 온 사람입니다. 쉽게 설명하지 않으면 못 알아듣습니다. (사고패턴 직면)

13. 과장하기

치료자는 내담자의 어떤 행동이나 언어를 과장하여 표현하도록 요구함으로써 내담자로 하여 금 자신의 무의식적 욕구나 감정 혹은 행동을 명료하게 자각하도록 도와줄 수 있다. 예컨대, 내담 자의 표현에서 분노감정이 묻어나지만 충분히 표현이 되지 않을 때, 이를 과장해서 표현하도록 요구함으로써 내담자의 분노감정을 직면하고 접촉하도록 도와줄 수 있다. 흔히 단조로운 목소리 로 말하는 내담자는 자신의 감정을 억압하고 있는 경우가 많다. 이런 내담자들에게는 더욱 단조 롭게 말하도록 요구함으로써, 내담자의 억압된 감정을 접촉시켜 줄 수 있다.

> 치료자는 슬픈 감정을 억제하며 작은 목소리로 말하는 내담자에게 더욱 작은 소리로 말하 게 시켰다. 몇 번의 시도 끝에 내담자는 자신의 억압된 슬픈 감정을 자각하고는 울음을 터뜨렸 다(Garzetta & Harman, 1990, p. 158).

내담자의 언어 행동에 대해서도 같은 기법을 사용할 수 있다. 흔히 내담자가 무심코 하는 말 속 에 자신의 중요한 욕구나 감정이 담겨 있는 경우가 있는데, 치료자는 이를 포착하여 반복해서 말 하거나 혹은 큰 소리로 말하게 시킴으로써, 내담자의 무의식적 욕구나 감정을 알아차리게 해 줄 수 있다.

내담자가 차단행동을 보일 때에도 이 기법을 사용할 수 있다. 즉, 차단행동을 더욱 과장해서 해 보도록 요구함으로써 자신의 행동에 대한 알아차림을 증가시켜 주는 것이다. 예컨대, 말을 더듬 는 사람에게는 오히려 말을 더욱 더듬도록 요구하고, 반전행동을 하는 내담자에게는 이를 더욱 심하게 하도록 함으로써 어떻게 스스로 자신을 차단하는지를 자각시켜 줄 수 있다. 어떤 상징적 인 행동이나 신체증상에 대해서도 이를 과장해서 표현하도록 요구함으로써 내담자를 그 행동으 로부터 해방시켜 줄 수 있다. 예컨대, 몸을 떨고 있는 내담자에게 더욱 심하게 몸을 떨도록 요구 함으로써 그 행위를 완결짓게 해 줄 수 있다(Enright, 1971; Simkin, 1976).

이 기법은 내담자의 신체언어를 자각시키는 데도 도움이 된다. 즉, 내담자의 무의식적인 신체 동작을 되풀이시키거나 과장하도록 요구함으로써 그러한 행동의 의미를 좀 더 명확히 드러나게 해 줄 수 있다. 가령, 내담자가 치료자가 말을 할 때마다 딴 곳을 쳐다보는 행동을 하는 경우, 그런 행동을 일부러 과장해서 해 보도록 요구함으로써 내담자의 치료자에 대한 반감을 자각하게 해 줄 수도 있다.

14. 머물러 있기

'**머물러 있기**(staying with)'는 내담자로 하여금 자신의 미해결감정들을 회피하지 않고, 직면하여 견뎌 냄으로써 해결하도록 도와주는 기법이다. 이 기법의 장점은 내담자로 하여금 끊임없이 늘어놓는 자신의 말 속에 스스로 매몰되는 것을 막아 현재로 돌아오게 해 주며, 인지적 해석이나 설명 대신 지금-여기의 존재체험으로 이끌어 주는 데 있다. 대개 내담자는 접촉경계혼란으로 인해 미해결감정을 회피하는 데 익숙해 있다. 이 기법은 이러한 내담자로 하여금 회피와 방어를 못하게 하고, 자신의 감정과 직면하게 해 줌으로써 미해결감정의 완결을 도와준다.

신체부상을 입었을 때 상처가 곪지 않도록 소독을 해 주는 것 말고는 우리가 할 수 있는 일이 없듯이, 미해결감정을 치료할 수 있는 방법도 그것을 직면하고 거기에 머무르는 것이 최선의 방법인 경우가 많다. 이때 내담자가 미해결감정을 직면하여 거기에 머무르면 나머지 과정은 유기체가 스스로 알아서 해결한다(Levitsky & Perls, 1970; Hansen et al., 1977). 바이서는 내담자가 자신의 미해결감정에 머무름으로써 그 감정을 통합하고 변화시킬 수 있다고 했다. 그는 우리가 슬픈 감정을 느낄 때, 이를 해결하는 방법은 슬픔에 대항해 싸우기보다는 슬픔을 받아들이는 것이라고 했다. 슬픔을 받아들임으로써 **중단**시키는 것이 아니라 **완결**시킬 수 있다는 것이다(Beisser, 1970).

슬픔은 어떤 상실에 대한 지극히 정상적인 반응이다. 그것과 동일시하고 체험하고, 받아들이는 작업을 함으로써 슬픔을 완결지을 수 있게 된다. 이때 동일시란 자신이 처해 있는 감정상태에 완전히 몰입하는 것을 의미한다. 우리는 자신을 온전히 슬픔에 내맡김으로써 비로소 슬픔을 완결 짓고 새로운 감정으로 나아갈 수 있다. 반대로 슬픔에 대항해서 싸우고 있는 한 슬픔을 벗어날 수 없다. 슬픔을 느끼지 않으려고 회피하면, 그것은 해결되지 않은 채 가슴속에 남아 있으면서 우리를 계속 짓누른다. 슬픔이든 즐거움이든, 분노이든, 지루함이든, 피하지 않고 온전히 그것에 몸을 내맡기면 변화가 가능해진다.

어떤 감정이 있지만 이를 표현하지 않고 누르고 있으면, 마치 수도관이 막힌 것처럼 감정은 해소되지 못할 뿐 아니라, 다른 정서까지도 형성되지 못하도록 막아 버린다. 따라서 내담자의 막혀 있는 에너지가 발견되면 그것이 어떤 종류이건 내담자로 하여금 거기에 머무름으로써 그 에너지와 접촉하도록 해 주어야 한다. 이때 개념적 차원이 아니라 직접적으로 그 감정과 접촉하도록 해 주는 것이 필요하다. 따라서 되도록이면 내담자로 하여금 구체적 상황에서 그 감정을 다시 체험할 수 있도록 실험을 만들어 주어야 한다(Beisser, 1970; Harmann, 1989; Resnick, 1990).

감정의 흐름은 항상 연속적이다. 감정의 흐름을 중간에 차단하고 방해하면, 깊은 차원으로 진전하지 못하고 만다. 반대로 어떠한 고통스러운 감정도 이를 차단시키지 않고 그대로 현재의식을 따라 머물러 있으면, 마침내 끝이 보이고 새로운 감정이 떠오르게 된다. 지루함도 상당히 견디기 힘든 감정인데, 이것도 피하지 않고 잘 참고 견디면 나중에는 아주 흥미롭고 새로운 감정으로 바뀌게 된다.

내담자가 싫어하는 또 다른 감정상태는 '공백(void)'이다. 내담자는 공백상태를 피하기 위해 계속 잡담을 하거나 타인에게 관심을 돌리기도 한다. 이때 치료자는 내담자로 하여금 텅 빈 공백을 직면하여 견뎌 내고, 이를 탐색하도록 도와주어야 한다. 하지만 치료자 중에도 공백을 싫어하는 사람이 있는데, 그렇게 되면 내담자를 도와줄 수가 없다.

게슈탈트치료에서 내담자의 미해결 욕구가 해소된 후 다시 새로운 욕구가 나타나기 전에 반드시 공백이 나타나는데, 우리는 새로운 욕구를 선명하게 알아차리려면 이 공백을 통과해야 한다. 이러한 공백은 단순히 아무것도 없는 것이 아니다. 이는 새로운 게슈탈트가 탄생하기 위한 비옥한 토양이 되어 준다. 이러한 공백을 피하지 않고 직면하여 체험하고 나면 새로운 게슈탈트가 떠오른다.

내담자는 이러한 창조적 공백을 직면하고 견뎌 낼 수 있어야 한다. 많은 내담자들은 이러한 공백을 두려워하기 때문에 이를 피하기 위해 역할연기를 하거나, 강박증상을 개발하거나, 과도한 흡연을 하거나, 혹은 지나치게 일에 몰두한다. 이러한 행동들은 알코올이나 마약처럼 중독성을 갖고 있다. 이런 사람들은 공백을 직면하기가 두렵기 때문에 끊임없이 어떤 외적인 행동으로 달아난다. 이런 문제를 극복하기 위해서는 그 행동이 시작되는 순간 즉시 중지하고, 공백을 직면하여 거기에 머물러야 한다.

흔히 갈등상태에 있는 내담자의 내적 대화를 자각시키면 두 개의 목소리가 나오고, 이 두 입장을 서로 대화를 시키면, 나중에 혼란스럽고 무기력한 텅 빈 공백상태가 찾아온다. 이것이 '교착상태'이다. 이때 치료자는 내담자에게 **"혼란상태에 그대로 머물러 보세요! 텅 빈 느낌에 집중해 보십시오!"**라고 말하여, 내담자로 하여금 공백을 직면하고 견뎌 내도록 해 주어야 한다. 내담자가 이를 꾹 참아 혼란되고 무기력하고 텅 빈 상태를 그 한계까지 체험하고 나면, 마침내 유기체적 변화가 일어난다. 이것이 이른바 펄스의 교착상태 이론인데 게슈탈트치료의 가장 큰 발견 가운데 하나이다(Perls et al., 1951; Van Dusen, 1975; Simkin, 1976).

불안장애 환자들은 대부분 이완된 상태를 싫어한다. 그들은 어떤 부정적인 결과를 예상하면서 항상 신체를 긴장시키고 있다. 말하자면 불안이나 긴장상태를 만듦으로써 그들이 두려워하는 일이 벌어지지 않도록 방어하고 있다고 볼 수 있다. 이런 내담자들에게 명상법이나 자율훈련을 사용하여 이완된 상태를 유도한 후에 아무런 생각 없이 그 상태에 가만히 머물러 있기를 실험해 보도록 하는 것이 도움이 된다. 그들은 이완된 상태, 즉 방어하지 않는 상태에 머물면 무언가 큰일이 날 것이라고 상상하는데, 실제 아무런 일도 발생하지 않을 뿐 아니라, 차츰 그것이 기분 좋은 상태라는 것을 깨닫게 되면서 긴장과 방어를 놓을 수 있게 된다.

15. 알아차림 연속

이는 게슈탈트치료에서 가장 중요한 기법 중에 하나인데, 지금-여기에서 자신과 환경에 일어나는 모든 것을 일어나는 그대로 연속해서 알아차리는 것이다. 즉, 전경으로 떠오르는 것을 그때그때 놓치지 않고 계속해서 알아차리는 것을 의미한다. 이때 아무 가치판단이나 비판 없이 그냥 알아차리기만 해야 한다. 요컨대, 알아차림 연속이란 알아차림-접촉 주기를 차단하지 않고 전 과정을 자연스럽게 따라가는 것이라고 하겠다. 예를 들면 다음과 같다.

김 군은 일요일 오후 집에서 책을 읽고 있었는데, 갈증을 느껴 물을 찾아 마셨다. 그는 이제 음악이 듣고 싶어서 라디오를 틀었는데 클래식 음악이 흘러나와 귀 기울였다. 음악을 듣다가 갑자기 헤어진 여자친구가 생각나 슬픔이 밀려왔다. 그는 슬픔에 푹 젖어들어 눈물을 흘렸다.

잠시 후에 음악이 바뀌자 다시 기분이 밝아지면서 그는 불현듯 산책을 나가고 싶은 욕구가 생겼음을 알아차리게 되었다. 그래서 그는 옷을 챙겨 입고 밖으로 산책을 나갔다.

이처럼 알아차림 연속이란 자신의 감정과 욕구의 흐름, 그리고 환경적 변화들을 놓치지 않고 자연스럽게 따라가는 것이다. 흔히 우리는 먹고 마시고 생각하고 말하는 등 일상적인 행위를 명료한 자각 없이 행함으로써 생생한 현장감 없이 그냥 지나쳐 버린다. 삶을 더욱 실존적으로 만들고 풍성하게 만들기 위해서는 알아차림 연속이 필요하다.

알아차림 연속은 정신분석의 자유연상과는 다르다. 자유연상은 그냥 머릿속에 떠오르는 생각을 말하는 것으로서 내담자의 무의식적 갈등을 찾아내는 도구이지만, 알아차림 연속은 현재 순간에 중요한 유기체와 환경의 현상들을 자각하는 것이다. 즉, 자유연상은 과거의 억압된 무의식적 내용을 찾아내는 목적으로 사용하는 것이지만, 알아차림 연속은 현재의 중요한 현상들을 자각하여 해결하려는 목적으로 사용된다. 방법에 있어서도 자유연상처럼 이 생각에서 저 생각으로 왔다 갔다 하는 것이 아니라, 어느 한순간에 중요한 현상에 충분히 집중하여 몰입하고, 그것이 해결되고 나면 다음 현상으로 넘어가는 자연스러운 흐름에 따르는 방식이다.

이를 연습하는 방법은 내담자가 자신의 모든 경험들에 대해 예외 없이 **"지금 나는 무엇 무엇을 알아차립니다."** 라는 식으로 언어화해서 표현해 보는 것이다. 예를 들면 다음과 같은 형식으로 두 사람이 마주 앉아 함께 연습해 볼 수 있다.

나는 지금 방 안에 보디첼리의 그림이 걸려 있는 것을 알아차립니다. 나는 지금 밖에 차 소리가 들리는 것을 알아차립니다. 나는 지금 마음이 좀 불안해지는 것을 알아차립니다. 나는 지금 내 얼굴이 경직되는 것을 알아차립니다. 나는 갑자기 목이 마른 것을 알아차립니다. 나는 지금 당신이 웃는 것을 알아차립니다. 나는 지금 당신이 나를 비웃는 것이 아닐까 하는 생각이 드는 것을 알아차립니다. 나는 실소가 나오는 것을 알아차립니다. 나는 당신의 미소가 따뜻하게 느껴지며 몸이 이완되는 것을 알아차립니다. 나는 지금 창밖에 새소리가 들림을 알아차립니다.

이러한 실험은 아주 쉬운 일이면서도 또한 가장 어려운 일 중에 하나이다. 어쩌면 평생 걸려도 배우기 힘든 일이기도 하다. 그냥 지각되는 것을 말로만 표현하면 되는데도, 이를 지속하는 것은 쉽지 않다. 왜냐하면 한편으로는 잡념이 끊임없이 찾아들기도 하고, 또 다른 한편으론 자신의 억압해 온 측면들을 만나게 될까 봐 두렵기 때문이기도 하다. 이런 기법은 정신분석의 자유연상과는 달리 우리의 사고뿐만 아니라 신체, 정신, 감각, 정서, 상상 차원들을 다 포괄한다. 목표는 우리의 심신을 통합체로서 체험하면서 현재 일어나는 중요한 현상들을 억압하거나 회피하지 않고 모두 체험하는 데 있다. 즉, 지금-여기의 현상들을 우리의 실존체험으로 맞아들이는 것이다 (Clarkson, 1990).

'게슈탈트 관계성 향상 프로그램(GRIP)'에서는 이러한 '알아차림 연속'을 체계화해서 연습할 수 있도록 **'알아차림 연습'**을 6단계로 나누어 자세히 설명하고 있는데, 이는 개인치료나 집단치료에서 매우 효과적으로 사용되고 있다. '알아차림 연습'은 내담자로 하여금 자신의 욕구나 감정, 신체상태, 생각, 이미지, 행동 등을 쉽게 알아차리도록 도와주며, 타인과의 관계에서 일어나는 프로세스에 대한 민감성도 길러 준다. 개인치료나 집단치료에 앞서 이 연습을 하면 치료과정이 훨씬 수월하게 진행되며, 또한 심도 있는 작업이 가능해진다(김정규, 2010a).

알아차림 연속을 사용함으로써 내담자는 끝없이 설명하고 해석하는 행동을 멈추고, 자신의 경험의 밑바닥과 접촉할 수 있다. '알아차림 연속'을 실천하는 것은 펄스의 **"생각을 버리고, 감각으로 돌아오시오!"**라는 말을 실천하는 지름길이다. 이는 내담자로 하여금 증상이나 문제의 원인을 알아내려는 노력을 중단하고, 자기 행동의 **'무엇'**과 **'어떻게'**를 발견하도록 도와주는 실천적 방법이다. 즉, 내담자의 관심을 **'왜'**에서 **'무엇'**과 **'어떻게'**로 전환시켜 주는 기법이다.

현재의 감정을 계속 직면하다 보면 종종 지루해지거나, 울고 싶어지기도 하고, 갑자기 무서움이 생기기도 한다. 그렇게 되면 알아차림 연속을 계속할 수 없게 되고, 이를 방해하는 행동이 나타나서 설명을 시작하거나, 잡념이 들거나, 혹은 다른 충동적 행동으로 도피해서 알아차림 연속을 중단해 버린다. 그러나 도피하지 않고 지금-여기에 계속 머무르면, 그런 감정은 사라지고 알아차림 연속을 계속할 수 있게 된다.

잡념이 들 때 이를 쫓아내려 하면, 그것이 오히려 추가적인 생각을 유발하므로 그냥 내버려 두는 것이 좋다. 잡념을 내쫓기보다는 흘러가는 물을 바라보듯이 그냥 바라만 보면 잡념은 저절로 사라진다. 하지만 그냥 바라볼 수 있기 위해서는 그런 생각이 떠오르는 것을 알아차릴 수 있어야 한다. 즉, '생각의 흐름'이라는 프로세스를 알아차릴 수 있어야 한다.

신체감각에만 계속 집중해서 알아차리는 것도 좋은 '알아차림 연속' 연습이 될 수 있다. 남방불교의 한 종류인 위빠사나 명상에서는 바로 이 방법을 수행의 주요 수단으로 삼고 있다. 자연과의 만남에서도 알아차림 연속을 따라가면 환경과의 중단 없는 접촉이 가능하며, 이것 또한 훌륭한 명상이 될 수 있다. 예컨대, 숲길에서도 다음과 같은 명상이 가능하다.

숲 속에서 새소리가 들린다. 그 소리에 귀 기울여 본다. 흥미롭다. 귓가에 들리는 소리가 그 존재와 나를 연결시켜 준다. 잠시 후 새 한마리가 날아와 나뭇가지에 앉는 것이 보인다. 줄무늬가 있는 작은 새이다. 소나무 껍질 속에 숨은 벌레들을 쪼고 있는 모습이 신기하다. 가슴에 조그만 파동이 일어난다. 잠시 눈을 감고 신체감각에 집중해 본다. 잔잔한 기쁨이 느껴진다. 솔바람이 얼굴에 와 닿는 것이 느껴진다. 다시 눈을 뜬다. 온통 연두 빛 산이 가슴 가득 안겨 온다. 퍼덕이며 살아 숨 쉬는 자연이 느껴지며, 나도 이 순간 살아 있음이 느껴진다. 이제 숲길을 걸어 본다. 걸음걸이를 느끼며 한 발자국씩 한 발자국씩 앞으로 내딛는다. 신체의 움직임을 알아차리며 한 발자국씩 한 발자국씩 걷는다. 코로 숲의 향기가 들어온다. 잠시 걸음을 멈추고 주변을 둘러본다. 길섶에 피어 있는 자주색 제비꽃을 발견한다. 미소가 얼굴 가득 퍼짐을 느낀다.

16. 양극성의 통합

우리의 내면은 수많은 양극성들로 이루어져 있다. 예컨대, 따뜻함과 차가움, 강함과 부드러움, 사나움과 인자함, 무거움과 가벼움, 밝음과 어두움, 뻔뻔스러움과 수줍음, 상냥함과 무뚝뚝함, 긴장함과 느슨함 등 무수히 많은 대칭적인 요소들로 이루어져 있으며, 이들은 어느 것도 그 자체로서 나쁜 것은 없다. 상황에 따라 이들 모두는 긍정적인 쓰임새가 있기 때문이다. 단지 사회적 · 문화적 · 개인적 배경에 따라 부정적으로 평가될 뿐이다.

성장과정에서 주위 환경이 개체의 양극성의 어느 한 측면을 비판적으로 보거나 매도할 때 개체는 그 측면을 부정하거나 억압하여 자신의 내부로부터 소외시키게 된다. 그렇게 되면 소외된 부분은 미성숙한 부분으로 남거나 억압되고, 외부로 투사되어 내적 혹은 대인갈등을 초래할 수 있다. 가장 이상적 상태는 모든 양극성을 소외시키지 않고, 잘 개발하여 접촉함으로써 인격의 통합성을 유지하는 것이다.

게슈탈트치료에서는 내담자들로 하여금 미성숙한 양극성을 개발하도록 돕거나, 혹은 억압하거나 투사시킨 양극성의 측면들을 다시 접촉하여, 통합할 수 있도록 돕는다. 자신의 양극성들을 명확히 인식하고 접촉할 수 있는 사람일수록 자기 자신과는 물론, 타인과의 관계에서도 좀 더 진솔하고 실존적으로 행동할 수 있다. 반대로 양극성의 어느 한 측면에 대해 잘 의식하지 못하고, 따라서 이를 잘 받아들이지 못하는 사람일수록 소화되지 못한 양극성의 측면을 파괴적인 행동으로 나타낼 확률이 높아진다.

징커의 한 젊은 남자 내담자는 자신의 가학증적인 측면을 매우 억압했다. 따라서 그는 자신의 그러한 충동과 전혀 접촉이 없었는데, 어느 날 갑자기 아들을 심하게 때려 다리를 부러뜨렸고, 또 고양이를 벽에다 내동댕이치기도 했다. 그는 이 순간 자신의 그러한 충동을 마치 외부에서 갑자기 들어온 것처럼 느꼈다. 이처럼 자기 자신의 충동이 자신의 통제 밖에서 작용하는 낯선 힘으로 지각된 것은 자신의 공격충동 측면과 전혀 접촉이 없었기 때문이다(Zinker, 1977, p. 205).

양극성의 어느 한쪽만 많이 발달한 사람의 경우 양극성의 다른 측면을 억압하거나 투사하고 있을 가능성이 있다. 가령, 매우 친절하기만 한 사람의 경우 그 친절은 자신의 공격성을 감추기 위한 가식이거나 자신의 내부에 있는 분노감이나 짜증과 잘 접촉하지 못하기 때문에 한쪽만 나타나고 있는 것일 수 있다. 반대로 지나치게 거친 행동을 하는 사람의 경우도 자신의 여성적이고 부드러운 측면을 접촉하지 못하고 있거나, 그러한 면을 접촉하게 될까 두려워 공격행동으로 방어하고 있을 수도 있다(Garzetta & Harman, 1990).

이런 문제를 다루기 위한 방법에는 역할연기 실험 같은 것이 있다. 즉, 내담자로 하여금 자신이 이제껏 억압하거나 회피해 왔던 양극성의 측면과 동일시하여 이를 역할극으로 표현해 보는 것이다. 집단 같은 곳에서는 실제로 그러한 인물이 되어 집단원들과 상호작용하는 실험이 효과가 있으며, 개인치료 장면에서는 그림가족인형 같은 것을 갖고서 자신의 성격과 반대되는 인물[인형]을 골라서 다른 인물[인형]들과 상호작용하는 실험을 하는 것도 좋다.

내담자들이 억압하고 소외시킨 양극성 부분[그림자]에는 반드시 공격성이나 성적 욕구, 질투심, 나태함, 충동성 등 이른바 사회적으로 쉽게 비판받는 측면들만이 있는 것은 아니다. 경우에 따라서는 사랑의 감정이나 섬세한 감정, 부드러움, 따뜻함, 생동적인 에너지, 자신감, 신뢰감 등 이른바 사회적으로 바람직하게 간주되는 측면들도 억압될 수 있다.

내가 이끈 집단의 한 참가자는 타인에게 가벼운 사람으로 보일까 봐 자신의 생동적인 에너지를 억누르며 살아가고 있었다. 내가 그를 어떻게 볼 것 같으냐는 투사적인 질문을 했더니, 자기를 매우 경박스러운 사람으로 생각할 것 같으며, 그래서 좀 체신머리가 없어 쑥스럽다고 말했다. 그런데 그는 평소에 매우 진지하고 엄숙한 표정을 짓고 있었으므로 나는 그의 말을 듣고 처음에는 어리둥절했으나, 곰곰이 생각해 보니 그가 가끔 매우 유머러스한 행동을 했다는 사실이 기억났다. 그는 사실 밝고 명랑한 면이 있었는데, 자신의 그러한 부분을 스스로 부정적으로 평가하고 있었기 때문에 이를 억압하려고 애쓰고 있었던 것이다.

나는 그에게 **"나는 당신을 경박한 사람으로 생각한 적이 한 번도 없었습니다. 가끔 당신은 유**

머러스한 때가 있었는데, 오히려 그런 면을 가진 것이 매우 좋아 보였습니다."라고 말해 주었더니 그는 믿기지 않는다는 듯이 고개를 갸웃거렸다. 다른 집단원들의 비슷한 피드백을 받고서야 그는 비로소 진지하게 생각하는 표정을 지었다.

사람들이 자신의 한쪽 면을 억압하거나 소외시키는 것은 대개 성장과정에서 주위환경이 그런 면을 받아 주지 않거나 처벌했기 때문이다. 어린 시절 어머니가 일찍 죽고 냉정한 계모 밑에서 자란 아이의 경우, 계모에게 어리광부리면서 애정욕구를 표현하는 행동이 거부될 것이고, 그러다 보면 애정욕구를 억압하여 자기 내부의 한 측면을 소외시키게 될 것이다.

마찬가지로 분노감을 표현할 때마다 부모로부터 심한 꾸중을 들은 아이라면, 그러한 자신의 측면을 억압하고 소외시켜 버릴 것이다. 그런데 자신의 어느 한 측면을 소외시킨 사람은 반대 측면도 충분히 접촉할 수 없다. 역으로 양극성의 어느 한쪽 면과 접촉함으로써 자기경계를 확장시키면 양극성의 다른 쪽도 거의 자동적으로 확장된다.

자신에게 불친절한 면이 있다는 것을 인정할 수 없는 사람은 진정으로 친절하게 될 수 없다. 반대로 자신의 불친절한 측면과 접촉할 수 있게 되면, 오히려 자신의 친절한 측면을 더욱 깊이 있게 접촉할 수 있게 된다. 따라서 자신의 여성적인 면을 인정할 수 없는 남성은 자신의 남성적인 측면을 과장하게 되고, 자칫하면 경직된 남성우월주의자가 되기 쉽다.

우리는 어떤 것을 하기 싫다고 말할 수 있을 때, 다른 것을 진정 기쁜 마음으로 선택할 수 있게 된다. 타인으로부터 거부당할까 봐 두렵기 때문에 타인의 무리한 부탁에 대해서 거절을 못 하는 사람들이 있다. 그들은 자기 자신을 희생해서 타인에게 봉사하기 때문에 가슴속에 불만이 쌓이게 되고, 일을 하면서도 기쁜 마음이 생기지 않는다. 만일 그들이 때로는 싫다는 말을 할 수 있으면, 타인을 도와줄 때 진정 기쁜 마음으로 도울 수 있게 된다. **'아니요'** 영역을 확장시킴으로써 **'예'** 영역을 동시에 확장시킬 수 있다. 이처럼 양극성의 영역이 확장될수록 인간적인 성장이 가능하고, 또한 타인과의 창조적인 만남이 가능해진다(Zinker, 1977).

우리의 내적 현실은 자아가 받아들일 수 있는 양극성의 요소들과 받아들이기 힘든 양극성 요소들로 구성되어 있다. 이때 자기개념은 흔히 우리 속의 받아들이기 힘든 양극성 요소들을 배제해 버린다. 즉, 자신에게 익숙한 측면만 지각하고 반대 측면에 대해서는 자신의 측면이 아닌 것으로 간주해 버린다. 건강한 사람은 자신 속에 있는 대부분의 양극성 요소들을 의식하고 있으며, 사회가 좋게 평가하지 않는 자신들의 생각이나 감정까지도 의식하고 이를 나름대로 받아들일 수 있다. 그들은 때로는 자신의 내적 측면의 일부에 대해 지각을 못 하는 경우가 있지만, 일단 그것을 지각하면 고통스럽더라도 이를 자신의 일부로 통합할 능력이 있다.

반면에 덜 건강한 사람은 자신을 전형적인 방식으로만 지각한다. 자신의 여러 내적 측면들에 대해 지각을 잘 못 하며, 다른 사람의 비난에 쉽게 상처받는다. 이런 사람의 의식에는 큰 구멍이 나 있다. 그들은 매우 경직되고 정형화된 지각체계를 갖고 있어, 자신 속의 많은 부분들을 보지 못한다. 그들은 자신의 소외된 측면들을 부정하고, 이를 다른 사람에게 투사하는 경향을 보인다. 그것은 이러한 자신의 측면들을 지각하는 것이 두렵기 때문이다(Zinker, 1977).

심리치료의 중요한 목표 가운데 하나는 내담자로 하여금 자신의 양극성의 소외된 측면들을 접 촉하도록 하여 이를 통합하도록 도와주는 것이다. 예컨대, 자신의 부드러움을 억압하고 있는 내 담자에게는 실험을 통하여 이 부분을 접촉하고 그것이 자신의 일부로 느껴질 수 있게 해 주고, 자 신의 약한 모습을 인정하기를 거부하는 내담자에게는, 그러한 측면을 받아들이는 것이 진정으로 강해지는 길임을 체험을 통해 깨닫게 해 주어야 한다.

내담자는 이른바 사회적 · 도덕적으로 바람직하지 못한 양극성 측면을 자신의 것으로 받아들 이게 되면 파괴적으로 되지 않을까 불안해한다. 예컨대, 자신의 비판적인 측면, 즉 가학증적인 측 면을 받아들이면 혹시 정말 가학증 환자가 되지 않을까 염려한다. 하지만 실제 그런 일은 일어나 지 않는다. 오히려 자신의 내부에 가학증 경향이 있다는 것을 인정하고 받아들일수록, 그 사람이 실제 행동에서 가학적으로 행동할 확률은 줄어든다.

징커의 한 내담자는 자신이 무가치한 존재라고 비난하는 내면의 한 부분 때문에 고통을 겪고 있었다. 그는 이 목소리를 자신의 성격의 일부로 받아들일 수 없었기 때문에 그것이 밖에서 들리 는 소리로 생각했다. 그는 치료작업을 통해 이 비판자의 소리는 어릴 때 친구들과의 관계에서 놀 림을 받았을 때, 자기를 괴롭히는 아이들과 동일시함으로써 내면화시킨 자신의 한 부분이라는 것을 알게 되었다. 치료에서 그는 이 비판자의 목소리와 접촉하게 되었고, 마침내 이 부분과 타협 을 통하여 좀 더 편해지게 되었다. 이제 그는 자기비판의 소리가 들리면 내면의 비판자에게 이렇 게 말하게 되었다. **"너는 정말 고통을 많이 받았구나. 너는 아이들에게 맞았던 나지? 이제 아이들 의 역할을 네가 맡아 하는구나. 참 안됐다. 그런데 이젠 나를 괴롭히는 일을 그만둘 때가 됐지 않 았니?"**(Zinker, 1977, pp. 203-205).

대인관계 갈등은 흔히 내적 갈등에 의해 발생한다. 자신의 소외된 양극성의 일부를 타인에게 투사하고서 타인을 공격함으로써, 내적 갈등을 외적인 갈등으로 바꾸어 놓는 것이다. 사람들이 그 렇게 행동하는 이유는 차라리 외적 갈등이 내적 갈등보다 다루기가 더 쉽다고 생각하기 때문이다.

나의 한 여성 내담자는 초등학생 조카가 어리광을 많이 부리는 것에 대해 도저히 못 봐주겠 다고 말했다. 그녀는 조카가 고모나 삼촌에게 어리광을 피울 때는 가서 막 때려 주고 싶은데, 자기가 생각해도 자신이 좀 심한 것 같다고 말했다. 그녀는 어릴 적에 어머니가 일찍 돌아가시고 삼촌 집에서 자랐는데 제대로 애정을 받지 못했기 때문에 자신의 애정욕구를 아예 포기하고 억압해 버렸다. 그녀에게는 사랑받고 싶은 감정을 계속 느끼는 것은 괴로움만 가져다주었기 때문이다. 그런데 조카의 어리광부리는 행동은 그녀의 억압된 애정욕구를 다시 꿈틀거리게 했고, 그녀는 자기도 모르게 이를 위험 신호로 해석하고 짜증을 냈던 것이다.

이 사례에서 보듯이 자기 자신 속의 양극성을 억압하고 소외시킴으로써 발생하는 내적 갈등은 대인관계에 악영향을 미친다. 반대로 자기 자신 속의 어떤 부분을 잘 접촉하게 되면 타인의 그러한 부분에 대해서도 이해나 공감능력이 높아진다. 예컨대, 자신 속의 따뜻함을 잘 접촉할 수 있는 사람은 타인의 따뜻함을 잘 알아차릴 수 있고, 또한 잘 받아들일 수 있다. 따라서 자기 자신의 양극성들을 골고루 잘 접촉하고 통합하는 것은 대인관계 향상에도 긍정적으로 기여한다.

양극성과 관련하여 또 하나의 흥미로운 사실은 남녀가 서로 파트너를 선택하는 과정에서도 양극성의 문제가 관련될 수 있다는 점이다. 즉, 남녀가 서로 사랑에 빠질 때 흔히 상대편에게 자신의 양극성의 개발되지 않은 쪽을 투사하는 현상이 관찰된다. 가령, 자신감이 부족한 여성이 자신감 있는 남자를 선택한다든가, 소극적인 남성이 적극적인 여성을 선택한다든가, 혹은 성질이 급한 여성이 느긋한 성격의 남성을 선택하는 것 등이다.

이러한 현상은 각자 자기 자신 속에 있는 양극성의 부분들을 잘 통합하여 접촉하고 있지 못하기 때문에, 자기에게는 그러한 면이 없는 것으로 생각하고 이를 타인을 통하여 보충하려는 시도에서 비롯한다. 이렇게 만난 파트너들은 처음에는 서로 자신의 잃어버린 부분을 도로 찾은 듯한 착각에 빠져 황홀해하지만, 시간이 지날수록 상대편의 장점에 자신이 직접 참여할 수 없다는 절망감을 느끼면서, 오히려 상대편의 그러한 측면에 대해 질투심이 일거나 화가 나고, 그것이 서로 간의 갈등의 원인이 될 수 있다.

따라서 창조적인 파트너 관계를 위해서는 각자 상대편에게서 자신의 부족한 측면을 보충하려는 시도 대신에 자신 속의 보물을 찾아내고 개발하여, 궁극적으로 자신의 긍정적인 측면을 통하여 상대편의 긍정적 측면을 인식하고 사랑할 수 있어야 한다. 만일 자신에게서 부족한 것을 파트너에게서 메우려는 시도를 계속하게 되면 서로의 독립성을 인정하지 않게 되고, 이는 융합관계를 초래하여 갈등을 유발시킨다. 이러한 융합관계에서는 서로 간에 의존성이 높아지고 진정한 접촉이 불가능하게 되어 짜증스러운 관계로 전락하고 만다.

17. 반대로 하기

흔히 내담자들은 대개 어느 한 습관이나 생각에 집착한 나머지 자신의 현재 행동과 다른 대안적 행동 가능성이 있다는 사실을 미처 깨닫지 못한다. 그런데 종종 문제에 대한 해결책은 내담자가 옳다고 믿고 있는 것과 반대되게 행동하는 것에 있다. 즉, 내담자가 이제까지 회피해 왔던 행동을 함으로써 오히려 문제를 극복할 수도 있다.

소심하고 위축된 사람의 경우 앞뒤 가리지 않고 나서는 행동을 해 본다든지, 매우 협조적이고 고분고분한 사람은 심술궂고 비협조적인 행동을 실연해 본다든지, 매우 냉정하고 쌀쌀한 사람은 유혹적이고 따뜻한 행동을 실연해 봄으로써 자신이 이제까지 전혀 고려하지 않았던 행동영역과 접촉하게 되고, 따라서 새로운 행동 가능성을 발견하여 자신의 고정된 행동패턴을 벗어 버릴 수 있게 된다(Levitsky & Perls, 1970).

이러한 실험을 하는 이유는 과거에 회피해 온 행동이나 성격의 측면을 재탐색하고 발굴함으로써 내담자의 행동영역을 확장시켜 주기 위함이다. 하지만 이러한 실험은 생각보다 힘들며 금방 내담자의 저항에 부딪치게 된다. 이러한 실험이 그들이 평생 동안 익숙해진 행동과 너무 다르기 때문이다. 그러나 바로 이런 연습을 통해서 문제를 창조적으로 해결할 수 있는 새로운 시각과 가능성이 열리게 된다(Perls et al., 1951).

흔히 내담자가 하는 행동은 자신의 실제 욕구와 반대되는 경우가 많다. 예컨대, 속으로는 사람들과 재미있게 놀고 싶은 욕구가 있지만 겉으로는 얌전하게 행동한다든지, 사실은 상대편에게 짜증을 내고 싶지만 좋은 얼굴을 지어 보이는 등의 경우이다. 이런 경우에 치료자는 내담자로 하여금 솔직히 자신의 감정과 욕구를 직면하고, 밖으로 표현해 보는 반대 행동 실험을 시켜서 자신의 억압된 행동들을 직면하고 통합할 수 있는 기회를 갖도록 해 주어야 한다.

'반대로 하기' 실험은 내담자에게 자신의 투사를 자각하고 통합하는 기회를 제공해 주기도 한다. 예컨대, 친구가 자신을 자꾸 괴롭힌다고 생각하는 내담자에게 내담자 자신이 그 친구를 괴롭히는 상상을 해 보도록 함으로써 자신의 가학증적인 욕구를 자각하게 할 수 있다. 즉, 어떤 사람을 매우 미워하는 내담자에게는 자신이 바로 그 사람의 행동을 실연해 보도록 시키고, 아들이 자기 말을 잘 안 듣는다고 불평하는 어머니에게는 반대로 어머니 자신이 그 아들의 역할을 해 보게 시킴으로써 자신의 투사를 자각하고 통합하도록 도와줄 수 있다.

그 밖에도 실제와 전도된 현상이 많이 있다. 타인이 불친절하다고 불평하는 사람은 자기 자신이 불친절한 사람이고, 다른 사람이 난폭하다고 비판하는 사람은 그 스스로 난폭한 측면을 갖고 있을 수 있으며, 타인들이 이해심이 없다고 불편해하는 사람은 자기 자신이 타인의 말을 경청하지 않는 사람일 수 있다. 따라서 내담자의 행동이 자연스럽지 못하거나 특정 행동습관을 고수하는 경향이 보일 때는, 일단 그러한 행동의 반대 행동을 한 번쯤 실험해 보게 하는 것이 좋다. 그런 실험은 별로 큰 부작용이 없으며, 최소한 내담자의 행동 레퍼토리를 점검해 보는 소득 정도는 올릴 수 있다.

이 실험은 반전행동을 치료하거나 소외된 양극성을 통합하는 데도 유용한 기법이다. 우선, 반전행동과 관련해서 내담자는 흔히 타인에게 향해야 할 분노감을 자기 자신에게 향하게 하는데, 이때 치료자는 이러한 행동을 다시 반대 방향으로 향하게 해 줌으로써 반전을 극복하도록 도와줄 수 있다.

소외된 양극성 부분들과 관련해서도 내담자가 회피해 왔던 행동과 반대되는 행동을 해 보게 함으로써, 내담자의 소외되었던 인격 측면들을 다시 접촉하고 통합하게 해 줄 수 있다. 예컨대, 지나치게 온정적 성격으로 인해 불편을 겪는 내담자에게는 쌀쌀맞은 행동을 한 번 실연해 보도록 요구하고, 지나치게 외향적이고 피상적인 행동을 하는 내담자에게는 조용하고 깊은 관계를 실험해 보도록 제안할 수 있다. 반대 행동을 실험해 볼 수 있는 예로는 다음과 같은 것들이 있다.

① 자기비난이 심한 내담자에게는 그 비난을 원래의 대상에게 향하도록 제안한다.

② 쉴 새 없이 말하는 사람에게는 잠시 침묵해 보도록 제안한다.

③ 타인의 비판에 과민한 사람에게는 타인의 비판을 주의 깊게 경청하는 연습을 시킨다.

④ 강박적인 사람에게는 물건을 마구 흩으려 보라고 시킨다.

⑤ 성적으로 매우 억제된 내담자에게는 자신이 매춘부나 플레이보이인 것처럼 상상해 보도록 요구한다.

⑥ 방어적인 사람에게는 상대편의 비판에 대해 변명하거나 합리화하지 말고, 수용하도록 제안한다. 이때 자발적으로 증거를 제시하며 상대편의 비판을 정당화시켜 주라고 제안한다.

⑦ 주위의 기대에 따라 자신을 맞추려고 애쓰는 사람에게는 자기 자신의 욕구를 자각하고 그에 따라 행동해 보도록 격려한다(Beisser, 1970).

⑧ 지나치게 양보심이 많은 사람에게는 한 번쯤 이기적인 행동을 실험해 보라고 제안한다.

⑨ 자신을 돌보지 않고 지나치게 헌신적인 내담자에게는 그러한 봉사활동에 대한 자신의 싫증에 대해 말해 보도록 요구한다.

⑩ 지나치게 남성적 경향의 사람에게는 여성적 행동을 상상하게 한다.

⑪ 내담자가 회피하는 감정에 몰입하도록 요구한다. 예컨대, 권태감을 피하려 하지 말고 최대

한 몰입하여 느껴 보게 한다.

⑫ 우울에 빠지는 것을 두려워하는 사람에게는 우울감정에 빠져 보고, 이를 탐색해 보도록 요구한다(Clarkson, 1990).

⑬ 증상을 없애려 하지 말고, 그대로 놓아두면서 바라보게 한다.

⑭ 가슴이 답답하다고 말하는 내담자에게는 이 상태를 벗어나려고 노력하지 말고, 집중하여 머물러 있으라고 한다.

⑮ 자신이 싫어하는 자신의 측면을 수용하는 말을 해 보도록 제안한다.

⑯ 삶과 고통을 피하려 하지 않고 받아들이도록 요구한다.

18. 창조적 투사

우리는 끊임없이 투사를 하면서 살아간다. 투사를 하지 않으면 아마 한순간도 살 수 없을 정도로 투사에 익숙해져 있다. 하지만 투사는 결코 그 자체로는 나쁜 것이 아니다. 오히려 투사를 잘 활용함으로써 더욱 창조적으로 살아갈 수 있다. 투사에는 창조적 투사와 병적 투사가 있는데, 이 둘의 차이점은 전자는 자신이 투사행위의 주체임을 자각하는 데 반해, 후자는 이를 자각하지 못하며 자신의 투사가 마치 사실인 것처럼 확신한다는 점이다.

창조적 투사를 하는 사람은 투사물들이 자기 자신이 만들어 낸 것임을 알고 있고, 따라서 그 투사가 사실과 일치할 수도 있지만 그렇지 않을 수도 있다는 사실을 알고 있는 데 반하여, 병적인 투사를 하는 사람은 투사물이 자기 것임을 알지 못하며, 그것들이 마치 객관적으로 외부에 존재하는 실체인 것으로 생각한다. 먼저, 창조적 투사의 예를 들어 보면 다음과 같다.

지원은 최근에 남자친구와 헤어지게 된 친구 혜영과 커피숍에서 만나 커피를 마시게 되었는데, 혜영이 조금 전부터 어두운 표정으로 앉아 있자 지원은 일 년 전에 자신이 겪었던 일을 떠올리면서 혜영이 참 불쌍해 보였다. 아마 혜영이 남자친구로부터 거부당한 아픔 때문에 가끔씩 저런 모습을 보이는 것일 거라 생각했다. 하지만 혹시 자신이 잘못 생각한 것일지도 모르겠다 싶어 지원은 혜영에게 왜 그런 표정을 짓고 있는지, 남자친구 일로 그러는지 물어보았다. 그러자 혜영은 깜짝 놀라며 자기가 그렇게 보였느냐고 말하면서 집안일 때문에 잠시 딴생각을 했다며 미안하다고 말했다. 그리고 남자친구 일은 자기가 더 이상 의미를 못 느껴 그만 만나자고 말한 것이기 때문에 별로 마음에 남아 있지 않다고 했다. 지원은 잠시 얼굴이 붉어졌다. 혜영의 말을 듣고 보니 자신의 감정을 혜영에게 투사했음을 알아차렸기 때문이다.

이 사례에서 지원은 자신의 체험을 바탕으로 자신의 감정을 혜영에게 투사했지만 ① 그것이 자신의 투사일 수 있다는 사실을 알고 있었고, ② 그것이 자신의 투사인지 확인하기 위해 질문을 하였으며, ③ 혜영의 대답을 듣고 나서 그것이 자신의 투사임을 알아차리고서 이를 거두어들였다. 이처럼 창조적 투사는 일순간 사실을 왜곡하여 지각할 수 있는 가능성을 내포하고 있지만, 또한 이를 쉽게 수정할 수 있는 가능성을 갖고 있기 때문에 별로 해롭지 않으며, 더욱 중요한 사실은 우리는 창조적 투사를 통하여 타인의 상태를 알아차리거나 공감하는 데 도움을 받을 수도 있다는 점이다.

만일 우리에게 이러한 투사능력이 없다면 타인의 세계를 이해하고 공감하는 데 많은 어려움을 겪을 것이다. 앞의 예에서 혜영이 정말 남자친구로부터 받은 상처 때문에 어두운 표정을 하고 있었다면, 지원의 투사는 혜영의 심정을 알아차리고 공감하는 데 결정적인 기여를 했을 것이다.

병적인 투사의 예를 들어 보면 다음과 같다.

전 씨는 사람을 잘 믿지 않는 성격이다. 그는 세상이란 차갑고 무서운 곳이라고 생각한다. 내게 돈이 있을 때는 모두 미소짓고 다가오지만, 돈 떨어지면 아무도 나를 아는 체하지 않을 것이라고 굳게 믿고 있다. 한마디로 세상은 가진 자만이 살 수 있는 곳이며, 패배자에게는 비참한 운명만이 기다리고 있을 뿐이라고 생각한다. 그는 부인도 믿지 않는다. 그래서 모든 재산을 자기 명의로 해 놓고 부인에게는 생활비 이상은 절대로 주지 않는다. 그는 부인도 돈 때문에 자기와 결혼했을 것이며, 돈이 떨어지면 자기를 버리고 갈 것이라고 생각한다. 그런데 부인은 아주 소박한 사람으로 금전에 대해서는 무관심하며 욕심이 없는 사람이다. 그녀는 요즘 남편이 사업에 신경을 많이 써서 몸이 약해지는 것 같아 생활비를 절약하여 모은 돈으로 한약을 지었다. 전 씨는 그러한 부인의 행동을 자신의 환심을 사서 돈을 뜯어내기 위한 목적이라고 생각했다.

이 사례에서 보듯이 병적인 투사는 ① 자신의 투사행위를 자신의 행위로 인식하지 못하며, ② 자신의 지각이 사실과 다를 수 있다는 사실을 인정하지 않으며, ③ 따라서 사실을 확인하고 투사를 수정할 가능성이 희박하다.

병적인 투사를 하는 사람은 세상을 병적으로 색칠한다. 성불능자는 세상을 '거세적'으로 지각하고, 난폭한 사람은 파괴적으로 지각한다. 잔인한 사람은 세상을 가학증적으로 묘사하고, 자신의 동성애적 경향성을 두려워하는 사람은 모든 사람을 동성애자로 지각한다. 그들은 세상을 지각함에 있어 그들의 내면세계와 비슷한 방식으로 지각하며, 그것을 정당화하는 자료를 선택적으로 수집하여 지각한다. 만일 그러한 자료를 찾아내지 못하면 환상을 만들어서라도 그것을 지각하고 만다(Zinker, 1977).

문제는 자신이 그렇게 지각한 세상이 세상의 참모습이라고 굳게 믿는 데 있다. 그들은 타인을 대할 때 자신의 시각으로만 보고, 자신의 생각으로만 판단한다. 그래서 타인을 있는 그대로 지각하지 못한다. 전 씨는 병적인 투사로만 부인을 지각했기 때문에 그녀의 참모습을 알지 못하고, 따라서 함께 살면서도 서로 진정으로 만난 적이 없다고 할 수 있다. 이런 사람은 온 세상을 자신의 시각으로만 보기 때문에 세상을 바로 보고 만날 수 없다. 이는 아이러니컬하게도 자기 자신의 것을 자신의 것으로 알아차리지 못하기 때문에 일어나는 현상이다. 자신의 투사를 자신의 것으로 알아차릴 수 있을 때 비로소 타인을 진정으로 만날 수 있다. 전 씨의 경우 자신의 병적인 투사를 깨달을 때 비로소 부인의 참모습이 눈에 들어올 것이다.

병적인 투사는 개체를 자기 세계에 갇히게 만드는 데 반해, 창조적인 투사는 자신의 경험을 창조적으로 사용하여 타인의 세계에 동참하게 해 준다. 우리는 창조적인 투사를 통해서 자신과 이웃에 대해 더 깊은 통찰을 얻게 된다. 병적인 투사에서는 에너지가 갈등에 묶여 있어서 행동으로 이어질 수가 없는 데 반해서, 창조적인 투사는 이러한 병적인 갈등에 묶여 있는 에너지와 접촉하게 해 줌으로써 이를 해소하여 자신과 이웃을 실현하도록 도와준다. 왜냐하면 창조적인 투사는 자신의 억압되고 소외된 부분들을 다시 자신의 것으로 알아차리고 받아들이는 작업을 선결조건으로 하기 때문이다.

이런 의미에서 심리치료란 병적인 투사를 창조적 투사로 바꾸어 주는 작업이라고도 할 수 있다. 병적인 투사는 그것을 자신의 투사로 깨닫는 순간 창조적인 투사로 바뀌게 된다. 양자의 차이는 자신의 투사를 투사로 알아차릴 수 있느냐, 없느냐에 달려 있다. 병적인 투사가 창조적 투사로 바뀌는 순간 개체는 자기애적 세계를 깨뜨리고 외부세계로 나오게 된다. 그렇게 되면 독백의 세계가 아니라 대화의 세계로, 가상의 세계가 아니라 실상의 세계로 나아오게 된다. 그것은 자신의 세계를 잃어버리는 것이 아니라, 오히려 진정한 자신을 회복하는 길이며 진정한 접촉의 출발점이 된다. 자신의 것을 자신의 것으로, 타인의 것을 타인의 것으로 지각할 수 있는 것이 창조적 투사이기 때문이다. 창조적 투사는 타인과의 대화를 통해 끊임없이 자기 존재를 되찾는 동시에, 나와 다른 타인을 발견하고 만나게 해 준다.[3]

지금까지 '창조적 투사' 개념에 대해 말한 것을 다시 간단히 정리하면 대략 다음과 같은 두 가지 의미로 사용하였다.

① 타인이나 세계를 지각함에 있어 자신의 경험을 토대로 지각하는 것. 이때 그러한 자신의 지각이 사실과 다를 수 있다는 것을 알며, 사실을 확인하여 자신의 지각이 틀렸을 때는 이를 수정할 수 있다.

② 병적인 투사를 자신의 투사인 것으로 깨닫는 것을 의미한다. 바꾸어 말하면, 병적 투사를 창조적 투사로 바꾸는 행위 자체를 의미한다.

---

3) 투사는 이분법적으로 '맞다' '틀리다'의 차원에서 판단할 수 있는 문제는 아니다. 굳이 따진다면 **'몇 퍼센트 정도가 맞고, 몇 퍼센트 정도는 틀렸다.'**라는 식이 더 타당할지 모른다. 투사는 각 개인의 공감능력과 본인의 과거경험을 토대로 상대편의 의도를 헤아려보려는 '가설적' 시도라고 보는 것이 타당하다. 즉, 특정 상황에 놓인 상대편 입장에 감정을 이입하여(자신의 유사한 과거경험을 참고하여), 상대편 의도가 무엇인지에 대해 가설을 세워 이해해 보려는 시도로 볼 수 있다. 따라서 창조적 투사와 병적 투사를 구분하는 것은 상당히 인위적인 측면이 있다. 실제에 있어서는 두 가지가 섞여 있으며, 사람에 따라 전자 혹은 후자의 비중이 다를 뿐이다. 본문에 소개된 사례의 전 씨 같은 경우는 병적 투사가 창조적 투사보다 상당히 높은 비중을 차지한다고 할 수 있겠다.
  한편, 상호주관성이론 같은 데서는 투사 개념을 전적으로 폐기처분해야 한다고 주장하기도 한다. 즉, 모든 지각은 대화 당사자의 상호영향에 의한 산물이지 일방적으로 어느 한쪽이 상대편을 오해하여 자기 것을 일방적으로 투사하는 것은 불가능하다는 것이다. 무엇보다 투사라는 개념 자체가 갖고 있는 철학적 가정은 주관과 객관 세계를 이분법으로 나누는 데카르트적 형이상학에 기초하고 있는바, 이는 해석학을 위시한 포스트모던 철학적 관점에서 받아들일 수 없다는 것이다. 즉, 대화 당사자 각자의 지각은 모두 주관적 해석이 들어갈 수밖에 없으며, 또한 어느 정도 상대방 행동에 근거를 두는 면이 있으므로, 서로 조율해서 일치시켜 가는 노력이 필요하다는 것이다(Jacobs, 2012a). 이는 투사라는 개념이 어느 한쪽은 객관적인 지각을 갖고 있고, 다른 쪽은 완전히 왜곡된 지각을 한다는 식의 이분법적 개념에 기초하므로 잘못되었다는 주장으로서, 이는 상당히 새겨들을 가치가 있다고 본다. 하지만 전통적 투사 개념의 **'발견적 유용성(heuristic value)'**마저 송두리째 부인하는 것은 또다시 치우친 견해라고 생각한다. 이는 임상적으로 엄연히 존재하는 개인차를 부정하는 주장이기 때문이다. 치료자 입장에서 항상 불가피하게 일어날 수밖에 없는 자신의 투사 부분도 알아차리면서, 내담자와 상호 조율하는 것이 필요하다고 보지만, 내담자의 심한 왜곡지각 경향성, 즉 '병적 투사'를 부인하고, 쌍방의 지각에 완전히 동일한 책임을 묻자는 주장은 설득력이 상당히 부족하다.

심리치료란 병적인 투사를 창조적 투사로 바꾸는 작업이라고도 말할 수 있는데, 그러면 어떻게 이것이 가능할까? 병적인 투사를 창조적 투사로 바꾸는 원리는 무의식적 투사를 의식적 투사로 바꾸어 주는 것이다. 이는 내담자로 하여금 자신의 무의식적 투사를 의식적으로 실연해 보게 함으로써 가능하다. 이때 치료자가 내담자에게 병적 투사에 대해 설명해 주거나 해석을 해서는 안 된다. 이는 단지 하나의 놀이나 실험에 불과하니 그냥 한번 재미 삼아 해 보자고 제안하고서, 동의를 얻으면 내담자로 하여금 자신의 병적 투사를 연기해 보라고 제안하는 것이다.

예컨대, 타인이 성실하지 못하다고 불평하는 내담자의 경우, 내담자 자신이 불성실한 사람의 연기를 해 보도록 요구한다든지, 혹은 다른 사람이 자기를 의심하고 골탕 먹이려 한다고 말하는 내담자에게는 자신이 직접 그 사람의 행동을 연기해 보도록 시킴으로써, 그러한 욕구나 감정이 내담자 자신의 것임을 알아차리도록 해 주는 방법이다.

이러한 기법의 의미는 타인에게 투사한 내담자 자신의 욕구나 충동, 감정 혹은 사고내용들에 대해 의도적으로 투사놀이를 해 봄으로써, 이것들이 자기 자신의 부분이었다는 사실을 깨닫게 해 주고, 이들을 다시 자신의 부분으로 받아들이고 통합하도록 도와주는 데에 있다. 여기서 의도적인 투사놀이는 내담자로 하여금 이제까지 소외시켜 왔던 자기 인격의 부분들, 혹은 무의식적이었던 행동들과 동일시하게 해 줌으로써, '투사물'에 묶여 있던 에너지를 통합하고 이들에 대한 책임을 질 수 있게 해 준다.

이처럼 놀이를 통하여 내담자는 자연스럽게 창조적 투사를 학습할 수 있는데, 창조적 투사를 하게 되면 내담자들은 점차 자신의 내면과 접촉할 수 있게 된다. 그리고 일단 자신의 내면과 접촉할 수 있게 되면, 그들은 더 이상 그것들을 외부로 투사할 필요성을 느끼지 않는다. 이제부터는 자신의 내면과 접촉이 가능하게 되고, 내적인 에너지에 대해 더 이상 두려움을 느끼지 않게 된다. 그렇게 되면 이러한 내적 에너지를 갖고 유희를 할 수 있게 되는데, 그것이 창조적 투사이다. 창조적 투사란 자신의 내적 에너지를 외부세계를 탐험하고, 그것과 접촉하는 데 유희적으로 활용하는 것이다.

내담자는 이제 창조적 투사를 통하여 자신의 세계를 외부세계로 팽창시켜 나갈 수 있으며, 그것들을 통제할 수 있게 된다. 그렇게 되면 그다음으로는 그러한 통제를 포기하고 자유롭게 외부세계에 몰입하고, 외부세계와 하나가 되어 타인과 자유로운 접촉이 가능해지며, 자연의 아름다움에 도취할 수 있게 된다(Shepherd, 1971; Zinker, 1977).

창조적 투사는 놀이를 통하여 자연스럽게 학습할 수 있는데, 이때 다음과 같은 질문들이 창조적 투사놀이를 촉진시켜 준다.

① 우리가 어떻게 보입니까?

② 우리가 당신에 대해 어떻게 생각하는 것 같습니까?

③ 그 사람이 한 번 되어 보십시오. (미움, 원망, 부러움의 대상이 되어 보기)

④ 그 사람이 과거 당신 가족의 어떤 사람을 연상시킵니까?

⑤ 지금 상황이 과거 가족상황의 어떤 장면과 유사합니까?

⑥ 나는 아주 욕심쟁이기 때문에, 당신이 욕심쟁이라는 것을 금방 알아차릴 수 있습니다.

⑦ 당신이 그 사람에게 한 말을 당신 자신에게도 해 보십시오. (가령, **"너는 너무 이기적이야! 그래서 나는 너를 좋아하지 않아!"**)

19. 꿈 작업

정신분석에서는 꿈을 분석하고, 꿈의 무의식적인 의미를 **해석**하지만 펄스는 이러한 작업은 지적인 게임에 불과하며 개체가 유기체 현실과 만나는 것을 방해하므로 오히려 해로울 수도 있다고 말한다. 게슈탈트치료에서는 전통적으로 꿈을 우리 자신의 일부를 외부로 투사한 것으로 본다. 즉, 꿈에 등장하는 사람들은 물론이고 나무나 집, 산이나 들, 모든 것들이 다 우리 자신의 투사물이라고 본다(Perls et al., 1951).

따라서 게슈탈트치료에서는 꿈을 우리의 투사를 되찾아 오는 데 도움을 주는 좋은 소재로 취급한다. 이때 이러한 투사된 것들을 다시 찾는 방법은 꿈의 각 부분들과 동일시해 보는 것이다.

즉, 내담자로 하여금 자신의 꿈에 등장하는 각 부분들을 차례로 동일시하여 그것들이 **되어** 보도록 요구하는 것이다(Perls, 1969b).

예컨대, 괴물이 쫓아오는 악몽을 꾼 내담자에게 자신이 스스로 괴물이 되어 자기를 쫓아가는 상상을 하거나 괴물의 연기를 해 보라고 하는 것이다. 이런 실험을 통해 내담자는 자기 자신 속에 있는 압제자와 접촉을 갖게 되고, 그렇게 되면 자기 자신을 괴롭히는 존재는 다름 아닌 자기 자신임을 알아차리고 그 부분과 화해하게 될지도 모른다.

꿈 작업(dream work)을 할 때 주의할 점은 꿈의 내용들이 마치 지금-여기에서 일어나는 것처럼 상상하며 작업해야 한다는 것이다. 그것은 그렇게 함으로써 내담자는 그냥 자신의 꿈에 **대해** 이야기하는 것보다 훨씬 더 깊이 몰입할 수 있고, 감정들을 더 생동감 있게 체험할 수 있기 때문이다. 이때 내담자에게 꿈의 부분들이 되어서 말하도록 시켜야 하는데, 예를 들면 다음과 같다.

> 나는 지금 중절모를 쓴 남자를 추격하고 있습니다. 내 손에는 권총이 들려 있습니다. 나는 지금 회심의 미소를 짓고 있습니다.

한편, 꿈 작업을 함에 있어서 반드시 실제 꿈에서 일어난 그대로 이야기가 전개될 필요는 없다. 처음 작업을 시작할 때는 실제 꿈에 일어난 사건들이나 등장인물, 무대, 배경 등을 그대로 사용하지만, 꿈을 실연하는 도중에 즉흥적으로 새로운 스토리가 전개되어도 상관없다. 다만 중요한 것은 내담자가 꿈에 등장한 인물이나 사물과 동일시함으로써 자기 자신의 소외된 부분들과 접촉해 보는 것이다.

꿈 작업에서는 시간만 허락한다면 내담자로 하여금 꿈의 모든 부분들을 모두 하나씩 차례로 실연해 보도록 해 주는 것이 좋다. 왜냐하면 꿈의 부분들이 모두 합하여 하나의 전체를 이루고 있고, 그래서 하나하나의 부분들을 차례로 접촉하다 보면, 인격의 소외된 부분들을 모두 통합하는 것이 가능하기 때문이다. 이런 의미에서 펄스는 꿈을 **'통합에 이르는 왕도'**라고 말했다(Perls et al., 1976).

꿈 작업을 할 때 치료자는 내담자가 꿈의 부분들이 되었을 때, 어떤 말을 하며 어떤 감정을 느끼는지, 그리고 어떤 행동을 하는지, 혹은 어떤 행동을 회피하는지 등을 면밀히 관찰하여 내담자에게 피드백해 주어야 한다. 특히 내담자의 반복되는 행동 혹은 사고패턴을 찾아내어 직면시켜 주는 것이 필요하다.

꿈을 활용하여 내담자의 내면세계를 탐색할 수 있는 방법으로서 꿈의 부분들로 하여금 서로 싸우거나 대화를 하도록 시키는 방법이 있다. 이는 상전과 하인 간의 싸움과 비슷한 양상을 띨 수 있는데, 꿈 부분들이 싸우는 동안에 서로에 대한 이해가 생기면서 서로의 차이점을 자각하고 인정함으로써 마침내 화합을 이룰 수 있다.

꿈의 부분들이 서로 대화하게 함으로써 내담자의 내적 동기를 발견할 수도 있다. 가령, 더블백을 잃어버린 병사가 더블백을 찾으러 다니는 꿈에 대한 작업을 한다고 할 때, 내담자로 하여금 차례로 병사와 더블백이 되어 보도록 하며, 둘 간의 대화를 시켜볼 수 있다. 이러한 대화를 통하여 내담자는 꿈속의 더블백이 자신이 피하고 싶은 어떤 일이나 상황을 반영하고 있다는 사실을 깨닫게 될지도 모른다.

꿈에 나타나는 내용들은 꿈의 장면이 오래된 과거이든 최근의 상황이든, 꿈은 현재적인 의미가 있다. 어린 시절의 장면이 꿈에 나타나더라도 그것은 현재적 의미가 있다. 만일 그것이 현재의 삶에 의미가 없는 것이라면 결코 꿈에 나타나지 않는다. 꿈은 자기가 자기 자신에게 주는 실존적 메시지이다. 즉, 자신이 어떻게 실존하고 있는지에 대한 메시지이다. 이와 관련된 예를 들어 보면 다음과 같다.

아버지에게 강간당한 경험이 있는 한 내담자는 권위자에 대한 심한 불신감을 갖고 있었는데, 어느 날 꿈에서 불타는 원형의 모닥불 가운데 버려진 아이를 구하는 꿈을 꾸었다. 내담자는 꿈의 각 부분들을 재동일시 하는 과정을 통하여 그 버려진 아이가 자기 자신임을 깨달을 수 있었고, 꿈이 주는 메시지는 자기 자신을 보살펴야 한다는 것이었다(Clarkson, 1990).

오래 기억되는 꿈일수록, 그리고 되풀이되는 꿈일수록 더 의미 있는 메시지를 담고 있다. 그래서 꿈 작업에서는 이러한 의미 있는 꿈을 대상으로 하는 것이 좋다. 반복되는 꿈은 내담자가 평소 그 꿈이 의미하는 메시지에 귀를 기울이지 않기 때문에 되풀이되는 것이다. 이러한 메시지를 귀기울여 듣는 순간 그런 꿈은 더 이상 되풀이되지 않는다. 계속 꾸는 꿈뿐 아니라 오래 기억되는 꿈도 마찬가지이다. 어떤 중요한 게슈탈트가 완결되지 않았기 때문에 계속 꾸거나 꿈이 오랫동안 기억된다.

꿈 작업을 할 때는 에너지가 제일 많이 느껴지는 부분 또는 반대로 가장 느껴지지 않는 부분부터 시작한다. 혹은 애매하고 불확실하여 내담자가 가장 동일시하기 힘든 부분부터 시작해도 좋다. 예컨대, 날씨라든가 넓은 장소, 혹은 낯선 사람 등이다. 하지만 꿈의 어떤 부분들에 대해서는 내담자가 두려움 때문에 작업하기 싫어하는 수가 있으므로, 꿈 작업은 받아들일 수 있는 부분부터 하나씩 단계적으로 해 나가는 것이 좋다.

꿈은 대개 두 개의 요소를 갖고 있는데 한 개는 내가 누구인지에 대한 진술이며, 다른 한 개는 꿈에서 빠진 부분에 대한 것이다. 빠진 부분은 꿈에서 가장 중요한 부분일 수도 있다. 왜냐하면 심리적 장애는 개체의 인격에 구멍이 나있는 상태와 같은데, 그러한 구멍이 꿈에서 빠진 부분으로 나타나기 때문이다.

꿈에서 빠진 부분은 내담자가 회피하는 자신의 부분 혹은 어떤 행동이나 상태이다. 예컨대, 죽음, 싸움, 파괴, 성(sex) 등이다. 따라서 꿈 작업을 할 때 꿈의 내용에서 빠져 있는 부분이 무엇인지를 알아보는 것이 도움이 된다. 예컨대, 여행을 하는데 목적지에 도달하지 못하는 경우는 목적지가 빠진 부분이며, 식구들이 다 모였는데 빠진 사람이 있을 경우 그 사람이 회피 대상일 수 있다. 그리고 흔히 꿈이 중단된 부분이 대개 회피되는 장면이다.

꿈 자체에는 빠진 부분이 없다 하더라도 꿈 작업을 하면서 흔히 내담자는 누가 보더라도 아주 중요한 부분에 대해 언급을 피하거나 무시하려는 행동을 한다. 이런 부분도 꿈에서 빠진 부분과 마찬가지로 중요한 의미가 있다. 치료자가 자세히 관찰하지 않으면, 내담자는 자기도 모르게 특정한 꿈의 부분들을 회피하려 한다. 왜냐하면 꿈 작업이 마치 비실존에 대한 공격과 같아서, 종종 내담자들에게 공포심을 유발하기 때문이다. 따라서 꿈 작업을 할 때 치료자는 보조치료자를 활용하여 내담자가 어떤 부분을 회피하는지 관찰하도록 하는 것이 필요하다(Harman, 1989).

흔히 내담자들이 꿈을 임의로 주관적으로 해석하고는 죄책감에 시달리는 경우가 있는데, 치료자는 내담자의 꿈에 대해 내담자와는 다른 시각을 보여 줌으로써 내담자의 불필요한 집착이나 죄책감을 해소해 주고, 시각을 전환시켜 줄 필요가 있다. 하르만의 내담자 돈나는 칼을 들고 자기 아이의 침대로 다가가서 아이를 살해한 꿈을 이야기했다. 그 꿈이 아이들에 대한 자신의 무의식적 증오감을 상징하는 것이라고 하면서 심한 죄책감을 털어놓았다.

이 말을 듣고 치료자는 **"그래, 그 아이를 죽인 기분이 어떻소? 당신 내면의 그 어린아이를 죽인 기분 말입니다."**라고 되물었다. 치료자의 이 질문에 돈나는 크게 놀라 눈물을 흘리면서 **"그래 맞아요. 맞아요!"**라고 외치면서, 이제까지 자신의 삶은 자기 자신을 억압하고 죽여 온 삶이었다고 인정했다. 그녀는 지난 몇 년 간 자기가 좋아하던 발레라든가 다른 취미활동들을 일체 그만두고 오직 일에만 묻혀 살아왔는데, 이제는 문제가 어디에서 왔는지 깨달았다며 기뻐했다(Harman, 1989).

I. 프롬(I. Fromm)

최근의 게슈탈트 치료자들 중에는 꿈을 투사로 보았던 전통적인 입장에서 벗어나 꿈을 투사 외에도 다른 접촉경계혼란을 포함하는 것으로 보는 사람들도 있다. 특히 프롬과 폴스터 등은 어떤 꿈은 반전으로 보는 것이 타당하다고 주장한다. 즉, 외부 환경으로 향해야 할 충동이나 감정이 자기 자신에게 향하게 되면, 그것들이 꿈의 부분들로 나타난다는 것이다(Fromm, 1978; Polster & Polster, 1974; Clarkson, 1990).

클라크슨의 한 내담자는 꿈에서 어두운 복도에 늘어져 있는 밧줄에 목이 걸려 허둥대는데, 그때 기분 나쁜 남자의 웃음소리가 들려와 놀라 깨었다. 그는 꿈 작업을 통하여 스스로 밧줄과 꿈속의 남자 역을 번갈아 가며 동일시해 봄으로써, 자신을 파괴시키고 싶은 충동을 접촉할 수 있었고, 또한 그 충동이 자신의 부친에 대한 반전된 분노감이라는 것도 깨달았다. 이 작업을 통하여 그의 평소 불안 증세와 친구들에게 가끔 폭발적으로 분출되었던 분노발작이 현저히 감소되었다(Clarkson, 1990).

흔히 내담자가 치료 전날이나 치료를 받은 날 밤에 폭력적인 내용의 꿈을 꾸는 경우가 있는데, 이것은 치료자에 대한 내담자의 분노감정이 반전되어 나타나는 것일 수 있다고 한다. 내담자가 이런 꿈을 보고하면 치료자는 내담자의 억압된 감정을 자각시켜 주고, 이를 언어적으로 표현하도록 도와주는 것이 좋다(Clarkson, 1990).

꿈 작업을 할 때, 어떤 접근을 시도하는 것이 좋은지는 여러 가지 요인에 달려 있다. 즉, 꿈의 내용, 꿈이 꾸어진 시점, 반복된 꿈인지 여부, 내담자가 꿈을 어떻게 이야기하는지, 꿈이 어떤 메시지를 담고 있는지, 그리고 치료자의 숙련도가 어느 정도인지 등에 따라 달라진다. 또한 내담자가 꿈을 깨고 일어났을 때, 그 꿈에 대한 느낌이 어땠는지, 그리고 지금은 어떤 느낌인지 등을 아는 것도 중요하다.

만일 내담자가 꿈 내용이 매우 불쾌하고 지저분한 느낌이 든다고 말한다면, 꿈의 어떤 부분 때문에 그런 느낌이 드는지 물어보는 것이 좋다. 이때 내담자에게 스스로 자신의 어떤 부분에 대해서 그와 비슷한 감정을 느끼는지 알아보는 것도 도움이 된다. 그것은 이러한 대답을 통해 예상치 않게 내담자의 내면세계를 발견할 수도 있기 때문이다(Polster & Polster, 1974; Harman, 1989).

때때로 꿈이 전개되는 무대도 내담자의 내면세계에 대해 중요한 단서를 제공해 주기도 한다. 예컨대, 법정이 꿈의 무대라고 하면 죄책감이 꿈의 주제라고 할 수 있다. 이때 치료자가 꿈을 해석하거나 분석하기보다는 내담자 스스로 꿈의 의미를 발견해 나가도록 도와주는 것이 좋다. 어떤 꿈은 그 전달하는 메시지가 너무나 명확하기 때문에 길게 작업할 필요가 없는 경우도 있다(Zinker, 1977).

꿈 작업은 치료자와 함께 하는 것이 원칙이지만, 불가피할 경우에는 내담자 혼자서 할 수도 있다. 혼자 할 경우는 의자를 두 개 혹은 그 이상을 갖다 놓고, 자리를 옮겨 앉으며 꿈 부분들을 실연하고 탐색하면 된다. 물론 그립가족인형을 갖고서 작업을 해도 좋다. 즉, 꿈에 등장하는 인물들과 느낌이 비슷한 인형들을 골라서 테이블 위에 배치하고서, 이들을 옮겨 가면서 서로 대화를 시키는 것이다. 인형작업을 할 때 주의할 점은 항상 어떤 인형이 말할 차례가 되면, 그 인형을 손으로 잡고서 다른 인형 앞에 가서 말하는 식으로 해야 한다는 것이다. 그리고 상대편이 말할 때는 다시 그 인형을 자기 앞에 가져다놓고 똑같은 방식으로 해야 한다.

꿈 작업은 예술치료를 하는 것과 유사한 방법으로 할 수 있다. 즉, 꿈을 한 편의 영화나 한 장의 사진 또는 그림으로 간주하면서 내담자로 하여금 가장 관심이 가는 장면, 혹은 가장 보고 싶지 않은 장면, 가장 강렬한 감정을 불러일으키는 장면, 가장 편안한 느낌이 드는 인물 등을 말하게 하고, 그것에 대해 이유를 설명하도록 요구한 다음, 현상학적 초점화를 사용해서 내담자의 주제를 찾아내는 것이다. 내담자는 이 과정에서 평소 자신의 삶에서의 중요한 주제를 드러내게 되는데, 치료자는 반복적으로 나타나는 주제를 발견하여 배경탐색을 통해 그 의미를 탐색하는 작업을 할 수 있다. 이 과정에서 치료자는 내담자의 **지금-여기** 프로세스를 관찰하면서 그것들이 내담자의 주제와 어떻게 연관되어 나타나는지 살펴야 한다.

20. 통찰과 의미발견

이는 어떤 특정한 기법이라기보다는 내담자가 치료를 통하여 자신의 문제에 대해 새로운 시각을 갖게 되고, 그 의미를 새롭게 발견하는 것을 뜻한다. 내담자는 흔히 과거 어린 시절에 겪었던 경험들을 근거로 해서 현재 상황을 판단하는데, 이러한 판단은 왜곡되는 경우가 많다. 특히 내담자의 어린 시절 경험이 충격적이고 예외적인 경험이었을수록 더욱 심하다. 내담자가 이러한 왜곡을 혼자서 깨닫기는 힘들다.

내담자들은 흔히 과거 어린 시절에 겪었던 갈등상황에서 자신이 무력했다는 사실[혹은 기억] 때문에 자신은 지금도 아무것도 할 수 없는 무력한 존재라고 느끼는 경향이 있다. 즉, 현재와 과거 상황을 구별하지 못하고, 과거 상황에 반응한 것과 동일하게 현재 상황에 반응하곤 한다. 이런 내담자의 행동을 [내담자와 함께 호기심을 갖고서] 자세히 탐색해 보면, 내담자의 내면에서 무척 흥미로운 현상들이 일어나고 있는 것을 발견할 수 있다.

　　나의 40대 중반의 한 내담자는 아내가 시아버지와의 관계에서 힘들었던 일을 토로할 때마다 벌컥벌컥 화를 내었는데, 그 때문에 아내는 무척 힘들어했다. 아내는 단지 그가 자신의 힘든 심정을 좀 알아주고 **"그랬구나!"**라는 정도의 반응을 원하는 것이었는데, 그는 아내의 말을 들을 때마다 자기도 모르게 화가 치밀어 올라 폭발하는 것이었다. 그가 분노감정을 폭발할 때마다, 그의 내면에서 어떤 일이 일어나는지 함께 살펴보았더니, 그는 아내의 호소를 자신이 대신 아버지와 싸워 해결해 달라는 요구로 받아들이고 있었다. 그런데 그것은 어릴 적부터 무섭고 권위적이었던 아버지에게 무력감을 느꼈던 자신으로서는 도저히 들어줄 수 없는 요구라는 생각이 들어 화가 났던 것이었다. 몇 회기의 치료를 통하여 내담자는 결국 그 분노가 아내에게 향한 것이라기보다는 자신을 억압했던 아버지에게 향한 것이었고, 또한 그것은 어린 시절 느꼈던 무력감에서 기인한 것이라는 것을 통찰하였다. 그립가족인형을 갖고서 아버지와 대화하는 실험을 통해 내담자는 자신이 더 이상 그렇게 무력한 존재가 아니라는 것을 깨닫게 되면서 마음이 훨씬 가벼워졌고, 아내와의 관계도 호전되었다.

이 사례에서 내담자는 치료를 통해 자신의 현재 행동에 대한 의미를 통찰하게 되었다. 즉, 치료를 통해 이전에는 이해되지 않았던, [그래서 그 때문에 아내뿐만 아니라 자신도 괴로웠던] 자신의 **'이상한'** 행동의 의미를 발견하고 이해하게 되었다. 이러한 자신의 행동에 대한 통찰과 의미발견은 내담자로 하여금 자신을 좀 더 수용할 수 있게 도와주었고, 그로 인해 한결 마음의 여유를 갖게 도와주었다. 즉, 자신의 '문제' 행동에 대한 통찰과 의미발견은 그러한 자신의 행동에 대한 '정당성'을 인정받도록 해 준 측면이 있다. 하지만 이때 그가 인정받은 **'정당성'**은 과거맥락과 연관된 측면일 뿐이므로, 현재맥락과 관련해서는 내담자 자신의 책임으로 남게 된다.

따라서 치료의 두 번째 단계에서는 바로 이러한 내담자의 **'현재 상황에 대한 알아차림'** 부분을 다루어야 했다. 위 예에서는 아버지와 대화하는 실험이 사용되었고, 이를 통해 마침내 내담자는 현재의 자신은 더 이상 아버지와의 관계에서 무력하지 않다는 사실을 깨닫게 되었다. 즉, 자신의 **'내적인 힘에 대한 알아차림' '관계에 대한 알아차림'**을 통해 현재 상황에 **'맞는'** [정당한 혹은 타당한] 행동에 대한 감각을 배울 수 있게 되었다.

내담자의 문제행동은 종종 내담자의 내면에 존재하는 내사된 목소리로 인해 생겨날 수도 있다. 즉, 내담자가 의식하지 못하는 자신의 편협한 가치평가나, 판단, 행동규범, 도덕기준 등이 문제가 될 수 있다. 이러한 내사는 흔히 밑바탕에 깔려 있는 전제가 잘못되어 있는 경우가 많은데, 치료자는 내담자로 하여금 이러한 전제를 재검토하도록 요구해야 한다. 예컨대, **"나는 무엇 하나 잘 할 수 있는 것이 없다." "나는 재수가 없는 사람이다." "나는 잘못 태어난 존재이다." "나는 사랑받을 가치가 없는 존재이다."**라는 전제를 암암리에 깔고 행동하는 내담자들이 있는데, 치료자는 이러한 전제가 형성된 배경을 함께 탐색해 보는 동시에, 그러한 전제가 잘못되었다는 것을 깨닫게 도와주어야 한다.

많은 내담자들은 현실을 지나칠 정도로 위험하게 평가하거나, 자신의 대응능력을 과소평가하는 경향을 보이는데, 치료자는 내담자로 하여금 현실과 자신의 대응능력에 대해 올바른 평가를 할 수 있도록 도와야 한다. 내담자들은 흔히 자신의 문제에 대한 해결책은 한 가지밖에 없다고 느끼기 때문에 그것이 효과가 없으면 절망에 빠진다. 치료자는 여러 가지 창의적인 실험을 통해 대안적인 시각을 획득하도록 도와주어야 한다. 결국 내담자로 하여금 모든 문제의 진정한 원인은 자기 자신에게 있으며, **"자기 자신이 아니면, 그 누구도 자기를 진정으로 고통에 빠뜨릴 수 없다."**는 사실을 체험적으로 깨닫게 도와주어야 한다.

치료자는 매번 개인작업이나 집단작업이 끝날 때마다 내담자가 무엇을 느끼고 깨달았는지 물어서, 내담자로 하여금 자신이 얻은 통찰이나 의미발견을 다시 한 번 정리하고 다지도록 해 줌으로써, 다음 단계로 나아갈 수 있도록 이끌어 주는 것이 필요하다. 나의 두 내담자가 치료를 통해 얻은 자신들의 통찰과 의미발견에 대해 진술한 것들을 아래에 소개한다.

기독교 모태 신앙의 한 여성 내담자인데, 그녀는 오랫동안 자신의 욕구와는 무관하게 타인에게 봉사하는 것만을 이상으로 삼는 기독교의 도덕적인 내사에 의해 고통을 받아 왔었다. 그녀는 치료가 끝날 때쯤 자신의 문제에 대해 상당한 통찰이 생기면서 다음과 같이 말했다.

> "항상 교회에서 나보다 타인을 앞세우라는 교육을 받아 왔기 때문에 나는 그것이 바른 삶이라고 생각했어요. 그래서 저는 지금껏 항상 나 자신을 억누르고 살아왔어요. 그런데 이제 나의 욕구도 타인의 욕구와 마찬가지로 소중하며, 나의 욕구에 대한 존중이 타인을 진정으로 이해하고 수용하는 데도 도움이 될 수 있다는 사실을 깨달았어요!"

또 다른 내담자는 어린 시절 아버지의 사업 실패로 인해 경제적으로 매우 어려운 가정에서 자랐다. 그녀는 **"사람들은 기본적으로 모두 이기적이며, 타인에 대해 악의를 갖고 있다. 따라서 세상은 냉정하고 무서운 곳이다."**라는 부모의 가치관을 내사했기 때문에 타인에 대한 신뢰감이 매우 부족했고 상당히 방어적인 태도를 보였다.

나는 이러한 그녀의 고정적인 사고패턴과 행동방식을 자각시켜 주는 한편, 그녀가 이러한 사고패턴을 형성하게 된 배경을 함께 탐색해 보았다. 치료에서 나는 그녀의 행위에 대한 책임의식을 높여 주는 한편, 그녀의 무의식적 전제에 대해 현실검증을 해 보도록 도와주었다. 치료가 끝난 몇 달 뒤에 그녀는 내게 다음과 같은 글을 보내왔다.

선생님! 지금까지의 도움에 감사를 드립니다. 저는 지난 몇 달간 많은 것을 느끼고 깨달았습니다. 저의 감동을 함께 나누고 싶어 편지를 드립니다. 지금 생각해 보니까 사람들이 나를 배척했던 것이 아니라, 내가 사람들을 배척했던 것 같아요. 지난 몇 달간 나는 조심스럽게 실험을 해 보았어요. 사람들에 대해 조금씩 관심을 가져보고, 그들의 존재에 대해 느껴 보고, 그들에게 한 발자국씩 다가가는 실험 말이에요. 저는 정말 오래간만에 신선한 느낌을 받았어요. 사람을 신뢰한다는 것이 이렇게 좋은 일이라는 사실을 정말 몰랐어요. 이것은 정말 충격적인 경험이에요. 사람들의 존재가 신비롭게 느껴지고, 어느 순간 인간이 사랑스럽게 느껴지기 시작했어요.

사람들이 정답게 느껴져요. 이것은 정말 전에는 상상도 못 했던 기적 같은 일이에요. 이제 더 이상 사람들이 나에게 어떻게 해 주지 않는다고 걱정하지 않을 것 같아요. 모든 것은 나에게 달렸다는 사실을 이제 깨달았어요. 내가 다른 사람들에게 관심을 가지고, 그들을 사랑함으로써 행복해질 수 있다는 사실을 알게 되었어요. 나는 이제 내 속에 조금씩 자라기 시작한 인간에 대한 신뢰감과 사랑을 아주 소중히 보호하고 키워 나가겠어요. 마치 희귀한 식물을 다루듯이 정성을 다하여 매일 돌보고 사랑으로 키워 나갈 생각입니다. 이런 것들을 깨닫도록 도와주신 선생님께 진심으로 감사드려요.

21. 숙제

게슈탈트치료에서는 지금-여기에만 초점을 맞추기 때문에 숙제는 내어주지 않는 줄로 생각하는 사람이 많다. 그러나 그것은 잘못 전해진 이야기이다. 실제 많은 게슈탈트 치료자들은 숙제(home work)기법을 즐겨 사용하며, 그 효과에 대해 매우 긍정적으로 생각한다(Polster, 1990).

치료상황에서 새롭게 체험하고 발견한 것들을 실제 생활에 적용시켜 삶을 변화시키는 것이 치료의 최종목표라고 할 수 있는데, 숙제는 이러한 목적을 달성하기 위해 무척 유용한 도구이다. 즉, 치료자는 내담자로 하여금 치료시간에 학습한 것들을 밖에서 실험해 보도록 여러 가지 숙제를 내줄 수 있다. 예컨대, 말하면서 다른 사람의 눈을 쳐다보지 않는 내담자에게는 치료시간 외에 밖에서도 타인과의 눈 접촉을 계속 연습해 보도록 숙제를 내줄 수 있으며, 빈 의자를 놓고 아버지와 대화를 한 내담자에게는 필요에 따라 실제로 아버지에게 자신의 감정을 말하도록 숙제를 내줄 수도 있다.

아버지와 심한 감정 대립 때문에 거의 몇 달 동안 서로 말을 하지 않고 지내는 한 여성 내담자에게 나는 아버지와 빈 의자 작업을 통하여 어느 정도 갈등을 해소하게 한 후, 아버지에게 직접 편지를 쓰도록 숙제를 내주었다. 그 후 몇 달이 지나 그녀를 만나 숙제에 대해 물어보았더니, 그녀는 아버지에게 편지를 썼는데 아버지가 그 편지를 받고 무척 좋아하셨으며, 이제 서로 간에 불편한 감정이 없어지고 관계가 매우 좋아졌다고 말하면서 활짝 웃었다.

숙제는 치료시간에 배운 것을 복습하는 의미 외에도 바깥세상에서 현실 검증을 해 보는 의미도 있다. 즉, 치료상황에서 학습한 것은 보호된 공간에서 연습한 것이기 때문에 그 실효성이 아직 완전히 검증된 것은 아니다. 따라서 숙제를 내줌으로써 내담자로 하여금 치료상황에서 실험한 것들의 현실적 타당성을 검증하게 해 주는 것이다. 예컨대, 내담자로 하여금 가까운 사람들에게 자신의 욕구나 부정적인 감정을 솔직하게 표현해 보도록 하거나, 이제까지와는 반대되는 행동을 실험해 보도록 하는 등의 숙제를 통하여, 과연 그렇게 해도 아무 일도 발생하지 않는지, 그리고 그러한 행동이 삶의 질을 향상시켜 주는지 확인해 보는 기회를 제공해 주는 것이다.

숙제가 필요한 또 다른 이유는 내담자가 치료시간에 학습한 것들 중에는 실제 삶에 그대로 적용하기에는 잘 맞지 않거나 부적절한 것들도 있다는 점이다. 예컨대, 치료자에게는 자신의 원초적인 감정이나 욕구를 여과 없이 표현하더라도 상관없거나 오히려 권장되기도 하지만, 그런 방식의 행동은 때로는 외부 대인관계에서는 잘 맞지 않거나 수정을 요할 수도 있다. 실제로 치료를 받으며 분노감정이 너무 강하게 올라와 통제가 잘 되지 않아 주변 사람들과 마찰을 일으키는 경우가 가끔 있는데, 이런 문제는 숙제를 통하여 점검될 수 있고, 필요하면 치료시간에 새롭게 다듬을 수도 있을 것이다.

제 **13** 장

게슈탈트 심리치료의 절차

게슈탈트치료는 대화의 결과를 미리 정하지 않고 과정중심으로 나아간다. 즉, 어떠한 **내용적 목표**도 갖지 않으며 오직 **과정적 목표**만 인정한다. 그런 의미에서 게슈탈트치료의 절차를 미리 계획한다는 것은 얼핏 모순된 것처럼 보일 수 있다. 하지만 이 장에서 논하는 치료적 절차는 **내용적 절차**가 아니라 **과정적 절차**이다. 즉, 게슈탈트치료를 함에 있어서 어떤 순서에 따라, 어떤 방식으로 진행하는 것이 효과적인가에 대한 제안이다. 그리고 여기서 제안하는 방식이 게슈탈트치료를 할 수 있는 유일한 방식이라거나 혹은 가장 효과적인 방법이라는 주장도 아니다. 단지 그동안 해외의 많은 대가들의 작업을 보며 배우고 익힌 것과 나의 임상경험을 통해 깨달은 것 등을 종합해서 체계적으로 기술하는 것일 뿐이다.

이 장을 새롭게 추가로 집필하게 된 배경을 간단히 말한다면, 지난 28년 동안 국내에서 게슈탈트치료를 보급하면서 게슈탈트치료가 매우 매력적이지만, 다른 한편으로는 배우기가 너무 어렵다는 말을 자주 들으면서 체계화를 고민하게 되면서부터였다. 사실 나 자신도 게슈탈트치료에 매료되어 수많은 서구의 대가들을 찾아다녔지만, 그 누구도 게슈탈트치료에 대한 체계화된 방법론을 가르쳐 준 사람은 없었기에 실로 답답함을 많이 느꼈었다.

게슈탈트치료에는 훌륭한 수퍼비전 시스템이 있고, 매우 유능한 수련 지도자들이 많이 있다.

게슈탈트치료 교육은 대부분 현장에서 '라이브(live)' 수퍼비전으로 이루어지기 때문에 어떤 다른 치료기법들보다도 더욱 생생하고 실질적인 교육이 이루어지고 있다. 치료이론에 있어서도 매우 정교한 이론적 체계와 더불어 훌륭한 저술들이 많다. 하지만 실제 **치료과정**에 대한 체계적 저술은 거의 전무한 실정이다.

지금까지 게슈탈트 치료절차에 대한 체계적 저술이 없는 것은 아마도 게슈탈트치료 자체가 갖고 있는 체계화를 거부하는 경향성도 한몫을 하는 것 같다. 즉, 열린 체계로서의 게슈탈트치료의 토대가 **'닫힌 시스템'**을 연상시키는 '체계화(systematization)'를 시도한다는 것 자체가 모순적으로 느껴질 수 있기 때문이다. 게다가 게슈탈트 치료자들은 대부분 매우 창의적이고 자유분방한 성품을 지닌 사람들이어서 **체계적** 방법론을 만드는 일 따위에는 별로 흥미를 못 느꼈을 수도 있다. 하지만 치료현장에서, 그리고 치료자 양성과정에서 치료절차에 대한 체계화의 필요성은 매우 절실하다.

그렇다면 게슈탈트치료의 절차를 체계화시키는 것이 과연 가능할까? 아니면 원초적으로 불가능한 일일까? 그 대답은 완전한 긍정이나 부정일 수 없다. 한편, 자세히 들여다보면 대부분의 기존 심리치료기법들은 모두 **명시적** 또는 **암묵적** 치료절차들을 포함하고 있다. 예컨대, 내담자가 처음 치료에 오면 치료과정에 대한 설명을 하고, 내담자 정보에 대해 파악하고, 좀 더 구체적인 내담자 문제를 탐색한 다음, 치료적 개입을 하는 절차를 내포하고 있다.

이 과정에서 치료자는 내담자와 라포형성을 통하여 튼튼한 작업동맹을 맺어야 하며, 내담자의 저항을 다루면서 점차 심도 있는 작업을 하고, 마침내 내담자가 현실감각을 되찾으면서 치료는 종결된다. 매 시간마다 진행되는 치료도 좀 더 세분화된 절차를 따른다. 즉, 그날그날 다루고 싶은 혹은 전경으로 떠오르는 문제를 찾아 거기에 집중하면서, 이전 치료시간에 다루었던 문제들과의 연관성 속에서 작업을 해 나간다. 또한 치료시간이 끝나기 전에 그날 다루었던 문제의 의미를 돌아보면서 정리하는 것도 통상적으로 관찰되는 치료절차의 일부이다.

여기까지는 대부분의 치료기법들이 공통적으로 보이는 치료의 흐름이다. 문제는 좀 더 세부적인 절차를 체계화시켜 기술할 수 있느냐, 없느냐이다. 대답은 **'예 그리고 아니요(yes and no)'**이다. **'아니요'**를 먼저 설명한다면, 어떤 치료기법이라 할지라도 무한히 다양한 치료자-내담자 상호작용의 가능성들을 미리 다 예측하여 표준화할 수는 없다는 점이다.

'예'는 그래도 대략적 치료방향에 대해서는 미리 정할 수 있지 않느냐는 점이다. 즉, 매번 치료시간이 시작되면 먼저 어떤 주제를 다룰지를 정한다든지, 또 그것이 정해지면 어떤 방식으로 주제를 다루어 나갈지 대략 미리 정해 놓을 수 있지 않을까 하는 것 등이다. 만일 후자의 의미에서 치료적 절차를 좀 더 세분화시켜 기술할 수만 있다면, 게슈탈트치료를 배우는 초심자들은 물론 전문가들에게도 매우 큰 도움이 될 것이라 생각한다. 그것은 마치 망망대해를 항해하는 배의 선장에게 나침반을 쥐어 주는 것과 같을 것이기 때문이다.

게슈탈트치료처럼 오로지 과정중심으로만 나아가는 자유분방하고 열린 치료체계를 비록 치료절차에 관한 것이긴 하지만 과연 어느 정도까지 세밀하게 체계화시킬 수 있을지에 대해서는 나도 의문이다. 하지만 이러한 작업을 시작함에 있어 전혀 아무것도 없는 허허벌판에 맨손으로 집을 지어야 하는 상황은 아니라고 생각한다. 즉, 게슈탈트치료의 명확하고도 알기 쉬운 이론적 지침들이 있기 때문에 그것들을 참고하면서 한 발씩 앞으로 나아갈 수 있으리라 믿는다.

게다가 단편적이긴 하지만 게슈탈트치료의 선배들이 개척해 온 치료절차에 관한 **노하우**들도 상당히 발견할 수 있기 때문이다. 예컨대, 내담자들의 언어적 진술이 비언어적 메시지와 서로 다를 때, 후자에 더 무게를 둬야 한다든지, 과거 사건에 대한 이야기가 나오면 그것들을 단순히 듣기만 하기보다는 구체화시켜야 한다든지, 혹은 실험적 방법을 사용하여 그것들을 현재화시켜 문제가 눈앞에 드러나도록 가시화시켜야 한다든지 하는 것 등이다.

어빙 폴스터는 한 걸음 더 나아가 내가 염두에 두고 있는 **'치료적 절차'**에 견줄 수 있는 좀 더 세분화된 치료과정에 대해 언급하기도 했다. 즉, 그는 치료 수련생들에게 종종 **"내담자의 이야기 내용이 가리키는 화살표를 따라가라!(Follow the arrows that the patient's storyline indicates!)"**라고 말하곤 했다(Polster & Polster, 1995). 즉, 내담자의 이야기의 이면에 흐르는 정서의 흐름을 쫓아가며 그것들의 전개과정을 탐색함으로써 관련된 추가적인 스토리를 발굴하라는 것이었다.

그의 이런 가르침은 내담자의 이야기의 **내용**에만 정신이 팔려 있던 내게는 눈을 번쩍 뜨이게 하는 선사(禪師)의 일갈이었다. 처음엔 도대체 그게 무슨 소리인지 몰랐었다. 오리무중을 헤매는 내 작업을 보시던 폴스터 선생님이 슬쩍 끼어들어 한 마디 툭 던지시는데, 지금까지 어두웠던 내담자 얼굴에 갑자기 생기가 돌면서 마치 모세가 지팡이로 바위를 쳤을 때, 샘물이 솟구쳐 올랐던 것처럼 새로운 이야기가 마구 쏟아져 나왔던 장면이 기억난다.

다음에 제시하는 네 가지 단계는 내가 게슈탈트치료의 원리를 근간으로 하여 세부적인 치료절차를 체계화시킨 것인데, 치료를 하면서 염두에 두면 많은 도움이 될 것이라 믿는다. 이 네 단계는 반드시 단계별로 순서에 따라 하라는 의미는 아니다. 경우에 따라 서로 순서를 바꾸거나 혹은 앞뒤를 몇 번씩 왔다갔다 반복하면서 진행할 수도 있다.[1] 각각의 단계는 서로 영향을 미치면서

---

[1] 예컨대, 3단계인 '지금-여기의 활용'에서 시작하여 1단계인 **'주제의 발견'**으로 갔다가, 4단계인 **'대화관계의 적용'**을 거쳐서 2단계인 **'배경의 탐색'** 작업을 하다가 다시 1단계로 갔다가, 2단계 및 4단계를 거치는 등 다양한 조합이 가능하다. 치료자는 이 4단계들을 머릿속에 그림으로 떠올려 치료과정에서 자주 점검을 하면 좋다. 예컨대, **"음, 아직 1단계를 충분히 하지 못했어!"**라든가 **"이제 2단계로 넘어 가야겠군!"** 혹은 **"아직 3단계는 하지 않았네?"** 등의 생각을 하면서 진행하는 것이

'**해석학적 순환(hermeneutic circle)**'[2]을 통하여 한층 더 깊은 단계로 나아갈 수 있다.

1. 주제의 발견

치료는 일반적으로 내담자의 '**주제(theme)**'를 찾는 작업으로부터 시작하는 것이 좋다. 그것은 내담자의 문제들은 항상 어떤 주제를 형성하여 있는데, 이러한 내담자의 주제를 모른 채 치료를 계속하는 것은 마치 목적지를 모르고 떠나는 여행과 같기 때문이다.[3] 실제 많은 내담자들은 자신의 문제[또는 주제]가 무엇인지 잘 모른 채[혹은 오해한 채] 막연한 고통을 느끼며 살아간다. 이런 경우에 자신의 주제를 분명하게 알아차리는 작업만 해도 기분이 훨씬 나아지며, 앞으로 나아가야 할 방향을 찾아내기도 한다.

내담자의 주제는 게슈탈트치료 개념으로 '**반복회귀 게슈탈트(recurrent gestalt)**'에 해당되며, 이는 내담자가 의식적 또는 무의식적으로 자신의 삶에 있어서 중요한 미해결과제를 해결하기 위

다. 이때 마음속에 TV 화면이나 컴퓨터 모니터를 떠올려 네 모서리에 4단계의 위치를 각각 지정해 두면 쉽게 기억할 수 있을 것이다.

2) 해석학적 순환이란 텍스트 이해에 있어 부분을 이해하려면 전체 맥락을 참고해야 하며, 또한 전체를 이해하기 위해서는 그것을 구성하고 있는 부분들을 살펴봐야 한다는 점에서 서로 순환관계에 있다는 뜻이다. 여기서 내가 제안하는 치료절차의 네 단계 또한 각 단계가 서로 순환적으로 보완하면서 유기적이고 통합적인 전체를 이룰 수 있다.

3) 이 책에서 주제와 문제는 종종 동의어로도 사용되나 대부분의 경우 문제는 일회적인 것을, 주제는 반복되는 문제들의 근저에 놓여 있는 공통적 문제를 지칭한다.

해 끊임없이 반복적으로 노력하는 과정에서 생겨난다. 내담자들이 내놓는 사소한 문제들을 탐색하다 보면, 그 뿌리에는 예외 없이 이러한 주제들이 근저에 자리 잡고 있는 것을 보게 되는데, 이는 참으로 신기하기조차 하다.

주제는 현대 정신분석의 '**상호주관성 이론**(intersubjectivity theory)'에서 말하는 '**불변적 조직화원리**(invariant organizing principle)'(Stolorow et al., 2001; Stolorow, 2002; Stolorow, 2011), 그리고 관계적 게슈탈트치료에서 말하는 '**내구적 관계주제**(enduring relational theme)'(Jacobs, 2012b)와 매우 유사하며, 어린 시절 성장과정에서 겪은 트라우마 경험과 밀접하게 연관되어 있다.

어린 시절 보호자의 사랑과 관심, 보살핌과 지지는 생존에 필수적인데 이것들이 좌절되면 중요한 미해결과제로 남게 되어, 내담자들은 자신의 '주의(attention)'를 삶의 다른 영역으로 자유롭게 옮겨 가지 못하고, 끊임없이 거기에 매달리게 되어 심리장애를 겪게 된다. 이때 내담자들은 보호자의 양육실패를 자기 탓으로 돌리면서 자기상과 대인관계에 대한 부정적 내사를 함으로써 보호자와의 관계뿐만 아니라 다른 대인관계에서도 부적응하게 된다.

예컨대, 내담자는 '**나는 쓸모없는 인간이다.**' '**나는 사랑스럽지 못하다.**' '**나는 사람들에게 짐이 될 뿐이다.**' '**아무도 나를 좋아하지 않는다.**' '**다른 사람들의 요구에 맞춰 줘야 한다.**' '**아무에게도 의지할 수 없다.**' '**실수하면 사람들이 나를 떠나갈 것이다.**' 등과 같이 부정적 내사를 하여 아예 타인과의 교류를 회피하거나, 아니면 긍정적인 경험을 하더라도 [부정적 내사 때문에] 그것을 받아들이지 못함으로써 미해결과제를 완결시키지 못한다. 그렇게 되면 중요한 미해결과제가 해결되지 않았으므로 내담자는 다시 그것에 매달리는 반복적 노력을 하는 악순환을 겪게 되는데, 이것이 내담자들이 경험하는 '**반복회귀 게슈탈트**' 또는 **주제**이다.

내담자들이 고통을 겪으면서도 역설적으로 이러한 주제를 계속 유지하는 배경에는 그것이 주는 심리적 안정감이 있다. 즉, 내담자들은 과거의 상처받은 경험에 근거해서 새로운 경험을 회피하거나, 아니면 새로운 경험을 자신이 갖고 있는 주제에 부합하는 방향으로 왜곡하여 해석하는 모습을 볼 수 있는데, 이는 그러한 행동이나 해석이 자기에게 반복적으로 불편함과 고통을 줄지라도 '예측가능성'이라는 안정감을 가져다주기 때문이다.

예컨대, '**아무도 나를 좋아하지 않는다.**'라는 생각을 주제로 갖고 있는 내담자는 사람들에게 다가가지 않음으로써 사람들이 자기에게 호감을 보일 기회를 스스로 차단하고는 그 결과를 자신의 가설을 입증하는 증거로 삼는데[혹은 사람들이 보여 주는 호의를 자기를 잘 몰라서 보여 준 행동이라고 왜곡하여 해석하고 자신의 가설을 정당화시키는데], 이런 방식으로 자신의 주제를 계속 유지하는 것은 이러한 자신의 사고 및 지각체계가 나름대로 미래를 확실하게 예측해 주는 안정성을 제공해 주는 면이 있기 때문이다. 즉, 위험을 무릅쓰고 불확실한 [새로운] 경험을 시도하거나 받아들이는 것보다는 부정적이지만 확실한 경험을 붙드는 것이 더 안전하다고 믿는 것이다.

한편, 이러한 주제는 발생학적으로 볼 때 나름대로 상당한 의미가 있는 것들이다. 즉, 그것들은 내담자들이 어린 시절 고통스러운 상황에서 자신을 보호하기 위해 만들어 낸 매우 창의적인 행동들이었으며, 한때는 적응적인 전략들이었다.[4] 또한 그것들은 비록 반복적인 패턴을 이루고 있지만, 완전히 굳어진 것은 아니다. 즉, 느리긴 하지만 변화과정 중에 있다. 단지 현재보다는 **과거 맥락**에 더 근거를 두고 **현재 장**을 지각하고 대처함으로써 상대적으로 효율이 떨어지는 행동패턴일 뿐이다. 하지만 이러한 주제들은 앞서 말한 것처럼 완결되지 않은 채 반복적으로 [불필요하게] 전경을 점유함으로써 새로운 경험이 원활히 일어나지 못하도록 막는다는 점에서는 심각하게 생각하고 다루어야만 한다.

내담자의 주제는 시간, 공간 그리고 맥락을 넘어서 거의 변하지 않는 특징적이고 독특한 행동 방식으로 패턴화된 관계방식을 보여 주며, 이는 **욕구, 생각, 감정, 이미지, 신체감각, 행동, 관계** 등 여러 차원으로 구성되어 있다(Yontef, 2008, pp. 465-467). 예컨대, 어린 시절 어머니에게 말을 걸었을 때 반복적으로 아무 대답도 듣지 못했던 내담자는 자신의 사랑받고 싶은 **욕구**가 좌절되면서 **"나는 사람들에게 귀찮은 존재야!"**라는 뿌리 깊은 **생각**을 갖게 되고, 그로 말미암아 자주 **수치심**[감정]을 느끼며, 타인들로부터 거부당하는 **심상**[이미지]을 갖게 되며, 그의 몸[신체감각]은 긴장된 상태가 되고, 사람을 만나는 것을 **피하며**[행동], 사람들과의 **관계**가 어려워질 수 있다.

주제는 이처럼 여러 측면을 지닌 입체적 형태를 띠고 있지만, 주제를 찾는 과정에서 정서는 특히 중요하다. 게슈탈트 치료이론의 관점에서 볼 때, 욕구, 생각, 정서, 이미지, 신체, 행동, 관계는 각각 유기적으로 전체를 이루는 부분들이며, 끊임없이 서로 영향을 주고받는 밀접한 관계에 있지만, 이 중에서 정서는 [치료자의 공감능력을 활용하여] 내담자를 이해하는 데 매우 중요한 정보를 제공해 주므로 유심히 관찰할 필요가 있다.[5] 하지만 욕구, 생각, 이미지, 신체, 행동, 관계의 측면들을 함께 탐색함으로써 내담자 주제를 보다 입체적으로 파악할 수 있으므로 항상 이들도 염두에 두어야 한다.[6]

---

4) 그리고 가끔 현재 상황에서도 의미 있는 효과적 대처방식으로 평가받기도 한다. 예컨대, 어린 시절 보호자의 눈치를 보며 사람들에게 맞춰 살았던 사람이 현재 비슷한 환경에 놓였을 때, 그런 경험이 없었던 사람보다 오히려 더 잘 적응하는 모습을 보일 수 있다.

5) 게슈탈트치료에서는 일반적으로 정서를 매우 중시하는데, 프로이트의 구조이론에서와는 달리 정서는 이드충동에서 파생하는 것이 아니라 유기체와 환경의 상호작용을 통하여 나타나는 관계적 현상이며, 대인관계의 질에 대한 중요한 정보를 제공해 준다. 정서는 대인관계에서 작동하는 개인의 **'내구적 관계주제'**를 찾고자 할 때, 출입구의 역할을 해 준다(Jacobs, 2012).

6) 정서는 인지와 지각을 포함하는 **신체적 과정**이다. 이때 인지란 명제적 판단만을 뜻하는 것이 아니라, 비명제적 · 비언어적 · 신체적 과정을 포함하는 지각작용을 의미한다. 정서는 개인이 세계에 **'관여(engagemnet)'**하면서 그것과 관계를 형성하는 과정에서 경험하는 지각현상인데, 이는 인지 및 신체과정과 불가분의 관계에 있다. 즉, 정서체험은 지각을 포함하

1) 주제발견 방법

주제를 발견하는 방법에는 다음의 몇 가지가 있다.

(1) 이야기 속에서 발견하는 방법

내담자가 치료실에 들어오면 나는 보통 내담자와 간단한 인사를 나눈 다음 **"오늘은 어떤 문제를 다루고 싶으세요?"**라고 묻는 것으로부터 시작한다. 그러면 흔히 돌아오는 대답은 **"글쎄요. 잘 모르겠습니다. 딱히 생각해 온 것은 없어요!"**라는 식이다. 그리고 잠시 기다리면 내담자들은 **"이건 별로 중요한 건 아니지만, 생각이 나서 …"**라는 말을 하면서 이야기를 꺼내곤 한다. 예컨대, 친구와 있었던 일, 직장 동료나 상사와의 관계에서 있었던 일, 혹은 가족과의 관계에서 있었던 이야기들을 하기 시작한다.

그러면 나는 내담자의 이야기를 들으면서 먼저 내담자의 문제가 무엇인지 명료화시키는 데 초점을 맞춘다. 이때 이야기 속에 내포된 내담자의 정서, 특히 미해결정서를 중심으로 탐색한다. 내담자의 이야기를 경청하면서 내담자가 [이야기 속] 사건 당시 느꼈을 감정을 공감적으로 따라가며 중요한 대목마다 내담자에게 그때 느꼈던 감정을 묻는다. 그러면 종종 내담자들은 [특히 치료 초기에는] 정서를 잘 알아차리지 못하거나, 알아차렸다고 하더라도 그냥 대답을 않고 하던 이야기를 계속하곤 하는데, 그러면 나는 포기하지 않고 다시 정서에 초점을 맞춰 질문을 한다. 그러면 내담자들은 대부분 자신의 미해결정서를 접촉하게 된다.

이러한 미해결정서들은 비슷한 패턴에 따라 반복적으로 경험되는 경향이 있으며 접촉경계혼란의 형태로 나타나는데, 이런 경우 대부분 내담자의 주제와 연결되어 있다. 따라서 내담자의 이야기를 들으면서 반복적 미해결정서나 접촉경계혼란 행동을 발견함으로써 내담자 주제를 발견할 수 있다. 예컨대, 사람들이 자기를 무시했다며 자주 분노감정을 보고하는 내담자의 경우 열등감의 주제와 연결되어 있을 수 있으며, 불쌍한 사람들에 대한 강한 동정심을 반복해서 경험하는 경우 자신의 외로움을 투사하고 있을 수 있다. 혹은 떼쓰는 아이를 못 견디는 내담자의 경우, 자신의 억압된 미해결정서를 아이에게 투사하고 있을 가능성이 있다.

는 넓은 의미의 인지와 신체과정을 모두 필요로 한다. 이는 사회학습 과정에서 **'거울신경세포(mirror neuron)'**의 작용관찰을 통하여 입증되고 있다. 이런 맥락에서 정서는 **'체현된 인지(embodied cognition)'** 또는 **'신체적 지각(physical perception)'**이라고 말할 수 있다(공유진, 2013; Wilson & Foglia, 2011).

(2) 내담자 스스로 제안하는 방법

"오늘은 어떤 문제를 다루고 싶으세요?"라는 치료자의 질문에 **"제 의존행동에 대해서요 …"** 혹은 **"일을 자주 미루는 문제에 대해서요 …"**라는 식으로 내담자 스스로 비교적 분명하게 자신의 문제[또는 주제]를 말하는 경우도 종종 있다. 특히 치료가 많이 진행된 시점에서는 자주 이런 장면이 나온다. 이런 경우 치료자는 내담자가 제안한 문제[또는 주제]를 바로 다루기보다는 그러한 것들이 정말 문제[또는 주제]가 되는지, 된다면 어떤 식으로 되는지를 먼저 살펴보는 것이 필요하다. 흔히 내담자가 문제가 된다고 생각하는 것이 실제로는 별 문제가 아닌 경우도 있으며, 반대로 내담자는 문제가 되지 않는다고 생각하지만 실제로는 심각한 문제인 경우도 있기 때문이다.

이때 치료자는 내담자가 생각하는 문제가 어떤 식으로 문제가 되는지 구체적인 예를 들어 설명하도록 요구해서, 내담자의 고통스러운 마음이 충분히 공감이 될 때까지 자세히 물어 가며 탐색을 해 나가는 것이 필요하다. 이 과정에서 내담자의 문제가 명료화되면서 치료자와 내담자는 함께 문제를 객관적으로 바라볼 수 있게 된다. 이런 작업을 하는 과정에서 처음에 막연했던 문제가 점점 분명해지거나, 혹은 반대로 더 이상 문제가 되지 않는다는 것을 발견하기도 하는데, 어느 쪽이든 문제해결에 있어 매우 도움이 된다. 이런 방식은 내담자 스스로 책임의식을 갖고 자신의 문제를 발견하고, 정의하고, 주도적으로 해결해 나가는 습관을 길러 준다는 점에서 매우 바람직하다.

(3) 내담자의 행동을 관찰함으로써 발견하는 방법

내담자가 자신의 이야기를 하는 과정에서, 혹은 치료자와 대화를 하거나 실험에 참여하는 과정에서 자신도 모르게 내보이는 행동들을 통하여 주제가 드러날 수 있는데, 치료자가 그것을 관찰하여 내담자에게 피드백을 해 줌으로써 주제를 발견할 수 있다. 내담자들은 무의식적으로 끊임없이 자신의 주제를 드러낼 수밖에 없는데, 그것은 항상 지금-여기의 행동으로 나타나게 된다. 따라서 치료자는 내담자의 이야기를 듣거나 내담자와 대화를 하는 도중에[혹은 내담자가 실험을 하는 도중에] 항상 지금-여기에서 어떤 행동을 하는지 주의 깊게 관찰하면서 그것들이 내담자의 주제와 관련이 있는지 살펴봐야 한다.

예컨대, 내담자가 어린 시절 부모로부터 관심을 받지 못했던 이야기를 하면서 치료자를 똑바로 쳐다보지 못하고 흘끔흘끔 눈치 보는 행동을 반복한다면, 혹은 치료자의 말에 지나치게 동조하는 행동을 반복적으로 보여 준다면, 치료자는 내담자로 하여금 자신의 행동을 돌아보도록 해 줌으로써 주제발견을 도와줄 수 있다.

(4) 그립도구를 통해서 발견하는 방법

그립(GRIP)[7] 도구들을 사용함으로써 내담자들의 주제를 쉽게 찾아낼 수 있다. 특히 자신에 대한 성찰이 부족하거나 언어능력이 발달하지 않은 내담자들 그리고 치료동기가 약한 아동 · 청소년 및 성인 내담자들에게 도움이 된다. 그립도구들은 내담자의 저항을 줄이면서 자연스럽게 스토리텔링을 이끌어 내는 다양한 언어적 · 정서적 · 시각적 자극들을 제공한다.

치료자는 이러한 자극에 대한 내담자의 반응들 가운데 반복된 패턴을 찾아냄으로써 주제를 발견하도록 도와줄 수 있다. 예컨대, 여러 장의 그림상황카드들을 차례로 제시했을 때, 소외감의 주제가 반복해서 등장한다든지, 혹은 감정단어카드 작업에서 미해결된 분노감정이 자주 나타난다든지 하는 과정을 통해 치료자는 내담자의 핵심주제에 대한 단서를 찾아낼 수 있다.

그립도구는 또한 치료자와 내담자 간에, 치료자와 집단원들 간에, 그리고 집단원들 상호 간에 다양한 상호작용과 접촉 및 역할연기 행동을 요구함으로써 내담자[또는 집단원]들이 자기도 모르게 자신의 핵심주제를 드러내거나 알아차릴 수 있게 도와준다. 또한 내담자들은 분석이나 진단을 받는다는 느낌보다는 일상적 대화나 놀이를 하는 분위기에서 진행되므로 덜 방어적인 자세로 임하며, 발견한 주제에 대해서도 훨씬 수용적인 태도로 호기심과 진지함을 갖고서 바라보게 된다.

2) 주제의 명료화

치료를 시작할 때, 많은 내담자들은 자신의 문제가 무엇인지 분명하지 않은 채, 혼란스러운 상태에 있다. 특히 추상적으로 말하는 경향이 있는 사람일수록 이런 현상이 심한데, 이때 주제를 구체화시켜서 분명한 전경으로 부각시켜 주는 작업, 즉 주제의 명료화가 매우 중요하다. 내담자가 내놓는 이런저런 이야기들, 내담자가 호소하는 이런저런 증상들, 내담자가 보여 주는 이런저런 행동방식들에 일일이 한눈을 팔면 안 되며, 그런 것들의 밑바닥에 있는 핵심주제를 찾아내어 명료화시켜야 한다.

주제를 명료화시키는 작업은 우선 문제 정의로부터 시작해야 한다. 즉, 무엇이 문제인지, 왜 그것이 문제가 되는지, 언제 어떤 식으로 문제가 되는지, 어느 정도 문제가 되는지 등을 자세히 물어 탐색하는 것이다. 또한 이러한 문제가 내담자의 과거의 삶에서 자주 반복되었는지, 현재의 삶

---

7) '그립(GRIP: Gestalt Relationship Improvement Program, 게슈탈트 관계성 향상 프로그램)'은 저자가 2010년에 게슈탈트 치료와 예술치료기법을 응용하여 개발한 심리진단 및 치료도구로서 마음자세카드, 그림상황카드, 감정단어카드, 그립가족인형, 그립보드게임 등의 다양한 도구들로 구성되어 있으며, 개인의 삶의 중요한 미해결 주제들을 찾아내어 개인치료나 부부치료, 가족치료, 집단치료 등에 유용하게 쓰일 수 있도록 만들었다.

에서도 반복되고 있는지, 그리고 치료자-내담자 관계에서도[혹은 집단에서도] 반복되고 있는지도 탐색해야 한다. 이 과정에서 어떤 반복적인 패턴을 발견하게 되면, 그것들의 근저에 놓여 있는 주제에 대한 가설을 세운 다음 이를 내담자와의 대화를 통해 확인 · 검증하는 과정을 거쳐야 한다. 즉, 치료자가 일방적으로 진단을 내리고 분석하는 것이 아니라, 현상학적 초점화를 통해 내담자와 상호조율하면서 가설을 검증⁸⁾해야 한다.

이런 작업을 할 때 치료자의 공감이 탐색 도구로서 매우 유용하다. 즉, 내담자의 주제를 명료화시키는 과정에서 치료자는 자신의 공감능력을 사용하여 내담자의 주관세계 속으로 자신을 투영시킴으로써 내담자가 느끼는 고통, 내담자가 갖는 문제의식, 내담자가 자신의 삶을 바라보는 시각 등을 대리 경험하면서 내담자의 주제를 이해하게 된다. 만일 내담자의 문제가 분명하게 공감이 되지 않는다면, 충분히 공감될 때까지 계속 질문해서 내담자가 느끼는 고통의 수준을 함께 느낄 수 있도록 해야만 한다.

치료자는 이처럼 공감과 가설검증을 토대로 해서 때로는 내담자보다 반 발자국 앞서 가기도 하고, 때로는 반 발자국 뒤따라가기도 하면서 내담자와 함께 내담자의 내면세계를 여행한다. 이때 치료자의 물음이 매우 중요하다. 즉, 특정 상황에서 내담자가 어떤 감정을 느꼈는지, 어떤 생각이 떠올랐는지, 신체가 어떻게 반응했는지 등을 자세히 물어 줘야 한다. 그래야만 내담자가 자신의 세계를 깊이 있게 탐색할 수 있게 되고, 또한 이를 통해 치료자도 내담자의 세계를 입체적으로 그려 볼 수 있기 때문이다.

이 과정에서 내담자의 특정행동에 대한 동기를 물어 주는 것도 가설 검증을 위해 매우 중요하다. 예컨대, 타인의 호의를 계속 거절하는 내담자의 경우, 왜 그런 행동을 하는지 이유를 물어 줌으로써 '의존에 대한 두려움', 그리고 그 밑바닥에 감추어진 '의존욕구'의 주제를 찾아낼 수도 있을 것이다. 그런데 역설적으로 치료자의 이런 질문은 내담자의 의존욕구에 대해 어느 정도 미리 알고 있어야만 가능하다. 즉, 내담자 역동에 대한 어떤 가설을 세웠을 때 비로소 의미 있는 질문을 던질 수 있다. 따라서 치료자는 내담자의 이야기를 들으면서 혹은 내담자의 행동을 관찰함으로써 수시로 내담자의 주제에 대한 가설을 세워야 한다.

많은 경우에 있어 치료는 [우리 자신의 경험을 통해, 혹은 내담자의 스토리를 통해, 혹은 치료자의 공감과 추론에 의해] 우리가 어느 정도 알고 있는 것을 토대로 해서 가설검증의 형태로 진행하게 된다. 그렇게

---

8) 여기서 말하는 가설검증이란 내담자의 동기에 대한 치료자의 짐작 또는 추측에 대해 내담자가 옳고 그름을 확인해 주는 과정을 뜻하며, 경험연구에서 말하는 가설검증과는 다른 의미이다. 물론 내담자 자신도 잘 몰라서 정확하게 답을 못 해 주거나 혹은 잘못 대답하는 경우도 있을 수 있다. 그럼에도 불구하고 이러한 문답과정을 통해 치료자와 내담자는 함께 미지의 세계를 탐색하면서 새로운 것을 발견해 나갈 수 있다.

하지 않으면 수많은 사소한 단서들에 주의가 분산되어 도저히 내담자의 문제범위를 좁혀 나갈 수 없게 된다.

물론 치료자의 가설이 잘못된 경우도 많다. 그때는 얼른 가설을 수정하여 새로운 질문을 던짐으로써 다시 내담자와 조율하는 것이 필요하다. 이때, 이러한 실수를 두려워할 필요는 없다. 새로운 사실이 밝혀지면서 가설을 수정하는 것은 기존의 가설을 다듬어서 좀 더 정교한 가설로 만들어 가는 과정이기 때문이다. 사실 주제를 찾는 과정은 치료자와 내담자가 문답을 통해 끊임없는 가설 세우기와 가설 수정을 해 나가는 연속적 과정이라고 할 수 있다. 이러한 변증법적 과정을 통해 치료자와 내담자는 마침내 내담자 주제에 대해 심도 있는 이해에 도달하게 된다.

내담자의 주제는 대부분 과거의 상처받은 경험으로 인한 미해결과제와 연관이 있다. 미해결과제는 생존에 필요한 중요한 욕구에 관한 것이므로 결코 포기할 수 없다. 하지만 충격적인 상처를 받았으므로 미해결과제에 다시 접근하는 것은 심한 공포심을 유발하며, 따라서 내담자들은 이를 무의식적으로 회피한다. 그 결과 미해결과제는 치유되지 않은 채, 반복적인 주제의 형태로 나타나게 된다(Polster & Polster, 1974, pp. 175-184).

내담자의 주제는 치료시간에 항상 모습을 바꿔 가며 변형된 형태로 나타난다. 하지만 그것은 항상 미해결과제와 연결되어 있으므로 미해결과제를 추적하다 보면 반드시 만나게 되어 있다. 미해결과제에 접근하면 불현듯 공포심이 일어나면서 앞으로 나아갈 수도 뒤로 물러설 수도 없는 **'막다른 골목(impasse)'** 상태에 도달하게 되는데, 바로 이 지점이 주제를 만날 수 있는 곳이다. **주제란 '포기할 수 없는 숙제인 미해결과제를 해결하려는 반복적인 불완전한 시도'** 같은 것이다. 그것은 항상 미해결과제에 다가가려는 의지와 그것으로부터 달아나려는 두려움의 에너지가 서로 반복적으로 충돌하는 현장에서 관찰되는 **'존재의 애타는 몸부림'** 같은 것이다.

주제는 매번 다른 상황과 다른 사건을 통하여 모습을 드러내지만, 보통 내담자가 직접 경험하는 것은 주제가 아니라 **'막다른 골목'**이다. 즉, 앞으로 나아가지도, 뒤돌아설 수도 없는 진퇴양난의 고통이다. 주제는 이러한 고통이 경험되는 곳에서 발견되는 **'보이지 않는'**, 하지만 보이는 것들을 움직이는 강력한[살아 움직이는] 역동이다. 따라서 주제를 찾으려면 항상 막다른 골목을 주시해야 한다. 내담자가 계속 고통을 느끼면서도 자신의 특정한 행동방식을 바꾸지 못하는 현상의 이면에는 항상 그의 주제가 도사리고 있다.

예컨대, 다른 사람의 눈치를 지나치게 보는 행동, 자기 몸을 돌보지 않고 과로하는 행동, 자신감 없는 행동, 혹은 조그만 실수에도 심하게 자책하는 행동 등의 다양한 형태로 나타나는 내담자 역동[프로세스]의 이면에는 어린 시절 어머니가 몇 달 동안 가출을 했을 때 받았던 충격적 경험이 미해결과제로 남아서 **'중요한 타인으로부터 버림받을지 모른다는'** 버림받음의 주제가 가로놓여 있을 수 있다.

이러한 내담자의 주제들은 항상 고통과 서로 밀접하게 연관되어 있다. 내담자 자신은 항상 그러한 고통을 알아차리지 못하고 있을 수 있으나, 그렇다고 해서 고통이 존재하지 않는 것은 아니다. 치료자는 내담자의 주제를 명료화시켜 주는 과정에서 이러한 내담자의 고통을 자각시켜 주고, 공감해 주는 것이 필요하다.

2. 배경의 탐색

치료자의 도움으로 주제가 명확해지면 내담자는 자신의 문제를 어느 때보다 선명하게 볼 수 있게 되며, 따라서 나아갈 방향을 알게 된다. 예컨대, 지나치게 다른 사람의 눈치를 보는 행동, 혹은 권위자에 대한 과도한 반발행동, 혹은 어떤 종류의 사람을 지나치게 미워하는[또는 보호하려는] 행동 등이 자신에게 반복적으로 고통을 가져다줌에도 불구하고 멈출 수 없는 행동이라는 것을 알게 되면, 이것이 바로 자신이 해결해야 할 문제행동, 즉 주제란 것을 깨닫게 된다.

하지만 내담자는 아직 이러한 주제의 의미를 온전히 이해하지 못한 상태이므로 이를 스스로 해결할 수가 없다. 여기서 의미를 이해한다는 것은 어떤 행동을 하는 이유나 목적, 즉 배경을 깨닫는 것을 말한다. 이는 그 행동을 자기 스스로 선택했을 때만 가능하다. 즉, 어떤 행동을 자신이 [알아차림을 갖고서] 선택한 것이 아닌 경우에는[가령 최면이나 약물중독 상태에서 어떤 행동을 한 후 깨어났을 때에는] 왜 자신이 그런 행동을 했는지 이해할 수가 없다.

어떤 행동을 이해하지 못한다는 것은 자신이 그 행동을 왜 했는지를 모른다는 뜻이며, 이는 그 행동을 자신이 스스로 선택한 것이 아니었거나, 아니면 선택했다 하더라도 그 사실을 잊어버렸기 때문에 나타나는 현상이다. 어느 경우이든 내담자는 그러한 행동을 바꿀 수가 없다. 예컨대, 술이 취할 때마다 습관적으로 자기 얼굴을 때리는 사람이 있다고 하자, 술이 깨었을 때 황당함을 느끼겠지만, 그 행동을 자신이 선택했다는 인식이 없으므로 그것을 고칠 수가 없다.

주제[행동]의 해결도 마찬가지이다. 내담자가 자신의 [주제]행동을 스스로 선택했다는 알아차림과 그 목적을 [즉, 의미를] 이해하지 못하면, 그것을 변화시킬 수 없다. 내담자의 주제는 내담자가 과거에 자기를 보호하기 위해 스스로 선택한 행동들이었지만 [그것들이 너무 고통스러운 기억이므로 억압해 버림으로써] 그 의미와 목적을 더 이상 이해하지 못하게 된 것들이다. 즉, 자기선택에 대한 알아차림이 없어진 것이다. 따라서 주제의 해결은 이러한 알아차림을 회복하는 일로부터 시작해야 하며, 이는 주제[행동]의 배경탐색과 이해를 통해서 이루어진다.

여기서 배경은 아직 내담자에게 온전히 인식되지 않는 영역이란 측면에서 정신분석에서 말하는 무의식과 유사한 면이 있다. 이를 의식화시켜 줌으로써 내담자로 하여금 자기 행동에 대한 통찰과 더불어 행동변화를 가져다줄 수 있다고 보는 점도 정신분석과 유사하다. 하지만 게슈탈트치료에서는 전경과 배경의 관계를 훨씬 유기적인 것으로 보며, 현상학적 초점화에 의해 내담자 스스로 찾아낼 수 있다고 믿는다.[9]

무엇보다 게슈탈트치료에서는 정신분석이 인간의식을 의식과 무의식의 이분법으로 나누는 것에 대해 인간의 전체성을 훼손할 위험이 있다고 비판한다. 물론 정신분석에서도 의식과 무의식 사이의 자유로운 이동에 대해서 '전의식' 개념을 통해 언급한 것은 사실이다. 하지만 이런 부분은 치료실제에서는 거의 반영되지 않았다. 또한 정신분석에서는 환자 행동의 **'진정한'** 의미를 찾는다는 명분하에 주로 무의식에 치중하게 되면서 점차 의식과 인간행동의 자율성 부분을 소홀 내지는 무시한 결과를 초래하였다. 반면에 게슈탈트치료에서는 의식과 무의식의 경계선을 명확히 구분하지 않으며, 무의식이란 단지 주의를 기울이지 않음으로 해서 알아차리지 못하는 영역일 뿐이라고 본다. 따라서 지금-여기의 현상들을 알아차림을 갖고서 **연계성**을 좇아 따라가면 자연스럽게 깊은 곳에 도달할 수 있다고 믿는다.

이런 맥락에서 치료의 순서도 게슈탈트치료에서는 과거로부터 출발해서 현재로 오는 것이 아니라, 현재에서 출발해서 과거로 들어간다. 전경과 배경의 용어로 설명한다면, 배경에서 출발해서 전경으로 들어오는 것이 아니라, 전경에서 출발하여 배경으로 탐색해 들어가는 순서이다. 이는 치료실제에서 상당히 중요한 함의를 지니고 있다. 즉, 많은 치료기법들에서 내담자의 현재 문제를 이해하기 위해 현재에서 출발하기보다는 과거에서 출발하는데, 그렇게 되면 장이론에서 비판하는 인과론적 · 기계론적 오류에 빠질 뿐 아니라, 과거와 현재의 유기적 연결성도 보장하지 못한다. 다시 말해, 치료자가 임의로 선택한 내담자의 과거 사건이 현재의 주제와 직접 관련이 있을지 알 수 없다. 즉, 현재 주제와 관련이 없는[엉뚱한] 과거를 통해 현재를 해석하는 오류가 생길 수 있다(Polster & Polster, 1973, p. 164; Yontef, 2008; Kim & Yontef, 2013).

게슈탈트치료에서는 과거 사건을 출발점으로 하지 않고, 지금-여기의 전경에서 출발해서 [그것과 유기적인 관련을 갖는] 배경을 탐색해 나가는 방식을 취하는데, 이 과정에서 밝혀진 배경은 바로 전경인 주제의 **의미**에 해당한다. 여기서 배경탐색이란 전경[주제]의 배경을 탐색하는 것이므로 전경과 배경은 서로 뗄 수 없는 유기적 관계에 있다고 하겠다. 따라서 게슈탈트치료에서 찾아내는

---

9) 현상학적 초점화의 작업은 내담자의 협조를 받으면서 치료자와 내담자가 함께 한다. 하지만 어디까지나 내담자의 알아차림이 중심이 된다. 즉, 치료자는 질문을 통해 내담자로 하여금 스스로 자신의 프로세스를 알아차리도록 도와주는 역할에 머문다.

과거는 '임의적인(arbitrary)' 것이 아니라, 항상 현재 주제와 밀접한 연결성을 갖는 '의미 있는' 과거이다. 이는 치료자가 임의로 의미 있어 보이는 내담자의 과거 사건들을 조사한 다음, 그것을 현재 문제의 원인으로 지목해 버리는 것과는 확연한 차이가 있다.

게슈탈트치료에서는 전경과 배경의 관점에서 표면에 떠있는 명백한 것들, 즉 전경을 주목해서, 그것들이 어디를 가리키는지 화살표를 좇아 따라가다 보면, 중요한 [무의식적] 내용들을 만나게 된다고 본다. 즉, 무의식 속에 있는 과거 사건에 대한 분석이 아니라 '지금-여기의 생생한 현상들의 연계적 표출(the sequence of actualities)'을 좇아감으로써, 보다 깊은 곳으로 진행하는 방법을 택한다(Polster & Polster, 1973, p. 45).

배경탐색을 통해 주제를 이해하는 것은 주제의 자기선택에 대한 알아차림을 회복하는 차원과는 별도로 내담자 문제를 '정상화시켜 주는(normalizing)' 측면도 있다. 내담자들이 자신의 문제 [주제]를 자기도 이해하지 못함으로써 혼란이나 수치심을 느끼는 경우가 많은데, 이러한 경향은 내담자의 행동을 '비합리적 신념' '인지적 오류' '왜곡된 사고' 등의 가치평가적 진단명 사용에 의해 더욱 조장되기도 한다. 그런데 배경탐색을 통해 주제의 의미를 이해하게 되면, 내담자는 자기를 다른 관점에서 볼 수 있게 된다. 즉, 지금까지 '이상한' 행동으로 여겨져 스스로 자책하고, 싫어하고, 회피해 왔던 자기 행동에 대해, 이제 그 의미를 이해하게 됨으로써 자기를 이해하고 수용하기가 쉬워진다. 더불어 자신의 주제행동은 과거맥락과 관련된 것이란 사실을 깨달으면서 현재맥락에 대한 새로운 조망을 할 수 있게 되고, 따라서 행동선택의 다른 가능성들이 눈에 들어오게 된다.

1) 배경탐색의 방법

내담자 주제의 배경을 탐색하는 방법에는 다음과 같은 것들이 있다.

(1) 내담자 주제[행동]의 이유 또는 목적을 물어 주는 방법

치료자는 내담자와 함께 내담자 주제를 발견하고 나면, 내담자의 그런 행동의 동기에 대해 직접 물어 줌으로써 내담자로 하여금 주제행동의 배경을 스스로 돌아보게끔 해 줄 수 있다. 예컨대, **"당신에게는 예의 바르게 말하는 것이 대단히 중요해 보이네요?" "왜 그것이 그렇게 중요하지요?" "만일 예의 바르게 말하지 않는다면 어떤 일이 벌어질 수 있을까요?"** 등의 질문을 함으로써 내담자로 하여금 자신의 주제행동이 어떤 목적을 지니고 있는지 돌아보도록 하는 것이다.

그렇게 하면 아마도 내담자는 잠시 생각 끝에 상대편에게 상처를 주지 않으려고 그러는 것 같다는 답을 줄지 모른다. 그러면 치료자는 그런 대답에 만족하지 말고 **"예의 바르게 말하지 않는 것과 상처받는 것이 무슨 관련이 있나요?"**라는 식으로 더 자세히 물어야 한다. 그러면 내담자는 갑자기 아버지를 떠올리면서 **"아! 그렇군요. 제 아버지는 매우 예민하셔서 쉽게 상처를 잘 받았거든요. 아주 예의 바르게 이야기하지 않으면 벌컥 화를 내셨어요 …"**라며 어린 시절 기억을 떠올릴지도 모른다.

이런 질문을 해 나갈 때 주의할 점은 내담자들은 흔히 치료자의 질문이 무슨 의미인지 잘 못 알아들으며 **"그건 당연한 것 아닌가요?"** 혹은 **"사람들이 다 그렇게 행동하지 않나요?"** 등의 반론을 제기하며, 탐색을 거부하는 경우가 많다는 것이다. 내담자들은 흔히 자신의 [특수한] 경험을 바탕으로 형성된 [주제행동의 근저에 있는] 자신의 믿음을 절대적으로 생각하는 경향이 있으며, 한 번도 그것들을 의심해 본 적이 없으므로 치료자의 질문을 잘 이해하지 못하는 것이다.

치료자는 내담자들의 이러한 반응에 흔들려서는 안 된다. 내담자들이 나타내 보이는 주제의 뿌리에는 반드시 내담자 개인의 특수한 경험이 있다는 사실을 알고서 계속 질문을 해 나가야 한다. 내담자 주제의 배경에는 항상 내담자가 잊어버리거나 외면하고 있는 트라우마 사건이 있으며, 그것을 다시 겪지 않으려는 피나는 노력이 주제의 형태로 나타나고 있다. 내담자는 그러한 트라우마를 다시 기억해 내는 것이 고통스러워 주제와 배경의 연결을 거부하는 것이다.

내담자의 이런 역동을 고려한다면, 내담자의 이러한 거부반응은 자연스러운 일일 수 있다. 하지만 치료자는 내담자의 거부에 굴복해서는 안 된다. 권위적이거나 강제적으로 밀어붙이라는 뜻은 아니다. 실재 일어났던 현상을 일어났던 그대로 탐구하려는 차분한 과학자의 태도로, 그리고 천진무구한 아이의 호기심어린 눈으로 내담자에게 물음을 계속 던지라는 것이다. 치료자의 흔들리지 않는, 진지하면서도 따뜻한 지지적 태도에 힘입어 내담자는 마침내 자신의 내면을 들여다볼 용기를 낼 수 있게 된다.

(2) 내담자 주제행동의 시작점을 물어 주는 방법

위와 같은 질문을 받아도 어떤 내담자들은 특별한 배경경험을 떠올리지 못하는 경우도 있다. 그런 경우에 치료자는 포기하지 말고 **"그런 행동을 언제부터 하기 시작하셨나요?"** 또는 **"아주 어렸을 때도 그렇게 행동하셨나요?" "왜 그렇게 하셨나요?" "무슨 일이 있었기에 그렇게 행동하기 시작했나요?"** 등의 질문을 통해 트라우마 사건의 기억을 자세히 떠올릴 수 있도록 도와주어야 한다.

간혹 주제는 내담자의 특별한 [외적으로 드러난] 트라우마 없이 형성되었을 수도 있다. 예컨대, 집안의 냉랭한 분위기, 형제간의 심한 경쟁, 사회규범의 과도한 내사, 부모와의 성격차이, 또는 이상화시킨 인물의 내면화 등에 의해 장기간에 걸쳐 서서히 형성된 것일 수도 있다. 이런 경우에도 그러한 환경적 영향의 시작점이나 진행과정에 대해 자세히 물어 줌으로써 배경을 밝혀내는 것이 중요하다.

나의 내담자 가운데 한 사람은 자기 자신에게 지나치게 엄격한 도덕적 규범을 갖고 살면서 생활 속에서 많은 고통을 받고 있었지만, 그런 행동을 바꿀 수가 없었다. 나는 그녀에게 그런 행동을 하지 않으면 어떻게 될 것 같은지 물었는데, 그녀는 어떠한 파국적 기대도 떠올리지 못했다. 단지 그것이 **'좋은 일'**이기 때문에, **'선한 행동'**이기 때문에 그렇게 하는 것이란 생각밖에 떠오르지 않았다.

나는 그녀에게 언제부터 그렇게 되었는지 물었는데, 뜻밖에 그녀의 대답은 어렸을 때는 매우 자기중심적이었으며, 활발하고 왈가닥이었는데 중학교에 가면서 갑자기 매우 조용한 성격으로 바뀌었다고 했다. 나는 그때 무슨 일이 있었기에 갑자기 그렇게 달라졌는지 물었다. 그는 **"반에서 같이 다니는 짝이 생겼었는데, 걔는 정말 얼굴도 예쁘고, 공부도 잘 하고, 행실도 얌전하고 … 너무나 멋있는 아이였어요. 저는 그 아이를 저의 스승으로 삼았어요."**라고 대답했다. 그녀는 그 친구와 닮고 싶은 마음이 너무 강해서 스스로 그 친구의 행동방식을 내사했던 것이었다.

여기서 흥미로운 점은, 비록 그녀의 주제행동이 트라우마 사건과 무관하게 형성된 것처럼 보이지만, 더 깊이 탐색해 보면 또 다른 배경이 나타날 수 있다는 것이다. 즉, '그녀는 왜 그토록 그 친구를 닮고 싶어 했을까?' '그렇게 바뀐 행동을 함으로써 주변으로부터 어떤 보상을 받았을까?' 등의 질문을 함으로써 좀 더 심층적 배경을 탐색할 수 있을 것이다. 실제 그녀와 더 많은 대화를 해 본 결과, 그녀는 집에서 원하는 관심을 별로 받지 못하고 자랐으며, 따라서 늘 허전한 마음이 있었다고 한다. 어린 시절의 그런 배경이 그녀로 하여금 매우 조신한 행동을 함으로써 미해결과제를 해결할 수 있을 것이라는 희망을 갖게 만들었다고 볼 수 있다.

(3) 내담자 주제행동의 출현맥락을 물어 주는 방법

내담자에 따라서는 종종 자신의 주제가 언제부터 시작되었는지 시작점을 잘 기억하지 못하는 경우도 있다. 이는 어린 시절 장기간에 걸쳐 반복적으로 트라우마에 노출된 사람들에게서 자주 목격되는 현상이다. 이런 경우에 치료자는 [과거보다는 현재 시점에서] 주로 어떤 맥락에서 그런 행동이 나타나는지를 물어 주는 것이 좋다. 예컨대, **"예의 바르게 말하는 것이 항상 중요한가요? 아니면 특별한 경우에만 그런가요? 가령 친구들과 아니면 직장 상사와 이야기할 때, 아니면 남자와 이야기할 때, 또는 여자와 이야기할 때?"** 등과 같이 묻는 것이다.

이런 질문을 받은 내담자는 여러 상황을 돌아보는 과정에서 어떤 단서를 찾아낼 수 있을지 모른다. 예컨대, **"말씀을 듣다 보니 생각나는데, 주로 나이 많은 남자 앞에서 그런 것 같네요."**라는 식으로 답할지도 모른다. 이때 다시 치료자는 **"나이 많은 남자 앞에서는 왜 예의 바르게 말해야 하는지 궁금하네요?"**라는 식으로 물어 줘야 한다. 그러면 내담자는 **"글쎄요. 나이 많은 남자들은 좀 예민할 것 같아요."**라는 대답을 할지 모른다. 나머지는 '(1) 내담자 주제[행동]의 이유 또는 목적을 물어 주는 방법'에서 설명했던 경우와 같은 방식으로 진행될 수 있을 것이다.

(4) 주제행동과 연관된 생각이나 정서를 물어 주는 방법

내담자의 주제는 미해결과제와 연결되어 있으며, 이는 생각, 정서, 욕구, 심상, 신체, 행동, 관계 등의 모든 차원을 포함하고 있다. 그중에 어느 한 가지라도 깊숙이 파고들어 가면, 결국에는 배경적 사건들을 만날 수 있다. 특히 이 중에서도 생각과 감정이 탁월한 길잡이 역할을 해 준다. 내담자가 갖고 있는 생각에는 역사가 있다. 특히 주제를 이루고 있는 생각들은 반드시 그 배경이 있다. 따라서 생각의 근원을 물어서 배경을 찾아내는 것이 가능하다.

예컨대, **"나는 무가치하다." "아무도 나를 좋아하지 않을 것이다."** 등의 생각이 핵심주제로 드러났을 경우 치료자는 내담자에게 **"누구로부터 그런 말을 들었나요?" "언제 그런 생각을 처음 하게 되었나요?" "그런 생각을 하게 된 이유가 있었나요?"** 등의 질문을 해 주어야 한다. 이런 질문을 받은 내담자는 잠시 당황할지 몰라도 조금 기다려 주면 트라우마 사건들을 기억해 내곤 한다.

주제와 함께 경험되는 정서에 대해서도 마찬가지로 그것을 단서로 해서 배경탐색을 통해 종종 원초적 트라우마 사건을 만날 수 있다. 예컨대, 버림받음의 주제가 있는 내담자들은 막연한 불안감과 더불어 자주 무가치감을 느낀다. 이런 내담자에게 치료자는 그런 정서를 과거에도 느낀 적이 있었는지, 있었다면 **언제 어떤** 상황에서 왜 그런 감정을 느꼈었는지를 자세히 물어 줌으로써 트라우마 사건을 기억해 내도록 도와줄 수 있다.

(5) 주제행동과 연관된 신체감각을 물어 주는 방법

내담자 주제는 미해결과제의 신체적 차원과 밀접한 연관을 보이며, 주로 신체적 불편감의 형태로 의식의 주변을 서성거리며 고통으로 체험된다. 미해결과제와 관련된 생각이나 정서가 미처 떠오르지 않는 내담자들도 신체감각은 비교적 쉽게 알아차리는데, 이때 신체감각에 대해 물어 줌으로써 그와 연결된 생각과 정서도 함께 찾아낼 수 있게 된다. 그렇게 되면 그것들을 단서로 배경도 함께 찾아내는 것이 가능해진다.

신체는 초기 미해결과제의 억압과정에서 매우 중요한 역할을 한다. 즉, 내담자는 트라우마 경험을 한 상황에서 미해결과제가 다시 전경에 떠오르는 것을 막기 위해 신체를 '억제(suppression)' 수단으로 사용하며, 이는 반복적 과정을 거쳐 습관화되어 나중에는 어떤 계기로 억제하게 되었는지도 잊어버려, 그 의미를 이해하지 못하게 된다(Perls et al., 1951, pp. 216-221).

그렇지만 신체는 미해결과제의 내용과 더불어 그것을 억제해야 했던 상황단서들을 정확히 기억하며, 그것들을 상징적으로 표현한다. 따라서 특정 주제행동을 하고 있는 내담자에게 왜 그런 행동을 하는지 질문을 하면 특별한 생각이나 기억은 떠올리지 못해도 신체반응을 자각하게 해 주면 종종 예상치 못했던 단서들과 함께 배경이 드러나기도 한다.

예컨대, 이유를 모른 채 남자들을 심하게 불신하는 경향이 있는 여성에게 만일 남자를 믿으면 어떤 일이 벌어질 것 같은지 물으면 시원한 답을 못 들을 수도 있다. 하지만 이때 내담자로 하여금 잠시 자신의 신체에 집중하도록 요구하면 **"선생님, 왜 그런지 모르지만 갑자기 가슴이 쿵쾅거리는 느낌이 들어요."**라는 반응을 들을지도 모른다. 그러면 치료자는 **"쿵쾅거리는 가슴이 지금 뭐라고 말하는 것 같아요?"**라고 다시 물어줄 수 있을 것이다. 그러면 문득 **"위험해! 가까이 가지 마! 상처받을 수 있어!라고 말하는 것 같아요. 갑자기 아버지의 외도로 말미암아 불행했던 어린 시절이 떠올라요. 다 해결되었다고 생각했는데 … 슬프네요."**라는 내담자의 대답을 듣게 될지도 모른다.

2) 배경탐색의 범위와 절차

배경탐색은 주제와 관련이 있어 보이는 과거 사건 한두 개를 발견했다고 해서 작업이 모두 끝난 것으로 생각해서는 안 된다. 간혹 한 번의 트라우마 경험이 한 사람의 인생을 송두리째 바꿔 놓는 충격적 계기가 되는 경우도 있지만, 대부분의 경우 크고 작은 사소한 경험들이 반복되면서 하나의 주제를 형성하게 되기 때문이다. 그리고 탐색을 하다 보면 종종 처음에는 특정한 사건이 주제의 배경인 것처럼 보이다가도 나중에는 전혀 다른 경험이 배경으로 떠오르는 경우도 있다. 따라서 우연적일 수도 있는 일회적 사건을 토대로 속단하기보다는 시간이 허락하는 한도 내에서 여러 사건들을 탐색하면서 교차 검증을 하는 것이 좋다.

배경탐색은 하나의 주제를 놓고 그것의 형성 계기가 된 과거 사건 경험을 찾아내는 방식으로 시작되지만, 여기서 전자와 후자의 관계는 일방향적으로, 직선적으로, 그리고 일회적으로 이루어지기보다는 쌍방향적으로, 순환적으로, 그리고 여러 번에 걸쳐 이루어진다. 즉, 배경탐색을 통해 주제가 어느 정도 이해되면, 이를 토대로 다시 좀 더 심도 있는 배경탐색이 이루어지며, 그렇게 되면 주제가 더욱 선명하게 드러나며, 이를 바탕으로 다시 배경탐색을 함으로써 주제를 더욱 분명하게 이해할 수 있게 되는 해석학적 순환이 이루어진다. 이는 치료과정에서 필요에 따라 여러 번 반복할 수 있다.[10)]

이런 과정에서 흥미로운 점은 종종 처음에 주제라고 생각했던 것이 나중에 사소한 문제로 판명되고, 오히려 새로운 주제가 전경으로 떠오르는 때도 있다. 이런 경우 치료자는 언제든지 주제에 대한 처음의 가설을 내려놓고, 새로운 가설을 수립할 수 있는 유연성을 갖추고 있어야 한다. 물론 이런 과정은 치료자 혼자서 결정하는 것이 아니라, 현상학적 초점화를 통해 내담자와 끊임없이 조율하면서 나아가야 한다.

한 사람에게 있어 주제는 한 가지만 있는 것은 아니다. 심층적 탐색을 거치는 과정에서 종종 여러 개의 주제를 하나씩 차례로 만나게 되며, 또한 여러 개의 표면적인 주제가 하나의 심층적 주제와 연결되어 있는 것을 발견하기도 한다. 주제는 대부분 반복해서 여러 변형된 모습으로 계속해서 나타난다. 치료는 이런 주제들을 계속적으로 훈습해 나가는 과정인데, 막다른 골목을 뚫고 지나가서 이를 동화시켜 '나—경계'를 확장할 수 있을 때까지 충분히 다루어지면 다시 새로운 주제가 전경으로 떠오른다(Polster & Polster, 1973, pp. 193-194).

3) 전경-배경의 해석

배경탐색과 관련해서 빠뜨려서는 안 되는 중요한 부분은 배경경험과 주제의 관계를 어떻게 해석할 것인지의 문제이다. 치료자들이 흔히 범하는 오류는 둘의 관계를 인과관계로 보는 것이다. 즉, 과거에 어떠어떠한 경험을 했기 때문에 현재 이러이러한 행동을 하게 되었다는 식이다. 이는 대표적으로 고전적인 정신분석이론에서 취하는 입장으로서 **선형적 인과관계(linear causality)**를 전제로 한다. 게슈탈트치료의 장이론에서는 이러한 인과관계를 인정하지 않으며, 각 개인의 행위에 대한 자발적 선택을 강조한다. 즉, 개인은 스스로 자신의 행위를 결정하고, 선택하고, 책임을 진다는 것이다(Yontef, 2008, p. 312).

그렇다면 게슈탈트치료에서 배경경험과 주제의 관계는 어떻게 설명하고 있을까? 앞에서도 이

---

10) 이러한 해석학적 순환은 1단계와 2단계, 즉 주제발견과 배경탐색 사이에서만 이루어지는 것이 아니다. 나중에 설명하는 3단계와 4단계와의 관계에서도 마찬가지로 적용된다. 즉, 3단계인 지금-여기의 활용이나 4단계인 대화적 관계의 적용도 주제발견 및 배경탐색과 서로 해석학적 순환을 이루며 상보적 작용을 할 수 있다. 이때 해석학의 전제에서 강조되는 것과 같이 각 단계마다 치료자의 영향에 대해 최대한 주의를 기울여야 한다. 예컨대, 주제의 발견이나 배경탐색, 지금-여기의 활용, 대화적 관계의 적용 등이 치료자의 동기나 가치판단에 무관하게 진행될 수 있는 것이 아니므로, 이러한 현상에 대해 항상 깨어 있어야 한다. 즉, 치료자는 자신의 관점이 이러한 작업에 부정적 영향을 미치지 않도록 **판단중지(epoche)**와 **괄호치기(bracketing)**를 해야 한다.

미 언급했지만, 주제행동은 내담자가 배경경험을 토대로 해서 [그 상황에 적응하기 위해] 스스로 **선택**한 행동들인데, 장기간에 걸쳐 [억압을 통해 무의식화되고] 습관화되면서 배경과의 연결고리가 잊혀버린 것이다. 더 정확하게 말한다면, 주제행동은 내담자가 매 순간 [배경경험을 토대로] [이유는 잊어버린 채] 스스로 다시 [알아차림 없이 습관적으로] 선택하는 행동이다.

　만일 내담자가 자신이 처한 **현재** 상황을 알아차리고, 또한 자신이 지금까지 습관적으로 취해 왔던 주제행동들을 행위의 순간에 바로 알아차린다면, 그리고 지금까지 왜 그런 행동을 해 왔는지 배경을 이해한다면, 내담자는 새로운 행동을 선택할 것이다. 만일 같은 행동을 선택한다고 하더라도, [이번에는 알아차림을 갖고서 하기 때문에, 행위의 결과를 관찰한 후] 다음번에는 똑같은 행동을 다시 선택하지는 않을 것이다.

　배경탐색은 내담자로 하여금 자신의 습관적[무의식적] 행동을 이해하도록 돕는다는 점에서 매우 중요하다. 배경탐색을 통해 주제를 이해하게 된다는 것은 자기 자신이 자기 행동의 주체란 사실을 알아차리게 되는 것을 의미하며, 이는 내담자가 과거에 알 수 없는 힘들에 의해 끌려다닌 것에 반해, 이제는 그 힘들을 볼 수 있고, 이해할 수 있게 되며, 그 힘들과 **연결된 채** 하나가 되어, 그 힘을 자기가 원하는 방향으로 쓸 수 있게 된다는 것을 의미한다.

　자신의 무의식적 행동이었던 주제행동의 배경이 드러나면서 내담자는 그동안 베일에 싸였던 자신의 행동을 확연히 볼 수 있으며, 또한 그 의미도 통찰하게 된다. 그렇게 되면 지금까지 통제가 불가능한 것으로 인식되었던 주제[행동]에 대해 새로운 조망이 열리게 된다. 이전에는 그런 행동들은 단지 **어리석은** 무의미한 '**증상**'들로서, 없애려고 해도 없어지지 않는 '**질병**'으로 여겨졌다면, 이제는 그것들이 자신의 삶에서 매우 중요한 경험들과 연관되어 있으며, 자기를 보호하기 위해 스스로 선택했던 매우 **의미 있는** 행동이었다는 것을 깨닫게 되면서 자기비난과 절망에서 벗어나게 된다.

　주제가 자신이 선택한 행동이란 것을 깨닫게 되면, 내담자는 더 이상 상황을 통제 불가능한 것으로 인식하지 않게 된다. 선택에 대한 자각이 없을 때는 마치 [주제]행동과 자신이 분리된 것처럼 느껴지지만, 이제 [주제]행동의 **의미**를 이해하게 되면서 [주제]행동과 자기는 일체가 된다. 즉, 둘 사이에 끊어졌던 다리가 다시 연결되면서 서로 조화를 이루게 된다. 자신이 처한 상황의 필요에 따라 그 행동을 할 수도 있고, 하지 않을 수도 있게 된다. 즉, **현재 상황**에 따른 선택이 가능해진다. 이전에는 현재 상황과 무관하게 반복회귀 게슈탈트가 고정된 패턴으로 나타났다면, 이제는 현재 상황을 고려해서 그 행동을 선택할 수도, 안 할 수도 있게 된다.

3. 지금-여기의 활용

다음으로 소개할 치료절차는 **지금-여기**의 활용이다. 즉, 치료시간에 일어나는 지금-여기의 생생한 현상들을 어떻게 진단과 치료에 활용할 수 있는가의 문제이다. 지금까지는 내담자 주제와 관련하여 그것들이 과거의 삶 속에서 어떻게 발생하였고, 그 의미는 무엇이며, 또한 다양한 삶의 상황에서 어떤 모습들로 표출되어 왔는지를 살펴보았다면, 이제는 그것들이 치료회기 중의 지금-여기 과정에서도 확인될 수 있는지, 그리고 그것들을 지금-여기에서 다룰 수 있는지 등의 문제를 탐색해 보려는 것이다.

주제발견과 배경탐색은 주로 내담자의 스토리를 통해 이루어졌었다. 즉, 내담자가 보고하는 이야기의 '**내용**(content)'을 바탕으로 해서 그 속에 드러난 내담자의 반복회귀 행동패턴과 그 배경인 트라우마 사건들을 파악하고, 둘 간의 관계를 **개념적**으로 이해하고 파악하는 방식이었다. 이런 과정을 통해 내담자의 삶의 큰 주제들을 찾아내고, 배경을 탐색함으로써 그것들의 **의미**를 이해하는 것은 무척 중요하다. 하지만 우리는 거기에 안주해서는 안 된다. 왜냐하면 그것들은 우리에게 내담자의 삶의 큰 그림을 보여 주긴 하지만, 여전히 내담자가 아직 실존인물로 생생하게 다가오지는 않았기 때문이다.

심리치료는 치료자와 내담자가 특별한 공간에서 얼굴을 마주하고 앉아 진지하게 내담자의 삶에 대한 이야기를 듣는 과정이다. 내담자는 그동안 살아온 이야기를 하면서 때로는 울기도 하고, 때로는 크게 소리 내어 웃기도 한다. 치료자는 **따뜻한 미소**를 지으며, 가끔 내담자의 이야기에 고개를 끄덕이거나, 혹은 "**아, 그러셨군요?**"라며 반응을 하기도 한다. 어찌 보면 특별할 것도 없는 너무나 평범한 일상적 대화의 한 장면과 같아 보일 수 있다. 하지만 이런 대화를 나누는 지금 이 순간 치료자와 내담자 **사이**에 어떤 일이 벌어지고 있는가? 내담자 스토리의 **내용**에만 집중하다 보면 전혀 인식할 수 없는 수많은 일들이 일어나고 있다. 흔히 있을 수 있는 치료장면 하나를 예로 들어 보자.

형제 많은 집 막내딸로 태어나면서 가족들의 관심을 별로 받지 못했던 어린 시절 이야기를 하는 내담자의 목소리는 흥분에 떨리고 있고, 벌써 눈가엔 물기가 돌고 있다. 치료자가 잘 듣고 있다고 느낀 내담자는 더 많은 사건들에 대해 이야기한다. 이야기가 길어지면서 치료자가 자기도 모르게 하품을 하자, 내담자는 갑자기 이야기를 멈추고 치료자의 눈치를 살핀다. 그녀는 조심스럽게 치료자에게 "**선생님 졸리세요?**"라고 묻는다. 치료자는 당황하여 "**아닙니다. 이야기**

계속하시지요!"라고 대답한다. 내담자는 알 수 없는 공허감과 함께 답답한 마음이 올라오는 것을 느끼며, 평소에 자주 느끼는 신체감각이라 무심결에 지나치며 하던 이야기를 계속한다. 하지만 이야기하면서 아까와 같은 열정은 보이지 않는다. 순간 그녀의 머릿속으로 **"선생님이 내 이야기에 관심이 없는 게 아닐까? 나를 좋아하지 않는 게 아닐까? 역시 사람들은 내게 관심이 없을지도 몰라!"** 등의 생각들이 스쳐 지나가지만, 자신의 그런 생각을 알아차리지는 못한다.

우리는 대부분 타인의 이야기를 들으면서 주로 그 **내용**에만 집중하는 경향이 있다. 이는 일상 대화에서뿐 아니라 치료시간에도 매우 자주 일어나는 현상이다. 하지만 사례에서 보듯 치료시간에는 내담자가 들려주는 이야기 **내용**보다 훨씬 많은 것들이 일어난다. 내담자가 이야기 도중에 자기도 모르게 보여 주는 얼굴표정, 목소리, 시선, 신체동작들, 그리고 마음속에서 일어나는 생각, 감정, 욕구, 이미지 등이 그것이다. 이들은 내담자가 주관적으로 편집해서 들려주는 이야기 **내용**과는 달리 **지금-여기**에서 실제로 일어나는 **프로세스**[현상]들이므로 왜곡이 없다. 그리고 내담자의 이야기 **내용**은 언어로 전달되기 때문에 평면적이고 간접적인 데 반해, 내담자가 보여 주는 이러한 **프로세스**들은 훨씬 입체적이고 직접적이다.

또한 치료시간에 나오는 내담자의 이야기 내용들은 얼핏 보면 고정적인 것처럼 생각되지만, 자세히 들여다보면 그것들은 무척 가변적이다. 즉, 앞의 예에서 본 것처럼 치료자의 반응에 따라 어떤 이야기는 나올 수도 있고, 안 나올 수도 있으며, 나오더라도 **긍정적**으로도 **부정적**으로도 서술될 수 있다. 더욱 흥미로운 것은 이야기가 진행되는 과정 중에 이야기 **내용**이 바뀔 수도 있다는 것이다. 예컨대, 처음에는 무척 **불행한** 사건이라고 생각하면서 울면서 이야기를 시작했는데, 한참 하다 보면 마음이 편해지면서 별로 **대수롭지 않은** 사건으로 느껴질 수도 있다는 것이다.

이상에서 살펴본 것처럼 치료시간에는 내담자가 들려주는 이야기 내용보다 훨씬 많은 것들이 일어나며, 경우에 따라서는 내담자의 이야기 **내용**보다 오히려 이야기하는 '**과정(process)**'에서 일어나는 현상들에 더 주목할 필요가 있다.

또 다른 한편으로 치료시간의 의미는 스토리 차원에만 국한되는 것은 아니다. 즉, 내담자가 서술하는 사건의 차원과는 별개로 **치료시간 자체**가 하나의 사건이라는 측면이다. 사실 치료자와 만나 대화를 나누는 것은 내담자에게 특별한 경험이며, 그 자체가 중요한 사건이다. 그것은 가족이나 친구와 나누는 대화와는 그 내용과 형식이 사뭇 다르다. 비밀이 보장되는 안전한 공간에서 주의 깊고 감수성이 예민한 치료자에게 다른 사람에게 쉽게 털어놓을 수 없었던 이야기를 나누는 경험은 아주 특별하며, 그 자체가 내담자의 삶에서 매우 중요한 **사건**이다.

이 과정에서 많은 것들이 일어난다. 치료자를 이상화시키기도 하고, 부모님의 모습을 투사해서 두려움이나 분노의 감정이 일어나기도 한다. 또한 자기 자신도 모르게 자신의 주제행동이 치료시간에 재연되기도 하며, 주제에 대한 통찰이 일어나기도 한다. 그리고 대화를 하는 도중에 미해결과제가 완결되면서 새로운 성장이 일어날 수도 있다. 치료시간의 **지금-여기**는 이러한 모든 것들을 담아내고, 보여 주고, 변화시키는 살아 있는 장이다. 그러면 치료과정에서 이러한 지금-여기의 역동적 프로세스들을 구체적으로 어떻게 활용할 수 있는지 하나씩 살펴보기로 한다.

1) 주제의 확인 및 검증

내담자의 이야기 **내용**을 토대로 주제를 찾는 것은 장시간에 걸쳐 반복적으로 관찰되거나 경험된 내담자 문제의 핵심내용을 **개념적**으로 요약·정리하고 **이해**하는 방법이라 할 수 있는데, 이는 짧은 시간에 내담자의 삶 전체를 개관하게 해 준다는 점에서 주제를 찾는 과정에서 매우 도움이 되는 방법이다. 내담자의 삶 속의 수많은 사건들 중에서 중요한 것과 덜 중요한 것을 가려내고, 중요한 것들 간의 연결성을 찾아내고, 그것들에 이름을 붙이는 등의 일, 즉 **개념화 작업**은 모든 인식과 이해의 출발점이자 의사소통의 기본이 되기 때문이다.

하지만 이러한 개념적 접근은 치명적인 약점을 지니고 있다. 즉, 개념화 과정에서 많은 자료들이 생략되고, 축약되며, 인위적으로 합쳐지기도 하는 등의 변화를 겪게 되는데, 이 과정에서 원자료의 생생함은 사라지고 메마른 개념만 남게 될 수 있다. 더욱 중요한 것은 원래는 살아 있는 존재의 생생한 역동이었던 것들이 추상적 개념의 감방에 갇힘으로써 오직 관념의 차원에서만 존재하는 **'문제'** 또는 **'주제'**로 전락해 버릴 수 있다는 사실이다.

살아 있는 것은 우리가 그 본질을 손상하지 않은 채, 마음대로 그 속성이나 내용을 바꿀 수가 없지만, 죽은 것[11]은 [치료자와 내담자 모두가] 얼마든지 그 내용을 알게 모르게 왜곡하고 변질시킬 수 있다. 따라서 [이 세상에 실존하지 않는] 개념들로 주제를 정의하는 과정에서 내담자 존재는 항상 왜곡되거나 변질될 수 있는 위험에 처하게 된다.

주제탐색과정에서 이런 문제들은 결코 완전히 해결될 수 없는 태생적 한계를 지니고 있지만 지금-여기의 **프로세스**를 포함시킴으로써 상당 부분 해소될 수 있다. 즉, 내담자의 주제행동을 개념적으로만 파악하고 이해하는 것이 아니라, 지금-여기의 프로세스를 통하여 직접 **보고 만남**으로써 현실에서 확인하고 검증할 수 있게 된다. 예를 들어 보자.

---

11) 여기서 죽은 것이란 실존철학에서 말하는 죽음과는 다른 의미이며, 생명이 없는 관념이란 뜻이다. 실존철학에서는 죽음도 삶의 일부며, 삶과 죽음은 서로 연결된 불가분의 관계라고 본다.

대인관계에서 양가감정 때문에 늘 생각이 복잡하며, 자기 생각이 옳은지 확신이 없어 위축
될 때가 많다고 말하는 20대 여성인 나의 내담자는 요즘 함께 자취하는 친구가 방을 잘 정돈하
지 않는 것 때문에 짜증나고 힘들다고 했다. 그 말을 하면서 그녀의 표정이 어두워졌다. 내가
그것을 비춰 주자 내담자는 **"한편으로는 짜증이 나면서도, 다른 한편으로는 과연 내 생각이
옳은지 잘 모르겠어요!"** 라고 대답하며 혼란스러워했다. 나는 그녀에게 자기 안의 두 목소리를
그립가족인형을 통해 서로 대화하도록 제안했다. 실험에서 드러난 그녀의 짜증내는 목소리는
흐트러진 삶을 사는 것에 대해 질책하는 아버지의 목소리였으며, 다른 목소리는 그에 저항하
는 자유롭고 싶어 하는 자신의 마음임이 드러났다. 작업을 진행하면서 그녀 자신도 놀랄 만큼
상전의 목소리가 강했고, 그에 반항하는 자신의 목소리는 힘이 없었다. 그녀는 이 작업을 통해
친구에게 짜증냈던 것이 결국 자기 내면의 상전의 목소리였으며, 자신 없고 위축된 모습은 하
인의 마음이었음을 알아차리게 되었다.

이 사례에서 보듯이 처음에는 내담자가 내놓은 이야기 **내용**만으로는 주제가 그렇게 분명하게
드러나지 않았으나, 내담자가 스토리텔링을 하는 과정에서 보여 준 지금-여기의 **프로세스**들을
추가적으로 활용함으로써 주제가 점점 더 명료해졌다. 즉, 그가 보고한 **'대인관계에서의 양가감
정'** 이라는 막연하고도 추상적이었던 주제가 스토리텔링 과정에서 **화난 감정**과 **위축되는 모습**,
어두운 얼굴표정 등의 프로세스로 나타나면서 그의 '대인관계에서의 양가감정'이 **지금-여기**에
서 생생하게 드러났다. 뿐만 아니라 그 양가감정이 결국 자기 내면의 상전과 하인의 목소리 간의
갈등이었으며, 내담자가 겪는 고통이라는 것도 **어두운 표정**으로 드러난 하인의 마음이란 것이
밝혀졌다. 또 다른 예를 하나 살펴보자.

늘 책임감에 짓눌려 사는 것이 너무 힘들고 외롭지만, 미리 계획을 세워 두지 않으면 매우
불안하기 때문에 도저히 일을 줄일 수가 없다고 호소하는 한 30대 남자 집단원에게 나는 그가
미리 계획을 세워 두지 않으면 어떤 일이 벌어질 수 있을지 물었다. 그는 **"사람들이 등 돌리고
떠날지 모른다는 생각이 문득 떠오르네요."** 라고 말하면서 몸서리를 쳤다. **"그렇게 되면 어떨
것 같아요?"** 라는 나의 연이은 질문에 그는 **"무척 슬프겠죠. 외롭겠죠?"** 라고 말하며 공허한 웃
음을 흘렸다. 나는 그에게 잠시 머물러 그 외로움을 한번 느껴 보라고 제안했다. 그는 갑자기
"싫어요! 항상 느끼고 있는 감정인데, 너무 싫어요!" 라고 말했다. 나는 그에게 **"외롭게 될까 봐
두려워서 항상 그렇게 애쓴다는 말씀으로 들리는데, 그런데 아이러니하게도 당신은 이미 외
로움 속에 있네요?"** 라고 짚어 주었다. 그는 갑자기 절망감에 휩싸인 채 얼굴을 무릎 사이에 묻

고서 **"네, 맞아요. 전 항상 그렇게 살아왔어요. 아무도 믿을 수 없어요. 그래서 책잡히지 않으려고 늘 미리 계획하고 준비하면서 살았어요. 그런데 이제 지쳤어요. 더 이상 어떻게 해야 할지 모르겠어요."** 라고 말하며 엉엉 큰 소리를 내며 울었다. 그는 어린 시절 부모님이 이혼하면서 크게 상처를 받고는 다시는 아무도 믿지 않겠다고 굳게 결심했던 기억을 떠올렸다. 그는 이어서 집단에서도, 밖에서도 항상 친절한 얼굴로 사람들을 대하며 착한 모습을 보였지만, 실상은 아무도 믿지 않는 마음이었다고 고백하며, 집단상담실이 떠나가도록 슬프게 울부짖었다.

이 예에서도 마찬가지로 처음엔 내담자의 이야기만 듣고는 무엇이 주제인지가 명확하지 않았다. 즉, 과도한 책임감이 문제인지, 아니면 불안이 문제인지 불분명했다. 그런데 내담자의 두려움을 탐색하는 과정에서 버림받는 것에 대한 공포와 더불어 외로움의 주제가 부상하였다. 그런데 내담자가 외로움을 말하면서 갑자기 자기도 모르게 웃어 버리는 행동이 나타났는데, 그 웃음이 무척 당황스럽고 공허해 보였다. 게다가 내게 도로 질문을 돌리는 것도 이상한 느낌이 들었다. 이런 순간은 어떤 말로도 형용하기 어려운 묘한 전율 같은 것을 느끼게 하는데, 마치 지금까지 쫓기던 맹수가 갑자기 홱 돌아서서 **"더 이상 쫓아오지 마세요. 이제 위험해요!"** 라고 말하는 것 같은 느낌이랄까? 하지만 동시에 **"조금만 더 다가와주시면 저를 만날 수 있어요!"** 라고 말하는 듯한 모순된 느낌이 들도록 만드는 것이다.

이런 순간은 내담자의 스토리만을 듣고서는 결코 파악할 수 없는, 오로지 지금-여기의 프로세스를 **목격**함으로써만 이해할 수 있는 진실을 만나게 해 준다. 즉, 내담자가 얼마나 몸서리치도록 외로움을 무서워해 왔는지, 하지만 얼마나 오랫동안 바로 그러한 외로움 속에서 살아왔는지를 우리는 그의 온몸으로 보여 주는 저항과 울부짖음을 통해 오롯이 **볼 수** 있었다. 즉, 그의 삶이 온통 자신의 외로움을 방어하기 위한, 하지만 동시에 그 외로움으로부터 벗어나기 위한 한 가지 [모순된] 목표로 조직화되어 왔었다는 것을 [그의 몸짓과 울부짖음을 목격하면서] 알게 되었다.

지금-여기를 따라가며 내담자 주제를 추적하는 것은 마치 한 편의 드라마를 보는 것 같은 생생한 현장감을 느끼게 해 주며, 내담자의 이야기 **내용**만을 근거로 추론하는 것과는 비교할 수도 없는 풍부한 감각적 자료와 더불어 직관적 통찰을 가능하게 해 준다. 즉, 머리를 쥐어짜서 힘들게 내담자 주제를 논리적으로 **추론**해 내는 것이 아니라, 눈앞에서 그것들이 생생하게 재연되는 것을 직접 **보면서** 확인하고 **검증**할 수 있게 해 준다.

도대체 어떻게 해서 이런 일이 가능할까? 그에 대한 대답은 의외로 간단하다. 모든 주제는 항상 반복되며, 치료시간 **지금-여기**에서도 예외는 아니기 때문이다. 욘테프는 지금-여기는 과거의 '**홀로그램(hologram)**'과 같다고 했다. 즉, 무수히 반복되었던 과거 주제는 항상 지금-여기에서도 축약되어 재연된다고 했다(Kim & Yontef, 2013). 따라서 우리는 주제를 찾기 위해 오래된 기억의 창고를 다 뒤질 필요가 없다. 지금-여기에 모든 것이 다 나타나기 때문이다.

하지만 지금-여기에 무엇이 나타날지에 대한 정보를 미리 갖고 있을 때, 그것들을 더 잘 알아차릴 수 있으므로 내담자 스토리를 통한 개념적인 차원의 주제파악도 크게 도움이 된다. 크로커는 이를 '거시적 맥락(macro context)'이라고 불렀는데, 이는 치료시간에 나타나는 주제행동인 '미시적 맥락(micro context)'을 이해하기 위해 중요하다고 하면서, 전자와 후자가 서로 보완되어야 한다고 했다. 전자만 있으면 말만 무성할 뿐 실체가 없어 효과가 없으며, 또한 후자만 있어도 맥락이 없어 그것의 의미가 이해되지 않고, 외부 삶과의 연결성도 찾을 수 없다고 했다(Crocker, 1999, pp. 106-109).

한편, 주제발견과 배경탐색이 서로 해석학적 순환관계를 이루면서 보완적으로 진행되는 것처럼 개념적 추론을 통한 주제발견과 '지금-여기의 활용'도 상보적 관계에 있다. 즉, 두 접근법은 서로 왔다 갔다 하며 서로를 보완해 줄 수 있다. 예컨대, 내담자 스토리를 근거로 특정한 주제가 [가설적 수준에서] 드러나면, 그것이 지금-여기의 프로세스에도 나타나고 있는지 확인한다든가, 거꾸로 지금-여기의 프로세스에서 관찰되는 특정 행동패턴이 발견되면, 이와 관련된 스토리 탐색을 통해 그것이 과거 시점부터 지속적으로 하나의 주제를 이루어 왔는지를 살펴볼 수도 있다. 또한 거기서 확인된 주제를 다시 지금-여기의 프로세스를 통해서 재확인하는 절차를 밟을 수도 있다.

주제는 보통 내담자 스토리를 바탕으로 해서 찾는 것이 순서지만, 지금-여기의 프로세스를 보고서 찾아낸 것을 과거 스토리를 통해 확인하는 것도 가능하다. 또한 내담자 스토리를 바탕으로 해서 가설을 세운 다음, 그것을 지금-여기의 프로세스를 통해 확인하는 도중 최초 가설을 기각하거나 수정하는 것도 얼마든지 가능하다. 이런 전략은 의외로 자주 쓰이는 방법 중 하나인데, 이는 주제발견이 종종 '가설 발견적인(heuristic)' 비정형적 경로를 통해 이루어짐을 보여 준다. 예를 들어 보자.

내가 이끈 집단의 한 집단원은 사람들이 자기를 오해하는 경우가 많은 것 같아 답답하다면서 자신의 표현능력이 부족한 것이 원인이므로 말을 좀 더 잘 했으면 좋겠다고 했다. 그런데 그 내담자는 실제로는 매우 달변가였으며, 자기표현을 아주 잘 하는 편이었다. 사실 말을 지나치게 잘 하려고 애쓰는 점이 오히려 문제로 보였다. 왜냐하면 너무 잘 하려다 보니 가끔씩 말이 꼬이기도 하고, 장황해지기도 하고, 그러다 보니 집단원들이 지루해하는 현상도 나타났기 때문이다.

나는 그에게 말을 잘 하고 싶다는 것이 구체적으로 어떤 의미인지 물었다. 그의 대답은 흥미롭게도 '정확하게 하는 것'이라고 했다. 말을 정확하게 하는 것이 그에게 왜 중요한지 물었

더니, 그는 한참 생각한 다음 어린 시절 아버지로부터 말을 똑바로 하지 못한다고 자주 야단맞

았던 기억을 떠올리며 시무룩해졌다. 그의 이야기를 듣고 나니 비로소 그동안 그가 장에서 말

할 때마다 매우 조심스러운 태도로 장황하고 자세하게 뭔가를 설명하려고 애썼던 모습이 이

해가 되었다.

이 예에서 내담자는 처음에 자신의 문제를 **'표현능력이 부족한 것'**, 즉 '말을 잘 못 하는 것'이

라고 정의했는데, 나는 그의 주장에 동의할 수 없었다. 왜냐하면 지금-**여기**에서 우리가 관찰하

는 바로는 그는 말을 아주 잘 했기 때문이다. 하지만 그의 문제 제기를 단순히 묵살하기에는 그의

태도가 너무 진지했으므로 말을 잘 하는 것과 관련된 그의 주제를 새롭게 정의할 필요성이 대두

되었다.

여기서 나는 그의 주제를 **'말을 잘 못 하는 것'**으로 정의하는 것보다 일단 **'말을 잘 하고 싶어**

하는 것'으로 살짝 바꿔 보았다. 이는 사소하게 들릴지 모르지만, 실제로는 상당한 의미차이가 있

다. 즉, 전자는 객관적 사실과 관련된 것이라면, 후자는 주관적 욕구와 관련된 것이기 때문이다.

전자는 우리가 이해하기 어려운 주장인 데 반해, 후자는 우리가 지금-**여기**에서 볼 수 있는 **현상**

[프로세스]이었다. 또한 이에 대한 배경을 탐색하는 작업도 후자의 관점에 서는 것이 훨씬 밝은 전

망을 예보했다.

하지만 아직 **'말을 잘 한다'**는 것의 의미가 분명하지 않았으므로 배경탐색에 앞서 이를 명료화

시킬 필요가 있었다. 정말 그의 입에서는 예상 밖의 대답이 튀어나왔고, 이는 치료를 전혀 새로운

방향으로 이끌어 주었다. 즉, **'말을 잘 하는 것'**은 **'정확하게 하는 것'**이라는 그의 답변은 나의 수

정된 가설이었던 **'말을 잘 하고 싶다.'**를 **'말을 잘 해야 한다.'**로 다시 한 번 변경하게끔 요구했다.

이러한 재수정된 가설을 주제로 삼고 나니, 그에 대한 배경탐색은 지금까지 이해가 되지 않았던

그의 행동을 한순간에 온전히 이해할 수 있도록 만들어 주었다. 즉, 아버지로부터 다시 상처를 받

지 않기 위해 **'정확하게 말해야 한다.'**는 부담이 늘 내사로 남아 그로 하여금 항상 조심스럽고 장

황한 말투를 쓰게 만들었던 것이다.

2) 미해결과제 다루기

주제란 현재 상황을 미해결과제의 관점에서 항상 **동일**하게 조직화함으로써 현재를 새로운 것

으로 경험하지 못하고, 늘 **같은** 방식으로 지각하는 것이다. 따라서 미해결과제를 해결하지 않으

면 주제는 없어지지 않는다. 만일 미해결과제가 다루어져 해결되고 나면, 세상을 조직화하고 지

각하는 방식에 변화가 온다. 즉, 유기체적 욕구에 따라 필요한 것들을 왜곡하지 않고, 그때그때 있는 그대로 알아차리고 접촉할 수 있게 된다(Polster & Polster, 1973, pp. 30-33).

그러면 미해결과제를 어떻게 다룰 수 있을까? 주제를 발견하고 배경을 탐색하는 과정에서 우리는 필연적으로 내담자의 미해결과제를 만나게 된다. 미해결과제는 트라우마 사건을 통하여 내담자의 삶에서 중요한 유기체적 욕구가 좌절됨으로써 생긴 것인데, 이는 **지금-여기**에서 생생하게 **접촉**하면 해결된다. 예컨대, 억압된 분노감정을 **지금-여기**에서 온전히 접촉하면서 표현한다든지 혹은 외부로 투사해 왔던 슬픔을 온전히 자신의 감정으로 동일시한 다음 **지금-여기**에서 애도작업을 함으로써 해결이 가능하다.

미해결과제가 해결되지 못하는 근본적인 이유는 내담자가 그것의 직면을 피하기 때문이다. 모든 문제는 **지금-여기**에서 온전히 접촉하면 해결될 수 있다. 미해결과제도 마찬가지이다. 지금-여기에서 온전히 그것들을 만나 접촉하면, 유기체의 자기조절에 의해 해결된다. 그러나 미해결과제는 트라우마 사건과 연관된 파국적 **이미지**를 내포하고 있어, 접촉을 하려면 심한 두려움을 일으키기 때문에 내담자 혼자서 이 작업을 하기는 쉽지 않다. 하지만 치료자의 안내와 지지를 받으면서 하면 충분히 감당해낼 수 있다.

치료자는 미해결과제를 다룰 때 먼저 트라우마 사건을 구체적으로 자세히 탐색하여, 그것이 마치 지금-여기에서 벌어지는 것 같은 느낌이 들 정도로 생생하게 [이미지를] 현재화시켜야 한다. 그렇게 하는 과정에서 보통 내담자는 트라우마 사건 당시 느꼈던 공포와 수치심, 분노, 슬픔, 외로움 등의 감정을 재경험하게 되는데, 이때 치료자는 경청과 공감을 통하여 내담자와 온전히 연대해야 한다. 즉, 내담자로 하여금 지금은 이 모든 과정을 재경험하면서 과거와는 달리 혼자가 아니라 치료자가 [혹은 집단원들이] 함께 지켜봐 주고, 공감해 주며, 연대해 주고 있다는 느낌이 들도록 해 주어야 한다. 그렇게 되면 내담자는 이 과정을 견뎌 내고 이겨 낼 수 있게 된다.

내담자가 겪었던 트라우마는 그 자체가 무척 고통스러운 것이긴 했겠지만, 정작 미해결과제로 남게 된 원인은 고통 자체 때문이라기보다는 아무도 그 과정을 함께 해 주지 못했기 때문이다. 미해결과제를 다루는 과정에서 치료자의 경청과 공감이 그토록 중요한 이유가 바로 여기에 있다. 내담자는 해결되지 못한 채 배경에 남아 유령처럼 떠돌면서 시도 때도 없이 주제라는 모습으로 불쑥불쑥 나타나서 자신을 괴롭혀 왔던 미해결과제를 이제 치료자와 함께 연대해 극복하는 새로운 경험을 하는 것이다. 이러한 경험은 미해결과제에 대해 **"부딪쳐 보니 별거 아니구나! 이제 무섭지 않아!"** 라는 깨달음을 가져다주며, 이는 전경을 조직화하는 방식에 변화를 가져다준다. 즉, 더 이상 미해결과제의 관점에서 전경을 조직화하지 않게 된다. 예를 들어 보자.

초등학생 아들을 둔 40대 초반의 여성인데, 아들이 열심히 공부하지 않거나 성적이 잘 안 나오면 너무 미워서 고함을 지르거나 때리기도 했는데, 스스로 생각해도 이런 자신의 행동이 잘 이해가 되지 않는다고 했다. 공부를 잘 하는 것이 왜 그렇게 중요한지 물었더니 그녀는 나의 질문이 이해가 안 된다는 듯이 빤히 쳐다보다가, 이윽고 어린 시절 기억을 떠올렸다. 그녀의 아버지는 가정에 무관심했고, 어머니는 오로지 외동딸이었던 자신의 학교 공부에만 매달려 일거수일투족을 감시하며, 성적이 오르지 않으면 심한 체벌을 주었다고 했다. 구체적인 예를 들어 달라고 하자 그녀는 한 문제를 틀렸다고 뺨을 맞았던 사건을 떠올렸다. 그 이야기를 하면서 내담자는 고개를 아래로 떨구면서 눈물을 훔쳤다.

나는 내담자에게 빈 의자에 앉은 어머니에게 분노감정을 표현해 보라고 했다. 그러자 그녀는 몹시 당황하면서 **"아니에요. 어머니는 좋은 분이세요! 저를 사랑하셨어요!"**라고 말했다. 그녀의 강한 죄책감이 그녀의 분노를 가로막고 있었다. 좀 더 정확히 말하면 그녀의 분노가 도덕적 내사에 부딪혀 반전되고 있었다. 나는 그립가족인형을 사용해서 상전과 하인의 구도로 그녀의 분노감정을 지지해 주는 작업을 했다. 즉, 부당하게 폭력을 당했던 아이의 억울하고 화난 마음을 공감해 주면서 상전에게 할 말을 하는 작업을 도와주었다. 나의 지지를 받으면서 그녀는 마침내 어머니에게 분노를 표현할 수 있었고, 자기 자신으로 온전히 사랑받지 못했던 슬픔에 대해서도 애도작업을 했다. 작업이 끝날 무렵 그녀는 아이 인형의 머리를 쓰다듬어 주며 위로와 지지를 해 주었다. 그리고 자신의 아들[인형]에게도 미안하다고 진심으로 사과를 하며 눈물을 흘렸다.

사례에서 내담자의 **표면적** 미해결과제는 자신을 학대했던 어머니에 대한 분노감정과 온전히 보살핌을 받지 못한 슬픔이었다. 그러나 심층적 미해결과제는 어머니에게 온전히 수용받고 싶은 욕구였다. 따라서 그녀의 [표면적] 주제인 공부는 자신의 이러한 심층적 미해결과제를 해결하기 위한 노력에서 파생된 것이었다. 즉, 그녀는 공부를 열심히 해서 자신의 가치를 입증해야만 어머니의 인정을 받을 수 있겠다는 것을 느꼈고, 이후 그녀의 삶에서 전경을 조직화하는 방식은 오로지 학업성취에만 맞춰졌으며, 이는 아들과의 관계에도 그대로 반복되었다.

치료과정에서 그녀는 내사된 도덕적 규범 때문에 어머니에 대한 분노감정을 온전히 접촉할 수 없었다. 하지만 치료자의 도움으로 차츰 억압되었던 분노감정과 슬픔을 접촉하게 되었고, 심층적 미해결과제였던 사랑받고 싶은 욕구도 만날 수 있었다. 이 부분은 치료자의 보살핌과 지지가 없었다면 혼자서 해내기는 어려운 과제였다. 즉, 처음엔 내사로 말미암아 접근조차 어려웠던 분노감정을 치료자의 지지와 보살핌을 통해 만날 수 있었고, 이를 밑거름삼아 깊숙이 가려져 있던 내면의 사랑받고 싶었던 욕구를 접촉하고, 마침내 어머니 대신 스스로 해결할 수 있게 되었다.

이렇게 자신의 미해결과제가 해결되자 당장 그녀의 세상을 조직화하는 방식에 변화가 나타났다. 즉, 그녀의 아들을 보는 시각이 성과위주의 가치관에서 벗어나, 있는 그대로의 소중한 존재로 보게 된 것이다. 그렇게 되자 자신이 그동안 아이에게 얼마나 잔인한 짓을 했는지 알아차리게 되었고, 아들에게 진심 어린 용서를 빌게 되었다. 여기서 우리는 다시 한 번 미해결과제의 해결이 주제를 해결하는 가장 **빠른** 길임을 알 수 있다. 즉, 미해결과제의 해결이 **세상을 보는 틀**을 바꿔 준다는 사실을 알 수 있다.[12]

미해결과제의 해결에는 앞의 예에서처럼 상처받은 내담자의 이야기를 잘 경청하고 공감해 줌으로써 내담자와 함께 연대해 주는 것이 가장 중요하지만, 때로는 스토리의 **내용**에만 머무르지 않고 좀 더 적극적인 **실험**이 필요하다. 스토리의 내용에만 한정시켜 반응하다 보면 살아 있는 현재의 생생함과 역동을 묻어 버릴 수 있기 때문이다. 게슈탈트치료에서는 전통적으로 지금-여기의 **프로세스** 속에서 미해결과제를 해결하는 다양한 실험들을 개발하여 사용해 왔다.

가장 고전적인 방법으로는 미해결과제가 생겨났던 원초적 사건을 다시 떠올려, 마치 그 사건이 지금-여기에서 벌어지는 것처럼 상상하면서 내담자로 하여금 그때 하지 못했던 말이나 행동을 해 보게 하거나, 혹은 그때 경험하지 못했던 것을 경험하게 해 보는 방법이다. 예컨대, 자기를 무시했던 초등학교 선생님에게 분노감정을 표현한다든가, 성추행을 했던 가해자에게 주먹을 날리는 행동을 해 본다든가, 무뚝뚝했던 아버지에게 상냥하게 다가가서 애교를 부리며 무릎에 앉아 보는 상상을 하는 등의 작업이다.

이러한 작업은 치료자나 집단원들을 대상으로 직접 할 수도 있고, 빈 의자를 놓고 하거나 인형이나 베개를 갖다 놓고 할 수도 있다. 어느 경우이든 내담자가 편하게, 잘 집중할 수 있는 방법이면 모두 상관없다. 보통 사람에게 **직접** 말하는 것은 좀 어색하거나 불편한 느낌이 있다. 특히 부정적 감정을 표현하는 경우에는 더욱 그렇기 때문에, 처음에는 빈 의자나 인형을 상대로 작업하는 것이 낫다. 하지만 긍정적 감정을 표현하거나 우호적 행동을 하는 경우에는 사람에게 직접 하는 것이 더 좋다. 부정적 감정표현도 서로 충분히 준비가 된 상태에서는 [수용적인 반응을 할 수 있는] 사람에게 직접 해 보는 것도 괜찮다.

빈 의자 작업을 할 때는 빈 의자에 앉은 대상에게 하고 싶은 말이나 행동을 하는 것으로 끝낼 수도 있고, 빈 의자를 왔다 갔다 하며 상대편의 역할도 함께 할 수도 있다. 후자의 경우는 좀 더 다

---

12) 게슈탈트치료에서 말하는 미해결과제의 해결이란 억압된 **'추동(drive)'**을 방출하는 것, 즉 카타르시스가 아니라 [행동실험 또는 새로운 관계체험 등을 통해] 내사에 의해 조종되었던 행동방식에 변화를 가져오는 것을 의미한다. 예컨대, 내사된 부모의 부당한 목소리에 무조건 순종하지 않고, [치료자의 지지를 받으며] 분노감정을 표현하며 자기주장을 하는 실험을 통해 미해결된 **'자율성(autonomy)'**을 회복하고, 그 결과 권위자에 대한 무조건적인 복종에서 벗어나 새로운 변화를 이끌어 낼 수 있다.

양한 역동이 일어날 수 있으므로 치료자가 주의 깊게 살피면서 어떤 프로세스가 일어나고 있는지 잘 살펴야 한다. 서로 대화가 순조롭게 잘 될 경우에는 특별히 개입하지 않아도 되지만, 상대편이 더 강한 목소리를 냄으로써 내담자가 위축되는 모습을 보이면 치료자가 개입하여 지지를 해 주어야 한다. 예컨대, 내담자가 반격할 수 있는 말들을 알려 준다든가, 내담자의 등에 손바닥을 대서 물리적으로 지지해 주는 개입 같은 것이 필요하다. 성폭력 피해자 같은 경우에는 내담자가 너무 압도될 수 있으므로 상대편 의자에 가서 앉게 하는 것은 좋지 않다(Staemmler, 2002).

미해결과제를 해결하는 또 다른 방법은 원초적 사건으로 돌아갈 필요 없이 현재 상황에서 치료자-내담자 혹은 집단원들 간의 관계에서 직접 다루는 것인데, 미해결과제가 지금-여기에서 주제의 형태로 반복되는 것에 초점을 맞춰 이를 **지금-여기**의 실험을 통해 해결하는 것이다. 이런 방법의 장점은 단지 과거의 미해결**정서**를 해소하는데 그치지 않고, 내담자에게 결여된 새로운 행동방식을 학습하거나 **나-경계**를 확장시키는 경험을 가능하게 해 준다는 데 있다. 즉, 내담자의 멈춰진 발달시계를 다시 태엽을 감아 움직이게 해 주는 것이다. 예를 들어 보기로 한다.

[앞에서 예로 들었던] 집단에서 말을 정확하게 하려고 애썼던 남자 집단원에게 나는 말을 장황하고 모호하게 하기보다는 간결하고 분명하게 해 보라는 제안을 했다. 그는 처음에는 이런 실험을 어색해하고 힘들어했으나 집단원들의 긍정적 반응에 놀라면서 점차 자신의 감정이나 욕구를 분명하고 간결하게 표현하기 시작했다. 처음 자신이 염려했던 것과는 달리 집단원들의 호의적인 반응을 보고, 그는 차츰 자연스럽고 자유로운 말투로 바뀌면서, 어린 시절 순발력 있고 재치 있던 천진난만한 모습을 회복하면서 집단에서 점차 활기찬 모습을 보여 주었다.

어머니의 관심을 받기 위해 늘 어머니 비위를 맞추며 살았던 한 여자 집단원은 다른 사람들과의 관계에서도 항상 자기를 '**희생**'해서 상대편에게 맞추는 행동을 해 왔다. 만일 그렇게 하지 않으면 거부당할지도 모른다는 두려움이 그녀의 주제였다. 집단원들은 그녀의 그런 행동에 대해 다들 안타깝게 생각했고, 자신감을 가져도 된다는 피드백을 해 줬지만 잘 받아들이지 못했다. 나는 그녀에게 일어서서 집단을 한 바퀴 돌면서 한 사람 한 사람에게 다가가 [당연하다는 듯이] 자기 부탁을 들어 달라는 연기를 해 볼 것을 제안했다. 실험은 처음에는 상당히 어려운 도전으로 여겨졌지만, 시간이 지나가면서 차츰 흥미로운 놀이로 발전했고, 마침내 그녀는 매우 당당한 목소리로 사람들에게 이것저것을 **시키는**(?) 작업까지 잘 소화해 내었다. 비록 짧은 시간의 실험이었지만, 그녀는 많은 것을 경험했고, 이후 그녀는 집단에서 매우 편안하고 자신감 있는 모습을 보였다.

3) 지금-여기의 알아차림

지금-여기의 활용으로서 또 하나의 중요한 부분은 지금-여기의 알아차림이다. 게슈탈트치료의 핵심적 개입전략 및 목표는 모두 알아차림이라고 할 수 있는데, 여기에서 말하는 지금-여기의 알아차림이란 치료과정 중에 나타나는 사소한 현상들을 알아차림으로써 치료적 진전을 이루는 것을 가리킨다. 앞에서 주제의 확인·검증 및 미해결과제 다루기에서도 알아차림을 활용하는 방법에 대해 살펴보았지만, 여기에서는 그것들과는 별도로 치료적 상호작용 중에 나타나는 지금-여기의 현상들을 알아차려 치료적으로 활용하는 데 초점을 맞춘다.

치료시간은 보통 과거 사건에 대한 이야기나 미래에 있을지도 모를 상황에 대한 이야기가 상당히 많은 부분을 차지한다. 하지만 치료시간에 일어나는 사소한 현상이나 행위에 대해 주의를 기울임으로써 중요한 치료적 성과를 거둘 수 있다. 예컨대, 치료시간에 나타나는 내담자의 욕구나 감정을 반영해 주거나 공감해 줌으로써, 혹은 내담자의 무의식적 행동에 대해 피드백을 해 줌으로써 내담자로 하여금 중요한 발견을 하거나 새로운 방향성을 찾는 계기를 마련해 줄 수도 있다.

지금-여기의 알아차림에는 현상 알아차림과 행위 알아차림의 두 가지가 있다. 후자는 전자를 높이기 위해서 필요하다. 궁극적으로 중요한 것은 현상 알아차림이다. 현상 알아차림에는 9장에서 설명한 ① **신체감각**, ② **욕구**, ③ **감정**, ④ **이미지**, ⑤ **내적인 힘**, ⑥ **환경**, ⑦ **상황**, ⑧ **관계에 대한 알아차림**의 여덟 가지가 있으며, 행위 알아차림에는 ① **접촉경계혼란 행동**, ② **사고패턴**, ③ **행동패턴에 대한 알아차림**의 세 가지가 있다. 이들은 9장에서 자세히 설명했으므로 여기에서 그 내용을 반복할 필요는 없다고 본다. 따라서 여기서는 이들이 어떻게 구체적으로 치료에 활용될 수 있는지에 대해서만 설명하기로 한다.

먼저 현상 알아차림을 어떻게 치료적으로 활용할 것인가에 대해 알아보자. 치료시간에는 내담자가 미처 알아차리지 못하지만 [일상생활에서와 마찬가지로] 다양한 현상들이 끊임없이 일어난다. 신체감각, 욕구, 감정, 이미지, 내적인 힘, 환경, 상황, 관계 등이 서로 뒤엉켜, 아니 서로 밀접한 연관을 갖고서 일어났다가 사라지고, 다시 일어났다가 사라지는 과정이 반복된다. 대부분 내담자들은 이런 것들을 무시하고 지나치지만, 사실은 매 순간 새롭게 나타나고 사라지는 이런 현상들이야말로 내담자의 삶을 송두리째 바꿔 놓을 수도 있는 보물들일 수 있다. 치료자는 이런 점에 착안해서 내담자의 습관적 틀을 깨뜨리는 개입을 시도할 수 있다.

아주 단순한 질문들 예컨대, "지금 신체상태가 어떠신가요?" "오늘 무슨 이야기를 하고 싶으신가요?" "지금 기분이 어떠신가요?" "지금 어떤 이미지가 떠오르시나요?" "지금 무엇을 할 수 있을 것 같으세요?" "지금 무엇이 보이시나요?" "지금 어떤 상황처럼 느껴지나요?" "지금 혼자

인 것 같은 느낌인가요? 아니면 나와 함께 있다는 느낌이 드는가요?"와 같은 것들이 내담자를 무
척 당황스럽게 만들 수도 있겠지만, 정신이 번쩍 들면서 지금-여기의 실존을 접촉할 수 있도록
이끌어 줄 수도 있다.

예를 들어 보자. 치료시간마다 항상 **"오늘 무슨 이야기를 하고 싶으신가요?"**라는 치료자의 질
문을 받는다면, 살면서 늘 타인이 요구하는 것 혹은 기대하는 것에 맞춰서만 살아온 내담자라면
이런 질문이 무척 곤혹스럽기도 하고, 무엇을 말해야 할지 몰라 막막할 수도 있을 것이다. 하지만
다른 한편으로는 이런 질문은 그에게 신선한 충격으로 와 닿을 수도 있다. 즉, 누군가가 자신의
욕구를 존중해 준다는 느낌은 그의 삶에서 매우 새로운 경험이 될 수 있다.

자신의 억울했던 사건에 대한 이야기를 경청하고 있던 치료자가 갑자기 **"그 이야기를 하다가
울먹이시는데, 지금 기분이 어떠신가요?"**라고 묻는다면, 내담자는 갑작스러운 외부인의 침입에
상당히 당황스러운 느낌이 들 수 있다. 즉, 지금까지 아무도 자신의 아주 내밀하고도 사적인 영역
에 예고 없이 들어와 느닷없는 질문을 해 온 사람이 없었기에 어쩔 줄 모르는 느낌이 들 것이다.
하지만 동시에 묘한 반가움 같은 것이 교차할지도 모른다.

아직도 치료자의 질문의도를 정확히 몰라 어리둥절해하는 내담자에게 이번에는 다정한 목소
리로 **"정말 화가 나셨을 것 같아요. 그리고 슬프셨을 것 같아요."**라고 공감해 주는 치료자의 말이
연이어 들리면, 내담자는 자기도 모르게 **"네, 정말 억울했어요. 그리고 슬펐어요!"**라고 답하는 자
신의 반응에 스스로 화들짝 놀랄지도 모른다. 즉, 평소 사람을 잘 믿지 못하는 자기가 자신도 모
르게 타인에게 마음을 열었다는 사실이 놀랍기도 하고, 창피한 느낌도 들지 모른다. 하지만 그런
마음과 상관없이 줄줄이 힘들었던 사연을 늘어놓는 자기 자신에게 또 한 번 묘한 배신감 같은 것
을 느낄 수도 있다.

치료시간 도중에 치료자가 종종 던지는 **"지금 기분이 어떠신가요?"** 혹은 **"지금 신체가 어떻게
느껴지세요?"**와 같은 질문이 점차 익숙해질 때쯤이면, 내담자도 간혹 자발적으로 **"그 이야기를
하면서 막 화가 나네요."**라든지, **"선생님이 제 마음을 공감해 주시니 마음이 편해지네요."**와 같은
표현을 할지도 모른다. 즉, 지금-여기의 알아차림이 높아지면서 과거 사건이나 미래상황에 **'대
해서 이야기하기(talking about)'**를 넘어서는 새로운 차원의 **'존재방식(mode of being)'**을 익히
고 실험을 해 나가는 변화를 보일지도 모른다.

만일 그렇다면 이는 삶에서 커다란 방향전환이 아닐 수 없다. 즉, 늘 과거의 미해결과제에 묶여
서 현재를 있는 그대로 보지 못하고, 과거나 미래의 관점에서만 바라보던 비실존적 삶에서, 이제
지금-여기의 현상들을 주목하고, 만나고, 체험하는 실존적 삶으로의 대전환이 이루어지고 있는
것이다. 오랜 기간의 치료를 통하여 자신의 문제를 다 해결하고 나면, 언젠가 사회에 나가 그때부

터 제대로 살게 될 것이라는 환상을 깨고, 바로 **지금-여기**에 실존이 있음을 깨닫고, 지금-여기의 삶을 살아 내는 코페르니쿠스적 전환을 이룬 것이다.

치료시간에 문득문득 경험하는 지금-여기의 알아차림은 내담자 변화의 핵심을 이루는 부분이다. 아무리 많은 깨달음과 통찰을 얻었더라도 그것이 지금-여기의 삶에 반영되지 않는다면, 아무 소용이 없을 것이다. 그리고 자신의 이야기를 하고, 이해받고, 지지받는 경험을 하더라도 지금-여기의 알아차림으로 이어지지 않는다면, 그 또한 별 유익이 없을 것이다. 반대로 가능성은 높지 않겠지만, 특별한 통찰이 없었더라도 지금-여기의 알아차림이 잘 되고 있다면, 이미 치료는 상당한 진전을 이루었다고 볼 수 있을 것이다.

사실은 양쪽이 모두 필요하며, 서로 보완적으로 작용한다. 즉, 내담자가 치료자의 도움을 받으면서 자기 문제에 대한 깨달음과 통찰을 얻고, 치료자로부터 이해받고 지지받는 경험을 함으로써 지금-여기의 알아차림을 더 쉽게 할 수 있으며, 역으로 지금-여기의 알아차림을 잘 함으로써 자신의 문제에 대한 깨달음과 통찰을 더 잘 할 수 있는 상호작용이 일어난다. 따라서 치료자는 치료시간에 기회가 있을 때마다 내담자의 지금-여기의 알아차림을 도와주어야 한다.

무엇보다 지금-여기의 알아차림은 그 자체로서 매우 소중한 것이다. 우리의 삶이란 매 순간의 사소한 현상들로 이루어지는 과정의 연속체라고 할 수 있다. 조그만 일로 웃고, 떠들고, 즐거워하고, 화내고, 슬퍼하고, 반성하고, 화해하고, 새롭게 희망하는, 사소한 일상들 하나하나를 제외하고는 과연 삶에서 무엇이 따로 중요하다고 할 수 있을까? 지금-여기의 알아차림은 이런 일상을 있는 그대로 **알아차리고, 수용하고, 향유하는** 행위로서 심리치료의 범위를 넘어서는 의미가 있다. 게슈탈트치료의 유일한 목표는 알아차림이란 말도 이와 통한다. 알아차림 자체가 **삶이며, 존재이며, 가치**이다. 나의 단상을 몇 줄 적어 본다.

열어 놓은 창문으로 바람이 들어온다. 살갗에 서늘한 바람이 와 닿으며 가을이 오고 있는 것을 알아차린다. 올 여름 가장 긴 장마를 견뎌 냈고, 이제 무덥던 여름 끝자락을 밀어내는 가을바람이 유난히 반갑게 느껴진다. 잣나무 숲속에서 한가로이 들려오는 매미와 풀벌레 소리들도 이제 들을 날이 얼마 남지 않았구나 하는 생각에, 아쉬움마저 느껴진다. 뒷집 채전 호박 넝쿨들이 누르스름한 잎 사이로 아직도 드문드문 노란 꽃을 내밀고 있고, 고라니가 뜯다 만 뽕잎들이 가지 끝에 매달려 하릴없이 바람에 흔들리고 있는 풍경을 보면서, 마음이 고요해짐을 알아차린다.

나는 치료시간에 자주 내담자에게 지금-여기의 알아차림을 환기시켜 준다. 가장 자주 하는 질문은 **"지금 기분이 어떠세요?"** 또는 **"지금 어떤 감정을 느끼세요?"**이다. 내담자로 하여금 그 순간 자신의 감정을 알아차리도록, 그리고 경우에 따라서는 그것을 표현하도록 도와주기 위해서이다. 하지만 특별한 기분이 느껴질 만한 상황이 아닌 경우에는 이런 질문은 하지 않는다. 내담자의 중요한 감정이 나타나고 있는 상황에서, 그리고 내담자가 그것을 표현하는 것이 필요하다고 생각되는 시점에서 이런 질문을 한다.[13] 자신의 감정을 억압하고 있는 내담자들에게 이런 질문은 자신을 알아차리고 접촉하는 데 도움이 된다.

많은 내담자들이 의외로 자신의 감정을 잘 못 알아차린다. 이야기를 들어 보면 분명히 슬프거나 화가 날 상황인데도, 물으면 잘 모르겠다는 대답을 한다. 심지어는 이야기를 하면서 눈에서 눈물이 뚝뚝 떨어지는데도 지금-여기의 감정을 물으면, 고개를 좌우로 흔들면서 잘 모르겠다고 말하는 사람도 있다. 그럴 경우에 나는 신체상태를 물어 준다. 때로는 그림가족인형을 사용해서 대화를 시키기도 한다. 그러면 대부분 자신의 감정을 접촉한다.

내담자가 자신의 감정을 알아차리고 접촉하게 되면, 내담자를 이해하고 공감하는 것이 쉬워진다. 그러면 내담자와의 대화도 한층 깊어지고, 더 친밀해진다. 내담자 또한 자신을 좀 더 잘 이해하게 되고, 편안하게 대화를 하게 된다. 그렇게 되면 일상의 삶에서도 지금-여기의 정서가 차지하는 비중이 점점 높아지며, 그때그때 자신의 감정을 잘 알아차리고 접촉함으로써 삶이 한결 가벼워지고, 주변 사람들과의 관계도 더 좋아진다.

치료시간에 와서 내담자들은 종종 한 주일 동안 있었던 일, 마음 상했던 사건, 우울한 기분 등에 대해 이야기를 한다. 보통 나는 그런 이야기를 묵묵히 듣는다. 간혹 질문을 하거나 고개를 끄덕이거나 공감을 해 주기도 한다. 내담자들은 관심을 갖고 물어 주면, 대부분 열심히 이야기를 한다. 이야기가 다 끝나면 나는 간혹 **"이야기를 많이 하셨는데, 하시고 난 다음 지금 기분이 어떠셔요?"**라고 묻는다. 놀랍게도 많은 내담자들은 이야기 내용과 상관없이 **"기분이 나아졌어요. 가벼워졌어요."**라는 말을 한다. 그러면 나는 다시 **"어떻게 해서 기분이 바뀌셨어요?"**라고 질문을 한다. 종종 듣는 대답은 **"이야기를 하고 보니, 별것 아니란 생각이 드네요."** 혹은 **"잘 모르겠어요. 그냥 가벼워졌어요."** 같은 말이다.

참으로 신기한 일이다. 내가 해 준 것은 중간중간에 던진 질문 몇 개와 그냥 잘 들어 준 것뿐인

---

13) 게슈탈트치료 초보자들이 흔히 범하는 실수로서 내담자에게 아무 때나 **"지금 기분이 어떠세요?"**라고 묻는 것을 종종 본다. 내담자에게 특별한 기분이 없는 상태에 이런 질문을 난발하게 되면, 내담자는 짜증스러운 감정을 느끼게 되므로 조심해야 한다. 또한 내담자에게 중요한 감정이 올라오고 있는 경우에도 상황에 따라서는 이런 질문을 하지 않는 것이 좋을 때도 있다. 즉, 내담자 입장에서 감정표현을 하고 싶지 않을 경우이다. 따라서 치료자는 항상 역지사지를 하여 내담자 입장에서 어떤 심정일까를 살펴서 이런 질문을 해야 한다.

것 같은데, 처음에 먹구름을 잔뜩 드리운 표정으로, 혹은 씩씩거리며 화난 얼굴로 치료실에 들어와 이야기를 시작했을 때와는 너무나 다른 편안한 표정으로 미소까지 띠는 편안한 얼굴로 바뀌게 되는 연유가 무엇일까? 세상 누구도 이러한 비밀을 정확히 설명할 수 없을 거란 생각이 든다. 그냥 삶의 신비라는 생각이 든다. 누군가가 자기 이야기를 관심 있게 들어 주고, 있는 그대로 수용해 줄 때, 그것만으로도 답답하고 상한 마음이 치유되는 것 같다.

하지만 여기서 내담자가 자신의 기분이 나아졌다는 것을 알아차리는 것은 중요하다. 그렇게 함으로써 내담자의 기분은 더욱 가벼워지고 편안해지며, 그것을 바탕으로 해서 자신의 문제에 대한 새로운 조망도 가능해지기 때문이다. 따라서 내담자의 정서에 중요한 변화가 나타날 때는 그것을 알아차리도록 질문을 해 주어야 한다. 만일 정서에 이런 변화가 있는데도 그냥 놔두고 계속 이야기만 하다 보면, 감정은 대부분 사라지고 묻혀 버린다. 종종 치료자들은 **문제**만 보고, [치료시간에 일어나는] **변화**를 보지 못함으로써, 이미 해결된 문제를 붙들고 있는 경우가 많다. 내담자에게 [힘든] 문제가 있다는 고정관념에 매여 있음으로써 범하는 실수이다.

치료시간에 내담자에게 던지는 **"지금 그 이야기를 하면서** [치료자인] **제가 함께 듣고 있다는 것이 느껴지시나요?"** 와 같은 질문이 내담자를 깊은 고독과 무력감으로부터 깨워서 지금-여기로 나오게 하는 것을 종종 목격한다. 즉, 지금-여기의 **'관계에 대한 알아차림'**이 내담자를 수렁에서 빠져나오게 하는 것이다. 내담자들이 겪는 고통의 가장 깊은 심연에는 어김없이 **"이건 아무도 이해하지 못할 거야. 아무도 도와줄 수 없어. 혼자 견뎌 내야 해!"**라는 생각이 깔려 있다. 아무리 힘든 일이라도 사람이 견딜 수 없는 일은 없다. 정작 가장 견디기 어려운 것은 겪고 있는 일 그 자체라기보다는 아무도 도와줄 수 없을 거라는 절망감이다. 그 절대고독의 깜깜한 어둠 속에서 **"당신 곁에 여기 한 사람이 있어요!"**라고 속삭이는 누군가의 조그만 목소리가 들려온다면 어떤 느낌일까? 또한 **"당신의 힘든 상황을 잘 알고 있어요. 마음이 아파요! 제 손을 좀 잡으실래요?"**라는 말도 들려온다면 어떤 느낌일까?

내담자들은 **"지금 그 이야기를 하면서 내가 함께 듣고 있다는 것이 느껴지세요?"**라는 나의 질문에 종종 **"아뇨! 잘 안 느껴져요!"**라고 대답한다. 하지만 그 질문을 들은 표정은 눈에 띄게 달라진다. 마치 꿈에서 깨어나는 사람처럼 정신을 차리면서 나를 빤히 쳐다본다. 그때 나는 **"당신의 이야기를 들으면서 참 가슴이 아프네요. 눈물도 나고요."**라고 말하며 그의 눈을 응시한다. 그러면 갑자기 내담자의 눈가에 물기가 도는 것을 보곤 한다. 나는 다시 **"얼마나 힘들었을까? 외로웠을까? 마음이 아팠어요. 저도 그런 적이 있었거든요."**라고 말한다. 나의 마음이 전달되는 순간 내담자들은 울컥하기도 하고, 놀라는 표정과 함께 **"고마와요. 몰랐어요. 저 혼자인 줄 알았는데 …!"**라며 눈물을 흘리기도 한다.

우리는 잠시 함께 침묵하며 아픔을 공유한다. 그리고 **함께 있음**을 느낀다. 때로는 **"손을 잡아 드리고 싶은데, 괜찮을까요?"**라고 묻고, 고개를 끄덕이면 손을 잡고서 잠시 그 순간을 함께할 때 도 있다. 이런 순간은 내담자에게만이 아니라 나에게도 치유의 시간이 된다. 한 존재가 아프면 온 우주가 함께 아파한다는 말이 있듯이 내담자와 나는 아픔을 통해 서로 연결되어 하나가 된다. 아 프지만, 단지 아프기만 한 것은 아니다. 연결됨으로 인한 안심과 위로가 있고, 감사함이 있다. 내 담자는 울음이 북받쳐 오르면서 어깨를 들썩이며, 연신 고맙다는 말을 반복하기도 한다. 나도 고 맙다는 말을 한다. 우리는 뭐가 고마운지, 왜 고마운지 서로 설명하지 않아도 된다.

내담자 문제의 가장 깊은 근원은 **'관계단절'**이다. 바꿔 말하면 온전한 **'관계경험의 부재'** 또는 **'상실'**이라고 말할 수 있다. 인간에게 있어 '관계단절'의 의미는 물고기가 물을 떠난 것과 같은 의미이다. 많은 내담자들은 관계단절, 관계상실의 아픔을 안고 치료실을 찾아온다. 자신의 아픔 과 고통에 대해 이야기하면서도 아픔과 고통을 잘 못 느낀다. 관계단절에 대해서는 더욱 못 느낀 다. 관계라는 차원이 존재한다는 것도 잊어버렸기 때문이다. 그래서 **"지금 그 이야기를 하시면서 제가 함께 듣고 있다는 것이 느껴지세요?"**라는 나의 질문에 **"아뇨! 잘 안 느껴져요!"**라고 대답하 는 것이다.

그런 질문 자체가 생소하고 낯설기만 하다. 하지만 조그만 놀라움도 함께 뒤따르는 것은 그것 이 **'존재 물음(Seinsfrage)'**이기 때문이다. 깊은 심연에 갇혀 있던 존재가 다른 존재로부터 들려 오는 부름을 듣고서 깨어나는 것이다. 곧 이어 다시 들리는 **"당신의 이야기를 들으면서 참 가슴 이 아프네요. 눈물도 나고요."**라는 말은 마침내 내담자의 존재를 벌떡 일어나 앉게 만든다. 절대 고독의 자기만의 세계에 치료자가 노크를 한 것이다. **"누구세요?"**라는 말도 못 꺼내고 있는 내담 자에게 치료자는 한 발자국 더 다가선다. **"얼마나 힘들었을까? 외로웠을까? 마음이 아팠어요. 저 도 그런 적이 있었거든요."**라는 치료자의 말에 내담자는 자기도 모르게 얼른 문을 열고, 친구를 안으로 초대한다.

자기 세계에 처음으로 타인의 존재를 들여놓은 것이다. 그러면서 모든 것이 달라진다. **만남**이 있고, 반가움이 있고, **감사**와 **눈물**이 태어난다. 물론 아직도 아픔과 슬픔이 있다. 하지만 그것들 은 더 이상 이전과 **똑같은** 아픔, **똑같은** 슬픔이 아니다. 이제는 서로 함께 연결된 아픔이고 함께 나누는 슬픔이다. 이제 **세상**으로 나온 것이다. 세상과 연결된 것이다. 지금껏 항상 있었던 세상이 지만, 내담자에게는 보이지 않았던 새로운 세상이다. 모든 것이 의미 있어지고, 모든 것이 아름다 워진다. 갑자기 존재들이 빛나기 시작한다. 모든 존재들이 하나씩 따로 있으면서도, 서로 손잡고 웃고 있다.

자기 문제에 갇혀 있을 때는 다른 사람의 존재가 보이지 않는다. 소리는 들려도 느껴지지 않는다. 치료자와 이야기를 나누면서도 치료자가 느껴지지 않는다. 이야기를 해도 해도 혼자 하는 느낌이다. 하지만 치료자와 **만나는** 경험을 통해 자신의 존재가 발견된다. 즉, 자신의 존재를 알아차리게 되고, 느낄 수 있게 된다. 그러면서 갑자기 치료자가 보이고 느껴진다. 존재는 다른 존재와 연결되었을 때 살아난다. 단절되어 있을 때는 죽어 가다가 연결되었을 때, 되살아난다. 그곳에 반가움과 기쁨이 있고, 감격과 전율이, 감사와 눈물이, 그리고 노래와 춤이 있다. 축제가 열린다. 모든 존재가 찬란하게 빛을 발한다.

지금-여기의 현상 알아차림은 모두 **'관계에 대한 알아차림'**과 연결되어 있다. 즉, 모두 '관계에 대한 알아차림'으로 통한다. 예컨대, 신체감각과 욕구, 감정은 서로 긴밀하게 연결되어 있어, 그중 한 가지의 알아차림은 자연히 다른 두 가지의 알아차림으로 연결되며, 이들의 알아차림은 다시 '관계에 대한 알아차림'으로 통한다. 치료자가 [신체감각의 도움을 받으며] 내담자의 감정이나 욕구를 자각시켜 주고, 공감해 주면, 이에 대한 내담자의 알아차림이 증진되면서 [치료자와의] **관계에 대한 알아차림**으로 나아가게 된다.

이미지와 내적인 힘, 환경 및 상황에 대한 알아차림도 마찬가지이다. 이들의 알아차림은 좀 더 미묘한 성격이지만, 신체감각, 욕구, 감정에 대한 알아차림을 토대로 수월해진다. 이는 다시 관계에 대한 알아차림으로 이어진다. 즉, 신체감각, 욕구, 감정에 대한 알아차림이 기본이 되어 차츰 그다음 단계로의 알아차림이 쉬워지며, 이는 마침내 **관계**에 대한 알아차림으로 나아가게 된다. 반대로 **관계**에 대한 알아차림이 되면 신체감각, 욕구, 감정에 대한 알아차림도 더 쉬워지는 선순환이 된다. 따라서 치료자는 내담자에게 현상 알아차림의 제 요소들을 수시로 환기시키고, 촉진시켜 주어야 한다. 지금-여기에서의 이미지, 내적인 힘, 환경 및 상황에 대한 알아차림 등에 대해서는 9장에서 자세히 설명하였으므로 여기서는 생략한다.

다음으로 지금-여기의 행위 알아차림에 대해 간단히 설명하기로 한다. 행위 알아차림에는 ① **접촉경계혼란 행동,** ② **사고패턴,** ③ **행동패턴에 대한 알아차림**의 세 가지가 있다. 여기서도 자세한 내용은 이미 9장에서 다루었으므로 설명을 생략하기로 하고, 다만 치료절차의 세 번째 단계인 **지금-여기의 활용**에서 이를 어떻게 구체적으로 사용하는지, 그 의미와 효과는 어떠한지에 대해서만 간단히 기술하기로 한다.

치료시간에 내담자가 자기도 모르게 나타내 보이는 접촉경계혼란 행동, 사고패턴, 행동패턴들에 대해 주의를 환기시켜 줌으로써 치료자는 내담자가 이러한 [무의식적] 행동들을 알아차릴 수 있게, 그리고 이러한 행동들의 **'지금-여기 장(field)'**에서의 영향을 눈으로 볼 수 있게 도와줄 수 있다. 즉, 자신이 느끼는 고통이 자신의 [무의식적] 행동에 의한 것이며, 이들은 자신이 [무의식적으로] 선택한 [행동의] 결과이므로 스스로 [알아차림에 의해] 변화시킬 수 있다는 점을 깨닫게 도와줄 수 있다.

예컨대, 화가 나야 할 상황에서 자책하는 행동을 하는 내담자에게 치료자가 **"지금 자책을 하시네요?"**라고 비춰 줌으로써 내담자로 하여금 자신이 느끼고 있는 죄책감과 무기력감이 스스로 선택한 [반전]행동에 의한 것이라는 것을 깨닫게 해 줄 수 있다. 또 다른 예로서 심한 소외감과 외로움을 느끼는 내담자에게 [본인이 자신도 모르게 하고 있는] **"절대로 약한 모습을 보여서는 안 돼! 그러면 사람들이 다 내게서 떠나갈 거야!"**라는 생각을 알아차리도록 도와줌으로써, 그러한 사고패턴이 자신이 지금 느끼는 고통스러운 감정과 연관되어 있음을 깨닫게 해 줄 수 있다. 즉, 약한 모습을 보일까 봐 아무에게도 자신의 이야기를 하지 않음으로써 스스로 자신을 소외시키고 있음을 깨닫게 해 줄 수 있다.

이처럼 자신의 고통스러운 정서가 자신의 [무의식적] 행동과 연관되어 있다는 것을 깨달음으로해서, 즉 **'장(field)'에 대한 알아차림**을 통해서 내담자는 새로운 행동에 대한 조망과 함께 선택권을 갖게 된다. 알아차림이 없을 때는 무의식적으로 고통이 반복되지만, 지금-여기의 알아차림을 통해 새로운 가능성이 열리게 되는 것이다. 물론 새로운 행동에 대한 조망이 생겼다고 해서 바로 자동적으로 그런 행동의 선택으로 이어지지는 않는다. 즉, 해 보지 않은 행동에 대한 두려움이 있기 때문에 비록 고통스럽더라도 익숙한 [과거] 행동패턴에 매달려 이를 답습할 가능성이 여전히 남아 있다. 하지만 [이제는 의식화된] 자신의 행동과 자신이 느끼게 될 고통 사이의 연관성이 분명해지면서 그런 행동을 [의식적으로] 선택할 가능성은 줄어든다. 특히, 치료자의 보살핌과 지지가 있을 때 더욱 그렇다.

4. 대화적 관계의 적용

치료절차의 마지막 단계는 게슈탈트치료의 중요한 철학적 입장인 **'대화적 관계(dialogical relationship)'**를 치료에 적용하는 것이다. 게슈탈트치료에서 대화적 관계라 함은 내담자를 수단으로 대하지 않고, 한 존재로서 목적으로 대하면서 만나는 것을 지칭한다. 구체적으로는 치료자가 **현전과 포함, 확인**을 통하여 내담자와의 대화에 온전히 헌신하면서 만나는 것을 말한다. 대화적 관계에서의 치료자와 내담자는 상호 간에 동등하며, 서로 영향을 주고받는 관계에 있다. 치료자와 내담자는 **나-너 관계(I-Thou relationship)'**에 있으며, 이는 **'전이 신경증'** 관계와는 전혀 다른 실존적 인격적 만남이다.

대화적 관계에서는 대화를 함에 있어 어떤 결론을 미리 정해 놓지 않으며, 대화 결과에 열려 있는 태도로 임한다. 그것이 가능한 것은 대화는 **내용**중심이 아니라, **과정**중심이기 때문이다. 결과란 내용과 관련된 진술이고, 열려 있다는 것은 과정과 관련된 진술이다. 여기서 대화의 내용이 중요하지 않다는 의미가 아니라, 초점이 과정에 있다는 뜻이다.

대화과정에서 치료자와 내담자는 순간순간 지금-여기에서의 알아차림과 접촉을 통하여 서로 연결과 분리를 경험하면서 함께 성장해 나간다. 이는 현상학적 알아차림을 통해 서로의 진실을 발견하고 나누고 교류하는 매우 창조적인 과정이다. 대화적 관계는 서로 평등하고 독립적인 두 인격의 만남을 지향하지만, 상담 초기에 내담자는 아직 이런 대화적 만남을 자립적으로 수행할 능력이 부족하므로 대화적 관계의 적용은 치료자가 우선적으로 취해야 할 태도이다.

대화과정에서 치료자는 **해석**이 아니라 **'현상학적 초점화'**를 통해서 내담자와 함께 지금-여기에 **'현현(顯現)'**하는 현상들을 탐구하고, 조명하고, 필요하면 실험을 통해 알아차림을 증진시킨다. 이때 치료는 어떤 [내용적] 목표를 정해 놓고 거기에 도달하기 위해 노력하는 것이 아니라, 내담자의 알아차림을 증진시킴으로써 필요한 변화가 저절로 일어나도록 해 주는 것이다. 즉, 치료의 방향은 치료자나 내담자가 아니라 유기체 스스로의 **자기조정**에 의해 정해진다. 치료자의 역할은 단지 유기체의 자기조정이 원활히 일어날 수 있도록 알아차림을 촉진시키는 데 있다. 하지만 내담자의 어떤 현상에 주목할 것인지, 어떤 방법으로 현상학적 초점화를 할 것인지는 치료자가 결정해야 한다. 이런 점에서 게슈탈트 치료자는 현상학적 연구 컨설턴트이며, 대화 촉진자이다 (Yontef, 1993).

치료절차의 네 번째 단계인 대화적 관계의 적용은 앞선 세 가지 단계들을 촉진시켜 주는 측면과 이들을 마무리하고 완결시켜 주는 두 가지 측면이 있다. 즉, 내담자를 한 존재로서, 목적으로 대하며, 있는 그대로 수용해 주고, 공감해 주며, 함께 해 주는 치료자의 태도에 의해 내담자는 신뢰와 안정감을 느낌으로써 자기탐색을 진지하게 해 나갈 수 있게 되고, 또한 이 과정을 통해 얻은 [자기 자신에 대한] 통찰과 알아차림을 타인과의 관계차원으로 확장·통합하도록 해 줌으로써 치유를 완결시켜 주는 역할을 한다.

앞에서도 언급한 것처럼 치료절차의 네 단계는 상보적 기능을 갖고서 해석학적 순환관계를 이룬다. 즉, 어느 한 단계의 작업은 다른 세 단계의 이해를 더 심화시켜 줌으로써 새로운 탐색과 실험으로 이끌어 준다. 대화적 관계의 적용은 반드시 마지막 순서에 적용해야만 하는 것도 아니다. 치료자가 대화적 관계의 토대 위에서 치료를 시작함으로써 내담자는 처음부터 치료과정에 대해 더 많은 신뢰를 갖고서 주제발견에 몰입할 수 있으며, 배경탐색이나 지금-여기의 활용 또한 대화적 관계의 기반 위에서 진행됨으로써 그렇지 않았을 때와는 전혀 다른 치료의 흐름이 생겨난다.

예컨대, 지금-여기에서 발견되는 내담자의 주제가 '대화적 관계'라는 맥락에서 조명될 때, 그 의미는 과거의 경험과 대비해서 더욱 분명하고 신선하게 드러난다. 가령, 권위자에 대한 내담자의 피해의식 주제가 지금-여기에서 전경으로 떠오를 때, 치료자가 보여 주는 **'나-너 관계'**의 평등하고 수용적인 모습은 내담자로 하여금 자신의 주제가 지금-여기의 맥락에서라기보다 과거 맥락에서 비롯한 것이라는 것을 더욱 선명하게 자각하도록 해 줄 것이고, 또한 그와 대비하여 **지금-여기**에서 치료자와의 **대화적 관계** 경험이 내담자에게 새롭고 신선한 배경으로 자리 잡게 될 것이다.

대화적 관계의 적용을 통하여 내담자는 무비판적이고 수용적이면서 자신을 온전히 믿어 주고, 한 존재로서 **확인**해 주는 치료자와의 **만남**을 경험하게 되며, 이는 자신이 살아오면서 지금까지 경험해 왔던 것과는 전혀 다른 새로운 [배경적] 경험이 되어, 지금까지 붙들고 있었던 [방어적 태도인] **'주제'**를 내려놓을 수 있게 해 준다. 즉, **대화적 관계** 경험은 내담자의 새로운 배경적 경험으로 작용하여 지금까지 그의 전경을 차지했던 [다시 상처받지 않으려는 목적에서 개발됐던 경직된 전략인] **'주제'**를 통해 세상을 바라보던 태도를 약화시키고, 그 대신에 호기심과 생생함, 긍정과 열린 마음으로 보도록 해 줌으로써 삶을 새롭게 경험하도록 해 준다. 이제 대화적 관계의 적용을 여러 측면에서 하나씩 살펴보기로 한다.

1) 관계성

최근 심리치료이론의 동향은 추동이론에 근거한 갈등과 **방어모델**에서 성장을 배경으로 하는 **발달모델**로의 방향선회를 보인다. 전자는 고전적인 정신분석의 입장인 데 반해서, 후자는 최신 발달이론에 근거하여 내담자의 발달과정에 필요한 것을 치료자가 얼마나 조율할 수 있느냐에 따라 성장이 이루어진다는 입장이다. 게슈탈트치료도 알아차림과 성장을 중시하며, 현상학적 입장에 서 있다는 점에서 발달모델에 더 가깝다.

발달모델의 대표적 치료이론이라고 할 수 있는 **'자기심리학(self psychology)'**과 **'상호주관성이론(intersubjectivity theory)'**이 정신분석에 새롭게 기여한 공헌은 **'추동이론(drive theory)'**에서 **'전인(whole person)'**이론으로 이행하도록 도와준 점이라 할 수 있다. 즉, 개인의 생물학적 추동이 아니라 **주관적** 경험과 그것의 **조직화**를 주관심사로 부상시킨 것이다. 이때 조직화가 관계 경험에 초점을 맞추는 개념이라는 점에서 정신분석에서도 관계성이 중요한 화두로 떠오르고 있다. 게슈탈트치료는 일찍이 이러한 방향으로 관심의 방향을 돌려 개체의 알아차림과 접촉을 중심으로 유기체 경험을 개념화하였다. 이때 **유기체** 경험은 **고립된** 자기경험이 아니라 항상 타인과의 **관계성** 속에서의 자기경험을 의미한다. 즉, **관계욕구**가 그 중심이다.

코헛(Heinz Kohut)의 자기심리학은 치료자와의 관계를 중시하고, 전생애적 발달을 강조한 점에서 매우 급진적이지만, 여전히 고전적인 정신분석의 기계주의적 프레임을 못 벗어나고 있다. 그래서 관계적 차원을 온전히 추구하기 위해 상호주관성 이론가들은 새로운 프레임을 제안하고 있다. 이 이론에 따르면 전이란 더 이상 심리내적 현상의 발현이 아니라, 치료자와 내담자 사이의 상호작용에 의해 불가피하게 나타나는 관계적 현상이다. 즉, 전이란 단순히 과거가 현재에 옮겨 오는 것이 아니라 내담자의 과거경험에서 비롯한 **'조직화원리(organizing principle)'**가 현재 치료자와의 **관계경험**을 조직화하는 데도 그대로 작용하는 것이다(Hycner, 1995, p. 135).

상호주관성 이론에서 무의식은 더 이상 추동의 컨테이너가 아니며, 상호주관적 장에서의 상호작용의 결과이다. 따라서 의식과 무의식의 경계는 치료자와 내담자 쌍방의 **행동**과 **맥락**에 의해 정해지며, 매우 유동적이다. 이 이론에서는 자기구조의 발달에 정서가 핵심적 역할을 하는데, 아이의 정서에 양육자가 어느 정도로 조율했는지가 매우 중요하다. 또한 치료과정에서 나타나는 저항도 방어가 아니라, **자기구조의 통합성**을 유지하려는 내담자의 자기보호적 노력으로 이해된다.

치료자는 내담자의 주관세계를 이해하기 위해 **'지속된 공감적 질문(sustained empathic inquiry)'**을 통해 [상처로 인해 생긴] 내담자의 무의식적 조직화원리를 규명함으로써 그를 온전히 이해하게 된다. 이러한 방식은 충동이나 기제에 의한 접근방식인 고전적인 정신분석과 매우 차이가 있으며, 이는 구조적 접근이 아니라 내담자의 **'경험에 근접한(experience near)'** 이해 전략이다(Stolorow, 1987; Hycner, 1995, p. 201).

이 부분에 있어서는 게슈탈트치료도 비슷한 점이 있다. 즉, 알아차림, 접촉, 유기체의 자기조정 등의 개념은 모두 **'경험에 근접한'** 전략이다. 하지만 자기심리학과 상호주관성이론이 **자기발달**에 초점을 맞추는 데 반해, 게슈탈트치료는 한 걸음 더 나아가 [관계성 안에서] 타인과의 **만남**을 목표로 한다(Jacobs, 1995, p. 155).

게슈탈트치료에서는 무의식을 **의식화**함으로써 치료가 완결된다고 보지 않는다. 무의식에 대한 통찰은 치료의 전주곡에 지나지 않는다. 진정한 치유는 관계, 즉 **'사이(between)'**에서 일어나는 사건에 의해 가능해진다. 따라서 주관이나 객관이 아닌 치료자와 내담자 **사이**에 무엇이 일어나는지를 알아차리는 것이 중요하다. **'사이(between)'**의 의미를 더욱 엄밀히 정의하면, 이는 치료자나 내담자 경험의 합보다 더 큰 **전체**이다. 두 사람의 경험이 함께 작용하여 그것으로부터 두 사람의 경험이 이해될 수 있는 더 큰 **전체**를 형성하게 된다(Hycner, 1993, pp. 132-133).

개인 내부라고 할 수 있는 '자기(self)'의 껍질에서 밖으로 나와 **관계** 속에서 **사이**를 만남으로써 치유가 일어난다. 한 사람의 자기가 다른 사람의 자기에 개방되는 사건을 통해서 치료자와 내담자는 **서로** 사이에서 만난다. 즉, 치유는 **'심리내적(intra psychic)'** 현상을 넘어서는 타인 존재와의 **만남**을 통해서 일어난다. 치유는 **전이**를 넘어서는 **만남**이다. 전이가 끝나는 지점에서 만남이 시작된다(Buber, 1958, 1965).

치료의 첫 단계에서는 **심리내적-변증법적** 탐색이 이루어지지만, 치료가 끝나 가는 단계에서는 **대화관계적 만남**이 이루어진다. 상호주관성이론은 여전히 전자의 단계에 머물고 있다. 즉, 치료자와 내담자의 내면에 일어나는 **역동**에 대한 탐색이다. 하지만 대화적 관계는 타인을 포함하면서 제3의 영역인 **사이**에 관한 것이다. 타인과의 만남에 대한 강한 열망이 모든 존재에게 있다. 진정한 치유는 **정서조율**이 아니라 **만남**에 의해 가능해진다. 자기를 넘어서는 '**인간**'[14]의 영역에서 치유가 일어난다. 관계성 속에 있는 **자기**가 아니라 관계성 속에 있는 **인간**, 즉 **사람**이 중심이다. 응집력과 지속성을 얻는 것은 **자기**이지 **사람**이 아니다.[15] 전자는 심리적 구조인 데 반해, 후자는 경험의 주체이다.

게슈탈트치료에서 '**관계성(relatedness)**'은 인간실존의 기본조건으로 간주된다. 즉, 우리의 존재는 '**함께하는 존재(being-with)**'이며, 관계성은 각자 개별적 존재에 나중에 추가된 차원이 아니라, 우리 존재의 고유한 내재적 속성이다(Hycner, 1995, p. 117). 자기실현은 **관계성** 기반 위에서 이루어지며, 모든 내담자의 문제는 이러한 관계성에 이상이 생긴 것으로 볼 수 있다. 내담자가 나타내는 증상[또는 주제]은 우리 존재가 세상과의 **관계**에 문제가 있음을 호소하는 외침이다. 문제가 생겼을 때 우리는 그것이 우리에게 어떤 말을 건네 오는지 귀 기울여야 한다. 증상은 우리가 [우리] **존재**의 소리에 귀 기울이지 않기 때문에 나타나는 것이다.

부버에 따르면 관계에는 '**나-그것 관계**'와 '**나-너 관계**' 두 가지밖에 없다. 전자는 생존을 위해 필요하지만, 후자는 인간이기 위해 필요하다. 전자는 자아-모드로서 판단과 의지, 계획수립, 정향, 반성 등의 기능을 포함하며, 자의식과 분리의식이 특징이다. 후자는 통합적이며, 한 사람의 전체성을 긍정한다. 온전한 존재를 지칭하는 것은 **나-너 관계**에서만 가능하다. 나-너 관계에서는 즉시성과 직접성, 현전, 상호 관계 등이 전제되며, 타인에게 직접 향하며, '**사이(between)**'에 **대한** 신뢰가 흐른다. 대화를 할 때, 두 양태는 모두 일시적이며, 서로 번갈아 가며 나타난다. 어느 한 양태만 계속 존재할 수는 없으며, 적절한 균형이 필요하다[16](Jacobs, 1995, pp. 52-53).

---

14) '인간(人間)'의 의미는 사람 사이란 뜻이다. 동양문화에서는 이미 오랜 옛날부터 사람을 개별적 고립체로 보지 않고, 관계적 존재라는 의미에서 '**인간**' 즉, '사람 사이'라고 불렸다는 점이 의미심장하다.

15) 정신분석의 목표는 응집력있는 '자기(self)'를 형성하도록 도와주는 것인 데 반해, 게슈탈트치료는 '자기'가 아니라 관계성 안에서 주체적인 **사람이**[또는 존재가] 되도록 도와주는 것이 목표이다.

16) 정신병의 상태는 온전한 나-너 관계의 지속적 경험이 파괴된 분절된 상태이며, 고립과 단절이 외로움과 절망, 철수를 더욱 심화시킨다. 정신병원 근무는 많은 부분이 손상되거나 파괴된 자동차들을 만나는 것과도 같은 충격적이고도 괴이한 경험을 가져다준다. 거기에만 늘 있다 보면 온전히 굴러다니는 자동차를 보지 못함으로써 '건강한 차(?)'에 대한 감각을 무디게 만들 위험이 있다. 양쪽을 왔다 갔다 하며 균형을 잡을 필요가 있다.

나-너 대화에서는 상대편의 **'다름(otherness)'**을 만나면서 '놀람(surprise)'의 경험이 수반된다. 개인내적 차원에서 이루어지는 양극성의 대화[17]는 이 점에서 차이가 있다. 이는 '변증(dialectic)'이라고 부르지 '대화(dialogue)'는 아니다. 치료를 받다 보면 차츰 내담자는 **'확인(confirm)'**을 받는 느낌이 들면서 자신의 독립성과 **'중심감(centeredness)'**을 회복하며, 동시에 **'관계성(relatedness)'**을 경험하게 된다.

치료의 결과로서 차츰 **'관계적 반응성(dialogic responsiveness)'**을 보이며, 이제 타인을 **'너(Thou)'**로 경험할 수 있게 된다. 하지만 이는 내적 갈등이 많이 해결된 다음에야 가능해진다. 그때까지는 치료자는 아직 마치 **'가짜 인간'**처럼 느껴진다. 인간에 대한 신뢰가 손상된 상태여서 아직 치료자를 신뢰하기 어렵기 때문이다. 따라서 치료자가 먼저 다가가서 내담자의 무너진 신뢰를 복원시켜 줘야 한다. 물론 이 과정은 치료자 혼자서 하는 것이 아니라, 내담자와 함께 많은 시간과 노력을 들여서 공동으로 일궈 내는 것이다(Hycner, 1995, pp. 26-27).

2) 현전

게슈탈트치료는 부버의 철학을 체계적으로 통합한 유일한 치료이다. 부버 철학의 중심에 놓여 있는 개념이 치료자의 현전(presence)이다. 현전이란 대화과정에서 치료자의 모든 관심을 내담자에게 온전히 집중하는 것이다. 대화를 하면서 내담자의 존재만이 온전히 나의 전경이 되어 집중하며, 그를 느끼며 깨어 있는 것이다. 이를 위해서는 **'괄호치기(bracketing)'**가 필요하다. 즉, 내담자에 대한 선입견이나 판단, 이론 등을 모두 내려놓음으로써 내담자 존재를 온전히 느끼며 만나는 것이다. 나와 다른 존재를 만나는 새로움과 신기함에 놀라는 것이다. 그 놀람에 감전되어 함께 파동치며, 존재의 향연에 참여하는 것이다. 개념의 그물을 벗어 버리고 온전히 내담자 존재를 느끼고 만나는 것이다.

이는 치료자에게 이론이나 지식, 경험, 수련 등이 필요하지 않다는 말이 아니다. 단지 그것들이 내담자를 만나는 이 순간 전경을 차지해서는 안 된다는 의미이다. 결정적인 것은 방법론이 아니라 **사람**이다. 즉, 내담자와 치료자의 **존재**이다. 완벽하게 괄호치기를 하는 것은 불가능하다. 하지만 우리의 선입견이나 판단에 대해 스스로 알아차리면, 성급하게 단정짓거나 해석하려는 유혹을 뿌리칠 수 있다. 내담자들은 미처 말하지 못한 것들까지도 다 치료자가 귀 기울여 들어 주리라 기대하고 온다. 그들은 치료자에 의해 내면 깊은 곳에서 진정으로 발견되고, 만나지기를 바란다.

---

17) '두 의자 기법(two-chair technique)'을 사용하여 내면의 상전과 하인의 대화를 시키는 경우를 뜻한다.

치료자의 마음속에 이미 여러 가지들이 가득 차 있으면 내담자를 온전히 만날 수가 없다. 치료자는 자신의 가설들을 잠시 제쳐 두고, 내담자의 순간순간 경험을 따라가며 온전히 그의 존재를 마주할 준비가 되어 있어야 한다. 내담자는 미처 의식하지 못할 수는 있으나 분명히 이러한 치료자의 현전을 느낄 수 있으며, 치료자의 온전한 현전을 경험함으로써 마침내 자기 세계에서 벗어나 바깥세상과 연결되는 체험을 하게 된다.[18]

모든 내담자 문제의 핵심은 **고립과 단절**이라고 할 수 있는데, 그것의 원인은 내담자가 고통을 호소했을 때 아무도 들어 주는 사람이 없었기 때문이다. 즉, 고통받고 신음하는 존재의 소리를 현전하면서 들어 주고, 함께 해 주는 사람이 없었기 때문이다. 이러한 경험이 반복되다 보면, 내담자는 절망 속에서 마침내 희망을 포기해 버리게 된다. 말을 하지 않게 되거나, 하더라도 상대편이 들을 것이라는 기대 없이 하게 된다.

이러한 내담자를 만난 치료자는 지치지 않는 열정으로, 끊임없는 관심과 애정으로 질문하면서 내담자의 존재를 밖으로 불러낸다. 이는 주제를 찾는 과정에서, 배경을 탐색하는 과정에서, 그리고 지금-여기에서 주제가 나타나는 것을 비춰 주는 과정에서 항상 나타나야 한다. 이런 치료자의 현전을 느끼는 내담자는 자기도 모르게 치료자에게 속 이야기를 하게 된다. 어머니나 아버지의 다정한 목소리를 듣고 밖으로 뛰어나오지 않을 아이가 이 세상에 있을까? 아무리 불러도 대답 없는 부모를 경험했던 아이들조차도 예외는 아닐 것이다.

내담자는 자기도 모르게 많은 이야기를 쏟아내게 된다. 스스로도 놀랄 것이다. 자기 속에 이렇게 많은 이야기들이 숨어 있었는지 감탄할 것이다. 그리고 치료자가 자신의 이야기에 온전히 현전하며 듣고 있다는 것을 느끼는 순간, 또 한 번 깜짝 놀라게 될 것이다. **"세상에! 내 이야기를 누군가가 듣고 있다니!"** 그것은 정말 새롭고 신기한 느낌일 것이다. 너무도 당연한 일임에도 불구하고, 자신이 지금껏 경험해 보지 못한 일이기에 이루 말로 표현하기 어려운 신비로운 느낌에 휩싸이게 될 것이다.

내가 독일에서 집단치료 중 개인치료를 받기 위해 사람들 앞에 나가 치료자와 단 둘이 마주 앉았을 때였다. 어느 순간 내 이야기를 잠잠히 듣고 있던 치료자의 고요한 눈빛을 발견했을 때의 느낌이 지금도 생생하다. 나는 그가 내 이야기에 온전히 빨려들어, 현전하며 있다는

---

18) 현전은 판단중지(epoche)와 괄호치기(bracketing)를 통해 온전히 지금-여기에 집중하여 깨어 있는 것을 의미하는데, 전자는 아직 아무런 판단이나 선입견이 작용하지 않은 상태를 지칭하고, 후자는 이런 것들이 일어났을 때 잠시 [괄호를 쳐서] 제쳐 두는 것을 말한다. 이퇴계 선생은 경(敬) 철학에서 전자를 미발(未發), 후자를 이발(已發) 상태로 각각 지칭하면서 존양(存養)과 성찰(省察) 공부를 통해 경(敬)의 마음을 길러야 한다고 하였다(心統性情圖說, 『退溪集』 7-24).

느낌이 들었다. 그는 말 한마디 없이 듣고 있었지만, 내 이야기에 깊이 몰입하고 있었고, 매 순간 내 이야기가 어디로 흘러갈지 깨어서 기다리고 있었다. 나는 그와 함께 호흡하고 있다는 느낌이 들면서 신기한 기분과 전율을 느꼈다. 나의 말이, 그리고 나의 존재가 흘러가는 개울물이라면, 그는 마치 개울물을 받쳐 주고 있는 개울바닥 같았다. 내가 흘러가는 곳마다 그는 항상 **'거기(da)'**에 있었다. 나의 존재가 온전히 그에 의해 감싸져 받쳐지는 느낌이 들었다. 어느 순간 무슨 말을 하는지가 더 이상 중요하지 않았다. 그는 내 마음을 온전히 따라오며 받쳐 주고 있었고, 나는 마치 홀린 사람처럼 예상치도 않았던 이야기들을 막 하고 있는 나 자신을 발견했을 때, 참으로 묘한 느낌이 들었다. 나는 모국어로 말하면서도 여태껏 한 번도 느껴 보지 못했던 온전한 일체감을 경험했었다. 그것은 더 이상 언어의 차원이 아니라, 깨어 있는 존재와 존재의 **만남**이며, 함께 **만짐**이며, 함께 **흐름**이었다.

현전은 내담자의 매 순간 변화하는 마음의 움직임을 좇아가며 유지될 수 있다. 이를 **'트래킹(tracking)'**이라고 하는데, 내담자의 현상학적 경험을 순간순간 머무르며 따라가는 것이다. 치료자의 트래킹을 통해 내담자는 자신의 경험을 회피하지 않고, 머무르며 수용할 수 있게 된다. 마치 레이더가 목표물을 추적하듯이 내담자의 마음을 따라가며 반영해 주는 것이다. 이는 어떤 이미지나 당위에 붙들리지 않고, 흘러가며 변화해 가는 그때그때의 **지금-여기**를 내담자가 온전히 접촉할 수 있도록 돕는 행위이다. 트래킹 과정을 통해 치료자는 내담자의 깊은 내면의 흐름을 만나고 이해할 수 있게 된다(Hycner, 1995, p. 19).

치료자의 자기개방도 현전의 한 형태인데, 이를 통하여 내담자는 **'타인성(otherness)'**을 체험할 수 있으며, 이를 통하여 역설적으로 자기 자신의 존재도 더욱 명료하게 느끼게 된다. 즉, 우리는 타인의 존재를 만남으로써 우리 자신을 발견할 수 있게 된다. 나와 타인은 관계성의 두 측면이며, 타인과의 관계성으로부터 나의 순수한 고유성이 태어난다고 할 수 있다. 한 개인은 자기 혼자서 존재할 수 없다. 관계를 통해, 관계성 안에서만 개체는 고유한 존재의 빛을 발할 수 있다. 치료자의 자기개방은 이러한 관계성으로의 초대이다.

치료자의 자기개방은 내담자의 이야기에 대한 치료자의 정서반응에서부터 치료자 자신의 스토리 개방까지 다양할 수 있다. 이러한 치료자의 자기개방은 내담자에게 치유적일 수 있다. 치료자의 자기개방을 접함으로써 내담자 자신의 세계에서 벗어나 [경계에서] 타인을 만나는 신선한 경험을 가져다주기 때문이다. 자신의 이야기에 온전히 집중하여 들어 주는 존재를 만나는 것만 하더라도 놀라운 일인데, 그 존재가 자신을 개방함으로써 새로운 세상과 만나는 경험은 더욱 신선한 충격이 될 수 있다.

대화적 관계에서의 치료자는 무오류의 불가침적 존재가 아니라 내담자와 똑같은 사람이며, 때로는 취약한 모습을 드러내기도 하고, 내담자로부터 영향을 받기도 한다. 처음에는 우상으로 보였던 치료자가 자기개방을 통해 자신의 모습을 드러낼 때, 내담자는 종종 실망감을 느끼기도 하지만, 동시에 놀라움을 경험한다. 치료자도 자신과 마찬가지로 한 사람이라는 사실을 발견하면서 안도감과 신선함을 느끼는 것이다. 지금까지 완벽한 모습을 치료자에게 투사해 왔던 내담자에게 이런 **'불완전한'** 치료자와의 만남은 그 자체가 새로운 경험이다. 그러면서 **'나도 완벽하지 않아도 되겠구나!'** 란 생각이 들면서 차츰 자신을 있는 그대로 수용하기가 쉬워진다.

치료자의 자기개방은 종종 자신의 행동에 전혀 반응하지 않던 부모를 가졌던 내담자들에게는 대단한 치유적 경험이 될 수 있다. 즉, 자기 부모들과는 달리 자신의 사소한 감정, 생각 하나하나에 일일이 반응을 해 주는 치료자를 통해 자신의 존재가 가치 있게 느껴지면서 자신감을 회복하게 된다. 어떤 내담자들은 치료자의 자기개방을 보면서 자신의 세계를 구축하는 데 필요한 전범(典範)을 발견하기도 한다. 즉, 건강하게 동일시할 수 있는 모델로 삼기도 한다.

그런데 내담자에 따라서는 치료자의 자기개방을 불편해하거나 원치 않는 경우도 있다. 특히, 내담자가 아직 치료자를 신뢰하지 못하거나 치료에 적응이 되지 않았는데도 치료자가 성급하게 자기개방을 할 경우 거부감을 느낄 수 있다. 어떤 내담자들은 치료자의 자기개방을 듣고 치료자 때문에 자기작업에 집중할 수 없어 괴로워하기도 한다. 과거에 착취적인 부모로부터 이용당한 경험이 있는 내담자들의 경우에 이런 현상이 자주 나타난다. 하지만 치료자의 자기개방이 내담자와의 관계를 더욱 진실하고 친밀한 관계로 만들어 주는 경우도 있다. 예컨대, 치료자가 자신의 나약한 부분을 개방했을 때, 내담자가 따뜻한 관심과 마음을 보여 주면서 자기도 타인에게 도움이 될 수 있다는 생각에 자신을 긍정하게 되는 경우이다.

내담자 스토리를 들으면서 치료자가 눈물을 흘린다든지, 혹은 분노감정을 표현하는 것은 때로는 내담자로 하여금 감정표현을 해도 좋다는 메시지로 해석되어 도움이 될 수도 있다. 내담자에게 가장 도움이 되는 자기개방의 종류는 내담자와 비슷한 [트라우마] 경험에 대한 것이다. 예컨대, 따돌림 경험이라든가 성폭력이나 신체폭력 피해경험 등은 내담자에게 심한 수치심을 심어 주는데, 내담자의 자기개방에 이어 치료자의 유사한 자기개방은 내담자의 수치심을 현저히 완화시켜 주면서 치료자와 연결감을 느끼게 해 준다.[19)]

이처럼 치료자의 자기개방은 치료자와 내담자의 라포형성 정도, 내담자의 개인적 역동과 욕구, 내담자의 준비상태에 따라 치료에 긍정적 영향을 미칠 수도 있고, 부정적 반응을 초래할 수도

---

19) 치료자의 이러한 자기개방은 치료자의 자기작업이 충분히 이루어진 다음에 하는 것이 좋다. 그렇지 않으면 내담자가 치료자를 걱정해야 하는 상황이 벌어질 수 있기 때문이다.

있으므로 여러 측면을 잘 고려하여 자연스럽고 적절하게 하는 것이 좋다(Hycner & Jacobs, 1995).

3) 포함

포함(inclusion)은 공감과 유사한 개념으로서 부버가 제안한 용어인데, 타인의 세계에 온전히 들어가서 그를 이해하고 수용해 줌으로써, 그가 현재로 나오도록 도와주는 과정이다. 공감은 내면에서 느끼는 감정일 뿐이지만, 포함은 온전히 존재 전체를 던져서 상대편의 세계를 체험하는 것이다. 상대편의 입장을 경험해 보는 것이다. 이는 아무런 판단이나 의도가 없이 내담자의 주관적 세계를 최대한 있는 그대로 상상을 통해 이해하는 것이다.

이때 치료자는 내담자 세계에 일시적으로 참여하면서도 자신의 실존적 토대를 잃지 않아야 한다. 이 과정에서 치료자와 내담자는 서로 연결되며, 내담자는 치료자로부터 지적으로, 정서적으로 온전히 이해받는 느낌을 갖게 되며, 자신의 감추어진 내면세계가 조율되면서 차츰 밖으로 나올 수 있게 된다.

치료자가 내담자를 '**포함**' 하게 되는 것은 자기를 일시적으로 비우고, 내담자의 세계에 들어가서 여러 관점에서 내담자를 보는 과정들을 거쳐서 최종적으로 도달하게 되는 [결론을 미리 정하지 않는, 열려 있는 탐색의] 매우 복잡한 과정이다. 관계수립과 치료의 진전을 위해 치료 초기에는 내담자의 정서나 의도가 중심이 되어 치료자가 거기에 '**조율하는(tuning)**' 방식으로 진행될 수밖에 없지만, 치료가 종결될 시점에는 내담자도 이를 할 수 있게 된다.

한편, 내담자 세계에 깊이 들어가 봄으로써 내담자를 심층적으로 이해하게 되지만, 거기에 오래 머물 수는 없다. 왜냐하면, 치료자도 함께 흔들릴 수 있기 때문이다. 치료자는 다시 밖으로 나와서 자신의 경험을 토대로 내담자에게 새로운 조망을 제공해 줄 수 있어야 한다.

포함은 **인지적** 활동이 아니라 실존적 **체험**이다. 내가 아닌 존재를 내가 경험하는 것이다. 포함은 동시에 이루어지는 과정이라기보다는 **순차적**으로 일어난다. 내 경험과 내담자 경험을 자연스럽게 오가며, 특히 내담자의 경험이 나의 경험과 급격히 달라질 때, 유동성을 발휘할 수 있어야 한다. 내가 되었다가, 다음 순간에 내담자 의자 곁에 앉아 내담자의 시각에서 [치료자인] 나를 보면서 그의 지각을 공감할 수 있어야 한다.

이때 상대편의 '**다름(otherness)**'이 내 의식의 전경에 놓여 있어야 한다. 그런 상황에서 나의 경험은 배경으로 물러나야 한다. 따라서 포함은 일종의 '**무아(selflessness)**' 상태와도 비슷하다. 내 경험이 너무 소중하게 전경에 있으면, 타인의 깊은 상처를 만나기 어렵게 된다. 한 사람의 내밀한 상처가 다른 존재에 의해 감싸 안아지고, 존재와 존재가 서로 연결될 때 실존적 치유가 일어난다.

진정한 만남을 위해서는 **비움**이 필요하다. 나를 비움으로써 타인을 만날 수 있게 된다. 내가 너무 가득 차 있으면, 타인을 만날 공간이 없게 된다. 내 속에 갇혀 있으면, 상대편은 내가 자기 목소리를 듣지 못한다고 느끼게 된다. 그러면 내담자가 그렇게도 원하던 연결성이 끊어지게 된다. 치료자는 자신이 치료자라는 [역할]인식을 내려놓고, 한 인간으로서, **진정한** 인간으로서 다른 인간과 연결되고, 만날 수 있어야 치유가 일어난다. 하이스너는 이러한 과정의 어려움을 다음과 같이 보고하였다.

> 나에 대한 타인의 지각이나 느낌을 그들의 입장에서 수용하는 것이 마치 나의 존재를 무너뜨릴 것 같은 공포를 불러일으켜, 두꺼운 벽을 쌓아 놓고 방어해 온 나의 태도에는 나의 경험이 중요하다는 **집착**이 함께하고 있었다. 이를 내려놓고, 나에 대한 타인의 관점을 수용함으로써 새로운 관계의 변화가 가능해졌다(Hycner, 1993, pp. 48-49).

이 과정에서 치료자는 내담자의 존재를 '**확인**(confirmation)'해 주며(즉, 내담자 존재를 있는 그대로 긍정해 주며), 내담자는 이를 경험함으로써 온전히 땅에 발을 딛고 설 수 있게 된다. 우리는 누구나 고유한 존재로서, 분리된 존재로서, 하지만 함께하는 존재로서 자신의 존재를 **확인**받고 싶어 하며, 그것을 필사적으로 원한다. 이것이 충족되지 않으면 '**거짓 자기**(false self)'를 개발해서라도 채우려고 한다. **확인받는** 경험은 누구나 필요로 하며, 사람과 사람 사이에서 사람에 의해서만 전해지는 선물이다(Buber, 1965: Hycner, 1993, p. 54에서 재인용).

내담자를 유일하고 독립적인 존재로, 그러면서도 다른 존재들과 관계성 속에 있는 **연결된** 존재로 인정해 주는 것으로 치료는 시작된다. 이는 서로 다투거나 의견이 다를 때도 마찬가지로 유지되어야 한다. 그렇게 되면 내담자는 자신을 독립적이면서도 관계적인 존재로 체험하게 되며, 상대편을 '**너**(Thou)'로 경험하면서 점차 치유되기 시작한다. 한 사람의 존재가 다른 사람의 존재에 의해 확인받는 것은 모든 사람들의 필요이기도 하지만, 특히 부모로부터 정서적 조율(empathic attunement)을 받지 못한 경우에 더욱 그렇다. 내담자들은 **거짓 자기** 속에 살면서 정서적 조율을 절실히 필요로 한다. 그들은 늘 외양에만 맞춰 살아옴으로써 진정한 자기 자신을 잃어버린 상태에 있다.

> 30대 중반 커리어우먼인 나의 한 내담자는 늘 '**똑똑해야 한다.**' '**능력 있어야 한다.**'는 주제에 붙들려 삶이 긴장의 연속이었다. 그녀는 주변으로부터 매우 유능한 직장인으로 인정을 받고 있었지만 항상 불안에 휩싸여 있었고, 삶이 행복하지 않았다. 그녀는 특출하지 않으면 안

된다는 신념을 갖고 있었고, 그렇지 못한 자신의 모습이 느껴질 때마다 무척 우울해졌다. 배경 탐색을 통해 그녀의 주제가 여러 **'뛰어난'** 형제들 가운데 막내로서 별로 눈에 띄지 않았던 자신의 어린 시절 모습을 스스로 인정하지 못했던 경험과 연관이 있음이 밝혀졌다.

나는 포함과 확인을 통하여 그녀를 이해하고 수용, 긍정할 수 있었다. 그녀는 치료가 종결될 즈음 무척 편안한 모습으로 바뀌어 있었다. 치료가 그녀에게 어떤 도움이 되었는지 묻자 그녀는 잘 설명하기 어렵지만, 세상이 달라져 보인다고 말했다. 구체적인 설명을 부탁하자 그녀는 전에는 **'못나 보여'** 무시했던 친구들이 이제 새롭게 보이며, 각자 나름대로 자기 자리에서 삶에 만족하며 잘 살고 있는 것으로 보이고, 자기 자신도 그냥 괜찮은 사람으로 느껴진다고 했다. 치료자로부터 있는 그대로의 자신을 **확인**받는 **포함**을 경험하면서, 그녀는 이제 **거짓 자기**를 내려놓고, 자기 자신과 타인을 있는 그대로 편안히 수용하는 모습으로 변화되어 있었다.

상대편을 한 인간으로서 **확인**해 주고, 그를 **포함**하면서, 나를 비우고 그의 입장에서 [치료자인, 혹은 친구인] 나를 경험하는 과정을 통해 그의 가장 깊은 상처를 만나게 되며, 그로 인해 서로 연결되고 온전해질 수 있다. 내담자가 분노하는 것은 연결되지 못함으로 인한 좌절에서 비롯되는 것이다. 그것은 반복강박이 아니라, 치료자를 한 인간으로서 만나고자 하는 포기할 수 없는 노력 가운데 일어나는 감정이다.

두 사람 사이에 일어나는 문제는 항상 두 사람이 함께 만들어 내는 것이지 어느 한쪽의 일방적 작품이 아니다. 따라서 우리의 만남을 내담자 입장에서 느껴 보고, 그가 되어 보는 것이 필요하다. 그것은 상대편의 **'다름'**을 온전히 보살펴 주는 행위이다. 이를 통하여 내담자와 나는 더 이상 분리된 존재가 아니라, 서로 연결된 **'우리'**로서 세상을 같은 방향으로 바라보게 된다.

치료란 다른 존재로부터 자신의 **참 자기**를 확인받는, 참 자기가 **정당화**되는, 일종의 구조화된 상황이다. 치료에서 내담자는 이전에 경험해 보지 못한 자기 정서에 대한 **조율**과 **정당화**를 받는 경험을 하며, 이를 통해 상호 연결성을 향한 개방성이 싹튼다. 이는 내적 갈등과 오래된 주제들을 충분히 다룬 다음에야 일어난다. 그때까지는 치료자는 내담자에게 **전이**대상으로서 하나의 가상적 존재에 불과할 수 있다(Hycner, 1993, pp. 123-125).

4) 만남

내담자를 진정으로 한 존재로 발견하고, 만날 수 있어야 치유가 일어난다. 현대 정신분석가들 중에도 **심리내적** 구조물에 대한 강조를 **대화관계** 차원으로 확장해야 한다고 주장한 인물들이 있는데, 대표적으로 해리 건트립(Harry Guntrip), 한스 트뤼프(Hans Trüb), 마리오 야코비(Mario Jacoby), 대니얼 스턴(Daniel Stern) 등을 들 수 있다.

부버의 영향을 받았던 심리치료자들은 무수히 많았지만, 그중에서도 가장 탁월한 인물은 한때 카를 융의 제자였다가 심리치료의 한계를 느끼고 부버에게로 갔던 스위스 분석심리치료자 한스 트뤼프였다. 그는 모든 심리치료는 **변증법적 심리내적(dialectical-intrapsychic)** 단계와 **대화 관계적(dialogical-interpersonal)** 단계로 나눠지며, 궁극적으로는 모두 후자로 발전해 나간다고 했다. 그는 치유는 **만남(meeting)**에 의해 이루어지며, **심리내적** 문제를 다루기 전에 **대화관계적** 토대 위에서 출발해야 한다고 했다. 그에게 있어 **대화적 관계**는 치료의 출발점이자 또한 목표 지점이었다. 융 학파의 독일인 분석가인 마리오 야코비는 **나-그것**과 **나-너** 관계에 대해 설명하면서 모든 치료는 두 측면을 다 포함할 수밖에 없으며, **전이**관계는 전자에 해당되며, 진정한 치유는 후자인 **나-너** 관계에 의해 일어난다고 했다(Hycner, 1993, pp. 104-111).

아동관찰 중심의 수많은 경험연구를 통해 정신분석을 **발달모델**로 혁신시킨 인물인 대니얼 스턴은 **자기발달**은 **자기대상(self object)** 욕구를 잘 조율해 주는 **자기대상**으로부터만 가능한 것이 아니라, 자기와는 다른 **인격적 타인**으로부터 오는 조율경험에 의해 촉진되며, 진정한 치유는 치료자와 내담자의 **만남의 순간(moment of meeting)**에 의해 일어난다고 했다. 그에 따르면 인간의 마음은 상호 의존적이다. 한 사람에게서 일어나는 것들은 다른 사람들에게 알려질 수 있으며,[20] 명백히 설명할 수 없지만 **암묵적(implicit)**으로 알 수 있는 지식들로 가득하다고 했다.

개인들은 서로 공유하는 상호주관성의 세계를 넓혀 가며 **자기**와 접촉할 수 있으며, 타인들과의 관계가 단절되면, 자기정체성이 송두리째 흔들린다. 교도소에 종신 수감된 사람들에게도 심리치료가 필요한 이유는 이러한 정체성의 유지 때문이다. 치료자와의 새로운 **관계**경험, 즉 **만남**을 통해 인간에 대한 **암묵적 관계지식(implicit relational knowing)**이 변화하면서 치유가 일어난다고 했다(Stern, 2002; 2003; 2006).

게슈탈트 치료자들 중에는 에이브러햄 레비츠키(Abraham Levitsky)와 프리츠 펄스, 로라 펄스, 어빙 폴스터, 미리엄 폴스터, 게리 욘테프, 리치 하이스너, 린 제이콥스(Lynne Jacobs) 등이 게슈탈트치료를 대화적 **나-너 관계**의 치료로 정립하려고 노력했다. 어빙 폴스터(2006)는 **연결성(connectedness)**의 개념을 통해 치유과정을 설명하였는데, 개인은 자신의 과거와 연결되고, 억압된 내면과 연결되며, 타인과 연결되고, 매 순간의 흐름과 연결될 때 온전히 기능할 수 있다고 하였다.

---

20) 대니얼 스턴은 아이들은 태어나면서 이미 타인과 상호작용을 할 수 있는 **관계적 핵심자기 감각(sense of core self-with-another)**을 갖고 있으며, 따라서 어머니와 독립적인 개체로서 서로 **상호조절(mutual regulation)**을 하며 만난다고 하였다.

린 제이콥스(Lynne Jacobs)

린 제이콥스는 인간은 살아가면서 항상 '**상호조절**(mutual regulation)'을 하며 서로 영향을 주고받는다고 했다. 가장 밀접한 상호작용을 하는 구성체인 가족의 경우, 한 사람이 겪는 변화과정을 나머지 가족 모두가 함께 겪으며, 서로를 조절한다고 했다. 예컨대, 아이가 사춘기를 겪으면, 나머지 식구들이 모두 그 과정을 함께 겪으며, 결국 모두가 변화한다는 것이다(Jacobs, 2005, pp. 47-48).

최근에는 개인과 개인의 만남을 신경생리학적 차원에서 밝혀내는 연구들이 쏟아져 나오고 있는데, '**거울신경세포**(mirror neuron)'에 대한 연구가 그것이다. 일군의 이탈리아 학자들에 의해 밝혀진 바에 의하면 타인의 행동을 관찰할 때, 관찰하는 사람[21]의 뇌에서도 행위자의 그것과 똑같은 프로세스가 나타나면서 행위자의 마음뿐만 아니라 몸까지도 느낄 수 있다는 것이다. 이는 거울신경세포와 운동신경세포가 나란히 붙어 있기 때문에 가능하다고 한다. 이처럼 인간은 타인의 마음을 읽는 능력과 더불어 신체적으로도 '**동조화**(synchronize)' 할 수 있는 능력이 있다.

언어능력이 발달하기 전의 유아들도 이런 능력이 있어 엄마와 서로 **정서조율**을 할 수 있다. 유아와 엄마가 서로 접촉하는 과정은 창조적 적응과정이다. 개인과 개인의 접촉은 예측할 수 없는 방향으로 일어나며, 이 과정에서의 실수는 창조적 적응의 기회가 되어 서로 조율하며 만난다. 이 점에서 다시 한 번 인간은 **관계성** 안에서 서로 연결된 존재임을 알 수 있다(Blakeslee, 2006; Giacomo R. et al., 1996; Giacomo & Laila, 2004; Keysers, 2010).

부버에 따르면 대화과정에서의 **만남**은 그것을 **목표로 해서** 얻을 수 있는 것은 아니다. 개인은 서로 개방성을 갖고서 만남을 준비할 수는 있다. 하지만 만남이 이루어지는 것은 결국 위로부터의 '**은총**(Gnade)'에 의해서이다. 이 과정에서 확실한 것은 아무것도 없다. 주관적인 것과 객관적인 것 사이의 '**좁은 능선**(narrow ridge)'을 곡예 하듯이 걸어가야 한다. 둘 중 어느 쪽을 더 강조할지는 내담자의 독특함과 특정 순간에 달려 있다. 일반적인 것과 유일한 것 둘 다 중요하다. 어느 쪽을 선택할지는 그때그때 다르다. 이론과 전문지식이 도움이 될 수 있지만, **실존적 만남**을 대체할 수는 없다. 우리는 단지 **만남의 프로세스**를 신뢰하며 [의도를] 놓아 버려야 한다. 대화란 '**사이**'의 탐색이며, 한 **존재**가 다른 **존재**에 대해 온몸으로 반응하는 것이다(Buber, 1958, p. 18).

나-너 경험은 사심 없이 타인을 온전히 현전하며 만나는 경험이다. 타인의 '**다름**'과 '**전체성**'

---

21) 이는 처음에 짧은 꼬리 원숭이들에 대한 연구에서 발견된 후에 인간행동 연구에서도 밝혀졌다.

을 온전히 경험하고, 이에 반응하며 응답받는 것이다. 즉, **상호경험**이다. 타인의 존재를 온전히 받아들이면서 **만남**을 경험하는 것이다. 이 과정에서 두 사람 사이의 벽이 허물어지고, 서로 **연결**되며 **발견**되고, **만남**이 이루어진다(Hycner, 1995, p. 8).

치유과정의 핵심에는 순수한 **인간적 만남**이 필요하다는 인식이 중요하다. 이런 만남을 할 때는 '**예상치 않은 것들**(unexpected)'을 조우할 마음의 준비가 되어 있어야 한다. 즉, 이론이나 방법론의 안전판을 넘어선 두 사람 사이에 미지의 실존적 사건이 일어날 가능성을 열어 두는 것이다. 이론이나 가설을 완전히 배제할 수는 없지만, 궁극적으로 이론을 통해서 내담자를 만날 수는 없다. 만남은 상대편을 꿰뚫어 보는 것이 아니라, 알려지지 않은 존재를 향해 **열고 내맡기는** 행위이다. 상대편의 병리를 들춰내어 보는 것이 아니라, **존재 전체**를 좀 더 큰 맥락에서 이해하고 **받아들이는** 것이다(Hycner, 1993, pp. 27-51).

치유는 '**사이**(between)'에서 일어난다. 내담자의 심리**내면**에서 일어나는 것이 아니라 **사이**, 즉 '**상호주관적 장**(intersubjective field)'에서 일어난다. 따라서 두 사람이 대화를 할 때, 그 의미는 각자의 **내면에서**가 아니라 두 사람 **사이**에서 발견된다. 따라서 치료는 어느 한 사람이 하는 것이 아니라 치료자와 내담자가 **함께** 창조하는 것이다. 두 사람이 함께 **상대편의 현실**을 창조해 내는 것이다(Buber, 1965, p. 25)

치료자는 내담자에게 한 인간으로서 '**가용적**(available)'이어야 한다. 즉, 자신의 존재를 상대편에게 온전히 내어줄 수 있어야 한다. 그렇게 함으로써 내담자의 **암묵적 관계지식**이 변하며, 이에 대한 알아차림이 치유를 가져다준다. 치료자가 내담자에게 해 주는 말의 '**내용**(content)'이 아니라 '**과정**(process)', 즉 행위에 의해 내담자의 변화가 일어난다. 내담자에게 필요한 것은 상처로 인한 세상과의 단절을 이어 줄 다리이다. 따라서 치료자가 하는 일은 이 **다리**가 되어 주는 것이다. 내담자 세계에 들어가서 치료자 자신이 다리가 되어 줌으로써 세상과 다시 연결되도록 도와주는 것이다.

치료에서 이는 한 번 이루어지는 사건이 아니라, 끊임없이 반복되어야 하는 과정이다. 치료자와의 연결을 통해서 다시 세상으로 연결되는 것이다. 치료가 진전되면서 서로 점점 깊은 신뢰로 나아가고 친밀감을 형성해 나간다. 이는 '**공유된 이해**(shared understanding)'를 통해 교감되며, 이러한 연대가 형성되고 나면, 치료적 작업은 매우 깊이 있게 들어갈 수 있게 된다. 내담자의 저항은 현저히 줄어들고, 내담자의 취약한 부분까지 탐색이 가능해진다. 그리고 성장점에까지 접근하여 실험을 할 수 있게 된다. 대화적 치료에서도 기술이 사용될 수 있다. 하지만 치료자와 내담자 간에 신뢰관계가 형성되었을 때 사용해야 하며, 기술은 **관계** 속에서 행해져야 한다(Hycner, 1993, pp. 119-138).

우리는 다른 사람들과의 만남을 통해서 우리의 고유함과 독특함을 유지할 수 있다. 다른 사람에 의해 **확인**되고, 다른 사람을 **확인**해 주면서 우리의 존재가 살아날 수 있다. 타인과의 만남이 없으면 인간으로서 존재할 수 없다. 한 영혼은 절대로 혼자 병드는 것이 아니다. 자신과 다른 존재 **사이**의 상황에 의해 병을 앓게 된다. '**인간(interhuman)**'의 개념이 바로 이러한 의미이다. '**인간(interhuman)**'은 상호주관성과는 다른 개념이다. 후자는 '**자기(self)**'에 관한 것이다. 전자는 **사이**의 의미이다. 사람과 사람의 **만남**을 통해 치유가 일어난다. **자기대상**이 아닌 **사람**과 **사람**이 만나는 것이다. 만남의 순간은 반드시 긍정적인 반응이어야 하는 것은 아니다. 진실한 마음이 서로에게 전달되는 것이 중요하다. 흔히 이런 순간을 계기로 치료의 방향이 바뀐다(Hycner, 1993. pp, 11-31).

20대 중반인 나의 한 여성 내담자는 어릴 때부터 힘들게 사는 부모님에게 부담을 주지 말아야겠다는 생각을 많이 했었고, 다른 사람들에게도 같은 태도를 지니고 살아왔었다. 이제 그렇게 생각하지 않아도 된다는 것을 머리로는 알고 있었지만, 다른 한편으로는 여전히 '**타인들이 어떻게 나를 받아 주겠어? 부모님도 나를 안 받아 주셨는데!**'라는 생각이 마음속에 남아 우울한 기분에서 벗어나지 못하고 있었다. 내면의 두 마음에 대한 탐색이 두 의자 작업으로 진행되었는데, 시간이 흐르면서 어딘지 모르게 내담자의 에너지는 점점 줄어들고 있었다. 이때 나는 두 의자 작업을 잠시 중단하고, 치료자인 **나에게** 직접 그러한 자신의 마음을 표현해 보라고 했다.

그랬더니 내담자는 잠시 당황스러운 표정을 짓다가 마침내 나를 쳐다보며 내가 자신을 부담스럽게 생각할 것이라는 말을 하였고, 나는 웃으며 "**하나도 부담스럽지 않고, 오히려 ○○씨가 자기 마음을 내게 보여 준 것이 너무 고맙고 가깝게 느껴진다.**"고 말했다. 그 말에 내담자는 "**정말요?**"라고 반문하면서 매우 기뻐하며, "**감사해요. 확인해 주셔서 너무 고마워요.**"라며 좋아했다. 다음 순간 내담자는 양 손에 얼굴을 파묻고 갑자기 엉엉 울었다. 잠시 후에 왜 울었는지 그 울음의 의미를 묻자, 그녀는 너무 기뻐서 울었다고 했다. 지금까지 살면서 누구에게도 직접 자신의 마음을 그렇게 솔직하게 표현해 본 적이 없었고, 상대편의 진심을 들어 본 적 또한 없었다고 했다. 지금 마음이 너무나 홀가분하며, 길거리를 막 뛰어다니고 싶은 심정이라고 했다. 이 시간 이후 그녀의 행동은 무척 자유로워졌고, 편안한 모습으로 변했다.

위의 사례에서 초반에 내담자는 자신의 **심리내적** 현상에 대해 상당한 통찰을 했음에도 불구하고, 여전히 우울한 상태에서 벗어나지 못하고 있었다. 하지만 치료자와 내담자의 진솔한 **만남**은 예상치 못했던 극적인 변화를 초래했다. 치료자가 내담자에게 온전한 주의와 관심으로 **현전**하면서 내담자를 향해 **"그 말을 내게 직접 해 보시겠어요?"**라는 제안을 했을 때, 그녀는 갑자기 낯선 상황에 처하게 된 것에 대해 무척 당황하면서도, 물러설 수 없는 실존적 결단의 순간을 직감한 것 같았다.

그녀는 마침내 오랫동안 자신을 괴롭혀 왔던 [또 다른 자기의 모습인] 가학자를 내게 소개해 주었다. **"선생님도 저를 부담스럽게 생각하시죠?"**라는 물음이었다. 그 물음은 물론 역설적으로 **"선생님은 그래도 저를 받아 주실 수 있으시죠?"**라는 물음을 내포하고 있었다. 그 물음은 그녀에게 매우 중요한 것이었고, 너무나 확인이 필요한 질문이었다. 하지만 그녀를 오랫동안 통제해 왔던[혹은 지켜 왔던] **'자기회의(self doubt)'**는 그녀로 하여금 결코 그런 **위험한** 질문을 하지 못하게 지금껏 막아 왔다.

그 물음이 막힘으로써 세상과 그녀 사이에는 다리가 끊어져 있었다. 그래서 외로움과 우울과 절망감이 그녀를 짓누르고 있었던 것이다. 그 순간에 치료자가 다리가 되었다. **"그 질문을 내게 직접 해 보시겠어요?"**라고 제안함으로써, 스스로는 하지 못했던 질문을 할 수 있도록 다리가 되어 주었다. 위험한 다리라고 생각해서 건널 생각을 포기하고 살아왔던 내담자에게, 치료자는 그 다리가 세상으로 나아가는 유일한 통로라는 것을 일깨워준 것이었다.

치료자의 제안에 내담자는 마침내 실존적 결단을 내렸다. 질문을 **하기로** 마음먹었다. 그러나 여전히 떨리는 마음이 컸기 때문에 [안전한] 부정적인 형태의 질문으로 했다. **"선생님도 저를 부담스럽게 생각하시죠?"**라고. 치료자의 반응은 진실한 것이어야 한다. 그렇지 않으면 내담자는 또다시 상처를 받게 된다. 질문을 하는 것은 역시 부질없는 짓이라는 생각을 더 강하게 하게 될 것이기 때문이다. 치료자는 자신의 진심을 이야기했고, 치료자의 표정이나 신체자세, 목소리에서 진정성이 전달되었다. 내담자는 자신의 존재가 부담스러운 존재가 아니라, 오히려 상대편에게 반가움과 고마움, 그리고 기쁨을 불러일으키는 존재라는 것을 생생하게 목격하고, **확인**받는 경험을 하게 되었다.

그 순간에 기쁨의 탄성과 함께, 갑자기 울음과 통곡이 터져 나온 것은 어쩌면 당연한 일이었을지 모르겠다. 그토록 필요했고, 원했지만 손에 잡히지 않았던 소중한 것이 드디어 내 손에 들어왔을 때, 기쁨과 함께 슬픔도 함께 북받쳐 올라오는 것이다. **'이토록 소중한 것이 왜 이제 왔는가?'** 하는 원망도 있고, 그동안 누리지 못했던 억울함도 있고, 하지만 마침내 오게 된 것에 대한 기쁨과 감사함이 모두 한꺼번에 뒤섞여 울음으로 터져 나오는 것이다. 그러면서 내담자는 세상과 다시 연결되면서 한 없이 가벼워지면서 자유로움을 느끼게 된다.

길거리로 나가 막 뛰어다니고 싶은 심정이 올라온 것이다. 치료자와의 **만남**을 통해 세상과 다시 연결되었고, 마침내 자유롭게 된 것이다. 치료자와 내담자 **사이**에 만남이 이루어졌고, 치료자와 내담자는 이제 **새로운 사이, 새로운 관계**로 발전했다. 두 사람 모두 이제는 더 이상 예전과 **같은** 사람이 아닌 것이다. 두 사람은 함께 거듭났고, 다시는 옛날로 돌아갈 수 없는 새로움으로 태어났다.

만남의 과정에서 치료자는 내담자에게 **'온전히 향하는(turning toward)'** 태도가 필요하다. 단순히 경청하는 것이 아니라 나를 **내려놓고**, 온전히 그에게 **몰입**하는 것이다. 나와는 다른, 상대편 **존재의 유일함**을 보는 것이다. 그의 유일함을 **만나**는 것이다. 나와는 다른 상대편의 **'다름'**을 알아차리고, 그것을 인정하고 수용하는 것이다. 그러면서 함께 변화하는 것이다. 치유는 바로 이런 만남의 순간에 일어난다. 내담자는 치료자와 만나면서 치료자를 통해 자기 존재를 **확인**받게 된다.

이 과정에서 내담자 존재의 **'중심(center)'**이 **나-너 관계**의 표면 위로 떠오르게 된다. 그러면서 내담자는 주관세계에서 상호주관세계로, 다시 마침내 **관계의 장**으로 나아가게 된다. 이제 과거 상처로부터 자신을 보호하기 위해 만들어 냈던 반복적 행동패턴인 **주제**는 배경으로 사라지고, 자신의 **존재**가 전면으로 떠오르면서 대화관계적 **'사이'**에서 타인을 만날 수 있게 된다. 어린 시절 거부당했던 **'트라우마'**로 인해 발생한 **'만남으로부터의 도피'**에서 벗어나, 다시 세상과 연결되어 **'관계의 장' '만남의 장'**으로 나오게 된다.

이제 **안전**을 고수하려는 방어적 태도에서 벗어나 **'예상치 않은 미래'**를 만날 준비가 된다. 알려지지 않은 [사람] **사이**의 **'실존적 미지의 영토(existential unknown)'**를 향해 자신을 내어주는 것이다. 치료자도 안전한 방법론과 이론들을 내려놓고, 순수한 실존적 만남에 열려 있어야 한다. 치료는 **심리적 통찰**에 그치지만, 치유는 그것을 넘어서 **실존적 만남**에 의해 가능해지기 때문이다. 만남은 치료자와 내담자가 함께 서로를 개방하며, 불확실한 **프로세스**에 몸을 내던져 맡기는 행위이다.

꿈 작업에서도 이러한 **만남**은 가능하다. 꿈은 **심리내적** 차원만 있는 것이 아니라, **만남의** 차원도 함께 포함하기 때문이다. 다음은 내가 **2014년 음력 1월 2일**에 꾼 꿈의 내용이다.

25년 만에 처음으로 사정이 생겨 설에 고향에 내려가질 못했다. 설 다음 날 새벽에 꾼 꿈이다. 독일에서 고향집으로 편지가 왔다. 편지 내용은 독일어로 쓰어 있었고, 겉봉투엔 수신인이 적혀 있지 않았다. 그런데도 잘 도착한 것이 신기했는데, 자세히 보니 내가 독일로 부친 편지가 고향집으로 회송되어 온 것이었다. 내용은 오래전에 작고한 7살 위의 나의 작은형에 관한 것이었다. 편지를 받아든 느낌이 암울하였다. 나의 왼편에 큰 형이 있었고, 오른편에 누군지 모르겠지만 남자 형제가 앉아 있었는데, 나는 독일어를 모르는 두 형제를 위해 편지 내용을 읽어 주려고 했다. 나는 두 남자형제의 어깨에 나의 양팔을 올려놓은 채 심호흡을 한 뒤, 천천히 말을 꺼내려고 했다. 형들은 무슨 내용인지 궁금해서 긴장해서 기다렸다.

그런데 갑자기 나의 내장 깊은 곳에서 오열이 터져 나오면서, 이렇게 외치는 소리가 튀어 나왔다. **"작은형이 죽었다네요!"** 나는 두 형을 양팔로 감싸 안은 채 한참을 흐느껴 울었다. 그러다가 엉엉 우는 나의 소리에 스스로 놀라 잠이 깼었다. 깨어서 생각해 보니 나의 오른편에 앉았던 남자 형제는 작고한 나의 작은형이었다. 내게는 남자 형제가 둘밖에 없었기 때문이다. 작은형은 내가 독일에서 유학할 때 갑자기 뇌출혈로 돌아가셨고, 나는 그 일로 큰 충격을 받았었다. 아직도 형에 대한 그리움이 가슴에 사무친 미해결과제로 남아 있다.

꿈은 묘하게도 사실관계를 역전시키면서, 내게 필요한 모든 것을 경험하게 해 주었다. 당시 형의 죽음을 한참 동안 몰랐던 것은 형들이 아니라 나였고, 따라서 형의 죽음 소식에 가장 놀랄 사람은 나였는데, 오히려 꿈에서는 내가 형들에게 놀라지 않도록 준비시키는 것으로 나타났다. 편지를 읽어 주는 자리에 두 형들이 함께 앉아 있었고, 내가 그들의 어깨를 양팔로 감싸 안고서 통곡을 했다는 것도 내가 그들로부터 위로를 받고 싶었던 마음과 통하는 장면이었다.

내가 울음을 터뜨렸을 때, 삼형제가 서로 내 양팔로 연결되었다는 것은 깊은 치유적 의미가 있다. 꿈을 깨었을 때 마음이 참으로 아프고 슬펐지만, 다른 한편으로는 깊은 연결감을 느끼며, 몸 전체가 전류로 감전된 듯한 느낌과 함께, 무거운 짐을 내려놓는 듯한 기분마저 들었다. 꿈을 깨고 나서 나는 평소 작은형이 즐겨 불렀던 **'무정한 밤배'**를 소리 내어 몇 번이나 부르며 한동안 더 눈물을 흘렸다.

나는 유학생활의 형편이 여의치 않아 6년 동안이나 고향에 오지 못해, 작은형과 서로 만나지도 못한 상태에서 갑자기 영영 이별하게 되었으므로, 나의 삶에서 그 단절은 너무나 큰 상처였다. 형의 갑작스러운 죽음은 내 어린 시절의 가장 풍성한 추억들, 그리고 나의 무조건적인 지지자와의 영원한 단절을 의미했기에, 그것은 내게 결코 치유될 수 없는 미해결과제처럼 인식되었었다. 그동안 나는 형 생각이 날 때마다 자주 **'무정한 밤배'**를 흥얼거리곤 했었는데, 이 노래는 마치 형과 나를 연결시켜 주는 듯한 느낌이 들었다. 노래 가사가 참 슬픈데, 특히 마지막 소절인 **"눈물의 밤배는 내 님을 싣고, 다시는 못 올 길을 떠나가네."**라는 대목은 애를 끊는 듯한 느낌이 든다. **다시는 못 올 길을 떠난** 형을 연상시키는 이 노랫말이 역설적으로 형과 나를 다시 연결시켜 주는 느낌이 들어 자주 불렀던 것 같다.

형과의 만남을 **꿈에도** 그리워하던 나의 마음을 이 꿈만큼 더 잘 표현할 수 있었을까? 또한 이보다 더 극적으로 나의 **꿈**을 실현해 줄 수 있었을까? 꿈은 정말 위대한 것 같다. 내가 편지를 독일로 발송한 것으로 되어 있고, 받는 이는 쓰여 있지 않았다. 그런데 수신지가 왜 독일이었을까? 그것은 분명 내가 독일에 있을 당시에 형이 죽은 것과 관련 있을 것이다. 또한 형이 이제 더 이상 이 세상 사람이 아니라는 사실도 반영한 것 같다. 편지를 하늘나라에다 쓸 수는 없지 않았겠는가? 그런데 왜 받는 이는 적혀 있지 않았을까? 그것도 형이 죽었다는 사실을 암시하고 있는 것 같다. 결국 편지는 되돌아올 수밖에 없었다. 편지 내용이 독일어로 되어 있는 것도 묘한 복선이다. 즉, 형들이 읽을 수 없게 만들어 마지막 순간까지 비밀이 드러나지 않도록 되어 있었다.

마침내 편지를 형들에게 읽어 주게 되었는데, 나도 아직은 그 내용을 미처 모르고 있었다. 꿈은 형들과 나 모두에게 차근차근 마음의 준비를 시킨 다음, 모든 준비가 완료된 시점에서, 갑자기 깊은 곳으로부터 오열이 터져 나오게 만들면서 작은형의 죽음을 애도하는 비통한 드라마를 연출해 내었다. 삼형제는 서로 하나가 되어 통곡을 하며 애도작업을 했다. 이 과정에서 작은형이 우리와 함께 어깨동무를 한 채 애도작업을 했는데도, 꿈은 아직 작은형의 얼굴을 보여 주지 않았다. 만일 그렇게 했더라면 애도작업은 불가능하지 않았겠는가? 무의식의 지혜는 실로 놀랍다. 통곡을 하다 깨어났을 때, 비로소 그 형제가 나의 작은형이었다는 사실을 깨닫게 해 준 것이 참으로 신기하다.

형이 부르던 노래를 따라 부르면서 가슴을 헤집는 듯한 아픔을 느꼈다. 하지만 동시에 설명하기 어려운 아름다움과 감동에 하염없이 눈물이 흘러내렸다. 꽃이 아름다운 것은 시들어 가기 때문이듯, **다시는 못 올 길**이기 때문에 인생이 매 순간 아름답다는 생각이 든다. 형의 그 노래가 가슴에 애잔하게 울려 퍼지면서 무어라 형언할 수 없는 아픔과 슬픔에 더불어 아름다움도 함께 느껴진다. 형과의 꿈 속 **만남**이 [그리고 이생에서의 **만남**이] 참 감사하다. 지금 이 순간이 슬프지만 아름답게 느껴지고, 또한 감사하고 행복하게 느껴진다. 이 글을 읽는 독자들과의 **만남** 또한 감사하고 아름답게 느껴진다. 이 순간이 **영원하지 않기에** 아름답고, **아름답기에** 감사하고, **감사하기에** 행복하다.

제 **14** 장

게슈탈트 집단치료

게슈탈트치료의 전통적인 방식은 집단 속에서의 개인작업[치료]이다. 펄스는 집단원 중 한 사람을 선택하여 [혹은 자원자를 상대로] 개인작업을 하고, 다른 참여자들은 주로 관찰을 하면서 작업이 끝나면 질문을 하거나 느낀 것을 피드백해 주는 방식으로 치료작업을 했다. 이처럼 펄스의 전형적인 작업방식이 개인작업이었던 것은 그의 정신분석적 배경과 무관하지 않다(Martin & Süss, 1978).

펄스가 했던 전통적 방식의 단점은 집단원들의 좋은 아이디어나 능력들을 충분히 이용하지 못한다는 것, 집단원들이 수동적 관찰자 입장에 머무름으로써 지루해지거나 책임감이 떨어질 수 있다는 것, 또한 리더가 혼자서 에너지를 너무 많이 투입해야 하는 부담 등을 들 수 있다. 하지만 전통적 방법의 장점도 있다. 즉, 집단 안에서의 개인작업은 다른 집단원들의 집중적 관심과 조명을 받음으로써 에너지가 활성화되어 일대일 개인치료에 비해 집중도가 높으며, 작업 도중이나 작업이 끝난 뒤에 참여자들로부터 피드백을 받을 수 있는 장점 등이 있다.

개인작업을 관찰하는 집단원들도 타인의 작업을 보면서 대리만족이나 정화효과를 얻을 수 있으며, 타인의 문제해결 과정을 지켜보면서 자기작업도 함께 할 수 있는 이점이 있다. 즉, 집단에 참여하는 개인들은 집단이 진행되는 기간 동안 내내 타인의 개인작업을 보면서 자신의 미해결과제를 떠올리게 되고, 집단 내에서의 자기 행동을 돌아보며, 자신에 대해 심도 있는 내적 작업을 하게 된다.

1951년에 클리블랜드 연구소에서 펄스의 제자인 어빙 폴스터가 최초로 집단중심의 게슈탈트 치료를 시작한 이래 게슈탈트 치료자들은 전통적인 방식을 보강하기 위해 집단중심의 게슈탈트 치료기법들을 꾸준히 개발해 왔다. 하지만 앞서 언급한 것처럼 전통적 기법의 장점도 있기 때문에 게슈탈트 치료자들 중에는 여전히 **집단 속에서의 개인작업** 방식을 **프로세스 중심**의 집단치료와 혼합해서 사용하는 사람들이 많이 있다. 펄스의 제자 중에 심킨 같은 이가 그 대표적 인물이었으며, 폴스터 자신도 아직 이런 방식을 사용하고 있다.

최근의 게슈탈트치료 동향을 보면 전통적인 방식을 선호하는 치료자들과 **집단프로세스** 중심의 치료를 선호하는 치료자들의 비율이 거의 엇비슷한 실정이다. 하지만 순수한 개인작업보다는 양자를 통합한 형식이 더 많이 사용되고 있다(Polster et al., 1974; Zinker, 1977; Feder & Ronall, 1980; Polster, 1994).

어떤 형태로 하든 [개인치료에 비해] 집단치료의 장점은 다음과 같다.

첫째, 내담자의 행동을 집단원의 상호작용적인 맥락에서 관찰할 수 있다. 즉, 개인치료에서는 내담자의 행동에 대해 내담자에게 물어보거나 혹은 유추해 보는 방법밖에 없지만, 집단치료에서는 이를 내담자에게 물어볼 필요 없이 직접 행동관찰을 통하여 알 수 있다.

둘째, 집단에서 집단원은 서로가 서로에게 **'걸어 다니는 로르샤흐 블롯'**, 즉 투사판이 되어 줌으로써 서로를 통하여 자신의 모습을 발견할 수 있는 이점이 있다(Resnick, 1990).

셋째, 집단에서는 개인치료에서 볼 수 없는 **집단프로세스**[집단역동] 현상이 일어난다. 즉, 집단에서는 집단원들 간에 다양한 갈등이 생기면서 집단에서만 볼 수 있는 프로세스가 발생하므로, 이러한 집단프로세스 속에서의 개인행동을 관찰함으로써 각 개인의 특이점을 알 수 있다.[1]

넷째, 집단 자체가 마치 살아 있는 유기체처럼 하나의 통합체로 기능하므로, 각 집단이 갖는 특성을 비롯하여, 그 집단의 성장 및 소멸과정을 관찰할 수 있다(Zinker, 1977).

다섯째, 집단은 학습의 장이 되어 준다. 즉, 내담자는 자신이 평소에 해 보지 못한 행동을 집단원들을 상대로 실험해 보면서 새로운 행동영역을 개척해 볼 수 있다. 여기서 학습이란 단순히 **적응**을 학습하는 것이 아니라, 자신의 알아차림을 넓히고, **나-경계**를 확장하며, 타인과 공동체적 조화를 이루면서 서로 협동적으로 사는 것을 배우는 것이다.

---

1) 어떤 형태의 집단을 하던 집단프로세스는 항상 일어난다. 즉, 전통적 게슈탈트집단 방식인 **집단 속에서의 개인작업**만 하더라도 집단프로세스는 일어날 수밖에 없다. 예컨대, 누가 먼저[혹은 많이] 개인작업을 하느냐를 놓고 보이지 않는 신경전을 벌일 수도 있다. 문제는 리더가 이러한 집단프로세스를 얼마나 알아차릴 수 있으며, 또 이를 집단작업에서 얼마나 활용할 수 있는가이다. 이는 순전히 리더의 역량에 달렸다고 할 수 있다.

　게슈탈트 집단치료에는 어떤 정해진 형식이 따로 없다. 즉, 집단의 성격에 따라, 리더의 이론적 배경이나 창의적 능력에 따라, 다양한 형태의 집단작업이 가능하다. 현재 여러 가지 형태의 게슈탈트 집단치료가 개발되었고, 또한 지속적으로 개발되고 있는 중이다.

　클리블랜드 연구소에서는 조지프 징커가 주축이 되어 **집단프로세스 중심** 집단치료를 개발하였고, 뉴욕 게슈탈트치료연구소에서는 버드 페더(B. Feder)가 **지금-여기** 중심의 **프로세스** 집단치료를 개발하였고, 독일 뒤셀도르프 게슈탈트치료연구소에서 루스 로날(R. Ronall)은 루스 콘(Ruth Cohn)의 **'주제중심 상호작용(TZI)'** 기법과 게슈탈트치료를 접목시킨 **게슈탈트 집단치료**를 개발하였다(Feder & Ronall, 1980). 또한 하르만 등은 개인치료와 집단프로세스를 혼합한 형태인 **'이원 초점기법(dual focus technique)'**을 개발했으며(Harman, 1989a), 에릭 마커스(E. H. Marcus)를 위시한 일군의 게슈탈트 치료자들은 **'유도된 환상법(guided imagery)'**을 응용한 게슈탈트 집단치료를 창안했다(Marcus, 1979).

　독일 프리츠 펄스 연구소에서는 드라마 기법, 신체 및 동작치료, 예술치료, 음악치료, 춤 치료, 집단명상 등을 게슈탈트치료에 응용하여 게슈탈트 집단치료기법으로 발전시켰으며(Rahm et al., 1993; Klein, 1993; Rahm, 1990; Frohne-Hagemann, 1990; Petzold, 1991; Petzold 1988; Leuner, 1986), 고든 휠러(Gordon Wheeler)와 그의 아내 낸시 러니-휠러(Nancy Lunney-Wheeler)는 노래와 게슈탈트치료를 접목한 **'노래하는 게슈탈트치료(Singing Gestalt therapy)'**를 개발하였다(Wheeler, 2011).

　최근의 게슈탈트 집단치료는 집단원들 간의 관계, 수용과 지지를 중시하고, **지금-여기**의 경험, **'전체로서의 집단(group as a whole)'**에 대한 감각, **집단프로세스** 등을 더 많이 활용하는 방향으로 발전하고 있다(Aylward, 1996; Earley, 1996; Feder, 2002; Frew, 1988; Handlon & Fredericson, 1998; Schoenberg & Feder, 2005). 따라서 이 장에서는 이러한 최근의 흐름을 반영하면서 주로 **집단프로세스 중심의** 게슈탈트 집단치료를 기술하기로 한다.

　위에서 기술한 다양한 형태의 게슈탈트 집단치료를 묶을 수 있는 공통점을 한두 마디로 요약하기는 어렵겠지만, 한 가지 분명한 사실은 이들은 모두 펄스가 창안한 게슈탈트치료 원리를 응용하여 발전시킨 것들이며, 또한 게슈탈트치료에서 추구하는 **알아차림**과 **접촉**의 증진, 그리고 관계성 향상을 최종목표로 하고 있다는 점이다.

1. 집단의 목적

집단 참여자들은 단지 신경증을 치료하러 집단에 오는 것이 아니다. 그들은 당면한 심리적·현실적 어려움과 미해결과제를 해결함으로써 좀 더 심리적으로, 정신적으로 편해지고자 한다. 하지만 결코 거기에서 그치는 것이 아니다. 그들은 자기 자신이 누군지, 삶이 무엇인지, 어떻게 살아야 하는지, 고통의 원인이 무엇인지, 고통의 **의미**가 무엇인지[아니면 고통의 의미가 있는지], 세상과 어떻게 화해해야 할지, 삶의 궁극적 가치가 무엇인지 알고자 한다. 한 걸음 더 나아가 삶과 죽음의 문제, 영성의 문제, **관계**의 문제, 문학과 예술의 영역에까지 끝없는 물음을 던지면서 자신을 치열하게 대면하고 싶은 욕구에 이끌려 온다.

집단 참여자들로부터 며칠 동안 밤잠을 설치며 두근거리는 심정으로 왔다는 말을 종종 듣는다. 왜 집단에 오는 것이 그들의 가슴을 그토록 요동치게 만드는 걸까? 몇 년을 벼루어서 왔다는 사람, 오기 전날 갑자기 무서워서 도망가고 싶었다는 사람, 설레는 마음으로 왔다는 사람, 집단이 너무 그리웠다는 사람, 자기소개를 하면서 별일도 아닌데, 갑자기 울음을 터뜨리는 사람, 떨리는 목소리로 리더만 쳐다보며 말하는 사람, 신이 나서 흥분된 목소리로 말하는 사람, 리더가 던지는 사소한 농담 한 마디에 한꺼번에 와 웃는 사람들, 이 모든 것들이 말해 주는 것은 과연 무엇일까?

그들은 무언가에 강력히 이끌려 어딘가로 향하고 있는 것처럼 보인다. 그러한 이끌림은 그들의 내부에서 오는 걸까? 아니면 밖에서 오는 걸까? 아니면 개인들을 포함한 집단[혹은 **관계**]의 **자기운동**일까? 이러한 이끌림의 정체는 과연 무엇일까? 그것은 프로이트가 말하는 리비도의 충동일까? 융이 말하는 자기실현의 역동일까? 아니면 니체와 아들러가 말하는 '권력에의 의지'[열등의식의 보상]일까? 아니면 프랭클이 말하는 의미추구의 영적 추동일까? 그 대답은 이것저것 중의 하나이기보다는 이 모든 것들을 포함하면서도 동시에 그것들을 초월하는 더 높은 곳을 향한 생명체의 영원한 '엔텔레키(entelechy)'[2]일지도 모른다.

플라톤은 모든 인간의 내면에는 잃어버린 이데아의 세계를 사무치도록 그리워하는 마음이 있으며, 그것은 아름다움과 선, 그리고 진리를 향한 애타는 몸부림으로 나타난다고 했다. 이는 철학

---

2) 고대 그리스어 ἐντελέχεια(entelekheia)에서 유래한 말로서 아리스토텔레스가 만든 용어이다. 가능성으로서의 잠재력이 현실로 실현되는 과정[혹은 역동]을 의미한다. 아리스토텔레스는 모든 현상은 재료와 형상의 결합으로 현실화된다고 했는데, 이는 인간존재의 모든 현상이나 활동에도 적용될 수 있다. 즉, 우리의 모든 심리적·신체적·사회적·정신적·영적 활동은 그 재료[matter]가 형상[form 혹은 Gestalt]을 얻음으로써 현실로 이루어지게 된다. 엔텔레키는 바로 그런 움직임을 만들어 내는 [지향성을 지닌] 생명체의 **자기운동**이라고 할 수 있다. 아리스토텔레스는 재료와 형상은 서로 분리할 수 없으며, 단지 서로 구분할 수 있을 뿐이라고 하여 게슈탈트치료의 통합적 관점과 일치된 견해를 보였다.

자들에게 유독 강하게 드러나지만, 모든 인간에게 내면의 결핍은 존재론적으로 불가피한 것이 며, 그것은 궁극적으로 실낙원에 대한 향수로 나타난다는 것이다(Kuhn & Nusser, 1980).

물론 집단 참여자들이 이러한 철학적 배경에 대해 알고 오는 것은 아니며, 자신의 참여 동기에 대해서도 명료히 알아차리지는 못한다. 하지만 그들은 그저 막연한 기대로 집단에 오지는 않는 다. 오히려 그들은 집단에서 어떤 일이 일어나며, 어떤 것을 경험할 수 있으며, 어떤 마음으로 참 여하면 되는지를 느낌으로, 아니면 전해 들어서 알고 있다. 아래에 내가 이끈 게슈탈트집단 참여 자들의 소감문을 몇 개 소개한다.

나를 만나러 갑니다. 언제나 최고의 화두이던 나. 나의 본질과 출발점, 생명이 탄생되던 첫 자리와 환경, 그로 인한 결핍들. 그 상처가 두려워 나는 늪으로 갔습니다. 깊고 어둡고 그러나 안전한 그곳에서, 춥고 외로웠으나 감각을 잃어 아무것도 느끼지 못하면서, 몸과 마음이 떨어 져 나가기 시작했습니다. 몸 따로 마음 따로 … 그렇게 살았습니다. 시간이 흐르면서 지층의 단면처럼 새로운 상처들이 그 위로 쌓이고 또 쌓이고 … 사람들과 동떨어져서 혼자 살면서, 사 람들이 사는 마을로 가고 싶었지만, 다가갈 수도 다가가는 방법도 몰라 또 상처를 받고 늪으로 들어갔습니다. 나란 존재는 그곳이 익숙하면서도 싫습니다. 너무 춥고 어두워서. 그러나 달리 갈 곳도 없었습니다. 그러던 어느 날, 이곳저곳 떠돌며 기웃거리다가 어느 날 기적처럼 선물을 받았습니다. 게슈탈트집단이라는 신비의 선물을 받았습니다.

4년 만에 다시 찾은 나의 보금자리 … 늘 그리웠다. 언제 다시 보금자리로 돌아갈 수 있을까 … ? 불안하기도 했다. '어떤 별칭으로 나를 시작할까, 내가 이곳에 가서 얻고 싶은 것이 뭘 까?'에 대해 고민했다.

12년 만에 마음의 고향이었던 게슈탈트 지도자집단에 돌아갔습니다. 12년을 살면서 어렵고 힘들 때마다, 그곳에 가면 마음을 받아 주고 따뜻하게 안아 줄 누군가가 있을 거라는 확신이 있었기에 힘을 내며 견딜 수 있었습니다.

작년 여름 고향에 다녀온 후로 이런저런 삶의 분주한 일들로 고향에 가지 못해 못내 아쉬우 면서도 돌아갈 고향이 있다는 든든함이 있었습니다. 〈중략〉 삶의 무게들을 가지고 와 고향집 에 풀어내는 다른 친구들의 이야기를 들으며, 함께 울고 함께 마음 아파하고, 또 친구들의 성 장하는 모습을 보며, 기쁘기도 하고 마음 졸이기도 했습니다. 〈중략〉 고향집의 따뜻함을 포근히 느끼고 간 친구들은 다시 돌아와 반가운 인사를 건넬 것이 기대되기도 하고, 그 따뜻함을 덜 느끼고 떠난 듯싶은 친구들에게는 뭔가 찐한 정을 나눌 수 있었는데 싶은 아쉬움에, 내가 경험했던 고향 이야기를 들려주고 싶은 맘이 많이 들었더랬습니다(한국게슈탈트포럼 홈페이지 자료실, 2011).

각기 다른 4명의 참여자들은 공통적으로 집단을 안식처, 보금자리, 고향으로 묘사하고 있다. 오랜 방황 끝에 마침내 기적처럼 발견한 피난처, 늘 그리워했던 어머니 품과 같은 곳, 언제든지 힘들고 지쳤을 때 돌아가 기댈 수 있는 따뜻하고 포근한 요람 같은 곳으로 느끼고 있다. 그런데 여기서 그들은 집단을 혼자 조용히 쉬는 장소로 여기는 것이 아니라, 사람들과 함께 무언가를 하며, 함께 울고, 함께 아파하며, 함께 기뻐하는, 그리고 함께 나누는 **공동체**로 지각하고 있다.

여기에는 무언지 모를 새로운 에너지와 역동, 열정, 파토스(pathos)가 태어나고 있다. 즉, 그들은 단지 지금까지 자신에게 결핍되었던 무언가를 채우는 차원을 넘어서서 사람들 **사이**로 나아가고 있다. 자신의 내면에 갇혀 있던 상태에서 탈출하여, 사람들 **속으로** 들어가서, 사람들과 **함께** 대화하고, 사람들과 **함께** 기뻐하고 춤추며, 사람들과 **함께** 해방되는 것을 꿈꾸고 있다. 그것이 그들이 진정으로 집단에서 원하는 것이다.

그 많은 자기분석, 그 많은 통찰과 깨달음, 그 많은 교정적 정서체험들이 사람들을 떠나서는 그 자체로는 아무런 의미가 없다. 사람들을 떠나서 고립적으로 존재하는 분석, 고립적인 통찰과 깨달음, 고립적인 정서체험이 가능한지도 의문이거니와 설령 그런 것이 있다 하더라도 그것들은 **사이의 존재**인 인간에게 아무런 의미가 없다. 궁극적으로 우리가 고통을 받는 것은 이러한 인간 본연의 실존에서 멀어져 버렸기 때문이다. 진정한 치유와 해방은 사람들 **사이**에서만 가능하다. 집단의 필요와 목적이 바로 여기에 있다.

그런데 사람들이 집단을 찾아오는 것은 집단이 그런 것을 주기 때문이라기보다는 사람들이 그런 경험을 필요로 하기 때문에 [리더를 구하여] 집단을 만든다고 봐야 한다. 바꾸어 말해서 집단은 사람들의 필요와 무관하게 객관적으로 외부에 존재하는 실체가 아니다. 즉, 집단이라는 것이 있어서 사람들이 거기에 가는 것이 아니라, 사람들이 그런 것을 필요로 하기 때문에 이런저런 형태의 집단을 그때그때 만드는 것이다. 사람들의 필요를 충족시키지 못하는 집단은 언제든지 없어질 수 있다. 집단의 목적은 사람들의 필요를 떠나서는 따로 존재이유가 없다.

집단에서 어떤 일들이 일어나고, 그 결과 실제로 집단원들이 무엇을 경험하는지 좀 더 살펴보는 것이 집단의 목적을 더 깊이 이해하는 데 도움이 될 것 같다. 집단원들이 경험하는 것들은 결국 그들의 집단 참여 동기와 밀접하게 연관되어 있기 때문이다. 집단에서 많은 것들을 경험하겠지만, 궁극적으로 그들이 의미 있게 지각하는 것은 자신들의 미해결과제 혹은 주제를 배경으로 해서 집단에서 일어나는 사건들[전경]을 조직화하는 방식으로 이루어진 경험들이다. 결론적으로 집단의 목적은 참여자들이 [각자 자신의 주제와 배경에 따라] 서로 공통적으로 의미 있게 경험하는 것들과 일치한다고 할 수 있다.

난 대체로 못나게 굴어 왔고, 그래서 누구든 나를 좋아하지 않을 것이라 믿고, 그 믿음 때문에 나도 나를 미워해 왔다. 예쁨 받고 싶어도 나는 글러먹었다고 하는 지배적인 생각 덕분에 늘 미움받는 증거만 찾아 댔[다, 해]지만, 이번 과정에서 나는 나를 향한 애정도, 도와주고 싶어 하는 호의도, 나를 향한 지지도, 의심하지 않고 [그대로] 받을 수 있었다.

이번 집단에서 내 머릿속에 수십 년 간 보관되어 온 기억이란 자료들이 시의적절하게 떠올랐고, 그로 인한 감정의 도가니탕 속을 잠시 헤매기도 했으며, 앉아 있느라 탔던 똥줄에 집중된 내 감각들의 비명도 들었다. 참여자들이 꺼내 놓는 속마음을 따라가는 여행길 동반자로서 세상은 모를 것투성이였지만, 그래도 가장 모를 내 마음을 탐험하는 탐험가로서 알아차린 게 있다면 '**사람이 답이다**'라는 어느 분의 말씀이다.

내가 받은 상처의 대부분은 부모나 배우자, 그리고 친한 사람들로부터이다. 그런데 나 또한 아이들의 부모며 배우자, 누군가의 친구이기도 하다. **나만** 이런 상처가 있었다며 가슴 치며 살다가 이제는 **너도** 그렇다는 것을 알게 되니, 사람은 누군가로부터 상처를 받고, 그 상처를 보살피며, 상처로 인해 성장한다는 것을 다시 한 번 알게 되었다. 그래서 나는 너에게, 너는 나에게, **서로**를 통해 의미를 찾게 되는 시간이었다.

상처받기 싫어서 뒤로 물러서 있고, 두꺼운 장막으로 감정이 침투하지 못하게 무장 아닌 위장을 하며 살고 있던 나를 알아차릴 수 있었다. 한 사람, 한 사람의 삶의 과제가 그 사람만이 아닌 나 자신의 과제이기도 하고, 모든 사람의 과제이기도 함을 깨달으면서 이 공동체가 그래서 하나로 묶일 수밖에 없고, 우리가 유기체로 연결돼 있을 수밖에 없음을 알게 되었다.

이번 집단에서의 작업은 나에게 어린 시절의 불안, 생존을 위해 어떻게 해야 할지 모르는 상태를 온전히 경험할 수 있게 해 주었다. 작업을 하면서 나의 울음소리, 신체적 반응들을 통해 그 불안이 얼마나 강력했는지 느낄 수 있었다. 불안, 안도감, 슬픔, 원망 등의 감정들을 낙타

님과 집단원들의 도움으로 온전히 느끼며 접촉할 수 있었다. 그리고 지금은 아님을, 그래서 괜
찮음을 [알아차릴 수 있었다], 그리고 살아 있음을, 그것도 비교적 잘 ⋯ 물론 이러한 접촉이 생활
로 바로 연결되지는 않을지 몰라도, 그래서 내 안에 있는 **'괜찮아!'**라는 소리가 또 약해져 힘
들어질 때가 있겠지만, 내 안의 그 목소리에 좀 더 확신을 주고 지지를 주고 싶었던 나의 욕구
는 충족되었다(한국게슈탈트포럼 홈페이지 자료실, 2011)

위의 소감문에서 5명의 참여자들이 공통적으로 언급하고 있는 것은 상처받고 소외되고, 단절
되었던, 그래서 자기 자신마저도 자신을 미워하고 수용하지 못하던 삶에서, 다시 용기를 내어 사
람들 사이로 나아가 접촉하고, 만나고, 치유받고, 공동체와 하나로 연결되는, 그러면서 진정한 자
신을 되찾아 자유로워지는 체험에 대한 보고들이다.

이러한 경험을 하기까지 얼마나 많은 떨림과 불안, 죽을 것 같은 두려움이 있었는지, 넘어졌다
가 일어서기를 얼마나 많이 반복했었는지, 외로움과 수치심을 뚫고 마침내 수면 위로 올라오기
위해 얼마나 큰 용기가 필요했었는지, 얼마만큼 긴 시간 동안을, 죄책감과 분노의 굴레를 수 없이
왕복하면서, 고통 속에서 살아야만 했었는지 우리는 당사자가 아니고는 결코 그 깊이를 알 수 없
을 것이다.

위의 참여자들은 한결같이 그 과정들이 지난한 고통의 시간들이었음을 암시하고 있다. 불안과
외로움, 우울, 죄책감과 수치심, 공포, 두려움, 슬픔, 분노의 감정들이 고통 속에 켜켜이 쌓여서 바
람이 불 때마다 뽀얗게 먼지를 일으키며 마음하늘을 뿌옇게 뒤덮었을 터이다. 이 모든 고통을 더
욱 견디기 어렵게 만든 것은 고립과 단절이었을 것이다. 사람들과 나누지 못하고, 혼자 끙끙대며
인생이 원래 그런 것이라며 체념하고 살아왔을 시간들이 길었을수록 몸과 마음이 함께 서서히 죽
어 가고 있었을 것이다.

그런데 다음 대목에서 참여자들은 자신들의 놀라운 발견과 경험에 대한 보고를 하면서, 대반
전에 대한 감격을 생생하게 전하고 있다. 즉, 사람들로부터 상처받아 사람들을 믿지 않고 피해 오
던 상태에서, 다시 사람들과 접촉하고 연결됨으로써 사람들로부터 도움을 받고, **사람**들을 믿게
되고, 마침내 **사람**이 희망이라는 고백을 하는 것을 볼 수 있다. 어떻게 그것이 가능해졌는지에 대
해서도 이들은 보고하고 있다. 즉, 처음엔 집단에서 웅크리고 구경만 하고 있다가, 차츰 다른 사
람들의 이야기에 관심을 갖게 되었고, 점차 그들의 이야기에 빠져들게 되면서, 마침내 그들과 내
가 다르지 않다는 것을 깨달으면서, 그들 사이로 나아갈 용기를 내게 되었다고 말하고 있다.

스토리는 거기에서 끝나는 것이 아니다. 아직도 긴가민가하면서 잔뜩 두려움을 안은 채 한 발
자국씩 조심스럽게 앞으로 내딛었을 때, 사람들은 마치 오랫동안 기다렸다는 듯이 자기를 반갑

게 맞아 주었고, 손을 꽉 붙들어 주었다고 말하고 있다. 그들의 진정성을 확인했기 때문에, 여전히 후들거리는 다리를 느끼면서도 그다음 발자국, 또 그다음 발자국을 내딛을 수 있었다고 증언하고 있다.

사람들이 자기를 잡아 주고 보살펴 주는 것을 느끼면서 [역설적으로] 자기를 느낄 수 있게 되었고, 자기를 표현할 수 있게 되었고, 또한 만날 수 있게 되었음을 이야기하고 있다. 온몸으로 자기 존재를 접촉하고 만나게 되면서 울음으로, 분노로, 슬픔으로, 마침내 후련함과 가벼움으로 자기 밖으로 나올 수 있었고, 거기서 사람들을 만나 그들과 자기가 하나로 연결되었음을 깨달을 수 있게 되었다고 고백하고 있다. 집단 참여자들의 보고를 좀 더 들어 보기로 한다.

개인시연을 하는 과정에서 존재에 대한 환희를 느꼈다. 그것은 감히 어느 누구도, 무엇으로도, 어떤 이유로도, 함부로 대할 수 없는 존엄 자체라는 것을 깨달았다. 지금 이 순간 환희의 느낌이 다시 살아나면서 몸이 떨려오는 것이 느껴진다. 그동안 내 자신을 수용하고자 애썼으면서도 수용하지 못하던 내가 절망스러웠는데, 내가 안다고 생각했던 존재의 의미가, 수용의 의미가, 단지 내 머릿속으로 생각한 개념에 불과했다는 것을 알았다. 그렇게 한순간에 나의 존재가 나와 하나가 되었다. 어둠이 있어야 빛이 있듯이, 나의 이런 모습과 저런 모습, 옳고 그름의 경계가 없어지는 느낌이 들었다.

전혀 모르는 남남이 만나 그저 5박 6일을 지냈을 뿐인데 … 도대체 무슨 일이 일어난 걸까? 한 사람 한 사람이 무얼 어떻게 하지 않아도 있는 그대로 영롱하게 아름답다. 처절한 우리의 삶이, [한 마리] 매미의 삶이, 한 포기 풀의 삶이, 있는 그대로 아름답기만 하다는 것을 알아차린다. 내 안에 너라는 존재가 있고, 내 것이 네 것과 크게 다르지 않고, 그래서 우리가 하나라는 것을 알게 된다. 너의 아픔이 나의 아픔과 다르지 않고, 단지 빛깔과 모양만 다른 같은 것이라는 것을, 그래서 끌어안으면 꽃목걸이처럼 연결된다는 것을 깨닫는다.

삶은 경이롭다. 산다는 것은 만남이고, 만남은 경이로움의 연속이라는 것을 이번 지도자과정 속에서 다시금 알아차리게 된다. '산은 산이요, 물은 물이로다.' '너는 너, 나는 나.' 더 이상 요구하지 않고, 나도 나를 그렇게 보아 줄 일이다. 슬프면 슬픈 대로, 아프면 아픈 대로, 못나면 못난 대로, 잘나면 잘난 대로, 그렇게 춤을 출 일이다. 맑디맑은 시냇물이 흐르고, 영롱한 연꽃 봉오리가 내 마음속에 피어난다.

어릴 때는 사람들이 눈에 들어오지 않고 나만 보고, 나만 위해서 살았는데 … 그런 시간이 어린 시절에만 있는 줄 알다가, 나이가 들었어도 여전히 내 속에서 헤매고 있음을 깨달으면서, 드디어 성숙을 향한 발걸음을 내딛는 것 같다. 지난 5박 6일 동안 함께했던 한 분, 한 분이 너무나 소중하고 귀하고 아름다운 분들임을 이 글을 쓰면서 다시 느낀다. 누구라 할 것 없이, 가녀린 몸으로 이 세상에 왔고, 연약함으로 인해 상처를 받았지만, 다시 서로를 보듬으며 얼싸안고 감싸 줄 수 있는 네가 있기에, 우리가 다시 서게 되는 것 같다. 아름다운 사람들, 아름다운 순간들 …. 진심이 나누어졌던 그 시간들은 얼마나 아름다운지! 그런 시간들이 내가 있는 지금–여기에서도 실현되길 기도하면서, 나라도 그렇게 해 보자고 다짐해 본다.

사람의 소리, 상한 생명의 울부짖음, 배고픈 넋의 채울 수 없는 굶주림, 죽음과 삶으로 가른 뼈저린 그리움, 철없이 뛰놀던 어여쁜 아이의 빨간 볼, 삶의 엄청난 무게에 휘청거려도 꿋꿋이 살아 내던 장한 어깨들, 그 모든 모습들을 보며 나는 성장한다. 올곧고 푸르른 싸이프러스처럼, 하늘을 찌를 듯 치솟는 메타세콰이어처럼 자랄 것 같은 느낌에 온몸이 기쁨으로 일렁인다. 사람이란 무엇일까? 사람과 사람이 어떻게 만나야 하는지를 알게 되었다. 내게 노래를 부탁한 한 존재, 노래를 부르자 그 존재의 눈에 고이던 눈물을 보며 내 눈에도 눈물이 고였고, 마음은 점점 더 간절히 노랫가락에 젖어 들던 놀라운 기억, 세상에 **나–너**만 존재하는 온전한 현전의 순간이 있었다.

사람이 아름답다. 살아 있는 것이 감사하다. 내 잔이 넘치니 남을 보는 시선에 축복과 사랑이 넘쳐흐른다. 어떠한 구분도, 잣대도 없이, 있는 모습 그대로의 벌거벗은 영혼들과 춤을 춘다. 어깨를 들썩이고 손을 휘젓다 보면, 잃어버린 시간들이, 떠나 버린 사람들이 춤사위에 찾아온다. 레테의 강을 건너 죽음의 벽을 헐고 시간에 다리를 놓아 그리움과 만난다. 몸이 진한 말을 한다. 그리움도 미움도 다 토해 놓는다. 잊었던 몸이 제 존재를 알아주자 우쭐우쭐 춤을 춘다. 신명나게 춤을 추고, 아이처럼 토라졌던 마음도 잠시 제 존재를 보이며, 지금–여기에서 춤을 춘다. 머리와 몸이 만나니 이보다 더 좋을 수 없다. 게슈탈트는 축복이다.

집단이라는 인큐베이터에서 잘 양육받고 세상에 나온 느낌이다. 여섯 살 아이가 되어서 집단의 사랑을 독차지하고 즐겁게 놀다 보니, 힘이 생기고 본래의 자신을 되찾은 것 같다. 밝고 당당하면서 힘이 있었던 내가 다시 내 안에서 자라고 있다. 집단에 도착해서 나도 모르게 화가 나고, 누구하나 걸리면 한판 할 것 같아서 걱정했는데, 그저 감사를 느끼게 되고, 사랑과 이해 그리고 용서의 마음이 들게 만들고, 충만함으로 가득하게 되어서 참 감사하다. 집단에 가기 전에 신체적 허기 때문에 힘들었는데, 집단의 사랑을 받으면서 충만해지니, 그 허기가 다 채워진 것 같다. 이제는 배고프지 않고, 스트레스를 받아도 폭식하지 않고, 적당히 먹으며 잘 지내고 있다.

　　집단에서 돌아온 지 며칠이 지났는데, 아주 오랜 시간이 지난 것 같다. 집에 돌아와 제일 먼저 남편에게 사랑한다고 말했다. 당신이 내 삶에 와 준건 기적 같은 선물이라 했다. 그다음 날은 어머니께 전화를 걸었다. 다시 태어나도 어머니의 딸로 태어나고 싶다며, 사랑한다 말했다. 아버지께도 전했다. 아버지를 통해 참 많은 걸 배우게 되었다며, 이 말을 전할 수 있을 때까지 살아 계셔 주셔서 감사하다고, 그리고 사랑한다고 말했다. 또 그다음 날은 치매로 병원에 계신 시어머니께 **"어머니, 사랑합니다."**라고 말하며, 한참을 꼭 끌어안고 있었다. 그다음 날은 어렵고 불편했던 동료에게 연락해, 차를 마시며 깔깔거리고 수다를 떨었다. 또 그다음 날은 거리감만 느껴지던 동창 채팅방에서 잠시 나가 놀다 오겠다 말하고 홀가분하게 나왔다. 그리고 분식집 언니들과 수다를 떨다가 동네 친구가 되었다. 그냥 자꾸 사랑한다고 말하게 된다(한국게슈탈트포럼 홈페이지 자료실, 2011).

　　실로 놀라운 변화들이다. 자기라는 조그만 상자 안에 갇혀, 웅크리고 떨며 지내던 존재가 어느날 상자 뚜껑을 열고 밖으로 나와 세상을 보게 되고, 사람들을 만나고, 손잡고 춤추고, 노래하며, 서로 끌어안고 눈물을 흘리며, 함께 기뻐서 뛰어다니며, 길거리에서 만나는 사람마다 붙들고는 연신 고개를 주억거리며 고맙다고, 사랑한다고 말하며 이 사람 저 사람 사이를 자유롭게 유영하며 다니는 모습을 상상하게 된다. 고치가 껍질을 벗고, 환골탈태하여 창공을 유유히 날아다니는 경이로운 광경이다.

　　참여자들 스스로 자신들의 이러한 변화에 놀라고, 감격하여, 잠시 넋을 잃은 채 서로 멍해서 쳐다본다. 지금이 현실인지, 아니면 과거의 삶이 현실이었는지 잘 구분이 안 되어 잠시 혼란스럽기도 하다. 하지만 한 가지 분명한 사실은 자신이 예전과는 달라졌다는 느낌이다. 그리고 이제 다시는 과거로는 돌아갈 수 없을 것이라는 예감이 든다. 그는 이미 새로운 세상을 보아 버린 것이다. 이제 그는 더 이상 예전의 그가 아니다.

　　이제 과거의 삶으로 돌아갈 수도 없지만, 돌아가고 싶지도 않다. 이전에는 자기만 보였다면, 이제는 사람들이 보이고, **'너'**가 보인다. 과거의 삶에서는 웃음도 눈물도, 함께하는 기쁨도 없었다. 무엇보다 사랑이 없었다. 거기에는 안으로 안으로만 향하는 걱정과 두려움, 집착과 우울만이 있었다. 그곳은 어둡고 추웠으며, 움직임이 없었다. 움켜쥠과 방어로 벽을 쌓아 놓고 외부로 통하는 길을 막아 놓고 있었다.

새로운 세상은 너무나 달랐다. 거기에도 두려움과 분노, 슬픔이 있었지만, 함께 손잡아 주는 '너'가 있었기에 슬프면 목 놓아 울 수 있었고, 힘들면 '너'의 어깨에 기댈 수 있었다. '너' 속에 '나'를 볼 수 있었기에, '너'를 위해 울어 줄 수 있었고, 우리는 서로 손잡아 줄 수 있게 되었다. 이제 '나'와 '너'가 따로 떨어진 섬이 아니라, 서로 연결된 가족이고, 공동체임을 깨닫는다. 너 속에서 나는 이제 자유로워졌고, 움직이고 춤출 수 있게 되었다. 너를 통해 나는 내가 되었다. 너 속에서 모든 것이 아름답게 빛난다. 모든 것이 가깝게 느껴지고, 사랑스럽게 느껴진다. 너 속에서 모든 것이 의미 충만하게 느껴진다. 너 안에 부처가, 예수가, 하나님이 함께하고 있다.

이것은 기적이고, 신비고, 불가사의이다. 나도 모르게 저절로 너 앞에 엎드려 경배하고 싶어진다. 어떻게 해서 이 모든 것들이 가능하게 되었을까? 잔뜩 긴장한 채 두려움에 떨며, 나 자신의 껍질 속에서 나오지 못하고, 계속 주변 눈치를 보며 웅크리고 있던 가냘픈 존재였던 나에게서 어떻게 이런 놀라운 변화가 가능해졌을까? 단순히 집단이 그렇게 만들었다고 말하기에는 어딘지 설득력이 부족하다. 물론 리더가 이런 변화를 만들어 냈다는 것도 믿기 어렵다. 그렇다면 어디에서 이런 기적이 나타났을까?

위에 인용한 집단원들의 소감문을 하나하나 다시 정독해 본다. 그 속에서 답이 보인다. **존재와의 만남**이다. 그들은 모두 **존재와의 만남**에 대한 사건과 기억들을 이루 말할 수 없는 감동과 찬사와 경이로움으로 세밀하게 묘사하고 있다. **존재**를 만났을 때의 느낌을 저자들은 **환희와 엄숙, 놀라움, 반가움, 경이로움, 기쁨, 아름다움, 고마움, 소중함, 사랑스러움, 충만함, 즐거움, 자유로움, 편안함, 친밀함, 평화로움**으로 묘사하고 있다.

집단의 목적이 어디에 있는지, 사람들이 집단에서 무엇을 원하는지는 이제 분명해진 것 같다. **존재**를 만남으로서, 즉 **사람**을 만남으로서 이 모든 소중한 감정들을 접촉하고, 누리고, 자유로워짐으로써 **자기 자신**을, 그리고 **너**를 되찾기 위함이다. 이는 한 사람 한 사람이 진정성을 갖고서, 큰 용기를 내어 서로를 믿고, **프로세스**를 신뢰하며 남극의 펭귄들이 차가운 바닷물에 아무런 주저 없이 풍덩 뛰어들 듯이 용감하게 **나와 너**의 장으로 뛰어듦으로써 가능해진다.

2. 집단의 시작

게슈탈트집단은 여러 가지 방식으로 운영할 수 있다. 일주일에 1회 2~3시간씩 1년 혹은 2년 이상 지속적으로 만나는 정기집단, 1박 2일이나 2박 3일 동안 주말에 하는 단기집단, 5박 6일이나

2~3주 정도 연속해서 진행하는 집중집단 등 다양한 형태가 있다. 지금은 없어졌지만 내가 참여했던 폴스터 박사 내외분이 운영했던 미국 샌디에이고 게슈탈트치료 연구소에서는 4주 동안 연속해서 하는 교육훈련 프로그램을 제공하였었다.

집단에 참가하는 대상도 게슈탈트치료를 배우려는 수련생, 자기성장을 추구하는 직장인, 가정주부, 종교인, 학교부적응 청소년, 학교폭력 가해 및 피해자, 성폭력 피해 여성, 불안장애, 우울장애, 만성 정신분열증, 섭식장애, 성격장애 환자 등 매우 다양하다. 집단을 하는 목적도 교육수련, 자기성장, 직장적응, 심리치료, 재활치료, 예방적 개입, 심리교육 등 각기 다르다. 그래서 게슈탈트집단을 시작하는 방법에 있어서도 그 대상에 따라, 목적에 따라, 집단을 의뢰받은 기관에 따라 서로 다를 수밖에 없다. 하지만 이러한 차이들에도 불구하고 어떤 집단이든 집단시작에 있어 공통적으로 적용되는 면이 있으므로 이를 중심으로 기술하기로 한다.

집단을 시작할 때, 가장 먼저 유의해야 할 점은 안전한 분위기이다. 게슈탈트치료는 새로운 것을 탐색하고 행동실험을 하는 것을 강조한다. 하지만 이는 집단이 안전하게 느껴질 때만 가능하다. 집단 초기에는 특히 집단원들이 많이 긴장하고, 어색해하는 분위기이므로 집단원들로 하여금 집단이 안전하다는 느낌을 갖도록 매우 신경을 써야 한다. 펄스는 '**안전한 위기상황(safe emergency)**'이라는 용어를 사용했는데, 이는 안전한 환경에서 과거의 위협적인 상황과 비슷한 문제를 다루어 본다는 의미로서 집단치료에서 '**작업환경(working environment)**'을 만들어 주어야 한다는 뜻이다(Perls, 1975, pp. 13-15).

이때 가장 중요한 것은 치료자이다. 즉, 치료자가 따뜻하고, 배려심이 있어야 집단원들이 편하게 느낀다. 집단이 시작하기 전에 참여자들을 개별적으로 접촉하는 것도 도움이 된다. 집단이 시작할 때나 도중에 집단원들에게 각자 주관적으로 느끼는 안전감을 '**안전지표(safety index)**'를 사용해서 0(매우 위험하다)에서 10점(매우 안전하다)까지로 말해 보라고 하는 것도 도움이 될 수 있다. 이때 각 개인의 안전지표뿐 아니라 집단 전체의 안전지표에 주목하는 것도 필요하다. 가끔 이런 과정이 중요한 작업과제를 제공해 주기 때문이다. 즉, 개인이나 집단 전체의 안전지표가 낮게 나올 때는 그 배경을 탐색함으로써 **집단프로세스**에 대한 정보를 알 수 있기 때문이다(Feder & Ronall, 1980, p. 45).

리더가 집단원들을 위해서 처음에 음식이나 음료를 제공해 주는 것도 집단 안전도를 높이는 데 기여할 수 있다. 예컨대, 커피나 녹차, 비스킷, 과자, 과일 등을 제공하는 것이다. 음식이나 음료를 마시면서 분위기가 편해지면서 리더와 참여자들, 그리고 참여자들 상호 간에 자연스럽게 접촉을 시작할 수 있기 때문이다. 집단이 시작될 때, 각자 자기소개를 하도록 하는 것도 도움이 된다. 그리고 집단을 시작할 때, 리더가 집단원들에게 **비밀보장**과 **폭력금지**의 규칙을 이야기해 주는 것이 좋다. 즉, 집단에서 공개된 개인들의 사적인 이야기들을 집단 밖에 나가서 다른 사람들에게 말하지 않는다는 약속을 받고, 또한 집단과정에서는 물리적·언어적인 폭력을 사용해서는 안 된다는 당부를 하는 것이다(Feder & Ronall, 1980, pp. 47-48).

'안전한 위기상황' 개념은 집단이 충분히 안전해서 위험을 감수하고 담아낼 수 있어야만, 참여자들이 안심하고 작업에 뛰어들 수 있다는 뜻에서 만들어진 것이다. 하지만 참여자들은 아직 자신이 가 보지 않은 영역에 도전할 수 있어야 한다. 즉, 어느 정도 위험을 감수할 수 있어야만 한다. 이 과정에서 집단리더는 집단원들에게 충분한 지지를 해 주면서도, 개인의 **자기지지**를 육성해 주기 위해 필요한 만큼만 지지를 최소화해야 한다.

로라 펄스는 내담자에게 필요한 만큼 충분히 지지를 해 주되, 가능한 최소로 해야 한다고 말했다. 그녀는 이를 개인치료를 염두에 두고 한 말이었지만, 집단에도 똑같이 적용될 수 있다. 개인이나 집단 모두 **스스로** 자기지지를 최대한 확보하도록 기회를 제공해 주어야 한다. 프리츠 펄스가 말했듯이 치료는 항상 좌절과 만족 사이의 묘한 균형에 의해 진행되어야 한다. **비교적** 안전한 분위기에서 집단은 좌절을 경험하면서도 새로운 도전을 하게 된다(Feder & Ronall, 1980; Kitzler, 1980; Perls, 1975; Zinker, 1977).

어떤 면에서 집단은 개인치료보다 더 안전한 느낌이 있다. 프리츠 펄스는 내담자가 개인치료자에게 보다는 집단에 더 많은 신뢰를 보이는 것 같다고 했다. 무엇보다 개인치료에서는 일어날 수 없는 일이 집단에서는 일어난다. **'안전한 위기상황**(safe emergency)**'** 에서 집단원들은 자신이 화를 내거나, 섹시해지거나, 기뻐서 흥분하거나, 슬픔에 빠지더라도 세상이 무너지지 않는다는 사실을 경험한다. 집단실험을 통해 많은 개인적 체험과 성장이 일어난다. 집단원들은 모호한 지적 작업이 아니라 진정한 지지를 경험하게 되며, 기계적인 생활에서 벗어나 생생한 접촉과 삶을 경험하게 된다. **종이 인간**에서 **살아 있는** 인간으로 바뀌게 된다(Perls, 1975, pp. 13-15).

집단 안에 이미 서로 관계가 있는 사람들, 즉 **하위집단**이 형성되어 있으면 이것도 집단 안전도에 영향을 미치므로 집단이 시작될 때, 서로 아는 사람들이 있는지 말하게 해서, 기존의 미해결과제들에 대해 탐색하는 것도 도움이 된다. 때로는 집단을 시작하면서 참여자들로 하여금 집단조각을 만드는 실험을 제안하여 집단구조를 명료화시켜 보는 것도 흥미롭다. 만일 집단에 서로 불편한 관계에 있는 사람이 함께 참여했을 경우에 이들은 [자기도 모르게] 서로 떨어지거나, 얼굴을 마주 안 보는 각도로 방향을 잡아 선다. 이런 실험을 통해 이러한 관계를 언어화해서 표현하도록 해 주는 것이 좋다.

집단을 시작하면서 서로 간에 집단 시작 전에 있었던 사건이나 대기실에서의 사소한 불편, 싫어하는 사람과 외모가 비슷한 사람 등의 요인들도 감정을 건드릴 수 있기 때문에 시작하면서 다루어 주는 것도 괜찮다. 즉, 여러 가지 다양한 전이현상이 일어날 수 있으므로 미리 다루어 줌으로써 집단응집력 형성에 도움이 된다. 전이란 게슈탈트치료 관점에서 볼 때, **미분화된 융합**이라고 말할 수 있다. 즉, **알아차림**과 '**분화**(differentiation)'가 안 된 상태이다(Kitzler, 1980, p. 28). 불편한 감정을 알아차리고, 표현하고, 서로 접촉함으로써 이런 문제들은 자연스럽게 해결될 수 있다.

집단이 막상 시작되면 앞에서 언급한 리더의 여러 가지 노력과 배려에도 불구하고, 비구조화 집단의 경우 처음엔 자기개방이 쉽게 일어나지 않는 것이 보통이다. 즉, 집단이 안전한지가 확실치 않기 때문에 서로 눈치를 보며 경계하는 분위기가 강하다. 게다가 집단 경험이 많지 않거나 처음 오는 사람들의 경우에는 **어떻게** 참여해야 하는지 잘 몰라서 망설이고 지켜보는 사람들도 많다. 따라서 리더는 집단 참여방식에 대해 간단히 오리엔테이션을 하고 시작하는 것이 좋다. 예컨대, 평소에 가족이나 친한 친구들과 이야기하듯이 솔직하게, 허심탄회하게 마음속 이야기를 하면 된다고 말하는 것이다. 그리고 과거 이야기를 길게 하는 것보다는 **지금-여기의 감정**을 중심으로 간결하게 표현하는 것이 더 나은 방법이라는 것도 알려 주는 것이 필요하다.

모든 집단원들과 함께 알아차림 연습을 하면서 집단을 시작하는 것도 무척 도움이 된다. 즉, **지금-여기**에서 눈에 들어오는 사물들, 귀에 들리는 소리들, 냄새들, 입안의 맛, 다양한 신체감각들, 떠오르는 생각들, 느껴지는 감정들, 욕구들, 이미지 등을 알아차리고서 간단히 **"나는 지금 벽에 걸려 있는 시계가 보입니다." "나는 지금 바람 부는 소리가 들립니다." "나는 방 안에 커피 향이 나는 것을 알아차립니다." "나는 지금 오른쪽 어깨가 긴장된 것을 알아차립니다." "나는 지금 설레는 감정을 알아차립니다." "나는 지금 배가 고픔을 알아차립니다." "나는 지금 우리가 단체여행을 떠나는 것같은 이미지가 떠오릅니다."**와 같이 돌아가며 말하는 방식이다.

이런 연습을 하면 게슈탈트치료에서 중요시하는 알아차림에 대한 감각을 키워 주는 것과 더불어 집단시작 분위기를 편안하고 즐겁게 유도해 주는 이중효과가 있다. 청소년들이나 일반 직장인들을 대상으로 집단을 할 때는 이런 방법이 특히 효과가 있다. **그립(GRIP) 프로그램**에서는 알아차림 연습을 6단계로 세분화해서 단계적으로 훈련을 시키는데, 매 집단 시작 때마다 10~15분 정도를 할애해서 알아차림 연습을 시키면, 처음에는 좀 어색해하던 참여자들도 나중에는 무척 재미있게 참여한다(김정규, 2010a).

그립 프로그램의 **마음자세카드**나 **그립상황카드**를 사용하는 것도 집단을 시작할 때, 많은 도움이 된다. 예컨대, 마음자세카드를 집단원 모두에게 한 사람당 3~5장 정도씩 나눠 준 다음, 자기 자신에게 많이 있다고 생각되는 마음자세 1장, 앞으로 좀 더 기르고 싶은 마음자세 1장씩을 각각 골라서 자기소개에 덧붙여 발표를 하게 하면, 의미 있는 자기개방들이 이루어진다. 집단 초기에 어색하고 서먹서먹한 분위기에서 마음자세카드는 진지하게 자기개방을 할 수 있도록 유도해 주는 효과가 있다.

그림상황카드를 갖고 하는 방법도 마찬가지로 참여자들 각자에게 3~5장의 카드를 나눠 준 다음, 마음이 가는 카드 1장[혹은 불편한 감정이 느껴지는 카드 1장]씩을 골라서 각자 자신이 고른 카드를 소개하면서 자기개방을 하도록 유도하는 것이다. 이런 매체가 있으면 자기개방이 훨씬 수월해지며, 상호작용도 활발하게 이루어진다. 대학에서 한 학기 동안 학부생들을 대상으로 **집단상담실습**이라는 과목의 수업으로 진행되었던 집단에서 거의 매시간을 그림상황카드 작업으로 시작하는 실험을 했는데, 그 결과는 무척 고무적이었다. 즉, 참여자들은 그림상황카드를 토대로 처음부터 매우 활발하게 자기개방을 했으며, 그것을 갖고서 집단원들 간에 상호작용을 시켰더니 자연스럽게 집단작업이 진행되었다.

그 외에도 집단을 부드럽게 시작하는 데는 찰흙작업, 콜라주 작업, 집단그림 등의 각종 미술치료 프로그램이나 음악치료, 무용동작치료 혹은 '**어린 시절 집그림 그리기' '나무 되어 보기' '가구되어 보기' '가족 상징 그리기' '집단 환상놀이'** 등의 **그림 프로그램**을 시행하는 것도 도움이 된다(김정규, 2010a).

3. 집단의 발전단계

집단은 하나의 살아 있는 유기체로서 항상 끊임없이 변화하는 과정 중에 있다. 이는 '**미시적 과정(micro process)'** 에서나 '**거시적 과정(macro process)'** 에서 모두 관찰 가능하다. 예컨대, 미시적 측면에서 본다면, 집단도 하나의 유기체로서 개인과 마찬가지로 감각 → 알아차림 → 에너지동원 → 행동 → 접촉 → 해소[철수] 등의 순환주기를 거친다. 이는 집단 내에서 사건이 하나씩 생길 때마다 집단이 이러한 변화주기를 거친다는 의미가 된다. 거시적 측면에서 본다는 것은 집단이 이런저런 경험을 하면서 점차 변화·성장한다는 의미인데, 실제로 집단을 시작할 때와 집단이 끝날 때를 비교해 보면 집단의 상호작용 방식이나 성숙 정도에 있어서 전후가 확연히 차이나는 것을 알 수 있다.

집단원들이 상호작용을 거치고 시간이 지나면서 집단 전체의 의식수준이 점차 높아져 가는 것을 알 수 있는데, 게슈탈트치료에서 이는 주로 알아차림을 통해 일어난다고 할 수 있다. 물론 알아차림뿐 아니라 행동이 중요하다는 것은 말할 나위가 없다. 그럼에도 불구하고 알아차림을 더 부각시키는 이유는 행동의 결과가 결국 알아차림으로 이어져야 하기 때문이다. 행동이 없는 알아차림은 불완전하며, 만족스럽지도 못하다. 반대로 알아차림이 없는 행동은 '**행동화(acting out)'**

에 지나지 않는다(Zinker, 1980, pp. 57-58).

게슈탈트집단 안에서 참여자들의 행동은 서로에 대한 알아차림을 바탕으로 행해진다. 이때 각자 자기 자신에 대한 알아차림이 높아지면서 서로에 대한 지각도 더 정교해지면서 접촉을 통한 만남과 교류가 활발하게 일어난다. 이러한 과정이 반복되면서 집단 전체의 알아차림, 즉 **집단의식** 수준이 높아지면서 집단의 성숙이 일어난다. 그렇게 되면, 서로 간의 관계성이 향상되며, 집단은 문제해결 능력이 높아지고, 도움이 필요한 집단원이 생기면 그에게 든든한 지지기반이 되어 줄 수 있게 된다.

집단작업의 초기에는 집단원들은 각자 불안한 상태에 있기 때문에 리더에게 의존하려는 경향을 많이 보이지만, 리더는 집단원들의 이러한 의존적 태도를 좌절시키는 한편, 각자 자신의 행동을 스스로 책임지도록 해 주어야 한다. 집단작업이 진행되면서 집단원들 간에 갈등이 증폭되고, 다양한 **집단프로세스**가 발생하게 된다. 이때 리더는 집단원들로 하여금 그러한 프로세스를 자각하도록 도와주고, 이를 바탕으로 **집단주제**를 발견하고, 이것을 직면하여 해결하도록 이끌어 주어야 한다. 후반으로 가면서 리더는 차츰 조언자의 위치로 물러나 관망하면서 가끔 어떤 문제를 완결짓도록 도와주거나, 해결할 수 없는 문제는 그대로 받아들이도록 조언하는 등 소극적인 역할에 머문다.

징커는 집단작업의 단계는 개인작업의 단계와 같다고 보았다. 그래서 그는 집단에서 벌어지는 모든 사건은 개인의 경우와 마찬가지로 다음과 같은 단계들을 거친다고 주장한다.

① 집단철수 → ② 집단감각 → ③ 집단 알아차림 → ④ 집단 에너지동원 →
⑤ 집단활동 → ⑥ 집단접촉 → ⑦ 집단해소[해결]

집단작업의 첫 단계에서는 집단은 어떤 뚜렷한 욕구나 갈등 없이 대다수의 사람들이 철수되어 침묵을 지키고 있다. 둘째 단계에서는 집단 내에 어떤 욕구나 갈등이 생기기 시작하는데, 집단원들은 아직 이에 대해 분명히 알아차리고 있지는 않지만 무언가를 감지하기 시작한다.

셋째 단계에서는 집단원들이 집단에 일어나는 주제를 알아차리고, 이를 집단주제로 선명하게 전경으로 떠올린다. 넷째 단계에서는 이러한 주제를 해결하기 위해 집단원들은 에너지를 동원하여 집단주제에 관심을 집중시킨다. 다섯째 단계에서는 집단원들은 집단주제를 직면하고, 상호작용을 통하여 이를 해결하려고 노력한다.

여섯째 단계에서 집단원들은 서로 간에 존재했던 접촉경계혼란들을 극복하고, 서로 간의 진정성 있는 접촉을 통하여 집단주제를 해결한다. 즉, 집단원들 서로 간의 불신을 극복하고, 서로의 유기체적 욕구에 따라 자연스럽게 접촉·교류함으로써 집단주제를 해결한다.

마지막 단계에서는 집단의 주제가 해결되면서 집단원들은 만족스러운 상태로 들어간다. 즉, 서로 간에 생겼던 갈등은 해소되고, 각자의 진정한 욕구가 충족되고 해소되어 편안한 상태로 들어간다(Zinker, 1980).

집단원들은 초기에 소속감을 느끼기 위해 서로 '**의존적인 모습(dependent)**'을 보이지만, 중기로 가면서 차츰 자율에 대한 욕구가 부각되면서 '**거부적이거나 반항적인(counterdependent)**' 양상을 드러내며, 후기로 가면서는 애정과 친밀감을 충족시키기 위해 서로 효율적으로 의사소통하면서 '**상호 의존적인(interdependent)**' 분위기가 된다. 이러한 욕구는 집단이 진행되는 동안 항상 반복해서 나타나며, 아래와 같이 단계별로 진행되는 측면이 있다(Kepner, 1980, pp. 15-21).

1) 1단계: 정체성과 의존

각 집단원의 정체성은 자신이 [리더를 포함하여] 다른 집단원들에게 어떻게 보이는가, 어떻게 받아들여지는가에 따라 정해지는 면이 있다. 모든 집단원들은 집단에 올 때 세 가지의 질문을 갖는데, 첫 번째 질문은 자신의 정체성과 관련된 것이다. 즉, '**내가 이 집단에서 받아들여질 수 있을까?**' '**그렇게 되기 위해 내가 이 집단에서 어떻게 행동해야 할까?**' '**나 자신을 있는 그대로 드러내도 괜찮을까?**' '**나의 어떤 부분에 대해서는 이야기해도 괜찮고, 어떤 부분은 이야기해서는 안 될까?**'의 질문이다.

두 번째 질문은 다른 집단원들에 대한 것인데, 예컨대 '**이 집단에 나와 비슷한 사람이 있을까?**' '**이 집단에 내 이야기를 공감해 줄 사람이 있을까?**' '**다른 사람들이 나에 대해 어떻게 느끼고, 어떻게 생각할까?**'와 같은 것이고, 세 번째 질문은 집단리더와 **집단프로세스**에 대한 것이다. 즉, '**이 집단에서 우리는 뭘 해야 하지?**' '**이 집단의 목표와 규칙은 무엇이지?**' '**사람들이 나에 대해 무엇을 알게 될까? 그리고 나는 나 자신에 대해 몰랐던 무엇을 발견하게 될까?**' '**나는 이 집단에서 어떻게 받아들여질까? 판단받거나 거절당하거나, 괴롭힘을 당하거나, 혹은 있는 그대로 수용되고 보살핌을 받을 수 있을까?**'이다.

이 단계에서 리더는 먼저 신속히 자신을 포함한 집단원들 간에 상호 신뢰성 있는 관계가 형성되도록 노력해야 한다. 그러기 위해서는 집단원들이 안전하게 느낄 수 있는 경계를 설정해 주어야 한다. 즉, 집단의 목적과 과제, 리더의 역할 등에 대해 설명해 주고, 참여자들로 하여금 자신의 개인적 기대나 참가 동기, 개인정보 등에 대해 이야기할 기회를 주어야 한다.

다음으로는 **개인 간 접촉**을 장려해 주는 것이 도움이 된다. 만일 대화가 추상적으로 흐르거나 간접적인 방식으로 진행되면, 대화를 나누고 싶은 집단원에게 직접 표현하도록 유도해 주는 것이다. 그렇게 하면 집단규범을 만들어 가는 데도 도움이 된다. 즉, 게슈탈트집단에서는 **'무엇에 대해 말하기(talking about)'**보다는 **'누구에게 말하기(talking to)'**를 더 선호한다는 메시지를 전달하는 것이다. 이는 모델링에 의해서 더 잘 가르칠 수 있다. 예컨대, 리더가 어떤 집단원에게 느끼는 감정이나 욕구가 있다면 그것을 그 사람에게 직접 말하는 것이다.

하지만 아직 이 단계에서 집단원들은 모두 안전에 대해 무척 예민한 시점이므로 개인의 내면 작업을 하더라도 바로 그 개인에게 초점을 맞추기보다는 그 주제에 공감하는 사람들이 있는지 물어서 집단원들 사이에 충분한 공감대가 형성되도록 기초를 다지는 방향으로 작업하는 것이 좋다. 즉, 개인의 주제가 [초반에 깊은 개인작업을 하기는 위험할 수 있으므로] 집단 전체의 주제가 되도록 이끌어 주는 것이다. 이런 작업을 하다 보면 점차 안전하고 신뢰할 수 있는 집단 분위기가 조성된다. 집단원들은 참여자들이 서로 공통점이 많으며, 유사한 문제로 고민하고 있다는 것을 알게 되면서 좀 더 깊은 작업을 할 마음이 생기기 시작한다.

2) 2단계: 영향력과 독립 및 저항

이 단계에서 집단원들은 권위와 통제의 주제를 놓고서 독립과 저항행동을 보인다. 그들은 집단에서 벌어지고 있는 사건들에 의해 모두 영향을 받을 수밖에 없는데, 이때 집단규범으로부터 벗어나고 싶은 움직임이 일어난다. 집단규범이란 집단 안에서 암암리에 형성되어 통용되는 규칙 같은 것으로서 집단에서 어떤 행동은 용납되고, 어떤 행동은 허용되지 않는지 등에 대한 것이다. 집단원들은 종종 리더의 능력을 문제 삼거나, 리더의 권위에 저항하거나, 혹은 집단원들이 하고 있는 행동들에 대해 부정적 감정을 표현하거나, 일부러 집단과 거리를 두는 등의 행동을 통해 집단규범에 도전하는 모습을 보인다.

이런 상황에서 리더가 해야 할 일은 개인 간 차이와 다양성을 인정해 주고, 역할의 융통성을 보장해 주는 일이다. 예컨대, 집단에서 통용되고 있는 규범을 관찰하여 집단원들이 그것을 자각하도록 질문을 해 줄 수도 있다. 가령, **"이 집단에서는 다른 사람과 의견이 다르면 안 되나요?"**라고 물어 줌으로써 집단에서 무언중에 형성된 규범에 도전할 수 있도록 해 주는 것이다.[3]

---

3) 집단규범은 비밀 준수나 폭력금지 같은 것을 제외하고는 대부분 리더가 정하는 것이 아니라 집단 속에서 자연스럽게 형성되며, 따라서 집단마다 집단규범이 조금씩 다르게 나타날 수 있다. 집단규범은 명시적으로 정해진 것이 아니며, 시간이 흐르면서 은연중에 집단과정에서 만들어진다. 집단규범은 리더나 집단원들의 문제제기에 의해 언제든지 공론화되어 바뀌거나 폐지될 수 있다.

집단원들 간에 존재하는 갈등이나 의견차이 등을 밖으로 드러내서 다루어 주는 것도 필요하다. 즉, 이러한 **집단 내 갈등**은 집단에 상당한 위협이 되지만, 이들을 잘 다루어 줌으로써 융합관계에서 벗어나 독립을 해 나갈 수 있는 기회가 되기도 한다. 서로 간에 존재하는 갈등을 얼마나 관용할 수 있느냐는 집단의 응집력에 달려 있다. 리더는 종종 **집단 내 갈등**으로 인하여 과거의 미해결과제가 건드려져 힘든 감정이 올라온 개인에 집중해야 할지, 아니면 **집단 내 갈등**을 다루는 집단원들의 방식에 초점을 맞춰야 할지 고민하게 되지만, 거기에 대한 정답은 없다. 이와 관련하여 더 자세한 내용은 나중에 **집단프로세스**를 기술하면서 다루기로 한다.

역할과 사람을 구분하는 것도 중요하다. 종종 집단원들은 집단에서 요구되는 역할을 수행해야 할 때가 있다. 즉, 개인이나 집단 모두 상황에 따라 어떤 기능을 수행해야 할 때가 있다. 집단이 진행되면서 어떤 집단원은 다른 집단원보다 좀 더 사교적이거나, 책임감이 높아 이러한 기능을 더 많이 수행하기도 한다. 만약 이들이 한 발 물러나게 되면, 다른 집단원들은 은연중에 그들이 그 역할을 계속 수행할 것을 기대하기도 한다.

이런 경우 리더는 이러한 **집단프로세스**를 자각시켜 줌으로써 집단이 그들의 역할에 어떻게 영향을 주고 있는지 알아차리도록 해 줄 수 있다. 흔히 이런 역할들은 집단원들의 투사에 의해 생겨날 수 있다. 반대로 집단에 의해 희생양이 되고 있는 집단원이 있다면, 이것도 마찬가지로 집단프로세스가 작용하고 있을 수 있다. 리더는 이러한 **집단프로세스**를 짚어 줌으로써 집단원들이 자신들의 양극성을 억압하여 투사하고 있음을 알아차리도록 해 줘야 한다(Kepner, 1980, pp. 16-21).

3) 3단계: 친밀감과 상호 의존

이는 집단원들이 서로 독립적이면서도 친밀감을 느끼면서 생생한 접촉이 일어나는 단계인데, 이는 집단 초기에 집단원들이 서로 유사함을 지각하면서 안도하면서 융합적인 일체감을 느끼는 것과는 차이가 있다. 이는 서로 간의 차이를 인정하면서 갈등을 견뎌 내고 진정한 독립을 쟁취한 다음 느끼는 **진정한** 친밀감이다. 서로 다투고 난 뒤 진실된 애정과 친밀감이 찾아오는 경우가 여기에 해당한다. 이 단계에서 집단원들은 서로를 이해하고, 서로를 필요로 한다. 서로 간의 관계는 상호적이며 상보적이다. 그들은 서로의 고유성과 중요성을 인정하면서, 서로 필요한 자원을 공급해 준다.

이 단계에서 리더는 더 이상 최고의 권위자가 아니며, 단지 경험이 많은 한 사람으로 인정받는다. 이전에는 리더가 했던 역할들을 이제 집단원들이 맡아서 자율적으로 행한다. 즉, 집단차원에서 어떤 일이 일어나고 있는지 자발적으로 관찰하고, 서로 피드백해 줌으로써 집단의 파수꾼 역할을 한다. 리더에게는 필요할 때만 도움을 요청한다. 이 단계에서 집단원들은 매우 효율적으로 작업을 한다. 분리나 상실, 애도와 같은 무거운 주제라도 충분히 다루어 나갈 수 있는 힘이 있다. 이 정도의 응집력이 생기기 위해서는 최소한 1~2년의 기간이 필요하다. 단기간 만나는 집단도 이런 능력이 생길 수 있지만, 그 효력이 짧다.

이 단계에서 리더의 역할은 주로 집단의 자문역할에 머물고, 나머지는 집단원들이 자율적으로 한다. 하지만 이 단계에서 리더의 중요한 역할은 집단을 종결하고, 현실로 나가는 데 필요한 준비를 시켜 주는 것이다. 정들었던 집단원들과 작별하고, 그동안 배웠던 것들을 정리하도록 해 주어야 한다. 그리고 집단에서 해결하지 못한 미해결과제들을 인정하고 수용하도록 돕는 것도 중요하다. 이때 흔히 양극성이 발견되기도 하고, 변화의 역설을 경험하기도 한다. 모든 것이 잘 해결되지 않았어도 많은 것을 배우게 된다. 오히려 모든 문제가 해결될 수 없다는 것을 보면서 겸손과 경외감, 삶의 신비를 체험하게 된다(Kepner, 1980, pp. 16-21).

하르만은 펄스의 개인심리 발달의 5단계를 집단작업의 단계에도 그대로 적용시킬 수 있다며, 다음과 같은 집단 진행단계를 제시했다(Harman, 1989a).

맨 먼저 '**피상단계(cliche level)**'에서는 집단원들 사이의 접촉은 피상적이고, 프로그램화된 자동적 반응수준을 보인다. 흔히 집단의 초기에 집단원들의 행동은 예견 가능한 형태로 이루어진다. 점잔을 빼고 예의 바른 행동을 하는 등 **상황에 맞는** 학습된 행동을 할 뿐이다. 따라서 서로 간의 관계는 매끄럽지만 진정한 접촉은 없다.

다음 단계는 '**공포단계(phobic level)**', 혹은 '**연기단계(role playing level)**'라고 부르는데, 이 단계에서 집단원들은 역할연기를 하므로 자신의 모습은 없고, 그들이 연출하는 여러 가지 역할들만 눈에 띈다. 펄스는 가끔 이를 **합성층**이라고도 불렀다. 여기서 집단원들은 진정한 자신들이 아니라, 자신은 '**어떠어떠해야 한다.**'라는 측면을 연기할 뿐이다. 이때 그들은 장에서 서로에 대해 지지적이거나, 적대적이거나, 혹은 조용히 침묵을 지키는 등 여러 가지 행동을 하지만, 항상 타인으로부터 기대된다고 생각되는 행동을 할 뿐이다.

셋째 단계는 '**교착단계(impasse level)**'라고 부르는데, 리더가 위의 두 단계를 좌절시키고 그들의 불안을 직면시키면, 이 단계로 들어가게 된다. 집단은 막다른 골목에 도달한 느낌을 갖게 된다. 즉, 옛 행동은 더 이상 소용이 없게 되고, 새로운 행동은 아직 모르기 때문에, 어떻게 행동해야 할지 몰라 힘들어한다. 집단원들의 에너지는 고갈되고, 텅 빈 느낌이 들기도 한다.

이 단계에서 집단원들은 외부의 도움을 받기 위해 환경조종을 시도한다. 예컨대, 리더에게 의지하려 들거나, 떼를 쓰거나, 혹은 자기 마음대로 안 되면, 치료를 중단해 버리기도 한다. 이때 리더는 집단원들의 의존욕구를 지적하고 그것을 탐색하게 하든가, 혹은 집단원들로 하여금 교착상

태에 더욱 깊이 빠져들어 머물러 보도록 격려함으로써(Beisser, 1970), 스스로 교착상태를 벗어나
도록 도와주어야 한다.

이는 무척 힘든 과정이지만 꿋꿋이 견뎌 나가도록 지지해 주어야 한다. 이때 리더는 억지로 무
언가 일어나게 만들 필요는 없다. 단지 현상에 초점을 맞추어 주는 것이 그의 임무이다. 만일 한
집단원이 **"이제 치료를 그만두고 싶어요. 여기서 내가 얻을 것이 없다는 생각이 들어요."** 라고 말
한다면, 리더는 **"당신이 얻고자 하는 것이 무엇인지에 대해 지금까지 들은 적이 없습니다. 이제
까지 어떻게 그런 말을 안 하고 참아 왔는지 알고 싶군요?"** 라고 물음으로써, 그의 진정한 동기에
초점을 맞추어 줄 수 있다.

집단원들은 이런 질문을 받으면, 흔히 자신을 노출했을 때, 자기가 받아들여질지에 대한 염려
와 불안 등을 토로한다. 그렇게 되면 그러한 문제를 놓고 서로 솔직한 대화가 가능해져 비로소 문
제의 핵심에 접근할 수 있게 된다.

넷째 단계는 **'내파단계(implosive level)'** 인데, 이 단계에서는 집단원들이 많은 에너지를 경험
한다는 점에서 앞의 단계들과는 구별된다. 하지만 집단원들은 에너지를 자기 안으로 집결시키고
있기 때문에 흥분되거나 초조한 상태에 있으며, 두려움을 표현하기도 한다.

이 단계에 들어오면 교착상태를 극복하고 새로운 영역으로 탐색해 들어갈 수 있게 된다. 집단
은 많은 에너지를 갖고 있기 때문에 폭발하기 직전같이 느껴진다. 그래서 펄스(1969)는 이 단계를
'죽음의 층' 이라고 부르기도 했는데, 엄청난 에너지를 응축함으로써 마치 긴장성 마비현상이 일
어나는 것처럼 보이기도 한다.

이 단계의 후반에 오면, 집단원들은 차츰 한 사람씩 자신의 긴장을 표현하면서 그 긴장의 의미
와 방향을 탐색하기 시작한다. 그렇게 함으로써 집단 상호작용이 가능하게 되고, 차츰 서로 간에
신뢰감을 형성할 수 있게 된다.

마지막 단계는 **'폭발단계(explosive level)'** 라고 부르는데, 이 단계에서 집단원들은 웃음을 터
뜨리거나, 눈물을 흘리거나, 분노를 폭발하기도 한다. 이때 폭발의 강도는 개인마다 다르지만 집
단 전체는 하나가 되어 갈등으로부터 해방된다. 이 단계에서 에너지는 밖으로 향하고, 집단원들
은 무언가 진정한 감정을 표현했다는 기분을 느낀다. 집단원들 간에 활발한 접촉이 시도되고, 모
두 만족스러운 기분이 된다. 어떤 집단원은 그냥 만족해서 다른 집단원들의 모습을 바라보고만
있기도 한다. 집단원들은 무언가 진정한 소통을 했다는 기분을 느낀다.

이러한 각 단계에서 집단 전체는 마치 하나의 유기체처럼 앞의 단계들을 하나씩 체험할 수 있
다. 세련된 리더가 집단을 이끌면 이러한 단계들을 자연스럽게 하나씩 이행할 수 있다. 경우에 따
라서는 1, 2단계를 건너뛰고 바로 3단계로 넘어갈 수도 있다. 간혹 어느 한 집단원이 매우 공격적

이거나 혹은 아주 상태가 나빠서 집단의 에너지를 지나치게 소모하면, 집단 전체에 악영향을 미쳐서 집단이 다음 단계로 이행할 수 없다. 이런 경우 리더는 그 집단원을 개인치료로 돌려 다른 집단원들의 부담을 덜어 주는 것이 좋다.

집단원들의 수준과 경험이 각기 다르기 때문에 각자의 치료 진행속도도 서로 다르다. 따라서 리더는 어느 한 집단원이 너무 뒤처지지 않도록 신경을 써 주어야 한다. 만일 한 집단원이라도 너무 처지면 집단 전체의 프로세스에 영향을 주기 때문이다. 이러한 치료의 발전단계는 자연스럽게 진행된다. 즉, 한 단계에서 다음 단계로의 이행은 도약이 아니라 자연스러운 흐름이다.

집단원들은 이러한 흐름 속에서 자연스럽게 변화하고 성장한다. 따라서 리더가 일일이 집단원들의 행동 하나하나를 해석할 필요는 없다. 집단원들은 상호작용을 하는 과정에서 스스로 문제를 깨달아 가기 때문이다. 그리고 모든 집단원들이 항상 집단 상호작용에 활발하게 참여해야 하는 것은 아니다. 가끔 철수하고 싶은 욕구가 일어나는 것은 자연스러운 일이다. 리더는 집단원들의 이러한 철수욕구를 수용해 주어야 한다. 철수를 통해 에너지를 회복하면, 자연스럽게 다시 집단으로 돌아올 수 있기 때문이다. 다만, 어떤 할 말이 있는데도 이를 차단시키고 있는 경우는 자연스러운 철수가 아니므로 이를 자각시켜 줄 필요가 있다.

집단주제가 전경이 되면, 집단으로부터 지지를 받기 때문에 쉽게 작업이 진행될 수 있지만, 너무 개인적 문제가 전경을 차지하면, 집단으로부터 지지를 받기 힘들므로 집단이 정체상태에 빠질 위험이 있다. 하지만 때로는 어느 한 집단원이 혼자서 교착상태를 지나서 폭발층으로 나아가며 집단에 활력을 불러일으키는 경우도 있다.

집단작업을 하면서 개인 집단원들이 보이는 행동들이 때로는 변수가 된다. 예컨대, 특정 주제가 나오면 귀를 막는 집단원이 있는가 하면, 특정 개인이 전경에 나서면 예민한 반응을 보이는 집단원도 있다. 이런 현상이 발견되면, 리더는 이를 자각시켜 주고 집단원들과 함께 그 의미를 탐색해 보는 것이 좋다.

집단작업을 하다 보면 가끔 집단이나 리더에 대한 불만의 표시로 도중에 나가 버리는 사람도 있다. 이런 경우 빠진 사람은 집단의 분위기에 어떤 형태로든 영향을 미치므로 이와 관련된 미해결감정을 집단에서 다루는 것이 좋다. 이런 문제를 다루는 한 가지 방법은 빈 의자를 놓고, 나가 버린 집단원을 거기에 앉아 있다고 상상하면서, 각 집단원들이 돌아가며 빈 의자와 대화를 해 보는 것이다. 이때 흔히 집단원들은 아쉬움을 표현하거나, 혹은 분노감정이나 죄책감을 토로하기도 한다.

집단작업을 이끄는 방법에는 집단 상호작용을 하다가 어느 한 집단원의 개인적 문제가 대두되면 개인작업으로 넘어갈 수도 있고, 반대로 개인작업을 하다가 어느 정도 마무리되면 이를 **집**

단주제로 발전시켜 집단작업으로 넘어갈 수도 있다. 이런 방법을 **'이원 초점기법(dual focusing technique)'**이라고 부른다.

4. 집단의 프로세스

게슈탈트집단은 주로 프로세스 중심으로 진행된다. 즉, 어떤 문제의 내용을 놓고 토론이나 논쟁, 분석, 충고, 제안을 하는 것보다 각자에게[혹은 집단원들 사이에] 일어나는 **지금-여기**의 프로세스를 알아차려 접촉능력을 향상시키는 것을 목표로 한다. 그 과정에서 참여자들은 토론이나 분석 등 **'무엇 무엇에 대해 이야기하는(talking about)'** 방식보다는 **지금-여기**를 알아차리는 방식으로 작업한다. 이때 빈 의자 작업을 비롯한 다양한 실험이 사용될 수 있는데, 실험은 게슈탈트치료를 프로세스 중심으로 진행될 수 있게 해 주는 매우 유용한 방법이다. 이런 맥락에서 조지프 징커는 행동과 실험이 게슈탈트 집단치료의 핵심이라고 말했다(Zinker, 1977).

물론 게슈탈트치료에서 **'내용(content)'**을 전혀 다루지 않는다는 말은 아니다. 예컨대, 내담자의 스토리를 발굴해 내고, 그 속에 들어 있는 주제를 찾아내고, 배경을 탐색하는 등의 작업은 **내용**에 해당된다. 이는 게슈탈트 개인치료에서뿐 아니라 집단치료에서도 때로는 중요한 역할을 한다. 예컨대, 특정 집단원의 반복적 행동패턴의 의미를 이해하기 위해서 그의 스토리를 들어 보는 것이 도움이 된다. 하지만 한 사람 한 사람의 스토리를 듣다 보면, 점점 모두의 스토리를 들어야 하는 프로세스가 생겨나고, 그렇게 하다 보면 지금-여기의 프로세스를 무시하게 될 가능성이 높아진다. 징커(1977)는 **"내용은 무척 유혹적이어서 주의하지 않으면, 거기에 쉽게 빨려들어 가게 된다."**며, 항상 프로세스에 대해 파악하고 있어야 한다고 말한다.

전반적으로 게슈탈트집단에서는 다른 치료집단에 비해 훨씬 더 프로세스를 강조하는 경향이 있는데, 그 이유는 **지금-여기**의 알아차림 때문이다. 즉, 프로세스는 항상 지금-여기에서 일어나는 현상을 가리키는 것으로서 그것들을 관찰하여 **피드백**해 주거나, **반영**해 주거나 혹은 **직면**하게 해 줌으로써 게슈탈트치료에서 지향하는 알아차림과 접촉, 나아가서 관계성 향상에 기여하기 때문이다. 똑같은 개인의 문제를 다룬다고 하더라도 내용중심으로 다루는 것에 비해서 프로세스 중심으로 다루는 것은 그 의미와 효과적인 면에서 큰 차이가 있다.

예컨대, 어느 한 개인의 열등감이나 수치심의 주제를 다룬다고 할 때, 내용중심으로 접근한다면 지금-여기의 상황이나 맥락과 관계없이 그 개인의 과거 스토리를 듣고 나서 거기에 대해 이야기하는 수밖에 없다. 그렇게 하면 한 번에 한 사람씩밖에 다룰 수 없으므로 주어진 시간 내에

작업할 수 있는 인원이 무척 제한된다. 더 큰 문제는 그 개인의 문제를 집단원들이 직접 볼 수가 없고, 단지 그의 보고를 통해서만 알 수 있기 때문에, 그 작업이 당사자에게나 집단원들에게 얼마나 와 닿을지가 불확실하다는 것이다.

반면에 그 문제를 프로세스 중심으로 다룬다면, 그의 열등감이나 수치심의 주제가 집단상황에서 어떻게 나타나고 있는지 탐색하고, 지금-여기에서 다루어 줄 수가 있게 된다. 그렇게 되면 치료작업은 모두에게 투명하게 드러나고, 직관적으로 이해할 수 있게 된다. 또한 그 작업은 한 사람의 작업으로 그치는 것이 아니라, 집단원들 사이의 상호작용을 통해 여러 사람들이 동시에 작업을 할 수가 있게 된다.

흥미로운 점은 프로세스 중심에서는 문제[혹은 주제]의 발견이나 치료작업이 반드시 개인의 [의식적인] 제안에 의해서만 시작되는 것이 아니라, 자연스럽게[혹은 무의식적으로] 집단상황에서 수면 위로 떠오른다는 것이다. 이런 식으로 떠오른 문제는 지금-여기의 맥락과 관계없이 제기된 문제에 비해 그 파급효과가 매우 크다. 즉, 집단 상황에서 자연스럽게 나타난 문제이므로 많은 사람들이 동일시하거나 공감함으로써[혹은 그들의 미해결과제를 불러일으킴으로써] 집단이 함께 작업할 수 있는 이점이 있다.

집단에는 끊임없이 프로세스가 일어난다.[4] 심지어는 집단원들이 스토리를 이야기하고 있을 때조차도 프로세스는 항상 일어난다. 리더가[혹은 집단원들이] 그러한 순간에 내용에 집중할지, 아니면 프로세스를 다룰지는 딱히 정해진 것이라기보다는 선택의 문제이다. 집단의 프로세스에는 '개인 내 프로세스(intrapersonal process)' '개인 간 프로세스(interpersonal process)' '집단프로세스(group as a whole)'[5]의 세 차원이 있는데, 이들은 항상 동시에 일어난다. 여기서도 주어진 순간에 어느 차원을 다루어야 할지는 선택의 문제이다. 즉, 어느 차원에 개입하든 모두 의미 있는 작업을 할 수는 있겠지만, 그때그때 상황에 따라 어느 차원에 개입하는 것이 더 효과적일지 판단하여 전략적으로 개입해야 한다.

일반적으로 집단 초기에는 스토리, 즉 **내용**의 비중을 어느 정도 허용하는 것이 좋다. 집단에 처

---

4) 개인치료에서도 마찬가지로 프로세스는 끊임없이 일어난다. 즉, 내담자의 내면에 일어나는 프로세스, 치료자와 내담자 사이에 일어나는 프로세스, 그리고 두 사람을 포함하는 전체의 프로세스가 일어난다. 프로세스의 관점에서 본다면 개인치료와 집단치료의 차이는 무의미하다. 그것은 단지 양의 차이일 뿐 질적인 차이는 아니기 때문이다. 흥미로운 점은 개인의 내면도 상전과 하인을 비롯한 여러 다른 프로세스들이 존재하므로 어떤 의미에서는 개인치료도 집단의 프로세스와 유사한 면이 있다는 것이다. 부부치료에는 배우자 본인들과 그들의 부모를 포함하여 적어도 6명이 관여된다는 관점을 원용한다면, 개인치료에서도 생각보다 복잡한 프로세스가 작용한다고 할 수 있을 것이다.

5) **집단프로세스**란 '전체로서의 집단(group as a whole)', 즉 유기체로서 하나의 통합적인 전체를 이루고 있는 집단 자체의 프로세스를 일컫는 용어이다. 게슈탈트치료에서는 집단을 하나의 살아 있는 유기체로 보는 입장인데, 따라서 집단도 변화와 진화를 거치는 하나의 '과정(process)'으로 볼 수 있다는 것이다.

음 참가한 사람들을 포함하여 게슈탈트집단에 익숙하지 않은 사람들에게 바로 프로세스 중심으로 참여하라고 하면, 긴장도가 높아져 효율적인 작업이 어려워지기 때문이다. 또한 프로세스를 다루는 것도 집단 초기엔 **개인 내 프로세스**와 **개인 간 프로세스**의 비중을 높여 주고, 차츰 후기로 갈수록 **집단프로세스**를 더 많이 다루어 주는 것이 좋다. 즉, 후기로 갈수록 어느 한 개인의 프로세스보다는 집단프로세스를 중심으로 하면서 그 속에서 자연스럽게 개인의 주제들을 함께 다루어 주는 것이 더 낫다.

집단에서 동시에 일어나는 세 차원의 프로세스들 중에 어느 프로세스에 개입하는 것이 좋을지를 결정하는 것은 경험 많은 리더들에게도 결코 쉬운 일이 아니다. **개인 내 프로세스**에만 초점을 맞추다 보면 개인작업으로 흐르게 될 가능성이 높아지며, 또한 **개인 간 프로세스**를 너무 강조하다 보면, 개인의 배경이 다루어지지 않음으로써 작업의 깊이가 얕아질 수 있다. 마찬가지로 **개인 내 프로세스와 개인 간 프로세스**에만 치중하다 보면, 전체로서의 집단, 즉 **집단프로세스**를 소홀히 함으로써 집단 전체의 성숙에 차질이 생길 수가 있다. 따라서 항상 세 차원의 프로세스를 시의 적절 하게 고루 다루어 줌으로써 전체적 조화가 이루어지도록 해야 한다.

다음의 예를 통하여 이러한 다차원적 프로세스 개입의 서로 다른 효과에 대해 알아보자.

> 6명의 여성과 4명의 남성으로 구성된 집단에서 한 여성이 **"야! 신난다. 집단이 무척 재미있 겠는데! 센 여자들이 이렇게 많이 모였으니 말이야!"** 라고 외치자, 샘이라는 남자가 **"당신의 그 말을 들으니 화가 나! 내가 단지 남자라는 이유로 제외되는 느낌이 드니까 말이지!"** 라고 받아 쳤다. 그러자 맞은편에 앉은 앨리스라는 여자가 떨리는 목소리로 **"나는 당신을 제외시키고 싶 어! 나는 내 인생에서 모든 남자들을 제외시키고 싶단 말이야!"** 라고 말했다. 그러자 샘이 **"그 런데 그게 왜 하필 나야?"** 라고 따지고 들었다. 그 말을 듣자 앨리스는 샘에 대해 불편한 점들을 쭉 나열했다. 그리고 마지막으로 **"난, 네가 박력이 없어서 마음에 안 들어! 관계를 맺기 위 해 늘 나 혼자 애써야 하는 것에 이제 지쳤단 말이야!"** 라고 내뱉었다. 앨리스의 말이 끝나자 세 번째 여자가 나서더니 **"난, 이런 분위기가 정말 마음에 안 들어. 앨리스를 포함해 몇 여자들 이 남자들은 어떻게 행동해야 한다는 식으로 일방적으로 요구하는 것 같아 난 싫어!"** 라고 말 했다(Kepner, 1980, p. 15).

이와 같은 과정에서 리더는 세 차원의 어느 측면에서든 개입할 수 있다. 만일 리더가 **개인 내 프로세스**에 개입하고 싶다면, 남자들에 대한 앨리스의 분노감정을 다루어 줄 수 있겠고, **개인 간 프로세스**에 개입하고자 한다면, 앨리스와 샘의 상대방에 대한 서로 다른 지각과 의사소통패턴을 자각시켜 줄 수 있을 것이다. 또한 **집단프로세스** 차원에 개입하고자 한다면, 리더는 집단원들이 **'집단 참여자격'**에 대해 논의하고 있다는 점을 환기시켜 줄 수 있을 것이다.

이때 리더가 어느 차원에 개입하느냐에 따라 집단원들에게 주는 메시지가 각각 달라질 것이다. 즉, 개입이 이루어지는 차원을 리더가 더 중시한다는 입장이 전달될 것이다. 예컨대, 리더가 주로 **개인 내 프로세스**에 개입한다면, 집단원들은 그것을 개인작업이 더 중요하다는 메시지로 받아들여 개인작업 위주로 참여할 것이고, 만일 **개인 간 프로세스**에 더 많이 개입한다면, 집단원들은 **지금-여기**의 상호작용이 중요하다고 받아들여, 지금-여기에 더 초점을 맞출 것이다. 또한 리더가 **집단프로세스**에 자주 개입하면, 집단원들은 개인이 아니라 집단의 활동에 더 주의를 기울이게 될 것이다.

리더가 어느 차원에 개입하는 것이 좋은지에 대한 객관적인 기준은 없지만, 앞서 언급한 집단의 진행시기[초기, 중기, 후기]를 고려하는 것 외에도 집단 참여자들의 욕구를 참고하여 개입하는 것도 필요하다. 예컨대, 집단 초기에는 집단소속에 대한 욕구가 강하고, 중기나 후기로 갈수록 차츰 독립이나 친밀감의 욕구가 강해지는데, 그때그때 이러한 욕구들이 충족될 수 있도록 개입 전략을 세우는 것이 도움이 된다(Schutz, 1966). 즉, 초기에는 **개인 내 프로세스**를 많이 다루어 줌으로써 개인의 안정화에 도움을 줄 수 있고, 중기와 후기로 갈수록 **개인 간 프로세스**와 **집단프로세스**를 더 많이 다루어 줌으로써 좀 더 성숙한 대인관계 행동패턴을 강화시켜 줄 수 있다.

집단프로세스는 무척 복잡하고, 섬세한 부분이 있어 조심해서 다루어야 한다. 자칫 집단프로세스를 잘못 다루게 되면, 집단이 크게 요동칠 수 있고, 그만 방향을 상실할 수도 있기 때문이다. 또한 집단프로세스를 다룬다는 미명하에 **분석**과 **도덕적 판단**을 함으로써 집단원들에게 상처를 줄 수도 있다. 하지만 집단프로세스는 **큰 그림**에 해당하므로 이를 잘 관찰하여 개입함으로써 집단의 발전에 기여할 수 있다. 즉, 집단프로세스라는 돋보기를 사용함으로써 이전에는 보이지 않던 **숨은 그림**이 보이므로 의미 있는 개입을 할 수도 있기 때문이다. 집단프로세스의 가상적 예를 하나 들어 좀 더 자세히 살펴보기로 한다.

집단에서 A가 어떤 말을 했는데, B가 그것이 좀 지루하게 느껴졌다고 말했다. 그 말에 C가 동조하자 A는 C에게 화를 내면서 C가 자기를 미워하는 것 같다며 울음을 터뜨렸다. 그러자 D는 자신은 A의 이야기가 지루하지 않았다고 말했고, E도 A를 위로했다. 그러나 A는 울음을 그치지 않고, 계속 울면서 사람들이 모두 자기를 싫어하는 것 같다며 죽고 싶다고 말했다. 그러자 집단원들은 상황을 이렇게 만든 B와 C를 원망했고, B와 C는 죄책감을 느끼고 이후로 한동안 장에서 침묵을 지켰다.

이 사례에서 A가 B와 C의 반응을 비난으로 받아들인 것은 A의 **개인 내 프로세스**에 해당하고, A가 C에게 화를 낸 것, 그리고 D와 E가 A를 위로한 것은 **개인 간 프로세스**에 해당된다. 이어서 집단 전체가 B와 C를 원망하였고, 그 결과 B와 C가 죄책감에 빠지게 된 것은 **집단프로세스**라고 할 수 있다. 집단프로세스를 좀 더 자세히 들여다본다면, A가 상처를 받아 울자 집단원들이 A에 대해 죄책감과 더불어 동정심을 느껴서 B와 C를 희생양으로 삼았고, B와 C는 집단원들의 압력에 일시적으로 굴복했지만, A에 대한 반전된 분노감이 남아 언젠가는 A에 대한 불편한 감정을 표출할 가능성이 남아 있다고 하겠다.

이러한 상황에서 리더가[혹은 집단원들이] 어느 차원에 개입해야 할지 상당히 고민되는 대목이다. 만일 이러한 장면이 집단의 초기에 일어났다면,[6] A의 **개인 내 프로세스**에 초점을 맞춰, 그가 B와 C의 '**지루했다**'는 표현을 어떻게 받아들였는지, 즉 그 말을 어떻게 해석했는지, B와 C의 반응을 어떻게 지각했는지 등에 대해 자세히 물어서 그의 상처받은 감정을 이해하고 공감해 주는 방향으로 개입하는 것이 안전할 수 있다. 하지만 위의 상황이 집단의 중기에 벌어졌다면, 그리고 A의 행동이 상당히 반복된 패턴이었다고 한다면, **개인 간 프로세스**에 개입하는 것이 더 나을 수도 있다. 예컨대, A와 B 혹은 A와 C의 의사소통과정을 면밀히 탐색하면서 서로 간의 지각의 차이를 알아차리고, 직면하는 과정을 경험하게 해 줄 수 있을 것이다.

일반적으로 집단에서 이루어지는 대부분의 작업들은 방금 설명한 것과 같은 **개인 내 프로세스**와 **개인 간 프로세스**에 대한 것들이라고 할 수 있다. 이 부분들이 실제로 가장 많이 나타나는 작업내용이기도 하고, 또한 가장 중요한 부분이라고 할 수 있다. 사람의 몸에 비유한다면, 몸통에 해당된다고 하겠다. 하지만 **집단프로세스**를 보지 않는다면, 위에서 언급한 것처럼 무언가 매우 중요한 부분을 놓치는 결과가 초래될 수 있다. 앞의 예에서 나타난 집단프로세스를 좀 더 자세히 들여다보자.

A는 C를 [수동]공격함으로써 집단원들의 관심을 받게 되었고, 본인이 받았던 상처에서 회복될 수 있었다. 집단원들은 B와 C를 희생양으로 삼음으로써 죄책감에서 벗어날 수 있었고, **도덕적 선함**을 유지할 수 있게 되었다. 집단의 평지풍파는 해결되었고, 다시 안정을 찾았다. 못된 집단원들은 벌을 받았고, 이제 **자숙**하고 **반성**하고 있다. 모두 잘 된 것 아닌가? 무엇이 문제인가? 하지만

---

6) 집단의 초기, 중기, 후기란 상당히 유동적인 개념으로서 집단마다, 개인마다 다를 수 있다. 즉, 몇 년씩 장기적으로 이어 온 집단의 경우 1년 미만은 초기라고 할 수 있는 데 반해, 5박 6일 등의 단기집단에서는 하루내지 이틀 정도까지가 초기라고 볼 수 있다. 그리고 개인에 따라서도 다른데, 가령, '회복력(resilience)'이 강한 비교적 건강한 사람이라면 초기가 짧을 수 있는 데 반해, 아직 자아가 취약한 상태에 있는 자기애적 성향이 강한 사람이라면 초기가 길어져야 한다. 이런 개인에게는 상당 기간 동안 **개인 내 프로세스**에 초점을 맞춰서 우선적으로 안정화를 시켜 주는 것이 필요하다.

이 모든 과정을 통해서 집단원 각자가 무엇을 배웠는지 의문이다. 각자는 자신들이 지금까지 살아오면서 했던 방식으로 행동했을 뿐이고, 그 결과도 예상에서 크게 벗어나지 않았다. 즉, 아무것도 달라진 것이 없다. 자신의 **개인 내 프로세스**나 **개인 간 프로세스**에 대해 새롭게 깨달은 것이 없다.

무엇보다 중요한 문제는 이 과정을 통해 **집단프로세스** 차원에서 중요한 변화가 생길 것이라는 사실이다. 즉, 앞으로는 이 집단의 그 누구도 솔직한 자신의 감정을 드러내기 어려울 것이다. 그랬다가는 B와 C처럼 집단원들로부터 뭇매를 맞을 것이 예상되기 때문이다. 그렇게 되면 집단은 안전하지만 무미건조한 말들만 주고받는 '지루한' 분위기로 흘러갈 가능성이 높아질 것이다. 즉, 작업하는[일하는] 분위기가 사라질 것이다. 짧은 순간에 벌어진 상황이지만 무척 중요한 집단프로세스가 나타났고, 그대로 방치하면 [집단에 해로운] 방어적 프로세스들이 나타나리라는 것을 알 수 있다.

만일 집단이 어느 정도 성숙한 상태라면, 이러한 현재의 **집단프로세스**를 자각시켜 줌으로써 집단은 작업적인 분위기로 돌아설 수 있다. 예컨대, 앞의 예에서 리더가 집단원들에게 **"내가 보기엔 모두들 A가 울어 버린 데 대해 죄책감을 느끼는 것 같고, 그 책임을 B와 C에게 묻는 것처럼 보입니다."**라는 지적을 해 줌으로써, 집단원들에게 장에서 일어나고 있는 **집단프로세스**를 알아차리게 해 줄 수 있다. 그렇게 되면 아마 한 집단원이 **"그래요, 우리 집단에는 보이지 않는 규칙 같은 것이 있는 것 같아요. 누구도 자신의 솔직한 감정을 표현해서는 안 된다는 규칙 같은 것 말이에요. 나도 앞으로 이런 규칙을 위반하면 야단맞을 것 같아 말을 삼가게 돼요!"**라고 말함으로써 집단의 분위기가 **작업 모드**로 전환될지도 모른다.

만일 리더가 집단프로세스를 제때 알아차려 집단원들에게 알려 주지 못하면, 집단은 중요한 작업 기회를 놓쳐 버리게 되고, 따라서 에너지를 쓸데없는 곳에 낭비하게 되어 활기를 잃어버릴 수 있다. 리더는 이러한 집단프로세스를 잘 파악하고 있어야 하며, 상황이 허락한다면 이를 집단원들에게 자각시켜 주어야 한다. 필요하면 보조자나 혹은 집단원들 중에 한 사람을 뽑아서 관찰자 역할을 맡겨 집단프로세스를 피드백하게 하는 것도 괜찮다. 물론 집단원들이 자발적으로 집단프로세스를 알아차려 피드백한다면 더욱 좋다. 집단이 후반으로 갈수록 리더는 **'집단프로세스에 대한 코멘트(process commentary)'**를 하는 역할을 점차 집단원들이 맡도록 격려하는 것이 좋다.

집단은 마치 실제 사회와 같다. 집단 속에는 사회와 마찬가지로 경쟁과 권력투쟁이 있고, 선입견에 의한 집단분쟁이 있는가 하면, 또한 협력과 공동체 의식의 형성도 가능하다. 말하자면 집단은 사회의 축소판인 것이다. 그 속에서 집단원들은 각자 자신이 속해 있던 가족이나 사회에서의 행동을 재연할 가능성이 높다. 집단원들은 리더나 다른 집단원들을 자기도 모르게 자신의 어린 시절에 중요했던 인물로, 혹은 직장 상사나 동료들로 착각하는 경향이 있다. 이때 집단원들은 과거 자신에게 중요했던 **주제**들, 예컨대 애정결핍, 형제간의 시기질투, 버림받는 것에 대한 공포 등을 집단 내에서 반복한다.

리더는 집단원들의 그러한 행동을 직면시켜 주면서 그들이 **왜** 그렇게 행동하는지, 그러한 행동을 통해 무엇을 **얻고자** 하는지, 아니면 무엇을 **피하고자** 하는지 등을 물어 줌으로써 각자의 동기를 자각시켜 주어야 한다. 이러한 작업을 통해 집단원들은 그들의 성장과정에서 형성된 왜곡된 지각과 행동방식을 교정하는 기회를 가질 수 있게 된다. 예컨대, 한 집단원이 빠졌을 때 집단 분위기가 갑자기 조용해졌다면, 리더는 집단 전체가 그 집단원에게 너무 의존하지는 않았는지 물어봐 줄 수 있다. 그렇게 되면 집단원들은 자신들이 어떻게 그런 상황이 벌어지도록 스스로 **기여했는지**, 그리고 자신들이 그러한 행동을 통해서 무엇을 **얻으려고** 했는지, 혹은 무엇을 **피하고** 있었는지 알아차릴 수 있을 것이다(Kepner, 1980).

나의 집단에서 집단원 K는 자기에게 **"당신은 좀 깍쟁이 같아 보인다."**라고 말한 P에게 계속 화를 내면서 장의 전경으로 부상하였다. 그는 P가 아주 고약한 사람이라며, 계속 화를 냈다. 그가 계속 P를 공격하자 집단원들은 나중에 지치고 짜증이 나서, 그의 말을 더 이상 듣기 싫어했다. 하지만 갈등이 해소되지 않은 채로 남아 있었으므로 집단은 다른 작업으로 넘어갈 수도 없었다.

내가 K에게 그의 행위를 자각시켜 주면서 그가 왜 그런 행동을 하는지 물어보았더니, 그는 **"사람들이 나에 대해 나쁜 이미지를 가질까 봐 걱정이 돼서요."**라고 대답했다. 그때 나는 K에게 바로 그 말을 집단원들에게 직접 해 보라고 말했고, 그는 집단원들에게 머뭇거리면서 **"저는 여러분들이 나에 대해 나쁜 이미지를 갖는 것이 싫어요."**라고 말했다. 그러자 사람들은 다시 그에게 주의를 집중했고, 서로 대화가 되면서 장의 에너지가 다시 살아나기 시작했다.

집단이 안고 있는 문제를 창조적으로 해결할 수 있기 위해서는 집단원들은 때로는 집단에서 이야기되고 있는[혹은 논의되고 있는] **내용**을 잠시 제쳐 두고, 자신들이 그 과정에서 하고 있는 행위들, 즉 **집단프로세스**에 대해 자각할 수 있어야 한다. 만일 집단프로세스에 대해 알아차릴 수 있으면 집단의 문제, 즉 **집단주제**를 찾아낼 수 있게 되고, 그러면 집단원들은 집단주제에 에너지를 투입하여 작업함으로써 그 주제를 해결할 수 있게 된다.

여기서 **집단주제**라는 것은 집단 전체를 하나의 유기체로 볼 때, 집단이 갖고 있는 **욕구**나 **관심사**, 혹은 집단이 안고 있는 **갈등**이나 **미해결과제** 등을 뜻한다. 예를 들어, 집단에서 J라는 여성이 자기에 대한 사랑이 식어 버린 남자친구 이야기를 하면서 눈물을 흘린다고 하자. 이때 그녀의 이야기를 듣고 어떻게 해 줄 수가 없어 괴로워하는 집단원도 있을 테고, 그 남자에 대한 분노감정을 폭발시키는 집단원도 있을 것이다. 혹은 그녀를 위로하거나 열심히 현실적 해결방안들을 제시하는 집단원도 있을 수 있다.

이처럼 집단원들이 그녀의 문제를 대신 해결해 주려는 쪽에만 에너지를 쏟는다면, 이는 **내용**에만 집착하고 현재 진행되고 있는 **집단프로세스**에 대해서는 자각하지 못하는 결과가 될 것이다. 즉, 각자 그녀와 **동일시**함으로써 함께 문제에 빠져 있는 자신들의 **집단프로세스**를 알아차리지 못하는 것이다. 이때 만일 어느 한 집단원이 **"지금 우리는 모두 마치 우리 자신이 J인 것처럼 착각하고 있는 것 같습니다."**라고 말한다면, 이는 집단프로세스를 자각시켜 주는 행위로서 집단원들로 하여금 잠시 자신들의 행위를 돌아보게 해 줄 것이다.

그렇게 되면 이러한 **집단프로세스**에 대한 자각을 바탕으로 집단원들은 이 시점에 집단의 전경을 차지하고 있는 **집단주제**를 발견할 수 있을지도 모른다. 예컨대, 집단원들은 갑자기 '**버림받는데 대한 공포**'가 집단주제로서 지금까지 집단의 에너지를 독점하고 있었다는 사실을 알아차리고서는 정신을 번쩍 차릴 수도 있다. 즉, 이제까지 집단원들은 모두 자기 자신과는 관계없이 단지 J의 문제를 도와주기 위해 애쓰고 있었다고 생각했는데, 이제 보니 '**버림받는 것에 대한 공포**'가 집단원들 모두의 주제였다는 사실을 깨닫고 놀랄지도 모른다.

일단 **집단주제**가 선명하게 자각되면, 집단원들은 에너지를 동원하고, 창의적인 실험을 통해 이 문제를 해결할 수 있게 된다. 집단이 힘을 합치게 되면 개인적으로 갈등을 해결하는 것보다 훨씬 힘 있게, 훨씬 더 깊이 작업할 수 있게 된다. 앞의 예에서 리더는 모든 집단원들에게 돌아가면서 버림받는데 대한 공포에 대한 각자의 경험을 이야기하게 하고, 서로 **공감하는** 시간을 갖도록 해 주거나, 혹은 어떤 실험을 만들어 주제를 더 깊이 있게 탐색하게 해 줄 수도 있을 것이다. 예컨대, 집단원들에게 이 주제를 놓고 연상되는 과거의 장면들을 이야기하게 한 다음, 그중에서 집단의 관심을 가장 많이 끈 장면을 하나 골라서 역할극을 연출해 보는 것도 가능할 것이다.

다음은 내가 이끈 집단에서 **집단프로세스**를 다루었던 장면을 소개한 것이다.

한 집단원이 자신의 게으름과 미루는 습관에 대해 이야기를 꺼내었다. 나는 다른 사람들도 비슷한 문제가 있는지 물었고, 이는 집단원들로부터 많은 반향을 불러일으켜, 마침내 집단주제로 발전했다. 그런데 집단이 진행되면서 차츰 각자 자신의 게으름에 대한 태도에서는 개인차가 있음이 드러났다. 즉, 어떤 사람은 자신의 그런 측면을 비교적 잘 수용하는가 하면, 어떤 사람은 심한 자책을 하고 있었다. 그중에서도 자책의 정도가 매우 심한 사람이 있어 좀 더 자세히 살펴보게 되었다. 뜻밖에도 그 과정에서 그녀의 자책은 게으름의 문제에만 한정된 것이 아니라 많은 행동영역에 퍼져 있었고, 주로 완벽하지 못한 자신의 행동에 대한 질책의 성격을 띠고 있었다.

나는 그녀의 가혹한 상전에게 왜 그토록 하인에게 심하게 대하는지 물었다. 그녀는 무척 망설이면서 집단의 안전에 대해 여러 차례 확인한 다음 어린 시절 성추행을 당한 경험에 대해 털어놓았다. 그녀는 길을 묻는 남자를 충분히 의심하지 않았던 자신에 대해, 그리고 싫다고 강하게 말하지 못했던 자신에 대해, 또한 부모님께 알리지 않았던 자신에 대해, 또 아주 오래전에 있었던 문제에 대해 아직도 잊지 못하는 자신에 대해 도저히 용서하지 못하고 있었다.

상전의 질책에 대해 답을 해 보라고 하자 하인은 그 말이 다 맞는 것 같다며, 아무 반응을 못하고 고개만 푹 숙이고 있었다. 나는 그녀에게 지혜롭고 자비로운 존재[예수님, 부처님, 공자님, 성모 마리아, 천사]가 되어 아이[하인]에게 당시 왜 그렇게 행동했는지 물어보게 했다. 그러자 아이[하인]는 작은 목소리로 길을 묻는 사람이 나쁜 사람이란 생각이 들지 않아 의심하지 않았으며, 그 사람이 돌변해서 시키는 대로 하지 않으면 죽이겠다는 말에 너무 무서워서 싫단 말을 하지 못했다고 답했다. 나는 다시 자비로운 의자에 앉은 그녀로 하여금 아이[하인]에게 왜 부모님께 말하지 않았는지 물어보게 한 후, 아이가 되어 답하게 했다. 그러자 그녀는 당시 부모님이 늘 다투셨고, 힘들어하고 계셨기 때문에 말하지 못했다고 했다.

그 말을 듣고 나서 집단원들과 나는 모두 **"아, 그랬구나! 정말 힘들었겠다!"**라고 아이에게 공감과 지지를 보냈다. 나는 다시 그녀가 지혜롭고 자비로운 존재가 되어 상전에게 **"왜 저 아이[하인]에게 그렇게 가혹하게 대하니?"**라고 물어본 다음, 다시 상전이 되어 답하게 했다. 상전이 된 그녀는 갑자기 눈물을 흘리며 **"저 아이가 또 그런 일을 당할까 봐 걱정이 되어서요!"**라고 대답했다. 집단원들이 돌아가며 지혜롭고 자비로운 사람의 자리에 앉아 상전에게 아이가 그동안 얼마나 잘 살아왔는지, 얼마나 훌륭하게 자랐는지 알았으면 좋겠고, 너무 걱정하지 않아도 괜찮을 것 같다는 등의 이야기를 해 주었다. 집단원들 중에는 상전의 자리에 가 앉아서 대화를 하는 사람도 있었다. 대화는 차츰 우호적이고 수용적으로 바뀌어 갔고, 마침내 그녀는 집단원들의 따뜻한 격려와 수용을 받으며 크게 한숨을 내쉬며 안도의 눈물을 주루룩 흘렸다. 작업이 끝나고 돌아가며 그녀에게 우호적인 피드백을 했고, 그녀는 매우 밝고 환한 표정으로 돌아왔다.

집단작업의 한 국면이 끝나면, 자연스럽게 장에서 새로운 주제가 떠오른다. 즉, 집단작업에 의해 촉발된 개인의[혹은 집단 전체의] 새로운 미해결과제들이 나타나서 집단의 주목을 받게 된다. 그러면 이를 갖고서 계속 다음 작업으로 나가면 된다. 예컨대, 한 사람의 성폭력 피해 경험이 다루어지면, 다른 사람의 관련된 기억이 떠올라 자연스럽게 집단의 전경으로 떠오른다. 이런 흐름은 마치 집단이 하나의 유기체로서 스스로 생명력을 갖고서 움직이는 것처럼 보인다. 이런 과정에서 어떤 집단에서는 유난히 버림받는 주제가 많이 나타나는가 하면, 다른 집단에서는 독립에 대한 주제가 많이 떠오른다(Schoenberg & Feder, 2005).

개인차원에서 개인의 욕구가 알아차려지고, 전경으로 떠올라 다루어진 뒤 배경으로 사라지고, 또다시 새로운 욕구가 일어나서 같은 과정을 반복하면서 자신이 필요로 하는 것을 스스로 유기체적 자기조정에 의해 해결하듯이 집단도 마찬가지로 하나의 유기체로서 스스로 필요한 것을 알아차려 전경으로 떠올려 해결해 나가는 자기조정능력이 있다. 즉, 게슈탈트집단에서는 개인차원에서만 유기체적 자기조정이 일어나는 것이 아니라, 집단 자체도 하나의 유기체로서 스스로 자기에게 필요한 것을 알아차리고 접촉을 통해 해결해 나간다.

이때 집단 미해결과제[혹은 주제]를 알아차리는 것은 집단리더가 할 수도 있고, 집단원들이 스스로 할 수도 있다. 어느 경우이든 이를 알아차리고 거기에 집중해서 해결하는 것이 매우 중요하다. 만일 미해결과제가 해결되지 않은 채 집단에 계속 남아 있으면, 집단은 정체되고 더 이상 의미 있는 작업을 해 나갈 수가 없다.

알아차림을 통해 집단은 중요한 집단주제[미해결과제]를 발견하고 다루어 나갈 수 있는데, 여기에는 소통에 대한 욕구, 접촉에 대한 욕구, 자기긍정에 대한 욕구, 친밀감의 욕구, 지지와 연대의 욕구, 이별의 아쉬움을 토로하고 싶은 욕구, 재회의 기대에 대한 욕구, 만족감과 보람을 자축하고 싶은 욕구 등 실로 다양한 것들이 있다. 이들 집단주제들은 집단이 진행되면서 차츰 하나씩 단계적으로 나타난다. 물론, 이 과정에서 개인적 미해결과제들이 떠올라 **집단프로세스**에 영향을 미칠 수 있다.

예컨대, 집단에서 소외감을 느끼고 있는 집단원이 있으면, 그 개인의 미해결과제를 해소하기 전에는 집단 전체가 자연스럽게 다음 단계로 넘어가기 어렵다. 집단은 언제든지 그러한 개인의 프로세스에 영향을 받아 개인의 문제에 초점을 맞출 수 있다. 개인을 떠난 집단은 있을 수 없기 때문이다. 개인과 집단 전체는 서로 영향을 미치는 독립적인 관계에 있다고 할 수 있다.

집단에서도 개인치료에서와 마찬가지로 저항[또는 접촉] 패턴이 일어나며, 그 숫자는 집단원의 수에 비례해서 기하급수적으로 늘어날 수 있다. 만일 집단에서 **개인적 경계**를 침범하는 사건이 발생하면, 실험이나 직면을 통해 활발한 치료적 개입이 가능해지지만, 경우에 따라서는 갑자기 집단이 얼어붙거나 집단원들의 방어적 태도가 나타날 수도 있다. 이런 역설적인 현상 때문에 어떤 치료자들은 집단치료를 무척 흥미롭게 생각하지만, 어떤 치료자들은 거기에 놀라서 달아나 버린다(Schoenberg & Bud, 2005, p. 228).

이제까지 집단의 세 차원의 프로세스에 대해 자세히 알아봤다. 집단리더는 물론이고 집단 참여자들도 집단에서의 이러한 서로 다른 차원의 프로세스들에 대해 교육을 받고, 연습을 통해 익혀 둘 필요가 있다. 게슈탈트치료 전문가훈련 과정에서는 이런 교육을 매우 효과적으로 제공하는데, 그 방법을 간단히 소개하면 다음과 같다.

> 원을 두 개를 만들어 안쪽 원에 5명 내외가 들어가고, 바깥쪽 원에 7명 내외의 수련생들이 둘러앉는다. 안에 앉은 사람들이 20분가량 집단을 하는 동안 밖에 앉은 사람들은 세 차원의 프로세스들, 즉 **개인 내 프로세스, 개인 간 프로세스, 집단프로세스**에 대해 관찰하고 기록을 한다. 그런 다음 집단을 잠시 중단하고, 약 15분 동안 밖에 앉은 사람들이 기록지를 토대로 자신들이 관찰한 세 차원의 프로세스들에 대해 발표를 하고, 그에 대해 서로 토론한다. 다시 20분가량의 집단을 진행하는데, 이번에는 밖에 앉았던 토론자들 중에 한 사람이 안으로 들어가서 집단리더를 맡아서 진행한다. 이전과 동일한 과정을 한 번 더 반복한다. 즉, 안에 앉은 사람들이 집단을 진행하고, 밖에 앉은 사람들은 프로세스에 대해 관찰하고, 그 결과를 발표하고 토론한다(Woldt & Toman, 2005).

위와 같은 방식으로 연습을 하다 보면, 프로세스에 대한 개입이 주관적으로 혹은 임의로 이루어지지 않고, 비교적 객관적으로 행해질 수 있다. 이때 경험이 많은 수퍼바이저가 이러한 과정을 지도해 준다면, 교육 참여자들의 프로세스를 보는 안목이나 개입방식이 더욱 정교해질 수 있을 것이다.

5. 리더의 역할

게슈탈트집단의 리더는 집단이 구성되면 가장 먼저 **어떻게 하면** 집단 참여자들이 서로를 **자원**으로 인식하여, 서로로부터 **배울** 수 있도록 적합한 환경을 조성해 줄 수 있을까에 대한 궁리를 해봐야 한다. 다시 말해서 집단 참여자들이 자신들을 보살피면서도 **집단**을 생각하는 것, 즉 **집단원**으로 활동한다는 것의 감을 잡도록 도와주는 것이 매우 중요하다. 그렇게 되기 위해서는 리더는 앞에서 논의한 집단의 세 차원의 프로세스에 대해 적절히 균형 잡힌 개입을 해야 한다. 즉, 집단을 이끌면서 참여자 개인의 내면만 보는 것이 아니라, 그가 **다른 집단원들**과 어떻게 **관계하는지**, 그리고 **집단 전체**가 하나의 유기체로서 어떻게 기능하는지를 주의 깊게 살펴서 적기에 도움을 줘야 한다.

만일 리더가 **집단프로세스**에 대해 관찰한 것을 이야기하면, 집단원들의 행동이 달라진다. 즉, 자신의 개인행동에 대해서만 집중해 있다가 집단의 전체적 맥락을 이해하게 되며, 그렇게 되면 **집단프로세스**가 변하게 된다. 따라서 리더는 항상 예리하게 **집단프로세스**를 관찰하여, 이를 피드백해 주거나 실험을 통해 집단원들로 하여금 새로운 차원으로 나아갈 수 있도록 도와주어야 한다(Schoenberg & Feder, 2005, pp. 219-236).

게슈탈트집단에서는 집단모델에 따라 다소 차이가 있지만 대체로 리더의 역할은 로저스(C. Rogers)의 참만남집단에 비해 훨씬 적극적이다. 즉, 리더는 장에서 일어나는 일들을 모니터링하고, 집단원들 간의 접촉을 촉진시켜 주며, 필요에 따라 창의적인 실험을 만들어 집단원들의 적극적 참여를 유도하기도 한다. 따라서 게슈탈트집단의 리더는 보는 시각에 따라 상당히 권위적으로 비칠 수도 있다. 하지만 실상은 그렇지 않다. 게슈탈트 집단리더는 집단원 개개인에 대해, 그리고 장의 흐름에 대해 잘 파악하고, 문제가 발생하면 재빨리 대처할 수 있는 능력을 갖추고 있지만, 결코 권위적이지는 않다.

로저스의 참만남집단에서 리더는 표면적으로는 다른 집단원들과 동등한 위치에 서 있으면서 집단원들이 모두 평등한 자격으로 문제해결 집단이 되려고 시도하지만, 실제로는 리더가 많은 힘을 소유하고 있으므로 만일 그가 빠지게 되면 집단원들 중 한 사람이 빠지는 것과는 전혀 다른 결과를 초래한다. 또한 집단원들은 리더의 적극적인 역할을 기대하고 그의 리더십을 원하지만, 오히려 리더는 그런 역할을 인정하지 않으려는 태도를 취함으로써 서로 간의 역할인식에 불일치가 생기게 되며, 이는 **집단프로세스**에 부정적 영향을 미칠 수 있다.

반면에 게슈탈트집단에서는 리더의 적극적 역할을 처음부터 명시적으로 밝히고 시작하지만, 실제로는 집단원들과 평등한 **'나-너 관계'**를 추구함으로써 실질적인 민주주의가 이루어진다. 집단원들은 각자 자신의 책임하에 행동하고, 행동결과에 대해서도 각자가 책임진다. 치료자는 단지 집단원들 간의 접촉을 활성화시켜 주고, 집단원들이 문제를 직면하지 않고 회피하려 할 때, 이를 지적해 주는 등의 조력자 역할을 하는 것 외에는 서로 동등한 자격과 동등한 책임으로 임한다(Zinker, 1977).

게슈탈트집단에서 리더의 역할은 때로는 운동경기의 심판과 비슷하고, 때로는 탐험대의 원주민 길잡이와도 비슷하며, 때로는 집단원들과 함께 축제에 참여하여 놀기도 하는 그냥 사이좋은 친구와도 같다. 만일 집단원들이 서로 다투게 되면, 리더는 비폭력적으로 집단규범에 따라 상호작용하는 한 집단원들 스스로 문제를 해결해 나가도록 놔둔다. 하지만 한 집단원이 다른 집단원에게 자신의 신념을 강요하거나, 혹은 인신공격을 하는 등 반칙이 범해지면 호각을 불어 중재한다.

집단원들이 문제를 해결하기 위해 무척 애쓰지만 길을 잃고 헤맬 때는 리더는 길 안내자가 되어 함께 정글을 헤치고 다닌다. 하지만 그것은 어디까지나 길잡이 역할이지, 집단원들의 탐험을 대신해 주는 것은 아니다. 마침내 집단원들이 길을 찾아내 축제를 벌일 때는 리더는 자신의 역할을 완전히 잊어버리고, 집단원들과 하나가 되어 기뻐하며 함께 축제에 참여하여 어울려 논다. 집단원들은 리더를 기꺼이 자신들의 축제에 초대하기 때문에 서로 간에 인간적인 차원에서 차별이 없다.

게슈탈트 집단리더는 집단원들이 창조적으로 행동하고 변화하며 성장할 수 있도록 분위기를 마련해 주어야 한다. 이때, 리더 스스로 창의적이고 실존적인 태도를 보여 줌으로써 집단원들에게 좋은 모델이 되어 주어야 한다. 즉, 리더는 전형적인 사고틀을 벗어 버리고 실험적이고 창의적인 행동을 보여 주는 동시에 자신의 유기체적 욕구에 충실하면서 최대한 접촉적인 교류를 시도해야 한다.

게슈탈트집단에서 리더는 미리 어떤 [내용적으로] 계획된 프로그램을 갖지 않는다. 오로지 **집단 프로세스**의 발달을 추적하면서 그때그때 나타나는 주제를 **현상학적으로** 포착하고, 그것을 발전시켜 모든 집단원들이 함께 참여하여 문제를 해결할 수 있도록 도와주는 역할을 할 뿐이다. 이때 리더는 장의 흐름은 파악하고 있으면서도 인위적으로 그 흐름에 끼어들지는 않는다. 그는 오로지 집단원들이 스스로 문제를 붙들고 씨름하면서, 갈등을 통하여 해결에 이르는 과정을 인내심을 갖고 지켜본다. 만일 집단원들이 교착상태에 빠져서 자기들 힘만으로 해결하기 어려운 상황이 되면 가끔 도움의 손길을 내밀 뿐이다.

집단에서 리더는 흔히 부모나 권위자의 전이대상으로서 '**투사판(projection matrix)**'이 되기 쉽다. 그래서 종종 집단원들은 각자의 미해결과제를 리더에게 투사하고서 리더와의 사이에 갈등을 일으킨다. 이때 리더는 갈등이 지나치게 심화되기 전에 자신의 감정과 입장을 밝혀서 집단원들의 투사를 자각시켜 주는 것이 좋다. 그러나 리더가 너무 손쉽게 집단원들의 행동을 해석하거나 그들의 투사를 지적하기보다는 집단원들이 스스로 자신들의 투사를 알아차리도록 간접적으로 도와주는 것이 더 좋다(Resnick, 1990).

리더는 수시로 장에서 집단원들이 어떻게 행동하는지, 어떻게 상호 교류하는지, 어느 수준의 자각을 하고 있는지, 집단의 에너지 수준은 어느 정도인지 등을 파악해야 한다. 그래서 만일 문제가 발견되면, 그 원인을 신속히 파악하고, 적절한 대처를 해야 한다. 예컨대, 집단원들이 갈등을 피하기 위해 잡담이나 농담으로 돌려 버려 장이 피상적으로 될 위험이 보일 때, 이를 지적하여 장의 흐름을 복원시켜 놓아야 하고, 서로 간에 쌓인 부정적 감정을 리더에게 돌리고 있다고 판단되면, 집단원들의 이러한 행동을 자각시켜 주어야 한다.

또한 리더는 각 집단원들이 원래 가졌던 기대와 욕구가 어느 정도 충족되었는지 중간중간 점검해 볼 필요가 있다. 만일 집단과정에 만족하지 못하는 집단원이 있다면 그 원인이 어디에 있는지 대화를 나누어 보는 것이 필요하다. 흔히 집단에 참여하지 않고 관망하고 있는 사람들이 불만족을 느끼는 경우가 많은데, 그런 사람은 본인뿐만 아니라 **집단프로세스**에도 부정적 영향을 미치므로 리더는 이런 상황에 적극적으로 대처해야 한다.

이런 모든 것들을 리더 혼자서 다 파악하는 것이 쉽지 않으므로 보조자를 두어 도움을 받는 것도 좋다. 이때 리더와 성격이 반대인 보조자를 두면 서로 보완적인 역할을 하게 된다. 가령, 한 사람이 예민한 편이고 다른 사람은 좀 수용적일 경우, 그리고 한 사람이 추상적 사고를 하는 경향이 있고 다른 사람은 좀 현실적일 경우에는 서로 보완이 될 수 있다. 이때, 한 사람이 시각적 정보에 주의를 기울이면 다른 사람은 청각적 정보에, 그리고 한 사람이 언어적 의사전달에 신경을 쓰면 다른 사람은 비언어적 정보에 주의를 기울임으로써 서로 더 효과적으로 협력할 수 있다.

마지막으로 리더는 집단이 끝나기 전에 장에서 생긴 문제는 가급적 장에서 모두 해결하도록 하여, 집단원들이 미해결과제를 밖에까지 끌고 가지 않도록 신경 써 주어야 한다. 그리고 헤어지기 전에 집단원들에게 비밀보장의 중요성을 다시 한 번 강조해야 한다. 비밀보장은 개인치료에서도 중요하지만, 집단치료에서는 특히 더 중요하기 때문이다(Harman, 1989a).

6. 참여방식

게슈탈트 집단치료에 참여하는 사람은 자신의 내면을 직면하려는 용기가 있어야 한다. 직접 참여하지 않고 관찰만 하여도 얻는 바가 없지는 않으나, 가급적 적극적으로 참여하고 자기개방을 포함하여 타인과의 적극적인 접촉을 시도해야 더 많은 도움을 얻을 수 있다. 간혹 집단원들 중에는 자신의 문제는 심각하지 않기 때문에 참여하지 않는다고 말하는 사람들도 있으나, 대개 자기개방에 대한 두려움 때문에 그런 태도를 보이는 경우가 많다. 그러나 개중에는 자신의 문제가 무엇인지 잘 모르기 때문에 자기개방을 하지 못하는 사람들도 있다. 이런 사람들에게는 문제의식을 개발하는 것 자체가 중요한 작업이 될 수 있다.

집단에는 남녀의 비율이 적당히 혼합되는 것이 좋으며, 유경험자가 섞이면 모델효과가 생기므로 도움이 된다. 연령층이나 직업종류도 골고루 섞이면 서로 보완적인 효과가 생겨난다. 같은 과학우들이나 같은 직장의 동료들을 대상으로 집단을 할 경우에는 서로에 대한 선입견이 작용할 수 있고, 또 자기개방에 따르는 부담 등이 작용하므로 이런 점을 유의해서 집단을 구성해야 한다. 가급적 이질적인 집단을 구성하는 것이 좋으나, 불가피한 경우에는 그 집단의 특성을 고려하여 그 집단의 미해결과제나 집단주제에 초점을 맞춰 진행해야 한다.

집단치료에서 집단원들은 아무런 가치판단이나 집단규범의 압력을 받지 않고, 안전하고 보호된 분위기 속에서 각자의 욕구와 감정에 따라 자유롭게 자기 방식대로 행동할 수 있어야만 자신에게 필요한 행동을 실험해 볼 수 있다. 게슈탈트집단에서 어떻게 행동해야 하는지에 대해 따로 정해진 규칙 같은 것은 없지만, 집단원들 간의 상호작용을 활성화시키고, 알아차림과 접촉을 증진시키기 위해 리더는 다음과 같은 몇 가지 집단 참여 방식을 제안할 수 있다.

① 지금-여기에서 일어나는 것들에 초점을 맞춘다.
② 자신의 체험이나 감정에 초점을 맞춘다.
③ 이야기나 토론식보다는 대화중심이 되도록 한다.
④ 자기가 하는 말의 책임소재를 분명히 한다.
⑤ 상대편의 말을 분석하거나 해석하지 않는다.

이러한 방식을 첫 회기에 알려 주는 리더도 있고, 그때그때 상황이 발생할 때마다 알려 주는 리더들도 있다. 나의 경우는 처음에는 지금-여기에서 일어난 사건중심으로 말할 것, 체험이나 감정중심으로 말할 것, 그리고 이야기나 토론식보다는 대화중심이 되도록 하자는 정도의 이야기만 해 주고, 나머지는 상황과 필요에 따라 그때그때 말해 주는 방식으로 한다.

한편, 이와 같은 방식들을 너무 엄격히 지킬 필요는 없다. 자칫 이런 것들을 너무 강하게 요구하다 보면 오히려 집단 분위기가 경직되어 집단원의 창의적 활동을 위축시킬 수 있기 때문이다. 따라서 리더는 이러한 참여방식들을 집단원에게 긴장감을 일으키지 않는 범위 내에서 조심스럽게 전달해야 한다.

기타 집단 참여방식과 관련하여 집단원들에게 도움이 될 만한 내용을 다음과 같이 소개한다. 이를 토대로 집단 참여자들을 대상으로 미리 집단 참가 사전교육을 시행하거나, 유인물로 만들어 참여자들에게 미리 나눠 주는 것도 집단운용에 효과가 있다.

1) 말을 들을 때의 자세

① 상대편의 말을 경청한다.
② 타인의 감정에 공감해 보려는 노력을 한다.

③ 상대편의 말 이면에 흐르는 감정을 이해한다.

④ 상대편의 존재에 대해 관심과 흥미를 가진다.

⑤ 상대편의 말에 반응을 해 준다.

2) 말을 할 때의 자세

① 솔직하게 자신의 속마음을 이야기한다.

② 이야기를 길게 하지 말고, 감정 중심으로 짧게 말한다.

③ 맞는지 안 맞는지를 생각하지 말고, 솔직한 자신의 마음을 표현한다.

④ 지금-여기에 일어나는 것들을 중심으로 말한다.

⑤ 다른 사람의 행동에 대해 가치평가를 하지 않는다.

⑥ 다른 사람에게 충고나 분석을 해 주려 하지 않는다.

⑦ 너무 혼자서 이야기를 독점하지 않는다.

3) 장에서의 행동과 관련하여

① 서로 적극적인 접촉을 시도한다.

② 불편한 침묵이 오래가지 않도록 한다.

③ 어떤 행동을 하든, 하지 않든 책임은 각자 자신에게 있다.

④ 타인의 기대에 따르기보다는 자신의 진실을 알린다.

⑤ 자신의 신체감각에 대해 주의한다.

4) 지금-여기에 대하여

대화를 할 때는 과거에 일어났던 사건이나 문제에 대해 말하는 것보다, 지금-여기에서 나와 너 사이에 일어나는 생각이나 감정, 욕구, 신체감각, 지각, 상상, 메타포 등을 소재로 말하는 것이 좋다. 지금-여기에 일어나는 것이 정말 실존하는 것이며, 실존하는 것을 토대로 대화할 때, 서로 간에 활발한 접촉과 교류가 가능하기 때문이다. 지금-여기에 일어나는 현상들의 예를 들면 다음과 같다.

나는 A가 지금 좀 신중하지 못하다고 생각합니다. (생각)

나는 지금 어쩐지 기분이 좀 답답하고 화가 납니다. (감정)

나는 지금 집단 밖으로 뛰쳐나가고 싶습니다. (욕구)

지금 가슴이 두근두근하고 식은땀이 납니다. (신체감각)

오늘따라 리더의 표정이 좀 냉정하게 느껴집니다. (지각)

나는 사람들이 지금 나를 포근한 이불로 감싸 주는 것 같습니다. (상상).

지금 B가 잠자는 사자의 콧수염을 건드린 것 같아요. (메타포)

5) 충고와 분석에 대하여

충고나 분석은 종종 상대편에게 도움을 줄 목적으로 행해지지만, 이는 실제로는 사고 작업 쪽
으로 유도하기 때문에 오히려 서로 간의 접촉을 방해하는 경우가 많다.

(1) 충고의 예

집단원 C가 사춘기에 접어든 자신의 아들이 요즘 매우 반항적이어서 속이 많이 상한다고 말했
을 때, 집단원 D가 **"그럴 경우에는 가만히 내버려 두는 수밖에 없어요."**라고 말해 준다면, 이는
충고에 해당한다. 이러한 충고가 상황에 따라서, 그리고 상대에 따라서 도움이 되는 경우도 있다.
그러나 집단작업에서 이러한 충고는 쌍방관계가 아니라 일방통행식 의사전달이기 때문에 집단
원들 간의 접촉적인 교류를 방해하는 경우가 더 많다.

만일 집단원 D가 **"우리집 아이도 그래요, 전에는 안 그랬던 아이가 갑자기 달라지니 어떻게 해
야 좋을지 모르겠어요. 그래서 당신 심정을 너무 잘 공감해요."**라고 말했다면, 이는 자기개방을
포함하는 공감반응에 해당하며, 이런 반응은 두 사람 간의 접촉을 증진시켜 준다.

(2) 분석의 예

집단원 A는 장에서 말을 하고 싶어도 다른 집단원들이 자기에 대해 어떻게 생각할지 몰라 말
을 주저하게 된다는 고민을 털어놓았다. 그러자 집단원 B가 **"그것은 당신이 우리에게 잘 보이고
싶은 욕구가 너무 많아서 그런 것이라 생각해요."**라고 말했다고 하자.

이는 상당히 정확한 분석일 수도 있다. 하지만 여기서 중요한 것은 분석이 얼마나 잘 되었는
가 또는 잘못되었는가가 아니다. 문제는 분석을 하는 행위 그 자체가 두 사람의 생생한 만남을
방해한다는 점이다. 즉, B의 말을 듣는 순간 A는 자기가 정말 다른 사람에게 잘 보이고 싶은 욕

구가 많은 사람인지 생각해 보게 될 것이고, 그러한 생각을 하는 동안 B와의 접촉은 단절되게 된다.

반면에 B가 A의 말을 듣고서 **"그렇잖아도 당신이 말이 별로 없어서 궁금했는데, 목소리를 들으니 반가워요. 저도 비슷한 문제를 갖고 있기 때문에 나만 그런 것이 아니라는 생각이 들어 안심이 됩니다."**라고 말한다면 이는 분석이 아니라, A의 자기개방에 대한 반응이다. 이러한 반응은 서로 간에 접촉을 증진시켜 준다.

6) 질문의 종류들

집단상황에서 집단원들은 흔히 상대편에게 질문을 하는 것을 볼 수 있는데, 질문에는 여러 가지 종류가 있다. 어떤 종류의 질문은 서로 간의 접촉을 증진시켜 주지만, 어떤 질문들은 접촉을 단절시킨다. 따라서 질문의 내용에 따라 접촉을 단절시키는 질문은 하지 않도록 유념해야 한다. 질문에는 다음과 같은 것들이 있다.

(1) 상대편에 대한 관심에서 나온 질문

이는 상대편의 이야기를 듣고서 그 사람에 대해 더 알고 싶어져서 관심을 표명하는 질문이다. 이런 질문은 서로 간의 접촉과 교류를 활성화시키는 데 도움이 된다. 예를 들면 다음과 같은 것들이 있다.

> 그때 당신은 몇 살이었나요?
> 그 말을 듣고 기분이 어떠셨어요?
> 그래서 당신은 어떻게 하셨어요?
> 당신은 그 남자를 사랑하셨나요?
> 왜 그때 그 말을 하지 않으셨어요?

(2) 주의를 딴 데로 돌리기 위한 질문

집단에서 침묵이 흐를 때 불안해서, 혹은 자신의 문제를 회피하기 위해서 하는 질문이 있다. 이런 질문은 서로의 감정 교류와 접촉보다는 피상적이고, 가식적인 관계를 강화시킨다. 예를 들면 다음과 같은 것들이다.

왜 오늘은 출입문 쪽에 앉았는지 궁금해!

○○ 씨 옷이 참 예뻐요!

○○ 씨 표정이 좀 안 좋아 보여요.

○○ 씨 지금 왜 웃으시는지 궁금해요!

(1)에서 예로 든 질문들이라 하더라도 경우에 따라서는 여기에 해당될 수도 있다. 따라서 질문의 내용만 봐서는 안 되며 맥락에 따라 어떤 질문인지를 판단해야 한다.

(3) 개인적 관심이나 호기심을 채우기 위한 질문

서로의 관계에 대한 관심에서 나온 것이 아니라 순전히 자신의 개인적 관심이나 호기심을 채우기 위한 질문들이 있는데, 이는 서로의 접촉과 교류에 도움이 안 된다. 다음과 같은 질문이 그 예이다.

○○로 가려면 어느 도로로 가는 것이 가장 빨라요?

그 동네에서 파마를 제일 잘 하는 집이 어딘지 아세요?

요즘 새로 나온 ○○ 제품의 질이 어떤지 아세요?

(4) 기타 자기에게 관심이 쏠리는 것을 막기 위한 질문, 타인의 의중을 알아보기 위해 던지는 유도질문, 타인을 통제하기 위한 질문, 지성화 경향이 심한 지식인층들이 많이 사용하는 분석적 질문 등이 있는데, 이들은 모두 대화 당사자 간의 직접적인 접촉과 교류를 방해한다.

7) 넋두리에 대하여

사람들은 흔히 표면상으로는 서로 대화를 하는 것처럼 보이지만, 실상은 넋두리를 늘어놓고 있는 경우가 많다. 넋두리는 혼잣말이다. 즉, 타인을 자신의 이야기에 포함시키지 않으면서 자기 말만 하는 것이다. 넋두리를 하는 사람은 서로 주고받는 식의 대화를 하게 되면, 상대편이 말하는 시간만큼 자신이 손해 본다고 생각하기 때문에, 계속 발언을 독차지하는 것이다.

넋두리는 듣는 사람을 지치게 만들고, 말하는 사람 자신에게도 자기연민에 빠지게 만들어, 서로에게 도움이 되지 않으며, 허탈감과 공허감만 안겨 준다. 반면에 **대화**를 하게 되면, 서로 신이 나게 된다. 신이 나지 않으면, 그것은 **대화**가 아니다. 그런 경우는 십중팔구 한 사람이 넋두리를 하고 있고, 다른 사람은 지겨워하면서 듣고 있는 것이다. 대화를 하게 되면, 대화 당사자 간에 무언가가 왔다 갔다 한다. 서로가 서로에게 에너지를 공급하면서 흥미를 돋우고, 생기와 활력이 생기며, 신바람이 난다.

신나는 대화는 대화 당사자뿐만 아니라, 관중들까지도 그들의 이야기에 몰입하게 만든다. 인기 있는 TV 드라마가 시청자들을 끄는 비결이 바로 그것이다. 드라마에 나오는 인물들의 대화가 신나는 **대화**이기 때문에, 보는 사람들이 빨려 들어가는 것이다. 만일 연기자들이 넋두리를 늘어놓는다면 시청자는 틀림없이 금방 채널을 돌려 버릴 것이다.

사람들이 넋두리를 하는 이유는 자신의 말을 타인이 들었다는 사실을 믿지 않기 때문이다. 즉, 상대편이 자신의 말을 **정말로** 들었다는 것을 알아차리지 못하기 때문이다. 이는 다른 사람이 자기 말을 듣는 것을 별로 경험해 보지 못한 사람들에게서 자주 나타나는 현상이다. 이런 사람들은 자신의 말을 타인이 **정말로** 들을 것이라는 기대를 하지 않기 때문에 했던 말을 계속 반복한다. 리더는 이런 집단원에게 말을 잠시 중단시키고, 그가 한 말을 요약해서 들려주는 것이 필요하다.

8) 반응과 회피에 대하여

상대편이 나에게 어떤 감정을 표현하거나, 혹은 어떤 행동을 했을 때, 내가 취할 수 있는 행동은 두 가지이다. 즉, 그에 대해 반응을 하거나 회피하는 것이다. 상황에 따라서는 회피가 가장 적절한 행동일 수도 있다. 예컨대, 부정적인 반응을 보였다가 상대로부터 공격을 당할 위험이 있는 경우이다. 그러나 그렇지 않은 대부분의 경우는 반응을 하는 것이 좋다. 왜냐하면 회피는 문제를 지연시킬 뿐, 해결을 가져다주지 않기 때문이다. 또한 대화에서 한 사람이 반응을 회피하면 서로의 교류가 단절되기 때문에, 그것을 일부러 원하는 경우가 아니라면 회피는 좋은 대응방식이 아니다.

반응에는 공감반응과 표현반응이 있다. 공감반응은 상대편을 이해하고 배려하는 반응인 데 반해, 표현반응은 나의 심정과 입장을 밝히는 반응이다. 여기서 공감반응과 표현반응 둘 중에 어느 쪽이 더 낫다고 일반론적으로 말할 수는 없다. 어떤 상황에서는 공감반응이 표현반응보다, 또 어떤 상황에서는 표현반응이 공감반응보다, 또 어떤 상황에서는 둘 다 하는 것이 낫다. 표현반응에도 긍정적 표현과 부정적 표현이 있는데, 여기서도 어느 한쪽이 절대적으로 좋다고 말할 수는 없고, 말하는 사람의 욕구와 상태를 솔직히 표현하는 것이 바람직하다.

(1) 부적절한 반응의 예

"엄마! 나 여주 사는 누나가 보고 싶어!"

"네 누나가 여주로 시집간 지 몇 년이나 됐지?" (회피)

"여주 누나가 네게 용돈 잘 주니까 그렇지?" (분석)

"너도 이제 중학생이지 않니? 좀 어른스러워져라!" (충고)

(2) 적절한 반응의 예

"그래! 나도 보고 싶다." (긍정적 표현)

"나는 그년 생각만 해도 화가 치민다." (부정적 표현)

"왜 화가 치밀어요?" (관심 질문)

"그 좋은 혼처자리 다 마다하고 시할머니, 시부모 줄줄이 다 살아 있고, 지지리도 못 사는 농촌 장남한테 시집갈 게 뭐야. 내가 억울하고 원통해서 그런다!" (배경 + 부정적 표현)

"어머니 마음 이해돼요! 나도 누나가 불쌍해요." (공감)

"하지만 그래도 난 누나가 보고 싶어요." (긍정적 표현)

"너는 그럴 테지, 하지만 나는 생각도 하기 싫다." (공감 + 부정표현)

9) 나-전달법과 너-전달법

표현반응에서 '나-전달법(I-message)'을 사용하는 것이 중요하다. 나-전달법은 생각이나 감정을 표현하되, 그것들의 책임소재가 나에게 있음을 분명히 하는 형태이다. 반면에 '너-전달법(you-message)'은 상대편에 대한 나의 판단을 그것이 마치 객관적인 사실인 것처럼 말하는 것이다.

삶에 대한 가치판단에 있어서는 절대적이고 객관적인 사실 같은 것은 없다. 모든 것은 주관적일 뿐이다. 즉, 각자 자신의 욕구와 기대, 그리고 경험에 의해 모든 것을 주관적으로 평가하고 가치판단할 뿐이다. 이때 주관적인 것이라고 해서 결코 나쁜 것만은 아니다. 문제는 나의 주관적인 판단을 마치 객관적인 사실인 것처럼 주장하고, 그것으로 상대를 평가하고 판단해 버리는 데 있다.

나-전달법은 나의 생각과 감정, 욕구를 나의 주관적인 것으로 인정하면서, 이를 상대편에게 알리는 의사표현법이므로 상대에게 어떤 부담을 주지 않는다. 이는 자신의 생각이나 감정, 욕구를 상대에게 알려 주는 것일 뿐이다. 즉, 나의 마음에 대한 정보를 상대편에게 공개하는 것이다. 따라서 이는 문제의 소재를 분명히 밝힘으로써 서로 간에 불필요한 갈등을 유발시키지 않는다.

오히려 나의 문제를 공개함으로써 상대로부터 도움을 받을 수도 있다. 반대로 너-전달법은 자신의 주관적인 생각이나 가치판단을 절대화시키고, 상대편에게 그것을 강요하는 형식을 취하므로 서로 간에 갈등을 유발시킨다.

(1) 너-전달법의 예

아이가 집안에서 떠드는 것을 보고, 실직해서 집에 있는 아버지가 화가 나서 아이에게 이렇게 말한다. **"너는 애가 왜 그 모양이니? 전혀 다른 사람을 배려할 줄 몰라!"** 이러한 표현 방식은 자기 문제의 원인을 아이에게 돌려 마치 아이에게 문제가 있는 것처럼 말하는 어법이다. 이런 말을 듣는 아이는 대부분 자기에게 문제가 있는 것으로 생각하고 죄책감과 수치심에 빠지게 된다.

(2) 나-전달법의 예

위에서 아버지가 만일 아이에게 **"얘! 아버지가 지금 좀 쉬고 싶은데, 밖에 나가서 놀 수 있겠니?"** 라고 말했다면 이는 **나-전달법**에 해당한다. 이러한 표현은 문제의 소재를 명확히 밝히며, 아이에게 아버지의 현재 상태에 대한 정보를 제공해 준다.

이런 대화법은 아이에게 도움을 요청하는 형식을 취하고 있으므로 아이에게 죄책감이나 수치심을 유발하지 않으며, 아이의 자발적인 의사를 존중해 줌으로써 아이의 협조를 이끌어 내기가 쉽다. 또한 자기존중감을 발달시킴과 동시에 대화 당사자 간에 좋은 관계를 형성하게 해 준다.

제 **15** 장
게슈탈트 집단치료기법

게슈탈트 집단치료의 기법도 개인치료에서와 마찬가지로 집단원들의 알아차림과 접촉을 증진시켜 주기 위한 보조수단으로 사용된다. 리더는 상황에 따라 필요하다고 판단되면, 이 장에서 소개하는 여러 가지 기법을 응용하여 집단을 활성화시킬 수 있다. 하지만 이러한 기법은 어디까지나 보조수단이지 그 자체가 치료를 보장하는 것은 아니다.

1. 집단실험

게슈탈트 집단치료 방법론의 가장 중요한 특징은 실험의 사용이라고 할 수 있다. 게슈탈트집단에서는 단순히 언어적인 수단에만 의존하지 않고, 실험에 참가함으로써 집단원들은 직접적인 체험을 할 수 있으며, 이를 통하여 자신의 성장에 중요한 것들을 발견할 수 있다(Kim & Daniels, 2008). 집단원들은 무언가에 '**대해(about)**' 이야기만 하는 것이 아니라, 실험을 통하여 무언가를 **해 보거나 경험**하게 된다. 여기서 무언가에 대한 '**스토리(story)**'는 **현재적 사건**으로 변하게 되며, 이 과정에서 새로운 통찰이나 발견이 가능해진다.

심층심리학의 대표적 치료법이라고 할 수 있는 정신분석에서 '**행위(act)**'는 주목받지 못했으며, 오히려 체계적으로 배제되거나 경원시되었었다. 하지만 게슈탈트치료에서는 이와 달리 **행위**는 치료의 아주 중요한 요소로 간주된다. 실험에서 집단원들의 말은 단지 언어적 **개념** 수준에 머물지 않고, 신체감각, 욕구, 정서, 상상, 행위, 표현의 차원으로 확장됨으로써 **지금-여기**에서 생생하게 되살아난다.

게슈탈트치료는 알아차림을 증진시키는 것을 일차적인 목표로 삼고 있는데, 실험은 종종 이러한 목표에 도달하는 가장 효과적인 방법이다. 특히, 집단원들로 하여금 자신이 지금-여기에서 일어나는 **경험**으로부터 **어떻게 도망가는지** 알아차리도록 도와주는 데 유용하다. 또한 실험은 개인의 행동영역을 확장하고, 미해결과제를 해결하며, 양극성을 발견해 내고, 성격 내부의 갈등적 요소들 간의 통합을 가능하게 하며, 내사를 쫓아내어 재통합하고(Zinker, 1977), 표면에 머물고 있는 집단원들의 의식을 좀 더 깊이 탐색하도록 도와주기 위한 목적으로 사용될 수 있다.

예컨대, 자신의 어머니에게 향한 양가감정에 **대해** 피상적인 수준에서 이야기하기보다는, 빈 의자에 어머니가 앉아 있다고 상상하면서 어머니**에게** 직접 말해 보도록 실험을 제안함으로써 내담자로 하여금 자신의 감정을 좀 더 깊이 탐색하고 접촉하게 해 주며, 그로 인해 어떤 새로운 통찰과 발견이 가능해질 수 있다.

실험에는 다양한 종류들이 있으며, 여러 상황에서 이미 널리 사용됨으로써 정형화된 것들도 있는데, 이들은 특별히 '**기법(technique)**'이라고 부른다. 실험과 기법의 차이는 실험이 특정한 상황에서 특정한 개인에게 맞춰서 제작되는 맞춤옷이라면, 기법은 미리 만들어져 있는 정형화된 기성복과 같은 것이라고 할 수 있다. 하지만 게슈탈트 치료현장에서는 흔히 실험과 기법은 혼용되고 있는 실정이다(Kim & Daniels, 2008; Melnick & Nevis, 2005).

나의 견해로는 실험이든 기법이든 치료자가 그것들을 얼마나 창의적으로 사용하는지가 더 중요하지, 굳이 실험과 기법을 그 자체로 엄격히 구분할 필요는 없다고 본다. 즉, 자주 사용되는 정형화된 기법일지라도 그것을 개별적 상황에 맞게 치료자가 창의적으로 사용한다면 좋은 실험이라고 할 수 있을 것이고, 아무리 기발하고 신선한 아이디어일지라도 치료맥락이나 상황을 무시한 채 무리하게 적용한다면 그것은 결코 창의적 실험이라고 할 수 없다는 것이다.

치료자가 실험을 제안할 때는 실험을 시작하기에 앞서 실험에 참가할 집단원들의 에너지수준, 동기수준, 불안수준, 선택 가능한 행동의 범위, 라포형성의 정도 등에 따라 실험의 수위를 조절해서 제안해야 한다. 즉, 실험을 할 때는 [실험] 참여자의 수준에 맞춰 쉬운 것부터 시키는 것이 좋다. 가령, 빈 의자 작업을 할 때 그냥 무턱대고 빈 의자에 앉아 있는 대상에게 말을 해 보라고 하기보다는 참여자로 하여금 부담 없이 말할 수 있도록 도와줘야 한다. 예컨대, 빈 의자에 어머니가 앉아 계시는 것이 상상이 되는지, 된다면 어떤 느낌이 드는지 물어본 후, 그 느낌을 어머니에게 말해 보라는 식으로 참여자가 쉽게 할 수 있도록 제시해야 한다.

실험을 어색해하는 참여자에게 때로는 **직접적인 지시**를 해 줌으로써 참여자가 그것을 따르기만 하면 되도록 유도해 주는 것이 필요할 때가 있다. 예컨대, 아버지에게 화가 났지만 아버지에게 직접 분노표현을 하는 것이 참여자에게 무척 어려울 수 있는데, 이때 리더가 [물론 내담자의 진술을 기초로 해서] **"아버지에게 섭섭해요!" "아버지에게 정말 화가 났어요!" "아버지가 딸에게 어떻게 그렇게 말씀하실 수가 있으세요?"** 등의 문장을 말해 주면서, 그 말을 따라 하게 하는 것이다. 그렇게 해 줌으로써 실험 참여자는 부담을 덜게 되고, 지지를 받는 느낌이 들기 때문이다.

리더가 실험을 제안할 때는 자신감 있게, 그리고 구체적인 지시를 해 주는 것이 좋다. 이때 지시는 간결해야 하며, 무엇을 요구하는지 그 내용이 분명해야 한다. 그리고 참여자가 비협조적일 때는 실험의 취지를 설명해 주는 것도 협조를 얻어내는 데 도움이 된다. 가령, 빈 의자 작업을 한사코 싫어하는 참여자가 있다면, 실험을 하는 과정에서 참여자 자신이나 리더가 전혀 예상하지 못하는 경험을 할 수 있으므로 어떤 일이 일어날지 그냥 한번 해 보면 어떻겠느냐는 식으로 설득을 하는 것이 도움이 된다.

집단에서 행하는 실험은 다른 집단원들의 충분한 지지가 있을 때 효과적으로 시행할 수 있다. 만일 다른 집단원들이 충분히 이야기를 공유하지 않은 상태에서 갑자기 한 집단원에게만 실험을 제안하면, 그 집단원은 다른 집단원들이 함께 따라오며 지지를 해 준다는 느낌을 못 받기 때문에 깊은 작업에 들어가기가 어렵다. 또한 다른 집단원들도 그 실험에서 배제되어 소외감을 느낄 수도 있다. 따라서 어떤 실험을 제안할 때는 다른 집단원들도 동참할 수 있도록 전체집단의 토양을 충분히 가꿔 놓는 것이 필요하다. 예컨대, 그 집단원의 스토리를 충분히 탐색해서 다른 집단원들이 따라올 수 있게 하거나, 혹은 그들도 함께 관련된 스토리를 개방하면서 상호작용을 하도록 해주어야 한다.

집단에서 공동리더가 있을 경우, 실험을 제안한 리더가 끝까지 책임지고 그 실험을 진행하는 것이 좋다. 왜냐하면, 실험을 제안한 리더의 정확한 의도를 모른 채, 다른 리더가 함께 도중에 관여하면 자칫 작업에 혼선이 생길 수도 있기 때문이다. 심한 경우에는 서로 의견이 맞지 않아 집단원들이 보는 앞에서 갈등하는 모습을 보여 주게 되는데, 그렇게 되면 집단은 큰 혼란에 빠지게 된다. 따라서 공동리더가 있을 경우에는 사전에 잘 조율해서 실험을 해야 하며, 만일 도중에 의견이 맞지 않을 경우에는 집단원들이 없는 데서 논의를 해야 한다.

실험의 종류에는 '머무르기(staying with)' '현재화(presentification)' '추상적 진술을 구체화하기' '최소한의 진술을 확장하기' '과장하기' '투사적 대화(projective dialogues)' '반대로 하기

(reversal)' '한 바퀴 돌기(making rounds)' '메타포 사용' '언어를 행동화하기' '실연 (enactment)' '환상작업' '억제기법(suppressive techniques)' '빈의자(empty chair)' '꿈 작업 (dream work)' '집단연극' '신체동작' '집단무용' '집단그림' '집단조각' '집단연주' '노래 부르기' '숙제(home work)' 등 매우 다양한 것들이 있다.

위에서 보는 것처럼 집단실험은 여러 다른 개별기법들을 응용하여 만들 수도 있다. 특히 뒤에 따로 설명하게 될 메타포나 꿈, 역할연기, 집단연극, 비언어적 의사소통, 신체접촉, 신체동작, 집단음악, 집단그림 등을 응용함으로써 집단실험을 활성화시킬 수 있다. 집단연극을 응용한 집단실험의 예를 들면, 자책을 많이 하는 내담자의 경우 그의 내적 갈등을 법정상황으로 연출할 수 있다. 즉, 자신을 비난하는 부분과 비난받는 부분, 그리고 자신을 변호해 주는 부분 등을 각각 하나의 인물로 만들어 그들 간의 갈등을 집단원들이 함께 참여하는 법정투쟁의 장면으로 만들어 집단연극을 발전시킬 수도 있다.

이러한 집단실험은 사이코드라마와는 달리 주인공 위주로 극을 전개시키지 않고, 모든 집단원들이 자신의 입장을 극에 투영시킴으로써 각자의 문제를 동시에 다루게 된다. 즉, 집단원들은 모두 각자의 욕구에 따라 피고나 검사, 판사, 변호사, 혹은 증인의 역할을 선택하여 드라마에 능동적으로 참여함으로써 활발한 집단 상호작용이 일어나며, 각자 자신의 **개인적 프로세스**와 **집단프로세스**를 탐색할 수 있게 된다.

이때 리더는 참여자들로 하여금 극을 좀 과장해서 연기하도록 제안함으로써 집단원들의 무의식적 욕구나 갈등이 더 잘 드러나게 해 주는 것도 도움이 된다. 그리고 집단 상호작용이 어느 정도 활발히 일어났다 싶으면, 각자의 역할을 바꾸어 연기하도록 해 줌으로써 참여자 각자의 소외된 양극성 측면들을 접촉하게 해 줄 수도 있다.

이러한 작업은 흔히 집단원들의 내사된 규범과 도덕적 명령들을 발견하게 해 주고, 폭력적인 [내사된] 박해자를 가시화시켜 집단원들로 하여금 이에 대해 현실적으로 대처하게 해 줄 수 있다. 이때 내적인 박해자를 과장되게 표현시킴으로써 극적인 효과를 더욱 높일 수 있다. 그렇게 되면 집단원들은 밖으로 드러난 박해자에 대해 객관적인 시각을 가질 수 있게 되고, 리더와 집단원들의 도움을 받으면서 이러한 박해자를 밖으로 내쫓을 수 있게 된다(Clarkson, 1990).

또 다른 예로서, 장에서 집단원들이 리더에 대해 비판적인 태도를 취한다면, 리더는 집단원들에게 지금 이 상황이 그들의 과거경험 중 어떤 부분과 유사한지 물어볼 수 있다. 만일 한 집단원이 자신의 어린 시절 가족과의 관계에서 겪었던 일을 말하고, 이에 대해 다른 집단원들이 공감할 수 있다면, 리더는 지금 상황을 가족상황으로 상상하고서 이를 연극으로 연출하게 할 수도 있다.

아마 이 연극에서 리더에게는 아버지나 어머니 역할이 주어질 테고, 집단원들은 자녀가 되어

합세하여 리더를 공격할지도 모른다. 이때 각 집단원들은 각자 전형적인 자신의 행동패턴을 드러내 보일 것이고, 그렇게 되면 그것들의 의미에 대해 탐색해 볼 수 있게 될 것이다. 그렇게 되면 각자 자신이 지금껏 해 보지 못했던 새로운 행동을 실험해 봄으로써 행동의 변화를 체험할 수도 있을 것이다.

실험은 어떤 한 집단원에 의해 시작될 수도 있고, 몇몇 집단원들의 대화에서 출발할 수도 있다. 하지만 항상 지금-여기의 자료에서 시작된다. 즉, 지금-여기에 있는 현상[프로세스]들을 발견하고, 그것을 토대로 집단원들 모두가 참여할 수 있는 공동주제로 발전시켜야 한다. 이때 한편의 드라마로 연출해 내도 좋고, 비언어적 의사소통을 함으로써 서로 간에 상호작용을 시켜도 좋다. 또한 메타포나 집단환상, 혹은 집단조각을 사용할 수도 있을 것이다. 어떻게 하든 집단원들 모두가 함께 참여하는 상호작용을 할 수 있는 장이 되면 그것으로 충분하다.

물론 실험으로 만들지 않고서도 얼마든지 의미 있는 집단 상호작용을 할 수 있다. 다만 좋은 실험을 만들었을 경우에 집단원들의 흥미를 유발하여 에너지 수준을 높일 수 있고, 따라서 그들을 능동적으로 장으로 끌어들일 수 있게 된다. 실험을 만들 때는 먼저 집단원들이 처해 있는 집단의 현재 상황을 정리하여 기술하는 절차가 있어야 하고, 이어서 현재 상황과 행하고자 하는 실험의 관련성을 집단원들에게 납득시켜야 한다. 그리고 나서는 집단원들이 모두 합심하여 실험을 통한 문제해결에 몰입해야 한다. 실험의 절정에 달하면 집단원들은 새로운 알아차림과 함께 문제를 통찰하고 해결하게 된다. 이때 그들은 새로운 체험을 통해 커다란 성취감을 맛본다.

나의 한 집단에서 [한 집단원이 사소한 문제로 다른 집단원에게 불만을 말하는 것을 발단으로 해서] 집단원들은 서로 간에, 그리고 리더에 대해서도 심한 불신적 태도를 보였다. 장은 계속 공전되었고 모두들 지치고 힘들어했지만, 분위기가 달라질 기색은 잘 보이지 않았다. 나는 이 상황을 '불신이 집단을 지배하는 상황'으로 지각한다고 말했더니, 대부분의 집단원들이 공감했다. 그래서 하나의 실험을 생각해 내고 집단원들에게 다음과 같이 말했다.

"우리 모두 잠시 눈을 감고 마음을 좀 가라앉히도록 합시다. 지금 우리 집단의 분위기는 서로에 대해 불신하고 원망하는 분위기가 지배하고 있습니다. 지금의 이러한 불신상황을 초래하는데, 각자 자신이 어떻게 기여했는지에 대해 잠시 생각해 보는 시간을 갖기로 하겠습니다."

5분 정도 시간이 흐른 다음에 나는 다시 말을 이었다.

"그러면 각자 생각한 것을 간단히 돌아가며 말하도록 하겠습니다. 그런데 각자 자기 자신을 고발하는 형식을 취해 주십시오."라고 말하고서, 나부터 먼저 시작했다. 곧 뒤이어 모든 집단원들이 실험에 참여했고, 집단원들은 매우 진지하게 자신들의 태도를 반성하고 자기를 고발

434

했다. 집단원들이 한 말을 간단히 소개하면 다음과 같다.

"나는 리더를 불신했습니다. 나의 불신은 장에 참여하기 싫은 마음으로 나타났고, 이는 다른 사람들에게도 나쁜 영향을 미쳤습니다."

"나는 아무개에게 선입견을 갖고 대했습니다. 그래서 그의 말을 왜곡해서 들었고, 비판적인 태도를 취했기 때문에 집단의 불신감을 조장하는 데 한몫을 했습니다."

"나는 내 자신을 직면하는 것이 두려워서 타인을 비난하는 게임을 했고, 그 결과 집단 분위기를 불신적으로 만드는 데 일조했습니다."

집단원들은 이 실험을 통해 각자 자신의 행동에 대해 성찰하는 분위기가 되었고, 마침내 서로를 불신하고 비난하는 분위기가 사라졌다. 따라서 다음 장부터는 매우 협조적인 분위기로 바뀌어 생산적인 작업을 할 수 있었다. 이러한 **자기고발**이 효과가 있었던 것은 **집단프로세스**를 자각하고 그것을 주제로 삼은 실험이 주효했기 때문이었다.

이러한 자기고발이 얼른 보아 자기질책과 비슷한 것 같고, 따라서 병적인 자기비난과 유사하지 않은가 생각할 수도 있을 것이다. 하지만 이 실험에서의 자기고발은 병적인 자기비난과는 명백히 구별된다. 왜냐하면 자기비난은 **무의식적**이고 **지속적인** 프로세스인데 반하여, 이 실험에서의 자기고발은 **의식적**이고 **상황적**인 행동이었으며, 또한 무의식적 **집단프로세스**를 알아차리는 행위였다.

집단작업을 하는 도중에 다음과 같은 상황이 발생하면 실험을 만들어 집단원 전체가 함께 작업을 해 보는 것이 좋다.

① 집단의 의사소통이 명확하지 않을 때
② 집단이 피상적인 수준에 머무르고 있을 때
③ 집단이 혼란상태에 빠졌을 때
④ 집단원들 사이에 갈등이 있을 때
⑤ 집단 내에 표현되지 않은 분노감이 있을 때
⑥ 집단의 공동주제가 발견되었을 때
⑦ 집단의 에너지가 한 방향으로 흐르지 않을 때

이때 집단실험은 집단원들에게 대체로 다음과 같은 작용을 한다.

① 집단상황의 모호한 성격을 명료화시키고, 집단원들로 하여금 모두 함께 문제해결에 참여할 수 있는 기회를 제공해 준다.

② 집단원들로 하여금 치료작업에 흥미를 갖고, 자발적으로 집단에 참여하도록 유도해 준다.

③ 집단원들 간의 적극적인 상호작용을 통해 지적인 분석 작업에서 생길 수 있는 지루함과 편파성을 극복하게 해 준다.

④ 문제를 단지 지적 수준에서만 다루는 것이 아니라, 타인과의 관계를 탐색하고 실험해 보게 해서 체험을 확장시켜 준다(Harman, 1989a).

위의 상황이 발생하면 리더는 우선 집단이 처한 상황에 대해 집단원들이 모두 비슷하게 지각하는지 여부를 확인해야 한다. 만일 소수의 사람들만이 그렇게 지각한다면, 그때는 그것이 그들의 **개인프로세스**와 관계있는 것이 아닌지 살펴본 다음, 그 개인에게 초점을 맞춰 작업을 해야 한다. 하지만 대다수의 집단원들이 그 상황에 대해 비슷하게 느낀다면, 그 상황을 타개하려는 집단원들의 의지를 집결시킨 다음, 실험을 창안해서 집단작업으로 들어가야 한다.

이때 리더가 모든 책임을 다 떠맡을 필요는 없다. 리더는 결정적인 순간에 방향을 잡아 주거나, 혹은 물꼬를 터 주는 역할만 하면 된다. 말하자면 리더는 배의 키잡이 역할을 하는 것이다. 때로는 집단원들의 작업을 지켜보다가 문제가 생기면 잠깐씩 개입했다가 다시 나와야 한다. 특별한 상황이 발생하지 않으면, 오히려 리더가 다른 참여자들처럼 자기개방도 하면서 자연스럽게 집단원들 속에 묻혀 함께 참여하는 것이 좋다. 그럴 경우 집단원들은 리더의 행동에 영향을 받아 집단에 편하게 참여할 수 있게 된다. 무엇보다 리더에 대해 덜 의존하게 된다.

실험에서 집단원들은 자신들이 지금까지 경험한 사회를 [자기도 모르게] 재구성할 뿐 아니라, 이제까지 한 번도 경험해 보지 못한 새 세상을 체험하기도 한다. 예컨대, 처음엔 권위자인 [종종 나이도 더 많은] 리더와 편하게 대화를 하지 못하다가, 차츰 마음이 놓이면서 편하게 속마음을 터놓는 경험을 하게 된다. 이런 경험은 그들에게 큰 감동으로 다가오며, 자신감과 성취감을 가져다준다. 실험이 성공하면 집단 모두가 하나가 되는 신선하고 놀라운 체험을 하게 된다. 이때 그들은 '**공동체 감정**'[1]을 경험하게 되고, 자유와 해방감을 맛보게 된다.

실험이 끝난 뒤에 체험한 것들을 나누는 과정에서는 인지적 통합작업이 필요하다. 즉, 각자 자신이 경험한 것들의 의미를 좀 더 정교한 논리적 언어로 다듬어서 정리하고 토론하는 과정이다.

---

1) 아들러가 사용했던 용어로서 그는 개인의 심리적 문제는 열등의식에서 비롯하는데, '공동체 감정(Gemeinschaftsgefühl)'을 경험하면서 그것을 극복하게 된다고 하였다.

이는 경험을 대신하는 것이 아니라, 경험한 것들을 **'안착시키는(anchoring)'** 작업이라고 할 수 있다. 이러한 작업은 한 번으로 충분하지 않고, 여러 번 반복해서 하나의 통합된 프로세스가 되도록 해 주는 것이 필요하다(Schoenberg & Feder, 2005).

2. 메타포 기법

메타포(은유)는 집단치료에서 아주 유용한 도구이다. 메타포를 사용함으로써 개인이나 집단이 처한 상황을 잘 파악할 수 있을 뿐만 아니라, 집단원들의 흥미와 에너지를 불러일으켜 개인이나 집단이 갖고 있는 문제를 효과적으로 해결할 수 있기 때문이다.

메타포는 기존의 개념적 이해에 **'직관(Anschauung)'**을 부여해 주며, 또한 복잡한 사태에 대해 단순하고 통합적인 이해를 가져다주는 독특한 이해방식이다. 칸트는 직관 없는 개념은 공허하고, 개념 없는 직관은 맹목적이라고 했다. 이때 직관이란 어떤 것을 시각적으로 바라봄으로써 아는 것을 뜻한다.

만일 수학에서처럼 A와 B의 두 개념에 대해 어떤 구체적인 내용도 없이 그냥 A=B라고만 말한다면, 이는 직관이 결여되어 있으므로 그 내용에 대해 아무것도 알 수 없어 공허한 느낌이 든다. 반면에 책상이라는 개념은 구체적 사물들에 대한 직관을 내포하고 있기 때문에 공허하게 느껴지지 않는다. 즉, 우리는 책상이라는 개념을 대하면 그것을 개념적으로만 이해하는 것이 아니라 구체적인 모습을 머릿속에 그릴 수 있기 때문에 공허한 느낌이 들지 않는 것이다.

하지만 책상이라는 상위 개념이 없이 그냥 여러 모양을 가진 낱낱의 책상들만을 대한다면, 즉 개념 없이 직관만 있다면 우리는 맹목적인 태도를 갖게 되어 그것들에 대한 어떠한 체계적인 지식도 얻지 못하게 될 것이다. 따라서 우리가 대상들에 대해 구체적으로 경험할 수 있으면서도, 동시에 그것들에 대한 체계적인 지식을 수립할 수 있기 위해서는 직관과 개념이 함께 주어져야 한다.

이때 지나치게 추상적인 상위 개념을 따라 올라가면 직관이 결여되기 쉽고, 또 지나치게 구체적인 사물의 인상에만 의존하면 맹목적인 태도를 갖게 되어 통합적인 이해가 결여된다. 따라서 우리가 대상에 대해 직관과 개념적인 통합적 인식을 동시에 갖출 때 가장 이상적이라고 하겠다. 그런데 정신분석치료나 인지행동치료에서는 지나치게 추상적인 상위 개념들을 많이 사용함으로써 내담자에게 자신들이 갖고 있는 문제에 대한 직관을 제공해 주지 못하여 공허한 느낌을 주는 경우가 많으며, 반대로 순간순간의 감정의 흐름을 위주로 진행하는 T-그룹 등은 전체적인 집단 프로세스에 대한 개념적 이해를 무시함으로써 맹목적으로 흐르는 경우가 있다.

메타포는 복잡한 상태나 상황에 직관을 부여하면서도 동시에 포괄적인 개념을 제공해 줌으로써 집단원들에게 그들이 처한 상황에 대해 명료하고 통합적인 이해를 가능하게 해 준다. 즉, 메타포는 모든 집단원들에게 공통적으로 존재하는 경험을 근거로 하면서, 이를 통합적인 그림으로 만들어 냄으로써 직관적이면서도 통합적인 이해를 가능하게 해 준다(Thomä & Kächele, 1989, pp. 303-322).

집단에서 메타포를 사용할 때 주의할 점은 집단이 공유하지 않는 다분히 개인적인 경험을 메타포로 표현해서는 안 된다는 점이다. 때로는 집단원들 중에는 상황에 관계없이 습관적으로 메타포를 자주 사용하는 사람들도 있는데, 그러한 언어 습관은 많은 집단원들의 공감을 얻지 못하고 오히려 집단 의사소통을 방해하는 경우가 있다. 따라서 집단에서 메타포를 사용할 때는 집단 내에서 어떤 상황이 충분히 진행되고 난 뒤, 집단 전체가 공유하는 체험을 바탕으로 해서 그것을 요약하고 정리하는 목적으로 메타포를 사용하도록 안내해야 한다.

신선한 메타포의 사용은 집단원들이 서로를 지각하는 데 있어 새로운 관점을 갖도록 해 준다. 예컨대, 많은 사람들이 막연히 느끼고는 있었지만 언어화하지 못하고 있는 순간에 신선한 메타포를 찾아냄으로써 집단의 시각을 일신시켜 줄 수 있다. 하지만 신선한 메타포를 얻기 위해서는 집단원들이 각자 자기의 고정된 시각이나 개인적 미해결과제로부터 벗어나 있어야 한다. 개인적 문제에 붙들려 있으면 상황을 보는 시각이 좁아지고, 따라서 신선하고 창조적인 메타포를 떠올릴 수 없다. 자신의 문제에서 비교적 자유로워져야 비로소 상황을 있는 그대로 객관적으로 볼 수 있고, 그래야만 다른 집단원들로부터도 공감받을 수 있는 메타포를 생각해낼 수 있다.

메타포의 진정한 치료적 효용은 각 집단원들의 다양한 관점과 경험을 하나의 상징으로 묶어 냄으로써 집단 전체의 주의를 한 군데에 집중시켜 주며, 그 결과 제각기 흩어져 있던 집단원들의 의식을 통일시켜 함께 공동작업을 해 나갈 수 있는 발판을 마련해 준다는 데 있다. 예컨대, 장이 무르익어 가는 장면에서 한 집단원이 자신은 지금 집단 분위기가 마치 어릴 때 가족이 함께 모여 오손도손 정답게 이야기할 때처럼 느껴진다고 말한다면, 가족이라는 말은 하나의 메타포로서 집단의 현재 분위기를 잘 반영해 주며 집단원들의 주의를 집중시켜 주는 기능을 한다.

여기서 가족이라는 메타포는 많은 집단원들의 공감을 얻을 수 있는 것이고, 따라서 집단원들의 흥미를 유발하여 그들이 처한 상황을 함께 탐색할 수 있게 해 준다. 이때 가족이라는 메타포는 집단 전체가 공유하는 경험들을 토대로 하면서도 동시에 각 집단들의 개인적인 관점과 경험들 모두 수용할 수 있기 때문에 집단 상호작용을 위한 풍부한 자료를 제공해 준다. 메타포를 사용한 집단작업의 가상적인 예를 하나 생각해 보면 다음과 같다.

가족 메타포가 나왔을 때, A는 B가 마치 누이처럼 느껴진다는 개인적 감정을 표현했다. 그러자 B가 웃으며 자기도 A가 오빠처럼 느껴진다며 A에게 다가가서 포옹을 했고, 다른 집단원들은 이 광경을 흐뭇하게 지켜보고 있었다.

잠시 후 C가 자기는 리더가 마치 인자한 아버지처럼 느껴지며, 집단원들이 가족처럼 느껴진다고 말했다. 이제 집단은 매우 화기애애한 분위기가 되었다. 그런데 D가 아까부터 어두운 표정으로 앉아 있는 것을 발견한 A가 D에게 관심을 표명하자 집단 전체의 시선이 그에게 쏠렸다.

이윽고 D는 얼마 전에 죽은 형에 대한 그리움을 토로하면서 울음을 터뜨렸다. 집단은 모두 그의 슬픔에 공감하면서 그를 위로했다. D는 얼굴이 밝아지면서 집단원들을 한 사람씩 정답게 쳐다보면서, 이제 여러분이 나의 형제처럼 느껴져 앞으로 덜 외로울 것 같다고 말했다. 이 말을 들은 집단원들의 얼굴은 다시 밝아지면서 장은 따뜻한 분위기가 되었다.

이와 같은 사례에서 가족이라는 메타포는 집단의 현재 분위기를 잘 포괄하면서도, 동시에 각자가 느끼는 다양한 감정을 모두 포용했다. 나아가서 D의 미해결감정을 촉발시키는 촉매역할까지 해 줌으로써 메타포는 그 치료적 가치를 십분 발휘했다. D의 개인적 미해결감정은 집단 전체의 관심과 지지를 받음으로써 집단 내에서 해소될 수 있었고, 마침내 출발점이었던 가족이라는 메타포로 다시 돌아와 완결될 수 있었다.

이처럼 적절한 순간에 적당한 메타포의 등장은 장을 활성화시켜 주고, 장을 프로세스적으로 이끌어 주며, 또한 훌륭한 매듭을 지어 주는 효과가 있다. 메타포는 집단프로세스를 파악하는 데도 좋은 기능을 하지만, 메타포를 토대로 하여 실험이나 집단연극을 만듦으로써 집단의 문제를 해결하는 데도 도움을 줄 수 있다.

3. 집단 꿈 작업

한 개인의 꿈 작업을 계기로 해서 집단원들 전체가 함께 참여하는 꿈 작업을 할 수도 있다. 한 집단원이 자신의 꿈에 대해 보고하면 이를 개인적 차원에서 작업한 다음, 다시 집단차원에서 그 꿈을 놓고 모든 집단원들이 다 참여하는 집단작업을 할 수 있다. 이러한 작업이 가능한 것은 모든 인간이 공통적인 원형적 주제를 갖고 있기 때문이다. 구체적인 작업방법은 한 개인에 대한 꿈 작업이 대략 마무리가 되면, 집단원들에게 그 꿈의 부분들에 대해 각자 마음에 끌리는 부분을 선택하게 하여 그 역을 연기하도록 하면 된다. 징커가 했던 집단 꿈 작업의 예를 하나 들면 다음과 같다.

한 남자 집단원이 꿈에 어머니가 자기에게로 걸어오는 것을 보고 있는데 가슴이 답답해져 오는 것을 느꼈다고 이야기하자, 여기에 대해 한 40대 남자 집단원이 그 꿈의 주인공 남자 역을 맡겠다고 했고, 한 중년의 여자 집단원은 어머니 역을 자청했다. 두 사람 간에 다음과 같은 대사가 진행됐다.

"나는 불구인 남자아이입니다. 나는 숨을 잘 쉴 수가 없습니다." 그러자 여자 집단원이 어머니역을 했다. **"나는 지배적인 어머니입니다. 나는 내 아들을 불구로 만들고 있습니다."** 그녀는 이어서 비슷한 입장에 처해 있는 자신의 큰아들에 대한 이야기를 털어놓으며, 갑자기 울음을 터뜨렸다. 그리고 다음과 같은 대사가 이어졌다.

아　들: 나는 항상 엄마의 보살핌 없이는 못 살았어요. 하지만 이제 차츰 어머니가 내 목을 조르는 것을 느끼기 시작했어요. 어머니가 내 목을 졸라 나를 죽음으로 몰고 가는 것을 느낄 수 있어요.

어머니: 어렸을 때 너는 몸이 몹시 약했다. 그래서 나는 네가 불필요한 고통을 받지 않도록 보호해 주려고 많이 애썼지 ….

아　들: (말을 가로막으며) 네, 그래요. 내가 일곱 살이었을 때 나는 혼자 학교에 가는 것을 두려워했지요. 그리고 학교에 가면 토하곤 했어요.

리　더: 존! 지금 당신의 위가 어떤 느낌입니까?

아　들: 괜찮아요. 하지만 아직도 그녀가 내 목을 조르는 것 같아요.

리　더: (어머니에게) 미라! 당신 손으로 그의 목을 조금 졸라서 그가 목 졸리는 느낌을 좀 체험하도록 해 주세요!

어머니: (지시에 따르면서) 나는 단지 너를 좀 보살펴 주려는 거야 ….

아　들: (그녀의 손을 뿌리치면서 켁켁거린다.) 그렇다면 제발 좀 비켜서세요! 숨 좀 쉬게 해 주세요! (오늘 저녁에 처음으로 깊은 숨을 내쉰다.)

집단원들: 그녀에게는 네 말이 안 들려!

아　들: (더 큰 소리로) 저리 좀 비키세요! 나 숨 좀 쉬게 해 주세요! 제발 좀 내 삶을 살게 내버려 두세요. (깊고 길게 숨을 내쉰다.)

다른 한 집단원: 내가 미라의 대역을 해 보겠어요.

(아들에게) 내가 너를 놓아 주면 평생 나를 미워하고 원망하겠지?

어머니: (앞의 집단원의 말을 보충하면서) 내가 너를 놓아줘도 네가 나를 사랑한다는 것을 느
         낄 수만 있다면, 너를 자유롭게 해 주는 것이 그렇게 힘들지는 않을 텐데 …

아 들: 나를 좀 자유롭게 해 주세요. 그러면 나는 어머니를 사랑할 것입니다. 다만 지금까지처
         럼 불구자로서가 아니라, 강한 남자로서 사랑할 것입니다(Zinker, 1977, p. 172).

이 실험에서 본 것처럼 집단원들은 자발적으로 대리자아 역할을 맡아 함으로써 주인공의 감정
표현을 보완하거나 새롭게 조명해 줄 수 있다. 이때 각자 자신의 경험을 토대로 창조적인 투사를
하는 것이다. 주인공이 하는 말에 덧붙여서 한 사람 혹은 몇 사람이 그에게 다가가서 대리자아 역
을 연기하여, 그가 미처 의식하지 못하는 감정을 대변해 줄 수도 있다.

이때 주인공은 대리자아의 대사 중에 자신의 심정을 잘 표현해 주고 있다고 생각되는 말을 선
택하여 따라 말할 수도 있다. 그렇게 함으로써 자신의 억압된 감정을 자각할 수 있게 된다. 이런
실험을 통하여 주인공은 물론 대리자아를 연기한 집단원들에게도 도움이 된다. 왜냐하면 대리자
아를 연기한 사람은 대역을 하면서 자신의 문제를 직면하게 되기 때문이다.

앞의 예에서 어머니가 **"네가 어렸을 때, 몸이 약했었다."**라고 말했을 때 집단원 중 한 사람이
아들에 대한 어머니의 억압된 분노감정을 다음과 같이 대신 표현할 수도 있다.

**"네가 아플 때마다 난 점점 화가 났었다. 정말 널 목졸라 죽이고 싶은 심정이었다. 정말 널 없애
버리고 싶었다. 너는 나의 삶을 망쳐 놓았어. 아직도 그것 때문에 너에게 화가 난다."**

이때, 드라마를 점점 확장시켜 삼촌이나 고모 혹은 친구 등의 인물을 추가로 등장시켜 현실감
을 높여 줄 수도 있겠다. 그리고 집단원들의 실생활에 관련된 인물들을 극중에 등장시켜 극화해
봄으로써, 각자의 삶에서 미해결된 상황의 완결을 시도해 볼 수도 있다.

처음에 꿈을 내놓은 사람도 이러한 드라마의 전개과정에서 소외되지 않는다. 그는 원하면 어
떤 역을 맡아 드라마의 발전방향에 영향을 미칠 수도 있고 그냥 관찰자로 머물면서 극의 결과를
지켜볼 수도 있다. 집단원들이 원한다면 하나의 사건에 대한 여러 형태의 전개과정을 실험해 볼
수도 있다. 가령, 불구가 된 아들이 아주 강한 남자가 되거나 가학증적인 인간이 되는 결과 혹은
도덕주의적 종교가가 되는 결과 등을 차례로 실험해 볼 수 있다.

따라서 꿈을 내놓은 사람은 집단의 지지적인 분위기 속에서 자신의 여러 잠재적인 성향들에
대해 실험적으로 탐색해 볼 수가 있다. 이러한 실험을 통해서 그는 자신의 특정한 행동이 타인의
어떠한 행동을 유발시키는지, 그리고 그에 대해 어떤 대가를 치러야 하는지 등을 관찰할 수 있다.

집단 꿈 작업의 또 다른 이점은 꿈의 내용을 임의로 변형시켜 실험해 봄으로써 집단프로세스

를 탐색하는 데 사용할 수 있다는 점이다. 이때 집단원들은 서로 역할을 바꾸기도 하고, 대리자아 역할을 해 보기도 하는 등의 다양한 실험을 통해 꿈의 여러 내용들에 대한 심층적인 탐색을 시도해 볼 수 있다. 이러한 과정에서 모든 집단원들은 자신의 새로운 내적 측면들을 발굴하고 이해하는 작업을 하게 된다(Zinker, 1977, p. 173).

4. 상상기법

리더의 지시에 의해 어떤 장면을 상상하거나 그냥 저절로 마음속에 떠오르는 심상들을 이용함으로써 집단원들의 무의식적 욕구나 감정, 미해결과제, 고정된 행동패턴, 사고패턴 등을 발견할 수 있다.

상상기법(imagination technic)은 집단원들의 내적 욕구나 충동 혹은 갈등들을 투사적으로 드러내 주므로 진단적인 가치가 있으며, 또한 이러한 심상을 이용하여 적극적인 실험을 통해 미해결과제들을 해소하고 통합할 수 있다는 점에서 치료적인 가치도 있다. 무엇보다도 상상력을 이용하여 현실적으로 실현 불가능한 것들을 체험해 보고, 그로 인해 새로운 변화를 가져올 수 있다는 것이 이 기법의 장점이다.

이 기법은 자유롭게 떠오르는 이미지를 활용한다는 점에서 정신분석의 자유연상기법과 유사

점이 있으며 또한 어떤 이미지를 좇아 적극적으로 상상을 전개해 나가는 점에서는 융의 '적극적
상상기법(active imagination)'과도 유사하다. 하지만 경우에 따라서 리더가 상상을 안내하거나 혹
은 집단원들과 함께 공동작업을 하기도 한다는 점 등에서 이 두 기법들과 다소 차이점을 보인다.

상상기법은 감정, 욕구, 감각, 상상력, 직관, 사고, 시연 등 인간의 모든 지각기능과 행동방식을
사용하는 총체적이고 종합적인 작업이다. 즉, 단지 지적인 작업이나 정서적인 작업만 하는 것이
아니고, 인지, 정서, 감각, 행동 등 우리의 모든 기능을 동시에 다 사용함으로써 이들의 통합을 가
져다준다.

이렇게 심상차원에서 이루어진 것은 집단원들의 감정이나 사고, 지각, 행동차원에서는 물론이
고, 신체적 차원에서까지도 실제적인 변화를 초래하며, 대뇌의 좌반구와 우반구를 골고루 활용
함으로써 행동의 균형된 발달을 가져다준다. 따라서 이 기법은 심리치료나 행동의학, 교육장면,
카운슬링, 그리고 심지어는 마케팅을 비롯한 산업 경영전략에까지도 광범위하게 활용되고 있다
(Marcus, 1979; Leuner, 1980/1986; Clarkson, 1990).

안내된 상상기법이나 집단 상상기법은 잘 보호되고 통제된 퇴행실험이라고 말할 수 있다. 즉,
상상기법에서 집단원들은 어떤 인위적인 통제나 제약이 없이 자유롭게 자신의 환상이나 상상에
내맡기는 실험을 하게 되는데, 이러한 과정에서 집단원들은 일상적인 세계에서 벗어나 자신의
좀 더 깊은 내면세계로 퇴행하게 된다. 이런 종류의 퇴행은 진일보하기 위한 퇴행으로서 치료적
이라고 할 수 있다. 집단원들이 평소에는 무시하거나 간과했던 자신의 중요한 욕구나 감정들을
환상이나 상상을 통하여 접촉하게 되는데, 그렇게 되면 그것들을 해소하고 통합할 수 있게 된다.
위니컷에 의하면 이러한 퇴행을 통해 내담자는 **'거짓 자기'**로부터 벗어나서 **'참 자기'**와 접촉할
수 있다고 한다(Balint, 1970; Winnicott, 1974).

일반적으로 심리치료에서 단순히 지적인 통찰만으로는 행동변화가 오지 않는다는 것이 알려
진 사실이다. 행동변화는 집단원들이 지적인 통찰과 함께 내적으로 강한 체험을 했을 때만 가능
하다. 그런데 이러한 강한 체험은 집단응집력이 강하고 집단원들이 서로 신뢰하는 분위기에서만
가능하다. 이러한 분위기에서만 집단원들은 자신들의 불안이나 갈등을 마음 놓고 털어놓을 수 있
기 때문이다.

상상기법은 이러한 집단응집력을 높여 주고 집단에 신뢰하는 분위기를 조성하는데 유용한 도
구이다. 상상기법은 집단원들의 기법을 바로 직면시키지 않고 간접적으로 혹은 우회적으로 접근
하므로 집단원들의 불안을 감소시켜 주며, 또한 일상적인 테두리를 벗어나는 신선한 체험을 하
게 해 주어 집단원들의 흥미와 관심을 끌어 집단 참여도를 높여 주기 때문이다.

이 기법은 또한 집단원들의 놀이 본능을 자극하여 활발한 상호작용을 유발하여 집단원들 간의

친밀감과 신뢰감을 높여 집단원들로 하여금 자신들의 무의식적 공포나 미해결과제들을 적극 탐색하도록 해 준다. 이런 점에서 상상기법은 지적인 방어를 많이 하는 내담자들에게 특히 유용하다.

하지만 이 기법은 불안이 지나치게 심하거나 집중력이 부족한 내담자 그리고 정신증이나 경계선 장애 혹은 심한 히스테리 환자에게는 별로 효과가 없다. 그리고 아이디어가 지나치게 폭발적으로 분출되는 사람들에게도 좋지 않다. 그들은 이 심상에서 저 심상으로 너무 빨리 왔다 갔다 하므로 오히려 혼란을 가중시키기 때문이다(Leuner, 1980/1986).

상상기법은 개인에게 실시할 수도 있고, 집단에서 실시할 수도 있다. 먼저 개인에게 사용하는 상상기법의 활용 예로서 내담자가 이혼을 해야 할지, 말아야 할지 결정을 못 내리고 망설이고 있는 경우에 치료자는 다음과 같은 방식으로 개입할 수 있다.

"자, 이제 당신이 이혼한 지 2년이 흘렀습니다. 지금 당신은 어떻게 살고 계십니까? 지금의 생활이 만족스러운가요? 당신은 2년 전에 이혼을 하신 것이 잘 한 결정이었다고 생각하십니까?"

치료자는 여기서 내담자로 하여금 상상력을 이용해 자신의 미래의 상황을 미리 그려 봄으로써 그 결과를 알아보게 하고, 결정을 내리는 데 참고하도록 해 주는 방법을 사용했다. 상상기법은 내담자의 행동동기를 자각시켜 주는 데도 사용할 수 있다.

한 집단원이 리더와 헤어지기 싫다며, 계속 집단에 남아 교육훈련을 받고 싶다고 말했다. 리더는 그의 정확한 행동동기를 알아보기 위해 내담자로 하여금 리더와 하루를 함께 보내는 상상을 하도록 요구했다.

내담자는 이 실험에서 리더로부터 개인적 관심을 받으면서, 리더가 자기를 보살펴 주는 상상을 했다. 따라서 그가 집단에 계속 남으려한 것은 진정으로 치료훈련을 더 받고 싶어서라기보다는 리더에게 매달리고 싶은 욕구 때문이었다는 것이 밝혀졌다(Clarkson, 1990).

환자들의 정신·신체증상을 완화시키거나 치료하는 데도 상상기법을 사용할 수 있다. 예컨대, 백혈병 치료를 받고 있는 환자에게 백혈구 군대가 전자총을 갖고서 암세포를 죽이는 장면과, 화장실에 가서 암세포가 죽어서 배설물과 함께 나오는 장면을 상상토록 지시함으로서 증상을 완화시키는 데 도움을 줄 수 있다.

이러한 방법은 환자가 치료에서 적극적인 협력자가 되도록 해 주는 이점도 있다. 즉, 단순히 의사의 치료에만 의존하고 수동적으로 가만히 있는 것이 아니라, 환자 자신도 능동적으로 치료에 참여하도록 기회를 제공해 줌으로써 환자들의 자기효능감을 높여 줄 수 있다.

이런 방법은 집단에서 함께 사용할 수도 있다. 예컨대, 리더는 집단원들에게 자신의 신체 속을 여행하는 상상을 해 보라고 지시한다. 가령, 두통이 있는 환자에게는 머릿속을 여행해 보고, 위경련이 있는 사람에게는 위 속을 여행하면서 고장 난 부분을 고치는 작업을 하는 상상을 하라고 지시한다. 이런 방법을 통해 환자들의 증상이 갑자기 사라지는 일도 있다. 이때, 치료자가 환자와 함께 환자의 몸속으로 들어가 고장 난 부분을 수리하는 장면들을 상상해 보는 작업도 효과가 있다. 치료자와 환자가 서로 대화를 해 가면서 작업을 진행함으로써, 훨씬 실감이 나며 환자는 정말 신체의 고장 난 부분이 치료되는 기분을 느낄 수 있다. 이런 작업을 통해 실제 신체증상이 호전된 사례도 보고되고 있다(Marcus, 1979, pp. 109-116).

상상기법은 내담자가 어떤 것을 직접 경험할 수 없는 상황일 때, 그 대안으로 사용할 수도 있다. 가령, 한 집단원이 자기는 살면서 재미있는 일이 별로 없다고 말한다면, 치료자는 그에게 그러면 지금 상상을 통하여 재미있는 일을 한번 해 보라고 말할 수 있다. 그러면 아마 내담자는 맛있는 요리를 만드는 장면을 상상하면서 이야기하거나, 혹은 오페라 구경을 하는 장면을 말할지도 모른다. 이런 작업은 집단원들이 모두 참여하는 집단작업으로 발전시키는 것도 가능하다(Harman, 1989a).

상상작업을 시작하기 전에 긴장이완 연습이나 호흡조절을 통해 사전에 신체적으로 편안한 상태를 유도하거나 혹은 시각이나 청각, 후각, 미각 등 기초감각 훈련을 하는 것도 도움이 된다. 가령, 어떤 사물의 형체나 색깔, 냄새, 맛 등을 떠올려 상상해 보거나 느껴 보는 연습을 하는 것이다. 예컨대, 군고구마 맛을 상상 속에서 느껴 보거나 장미꽃 향기를 기억해 보고, 외양간에 매여 있는 소의 모습을 떠올려 보거나, 닭 우는 소리를 상상으로 들어 보는 등의 연습이다. 이러한 연습을 통해 어느 정도 감각을 느낄 수 있게 되면, 다시 이를 재빨리 잊어버리는 연습을 하는 것도 필요하다. 즉, 필요할 때는 언제든지 감각을 떠올릴 수 있으되 재빨리 지워 버림으로써 새로운 자극을 받아들일 수 있도록 하는 것이다.

다음으로 집단에서 실시할 수 있는 상상기법에 대해 알아보기로 한다. 여기에는 집단 속에서 각자 개별적으로 하는 개별상상과 집단 상호작용을 하면서 하는 집단상상의 두 가지가 있다. 먼저, 개별상상은 리더의 안내에 따라 눈을 감고서 각자 리더가 지시한 장면을 상상하면서, 마음속에 떠오르는 심상을 관찰하거나 혹은 상상을 전개하는 작업을 하는 것이다. 이때 리더가 들려주는 안내문의 예를 들면 다음과 같은 것이 있다.

당신은 지금 조용한 숲 속에 와 있습니다. 주위를 한 번 둘러보십시오. 숲 속에는 나무들이 많이 서 있습니다. 새소리도 들립니다. 당신은 천천히 숲길을 따라 갑니다. 잠시 후 숲 속에서 사람이 살지 않는 것으로 보이는 집 한 채를 발견했습니다. 당신은 그 집 안으로 들어갑니다.

복도를 지나니 문이 열려 있는 방이 하나 있어 그 안으로 들어갑니다. 당신은 방 안을 둘러봅니다. 그 안에 무엇이 있는지 한 번 살펴보세요. 그때 문 쪽에서 인기척이 나서 돌아보니 한 노인이 서 있습니다. 그 노인은 당신에게 가까이 다가오라는 손짓을 합니다. 당신은 가까이 다가갑니다. 노인은 당신의 귀에 대고 무슨 말을 속삭입니다. 이제 눈을 뜨십시오. 각자 체험한 것들을 나누도록 하겠습니다. 방 안에서 무엇을 발견했는지, 노인이 무슨 말을 들려주었는지에 대해 말씀해 주세요.

　　당신은 가구입니다. 예를 들면 의자나 책상 혹은 장롱서랍 같은 것 말입니다. 지금 당신의 몸을 한 번 둘러보십시오. 어떻게 생겼습니까? 망가지거나 찌그러지지는 않았나요? 상처는 없는지요? 아직도 잘 기능하는지 한번 살펴보십시오. 당신은 자신의 몸에 대해, 그리고 그 기능에 대해 만족하십니까? 당신 옆에는 다른 가구들이 놓여 있습니다. 그것들을 한 번 자세히 살펴보십시오. 그중에 한 개를 택해서 그것과 대화를 나누어 보십시오. 그 가구가 당신에게 뭐라고 말합니까? 이제 눈을 뜨고 각자 체험한 것들을 서로 나누어 봅시다.

　이러한 개별상상 작업은 때로는 집단원들의 감정이나 욕구, 희망, 두려움, 자아상, 대인지각, 대인관계 등에 대해 매우 유용한 정보를 제공해 준다. 그리고 집단원들이 모두 동시에 실시하므로 매우 경제적인 데다가, 짧은 시간 안에 많은 것을 체험을 하게 해 준다.

　다음으로 집단상상은 집단원들이 서로 교류하면서 상상작업을 진행하는 것이다. 여기서는 각 집단원들의 상상내용이 서로에게 영향을 주고받으면서, 끊임없이 이어지는 것이 특징이다. 집단 상상을 하는 방법은 집단원들로 하여금 긴장을 풀고 호흡을 편안히 하도록 한 다음, 눈을 감고 그때그때 떠오르는 심상에 집중하면서 그것들을 말로 표현하게 하는 것이다. 어느 한 사람이 떠오르는 심상을 말하면, 다음 사람이 그에 이어 떠오르는 심상이나 상상을 말하는 식으로 그 뒤를 이어 가면 된다. 예를 들어 보면 다음과 같다.

　　A는 다른 집단원들과 함께 산행을 가는데, 지금 계곡에 앉아 쉬고 있는 장면이 떠오른다고 말했다. 그러자 B가 그 이미지를 받아서, 자기도 그 계곡에서 쉬고 있는데 지금 계곡 물에 발을 담그고 있다고 말했다. 그러자 C는 자기는 다른 사람들과 따로 떨어져 혼자 바위 위에 앉아 흘러가는 흰 구름을 바라보고 있다고 말했다. D는 자기는 지금 가재를 잡고 있다고 했다. 잠시 후 E가 이제 그만 쉬고 산을 계속 오르자고 말했다. A가 그에게 동조하면서 다른 집단원들에게 모두 일어서라고 했다. 그러자 C는 자기는 혼자 남겠으니 다들 다녀오라고 했다.

이처럼 우연히 떠오르는 심상을 좇아 상상을 해 나가는 집단상상은 종종 매우 흥미로운 결과를 가져다준다. 즉, 집단원들의 개성과 욕구, 그리고 전형적인 행동패턴과 사고패턴 등에 대해 정보를 제공해 주며, 또한 집단프로세스에 대해서도 흥미로운 자료들을 제공해 준다. 집단상상을 좀 더 상호작용적으로 이끌기 위해서는 떠오르는 이미지를 단순히 객관적으로 기술하는 것보다, 집단원들로 하여금 그러한 이미지들과 자신을 동일시하면서 집단원들 상호 간에 직접화법으로 대화를 하도록 하는 것이 좋다.

집단상상에는 리더가 어떤 장면이나 상황 혹은 주제를 설정해 놓고, 집단원들에게 그에 따라 상상작업을 하도록 요구하는 방법도 있다. 이 방법은 집단원들 간에 교류를 증진시키는 동시에 강한 집단프로세스가 일어나게 해 준다. 예를 들면 리더가 다음과 같이 집단상상을 안내할 수 있다.

> 조용히 눈을 감고 상상의 세계로 들어가 보겠습니다. 여러분은 지금 한 척의 배를 타고 어디론가 가고 있습니다. 배 안에는 여러분밖에 없습니다. 이 배 안에는 여러분이 1년 동안 견딜 수 있는 양식과 물, 그리고 연료가 갖추어져 있습니다. 이 배는 조금 낡은 철선인데 그런대로 안전하게 설계된 배 같아 보입니다. 여러분은 이 배를 타고 어디론가 여행을 가고 있습니다. 목적지가 어딘지, 얼마나 오래 여행할 계획인지 잘 모르겠습니다.
>
> 여러분 중에는 선장과 기관사 그리고 항해사와 선원들이 있습니다. 각자 자신의 역할이 무엇인지 한 번 생각해 보십시오. 물론 서로 합의에 의해 직분을 바꿀 수도 있습니다. 그러면 이제부터 배에서 어떤 일이 벌어지는지 보겠습니다. 자! 그러면 각자 자신의 지금-여기의 감정과 욕구를 자각하면서 다른 사람과 대화를 해 보시기 바랍니다.

이러한 집단상상 실험이 끝나면 서로 체험한 것들을 나누도록 한다. 집단상상을 하면서 개인 간의 갈등이나 집단갈등이 첨예하게 나타나면, 그것들을 소재로 해서 자연스럽게 집단작업으로 연결시킬 수도 있다. 이때 사이코드라마나 연극기법 같은 것을 이용해도 좋다.

집단원들이 때로는 각자 자신을 자연 사물들과 동일시하면서 상호작용을 하는 집단상상도 매우 흥미로운 결과를 가져다준다. 이는 자연의 사물들과 자신을 동일시하여 심상을 전개시키는 방법인데, 이 방법은 각자의 내적 상태를 보여 줄 뿐만 아니라, 집단원들로 하여금 전혀 새로운 체험을 하게 해 줌으로써 행동의 변화를 가져다준다. 예를 들면 다음과 같다.

> A가 "나는 바닷가에 있는 모래알입니다. 나는 지금 파도가 밀려와 내 몸을 적셔 주는 것을 즐기고 있습니다." 라고 말하자, B는 "나는 바닷속에 있는 상어입니다. 나는 지금 바닷속을 시

원하게 헤엄치고 다니고 있습니다."라고 말했다. 그러자 C는 "나는 바다가 보이는 언덕 위에 서 있는 한 그루 푸른 소나무입니다. 나는 지금 바다를 내려다보고 있습니다. 시원하고 끝없이 펼쳐진 바다가 나는 좋습니다."라고 말했다.

이런 작업은 집단원들의 감정을 솔직하게 드러나게 해 주기 때문에 집단원들 상호 간에 응집력을 높여 준다. 특히, 자연물이 되어 대화를 나누는 것은 직접 대화를 하는 것보다 덜 어색하기 때문에, 서로 간에 감정의 교류를 촉진시켜 준다. 때로는 이런 작업은 마치 명상수련과 비슷한 효과를 가져와 심신이 맑고 가벼워지는 체험을 하게 한다.

5. 운동 및 신체기법

게슈탈트치료에서는 신체와 정신을 분리된 것으로 생각하지 않는다. 정신 혹은 신체라고 부르는 것은 너무나 인위적인 구분이다. 하나의 현상이 보는 이의 관점에 따라 정신적으로도 혹은 신체적으로도 보일 수 있다. 다시 말하면 모든 현상은 정신적 현상인 동시에 신체적 현상이다.

정신이나 신체가 각각 따로 있어서 어느 하나가 다른 것에 영향을 미친다고 보는 것은 이분법적인 생각이다. 이는 형이상학적 사고의 부산물에 지나지 않는다. 실제 존재하는 것은 정신도 신체도 아닌 하나의 현상일 뿐이다. 그것을 우리의 범주적 사고는 정신이다 혹은 신체다 하고 나누어 생각하는 것이다. 칸트는 인간은 이러한 범주적 사고를 벗어날 수가 없다고 했지만, 후설이나 하이데거 같은 철학자들은 견해를 달리한다. 즉, 우리는 범주적 사고를 벗어나 본원적이고 존재론적인 사유를 할 수 있다고 했다(Heidegger, 1929, 1967; Kant, 1971).

게슈탈트치료에서는 현상학적 관점에 기초하여 이른바 신체현상이라고 보이는 것들의 정신적 의미, 그리고 이른바 정신적 현상이라고 간주되는 것들의 신체적 의미에 대해 동일하게 주의를 기울인다. 이러한 전통은 빌헬름 라이히의 신체이론의 영향을 받은 펄스에서 그 시원을 찾을 수 있다.

게슈탈트치료의 이러한 경향은 펄스의 아내 로라 펄스의 영향에 의해 더욱 강화되었다. 그녀는 내담자의 신체자세, 걸음걸이, 목소리 등의 치료적 의미를 부각시키면서, 이러한 현상들에 대해 세심한 주의를 쏟았다. 그녀는 만년에 독일로 돌아와서 제자들을 길렀는데, 그 영향으로 독일의 게슈탈트치료는 미국의 게슈탈트치료에 비해 신체작업을 더 강조하는 경향이 있다(Reich, 1949, 1972; Perls, 1951/1989; Kepner, 1988; Petzold, 1988).

빌헬름 라이히는 우리의 심리적 방어는 신체적으로 나타난다고 하여 신체의 심리적 의미를 부각시켰다. 흔히 내담자의 감정이 차단되었을 경우에 신체운동을 시키고 나면 다시 감정이 자각되는 경우를 볼 수 있는데, 마찬가지로 단체로 신체동작을 함으로써 집단원의 억압된 감정이나 욕구를 자각시켜 줄 수 있다. 따라서 집단을 시작하기 혹은 도중에 집단이 함께 신체동작을 하는 것이 도움이 된다. 가령, 간단한 준비체조나 요가체조 혹은 국선도 같은 것을 하면 좋다. 운동은 긴장을 완화시켜 주고 불필요한 방어를 해제시켜 주므로 특히 집단의 초기에 경직된 분위기를 풀어주는 효과가 있다. 개인작업을 할 때도 내담자가 지나치게 불안해하거나 흥분해 있을 때는 치료자가 내담자와 함께 간단한 신체동작을 하면 좋다.

나의 한 내담자가 집단에서 개인작업을 시작하면서 너무 불안이 심해 신체를 잔뜩 긴장하고 몸을 심하게 떨고 있었다. 도저히 이대로는 개인작업을 할 수 없겠다고 판단한 나는 수건을 하나 가져와서 그와 마주 잡고 당기는 작업을 했다. 그는 지지 않으려고 열심히 잡아당겼고, 지켜보고 있던 집단원들은 소리를 내어 그를 응원했다. 그는 신체운동을 하는 동안에 신체긴장에 투입했던 에너지를 상당 부분 해소할 수 있었다. 서로 열심히 수건을 당기는 동안에 치료자와 친밀감도 생겨서 이제 작업을 시작할 수 있을 정도로 분위기가 마련되었다.

개인작업을 하면서 들으니 그는 매우 엄한 홀어머니 밑에서 어릴 때부터 심한 야단을 맞으며 자라서, 어른들을 보면 주눅이 들어 말을 잘 못 하는 어려움이 있었다. 그러나 내심으로는 엄청난 적개심을 눌러 놓고 있어 폭발하기 직전의 부글부글 끓는 화산 같은 상태에 있었다. 그는 치료자에 대한 경계심이 풀리자 치료자에 대해 처음 가졌던 투사 감정을 털어놓을 수 있었고, 마침내 어머니에 대한 감정이 떠올라 빈 의자에 앉은 어머니에게 자신의 적개심을 털어놓을 수 있었다. 작업이 끝났을 때 그는 마치 바람 빠진 축구공처럼 몸과 마음이 모두 이완되어 편안하게 앉아 있었다.

이 내담자와의 작업에서 가장 중요했던 것은, 작업초기에 그의 신체에 집중되어 있던 긴장 에너지들을 발견하여 이를 신체작업으로 풀 수 있었다는 점이다. 만일 그 억압된 에너지를 그대로 둔 채 작업을 시작했다면 그는 아마 제대로 말문을 못 열었을지도 모른다.

집단에서 단체로 할 수 있는 신체동작은 단순히 동작으로부터 음악을 들으며 율동과 춤을 추는 것까지 다양한 종류가 있지만, 집단의 성격에 따라 그리고 작업 목적에 따라 적절한 것을 선택해야 한다. 이런 상황에서 쓸 수 있는 신체기법에는 다음과 같은 것들이 있다.

1) 환경접촉

집단이 시작하기 전에 맨발로 방 안을 걸어 다니면서 바닥과 접촉을 한다. 방바닥에 앉거나 누위 보기도 하고, 눈을 감고 방 안을 돌아다니며 손으로 벽이나 가구들을 만져 보기도 한다.

2) 몸 풀기

맨손체조, 소리 내며 몸 흔들기, 작은 소리와 큰 소리를 내 보기, 방 안을 걸어 다니기, 방 안을 뛰어다니기, 발바닥을 옆으로 세워 걸어 보기, 발뒤꿈치로 걸어 보기, 발끝으로 걸어 보기 등을 해 본다.

3) 집단 신체작업

① 방 안의 한 점을 응시하고 그 쪽을 향해 천천히 다가가서는 빨리 터치한다.
② 다른 한 점을 향해 빨리 뛰어가서 천천히 터치한다.

① 각자 어느 한 사람을 정한 뒤 북소리를 들으면, 그 사람을 향해 빨리 쫓아간다.
② 북소리가 들리면 하던 동작을 멈추고 선다.
③ 다시 북소리가 들리면 그 사람을 향해 계속 쫓아간다.
④ 집단 전체가 한 덩어리가 될 때까지 이를 계속한다.

① 서로 마주 보고 손바닥으로 밀기
② 서로 등 맞대고 밀기
③ 짝 바꾸어 계속하기
④ 서로 팔 다리를 마사지해 주기

6. 춤 기법

춤은 운동의 측면과 자기표현, 그리고 대인지각의 측면이 함께 포함되어 있는 종합적 행위이다. 집단원들은 춤을 통하여 운동기법과 마찬가지로 내재된 자신의 에너지와 접촉할 수 있으며 신체적 동작을 통하여 드러나는 자신의 특정 행동패턴을 발견할 수도 있다. 또한 춤은 타인과 함께 추게 되므로 집단 상호작용의 측면이 있다. 즉, 춤을 출 때 타인의 동작이 나에게 영향을 미치게 되고, 또한 나의 동작은 타인의 행동에 영향을 미친다. 이때 자신의 춤에서 많이 나타나는 동작은 무엇이며, 회피되는 동작은 어떤 것인지 등을 관찰하는 것도 흥미롭다.

춤을 추는 형식은 음악에 따라 즉흥 창작 춤을 추는 것이 좋으며, 음악의 종류는 클래식이나 재즈, 발라드, 랩, 록, 힙합 등 무엇이든 상관없다. 춤을 출 때는 형식에 구애받을 필요 없이 음악에 맞추어, 혹은 음악을 무시하고 각자 자기 기분에 따라 자신의 감정을 자유롭게 신체의 율동으로 표현하기만 하면 된다. 그리고 그런 것들을 구태여 춤이라고 부를 필요조차 없다. 춤은 어떠어떠해야 한다는 고정관념이 생길 가능성이 있기 때문이다. 그냥 신체동작과 율동으로 자신의 상태를 표현해 본다는 생각으로 움직이기만 하면 된다. 처음에 대부분의 집단원들은 자신의 신체동작을 음악과 조화시키는 데 어려움을 느낀다. 이때 리더는 집단원들에게 음악을 무시하고 그냥 움직이기만 해 보라고 격려해 주어야 한다.

시간이 흐르면서 집단원들은 차츰 자신의 동작과 율동을 자각할 수 있게 되고, 다음 단계로 음악에 집중할 수 있게 되며, 마지막에는 저절로 신체동작과 율동을 음악에 조화시킬 수 있게 된다. 하지만 같은 음악에 대해서도 각자 서로 지각이 다르므로 그에 대한 반응인 춤도 당연히 다르게 나타난다. 집단지각과 춤 기법을 동시에 고려하는 몇 가지 방법을 소개하면 다음과 같다.

① 두 사람씩 등을 마주대고 서서 서로의 신체를 느껴 본다.
② 등을 맞댄 채, 음악에 따라 함께 조금씩 움직여 본다.
③ 등을 맞댄 채, 함께 자유롭게 방 안을 다니며 춤을 춘다.

① 세 명이 한 조가 되어 같은 방향을 보며 정삼각형 모양으로 선다.
② 삼각형의 꼭짓점에 서 있는 사람이 리더가 되어 음악에 따라 춤을 추고, 나머지 두 사람은 그의 동작을 그대로 따라한다.
③ 1~2분 정도 후에는 모두 오른 쪽으로 120도 회전한다. 그러면 처음에 오른쪽에 서 있던 사람이 이번에는 리더가 되며, 나머지 두 사람은 그의 춤을 따라 추게 된다.
④ 1~2분 후에는 다시 오른 쪽으로 120도 회전하여 리더가 바뀌고, 나머지 사람들은 그의 춤을 따라 춘다.

① 네 명이 한 조가 되어 벽을 향해 선 후 음악을 들으며 신체를 이용하여 전위 예술작품을 만든다.
② 북을 치면 동작을 바꾸어 다른 작품을 만든다.

③ 5초 간격으로 북을 친다.

④ 관람하던 조가 나와서 작품을 만든다.

나는 종종 집단에서 '쿤달리니(Kundalini)' 같은 인도 명상음악을 활용하여 춤 치료를 하는데, 이때 **'유도된 환상(guided imagery)'**과 함께 사용하면 무척 재미있다. 그 방법은 내가 음악을 들으며 즉흥적으로 떠오르는 환상장면을 집단원들에게 말해 주면서, 집단원들과 내가 함께 그 환상 내용을 춤 동작을 통해 표현해 보는 것이다.

이 과정에서 집단원들과 나는 음악에 맞춰 각자 다양한 움직임과 율동을 만들어 내면서 상호작용을 통해 무척 흥미로운 집단프로세스를 창출해 낸다. 즉, 집단원들과 나는 환상 스토리를 통해 우리 자신의 소망과 마음상태를 몸으로 표현하게 되는데, 이때 서로의 상호작용을 통해 서로 간의 접촉욕구를 만족시키는 동시에 다양한 실험을 하게 된다.

평소 억압되었던 감정이나 욕구를 음악이라는 매체의 도움으로 자연스럽게 몸동작으로 표현할 수 있게 되면서 집단원들은 서로의 실험을 격려하고 지지하는 집단프로세스를 만들어 내며, 활발한 상호작용을 통해 마침내 모두가 하나가 되는 집단체험을 하며, 이는 큰 만족감으로 경험된다.

7. 연극기법

관객은 연극을 관람하면서 극중 인물과 자신을 동일시함으로써 감정이 정화된다. 고대 그리스의 연극관객들이 체험한 정화효과가 바로 그것이다. 그런데 관중이 직접 참여하는 연극은 이러한 효과를 더욱 높일 수 있다. 관람객의 입장이 아닌 배우의 입장에 서게 되면, 행동을 실제로 할 수 있기 때문에, 감정체험이나 표출정도가 훨씬 깊어져 정화효과 또한 높다.

게슈탈트치료에서는 이러한 원리를 이용하여 종종 연극기법을 응용한다. 즉, 집단원들로 하여금 네 명 혹은 다섯 명이 한 조가 되어, 어떤 주제를 정하고 그것을 연극으로 만들어 시연하도록 하는 방법이다. 예컨대, 가족갈등이나 직장에서의 갈등상황, 혹은 친구 간의 갈등상황 등을 주제로 즉흥극으로 만들어 연출할 수 있다. 이러한 연극기법은 참여자들과 관객들의 흥미를 불러일으키고 활발한 상호작용을 가능하게 해 줌으로써, 그 자체로서 좋은 집단작업이 된다.

가끔 많은 내담자들은 이러한 연극을 통하여 대인관계 갈등상황을 처음으로 분명하게 자각하는 체험을 하고서는 놀라워한다. 또 어떤 내담자는 처음에는 장난 비슷하게 시작한 연극상황이 갑자기 자신과의 진지한 만남으로 발전함으로써 깊은 감동을 체험하는 경우도 있다. 이 기법의 또 다른 장점은 극을 관람한 후 관객들이 연기자들의 행동이나 연기에 대해 피드백을 해 줄 수 있다는 점이다. 관객은 극중 인물과 무의식적으로 동일시하기 때문에, 이들 중에는 연기자들의 욕구나 감정에 대해 공감하거나 지지해 주는 사람이 반드시 있게 마련이다.

연극기법은 갈등장면뿐만 아니라 여러 상황을 재연해 주는 도구로도 사용될 수 있다. 예컨대, 정신병원이나 교도소, 학교, 직장, 가족상황, 연인들의 데이트 등 다양한 사회 상황을 어떤 목적 없이 단순히 극화해 보는 것 자체가 의미 있는 결과를 초래할 수 있다.

개인작업도 이러한 연극기법과 연결시켜 할 수 있는데, 먼저 개인이 내놓은 가족갈등 문제 같은 것을 어느 정도 다루고 난 뒤에, 이를 집단원들의 도움을 받아 극화시키는 것이다. 이때 당사자 자신은 물러나 극을 관람하는 관객 입장이 된다. 이렇게 함으로써 개인작업을 했던 집단원은 자신의 문제를 객관화시켜 볼 수 있게 되고, 다른 집단원들은 중요한 가족갈등 상황을 직접 참여하면서 해결해 보는 기회를 갖는 이점이 생긴다.

8. 인형기법

인형기법은 다른 예술기법들도 대부분 마찬가지지만 독자적인 치료이론이나 방법론이 따로 있는 것은 아니다. 다만 이를 사용하는 치료자가 자신의 이론적 배경하에서 인형을 활용함으로써 추가적인 이득을 얻을 수 있다. 게슈탈트치료는 인형기법에 적용될 수 있는 좋은 이론적 배경을 제공해 주므로, 게슈탈트 치료자들은 치료작업을 할 때 종종 인형을 활용한다.

인형기법은 상상력과 창의력을 활용하여 우리의 내면세계를 탐색하고 조명하게 해 주며, 놀이를 통하여 잠재력을 일깨우고

힐라리온 페쫄트(Hilarion Petzold)

실현시켜 나갈 수 있는 계기를 마련하므로 인형과 대화하고 인형에게 감정을 표현하는 과정을 통해 현실세계와의 관계를 대리적으로 체험할 수 있다(Petzold, 1983).

인형작업은 언어로 표현할 수 없는 행동영역을 직접 관찰할 수 있게 해 준다. 예컨대 내담자의 무의식적이고 자동적인 신체행동이나 제스처, 표정 혹은 감정표현이나 발산의 방식, 그리고 대인관계를 맺는 방식 등에 대해 전체적인 조망을 가능하게 해 준다. 이때, 인형작업은 내담자 혼자서 하게 할 수도 있고, 치료자 혹은 다른 집단원들과 함께 할 수도 있다. 후자의 경우는 집단 상호작용의 역동을 살릴 수 있는 이점이 있다.

인형작업은 내담자 문제에 연루된 인물들을 모두 인형으로 표현할 수 있기 때문에, 내담자에게 중요한 인물들에 대한 정보를 얻을 수 있는 이점이 있다. 예컨대, 가족성원들 모두에 대해 언어적으로 기술한다면, 이야기를 듣는 사람은 이를 다 기억하기가 쉽지 않을뿐더러 언어적 기술의 한계성으로 인한 제약도 생긴다. 그러나 인형을 사용하면 가시적인 효과와 함께 인형의 특성들을 통해 다각적인 정보를 쉽게 얻을 수가 있다. 예컨대, 인형들 간의 관계를 통해 가족성원들 사이의 응집력을 파악할 수 있다.

인형작업을 할 때, 치료자는 내담자가 어떤 인형을 고르는지부터 유심히 관찰해야 한다. 예컨대, 인형을 사용해서 가족성원들을 묘사한다면 가족성원을 대리하는 인형들의 크기나 모양, 혹은 분위기 등을 살펴봄으로써 내담자의 가족관계에 대한 지각을 엿볼 수 있다. 만일 동물인형을 사용한다면 어떤 동물이 선택되는지를 보는 것도 흥미롭다. 가족성원들을 대리하기 위해 선택된 동물의 성질이나 크기, 그리고 다른 동물들과의 관계방식 등에 대해 살펴보면 가족성원들에 대한 정보를 얻을 수 있다.

치료자는 내담자에게 선택된 인형의 의미에 대해 직접 물어볼 수도 있지만, 만일 내담자가 그 의미를 미처 자각하지 못할 때는 치료자가 지각하는 것을 피드백해 줄 수도 있다. 흔히 아동내담자들은 특정 인형을 선택한 이유를 치료자가 묻지 않아도 자발적으로 설명하기도 한다.

인형을 준비하는 과정과 관련해서는 치료실에 구비되어 있는 것들을 사용할 수도 있지만, 치료자에 따라서는 내담자들이 직접 마분지나 헝겊, 나무 혹은 찰흙 등을 사용하여 인형을 제작하게 하는 경우도 있다. 후자의 경우 이러한 제작과정 자체가 작업치료적인 의미가 있으며, 또한 이 경우 내담자는 인형을 자신이 직접 제작했기 때문에 인형과 자신을 동일시하기가 더 쉬워 작업을 심층적으로 할 수 있다.

이때 치료자는 내담자가 인형을 만드는 과정을 즐기는지, 만들면서 인형과 어떤 대화를 하는지, 그리고 자기가 만든 인형에 대해 만족하는지 등을 관찰하면 내담자에 대한 추가적인 정보를 얻을 수 있다. 그리고 만일 내담자가 자신의 어느 한 측면만을 나타내는 인형을 제작했다면, 자신이 받아들이지 못하는 측면이나 혹은 자신에게 없다고 생각되는 측면을 나타내는 인형을 제작해 보라고 말함으로써 양극성을 통합하도록 해 줄 수도 있다.

심리치료에 인형을 사용하기 시작한 역사는 오래되었지만 대부분은 아동치료에 국한되어 왔다. 그것은 아동들이 인형을 갖고 노는 데 익숙해져 있으며, 따라서 인형에 대해 자연스럽게 흥미를 보이기 때문이다. 아동은 인형을 갖고 놀면서 쉽게 인형과 자기 자신을 동일시하여, 인형을 통해 자신의 욕구나 감정을 표현한다.

아동은 자신의 감정이나 욕구를 인형에 투사하고서 인형을 때리거나 미워하기도 하며, 다른 인물의 대체물로 간주하고서 그 인물에 대한 감정을 인형을 상대로 풀기도 한다. 아동은 아직 자신의 문제를 언어적으로 표현하는 능력은 부족하지만, 인형을 사용하는 경우 자신의 문제를 행동으로 잘 표현할 수 있다. 따라서 인형기법은 아동의 문제를 이해하고 치료하는 데 상당히 도움이 된다.

아동들은 가끔 무의식적 갈등을 자신도 모르게 인형을 통해 표현하기도 하는데, 인형은 단순히 비언어적 의사표현 도구의 차원을 넘어서 내담자의 무의식적 갈등을 이해하고 해결하는 데 중요한 도구가 될 수 있다. 내가 치료실습을 했던 독일 지그부르그(Siegburg) 아동 상담소에 의뢰되어 왔던 한 아동 사례를 간단히 소개한다.

> 5세 여자아이인데 아버지로부터 여러 차례 성추행을 당한 후, 심리적 문제가 생겨 학교에서 의뢰해서 온 아이였다. 처음에 그 아이는 상담소에 와서 아무 말도 하지 않고 우울한 표정으로 앉아 있기만 했었는데, 치료자가 인형을 갖고 놀게 했더니 인형 두 개를 가져와서 한 시간 내내 성행위 장면만 연출하였다. 이때 치료자는 아이의 그러한 행동에 대해 제지하거나 나무라지 않고, 계속 허용해 주었다. 그 아이는 몇 주 동안 이러한 행동을 하더니 어느 날 인형을 내던지기도 하고 심한 적개심을 표현하기도 했다. 시간이 흐르면서 치료자의 수용적이고 따뜻한 보살핌을 통하여 아이는 차츰 심리적 안정을 되찾았고, 나중에는 집에서 일어났던 일들에 대해 말로도 표현할 수 있게 되었다.

위의 사례에서 인형은 아이의 동일시 대상인 동시에 또한 자신의 무의식적 갈등을 표출하는 대상이기도 했다. 아이는 자신의 갈등을 억압하고 있었기 때문에 치료 초기에는 자신의 문제를 정확히 의식하지 못했고 따라서 자신의 갈등을 언어적으로 표현할 수 없었다. 하지만 인형을 줌으로써 자신의 무의식적 갈등을 인형에 투사해서 표출시킬 수 있었다. 아이가 단순히 자신의 갈등을 자각하는 단계에만 그치지 않고 행동을 통해 미해결과제를 해결할 수 있었던 것은 인형이라는 도구가 있었기 때문에 가능했다고 하겠다.

성인들의 경우는 대부분 인형을 다루거나 인형을 상대로 감정표현을 하는 것을 매우 어색해한다. 하지만 성인들에게도 아동기의 기억이 남아 있기 때문에 조금만 분위기가 형성되면 쉽게 인형작업에 몰입할 수 있다. 그래서 최근에는 아동치료뿐만 아니라 성인의 치료에도 인형을 많이 활용하는 추세이다. 특히 성인들의 어린 시절 이야기를 다룰 때는 인형이 매우 유용한 도구가 될 수 있다(Petzold, 1983).

내가 독일 본의 한 집단치료 장에서 만났던 헬가라는 이름을 가진 한 60대 할머니의 인형작업을 간단히 소개하기로 한다.

> 헬가가 자신의 어린 시절에 대해 이야기하고 싶다고 말하자, 치료자는 그녀에게 인형박스에서 필요한 인형들을 골라보라고 말했다. 그녀는 어머니와 가정부, 자기 그리고 여동생의 인형을 각각 골랐고, 또 유모차 한 대를 찾아냈다. 그녀는 어머니 인형으로는 크고 화려한 인형을 골랐고, 가정부 인형은 못되고 사악하게 생긴 마녀 인형을 골랐다. 여동생 인형은 조그맣고 귀여운 인형을, 자기에게는 못생기고 주근깨가 나 있는 인형을 골랐다. 지켜보는 사람들은 벌써 이 단계에서 무언가를 느낄 수 있었다.
>
> 그녀는 자기 인형을 가슴에 안고 그것을 말없이 쓰다듬고 있었다. 어느 순간 갑자기 그녀는 흐느껴 울기 시작했다. 어떤 장면이 떠오르느냐는 치료자의 질문에 그녀는 자신의 어린 시절 이야기를 시작했다. 그녀의 어머니는 여동생을 편애했고, 가정부도 따라서 자기를 차별했다고 한다. 어느 날 가정부는 동생을 유모차에 태우고 자기는 걸어서 놀이터에 갔는데, 점심시간이 되자 가정부는 집에서 싸온 빵을 동생에게 주었다. 헬가는 가정부에게 자기도 빵을 줄 수 있는지 물었다. 그러자 가정부는 **"아니 네 것은 없어! 하나님은 착한 아이에게만 빵을 내려 주신단다!"**라고 대답했다는 것이다.
>
> 그녀는 이 말을 하면서 다시 자기 인형을 안고 온몸을 비틀면서 흐느껴 울기 시작했다. 그러다가 그녀는 갑자기 가정부 인형과 동생 인형 그리고 어머니 인형을 차례로 방바닥에 내동댕이치며 고함을 지르며 그들에 대한 적개심을 뿜어냈다. 그리고 난 후에는 다시 한참 동안 흐느껴 울었다. 실컷 울고 나더니 그녀는 자기 인형을 품에 안고 다정하게 쓰다듬어 주면서 이렇게 말했다. **"헬가야! 그동안 얼마나 슬프고 외로웠니? 이제 슬퍼하지 마! 슬퍼할 필요 없어. 내가 있지 않니? 내가 너를 사랑해 줄게!"**

그녀의 개인작업이 끝나고 난 뒤 집단원들은 그녀를 따뜻한 눈으로 맞아 주었고, 그녀는 집단원들의 진심 어린 관심을 받으며, 오랫동안 억눌러 왔던 자신의 내면에 있는 불행한 어린아이의 눈물을 씻겨 줄 수 있었다.

헬가가 만일 자신의 어린 시절에 대해 언어적으로만 설명했다면, 참여한 집단원들은 아마 그녀를 그 정도로 깊이 이해할 수 없었을 것이며, 서로 간에 그토록 가까워짐을 느낄 수 없었을 것이다. 무엇보다도 집단원들은 어릴 적의 그 사건이 그녀에게 어떤 의미가 있는지 상상하기 힘들었을 것이다. 인형작업의 가장 큰 장점은 치료자나 집단원들이 동일시를 통하여 내담자의 체험에 함께 동참할 수 있으며, 또한 내담자의 감정변화를 현장에서 목격할 수 있다는 점일 것이다.

인형작업은 빈 의자 작업이나 두 의자 작업을 대신해서 쓸 수 있다. 게슈탈트치료에 익숙하지 않은 내담자들은 의자 작업을 어색해하고 힘들어하는 경우가 꽤 있는데, 반면에 인형작업은 상대적으로 수월하게 느낀다. 인형은 눈으로 볼 수 있기 때문에, 그리고 동일시를 통해 쉽게 감정을 투사할 수 있기 때문에 내담자들은 인형작업을 편하게 생각하는 면이 있다. 또한 인형작업에는 의자작업에는 없는 결정적 장점이 또 한 가지 있는데, 즉 내담자가 인형을 고르는 과정에서 자신이 작업할 대상의 특징을 [무의식적으로] 보여 줄 수 있다는 점이다. 그립가족인형 같은 것을 사용하면 다양한 대상들의 특징을 인형을 통해 표현할 수 있다.

개인작업을 하다 보면 흔히 내담자 내면의 두 개, 혹은 세 개의 서로 다른 목소리들을 발견할 수 있는데, 이것들을 그립가족인형을 통해 상호작용을 시키면 매우 효과적으로 작업할 수 있다. 예컨대, 상전과 하인의 대립갈등, 지혜롭고 자비로운 존재의 중재과정 등을 인형을 통해 작업하다 보면, 그냥 대화로만 작업할 때와는 달리 내담자의 내적 프로세스들을 매우 생생하게 보면서 다룰 수 있게 된다.

9. 비언어적 의사소통

우리가 사용하는 언어는 종종 상담과정에서 의사소통을 오히려 더 복잡하게 만드는 경우가 있다. 특히, 추상적인 개념을 많이 사용하는 경우는 더욱 그렇다. 이러한 문제점을 극복하기 위해 게슈탈트치료에서는 종종 비언어적 의사소통을 사용한다.

내가 자주 사용하는 방법은 집단이 처음 시작될 때, 두 사람씩 짝을 지어 눈을 감고 손바닥을 마주 대고 서로에 대해 알아보는 실험이다. 이때 말을 하지 않는 것을 제외하고는 어떤 행동도 다 허용된다고 말해 준다. 약 5분 정도의 간단한 실험에 불과한데, 이런 과정을 통해 집단원들은 때로는 짝의 어떤 성격측면에 대해 몇 년씩 함께 지낸 친구보다도 더 정확하게 알아내는 경우도 있다. 이것은 행위를 통하여 상대편의 존재를 직접 만나는 체험을 통해 가능한 것이다. 나는 독일의 한 게슈탈트집단의 첫 시간에 50대 초반의 한 남자와 이 실험을 하게 되었는데, 매우 흥미로운 체험을 하였다.

하인츠와 나는 서로 마주 보고 앉아 손바닥을 맞대고 탐색작업을 하였다. 그는 손을 조금 떨고 있었기 때문에, 나는 그가 다소 소심한 사람이 아닌가 생각했다. 내가 가만히 있으니까 그는 꼼짝하지 않고 손바닥을 대고 있었다. 그래서 나는 그의 손바닥을 쭉 밀어 보았다. 그래도 그는 계속 밀리기만 하지 반격을 하지 않았다. 그는 상당히 불편한 자세임에도 불구하고 계속 참고만 있었다.

나는 이 실험을 통하여 그의 성격이 매우 수동적이고 자기주장이 부족한 사람이라는 것을 느낄 수 있었는데, 나중에 그와 친해져서 알게 된 사실로, 그는 너무나 소극적이고 자기주장이 없어 부인으로부터 재미없는 사람이라는 이유로 일방적으로 이혼당했다고 한다. 집단에서도 갈등상황이 생기면 안절부절못하고, 모든 사람에게 자신을 맞추려고만 할 뿐 전혀 자신의 욕구를 표현하는 일이 없었다. 그는 타인의 부탁을 거절하는 법이 없었고, 자신은 항상 다른 사람 다음이었다. 그래서한 집단원으로부터 **"당신은 도대체 영양분(Nahrung)을 섭취하지 않는 것처럼 보여요!"**라는 말까지 들었다.

집단이 동시에 비언어적 접촉을 시도할 수 있는 다양한 방법들이 개발되어 있는데, 여기에 몇 가지를 소개하기로 한다.

① 방 안을 걸어 다니면서 서로 눈 접촉을 한다.
② 걸어 다니다가 마주친 사람과 잠시 마주 서서 눈 접촉을 한다.
③ 다시 걸어 다니다가 마주친 사람과 잠시 마주 서서 상대편의 어깨에 손을 얹고서, 눈 접촉을 한다.
④ 다시 떨어져서 걸어 다니며 눈 접촉을 한다.

① 두 팀으로 나누어 일렬로 줄을 서서 마주 보고 걸어오면서, 눈 접촉을 하고 지나간다.
② 마주 보고 오다 만난 지점에서 어떤 동작을 교환하고, 눈 접촉을 하고 지나간다.

① 집단원들을 모두 A와 B로 나눈다.
② B는 눈을 감고 서 있고, A는 방 안을 돌아다니며 B를 인도한다.
③ 북을 치면, A는 다른 B를 인도한다.
④ 임무를 바꾸어서 B가 A를 인도한다.

① 둘씩 짝을 짓고, 한 사람이 눈을 가린 짝을 20분씩 인도한다.

② 서로 말을 해서는 안 되며, 되도록이면 창의적인 실험을 해 보라고 말해 준다. 이때, 자기 자
　신과 상대편에 대해 가능하면 많은 것을 발견해 보도록 요구한다.

③ 끝나고 나면 짝과 체험한 것들에 대해 10분 정도 서로 대화를 나누고, 다시 전체가 모여서
　체험한 것들을 나눈다.

① 둘씩 짝을 짓고, A가 B에게 어떤 신체동작(예컨대, 밀어내는 동작)을 취하면, B는 그것을
　느껴 본다.

② 북을 치면 A는 원위치로 돌아가고, B는 A의 동작을 A에게 그대로 해 준다. (비언어적 반영기법)

③ 다시 북을 치면 B가 A에게 어떤 신체동작을 해 보인다.

④ 북을 치면, A가 B에게 그 동작을 그대로 해 보인다. (반영)

⑤ 북을 칠 때마다 상대편 행동에 대한 반영 없이 연속적 신체동작을 한다. 예컨대, A가 B에게
　어떤 동작을 취하고 나면, 다음에는 B가 A에게 신체동작을 취하는 식으로 계속 이어서 한다.

비언어적 의사소통을 이용하여 복잡한 집단프로세스가 표현될 수도 있다. 이는 집단원들이 집
단 속에서 자신이 처해 있는 상태를 공간예술의 개념으로 표현하는 기법인데, 집단에서 현재 자
신이 처해 있는 위상과 함께 자신의 욕구나 감정상태에 대한 지각을 자신의 신체와 공간을 이용
하여 상징적 예술작품으로 만들어 보는 것이다.

이때 집단원들의 다른 집단원들에 대한 지각, 자신의 상태에 대한 지각, 타인과의 관계에 대한
지각 등이 작품을 만드는 데 영향을 미친다. 이 기법은 대화치료의 문제점을 보완하는 동시에 예
술의 상징성과 직접성의 장점을 갖추고 있어 집단상황에서 발생하고 있는 갈등이나 역동을 가시
적이고 상징적인 방법으로 명료하게 표현해 준다.

작품이 만들어지면 리더는 그 상태에서 집단원들의 신체동작을 동결시키고서, 각자 돌아가며
자신이 취한 자세가 의미하는 바를 짧은 문장으로 말하도록 요구한다. 이때 집단이 처음 시작되
는 상황에서는 흔히 **"서먹서먹하다" "외롭다" "여기서 벗어나고 싶다." "누가 내 곁으로 와줬으
면 좋겠다!"** 등의 표현이 나온다. 하지만 집단 응집력이 생기고 갈등이 해결되고 나면, 집단원들
은 **"가깝게 느껴진다." "기분 좋다." "행복하다." "헤어지기 싫다." "가족같이 느껴진다!"**와 같은
말들을 많이 한다.

이런 문장들은 집단원들의 신체표현을 이해하는 데 도움을 준다. 하지만 대부분의 경우 집단
원들이 신체로 표현한 것들은 전문가가 해석하지 않더라도, 보는 사람들이 금방 직관적으로 그

의미를 이해할 수 있다. 즉, 집단원들은 처음에는 서로 멀리 떨어져 서 있는 것이 보통이고, 자세도 엉거주춤하거나 어색하다. 그러나 집단 응집력이 생겼을 때의 신체표현은 서로 가깝게 서 있고, 서로 마주 보는 자세를 하고 있다.

간혹 집단원들의 신체표현이 의미하는 것이 무엇인지 불명확한 경우가 있는데, 그런 때는 짧은 문장을 말하도록 요구함으로써 그 의미가 좀 더 분명히 드러날 수 있게 해 줄 수 있다. 이런 기법은 집단 갈등이 진행될 때, 전체집단의 구조나 역학관계를 알아보는 데도 도움이 된다. 즉, 집단원들 간에 어떤 소집단이 형성되었는지, 서로 간의 심리적 거리는 어느 정도인지, 집단프로세스가 어떻게 흘러가고 있는지 등을 가시화시켜 줄 수 있다.

10. 음악기법

음악을 이용하여 심리치료에 사용할 수 있는 방법은 매우 다양하지만 크게 나누어 두 가지로 분류할 수 있다. 즉, 수용적인 방법과 행위적인 방법이다. 전자의 경우는 주로 치료자가 특정 음악을 선정하여 들려주고 내담자는 음악을 듣기만 하는 데 반하여, 후자의 경우는 내담자가 직접 악기를 다루면서 음악을 연주한다. 음악치료는 이 양극단 사이에서 여러 가지 혼합 형태로 행해지고 있다. 흔히 사용되는 방법 몇 가지를 소개하면 다음과 같다.

1) 수용적 음악치료

이것은 흔히 일반인들이 자발적으로 사용하는 방법으로서 자신의 기분상태와 비슷한 음악, 혹은 정반대 상태의 음악을 골라서 들음으로써 특정한 기분상태를 유지하거나, 혹은 변화시키는 방법이다. 음악이 우리의 정서 상태에 영향을 미칠 수 있음은 인간의 역사만큼이나 오래된 사실이다.

우울한 기분을 전환시키고 싶을 때, 혹은 우울한 기분에 푹 젖어들고 싶을 때, 우리는 각기 다른 종류의 음악을 선택하여 듣는다. 이때 자신이 바꾸고 싶은 정서상태가 어떤 것인가를 알아차리면, 그에 맞는 음악을 선택하는 일은 그다지 어렵지 않다. 요즘은 인터넷 검색만 해도, 각기 다른 심리상태일 때 들으면 좋은 추천곡 리스트들을 쉽게 찾아내어 다운받거나, 인터넷에서 직접 감상할 수 있다.

집단원들은 함께 음악을 감상한 다음, 서로의 느낌을 나눔으로써 음악에 대한 민감성을 기를 수 있으며, 또한 이 과정에서 서로에 대한 친밀감을 형성할 수 있다. 이러한 과정을 반복하게 되면, 함께하는 집단원들의 존재로 말미암아 각자 음악을 더욱 집중해서 듣게 되고, 또한 토론을 통해 함께 들은 곡들에 대한 이해와 친근감을 높일 수 있게 된다.

2) 환상적 음악치료

이는 음악을 매개로 해서 집단원들의 상상을 자극시킨 후 떠오르는 환상들을 이용하여 집단작업을 하는 방법이다. 순서와 방법은 다음과 같다.

> ① 집단원들은 함께 리더가 들려주는 음악을 듣는다.
> ② 음악을 들으면서 떠오르는 장면과 상황을 머릿속에 그려 보면서 줄거리가 있는 이야기를 하나씩 구성해 본다.
> ③ 음악이 끝나면 각자 돌아가며 자기가 지어낸 이야기를 말한다.
> ④ 다른 사람들의 이야기를 듣고 난 소감을 나눈다.

환상적 음악치료에서는 리더가 집단원들의 욕구나 정서 상태를 잘 파악하여 그에 맞는 음악을 들려주는 일을 맡는다. 집단에서 집단원들이 모두 함께 음악을 들은 다음, 그 음악에 대해 각자의 느낌을 이야기하고, 떠오른 환상을 서로 나누는 작업은 무척 흥미롭고 신선한 경험이 될 수 있다. 각자의 환상을 나누는 과정에서 집단원들 간에 공감대가 형성되면서 친밀감과 집단응집력이 높아지며, 또한 집단원들 각자의 환상을 서로 비교해 봄으로써 각자의 성격과 행동방식에 대해 중요한 정보를 얻을 수 있다.

3) 상호교류적 즉흥연주

이것은 집단원들이 여러 가지 악기를 사용하여 직접 연주를 하는 방법이다. 이때 각자 그때그때의 기분에 따라 여러 가지 악기를 바꾸어 가며 연주한다. 중요한 것은 자신의 현재의 감정을 악기를 통해 표현하는 것이다. 처음에는 대다수의 집단원들이 자기 감정의 표현에만 몰두하지만, 여러 차례 하게 되면 차츰 타인과의 교류를 시도하게 되고, 대인지각이 높아지면서 자연스럽게 전체와 조화되는 음악을 연출해 낸다.

악기로는 피아노나 쳄발로, 하프, 바이올린, 첼로, 북, 드럼, 플루트, 색소폰 등 모든 악기들이 다 가능하며, 심지어는 드럼통과 돌멩이, 양철통, 찻잔, 젓가락 등 소리를 낼 수 있는 사물이면 모두

다 악기로 사용될 수 있다. 물론, 장구나 꽹과리, 징, 가야금, 피리, 퉁소, 대금 등 국악기들도 좋다.

이런 악기들은 전혀 신품일 필요가 없다. 한쪽 모서리가 떨어져 나간 피아노, 줄이 한두 개 끊어진 현악기, 망가진 관악기 등 모든 것들이 흥미로운 실험소재가 될 수 있다. 참여자들의 악기를 다룰 수 있는 능력 또한 중요하지 않다. 오히려 악기를 다룰 줄 아는 것이 즉흥연주에 방해가 될 수 있으므로 자신이 다룰 줄 모르는 악기를 선택하는 것이 더 좋다. 연주를 할 때는 말을 해서는 안 된다.

이 방법은 대인지각과 집단 상호작용, 그리고 상호의사교류에 중점을 두는 것이 그 특징이다. 특히, 비언어적 의사교류를 시도한다. 언어적 의사교류가 방어적이고 은폐적일 수 있는 데 반해, 비언어적 교류는 직접적이고 개방적이어서 서로가 서로를 관찰하며 즉시 피드백이 이루어진다.

이러한 작업은 짧은 시간에 수많은 상호교류가 동시에 진행되므로 매우 심도 있는 접촉이 가능하다. 대화치료에서는 집단에서 한 사람이 말을 하면 그 순간에는 다른 사람은 집중해서 듣고 관찰하는 이외의 행동은 할 수 없다. 그러나 상호교류적 음악치료에서는 동시에 여러 사람이 행동과 반응을 할 수 있으므로 접촉이 매우 활성화된다.

이 방법의 또 다른 장점은 경계선 환자나 정신분열증 환자로 구성된 집단에도 사용할 수 있다는 것이다. 정신분열증 환자들은 사고장애 때문에 언어적인 의사소통에서 많은 어려움을 갖는데, 상호교류적 즉흥연주에서는 비언어적 의사소통을 하므로 좋은 반응을 보인다.

나는 독일 라인 지역 주립 정신병원의 음악치료 센터에서 요하네스 크노이트겐(Johannes Kneutgen) 박사의 지도로 음악치료 훈련을 받았는데, 주로 정신분열증 환자들과 함께 즉흥연주를 많이 했다. 환자들은 아침 식사가 끝나면 종합병동으로부터 좀 떨어져 있는 가건물로 된 음악치료 센터에 찾아와 오전 내내 있다가, 점심 식사시간에 병동으로 돌아갔다가 오후 두 시쯤 되면 다시 찾아와 하루 종일 치료센터에 머물렀다.

거기에는 심하게 철수되어 있는 만성 정신분열증 환자들도 매일 열심히 찾아오곤 했다. 상태가 매우 나쁜 환자들은 그냥 앉아서 커피를 마시면서 구경만 하거나, 의자에 앉아 꾸벅꾸벅 졸기도 했다. 그러다가 좀 정신이 들면 함께 연주도 하고 대화에 끼어들기도 했다.

이 치료는 놀이와 치료적인 측면을 동시에 포함하고 있으므로, 치료동기가 낮고 집중력이 떨어지는 내담자들에게도 좋은 효과를 보인다. 치료의 절차를 간단히 소개하면 다음과 같다.

① 녹음 준비를 해 놓고서 집단원들은 즉흥연주를 한다. 참여자 수는 8명에서 15명 정도가 이상적이다. 정해진 연주시간은 따로 없고 집단의 역동에 따라 자연스럽게 끝낸다. 즉, 집단 에너지가 서서히 떨어지는 시점에 그만두면 된다. 대략 20분에서 40분 정도면 충분하다. 집단 응집력이 생길수록 연주시간이 점점 더 길어지는 경향이 있다.

② 연주를 끝내고 의자에 둘러앉은 후 연주하면서 체험한 것들을 나눈다. 음악을 연주하면서 느낀 개인적 체험과 타인지각, 그리고 타인과의 비언어적인 교류(합주 혹은 방해 행동) 등에 대해 중점적으로 나눈다. 토론시간은 주제의 유무에 따라 신축성 있게 조절한다.

③ 녹음된 자신들의 연주를 함께 감상한다.

④ 감상을 한 후에 연주에 대해 토론한다.

⑤ 휴식을 취한 후 다시 연주를 시작한다.

토론시간에 개인적 혹은 집단적 주제가 부각되면, 그것을 소재로 게슈탈트치료적인 접근을 시도할 수 있음은 물론이다. 음악치료를 그 자체로만 사용할 수도 있지만, 개인의 주제를 찾아내거나 집단 속에서의 반복적 행동패턴을 발견하는 수단으로 사용할 수도 있다.

음악치료는 신체동작과 율동을 포함할 뿐 아니라 매우 강한 집단프로세스를 일으키는 기법이므로, 집단에서 일어나는 사건들을 예리하게 지각할 수 있는 리더의 능력과 주의력이 요구된다.

4) 집단 환상동작

이는 내담자가 자신을 동물이나 식물 혹은 무생물의 동작이나 상태를 동일시하면서 이것을 동작으로 형상화시켜 표현해 보는 기법이다. 이 기법을 통하여 내담자는 자신의 신체적·유기체적 욕구를 자각하고 접촉하는 한편 타인들과도 여러 가지 새로운 관계방식을 실험해 볼 수 있다. 이 작업은 클래식이나 현대음악을 들으면서 하는 것이 도움이 된다. 특히, 현대음악의 모호성을 이용하면 집단프로세스를 일으키는 데 도움이 된다.

리더는 집단원들에게 각자 자신이 지금-여기에서 느끼는 감정이나 욕구상태를 가장 잘 표현할 수 있는 동물이나 식물 혹은 무생물로 변신하여 연기해 보라고 말한다. 그러면 어떤 집단원은 한 마리의 곰이 되어 방 안을 어슬렁어슬렁 걸어 다닐 것이고, 또 다른 집단원은 소가 되어 한쪽 구석에 편안히 누워 되새김질을 할지도 모른다.

아마 토끼가 되어 깡충깡충 방 안을 뛰어다니는 집단원도 있을 것이고, 원숭이가 되어 높은 곳에 앉아 사태를 관망하고 있는 집단원도 있을 것이다. 사나운 짐승으로 변신하여 싸움을 걸어오는 집단원도 있을 것이고, 그것을 말리려는 코끼리나 하마 같은 동물이 나타날지도 모른다. 그때그때 기분에 따라 집단원들은 다른 동물로 변신할 수 있다.

이 기법은 매우 단순한 놀이 같지만 의외로 집단원들의 내적상태와 욕구를 잘 표현해 주며, 또한 상호교류와 집단프로세스의 측면을 관찰하고 실험하기에 좋다. 집단작업이 끝나면 모여서 체험한 것들을 서로 나눈다. 다음은 내가 이끌었던 집단에서 있었던 한 장면을 소개한 것이다.

A는 어릴 때 동생에게 열등감을 많이 느꼈는데, 그것이 발단이 되어 매사에 자신감이 없었다. 그는 동생에 대한 적개심이 상당히 강했으나 한 번도 제대로 밖으로 표출해 본 적이 없었다. 그는 장에서 여러 모로 그의 동생과 비슷한 B에게 경쟁의식과 함께 적개심을 느꼈으나, 그에게 여태껏 그런 감정을 표현하지 못하고 있었다. 그런데 집단 환상작업에서 A는 마침내 사나운 곰으로 변신하여 B에게 자신의 적개심을 표현했다. A와 B는 소리를 질러가며 서로 열심히 싸웠고, A의 어려움을 알고 있었던 집단원들은 열렬히 A를 응원했다. A는 마침내 B를 제압했고, B는 기진맥진하여 A에게 도움을 요청했다.

A는 B를 업어서 아주 감성이 풍부하고 섬세한 여성인 C에게 데려다 주었다. C는 B를 무릎에 앉히고 그의 땀을 닦아 주었다. 평소에 일 중심으로 긴장하며 살아왔던 B는 머리를 C의 무릎에 올려놓고 참으로 오랜만에 완전히 긴장이 풀려 편안히 쉬었다.

A는 승리감과 함께 자신의 오랜 콤플렉스를 극복한 기쁨에 도취되어, 마침 흘러나오는 모차르트의 음악에 맞추어, 신나게 춤을 추며 홀 안을 뛰어다녔다. A는 물론 B와 C에게도 그리고 이 광경을 지켜보고 있던 다른 집단원들에게도 이 순간은 정말 멋지고 감동적인 장면이었다.

11. 미술기법

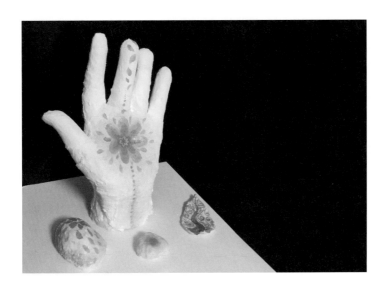

그림은 우리의 내면세계를 표현하는 또 하나의 중요한 수단이다. 그래서 흔히 그림을 통하여 집단원들의 억압된 욕구나 감정, 중요한 행동동기 혹은 반복되는 행동패턴을 발견할 수 있다. 예컨대, 일에 무척 시달려 온 사람이 바닷가에서 비취 파라솔 아래 드러누워 있는 자신의 모습을 그린다거나, 갑갑한 직장을 벗어나 멀리 여행을 떠나고 싶은 사람이 시골길을 달려가는 기차를 그리는 것들을 볼 수 있다.

이처럼 그림 한 장에 개인의 중요한 동기나 삶의 주제가 드러날 수 있기 때문에, 집단에서 작업을 시작할 때 한 시간쯤 할애하여 그림을 그리도록 하는 것은 결코 시간 낭비가 아니다. 이때 그림을 잘 그리고 못 그리는 것은 전혀 중요하지 않다. 단지 지금-여기의 감정과 욕구에 집중하여 자각되는 것을 그림으로 표현하면 그만이다. 그림은 추상적인 형태도 좋고, 어린이들의 그림처럼 유치한 내용이라도 상관없다.

그림은 혼자 그릴 수도 있으나 대개 집단에서 함께 그리게 된다. 집단에서 함께 작업하면 더 잘 집중할 수 있으며, 또한 집단프로세스가 일어나서 서로 영향을 주고받게 되므로 흥미로운 결과를 얻을 수도 있기 때문이다.

집단프로세스가 더욱 잘 드러나도록 해 주기 위해 한 장의 큰 종이 위에 집단원들이 모두 함께 그림을 그리도록 하는 방법도 있다. 이 과정에서 흔히 집단원들 간에 공간사용과 관련된 영역침범의 문제를 놓고 갈등이 생기기도 하고, 다른 사람이 그린 그림에다 새로운 부분을 그려 주는 행위를 한 사람에 대해 수용적 혹은 거부적 반응을 나타내는 다양한 개인 간 프로세스가 나타나기도 한다.

그림을 그릴 때는 대개 리더가 음악을 들려주면서 그리게 한다. 이때 어떤 음악을 들려주는가에 따라 그림이 달라질 수 있기 때문에 음악을 신중하게 선택해야 한다. 가급적이면 너무 알려진 곡보다는 덜 알려진 곡을 택하는 것이 좋다. 나는 대개 회상적인 분위기의 음악을 들려주면서 집단원들에게 다음과 같은 지시문을 준다.

> 잠시 후 음악을 들려드리면, 눈을 감고 조용히 음악에 귀 기울여 주십시오. 한 5분 정도 음악을 들으며 여러분들이 살아온 과거를 회상해 보십시오. 어린 시절의 장면부터 시작해서 현재까지 의미 있는 순간들을 떠올려 보면서 어떤 주제가 잡히는지 알아차려 보십시오.
>
> 대략 어떤 주제가 잡히면 눈을 뜨시고 그것을 그림으로 옮겨 보십시오. 추상화로 그려서도 좋고, 구체적인 장면으로 그려서도 좋습니다. 그림을 잘 그리실 필요는 전혀 없습니다. 단지 자신의 욕구나 감정 혹은 생각 등을 자유롭게 그림으로 표현하시면 됩니다. 시간은 약 30분쯤 드리겠습니다. 그림을 그리실 때는 일체 옆 사람과 말을 해서는 안 됩니다. 그림을 그리면서

그때그때 자신의 감정이나 욕구, 신체감각을 알아차리면서 그리시기 바랍니다.

그림을 다 그리고 나면 함께 그림을 감상한다. 감상하는 방법은 따로 정해져 있지는 않지만, 나는 주로 다음의 두 가지를 쓴다.

　①　각자 자기 그림을 앞에 나가 소개하고 나서, 그 그림에 대해 다른 집단원들이 질문을 하거나 반응하는 방법
　②　먼저 한 사람의 그림에 대해 다른 집단원들이 느끼는 것들을 투사적으로 표현하게 한 뒤, 다시 각자 자신의 그림을 소개하는 방법

전자는 통상적인 방법으로서 그림을 그린 사람의 동기를 들어 보고, 그것을 이해하는 방식인데 반해, 후자는 집단원들의 다양한 투사를 실험해 볼 수 있는 기회가 된다. 따라서 후자의 방법이 훨씬 더 역동적이다. 하지만 이는 시간을 더 많이 요하므로 장단점을 고려해야 할 것이다.

집단원들은 흔히 그림을 그리면서 자신의 중요한 욕구와 감정에 대해 알아차리거나, 혹은 자신의 전형적인 행동패턴을 발견하기도 한다. 즉, 그림을 그리는 작업은 단순히 그림만 그리는 것이 아니라, 자신의 동기와 행위에 대해 새로운 자각과 통찰을 할 수 있는 기회를 제공한다.

내가 이끈 집단에서 한 여성 내담자는 방 한가운데에서 치마를 입고 앉아 있는 소녀를, 그리고 그 둘레를 식구들이 앉아 있는 그림을 그렸다. 그녀는 매우 자기중심적인 성격이었으며 항상 사람들의 관심을 끌려고 애를 썼는데, 그녀의 이러한 행동패턴이 그림에 그대로 드러나고 있어 자기 스스로도 나중에 깜짝 놀라는 모습이었다.

흔히 그림을 그릴 때는 별 생각 없이 시작했다가, 그림을 그리면서 매우 깊은 내적 체험을 하는 경우를 볼 수 있다. 내가 이끈 집단에서 한 집단원은 그림을 그리다가 자신의 깊은 외로움을 발견하고 그만 울음을 터뜨리기도 했다. 또 어떤 집단원은 아버지에 대한 심한 적개심을 강렬한 원색을 사용해서 굉장한 에너지를 투입해 가며 그렸는데, 이러한 작업과정을 통해 자신의 적개심의 상당 부분을 해소하기도 했다. 즉, 그는 그림을 시작할 때는 아주 일그러진 표정으로 시작했는데, 그림을 다 그렸을 때는 매우 차분하고 편안한 자세로 돌아와 있었다. 실제로 기분을 물었을 때 그는 아주 좋아졌다고 대답했다.

한 장의 전지 위에 집단원들이 모두 함께 그림을 그릴 때는 한 조에 4~6명 정도가 참여하는 것이 적당하며, 이때는 완성된 그림을 먼저 조별로 피드백 작업을 한 다음, 전체집단에서 발표하는 것이 좋다. 조원들끼리 피드백 작업을 하는 방법은 집단그림 작업을 할 때 조원들 간의 상호작용

과정에서 알아차렸던 감정이나 생각 혹은 신체감각을 위주로 자기개방을 하면 된다. 그리고 나서 각 조의 대표가 전체 집단원들에게 자기 조에서 일어난 프로세스들을 그림을 보여 주면서 설명하는 방식으로 진행하면 된다.

색종이를 손으로 뜯어 마분지나 종이 박스 위에다 풀로 붙여 만드는 콜라주 작업, 혹은 찰흙을 주물러 형상을 만드는 작업 등도 그림기법과 마찬가지로 내담자의 내적 욕구를 자각하고 접촉하게 해 주며, 나아가서 타인과의 교류와 접촉을 증진시켜 주는 기법이다. 여기서는 찰흙을 사용하는 작업만 간단히 소개하기로 한다. 찰흙작업도 그림기법과 마찬가지로 집단원들의 만들기 솜씨는 중요하지 않으며, 단지 지금-여기의 감정과 욕구에 따라 어떤 형상을 만들어 내기만 하면 된다. 이것도 각자 혼자 작업하는 것보다는 둘씩 혹은 네댓 명이 함께 집단작업을 하는 것이 더 좋다. 이 작업에도 여러 가지 방법이 있는데, 여기에서는 두 가지만 소개한다.

1) 눈감고 조형하기

이 작업은 촉각만을 사용해서 우리가 원하는 형상을 만들어 봄으로써 촉각을 민감하게 발달시킬 수 있으며, 또한 시각을 차단시킴으로써 결핍을 통해 시각을 예민하게 해 주는 효과도 가져다 준다. 이때 가장 중요한 것은 내적인 욕구나 감정을 물리적으로 형상화시켜 봄으로써 유기체 현상에 대한 자각과 접촉을 높여 주는 것이다.

① 집단원들은 음악을 들으면서 천정을 쳐다보며 방 안을 걸어 다닌다.
② 순간순간의 기분에 따라 어떤 형상을 만들고, 부수고, 다시 만들고 부수는 작업을 되풀이한다. 이때 손의 감각만으로 조형한다.
③ 동작을 멈추고 자신이 만든 조형물을 자세히 관찰한다.
④ 집단에 모여서 각자 자신이 알아차린 것들을 나눈다.

2) 짝지어 조형하기

이 기법은 두 사람씩 짝을 지어 함께 작품을 만들어 서로 교환하는 작업인데, 집단원들로 하여금 각자 자신의 욕구와 감정을 알아차리고, 이를 물리적으로 형상화시키는 체험을 하게 함으로써 알아차림과 접촉을 강화시켜 준다. 그리고 짝과의 비언어적 의사소통을 통하여 집단원들 간에 친밀감 형성에 도움을 준다. 만든 작품을 교환해서 만져 보는 실험은 촉각을 예민하게 만들어 주고, 서로를 위해 선물을 만들어 주라는 메시지를 덧붙이면 서로 간에 감정교류를 촉진시켜 줄 수 있다.

① 집단에서 두 사람씩 짝을 지어 등을 맞대고 앉는다.

② 눈을 감은 채 음악을 들으며, 짝과 등으로 접촉·교류를 시도한다.

③ 지금-여기의 감정과 욕구에 집중하면서 찰흙을 조형한다.

④ 잠시 작업을 중단하고 만들어진 형상을 짝에게 어깨 너머로 넘겨준다.

⑤ 상대편의 작품을 잠시 동안 만져 본 다음, 그것을 변형시켜서 다시 짝에게 넘겨준다.

⑥ 넘겨받은 작품을 손으로 더듬으며 감상한 다음, 다시 변형시켜서 짝에게 넘겨주는 작업을 계속 되풀이한다(총 20~30분 정도).

⑦ 두 사람이 각자 이 과정에서 느낀 것들을 서로 나눈다.

12. 문학기법

음악을 들으면서[혹은 음악 없이] 리더나 집단원 중에 한 사람이 시나 수필 혹은 소설의 한 부분을 낭독하고, 집단원들이 이를 듣고 난 소감을 나누거나, 그 과정에서 알아차려진 감정을 바탕으로 상호작용을 하는 방법이다. 이때 어떤 작품을 고르느냐에 따라 집단원들의 분위기가 달라질 수 있기 때문에, 리더는 집단 상황에 적절한 작품을 선정하여 낭독하도록 해야 한다. 물론, 집단원들이 집에서 작품을 가져올 수도 있고, 즉흥시를 지어 낭송할 수도 있다.

이 작업은 단지 작품에 대한 토론형식으로 흘러서는 안 된다. 그것은 집단원들의 내면세계가 중심이지 작품분석이 목적이 아니기 때문이다. 작품을 통해 집단원들은 자신의 삶과 관련된 주제를 발견하게 되거나, 혹은 삶의 본원적인 문제에 대해 사유할 수 있게 된다. 문학의 언어는 잘 다듬어진 감성적 언어이기 때문에 주로 계량적이거나 분석적인 용어를 많이 사용하는 학술 언어와는 달리, 우리에게 보이지 않는 존재의 세계를 열어 보여 준다.

하이데거에 의하면 우리는 언어를 통해 세계를 만난다고 한다. 언어와 접촉함으로써 진정한 존재체험을 한다는 것이다. 이런 맥락에서 그는 언어를 '존재의 집'이라고 했다. 그에 따르면 언어는 그 자체가 우리에게 다가와서 체험을 가져다준다. 여기서 말하는 언어란 '도구적 언어'가 아니다. 도구적 언어는 언어와 대상세계를 분리시켜 놓고, 대상세계를 기술하는 도구로 사용되는 것을 의미하는데, 학술 언어는 대개 이러한 도구적 언어이다.

우리가 문학을 통해 얻을 수 있는 것은 바로 문학 언어를 통해 드러나는 존재에 대한 체험이다. 여기서 우리는 작품의 구조분석이나 언어분석을 하려 해서는 안 된다. 촘스키(Noam Chomsky)의 태도처럼 언어의 구조를 분석하는 것은 **언어**를 경험하는 것이지 언어의 **본질**을 드러나게 하는 것이 아니다. 언어(Die Sprache) 스스로 자기를 **드러내도록** 해 주는 것이 언어를 본질적으로 이해하는 것이다. 다시 말해서 이는 언어에 내맡기라는 의미이다. 즉, 언어가 스스로 자신을 드러내어 우리에게 작용하도록 우리는 언어에 그냥 내맡김으로써 존재체험을 할 수 있다는 것이다. 언어에 내맡기면 언어 자체가 유희를 하며 우리에게 그 존재를 드러내 준다는 것이다.

전통적으로 서구에서는 언어를 대상세계를 표현하고, 지시하는 도구로만 생각해 왔다. 하지만 하이데거에 따르면 언어는 훨씬 심원한 것으로서, 우리는 태어나는 순간부터 언어 속으로 태어나며, 언어가 말하는 것을 들으며 자란다고 한다. 그래서 언어를 배우는 것은 단순히 어떤 도구를 배우는 것이 아니라 삶 속에 참여하는 것이며 삶의 형식을 배우는 것이라는 것이다.

하이데거는 또한 세계가 언어 속에 담겨 있다고 말한다. 그래서 언어에 귀 기울임으로써 우리는 세계를 발견하고 그 속에 참여할 수 있다. 여기서 언어에 귀 기울인다는 말의 뜻은, 무언가를 말하기 전에 먼저 언어가 무엇을 말하는가를 귀 기울여 듣는다는 뜻이다.

하이데거가 말하는 언어란 단순히 우리가 사용하는 언어가 아니라 상식적으로 생각하는 언어보다 훨씬 본원적인 언어이다. 그러한 언어는 우리가 사용하는 언어와 무관하지는 않지만 그것을 넘어서는, 표현되는 언어 이전의 본질적인 말을 의미한다. 그에 의하면 언어는 존재의 양식이다. 즉, 언어는 그 자체가 존재이며, 말(Rede)은 그러한 존재의 드러남이다. 언어는 세계-내-존재로서의 인간 실존의 근원이다.

언어는 자기와 세계를 이해하게 해 주는 뿌리이다. 언어는 **'기분(Befindlichkeit)'**과 이해를 바탕으로 존재를 드러나게 해 준다. 우리가 그러한 언어에 귀를 기울임으로써 언어는 마치 빛이 어둠 속에 있는 존재들을 비추어 주듯이, 존재의 세계를 드러내 준다는 것이다. 심리치료라는 것도 알고 보면 언어를 통해 내담자가 모르고 있던 세계를 조금씩 새롭게 발견해 나가는 작업이라고 할 수 있는데, 그런 의미에서 하이데거가 강조하는 본원적인 언어에 대해 관심을 기울일 필요가 있다고 본다(Heidegger, 1967, 1980; Heaton, 1989, pp. 96-110).

문학기법은 집단원들로 하여금 일상적인 언어나 학술적인 언어에 오염된 세계로부터 잠시 벗어나, 좀 더 본원적인 언어의 세계에 귀 기울이게 해 주고, 따라서 존재상실의 위기를 극복하고 실존적 체험의 세계로 나아가는 기회를 제공해 준다. 시를 비롯한 문학적 언어는 존재의 세계를 가장 근원적으로 드러나게 해 주는 실존적 언어이다. 집단에서의 문학 작업은 집단원들의 깊은 내면세계를 자극하고, 존재체험에 대한 욕구를 증가시켜 주며, 상호 간에 진지한 교류와 접촉을 증진시켜 준다. 집단원들 중에는 종종 문학적 소양이 있는 사람들이 있기 마련이고, 그들의 참여는 그들 개인적 내면세계를 개발하고 활성화시켜 줄 뿐만 아니라, 집단 전체에도 긍정적 영향을 미칠 수 있다.

나는 가끔 집단에서 분위기가 되면 각자 돌아가며 짧은 자작시를 지어 낭송하는 시간을 갖는다. 특히 집단이 끝나는 마지막 날에는 각자 깨달은 바를 돌아가며 시적 언어로 표현하는 기회를 갖곤 하는데, 이는 집단원들에게 상당히 새로운 경험을 하게 해 주는 것 같다. 이때 나는 집단원들에게 다음과 같은 지시문을 준다.

> 자! 모두 잠시 눈을 감고 우리가 이제까지 만나, 체험하고 깨달은 것들을 되돌아보는 시간을 갖기로 하겠습니다. 힘들었던 순간들, 그리고 인상 깊었던 장면들을 하나씩 떠올려 보십시오. 〈잠시 침묵〉 그러면 이제 눈을 감은 채, 각자 돌아가며 짧은 글이나 시를 하나씩 지어 말해 보도록 하겠습니다. 그런데 당신과 나 혹은 여러분이라는 말이 반드시 한 번 이상씩 들어가도록 해 주십시오.

다음 내용에 소개한 기법들은 프로그램 형태로 진행시킬 수 있는 간단한 구조화된 기법들이다. 하지만 때로는 이런 단순한 기법들을 통해서도 집단원들은 자신의 중요한 측면을 자각하는 경우가 있다. 이들은 앞에 소개한 집단기법들과 마찬가지로 집단원들의 감정이나 욕구, 지각, 전형적인 사고패턴, 행동패턴 등을 탐색하는 데 도움을 준다. 다만 구조화된 프로그램들이기 때문에 각 집단원들의 특성이나 집단프로세스 그리고 집단상황 등을 정확히 고려하지 못하므로 그 용도는 다분히 제한되어 있다고 볼 수 있다.

1) 문장완성

　　집단에서 처음 만났을 때, 할 수 있는 프로그램으로서 아래의 문장들을 완성시키는 놀이이다. 리더가 먼저 예를 들어 주면 집단원들의 이해가 빨라지므로 도움이 된다. 이때 암시적인 것이 되지 않도록 중립적인 예를 드는 것이 좋다.

　　　　여러분이 정말 저를 아신다면 …
　　　　여러분은 저에게 …
　　　　제가 여러분에게 가장 바라는 것은 …
　　　　저는 여러분이 정말로 …
　　　　제가 여기서 두려워하는 것은 여러분이 …
　　　　내가 가장 싫어하는 것은 여러분이 …
　　　　내가 가장 좋아하는 것은 여러분이 …

　　이는 아주 간단한 기법이지만 흔히 집단원들의 중요한 동기를 드러내 준다. 집단원에 따라서는 자신의 동기를 감추고 사회적으로 바람직한 방향으로만 답하는 사람도 있지만, 그것은 그것대로 의미가 있다. 적어도 본인은 자신의 감정이나 동기에 대해 좀 더 명확히 알아차리는 계기가 될 수 있기 때문이다.

　　부부가 함께 왔을 때는 아래의 문장들을 완성시키도록 할 수 있다. 이 프로그램의 장점 중 하나는 부부에게 동등한 기회를 제공해 준다는 것이다. 집에서는 대개 어느 한쪽이 일방적으로 말을 독점하기 때문에, 상대편의 이야기를 들을 기회가 잘 없는 경우가 많다. 그런데 이 게임에서는 각자 동등한 기회가 보장되기 때문에 서로의 이야기를 들을 수 있게 된다.

　　　　내가 당신에게 섭섭한 것은 …
　　　　내가 당신에게 화가 나는 것은 …
　　　　내가 당신에게 바라는 것은 …
　　　　내가 당신에게 미안하게 생각하는 것은 …
　　　　내가 당신에게 고맙게 생각하는 것은 …

내가 당신에게 해 주려는 것은 …

흔히 집단원들은 자신의 미해결감정을 상대에게 투사함으로써 갈등이 생기는 것을 볼 수 있는데, 다음과 같은 문장완성 게임은 집단원들로 하여금 각자 자신의 투사를 자각하고 책임지도록 도와준다.

나는 당신이 … 인 것 같이 보입니다. 그러나 그렇게 보는 것은 나의 시각(책임)입니다.
나는 당신이 … 하려는 것 같이 보입니다. 그러나 그렇게 보는 것은 나의 시각(책임)입니다.

2) 우리 집

집단원들에게 눈을 감고 자신이 10세가 되기 전에 살았던 집을 떠올려 보라고 말한다. 그러고 나서 그 집의 마당을 한 번 돌아보고, 방에도 들어가 보는 상상을 해 보라고 말한다. 이때, 방 안의 분위기나 가구, 장롱, 집기, 책상, 부엌, 식탁 등의 모양이나 색깔, 냄새 등을 기억해 보고, 그것들과 관련된 연상들을 떠올려 보라고 말한다. 그러고 나서 집단원들에게 다음의 질문들을 한다.

① 당신은 어떤 방을 가장 좋아했습니까?
② 당신만이 아는 비밀 장소가 있었습니까?
③ 당신이 들어갈 수 없었던 방이 있었습니까? 있었다면, 그 이유는 무엇이었습니까?

잠시 후에 눈을 뜨라고 지시하고, 기억해 낸 것들을 백지 위에 평면도로 자세히 그리게 한다. 다음으로 그림을 앞에 놓고, 각자가 체험한 것들을 위치를 설명해 가며 설명하도록 시킨다. 흔히 이런 작업을 하면서 오랫동안 잊었던 어린 시절의 사건이나 장면들을 기억해 내는 내담자들도 있다.

3) 가족 가치관

당신이 성장한 가정에서 집안 식구들이 지켜야 했던 규칙이나 이상 혹은 금기 사항들을 아래의 질문에 따라 십계명의 형식을 빌려서 적어 보십시오.

① 당신의 집에서 늘 이야기되던 농담이 있었습니까? 있었다면 어떤 것이었습니까?

② 부모님으로부터 들었던 모순적인 메시지가 있었나요? 있었다면 그게 무엇이었습니까?

③ 죄수, 간수, 판사 역할을 한 사람이 있었습니까? 만일 있었다면 그게 누구였습니까?

④ 지금의 가정에서 당신은 어떤 역할을 맡고 있습니까? 있다면, 어떤 역할인가요?

이 작업은 집단원들로 하여금 자신의 성장과정에서 있었던 일들을 이야기하게 함으로써 집단원들 간에 서로 친밀감과 유대감을 형성하게 해 주며, 또한 자신의 내사된 도덕적 판단이나 가치관을 발견하게 하여, 그것들이 자신의 현재 삶에 미치는 영향에 대해 통찰할 수 있는 기회를 제공해 준다.

4) 나의 소망

다음의 질문들을 읽으시고 얼른 떠오르는 생각을 적어 보십시오.

① 당신이 동물로 태어난다면 어떤 동물로 태어나고 싶습니까? 왜 그 동물이 되고 싶습니까?

② 만일 다른 사람과 3주 동안 위치를 바꿀 수 있다면 누구와 바꾸시겠습니까? 왜 그 사람과 바꾸고 싶습니까?

③ 당신 앞에 천사가 나타나서 세 가지 소원을 말하라고 한다면 무엇을 말하시겠습니까?

④ 당신이 하루 동안 눈에 보이지 않는 사람이 될 수 있다면, 무엇을 하겠습니까?

⑤ 만일 당신이 초능력이 있어 다른 사람의 생각과 비밀을 알 수 있다면, 그 대상으로 누구를 택하고 싶으신가요? 그 이유는 무엇입니까?

⑥ 당신에게 마법의 양탄자가 있어 어디든지 갈 수 있다면 어디로 가고 싶은가요? 그 이유는 무엇인지 말씀해 주세요.

⑦ 이 세상의 그 누구와도 하루를 함께 지낼 수 있다면 누구를 택하시겠습니까? 그 이유는 무엇인가요?

이 작업을 통해 집단원들은 각자 자신의 내재된 욕구나 희망, 관심사 등을 자각할 수 있게 된다. 그렇게 되면 자신의 삶에서 중요한 동기가 무엇인지를 좀 더 명확히 알 수 있고, 따라서 앞으로의 행동에 분명한 방향성이 생길 수 있다.

5) 앞으로 한 달

당신은 죽을병에 걸려 한 달밖에 살 수 없습니다. 그러나 당신은 충분한 경제적 여유가 있고, 한 달 동안은 무엇이든지 할 수 있습니다.

① 마지막 한 달을 어떻게 보내시겠습니까? 어디에 가서 무엇을 하시겠습니까?
② 이때 누구와 함께 있겠습니까? 그 이유는 무엇인가요?
③ 어떻게 죽겠습니까? 누가 임종의 침상에 있으면 좋겠습니까?
④ 당신의 유언은 무엇입니까? 당신의 유언을 누가 들었으면 좋겠습니까? 그 사람이 뭐라고 말할 것 같습니까?
⑤ 좋은 소식이 있습니다. 당신의 병은 기적적으로 다 나았습니다. 당신은 앞으로 30년, 40년, 50년이나 더 살 수 있습니다. 그 시간들을 어떻게 보내시겠어요?

이 작업은 집단원들의 진정한 욕구가 무엇인지를 자각시켜 주고, 또한 현재의 행동이 이러한 자신의 진정한 욕구를 해소하는 것과 어느 정도 일치된 방향으로 이루어지고 있는지 점검하게 해 줄 수 있다.

6) 유언장

지금 당신은 임종을 며칠 앞두고 있습니다. 유언장을 써 보십시오. 당신의 재산을 어떻게 상속시킬 것인지, 어떤 물건을 가장 소중하게 생각하는지 써 보십시오. 당신의 성품도 물려줄 수 있다고 상상해 보십시오.

① 당신의 가족과 친구들에게 당신의 어떤 개인적인 자질을 물려주고 싶습니까?
② 어떤 부분을 자신과 함께 묻어 버리고 싶습니까?
③ 어떤 부분이 다른 사람으로부터 물려받은 것입니까?
④ 당신은 누구를 이상적인 모델로 삼고 살아왔습니까?

이 작업은 집단원들로 하여금 자신의 내적인 가치를 발견하게 하는 한편, 아울러 비효율적인 성격측면에 대해서도 성찰하게 해 준다.

7) 자신에게 보내는 편지

각자 지금껏 살아온 삶에 대해 뒤돌아보면서 자기 자신에게 편지를 한 번 써 보라고 지시한다. 집에서 숙제로 해 오게 할 때는 녹음기를 앞에 놓고, 그 속에 자기 자신이 들어 있다고 상상하면서 자기에게 하고 싶은 말을 해 보라고 하는 것도 좋다. 결과를 분석하는 방법도 여러 가지가 있겠지만, 다음의 관점들을 놓고 한 번 점검해 보는 것이 도움이 된다.

① 편지에 들어 있는 내용들은 긍정적인 것들과 부정적인 것들 중에 어느 쪽이 더 많습니까?
② 편지의 내용에서 자신에게 보내는 중요한 메시지는 무엇입니까?
③ 그 메시지는 우호적인가요? 아니면 비판적인가요?
④ 메시지의 형식은 명료한가요? 아니면 이중적인가요?

이 작업은 내담자에게 자신의 삶에 대해 성찰해 보는 시간이 되며 또한, 자신을 밖에서만 보아 오다가 자신과 직접 대화해 보는 체험을 통하여 자신과 가까워질 수 있는 계기가 된다. 그리고 편지의 내용분석을 통하여 자기 이미지가 어떤 형태로 형성되어 있는지 점검해 볼 수 있다. 개인치료나 집단치료를 받는 동안 매일 일기 형식으로 이런 편지를 써 보도록 권하는 것도 괜찮다.

글을 쓰면서 흔히 자신에 대한 성찰과 더불어 자기표현을 통한 미해결정서의 해소효과도 생긴다. 나의 내담자 중에는 혼자 오랫동안 외부와 단절된 삶을 살았지만, 이러한 글쓰기를 통해 심리적 안정감을 그나마 유지할 수 있었던 사람이 있었다.

8) 나의 이력서

집단 참여자들에게 자기 자신을 가장 잘 요약할 수 있는 문장 10개를 쓰도록 지시한다. 이때 가급적이면 **"나는 참을성이 부족하다."** **"나는 게으르다."** **"나는 이해심이 많은 편이다."** **"나는 눈치가 빠르다."**와 같이 간단하고 명료한 문장으로 쓰도록 지시한다.

① 가장 중요한 순서대로 번호를 매기십시오.
② 그중에서 긍정적인 것, 부정적인 것, 중립적인 것들을 각각 ○, ×, △로 표시하십시오.
③ 자신을 잘 아는 친구에게 이 리스트를 보여 주고, 자기를 가장 잘 묘사하고 있는 것 2개와 그렇지 못한 것 2개를 고르라고 했을 때, 어느 것들을 고를 것 같습니까?

이 기법은 집단원들로 하여금 각자 자기 자신을 되돌아보게 하는 기회를 제공해 주며, 자기지각과 타인지각의 차이를 드러나게 해 준다. 이 리스트를 놓고 집단원들 간에 서로에 대해 피드백을 하게 해 주면 더욱 효과적이다.

9) 나의 일생

눈을 감고 긴장을 풀고, 편안한 마음으로 당신의 지나온 일생을 한 편의 영화를 보듯이 그려 보세요. 영화는 10분 동안 상영됩니다. 10분이 지나면 상상을 중지하고, 나누어 드린 백지에 제가 하는 질문의 답을 적으십시오.

① 영화가 일어나는 무대는 어디입니까?
② 구성(plot)은 대략 어떻게 되어 있습니까?
③ 주인공은 누구이며 등장인물들은 누구누구입니까?
④ 영화감독은 누구입니까?
⑤ 함께 영화 관람하는 사람들은 어떤 느낌으로 보고 있습니까?
⑥ 영화 내용에서 '전환점(turning point)'은 어디입니까?
⑦ 사건의 결말은 어떻게 납니까?
⑧ 이 영화에서 얻는 교훈은 무엇입니까?
⑨ 영화가 끝나고 난 뒤 관객들이 뭐라고 말하면서 돌아갑니까?

이 작업은 집단원들로 하여금 자신의 삶을 되돌아보고, 자신의 삶의 주제를 찾아보는 기회를 제공해 준다. 즉, 자신의 삶이 어떠한 동기에 의해 이끌어져 왔는지 돌아보고, 앞으로 나아갈 방향에 대해 다시 한 번 생각하는 계기를 마련해 준다. 또한 집단원 각자의 발표를 들음으로써 상호 간에 더 깊은 이해와 관심이 생기도록 해 주는 기회가 된다.

10) 나의 초상화

집단원들에게 백지와 크레용을 사용해서 각자 자신의 초상화를 그리게 한다. 이때 다음의 지시문을 말해 준다.

　　이제 각자 자신의 초상화를 그리는 시간을 갖도록 하겠습니다. 초상화는 어떤 형태로 그려도 좋습니다. 상징적으로 그릴 수도 있고, 그냥 생각나는 대로 그릴 수도 있습니다. 옷을 입어도 좋고 누드도 좋습니다. 또한 몸 전체를 그려도 좋고, 신체의 일부분만 그려도 좋습니다. 다 그리셨으면 초상화에 제목을 붙여주십시오.

　　집단원들이 그림을 다 그리고 나면, 각자 아래의 관점에 따라 자신의 그림을 감상해 보고 발표하게 한다.

　　① 모든 공간을 다 사용했습니까? 아니면 일부분만 사용했습니까?

　　② 윤곽이 뚜렷합니까? 아니면 혼란되어 있고 연결이 끊어졌습니까?

　　③ 몸의 한 부분이 빠졌습니까? 빠졌다면 어느 부분이 빠졌습니까? 균형이 맞지 않는 부분이 있습니까? 숨은 부분이 있습니까?

　　④ 옷을 입었습니까? 아니면 누드입니까?

　　⑤ 어떤 색깔이 지배적입니까?

　　⑥ 어떤 정서를 보이고 있습니까? 표정은 어떻습니까?

　　⑦ 적극적인 모습입니까? 아니면 소극적인 모습입니까?

　　⑧ 전체와 고립되어 있습니까? 아니면 전체와의 관계 속에 있습니까?

　　이 기법은 집단원들의 자기지각에 대한 다양한 정보를 제공해 준다. 예컨대, 자신의 신체에 대해 어떻게 지각하는지, 숨기고 싶어 하는 신체부분이 있는지, 자신감이 있는지, 혹은 타인들로부터 철수되어 있는지, 자신에 대해 긍정적 혹은 부정적으로 지각하고 있는지 등 자신에 대한 무의식적 생각이나 태도가 그림을 통해 드러난다. 그림 감상에서는 타인의 피드백도 의미가 있지만, 각자 자신의 그림을 어떻게 지각하고 분석하는지, 그리고 자기 작품에 대해 어떤 태도를 취하는지를 관찰하는 것이 더 흥미롭다.

11) 최고와 최악의 순간

　　① 각자 자신의 삶에서 가장 행복했던 사건 5개를 적어 보십시오. 그것이 초래된 원인이 누구에게[혹은 무엇에] 있었는지 써 보십시오.

　　② 자신의 삶에서 가장 나빴던 사건 5개를 적어 보십시오. 그것이 초래된 원인이 누구에게[혹은

무엇에 있었는지 써 보십시오.

③ 10가지 사건에 대해 각각 1점에서 10점까지 점수를 매겨 보십시오. (1점은 '아주 불행했다'. 10점은 '최고로 행복했다'.)

이 기법은 각자 자신의 삶을 돌아보고, 의미 있는 순간들에 대해 다시 한 번 음미할 기회를 제공해 줌으로써 행복과 불행에 대해 관심을 갖도록 해 준다. 특히 행복과 불행을 초래하는 원인에 대해 통찰함으로써 좀 더 냉철한 사고와 판단력을 기르도록 도와준다.

또한 행복했던 사건들과 불행했던 사건들에 대해 점수를 매겨봄으로써 그러한 사건들에 대해 한 번쯤 객관화해 보는 의미도 있다. 그리고 이 작업을 통해 중요한 과거 사건을 떠올리게 되어 미해결과제를 직면할 수 있는 계기가 될 수도 있다.

12) 다시 태어난다면

만일 당신의 소원대로 다시 태어날 수 있다면, 당신은 다음 생에서

① 어떤 부모를 만나고 싶습니까?
② 어떠한 운명을 받아 태어나고 싶습니까? 남자로? 아니면 여자로 태어나고 싶습니까? 미인으로? 천재로? 건강한 사람으로 태어나고 싶습니까?
③ 다음 생은 어떠한 삶을 살고 싶습니까?
④ 그러한 삶은 이생의 삶과 어떻게 다릅니까?
⑤ 이생에서 그렇게 살 수 있는 방법은 무엇입니까?

이 작업은 집단원들로 하여금 각자 자신의 운명에 대해 한 번 생각해 보고, 또 그것을 어떻게 받아들이고 있는지 성찰해 보게끔 해 준다. 그리고 자신의 운명을 사랑하는 방법이 무엇일지에 대해 생각해 보게 해 준다. 이런 작업은 종교적인 영역에 대한 관심을 불러일으키는 계기가 될 수도 있다.

13) 나의 봉투

① 모든 집단원들에게 빈 봉투 한 개와 백지 한 장씩을 나누어 준다.

② 그리고 나서 각자 봉투의 바깥쪽에다 자기를 아는 대부분의 사람들에게 비교적 잘 알려져
　있는 자신의 성격측면을 네 가지만 쓰라고 말한다.

③ 다음으로 다른 사람들이 잘 모르는 자신의 측면 네 가지를 백지에 써서 봉투 안에 넣도록
　지시한다.

④ 두 사람씩 짝을 지어 앉고, 서로 봉투를 바꾸어 봉투의 겉면에 쓰여 있는 것을 읽어 보고, 그
　것에 대하여 서로 토론한다.

⑤ 다음으로 봉투 안에 든 백지를 꺼내서 읽어 보고, 그것들에 대해서도 토론해 본다.

이 작업은 서로에 대한 관심을 증가시키고, 라포형성에 도움이 된다. 또한 자신의 지각과 타인
의 지각을 서로 비교해 봄으로써 왜곡지각을 수정하고, 객관적인 자기개념을 형성하는 데도 도
움이 된다.

14) 상상의 배역

① 네 명씩 서로 잘 아는[혹은 모르는] 사람들끼리 한 조를 만들어 앉는다.

② 순서를 정해 놓고 돌아가면서 한 사람에 대해서 나머지 세 사람이 각자 그 사람의 성격특징
　을 근거로 해서 짧은 이야기를 하나씩 지어내어 들려준다. 알려진 영화나 소설에 등장하는
　인물을 대비시켜 이야기해도 좋고, 즉흥적으로 떠오르는 이미지를 토대로 한 편의 이야기
　를 만들어 내도 좋다.

③ 이야기를 들은 사람은 자신의 느낌을 말하고, 다음 사람 순서로 넘어간다.

④ 집단 전체가 다 모여서 서로 체험한 것들을 이야기하면서, 작업을 통해 알아차린 것들을 나
　눈다.

이 작업은 허구적인 이야기를 지어내는 과정이 즐겁고 유쾌한 체험을 가져다주어 집단원들 간
에 친밀감과 유대감을 높여 준다. 또한 타인에게 배역을 만들어 주기 위해서는 타인에 대해 관심
을 가져야 되므로, 자연스럽게 타인에 대한 관심을 개발하는 계기가 된다.

이야기를 지어내는 과정에서는 각자 자신의 무의식적인 지각방식이 표출되므로 자기 자신의
투사를 발견해 보는 기회가 될 수 있으며, 이야기를 듣는 과정에서는 타인지각과 자기지각의 비
교를 통하여 각자 자기 자신에 대한 왜곡된 지각을 바로잡는 기회가 될 수 있다.

15) 만져 보기

① 네 명이 한 조가 되어 앉는다. 한 사람이 눈을 감고 나머지 세 사람이 한 사람씩 차례로 그에 게 가서 손을 내민다.

② 눈을 감은 사람은 내민 손을 만지면서, 그것이 누구의 손인지 알아맞힌다.

③ 네 명이 서로 체험한 것들에 대해 이야기하고, 작업을 통해 알아차린 것들을 나눈다.

① 네 명 중에서 다시 한 사람씩 짝을 골라 마주 앉는다.

② 한 사람이 눈을 감고 다른 사람은 그 사람의 얼굴을 만지면서 그 사람의 얼굴 피부나 뼈가 어떤 느낌을 주는지 느껴 본다.

③ 만짐을 당하는 사람은 상대편이 자신의 얼굴을 만질 때, 얼굴의 어느 부분은 만져도 괜찮 고, 어느 부분은 만지는 것이 싫은지 느껴 본다. 어느 부위를 만질 때 특히 불안해지는지 관 찰해 본다.

④ 역할을 바꾸어서 실험을 한다.

⑤ 끝나고 나서 네 명이 서로의 체험을 이야기한다. 그리고 나서 전체 집단이 다시 모여서 이 런 실험을 통해 깨닫게 된 것들을 서로 나눈다.

이 작업은 집단원들로 하여금 동심으로 돌아가 즐겁게 유희하는 기분을 맛보게 해 주어, 모두 흡족하고 만족스러운 기분을 느끼게 해 준다. 잊어버렸던 동심의 세계를 다시 느낌으로써 설렘과 흥분을 느끼게 해 주며, 따라서 새로운 세계에 대한 호기심과 탐험의욕이 되살아나게 해 준다. 또 한 이 작업은 촉각에 대한 자각을 높이고, 비언어적인 탐색에 의한 대인지각을 확장하는 데도 도 움이 된다. 그리고 타인이 자신의 신체를 만질 때의 감정을 알아차림으로써 억압된 미해결과제가 떠오를 수도 있다. 그렇게 되면 이를 개인작업의 소재로 활용할 수도 있다.

16) 제3의 인물에 대한 환상

① 네 명이 한 조가 되어 앉는다.

② 모두 눈을 감고 자신의 삶에 대해 뒤돌아본다.

③ 자신의 삶에서 중요한 역할을 할 수 있었을 것 같은 가공의 인물을 한 사람 상상해서 환상 을 해 본다. (나에게 오빠가 하나 있었다면 … 등)

④ 집단에서 각자 자신의 환상에 대해 얘기하면서 그러한 인물이 있었다면 자신의 인생이 어떻게 달라졌을지 말해 본다.

이 작업은 자신의 몰랐던 내적인 욕구를 알아차릴 수 있는 기회를 제공해 준다. 그리고 그러한 욕구가 자신의 대인관계에 어떻게 영향을 미쳤는지 알아보는 기회가 될 수도 있다. 또한 이러한 욕구를 명료히 자각함으로써 자신의 행동방향을 정하는 데, 그리고 현재의 대인관계를 효과적으로 운용하는 데 도움이 될 수 있다.

17) 박수! 박수!

① 집단원들이 원을 이루어 둘러앉는다.
② 한 명씩 차례로 가운데로 나가서, 큰 소리로 자기 이름을 외친다.
③ 나머지 사람들은 박수갈채를 보내며 환호한다.
④ 손을 흔들거나 제스처를 만들어 답례를 하고 제자리로 돌아간다.

많은 사람들의 관심과 집중을 받으며 자기가 중심이 되어 보는 것은 대부분의 사람들이 원하는 바이지만, 또한 매우 두려운 일이기도 하다. 그래서 사람들은 이런 기회가 오면 대부분 회피하거나 거부한다.

이 작업은 이러한 두려움을 극복하는 기회를 제공해 주는 동시에 타인들로부터 받아들여지는 체험을 하게 해 줌으로써 자기존중감을 향상시키는 계기가 될 수 있다. 이 작업은 집단이 끝나는 마지막 날 마지막 시간에 하는 것이 좋다.

제 **16** 장
게슈탈트치료의 평가와 활용 및 연구 소개

게슈탈트치료는 불과 60여 년이라는 비교적 짧은 역사에도 불구하고 괄목할 만한 성장을 거듭해서 오늘날 구미에서 가장 인기 있는 심리치료기법 가운데 하나로 발전하였다. 게슈탈트치료는 현재 미국, 캐나다, 호주, 멕시코, 브라질, 독일, 네덜란드, 오스트리아, 스위스, 프랑스, 스페인, 이탈리아, 영국, 아일랜드, 덴마크, 스웨덴, 노르웨이, 러시아, 체코, 헝가리 등에서 실시되고 있으며, 그중에서도 미국과 독일, 남미 등에서 가장 활발하게 행해지고 있다. 아시아권에서도 한국, 일본, 대만, 홍콩, 중국 등에서 시행되면서 많은 관심을 얻고 있다.

게슈탈트치료는 1960년대에 이르러 여러 인접분야의 심리치료자들로부터 폭넓은 지지를 받으면서 독자적인 치료기법으로 인정받게 되었고, 나아가 다른 심리치료기법에도 많은 영향을 미치게 되었다. 즉, 교류분석이나 현실치료, 재결정치료, 내담자중심치료 등 인본주의 경향의 심리치료들은 물론, 자기심리학, 행동치료, 인지행동치료, 스키마치료, 가족치료, NLP 등에도 영향을 미쳤다.

코헛의 **'경험에 근접한(experience-near)'** 개념은 펄스가 해석보다 체험을 강조한 것의 영향을 받았으며, 행동치료는 게슈탈트치료의 실험기법을 받아들였다. 또한 유진 젠들린(Eugene Gendlin)의 **'포커싱(focusing)'** 개념도 게슈탈트치료의 영향을 받은 것이다(Polster & Polster, 1993).

게슈탈트치료는 펄스라는 한 천재가 혜성과 같이 나타나 기존의 정신분석치료가 갖는 허점과 문제점들을 날카롭게 비판하면서, 번뜩이는 기지와 창의력을 갖고 심리치료에 대한 새롭고 놀라운 대안들을 내놓으면서 탄생했다. 그래서 그의 제자들은 물론이고 그의 비판자들까지도 한동안 그의 천재적인 아이디어에 놀라 그의 입만 바라보는 시기가 있었다.

그리하여 많은 사람들은 그가 창안한 게슈탈트 기법들에 매혹되어 그를 흉내 내기에 바빴으며, 그의 이론을 소화하고 더욱 발전시키려는 노력은 등한시하는 경향이 있었다. 그 결과 게슈탈트치료는 여러 곳에서 취약점을 갖게 되었고, 최근에 와서는 이러한 문제에 대한 심각한 자기반성을 하고 있는 실정이다. 그러면 현재 게슈탈트치료가 안고 있는 문제점들을 살펴보기로 한다.

1. 게슈탈트치료의 제반 문제점

1) 성격이론의 미흡

게슈탈트 치료자들은 지난 수십 년간 기발하고 창의적인 치료작업에 너무 치중한 나머지, 개체의 발달과정에 대한 세련되고 정교한 성격이론을 만들어 내지 못했다. 예컨대, 게슈탈트치료의 자기(Self)개념은 아직 1951년에 펄스와 굿맨 등이 제시한 이론수준을 크게 벗어나지 못하고 있다.

게슈탈트치료의 자기개념은 펄스 등이 제안한바, 개체-환경 장에서 일시적으로 나타났다가 사라지는 현상으로만 이해되고 있으며, 개체의 경험을 조직하고 행동을 주도적으로 이끌어 가는 지속적인 개념으로는 인정받지 못하고 있다. 이러한 입장은 1940년대의 게슈탈트치료가 고전적인 정신분석 관점과의 차별성을 강조하기 위해 지나치게 반구조주의 경향을 띠게 됨으로써 나타난 것인데, 이는 새로운 문제를 야기하고 있다.

즉, 이러한 관점은 지나치게 추상적인 인간관을 낳게 하여, 자칫 현실에 기초한 구체적 행위자로서의 일관성 있는 개인에 대한 조망을 상실하게 만들 수 있다. 그렇게 되면 개인에 대한 체계적인 이론을 정립하고, 그에 따른 학문적 연구를 수행하는 것이 불가능하게 되어, 체계적인 학문연구가 발전하기 어려울 수 있다. 사실 그동안 많은 게슈탈트 치료자들은 창의적인 치료활동에 치중한 나머지 이러한 체계적 연구를 소홀히 한 측면이 있었다.

지난 30여 년간의 게슈탈트치료 관계 문헌들을 조사해 보면 게슈탈트치료의 이런 문제점에 대한 자성의 목소리가 컸다는 사실을 알 수 있다. 그래도 다행스러운 것은 뒤늦게나마 이러한 문제를 극복하기 위한 노력들도 여기저기서 나타났다는 점이다. 그중에서 게슈탈트 치료이론의 성격이론, 특히 자기개념을 정교화하기 위한 노력의 일환으로 정신분석의 대상관계이론과 **'상호주관성 이론(intersubjectivity theory)'**을 접목시키려는 노력이 활발히 이루어졌다.

게슈탈트 치료자들이 이러한 이론들을 주목하는 이유는 이 이론들이 게슈탈트치료와 마찬가지로 고전적인 정신분석이론의 '충동-구조모델'을 벗어나, 개인행동에 대한 환경의 역할을 중요시하기 때문이다. 이런 점 때문에 클라인, 페어번(Ronald Fairbairn), 위니컷 등으로 대표되는 영국의 대상관계 이론학파는 오래전부터 게슈탈트 치료이론과 서로 영향을 주고받으며 발전해 왔다(Corbeil, Delisle, & Gagnon, 1994; Jacobs, 1992, 1995, 2012a, 2012b).

게슈탈트 치료이론과 대상관계이론의 유사점을 예시하기 위해 무의식 개념과 저항 개념에 대한 각각의 입장을 간단히 소개하면 다음과 같다. 먼저, 게슈탈트치료의 무의식 개념에 대한 입장은 무의식이란 완결을 바라는 미해결과제들이 머물고 있는 배경이라고 할 수 있다. 한편 무의식에 대한 대상관계이론의 입장은 무의식이란 어린이와 보호자 사이의 부적절한 정서경험으로 인해 어린이가 충격을 받게 되고, 어린이가 이러한 충격을 다시 받지 않도록 스스로를 보호하기 위해 구축한 정서상태로 이는 억압된 충동으로 구성되어 있는 것이 아니라고 하여, 둘 다 무의식을 고전적인 정신분석과는 달리 개인의 적극적 행동의 한 측면으로 보고 있다(Hycner, 1995a, 1995b; Hycner & Jacobs, 1995, 2012a, 2012b).

저항의 개념에 대해서도 대상관계이론은 저항을 더 이상 내담자의 내부에 고립되어 있는 속성으로 보지 않고, 치료자의 어떤 속성이나 활동에 의해 유발되는 것으로서, 내담자가 과거에 받았던 충격을 다시 받지 않기 위해 자기를 보호하려는 조치로 파악하는데, 이는 게슈탈트치료의 입장과 일치한다(Breshgold & Zahm, 1992, pp. 61-93; Jacobs, 1992a. 1992b, 1995, 2012a, 2012b; Stolorow, 2002, 2011).

최근에는 게슈탈트치료와 발달심리학적 이론을 접목시키려는 노력이 활발히 이루어졌었다. 특히 그중에서도 롭(M. S. Lobb)은 프로세스적 관점에서 게슈탈트 치료이론과 부합되는 발달이론을 제안하기도 했다(Yontef, 1993; Jacobs, 1992, 1995, 2012a, 2012b; Stern, 2003; Parlett & Lee, 2005; Kalaitzi, 2012; Lobb, 2012; Mortola, 2001, 2012; Fischer, 2012).

이처럼 게슈탈트 치료이론의 정교화를 위해 대상관계이론과 공동 모색을 하는 것도 의미 있는 일이지만, 자칫 이러한 시도로 인해 게슈탈트 치료이론의 고유한 정체성을 잃어버릴 염려 또한 없지 않다. 이와 같은 맥락에서 욘테프는 게슈탈트치료가 나아가야 할 방향으로서 정신분석을 위시한 다른 치료학파와의 대화 창구를 항상 열어 놓되, 게슈탈트치료 고유의 방향을 잡아 나갈 것을 촉구한다. 그는 내담자의 과거를 탐색하는 것에 대해 그 중요성을 인정하면서도 정신분석의 입장과는 달리, 그것을 과거가 현재의 원인이란 측면에서가 아니라 현상학적인 관점에서 이해할 것을 주장한다. 즉, 현재의 내담자 행동을 이해하기 위한 목적으로 그 배경으로서의 과거에 대한 의미를 부여해야 한다는 것이다.

또한 전이의 문제에 대해서도 내담자와의 관계는 항상 접촉과 전이의 혼합으로 이루어지고 있다고 하여 전이를 부분적으로 인정하지만, 전이를 조장하거나 금지하는 양극단을 지양하고 이를 현상학적으로, 대화관계로 풀어 나가야 한다고 주장한다. 즉, 전이현상을 단순히 과거의 반복이 아니라, 접촉-경계에서 자기를 '**재조직화하려는(reorganizing)**' 내담자의 **현재적** 노력으로 볼 수 있기 때문에 그것들을 진지하게 **지금-여기의 관계**로 대해야 한다는 것이다(Yontef, 1988, 1993).

이 밖에도 최근에는 상호주관성 이론가들과 게슈탈트 치료자들 사이에 활발한 이론적, 실제적 교류가 이루어지면서 '**관계성(relationality)**' 개념에 관한 이론적 토대를 공유하는 움직임들이 나타나고 있다. 그중에서 대표적인 학자들로서 상호주관성 이론가들 중에는 오렌지와 스턴이 있고, 게슈탈트 치료자들 중에는 제이콥스와 욘테프, 하이스너, 롭, 아멘트 리온 등이 있다(Stolorow, Orange, & Atwood, 2001; Spagnuolo Lobb & Amendt-Lyon, 2003; Stern, 2003; Jacobs, 2012a, 2012b; Kalaitzi, 2012; Lobb, 2012).

플라케(K. Flaake, 1991)는 정신분석집단과 게슈탈트집단의 치료방식에 대한 비교분석을 했는데, 여기서 저자는 두 집단이 감정이나 저항, 무의식 자료에 대해 어떻게 서로 다른 접근을 하는지 예를 들어 설명했다. 루드비히 쾨르너(Ludwig-Körner, 1991)는 정신분석과 게슈탈트치료가 전이와 역전이 문제에 대해 각각 어떻게 서로 다르게 접근해 들어가는지에 관해 실제 심리치료과정을 예시하면서 분석했는데, 그는 펄스가 이미 대상관계이론이나 자기심리학에서 전이를 다루는 방식과 같은 방향으로 작업하고 있었다는 사실을 밝혀냈다.

욘테프는 정신분석치료이론 중에서 게슈탈트치료에 통합할 수 있는 부분들과 그 통합방식에 대해 상세히 논하면서, 게슈탈트치료의 통합성을 유지할 수 있는 방안들을 제시했다(Yontef, 1988, 1993).

2) 미분화된 치료절차

게슈탈트치료는 현상학적인 입장을 고수함으로써 임상 진단체계를 지나치게 무시하는 경향이 많았고, 따라서 체계적인 연구와 치료활동을 등한시했다는 지적을 받고 있다. 이는 앞에서 지적한 성격이론의 미흡과 같은 맥락에서 문제가 되고 있다. 특히 치료현장에서 환자들의 문제를 별별 진단하여 그에 따른 세분화된 치료계획을 세우고, 치료결과를 평가하는 등의 체계적인 연구활동을 발전시키지 못했다. 이제까지 대부분의 게슈탈트 치료자들은 내담자의 문제를 파악함에 있어 주로 자신의 직관에 많이 의존하고 즉흥적으로 대처하는 방식을 취하여 왔는데, 이러한 현상은 게슈탈트치료의 장기적인 발전을 위하여 바람직하지 못하다.

과거 20여 년 동안 이 부분에 대해서도 게슈탈트 치료자들 사이에 자성이 일었으며 몇몇 치료자들은 기존의 진단범주 체계를 게슈탈트 이론으로 설명하려는 시도를 보이기도 했다. 예컨대, 자기애적 성격장애를 건강한 융합에 대한 공포로 정의하거나, 경계선 성격장애를 부모의 자녀에 대한 지지 결여와 조종적 양육태도로 설명하려는 시도 같은 것들이다(Yontef, 1988; Corbeil, Delisle, & Gagnon, 1994; Fromm, 1994; Williams, 2010; Knez, Gudelj, & Sveško-Visentin, 2013; Wardetzki, Bärbel, 2013).

이런 맥락에서 타이슨(G. M. Tyson)과 레인지(L. M. Range)도 우울증을 상전과 하인의 무의식적 대결로 설명하려는 시도를 했다. 즉, 우울증이란 내담자가 자신으로부터 소외된 공격성 측면을 상전에게 투사하고, 다시 상전이 하인을 억압하면서 발생하는 현상이라고 말했다. 이때 하인은 굴종, 조종, 강요, 요구적 행동 등 갖은 수단을 사용하면서 스스로 자립하기를 거부함으로써 우울증을 일으킨다고 했다. 이들은 우울증의 특징을 전지전능한 상전과 무기력한 하인의 **'분열(split)'**로 설명할 수 있다고 했으며, 그에 대한 치료로는 우울증 뒤에 숨어 있는 분노감을 먼저 다루어야 한다고 제안했다. 최근에는 여러 연구자들에 의해 우울증에 대한 게슈탈트치료의 독창적인 치료법이 시도되고 있다(Tyson & Range, 1981; Van Baalen, 2010; Francesetti & Roubal, 2013).

하지만 이러한 노력들은 아직 만족스러운 단계에 도달한 상태가 아니며, 앞으로 게슈탈트 치료연구는 기존의 진단체계에 보조를 맞추며, 좀 더 세분화된 치료절차를 마련하고 그에 따른 체계적 치료연구를 해 나가야 할 것이다. 이런 맥락에서 저자가 이번 『게슈탈트 심리치료』 개정판에서 게슈탈트치료의 4단계 치료절차를 제안한 것은 의미 있는 시도라고 하겠다.

3) 치료기법의 남용

게슈탈트치료라고 하면 먼저 수많은 기법들을 떠올리는 사람들이 많다. 심지어는 게슈탈트 기법 몇 개를 익히면 게슈탈트 치료자가 되는 것으로 생각하는 사람들도 있다. 이러한 경향은 부분적으로 펄스 자신에 의해 야기된 면도 없지 않아 있다. 즉, 그는 만년에 지나치게 기발한 아이디어와 환상적인 분위기에 도취된 나머지 내담자들의 문제를 인내심을 갖고 차분히 하나씩 해결해 나가는 노력을 게을리했다는 비판을 받기도 한다(Yontef, 1993).

게슈탈트치료에서 기법이 갖는 의미는 내담자의 억압된 감정이나 욕구 혹은 신체감각, 사고패턴, 행동패턴 등을 알아차리도록 도와주는 보조수단에 지나지 않는다. 이미 본문에서 자세히 설명했지만 알아차림은 접촉과 뗄 수 없는 관계에 있고, 이는 다시 치료자와 내담자의 관계를 통해 실현되어야 할 부분이다.

그런데 지나친 기법의 사용은 오히려 치료자와 내담자 사이를 소외시켜서 새로운 문제를 야기할 위험이 있다. 그리고 치료기법을 사용하는 맥락과 의미를 무시한 채 단순히 기계적으로 기법을 사용하는 것은 치료가 아니라 단지 게임에 불과하다. 이러한 무분별한 기법 사용은 때로는 위험한 결과를 초래할 수도 있다. 경계선 환자와 정신증 환자들에게는 빈 의자 기법을 잘못 사용하면 위험할 수도 있다. 따라서 게슈탈트 기법을 사용할 때는 내담자의 특성이나 내적 상태를 고려해서 알맞은 방식으로 적시에 사용해야 한다. 예컨대, 빈 의자 기법은 공포증과 같은 자아-비동조적 증상들에 대해 효과적이다(Fromm, 1994).

지난 30년 동안 게슈탈트 치료자들은 대체로 탈기법적 방향으로 게슈탈트치료를 운용해 나가는 경향을 보이고 있다. 징커(1977)나 하르만(1987), 폴스터(1994), 하이스너(1995), 제이콥스(1995, 2012b), 욘테프(2013) 등이 대표적인 예인데, 그들은 게슈탈트치료가 기법에 의존하지 않으면서도 얼마든지 가능하다는 것을 보여 주고 있다.

하지만 게슈탈트치료의 독특한 접근이라고 할 수 있는 실험은 다양한 형태로 창의적으로 활용할 수 있으며, 기계적으로 적용이 되지 않는다면 알아차림과 접촉을 높여 주는 데 탁월한 장점이 있음은 분명한 사실이다. 그런 이유 때문에 여러 다른 치료분야들에서 게슈탈트치료의 기법을 차용해서 사용하는 것을 볼 수 있다. 게슈탈트치료에서도 마찬가지로 다른 치료이론이나 기법들에서 유용한 것이 있으면, 열린 마음으로 받아들여 사용하는 것이 좋다고 생각한다. 문제는 바탕이 되는 이론이지 지엽적인 기법이 아니기 때문이다.

이런 맥락에서 최근에는 게슈탈트치료와 인지행동치료, 그리고 마음챙김명상 등의 상호 협력적 측면에 대한 연구들이 다수 나오고 있으며(김정규, 2003; Nevis, 1998; Fodor, 1998; Resnick, 2004; Hooker & Fodor, 2008; Sommer, Hammink, & Sonne, 2010), 또한 게슈탈트치료와 뇌 과학 및 생물심리학적 연구를 통합하는 연구에도 상당한 관심이 기울여지고 있는바(Klöckner, 2007; Heinzman, 2010; Roth, 2010), 향후 이 분야의 많은 발전이 있기를 기대해 본다.

4) 경험연구의 부족

게슈탈트치료는 그동안 집단치료나 워크숍, 치료시범, 치료자 훈련 등의 활동에 많이 치중하는 경향이 있었고, 치료연구 부문에 있어서는 소홀했던 측면이 있다. 그런데 이는 치료이론의 발전으로 보나 검증 측면에서 볼 때 분명히 바람직한 현상이 아니다. 왜냐하면 여러 가지 치료효과 검증이나 새로운 이론의 개발 등을 위해서는 치료에 효과에 대한 경험연구가 필수적이기 때문이다.

게슈탈트치료는 잠재적 가능성이 대단히 높지만, 안타깝게도 일부 뛰어난 치료자들의 기지와 순발력에 지나치게 의존해 온 것이 사실이다. 워크숍이나 치료 시연에서 인상적인 장면을 연출하거나 드라마틱한 치료성과에 매혹되어 치료연구의 필요성을 심각하게 고민하지 않음으로 해서 임상현장에서 점차 멀어지는 결과를 초래했다. 다행히 최근에는 게슈탈트 치료자들이 치료연구에 대해 관심을 돌리고 있는 것은 반가운 현상이라고 하겠다.

임상현장에서의 연구대상은 주로 불안장애, 우울증, 정신분열증, 성격장애, 발달장애 등 비교적 만성적이고 장애의 정도가 심한 환자들인데, 이들의 효과적인 치료를 위해서는 경험연구를 통한 게슈탈트치료의 세부적 전략을 개발할 필요가 있다. 그러기 위해서는 치료과정에서 생긴 경험들을 차근차근 정리하여 자료화하고, 또한 연구를 통해 나온 성과들을 축적하여 장기적 목표를 세우고, 각 진단에 맞춤한 연구들을 체계적으로 진행해야 할 것이다.

1960년대까지 게슈탈트 치료자들은 치료연구에 별 관심을 보이지 않았으나 1970년대 이후 차츰 관심이 증가하면서 현재에는 상당한 양의 연구결과가 축적되었다. 슈트륌펠(U. Strümpfel, 1991)은 1991년까지 행해진 123개의 게슈탈트 치료연구들에 대한 결과를 정리하여 보고했는데, 이때 55개의 선별된 연구에 대해서는 따로 요약문을 게재했다. 그리고 플리게너(B. Fliegener, 1991)는 게슈탈트치료에 대한 참고문헌 1,644개의 자료를 수록한 책자를 발간했다. 슈트륌펠은 2006년도에 또다시 메타연구와 과정연구를 포함한 다양한 영역의 게슈탈트 치료연구를 총망라한 방대한 연구서를 발간하였다(Strümpfel, 2006). 게슈탈트치료에 대한 경험연구는 현재 독일에서 가장 많이 이루어지고 있는데, 독일의 게슈탈트치료 저널인 『**게슈탈트치료(Gestalttherapie)**』에 2006년과 2014년 사이에 발표된 연구논문만 해도 그 숫자가 무려 193편에 달한다.

2. 게슈탈트치료의 적용대상 및 치료연구

게슈탈트치료는 전통적으로 감정을 억압하고 복잡하게 생각이 많은 사람, 의사결정을 미루고 우유부단한 사람, 대인관계를 회피하거나 소극적인 사람, 막연한 불안 증상을 보이는 사람, 과사회화된 집단, 신체화 경향을 보이는 신경증 환자들, 공포증 환자 등에 효과적으로 적용되어 왔다. 반면에 행동화 경향이 심한 내담자들에게는 게슈탈트 기법이 그들의 행동화 경향을 더욱 강화시킬 수도 있기 때문에 적합하지 않다는 지적도 있었다(Close, 1970; Shepherd, 1971; Dublin, 1973).

　이 분야에 대한 연구결과들을 살펴보면 불안장애의 치료(Serok, 1985; Adamson, 1986; Mulder et al., 1994, 1995; Buttolo et al., 1997a, b, 2003; Johnson & Smith, 1997; Eliott et al., 1998; Martinenz, 2002; Hooker & Fodor, 2008), 신경성 무식욕증 치료(Coffey, 1986; Meyer, 1991; Mulder et al., 1995; Angermann, 1998; Fitzthum, 1999), 통증을 비롯한 신체문제(Wakenhut, 1978; Thomas & Thomas, 1986; Hill et al. 1989; Wicke, 1995; Heinl, 1996, 1998; Joubert, 1999; Riedel, 2000)에 대한 보고가 있다. 힐(D. Hill, 1989)은 류머티스 환자들에 대해 게슈탈트치료를 성공적으로 시행했는데, 그는 여기서 반더빌트 과정연구 척도를 이용한 게슈탈트치료의 과정변인에 대한 연구결과를 소개했다.

　그동안 자아가 약한 정신분열증 환자나 경계선 환자들에게는 게슈탈트치료가 위험하다는 견해가 있었으나, 게슈탈트 기법이 이들 집단에도 성공적으로 적용될 수 있다는 보고도 있다. 예컨대, 개그넌(J. Gagnon)은 정신분열증 환자들을 대상으로 정신과 병원의 낮 병동에서 실시한 성공적인 게슈탈트 집단치료 결과를 보고했다. 이 집단에서 그는 악마가 자신을 뒤쫓고 있다고 생각하는 한 환자에게 그 스스로 악마의 역을 실연해 보도록 함으로써 단계적으로 자신의 소외된 공격성 측면을 다시 통합시켜 주었다. 그 결과 얼마 후 환자의 환청과 망상이 사라졌고, 타인과의 접촉도 현저히 향상되었다고 한다(Gagnon, 1981). 그 외에도 병원에 입원한 정신분열증 환자집단에 대한 게슈탈트 치료연구가 다수 행해졌다(Serok & Zemet, 1983; Serok et al., 1984).

　게슈탈트치료를 정신분열증 환자들에게 좀 더 체계적으로 적용시키기 위해 게슈탈트 치료이론에 입각하여 정신분열증의 발병기제, 병의 진행과정, 치료방법 등에 대한 체계적 연구도 행해졌다. 예컨대, 게룬데(H. Gerunde, 1990)는 피아제(J. Piaget)의 이론과 시스템 이론을 게슈탈트 치료이론적 입장에서 통합하여 정신분열증의 발병기제에 대한 연구를 시도했다. 그는 특히 정신분열증 환자의 접촉단절 행동에 대해 자세히 논구했으며, 또한 정신분열증의 장단기 치료전략에 대한 구상을 밝히고 있다.

　겜제머(K. Gemsemer, 1990)는 정신분열증 환자들의 의식 상태를 게슈탈트 치료이론으로 설명해 보려고 했으며, 퀴름바하(I. M. Quirmbach, 1990)는 실제 정신분열증 환자 사례를 놓고 정신분열증 환자들의 증상 진행과정을 게슈탈트 치료이론의 과정모델을 사용해 기술하는 시도를 했다. 그는 특히 정신분열증 환자의 자기기능과 접촉 단절행동에 대해 자세히 논구했다. 또한 정신분열증 환자의 치료에서 '나-경계'를 강화시켜 주는 게슈탈트 치료적 개입 방안에 대해서도 논의했다. 최근에도 정신분열증에 대한 게슈탈트 치료연구는 꾸준히 진행되고 있다(Arnfred, 2012; Roubal, 2012).

게슈탈트치료가 우울증 환자의 치료에도 효과적으로 적용될 수 있음이 보고되고 있으며, 특히 가족이나 가까운 친척이 자살하거나 죽었을 경우, 남은 가족들의 죄책감과 우울증 문제를 다룬 연구결과도 보고되고 있다(Bauer, 1985; Harman, 1986; Tyson & Range, 1987; Bengesser, 1988, 1989; Beutler et al., 1993; Parlett & Hemming, 1996; Greenberg & Watson, 1998; Amendt-Lyon, 1999; Honos-Webb et al., 1999; Cook, 2000; Goldman, Greenberg, & Angus, 2000; Watson et al., 2003; Mittermair, 2008; Greenberg, 2010; van Baalen, 2010; Francesetti, 2013).

경계선 환자들에게도 게슈탈트치료가 성공적으로 실시되었다는 보고도 있다. 하지만 경계선 환자들은 정서적으로 매우 불안정하며 자아방어력이 약해서 스트레스를 받으면 쉽게 좌절하고 혼란에 빠지기 때문에 매우 조심스럽게 다루어야 한다. 이들은 자주 분노반응을 보이는가 하면, 또 쉽게 공포반응을 보이기도 하는데, 한번 혼란에 빠지면 회복하는 데 며칠씩 혹은 몇 주씩 걸리기도 한다. 또한 일시적으로 정신병 증상을 보이기도 하며, 자살위험이 상존하므로 신중하게 치료해야 한다. 이들은 대체로 자신의 문제에 대한 통찰보다는 관계욕구를 충족시키는 데 더 많은 관심을 보이기 때문에, 치료자는 인내심을 갖고 이들의 현실검증 능력을 단계적으로 육성시켜 주어야 한다. 경우에 따라서는 기본적인 사회적응 기술을 가르치는 것도 필요하다(Greenberg, 1989; Yontef, 1993; Resnick, 1997; Pauls & Reicherts, 1999; Schigl, 1998, 2000; Williams, 2010; Wolf, 1999, 2000a, b; Knez, Gudelj, & Sveško-Visentin, 2013; Wardetzki, 2013).

부부관계 문제를 다룬 게슈탈트치료에 대한 보고들도 다수 있는데(Jessee & Guerney, 1981; Lesonsky et al., 1986; Little, 1986; Zinker, 1994; Borofsky & Kalnins-Borofsky, 1999; Curtis, 1999; Papernow, 1999; Geib & Simon, 1999; Mackay, 2002; Resnick, 2004), 치료의 원칙은 치료자가 부부문제를 직접 해결해 주거나 조정하는 것이 아니라 두 사람 사이의 알아차림과 접촉을 증진시켜 줌으로써, 부부가 스스로 자신들의 문제를 해결할 수 있도록 도와주는 것이다. 이 외에도 부모-자녀갈등을 다룬 연구들도 상당수 있다(Paivio & Greenberg, 1995; Wolfus & Biermann, 1996; Greenberg & Malcolm, 2002; Klöckner, 2006).

게슈탈트치료는 다양한 가족문제에 대해서도 적용되었는데, 페이퍼나우(P. Papernow, 1987)는 서로 다른 배경을 가진 두 가족이 결합함으로써 발생하는 재혼 가족의 문제점들을 상호작용적 게슈탈트 치료모델로 접근하였고, 케이플런과 케이플런(N. R. Kaplan & M. L. Kaplan, 1987)은 패턴화된 작용방식을 게슈탈트 치료이론에 입각하여 설명하려고 시도했다. 그 외에도 아동들의 문제를 부모갈등의 차원에서 다룬 연구, 게슈탈트치료의 가족치료 활용에 대한 연구 등이 보고되고 있다(Little, 1986; Sperry, 1986; Lawe & Smith, 1986; Klöckner, 2012; Manton, 2014).

게슈탈트치료는 그 외에도 아동의 학습장애, ADHD, 품행장애(Fraser, 1997; McConville, 2001;

McConville & Wheeler, 2001; Rauninat, 1991; Schad, 2003), 교사교육 및 각종 교육현장
(Ledermann, 1970; Oaklander, 1982; Burow, 1990; Scala, 1990; Dreitzel, 1991; Langos-Luca, 1991;
Lumma & Sintke, 1999; Bevk, 2006; Burow & Schmieling-Burow, 2008; Hooker & Fodor, 2008;
Dauber, 2011; Kelly & Howie, 2011; Schnee, 2014), 약물 및 중독치료(Heide & Wünschel, 1989;
Buchholtz, 1991; Gruninger, 2009, 2010; Clemmens, 2012; Gruenke, 2002; Wetschka, 2013), 섭식
장애치료(Stubbs, 2011; Pfluger, 2014), 정신지체치료(Friedman & Glickman, 1986; Besems, 1989;
Besems & Van Vugt, 1989, 2006; Gorres & Hansen, 1991; Hansen, 1991; van Leest & Braun, 2008),
성폭력 피해 및 근친 성폭력 피해 치료(Sluckin & Highton, 1989; Besems & Van Vugt, 1990;
Layne, 1990; Van Vugt & Wolfert, 1998), 트라우마치료(Maragkos & Butollo, 2006; Petzold & Josic,
2007; Pack, 2008; Rosner & Henkel, 2010; Ruschmeier, 2010; Burrows, 2014; Kellner, 2014; Weber,
2014), 정신과환자의 재활복귀치료(Rohrle, Schmolder, & Schmolder, 1989; Cnaan, Blankertz,
Messinger, & Gardner, 1989), 외과환자 및 암환자의 재활복귀치료(Hardy, 1999; Buentig, 1988;
Grossman, 1990; Baker, 2000), 통증치료(Ellegaard & Pedersen, 2012), 동성애자 치료(Stauffer,
2006), 노인집단 치료 및 교육(Petzold, 1979, 1983; Serok, 1986; O'Leary & Nieuwstraten, 1999;
Leifels, 2006; Bubolz-Lutz, 2010), 다문화상담(Gavranidou & Abdallah-Steinkopf, 2008; Gün,
2008; Klöckner, 2008; Kosijer-Kappenberg, 2008; Lanfranchi, 2008; Ritter, 2008), 치매치료
(Weichselbraun, 2009; Siampani, 2013), 재소자치료(Serok & Levi, 1993; Reichmann, 1992;
Schmoll, 2013), 에이즈환자 치료(Tyson & Range, 1981; Eppelscheimer, 1992; Klepner, 1992;
Siemens, 1993, 2000; Mulder et al., 1994, 1995), 호스피스치료(Schuster, 2009), 윤리와 정치의식
(Schulthess, 2006; Boeckh, 2012), 목회상담 및 종교, 영성치료(Eibach, 1983; Delmonte, 1990;
Frielingsdorf, 1991; Schön, 1991; Neuhold, 2008; Dickopf, 2011; Tugendhat, 2012), 그리고 산업,
조직 경영(Brown & Merry, 1985; Nevis, 1988; Critchley & Casey, 1989; Weber, 1990; Loboda,
1992; Thomas, 2010; Fatzer, 2011) 등에서 널리 활용되고 있다.

한편, 지난 20여 년 동안 국내에서도 상당히 많은 게슈탈트 치료연구가 진행되었는데, 자기존
중감(이순일, 1997; 이미영, 1999; 장영향, 2000; 전병식, 2002; 김민정, 2003; 김수진, 2003; 이주영,
2003; 김대웅, 2005; 김홍례, 2005; 장혜경, 2005; 조선이, 2006; 김묘정, 2007; 박은숙, 2007; 최유
경, 2008; 김명희, 2009; 최문경, 2010; 성자영, 2011), 주의력결핍 과잉활동장애(정영숙, 2008; 황
은희, 2008; 고하나, 2009; 이태영, 2011), 학습문제(김주희, 2005), 불안장애(한상량, 1999; 박대령,
2003, 21011; 배성훈, 2007; 오현석, 2008; 이린아, 2008; 박순영, 2010; 김미연, 2011; 한혜영,
2011), 청소년 비행 및 공격성(김은진, 1997; 오용선, 2005; 신영재, 2000; 이은희, 2007; 어성숙,

2008; 이상하, 2009; 이선영, 2009; 김효숙, 2010; 오지혜, 2010; 여미정, 2011; 이태영, 김원희, 이동

2008; 이상하, 2009; 이선영, 2009; 김효숙, 2010; 오지혜, 2010; 여미정, 2011; 이태영, 김원희, 이동훈, 2011; 김숙희, 2012; 전혜리, 2013), 기분장애(민현정, 2003; 임정민, 2003; 정소남, 2004; 장경혜, 2005; 고일다, 2009; 김창호, 2009; 이지현, 2009; 석미란, 2010; 김은영, 김정규, 2011; 성숙향, 2011), 신체통증(김현주, 2007), 학교부적응(성정미, 2009; 고혜민, 2010; 이은비, 김정규, 2013), 인터넷중독(황다연, 2011), 대인관계 부적응(김영희, 1997; 이동갑, 1999; 윤진희, 2003; 정복희, 2003; 서명규, 2010), 섭식장애(김연주, 2008; 이소영, 2012), 정신분열증(최영미, 2006; 이수정, 2007; 조은이, 김정규, 2011; 국미, 2014), 정신지체(박현순, 2005) 등의 연구가 진행되었다.

　이처럼 게슈탈트치료가 실제로 적용될 수 있는 범위는 실로 광범위하다. 엄밀히 말해서 게슈탈트 치료의 한계는 치료기법 자체의 한계라기보다는 이를 시행하는 치료자들의 개인적 한계라고 보아야 옳다. 따라서 게슈탈트 치료자는 좀 더 엄격하고 통제된 교육훈련과 치료실습을 거쳐 양성되어야 하며, 또한 치료 전문가가 된 사람들도 정기적으로 감독을 받는 한편, 전문가들 간의 활발한 접촉을 통하여 전문성을 제고하는 일을 게을리 하지 말아야 할 것이다.

　현재 미국과 유럽에는 각각 게슈탈트치료 전문가 협회가 구성되어 있고, 1994년부터는 국제 게슈탈트치료 협회가 발족됐다. 현재 매년 게슈탈트치료 전문가들의 국제 학술대회가 미국과 캐나다에서 개최되고 있고, 유럽에서는 독일과 프랑스, 영국 등을 중심으로 학술대회가 따로 열리고 있다.

　게슈탈트치료에 대한 전문학술지도 여러 종류가 발간되고 있는데, 영어로 된 학술지로는 *Gestalt Review, Gestalt Theory, British Gestalt Journal, International Gestalt Journal,*[1] *Australian Gestalt Journal, Studies in Gestalt Therapy* 등 6종이 있고, 독일어 학술지로는 *Gestalttherapie, Gestalt Zeitung, Integrative Therapie, Gestaltkritik,* **Gestaltpädagogik** 등 5종이 있다. 전자저널로는 *Gestalt!, Gestalt Critique*의 두 종류가 있다.

　게슈탈트치료 전문가들은 미국, 유럽의 경우 대부분 개인 개업을 많이 하고 있지만, 병원에서 치료자로 일하는 사람들도 상당수 있다. 독일에서는 게슈탈트치료만을 전문으로 하는 게슈탈트 클리닉이 여러 곳 있다.

　게슈탈트치료는 현상학적인 이론배경을 갖고 있어서, 임상 환자뿐만이 아니라 일반인들의 자기실현과 성장에도 매우 유용한 기법이다. 실제로 게슈탈트 기법은 각종 상담기관이나 공공 복지시설, 사회 및 종교단체, 학교장면, 기업, 교도소, 공공기관 등에서 일반인들이나 공무원, 회사원, 교사, 학생, 청소년, 주부, 부부, 가족, 재소자, 노인 등 다양한 계층들을 대상으로 활용되고 있다.

---

1) 본래 *The Gestalt Journal*이라는 제목이었는데 2002년도에 *International Gestalt Journal*라는 제목으로 바뀐 것이며, 2006년도까지 발간되었다. 저자도 해당 학술지의 편집위원으로 5년간 활동한 바 있다. 그러나 2007년 이후 내부 사정으로 말미암아 현재까지 발간되지 않고 있어 안타깝다.

제**17**장
게슈탈트 관계성 향상 프로그램(GRIP)

그립(GRIP)은 저자가 2010년 5월에 게슈탈트치료를 좀 더 수월하게 실시할 수 있도록 돕기 위한 목적으로 제작한 치료도구로서 '**Gestalt Relationship Improvement Program(게슈탈트 관계성 향상 프로그램)**'의 머리글자를 따온 약자이다(김정규, 2010a). 지난 5년간 국내외에서 다양한 심리상담 및 치료기관, 교육현장, 가정이나 학교, 기업, 병원, 재활기관, 쉼터, 각종 민간단체, 종교기관, 정부기관, 군부대, 경찰 및 소방서 등에서 시행되면서 많은 호응을 받았고, 석사 및 박사 학위논문을 포함하여 그립도구를 활용한 논문들이 수십 편이 발표되었다.

이 장에서 소개하는 내용들은 『게슈탈트 관계성 향상 프로그램 매뉴얼』(김정규, 2010a)의 그립 제작배경과 그립 사례집의 내용 중 일부를 그대로 옮겨 놓은 것이다.

1. 그립 제작배경

각종 상담 및 심리치료 장면에서 일하는 정신건강 관련 종사자들은 종종 언어만을 사용해서 하는 심리상담이나 심리치료에 한계를 느끼는 경우가 많다. 그것은 기본적으로 우리의 의사소통에서 언어가 차지하는 비중이 그다지 높지 않은 데다가, 아직 언어발달이 미숙한 아동 · 청소년 들이나 자신의 정서를 심하게 억압하고 있는 성인내담자들의 경우 언어적 의사소통에 더욱 어려움을 보이기 때문이다.

이런 문제를 우회하기 위한 방법으로서 놀이나 예술치료가 매우 효과적이다. 즉, 놀이나 예술치료는 각종 놀이나 미술, 음악, 무용, 연극, 시, 동화 등 다양한 매체들을 사용함으로써 언어적 표현의 한계점들을 보완할 수 있다. 이런 맥락에서 게슈탈트치료에서도 다양한 놀이 및 예술치료 매체들을 활용하여 아동 · 청소년 그리고 성인들을 위한 치료에 사용해 오고 있다.

그런데 그동안 국내에서 사용되고 있는 놀이 및 예술 매체들은 대부분 외국에서 만든 것들로서 문화적 이질성을 고려하지 않은 채 그대로 번안된 것들이 많으며, 또한 체계적인 이론적 뒷받침 없이 무분별하게 쓰이는 경우들도 많았다. 이러한 배경에서 본 저자는 지난 20여 년간 국내에서의 임상 경험을 바탕으로 게슈탈트 치료이론에 입각하여 한국 사회와 문화에 적합한 구조화된 놀이 및 예술치료 프로그램을 개발하기로 하였다.

그립, 즉 '게슈탈트 관계성 향상 프로그램 (GRIP: Gestalt Relationship Improvement Program)'은 저자가 이러한 목적을 달성하기 위해 독자적으로 개발한 프로그램으로서, 기존의 다양한 게슈탈트 놀이 및 예술치료 기법들을 이 프로그램에 맞게 변형 · 수정한 것들과 이 프로그램을 위해 새롭게 개발 · 제작한 마음자세카드(GR-1), 그림상황카드(GR-2), 감정단어카드(GR-3), 그립가족인형(GR-4), 그립보드게임

GRIP(게슈탈트 관계성 향상 프로그램)

(GR-5) 등으로 구성되어 있다.

그립은 게슈탈트 치료이론에 근거하여 일반 아동, 청소년, 성인 및 각종 심리장애를 가진 집단들의 성장과 치유를 돕기 위한 목적으로 제작된 구조화 프로그램이다. 그립은 일차적으로 정상집단(학교, 기업, 종교단체, 사회단체)과 각종 심리장애를 보이는 사람들의 집단상담이나 치료에 사용하기 위한 목적으로 제작되었지만, 필요에 따라 상담자가 창의적 능력을 발휘함으로써 얼마든지 개인상담이나 가족상담 또는 부부상담 등에도 응용이 가능하다.

게슈탈트치료에서는 인간을 유기체적 존재로 이해한다. 여기서 유기체라 함은 환경과의 유기적인 관계성 속에서 존재하는 생명체를 의미한다. 인간은 타인을 포함한 환경과의 관계성 또는 **'연결성(connectedness)'** 속에서만 온전히 성장하고, 자기를 실현할 수 있는 존재이다(Hycner,

1985; Polster, 2006; Yontef, 1993). 따라서 게슈탈트치료적 관점에서 볼 때, 모든 개인의 심리적, 정신적 문제는 **'관계적'** 문제일 수밖에 없다. 이런 맥락에서 그립에서 말하는 '관계성'의 개념은 통상적으로 사용되는 **'대인관계 능력'**보다 훨씬 넓고 포괄적인 의미이다.

즉, 그립의 관계성은 개인이 자기 자신의 신체와 정서, 욕구, 생각, 지각, 상상을 억압하지 않고 잘 알아차릴 뿐만 아니라, 그것들을 타인과의 **'대화적 관계성(dialogical relationship)'** 속에서 적절히 표현할 수 있으며, 또한 타인을 왜곡하지 않고 있는 그대로 잘 알아차리고 이해하며, 타인과 공감적으로 교류하며 소통할 수 있고, 나아가서 사회적, 문화적 및 자연적 환경과도 유기적이고 효율적인 접촉을 할 수 있는 것을 의미한다.

그립은 게슈탈트 치료이론의 주요근거가 되고 있는 '현상학(phenomenology)' '대화적 관계(dialogical relationship)' '장이론적 관점'(Yontef, 1993, 2008; 김정규, 1995)과 '실험적 방법론'(Kim & Daniels, 2008)을 토대로 해서 전문 상담자나 임상심리학자 또는 훈련을 받은 교사, 성직자, 청소년 지도자, 코칭 지도자, 상담 자원봉사자 등이 매뉴얼을 토대로 각종 집단상황에서 단계적으로 쉽게 실시할 수 있도록 제작되었다.

2. 그립의 구조

그립의 전체구조는 ① 알아차림 연습, ② 각종 놀이 및 예술 매체를 활용하는 작업, ③ 그립도구들을 활용하는 작업 순으로 되어 있으며, 각 프로그램의 시행 과정과 교육목표 및 효과는 다음과 같다.

1) 알아차림 연습

알아차림 연습은 6단계로 나뉘어 있으며, **1단계**에서는 신체, 소리, 생각, 사물, 욕구 등의 현상 알아차림을 연습하고, **2단계**에서는 생각과 감정, 그리고 신체의 상호 연결성 알아차림을, **3단계**에서는 타인과의 관계성 속에서의 알아차림을, 그리고 **4단계**에서는 대화 속에서의 알아차림과 교류를 연습하고, **5단계**에서는 대화 과정 속에서의 공감적 교류를, 그리고 **6단계**에서는 대화 과정을 통한 미해결과제의 해결을 연습한다.

알아차림 연습의 교육목표는 ① 현상 알아차림을 통하여 개인의 내적 현상 및 외부 현상들에 대한 자각을 증진시키도록 도와주고, ② 다음으로 생각과 감정 그리고 신체 등의 중요한 내적 현

상들의 상호 연결성을 깨닫도록 도와주며, ③ 타인과의 관계성 속에서 나타나는 개인의 내적 현
상들에 대한 자각을 증진시켜 주고, ④ 좀 더 일상적인 형태의 자연스러운 대화 속에서의 나–너
관계를 체험하고, ⑤ 공감을 통한 타인과의 연결성을 경험하도록 도와주며, ⑥ 마지막으로 과거
의 미해결과제를 지금–여기의 관계성 속에서 효율적으로 해결하도록 돕는 데 있다.

　알아차림은 게슈탈트치료의 가장 기본적인 토대를 이루고 있으며, 게슈탈트치료의 창시자인
펄스 등(1951)은 **"알아차림 그 자체가 바로 치료적이다."**라고 하였으며, 또한 심킨과 욘테프
(1984)는 **"알아차림이 게슈탈트치료의 유일한 목표이며, 필요한 모든 것."**이라고 말할 정도로 알
아차림의 의미를 중시했다. 그립에서는 이러한 알아차림을 실습을 통하여 누구나 쉽게 배울 수
있도록 구조화시켰다.

2) 각종 놀이 및 예술매체를 활용하는 작업

　이 프로그램에서는 내담자들이 각종 놀이 및 예술매체들을 사용하여 자기개방, 자기탐색, 집단
상호작용, 상호 피드백 등을 시행한다. 이 과정을 통하여 내담자들은 자신의 존재에 대한 탐색 및
이해와 더불어 상담자나 집단리더 또는 집단원들과의 상호작용을 통한 관계성 향상과 연결성을
회복하는 경험을 하게 된다. 프로그램 세부내용에서는 각 매체의 활용방법과 구체적 절차들을 설
명하였으며, 각각 개인상담과 집단상담에서의 다양한 창의적 접근방식에 대해서도 소개하였다.

　그립에서 사용하는 놀이 및 예술매체 기법들은 기존의 놀이 및 예술매체들을 게슈탈트 놀이
및 예술치료적 이론에 입각하여 재구성하거나, 혹은 저자가 새롭게 창안한 것들로서 내담자나
집단원들의 자기탐색과 자기발견, 자기개방, 상호작용, 상호 피드백, 상호 지지를 용이하게 해 주
고, 나아가서 치료적 작업을 돕기 위한 목적으로 개발되었다.

　그립에서 사용되는 기법들에는 ① 어린 시절 집 그리기, ② 나무 되어 보기, ③ 집 가구 되어 보
기, ④ 가족 상징작업, ⑤ 찰흙작업, ⑥ 콜라주 작업, ⑦ 집단그림, ⑧ 집단 환상, ⑨ 집단 동물인형
놀이 등이 있다. '어린 시절 집 그리기' 기법은 집단작업 초기에 자기개방과 더불어 집단 라포형
성에 매우 도움이 되는 작업이다. 어린 시절 살던 집을 떠올리고, 집의 구조와 더불어 각 공간에
얽힌 이야기들을 하다 보면, 각자 자연스럽게 자기개방을 하게 되며, 긍정적 체험들을 하게 된다.

　'나무 되어 보기'와 '집 가구 되어 보기'는 자신과 환경과의 관계를 표현해 주는 상징기법으로
서 자기탐색과 자기발견을 도와준다. '가족 상징작업'은 각종 상징과 색채 및 화살표를 사용해서
가족관계의 역동을 알아 보는 작업으로서 종종 불분명했던 자신의 행동을 이해하는 데 많은 도움
을 준다.

'찰흙작업'은 전형적인 미술치료 기법으로서 이 또한 게슈탈트 예술치료에서 많이 쓰인다. 개인작업 또는 집단작업의 형태로 진행될 수 있으며, 자신의 욕구와 감정 그리고 행동을 알아차리고 접촉하는 데 매우 유용한 도구이다. '콜라주 작업'도 게슈탈트 예술치료에서 자주 쓰이는 기법으로서 아동 · 청소년들뿐만 아니라 성인들도 좋아하는 즐거운 활동이다. 이 작업을 통해 비협조적이거나 무기력한 아동 · 청소년들, 그리고 정서가 억압된 성인들의 치료동기를 높여 주고, 전형적인 행동패턴과 미해결과제들을 발견하는 데 도움을 준다.

'집단그림'은 집단이 함께 한 장의 그림을 그리면서 비언어적 상호작용을 알아 볼 수 있는 기법으로서 그 자체가 즐거운 활동이면서도 집단 속에서 개인의 반복적인 행동방식이나 패턴을 발견할 수 있는 기법이다. '집단 환상'은 집단원들이 상상을 통해 상호작용을 하면서 각자의 전형적인 행동방식과 반복적인 행동패턴들을 발견하고, 또한 새로운 행동을 실험할 수 있는 기법이다.

마지막으로 '집단 동물인형놀이'는 전지 위에 크레파스와 콜라주를 사용하여 동물들의 놀이터를 만든 후 찰흙으로 만든 동물들을 갖고서 집단 상호작용을 하는 놀이로서 집단 친밀감 향상, 전형적인 행동패턴 파악, 새로운 행동방식의 실험, 새로운 행동방식의 공고화, 자존감 향상 등에 유용하다.

3) 그립도구들을 활용하는 작업

그립 작업을 위해 따로 개발된 도구들에는 '마음자세카드(GR-1)' '그림상황카드(GR-2)' '감정단어카드 및 감정단어장(GR-3)' '그립가족인형(GR-4)' '그립보드게임(GR-5)' 등이 있다. 마음자세카드는 65가지의 긍정적 마음자세들을 그림 캐릭터와 함께 카드로 제작한 것들로서 내담자들이 여러 가지 활동을 하면서 긍정적 가치관 및 내사와 관련된 작업, 대인관계 상호작용, 그리고 문제해결능력 향상작업 등을 하는 것이다.

그림상황카드는 62개의 사회적 상황을 묘사한 그림카드들인데, 내담자들은 이들을 갖고서 다양한 자신의 미해결과제나 전형적 행동패턴들을 알아차리고 탐색할 수 있다. 이 도구는 미해결과제를 억압하고 있거나, 언어적 의사소통 능력이 부족한, 혹은 상담동기가 낮은 아동 · 청소년들, 그리고 감정억압이 심한 성인 내담자들에게 매우 효과가 있다.

감정단어카드 및 감정단어장은 우리말의 감정단어들을 총망라한 900여 개의 감정단어들을 행복한 감정, 화난 감정, 두려운 감정, 슬픈 감정, 우울한 감정의 5개 범주로 나누어 정리하여 목록을 만든 후, 다시 그것들을 간추려서 250개의 카드로 만든 것이다. 게슈탈트치료에서는 정서를 매우 중요시하는바, 감정단어카드와 감정단어장을 활용하는 정서 알아차림과 정서표현 놀이는

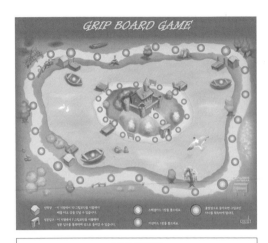

그립보드게임

그립의 주요 메뉴 중 하나이다.

그립가족인형은 내담자 행동진단, 상담주제 탐색, 정서접촉 작업, 미해결과제 작업, 자기존중감 향상, 그리고 자기개방과 상호작용 촉진 등의 목적으로 그립에서 독자적으로 개발한 것으로서 할아버지, 할머니, 아버지, 어머니, 형제, 남매, 남녀 청소년들, 어른들, 아이, 강아지 등 총 15개의 봉제인형으로 되어 있다. 이 도구는 마음자세카드, 그림상황카드, 감정단어카드 및 감정단어장, 그립보드게임 등과 함께 활용하면 매우 효과가 좋다.

마지막으로 그립보드게임은 그립에서 개발한 그립보드와 동물인형 캐릭터들을 갖고서 마음자세카드, 그림상황카드, 그리고 감정단어카드 및 감정단어장들을 함께 활용하면서 내담자들의 자기 개방 및 집단 상호작용을 유도하는 놀이도구이다. 이 도구는 보드게임을 통하여 즐겁고 유쾌한 분위기 속에서 자연스럽게 내담자들의 자기 개방과 상호작용, 그리고 상호피드백을 통한 상호지지를 가능하게 해 준다.

3. 그립 활용기

1) 마음자세카드 작업(GR-1)

마음자세카드는 사람들 마음속에 있는 이야기들을 끌어내 준다. 어린이들과 청소년들, 성인과 노인들, 남자와 여자, 선생님과 아이들, 회사원과 사장님, 공무원들과 상인들, 청소부 아저씨와 밥집 아주머니, 노동자와 성직자, 노숙자와 매춘여성에 이르기까지 수많은 사람들에게 그들의 가슴속에 있는 이야기들을 꺼내도록 해 준다.

마음자세카드를 접한 사람들의 반응은 대부분 놀라울 정도로 긍정적이다. "너무나 감동적이다. 참 좋다." "나에게 꼭 필요한 카드가 와서 깜짝 놀랐다." "가슴속에 오래 남을 것 같다." "카드를 갖고 싶다." 등등. 무엇이 이토록 많은 사람

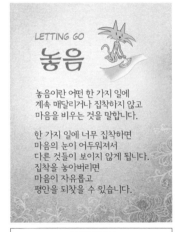

마음자세카드

들로 하여금 마음자세카드에 이끌리게 만드는 것일까? 지식층은 물론이고 단순 노동자들이나 심지어는 노숙자들까지, 그리고 아직 단어의 깊은 뜻을 이해하지 못하는 어린아이들까지도 매우 우호적인 반응을 하게 만드는 요인이 무엇일까?

오늘날 우리 사회에 물질문명이 만연하여 형이상학적이고 이상적인 개념들에는 무관심할 것 같은 사람들이 이렇게 긍정적인 반응을 보이는 것이 참으로 이상할 정도이다. 하지만 가만히 생각해 보면 이러한 현상은 우리 사회가 그만큼 메마르고 팍팍해졌기 때문에 정신적인 가치에 대한 목마름이 상대적으로 컸다는 반증이 아닐까 생각한다.

마음자세카드는 카드를 받아 든 사람에게 가벼운 흥분감과 함께 기대감을 안겨 주면서, 본문을 읽는 동안 점차 가슴속에 잠자고 있던 정신세계에 대한 동경을 일깨워 주는 것 같다. 그동안 주술사의 마법에 걸려 현실이라는 호리병 속에 갇혀 억눌려 왔던 낭만과 열정, 이상, 정의, 사랑의 온갖 파토스(pathos)들이 한꺼번에 병뚜껑을 열고 연기처럼 모락모락 피어오르는 것이다. 아이도 어른도, 남자도 여자도, 부자도 가난한 사람도, 똑똑한 사람도 모자란 사람도 모두 하나가 되어 어린아이의 마음이 되어 자기에게 어떤 마음이 있는지, 어떤 마음을 더 길러야 할지, 천진난만한 마음으로 서로서로 이야기하는 모습들이 참으로 예쁘다.

사례 I. 지나치게 겸손한 20대 여성

그녀는 매우 단정한 외모와 겸손한 태도가 눈에 띄었다. 항상 친절하게 웃고 상냥한 말씨가 누구에게든 호감을 주는 느낌이었다. 그런데 정작 자신은 마음이 늘 허전하고, 무언가 채워지지 않는 공허감이 있었다. 상담자에게 보이는 태도는 매우 편안했으나 어딘지 불안한 듯한 느낌이 있었다. 상담자의 말을 잘 알아듣기 위해 긴장하는 모습이 자주 눈에 띄었으며, 가끔씩 놀란 토끼마냥 "네?"라고 반문을 하기도 했다.

나는 그녀에게 마음자세카드 5장을 제시하고 그중에서 자기에게 가장 중요한 느낌이 드는 카드를 1장 고르라고 했다. 카드를 유심히 살펴본 그녀는 '친절함'이란 단어를 골랐다. 왜 그것이 중요한지 물어보자 그녀는 잘 모르겠다고 말하면서도 항상 친절하지 않으면 안 된다는 생각을 해 왔다는 말을 했다.

친절하지 않으면 어떤 일이 벌어질 것 같은지 물었더니, 그녀는 한참 생각하더니 "이게 연관이 있을지는 모르겠는데, 갑자기 떠오르는 생각이 있어요. 엄마가 떠나 버릴지 모른다는 생각이 들어요!"라고 말했다. 그게 무슨 말인지 자세히 물었더니, 어릴 때 어머니가 아빠와 싸운 다음 집을 나가서 1년 동안 오지 않았던 기억이 떠올랐다고 했다. 그때 기분을 물었더니 너무 무섭고, 슬프고 외로웠던 것 같다고 했다. 그러면서 다시는 그런 걸 겪고 싶지 않았다고도 했다.

그녀는 엄마가 힘들어지면 다시 그런 일이 생길까 봐 늘 엄마가 시키는 청소나 설거지를 두말 않고 했다고 한다. 언니는 엄마가 야단치면 집을 나가 버렸으나 자기는 그렇게 하지 못했다고 했다. 늘 자기가 노력해야 한다는 생각을 하며 살았으며, 그러다 보니 '내가 죽어도 누가 슬퍼할까?'란 생각을 했고, 늘 공허한 느낌이 들어 먹는 것에 집착하며 살이 찌기도 했다고 했다. 이런 이야기를 하면서 그녀는 늘 잘 해야 한다는 생각에 긴장하며 자신을 들볶았던 행동의 배경을 통찰하고선 슬픔에 젖어 흐느껴 울었다.

사례 2. 기운이 하나도 없는 젊은 여성

상담실에 온 그녀는 얼굴에 핏기가 없었고, 기운이 하나도 없어 보였다. 너무 과로한 것 같다면서 이대로는 더 이상 버티기 어려울 것 같아 겁이 나서 왔다고 했다. 나는 그녀에게 다섯 장의 마음자세카드를 주고서 그 가운데 자신이 내려놓고 싶은 마음자세를 있는 대로 다 골라 보라고 했다. 그녀는 물끄러미 카드들을 보더니 '인내'와 '존중'을 뽑았다. 왜 그것들을 내려놓고 싶은지 묻자, 그녀는 기다렸다는 듯이 자신의 삶에 대해 털어놓기 시작했다. 목사의 딸로 태어나 지금껏 살아오면서 늘 자신의 욕구와 감정을 참고 살아왔다고 했다.

항상 주변을 의식했어야 했고, 분노나 슬픔, 우울 등 부정적 감정은 드러내서는 안 되는 감정이었다. 자신의 내면 상태와는 상관없이 항상 다른 사람 앞에서는 웃고 밝은 모습을 보여야 했는데, 이제는 그것들이 너무 힘들어 내려놓고 싶다는 것이었다. 자신보다는 타인의 욕구를 먼저 살펴야 했고, 눈치 보며 사는 것이 너무 힘들어 이제 못 살 것 같다고 했다. 평일은 눈치 안 보고 살아도 되니까 날아갈 것 같은데, 오히려 주일에는 교인들을 만나는 것이 힘들다고 했다. 나는 그녀의 힘든 마음을 공감해 주었다. "정말 힘들었을 것 같아요! 자기를 있는 그대로 드러낼 수 없는 상황이 정말 답답했을 것 같아요!"

상담자의 공감을 받은 그녀는 눈물을 주르륵 흘리면서 "이런 이야기를 해 본 것이 오늘이 처음이에요. 한편으로는 이런 말을 하는 것이 죄책감이 들기도 해요!" "하지만, 진실을 말한 것 아니에요?" 나는 그녀를 따뜻하게 바라보며 지지해 주었다. 그녀는 안심이 되었는지 미소를 지으며 "네, 그래요. 어쨌건 가슴속에 숨겨 놓았던 말들을 쏟아 내고 나니, 시원하네요!"라고 말했다. 우리는 그녀의 어린 시절에 있었던 일들에 대해 더 많은 이야기들을 나누었고, 상담이 끝날 때쯤에는 서로에 대해 깊은 친밀감을 느낄 수 있었다.

2) 그림상황카드 작업(GR-2)

그림상황카드는 개인상담에서 내담자의 다양한 주제를 이끌어 낼 수 있다. 감정이 억압된 내담자들은 흔히 과거의 기억이 잘 나지 않으며, 자신의 문제나 주제를 파악하는 데 시간이 많이 걸린다. 그림상황카드는 잊고 있었던 과거의 스토리들을 불러일으켜 주며, 삶의 주제를 만날 수 있게 해 준다. 자기 이야기를 잘 하지 않는 청소년들도 그림상황카드는 재미있어 한다. 말문을 닫고 있던 그들도 그림상황카드를 보면 쉽게 방어를 해제하고 이야기를 풀어놓는다.

그림상황카드

내담자들은 그림을 보면서 잊고 있었던 다양한 기억들을 떠올리며, 과거 상황에서 느꼈던 감정을 생생하게 재체험한다. 상담자의 질문과 반영, 공감적 반응을 통하여 미처 과거에 충분히 느끼지 못했던 감정을 체험하기도 한다. 경험 많은 상담자라면 이런 과정을 단지 스토리텔링으로만 그치지 않고, 자연스러운 대화와 만남으로 이끌어 줄 수도 있다. 예컨대, "이 아이가 경험한 세상은 정말 차갑고 냉정했군요. 혹시 나와의 관계에서도 그렇게 느낀 적이 있으신가요?" "내게 이 이야기를 들려준 지금, 어떤 감정이 느껴지시나요?" "창피하다고요? 내가 어떻게 생각할 것 같아서 창피하세요?"와 같이 물어 줄 수 있을 것이다.

그림상황카드는 사람마다 정말 다양한 반응을 이끌어 낸다. 똑같은 그림상황카드에 대해 어떤 사람은 평화로운 장면을 지각하는가 하면, 어떤 사람은 아주 험악한 분위기를 감지하기도 한다. 따라서 상담자의 예민한 지각은 그림상황카드가 갖고 있는 진단적 효용을 극대화시킬 수 있다. 그림상황카드를 갖고 이끌어 낸 이야기를 다룰 때, 감정단어카드나 그림가족인형을 활용하면서 더 깊은 작업으로 나아갈 수도 있다. 집단상담이나 교육장면에서는 그림상황카드를 역할극이나 연극으로 발전시킬 수도 있다.

사례 I. 우울한 중년 남성

50대 초반의 직장인 남성이 알 수 없는 공허감과 외로움으로 인하여 심한 무기력과 우울감을 호소하며 상담실을 찾아 왔다. 그동안 잘 지내 왔었는데 무엇 때문에 힘든지 잘 모르겠다고 하였다. 나는 그가 자신의 문제에 대한 인식이 부족할 뿐 아니라, 그것을 체계적으로 설명하는 데도 어려움이 있다고 느껴 그림상황카드를 활용하기로 했다.

그림상황카드 5장을 준 다음 자신과 가장 닮은 인물이 들어 있는 카드 1장, 그리고 불편한 감정이 드는 카드 1장을 고르게 했더니 자신과 가장 비슷한 인물로는 GR-2-50의 김장하는 아주머니들 뒤에 서서 손가락을 빨고 있는 소년을 가리켰다. 어떤 점에서 소년이 자신과 닮았는지 묻자 그는 소년이 김치가 먹고 싶지만, 눈치를 보며 쉽게 달라는 말을 못하고 있는 점이 그렇다고 했다. 그는 어렸을 때 어머니가 일찍 돌아가시는 바람에 이모 댁에서 자랐는데, 눈치가 보여서 자신에게 필요한 요구를 잘 하지 못했었다고 했다.

살아오면서 늘 자신의 욕구를 당당하게 표현해 본 적이 별로 없고, 항상 타인들의 눈치를 보면서 자신의 욕구는 억압해 왔다고 했다. 자신에게 어려움이 생기면 혼자 생각하고 혼자 해결하려고 했지, 주변 사람들에게 말해서 도움을 청할 생각은 하지 않았다. 늘 타인들의 욕구를 우선적으로 배려해 주었으며, 자신의 필요나 문제에 대해서는 나중으로 미루었다.

불편한 감정이 드는 카드로는 GR-2-16의 혼자 방에서 인형을 갖고 노는 아이의 그림을 골랐다. 어떤 점이 불편한지 묻자 그는 얼른 답을 하지 못했다. 다만 아이가 혼자 있는 모습이 어쩐지 걸린다고 했다. 나는 그가 자신의 감정을 정확히 알아차리지 못하는 것을 보고, 감정단어카드를 제시하면서 분노감정, 두려운 감정, 슬픈 감정, 우울한 감정 중 어떤 것이 자신이 느끼는 감정에 가장 가까운지 말하도록 했다. 그는 우울한 감정을 골랐다. 나는 그에게 20장의 우울한 감정단어 카드를 주면서 그중에 자신이 느끼는 감정을 모두 찾아 보라고 했다. 그는 '버겁다' '우울하다' '침울하다' '힘들다' '무가치하게 느끼다'를 골랐다.

그러고 난 후에는 갑자기 깨달았다는 듯이 자신의 어린 시절 기억을 이야기하기 시작했다. 아이를 보니 늘 혼자 외롭게 살았던 자기 모습이 떠올랐다고 했다. 어려운 일이 생겨도 아무에게도 말하지 못하고 혼자 힘들어했던 기억이 되살아났다고 했다. 늘 혼자 걱정하며 해결하려 했던 삶이 버겁게 느껴졌고, 우울했으며, 다른 사람에 비해 자신은 무가치하게 느껴졌었다고 말하며 눈시울이 좀 붉어졌다.

요즘의 삶은 어떤지 물었더니, 지금도 크게 달라진 것은 없는 것 같다고 했다. 그동안 열심히 살아오면서 어느 정도 성공을 거두었지만, 어려운 일이 생기면 늘 혼자 해결하려고 하지 누구에게 도움을 청할 생각은 하지 않는 편이라고 했다. 그러다 보니 삶이 버겁고, 힘들며, 우울감이 많다고 했다.

그는 이야기를 하는 도중에 성인이 된 지금까지도 자신이 여전히 어린 시절에 했던 방식으로 살아가고 있다는 사실을 깨닫고 놀라워했다. 그러고는 지금은 가족도 있고, 친구들도 있는데도 누구와도 의논하지 않고 항상 혼자 해결하려고 하는 것이 습관이 되어 버린 것 같다고 했다. 나는 그의 눈을 쳐다보며 그동안 참으로 외로웠을 것 같다고 말했다. 그는 얼른 눈을 돌려 천정을 쳐다 보며 "뭐, 그렇죠!"라고 말하면서 애써 감정을 억누르려 했다.

나는 그런 그의 모습을 지적하며, "제 눈을 한 번 쳐다보시겠어요? 말씀을 들으니, 그동안 참으로 힘드셨겠어요."라고 따뜻한 목소리로 말해 주었다. 그러자 그는 순간 울컥하면서 큰 소리로 울음을 터뜨렸다. 어깨를 들썩이며 한참 울고 난 후, 그는 나를 쳐다보며 "지금껏 살아오면서 한 번도 남 앞에서 이렇게 울어 본 적이 없었던 것 같아요!"라고 말했다. 나는 고개를 끄덕이며 "지금 기분이 어떠세요?"라고 물었다. 그는 "시원한 것 같아요. 뭔가 가슴에 꽉 눌려 있던 돌덩이 같은 것이 내려진 느낌이에요."라고 말했다.

나는 그가 내 앞에서도 자신의 감정을 '습관적으로' 외면하려고 했던 것을 상기시켜 주면서 오늘 처음으로 다른 사람을 믿어 보는 '실험'을 성공적으로 한 것에 대해 축하를 해 주었다. 그는 무척 기분이 가벼워져서 "참 좋네요. 앞으로는 제 감정을 좀 소중히 생각해야겠어요. 나도 모르게 늘 혼자라는 생각을 하다 보니 삶이 참으로 버겁고 무겁게 느껴졌던 것 같습니다."라고 말했다. 나는 그의 기쁨을 함께 기뻐해 주며 즐거운 담소 분위기로 대화를 마쳤다.

사례 2. 경계선 성격장애

경계선 성격장애에 해당하는 20대 후반의 여성인데, 자신의 감정을 정확하게 알아차리지 못할 뿐 아니라, 과거 사건들에 대한 기억이 잘 나지 않아 자신의 경험을 이야기할 때 대부분 막연하고 추상적인 형태로 이야기함으로써 치료자와의 의사소통이 잘 되지 않았다.

이 내담자에게 그림상황카드 GR-2-7을 제시하면서 어떤 상황인지 설명하게 하였더니, 그녀는 "엄마가 아이가 공부하고 있는지 감시하러 왔다. 그런데 얼굴이 일그러지면서 폭발 일보직전이 다."라고 말했다. 그래서 아이 마음은 어떤지 물었더니, "적개심이 부글부글하다."고 답하였다. 평소 자신의 감정을 추상적으로만 표현하면서 구체적 상황을 잘 설명하지 못하던 내담자가 갑자기 반응이 매우 활발해지면서 자신의 과거 경험들을 쏟아 내기 시작했다.

다시 이 내담자에게 형에게 장난감을 내놓으라고 떼쓰는 동생과 뺏기지 않으려는 형, 그리고 동생 편을 들고 있는 엄마의 그림인 GR-2-5를 제시했는데, 놀랍게도 그녀는 이 장면이 무슨 내용 인지 모르겠다며 갑자기 혼란스러워했다. 나중에 확인해 본 결과 그녀는 갈등상황을 보면 불안해 지면서 어떻게 해야 할지 모르겠다는 생각이 먼저 든다고 했다.

아이들이 불안해하고 있는 상황에서 아내를 때리려는 남편의 그림인 GR-2-3을 본 내담자는 "아이들을 이용하려는 엄마예요. 무책임한 행동이에요."라며 자신의 주제를 투사해서 드러냈으며, 아빠가 아이를 어르고 있고, 엄마는 다림질하고 있고, 아이는 그림을 그리고 있는 GR-2-1에 대해서는 "각자 따로 다른 세계에 있으며, 겉으로 보이는 모습은 평화로워 보이지만, 그것은 가식이라고 했다. 여자아이는 너무나 외로워서 그림을 그리고 있다며, 상담자 앞에서 눈물을 펑펑 쏟으며 울었다.

나는 그동안 30여 회의 상담을 통해서 내담자의 이야기를 잘 알고 있다고 생각했었는데, 그림상황카드를 통한 그녀와의 만남은 그녀에 대한 전혀 새로운 시각을 열어 주었다. 즉, 지금까지 그녀의 '언어적 보고'로만 접하던 부모와의 관계에 대해 그녀의 생생한 '지각'을 직접 목격함으로써 지금까지 들었던 내용들이 온전히 새로운 차원에서 통합적으로 이해되었고, 그녀가 했던 많은 말들이 실감 나게 와 닿았다.

집단상담에서도 그림상황카드는 집단원들의 자기개방을 돕고, 상호작용을 돕는다. 집단초기에 서로 조심하고 있는 상황에서 그림상황카드를 토대로 자기개방을 유도하면 자연스러운 개방이 일어난다. 집단원들이 그림을 함께 보면서 스토리텔링을 듣기 때문에 스토리는 생생한 영상 이미지와 함께 집단원들에게 강렬한 인상을 심어 준다. 또한 공통된 이미지를 근거로 하여 집단원들이 다양한 경험을 공유할 수 있다. 예컨대, 부부싸움과 거기에 연루된 아이들의 상황은 모든 집단원들에게 생생한 동일시를 제공해 주며, 그것을 바탕으로 상호공감대가 형성되기도 하고, 강한 연대감이 생기기도 한다.

집단의 중반이나 종반에 시행된 그림상황카드 작업은 집단에서 보여 준 집단원들의 그동안의 행동들에 대한 새로운 이해와 조망을 가져다주기도 한다. 즉, 그림상황카드는 종종 그동안 집단에서의 이해할 수 없었던 집단원의 행동을 이해하는 데 도움이 되는 과거에 대한 배경자료들을 제공해 주기도 한다. 이때 다른 집단원들 뿐 아니라, 당사자도 깜짝 놀라는 체험을 하기도 한다.

3) 감정단어카드 작업(GR-3)

정서는 사고에 의해 영향을 받는 점도 있지만, 역으로 사고나 행동에 영향을 주기도 한다. 또한 특정 정서, 예컨대 수치심이나 죄책감을 안 느끼기 위해, 혹은 기쁨이나 행복감을 느끼기 위해 어떤 행동을 하기도 한다. 물론 이때 사고를 이용하기도 한다. 예컨대, 특정 감정을 안 느끼기 위해 합리화나 투사 등의 방어기제를 사용하는 경우이다.

우리는 정서를 중심으로 우리의 기억을 조직화한다. 따라서 정서를 억압할 경우 그와 관련된 기억들이 억압된다. 만일 특정 정서를 접촉하게 되면, 그와 관련된 기억들이 되살아난다. 정서는 정서를 가리키는 개념과 연결되어 있기 때문에, 감정단어카드는 억압된 기억들을 되살리는 데 매우 유용하다. 감정단어카드는 감정억압이 심하거나 감정분화가 되지 않아 자기 이야기를 잘 하

지 못하는 청소년이나 성인 내담자들로 하여금 자연
스럽게 자기개방을 하도록 도와준다.

상담자와의 관계에서 느끼는 지금-여기의 감정탐
색과 상호 자기개방에도 감정단어카드를 사용할 수
있다. 내담자의 전이감정을 탐색하거나 상담자와의
관계에서 발생한 미해결과제를 알아차리고 표현하는
데, 혹은 한 걸음 더 나아가서 상담자와 내담자 상호간
에 친밀한 관계 형성을 위한 목적으로 감정단어카드
를 사용할 수 있다.

감정단어카드

내담자는 물론 상담자 또한 상담과정에서 내담자와의 사이에서 느끼는 감정을 자연스럽게 개
방하는 것은 쉽지 않다. 감정단어카드를 사용함으로써 이러한 과정을 촉진시키거나 지지해 줄 수
있다. 주사위를 던져서 나온 감정단어카드를 토대로 내담자는 상담상황에서 느낀 다양한 감정들
을 [비난받을 걱정 없이] 자연스럽게 표현할 수 있게 되며, 상담자 또한 내담자에게 [공격적으로 인식됨이
없이] 내담자에게 필요한 피드백을 하거나 지지를 해 줄 수 있다. 이런 실험은 상담 도중이나 마무
리 상황에서 자유롭게 해 볼 수 있다.

사례 1. 우울증 여성

평소 할 이야기가 별로 없다며 상담시간에 어색해하는 20대 후반의 우울증이 심한 젊은 여성
의 경우를 예로 들어 보기로 한다. 그녀는 항상 상담시간에 오면 어색해하면서 "무슨 이야기를
해야 할지 모르겠어요."라며 곤란을 호소하곤 했다. 상담자는 그녀에게 주사위를 던져 나온 숫자
에 해당하는 색깔의 감정단어카드를 무작위로 세 장을 뽑게 한 다음, 자신이 최근 경험한 감정을
한 장 고르도록 했다.

그녀는 흥미를 보이며 주사위를 던졌고, 매번 나온 카드를 갖고서 수월하게 이야기를 할 수 있
었다. 한번은 '미심쩍다'란 카드를 고른 다음, 직장에서 상사가 없을 때 자주 상사 흉을 보는 동료
에 대한 감정을 개방하였다. 그녀는 매우 고지식한 성격으로 남의 흉을 보는 것은 무척 안 좋은
행동으로 생각하여, 그런 일 때문에 동료와의 관계가 불편하다고 하였다. 그녀는 상담자와 자세
한 이야기를 나누면서 나중에 동료의 입장을 좀 더 이해하게 되었을 뿐 아니라, 자기 자신에 대해
서도 좀 더 이해하게 되었다.

그다음 시간에는 빨강색 카드 중에서 '구역질나다'와 '치가 떨리다'라는 단어를 모두 고르겠
다고 한 다음, 아버지에게 느꼈던 감정을 개방하였다. 최근에는 과거의 기억들이 희미해져서 잊

어버리고 있었는데, 감정단어카드를 보면서 새삼스럽게 과거의 기억이 강하게 떠오른다고 했다. 즉, 어머니를 구박하던 아버지가 죽이고 싶을 정도로 미워서 아버지 방 앞에서 칼을 들고 서 있었던 자신의 모습을 기억해 내면서 흐느껴 울었다. 상담자는 내담자의 힘들었던 경험에 대해 공감해 준 다음 내담자의 자기개방에 대해서도 고마움을 표현했다.

상담을 마칠 때쯤, 상담자는 그녀에게 노란색 카드 더미에서 감정단어카드 석 장을 뽑게 한 다음, 혹시 그것들 중에 지금 이 순간에 느끼는 감정이 있는지 찾아 보라고 했다. 그녀는 놀랍게도 '재미있다'라는 카드를 선택하였다. 그러고는 이전에 상담 받을 때는 상담 시간이 너무 부담스러워 1년 만에 그만두었었는데, 지금은 부담이 많이 줄었다며 웃음을 보였다.

사례 2. 조울증 여성

조울증을 앓고 있는 20대 후반의 여성인데, 어느 날 그녀는 자신이 꾼 꿈에 대해 이야기하면서 여러 장면에 대한 자세한 설명을 하였으나 이야기가 장황하고, 두서가 없어 따라가기가 어려웠다. 이때 치료자가 내담자에게 주사위를 던져 감정단어카드를 뽑게 했는데, 그녀가 뽑은 카드는 '치가 떨리다' '기가 막히다' '억울하다'였다. 그녀는 석 장 모두에 대해 다 이야기하고 싶어 했다.

우선 그녀가 꾼 꿈 장면이 "치가 떨린다."라고 했다. 소행성이 지구와 부딪혀서 불타는 꿈인데, 사람들이 아비규환으로 죽어 가는 장면이라고 했다. 한참 동안 그녀의 꿈 이야기를 들었지만, 밋밋하게 들렸던 내용이 그녀가 뽑은 감정단어카드를 통하여 그녀의 감정이 생생하게 전달되었다.

다음으로 그녀는 '기가 막힌다'는 감정을 느낀 것에 대해 이야기했다. 자신이 발병했을 때, 신으로부터 계시를 받았다고 생각하고, 세상을 구할 수 있을 거라 믿고 주변 사람들에게 문자를 보내고 했던 일을 떠올리면 기가 막힌다고 했다. 한동안 종교적인 망상에 빠져 살았는데, 그렇게 보낸 세월이 억울하다고도 했다. 하지만 돌이켜 생각해 보면 하나님을 원망할 것이 아니라 다 자기가 그렇게 생각해서 발생한 문제이므로 억울할 것이 없다는 생각도 든다고 했다.

악몽을 꾸다가 깨었을 때, 전에 같으면 부들부들 떨면서 공황상태에 빠졌을 텐데 이번에는 합리적으로 생각하려고 애썼더니 그렇게 무섭지 않고, 수습할 수 있었다고 했다. 치료자는 이때, 내담자에게 노란색 카드를 무작위로 석 장 뽑도록 지시했다. 그랬더니 그녀는 '신나다' '행복하다' '신기하다'라는 카드를 뽑았다. 치료자가 그녀에게 최근에 그런 감정을 느낀 카드가 있는지 한번 찾아 보라고 지시했는데, 그녀는 하나씩 모두 이야기했다.

며칠 전에 어머니와 함께 여행을 다녀왔는데, 많이 걸었는데 잠도 잘 오고 악몽도 안 꾸어서 신기했다고 했다. 병원에도 안 가고 혼자서 해결한 것이 신나고, 행복했다고 했다. 치료자가 그녀에게 신기한 느낌에 대해 좀 더 자세히 이야기해 달라고 요구하자, 그녀는 '이렇게 해도 극복이 된다는 것'이 신기했고, 자신의 문제를 스스로 알고 있다는 것도 신기했다고 했다.

또다시 치료자는 그게 왜 신기하냐고 재차 물었는데, 그녀는 전에는 자신이 망상을 갖고 있는 줄도 몰랐는데, 이제 그것을 안다는 것 자체가 신기하다고 했다. 종교적으로 생각하지 않고, 합리적으로 논리적으로 생각하니까 무섭지 않고 괜찮아진 것이 참 신기했다고 했다. 자신의 사고체계가 바뀌었다는 것이 신기하다고도 했다. 이전에는 자신에게 일어나는 일들이 다 하나님이 하신 것으로 생각되었는데, 이제는 그것들이 다 자기가 생각해 낸 것들이라는 것을 알게 된 것이 신기하다고 했다.

상담을 마치기 전에 지금 이 순간 느끼는 감정이 앞에 있는 카드들 6개 중에 있는지 한 번 찾아보라는 치료자의 지시에 그녀는 '신기하다' '행복하다' 두 카드를 집어 들면서 "우리 어머니도 이런 기분을 한 번 느껴 봤으면 좋겠어요."라며 어머니에 대한 안쓰러운 감정도 함께 표현하였다.

4) 그립가족인형 작업(GR-4)

그립가족인형은 내가 가장 많이 사용하는 그립도구이다. 나는 그립인형들을 언제든 필요하면 바로 사용할 수 있도록 항상 상담용 테이블 위에 비치해 둔다. 대화상담을 하다가 내담자의 이야기가 추상적인 형식으로 전개되어 내용이 모호해질 위험이 있거나, 아니면 내담자의 내면적 갈등이 전경으로 떠오르는 경우에 이를 명료화시켜 주기 위해 자주 그립인형을 사용한다. 그립인형을 사용하면 많은 경우 내담자의 장황

그립가족인형

하고 복잡한 설명을 다 따라갈 필요 없이, 아주 단순하고 구체적인 [실존적] 사건 장면으로 쉽게 들어갈 수가 있다.

스토리 중심으로 상담할 경우, 상담자는 내담자가 사용하는 개념 하나하나를 어떤 의미에서 사용하고 있는지 여러 각도에서 자세히 규명하면서 대화하지 않으면 안 된다. 왜냐면 자칫 주의를 소홀히 하면 상담자와 내담자가 표면적으로는 같은 내용을 이해하고 있는 것처럼 보일지라도 실상은 서로 전혀 다른 뜻으로 해석하고 있는 경우가 많기 때문이다. 그렇게 되면 실컷 대화를 나눴다 하더라도 서로 엉뚱한 곳을 긁다가 만 격이 될 것이다. 그럴 경우에는 상담이 만족스럽지 못할 때가 많다.

상담에서 개념을 사용하여 설명하고 소통하는 것은 어느 정도까지는 불가피하다. 하지만 개념

중심, 즉 스토리 중심으로만 상담을 진행하는 것은 본질적으로 아주 풀기 어려운 인식론적 문제를 내포하며, 이는 상담자나 내담자 모두에게 매우 고된 작업이다. 스토리 중심 상담의 또 다른 문제는 내담자 기억의 한계와 더불어 내담자의 주관적 편집, 무의식적 사고와 행동패턴에 대한 자각결여 등 매우 다양하다.

그립인형들이 이 모든 문제를 다 해결해 주는 것은 아니지만, 스토리 위주의 대화상담이 갖는 한계를 상당 부분 보완해 주는 효과가 있다. 내담자 문제의 윤곽을 파악하고 주제를 명료화시키는 과정에서는 개념적 접근이 상당히 효과가 있다. 즉, 개념적 접근은 광범위한 문제영역을 신속히 특정 영역으로 제한시켜 초점을 맞춰 준다. 하지만 어느 정도 문제의 범위가 좁혀지면 그때부터는 계속 개념적으로만 접근해서는 안 된다. 실존적 상황에서 벌어지는 구체적 사건과 그 속에 연루된 인물들의 구체적 행동, 생각, 감정, 신체상태 등이 감각적 차원에서 세세하게 드러나야만 한다. 그래야 내담자의 존재가 온전히 드러나고 보이며, 따라서 다루어질 수 있기 때문이다.

그립인형은 바로 이런 과정에서 특별한 기여를 한다. 즉, 내담자의 언어적 설명이나 보고 대신에 우리는 지금-여기에서 일어나는 '원자료(raw data)'들을 직접 목격하고 접촉할 수 있게 된다. 내담자는 자신의 편집된[불확실한] 기억을 더듬어 보고하는 대신, 지금-여기에서 인형을 통하여 자신의 내면을 [투사와 동일시에 의해] 생생하게 드러내며 보여 준다. 우리는 내담자의 설명을 듣기보다는 그의 행동을 볼 수 있으며, 그의 목소리와 생각을 들을 수 있다. 때로는 내담자 자신도 예상치 않았던[억압되었던] 감정의 분출을 목격하기도 한다. 또한 지금까지 소외되었던 내면의 부분을 접촉하고 통합하는 과정을 상담자가 함께 온전히 따라가면서 지지하고 축복해 주는 것도 가능하다.

사례 I. 자기정체성을 찾는 젊은 여성

30대 초반의 여성인데 꿈의 장면들을 이야기한 다음 인형작업을 하였다. 어릴 때 딸 많은 집에 막내딸로 태어났고, 남동생과 차별대우를 받았다고 느낀 내담자는 늘 남자들과의 경쟁에서 지지 않으려고 애쓰면서 살아왔다. 꿈의 내용은 세 살 먹은 여자아이가 서서 소변을 보는데 남자들처럼 오줌 줄기가 앞으로 나가고 있는 것이었다. 나는 내담자에게 그 꿈 장면으로 들어가 그 여자아이가 되어 보라고 했고, 내담자는 그 장면을 생생하게 동일시할 수 있었다. 지금 기분이 어떤지 물었더니, 불안하며, 애쓰고 있다고 말했다.

나는 그녀에게 자신이 느끼는 감정을 표현한 다음, "… 이것이 나의 실존입니다."라고 말하라고 지시했다. 그녀는 시킨 대로 하면서 눈물을 흘렸다. 자신이 평생 애쓰면서 살아온 모습이 생생하게 느껴진다고 하며, 자기를 제대로 보살펴 주지 않은 어머니에 대한 감정을 이야기하였다. 나

는 그녀에게 어머니를 대신할 인형과 자기를 대신할 인형을 각각 하나씩 골라서 어머니에게 하고
싶은 말을 해 보라고 했다.

그녀는 엄마 인형이 등을 돌리고 돌아앉아 있는 곳을 향해, 조그만 목소리로 "엄마, 나 좀 봐
줘!"라고 말했다. 엄마는 돌아 보지 않고 그대로 앉아 있었다. 잠시 후 내담자는 "더 이상 못하겠
어요!"라며 좌절스러운 표정을 지었다. 나는 그녀에게 엄마에게 대신 보챌 수 있는 인형을 하나
골라 보라고 했다. 그녀는 강아지를 골라 엄마에게 화를 내며 봐 달라고 보챘다. 어머니는 여전히
움직이지 않았다.

나는 그녀에게 이상적인 엄마를 골라서 자기에게 말해 보라고 했다. 그녀는 이상적 엄마인형
을 골라서 무릎에 자기를 앉히고 쓰다듬어 주면서 자장가를 불러 주었다. 그녀는 노래를 부르면
서 눈물을 흘렸다. 엄마가 되어서 그녀는 아이에게 "○○아, 이제 앉아서 오줌을 눠도 돼! 너는 있
는 그대로 사랑스러운 아이야!"라고 부드럽게 말해 주었다. 나는 그녀에게 앉아서 오줌을 눌 수
있겠는지 물었더니, 해 보겠다고 하며 이상적 엄마와 강아지가 보는 앞에서 아이 인형을 앉아서
소변을 보게 했다. 그녀는 "아이 시원해!"라고 말하며 행복한 웃음을 웃었다.

사례 2. ADHD 청소년 어머니

ADHD 진단을 받은 고등학교 1학년 아들을 둔 40대 초반 여성인데, 심한 우울증상을 보이고,
대인기피 증상이 있었다. 내담자는 뚜렷한 이유 없이 삶이 허무하고, 의욕이 없으며 때로는 살고
싶지 않은 마음이 든다고 했다. 아이가 산만하고, 자신감이 없으며 컴퓨터 게임에 빠져 있고, 어
머니와 함께 있을 때 계속 핸드폰만 보는 모습이 몹시 보기 싫다고 했다. 아이가 어렸을 때는 무
척 예뻐했으나 초등학교에 들어간 다음부터는 미워졌다고 했다. 학교에 지각하고, 공부하기 싫
어하는 모습을 보고 화가 나서 소리 지르며 때리거나 발길질도 하였다고 했다. 남편은 좋은 사람
이지만 집에 없기 때문에 혼자서 너무 외롭다고 했다. 열심히 살림을 살았지만, 아무도 알아주는
사람도 없고 인생이 허무하다고 했다.

내담자 문제의 일정 부분이 모자관계와 관련 있을 것이라 생각하여, 먼저 이 부분을 좀 더 자세
히 탐색할 목적으로 그립가족인형을 사용하기로 했다. 대화적 상담만으로는 스토리가 너무 장황
하게 나열되는 것 같아 한계가 있다고 판단했다. 특히, 내담자는 한 주제에 머물지 못하고 계속
다른 주제로 옮아가는 경향이 있어 어느 한 주제를 심도 있게 탐색할 필요성이 느껴졌다.

나는 계속 아들 이야기를 하고 있는 내담자를 잠시 중단시키고, 아들을 닮은 인형을 한 개 고르
라고 지시했다. 그랬더니 그녀는 진열된 그립가족인형들을 죽 훑어보더니 모자가 달린 하늘색 점
퍼를 입은 소년을 집어 들었다. 나는 다시 그녀에게 아들을 못마땅하게 생각하는 자기 인형도 하

나 고르라고 했다. 그녀는 놀랍게도 성인이 아닌 빨간색 치마를 입은 소녀를 자기로 골랐다. 이 광경을 본 나는 그녀의 마음속에는 아직 어린 소녀가 있다는 것을 느낄 수 있었다. 나는 그녀에게 소녀 인형을 붙잡고 맞은편에 앉은 소년에게 불만을 말해 보라고 했다.

그녀는 금세 얼굴이 벌겋게 달아오르며 흥분해서 아들에게 잔소리를 해 대기 시작했다. "네가 할 줄 아는 것이 뭐니?" "숙제는 언제 할 거니?" "도대체 그렇게 해서 어떻게 살려고 하니?" "아유 미워!" 이렇게 말하는 그녀의 눈은 독기로 가득 차 무섭게 변해 있었다. "저 아이가 어떻게 보여요?" 나는 그녀를 쳐다보며 물었다. 그녀는 아주 못마땅한 듯 한숨을 푹 내쉬며 "바보 같아요. 무가치해 보여요! 못나 보여요."라고 답했다.

나는 소년 인형과 소녀 인형의 자리를 바꿔 그녀 앞에 소년을 가져다 놓았다. 그런 다음 소녀 인형이 했던 말을 소년에게 다시 들려주었다. "네가 할 줄 아는 것이 뭐니? 도대체 어떻게 살려고 그러니? 바보 같아! 무가치해 보여. 못나 보여!" 그 말을 들은 그녀의 표정이 일그러지며 침울해졌다. "지금 기분이 어때요?" 나는 그녀에게 물었다. 그녀는 "기분이 우울해요. 죽고 싶어요. 살고 싶은 의욕이 없어져요!"라고 말했다. 그녀는 자기도 모르게 소년과 자기 자신을 동일시하고 있었다.

나는 그녀에게 다시 물었다. "이런 기분을 전에도 느낀 적이 있으세요?" 그녀는 고개를 끄덕이며 대답했다. "네, 자주요. 아주 자주요. 항상 느끼는 감정이에요." "그러시군요. 그런데 이 아이는 대체 누구에요?" 나는 그녀가 손에 잡고 있는 소년을 손가락으로 가리키며 뜬금없는 질문을 던졌다. 그녀는 잠시 어리둥절한 표정을 짓더니 다시 정신을 차리며 "이게 저예요?"라고 내게 반문했다. 나는 고개를 끄덕이며 "그런 것 같죠?"라고 답했다.

"아! 그렇군요." 그녀는 가느다란 신음소리를 내며 망연자실한 표정을 지었다. "그렇다면, 제가 아들에게 야단치고, 미워하고, 구박했던 것이 제 자신과 아들을 혼동한 거란 말씀인가요?" "그러니까 아들을 들볶아 대고 화내고 몰아세웠던 것이 결국 내 자신이 내게 한 것이었던 것 같네요?" "어쩌면, 매번 똑같은 자리로 돌아오네요?"

개인상담을 20여 회기 이상 받아 온 뒤였으므로 그녀의 통찰은 이처럼 그리 어렵지 않게 이루어졌다. 우리는 다시 자신을 강하게 몰아세우고 비난하는 상전과 핍박을 당하는 하인의 대화를 그립인형으로 계속 작업하였다. 마침내 그녀의 상전의 목소리는 부모님의 인정을 받기 위해 늘 집안일을 돕고, 열심히 공부를 해야만 했던 자신의 어린 시절에 스스로 만들었던 목소리라는 것이 드러났다. 즉, 아무리 열심히 해도 칭찬에 인색했던 아버지와 매사에 냉담했던 어머니의 무반응 때문에 늘 가슴 한 구석이 비어 있는 것 같고, 우울감에 시달렸던 그녀는 더욱 자신을 몰아세우며 가혹하게 자책하는 습관을 형성했던 것이다.

이런 작업을 하는 동안 그녀는 상전이 부당하게 자신을 대하고 있다는 것을 인식하기 시작하였고, 마침내 자신의 노력과 성과를 인정해 주지 않는 상전에게 작지만 분명한 목소리로 항의할 수 있게 되었다. 그러자 상전은 하인의 목소리를 듣기 시작했고, 하인을 인정해 주었으며, 사과까지 하였다. 상전은 하인을 무릎에 올려놓고 안아 주며 사랑한다고 말하면서 눈물을 흘렸다. 그녀는 한참 동안 계속 눈물을 흘리며 소년 인형의 머리를 사랑스럽게 쓰다듬었다.

작업을 마친 그녀는 환히 웃으며 그동안 자기가 무엇 때문에 그렇게 우울했었는지 알게 되었다고 말했다. 아들을 그렇게 들볶았던 것도 결국 자기 문제를 투사해서 그렇게 된 것 같다며, 아들에게 미안하다고 했다. 생각해 보면 참으로 괜찮은 아이인데, 늘 못마땅하게 생각했던 것은 자신의 불안감 때문이었던 것 같다고 했다.

내담자는 이 작업 이후 아들과의 관계가 훨씬 편해졌으며, 아들이 더 이상 밉지가 않고, 불안한 마음도 많이 줄어들었다고 했다. 아들에게 간섭도 덜 하게 되고, 긍정적인 말도 많이 해 준다고 했다. 아들도 요즘은 예전처럼 어머니를 피하지 않으며, 산만한 모습이 많이 줄었고, 공부도 더 집중하는 것 같다고 했다.

무엇보다 내담자의 가장 큰 변화는 이전에 비해 자책하는 모습이 많이 줄었으며, 따라서 우울감도 자주 안 느낀다고 했다. 요즘 그녀는 항상 마음속의 어린소년을 생각하며, 스스로 격려해 주고 칭찬해 주려고 애쓴다고 했다. 가끔 핸드폰으로 찍었던 소년 인형을 꺼내보며 혼잣말로 "사랑해! 넌 참으로 소중한 아이야!"라고 말하며 미소를 지어 준다고도 했다. 그녀는 대인관계에서도 예전보다 자신감을 많이 회복하여, 그동안 연락을 끊고 지냈던 친구들에게도 다시 전화를 걸어 가끔씩 만나 밥도 먹고 차도 마신다고 했다.

사례 3. 불안과 죄책감에 시달리는 남자

내담자는 30대 중반 남자 회사원이었는데 늘 마음이 불안하고 대인관계의 불신감이 있었으며, 알 수 없는 공허감과 죄책감에 시달리고 있었다. 겉으로는 사람들과 잘 지내고 사교적인 모습이지만, 내면으로는 사람들을 잘 믿지 못하고, 늘 긴장하고 불안한 상태였으며, 불면증과 악몽에 시달리고 있었다. 부인과 어린 딸을 사랑하지만, 그들과도 거리를 느끼는 자기 자신에 대해 스스로 자괴감을 느끼고 자책을 하고 있었다. 그는 도대체 행복이 무엇인지 모르겠다며 자주 쓸쓸한 웃음을 지어 보였다.

내담자의 이야기는 계속 같은 내용을 반복하며 맴도는 느낌이 있었고, 더 이상 깊이 나아가지 못하고 있었다. 그의 대화내용은 자기 자신에 대한 분석이 대부분이었으며, 매우 추상적인 개념을 많이 사용하였다. 이야기 도중에 그는 "제가 왜 그러는지 모르겠어요. 도대체 알 수가 없어요." 등의 말을 자주 하며, 마치 다른 사람 이야기를 하듯 매우 객관적이고 냉정한 어투로 말했다. 그는 자신에 대해 많은 이야기를 하면서도 정작 자기 자신의 감정은 불안감과 죄책감 이외에는 잘 접촉하지 못하였다.

그의 행동은 매우 양가적이었는데, 그는 그것 때문에 매우 불편해하고 있었다. 즉, 한편으로는 사람들을 믿지 못하고 경계하면서도 다른 한편으로는 사람들에게 매우 친절하게 대하는 자기 자신을 매우 가증스럽다며 경멸하고 있었다. 하지만 이러한 모순이 어디에서 왔는지, 또 어떻게 해결해야 할지 몰라 매우 답답해하고 있었다. 이런 내용들은 모두 그의 머리에서 인지하고 있는 것들이지만, 개념적인 분석만으로는 한계가 있었다. 나는 그립인형을 사용하여 그의 내면을 탐색해 보기로 했다.

나는 양가감정으로 분열된 그의 내면을 그립인형을 통하여 하나씩 차례로 접촉하도록 도와주기로 마음먹었다. 나는 끊임없이 자기분석에 열중하고 있는 그를 잠시 중단시키고, 그립인형들을 가리키며 "여기서 가면을 쓰고 사람들을 속이고 있는 자기 인형을 하나 골라 보시겠어요?"라고 말했다. 그는 인형들을 잠시 둘러보더니 작은 아기 인형을 하나 고른 다음 나의 눈치를 흘끔 보았다.

나는 그에게 다시 "이번에는 이 아이에게 가증스럽다고 말하는 사람을 하나 골라 보시겠어요?"라고 요구했다. 그는 또다시 인형들을 살피더니 넥타이를 맨 남자 어른 인형을 골랐다. 나는 남자 어른을 그의 앞에 갖다 두고는 아기 인형에게 아까 했던 말들을 직접 해 보라고 지시했다. 그는 망설이지 않고 바로 남자 어른이 되어 아이에게 독설을 퍼붓기 시작했다. "너는 이중인격자야! 너는 인간도 아니야! 늘 가면을 쓰고 마음에도 없는 친절한 말을 하면서 다른 사람들을 속이고 있잖아! 가증스러워!"

나는 인형의 자리를 바꿔 주고, 남자 어른이 했던 말을 들려주면서 아기 인형이 되어 보라고 했다. 그는 내가 대신 해 주는 말을 들으며 오들오들 떨고 있었다. 나는 그에게 지금 어떤 감정을 느끼는지 물었다. 그는 내게 도움을 청하기라도 하듯 나를 쳐다보며 "너무 무서워요. 몸이 마비가 되는 것 같아요."라고 말하며 제대로 말을 잇지 못했다. 나는 그에게 "아기 인형을 잡은 채, 그 말을 남자 어른에게 직접 해 보세요!"라고 했다. 그는 아기 인형을 한 손으로 잡은 채 덜덜 떨면서 "무서워요. 제발 그러지 마세요!"라며 거의 울듯이 말했다.

나는 다시 인형을 바꾸게 하고는 다시 어른 인형이 되어 답하도록 했다. 그가 어른 인형을 잡았을 때는 놀랍게도 그는 완전히 다른 사람이 되어 있었다. 아주 권위적이고 냉정한 어른이 된 그는 비아냥거리는 말투로 아이에게 말했다. "아니, 소용없어. 넌 죽어야 돼! 넌 필요 없는 인간이야! 아무리 빌어도 소용없어!" 나는 그의 돌변한 모습에 깜짝 놀랐다. 하지만 나는 그에게 애써 담담한 목소리로 물었다. "지금 기분이 어떠세요?" 그는 태연하게 대답했다. "아무 느낌이 없어요."

"매우 몰인정한 어른이네요? 아이가 저렇게 불쌍하게 애원하는데도 동정심이 전혀 없네요?" 나는 그의 냉정한 모습을 비추어 주었다. 그는 여전히 아무런 느낌이 없다고 말했다.

나는 평소에 그가 이런 감정을 자주 느끼는지 물었다. 그는 그렇다고 대답했다. 사람들과의 관계에서 특별한 느낌이 없이 그냥 무덤덤하게 지낸다고 했다. 표면적으로는 친절하게 대하지만 그것들은 대부분 연기일 뿐 실제로는 친밀감을 느끼지 못한다고 했다. 나는 그의 그러한 태도가 아마도 자신의 두려움이나 슬픔을 억압하는 것과 관련 있을지 모른다는 생각을 잠시 했다.

나는 다시 그에게 아기 인형을 주고는 어른이 했던 말을 들려주었다. 그는 이번에도 몹시 무서워하며 어른 인형을 잘 쳐다보지 못했다. 나는 그에게 강아지 인형을 주며 아이와 함께 있게 해 주었다. 그는 강아지를 꼭 껴안고는 어른 인형에게 "제발 그러지 마세요. 너무 무서워요! 네? 제발 살려 주세요?"라고 애원하며 울었다. 나는 그에게 "아, 정말 무서우시군요? 그 감정을 피하지 마시고 그대로 잠시 머물러 보시겠어요?"라고 부드럽게 말했다.

그는 아이처럼 엉엉 울었다. 그러다가 갑자기 어린 시절 기억을 떠올렸다. "어렸을 때, 아버지가 늘 술을 드시고 집에 와서 엄마를 때리고, 물건들을 부쉈어요. 동생과 나는 무서워 엉엉 울었어요. 어느 날 엄마가 우리를 불러 놓고 자기가 집을 나갈지도 모른다며 미안하다고 하며 울었던 기억이 났어요." 나는 놀라서 그를 쳐다보며 물었다. "그래요? 그 말을 들었을 때, 마음이 어떠셨어요?" 그는 갑자기 차분한 목소리로 대답했다. "뭔가 쿵 떨어지는 느낌이 들었어요. '이제 아무도 믿어서는 안 되겠구나! 나 혼자 살아야겠다.' 이런 생각을 했던 게 생각나요." "아, 그러셨군요? 정말 많이 놀랐을 것 같네요. 청천벽력 같은 느낌이 들었을 것 같네요!" 나는 그 아이의 감정을 공감해 주었다.

그는 마치 고해성사를 마친 사람처럼 맑은 얼굴이 되더니 처음으로 나를 바로 쳐다보며 자신의 심경을 털어놓았다. "그때 이후로는 사람들을 믿지 않았어요. 이 세상에 아무도 믿지 않았어요. 믿었다가는 내가 못 살겠구나. 이런 생각을 했던 것 같아요." 그는 휴지로 눈물을 닦고는 말을 이어 갔다. "아무에게도 의지하지 않으려고 무척 많이 애쓰며 살았던 것 같아요." "사람들에게 버림받지 않으려고 눈치도 많이 보고, 내 자신을 누르고 늘 웃음을 보이며 살았어요." 나는 그의 말에 고개를 끄덕이며, 부드러운 목소리로 물었다. "그런데 그런 노력을 한 자신에 대해 가면을 썼다고 비난을 하셨네요?" 그는 갑자기 정신이 돌아온 사람처럼 나를 쳐다보며 "그러네요?"라고 대답했다.

나는 그에게 아기 인형을 한번 쳐다보라고 했다. 그는 부드러운 눈길로 아기 인형을 바라보았다. 그는 어느새 자기도 모르게 손가락으로 아기 인형의 머리를 쓰다듬고 있었다. 나는 그런 모습을 반영해 주었다. "아기를 쓰다듬어 주고 있네요? 어떤 마음이에요?" 그는 아이가 안쓰럽다고 말했다. 그동안 혼자 살아남기 위해 얼마나 애썼는지 안쓰럽고 불쌍하다고 했다. 다른 한편으로는 잘 살아온 자신이 대견스럽기도 하다며 눈시울이 붉어졌다.

나는 그에게 다시 물었다. "그런데 자신에게 비난하고 야단치는 냉정한 목소리도 있는데, 그건 어디서 온 목소리예요?" 그는 그 목소리는 자기가 잘못할까 봐 늘 걱정하고 염려하는 목소리라고 했다. 나는 그에게 "아, 그렇군요? 결국 자기를 보호하기 위해 스스로 만든 목소리네요?"라고 말했다. 그는 그런 것 같다고 수긍했다. 나는 또다시 "그런데 때로는 그 목소리가 너무 가혹해서 스스로를 아프게도 만드네요?"라고 말했다. 그는 잠시 무언가를 생각하는 듯하더니 "네, 그런 것 같아요. 완벽해지지 않으면 안 된다고 생각했던 것 같아요. 조금만 실수하면 바로 큰일이 날 거라고 생각해서 내 자신을 철저하게 감독하고 질책했던 것 같아요."라고 말했다.

"그렇군요. 그 완벽이 도덕적인 측면에도 적용되나요?" 나는 다시 그에게 질문을 했다. 그는 즉각 대답했다. "그럼요. 모든 부분에서 완벽하지 않으면, 사람들로부터 아니 이 세상으로부터 버림받을 거라고 생각했어요." "아, 네. 그 설명을 듣고 나니 이제 뭔가 좀 알 것 같네요. 이중인격자이고, 가면을 썼기 때문에 가증스럽다고 했던 어른 인형의 말이 잘 이해가 안 갔었거든요. 왜 그것이 죽어야 할 만큼 나쁜 일인지 말이에요." 나는 그가 인형작업 초반에 했던 말을 상기시켜 주었다.

그는 내 말을 듣고는 깜짝 놀랐다. "아, 그러네요? 저도 몰랐어요. 그게 그렇게 연결되는 줄은 몰랐어요!" 그러더니 그는 아이에게 미안하다고 말했다. 아이가 최선을 다해서 노력한 것을 알아주지도 않고, 늘 완벽하기만 바랐던 것에 대해 미안하다고 했다. 나는 그에게 어른 인형을 통해 직접 그 말을 아이에게 해 주라고 말했고, 그는 어른 인형을 갖고서 부드러운 목소리로 아이에게 사과를 했다. 어느 새 아이를 무릎에 앉히고는 꼭 껴안아 주기도 했다.

그는 이 상담시간 이후 마음이 상당히 편해졌고, 불안과 죄책감이 많이 줄어들었다고 했다. 또한 자기 자신을 비난하는 횟수가 현저히 줄어들었고, 대인관계에서도 내면적 갈등이 많이 줄었다고 했다. 이전보다 자신을 더 수용하게 되었고, 자기 자신에게 친절한 마음이 생겨나기 시작했다고도 했다. 상담시간에 보이는 그의 행동은 추상적인 용어로 자기를 분석하기보다는 좀 더 일상적이고 구체적 사건 위주의 이야기가 많아졌다. 무엇보다 스토리텔링 도중에 자신의 감정을 더 잘 알아차리고 접촉할 수 있게 되었다.

아내와 딸과의 관계에서나 다른 대인관계에서도 점차 친밀감을 더 많이 경험하게 되었고, 양가감정도 줄어들었다. 아직 여전히 세상에 대한 두려움과 경계심은 남아 있으나 요즘은 좀 더 열린 마음으로 세상과 접촉하려고 애쓴다고 했다. 친구들에게 자신의 속마음을 털어놓는 경우도 많아졌다고 한다. 속마음을 들키면 심하게 비난받을 것이라던 자신의 예상과는 달리 사람들이 자신의 이야기를 있는 그대로 수용해 주는 것을 경험하면서 그는 삶이 훨씬 흥미로워졌다고 했다.

개수월트 심리치료

제 **18** 장

치료사례

이 장에서 소개하는 첫 사례는 1994년경 내가 이끈 집단치료에 참석한 20대 초반 여성 내담자의 개인작업을 노트해서 옮긴 것이다. 나는 내담자를 집단 상호작용 과정을 통하여 관찰할 기회가 있었는데, 그녀는 매우 섬세한 감정과 민감한 감수성을 지니고 있었다. 한편 그녀는 다른 집단원들과 갈등이 생기면, 쉽게 자책하면서 모든 것을 자기 잘못으로 돌리는 경향이 있었다.

나는 그녀가 매우 따뜻하고 다정다감한 사람이지만, 그러한 성향이 스스로를 힘들게 만드는 측면이 있을지 모르겠다는 생각을 했다. 나와 마주 보고 앉은 내담자의 표정은 차분했고, 지켜보는 사람들도 진지한 표정들이었다. 나는 그녀의 모습을 보며 편안하고 정감이 느껴졌지만, 어쩐지 보살펴 주어야만 할 것 같은 느낌이 들었다. 집단에서는 별칭을 사용하였는데, 나의 별칭은 둥지였고 그녀의 별칭은 여기서 방울로 바꾸어 표기하기로 하였다.

사례 1

둥　지: 마주 대하는 느낌이 편안하군요.

방　울: 사람들은 저를 보면 매우 훌륭한 집에서 교육을 잘 받고 자랐을 것 같고, 별 어려움이 없이 행복하게 사는 것처럼 보인다는 말을 해요. 그런 말을 들으면 기쁘기도 하지만,

한편으로는 '나를 잘 모르는구나!' 하는 생각이 들어 좀 허전해지기도 해요.

둥   지: 어떤 어려움이 있는지 나도 잘 모르겠거든요.

방   울: 글쎄요. 가끔 그저 막연히 허전한 느낌이 들어요.

둥   지: 최근에 그와 비슷한 감정을 느끼신 적이 있나요?

방   울: 글쎄요. 잘 모르겠어요. 갑자기 엊그제 있었던 일이 생각나요. 학교 마치고 집에 들어
가니 어머니가 방에 누워 계셨어요. (눈 가장자리가 붉어진다.) 어머니가 저를 보더니
우시는 거예요. 동네 병원에 갔더니, 큰 병원에 가서 정밀검사를 받아 보라는 말을 듣
고 무서워서 그냥 집에 와서 누워 울고 계시다가, 제가 오니까 하소연을 하시는 거예
요. 저도 눈물이 나면서 목이 메었어요. 그런데 다른 한편으론 '정말일까?' 하는 의문
이 드는 거예요. (표정이 굳어지면서 침묵)

둥   지: 정말일까라고 하셨는데 그게 무슨 뜻이죠?

방   울: (질문을 회피하면서) 제가 참 나쁜 아이 같아요. 어머니 마음을 순수하게 그냥 이해하
지 못하고, 그런 생각이 드는 제가 이해가 안 돼요.

둥   지: 아직 무슨 뜻인지 잘 이해가 안 되네요.

방   울: 저희 어머니는 아주 특별한 어머니예요. 너무나 여성적이고 상냥하고 저에게 너무 잘
해 주세요. 도시락 반찬도 집에서 먹는 것처럼 예닐곱 가지를 넣어 주시고 (손으로 눈
물을 닦으며), 저에게 너무 잘 해 주세요. 그런데 ….

둥   지: 그런데?

방   울: 그런데 저는 가끔 어머니에 대해 막연한 불편감 같은 것이 있어요. (다시 표정이 굳어
진다.)

둥   지: 표정이 좀 어두워졌네요?

방   울: 제가 나쁜 사람 같아요.

둥   지: 왜 그렇게 생각하세요?

방   울: 어머니에 대해 안 좋은 생각을 하는 것이 ….

둥   지: 어머니에 대해 안 좋은 생각을 하는 사람들을 많이 보았지만, 그들이 나쁜 사람이라고
생각해 본 적은 없어요. 아무리 어머니지만 안 좋게 생각할 수도 있는 것 아니에요?

방   울: 저한테 아직 어머니에 대해 안 좋은 감정이 좀 남아 있는 것 같아요. 국민학교 다닐 때
어머니가 자주 집을 비웠거든요.

둥   지: 그때 이야기를 좀 해 주실 수 있겠어요?

방   울: (갑자기 당황하며 손으로 얼굴을 가린다.) 안 돼요! 국민학교 때는 생각하기도 싫어요.

길을 다니다가도 국민학교 때 동창들을 만날까 가장 두려워요. 저의 그때 모습은 생각하기도 싫어요. 그때 생각하면 창피해요.

둥 지: 좋아요. 그러면 왜 그때 모습이 창피하게 느껴지시는지는 말씀해 주실 수 있겠어요? (저항을 탐색함)

방 울: (머뭇거리며) 국민학교 때 저는 아주 못된 아이였어요.

둥 지: 어떻게 못된 아이였어요?

방 울: 국민학교 때 친구를 한번 만났는데, 그때 제가 깡패 같았대요.

둥 지: (따뜻하게 쳐다보며) 어떤 깡패였을까 궁금해지네요.

방 울: 담배도 피우고 어머니에게 욕도 했어요. (손으로 얼굴을 가리며 눈물을 흘린다.)

둥 지: 어머니에게 욕할 만한 일이 있었나요?

방 울: 그땐 어머니가 집을 자주 비우곤 했어요. 학교 갔다 오면 벨을 눌러도 아무도 없고, 그래서 담을 뛰어넘고 들어가 "엄마 나쁜 년!"이라고 욕하면서 현관 유리창을 깨고 들어갔어요 …. (얼굴을 가리고 운다.)

둥 지: 나를 한번 쳐다보세요. (내담자와 눈 접촉을 하면서) 내가 지금 방울님을 어떻게 생각할 것 같아요?

방 울: 둥지 님 눈을 보니 저를 나쁘게 생각하시는 것 같지는 않아요. 그런데 다른 사람들이 좀 의식이 돼요.

둥 지: 그럼 사람들을 한번 쳐다보세요.

방 울: (잠시 머뭇거리다가 사람들을 죽 둘러본다.) 표정들을 보니 저를 욕하는 것 같지는 않네요. (모두 같이 웃는다.)

둥 지: (미소를 띠며) 동감입니다. 사람들이 방울님을 욕하는 것 같지는 않아요. 나도 욕하지 않았어요. 솔직히 말해서 나는 그 아이가 무척 좋아 보여요. 활기 있고 생동감 있는 꼬마 깡패. 어쩌면 지금의 모습보다 더 사랑스러웠을지도 모르겠다는 생각이 들어요.

향 기: 저는 꼬마 방울이 이해돼요. 집에 돌아왔을 때 늘 엄마가 안 계시면 무척 외롭고 허전했을 것 같아요. 엄마에게 화가 났을 것 같아요.

호 수: 저는 꼬마 방울이 멋있어 보여요. 그리고 부러워요. 여자아이이지만 골목에서 울며 서 있지 않고 담을 넘을 수 있었잖아요. 또 엄마를 욕하며 현관 유리를 깨뜨릴 수 있었던 것도 대담하고 멋있어 보여요. 저는 어릴 때 너무 소심하게 자라서 그런 행동은 상상도 못 했어요.

소 리: 놀랐어요. 방울과 오랫동안 같이 다녔는데, 이런 이야기는 오늘 처음 들어요. 방울한테

그런 면이 있었다는 걸 정말 몰랐어요. 한편으론 아쉬운 생각도 들어요. 방울이 살아 오면서 왜 그런 면을 다 없애 버렸나 싶어 좀 안쓰러운 생각이 들어요.

둥   지: 여러분들 말씀을 듣고 느낌이 어떠신지요?

방   울: 조금 안심이 돼요. (살짝 웃는다.)

둥   지: 표정이 밝아지신걸 보니 나도 기분이 좋아져요. 그럼 그날 유리를 깨고 집안으로 들어 가서 어떻게 하셨어요?

방   울: 깨진 유리조각을 다 치웠어요. 그리고 저녁 때 쯤 어머니가 친구 집에서 전화했어요. 그때 저는 엄마에게 나는 잘 있으니까 내 걱정 말고 놀다 나중에 오시라고 말했어요.

둥   지: 무척 착한 딸이었군요. 그때도?

방   울: 그랬던 것 같네요. (손으로 입을 가리며 웃는다.)

둥   지: 그런데 이야기를 듣다 보니, 마치 어린 딸이 어머니를 보호하고 있는 듯한 느낌이 드는 군요?

방   울: 네, 맞아요. 어릴 때부터 늘 그랬어요. 어머니는 항상 몸이 약하셨고 … 제가 없으면 어 머니는 어떻게 될 것 같았어요 ….

둥   지: 그러셨군요. 무척 힘들었을 것 같아요.

방   울: 무언지 모르지만 막연히 이게 아닌데 하는 느낌이 있었죠. (잠시 침묵)

둥   지: 지금 무슨 생각을 하고 계시나요?

방   울: 어쩌면 제 능력을 과대평가하며 살아오지 않았나 하는 생각이 들어요.

둥   지: 무슨 뜻이죠?

방   울: 어릴 때부터 어머니에게 무슨 일이 일어날지 모른다는 생각에 늘 어머니께 신경을 쓰 며 살았던 것 같아요. 때로는 짜증이 나서 혼자 욕을 하거나 담배를 피워 보기도 했어 요. 그러나 항상 다시 어머니를 보호하는 태도로 돌아왔던 것 같아요. 지금 생각해 보 면 제가 할 수 있는 일이 아니었던 것 같아요.

둥   지: 동감입니다. 어른이라도 그런 일은 쉽게 할 수 없다고 생각해요. 어머니가 마음에 걸려 마음껏 뛰놀지도 못했을 어린 방울을 상상해 보니 안쓰러운 마음이 드네요.

방   울: 아직도 저는 그렇게 살고 있는 것 같아요. 한편으론 어머니가 불쌍하고 애처롭게 느껴 지고 … 그래서 보살펴 주어야 할 것 같고, 다른 한편으론 어머니가 부담스럽고 … 이 런 생각을 하는 것이 죄스럽고 …. (다시 표정이 굳어진다.)

둥   지: 자유롭고 싶은 욕구가 있다는 사실이 죄스럽다는 뜻인가요?

방   울: 그런 것 같아요. (어머니와의 융합관계가 드러나고 있다.)

둥   지: 어머니와 독립적인 존재로서 따로 나의 욕구를 가진다는 것이 죄책감이 드는 모양이지요?

방   울: 나 혼자만의 욕구를 가진다는 것이 나쁜 일인 것 같아요.

둥   지: 마치 자신의 욕구가 있다는 것을 저주하는 것처럼 보이네요.

방   울: (굳은 표정으로) 그런 것 같아요.

둥   지: 나는 방울님이 아직도 자신의 욕구가 있다는 것이 저주라기보다는 오히려 축복으로 느껴집니다. 자신의 욕구가 사라지고 전혀 느껴지지 않는다면, 그것이 오히려 저주받은 상태가 아닐까요. 그때는 타인의 욕구에 의해서만 움직이는 노예의 삶이 될 테니까요.

방   울: 그 말씀을 들으니 마음이 밝아져요. 저는 자유롭고 싶어요. 아무에게도 구속되지 않고 자유롭게 살고 싶어요!

둥   지: 얼마나 다행이에요. 그런 욕구가 살아 있다니!

방   울: 무척 흥분돼요. 기분이 좋아졌어요 …. (밝게 웃는다.)

둥   지: 좋아하시는 모습을 보니, 나도 기쁩니다.

방   울: (잠시 생각에 잠기더니) '어머니에게도 이런 얘기를 할 수 있을까?' 하는 생각이 들어요.

둥   지: 하시면 어떻게 될 것 같아요?

방   울: 하고 나면 시원해질 것 같아요.

둥   지: 하실 수 있겠어요?

방   울: 쉽지는 않겠지요. 그러나 해야 된다고 생각해요!

둥   지: 용기를 내시라고 격려해 드리고 싶어요.

방   울: 감사합니다. 마음이 편해졌어요.

둥   지: 나도 기분이 좋습니다. 여기서 마무리를 지어도 될까요?

방   울: 네.

사례 2

다음의 내용은 1993년경 나에게 일주일에 1시간씩 약 1년간 개인치료를 받았던 20대 후반의 한 남자 내담자의 1회분 치료 장면을 녹음한 것을 정리하여 옮긴 것이다. 이 내담자는 오랫동안 정신과에서 약물치료를 받았던 환자였다. 그는 심한 대인공포 증상과 피해망상 증상이 있었는데, 사람들이 자꾸 자기를 째려보기 때문에 불안해서 밖에 나갈 수가 없다고 했다.

그리고 사람들이 자기를 욕하는 것 같이 느껴지고, 가끔 라디오나 텔레비전에서도 자기를 욕하고 비웃는 것 같으며, 사람들이 자기를 욕하는 소리가 들릴 때도 있다고 말했다. 그러나 말은 조리와 일관성이 있었으며 특별한 사고장애는 보이지 않았다. 감정도 과장되긴 했지만 괴이하거나 부적절하지는 않았다.

내담자는 키가 작은 편이었고 여성적인 용모였으며, 옷을 깔끔히 입었다. 성격은 소심하고 완벽주의적 경향이 있었지만, 자신의 문제를 솔직하게 털어놓는 편이었다. 그는 언어 구사력이 뛰어나 자신의 상태를 아주 잘 묘사했다. 그는 열등감과 우월감을 동시에 갖고 있었고, 사람들에 대한 막연한 적개심이 있었다.

그의 아버지는 권위적인 성격이었고 당시 병을 앓고 있어, 집안에서 신경질을 많이 냈다. 어머니는 내담자를 과잉보호했고, 남아선호 경향이 많은 사람이었다. 내담자는 나를 처음 만났을 때 매우 불안한 표정으로 눈길을 한곳에 두지 못하고 눈치를 살피며 시종 안절부절못했다. 내가 세운 치료계획은 그가 외부로 투사한 자신의 적개심을 자각하고 통합하도록 해 주어 왜곡된 현실지각을 바로잡아 주고, 스스로 자신의 감정과 행동에 대해 책임지도록 해 주고, 또한 지나치게 경쟁적인 태도와 자기비하적인 태도를 지양하고 자신감을 회복하도록 도와주는 것이었다.

그는 규칙적으로 치료를 받으러 왔으며 비교적 시간을 잘 지켰다. 내담자는 나를 찾아올 때마다 나에게 상당한 경계심을 보였다. 초기에 그는 매우 긴장된 자세로 의자에 앉았으나, 시간이 흐르면서 차츰 안정되는 듯 편히 앉았다. 그는 한동안 치료자가 속으로 자신을 비웃는다거나, 자기를 째려보는 것 같다는 말들을 많이 했다. 이런 말을 할 때마다 나는 그의 감정 상태를 자각시켜 주었는데, 그는 처음에는 거의 공포심밖에 느끼지 못하였으나 차츰 시간이 지나면서 자신에게 내재한 분노감정을 발견했다.

치료가 진행되면서 그는 나에 대해 경계심을 풀었고, 따라서 치료에 대한 의욕도 높아졌다. 치료가 시작된 지 3개월쯤 지나자 환청은 사라졌고 현실지각도 많이 나아졌다. 하지만 대인 공포증상은 한동안 계속 남아 있었다. 다음은 내담자가 치료를 시작한 지 6개월쯤 지났을 때 있었던 치료시간의 내용인데, 이 시간을 계기로 내담자의 대인공포 증상에 상당한 호전이 있었다.

> 치료자: 한 주일 동안 어떻게 지내셨죠?
>
> 내담자: 계속 불안하고, 지나가는 사람들 눈치가 보이고, 나를 공격할 것 같고. 집에 있으면 어머니 잔소리 듣기 싫고, 짜증만 나고 … 아버지가 지나가면서 한숨소리 내는 걸 들으면 미칠 것 같고 … 삶에 의욕도 없고. 계속 잠만 자고, 음악 듣고 … 뭐 그렇게 지냈죠. (말을 하면서도 계속 좌우를 살핀다.)
>
> 치료자: 지금 이 순간은 어떠신지요?
>
> 내담자: (치료실 밖에서 여자들이 떠들며 지나가는 소리가 난다.) 불안해요. 그리고 좀 화가 나

는 것 같아요.

치료자: 화가 날 만한 무슨 이유라도 있어요?

내담자: 밖에 지나가는 여자들이 나를 비웃는 것 같아요. 막 화가 나고 소리치고 싶어요 …. 죽이고 싶어요.

치료자: 지나가는 여자들이 어떻게 비웃는 것 같습니까? 그 여자들 입장이 되어서 앞에 빈 의자에 자기 자신이 앉아 있다고 상상하시면서, 말을 해 보시겠습니까?

내담자: (빈 의자를 향해 소리 지른다.) 야! 이 병신 같은 자식아! 너 같은 놈은 아예 죽어라. 쌀 아깝다. 쌀 아까워! 말도 안 하고 가만히 앉아 있는 자식이 … 네가 남자냐?

치료자: 그 말을 들은 기분이 어때요?

내담자: 막 화가 나요! 그리고 제 자신이 한심해 보여요.

치료자: 그러면 이번에는 의자를 바꾸어 앉으셔서, 저쪽에 앉아 있는 그 여자들에게 대답을 해 보시겠어요?

내담자: 너희 같은 여자들한테 그런 소리 듣고 싶지 않아! 아휴! 정말 … 너희들 같은 년들은 …! (주먹을 내젓는다.)

치료자: 지금 기분은 어떠세요?

내담자: 아까보단 훨씬 나아요. (잠시 침묵) 세상 사람들이 다 아래로 보이는 기분이에요. 사람들이 다 내 종으로 보여요!

치료자: 그 말을 세상 사람들한테 한번 해 보실 수 있겠어요?

내담자: 너희들은 다 벌레 같은 존재야! 나하고는 상대가 안 돼! 너희들은 무가치한 존재야! 너희들이 하는 짓은 다 하찮고 시시한 일들이야. 나는 신에게도 이기고 싶어 …! (상기된 표정)

치료자: 그러면 이번에는 이쪽으로 앉으셔서, 세상 사람들 입장이 되어 대답해 보시겠어요?

내담자: 너 같은 인간은 정신병자야! 이 세상에서 살 가치가 없는 존재야! 우리 앞에서 사라져! 다시는 우리 앞에 나타나지 마! 너 같은 인간은 이 세상에서 영원히 없어져야 돼!

치료자: 서로 팽팽한 싸움이군요. 다시 자리를 바꾸어, 대화를 계속해 보시죠.

내담자: (갑자기 목소리가 작아진다.) 난 죽기 싫어! 너희들하고 같이 있을 테야!

치료자: 목소리가 좀 작아졌네요? 다시 저쪽에서 뭐라고 말하지요?

내담자: 네가 우리하고 같이 있는 건 좋아! 마음대로 해! 그러나 우리에게 조금이라도 방해하면 넌 나가야 해!

치료자: 이쪽에서 뭐라고 대답하나요?

내담자: 싫어! 난 너희들하고 같이 있을 테야! 하지만 너희들이 시키는 대로 하기는 싫어! 난 너희들을 지배하고 싶어! (치료자를 흘끔흘끔 쳐다보며 눈치를 본다.)

치료자: 나를 계속 쳐다보시네요?

내담자: 네 … 저를 공격할 것 같고 ….

치료자: 내가 뭐라고 말할 것 같아요?

내담자: 병신 같은 자식! 뭘 쳐다봐? 그러실 것 같아요.

치료자: 그 말을 들으니 놀랍네요. 난 전혀 그런 생각을 하지 않았어요.

내담자: (잠시 침묵) 제가 한심하다는 생각이 들어요. 늘 혼자 그런 생각을 하니까, 다른 사람이 나를 그렇게 볼 것 같고, 그래서 두렵고 불안해요. (잠시 침묵) 죽고 싶어요. 약도 사모아 봤는데, 결국 못 죽었어요 …. 죽을 용기도 없는 비겁한 인간이라는 생각이 들어, 더 비참해졌어요.

치료자: 무척 괴로운 표정이군요. 안타까운 마음이 드네요.

내담자: 이런 소리가 들리는 것 같아요. 병신 같은 자식! 넌 임마 왜 그 모양이야? 내 기대대로 하면 될 거 아냐? (갑자기 멈추며, 생각에 잠긴다.) 이상해요! 내 목소리가 마치 아버지 목소리같이 들려요! (이상한 듯이 고개를 갸웃거린다.)

치료자: 무언가 느껴지는 게 있으신 모양이지요?

내담자: (잠시 후) 내 속에서 나를 비난하는 목소리는 아버지 목소리 같아요. 나를 비난하는 내 목소리가 아버지 목소리와 꼭 닮았어요!

치료자: 재미있군요. 의자를 옮겨 앉으셔서 비난받는 자기가 되어 보시지요.

내담자: 슬그머니 화가 나요. 반발심이 생겨요. 이렇게 말하고 싶어요. 넌 뭐가 잘났다고 날 자꾸 비난하니? 난 스스로 못났다고 생각하지 않아! 난 평범한 사람이야. 하지만 이대로가 좋아! (잠시 침묵) 이상해요! 내 목소리에 힘이 들어 있는 것 같아요. 힘이 솟아나는 것 같아요 …. 그래요! (표정이 밝아진다.)

치료자: 얼굴이 밝아지셨네요? 기분이 좋아 보이는군요.

내담자: 네. 좋아요. 그리고 편안해요. 아주 편안해요. (숨을 크게 들이쉰다.) 이것이 저의 원래 모습이었어요! 남이 나를 어리석다고 말할 만큼 바보스럽고 순진한 아이였는데 …! 아버지로부터 끊임없이 욕먹고 시달리면서, 악착같고 모진 성격으로 바뀐 것 같아요 …. (여기서 내담자는 치료를 시작한 지 6개월 만에 처음으로 눈물을 흘린다.)

치료자: (좀 기다렸다가) 나를 한 번 쳐다보세요! 지금 제가 어떻게 보여요?

내담자: 친구처럼 느껴져요. 저를 나를 비난하거나 욕할 것 같지 않아요.

치료자: 제가 뭐라고 말할 것 같아요?

내담자: (잠시 침묵) "그렇게 불안해할 필요 없어! 아무도 당신을 욕하는 사람은 없어."라고 말하실 것 같아요.

치료자: 네, 나를 바로 이해하시는 것 같군요. 난 지금 무척 기쁩니다. 여태껏 나를 잘 믿어 주지 않아 무척 답답했는데, 이제야 내 마음을 바로 알아주는 것 같아 매우 기쁩니다. (내담자의 손을 꼭 잡아 준다.)

내담자: (치료자의 눈을 쳐다보며) 처음으로 선생님 눈을 바로 쳐다보는 것 같은 느낌이 들어요.

치료자: 쳐다보는 모습이 편해 보여요. 나도 편해요.

내담자: 이런 기분은 정말 오랜만에 느껴 봐요.

치료자: 그 기분에 잠시 동안 머물러 있어 보세요. (잠시 후) 지금 어떠세요?

내담자: (방 안을 한번 둘러보면서) 정신이 맑아져요! 방 안에 놓인 물건들이 또렷이 눈에 들어오고 … 모든 게 생기가 있어요. 제가 살아 있다는 느낌이 들어요 ….

치료자: 그 감정에 그대로 머물러 보세요. (잠시 후) 어때요? 좋지요?

내담자: 네 좋아요! 살아 있다는 것이 신기해요! (잠시 후) 그런데 걱정이 돼요. 또 불안해지고 사람들이 무서워지면 어떻게 하나. 두려워요. 밖에는 여전히 현실이 있는데 ….

치료자: 그렇지요. 항상 지금 이 순간처럼 좋은 기분이 유지될 수는 없을지도 몰라요. 아마 또다시 불안해지고, 무서워질 수도 있을 거예요.

내담자: 그러면 어떻게 하지요?

치료자: 오늘 하신 것처럼 하시면 돼요! 오늘 어떻게 해서 기분이 달라지셨는지 아시겠어요?

내담자: 글쎄요 …. (잠시 생각에 잠긴다.) 어느 순간 선생님이 친구처럼 느껴지면서 편안해졌어요.

치료자: 그래요. 맞아요! 그런데 어떻게 그렇게 됐지요?

내담자: 어느 순간 내 자신을 다시 찾은 것 같았어요.

치료자: 어떤 자신을 도로 찾았나요?

내담자: (생각에 잠기더니) 그래요. 알 것 같아요. 이제껏 저는 양극단을 달렸던 것 같아요. 신에게마저 도전하는 우월감과 자만심으로 가득 차 세상을 아래로 보는 마음이 있는가 하면, 또 다른 한쪽으로는 제 자신이 쌀조차도 아까운 버러지 같은 존재로도 느껴졌어요. 오늘 깨달은 것은 그 어느 쪽도 내가 아니라는 것이죠.

치료자: 그렇다면 진정한 나는 어떤 것인가요?

내담자: 저는 원래 순진한 아이였어요. 평범하고 착한 … 저는 정말 오랜만에 저의 어릴 적 모

습을 다시 발견했어요. 남에게 이기고 싶지도 않고, 비교하고 싶지도 않고 … 그냥 제

모습대로 살고 싶어요 …. (편안한 표정이 된다.)

치료자: 마침내 오늘 그런 자기 모습을 찾으셨군요?

내담자: 괜히 남을 너무 의식하고 살 필요가 없다는 생각이 들어요.

치료자: 말씀을 들으니 내 마음이 편안해지네요. 둘이 정말 가까워진 느낌이 들어요.

내담자: 저도 그래요. 선생님이 가깝게 느껴져요.

치료자: 반갑습니다. 기분이 참 좋습니다.

내담자: 앞으로 잘 될지 걱정이 돼요.

치료자: 그러시겠지요. 그러나 이미 오늘 큰 걸음을 내딛으셨어요. 힘내세요. 분명히 잘 되어

갈 겁니다.

내담자: 고맙습니다.

사례 3

다음은 내가 서울 시내의 한 개인 심리치료 연구소에서 일반인 집단을 대상으로 실시한 게슈탈트 집단치료의 축어록이다. 참여 인원은 나와 내게서 수련을 받은 보조자 한 명을 포함한 14명이었으나, 결석자로 인하여 매회 참석 인원수는 다소 변동이 있었다. 집단은 일주일에 한 번 3시간씩 총 8회 만났다. 이 집단은 내가 1992년 말쯤부터 이끌었는데, 여러 번 참여한 사람과 처음 참여하는 사람들이 함께 섞여 있었다. 다음에 소개하는 회기는 1994년 11월 초에 시작하여 12월 말까지 진행되었다.

집단원들은 실명 대신에 별칭을 사용하였는데, 이 축어록에서는 사적인 내용들을 보호해 주기위해 별칭을 다시 바꾸어 게재했다. 그리고 내용적으로도 개인 신상에 대한 단서를 제공해 줄 만한 부분들은 삭제했다. 이 축어록은 보조자[별칭은 '그린']가 치료시간에 속기한 것을 옮겨 적은 것이다. 지면상 전체를 다 옮기지 못하고 2회에서 4회까지의 내용만 소개하기로 한다. 이 집단에서도 나의 별칭은 둥지였다.

〈2회〉

둥　지: 각자 현재의 감정을 말씀하도록 하지요.

나　무: 지금 기분은 편안하고 푸근합니다. 행복감도 느껴지고요.

샘　물: 지각을 해서 좀 초조했어요. 집에서 넉넉히 시간을 두고 나왔는데도 ….

청　솔: 사람들을 보니까 흡족하고 그래요.

그 린: 저는 기분이 산뜻하고 좋습니다.

둥 지: 이른 시간에 이렇게 많은 분이 오셔서 기분이 좋고, 한 분 한 분 보면서 다시 좋은 기분
　　　 이 살아납니다.

억 새: 지하철 안에서 자리가나서 빨리 가 않았더니, 한 사람이 날더러 지독하다고 말했는데,
　　　 그 말이 마음에 남아 가라앉히려고 성경도 읽고 그랬어요. 지금 기분은 좀 나아졌어요.

소 망: 목요일이 기다려졌어요. 서둘러 오느라고 별 생각은 없지만, 청솔 님을 보니 기분이 좋
　　　 아지고 이 시간이 기쁩니다.

투 명: 들떠 있고 기분이 좀 이상합니다. 밖의 소음이 신경 쓰이고, 비가 오거나 해서 기분이
　　　 좀 차분히 가라앉았으면 좋겠어요.

행 복: 저는 지금 앉은 자리가 좀 불편합니다.

이 슬: 지난주보다는 좀 여유 있게 와서 차분해요. 아이 셋에서 벗어난 것만으로도 편안합
　　　 니다.

샘 물: 이슬 님의 얘기를 들으니 감기든 제 아이 생각이 났어요. 지금까지 잊고 있었는데, 엄
　　　 마가 이래도 되나 싶고, 미안하기도 하고요 ….

이 슬: 그 말을 들으니 막내 아이 생각이 나요. 감기가 들었는데요. 맡기고 왔거든요. 그렇지
　　　 만 잘 떨어져 지내 주니까 고맙고, 남편도 편안하게 보내 줘서 고맙고요 ….

강 물: 이슬 님의 얘기를 들으니까 아이 키울 때 힘들었던 것이 생각나요. 지금 생각하니 좀
　　　 더 잘 할 걸 싶기도 하고 … 아쉽고 그러네요.

나 무: 강물 님의 경험이 이슬 님에게 위로가 되었으면 하시나 봐요?

강 물: 예.

이 슬: 제가 힘들다 보니 아이들에게 잘해 주지 못하고, 짜증만 내고 야단치고 그러거든요. 그
　　　 래서 저를 안정시키기 위해 여기에 온 거예요. 아이들에 대한 사랑도 갖고 더 잘 하기
　　　 위해서요.

둥 지: 아이들 이야기를 좀 듣고 싶네요.

이 슬: 아이들이 세 살, 네 살, 여섯 살이에요. 통제가 잘 안 되죠. 시어머니조차 하나도 신경
　　　 안 써 주시고 … 시어머니가 이기적이라고 생각되니, 상황이 어려워지면 아이들에게
　　　 화를 내게 돼요.

둥 지: 아이들에게 어떻게 야단을 치세요? 실제 있었던 예를 하나 드실 수 있으세요?

이 슬: 둘째 아이가 동생을 괴롭히기에, 화가 나서 집 밖에 내쫓아 벌서게 했어요. 그랬더니
　　　 아이가 문 밖에서 울고불고 야단이고, 시어머니는 문 열어 주라고 그러시고 … 짜증이

나서 죽겠더라고요. 어머니 말씀도 듣기 싫었어요 …. 그래서 그냥 내버려 뒀더니, 걔가 글쎄 나가서 옆집에 가서 울면서 옆집 아줌마를 불러 대는 거예요. 걔가 원래 그래요. 좀 당돌하고, 어머니는 창피하다고 데려오라고 하시고, 저는 벌을 준 거니까 데려오기는 싫었어요. 정말 둘째 애는 감당하기 힘들어요.

둥　지: 정말 짜증이 많이 나셨겠습니다.

이　슬: 예! 그런데 아이에게 짜증내고 그러는 제가 싫어요.

둥　지: 좋은 어머니가 못 되는 것 같아 죄책감이 드시나 보지요?

이　슬: 네, 그래요. 그런데 어떻게 할 수가 없어요.

둥　지: 아이에게 어떻게 야단치셨습니까?

이　슬: "너 지금 뭐하는 거야?" 그랬죠. 잘 표현이 안 되네요. 화가 나니까 아이에게 벌주고, 또 그런 나의 행동을 스스로 수용하지 못하고, 전 제 모습이 싫어요.

둥　지: 무척 괴로우시겠어요. 그 부분에 대해 좀 더 얘기하고 싶으세요? 개인작업을 하실 수도 있겠지요 ….

이　슬: 제 밑바탕 문제는 시어머니하고의 관계인데 … 왜 맑고 깨끗하지 못한지 … 어머니가 도와주시지 않는 데 대한 원망이 깔리니까, 나중에는 어머니를 무시하게 되고 ….

둥　지: 어때요? 개인작업을 하시고 싶으세요?

이　슬: 너무 제 문제만 얘기하는 것 같아 다른 분들에게 미안하고 ….

둥　지: 한편으로는 이야기하고 싶고, 다른 한편으론 사람들에게 미안한 마음이 있으시군요. 자! 어느 쪽을 선택하시겠어요?

이　슬: 얘기가 들어갔으니까 하고 싶은데, 다른 분들은 어떤지 ….

소　망: 저 개인적으로는요, 그와 비슷한 문제로 고심하고 있는 친척분이 계세요. 그래서 잘 이해가 되거든요. 이슬 님이 상당히 답답하고 그러실 것 같아요. 이 자리에서 해결이 되었으면 합니다.

이　슬: 그런데 가만히 생각하면 별것 아닌 것 같기도 하고 ….

둥　지: 지금 이야기를 하실지 말지를 선택해 보세요.

바　람: 이슬 님이 두려워하는 것 같아요. 뭐가 튀어나올지 모르니까 ….

이　슬: 이야기해서 도움을 받고 싶어요 ….

둥　지: 네, 좋습니다. 아까 어머니에 대한 원망이 있으시다는 말씀을 하셨죠? 어머니께서 앞에 의자에 앉아 계시다고 생각하시고, 어머니에게 하시고 싶은 말을 한번 해 보시죠.

이　슬: '어머니, 제가 얼마나 할 일이 많고 바쁜데, 이런 때 어머니가 좀 도와주시면 좋을 텐데, 안 그러시니까 화가 나요! 그래서 쌓여요!' 어머니에게 이런 말을 어떻게 해요?

둥 지: 어머니에게 그런 말을 하시면 어떻게 될 것 같아요?

이 슬: 어머니가 싫어하실 것 같아 더 이상 말이 안 나와요.

둥 지: 이제까지 못했던 얘긴데, 한번 해 보시면 어떨까요?

이 슬: 어머니! 저는 가슴에 뭐가 있어요. (가슴을 만지며 울음)

둥 지: 그것이 무엇인지 어머니에게 말씀해 보세요.

이 슬: 어머니 얼굴이 미워 보일 때 … 마음이 편하지 않아서 ….

둥 지: 그게 하고 싶은 얘기의 다인가요?

이 슬: 제 마음을 왜 어머니께 표현하지 못하는지 모르겠어요.

둥 지: 아까처럼 다시 가슴에 손을 얹고 계속 어루만져 보세요. 그리고 감정을 한번 느껴 보세요. 가슴에 뭐가 있다고 하셨는데 그것이 뭔지 느껴 보세요. 아직도 있어요?

이 슬: … (표정이 없어지며, 생각에 빠진 듯하다.)

둥 지: 몰입이 잘 안 되시는 것 같군요.

이 슬: 예, 뭐가 많이 있는데, 막상 하려니까 어떻게 해야 할지 모르겠어요.

둥 지: 표현이 안 되는 건가요? 아니면 표현해서는 안 되는 건가요?

이 슬: 표현이 안 돼요.

둥 지: 지금 신체감각은 어떻게 느껴지세요?

이 슬: 상체가 경직되어 있어요. 특히 가슴과 어깨 부분이 ….

둥 지: 그 부분을 의도적으로 더 경직시켜 보세요. (잠시 후) 신체가 되어서 감정을 한번 느껴 보세요. 신체가 말을 할 수 있다면 뭐라고 말할 것 같습니까?

이 슬: 지금 문득 떠오르는 생각이 … '그것이 다 어머니 때문만은 아닐 텐데. 그 책임을 어머니께만 돌리는 것은 아닐까?' 하는 생각이 ….

둥 지: 앞의 빈 의자에 앉아 보세요. 저쪽 자리는 어머니에게 불만을 표현하는 이슬 님이고, 이쪽 자리는 '너에게도 문제가 있어!'라고 말하는 이슬 님이에요. 이쪽 이슬 님이 저쪽 이슬 님에게 한번 말해 보시죠.

이 슬: "지금 네가 힘들어하는 것은 …." (다시 생각에 잠기며 침묵)

둥 지: 지금 무슨 생각을 하시죠?

이 슬: 그냥 멍해지는 것 같아요. (상전에서 다시 하인의 자리로 옮아가 있음)

둥 지: 다시 자리를 바꿔 앉아 보세요. 자리를 명확히 구분해 보세요. 지금 앉으신 자리에는 불만 있는 이슬이 앉아 있어요. 저쪽에는 "네 탓도 있어!"라고 말하는 이슬이 앉아 있

어요. 불만 있는 이슬이 뭐라고 말하나요?

이 슬: (볼멘소리로 말한다.) 어머니! 저처럼 사는 사람이 어디 있어요?

둥 지: 자, 그럼 다시 자리를 바꿔 앉아 보세요.

이 슬: "그건 네가 부지런하지 않기 때문이니까 남 탓할 것 없다." 그런데 신체가 오그라드는
    것 같아요. (이 순간 그녀는 하인의 위치에 돌아와 있다.)

둥 지: 신체를 더 움츠려 보세요. (다시 상전의 목소리를 들려준다.) "그건 네가 부지런하지
    못해서야. 남의 탓할 것 없다." 신체감각에 집중해 보세요. 어떤 감정이 느껴지세요?

이 슬: 감정이 잘 안 느껴져요. 지금 그건 어머님 생각인데, 어머님 생각이 맞는 것 같아요.

둥 지: 지금 목소리가 작아졌는데, 어떤 감정이 느껴지나요?(하인의 상태를 자각시켜 줌)

이 슬: (다시 얼굴이 상기되면서) 반항하고 싶어요. 어머니로 대접하고 싶지도 않고요. "어머
    니! 대접받고 싶으면 대접받도록 행동하세요!" (잠시 침묵) 어머니가 꼭 남같이 느껴
    져요. 하지만 어머니에게 무조건적으로 잘 대접해 드리지 못하는 제 자신에 대한 자책
    감도 있어요. 만일 친정어머니에게라면 내가 이런 말을 할까 하는 … 죄책감 같은 것,
    '시부모님도 부모님인데 … 최선을 다할 수는 없을까?' 하는 … 생각이 들고 ….

둥 지: 다시 비판적인 이슬의 목소리가 나오는 것 같군요. 불만 있는 이슬 님 쪽은 뭐라고 말
    할 것 같습니까?

이 슬: "그게 생각처럼 안 돼요. 어머니는 너무 개인주의적이어서 … 무시하게 되고 …" (하인
    의 목소리가 나오긴 했으나, 아직 너무 소극적이고 책임회피적인 태도에 머물러 있다.)

둥 지: 지금 이슬 님의 얘기는 "네 말도 옳아! 하지만 어머니가 개인주의적이기 때문에 안
    돼!"라고 변명하는 것처럼 들리는군요. 변명보다는 좀 더 떳떳하게 자기 입장을 표현
    해 보시지요. 이쪽 이슬 님이 정말 느끼는 감정은 무엇일까요?

이 슬: "나는 숨 가쁘고 힘들어. 어머니 스타일에 맞추기 싫어!" (제대로 된 하인의 목소리가
    나옴. 즉, 자신의 미해결감정이 표현됨) "너는 어머니 원하는 대로 다 해 드리지도 못
    하면서 네 모습대로 많이 행동하고 있잖아. 점심도 차려드리지 않고 나갈 때도 있고.
    기본에서 벗어난 행동을 하고 있잖아!" 저 … 머리가 복잡해져요 …. 머리가 아파요.
    (다시 상전의 목소리가 커지며 신체증상이 나타난다. 이 대목에서 내담자는 자기 욕구
    를 억압하고, 상전의 기대에 맞추어 행동해야 한다는 내사된 목소리에 짓눌려 살고 있
    음이 드러나고 있다.)

둥 지: 생각보다는 감정에 집중해 보세요. 매번 제동이 걸려서 보는 사람도 답답한데, 본인은
    실제로 얼마나 더 답답할까 싶어요! 그쪽에 앉은 이슬 님의 욕구가 뭘까요?(자기 욕구

에 대한 자각을 요구함)

이 슬: 뭐가 뭔지 잘 모르겠어요. 환경이 바뀌어 버리면 좋겠어요. (여기서 내담자는 문제를 회피하는 행동을 보이고 있다.)

둥 지: 문제를 회피하시려는 것같이 보여요. 이슬 님 자신의 욕구는 무엇인가요?

이 슬: … (혼돈스러운 상태에 있기 때문에 아무 말을 하지 못한다.)

둥 지: 자기 욕구가 무엇인지 잘 안 드러나고 있죠? 그게 바로 이슬 님을 답답하게 만드는 겁니다. 자신이 원하는 것인 무엇인지 분명하지 않기 때문에 답답해질 수밖에 없지요. 누가 이슬 님의 대역을 한번 해 보시겠습니까? 이슬 님은 저 자리에서 지켜보시죠. (내담자로 하여금 잠시 휴식을 취하게 하면서 동시에 자신의 문제를 객관화해서 볼 수 있는 기회를 제공해 주기 위해 대역을 시키기로 함)

나 무: 제가 한번 해 보죠. 나는 어떤 때는 정말 미치겠어. 집을 뛰쳐나가고 싶어. 나도 할 만큼 했어. 그런데 모두 나에게 요구만 하지. 아무도 날 도와주는 사람은 없어! 난 정말 힘들어.(하인) 그래도 너만 한 조건을 가진 사람이 어디 있어? 다 자기 하기 나름이야. 네가 부지런하지 못해서 그래! 넌 시어머니에게 더 잘 해 드려야 돼! 넌 이기적이야. (상전) 네 말을 들으니 화가 나. 왜 나만 죽도록 고생해야 돼? 난 이제 지쳤어. 짜증나고 미치겠어. 난 이제 좀 쉬고 싶어. 이런 생활은 이제 지겨워. 다 귀찮고 싫어졌어. 다 벗어나고 싶어.(하인) 그까짓 걸 가지고 뭘 그래? 너만큼 힘들지 않은 사람이 어디 있어? 그런 건 네가 당연히 해야 되는 거야!(상전) 넌 내 심정을 이해해 주지 않는 것 같아! 난 정말 힘들어. 차라리 죽고 싶기도 해. 차라리 죽어 버리고 싶어!(하인)

샘 물: 그러면 네가 하고 싶은 것이 뭐야?

나 무: 너로부터 독립해서 혼자 서고 싶어. 어딘가 나의 삶이 있을 거라고 생각해. 내가 누군지 알고 싶어. 진정한 내가 되고 싶어.

샘 물: 그렇게 되면 넌 잘못된 길로 갈 수도 있어.

나 무: 또 나를 위협하는구나. 넌 매번 내가 홀로서기를 결심하는 순간마다 나타나 나를 가로막아 왔지? 난 더 이상 너한테 평생 질질 끌려 다니긴 싫어! 잘못되면 다시 고치면 되잖아? 이제 나의 삶을 한번 만이라도 살아 보고 싶어. 잘못되더라도 좋아. 내가 선택해서 가는 길이라면 후회 없어.

샘 물: 너 정말 자신 있어?

나 무: 솔직히 자신이 많진 않아. 하지만 그렇게 하고 싶어. 네가 도와주면 더 잘 할 수 있을 것 같아. 적어도 나를 위협하고 가로막는 것만큼은 하지 말아 줘. 부탁이야!

샘　물: 그래 알았어. 노력해 볼게!

둥　지: 네. 고맙습니다. 이슬 님은 여러 사람들이 자신의 내면을 조명해 주는 것을 보면서 어
　　　떻게 느끼셨나요?

이　슬: 표현을 잘 해 주신 것 같아요. 제가 잘 못 하는 것을 ….

둥　지: 기분은요?

이　슬: 막막하고 답답하던 것이 좀 걷히는 것 같아요.

둥　지: 신체적으로는 어떠한가요?

이　슬: 잘 모르겠어요. 흥분이 좀 가라앉은 것 같아요.

둥　지: 이 작업은 이슬 님 안에 있는 내적 욕구와 그에 대한 비난의 목소리 간의 갈등을 조명
　　　하고 해결해 보려는 시도였습니다. 이 작업을 관찰하시면서 느낀 점들을 좀 피드백해
　　　주세요.

행　복: 이슬 님의 욕구가 무엇인지 명확하지가 않아 상당히 답답했어요. 또 어떻게 행동하더
　　　라도 자신이 결코 좋은 며느리가 될 수 없도록 이슬 님 스스로 상황을 만들어 가는 것
　　　같아 안타깝게 느껴졌어요.

바　람: 저는 이슬 님을 응원해 주고 싶었어요. 속에 있는 감정들을 다 토해 내시라고요. 이슬 님
　　　을 보니까 감정을 억누르는 습관이 너무 강하신 것 같아 그 점은 답답하게 느껴졌어요.

소　망: 이슬 님의 자신의 내면에 있는 억압자와 막 대들어 싸우지 못하는 모습이 답답했어요.
　　　차라리 화끈하게 싸웠으면 얼마나 시원했을까 싶어요. 그렇게 했더라면 무언가 결말
　　　이 났을 것 같은데, 감정을 표현하지 못하고 담아 두니까 문제해결도 안 되고, 그렇다
　　　고 감정이 없어지는 것도 아니고 … 참 힘들게 사신다 싶어요. 그런데 샘물 님이 나오
　　　서서 대역하신 부분부터는 진행이 빨라서인지 이해하기가 좀 어려웠어요.

둥　지: 그러셨을 수도 있겠다 싶어요. 하지만 한 가지 재미있는 사실은 샘물 님이 대역하신 부
　　　분부터 내면의 부분들이 서로 이야기를 하면서 독백이 아니라 대화가 되었다는 사실
　　　입니다. 그 앞에 이슬 님의 작업에서도 그렇고 나무 님의 대역에서도 그랬지만, 내면
　　　의 두 부분이 말할 때 서로 상대편의 말에 귀 기울이지 않고, 각자 자기 말만 했지요.
　　　그런데 샘물 님의 대역 부분부터는 내면의 부분들이 서로의 말에 귀를 기울였고, 따라
　　　서 진정한 대화가 시작 되었습니다. 이런 형태의 '참 대화'가 시작되면 의외로 이야기
　　　는 빨리 진행될 수 있어요. 바꾸어 말해서, 싸우는 당사자 간에 갈등이 지속되는 것은
　　　서로가 상대편의 말을 듣지 않기 때문이지요. 다른 분들 이야기를 좀 더 들어 볼까요?

그　린: 이슬 님의 욕구가 분명치 않아 답답했어요. 자신의 욕구가 분명했다면 좋은 며느리가

되든, 나쁜 며느리가 되든, 자신의 책임 안에서 벌어지는 일이니까 덜 괴로웠을 거라고 생각돼요.

강　물: 저도 그렇게 생각해요. 뭘 원하는지가 분명하면 타협이 가능할 것 같아요. 둘째 애와의 관계에서도 자기 문제로 인해 아이를 야단치고 있는 것 같아 보여, 옛날의 제 모습이 생각났어요.

둥　지: 둘째 딸을 미워하는 것은 우연이 아닐지도 모르지요. 욕구가 분명한 둘째 딸은 이슬 님과 상당히 대조적이거든요. 둘째 따님의 그러한 측면은 오히려 이슬 님이 개발하셔야 할 부분이 아닐까 하는 생각이 들어요. 이슬 님! 여우가 한번 되어 보고 싶지 않으세요? 여우는 자기가 원하는 것을 분명히 알 뿐만 아니라, 그것을 어떻게 얻는지도 정확히 알고 있지요. 한번 생각해 보세요. 그럼 잠깐 쉬었다 할까요?

(휴식)

둥　지: 다시 시작해 볼까요?

바　람: 둥지 님이 저를 보고 웃으시니까 '시작해 보세요!'라고 무언중에 요구하는 것 같아 웃음이 나왔어요.

둥　지: 그냥 눈이 마주쳐서 웃은 것뿐입니다. 별다른 뜻은 없습니다.

팬　지: 앞 시간의 문제가 별로 재미없었어요. 다른 분들이 너무 재미있게 얘기하니까 화가 났어요. 그런데 끼어들지도 못하고, 그것도 화가 났어요. 이번 장은 좀 장악해 볼까 하는데, 별로 할 얘기가 없어요.

햇　빛: 저는 팬지 님과는 다르게 느낀 것이 많았어요. 제가 요즘 겪고 있는 상황과 비슷해서 … 그런데 … 너무 힘들어요 …. 선생님과 지내기가요 …. (갑자기 얼굴을 가리며 운다.)

둥　지: 선생님과 지내기가 어떻게 힘드세요?

햇　빛: 선생님은 저한테 관심도 없으시고요. 저한테 아무 배려도 없고요 …. 제가 아무리 잘해 드리려고 노력해도 아무 반응이 없으셔요. 그래서 자꾸 선생님 눈치만 보게 되고요 …. 왜, 내가 공부하는데 선생님이 도와주지도 않나 싶어요. (숨 돌릴 겨를도 없이 아주 빠른 말로 선생님에 대한 원망을 털어놓는다.)

둥　지: 많이 참았다 하시는 얘기처럼 들리네요?

햇　빛: 예. 한 번도 해 보지 않은 얘기고요, 할 시간도 없었어요. 나름대로 저도 할 만큼 한다고요! 도대체 제가 어떻게 해야 할지 모르겠어요. (화난 얼굴로 흥분해서 말한다.)

둥　　지: 얘기를 그렇게 빨리 할 수 있다니… 놀랍군요?

햇　　빛: 제가 말이 빨라요. 다른 사람들에게 이미 했던 얘기고요.

둥　　지: 그러셨군요. 지금 이 앞에 선생님이 계신다고 생각하시면서 방금 했던 말들을 선생님
　　　　께 그대로 한번 해 보실 수 있겠어요?

햇　　빛: 저도 할 만큼 했는데 알아주시는 기미가 없어 섭섭하고요. 또 제가 잘못한 것이 있으면
　　　　말씀해 주시면 좋겠는데, 말씀도 안 해 주시니까 죄송하다는 말을 할 기회도 없고요.
　　　　제게 진정한 관심을 보여 주시지 않으시고 …. (다시 흥분한다.)

둥　　지: 지금 감정은 어떠신가요?

햇　　빛: 당혹스러워요. 얘기를 다 했는데 반응이 어떨지 모르겠어요.

둥　　지: 자리를 바꿔 앉아 볼까요? 선생님 입장이 되셔서 대답해 보시겠어요?

햇　　빛: …. (한참 동안 침묵)

둥　　지: 상상이 잘 안 되시나 보지요?

햇　　빛: 예.

둥　　지: 그럼 이 자리로 다시 돌아오세요. 저 자리에 앉은 선생님 얼굴 표정을 한번 살펴보세요.

햇　　빛: 표정이 굳어서 아무 말씀 안 하시고, 저를 다시는 안 보시겠다는 말씀을 하실 것 같아요.

둥　　지: 그렇다면 무척 두렵게 느껴지시겠어요?

햇　　빛: 그럼요.

둥　　지: 그 두려움을 충분히 느껴 보세요. (잠시 후) 지금 감정은요?

햇　　빛: 몹시 걱정이 돼요. '이렇게까지 말했는데, 선생님 얼굴을 다시 처다볼 수 있을까?' 하
　　　　고요.

둥　　지: 겁먹은 표정이군요. 이런 감정을 전에도 느껴 본 적이 있으신가요?

햇　　빛: 아뇨. 없었어요.

둥　　지: 혹시 지금의 이런 감정과 관련하여 떠오르는 과거의 어떤 장면 같은 것이 있나요?

햇　　빛: 없어요. 저는 이제껏 누구에게도 무시를 당해 본 적이 없었어요.

둥　　지: 햇빛이 힘들어하는 모습을 보면서 '참 힘들게 살고 있구나!' 싶으면서도, 다른 한편으
　　　　로는 '왜 선생님께 직접 말씀을 못 드리고 그토록 오래 참았을까?' 궁금해져요.

햇　　빛: 저는 선생님께 바라는 것이 있었어요. 선생님의 사랑을 받는 제자로 남고 싶었어요. 그
　　　　런데 제 불만을 얘기하면 "넌 내 제자가 아니다."라고 말씀하실 것 같아요. (잠시 침묵
　　　　후에, 표정이 굳어지면서 비난조로 말한다.) 저는 이제 선생님 안중에 없으신 거예요.
　　　　이제 전 더 이상 선생님에게 바랄 것이 없어요. 제발 나에게 앞으로 어떤 피해만 안 주

셨으면 좋겠어요.

둥　지: 햇빛의 말을 들으면서 내가 선생님의 입장이 되어 보았는데, 햇빛이 나는 가치판단을 하는 것처럼 느껴졌어요. '당신은 나쁜 선생님이다.'라고 말이에요.

햇　빛: 그렇게 생각해 보지는 않았어요. 그리고 선생님이 그렇게 보셨다면 미안하고요. 또 그랬다면 억울해요. 제가 얼마나 노력을 많이 했는데요. 거부당하는 느낌을 다시는 느끼고 싶지 않아요. 차라리 목표를 낮추는 것이 나아요.

둥　지: 아까 장에서 느낀 것이 있다고 했죠? 그게 뭐죠?

햇　빛: 말 안 하는 것이 더 나을 수도 있는데 싶기도 하고, 이슬 님에게 여유가 되어 보라고 말씀하셨을 때 전 아주 싫었어요. 아무리 여우 짓을 해도 꿈쩍도 않으시는데, 이제 지쳤어요. 제게 편하게 부탁안 하는 선생님이 밉고, 원망스럽고 … 아무리 상냥하게 해 드려도 선생님은 무뚝뚝하시고 별로 관심을 안 보이세요.

둥　지: 여우 짓이 잘 안 통하니 답답하시겠군요?

햇　빛: 요즘은 반대로 해 보고 있어요. 그런데 곰처럼 무신경하게 행동해도 불편한 것은 마찬가지예요. 내가 어떻게 해도 선생님은 아랑곳하지 않고 알아주지도 않아요. 그래서 더 피곤해요.

둥　지: 이래도 안 되고 저래도 안 되고, 선생님이 원망스러우시겠군요? 선생님께 직접 그런 마음을 말씀드려 보면 어떨까요?

햇　빛: 할 수 있을지 모르겠어요.

둥　지: 선생님과의 관계에서 앞으로 어떻게 되었으면 하나요?

햇　빛: 모르겠어요. 말을 안 하고 싶은데 말을 안 하면 불편하고, 학교생활이 이제 지겨워요.

둥　지: 예, 지겨울 것 같아요. 그런데 누가 지겹게 만드나요? 선생님이 지겹게 만드나요? 선생님이 문제의 원인이 아닐지도 모르지요?

햇　빛: 저도 그렇게 생각해요. 시간이 지날수록 혼동스러워져요.

둥　지: 속에 할 말이 있는데도 하지 못하고 있으면 지겨워질 것 같아요.

햇　빛: 저도 표현하고 싶어요. 그런데 자신이 없어요. 저는 계속 '선생님이 이렇게 해 주셨으면' 하는 기대밖에 안 들어요.

둥　지: 다른 사람과의 관계에서는 어떻습니까?

햇　빛: 전 조금 이기적인데, 인간관계에서 바라는 것이 분명해요.

둥　지: 그게 무슨 뜻이지요?

햇　빛: 바라는 게 있어야 관계가 된다고 생각해요. 가족들에게도 바라는 것이 있어요. 아빠에게도, 엄마에게도, 가족 모두에게도요.

둥　지: 예컨대, 아버지에게 바라는 것이 무엇인가요?

햇　빛: 아버지하고는 얘기를 많이 해요. 아버지는 저에게 정말 잘해 주셔요. 아주 지지적이시고 … 저는 가족이 지지적이어야 한다고 생각해요!

둥　지: 아버지가 어떻게 지지적이지요?

햇　빛: 아버지는 제가 공부하는 것을 좋아해요. 제가 하는 것은 뭐든지 밀어주셔요. 전 아버지를 굉장히 좋아해요.

둥　지: 아버지가 어떻게 좋으세요?

햇　빛: 아버지는 저에게 매우 자상하시고, 항상 내가 하는 일에 대해 물어보시고, 열심히 들어주시고, 자세히 설명해 주시고 ….

둥　지: 좋은 아버지를 만나셨군요. 아버지가 내가 하는 일에 대해 물어 주면 참 기분이 좋을 것 같아요.

햇　빛: 예, 아주 기대를 하고 계신다 싶기도 해요. 제게 관심을 기울여 주고 있다 싶고 ….

둥　지: 선생님도 아버지 같으면 좋으실 텐데 …!

햇　빛: 예, 그래요. 제가 기대하는 것이 그런 것 같아요. (잠시 침묵) 갑자기 제가 아까 여우 짓을 잘 한다고 한 게 창피하게 느껴지고, '선생님이 그걸 원하시는 것이 아닐지도 몰라!' 하는 생각이 드네요. 그런데 의문이 들어요. '선생님이 과연 지지적일까?' 그게 두려워요 ….

둥　지: 각자 표현하는 방식이 다르니까 선생님이 지지적인 분인지 나로서는 알 수 없어요. 다만 한 가지 중요한 사실은 선생님이 지지적인 분이 아닐 수도 있다는 점이지요. 즉, 햇빛 님에게 큰 관심이 없을 수도 있다는 거지요.

햇　빛: 예, 하지만 저는 선생님에게 그 정도 기대도 안 할 수 있을까 싶어요.

둥　지: 글쎄요. 어쨌든 햇빛 님이 바라시는 것과 달리 선생님은 햇빛 님에게 관심이 많지 않을 수도 있어요.

햇　빛: 그게 상상이 안 돼요. 제 삶에서 이제껏 그런 적이 한 번도 없었거든요.

둥　지: 그것이 지금 현실로 벌어지고 있다면 어떻게 하시겠어요?

햇　빛: (한참 침묵)

둥　지: 지금 감정이 어떠신가요?

햇　빛: 공허해요.

둥　지: 그러실 것 같아요. 피하지 말고 그 감정을 느껴 보세요.

햇   빛: 하기야 저도 다른 사람에게 그렇게 관심을 가지지 않아요 …. (침묵) 진짜 허무해요! 그
         동안 참 힘들었는데, 그게 결국 내 자신이 스스로 힘들게 만든 것이네요?

둥   지: 그렇게 볼 수도 있지요. 그런데 말씀해 보세요. 자신이 어떻게 스스로 힘들게 만들었는
         지 말이에요.

햇   빛: 저를 특별한 사람이라 생각하고, 다른 사람이 이렇게 해 줘야 한다고 기대하고, 안 해
         주면 힘들어하고 … (생각에 잠긴다.)

둥   지: 지금 감정이 어떠세요?

햇   빛: 허탈하고 … 슬프고 … 지금부터 어떻게 해야 하나 싶어요.

둥   지: 대답은 의외로 쉬울지 몰라요.

햇   빛: 누가 그 답을 대신 해 줬으면 좋겠어요.

둥   지: 기대를 포기하지 않는 한 고통은 계속 찾아오리라 생각해요.

햇   빛: 저는 포기하기 싫어요. 미움이 될지도 몰라요.

둥   지: 햇빛이 너무 좋은 아버지를 만났는지도 모르겠다는 생각이 드네요.

햇   빛: 저는 그 분위기를 포기할 수 없어요. 그래서 강요하죠. 하지만 포기 안 하면 제가 너무
         힘들게 살 것 같아요!

둥   지: 그렇겠지요.

햇   빛: 그런데 전 버리고 싶지 않아요.

둥   지: 그러시겠지요.

햇   빛: 제가 낮아지는 것 같아요. 현실이 요구한다고 포기하는 것은 ….

둥   지: 그럴까요? 현실을 직시하는 것이 자기가 낮아지는 것일까요?

햇   빛: 잘 모르겠어요.

둥   지: 시간이 됐는데, 다른 사람들이 작업을 지켜보면서 어떻게 느꼈는지 좀 들어 볼까요?

햇   빛: 강물이 고개를 끄덕이는 것이 보였어요. 어떻게 느끼셨는지 궁금해요.

강   물: 처음에 투정과 의존을 보았어요. 제 딸과 저와의 관계와 유사해요. 햇빛 자신이 자신의
         아버지가 되어야 한다고 생각해요. 계속 받는 입장에만 있을까 봐 걱정스럽고, 어린아
         이처럼 그런 지지를 언제까지나 필요로 할까 봐 염려돼요.

햇   빛: 팬지 님이 어떻게 생각하시는지 궁금해요.

팬   지: 둥지 님이 선생님 편을 드는 것 같아 좀 화가 났어요. 햇빛 님을 좀 이해하고 받아주시
         지 ….

억   새: 가만 보면 내가 기대하고 상대방이 내 기대대로 안 해 줄 때, 짜증내고 그러는 것 같아

요. 저도 남편과의 관계에서 그랬거든요.

소   망: 햇빛 님! 둥지 님과 대화 작업에서 거부당했다고 느꼈는지 궁금해요.

햇   빛: 그렇지 않았어요. 그런 생각해 보지 않았어요.

둥   지: 각자 오늘의 소감을 얘기해 보도록 하죠.

청   솔: 저는 젊었을 때 그렇게 나약한 생각을 해 보지 않아서인지 좀 듣기가 힘들었어요. 남에게 좀 바라도 되나 싶고요.

샘   물: 욕심을 버리고 사는 것이 좋겠지요. 또 부모 노릇 하기도 힘들다 싶고요. (모두 웃음)

소   망: 오늘 이슬 님과 햇빛 님이 참 힘들었을 것 같아요. 제 문제가 나올 때를 상상해 보면, 대화가 잘 되는 것이 진지하고 보기 참 좋았어요. 재미있었어요.

억   새: 햇빛 님과 둥지 님을 지켜보면서 대화를 잘 해 나간다 싶어 감탄했어요.

바   람: 아직 정리가 잘 안 되어서 답답해요.

팬   지: 해결 안 된 감정이 다시 떠올라오면서 좀 찝찝해요.

이   슬: 뭐가 뭔지 모르겠어요. 아직 혼동스러워요.

행   복: 햇빛 님에게 선배로서 잘 챙겨 주지 못한 것이 미안해요. 하지만 햇빛 님이 자신을 발견해 가는 모습이 반갑기도 하고….

투   명: 공감되는 부분들이 많았어요. 이슬 님의 작업에서는 그때그때 감정표현이 잘 안 되는 것이 답답했어요.

그   린: 두 분이 대화하시는 걸 보면서 보기 좋았어요. 햇빛 님에 대한 신뢰가 생겨요. 문제를 피하지 않고 자신을 알아 가는 힘이 있을 거라 싶고요.

둥   지: 햇빛 님과의 대화가 잘 풀려서 좋았습니다.

햇   빛: 마음이 많이 편해졌고, 숙제가 많구나 싶어요.

〈3회〉

둥   지: 현재 감정을 나누는 것부터 시작할까요?

팬   지: 단비 님이 지난주 안 왔었는데, 밝은 모습으로 나타나니까 반갑고 좋아요.

샘   물: 어색했던 순간에 단비 님이 나타나서 그 순간이 넘겨지니 좋은데요.

강   물: 둥지 님이 환한 옷차림으로 나타나서 그것도 보기가 좋습니다.

청   솔: 나는 남에게 그리 신경을 쓰지 않는데, 아마도 성격 때문인가 봐요. 별로 그런 것이 내게 자극이 되지를 못 해요. 남들에게 신경 쓰는 다른 사람들에게서 계속 놀라고 있는 중이에요. 내 눈에 드는 색깔을 입은 사람은 눈에 들지만, 다른 것은 눈에 안 들어와요.

그런 신경을 쓰는 사람은 그렇게 할 일이 없나 싶어요. 또 옷차림에 신경 쓰는 사람들 틈에 있으면 힘들고 괴로워져요. (이 내담자는 타인을 의식하지 않고 혼자 길게 자기 말을 늘어놓는 습관이 있다. 첫 번째 시간에 이러한 경향이 눈에 띄었음.)

둥 지: 현재 감정을 얘기 하는 순간에 말씀을 길게 하시는데, 혹시 옷차림뿐만 아니라 남들이 내 이야기에 흥미를 느끼는지에 대해서도 별로 신경 안 쓰시는 것 같이 보이는군요.

청 솔: 예, 맞아요. 바로 그거예요.

둥 지: 그런 걸 좀 신경 써 보시면 어떨까 싶네요.

투 명: 저는 청솔 님 이야기하시는 동안 좀 지루했어요.

팬 지: 저는 청솔 님 얘기가 듣기 편했어요. 청솔 님이 제 주위에 흔히 있는 사람들과 다른 것 같아 신기하다는 생각도 들고 … 순수하시다는 생각도 들어요.

나 무: 청솔 님은 다른 데 신경 쓰고 그러는 것이 무척 힘드신가 봐요?

청 솔: 내 입장에서는 일반적인 얘기를 하는 것은 딱 질색이에요.

강 물: 특별히 할 말이 없을 때, 말씀을 많이 하시니까 좋기도 하지만 …. (청솔에 대한 불만을 표현하고 있다.)

청 솔: 나는 사람들이 그렇게 다른 사람에게 관심을 쓰는 것이 더 신기한데 …?

그 린: 청솔 님 얘기를 들으면서 웬만해서는 청솔 님의 마음에 가까이 가기는 힘들겠구나 싶고, 앞으로 청솔 님이 저나 다른 사람들에게 관심을 기울여 주지 않을지도 모른다는 생각을 하니 아쉬움이 들어요.

샘 물: 저도 청솔 님이 좀 신기해요. 다르다 싶고 ….

행 복: 청솔 님의 말씀에 좀 걱정이 돼요. 자신을 무엇 무엇이라고 규정해 놓고, 전혀 변화시키려는 노력을 하지 않는 것 같아서 ….

둥 지: 청솔 님 같은 분이 계시니까 장에 에너지가 넘치지만, 그 에너지의 방향이 잘 안 잡히니까 좀 난감합니다. (집단프로세스를 자각시켜 줌)

단 비: 어릴 적 생선 눈알을 젓가락으로 집으려 하는데, 안 잡히던 것이 연상되네요.

둥 지: 청솔 님, 방금 그 말을 들으니까 기분이 어떠십니까?

청 솔: 이해가 가요. 재미있는 말이에요.

강 물: 아무런 느낌이 없다니까 이해가 안 되는군요. 자신에 대한 얘긴데요?

청 솔: 왜요? 일리가 있구나 싶은데, 나를 파악하지 못하겠다는 말인데요 뭐!

팬 지: 사람들이 자신한테 ….

청 솔: (팬지의 말을 가로막으며) 나는 여기 온 것이 ….

팬　지: 사람들이 자신한테 ⋯.

청　솔: (또다시 가로막으며) 나는 여기 온 것이 ⋯. 그런 데 신경 쓰려고 온 것이 아니라 ⋯.

팬　지: 사람들이 ⋯.

청　솔: (다시 가로막으며) 나는 여기 온 것이 ⋯. 그냥 어떻게 진행되나 ⋯. (모두 웃음)

둥　지: 청솔 님 잠깐만요! 사람들이 방금 왜 웃었는지 아시나요?

청　솔: 알죠. 팬지 님이 뭐라고 하려고 하니까요.[1]

둥　지: 청솔 님이 팬지 님의 말을 몇 번 가로막았는지 아시나요?[2]

청　솔: 글쎄요.

팬　지: 제가 할 말을 미리 알아서 막는가 싶어, 얼굴이 좀 화끈거리고 그러네요.

투　명: 저는 청솔 님이 다른 세계에 사는 사람인 것 같아요. 제가 보고 싶지 않은 사람의 모습
　　　이라서 화가 나고 그래요.

청　솔: (웃으면서 말한다.) 알아들었어요!

강　물: (불만스러운 목소리로) 웃으면서 알아들었다고 하니까 이해가 안 가요.

청　솔: 나보고 현실감각이 없다고 하는 것 아니에요?

행　복: 청솔 님만의 세계에서 혼자 있는 것 같다는 말 아닌가요? 타인과 공유하려 하지 않고
　　　누가 뭐라고 해도 끄떡없고, 벽을 쌓고는 그 속에서만 하는 듯해서 답답하고 ⋯.

단　비: 저도 그런데요. 청솔 님과 얘기하는 것 같지 않고, 마치 자동응답기와 얘기하는 것 같
　　　아요. 그냥 녹음된 응답을 듣는 것 같은 ⋯.

청　솔: 아까 그 말과는 다르지 않나요? 잘 모르겠어요.

행　복: 제 기분이 계속 나빠지는데요. 제가 아는 어떤 분이 항상 '그건 모르겠어.' '내가 왜 그
　　　걸 신경 써야 하니?' 하는 반응을 보여서 답답했던 기분이 떠오르고, 청솔 님의 모습에
　　　서 그걸 보니까 계속 답답하고 기분이 나빠져요.

청　솔: 내겐 그런 거 없어요. (지금까지 많은 사람의 집중공격을 받고도 별로 감정에 변화가
　　　없다.)

둥　지: 지금 여러 사람의 말을 듣고 감정이 어떠세요?

청　솔: 글쎄요? 가라앉는 듯한 압력을 느껴요.

둥　지: 좋은 쪽은 아닌가 보지요?

---

1) 자신의 행동에 대한 자각이 없다.
2) 여기서 청솔과 팬지 사이의 개인 간 프로세스를 자각시켜 주려고 시도함.

청 솔: 글쎄요. 꼭 그렇지는 않아요. 이성적으로는 별로 ….

둥 지: 한 번 실험을 해 보죠. 짧은 무언극을 하는 건데, 해 보시겠어요?[3]

청 솔: 예. 해 보죠.

둥 지: 순서대로 아까 했던 얘기들을 신체동작으로 한 동작씩 표현해 보죠. 여러분은 청솔 님 에 대한 감정표현을 상징적인 신체동작으로 표현해 보는 거예요. 그러면 청솔 님도 자 신의 반응을 신체동작으로 해 보시는 겁니다. 그러면 지금까지 진행된 순서대로 한 분 씩 해 보실까요?

〈신체동작〉

집단원들이 한 사람씩 청솔에게 자신의 감정을 표현한다. 주로 거부적인 동작이 많이 나타난다. 청솔은 상관없다는 몸짓을 한다. 그러나 동시에 스스로도 어떤 부정적인 제스처를 만들어 낸다.

둥 지: 현재의 상태를 집단조각으로 한번 만들어 표현해 보시죠.

〈집단조각〉

청솔은 한쪽 구석에 서 있고, 나머지 집단원들은 반대쪽에 모여 청솔을 향해 대치해 선다. 고개 를 돌려 외면하는 사람, 팔짱을 낀 채 아니꼬운 표정을 지어 보이는 사람 등, 집단원들은 자신들 의 청솔에 대한 부정적 감정을 신체동작으로 표현했다.

둥 지: 각자 현재의 상태를 한 마디씩 함축적인 말로 표현해 보세요.

투 명: 상관하지 않겠어! 하지만 어떻게 하나 조금은 보고 싶어.

팬 지: 포기하고 싶은데, 그러면 안 되지.

강 물: 도저히 안 될 것 같아! (청솔에 대한 상당히 부정적 감정을 나타냄)

행 복: 보고 싶지 않아!

단 비: 으이! 짱돌! (청솔과의 관계에서 미해결감정이 생겼음)

청 솔: 글쎄?

강 물: 저는 이 무언극을 하면서 감정이 올라왔어요. 화나고 답답하고, 청솔 님도 그게 느껴지 는지 궁금하네요. 청솔 님에게 그런 것이 감지되는지?

---

3) 집단원들과 단절된 자신의 상태를 잘 알아차리지 못하므로 비언어적 신체동작 실험을 통해 가시화시켜 주려고 시도함. 이 어서 집단조각을 통해 이를 더욱 명료하게 볼 수 있도록 해 줌.

청 솔: 느끼죠. 아까 강물 님이 내 가슴에 손댔을 때 열이 났었는데 ….

강 물: 지금 하는 말은 가슴에서 우러나는 것 같지 않아요.

청 솔: 그건 강물의 문제지요. 근데요, 다들 자기들 느낌에 자신감이 있나 봐요!

샘 물: 저는 화나고 답답해요!

청 솔: 내가 원하는 것은 나와 동감해 줬으면 한다든가 하는 희망사항을 얘기해 주면, 더 듣기
　　가 편하고 느낌이 빨리 올 것 같아요!

샘 물: 너희들 해 볼 테면 해 봐라 하는 것 같아 화가 나고 답답해요.

강 물: 청솔 님의 느낌이 뭔지 모르겠어요. 그게 듣고 싶어요.[4]

둥 지: 청솔 님과 강물 님이 서로 줄다리기하는 것 같은데, 한번 자리를 바꿔 앉아 상대의 느
　　낌을 공감해 보도록 하죠. 이쪽은 강물 님이고, 저쪽이 청솔 님이에요. 청솔 님은 자신
　　을 잊어버리시고 강물 님이 되셔서, 아까 강물 님이 한 그대로 해 보세요.[5]

청 솔: (한참 동안 가만히 있다.) 강물 역할이 잘 안 돼요.

둥 지: 그러시면 행복의 자리로 가서, 아까 행복이 얘기했던 것을 기억하셔서 행복 역할을 한
　　번 해 보시죠.

청 솔: (잠시 생각에 잠긴 후) 막연하게만 생각나지 기억이 잘 안 나요.

둥 지: 남의 말을 잘 듣지 않으신다는 것이 여기서 나타나고 있죠?

청 솔: 벽 같다? 너는 너고, 나는 나다. 그런 말이었는데 ….

둥 지: 행복 님이 아까 했던 얘기를 다시 해 줄 테니까 잘 들으시고, 저기에 앉은 청솔 님에게
　　한번 얘기해 주세요. 행복 님! 다시 한번 해 주시겠습니까?

행 복: 벽을 쌓고 그 안에서 사는 것 같고, 그 안에서 방어하느라 급급하고, 그래서 답답하고
　　화가 나요. 차라리 벽에 대고 얘기하는 것이 낫지 싶어요.

청 솔: 벽을 쌓고 그 세계에서 살고, 또 뭐지? 벽하고 얘기하는 것이 낫지. 뭐 그런 거. 답답하
　　고 화가 난다? 남의 얘기도 잘 안 듣고, 자기 식대로만 해석하고, 그래서 막 화가 난다.

둥 지: 네, 됐어요. 그럼 이번엔 청솔 님이 어떻게 얘기하나 들어 보세요.

강 물(청솔): 난 늘 그렇게 살아요. 나는 상관없어요. 기분도 괜찮아요. 다 자기들 느낌에 자신
　　감이 있는 것처럼 보여요!

둥 지: 어떠세요? 그 반응을 보고 행복 님의 입장에서는 어떨까요?

---

4) 한편으로는 청솔에 대해 부정적 감정이 강하게 올라오면서도, 자신의 내적 프로세스와 연관이 있는지 점검하고 있는 것으로 보임.

5) 타인의 입장을 공감하기 어려운 모습이 보여서, 이를 스스로 점검해 보도록 도와주기 위한 개입임.

청　솔: 계속 화가 나겠지요. 나, 계속 화가 나!

둥　지: 왜 청솔 님에게 화가 나는지 얘기해 주시죠.

청　솔: 그래도 여기서는 사람들과 관계를 해야 하니까.

강　물(청솔): 왜 화가 나지? 난 아무렇지도 않은데!

청　솔: 그럼 내 화를 거둬 내야지. 내 화를 걷어야죠 …. 저는 행복의 역할을 잘 못 하겠어요. 자꾸 내 생각이 나서.

둥　지: 지금은 행복 님의 역할을 해 보는 것이 중요해요.

청　솔: 계속 화가 난다? 글쎄? 저는 행복 님의 역할을 잘 못 하겠어요.

둥　지: 문제가 바로 그거거든요. 다른 사람의 입장을 고려하지 못하는 것. 그런 능력을 키우고 싶지 않으세요?

청　솔: 예, 키울 수 있다면 ….

둥　지: 키울 수 있습니다. 바로 이 자리에서요! 아까 팬지 님의 얘기를 끊으셨을 때도, 자기 얘기를 끝마치는 데만 관심을 가졌지요?

청　솔: 그게 다 그런 거 아니에요? 저쪽도 제 얘기를 다 듣지 않고 끊은 거잖아요. 자기 의사표현을 분명히 하는 게 좋은 건데. 전 다른 자리에서는 얘기를 보통 잘 안 해요. 여기서는 그래야 된다고 생각하고서 그런 건데.

둥　지: 지금 청솔 님은 **'나는 이런 사람입니다.'**에 대해서만 얘기하시는데, 지금−여기에 있는 사람들이 청솔 님에 대해 어떤 감정을 갖고 있을까요?

청　솔: 내가 남을 인정해 주지 않는다? 그건가요?

둥　지: 대화가 되려면 자기주장도 좋지만, 상대가 나에 대해 어떻게 느끼는지, 뭘 원하는지를 알아차리는 것도 필요하지요. 지금 제가 청솔 님에게 듣고자 하는 말이 뭔지 아세요?

청　솔: 뭔데요?

둥　지: 다른 사람들이 지금 청솔 님에 대해 어떻게 느낄까요?

청　솔: 모르겠어요.

둥　지: 제가 생각하기에는 청솔 님 얘기하느라고 시간도 많이 지났고, 별로 진척도 없고 해서, 사람들이 지루하고 답답하기도 하고 … 짜증이 나는 사람도 있을 것 같아요.

청　솔: 나도 그래요.

둥　지: 아! 그러세요? 그런데 다른 사람들의 감정에 대해서는 알고 싶지 않으세요?

청　솔: 난 내 자리로 돌아가고 싶어요. 여기는 아주 불편해요.

둥　지: 네, 그러세요.

강　물: 꼭 이 자리로 돌아와 앉아야 되나?

둥　지: 다른 사람들은 청솔 님의 얘기를 들으면서 청솔 님이 어떤 감정일까를 이해하고 있을
　　　것 같아요. 하지만 청솔 님은 다른 사람들의 감정을 얼마나 아시는지 궁금하군요?

청　솔: 잘 모르겠어요. 갑자기는 안 될 거예요. 언젠가는 되겠지요. 힘들어하고 그런 거는 알
　　　겠어요. 좀 미안하기도 하고.

둥　지: 예, 그렇게 되겠지요. 그럼 좀 쉬었다 하지요.

　　이 작업에서 초점이 된 청솔은 대졸 학력의 내향적 성격의 가정주부였는데, 오랫동안 대인접
촉을 끊고 집안에서만 고립적인 생활을 해 왔던 까닭으로, 집단작업에서 타인과의 접촉적인 대
화관계를 잘 맺지 못하는 어려움이 있었다. 그러나 이 시간 이후로 그녀의 행동에 다소 변화가
있었고, 8회가 끝날 때쯤에는 자신의 행동에 대해 상당한 통찰을 보였다. 마지막 시간에 소감을
말할 때는 사람들의 마음에 대해 배운 바가 많았으며, 집단에 오기를 잘 했다는 생각이 든다고
말했다.

(휴 식)

햇　빛: 오늘 오면 쑥스럽겠다는 생각을 했어요.

둥　지: 지금은 어떠세요?

햇　빛: 오길 잘 했죠. 기분이 좋아요. 청솔 님의 작업을 보면서 제 모습을 많이 보게 되었어요.
　　　청솔 님이 팬지 님의 말을 끊었을 때요. 제가 잘 그러거든요.

둥　지: 이슬 님은 나오시기가 어떠셨나요?

이　슬: 부담스럽지는 않았어요. 하지만 몸이 좀 안 좋아서 망설였는데, 또 안 나오면 지난 시간
　　　때문이라고 생각들 하실까 봐 …. 지금은 제 모습이 좀 걱정돼요. 눈도 충혈되었고 ….

둥　지: 걱정하실 정도는 아닌 것 같네요. 눈은 좀 충혈되었지만. 지난 시간보다 표정이 많이
　　　부드러워지셨어요.

샘　물: 저도 그렇게 보여요. 긴장도 풀리신 것 같고.

단　비: 그 말을 하니까 긴장하네요?(모두 웃음)

이　슬: 돌아가는 길에 많이 정리가 되었어요. 지금은 비교적 편안해요. 지난 시간에 햇빛 님의
　　　작업을 보면서, 제가 자라온 환경도 생각해 보게 되었고, 또 제가 생각을 달리 하니까
　　　시어머니 대하기도 한결 편해졌고요.

둥　지: 그 말을 들으니 반갑네요.

청　솔: 저는 똑같아 보이는데요. 감지가 안 돼요.

둥　지: 배우고 싶으세요?

청　솔: 예, 배워야죠. 하지만 제 성격상 그렇게 남의 모습에 관심을 기울이는 것은 못 해요.

단　비: 청솔 님은 일절만 하셨으면 좋겠어요. (지난 시간의 미해결과제가 나타나고 있음)

둥　지: 또 길어질까 봐 걱정이 되시는가 보지요? (모두 웃음)

강　물: 지난 장에서 했던 제 역할에 대해서 좀 생각해 보았는데, 제가 사람들에게 너무 성급하게 강요하고, **'이건 이거야!'** 하는 식으로 하는 것 같아, 그것이 좀 미안하고 … 나 자신에 대한 느낌은 … 선생님께 잘 보이려고 하는 것 같고 … 어떻게든 빨리 배워 재빨리 선생님 기대에 맞추려는 것 같고, 하여튼 …. (바로 앉아 있지 못하고 자꾸 몸을 뒤틀면서 불편한 마음상태를 신체적으로 드러낸다.)

둥　지: 반장역할 같은 것 말씀인가요?

강　물: 예.

둥　지: 지금 현재의 감정은 어떠신가요?

강　물: 저는 좀 직선적이고, 직접적으로 대쉬하는 편인데, 그걸 좀 반성했죠. 그래서 바람 님과 같이 조심스러운 분을 대하면 신경 쓰이고 그래요. (바람에게 자신의 염려를 투사를 하고 있음.)

샘　물: 저는 이 장이 신기해요. 강물 님을 볼 때마다 **'참 능숙하시구나!'**라고만 받아들였었는데 ….

강　물: 긍정적으로 보아 주시니까 다행이지만, 다른 분들은 부정적으로 보는 분들도 있을 거예요. 그것을 듣고 싶어요.

둥　지: 지금 자기 감정을 한 번 얘기해 보시죠.[6]

강　물: 전 지금 좀 떨리고, 울고 싶은 느낌이 들어요. 그럴 필요가 없는데도 ….

둥　지: 다른 사람들이 나를 부정적으로 볼 것이라 싶어서요?

강　물: 글쎄요. 뭔지 모르게 자꾸 걸려요.

둥　지: 자신에게 부정적으로 얘기하는 사람이 되어 한번 얘기해 보시죠.

강　물: 당신은 굉장히 눈치 빠른 애 같고, 성급하고 모호하게 되어가는 것을 지켜볼 줄을 몰라! 그리고 항상 어디가나 하고 싶은 역할이 있어! 그게 너무 보기 싫어! (울먹임) 그건

---

[6] 바람에게 자신의 감정을 투사하고 있음을 알아차리도록 도와주기 위한 개입임.

잘난 척하는 거야! 그러면 다른 사람이 상처받을 수 있어! 그걸 볼 줄 알아야지! (마치 야단맞는 어린아이 같은 표정이 된다.)[7]

둥   지: 그런 말을 듣는 강물 님은 무척 슬플 것 같아요. 만일 어린아이가 그런 말을 듣는다면 그 아이는 무안하고, 아프고, 힘들 것 같아요.

강   물: 그렇게 위로해 주시니까, 다시 어릴 때로 돌아가서 부모님의 기대에 맞추기 위해 무지 노력했는데, 그게 거부당했을 때의 느낌이 강하게 올라와요 …. (울음을 터뜨린다.)

둥   지: 그 아이가 참 안쓰럽게 느껴지는군요. 노력했지만 거부당하고 … 잘 해야 인정받겠는데, 잘 한다고 한 것이 야단맞고. **'네가 그렇게 하는 건 잘난 척하는 거야. 다른 사람이 상처받을 수 있어!'**라는 말은 가르쳐 주는 말처럼 들리지만, 사실은 나를 거부하는 말이겠죠? 혼동스러웠겠어요?

강   물: 예, 무척 혼동스러웠어요 …. 부모님을 떠나면 안 그럴 줄 알았는데 … 아직도 그렇게 살고 있는 것 같아요 …. 저는 맏이로 큰 것이 정말 힘들었어요. 어릴 때 동생이 잘못한 일도 **'엄마, 제가 잘못 했어요!'**라고 말해야 끝나는 거예요. 그런 말하기가 무척 싫었는데, 인정받고 싶어서 … 동생들에 대한 책임감을 느껴야 인정받을 수 있다고 생각했어요 ….[8]

둥   지: 아까 **'네가 잘난 척하면 다른 사람이 상처받아!'**라는 말을 하셨는데, 가슴에 박혀 있는 말처럼 느껴지네요?

강   물: 예, 아버지가 제게 여자다워야 하고, 잘난 척 해서는 안 되고, 평범해야 한다고 가르친 것이 너무 강하게 박혔어요. 결국 제 삶은 아버지가 원하시는 대로 됐어요 …. 그게 억울하고 …. (눈물을 흘린다.)[9]

둥   지: 지금 아버지가 앞에 계신다면 어떤 말을 하시고 싶으세요?

강   물: 아버지, 제가 문제에 부딪힐 때마다 아버지에게로 돌아가게 돼요! 저에게 왜 그렇게 완고하셨어요? 제가 그렇게 몹쓸 아이도 아니었는데 … 아버지가 저를 사랑하신 것은 알지만 제게 상처가 많아요 ….

둥   지: 강물 님에게 아버지가 아주 중요한 사람이었던 것 같네요?

강   물: 예. (침묵) 아버지는 강한 분이셨어요. 마치 바위 같고 … 한마디로 저희 집안의 기둥이셨죠. 아버지를 닮고 싶었어요 …. 아버지가 너무 컸어요.

---

7) 내사된 자기비난의 목소리가 나오고 있음. 이것이 어디에서 왔는지는 아직 명확치 않음.
8) 여기서 내사된 목소리가 어머니에게서 왔음이 드러나고 있다.
9) 여기서는 내사가 아버지와도 연관되었음을 알 수 있다.

둥　지: 아버지가 한번 되어 보시죠. 이 자리로 와서 아버지가 된 기분을 한번 느껴 보세요. 아버지의 신체, 성격, 역할, 신분 등 정말 아버지가 되신 듯 상상해 보세요. 자, 아버지가 되셔서 자기소개를 해 보세요.

강　물: 편안해요. 나는 소신 있게 살아왔어! 후회 없지! 남에게 의지하려 해 본 적도 없고. 사람은 그렇게 살아야 되는 거야! 분수를 알아야지! 남자는 남자답게, 여자는 여자답게 그렇게 원칙대로 사는 거야![10]

둥　지: 느껴지세요? 아버지의 힘 같은 것이?

강　물: 예.

둥　지: 자기 자리로 돌아오세요. 강물 님에게도 아버지와 같은 그런 면이 있을까요?

강　물: 예, 많아요.

둥　지: 정말 다행이네요!

강　물: 아버지가 나를 누른 것이 이만큼이라도 살게 하지 않았을까 싶고, 이만한 행복이라도 누릴 수 있게 된 것도 다 아버지의 …. (자신의 힘을 다시 아버지에게 투사하고 있다.)

둥　지: '아버지는 역시 옳았다.' 이런 말씀이신가요?

강　물: 예.

둥　지: 아버지가 다시 커 보이시는 모양이지요? 어린아이들에겐 당연히 아버지가 커 보이지요. 하지만 어른이 된 지금도 아버지가 커 보이세요?[11]

강　물: 제가 아직도 아버지에게 의존하고 있는 것 같아요.

둥　지: 아버지께 지금 그 얘기를 한번 해 보실래요?

강　물: 하고 싶지 않아요. 어릴 때부터 아버지로부터 독립하고 싶었어요. 도망쳐 정신적으로 자유롭고 싶었는데 … 아직도 의지하고 있고 … 이런 제가 싫어요.

둥　지: 왜 아버지에게 의지하시나요? 아직도 도움이 필요하세요?

강　물: 잘 모르겠어요. 아버지가 힘 있는 분이라는 것이 제게 힘이 되는 것 같아요. 하지만 다른 한편으론 많은 사람을 다치게 하고, 그중에서도 엄마가 제일 힘드셨을 거예요. 엄마는 의존심이 많은 사람이니까 그렇게 사셨지만, 저는 그렇게 살고 싶지 않아요.

둥　지: 그 말을 아버지에게 직접 해 보시죠!

---

10) 아버지의 흔들리지 않는 모습이 청솔을 연상시킨다. 청솔에 대한 반감이 아버지에 대한 감정과 연결된 것으로 보인다. 아버지에 대한 원망의 감정과 동시에 존경의 마음이 있어 양가감정이 드러난다. 청솔에게 보였던 애매한 태도가 아버지와의 관계에서 느꼈던 양가감정과 유사함이 보인다.

11) 아버지에게 투사한 자신의 힘을 되찾을 수 있도록 도와주고 있다.

강　물: 저는 아버지한테 정신적으로 의존하고 싶지 않아요. 독립하고 싶어요! 존경하지만 독립하고 싶어요!

둥　지: 존경은 어린아이들이 느끼는 감정이죠.[12]

강　물: 그래요! 아버지는 슈퍼맨 같아요. 저를 감동시키니까요. 제게 준 상처도 미화가 되고, 그렇죠 ….

둥　지: 아버지를 우상화시키고 미화시키는 것은 자기 자신을 과소평가하는 것일 수도 있어요!

강　물: 저를 정확히 보고 싶어요.

둥　지: 정말 아직도 아버지 도움이 필요하세요?

강　물: 차차 정리해야죠.

둥　지: 차차라는 얘기가 좀 공허하게 들리네요. 마치 아버지를 꼭 붙들고 놓지 않는 것처럼 보여요. 아버지를 우상화시키는 것은 아버지를 바로 보는 것이 아니라 생각해요.

강　물: (고개를 끄덕인다.) 제게 중요한 말인 것 같습니다.

둥　지: 처음에 대화가 시작된 것은 강물 님이 가끔 반장처럼 행동하는 자신의 모습을 발견하고 자책하시는 말씀을 하면서부터였지요? 실제로 강물 님의 행동에 그런 측면이 있는지도 모르지요. 하지만 설령 그렇다 하더라도 본인이 개의치 않으면 전혀 문제가 안 된다고 생각해요. 다만 문제는 자신의 그러한 모습을 보고, 안 된다고 싫어하시는 데 있다고 봐요. 그에 대한 해결책은 두 가지가 있습니다. 한 가지는 계속 반장 역할을 하시되, 그거에 대해 신경을 쓰지 않는 것이고, 또 다른 한 가지는 더 이상 반장 역할을 하실 필요성을 느끼지 않는 것이지요.

강　물: 후자 쪽이 되고 싶어요.

둥　지: 강물 님이 자기도 모르게 반장 역할을 자주 하시는 게 사실이라면, 그것은 아버지로부터 상처받은 어린아이가 다시 아버지의 인정을 받기 위해서일지도 모르지요. 반장 역할을 해야만 인정받을 수 있다고 믿고 있는 어린 강물에게 어른 강물로서 해 줄 이야기가 있다면 어떤 말일까요?

강　물: 너 참 힘들겠구나. 넌 어린애일 뿐인데 … 심리적으로 짐을 많이 지고, 힘들게 살고 있구나. 이제 더 이상 그렇게 인정받으려고 애쓰지 마! 그건 그렇게 중요한 게 아니야! 그렇게 살지 않아도 돼! 너 스스로 지고 있는 짐을 빨리 벗어 버려! 자유롭게 살아! 지금도 안 늦었어!

---

12) 아버지에 대한 의존적인 태도를 직면시켜 줌.

둥　지: 어때요? 지금 느낌은?

강　물: 슬퍼요.

둥　지: 앞으로 어떻게 하시고 싶으세요?

강　물: (잠시 침묵) 완전히 어른이 되고 싶어요. 아버지와 대등한 인격이요.

둥　지: 강물이 원하시면 될 수 있을 거라 생각해요.

강　물: (표정이 진지해진다.) 예. 저도 그럴 수 있을 것 같아요.

둥　지: 아직도 아버지가 슈퍼맨으로 보이세요? 이 세상에 슈퍼맨은 없어요. 슈퍼맨은 어린아이 눈에만 존재하죠.[13]

강　물: 아버지는 슈퍼맨이 아니에요. (웃는다.) 아버지가 잘못 하시는 일들이 지나가요.

둥　지: 아버지의 비리를 좀 듣고 싶네요? (모두 웃음.)

강　물: 허점이 많아요. 술도 많이 드시고, 고집도 세고. 별명이 불도저인데요. (모두 웃음.)

둥　지: 시간이 거의 다 되었는데 어떻게 할까요?

강　물: 다른 사람들의 말을 좀 듣고 싶어요.

행　복: 강물 님의 얘기를 들으며, 제 생각을 좀 했어요. 저도 강물 님과 비슷했어요. 저는 어머니와의 관계에서였는데, 어떻게 해야 할지 몰랐어요. 뭐해도 야단맞고, 지지를 못 받으니까 포기하고 … 강물 님의 아픔이 느껴지고 그래요. (목소리가 깊고 부드럽게 나왔고, 표정이 맑아 보였다.)

둥　지: 행복 님의 목소리가 아까와는 사뭇 다르네요?

행　복: 마치 제 하소연을 대신 해 주신 것 같았어요. (애정 어린 눈으로 강물을 바라보면서) 강물을 안아 주고 싶기도 하고 ….

강　물: 안아 주고 싶다는 말에 제 모습을 보는 것 같아 걱정스러워졌어요.

둥　지: 그러세요? 그런데 안기고 싶은 마음은 있으세요?

강　물: 그 순간 안기고 싶은 유혹은 있었어요. 그래도 좋아요.

둥　지: 지금 이 순간의 욕구는요?

강　물: 뭔가 자꾸 막아요. **'너는 보호자지, 보호를 받아서는 안 될 사람이다.'** 하고.

둥　지: 강물 님은 왜 보호받아서는 안 되나요?

강　물: 몇 사람만 정해 놓고 그 사람에게만 받고, 다른 사람에게는 받아서는 안 될 것 같아요. (언니 역할행동이 다시 나옴.)

---

13) 아버지를 우상화시키고 있는 아이의 행동을 알아차리게 해 줌.

둥   지: 지금 이 순간 어떻게 하실지 한번 선택해 보세요![14]

강   물: (행복을 쳐다보며) 그러실래요?

둥   지: 물어보지 마시고, 자신의 욕구를 표현해 보세요.

강   물: 그래 주세요. (안기면서 운다. 집단원들이 모두 따뜻한 눈길로 두 사람을 바라본다.)

둥   지: 다들 어떻게 느끼셨는지 말씀 좀 들어 볼까요?

소   망: 행복 님이 강물 님을 안아 주는 것이 참 따뜻하게 느껴지고요. 강물 님이 참 편안했을 것 같아요. (눈물을 글썽인다.)

둥   지: 소망님이 왜 눈물을 글썽이시는지 궁금하네요?

소   망: 강물 님을 지지하고 싶은 마음이 있어요. 강물 님의 순발력을 좋게 생각했는데, 위로하고 싶은 마음이에요.

나   무: 가슴이 뭉클했고요. 어렵고 힘들게 살았다 싶고. 나도 안아 주고 싶군요.

샘   물: 포옹하는 순간이 감동스러웠어요. 집에 가서 큰 딸을 안아 주고 싶은 마음이 들었어요. '너 참 수고 많았다.' 하고요.

그   린: 강물 님이 참 힘들었겠다 싶어요. 아버지의 모습이 완전해 보이면 보일수록 어린 강물은 좌절스럽고, 자기주장하기가 더 힘들었을 거요. 저는 강물 님이 이 장에서 하시는 역할을 보면서, 아마도 강물 님이 그 역할을 통해서 받고 싶은 것이 있구나 싶어 그냥 이해하는 마음이었어요. 그런데 스스로 더 괴롭고 편안하지 않다니, 그 점이 더욱 안타깝고 그러네요. 이젠 짐 좀 벗으실 수 있었으면 해요.

나   무: 내면의 깊은 세계를 체험한 것 같습니다. 제 자신도 큰아이에게 기대를 더 하고 있는 점이 깨달아지고 ….

이   슬: 첫아이에 대한 기대를 생각해 보게 되었어요. 전 셋째여서 좀 다른 모습이었거든요. 저는 제 주장을 많이 했어요. 부모님도 이해가 되었고. 항상 긴장 속에서 자라 왔는데, 지금 결혼 생활도 긴장 속에 있고요. 위안은 저라는 생각이 드네요.

둥   지: 그럼 마치기 전에 각자 오늘 전체적으로 느낀 소감을 짧게 정리해 주세요.

단   비: 첫 장에서는 심장이 멎는 듯했는데, 지금은 좀 답답함이 풀려나가고, 청솔 님이 수첩에 계속 적는 게 좀 신경 쓰였어요. 저는 강물의 동생 입장이 되어서 같이 해 보았어요. 이해가 되면서도 한편 맏이가 가지고 있는 위치에 대한 부러운 생각도 들더라고요. 공감되는 점도 많았고. 저의 큰딸 생각이 나서 반성도 되고 그랬어요.

---

14) 역할을 벗어나 자기 자신이 되도록 도와주려고 함.

소 망: 전 장에서는 힘들었고, 잘 풀어지는 장에서는 좋았어요. 빈 의자 작업을 제 일상에도 한번 활용해 보아야겠다는 생각을 했어요.

청 솔: 그냥 건너갔으면 ….

햇 빛: 제가 많이 변했다 싶으면서도, 갈 길이 아직 멀다 싶기도 해요. 기분이 좋네요.

바 람: 전 장에서는 청솔 님의 입장이 되어 봤어요. 청솔 님을 커버해 주고 싶은 기분이어서였는지 제가 공격받는 것 같았고, 가슴이 두근거리고 그랬어요. 청솔 님이 자신의 감정을 중요하게 생각하지 않아서 남을 배려하지 않는 거라는 생각이 들었고요. 청솔 님도 수용받기를 바라는 것 같고, 그래서 더욱 안쓰럽고 염려가 되었어요. 그리고 조금 전에 샘물 님이 하는 얘기 듣고, 제가 듣고 싶었던 얘기여서 울컥했고요. 샘물 님이 제 엄마 얼굴처럼 보였어요. 한편으로 엄마 입장이 되 보려고 노력했고, 잘 잡히지는 않지만, 참 끈질기게 오래가는구나 싶어요. 그리고 강물 님이 저를 상처받기 쉬운 사람으로 보는 것이 싫고, 가슴이 아팠어요. 감정이 복잡하네요.[15]

둥 지: 바람이 어떤 상태였는지 잘 이해됩니다. 말씀 고맙고요.

행 복: 처음엔 답답했어요. 언짢기도 하고 …. 청솔 님의 모습도 수용해야겠다 싶어요. 내가 억지로 청솔 님을 나의 틀에 끼워 맞추려고 애썼던 것 같다는 생각도 들고 …. 또 한편으로는, 청솔 님에게 수용받고 싶었는데 거부당하는 듯했고요. 강물 님에게는 공감이 많이 되었어요.

둥 지: 행복 님의 상태가 어떤지 이해됩니다. 상당 부분 공감도 되고요.

샘 물: 딸과 진짜 대화를 해 봐야겠다 싶고 … 감도 좀 잡혔어요 ….

팬 지: 청솔 님에게 신경이 많이 쓰였어요. 청솔 님에 대한 호기심도 많았고요. 가까이 다가갈 수 없다는 사실 때문에 속상했어요. 바람 님의 섬세한 감정표현과 민감함이 좋았고요 …. 강물 님의 작업에 고마움을 느껴요. 속으로 **'나라면 이럴 텐데 …'**라는 생각이 많이 들어서, 그쪽 입장이 되어 보는 것이 아직 힘들어요.

투 명: 오늘 강물 님의 작업이 시원했어요. 그동안 감정을 자꾸 추스르시려는 모습을 자주 보아 왔는데, 오늘 눈물을 흘리시는 걸 보니까 다른 느낌이 들기도 했고요. 행복 님이 강물 님을 안았던 것이 인상적이었어요. 지난 시간에 저도 이슬 님을 안아 주고 싶었는데 참았거든요, 그게 아쉽네요. 오늘은 이슬 님에게 박수를 쳐 드리고 싶은 심정이에요.

---

15) 여기서 바람은 강물이 자기에게 아버지의 이미지를 투사하고 있다는 사실을 모르고 있다. 그리고 바람은 바람대로 강물에게 자신의 생각을 투사하고 있다. 즉, 자기를 상처받기 쉬운 사람이라고 보는 것은 강물이 아니라, 자기 자신이다.

강　물: 여러분들 말씀 참 감사하고요, 많은 도움이 되었어요. 바람 님이 청솔 님을 수용하는 점이 부럽고 그래요. 청솔 님의 느낌도 듣고 싶고 ….

청　솔: 몸이 안 좋아서 그러니까 그냥 넘어갔으면 좋겠어요.

그　린: 여기 계신 분들 하나하나가 마음에 쏙 들어오는 기분이에요. 이슬 님의 꿋꿋함, 투명 님의 맑음, 소망 님의 천진함, 강물 님의 아픔과 의연함, 바람 님의 다소곳한 용기 등등 마치 그림물감의 색들이 하나씩 풀려서 아주 따스한 그림을 그려 놓아서 그것을 보고 있는 듯한 기분이에요.

둥　지: 장을 하면서 이 속에 모든 것이 다 있다는 생각을 했습니다. 집중도 잘 되었고, 모임의 의미를 다시 생각해 보게 되고, 감사하는 마음입니다.

〈4회〉

둥　지: 현재 상태를 얘기하는 것으로 시작하지요. 저는 지하철 타고 오는 동안 내내 서서와 피곤하고요. 여러분을 보니 다시 시작하는 기분이 듭니다. 아직 안 오신 분들이 있어서 좀 허전하기도 하고요.

샘　물: 날까지 우중충해서인지 신체적으로 무겁고, 요사이 긴장이 좀 풀려서 더욱 힘들어요.

나　무: 기분이 좀 우울합니다. 집사람과 대화 중에 화가 났었는데, 특히 어머니 잔소리가 연상되어 화를 심하게 낸 것 같습니다.

강　물: 처음 왔을 때는 편안했는데 청솔 님을 보면서 답답함이 올라오고요, 지난주 동안은 힘들었어요. 제 문제들에 대한 무게감 때문에요.

그　린: 지금 저는 몸이 좀 피곤해요. 지난주 내내 뭔지 모를 우울감에 힘들었어요. 특히 지난 시간 끝나고 집에 가니까, 장에서 있었던 일이 머리를 떠나지 않고, 여러 가지 생각이 났어요. 그것을 다른 사람과 나누었으면 싶은 생각이 들기도 했고, 또 그런 사람이 없다는 사실이 새롭게 외로움으로 느껴졌어요.

둥　지: 지금 감정은 어떤가요? 사람들을 한 번 둘러보세요.

그　린: 글쎄요. 잘 모르겠어요. 불투명해요. 마치 뭔가를 쓰고서 사람들을 보는 듯해요.

둥　지: 사람들과 아직 접촉이 잘 이루어지지 않는 것 같군요?

투　명: 빠진 사람들에 대한 생각을 했어요. 기쁜 느낌은 별로 들지 않고요. (약간 슬픈 표정을 하고 있다.)

둥　지: 그린님의 얘기를 듣고 좀 감정이 올라온 것 같았는데?

투　명: 저도 뭔가 한 꺼풀 씌워 놓고, 투명하게 보지 못하는 것 같아 안타까웠어요.

청　솔: 컨디션이 안 좋고 몸이 차갑다는 생각뿐이에요.

바　람: 청솔 님 생각을 많이 했어요. 걱정이 되었어요. 직면하시기가 정말 힘들겠구나 하는 …. 오늘 오신 것을 보니 반가워요. (잠시 침묵) 저는 그동안 잠재웠던 감정이 올라와서 힘들고, 지금 좀 울컥한 상태여서 힘들어요. (눈가가 붉어진다.)

강　물: 저도 청솔 님 생각을 많이 했어요. 외롭지 않으실까 하고 ….

소　망: 저는 저만 힘든 줄 알았어요. 청솔 님의 작업 중에 힘들었고, 한 주간 내내 청솔 님 생각을 많이 했어요. 폭풍이 지나간 듯한 느낌이에요. 지금 제 느낌은 잘 모르겠어요. 어떻게 시간에 따라 변화되는지 보고 싶은 심정이에요.

샘　물: 억새 님이 와서 굉장히 반가워요.

억　새: 지난주에 빠졌을 때, 저만 굉장히 뒤처졌을 것 같아 걱정되고, 좀 위축되는 느낌이에요.

햇　빛: 등에 큰 짐이 있는 듯 답답하고 힘들어요. 제 자신에게 집중되어선지 다른 사람들 걱정은 되지 않았고요. 지난주에 기분이 좋았어요. 어제 제가 어떤 사람에게 이용당한다는 느낌이 들어서 기분이 안 좋았는데, 아마 그것이 제 모습인 것 같아 예민해졌던가 봐요. 나만 다른 사람에게 신경 안 쓰이고 그런 것이 싫어요. 어깨가 짓눌리는 것 같아요.

팬　지: 현재 감정 상태를 얘기하는 것이 부담이 돼요. 자신의 감정을 드러낸다는 것이 두렵고 기분이 안 좋아요. 그 이유도 알지요. 여기서 어느 정도까지 솔직해야 할까 하는 생각을 하거든요. 생각만 많고 머리가 복잡해져요.

행　복: 저도 힘들어요. 신용카드를 잃어버렸는데 그 생각 때문에, 지금 다른 사람들의 말이 잘 들어오지 않아요. 글쎄, 그 카드로 150만 원이나 썼더라고요. (흥분하며 목소리가 커진다.) 상황으로 보아 친구를 의심할 수밖에 없는 것도 무척 괴롭고요. 어떻게 처리해야 할지 모르겠어요. 속상해요. 몰입이 잘 안 돼요.

둥　지: 매우 괴로워 보이시네요? 사건이 어떻게 된 건지 좀 자세히 말씀해 주실 수 있으시겠습니까?

(여기서 한 집단원의 중요한 미해결과제가 등장했으므로, 이것을 우선적으로 다루는 것이 중요하다고 판단해서 질문을 했다. 행복은 사건의 전말에 대해 자세히 이야기했고, 집단원들은 그녀의 괴로운 심정을 공감했다.)

둥　지: 이야기를 듣고 나니 행복 님의 심정이 잘 이해됩니다. 지금 현재의 감정은 어떠신지요?

행　복: 앞으로 벌어질 상황이 두렵고 그래요.

강   물: 저는 아직 그런 경험이 없지만, 그런 상황이라면 참 안타깝겠어요.

팬   지: 저는 행복이 카드를 잃어버렸다는 것은 알았지만, 그런 괴로운 입장에 있는 줄은 몰랐어요. 그걸 몰라줬다는 것이 미안하게 느껴져요.

(이어서 대부분의 집단원들이 행복에게 그의 상태를 이해하고 공감하는 피드백을 해 주었고, 따라서 행복은 다시 마음의 안정을 찾아 장에 집중할 수 있게 되었다.)

둥   지: 이슬 님, 좀 늦게 오셨는데, 기분이 어떠신가요?

이   슬: 오늘도 좀 늦었지만, 아이들을 보살펴 주고 와야 하는 제 상황을 받아들일 수 있으니까, 늦은 것이 그렇게 부담스럽지는 않네요. 욕심을 안 부리기로 했거든요.

그   린: 행복의 어려움을 함께 나누고 나니까, 처음에는 꽉 막힌 기분이었는데 좀 가벼워지는 기분이고요. 다른 분들도 좀 편안해지신 것 같아요. **'나누는 것이 참 중요하구나.'** 하는 생각이 들어요.

둥   지: 미해결과제를 안고 있기보다는 푸는 것이 역시 좋은 것이라는 생각이 들어요. 그러면 이제 집단작업으로 들어가죠. 전체 흐름 속에서 미해결과제를 볼 수 있었으면 합니다. 장도 하나의 유기체니까요.

소   망: 저는 개인적으로 아까 바람 님의 감정을 끊은 미안함이 있어요. 울컥했던 감정이 아직도 있으신지 궁금해요.

바   람: 예, 그 감정이 서서히 올라오네요. 자꾸 식히려고 하지만 ….

둥   지: 그 울컥하는 감정이 무엇인가요?

바   람: 감정이 격해질까 봐 자제하고 싶은데, 샘물 님이 지난 시간에 청솔 님과 얘기할 때가 자꾸 연상되었어요. **'그래서 어쨌다는 거야?'** 라는 생각이 들기도 하고. **'자기연민에 지나치게 빠져 있나?'** 싶기도 하고 … 그러다 문제에 부딪히고 … 요즘 제 상황은요, 과거 엄마와 해결되지 않은 문제 때문에 힘들어요. 가급적 연락도 않고, 안 만나려고 그러고 있는데 … 엄마와 부딪히는 걸 피하고 싶어서요. 그런데 우연히 친정에 갔다가, 어릴 때 들었던 얘기, **'넌 너무 냉정하다.'** 는 말을 또 들은 거예요. 이 나이에도 그 소리를 또 들어야 하나 싶어 힘들었어요. (울음) 집에 와서도 엄마가 수도 없이 내뱉었던 말들이 떠올라서 이번 주 내내 힘들었어요. (흐느껴 운다.)

둥   지: 그 말을 듣고 혼자 아파하셨군요? 그 아픔을 다른 사람에게 얘기해 보셨어요? 남편이라든가?

바 람: 남편은 따뜻한 사람이에요. 저의 모든 면을 알고 있는 사람인데도, 엄마와 저의 관계에 대해선 얘기하고 싶지 않았어요.

둥 지: 왜요?

바 람: 제가 엄마에게 사랑을 받지 못했다는 것을 말하고 싶지 않았어요.

둥 지: 그 얘기를 하면 어떻게 될 것 같아요?

바 람: 받아 주겠죠. 같이 아파해 줄 거고요. 아마 제가 그 사실을 인정하고 싶지 않은가 봐요. 평생 엄마의 사랑을 받으려고 노력해 왔던 것 같아요. 엄마는 대범하고 여걸 같고, 성격이 불같고, 뱉어내야 직성이 풀리시는 분인데, 과연 상대의 감정에 대해 생각해 본 적이 있었을까 생각을 해 봤어요.

둥 지: 상대적으로 바람 님은 상처를 입어도 말을 못 하시고?

바 람: 저는 엄마가 싫어하는 사람들이 될 때가 많았어요. 이모도 되었다가, 할머니도 되었다가, 맨날 **'너는 어쩜 너의 할머니(혹은 아버지)를 그렇게 닮았냐?'**라는 소리가 저를 얼마나 아프게 하고 가슴에 꽂혔는지 … 저는 사랑을 받을 수 없는 사람으로 생각되었어요. 엄마가 제게 화살을 꽂을 때, 제가 엄마가 좋아하는 동생을 힘들게도 했나 봐요. 제가 신경질을 많이 냈다고 하더군요. 지난주에 왜 가기 싫었는가 생각하니 아마 도망갈 구멍을 찾고 있었구나 싶어요. 엄마는 저에게 감정을 많이 퍼부으셨고, 정작 당신이 필요로 할 때에는 날 찾았어요. 전 엄마에 대한 감정이 뭔지 몰랐어요. **'내가 엄마를 사랑하는구나 …'**라고만 생각하고, 엄마의 힘든 상황을 다 끌어안았는데, 어느 순간 그건 제 솔직한 감정이 아니라는 걸 알았어요. 그건 사랑도 아니고 단지 엄마에게 인정받으려고 애쓰는 모습일 뿐이었죠. 엄마는 저보고 **'인정 없고, 냉정하고, 독하다.'**고 했는데, 그 상황은 기억나지 않지만 그렇게 안 되려고 노력했었던 것 같아요. 그렇지 않았으면 다른 모습으로 살 수도 있었을 텐데 싶어 억울한 생각이 들기도 하고, 지금껏 편안하지 못한 것이 억울하고 엄마에게 그걸 뱉어 주고 싶었어요.

둥 지: 지금 한번 해 보시겠어요? (빈 의자를 바람 앞에다 놓음)

바 람: 엄마가 날 쳐다보는 것조차도 싫어! 내 얼굴 보지 마! (울음)

둥 지: 왜 엄마가 쳐다보는 것이 싫은지 엄마에게 얘기해 주세요!

바 람: 엄마의 눈길이 너무 냉정하고, 엄마 앞에만 서면 엄마에 맞춰 감정을 만들어야 하고, 항상 **나는 쓸모없는 사람**'이라는 생각이 들어. 내가 엄마를 불행하게 하는 사람이라는 생각을 항상 하게 된단 말이야. 엄마가 다른 데를 보았으면 해! (의자를 돌려놓아 줌) (표정이 굳어지며) 엄마가 내게 화를 내는 것 같아요!

둥   지: 뭐라고 화를 내시나요?

바   람: **'네가 하는 일은 항상 내 마음에 들지 않아!'**라고.

둥   지: 지금 기분은요?

바   람: 조심스럽고 조마조마해져요.

둥   지: 아직도 어머니가 큰 존재이군요?

바   람: 예.

둥   지: 보기 싫다고 말씀하셔서 의자를 돌려놨는데, 마치 어머니가 화가 나서 돌아앉으신 것
       같은 느낌이 드셨군요?

바   람: 예.

둥   지: 어릴 때 그런 적 있었나요?

바   람: 예.

둥   지: 그때도 조마조마했나요?

바   람: 예, 어떻게 해야 좋을지 몰랐어요.

둥   지: 성인이 된 지금 어머니에게 어떻게 하고 싶으신가요?

바   람: 가끔 어머니를 보면 불쌍하다는 생각이 들어요. 엄마 마음 아프게 하고 싶지는 않지만,
       제가 상처가 많아요. 받은 것을 얘기하고 싶어요!

둥   지: 해 보세요!

바   람: 엄마에게 이 얘기를 하고 싶었어. 이제껏 살아오면서 체득한 거지만, 그 사람이 표현하
       지 않아도 그 사람의 감정을 읽을 수가 있었어. 엄마도 내 감정이 어떤지 알고 있을 거
       라는 생각이 들어!

둥   지: 지금 그 얘기를 왜 하시죠? 엄마에게 이해받고 싶으신 건가요?

바   람: 엄마에게 사랑받고 싶어요. 그런데 내 감정을 몽땅 털어놓으면 제가 원하는 것을 주지
       않으실 것 같아요.

둥   지: 아직도 두려워하고 계시는군요?

바   람: 예, 이젠 엄마의 사랑이 없어도 되는데, 아직도 목말라하는 이유를 모르겠어요.

둥   지: 이미지가 하나 떠오르는군요. 바람 님의 앞에 독거미가 앉아 있어요. 그 독거미에게는
       두 가지 무기가 있는데, 하나는 비난하는 거고, 다른 하나는 다 죽어 가는 제스처를 취
       하는 거죠. 거미가 비난하면 바람 님은 힘들어하다가 마침내 거미에게 대들지요. 그러
       면 거미는 슬픈 표정으로 애원하지요. 그러면 바람 님은 다시 마음이 약해져 거미를
       위로하지요. 거미가 내 마음을 알아줄 거라고 생각하면서…. 그러나 거미는 다시 바람

님을 비난하고, 바람 님은 상처받지요. 얘기의 시작은 어머니로부터의 독립 선언이었는데, 어머니 모습이 보기 싫다며 어머니 의자를 돌려놓았죠. 그 순간 어머니는 화를 냈고 그래서 무서워졌죠. 그러나 다시 싸우려고 하니까, 이번에는 어머니가 불쌍해 보여서 약해졌죠. 내가 보기에는 거미에게 사랑을 얻는 것은 불가능해 보여요. 그런데 거미의 사랑을 받으려고 온갖 노력을 다하는 바람 님의 모습이 안쓰러워 보이네요. (내담자의 되풀이되는 행동패턴을 메타포를 사용해 자각시켜 줌)

바 람: 자라면서 저 자리에 앉아 있었다는 생각을 했어요. (빈 의자를 가리키며) 중학교 때 모습이기도 하고, 더 어릴 때이기도 하고.

둥 지: 지금 어머니가 앞에 앉아 계신다면 하시고 싶은 얘기는요?

바 람: 엄마는 왜 그렇게 나를 사랑하기가 어려웠어? 이 나이가 된 지금에도 '다른 사람이 날 비난하지 않을까?' 하고 조바심하며 … (눈물을 흘린다.) 나는 그렇게 사는 내 모습이 싫어!

둥 지: 늘 타인의 눈치를 보며 사는 자신이 싫으시군요?

바 람: 예, 나를 사랑하지 않아요. 엄마 마음에 들지 않는 나를 ….[16]

둥 지: 게임을 하나 제안해 보고 싶어요. 어머니가 비난을 하면 대답할 때마다, **'입 닥쳐!'**라고 대답하시는 거예요. **"넌 차가운 아이야! 넌 냉정해!"** (어머니의 대역을 해 줌)

바 람: (울음을 떠뜨린다.)

둥 지: **'입 닥쳐!'**라고 대답해 보세요. **"넌 냉정한 아이야!"**[17]

바 람: …. (굳어진 표정으로 가만히 있는다.)

둥 지: 그 화살을 다 받으시겠어요? 아니면 되받아치겠어요? **"넌 아주 차가운 아이야! 인정머리라곤 눈곱만큼도 없어!"**

바 람: 항상 엄마 앞에서는 제 감정을 드러낸 적이 없었어요. 그 얘기를 들으니까, 다시 어두운 구석에서 화살을 맞고 웅크리고 있는 내 모습이 보여요.[18]

둥 지: 어릴 때는 그럴 수밖에 없었을 것 같아요. 어머니의 모습이 너무 커 보였으니까. 하지만 지금은 어른이지요? 어떻게 대답하시겠어요? **"넌 냉정한 아이야. 넌 왜 그리 차갑니?"**[19]

바 람: 제발 그만해!

---

16) 엄마 마음에 들지 않는 자기가 싫다는 말은 여전히 엄마의 눈으로 자기를 보고 있음을 암시한다.
17) 상전의 목소리를 내사하고 있는 줄 모르고 상전과 동일시하고 있는 자신의 내적 프로세스를 자각시켜 주기 위한 실험임.
18) 하인과 동일시하고 있는 내적 프로세스가 생생하게 드러나고 있음.
19) 어른으로서의 자기와 동일시하도록 멘트를 해 줌.

둥   지: '**입 닥쳐!**'라고 해 보세요. 이건 단지 게임이에요.

바   람: 못 하겠어요. 저는 다른 사람에게도 그런 소리는 못 해요. 저 스스로 그런 말을 다른 사
　　　　람에게 한다는 것이 힘들어요. (잠시 침묵) 한번 해 볼게요.

둥   지: "넌 차가운 아이야. 생김새부터 그래. 넌 냉정해!"

바   람: 입 닥쳐!

둥   지: "넌 냉정해!"

바   람: 입 닥쳐. (울음)

둥   지: "넌 할머니를 닮았어!"

바   람: 입 닥쳐. 아니야!

둥   지: "넌 아버지를 닮았어!"

바   람: 입 닥쳐!

둥   지: "넌 아버지를 닮았어!"

바   람: 입 닥쳐! 닮았으면 어때?

둥   지: "넌 차가워."

바   람: 입 닥쳐. 차가워도 돼. 그건 내 모습일 뿐이야!

둥   지: "넌 내 사랑을 필요로 해!"

바   람: 입 닥쳐. 지금은 그렇지 않아.

둥   지: "넌 나한테 사랑받지 못했어. 넌 이 세상에서 끝장이야."

바   람: 입 닥쳐. 더 이상 그렇지 않아.

둥   지: "넌 내 손아귀에 있어. 난 널 마음대로 조정할 수 있어."

바   람: 입 닥쳐. 엄마는 엄마일 뿐이야!

둥   지: "넌 사랑받을 만한 존재가 못 돼!"

바   람: 입 닥쳐. 엄마 아니어도 난 충분히 사랑받고 있어. 엄마 사랑 필요 없어!

둥   지: "널 좋아하는 사람은 없어."

바   람: 입 닥쳐. 그건 내 모습일 뿐이야.[20]

둥   지: 지금 몇 살쯤으로 느껴지세요?

바   람: 결혼한 다음이요.

둥   지: 어머니 사랑이 아직도 필요한가요?

---

20) 이제 상전의 목소리로부터 상당히 거리를 두고 있다. 이런 상태를 알아차리도록 도와주기 위한 질문임.

바　람: 완전히 거부할 수는 없는 것 같아요.

둥　지: 한꺼번에 다 벗어나기는 힘들겠죠?

바　람: 예.

둥　지: 남편에게 이 얘기를 하실 수 있을 것 같아요?

바　람: 예.

둥　지: 어째서 생각이 바뀌었나요?

바　람: 내 모습이니까요. 거부할 수 없는 제 일부분이에요. 그냥 보여 주어도 괜찮겠구나 싶어
　　　서요.[21]

둥　지: 남편이 얘기 들으면, 아내가 더 사랑스러워질 것 같아요!

바　람: 남편의 반응이 두려웠던 것은 아니에요. 그걸 인정하고 싶지 않았어요. 인정하면 너무
　　　비참해질 것 같고, 남편에게 말해 그걸 사실화시키고 싶지 않았어요.

둥　지: 마치 어머니의 시각이 옳다는 것을 전제하고 말씀하시는 것 같군요?[22]

바　람: 예. 마음엔 엄마가 살아 있죠.

둥　지: 아직도 그 어머니가 자신을 보는 기준이 되어 있다는 건가요?

바　람: 예. 다른 사람 만날 때마다 나를 비난할까 봐 두려웠고, 상처받을까 전전긍긍했어요.
　　　그런 모습으로 비춰지기도 싫었고. (지난 시간에 강물에게 투사했던 부분이 드러나고
　　　있다.)

둥　지: 어머니가 그렇게 보았으니까?

바　람: 예.

둥　지: 어머니는 옳으니까? (내담자의 사고패턴을 자각시켜 줌.)

바　람: 예.

둥　지: 어머니가 틀릴 수도 있지 않을까요? (현실검증을 시켜 줌.)

바　람: 혼돈스러웠어요. 어머니가 커졌다가 아니다가 ….

둥　지: 예, 그 모습이 빈 의자 작업에서 잘 드러났었죠. 어른과 아이가 번갈아 나타났어요. 그
　　　런데 어른 눈으로 보면 어머니가 잘못했다는 것이 명백하지요?

바　람: 예, 제 선택으로 했어야 했고, 제 의지로 거부했어야 하는데 싶어요. (잠시 침묵) 어릴
　　　때 생각이 나요. 아버지는 다정다감하고 우유부단했지요. 엄마는 그걸 못 참았어요.

---

21) 더 이상 상전의 시각에서 자신을 바라보고 있지 않음을 알 수 있다. 즉, 자신을 있는 그대로 수용하는 힘이 생기고 있다.

22) '사실화'라는 단어를 쓰는 것은 여전히 어머니의 시각, 즉 상전의 시각이 영향력을 갖고 있음을 암시한다. 따라서 그런 시
　각에서 벗어날 수 있도록 질문을 해 준 것이다.

엄마가 저를 통해 아버지를 보았구나 하는 생각이 들었어요.

둥   지: 그럴지도 모르죠. 결론은요? 나는 역시 차가운 사람이다?

바   람: 아뇨!

둥   지: **'그랬으니까 엄마가 나를 그렇게 볼 수밖에 없었다.'** 라고 어머니의 입장을 정당화시키
　　　　는 게 아닌가 싶어서요.

바   람: 엄마의 사랑을 받고 싶었어요. (어머니의 사랑에 대한 강한 미련이 나타나고 있다.)

둥   지: 어린아이로서는 당연하지요. 엄마의 사랑은 어린아이로서는 포기할 수 없는 거죠. 그
　　　　래서 내가 조금만 더 노력하면 어머니의 사랑을 얻을 수 있을 거라고 믿고 열심히 노
　　　　력하는 거죠. 그런데 사십 년의 세월을 그렇게 살아오셨어요. 어떻게 생각하세요? 아
　　　　직도 어머니로부터 사랑받는 것이 가능하다고 믿으세요?

바   람: 아니요. 그래도 어느 순간 그걸 바라게 돼요.

둥   지: 앞으로 어떻게 하시고 싶으세요?

바   람: 엄마에게 사랑받고 싶은 마음을 포기하고 싶어요.

둥   지: 엄마에게 그 말을 한번 해 보실 수 있으시겠어요?[23]

바   람: (침묵) … 포기하고 싶어요.

둥   지: 기분이 어떠세요?

바   람: 격한 감정이 가라앉고, 좀 덤덤해져요.

둥   지: 덤덤해지는 것은 어떤 의미일까요?

바   람: 포기 같아요.

둥   지: 그토록 바랐던 것을 포기하시는데, 그냥 덤덤하세요?

바   람: ….

둥   지: 어머니 의자를 돌려놓아 보시죠. (한 집단원이 빈 의자를 돌려놓는다.)

바   람: 냉정한 엄마 모습이 보이지만 동요는 일어나지 않아요. 현재 모습의 나예요. 힘이 좀
　　　　생겨요.

둥   지: 어머니에게 작별인사를 한번 해 보시죠.

바   람: … 쉬운 일은 아니지만 포기하겠어요. 이젠 엄마가 나에게 영향을 줄 수 없어요! 왜냐

---

23) 이쯤에서 작업을 끝냈어도 좋았을 것 같다. 지금의 시각에서 보니 20년 전에는 내가 혈기가 왕성했던 것 같다. 여기서 더
이상 밀어붙이는 것은 큰 의미가 없어 보인다. 이 정도에서 다른 집단원들을 초대했더라면, 다양한 집단상호 작용이 가능
했을 것 같다. 그렇게 되면, 바람의 개인작업을 보면서 촉발된 다른 집단원들의 미해결과제들이 집단주제로 떠오를 수 있
었을 것이다.

하면 나는 성인이니까 괜찮아요. 오늘에서야 비로소 힘이 생겨요.

둥　지: 바람 님도 어머니시죠?

바　람: 예.

둥　지: 어머니로부터 사랑을 받는 것은 불가능할지라도, 바람 님 스스로 어머니로서 다른 사람을 사랑할 수는 있다고 생각해요. 예컨대, 자녀들에게요. 우리들을 한번 쳐다보세요.

바　람: (집단원들을 한 사람씩 따스한 눈길로 쳐다본다.)

둥　지: 우리가 어떻게 보고 있나요?

바　람: 제가 안긴다는 생각이 들고요. 눈물이 나와요. (울음)

둥　지: 다들 어떻게 느꼈는지 다른 사람들의 얘기를 좀 들어 볼까요?

바　람: 예, 듣고 싶어요.

나　무: 바람 님의 얼굴이 밝고 환해졌어요. 여유도 있고 힘도 있어 보이고.

행　복: 바람 님을 보니 아름답고 빛나 보여요. 참 좋아요.

억　새: 바람 님의 작업에서 간접 체험을 했어요. 기회가 있다면 저도 남편과의 작업을 하고 싶어요.

샘　물: 저의 셋째 시누이 생각이 났어요. 바람 님이 좀 강해졌으면 싶고, 지금은 아주 좋아 보여요.

햇　빛: 바람 님이 어른이 된 것 같다는 느낌이 들어요. 이 자리가 성인식이다 싶고요.

강　물: 저는 바람 님에게서 저의 엄마 모습을 보았던 것 같아요. 저는 엄마에게 사랑받기를 포기했었어요. 그래서 바람 님이 두렵고 그랬나 봐요. (이전 장에서 바람에게 투사했던 것을 자각함.)

이　슬: 바람 님으로부터 굉장히 따뜻함을 느꼈습니다. 상대의 마음을 헤아리는 따뜻함이 바람 님의 속에 있다는 생각이 들어요.

투　명: 굉장히 슬펐어요. 바람 님이 참 푸근한 사람이라고 생각되고, 본인이 그걸 아셨으면 해요.

팬　지: 처음에 바람 님을 보았을 때 색깔이 회색이었는데, 지금은 여유가 있고 부드러워요. 그래서 부러워요. 이제는 자신을 찾으신 것 같고, 저에게 무슨 말을 해 주실 것 같은 느낌이에요.

행　복: 자기 목소리가 나오는 성숙한 사람이 느껴져요.

소　망: 지금 모습이 편해 보여서 좋고요. 힘 있는 분이다 싶어요.

둥　지: 바람 님, 지금 어떤 심정이신가요?

바　람: 참 힘든 길을 걸어왔구나 싶어요. 위안이 되고, 힘도 되고, 정리가 많이 되었어요. 넘어
　　　지더라도 그렇게 고통스럽지 않을 거라는 생각이 들어요. (모두 웃음)

둥　　지: 저는 미래의 한 장면을 그려 보았습니다. 바람 님이 어머니를 사랑해 주는 모습이요.
　　　어머니의 사랑에 목말라하는 불쌍하고 어린 바람 님이 아니라, 오히려 모든 것을 딛고
　　　일어서 어머니를 품어 주는 어른 바람 님을 그려 보니 멋있어 보여요.[24]

그　　린: 바람 님이 참 내면으로 깊숙한 사람이라는 생각이 들었어요. 자신을 아주 깊이 있게 보
　　　고요. 또 힘겹지만, 끝까지 자기를 잡고 있는 모습이 새롭게 다가왔어요. 사랑이 참 많
　　　은 사람이라는 생각이 들어요.

(휴식)

둥　　지: 다시 시작할까요?

나　　무: 바람 님 얘기를 들으며 참담한 기분이 들었던 것이 다시 떠올라요. 결혼할 나이쯤 되어
　　　서 굉장히 가까운 여자가 있었어요. 애정이 식은 듯한 느낌을 받았을 때, 불안해지고
　　　한편 궁금하고 그랬는데 묻지를 못 했어요. 혹시나 **'그렇다'**라는 대답이 나올까 봐 두
　　　렵고, 증오심이 있었죠. 그때도 제일 괴로운 것이 물어보지 못하는 거였어요. 배신당
　　　할까 봐 …. 지금도 그때 느꼈던 배신감, 증오심이 느껴지면 참 후회되기도 하면서 그
　　　감정을 추스르기가 힘들어요. 바람 님 얘기 들으면서 그 감정이 올라와서 힘들었어요.
　　　좌절감, 고통, 배신감, 증오심 ….[25]

둥　　지: 지금은 어떠세요? (현재 그 감정을 느낄 수 있는지를 물어봄으로써, 이 문제에 대해 작
　　　업할 의사가 있는지를 타진해 본다.)

나　　무: 지금은 좀 가라앉은 것 같아요. (조금 물러서는 태도를 보인다.)

둥　　지: 신체감각은 어떠세요? (정말 가라앉았는지, 아니면 작업에 대한 저항의 표현이었는지
　　　를 체크해 보기 위해 신체 상태를 물어봄)

나　　무: 심장은 두근거리고 … (앞서 가라앉았다고 말을 한 것과 신체적 상태가 일치하지 않고
　　　있다. 따라서 **'가라앉았다'**라는 말은 작업에 대한 저항이었다는 것이 좀 더 명확해짐.)

둥　　지: 제가 보기에도 가라앉은 듯하지는 않았어요. 나무 님은 현재 감정을 물으면 **'아까는**

---

24) 이 대목은 리더가 은연중에 바람에게 어떤 방향으로 행동하라는 암시를 주는 느낌이 드는 내용이라서 불필요한 멘트였다
　　는 생각이 든다. 또 하나의 당위(should)를 심어 줄 염려가 있어 보인다.

25) 바람의 주제가 집단주제로 부각되면서, 나무에게 옮아 붙고 있다.

올라왔었는데, 지금은 가라앉았다.'는 표현을 자주 쓰시는 것 같아요. 그런 얘기를 들으면 다가오라고 손짓하면서 동시에 오지 말라고 밀어내는 듯한 느낌이 들어요. 어떻게 하시겠어요? 오라고 하시겠어요? 오지 말라고 하시겠어요? (행동패턴에 대한 자각을 시켜 주면서, 현재의 결단을 요구함)

나　무: 가까이 다가와서 도와주었으면 하면서도, 심장은 아까보다 냉각되었어요. 울먹임이 가서 버렸죠. (여전히 양가적인 태도를 보인다.)

둥　지: 아직도 불명확해요. 오라고 하시는 건지, 오지 말라고 하시는 건지. (다시 양가적 태도를 직면시켜 줌.)

나　무: 다른 때 올라오겠죠.

둥　지: 지금은 무엇을 원하세요? (재차 결단을 요구함.)

나　무: 아까 같은 감정이 아니어서 더 나올 것 같지가 않아요. (이 말은 지금은 하고 싶지 않다는 이야기와는 다르다.)

둥　지: 아까는 중요하지 않아요. 지금 무엇을 원하세요?[26]

나　무: 아까 같은 감정이 그대로 들어서 둥지 님이 도와주었으면 해요. 아까 같은 감정을 불러일으켜 주었으면 해요. (아직도 계속 자신의 작업에 대한 책임을 지지 않으려는 태도이다.)

둥　지: 제가요? 전 마술사가 아니에요. (책임소재를 자각시킴.)

나　무: 도움을 받고 싶으면서도, 도움을 받지 못할 심정이 되었네요.

둥　지: 뭐가 가로막고 있나요? (차단행동에 대한 자각을 촉구)

나　무: 뭐가 가로막고 있는 건지, 짧은 시간에 바뀌었어요.

둥　지: 지금은요?

나　무: 아쉬우면서도 에너지가 안 나올 것 같아요.

둥　지: '막다른 골목' 상황이군요. 더 가자니 두렵고, 물러서자니 아깝고.

나　무: 마음은 있는데, 별로 자신은 없어요. (바람을 쳐다본다.)

둥　지: 혹시 바람 님에게 하시고 싶은 얘기가 있나요?

나　무: 힘든 작업을 하면서 얼굴이 환해지는 것이 부러웠어요.

둥　지: 서로 대화를 한번 해 보시죠.

나　무: 바람 님이 부러워요. 나도 그리고 싶은데 ….

---

26) 자신의 욕구를 분명하게 말하지 않는, 혹은 못하는 프로세스를 자각시켜 주고 있음.

바　람: 저는 나무 님이 둥지 님에게 **'나를 강하게 잡아당겨 주세요.'**라고 하시는 것 같아요.

나　무: 예. 그런 욕심이 있어요.

그　린: 저는 지금 나무 님이 하는 행동을 보면서 한 장면이 떠올랐어요. 장난을 쳐서 선생님의 주의를 끌어 놓고서, 막상 선생님이 관심을 주니까 시치미를 떼고, 어쩔 줄 몰라하는 아이가 연상되었어요.

나　무: 아침에 아내와 입씨름할 때 어머니가 연상된 것이 떠올라요. 어머니가 잔소리하고 소리치던 것에 대한 분노감이요.

둥　지: 더 듣고 싶네요.

나　무: 뭔가 증거는 없지만 냉담한 아내의 반응이 불안했어요. 그 여자와의 관계에서도 그런 기분을 느꼈어요. 비참한 기분도 들고, 격한 감정이 올라와요.

둥　지: 얘기를 들으니 나무 님에게 그 여자는 상당히 큰 비중을 차지한 사람이었구나 싶네요?

나　무: 예, 그래요. (잠시 침묵) 그녀에 대한 증오심이 느껴져요.

둥　지: 느껴 보세요. 피하지 마시고요.

나　무: 다 무시해 버리고 싶은 느낌이에요.

둥　지: 피하지 마시고 계속 느껴 보세요. (잠시 후) 지금 어떤 기분이신가요?

나　무: 비참해요.

둥　지: 느껴 보세요, 막지 마시고. 버려진 느낌 같은 것인가요?

나　무: 예.

둥　지: 그런 느낌을 체험하신 적 있으세요? 쓸쓸하게 혼자 버려진 상태?

나　무: 많죠. 고등학교 시절 자살하려 할 때의 고독감.

둥　지: 그런 일이 있으셨나요? 눈을 감고 그 장면으로 한 번 들어가 보세요. 어떤 생각을 하고 있고 느낌은 어떠신가요? 뭐가 보이는지 ….

나　무: 아무도 없고 혼자에요. (침묵) **'기차에서 떨어지면 나는 흩어지겠지.'** 하는 생각이요.

둥　지: 자신을 파괴하고 싶은 분노감, 울분 같은 것이 깔려 있네요?

나　무: 예 ….

둥　지: 누구에 대한 울분인가요? 그 울분을 자기 자신에게가 아니라 어떤 다른 사람에게 터뜨린다면 누구에게일까요? (반전을 자각시킴.)

나　무: 어머니요. 어머니가 잔소리하는 것이 싫었어요. 뭐라 하면 상대도 안 해 주고 ….

둥　지: 무척 좌절되셨겠네요?

나　무: 헤어질 때도 좌절감 같은 것이 있었어요. (어머니에게 느꼈던 감정이 사귀던 여자에게 전이되고 있다.)

둥　지: 그러셨을 것 같아요. 나무 님이 가장 두려워했던 상황이 또 벌어졌다고 생각하셨다면 …! 그 여자가 지금 이 앞에 앉아 있다고 생각하시고 대화를 한 번 해 보세요. **"이제 당신과 정리하고 싶어요."** (그 여자의 대역을 해 줌.)

나　무: 어떻게 그럴 수 있어?

둥　지: **"내 감정을 속이고 싶지 않아요. 난 당신에게서 떠났어요."**

나　무: 그럴 수는 없어. 널 죽일지도 몰라. 분노가 꽉 차 있어.

둥　지: **"더 이상 당신을 사랑하지 않아요."**

나　무: 넌 냉정한 여자야. 내 감정대로라면 널 죽여 버리고 싶어!

둥　지: 느껴지세요? (내담자의 분노감정을 자각시킴.)

나　무: 예.

둥　지: 그 감정에 머물러 보세요. 누르지 말고. **"난 당신이 더 이상 보기 싫어요."**

나　무: 앞에 있으면 목을 콱 비틀고 싶어요.

둥　지: 여기 그 여자가 있어요. (두터운 겉옷을 손에 쥐어 줌)

나　무: 너 편하고 좋을 대로 떠난다고? 너 죽고 나 죽자. (옷을 비틈) (갑자기 하던 동작을 멈추고) 힘이 빠지고 슬퍼져요 ….

둥　지: 갑자기 왜 공격성이 사라져 버렸죠? 그때도 그랬나요?

나　무: 예. (목소리가 작아진다.)

둥　지: 마음속에서 어떤 일이 일어났나요?

나　무: 살인범이 될 거라는 두려움이 생겼어요.

둥　지: 두려움 때문에 공격심이 사라졌군요?

나　무: 너를 죽여 살인범이 되느니, 내가 참고 그냥 살자.

둥　지: 지금은 그 여자가 아니라 단지 옷일 뿐인데도 분노를 폭발하지 못하시는군요? 공격성이 밖으로 못 나가면 반대로 자신에게로 향하게 됩니다. 자, 그 여자를 죽이고 내가 살고 싶으세요? 아니면 내가 죽고 그 여자를 살리고 싶으세요?[27]

나　무: 지금 뭐가 바뀔 것이 없잖아요? (합리화를 통해 직면회피)

둥　지: 지금 막 그 상황이라고 상상해 보세요. 다시 그 장면으로 들어가 보죠. **"나는 당신이 싫어졌어요. 단념하세요."**

---

27) 자신의 분노감정을 접촉시켜 주기 위한 시도임.

나　무: 정말이냐?(상대의 말을 믿지 않음으로써 문제 직면을 회피)

둥　지: "내 말이 안 믿어져요?"

나　무: 안 믿겨져. 너 그럴 수가 있어?그렇게 쉽게 배신하다니 …!

둥　지: "그건 내 감정일 뿐이에요!"

나　무: 널 죽여 버리고 싶어. (다시 작은 목소리가 됨.)

둥　지: 지금 독백하시는 거예요? (감정을 회피하는 것을 다시 직면시켜 줌.) **"당신은 내게 더 이상 중요하지 않아요."**

나　무: 비참하구나 …. (다시 반전행동)

둥　지: 지금 두 가지 선택이 가능합니다. 자살 아니면 타살.

나　무: 지금은 둘 다 못 할 것 같아요. (다시 감정접촉을 회피한다.)

둥　지: 그 결과를 아시죠?다시 원점으로 돌아가는 거예요. 그 장면으로 다시 돌아가 보죠. **"당신은 내게 더 이상 소용이 없어요."**

나　무: 실컷 때리고 싶어요. (눈시울을 적신다.) 때린 적이 있어요 ….

둥　지: 지금 한 번 때려 보세요!

나　무: 올라오다가 또 가라앉네요.

둥　지: 또 막으시는군요? (차단행동을 자각시킴.)

나　무: 실제 때린 적이 있어요!

둥　지: 누구를 때린 거죠? (어머니와의 관계를 직면시킴.)

나　무: 그 여자요.

둥　지: 확실해요? (다시 직면시킨다.)

나　무: 어머닌가요?

둥　지: 그랬지 않을까요? 그냥 평범하게 사귀던 여자였다면, 그 정도로 죽이고 싶고, 그만 사귀고 싶다고 해서 때리고 그럴 것 같지는 않아요. 아마도 더 중요한 사람이었겠지요?[28]

나　무: 그 여자도 자기가 내게 그렇게 중요한 사람인지 반문했었어요. 아마도 자살하려 할 때, 어머니에 대한 감정과 비슷했던 것 같아요.[29]

둥　지: 자살하고 싶은 감정을 한 번 느껴 보세요. 외롭고, 쓸쓸하고, 버려진 느낌 … 아무도 나

---

28) 여기서 리더는 해석을 하고 있는데, 이 방법은 해롭지는 않을지 몰라도 그렇게 효과적이지는 못하다. 좀 더 기다려 주어 스스로 깨닫도록 해 주는 것이 더 나았을 것 같다.

29) 위의 해석이 타당성이 있음이 나무의 증언으로 드러나고 있다. 하지만 해석이 일리가 있다고 해서 반드시 도움이 되는 것은 아니다. 자칫 지적인 작업으로 흘러 버림으로써 오히려 감정접촉을 방해할 수가 있다.

를 돌보지 않는 이 세상 … 비참하고 … 그래서 차라리 나를 죽여 버리고 싶은 비통함. 그 속에는 누군가에 대한 원망이 숨어 있다고 생각해요. 어때요? 어머니를 한 번 죽여 보시겠어요?

나 무: 못 해요. 제가 너무 약해요.

둥 지: 어머니가 무서우신가 보지요?

나 무: 어머니가 빨리 죽어 버렸으면 하긴 했는데 … (겁먹은 어린아이 표정이 된다.) 한두 시간 이상 잔소리하고, 그때 불안하고 두렵고 ….

둥 지: 지금 몇 살쯤으로 느껴지세요?

나 무: 국민학교 5~6학년 정도.

둥 지: 어머니가 뭐라고 말씀하시는 것 같은가요?

나 무: 너는 왜 그렇게 약해 빠지고 못났냐? 다부지지 못하고!

둥 지: 그 얘기를 듣는 기분은요?

나 무: 화가 났죠. (과거시제로 답하면서 감정을 회피하고 있다.)

둥 지: 그걸 표현해 보시죠.

나 무: 사람이 그럴 수도 있지!

둥 지: "넌 왜 그리 못났냐?" (어머니의 대역을 해 줌.)

나 무: (다시 화난 목소리로) 그럼 엄마처럼 큰소리로 말을 해야 해?

둥 지: "너 왜 말대꾸해?"

나 무: 엄마가 잔소리하는 게 지겨워.

둥 지: "너 왜 그리 못났냐?"

나 무: 나도 엄마가 마음에 안 들어.

둥 지: 실제로 어머니에게 그렇게 말하신 적이 있나요?

나 무: 예, 그러면 문을 꽝 닫고 나가시고 …. 어떤 때는 제 배를 밟고 지나갔어요.

둥 지: 그래요? 그때 어떤 기분이셨나요?

나 무: 왜 그런 엄마한테 태어났나 싶고, 지겹고, 화가 나고 ….

둥 지: 어머니가 지금 막 나무 님의 배를 밟고 지나갔습니다. 어떻게 하고 싶으세요?[30]

나 무: 엄마를 쫓아가 붙잡아 앉혀 놓고, '엄마가 왜 그 따위야!' 하며, 밀치고 뛰어나갈 것 같아요.

---

30) 지금-여기의 사건으로 만들어 줌으로써 나무가 자신의 분노감정을 접촉하도록 도와주려고 함.

둥   지: 이제 어떤 일이 벌어질 것 같아요?

나   무: 제가 그러면 엄마가 진짜 날 죽일지도 모르겠다는 생각이 들어요.

둥   지: 어머니가 날 죽일지도 모르겠다고요? 내가 어머니를 죽이고 싶은 것일 수도 있겠지요. (투사를 자각시킴.) 지금은 어떻게 하고 싶으세요?

나   무: 도망가고 싶어요. 어머니 없는 곳으로. (다시 직면을 회피한다.)

둥   지: 한 번 가 보세요. 눈을 감고 상상해 보세요. 지금 어디죠? (어머니와의 거리를 허용해 줌으로써 심리적 안정감을 찾도록 해 줌.)

나   무: 강원도 산속의 오두막에 혼자 앉아 있어요. 쓸쓸하고 비참한 심정으로요.

둥   지: 두려움은요?

나   무: 두려움은 없어졌어요.

둥   지: 서울에 있는 어머니에게 하고 싶은 말이 있다면 어떤 것일까요? (다시 어머니와의 접촉을 도와줌.)

나   무: (울먹이면서) 난, 이제 당신의 아들이 아냐!

둥   지: 다시 한 번 말씀해 보세요!

나   무: 난 이제 당신의 아들이 아냐. 내 마음대로 할 거야. (흐느껴 운다.)

둥   지: 어떠세요? 아직도 두려운 마음이 남아 있으세요?

나   무: 슬퍼요. 그런 엄마가 … 엄마가 안 그러면 정말 좋은데 …. (어머니의 사랑을 포기하지 못하는 어린아이의 마음상태가 드러남.)

둥   지: 어머니는 원래 그런 사람이에요. 아직도 어머니에게서 무엇을 기대한다는 것은 어리석은 일이 아닐까요? 기대를 못 버리시면 계속 마음을 다치게 되지요.[31]

나   무: 어머니가 불쌍해요. 당신이 그러시니까 당신도 힘들고 주변도 힘들잖아요. (성인으로서의 아들 시각이 나타남.)

둥   지: 어머니를 안타까워하는 성인 아들의 마음이 느껴지네요?

나   무: 나중에 결혼해서도 모시려고 오시게 하면 아내랑 싸우고 바로 나가시고, 또 찾아가 모시고 오면, 그게 늘 반복이 돼요. 돌아가시는 순간까지도 그 모습을 보이고 가셨어요. 마음이 아파요.

둥   지: 그러셨군요. 어머니에 대해 불쌍하게 생각하는 마음은 어른의 마음일 겁니다. 어머니

---

31) 여기서 리더는 다시 내담자의 프로세스를 따라가기보다는 내담자가 나아갈 방향을 제시하고 있는데, 이것은 자칫 나무에게 압력으로 작용할 염려가 있다. 그냥 단순히 **"아직 어머니의 사랑을 포기하기가 어려워 보이시네요?"** 라는 정도로 반영만 해 줘도 괜찮았을 것 같다.

가 앞에 계신다고 생각하며, 어머니께 하고 싶은 말씀을 해 보세요!

나　무: 그 응어리진 마음을 풀고 가시지 못한 것이 가슴 아파요. 제가 얼마나 노력을 많이 했는데요. 마지막까지 그러시니까 밉고 화도 나고, 슬프고, 제발 내세에서는 편안한 성품으로 태어나세요. 불쌍하기도 하고 밉기도 하고.

둥　지: 어머니를 보내 드릴 수 있으시겠어요? (어머니에 대한 유아적인 마음을 벗어날 수 있도록 촉구함.)

나　무: 예.

둥　지: 나무 님께 어머니는 참 중요한 분이셨군요?

나　무: 예. 잘해 주실 때는 정말 잘해 주셨어요. 바보같이 왜 그렇게 살다 가셨는지 …. (울음) 당신도 정말 힘들었지 뭐. 하지만 나도 아픔이 컸어!

둥　지: 어머니께 작별인사를 해 보시죠.

나　무: 잘 가요. 잘 가서 좋은 성품으로 태어나세요.

둥　지: 정말 보내 드리는 마음 같으네요? 그 여자분에게도 작별인사를 해 보세요.

나　무: 그쪽 생각하나 미움이 또 올라와요. (아직 어머니로부터의 독립이 완결되지 않았음을 시사한다.)

둥　지: 그래도 작별은 필요하죠.

나　무: "그래 잘 가라." (마지못해 하는 듯한 인상이다.)

둥　지: 보내 주는 것 같지 않군요?

나　무: 아직 미련이 남아요.

둥　지: 어머니는 보내 주셨잖아요?

나　무: "넌 내 옆에 좀 있었으면 했는데 … 넌 떠나고 …." (어머니로부터의 독립이 완결되지 않았음이 다시 드러나고 있다.)

둥　지: 다시 어린애가 되었네요?

나　무: 예. 그렇군요. "너에게서 어머니 같은 포근함과 확신을 원했는데 … 넌 해 주지 않고 떠났어. 그래서 마음이 빈 것 같고, 그렇다." 감정이 잘 정리가 안 돼요. (어머니의 사랑을 포기하지 못하는 모습이 다시 나타남.)

둥　지: 아직도 어머니를 붙들고 계시네요? 그 여자가 나무 님이 바라시는 걸 해 줄 능력이 없을 수도 있어요.[32]

---

32) 리더가 다시 나무에게 어머니를 포기하라고 종용하고 있다. 즉, 당위를 부과하고 있는 개입으로서 자연스럽지 못하다.

나　무: 한 번 생각해 볼 대목이군요 …. (생각에 잠긴다.)

둥　지: 그 여자에게 **'난 널 보내기가 싫어!'**라고 말해 보시죠.

나　무: "난 널 보내기가 싫어. 난 너 없이는 못 살아."

둥　지: 사실이에요?

나　무: 없어도 살 것 같기도 하고, 잘 모르겠어요.

둥　지: 오늘은 작별인사를 하는 것이 좋겠어요. 내일 다시 붙들더라도.

나　무: "잘 가!"

둥　지: 다른 사람들의 말을 좀 들어 볼까요?

나　무: 네, 들어 보죠.

억　새: 나무 님이 참 마음이 여리고 순수했구나 싶어요.

강　물: 제가 그 여자분의 입장이 되어 보니까 부담스럽더군요. 정말 나를 안 보고 나무가 보고
　　　싶은 것만 보는 것 같았어요. 또 나무 님의 입장에서는 그 여자에게 **'너 왜 나를 떠나
　　　니?'**라고 물어보고 싶었고요. 나무 님이 그걸 물어보지 못하는 것이 안타까웠어요.

나　무: 강물 님이 미워지네요. 저를 이해하지 못하는 것 같고. (그 여자 입장에서 부담스럽겠
　　　다는 표현을 자기에 대한 거부로 지각함.)

둥　지: 나무 님! 지금 강물 님의 이야기는 나무 님을 거부하는 말이 아닙니다. 한 번 잘 음미해
　　　보십시오.[33]

샘　물: 남편 생각을 했어요. 어머니를 보내는 것에 대한 남편의 부담과 괴로움이 떠올랐어요.
　　　남편이 이해가 되는군요.

투　명: 어머니에 대한 옛 감정이 떠오른 장면에서는 저도 나무 님의 어머니에 대해 좀 화가 났
　　　어요. 하지만 어머니를 떠나보내시는 장면에서는 울컥했어요. 살아 계실 때 정리하셨
　　　으면 더 좋았을 텐데 하는 아쉬움도 들었고요.

강　물: 나무 님이 어머니뿐만 아니라 자기 자신을 불쌍히 여기는 듯한 느낌도 들었어요.

샘　물: 뭔가 호소하는 듯한 눈빛이에요 … 나무 님은!

바　람: 나무 님의 자리에 어린 소년이 앉아 있는 듯했어요. 마지막에는 어머니와 화해하는 장
　　　면을 본 듯해서 희망적이고 가벼워졌어요. 그 여자분은 나무 님의 엄마였으리라 싶어
　　　요. 가슴이 저려요.

그　린: 나무 님이 참으로 여리구나 싶어요. 지금 나무 님을 봐도 여전히 소년 같아요. 엄마를

---

33) 여기서도 그냥 "강물 님이 나무 님을 거부하는 것 같으세요?"라는 정도로 물어 주는 것이 나았을 것 같다.

찾는 소년요! 그 점이 좀 안타까우면서도, 얼마나 아팠으면 그러셨을까 싶기도 해요. 현실을 직시하고 꿋꿋이 성장하셨으면 해요. 그 여자분도 많이 생각했을 것 같아요. 하지만 자신이 나무 님의 기대를 채워줄 수 없다고 판단했을 것 같아요.

팬 지: 마음이 복잡하고 아팠어요. 나무 님의 심정이 잘 공감되었어요.

햇 빛: 끝에 정리가 잘 안 된다고 하신 말씀이 마음에 남아요.

행 복: 나무 님의 작업을 보면서 좀 화가 났어요. 여태 어른이 못 되고, 아직도 소년으로 있으신 듯해서요. 작별의 울음도 연민의 울음처럼 느껴지고요. (자신의 어머니를 거부하는 감정이 투사된 것일 수도 있음.)

나 무: 그 말을 들으니 섭섭하세요. (거부공포가 다시 나타남.)

둥 지: 행복 님의 말이 서운하신 모양이지요? 행복 님은 자기 경험이 있으니까 그렇게 볼 수도 있지 않을까요? 각자 자기 경험에 따라 보는 시각이 다르거든요. 한 가지 중요한 사실은 행복 님의 말이 나무 님의 존재를 거부하는 의미는 아니었다는 거지요. 자, 앞으로 어떻게 하시겠어요?[34]

나 무: 서서히 벗어나야겠지요.

둥 지: 그 여자분에게 마지막으로 한 마디 하신다면?

나 무: 사랑해. (모두 웃음)

다음 시간에 나무는 이 작업을 통하여 자신의 회피행동에 대해 다시 생각하는 계기가 되었으며, 이제는 더 이상 자신의 문제를 회피하지 않고 바로 직면하고 싶다고 말했다. 8회가 끝날 때쯤에 그는 자신의 돌아가신 어머니와의 감정을 많이 청산하게 되었으며, 또한 옛날 헤어진 여자에 대한 미해결감정도 상당히 정리가 되었다고 말했다. 그는 요즘 들어 자신감이 많이 생겼고, 우울 증세도 현저히 줄어들었으며, 새로운 힘이 솟는 듯해서 사는 것이 즐겁다고 말했다.

사례 4

다음은 내가 2007년 6월 상담한 40대 중반 우울증 여성의 개인상담 9회기 내용의 일부를 정리한 프로세스 노트이다. 내담자를 보호하기 위해 이름은 가명으로 바꿨다.

---

34) 집단원들 간에 갈등이 생길까 봐 염려하는 리더의 마음이 느껴진다. 하지만 좀 더 믿어 주고 기다려 줘도 괜찮지 않았을까 싶다. 행복과의 관계에서 갈등이 생기더라도 집단원들끼리 충분히 다룰 수 있었을 것이다.

상담자: 일주일 동안 어떻게 지내셨나요?

내담자: 상담을 받으면서 많이 편해졌어요. 요즘 많은 감정들을 느껴요. (눈물을 글썽글썽한
다.) 슬픔과 외로움도 자주 느끼고, 즐거움과 기쁨도 더 생생하게 느끼는 것 같아요. 이
전에는 왜 이런 감정을 못 느꼈나 싶을 정도로 신나고 좋은 느낌들이 더 생생하게 느
껴져요. 그런데 가끔 우울하고, 슬프고 외로운 감정이 들어요. (울먹인다.)

상담자: 본인이 느끼는 감정의 폭이 넓어졌다는 말씀이시네요?

내담자: 그런 것 같아요.

상담자: 그런 것이 어떻게 느껴져요?

내담자: 좋은 감정들을 느낄 때는 좋은데, 슬프거나 외로운 감정들을 강하게 느낄 때는 더 힘들
어요. 오늘도 오전 중에 잠깐, 그리고 상담 받으러 오는 도중에도 잠깐 허전하고 슬픈
감정이 들었어요. (눈물을 흘린다.)

상담자: 어떤 계기가 있었나요?

내담자: 아뇨, 별로 없어요. 회사에도 잘 나가고 있고, 사람들과도 잘 지내고요. (계속 슬픈 표
정이다.)

상담자: 지금 느끼시는 슬픈 감정을 그냥 그대로 느껴 보세요.

내담자: (계속 눈물을 흘린다.)

상담자: 지금 어떤 느낌이신가요?

내담자: 마치 투명한 막을 치고 있는 것 같아요! 사람들이 웃고 떠들고 하는 모습이 막 건너편
에 있는 것 같아요. 저는 보호막 안에서 그들을 물끄러미 바라보고 있고, 외로움을 느
껴요.

상담자: 본인은 왜 밖으로 나가지 못하나요?

내담자: 비난받을 것 같아요. 사람들이 손가락질할 것 같고요.

상담자: 뭐라고 비난할 것 같아요?

내담자: 모르겠어요. 아무것도 떠오르지 않아요.

상담자: 참 의아한 느낌이 들어요. 주변 사람들과도 잘 지내고 있고, 별 다른 걱정이 있는 것도
아닌데, 왜 그런 느낌이 들죠? 그리고 내가 선영 씨를 보면서 선영 씨를 손가락질하고
비난할 아무런 이유도 상상해 낼 수 없거든요. 다시 한 번 묻고 싶어요. 왜 사람들이 선
영 씨에게 비난을 할 거라고 생각하시는지?

내담자: 저도 모르겠어요. 그냥 막연히 비난받을 것 같고 ….

상담자: (빈 의자를 좀 떨어진 곳에 놓으며) 저기에 선영 씨가 앉아 있어요. 선영 씨에게 손가락

질을 한번 해 보세요. 그리고 비난을 해 보세요.

내담자: (제스처를 하면서) "그것밖에 안 돼?"

상담자: 무슨 뜻이죠?

내담자: 제 능력이 많이 부족하다는 뜻이에요.

상담자: 아! 그렇군요. 그런 말 들으면 기분이 어떠세요?

내담자: 두려워요. 무서워요.

상담자: 곁에 아무도 도와주는 사람은 없어요?

내담자: 네, 저 혼자에요.

상담자: 그렇다면 무섭고, 밖으로 나가기가 싫을 것 같네요. 보호막 안에 머물러야 되고, 외롭고 슬플 것 같네요.

내담자: 네 ….

상담자: 그런데 여전히 궁금하네요. 왜 저 사람들이 선영 씨에게 손가락질을 하는지.

내담자: (한참 생각하다가) 그렇게 말씀하시니까 관계가 있는지 모르겠는데, 갑자기 이모의 얼굴이 떠올라요.

상담자: 이모요?

내담자: 네, 어릴 때 이모와 함께 살았어요. 부모님은 두 분 다 일하러 가시고, 집에는 이모와 언니 그리고 나, 이렇게 셋이 지내는 시간이 많았어요. 그런데 이모가 무서웠어요. 늘 자기 마음에 안 드는 사람 욕하고 … 언니는 이모 눈치를 보면서 맞춰 주며 살았어요. 둘이서 많이 이야기하고, 저는 이모가 무섭고 싫었어요. 아무 말 없이 혼자 많이 지냈어요.

상담자: 음, 무척 외로웠겠어요?

내담자: 네, 힘들었어요. (눈물을 흘린다.) 이모에게 야단맞고 혼자 벽 보고 울던 생각이 나요.

상담자: 그 이야기를 들으니 마음이 아프네요. 얼마나 외롭고 슬펐을까?

내담자: (계속 눈물을 흘리면서) 참 힘들었어요. 아무도 보살펴 주지 않고, 혼자 버림받은 느낌이었어요.

상담자: 그랬겠네요. 버림받은 느낌이 얼마나 외롭고 슬펐을까 …. 음 ….

내담자: 이모는 늘 잔소리를 했어요. 비아냥거리기도 하고요.

상담자: 어떻게 비아냥거렸어요?

내담자: **"그것밖에 안 돼?"**라고요.

상담자: 음, 아까 선영 씨에게 손가락질하던 사람이 했던 그 목소리와 같네요?

내담자: 그러네요.

상담자: 놀랍네요. 그게 이모의 목소리였네요?

내담자: (눈물을 흘리며) 그렇네요. 오랫동안 잊어버리고 있었는데 …. 요즘은 이모가 잘 대해 줘요. 제가 괜찮은 직장에 나가고, 집안에 도움도 주고 하니까 저를 인정해 주서요. 오히려 요즘은 이모가 저를 어려워하는 느낌마저 있어요.

상담자: 아! 그러시군요. 많은 변화가 왔네요?

내담자: 네.

상담자: 지금 기분이 어떠신가요?

내담자: 많이 편해졌어요. 기분이 홀가분해요. 그동안 왜 가끔씩 이유 없이 기분이 슬퍼지고 외로워졌는지 이해를 하지 못했는데 …. 어렸을 때 기억이 떠오르면서 많이 울고, 선생님께서 이해해 주시고 함께 지켜봐 주신다는 느낌이 들어 마음이 편안해졌어요. 이제 보호막이 없어도 될 것 같아요. 두려움이 많이 사라진 것 같아요.

내담자: 그 말씀을 들으니 참 기뻐요. 선영 씨의 이야기를 들으며 많이 안쓰러웠는데, 이렇게 씩씩해지는 모습을 보니 반갑고 기뻐요.

사례 5

다음은 내가 2013년 3월에 개인상담을 했던 대인불안이 있었던 30대 여성의 상담회기가 끝나고 프로세스 노트를 한 것이다.

내담자: 늘 잘해야 한다는 생각이 많아요. 그 때문에 일을 하는 것이 오히려 부담되고, 미루게 되고, 그러다 보니 능률이 안 오르고, 죄책감이 들고 ….

상담자: 잘 하는 것이 중요해 보이네요?

내담자: 네. 맞아요. 그게 제게는 무척 중요해요. 잘 해야 된다는 생각 때문에 더 긴장하다 보니 부담이 되어 미루는 일이 많아요.

상담자: 그렇겠네요. 그런데 잘 하는 것이 왜 그렇게 중요하죠?

내담자: 글쎄요. 잘 하지 않으면 안 될 것 같아요.

상담자: 만일 잘 못 하면 어떻게 될 것 같아요?

내담자: 무시당할 것 같고, 안 좋은 일이 일어날 것 같아요.

상담자: 무시당하고, 안 좋았던 일을 겪은 적이 있어요?

내담자: 이게 관계있을지 모르지만, 갑자기 떠오르는 기억이 있어요. 전학 갔을 때, 뭘 잘 못 한

다고 아이들에게 비난받았던 기억이 떠올라요.

상담자: 누가 비난을 했나요?

내담자: 잘 기억이 안 나요.

상담자: 어떤 인상이었나요?

내담자: 남자처럼 스포츠 머리를 하고, 드센 느낌이 드는 여자아이였어요.

상담자: 음, 어떤 장면이었나요?

내담자: 함께 놀다가 잘 못 한다고 야단치기도 하고, 한 쪽에 비켜서 있으라는 말을 듣기도 했어요.

상담자: 그때 기분이 어땠어요?

내담자: 너무 당황스럽고, 민망하고, 위축되었어요.

상담자: 지금 표정이 슬프네요?

내담자: 네, 어떻게 해야 할지 모르겠어요.

상담자: 많이 힘들었을 것 같아요. 다시는 그런 경험을 하고 싶지 않았을 것 같아요?

내담자: 그랬어요. 정말이지 잘 하지 않으면 안 되겠다는 생각을 많이 했어요.

상담자: 잘 못 했을 때는 어떻게 했나요?

내담자: 자책을 많이 했어요.

상담자: 그럼 그때 기분은 어땠나요?

내담자: 우울했어요. 비참하고, 땅으로 기어들어가는 느낌, 내 존재가 아무것도 아닌 것 같은 느낌 ….

상담자: 일을 미루었을 때 기분이 어떠세요?

내담자: 우울하죠.

상담자: 그때도 자책을 하나요?

내담자: 물론이죠.

상담자: (인형을 가져다 놓으면서) 지금 자책을 한번 해 보실래요?

내담자: (매우 강한 목소리로 마치 기다렸다는 듯이 자기를 향해 거침없는 비난의 소리가 쏟아져 나온다.) "너, 그런 식으로 살면 안 돼!" "그 따위로 살면 어떻게 되겠어?" "넌 최선을 다하지 않고 있어!" "그렇게 살아선 어림도 없어!"

상전과 하인이 한동안 왔다 갔다 하며 대화를 했지만, 계속 팽팽한 평행선이었다. 하인이 가끔 반격도 해 보았지만, 매번 상전의 매몰찬 비난에 금방 기가 죽어 버렸다. 하인의 기분을 물으니,

"너무 슬프다." "비참하다."고 말했다. 그녀의 신체 상태를 자각시키니, 축 늘어지고 무기력하다고 말했다.

나는 하인이 되어 그 말을 직접 상전에게 해 주라고 했다. 그녀는 하인이 되어, 자신의 상태를 상전에게 말했다. 그녀가 상전의 자리에 갔을 때, 상전에게 하인의 말을 반복해서 들려주었다.

그 말을 들은 상전은 갑자기 **"네가 그렇게 힘들었는지 몰랐다."**며 엉엉 울면서 하인에게 사과를 했다. 그러면서 앞으로는 잘해 주겠다는 약속을 했다.

잠시 후 그녀는 나를 쳐다보며 하인을 안아 주고 싶다고 말했다. 나는 고개를 끄덕이면서 그렇게 해도 괜찮다고 말했다.

상전과 하인은 서로 부둥켜안고 한참 울었다. 나는 상전과 하인이 서로 안고 울고 있는 장면을 핸드폰으로 사진을 찍어서 내담자에게 메신저로 전송해 주었다. 내담자는 지금까지 자신이 그렇게 많은 자책을 하고 있었는지 몰랐었다며, 무척 놀라워했다.

새로운 알아차림과 더불어 내담자는 매우 기분이 가벼워졌고, 몸도 완전히 이완되었다. 그녀는 이런 삶이 가능하다는 것이 신기하다며, 마치 꿈에서 깨어난 사람처럼 방 안과 창밖을 두리번거리며 살펴보았다.

잠시 후 그녀는 다시 눈시울이 좀 붉어지더니, 지금까지 불필요하게 너무 자책하며 힘들게 살았던 것이 억울하다며 눈물을 흘렸다. 시간이 다 되었다고 말해 주자, 그녀는 **"지금이라도 이렇게 깨달았으니 얼마나 다행인지 모르겠다."**며 살짝 미소를 지었다. 그리고 **"오늘의 장면을 꼭 머릿속에 간직하고 싶다."**고 말하며 상담실을 나갔다.

사례 6

다음은 2012년 10월 14일 성신여자대학교 제2캠퍼스 C동 중강당에서 개최되었던 미국의 저명한 정신분석가이면서 게슈탈트 치료자인 린 제이콥스 박사 초청 게슈탈트 국제학술대회에서 내가 개인상담 시연을 한 것을 린 제이콥스 박사가 토론자로서 사례토론을 하고, 청중들의 질문에 대답한 내용들을 축어록으로 풀어 쓴 것으로서 게슈탈트미디어 또는 학지사에서 DVD로 구입해서 볼 수 있다. 내담자는 학술대회 참가자들 중에서 자원자를 대상으로 선정했는데, 다음 사례의 내담자는 오전에 린 제이콥스 박사와 개인상담 시연을 한 번 했었는데, 두 번째로 이어서 해 보는 것도 좋을 것 같다는 생각이 들어서 내가 제안해서 즉석에서 성사된 경우였다. 이 과정은 모두 두 명의 전문 통역사에 의해 린 제이콥스 박사에게 순차통역이 되었었다.

상1: 어서 오세요.

내1: 안녕하세요.

상2: 안녕하세요. 구면이네요?

내2: (웃음)

상3: 앵콜을 받으셔서 나오셨는데, 기분이 좀 어떠신가요?

내3: 네. 오전에는 어떻게 해야 하나 걱정하면서 올라갔었고, 잘 했나? 그런 걱정도 있었는데 교수님께서 이렇게 저를 더 해 보고 싶다고 말씀하셨다는 걸 듣고 '나는 모르지만 무언가 잘 했나?' (내담자와 상담자가 함께 웃음) 하면서 조금 안심이 되기도 하고, 또 한편으로는 이제 뭔가 더 그래도 뭔가 생각하신 게 있으니까, 더 해 봤으면 좋겠다고 말씀하셨을 텐데, 그걸 내가 또 잘 할 수 있을까? 하는 걱정도 들고, 그런 게 좀 섞여 있는 거 같아요.

상4: 그래요. 나는 밑에서 얘기를 들으면서 처음에 ** 씨가 했던 얘기들 중에서 "다른 사람이 내가 생각하는 원칙에 따라 행동하지 않을 때, 되게 불편하고 화가 나기까지 한다." 라고 한 얘기를 들으면서 되게 관심이 갔었어요. 왜 그런 게 그렇게 불편하실까? 그 부분에서 같이 얘기를 더 나누면서, 혹은 모르겠어요. 어떤 해결책이 있을지는 모르겠지만, 같이 얘길 해 보면 좋겠다. 이런 생각이 들었습니다.

내4: 감사합니다. (웃음)

상5: 그래요. 같이 있는 룸메이트가 일찍 일어나지 않는다거나 하는 행동을 할 때, 말을 하진 않지만, 나는 속으로 불편한 마음이 일어난다고 하셨잖아요? 그래요. 그 룸메이트에 대해서 불편한 마음은 일찍 일어나지 않는 것 말고도 다른 건 없었어요?

내5: 음 … 많이 있어요. 많이 있는데, 그 많은 것들이 제가 남들한테 말하기 어려운 게, 그게 그 룸메이트의 잘못이 아닌데 제가 화가 나는 거고, 기분이 불쾌하기 때문에, 남들에게 말을 한다는 거 자체가 저한테도 부끄러운 … 너 이렇게 못난 사람이다, 성격 이상한 사람이다 이렇게 될까 봐 말을 잘 못 하겠더라고요. 굉장히 정말 개인적인 부분들? 제가 지금 교육청에서 근무하는데 전화하는 사람들을 선생님이란 호칭으로 부르고 있는데, 어떤 분은 선생님이란 호칭이 불편하다고 저한테 그냥 오빠라고 부르라고 했었는데 저는 선생님이라고 하겠다. 이렇게 해서 계속 선생님으로 지내고 있었거든요. 룸메이트는 알게 된 지 얼마 안 돼서 그분이 그렇게 요청하시고, 괜찮으니까 오빠 동생 하는데 저는 그것도 기분이 나쁜 거에요. 왜 선생님이라고 안 하고 오빠라고 하지? 이런 것들이라든지. 뭐 … 그냥 정말로 저 사람의 잘못이라고 할 수 없는, 제 기준에서 제 기분에 불쾌한 그런 부분들이 저를 이렇게 화가 나게 해서 그런 생각이 들 때마다 저 애

가 잘못된 게 아니라, 제가 지금 잘못되어 있단 생각을 계속 갖게 해서 그게 저를 힘들
게 하는 것 같아요.

상6: 네. 지금 말씀하신 걸 좀 정리를 해 본다면 ** 씨가 생각할 때, 자기가 생각할 때는 이렇게
하면 안 되는데 하는 행동을 상대방이 할 때 화나는 마음, 미운 마음이 생겨나면서 다
른 한편으로는 그 사람 잘못이 아닌데, 내가 왜 그런 생각을 갖고 있지? 그런 생각 때문
에 내 스스로 또 문제가 있는 게 아닌가? 자책이 되고, 그러면서도 또한 그런 생각이 드
는 것을 멈출 수 없고. 그런 갈등을 느끼고 계시네요?

내6: 네.

상7: 되게 괴로우실 것 같아요. 그런 갈등을 느끼는 상황 자체가?

내7: 네. 이 감정이 옳지 못하다고 생각을 하면서도 제가 이걸 막을 수 없으니까 이것 때문에
힘들기도 하고, 이 기분 나쁜 감정 자체로도 기분이 나쁘고, 이걸 가지고 있는 것도 기
분이 나쁘고 양쪽으로 기분이 나쁘고. 이게 조절이 안 되니까, 또 계속 반복이 되고 ….

상8: 그러네요. 그런데 지금 이제 한편으론 내가 그런 불편한 감정을 갖는 거 자체가 잘못이다,
이런 생각도 있지만 다른 한편으로는 쟤가 잘못하고 있는 거야! 하는 생각도 있는 것
같거든요?

내8: 음 ….

상9: '쟤가 저러면 안 되는데, 일찍 일어나야 하고, 학교도 출근도 정시에 해야 하고, 예절에 맞
게 선생님이라고 불러야지 왜 오빠라고 부르느냐? 그런 것은 잘못된 것이다.'라는 생
각도 있는 것 같은데? 분명히 할 필요는 있는 것 같거든요?

내9: 그 생각이 있기는 하는데, 그 생각을 갖게 하는 그 기준이 저는 … 이 기준 자체가 잘못되
어 있다는 생각을 좀 ….

상10: 그렇죠. 그 생각도 있지만은, 그런 생각 말고도 '내 생각이 맞아!'라는 생각도 있다고 보
이거든요. 안 그러면, 그런 기준이 없으면, 그런 생각을 할 리가 없죠.

내10: 그래서 제가 더 힘들어하는 거 같아요. 제가 '맞다.'고 생각을 하고, 제가 영향을 주려고
하는 게, '이쪽 편에서 보면 이게 맞아.'라고 제가 무의식적으로 이게 발동이 돼서 자
꾸 가치판단을 내리려고 하는데, 이걸 조금 더 떨어져서 보면, 이 기준선이 제가 봤을
때, 조금, 아닌 거 같은데? 무의식적으로 자꾸 이 선이 … 발동이 되고, 이게 강하게 작
용을 해서, 그게 또 저를 힘들게 하는 딜레마적인 부분들이 있는 것 같아요.

상11: 그래요. 그 두 가지 생각을 여기서 우리가 인형을 가지고서 실제로 한번 역할 연기를 해
보면 어떨까 싶은데요? 자기가 생각하는 규준, 성실하게 행동해야 하고, 예절 있게 행

동해야 하고, 이런 걸 주장하는, 믿고 있는, 자기를 여기서 한번 골라 볼까요?

내11: (엄마 모양 인형을 고름)

상12: 그래요. 이런 자기에 대해서 **'야 네가 갖고 있는 그런 생각은 불합리한 거야. 맞지 않는 거야.'** 그 생각에 대해서 조금 틀렸다고 말하는 그런 자기를 여기서 한번 뽑아 볼까요?

내12: (소녀 모양 인형을 고름)

상13: 오. '그 생각이 맞다, 이렇게 행동해야 돼!'라고 하는 쪽이 좀 더 크고, '그 생각은 잘못된 생각이야. 너 왜 그렇게 생각하니?'라고 말하는 목소리는 좀 작네요?

내13: 네.

상14: 아, 나는 거꾸로 생각했거든요. 야단치는 사람, '네 생각이 잘못 됐어, 틀렸어.' 이렇게 말하는 사람이 좀 더 클 것 같았는데, 본인은 반대로 그런 목소리를 가진 사람이 작고, '이렇게 살아야 돼!'라고 말하는 목소리는 좀 더 큰 사람으로 봤네요?

내14: 네.

상15: 오. 어째서 그렇지요? 이 목소리가 실제로 좀 더 크게 느껴지시는 건가요?

내15: 네. 실제로 크게 느껴지고… 그리고 저도 그렇게 행동하려고 많이 하는데 … 음 … 어떤 식으로 표현해야 할까요? 음 … 그렇게 행동을 하려고 하는데 이거를 … 음 … 정말 진짜로 비합리적이다 싶은 수준까지는 제가 안 하려고 의식적으로 이렇게 하는 것뿐이지, 굉장히 강하게 가지고 있는 것 같아요.

상16: 그래서 애(작은 인형)가 좀 있어서 너무 애(큰 인형)가 극단적으로 가는 것까지는 좀 막아 주긴 하지만, 애 때문에 뭔가 크게 불편을 느끼거나 너무 힘들거나 그 정도는 아닐 수도 있겠네요?

내16: 애 때문에요?(큰 인형을 가리킴)

상17: 아니, 애 때문에. (작은 인형을 가리킴) 애 때문에 너무 힘든 그 정도는 아닐 수도 있겠네요, 그러면?

내17: 음 … 그렇죠. 애의 입장(큰인형)에서는 애(작은 인형) 때문에 힘들거나 하는 게 … 애 입장(큰 인형)에선 애(작은 인형)가 사실 굉장히 작거든요.

상18: 그러네요.

내18: 애(큰 인형) 입장에서는 애(작은 인형)가 그렇게 힘들지는 않은 것 같아요. 근데 이 두 개와는 별도로 이게 저의 두 마음이라면, 제가 있을 거 아네요? 그러면 … 어 ….

상19: 한번 골라 보실까요? 여기서 또 다른 마음이 어떤 마음인지?

내19: 음 … 저는 … (인형을 고른다.) 네. (청소년기의 여자 인형을 고름)

상20: 음, 좋아요.

내20: 저는 실제로는 여기(큰 인형)에 영향을 많이 받지만, 좀 이쪽(작은 인형)으로 많이 가고
   싶어 하는 마음이 있는 거 같아요.

상21: 그래요?

내21: 네. 그래서 다른 사람들을 볼 때도 아무래도 얘(큰 인형)의 영향을 많이 받으니까 이게 강
   하게 발휘가 되지만, 이게 저 자신이 생각했을 때는 이게 별로 좋지 않다고 생각해서
   누르려고 하는 편이라서, 남들은 저한테 이런 게 있다는 걸 잘 모르는 경우도 있어요.

상22: 그럴 수도 있겠네요.

내22: 네. 친해지고 나면 '너 생각보다 굉장히 세다. 처음과 다르다.' 란 이야기도 많이 하고 ….

상23: 처음에 아직 잘 친하지 않을 때는 이 모습(큰 인형을 가리킴)을 잘 안보이지만, 좀 친해
   지면 요 모습(큰 인형)이 점점 나오네요?

내23: 네.

상24: 그래요. 그럼 얘(세 번째 인형)는 어떤 사람이에요? 어떤 말을 하는 사람이에요?

내24: 좀 … 음 … 좋은 사람이 되고 싶은? 예. 나 스스로 생각하기에도 좋은 사람이고 싶고 남
   들이 보기에도 '쟤는 참 좋은 사람이야!' 라는 말을 듣고 싶은 그런 사람인 거 같아요.

상25: 내가 볼 때에는 얘(세 번째 인형)가 얘(작은 인형)하고 일단은 같은 사람인 것처럼 보이
   거든요? 얘(작은 인형)가 얘(큰 인형)한테 **"너 그런 생각은 합리적이지 못해!"** 라고 말
   하는 것이 **'그래야 네가 좋은 사람이 될 수 있어!'** 라는 의미가 아닐까 싶거든요? 쟤하
   고 얘하고 같은 사람처럼 보여요! 나는.

내25: 음 … (고개를 끄덕임) 근데 제가 얘를 다른 사람이라고, 다르다고 한 건 제가 이 목소리
   를 잘 따라가지를 못해요.

상26: 따라가지 못한다는 얘기는 따라가야 된다는 말을 전제하고 있는 것처럼 들리네요?

내26: 따라가고 싶어 해요.

상27: 누가? (웃음) 내 생각에 그 말은 **'너 내 말을 좀 따라와야 해. 왜 내 말을 잘 안 들어?'**, 얘
   (작은 인형)가 그런 말을 하는 것처럼 보여요.

내27: 아, 얘가요?

상28: 네. 얘가 얘(큰 인형)한테.

내28: (고개를 수차례 끄덕임)

상29: 좋아요. 그 말을 직접 한번 해 보실래요? 얘한테 방금했던 말을? 인형을 잡으시면서. **'너
   는 내 말을 잘 들어야지 좋은 사람이 될 수 있어.'**

내29: (작은 인형을 잡고 큰 인형에게 말함) 너는 내 말을 들어야지 좋은 사람이 될 수 있어! 너는 내 말을 들어야지 좋은 사람이 될 수 있어!

상30: **"너무 네 기준으로 사람들을 평가하지 말고!"** (하인의 목소리를 들려준다.)

내30: 너무 네 기준으로 사람들을 평가하지 말고 … 음 … 내 말도 들어 봐.

상31: 네가 사람들을 못마땅하게 생각하는 것은 별로 이유가 없어! (하인의 목소리를 들려준다.)

내31: 네가 사람들을 못마땅하게 생각하는 것은 별로 이유가 없어!

상32: 좋아요. 그 말을 듣고 얘가 뭐라고 답하는지 한번 들어 볼까요? (인형을 바꿔 내담자에게 쥐여 줌)

내32: 음 … 사람들을 못마땅하게 생각하는 게 아니라 그냥 다 … 자기 할 것들을 알아서 잘 해라, 이런 거지. 내가 뭐 딱히 뭐 나쁘게 하려는 건 아냐!

상33: 그 얘기하시면서 약간 좀 미소를 지은 거 같은데 알아차려지셨어요?

내33: 음 ….

상34: 그 말을 하면서 기분이 어땠어요?

내34: 약간 그 말에 확신이 별로 없어서 이게 맞나? 그런 미심쩍은? 그런 거 같아요.

상35: 이 말을 하는 순간 이미 얘가 벌써 마음속에서 '너, 그 말은 옳지 않아!' 그런 말을 한 게 아닐까 하고 나는 추측이 되거든요. (내담자의 손에 작은 인형을 쥐여 줌)

내35: 음 … 얘가요?

상36: 네. 그 말을 한번 직접 (반론)해 주시죠. 나는 사람들을 통제하려는 게 아니라, 그냥 사람들이 내 말을 알아서 잘 해 줬으면 하는 그런 마음에서 말한 것뿐이야! 그 말에 대해서 답해 보시죠.

내36: 알아서 잘 한다는 게 네가 생각하는 '알아서'에 따르는 거잖아. 그 사람들이 하고 싶은 '알아서'가 아니라 네가 생각하는 '알아서'.

상37: 음. 좋아요. 그 말을 듣고 뭐라고 답하는지 한번 들어 볼까요?

내37: 그 사람들이 자기들이 생각하는 걸로는 행동을 이상하게 하니까 그러지. 뭐, 얘들이 생각 없이 개념 없이 행동하거나 그러니까 내가 뭐라고 하는 거지, 상식적으로 생각을 하고 누구든지 간에 합리적으로 생각할 수 있는, 그렇게 행동을 해야지! 제멋대로 하니까 내가 뭐라고 하는 거야!

상38: 음 … 지금 그 이야기하면서 어떤 감정이 느껴지세요?

내38: 음 … 어이없음?

상39: 네. 신체감각은 어떻게 느껴지세요?

내39: 어 … 좀 어깨 쪽이 무거워지는 듯한 그런 느낌이에요.

상40: 내가 보기에는 조금 아까보단 목소리에 힘이 들어갔고, 아깐 웃으면서 얘기했거든요. 자신감 없이!

내40: 네.

상41: 지금 상당히 자기 얘기를 좀 더 힘을 실어서 얘기하는 것처럼 보이고, 약간 좀 화가 난 듯한 느낌도 받았거든요?

내41: 예. 그 어이없음 뒤에서 이렇게 연결돼 가지고 그렇게 좀 ….

상42: 사람들이 내가 생각할 때 그렇게 해야 하는데, 그런 방식대로 하지 않을 때, 그렇게 하면 안 되는 건데, 사람들이 참 어이없이 행동하는 게, 나는 정말 못마땅하다 그런 감정을 이렇게 표현하신 거 같아요?

내42: 네.

상43: 그래요… 맞아요. 내가 사실 느낀 것도 ** 씨 마음속에 이 두 가지 마음이 다 있긴 하지만, 이 마음(작은 인형)을 자꾸 많이 이야기했지만, 사실은 이 마음(큰 인형)이 더 크게 보였거든요?

내43: 네.

상44: 지금도 얘기하시면서 제대로 이 마음(큰 인형)을 잘 알아차리고 표현을 하신 거 같아서 ** 씨를 이렇게 만나는 느낌이 들어서 반가운 느낌이 들었어요!

내44: 근데 저는 이 마음을 좀 버리고 싶어 하는 것 같아요.

상45: 그건 얘가 하는 말 같아요. (작은 인형을 가리킴)

내45: 아 … 네 … (웃음)

상46: '넌 그걸 버려야 해!' 그렇게 이야기를 한번 해 보실래요?

내46: 아, 나는 진짜 너 너무 피곤하고 싫다. 남들이 싫어할 것 같아. 솔직히 나도 네가 싫고 … 음 … 나도 너 때문에 되게 힘들었고, 남들도 안 좋아할 것 같아. 나는 너 좀 싫어.

상47: 아아 … 그렇구나. "너 때문에 나도 좀 힘들었다."라는 말이 의미 있게 들리거든요? 얘 때문에 본인이 어떻게 힘들었는지 얘기해 주실래요?

내47: 음 … 구체적인 사례로는 지금 떠오르는 건 없지만, 전체적으로 정말로 그냥 알아서 눈치 있게 항상 뭔가 약간 세팅이 되어 있는 사람? 이 상황에 맞게 항상 … 얘가 생각하기에 딱 맞게 세팅을 항상 하고 있는 듯한 … 그래서 뭐 … 크게 … 이게 연결이 되는지 모르겠지만, 제가 굉장히 감정적으로 크게 풀어진다든지, 크게 운다든지 엄청 슬퍼하는 건지 하는 것도 되게 거북스러워하는 부분들이 있어요. 그게 적합하지 않다고 생각이 되고 ….

상48: 그건 이제 애(큰 인형을 가리킴)가 세운 기준이 아닐까 싶어요?

내48: 예. 그래서 그런 것 때문에 좀 힘들어요. 그런 사람들을 보면 왜 저래? 이러면서도 그렇게 하지 못하는 내가 조금 … 그래서 좀 부러워 보이기도 하고, 이해가 안 되기도 하고, 해 보고 싶기도 하고, 두렵기도 하고 ….

상49: 아 … 여러 가지 감정을 얘기하시는데, 그렇게 하면 다른 사람들이 그런 행동을 하는 걸 보면서 저렇게 행동하면 안 되는데! 라고 생각하는 것은 아마 애가 아닐까 싶고, 그런 사람을 보며 부러워 보이는 사람은 아마 이 사람이 아닐까. 그런데 그렇게 하지 못하니까 상당히 힘들고, 그게 바로 이 사람이 아닐까 그 생각이 드네요?

내49: 네. (잠시 침묵)

상50: 지금 기분이 어떠세요?

내50: 지금요? 지금 … 어떻게 해야 될지 잘 모르겠어요.

상51: 어떻게 하실 필요는 없어요. 그냥 나는 단지 어떤 기분이 드는지만 궁금했을 뿐이고요. 뭔가 하실 필요는 없어요.

내51: 그 … 어떻게 해야 하겠다는 마음도 제가 생각하기에는 여기(큰 인형)에서 항상 많이 나오는 것 같아요. 일반적인 그런 장면에서도 뭔가를 알아서 잘 해야 되는, 제가 항상 그 역할들을 하는 이게 좀 힘들어요.

상52: 그러네요. 힘든 건 다시 이쪽이겠죠? (인형 위치를 바꿈)

내52: 네. (웃음)

상53: 항상 어떤 상황에 있든 그 상황에 맞게, 맞는 행동을 해야 한다고 생각하는 게 애처럼 보이네요?

내53: 네.

상54: 그래서 애(큰 인형)는 항상 맞게, 상황에 맞는 행동을 해야 한다는 규칙을 얘기하는 것 같고, 그에 비해서 애(작은 인형)는 **"너한테 맞추는 게 너무 힘들어!"**라고 말하는 것 같아요. 그래서 그렇게 요구하는 이 사람이 못마땅하게 느껴지고, 내가 이 사람이 싫듯이 다른 사람들도 아마 이 사람을 싫어하지 않을까? 이런 생각도 좀 하는 것 같아요. 그래서 더 "너 그러지 마!" 그 얘기를 좀 더 하는 게 아닐까?

내54: 네. 맞아요.

상55: 애한테 한번 물어보면 어떨까요? 네가 지금 많은 규칙들을 갖고 있는 것 같은데, 그 규칙들이 왜 중요한지 애한테 물어보면 어떨까요?

내55: 그런 규칙들이 왜 중요해?

상56: 좋아요. 그럼 얘한테 한번 답해 줄래요? "너는 '뭐든지 그 상황에서 딱 맞는 행동을 해야
     한다.' 그런 것들을 되게 중요하게 생각하는 거 같은데 그게 왜 그렇게 중요하니? 그런
     걸 하지 않으면 어떤 일이 발생할 수 있어? 어떤 일이 생길 수 있어?" 얘가 물었어요.
     얘가 한번 답을 해 볼까요? (큰 인형을 가리키며)

내56: (큰 인형이 되어서) 그야 당연히 … 그렇게 해야 되는 거니까. 그래야 일도 진행이 잘 되고,
     당연히 그렇게 해야 되는 거지. 생각을 해 보면 모르겠어? 당연히 그렇게 해야 되는 건데?

상57: 오, 그래요? 당연히? 얘가 그렇게 대답했어요. "너 당연히 그렇게 해야 되는 거 아냐? 그
     걸 네가 꼭 생각을 해야 알아듣겠니?" 지금 이렇게 답을 했어요. 그 말을 듣고 얘가 뭐
     라고 얘기하는지? (내담자의 손에 다시 작은 인형을 쥐어 줌.)

내57: 당연한 게 어디 있어? 하기 싫으면 안 할 수도 있는 거지 … 아 진짜 …. (살짝 웃음) 당연
     한 게 어디 있나?

상58: 그 말을 하시면서 지금 웃으시는데요?

내58: 아, 답답해서요.

상59: 답답해요?

내59: 네. (좀 더 크게 웃음. 그리고 입고 있던 재킷을 벗어 옆에 둠.)

상60: 굉장히 지금 더워졌네요? 허허 웃음도 나오고, 기가 막히기도 하고? 기분이 어떠세요?
     지금? 답답하다고 하면서도 내가 보기에는 즐거워 보이거든요? 재밌어 보이기도 하고?

내60: 그냥 또 어이없는 거 같아요. 그냥 말도 안 되는 소리를 하고 있는 것 같은?

상61: 네. 그 얘기를 한번 해 보세요!

내61: 그거는 말도 안 돼. 그런 말이 어디 있어? 다 자기하고 싶은 게 있고 … 자기 하고 싶은 대
     로 하는 거지. 다 사람 생각이 똑같을 수는 없는 거지. 나도 내가 하고 싶은 대로 할래!

상62: 그 말 하시면서 기분이 어때요? "나도 내가 하고 싶은 대로 할래!" 그 말 하시면서 기분이
     어때요?

내62: 자신이 없어요!

상63: 오 … 나는 자신 있게 말씀하신 줄 알았는데, 그 이야기하면서 자신이 없네요?

내63: 네. 좀 … 그냥 … 내가 하고 싶은 대로 한다고 했을 때, 다른 사람들이 나를 과연 좋게 생
     각할까? 비난받지 않을까? 하는 그런 걱정도 같이 ….

상64: 네. 맞아요! 내가 보기에는 그게 지금 얘(큰 인형)가 하는 소리 같거든요? 그 얘기를 직접
     얘한테 해 주시겠어요?

내64: 야, 너하고 싶은 대로 막 … 야! 아무도 안 좋아해! 사람들이 다 같이 사는 사회니까 너 혼자만 생각하고 살 수는 없어! 남들이 하자는 대로 그런 것도 좀 따르고 살아야지! 그럴 거면 혼자만 살아야지 뭐 하러 같이 살아?

상65: 그 얘기 하시면서 기분이 어때요?

내65: 좀 … 그 … 이렇게 공감된다고 해야 하나? 그게 이 쪽(작은 인형)을 말할 때보다 이쪽(큰 인형)이 더 와 닿는 듯한?

상66: 좀 더 내 자신이 되는 듯한 그런 느낌이 드시네요?

내66: 근데 저는 그걸 버리고 싶어 하니까, 그 지난 세월 동안 더 가까운 쪽을 버리고 싶어 하니까 그게 힘든 것 같아요.

상67: 여하튼 이쪽(작은 인형)이 더 센 줄 알았는데, 이쪽 얘기 할 때는 일시적으로 웃음도 나오고 기분도 좋아지긴 했지만, 썩 자신감을 못 느꼈는데, 이쪽(큰 인형)으로 다시 돌아오니까 좀 비판적인 목소리예요. 이게 훨씬 더 좀 정말로 맞는 얘기 같고, 그 이야기를 하면서 제대로 된 내 느낌을 이야기하는 것 같고 … 그런 느낌이 드시네요?

내67: 네.

상68: 되게 표정이 진지해지셨어요?

내68: 네. (고개를 끄덕임)

상69: 그렇죠?

내69: 네.

상70: 이 얘기(작은 인형 쪽)를 할 때는 굉장히 좀 릴랙스되고, 기분도 좀 좋아 보이고, 행복해 보이는데, 쟤(큰 인형)가 됐을 때는 심각해 보이고, 진지하고 그렇거든요?

내70: 얘(큰 인형)일 때는 왠지 뭔가 즐거워한다든가 그래선 안 될 것 같아요. 뭔가 재미있어 한다든가? 이런 것 없이 항상 이성적이고, 항상 합리적이고, 냉철하게만 있어야 할 것 같은 그런 느낌이에요!

상71: 그래요. 내가 보기에도 그렇게 보여요. 좋아요. 근데 아까 전에 내가 아까 전에 애한테 물었었잖아요? 그게 지금 나한테는 그런 이성적이고 합리적이고 제대로 뭔가 딱딱하고 그런 것들이 되게 중요한 것처럼 보이는데, 그게 왜 그렇게 중요하니? 하고 얘가 물었더니 아까 답을 **'그거 뭐 당연한 거 아냐?'** 그 정도로만 답했거든요.

내71: 네.

상72: 좋아요. 그 정도로 한번 놔두고, 제가 볼 때는 이 두 목소리가 있다는 것을 우리가 탐색을 한 것이 나름대로 의미가 있지 않았을까? 이런 생각이 들면서 얘(작은 인형) 대신에 내가 질문하고 싶은 게 있거든요. 인형 갖고 하지 말고 직접?

내72: 네.

상73: 그래요. 난 ** 씨 이야기를 들으면서 얘한테 되게 관심이 갔어요. 물론 얘(작은 인형)한테
도 관심이 가지만, 얘가 더 크고 더 중요한 인물 같거든요. 그래서 그 룸메이트가 바른
생활을 하지 않을 때, 화가 나고 하는 것들이 이 사람으로서 화가 나는 거란 말이죠?

내73: 네.

상74: 그래서 왜 그렇게 화가 날 까? 저는 좀 관심이 갔어요. 궁금했어요. 본인은 아까 '당연한
거 아냐?'라고 얘기했지만, 난 당연하게 안 느껴지거든. 왜 ** 씨한테는 중요해 보이
는 데, 왜 그게 (중요한지) 일단 물어볼게요. 그게 중요한가요?

내74: 그러니까 … 하아 … 이게 별로 중요하지 않다는 걸 알고 있는데 ….

상75: 아뇨, 아뇨. 되게 중요해 보여요! 중요하지 않다면 지금 이런 얘기들이 나오지 않거든요!

내75: 아, 그렇다면 왜 중요할까 …?

상76: 규칙을 지키고 바른 생활을 하고, 다른 사람들한테 나쁜 소리를 안 듣고, 이런 것들이
** 씨의 삶에서 중요해 보이거든요?

내76: 왠지 좀 … 버릇없어 보이고 건방진, 아니 건방진 건 아니고, 싸가지 없고 예의 없어 보이
는 그런 게 좀 강하게 인상이 남는 것 같아요!

상77: 그런 모습으로 보일까 봐 걱정이 된다, 이런 말씀이신데요?

내77: 룸메이트가 걱정이 되냐고요?

상78: 아, 네. 룸메이트가 건방져 보이고 싸가지 없어 보이고 그런 느낌이 드셨단 말이에요?

내78: 음 … 예. 그런 행동들을 할 때 순간순간. 왜 이렇게 버릇없이 행동하지? 그런 생각이 ….
(고개를 끄덕임)

상79: 본인은 그러면 그런 식으로 행동을 안 하실 거 같아요. 내가 추측건대 …?

내79: 네. 저는 거의 없는 거 같아요.

상80: 아. 그렇죠! 그런 식으로 행동하는 것은 아마 ** 씨가 살아온 삶의 방식에 맞지 않을 거
예요?

내80: 하고 싶어 하기는 하는데, 무서워서 못하는 것 같아요.

상81: 아, 하고 싶은 마음이 …?

내81: 그러니까 이 마음 때문에 하고 싶어 하지만 ….

상82: 때로는 버릇없고, 건방진 그런 행동을 본인이 하고 싶은 마음도 있단 말이에요? 마음속
깊이에는 조금이라도?

내82: 근데 … 얘가 보기에 버릇없고 건방져 보이는 거지 일반적인 다른 사람이 보기에는 그냥 발랄하고, 활달하고 이런 건데 … 이런 걸 제가 버릇없고, 이렇게 생각을 하는 거니까, 남들이 보기에는 활달하다는 행동조차도 잘 못 하게끔 점점 되어가는 이게 ….

상83: 얘가 점점 더 커져 간다는 얘기로 나는 느껴지거든요?(큰 인형을 가리킴)

내83: 예. 더 커져 가고 있어요. 점점 더 작아지고 더 커져 가고.

상84: 그래서 이제 다시 이 사람한테는 좀 물어보고 싶은데요. 이 사람이 그런 것들을 되게 중요시하는 것 같은데, 예절에 맞게 상황에 딱딱 맞게 알아서 하는 그런 행동들을 되게 중요시하는 것 같아요. 내 관심은 그런 것들이 왜 중요한지 ** 씨한테 직접 물어보고 싶어요! 얘한테 묻는다면, 약간 좀 간접적으로 되니까, 직접 한번 … 얘도 ** 씨거든요. 얘도 ** 씨지만.

내84: 네. 계속 … 어렸을 때부터 엄마 아빠가 계속 그런 식으로 이렇게 메시지를 많이 주셨던 것 같아요! 식구들끼리 친척 모임에 가거나, 가족들끼리 뭘 하거나, 뭘 하든지 간에 예의 바르게 눈치껏 상황에 맞게 세팅이 되어서 … 어딜 가면 제일 막내니까 뭔가를 항상 네가 눈치껏 해야 되고, 어딜 가면 제일 첫째니까 항상 뭔가 해야 되고, 항상 뭔가 … 그 … 상황이 잘 돌아가게끔 하는 그런 역할들을 … 근데 좀 나서는 것도 아니고, 그냥 보조로서, 윤활유식으로 그렇게끔 하는 것들을 굉장히 중시했었고, 실제로도 그런 역할들을 하게끔 지시를 내렸었고, 그런 게 좀 크게 영향이 남아 있지 않나?

상85: 예를 지금 들어 주시긴 하셨지만, 조금 더 내가 공감을 하고 싶거든요? 실제로 일어났던 사건들 기억나는 게 있으시면 …?

내85: 음 … 만약에 명절 같은 때, 할아버지 집에 가서 친척들이 다 모이게 된다면, 제가 아빠 쪽 친척으로는 제일 첫째거든요. 그러면 어른들인 고모들도 다 자고 있고, 동생들은 또 어리다고 해서 다 자고 있고 … 그럼 제가 첫째니까 엄마를 도와서 음식 준비라든지, 다른 모든 것들을 제가 다 해야 했었어요. 저는 그게 좀 이해가 안 되는 거예요. 아니 내가 이제 나이가 동생들 중에서 많다고 해서 하는데, 고모들은 나보다 나이가 많은데, 나에게 시키고 … 반대로 외가 쪽에 가게 되면, 외가 쪽에서는 아직 어린 동생들이 안 태어났을 때니까 … 그때는 제가 초등학교 때 대학생인 오빠들도 있고 그랬는데, 거기서는 또 네가 제일 막내니까 다 해야 하고 ….

상86: 오, 막내니까 다 했어야 됐어요?

내86: 네.

상87: 어째서 그랬어요?

내87: 제일 어리니까. 어리니까 네가 이렇게 잘 챙겨서 해야 된다. 어디 상황에 가든지 … 또 전에 또 생각나는 게, 아빠가 요소에서 근무하실 때 저랑 동생들이랑 같이 아빠 친구 분들 배를 빌려서 낚시를 하는 모임에 같이 따라간 적이 있어요. 그때 어느 섬에 잠시 정박을 했었는데, 아무 나무 한 그루 없고, 그늘이 하나도 없는데 그때 과장님인가 부장님 사모님도 같이 오셨어요. 제 가방에 마침 저도 몰랐는데 우산이 있어 가지고 우산을 쓰고 있었거든요. 너 지금 그거 안 드리고 뭐하는 거냐고? 그래가지고 저는 껍질이 이렇게 벗겨지게 있고, 그분은 제 우산을 쓰고 그늘에 있고 … 그런 식으로 항상 남을 위해서 알아서 이렇게 뭔가를 내가 준비해서 좀 보조하는 그런 역할들을 항상 해 왔던 거 같아요 …!

상88: 그 얘기 하시면서 조금 전에 감정이 조금 올라오신 거 같은데요?

내88: 네. 순간 화가 났어요!(웃음)

상89: 네, 화가 났어요? 화가 났을 것도 같고, 약간 좀 슬퍼 보였거든요? 얘기하면서 약간 좀 울먹울먹하는 느낌도 있었는데 …?

내89: 네 ….

상90: 넌 우산을 가서 안 드리고 뭐하고 있냐? 그 말씀을 하신 분이 누구였어요?

내90: 아빠요!

상91: 아빠 … 음… 그 얘기를 들었던 기억이 떠오르면서 억울해서 화가 나기도 하고 좀 슬프기도 하고 …?

내91: 네. 그 날이 정말 햇볕이 정말 뜨겁고, 그 섬이 나무 한 그루 없이, 그늘이 하나도 없어서 그랬던 건데 … 왜 어른한테 안 드리고 네가 … 그분 것을 뺏어서 쓴 것도 아니고, 이건 내 건데…!

상92: 그래요. 부당하네요 …. (내담자가 잠시 침묵) 지금 그 말씀을 하시면서 어떤 감정이 느껴지세요? 지금 이 순간?

내92: 음 … 좀 슬픈 거 같아요. 예. 슬퍼요! 항상 한 번도 아빠는 제 편을 들어 준 적이 한 번도 없었기 때문에 … 꼭 그 사례가 말고도 줄줄이 몇 가지가 떠오르면서 … 어 … 나를 좋아하지 않는구나! 이런 생각도 좀 들고, 슬퍼지네요 ….

상93: 지금 그대로 계세요! 오른손이 지금 뭘 하고 있는지 한번 알아차려 보시겠어요? 오른팔이 오른손이 지금 왼쪽 다리를 만지고 있지요?

내93: 네.

상94: 어떻게 하고 있는 거 같아요? 오른손이 왼 다리를 지금 이렇게 … 어떻게 하고 있는 거 같아요?

내94: 왼 다리를 만지고 있기보단 담요를 제가 좀 … 비비적거리는데 … 음….

상95: 오른팔이, 오른손이 지금 뭘 찾고 있는 것 같아요?

내95: 따뜻함? 부드러움 이런 거를 찾고 있는 것 같은 … (잠시 침묵)

상96: 한 번도 내 편을 들어 주지 않았던 아버지 얘길 하시면서 슬픈 감정이 올라오면서, 그 감정을 이제 … 위로해 줄 사람이 없던 그 상황을 얘기하면서 자기도 모르게 오른팔이 오른손이 스스로를 위로해 줄 따뜻한 곳을 찾고 있네요?

내96: (고개를 끄덕이며 잠시 침묵)

상97: 그 얘길 들으면서 내가 마음이 짠하거든요. 정말 되게 힘들었겠다 … 정말 위로가 필요한 그 순간에 아무도 도와줄 사람이 없고 … 나 혼자 나를 보살펴야 했던, 그런 아이 모습이 좀 느껴지거든요?

내97: (잠시 침묵) 그런데 지금은 또 순간 왠지는 모르겠지만, 이게 … 음 … 그냥 … 별일 아닌 것 중에 하나인 것처럼 쑥 하고 이렇게 ….

상98: 음. 마음이 닫히네요?

내98: 네네.

상99: 조금 전에 이 아이(작은 인형)가 지금 얘기하는 것 같았거든요? 굉장히 힘들고 외로운 그런 마음을 얘기하는데, 얘(큰 인형)가 "뭐 별 거 아닌 거 가지고 그러니?" 그렇게 말을 한 게 아닌가? 그런 상상이 되거든요?

내99: (고개를 끄덕이고 작은 목소리로) 음 … 그런 것 같아요!

상100: 한번 직접 그 얘기를 해 보시겠어요? "뭐 별 거 아닌 거 가지고 마음이 약해지니?" 모르겠어요. 어떤 말인지 ….

내100: "특별했던 사건도 아니고 별것도 아닌 거 가지고서 … 음 … 에이, 됐어! 하지 마!" (고개를 작게 좌우로 흔듦)

상101: "됐어. 하지 마!" 고개를 흔드시네요? 좀 약간 차가운 느낌이 전해지거든요? 이 아이가 얼어붙을 거 같아요. '됐어, 하지 마!' 그 표정을 보면서. 얘가 자기 감정을 더 이상 표현하지 못할 거 같아요! 자기 감정을 힘들게 모처럼 표현했는데, "뭐 별 거 아닌 거 가지고 그러니? 하지 마!"라고 하면 딱 차단될 거 같아요!

내101: 음. 진짜 실제로도 막 이렇게 평소에도 제 자신에 대한 감정표현 그런 걸 썩 잘 하는 거 같지 않아요.

상102: 음. 이쪽이 더 크잖아요? 통제하는 부분이 더 크고 얘는 작고?

내102: 네네.

상103: 모처럼 했다가는 "뭐 별거 아닌 거 가지고 그래? 하지 마!" 딱 그렇게 나오니까 차단될 거 같아요. 난 애를 좀 이렇게 감싸 주고 싶거든요? 이렇게 … (작은 인형 주위를 방어 벽을 만들 듯 손으로 감싸는 동작) 애한테 그런 게 못 오게 좀 막아 주고 싶은 마음이 좀 들어요!

내103: 방금 이렇게 하셨던 게 감싸 주는 게 아니라, 왠지 또 가두는 것처럼 보여 가지고 순간 되게 불쌍하게 보였어요!

상104: 네. 그렇게 보일 수도 있겠네요? 애가 좀 불쌍한 마음이 드셨네요?

내104: 네. 한 번씩 자주 좀 불쌍하단 마음이 들긴 해요. 그러고는 그걸로 끝인 것 같아요. '불쌍하다'라는 마음을 하고 ….

상105: 좋습니다. 그러면, 애에 대해 좀 따뜻한 마음을 가진 제 3의 목소리를 여기서 한번 찾아 볼까요?

내105: 음 … (가장 작은 노란색 유아 인형을 집어 듦)

상106: 오. 되게 예쁘네요? (웃음) 애가 애에 대한 따뜻한 마음을 말로 표현할 수도 있겠고, 어떤 행동으로 표현할 수도 있겠고, 한번 떠오르는 대로 해 보실래요?

내106: 음 ….

상107: 한번 말을 해 보실래요? 어떤 말을 해 주고 싶은지?

내107: 좀 … 그냥 이 목소리에 신경 안 쓰고, 좀 더 하고 싶은 대로 편하게, 그렇게 하면 좋겠어!

상108: 음 … 애를 좀 지지해 주는 그런 목소리네요?

내108: 네. (고개를 끄덕임)

상109: 어디 거리가 이 정도면 적당해요? 아니면 좀 더 …?

내109: (유아 인형을 집어 들고 작은 인형 옆에 나란히 놓음)

상110: 아 … 나란히 옆에 앉아서. 오, 그래요.

내110: 이렇게 바꿀게요. (다시 유아 인형을 들어 작은 인형과 큰 인형 사이에 놓음. 작은 인형 과 마주 봄)

상111: 아, 안 보게. 막아졌네요? 음. 서로 발이 닿았네요?

내111: 네.

상112: 이 장면을 보시면서 기분이 어떠세요?

내112: 음 … 좀 약간 보호받는 듯한 느낌? 일단은 눈에서 안보이게 되니까 뭘 하더라도 안 혼날 거 같은 ….

상113: 안 혼날 것 같은?

내113: 네. 혼나지 않을 것 같은 ….

상114: 혼난다는 단어가 지금 올라왔네요?

내114: 네. 그게 딱 맞는 느낌인 거 같아요. 항상 이렇게 혼낸다? 혼난다! 그런 느낌이 있는 거
 같아요.

상115: 혼이 나는 그런 경험들이 있으셨어요?

내115: 네, 엄청 많죠!

상116: 오 … 누구한테 주로 혼이 많이 났었어요?

내116: 엄마 아빠 두 분한테 항상 혼이 났던 거 같아요. 항상 …!

상117: 오, 항상? 예, 어떤 거 가지고 혼이 많이 나셨어요?

내117: 뭐 … 제가 잘못해서 혼이 나는 것도 있었겠지만 … 있었고 … 그냥 … 모든 거에 다 혼
 이 났었어요.

상118: 모든 것에요?

내118: 그냥 … TV 보고, 제가 웃다가 혼이 나기도 하고, 지금은 이제 안 그러는데, 예전에는 제
 가 아빠가 있을 때는 절대로 집에서 웃지를 않았었거든요. 어렸을 때 식구들이 놀이
 공원 같이 갔다가 기분 좋아서 깡총깡총 뛰었었어요. 초등학교 때였는데. 그때도 다
 커서 저렇게 까분다고 이렇게 하셔서 그 이후로 제가 도저히 또 못하겠는 거예요. 그
 런 부분들도 있었고 … 또 오늘은 아빠에 대한 이야기가 많이 나오긴 했지만, 엄마도
 굉장히 강하고 저한테 부정적인 그런 관계를 많이 맺었었는데, 엄마도 항상 … 제가
 남동생이 둘이 있는데, 엄마가 특별히 지시를 하지 않았음에도 불구하고 모든 집안일
 에 대한 보조를 제가 완벽하게 해내길 바랐어요. 제 딴에는 방을 청소했다고 해도 어
 른의 눈에는 그게 아니니까, 무조건 이제 그거를 이런 식으로 해 놨다고 혼이 나고, 동
 생들이 어지른 것도 저에게 혼을 내고, 아 그냥 … 말 그대로 저는 항상 혼이 났던 거
 같아요. 항상 ….

상119: 잘 하지 않으면 늘 혼날 거라는 생각이 드셨을 거 같아요?

내119: 잘 해도 소용이 없다는 생각을 많이 했죠.

상120: 오 … 잘해도 소용이 없다?

내120: 한 번도 칭찬을 해 준 적이 제 기억에서는 별로 없어요!

상121: 지금 오른손이 뭘 하고 있는지 한 번 알아차려 보시겠어요? 아까와는 조금 다르게 보이
 거든요? 어떤 동작인 거 같아요? 오른쪽 팔이 뭘 느끼는 거 같아요? (오른)손?

내121: 음 … 딱딱함?

상122: 뭔가 붙들고 있는 거 같은 느낌 들거든요? 항상 뭘 하더라도 소용없이 늘 야단맞던 그 상황에서 아이가 얼마나 긴장하고, 자기도 모르게 콱 붙드는, 그런 불안한 마음이 있었을 거 같아요 …!

내122: 항상 어렸을 때 항상 눈치 보고 … (고개를 끄덕임)

상123: 눈치를 안보면 또 야단맞을 수 있으니까. 혼날 수 있으니까?

내123: (고개를 끄덕임)

상124: 많이 힘들었을 거 같아요!

내124: 음 … 네 … 엄마 아빠 두 분 중에 한 분이라도 좀 … 이렇게 제 편이 돼 줬으면 (코를 훌쩍이며 휴지를 뽑음) 그래도 좀 나았을 텐데, 두 분 다 경쟁적으로 이렇게 혼을 내시니까 … 그게 좀 ….

상125: 오 … 어디 기댈 데가 없었을 거 같아요?

내125: 네.

상126: 눈물이 조금 나오려다가 쏙 들어가 버렸네요?

내126: 예. 그것도 싫어요. 아 이상해요! 한 번씩 이렇게 울고 싶을 때도 있는데 … 아, 언제부턴가 울어도 별로 소용도 없고 … 그냥 … 그래서 이렇게 약간 무난한 그런 상태를 많이 유지하게 되는 거 같아요 ….

상127: 감정을 좀 이렇게 많이 눌러 가지고, 기쁜 것도 누르고, 슬픈 감정들도 누르고, 그냥 밋밋한 감정상태를 유지해 오셨네요?

내127: 예전에는 엄마가 굉장히 심한 욕을 해도, 그냥 이렇게 그 순간 잠깐 기분이 나쁘고, 금방 친구들과 웃고 떠들고 할 수 있는 그런 상태로 … 아주 어렸을 때는 제가 생각하기에 부당하게 화가 났다 이러면, 너무 화가 나가지고 잠도 못자고 이랬었는데 … 이제는 그런 일이 있다 쳐도 잠도 잘 자고 ….

상128: 어릴 때는 애(작은 인형)가 자기표현도 하고 그랬는데, 점점 크면서 애(큰 인형)가 너무 커져 가지고 애가 점점 작아졌네요?

내128: 네 …. (고개를 끄덕임)

상129: 잠깐 감정을 한번 느껴 보실래요? 지금 이 순간. 지금 감정에 그대로 머물러 보시겠어요?(침묵. 내담자의 표정이 어두워짐) 음 … 지금 기분이 어떠신가요?

내129: 음 … 좀 울적함(?) 정도 ….

상130: 애(작은 인형)가 지금 감정이 많이 느껴지진 않지만, 그래도 울적한 감정을 느끼고 있네요? 조금 약간이긴 하지만 허용해 주고 있네요?

내130: (고개를 끄덕임)

상131: 아주 반가워요. 얘(노란 인형)가 이 앞에 있는 게 어떻게 느껴지세요? 마치 그 아이 감정을 얘가 이렇게 봐 주고 있는 그런 상상이 되거든요?

내131: 음 … 도움이 그래도 좀 되는 거 같아요!

상132: 그렇군요. 시간이 이제 되어서 마쳐야 할 거 같은데, 나는 얘가 처음엔 잘 이해가 안 되었거든요? 얘가 되게 바르게 사는 삶에 대해 강조하고, 그렇게 살지 않을 때는 이러면 안 되는데라는 생각이 들면서, 되게 엄격한 규칙 같은 걸 요구하는 그런 모습이 있어서 얘를 통해서 좀 물었었잖아요? 너한테는 그게 중요한 거 같은데, 왜 그렇게 중요하냐? 그러니까 답을 제대로 못했었잖아요. '당연한 거 아니냐?' 그런 식의 얘기만 했지. 나중에 얘기를 죽 들어 보면서 아, 쟤가 왜 생겼는지, 왜 저렇게 커지게 됐는지, 나는 이제 이해가 좀 됐거든요? 저렇게 되지 않으면, 또 혼나니까? 얘가 혼나지 않도록 하기 위해서, 얘가 어떻게 보면 얘를 보호해 주기 위해서 얘가 점점 커졌겠구나? 그런 생각이 좀 ….

내132: (휴지로 눈물을 닦음)

상133: 감정이 올라오네요?

내133: 음 ….

상134: 어떤 감정인가요?

내134: 이 머리로는 솔직히 잘 모르겠어요. 교수님이 하신 말씀이 맞는 … 제가 생각한 거랑 맞는지 아닌지 모르겠지만, 그냥 나를 이해해 주고, 그게 왠지 내 편이 돼 준 거 같은? 내 편을 들어 주고 있는 거 같은 그런 생각 때문에 고마운 생각이 드는 것 같은 … 그래서 눈물이 나는 거 같아요!

상135: 그 말 들으니까 나도 마음이 되게 따뜻해지면서, 내 마음을 알아주신 거 같아서 마음이 서로 통한 거 같아 기뻐요!

내135: 음 … (고개를 작게 끄덕임)

상136: 나는 처음부터 얘(작은 인형) 편이었지만, 항상 또 얘 편을 들어 주고 싶고, 얘 맘을 이해할 뿐만 아니라 지지해 주고 싶은, 그 마음이 처음부터 있었고, 지금도 마찬가지인데. 나는 얘 못지않게 얘(큰 인형)에 대해서도 관심이 많았거든요? 얘가 왜 저렇게 됐을까? 얘도 이유가 있을 텐데 … 그래서 이렇게 질문을 해 가면서 얘기를 들으니까, 저렇게 되지 않으면 수없이 혼났던 그런 경험들 … 그래서 혼나지 않기 위해서 그런 규칙들을 잘 배워 가지고. 정말 최대한 야단맞지 않도록 알아서 행동을 해야만 했던, 걔가 쟤구나?그런 생각이 들어서 쟤에 대해서도 따뜻한 연민의 마음이 들었어요!

내136: (고개를 끄덕이며 눈물을 닦음)

상137: 이제 마쳐야 될 시간이 된 거 같은데, 한번 오늘 같이 상담을 하면서 느낀 점들을 얘기해 주실래요?

내137: 저 자신에 대해서 새로운 시각이 이 마지막 즈음에 생긴 거 같아요! 저도 지금까지 계속 얘는 나를 힘들게 하는 애고, 너무 힘들게 해서 이 입장에서 이게 정말 싫고, 못된 존재라고 생각했는데, 얘가 얘를 보호하기 위해서 이렇게 될 수밖에 없었고, 나를 보호하기 위해서 이렇게 되었다는 게 좀 생각해 보지 못했던 그런 부분이고, 얘(작은 인형)도 불쌍하다고 생각을 했었지만 얘(큰 인형)도 불쌍하단 생각이 들면서 교수님한테 이제 나를 이해해 주는구나 고마움과 함께 … 아, 얘도 좀 불쌍하다. 이런 생각으로 더 이렇게 슬프고 … 그런 것 같습니다.

상138: 네. 아주 반갑습니다. 내가 지금 지켜본 거는 처음에 얘하고 얘가 대립관계였는데, 지금은 조금 이렇게 서로에 대한 관심도 생기고, 조금씩 이해도 하게 되고, 조금씩 서로 받아들여 가는 프로세스가 지금 막 시작되는 게 아닌가? 해서 되게 기대가 되고 희망적이에요!

내138: 네 … 그러니까요! (환하게 웃음) 감사합니다!

상139: 정말 이렇게 활짝 웃는 모습이 너무 좋고, 웃으실 때, 내가 딱 드는 생각이 '아, 지금 이 순간은 웃어도 혼날 거라는 생각을 혹시 안 하는 게 아닐까?' 그 생각이 들어서 너무 반갑네요. 웃는 모습이 너무 좋아요!

내139: 감사합니다!

상140: 그래요. 이 정도로 할까요?

〈토론〉

린 제이콥스: 보면서 너무 즐거웠습니다. 저는 흥미로웠던 게 몇 가지 있는데, 그중 하나를 말씀드리자면, 저는 어떤 실험이 나타날 때 대화를 통해서 실험이 나타나기를 원합니다. 그런데 이 실험은 그런 식으로 나타났던 거 같아요. 그 첫 번째 대화의 연결선상에 있었습니다. 근데 ** 씨가 느꼈던 딜레마 중에 하나는 여러 가지 정서상태에 대한 어떤 뭔가 명확해지는 게 필요했던 거 같아요.

그런데 김 교수님이 해 주신 것은 여기 있는 인형들에게 그 정서상태 하나를 넣어 주신 거죠. 처음에는 어떤 것은 극대, 양극으로 나타났죠. 그리고 또 다른 인형이 나타났어요. 근데 그때 잘 해 주신 것이 이 인형이 이미 이 안에 있다는 것을 지적해 주셨어요. 그다음에 이 세 번째 인형이 나타났죠. 근데 이것은 이 두 가지 정신상태를 통합했다는 것은 아니고요.

다른 마음상태가 어떤 식으로 의사소통하는지 의사소통이 변했죠. 그런데 그 과정을 통해 ** 씨가 각각의 마음상태와 자신의 마음을 연결시킬 수 있었습니다. 이 상태, 저 상태를 느낄 수 있었습니다. 그래서 '한 마음상태는 적이다!'라는 게 아니라, '각 마음상태가 나에게 있어서 어떤 기능을 하는구나!' 하고 깨달을 수 있었죠. 하지만 이 대화가 이루어지긴 해도 초기단계이고 불안정한 상태이지요. 중간에 내가 이런 자기를 없애고 싶다 이런 얘기를 했었죠.

그런데 그 얘기를 들으셨는지 모르겠지만, 어느 순간에 "이게 저예요." 그랬죠. 아직도 뭔가 혼동되는 부분이 있는 거 같아요. 하지만 같이 작업을 하시면서 아주 적절했다고 생각하는데, "이 인형이 ** 씨가 혼나는 걸 막아 주네요?" 하셨어요. 그 혼나는 건 정말 좀 심했어요. 그런데 선생님과 내담자가 함께 이 인형이 어떤 식으로 보호해 주고 있었는지 안전하게 해 주고 있었는지 깨달았을 때, 그래서 '이게 나다!'라기보다는 '나를 도와주는 존재구나.'를 깨달았던 거 같아요.

진짜 좋았던 점이 선생님도 좋아하는 취향이 있었지만, 그게 내담자를 방해하는 요소로 내버려 두진 않으셨습니다. 그래서 어떤 대화적으로 진행할 때 실험이 이런 면이 좋습니다. 그래서 선생님이 이렇게 지켜보시면서 이렇게 끝났으면 하는 바람은 있었지만, 그걸 강요하진 않으셨어요. 그리고 제가 상담에 있어서 이 실험이 대화적으로 어떻게 연결되는지 흥미로웠던 점은 의자에서 약간 앞으로 당겨서 계셨죠. 뒤로 물러서서 관찰자로서 지켜보지 않으셨어요. 내담자와 더듬어 가며 함께 계셨어요.

어떤 결과를 몰아가려고 강요하지 않았단 점과 계속 관심을 기울이며 함께 있었다는 점, 이것이 바로 변화의 역설적인 이론에서 지지하는 그런 부분입니다. 그랬을 때 뭔가 변화하지 않더라도 하나하나의 경험에 적용시키면서 수용할 수 있었죠. 어떤 면에서는 김정규 선생님이 그것을 모델링으로 보여 주셨습니다. 이러셨죠. "어, 저는 이럴 줄 알았는데요!" 그리고 사실 '이랬으면 했는데요!' 하는 뉘앙스를 풍기셨죠. 그리고 사실 내가 이걸 원했어요! 그렇게 표현하는 게 편했어요. 하지만 꼭 이래야만 한다! 하는 마음은 없으셨죠. 그래서 상담자 자신이 느끼는 걸 비록 표현했지만, 계속 진행해 나가실 수 있었어요.

그런데 그게 ** 씨에게는 뭔가 지금까지와는 다른 방법이었을 거 같아요. 그렇다면 이 경험에 대한 어떤 것도 틀렸거나 나쁜 게 아니라는 걸 보여 주셨던 거죠. '그냥 어떤 실험의 한 순간일 뿐이다.' 그래서 두 분이 같이 진행하시는 걸 보면서 저도 함께 참여하는 게 반가웠습니다.

김정규: 네, 고맙습니다. 정말 많은 자세한 부분까지 포함해서 지지를 해 주시는 부분이 너무 힘이 되고, 고맙게 생각됩니다.

질문자(1)1: 감동적인 시간 잘 보았습니다. 내담자가 나와서 이렇게 해도 혼나고, 저렇게 해도 혼나고, 잘해도 소용이 없다는 얘기를 했었고, 나중에는 눈물을 흘리다가 그쳤을 때 교수님께서 그걸 말씀을 하시니까 울어도 소용이 없다는 얘길 하시는 걸 보면서 찐하기도 하고, 안타까움도 있고 그랬습니다.

제가 인형으로 상황극을 연출하는 걸 보며 예전에 교수님께서 즐겨 사용하시던 상전과 하인 개념이 떠올랐는데, 내사된 비판적인 목소리에 대해서 교수님은 또 다른 사례에서 상전에 대해 "입 닥쳐!"라고 말할 수 있도록 해 주셨는데, 오늘은 "입 닥쳐!"라고 하시지 않고, 그 상전의 상태까지 봐주시면서 정말 이해받는 기분이 들었겠구나. 해서 그런 점에서도 굉장히 감동을 받았습니다.

처음에 그립도구를 가지고 나오시고 얘기가 진행되면서 내담자가 비판적인 목소리와 자기 목소리에 대해서 명확히 구분하지 못할 때, 교수님께서 분명하게 나눠 주시고, 내담자가 자기 오른쪽 다리를 쓸 때 첫 번째, 부드러움에 대해 얘기했었고 두 번째에 "무엇을 알아차리세요?"라고 얘기했을 때, "어떤 딱딱함?"이라고 했고, 교수님께서 "무엇을 찾고 계시냐?"라고 말씀하셨는데, 그런 과정에서 결과와 상관없이 교수님께선 이 상담에 대해 처음부터 어떤 계획된 바가 있었는지? 아니면, 상담자의 의도대로 하고 싶은 욕구가 있었는지? 궁금했습니다.

김정규: 어떤 방향으로 발전되었으면 좋겠다는 비전은 있었습니다. 하지만 어떤 방향으로 억지로 끌고 가려는 그런 마음이 일어날까 봐 경계를 하고 있었고요, 그런 마음이 한 번씩 일어나는 걸 느낄 때도 있었어요. 하지만 그런 건 알아차리고 놓아 버리고, 그리고 내담자의 프로세스를 따라가는 쪽으로 했고, 일단은 어떤 방향성으로 가는 것이 이 내담자의 갈등을 극복하는 방향으로 바람직할지 그런 컨셉은 있었습니다.

질문자(1)2: 고맙습니다.

린 제이콥스: 제가 좀 더 덧붙이자면요. 하지만 제가 받은 인상은 '내담자가 이걸 꼭 해소해야만 한다.' 그런 인상은 받지 않았습니다. 뭔가 힘 있게 인도하시긴 했지만, '이 문제를

해결해야만 한다.' 그런 당위성에 있어서 압력을 받은 느낌은 없었어요!

질문자(2)1: 아까 상담 중에 억압받는 자아에 대해서 방어해 줄 인형을 고르라고 했을 때, 내담자가 그보다 더 작은 사이즈의 인형을 골라서 사람들이 보면서 그 순간 웃었거든요. 그런데 그게 저한테는 큰 의미로 다가왔던 게, 내담자가 내내 영리하다는 생각을 했어요. 굉장히 잘 알아차리고, 그것에 대해 금방 말을 하고 있고, 그런데 그게 머리 쪽에서 이루어지는 부분이 더 많았고, 감정에서 일어나는 것보다 더 많다는 인상을 받았는데, 방어해 주는 쪽이 방어받는 쪽보다 더 작았지만, 저는 그 순간 풋 하고 웃었지만, 슬펐거든요. 그 순간에. 선생님께서 그냥 같이 웃고 넘어가셨거든요. 그래서 저는 되게 크게 와 닿았던 장면이라서 선생님께서 잠깐 언급해 주실 부분이 있는지 궁금했어요.

김정규: 질문을 제가 정확히 이해했는지 모르겠지만 두 인형을 고르는 부분이 중요했기 때문에 제가 생각했던 부분만 얘기하도록 하겠습니다. 내담자가 자기 자신이 갖고 있는 어떤 생각들, 행동들 그게 불합리하다는 생각을 강하게 갖고 있었잖아요? 자기가 갖고 있는 생각에 대해 창피하고 못마땅한 감정들이 표면에 있었거든요. 그게 이 인형(작은 인형)으로 표현되었는데, 얘가 되게 크게 보였어요. 마치 내담자의 얘기를 들으면 얘(작은 인형)가 되게 큰 것처럼 보였던 말이죠. 그런데 내 추측은 얘가 그렇게 중요한 인물이 아닐 거란 거였어요. 비록 표면에는 얘가 상전구실을 하고 있지만. 얘가 상전이긴 한데, 얘가 상전이 되었다가 쟤가 상전이 되었다가 왔다 갔다 하다가 결국 나중에는 분명하게 쟤가 상전이 되고, 얘는 하인의 모습으로 분명하게 정리가 되었죠.

어쨌건 처음에 얘가 되게 큰 것으로 내담자는 지각하고 있었어요. 자기가 그런 생각을 갖고 있다는 것, 모든 사람이 규범을 지켜야 한다는 엄격한 걸 갖고 있다는 것에 대해 창피하게 생각하고, 쟤가 잘못됐다고 생각하는 걸 크게 생각하고 있었는데. 본인은 그렇게 지각을 하고 있었어요. 왜냐면 본인이 심리학 공부를 많이 하고, 자각을 많이 했기에 얘가 더 크다고 생각하고 있었지요. 하지만 내가 볼 때는 쟤가 더 커 보였거든요. 왜냐면 실제로 행동에서 나타나는 부분은 쟤가 작동하는 것이지 얘가 작동하는 게 아니거든요. 그래서 쟤를 중요하다고 처음부터 생각했지요. 하지만 처음부터 쟤로 바로 들어갈 수 없고, 얘가 가로막고 있었기 때문에 얘를 다루어 주지 않으면 쟤로 들어갈 수 없을 것 같았어요.

그래서 얘를 데리고 나와서 얘길 주고받으며 작업을 해 나갔지요. 그런데 나는 표면적으론 상전의 목소리였기 때문에 더 클 줄 알았어요. 그런데 얘는 조그마한 아이로 골라서 깜짝 놀랐고 그 얘기를 했지요. 그런데 그 얘기가 중요했어요. 결국은 자기한테는 저게 더 중요하다, 속으로는 더 중요하단 걸 본인은 알고 있었던 거지요. 그래서 그 순간 되게 반가웠어요. 작업방향이 더 분명하게 보였어요. 그래서 작긴 하지만 얘가 쟤에 대해서 불편하게 생각하고 있는 그 마음을 탐색을 하고서 왜 그렇게 생각하는지 정리하려고 했죠.

결국은 시간이 많이 소모되지 않았어요. 쟤가 더 중요하다는 것이 우선 시각적으로 분명히 드러났기 때문에. 본인도 '아, 쟤가 중요하구나!' 알게 되었지요. 그러면서 점점 얘(작은 인형)의 성격이 달라졌어요. 쟤가 너무 엄격한 기준을 요구하기 때문에 자기가 힘들다, 나는 쟤가 싫고 힘들었고, 내가 이렇게 힘든데 다른 사람도 싫어할 거다! 이런 얘기가 나왔지요. 나는 얘가 쟤 때문에 되게 고생했다는 얘기가 되게 중요하게 느껴졌어요. 그 순간 '얘가 하인이구나!' 알게 되었고. 얘가 상전의 목소리를 내긴 했지만 그건 나중에 본인이 생각해서 개발한 부분이고, '사실은 얘가 하인이 맞다!' 그렇게 정리한 거죠. 이런 작업을 할 때 어떤 감정을 어떤 인형이 대변하는지 그걸 분명하게 정리해 두는 게 대단히 중요합니다. 쟤를 분명하게 해 주고 얘를 하인의 자리에 확실히 앉히면서 작업의 진도가 나가기 시작했죠.

린 제이콥스: 뭔가 덧붙이고 싶은데요. 이전 작업과 연결되는 부분인데요. 제 첫 작업에서도 나온 부분인데, 이 규칙들이 취약해진 상태에 대해 보호하는 역할이 있었어요. 이 작업에서는 이 규칙들이 혼나는 것에 대해 보호해 주는 기능이 있다고 나타났지요. 그랬을 때 내담자에게 더 감정적으로 와 닿고, 그래서 더 의미 있게 나타났던 거 같습니다. 그런데 여기서 중요한 점은 김정규 교수님도 그렇고, 저도 그렇고, 이것이 내담자에게 있어 상당히 중요한 부분인데, '무엇 무엇이 나쁘다.'라고 생각하지 않았던 점입니다.

객석질문자(3)1: 지금 거기서 덧붙여서 여쭙고 싶은 게 있는데요. 처음에는 인형을 두 개 고르라고 해서 두 개 고르고 난 다음에, 내담자가 하나를 더 고르고 싶어 해서, 하나를 더 골랐잖아요? 그런데 교수님께서 그것을 명확하게, 아 이 목소리는 여기에 포함되니까 하면서 두 개로 분별시켜 주셨어요. 그런데 마지막에 또 다른 인형을 고르게 해서 이쪽 편을 도와주게 하셨잖아요? 이 부분이 잘 이해가 되지 않거든요. 어떤 새로운 인물도 아니고, 또다시 내면의 목소리인데, 또다시 셋으로 나누는 것이 이해가 되지 않았습니다.

김정규: 내가 나눴다기보다는 자연스럽게 내담자에게서 나타나는 그런 감정의 변화를, 목소리를 보고서, 이를 잘 볼 수 있도록 인형을 골라서 얘길 하게끔 … 실제로 자기가 했던 목소리예요! 그 말을 좀 더 잘 볼 수 있도록 가시화시켜 준 것입니다.

질문자(3)2: 그럼 처음에 하나 더 고른 것을 이쪽에 포함된다. 라고 하셨는데, 그다음에 새로 골랐을 때, 인형 두 개가 말할 수 없는 다른 것이 또 있다고 생각하셨던 건가요?

김정규: 그렇죠. 전혀 새로운 목소리였어요. 처음에 나타났던 목소리는 상전의 목소리거든요. 이런 상황에선 이렇게, 저런 상황에선 저렇게 말하는, 그래서 다른 목소리처럼 보이나 본질적으로 같은 목소리예요. 그런데 나중에 세 번째 나타난 목소리는 얘에게 따뜻함을 갖고 있는, 그런 마음, 제3의 목소리가 나타났어요. 정말 다른 목소리였어요.

질문자(3)3: 그럼 그것도 내면에 가지고 있는 또 다른 목소리라는 건가요?

김정규: 네, 그렇습니다.

린 제이콥스: 저희 내면에 어떻게 보면, 커다란 사람이 가득 찬 방이 있죠. 저는 솔직히 두 목소리가 있다는 것은 믿겨지지 않습니다. 그렇다면 이분법적인 얘기잖아요? 어쩌면 두 목소리의 소리만 듣고 있고, 다른 목소리의 소린 듣고 있지 않다는 거죠? 예를 들면 이런….

질문자4(1): 린 제이콥스 박사님께 여쭈고 싶은데, 초창기에 내담자가 **"피부가 벗겨진 거 같다."**고 얘길 했어요. 누가 내 피부에 있었는지는 모르겠지만 피부가 벗겨진 거 같았다란 얘길 했었는데, 혹시 '그 피부가 벗겨진 취약성이 어디서 나왔는지 작업을 진행했으면 어땠을까?'란 궁금증이 있습니다.

린 제이콥스: ** 씨에겐 맨살이 드러나는 이미지가 그다지 와 닿지 않는 거 같았어요. 그래서 내면에 있는 취약성에 대해 다루기 위해서는 ** 씨에게 좀 더 와 닿는 이미지를 찾아야 했습니다. 그런데 그 취약성에 대해서 접근하려고 노력했는데요, 그런데 그 취약성을 다루기 이전에 이 목소리에 대한 수치심을 먼저 다뤄야겠단 생각을 했습니다. 선생님의 질문에 대한 답을 드리자면, 그 취약성을 다루자면 다른 이미지를 찾아야 했을 거 같습니다.

질문자5(1): 오전에 했었던 제이콥스 박사님의 시연에서 어제 강의하셨던 상담자 입장에서의 경청과 내담자 입장에서의 경청이 어떻게 나왔었는지 여쭙고 싶습니다.

린 제이콥스: 기억한다는 게 쉽지 않네요. 여기서 어떻게 나타나는지 물어보실까 했어요. 김정규 교수님의 작업에서 저에게 흥분되는 요소 중 하나는 '이 부분에 있어서 내담자의 시각과 내 시각이 다르구나!' 하고 알아차리는 부분이었어요. 하지만 알아차린 다음에 내담자의 시각에 대해 관심을 가지셨죠? 내담자와 상담자의 말이 틀렸을 때는, 나는 맞고 내담자는 틀렸다는 생각을 할 때마다 좀 더 잘 경청하면, 좀 더 깊은 차원에서는 내담자가 항상 옳게 된다는 얘기가 있습니다. 그래서 제 회기에서는요. 어떤 면에

선 비슷한 현상이 나타났는데요.

제가 어떤 취약성과 맨살이 드러나는 이미지를 쓸려고 했을 때, 내담자는 그에 대해서 관심을 가지지 않고 와 닿지 않는 듯하여 내버려 두었습니다. 회기의 끝부분에서 이런 얘길 했었지요. 규칙을 따르는 부분을 없애자는 부분에 동의할 수 없었지요. 내담자의 입장에서 잘 경청하고 있었지만, 내담자의 의향에 동조할 수 없었습니다. 어떤 면에선 그걸 보시고 내담자 입장에서 경청 않는 게 아닐까 생각할 수 있겠지만, 제가 내담자를 잘 경청하면서 깨닫게 된 바가 있습니다. 이런 규칙들이 사실은 ** 씨에게 중요하다는 거죠.

분명히 규칙에 대한 수치심이 있었음에도 불구하고 규칙이 ** 씨에게 중요하단 걸 깨달을 수 있었습니다. 그래서 제가 내담자의 입장에서 깊숙이 경청했을 때, 때로는 내담자가 말로서 진술한 부분에 반대되는 의견을 낼 수 있게 만들어 주었습니다. 약간 안 맞는 것처럼 들릴 수도 있겠지만, 저희는 이런 걸 많이 사용합니다. 예를 들자면, 때로는 근친상간 피해자와 작업을 하는데요. 어떤 면에선 그들이 가진 어떤 경계가 무너지는 피해를 당합니다.

때로는 그들이 느끼는 감정들이 이 안에 갇혀 있다는 느낌을 받습니다. 그래서 커다란 콘크리트로 막혀 있는 느낌을 받습니다. 그래서 마음속 고통스러운 감정이 표면으로 나타나길 간절히 바랍니다. 아니면 상담자가 그들의 고통에 다가와 치유해 주는 손길을 느끼길 바랍니다. 하지만 그들이 스스로 그 벽을 허물고 약한 부분을 드러내는 건 너무나 힘들어합니다. 그래서 때로는 상담자가 이런 실험을 제안하길 원합니다. 그래서 시멘트벽을 뚫고 나가는 경험을 할 수 있도록. 하지만 그렇게 하지 않습니다.

왜냐면 만약에 그런 식으로 상담자가 침습적으로 개입을 한다면, 경계가 무너지는 경험을 또다시 하게 되기 때문입니다. 때로는 그들이 원하는 욕구에 대해서 안 된다고 말하는 게 논리적이지 않은 것처럼 느껴지지만, 어떤 면에선 더 깊이 있는 욕구를 받아들여 주는 것입니다. 뭔가 존중받을 수 있는 존재로서 대우를 받길 바라는 바람, 그리고 스스로 선택권을 갖고 자신을 통제할 수 있다는 바람을 존중해 주는 거죠.

질문자1(3): 이번 회기에서 내담자가 화상에 어깨 피부가 벗겨질 정도였다고 말씀하실 때, 엊그제 린 제이콥스 박사님께서 말씀하신 게 기억이 났고 관련이 있다고 생각이 들었습니다.

린 제이콥스: 참 재미있네요. 그 이미지가 결국은 두 번째 치료 장면에서 나타났네요. 흥미롭습니다. 그런데 진짜 그 상황을 듣고 있자니 제가 너무 화가 나더라고요!

질문자6(1): 오전 회기에서 대장이 한번 되어 보라고 하셔서 같이 일어나셨던 장면이 있거든 요? 지금까지는 게슈탈트를 하면서 어떻게든 감정이 나와야 나도 접촉이 된다는 강박 적인 생각을 하고 있었던 거 같아요. 그래서 끊임없이 감정의 우물을 파려고 내담자를 촉구했던 걸 깨달았고요. 오늘 제가 놀란 것은 끊임없이 사고를 말하는 영리한 내담자 인데, 드러내는 건 사고지만 깊은 곳에서 절망하고 있는 감정을 알아차려 주신 거 같 았어요.

그래서 드러나는 사고 속에 있다고 감정이 아니라고 했던 저의 가벼운 실수들이 부 끄럽게 느껴졌던 거 같고, 시야가 한층 넓어진 것 같습니다. 그리고 대장이 되어 보라 고 해서 같이 일어났다가, "** 씨가 원하는 건 지금 앉는 거죠?"라고 하시며 얼른 앉으 라고 하셨는데, 드리고 싶은 말씀은 ** 씨가 이미 그 장면에서 선생님의 대장이었던 거 같아요. ** 씨는 모든 장면에 대해서 아닌 건 아니라고 하고, 모든 면에서 대장처럼 보 였거든요. 선생님이 오히려 밑의 군인처럼. 그래서 그 부분을 되게 지지하고 싶다는 생각이 들었어요. 대장이 꼭 명령하는 자리가 아니고, 어떤 명령이 왔을 때 거부하는 모습이 대장인데 저는 ** 씨가 그런 면이 있다고 느껴져서 부러웠어요.

린 제이콥스: 참 흥미롭습니다. 저는 힘겨루기가 나타났을 때 잘 못 봅니다. 그래서 지금 말씀 하신 대로 저는 생각을 하지 않았을 거 같습니다. 만약에 ** 씨에게 있어서 대장과 부하 란 관계가 의미가 있었다고 한다면, 그래서 어떤 면에선 ** 씨의 영혼을 위한 전쟁에 제 가 기꺼이 따라나섰다는 게 기쁩니다. 참 흥미로워요. '** 씨가 아니다.'라고 하는 것들 이 전부 저에게는 괜찮았어요. 어떤 면에선 나는 이런 사람이라는 권리를 나타내고 있 었지요. 그리고 그걸로 충분했어요. 제가 좀 졸병은 아니었길 빌어요. 적어도 중령 정 도는 되었으면 좋겠다고 생각합니다.

질문자7(1): 제이콥스 선생님께 질문이 있는데요. 첫 번째 오전의 회기에서 내담자의 내면의 힘 든 점을 이미지와 연결했을 때, 그런 점에 있어서, 어떻게 접근하시는지 궁금합니다. 내면의 힘든 상태를 연결했을 때, 어떤 이미지가 떠오르시고 어떻게 접근하시는지 궁 금합니다.

린 제이콥스: 상처 난 맨살이 드러난 것이 왜 떠올랐냐면, 모든 것이 짜증이 난다고 했잖아요? 알고 싶으신 부분이 이 부분인가요? 만약에 ** 씨가 이 부분을 와 닿는다 했다면, 어떤 작업을 했을지 궁금하신 건가요?

질문자7(2): 내담자와 작업을 할 때, 이미지와 연결을 시킨다면, 어떻게 그 이미지까지 가시는 지 …?

린 제이콥스: 그 질문에 대해서 활용하실 만한 대답을 못 드릴 거 같네요. 우리 상담자들 한 명한 명은 자기 스타일이 있고, 상징이나 이미지를 만들어 내는 스타일이 다릅니다. 아니면 문학작품을 인용하거나 영화를 인용한다거나 유머, 말장난 등. 그래서 꼭 이미지를 활용하셔야 하는 건 아니에요. 상징화는 여러 가지 방법이 있는데, (선생님께) 맞는 방법을 활용하는 게 중요하다고 봅니다. 도움이 되셨길 바랍니다.

참·고·문·헌

고영옥(2002). 게슈탈트 관계성 향상 프로그램이 유창성장애인의 말더듬 빈도 및 불안 감소에 미치는 영향. 한국게슈탈트치료연구, 2(1), 83-99.

고영옥(2007). 게슈탈트치료가 유창성장애성인의 말더듬 행동 및 자각에 미치는 효과. 대구대학교 대학원 석사학위논문.

고영옥(2013). 게슈탈트치료를 통한 말더듬성인의 유창성개선(사례연구). 한국게슈탈트치료연구, 3(1), 21-42.

고일다(2009). 중년 여성이 우울 감소를 위한 게슈탈트 관계성 향상 프로그램의 개발 및 효과. 성신여자대학교 대학원 석사학위논문.

고일다, 김정규(2011). 중년여성의 우울감소를 위한 게슈탈트 관계성 향상 프로그램의 개발 및 효과. 한국게슈탈트치료연구, 1(1), 33-50.

고하나(2009). 게슈탈트 관계성 향상 프로그램(GRIP)이 ADHD성향 아동의 자기조절능력과 집행기능에 미치는 영향: 놀이를 중심으로. 성신여자대학교 대학원 석사학위논문.

고하나, 김정규(2011). 게슈탈트 관계성 향상 프로그램이 ADHD성향 아동의 자기조절능력과 집행기능에 미치는 영향. 한국게슈탈트치료연구, 1(2), 51-69.

고혜민(2010). 게슈탈트 미술치료 프로그램이 학교부적응아동의 자아존중감에 미치는 효과. 부산교육대학교 교육대학원 석사학위논문.

공유진(2013). 감정에 대한 인지주의의 수정과 확장. 철학연구, 제48집. 고려대학교 철학연구소.

곽윤이(2005). 게슈탈트 놀이 및 예술치료가 우울한 중학생의 자기개념에 미치는 영향. 성신여자대학교 대학원 석사학위논문.

국미(2015). 만성 조현병 환자를 위한 연극 활용 게슈탈트 관계성향상 프로그램 개발과 그 효과에 대한 연구. 성신여자대학교 대학원 석사학위논문.

김군자(2002). 알코올 환자들을 위한 음악치료 효과의 검증: 분석적 음악치료와 게슈탈트 음악치료를 중심으로. 이화여자대학교 대학원 박사학위논문.

김근혜(2000). 학급 대상의 게슈탈트 집단상담이 자아개념에 미치는 효과. 대구가톨릭대학교 대학원 석사학위논문.

김나리, 조영일(2014). 국내 심리학 분야의 정서노동 연구 개관. 한국게슈탈트상담연구, 4(1), 85-108.

김대웅(2005). 게슈탈트 미술치료가 부적응 청소년의 자기존중감과 사회성에 미치는 영향. 영남대 환경보건대학원 석사학위논문.

김명희(2009). 게슈탈트 집단미술치료가 학교부적응 청소년의 자아존중감에 미치는 효과. 조선대학교 교육대학원 석사학위논문.

김묘정(2007). 게슈탈트 집단치료가 실연을 경험한 대학생들의 자아가치관과 부정적 정서에 미치는 효과. 성신여자대학교 대학원 석사학위논문.

김미경(2007). 신체중심 게슈탈트 집단상담이 부적응학생의 자기수용과 학교적응에 미치는 효과. 가톨릭대학교 상담심리대학원 석사학위논문.

김미선(1999). 게슈탈트 집단상담이 아동의 대인간문제해결력과 자기 표현력에 미치는 영향. 한국외국어대학교 교육대학원 석사학위논문.

김미연(2011). 사회적 상호작용 불안 감소를 위한 게슈탈트 관계성 향상 프로그램(GRIP)의 효과. 성신여자대학교 대학원 석사학위논문.

김민정(2003). 게슈탈트 집단치료가 가출청소년의 자기개념, 우울, 불안에 미치는 영향. 성신여자대학교 대학원 석사학위논문.

김민정, 김정규(2006). 게슈탈트 집단치료가 가출청소년의 자기개념, 우울, 불안에 미치는 영향. 심리학회지: 일반, 25(2), 41-57.

김복순(2002). 경계선 성격특성과 게슈탈트 접촉경계혼란간의 관계. 성신여자대학교 대학원 석사학위논문.

김사과(2013). 이천 년대의 마음. 한겨례신문 2013년 5월 13일자. 오피니언.

김수진(2003). 자각중심 게슈탈트 집단상담 프로그램이 초등학생의 자기효능감 향상에 미치는 효과. 한국교원대학교 대학원 석사학위논문.

김수현(2012). 게슈탈트 집단상담 프로그램이 남자 중학생의 스트레스와 대인관계에 미치는 영향. 동아대학교 교육대학원 석사학위논문.

김숙희(2012). 비행청소년의 분노와 충동성 조절을 위한 게슈탈트 관계성향상 프로그램 효과 연구. 성신여자대학교 대학원 석사학위논문.

김연주(2008). 폭식 행동에 대한 게슈탈트 집단치료 프로그램 개발 및 효과. 성신여자대학교 대학원 석사학위논문.

김영주(2014). 게슈탈트 심리치료 이론의 자기 개념. 한국게슈탈트상담연구, 4(1), 1-25.

김영희(1997). 게슈탈트 집단상담의 빈 의자 기법이 대인간갈등해소에 미치는 효과. 계명대학교 교육대학원 석사학위논문.

김은영(2006). 재가노인의 우울 감소를 위한 게슈탈트 집단치료 프로그램 개발 및 효과. 성신여자대학교 대학원 석사학위논문.

김은영, 김정규(2011). 게슈탈트 집단치료 프로그램이 여성 재가노인의 우울 및 생활만족도와 자아통합감에 미치는 효과. 상담학연구, 12(1), 261-281.

김은진(1997). 게슈탈트 집단상담을 통한 아동의 공격성 변화 연구. 한국외국어대학교 교육대학원 석사학위논문.

김인자(2013). 게슈탈트 집단미술치료가 보육시설거주 청소년의 자기개념과 대인관계에 미치는 효과. 서울불교대학원대학교 석사학위논문.

김정규(1995). 게슈탈트심리치료: 창조적 삶과 성장. 학지사: 서울.

김정규(1998). 자기심리학과 게슈탈트 심리치료의 대화. 한국심리학회지: 임상, 17(1), 17-38.

김정규(2003). 비파사나 명상과 인지행동 치료를 통합한 불안장애의 게슈탈트 심리치료. 한국심리학회지: 임상, 22(3), 475-503.

김정규(2008). 게슈탈트 심리치료와 종교성. 한국심리학회지: 임상, 27(2), 481-498.

김정규(2010a). 게슈탈트 관계성 향상 프로그램(GRIP) 사용자 매뉴얼. 서울: 게슈탈트미디어.

김정규(2010b). 한국 청소년들의 자기 존중감 및 관계성 향상을 위한 게슈탈트치료에서의 버츄카드 응용가능성. 한국심리학회지: 일반, 29(3), 631-658.

김정규(2011). Restructuring Background by Letting Go of Clinging and Avoidance. 한국게슈탈트치료연구, 1(1), 1-11.

김정규(2012). 나를 알아가는 과정, 게슈탈트 심리치료. 한국게슈탈트치료연구, 2(2), 81-86.

김정규, 이상하, 이린아, 김정한, 신지영, 이동훈(2014). 게슈탈트 관계성 향상 프로그램(GRIP)이 하나원 거주 북한이탈주민들의 심리적 안정성에 미치는 효과: 자아개념, 사회성, 충동성, 불안과 우울을 중심으로. 놀이치료연구, 18(1), 89-103.

김정규, Kramer, G. (2013). 불안 다루기 통찰대화명상(Insight Dialogue Meditation with Anxiety Problems). 한국게슈탈트 상담연구, 3(2), 1-10.

김정미(2004). 파워먼트증진을 위한 인지행동집단상담과 게슈탈트 집단상담 비교. 경북대학교 대학원 박사학위논문.

김정미, 김성희(2005). 여성임파워먼트 증진을 위한 인지행동 집단상담과 게슈탈트 집단상담. 비교상담학연구, 6(3), 821-835.

김주희(2005). 부적응 문제를 가진 영세가정 아동들의 게슈탈트 치료와 학습 및 치료 효과 비교. 성신여자대학교 대학원 석사학위논문.

김주희, 김정규(2012). 비행청소년의 우울과 접촉경계혼란 특성 및 대인관계 특성. 한국게슈탈트치료연구, 2(2), 63-79.

김지양, 김정규(2012). 게슈탈트치료 개인사례연구: 만남, 신체과정, 수치심. 한국게슈탈트치료연구, 2(1), 55-81.

김지원(2015). 게슈탈트 접촉경계진단검사의 타당도 연구. 성신여자대학교 대학원 박사학위논문.

김지은(2007). 시설 아동을 위한 게슈탈트 예술치료 프로그램 개발 및 효과. 성신여자대학교 대학원 석사학위논문.

김진아(2015). 그림상황카드에서 나타나는 청소년들의 반응 패턴 분석. 성신여자대학교 대학원 박사학위논문.

김진아, 김정규(2012). 그림 그림상황카드-아동용 타당화 예비연구. 한국게슈탈트치료연구, 2(2), 43-61.

김진주(2009). 심리적 수용촉진을 위한 게슈탈트 관계성 향상 프로그램의 개발 및 효과: 성인여성의 스트레스 반응 감소를 중심으로. 성신여자대학교 대학원 석사학위논문.

김창호(2009). 게슈탈트 집단미술치료가 시설 부랑인의 우울

과 자기개념에 미치는 효과. 서울불교대학원대학교 석
사학위논문.

김한규(2013). 펄스이즘과 펄스 이후의 게슈탈트 치료. 한
국게슈탈트치료연구, 3(2), 39-56.

김현주(2007). 마음챙김 명상을 활용한 게슈탈트 통증 집단치
료 프로그램 개발 및 효과. 성신여자대학교 대학원 석사
학위논문.

김혜신(1996). 게슈탈트요법의 상담자와 피상담자관계:
Dayringer의 목회상담학적 고찰. 연세대학교 연합신학
대학원 석사학위논문.

김효숙(2010). 노작중심 및 관계중심 게슈탈트 집단상담이 중
학생의 공격성에 미치는 효과. 동아대학교대학원 박사
학위논문.

김효숙(2011). 노작중심 게슈탈트 집단상담이 중학생의 공격성
에 미치는 효과. 한국게슈탈트치료연구, 1(2), 89-107.

김홍례(2005). 신체활동 중심의 게슈탈트 집단상담이 초등학
교 아동의 자기효능감 및 학교적응에 미치는 영향. 한국
교원대학교 교육대학원 석사학위논문.

김희경, 심혜숙, 이동훈(2012). 대학생의 성인애착이 이성관계
만족도에 미치는 영향−정서인식 명확성과 정서표현억
제의 매개효과. 한국게슈탈트치료연구, 2(2), 1-21.

김희성(2007). 가정폭력 경험 청소년을 위한 게슈탈트 예술치
료 프로그램 개발 및 효과. 성신여자대학교 대학원 석사
학위논문.

김희성(2012). 게슈탈트 예술치료프로그램이 가정폭력경험 청
소년의 자아존중감에 미치는 영향. 청소년학연구, 19(4),
1-26.

김희주, 원희랑(2012). 기혼 여성의 우울 및 가족관계 개선을
위한 게슈탈트 미술치료 사례연구. 미술치료연구, 19(3),
677-701.

나해숙(2002). 게슈탈트 집단 음악상담이 내담자의 우울 감소
에 미치는 효과. 상담학연구, 3(2), 385-401.

도윤지(2010). 새터민 청소년의 문화적응 스트레스 감소를 위
한 표현예술치료 프로그램 개발연구. 한양대학교 교육
대학원 석사학위논문.

문상미(2012) 중증장애형제를 둔 아동의 정서지능 촉진을 위
한 게슈탈트 치료 프로그램 개발. 한남대학교 대학원 석
사학위논문.

민현정(2003). 우울 성향 아동에 대한 게슈탈트 집단 치료 프로
그램 개발 및 효과. 성신여자대학교 대학원 석사학위논문.

박광선, 주대창(2013). 음악 활동이 초등학교 신입생의 적응 및
자기효능감에 미치는 영향. 한국게슈탈트 상담연구, 3(2),
57-69.

박대령(2003). 발표불안 감소를 위한 게슈탈트 집단치료 프로
그램 개발과 효과 연구: 내사의 표현과정과 자기수용을
중심으로. 성신여자대학교 대학원 석사학위논문.

박대령(2011). 사회공포증의 게슈탈트 심리치료 프로그램개발
을 위한 연구. 한국게슈탈트치료학회, 1(2), 51~64.

박민경(2011). 게슈탈트 집단미술치료가 중학생의 정서지능에
미치는 효과. 공주대교육대학원 석사학위논문.

박민아(2013). 초등학교 저학년의 또래 괴롭힘 예방을 위한 게
슈탈트 집단상담 프로그램 개발 및 효과성 검증. 성신여
자대학교 대학원 석사학위논문.

박소연(2004). 부정적인 신체상을 지닌 여대생에 대한 게슈탈
트 집단치료의 효과: 신체상, 자아가치관, 우울을 중심
으로. 성신여자대학교 대학원 석사학위논문.

박순덕(1997). 전문직 여성의 자아실현과 스트레스 연구: 게슈
탈트집단상담기법을 중심으로. 부산대학교 대학원 석사
학위논문.

박순영(2010). 게슈탈트 집단미술치료가 시설아동의 불안과
사회적응력에 미치는 효과. 영남대학교 환경보건대학
원 석사학위논문.

박외숙(2004). 대학생들의 게슈탈트 접촉경계유형과 정신건강
과의 관계. 상담학연구, 5(4), 941-954.

박은숙(2007). 게슈탈트 집단상담이 여중생의 자기수용 및 자
아가치관에 미치는 효과. 서울불교대학원대학교 석사학
위논문.

박준용(2003). 아우구스또 보알(Augusto Boal)의 '억압받는 자
들의 연극'의 연극 치료적 속성에 관한 연구: 게슈탈트
(Gestalt) 치료이론의 연극성과의 비교를 중심으로. 한양
대학교 대학원 석사학위논문.

박현순(2005). 정신지체 청소년의 사회적 능력 향상을 위한 게
슈탈트 예술치료 프로그램 개발과 효과 연구. 성신여자
대학교 대학원 석사학위논문.

배성훈(2007). 시험 및 학업불안 감소를 위한 게슈탈트−인지
행동 치료 프로그램의 개발 및 효과: 빈 의자 기법 활용
을 중심으로. 성신여자대학교 대학원 석사학위논문.

배성훈, 김정규(2011). 중학생의 시험 및 학업불안 감소를 위한
게슈탈트−인지행동 치료 프로그램의 개발 및 효과. 한
국게슈탈트치료연구, 1(2), 31-50.

배진영(2014). 게슈탈트 집단미술치료가 초등학교 저학년의 자기 효능감에 미치는 효과: 공동육아와 일반육아 대상으로. 한양대학교 이노베이션대학원 석사학위논문.

백선혜(2007). 게슈탈트 집단상담이 초등학교 고학년 아동의 학급응집력에 미치는 효과. 서울불교대학원대학교 석사학위논문.

서명규(2010). 군복무 부적응 병사들에 대한 게슈탈트 관계성 향상 프로그램(GRIP)의 효과. 성신여자대학교 대학원 석사학위논문.

서명규, 김정규(2012). 군복무 부적응 병사들에 대한 게슈탈트 관계성 향상 프로그램의 효과. 한국게슈탈트치료연구, 2(1), 23-39.

서민교(2008). 게슈탈트 통합예술치료가 저소득층 아동의 자기 표현에 미치는 효과. 원광대학교 대학원 석사학위논문.

석미란(2010). 게슈탈트 관계성 향상 프로그램이 우울성향 독거노인의 우울과 자아통합감에 미치는 효과. 성신여자대학교 대학원 석사학위논문.

석미란, 김정규(2011). 게슈탈트 관계성 향상 프로그램이 우울성향 독거노인의 우울과 자아통합감에 미치는 효과. 한국게슈탈트치료연구, 1(1), 65-83.

성숙향(2011). 게슈탈트 집단미술치료가 성인우울감소에 미치는 효과. 대구대학교 재활과학대학원 석사학위논문.

성자영(2011). 게슈탈트 집단미술치료가 지역아동센터아동의 자기효능감과 또래관계에 미치는 효과. 원광대학교 동서보완의학대학원 석사학위논문.

성정미(2009). 복교청소년의 학교적응을 위한 게슈탈트 심리치료 집단프로그램 개발. 한남대학교 학제신학대학원 석사학위논문.

신영재(2000). 자각을 중심으로 한 게슈탈트 집단상담이 청소년의 공격성 감소에 미치는 효과. 계명대학교 교육대학원 석사학위논문.

신용우(2013). 초등학교 고학년의 집단따돌림 예방을 위한 게슈탈트 집단상담 프로그램의 효과. 성신여자대학교 대학원 석사학위논문.

심정아, 김정규(2012). 성적우수학생을 대상으로 한 상위인지-시험불안 연구모형 개발과 구인연구. 한국게슈탈트치료연구, 2(2), 23-42.

심혜숙, 한기백 (1996). 체험수준 변화에 의한 게슈탈트 기법 적용 집단상담의 과정 분석. 한국심리학회지: 상담, 8(1), 101-133.

안진봉(2003). 게슈탈트(Gestalt) 집단치료의 목회적 활용에 관한 연구. 호서대학교 대학원 박사학위논문.

어성숙(2008). 소조중심의 게슈탈트 집단미술치료가 저소득층 아동의 공격성에 미치는 효과. 동국대학교 문화예술대학원 석사학위논문.

여미정(2011). 게슈탈트 집단프로그램이 아동보호치료시설 비행청소년의 충동성과 공감능력에 미치는 효과. 상지대학교 평화안보 · 상담심리대학원 석사학위논문.

오수진(2013). 게슈탈트 관계성 향상 프로그램(GRIP)이 취업 스트레스에 미치는 효과. 대전대학교 대학원 석사학위논문.

오수진, 이재창(2013). 게슈탈트 관계성 향상 프로그램(GRIP)이 취업 스트레스에 미치는 효과. 사회과학논문집, 31(2), 77-100.

오용선(2005). 게슈탈트 집단상담이 아동의 내적통제성과 공격성에 미치는 효과. 제주대학교 대학원 석사학위논문.

오지혜(2010). 게슈탈트 관계성 향상 프로그램(GRIP)이 우울성향 여자 중학생의 우울, 정서조절, 학교적응에 미치는 효과. 성신여자대학교 대학원 석사학위논문.

오현석(2008). 게슈탈트 그룹 꿈작업 프로그램 개발 및 효과 연구: 사회불안 감소 및 자아가치관 향상을 중심으로. 성신여자대학교 대학원 석사학위논문.

유계식(2001). 신체중심 게슈탈트 집단상담 프로그램 개발과 효과에 관한 연구. 홍익대학교 대학원 박사논문.

유계식(2002). 신체중심 게슈탈트 집단상담 프로그램 개발에 관한 연구. 한국심리학회지: 상담 및 심리치료, 14(4), 901-918.

유계식, 이재창(2001). 신체중심 게슈탈트 집단상담의 효과에 관한 연구. 한국심리학회지: 상담, 13(2), 121-141.

유영달(2003). 몰입감 모델에서 본 게슈탈트 치료. 상담학연구, 4(3), 397-419.

윤내현(2010). 활동중심 게슈탈트집단상담이 초등학생의 책임감 향상에 미치는 효과. 광주교육대학교 대학원 석사학위논문.

윤순희(2010). 뇌가소성(Neural plasticity) 원리를 기초로 한 게슈탈트 통합예술치료가 뇌종양 환자의 인지 · 정서에 미치는 영향. 원광대학교 동서보완의학대학원 석사학위논문.

윤진희(2003). 부적응 아동을 위한 미술치료 방법연구: Gestalt 미술치료를 중심으로. 홍익대학교 교육대학원 석사학위논문.

이동갑(1999). 게슈탈트 집단상담이 초등학교 아동의 대인간 문제해결사고에 미치는 영향. 한국교원대학교 대학원 석사학위논문.

이린아(2008). 사회불안 아동을 위한 게슈탈트 집단치료 프로그램 개발 및 효과성. 성신여자대학교 대학원 석사학위논문.

이미선(2013). 게슈탈트 집단미술치료가 저소득층 저학년 아동의 애착안정성과 학교생활적응에 미치는 효과. 경기대학교 미술·디자인 대학원 석사학위논문.

이미선, 김현자(2013). 게슈탈트 집단미술치료가 저소득층 저학년 아동의 애착안정성과 학교생활적응에 미치는 효과. 미술치료연구, 20(6), 1113-1135.

이미영(1999). 게슈탈트 집단상담이 내적통제성 및 자아존중감에 미치는 효과. 한국외국어대학교 교육대학원 석사학위논문.

이상하(2009). 비행청소년을 위한 게슈탈트 집단치료의 효과 및 치료 요인: 공격성과 대인관계능력을 중심으로. 성신여자대학교 대학원 석사학위논문.

이상하(2013). 한국게슈탈트치료의 연구동향: 학술지 게재 논문을 중심으로. 한국게슈탈트치료연구, 3(2), 11-25.

이상하, 김정규(2012). 비행청소년을 위한 게슈탈트 집단치료의 효과 및 치료 요인. 한국게슈탈트치료연구, 2(1), 1-21.

이선영(2009). 비행청소년에 대한 통합치료프로그램 개발에 관한 연구: 게슈탈트 치료기법 중심으로. 원광대학교 대학원 박사학위논문.

이소영(2012). 폭식 성향 여성에 대한 신체중심 게슈탈트 집단치료의 효과. 성신여자대학교 대학원 석사학위논문.

이수정(2007). 게슈탈트 집단미술치료가 만성정신분열증환자의 대인관계에 미치는 효과. 대구대학교 재활과학대학원 석사학위논문.

이순일(1997) 게슈탈트 집단상담이 자존감과 대인관계변화 및 불안감소에 미치는 효과: 집중적 형태의 집단을 중심으로. 서강대학교 교육대학원 석사학위논문.

이영이(2013). 자서전을 통해 본 인간 Fritz Perls와 게슈탈트 인생관. 한국게슈탈트치료연구, 3(2), 27-38.

이영이(2014). 게슈탈트 상담이론에서의 영성. 한국게슈탈트치료연구, 4(1), 27-48.

이윤정, 박성현(2011). 게슈탈트 예술치료가 저소득층 아동의 자기표현과 자기조절능력에 미치는 영향. 한국게슈탈트

치료학회, 1(2), 1-29.

이은경(2014). 과정체험적 대 인지행동적 자기자비 처치의 효과 비교. 성신여자대학교 대학원 석사학위논문.

이은비(2013). 게슈탈트 관계성 향상 프로그램이 학교부적응 청소년의 정서조절곤란과 문제행동에 미치는 효과. 성신여자대학교 대학원 석사학위논문.

이은비, 김정규(2013). 게슈탈트 관계성 향상 프로그램(GRIP)이 학교부적응 청소년의 정서조절곤란과 문제행동에 미치는 효과. 한국게슈탈트치료연구, 3(1), 1-19.

이은희(2007). 신체활동중심 게슈탈트 집단상담 프로그램이 초등학생의 공격성 및 자기 표현력에 미치는 영향. 한국교원대학교 교육대학원 석사학위논문.

이정빈(2012). 산산조각과 함께 피는 꽃. 한국게슈탈트치료연구, 2(2), 87-91.

이정숙(2008). 상담 및 심리치료에서 치료적 매체의 역할: 게슈탈트 치료 및 통합치료 전문가 과정 참가자들의 경험을 중심으로 고찰한 질적 연구. 상담학연구, 9(3), 943-959.

이정숙(2011). 게슈탈트 심리 상담에서 빈의자 작업에 대한 내담자의 경험. 상담학연구, 12(6), 2105-2121.

이정숙(2013). 게슈탈트 심리 상담에서 효과적인 빈의자 대화에 대해 내담자가 지각하는 변화 촉진 요인. 상담학연구, 14(1), 284-303.

이정숙(2014). 게슈탈트 심리 상담에서 특정 타인과 관련한 미해결감정에 대한 빈의자 대화의 변화단계. 상담학연구, 15(1), 161-181.

이제이(2012). 게슈탈트 관계성 향상 프로그램(GRIP)이 초등학생의 자기효능감과 학습태도에 미치는 효과. 대구가톨릭대학교 교육대학원 석사학위논문.

이주영(2003). 게슈탈트 집단상담 프로그램이 교사 효능감 증진에 미치는 효과. 한국교원대학교 대학원 석사학위논문.

이지현(2009). 게슈탈트 관계성 향상 프로그램(GRIP)이 우울 성향 여자 중학생의 우울, 자기개념, 대인관계에 미치는 효과. 성신여자대학교 대학원 석사학위논문.

이지현(2014). 알아차림 연습이 분노감소에 미치는 영향. 성신여자대학교 대학원 석사학위논문.

이지현, 김정규(2014). 게슈탈트 관계성향상프로그램(GRIP)이 여자 중학생의 우울, 자기개념, 대인관계에 미치는 효과. 한국게슈탈트상담연구, 4(1), 69-84.

이태영, 김원희, 이동훈(2011). 게슈탈트 집단상담 프로그램이 비행행동 청소년의 공격신념, 정서표현, ADHD증상에

미치는 효과. 한국게슈탈트치료연구, 1(2), 71-88.

이효정(2012). 게슈탈트 관계성 향상 프로그램(GRIP)이 특성화고 학교폭력 피해 남학생의 자기개념 및 대인관계에 미치는 효과. 성균관대학교 교육대학원 석사학위논문.

임영선(1999). 게슈탈트치료를 토대로 한 무용요법에 대한 연구. 한성대학교 대학원 석사학위논문.

임정민(2003). 노인 우울 감소 게슈탈트 집단치료 프로그램 효과에 관한 연구. 성신여자대학교 대학원 석사학위논문.

임정원(2014). 게슈탈트 치료사례에 대한 현상학적 체험연구의 고찰. 한국게슈탈트상담연구, 4(2), 49-68.

장경혜(2005). 도시 빈곤여성의 우울 감소를 위한 게슈탈트 집단 심리치료 프로그램 개발과 효과 연구. 성신여자대학교 대학원 석사학위논문.

장수진, 김정규(2013). 직장인의 정서 자각, 표현, 표현갈등, 지지와 정신건강의 관계. 한국게슈탈트치료연구, 3(1), 63-79.

장영향(2000). 게슈탈트 집단상담이 여중생의 자존감과 EQ에 미치는 효과. 강원대학교 대학원 석사학위논문.

장혜경(2005). 게슈탈트 집단미술치료가 학교부적응 청소년의 자아가치관향상과 부적응행동 감소에 미치는 효과. 영남대학교 환경보건대학원 석사학위논문.

장혜경, 최외선(2005). 게슈탈트 집단미술치료가 학교부적응 청소년의 자아가치관과 부적응 행동에 미치는 효과. 상담학연구, 6(2), 499-513.

전라래(2013). 게슈탈트 관계성향상 프로그램(GRIP)이 우울성향 초등학생의 자아존중감 및 학교적응에 미치는 효과. 성균관대학교 교육대학원 석사학위논문.

전미진(2012). 활동중심 게슈탈트 집단상담이 초등학생의 정서지능 및 자기효능감에 미치는 효과. 동아대학교 교육대학원 석사학위논문.

전병식(2002). 비언어적 활동중심의 게슈탈트집단상담이 초등학생의 자아존중감 및 자기표현력 향상에 미치는 효과. 경인교육대학교교육대학원 석사학위논문.

전수정(2009). 제7차 교육과정에 기초한 Gestalt 치료적 원예 프로그램이 전문계 고등학생의 자아존중감과 학업성취도 향상에 미치는 영향. 건국대학교 농축대학원-석사학위논문.

전혜리(2013). 그림(GRIP)친구 도우미 프로그램이 학교폭력의 방관적 태도에 미치는 효과. 한국게슈탈트치료연구, 3(1), 43-61.

정갑임(2013). 왕양명의 '良知'와 게슈탈트 치료의 '알아차림

(awareness)' 비교 연구. 양명학, 34, 5-28.

정복희(2003). 게슈탈트 집단심리치료가 여성의 자아정체감 및 대인관계 변화에 미치는 효과. 인하대학교 교육대학원 석사학위논문.

정소남(2004). 게슈탈트 집단상담이 뇌졸중 환자 배우자의 우울과 심리적 안녕감에 미치는 효과. 성균관대학교 대학원 석사학위논문.

정영숙(2008). ADHD 성향 아동의 대인관계 향상을 위한 게슈탈트 예술치료의 효과. 성신여자대학교 대학원 석사학위논문.

조미영(2008). 교류분석 성격구조 유형별 게슈탈트 집단미술치료의 효과성 연구: 시설청소년을 대상으로. 한영신학대 대학원 박사학위논문.

조선이(2006). 게슈탈트 집단미술치료프로그램이 결손가정아동의 자아존중감에 미치는 효과. 나사렛대학교 재활복지대학원 석사학위논문.

조은이(2006). 정신분열병 환자를 위한 게슈탈트 집단치료 프로그램의 개발 및 효과. 성신여자대학교 대학원 석사학위논문.

조은이, 김정규(2011). 정신분열병 환자를 위한 게슈탈트 집단치료 프로그램의 개발 및 효과. 한국게슈탈트치료연구, 1(1), 13-32.

조향곤(1995). Gestalt상담의 빈 의자 기법이 중학생의 자아수용과 사회적응에 미치는 영향. 우석대학교 대학원 석사학위논문.

조현숙(2006). 게슈탈트 미술치료에서 만다라를 통한 방법 연구. 서울교육대학교 교육대학원 석사학위논문.

조환진(2012). 게슈탈트 예술치료가 우울성향 청소년의 자기표현과 대인관계에 미치는효과. 경성대학교 대학원 석사학위논문.

주광호(2013). 퇴계 이발설, 리의 능동성에서 도덕적 감정의 일상성으로. 철학연구, 47. 고려대학교 철학연구소.

진철(2014). 1형당뇨 가족의 심리사회적 적응을 위한 게슈탈트-수용전념치료 프로그램의 개발 및 효과. 한양사이버대학교 휴먼서비스대학원 석사학위논문.

채영경(2011). 한부모 가족 아동 대상 게슈탈트 집단미술치료와 일반 집단미술활동의 효과 비교: 자존감, 사회성, 불안감을 중심으로. 신라대학교 대학원 석사학위논문.

최문경(2010) 게슈탈트집단미술치료가 저소득층 아동의 자기효능감에 미치는 효과. 창원대학교 대학원 석사학위논문.

최세라(2001). 게슈탈트 집단상담이 아동의 자아수용 및 타인 수용에 미치는 영향. 광주교육대학교 대학원 석사학위 논문.

최영미(2006). 게슈탈트 접근을 통한 집단 미술치료가 정신분 열증 환자의 자아가치관에 미치는 효과. 동국대학교 대 학원 석사학위논문.

최영숙, 김정규(2013). 청소년들의 공격성에 대한 GRIP친구 도 우미 프로그램의 효과. 한국게슈탈트치료연구, 3(1), 81-96.

최유경(2007). 저소득층 아동의 공격성 감소와 사회기술 및 자 존감 향상을 위한 게슈탈트 예술치료 프로그램의 효과. 성신여자대학교 대학원 석사학위논문.

최유경, 김정규(2012). 저소득층 아동을 위한 게슈탈트 예술치 료 프로그램의 효과. 한국게슈탈트치료연구, 2(1), 41-54.

최지순(2005). 내면화 문제를 가진 저소득 결손가정 아동의 게 슈탈트 예술치료 효과 연구. 성신여자대학교 대학원 석 사학위논문.

최지순, 김정규(2008). 내면화 문제를 가진 저소득 결손가정 아 동의 게슈탈트 예술치료 효과 연구. 상담학연구, 9(3), 1167-1181.

최하나(2009). 게슈탈트 심리치료에 나타난 마틴 부버의 만남 의 수용 및 적용 연구. 고신대학교 기독교상담복지대학 원 석사학위논문.

한기백(1995). 게슈탈트 자각증진 집단상담에 의한 내담자 체 험수준과 자아정체감의 변화. 부산대학교 대학원 석사 학위논문.

한상량(1999). 게슈탈트 집단상담이 여고생들의 시험 불안감소 에 미치는 효과. 강원대학교 대학원 석사학위논문.

한혜영(2011). 게슈탈트 집단상담이 불안과 공격성 감소에 미 치는 효과. 충남대학교 대학원 박사학위논문.

홍인희(2005). 분노조절 게슈탈트 집단상담 연구. 서울신학대 학교 상담대학원 석사학위논문.

홍지수(2005). 심리적 부적응 문제를 가진 중학생을 위한 게슈 탈트 예술치료 프로그램 개발 및 효과: 사진 작업을 위주 로. 성신여자대학교 대학원 석사학위논문.

황다연(2011). 게슈탈트 관계성 향상 프로그램(GRIP)이 인터 넷 중독 경향 청소년에 미치는 효과. 성신여자대학교 대 학원 석사학위논문.

황은희(2008). 주의력결핍 및 과잉행동장애(ADHD) 아동과 어 머니에 대한 게슈탈트 예술치료와 부모훈련 병합치료 효과. 성신여자대학교 대학원 석사학위논문.

Adamson, B. (1986). Perspectives of a pastoral counselor. special issue: A woman's recovery from the trauma of war. *Women and Therapy, 5*(1), 101-106.

Adler, A. (1914). Heilen und Bilden: *Ärztlich-pädagogische Arbeiten des Vereins für Individualpsychologie.* München.

Adler, A. (1920). *Praxis und Theorie der Individualpsychologie.* Vorträge zur Einführung in die Psychotherapie für Ärzte, Psychologen und Lehrer. München.

Amendt-Lyon, N. (1999). 'Mit Inenen Schreibe ich heute Geschichte!' Depressive Prozesse inder Integrativen Gestalttherapie. In: R. Hutterer-Krisch, I. Luif, & G. Baumgartner (Hrsg.), *Neue Entwicklungen in der Inte- grativen Gestalttherapie. Wiener Beiträge zum Theorie- Praxis-Bezug.* Wien: Facultas.

Angermann, K. (1998). Gestalt therapy for eating disorders: An illustration. *Gestalt Journal, 21*(1), 19-47.

Arnfred, S. M. (2012). Gestalt Therapy for Patients with Schizophrenia: A Brief Review. *Gestalt Review, 16*(1), 53-68.

Baker, F. S. (2000). Healing in psychotherapy. Using energy, Touch, and imagery with cancer patients. *Gestalt Review, 4*(4), 267-289.

Balint, M. (1970). *Therapeutische Aspekte der Regression.* Klett, Stuttgart.

Bauer, R. (1985). A case representaion in Gestalt therapy. *Gestalt Journal, 8*(2), 27-48.

Beisser, A. (1970). The Paradoxical theory of change. In: J. Fagan & I. Shepherd (Eds.), *Gestalt Therapy Now.* Palo Alto, CA: Science and Behavior Books.

Bengesser, G. (1988). Postvention for bereaved family members. Some therapeutic possibilities. *Crisis, 9*(1), 45-48.

Bengesser, G., & Sokoloff, S. (1989). After suicide postvention. *European Journal of Psychiatry, 3*(2), 116-118.

Besems, T., & Van Vugt, G. (1989). Gestalttherapie mit geistig behinderten Menschen. *Geistige Behinderung, 28*(1), Beihefter für die Praxis 1-24.

Besems, T., & Van Vugt, G. (1990). *Wo Worte nicht reichen. Therapie mit Inzest-betroffenen.* Kösel.

Besems, T., & Besems-van Vugt, G. (2006). Abschied von Behinderung. Menschen mit vielseitigen undefinierten Potentalitäten zeigen signifikant große Entwicklungen. Forschungsergebnisse zur Gestalttherapie. *Geistige Behinderung, 2006, 45*(4), 309-322.

Beutler, L. E., Machado, P. P. P., Engle, D., & Mohr, D. C. (1993). Differential patient x treatment maintenance among cognitive, experiential, and self-directed psychotherapies. *Journal of Psychotherapy Integration, 3*(1), 15-30.

Bevk, P. (2006). Morgen stecke ich den ganzen Kindergarten an. Gezielte Begleitung eines verhaltensauffälligen Kindes. *Humanistische Psychologie, 2*, 4-17.

Binswanger, L. (1962). *Grundformen und Erkenntnis menschlichen Daseins.* München: E. Reinhardt.

Blakeslee, S. (2006). Cells That Read Minds, *New York Times, Science, January 10.*

Böckh, A. (2012). Gestalttherapie-Ethik und soziale Verantwortung. *Gestalttherapie, 2012, 26*(2), 13-23.

Borofsky, R., & Kannins-Borofsky, A. (1994). Geben und Nehmen. In: G. Wheeler & S. Backman (Hrsg.), *Gestalttherapie mit Paaren* (S. 303-330). Wuppertal: Hammer.

Breshgold, E., & Zahm, S. (1992). A Case for the integration of self psychology developmental theory into the practice of Gestalt therapy. *The Gestalt Journal, 15*(1), 61-93.

Brien, L. (1990). Interview with L. Brien. In: R. L. Harman. (Ed.) *Gestalt Therapy Discussions with the masters.* Springfield: Charles C Thomas Pub.

Brown, J. I., & Merry, U. (1985). Neurotic mechanisms applied to organizations. *Gestalt Journal, 8*(2), 49-85.

Brown, J. A. C. (1961). *Freud and the Post-Freudians.* Baltimore: Penguin Books.

Buber, M. (1958). *Hasidism and modern man.* M. Friedman (Ed. & Trans.) New York: Harper & Row.

Buber, M. (1962). Werke 1, Bd. *Schriften zur Philosophie.* Kösel, München, Heidelberg: L. Schneider.

Buber, M. (1992). *Das Dialogische Prinzip.* 6. durchges. Aufl. Gerlingen: L. Schneider.

Bubolz-Lutz, E. (2010). Bildung im Alter. Eine gestalttherapeutische Perspektive. *Psychotherapie im Alter, 7*(1), 25-41.

Buchholtz, F. (1985). Die europäische Quellen des Gestaltbegriffs. In: H. G. Petzold & C. J. Schmidt (Hrsg.), *Gestalttherapie -Wege und Horizonte.* Paderborn: Junfermann-Verlag.

Buchholtz, F. (1991). *Die Utopie des Ikaros.* Stationäre Gestalttherapie mit Abhängigen. Bierhoff.

Buentig, W. E. (1988). Die Arbet mit Krebskranken aus der Sicht der Humanistischen Psychologie. In: Österrei-

chische G. f. P. (Hrsg.), *Beiträge zur Psychoonkologie. Zeitgenössische Ansätze zum Verständnis bösargigerkrankungen* (S. 41-57). Wien: Facultas.

Burow, O. A. (1990). Was ist Gestaltpädagigik? *Pädagigik, 42*(5), 6-10.

Burow, O., & Schmieling-Burow, C. (2008). Art-Coaching: Ein neuer Weg zur Erschließung der "inner vision" und ungenutzter kreativer Potenziale. *Zeitschrift für Gestaltpädagogik, 19*(1), 35-43.

Burrows, R. (2014). "Und Hoffnung und Geschichte sind im Einklang". Überlegungen zur Trauma hoch 2- Arbeit im Nordteil Irlands. *Gestalttherapie, 28*(1), 48-57.

Buttollo, W., Krüsmann, M., Maragkos, M., & Wentzel, A. (1997a). Integration verschiedner therapeutischer Ansätze bei Angststörungen: Verhaltens-und Gestalttherapie. In: P. Hoffmann, M. Lux, C. Probst, M. Steinbauer, J. Taucher & H. G. Zapotoczky (Hrsg) *Klinische Psychotherapie.* Wien: Springer Verlag.

Buttollo, W., Krüsmann, M., Maragkos, M., & Wentzel, A. (1997b). Kontakt zwischen Konfluenz und Isolation: Gestalttherapeutishe Ansätze in der Angsttherapie. *Zeitschrift für Psychotherapie in Psychiatrie, Psychotherapeuttischer Medizin und Klinischer Psychologie.*

Buttolo, W., & Hagel, M. (2003). *Trauma, Selbst und Therapie. Konzepte und Kontroversen in der Psychotraumatologie.* Bern: Hans Huber.

Clarkson, P. (1989). *Gestalt Counselling in Action.* London: Sage pub.

Clarkson, P. (2010). 게슈탈트 상담의 이론과 실제(김정규, 강차연, 김한규, 이상희 공역). 서울: 학지사.

Clemmens, M. C. (2012). Gestalt Therapy for Addictive and Self-Medicating Behaviors. *Gestalt Review, 16*(3), 322-326.

Cnaan, R. A., Blankertz, L., Messinger, K., & Gardner, J. R. (1989). Psychosocial rehabilitation. *Psychosocial Rehabilitation Journal, 13*(1), 33-55.

Coffey, J. I. (1986). A short term Gestalt therapy group approach to the treatment of blulimia. *Dissertation Abstracts International, 47*(9), 33-64.

Cook, D. A (2000). Gestalt Treatment of adolescent females with depressive symptoms: A treatment outcome study. *Dissertation Abstracts International: Section B: The Sciences and Engineering, 60*(8-B), 4210.

Corbeil, J., Delisle, G., & Gagnon, J. (1994). long term psychotherapy and Gestalt therapy. *The Gestalt Journal, 17*(2), 19-61.

Critchley, B., & Casey, D. (1989). Organizations get stuck too. *Leadership and Organization Development Journal, 10*(4), 3-12.

Crocker, S. (1988). Boundary processes, states, and the self. *The Gestalt Journal, 11*(2), 81-124.

Crocker, S. (1999). *A Well lived life. Essays in Gestalt Therapy.* Orleans, MA: Gestalt Press.

Curtis, F. (1999). Gestalt-Paartherapie mit lesbischen Paaren: Anwendung von Theorie und Praxis auf die lesbische Erfahrung. In: G. Wheeler & S. Backman (Hrsg.), *Gestalttherapie mit Paaren* (S. 183-202). Wuppertal: Hammer.

Dauber, H. (2011). Humanistische Pädagogik ? Gestaltpädagogik. *Zeitschrift für Gestaltpädagogik, 22*(2), 4-8.

Delmonte, M. M. (1990). Meditation and change: Mindfulness versus repression. *Australian Journal of Clinical Hypnotherapy and Hypnosis, 11*(2), 57-63.

Dickopf, R. (2011). Die Gestalt der Mystik. Über Risiken, Nebenwirkungen und Unverträglichkeiten im Verhältnis von Gestalt und (Zen-) Buddhismus samt einem Vorschlag zur Güte. *Gestalttherapie, 25*(2), 67-86.

Dreitzel, H. P. (1991). Umweltgewahrsein. *Gestalttherapie, 5*(1), 5-22.

Earley, J. (2000). *Interactive Group Therapy.* Philadelphia: Brunner/Mazel.

Eibach, H. (1983). Der meditative Tanz in tiefenpsychologischer Betrachtungs-weise. *Musiktherapeutische Umschau, 4*(4), 286-290.

Ellegaard, H., & Pedersen, B. D. (2012). Stress is dominant in patients with depression and chronic low back pain. A qualitative study of psychotherapeutic interventions for patients with non-specific low back pain of 3-12 months' duration. *BMC Musculoskeletal Disorders, 13*(1), 166-174.

Elliot, R., Davis, K., & Slatick, E. (1998). Process experiential therapy for post traumatic stress difficulties. In: L. S. Greenbeg, G. Lictaer, & J. Watson (Eds.), *Handbook of experiential* (pp. 249-271). New York: Guilford Press.

Enright, J. B. (1971). An Introduction to Gestalt Techniques. In: J. Fagan & I. L. Shepherd. (Eds.), *Gestalt Therapy Now.* New York: Harper Colophon Books.

Eppelscheimer, H. (1992). Einzeltherapie eines HIV-Positiven Süchtigen. In: R. Krisch & M. Ulbing (Hrsg.), *Zum Leben finden. Beiträge zur angewandten Gestalttherapie* (S. 193-210). Köln: Edition Humanistische Psychologie.

Fagan, J., & Shepherd, I. L. (1971). *Gestalt Therapy Now.* New York: Harper Colophon Books.

Fatzer, G. (2011). Von der Gestaltpädagogik zur Systemischen Gestalt-Organisationsentwicklung. Eine Forschungs-und Entwicklungsreise von 1980 bis 2010. *Profile, 22,* 51-62.

Feder, B., & Ronall, R. (Eds.). (1980). *Beyond the hot seat.: Gestalt Approaches to group.* New York: Brunner/Mazel.

Feder, B. (1980). Safety and Danger in the Gestalt Group. In: B. Feder & R. Ronall (Eds.), *Beyond the hot seat.: Gestalt Approaches to group.* New York: Brunner/Mazel.

Fischer, S. L. (2012). The Gestalt Research Tradition: Figure and Ground. *Gestalt Review, 16*(1), 3-6.

Fitzthum, E. (1999). Integrative Gestalttherapie mit einer an Bulima nervosa leidenden Patientin. In: R. Hutterer-Krisch, I. Luif & G. Baumgartner (Hrsg.), *Neue Entwicklungen in der Integrativen Gestalttherapie. Wiener Beiträge zum Theorie-Praxis-Bezug,* 121-148, Wien: Facultas.

Flaake, K. (1991). *Verändern im Hier und Jetzt statt Bewuβtmachen von Unbewβutem, Arbeiten statt Bearbeiten.*

Fliegener, B. (Hrsg.) (1991). *Bibliographie der Gestalttherapie 1991.* Deutsche Vereinigung für Gestalttherapie.

Fodor, I. E. (1998). Awareness and Meaning-Making: The Dance of Experience. *Gestalt Review, 2*(1), 50-71.

Francesetti, G., & Roubal, J. (2013). Ein gestalttherapeutischer Ansatz bei der Behandlung von Depressionen. *Gestalttherapie, 27*(1), 3-33.

Fraser, E. M. (1997). Aid to the child with attention deficit hyperactivity disorder by means of gestalt therapy. *Dissertation Abstracts International, 58*(3), 1091.

Friedman, A. S., & Glickman, N. W. (1986). Program characteristics for successful treatment of adolescent drug abuse. *Journal of Nervous and Mental Disease, 174*(11), 669-679.

Frielingsdorf, K. (1991). Ganzheitliche Therapie in Positano. *Wege Zum Menschen, 43*(4), 247-252.

Frohne-Hagemann, I. (1990). Musik und Gestalt. *Klinische Musiktherapie als integrative Psychotherapie.* Paderborn:

Junfermann Verlag.

Fromm, I. (1978). Dreams: Contact and contact boundaries. *Voices, 14*(1),14-22

Fromm, I. (1994). Reflections on Gestalt therapy after thirty-two years of practice: A requiem for Gestalt. *The Gestalt Journal, 17*(2), 7-17.

Gagnon, J. (1981). Gestalt therapy with Schizophrenic Patient. *The Gestalt Journal, 4*(1), 29-46.

Garzetta, L., & Harman, R. (1990). Interview with L. Garzetta and R. Harman. In: R. L. Harman. (Ed.), *Gestalt Thetapy Discussions with the masters.* Springfield: Charles C Thomas Pub.

Gavranidou, M., & Abdallah-Steinkopff, B. (2008). Psychotherapeutische Arbeit mit Migranten: Alles anders oder alles gleich? *Gestalttherapie, 2008, 22*(2), 93-106.

Geib, P., & Simon, S. (1999). Traumaüberlebende und ihre Partner aus gestalttherapeutischer Sicht. In: G. Wheeler & S. Backman (Hrsg.), *Gestalttherapie mit Paaren* (S. 231-248). Wuppertal: Hammer.

Gemsemer, K. (1990). Psychose als Erscheinungsform eines kritisch veränderten Bewußtseins. *Gestalttherapie, 4*(1), 32-43.

Gerunde, H. (1990). Zur gestalttherapeutisch orientierten Arbeit mit Schizophrenen. *Gestalttherapie, 4*(1), 22-31.

Giacomo R. et al. (1996). Premotor cortex and the recognition of motor actions. *Cognitive Brain Research, 3*, 131-141.

Giacomo, R., & Laila, C. (2004). The mirror-neuron system. *Annual Review of Neuroscience, 27*, 169-192.

Goldman, R., Greenberg, L. S., & Agnus, L. E. (2000). Results of the York II Comparative Study Testing the Effects of Process-Experiential and Client-Centered Therapy for Depression. *Paper presented at the 31st Annual Meeting of the Society for Psychotherapy Research* (SPR) in Chicago, USA.

Goldstein, K. (1939). *The Organism: A Holistic Approach to Biology Derived from Pathological Data in Man.* New York: American Book Company.

Gorres, S., & Hansen, G. (Hrsg.), (1991). *Psychotherapie bei Menschen mit geistiger Behinderung.* Klinkhardt.

Greenberg, E. (1989). Healing the Borderline. *The Gestalt Journal, 12*(2), 11-55.

Greenberg, E. (2010). Undoing the shame spiral: working with a narcissistic client trapped in a self-hating depression.

British Gestalt Journal, 19(2).

Greenberg, L. S., & Malcolm, W. (2002). Resolving unfinished business: Relating process to outcome. *Journal of Consulting and Clinical Psychology, 70*(2), 406-416.

Grossman, E. F. (1990). The Gestalt approach to people with amputations. *Journal of Applied Rehabilitation Counseling, 21*(1), 16-19.

Gruenke, M. (2002). Stärken-und Schwächenanalyse eines gestalttherapeutisch orientierten Kurzzeittherapieprogramms mit drogenabhängigen Patienten. *Gestaltzeitung, 15*, 31-35.

Gruninger, N. (2009). Vom Konsum zum Genuss. Eine musiktherapeutische Intervention im stationären Drogenentzug. *Wiener Zeitschrift für Suchtforschung, 32*(1), 37-46.

Gün, A. K. (2008). Interkulturelle Aspekte in der psychotherapeutischen Praxis. Zur psychosozialen Versorgung von Migranten im deutschen Gesundheitswesen. *Gestalttherapie, 22*(2), 54-69.

Hansen, G. (1991). Gestalttherapie bei Menschen mit geistiger Behinderung. In: S. Gorres & G. Hansen (Hrsg.), (1991). *Psychotherapie bei Menschen mit geistiger Behinderung.* Klinkhardt.

Hansen, J., Stevic, R., & Warner, R. W. (1977). *Counselling Theory and Process.* Boston: Allyn & Bacon, Inc.

Hardy, R. E. (1999). Gestalt therapy, hypnosis, and opain management in cancer treatment: A therapeutic application of acceptance and adjustment to disability. In: G. L. Grandy & E. D. Martin Jr. et al. (Eds.), *Counselling in the rehabilitation process: Community services for mental and physical disabilities* (pp. 251-257). Springfield, IL: Charles C. Thomas, Publisher.

Harman, R. (1982). Working at the contact boundaries. *The Gestalt Journal, 5*(1), 39-48.

Harman, R. (1986). Gestalt therapy with couples. *International Journal of Family Psychiatry, 7*(3), 289-301.

Harman, R. (1987). Gestalt therapy without techniques: A session with Sue. *The Gestalt Journal, 10*(1), 92-106.

Harman, R. (1989). *Gestalt therapy with groups, couples, sexually dysfunctional men, and dreams.* Springfield: Charles Thomas.

Harman. R. (Ed.). (1990). *Gestalt Therapy Discussions with the Masters.* Springfield: Charles C Thomas Pub.

Harsch, H. (1965). *Das Schuldproblem in Theologie und*

Tiefenpsychologie, Heidelberg: Quelle & Meyer.

Heaton, J. (1989). Freud and Heidegger on the interpretation of slips of the tongue. In: L. Spurling. (Eds.) *Sigmund Freud. Critical Assessments.* New York: Routledge.

Heide, M., & Wünschel, H. (1989). *Widerstand-Bereitschaft - Zusammenarbeit. Beiträge des dritten Landauer Symposions,* Dadder. Schriften des Fachverbandes Sucht, Band 2.

Heidegger, M. (1971). *Was heisst Denken?,* Tübingen: Max Niemeyer Verlag.

Heidegger, M. (1977). *Holzwege.* Frankfurt am Main: Vittorio Klostermann GmbH.

Heidegger, M. (1983). *Grundbegriffe der Metaphisik.* Frankfurt am Main: Vittorio Klostermann GmbH.

Heidegger, M. (1986). *Sein und Zeit,* Tübingen: Max Niemeyer Verlag.

Heinl, H. (1991). Psychosomatische Schmerzsyndrome der Bewegungsorgane-der Zugang der Gestalttherapie. In: W. Eich (Hrsg.), *Psychosomatische Rheumatologie* (S. 145-157). Springer, Berlin: Heidelberg.

Heinl, H. (1996). Ein Integriertes Kurzzeit-Gruppenpsychotherapiemodell zur Behandlung chronischer psychosomatischer Schmerzsyndrome des Bewegeungssystems. In: H. Riedel & R. Sandweg (Hrsg.), *Die Behandlung der psychosomatischen Erkrankungen des Bewegungsorgane und ihre Ergebnisse.* Vortragssammlung zur 4. Fachtagung der Stiftung 'Psychosomatik der Wirbelsäule'.

Heinl, H. (1998). Behandlungsergebnisse bei Integrativer Therapie. In: H. Riedel & Henningsen (Hrsg.), Die Behandlung chronischer Rückenschmerzen. Kongressband zur 6. Fachtagung der Stiftung 'psychosomatik der irbelsäule' in Heidelberg.

Heinzmann, R. (2010). Psychotherapie und Neurobiologie. *eGestalt-Zeitung, 23,* 4.

Hill, D. (1989). The relationship of process to outcome in brief experiential psychotherapy for chronic pain. *Journal of clinical psychology, 45*(6), 951-957.

Honos-Webb, L., Stiles, W. B., Greenberg, L. S., & Goldman, R. (1998). Assimilation analysis of process-experiential psychotherapy: a comparison of two cases. *Psychotherapy Research, 8*(3), 264-286.

Hooker, K. E., & Fodor, I, (2008). Teaching Mindfulness to Children. *Gestalt Review, 12*(1), 75-91.

Horney, K. (1991). *Unsere Innneren Konflikte. Neurosen in unserer Zeit. Geist und Psyche.* Frankfurt: Fischer Verlag TB.

Hycner, R. (1985). Dialogical Gestalt therapy: An initial proposal. *The Gestalt Journal, 8*(1), 23-49.

Hycner, R. (1993). *Between Person and Person. Toward a dialogical Psychotherapy.* New York. Gestalt Journal Press, INC.

Hycner, R. (1995a). The Dialogic Ground. In: R. Hycner & L. Jacobs (Eds.), *The Healing Relationship in Gestalt Therapy. A Dialogic/Self Psychology Approach.* New York. Gestalt Journal Publication.

Hycner, R. (1995b). A Dialogic Critique of Intersubjectivity Theory and Self Psychology. In: R. Hycner & L. Jacobs *The Healing Relationship in Gestalt Therapy. A Dialogic/ Self Psychology Approach.* New York: Gestalt Journal Publication.

Hycner, R., & Jacobs, L. (Eds.). (1995). *The healing relationship in gestalt therapy: A Dialogical/self psychology approach.* Highland, NY: Gestalt Journal Press.

Jacobs, L. (1992a). Insights from psychoanalytic self-psychology and inter-subjectivity theory for gestalt therapists. *The Gestalt Journal, 15*(2), 25-59.

Jacobs, L. (1992b). The Inevitable Intersubjectivity of Selfhood. *International Gestalt Journal, 28*(1), 43-70.

Jacobs, L. (1995). Self Psychology, Intersubjectivity Theory, and Gestalt Therapy A Dialogic Perspective. In: R. Hycner & L. Jacobs (Eds.), *The Healing Relationship in Gestalt Therapy. A Dialogic/Self Psychology Approach.* New York: Gestalt Journal Publication.

Jacobs, L. (2012a). Critiquing projection: supporting dialogue in a post-Cartesian world. In: T. Bar Yoseph Levine (Ed.), *Gestalt therapy: Advances in theory and practice* (pp. 59-70). East Sussex UK: Routledge.

Jacobs, L. (2012b). International Gestalt therapy Conference held in Seoul Korea from Oct. 12 to 14 in 2012.

Jaspers, K. (1985). *Psychologie der Weltanschaungen.* München: Piper Verlag.

Jessey, R. E., & Guerney, B. G. (1981). A comparison of Gestalt and relationship enhancement treatments with married couples. *The American Journal of Family Therapy, 9*(3), 31-41.

Johnson, W. R., & Smith, E. W. L. (1997). Gestalt empty chair dialogue versus systematic desensitization in the treatment of phobia. *Gestalt Review, 1*(2), 150-162.

Joubert, J. M. C. (1999). Gestalt aid program for the child with enuresis from a social work perspective. *Dissertation Abstracts International, 60*(I-A), 0248.

Jung, C .G. (1971). *Psychologie und Religion.* Olten: Walter.

Jung, C. G. (1983). *Das C. G. Jung Lesebuch* (Ausgewählt von Franz Alt). Olten: Walter.

Jung, C. G., & von Franz, M. L. (Ed.). (1990). 인간과 상징(이부영 외 공역). 서울: 집문당.

Kalaitzi, E. (2012). Calling for a Gestalt Developmental Perspective. *Gestalt Review, 16*(3), 273-291.

Kant, I. (1971). *Kritik der reinen Vernuft.* Hamburg: Felix Meiner.

Kaplan, N. R., & Kaplan, M. L. (1987). Process of experiential organization in individual and family systems. Special issues: Psychotherapy with families. *Journal of Psychotherapy, 24*(3s), 561-569.

Kellner, A. (2014). Einführung in Figur und Grund Psychodynamischer Gestalttherapie mit Traumapatientinnen. *Gestalttherapie, 28*(1), 24-47.

Kelly, T., & Howie, L. (2011). Exploring the influence of gestalt therapy training on psychiatric nursing practice: stories from the field. *Int J Ment Health Nurs., 20*(4), 296-304.

Kempler, W. (1974). *Principles of gestalt family therapy.* Costa Mesa, Calif.: Kempler Institute.

Kepner, E. (1980). Gestalt group process. In: B. Feder & R. Ronall (Eds.), *Beyond the hot seat.: Gestalt Approaches to group.* New York: Brunner/Mazel.

Kepner, J. I. (1988). *Körperprozesse Ein gestalttherapeutischer Ansatz.* Köln: Edition Humanistische Psychologie. Die Originalausgabe. body process: a gestalt approach to working with the body in

Keysers, C. (2010). Mirror Neurons. *Current Biology, 19*(21), 971-973.

Kim, J. K. (2011). Restructuring background by letting go of clinging and avoidance. *Gestalt!, 11*(1). Association for the Advancement of Gestalt Therapy.

Kim, J. K., & Daniels, V. (2008). Experimental Freedom. In: Brownell, P. (Ed.), *Handook for Theory, Research, and Practice in Gestalt Therapy.* New Castle: Cambridge Scholars Publishing.

Kim, J. K., & Kramer, G. (2002). Insight Dialogue meditation for

Anxiety Problems. http://www.g-g.org/gej/6-1/insight-dialogue.html

Kim, J. K., & Yontef, G. (2013). Personal communication via email.

Kitzler, R. (1980). Gestalt Group. In: B. Feder & R. Ronall (Eds.), *Beyond the hot seat.: Gestalt Approaches to group.* New York: Brunner/Mazel.

Klein, P. (1993). *Tanztherapie. Ein Weg zum ganzheitlichen Sein.* München: Pfeiffer Verlag.

Klepner, P. (1992). *The Gestalt Journal, 12*(2), 5-23.

Klöckner, D. (2006). Transformation der Liebe: Zur Entwicklung der Leidenschaft in Paarbeziehungen. *Gestalt-Zeitung, 2006, 19,* 12-17.

Klöckner, D. (2007). Wo (k)ein Wille ist...-Anmerkungen zur neurophysiologischen Hirnforschung. *Gestalttherapie, 2007, 21*(2), 11-21.

Klöckner, D. (2008). Kulturelle Kontraste. Zur Beratung von Paaren mit Migrationshintergrund. *Gestalttherapie, (2),* 39-53.

Klöckner, D. (2012). Bikulturelle Patchwork-Familien? Schwierigkeiten der Stief-Familie aus gestalttherapeutischer Sicht. *Gestalt-Zeitung, 25,* 10-15.

Knez, R., Gudelj, L., & Sveško-Visentin, H. (2013). Gestalt psychotherapy in the outpatient treatment of borderline personality disorder: a case report. *African Journal of Psychiatry, 2013, 16,* 52-64.

Kosijer-Kappenberg, S. (2008). Identität, (Selbst-)Wertgefühl und Migration. *Gestalttherapie, 22*(2), 71-81. *Psychiatry (Johannesbg), 16*(1), 52-53.

Kuhn, H., & Nusser, K. H. (1980). Art, "Liebe". In: *Historisches Wörterbuch der Philosophie,* Bd. 5, Schwabe, Basel, pp. 290-318.

Lanfranchi, A. (2008). Migration ist Wandel - fast immer. Widerstand in Beratung und Therapie als "normales Geschehen" bei Veränderungsprozessen in Einwandererfamilien. *Gestalttherapie, 22*(2), 82-92.

Langos-Luca, M. (1991). Zum Stören gehören zwei. Was kann Gestaltpädagigik zum Umgang mit Unterrichtsstörungen beitragen? *Pädagogik, 43*(12), 24-27.

Latner, J. (1973). *The gestalt therapy book.* New York: Julian Press.

Lawe, C. F., & Smith, E. W. (1986). Gestalt processes and family therapy. *Individual Psychology Journal of Adlerian*

Theory, Research, and Practice, 42(4), 537-544.

Layne, T. (1990). Therapie mit Inzestfamilien und Überlebenden. Eine psycho-historische Herausforderung. *Gestalttherapie, 4*(2), 67-72.

Ledermann, J. (1970). Anger and the rocking chair. In: J. Fagan & L. Shepherd (Eds.), *Gestalt Therapy Now.* New York: Harper Colophon Books.

Leifels, M. (2006). Versöhnung mit dem Leben-Biografisches Arbeiten mit alten Menschen. Eine Fortbildung für haupt- und ehrenamtliche MitarbeiterInnen in der Arbeit mit Senioren. *Humanistische Psychologie, 2*, 18-35.

Lesonsky, E. M., Kaplan, N. R., & Kaplan, M. L. (1986). Operationalizing Gestalt therapy'ss processes of experiential organization. *Psychotherapy, 23*(1), 41-49.

Leuner, H. K. (Hrsg.) (1986). *Katathymes Bilderleben. Ergebnisse in Theorie und Praxis.* Bern: Verlag Hans Huber.

Leuner, H. K., Kottje-Birnbacher, L., Sasse. U., & M. Wächter. (1986). *Gruppenimagination. Gruppentherapie mit dem katathymen Bilderleben.* Bern: Verlag Hans Huber.

Levitsky, A., & Perls, F. (1970). The Rules and games of Gestalt therapy. In: J. Fagan & I. Shepherd (Eds.), *Gestalt therapy now.* Palo Alto, California: Science and Behavior Books.

Little, L. F. (1986). Gestalt therapy with parents when a child is presented as the problem. *Family Relations Journal of Applied Family and Child Studies, 35*(4), 489-496.

Lobb, M. S. (2012). Toward a Developmental Perspective in Gestalt Therapy Theory and Practice: The Polyphonic Development of Domains. *Gestalt Review, 16*(3), 222-244.

Loboda, D. (1992). Aspekte der Pädagogischen Psychotherapie in der Führung und Weiterbildung der Mitarbeiter eines Versicherungskonzerns. *Zeitschrift für Humanistische Psychologie, 15*, 119-133.

Ludwig-Körner, C. (1991). Übertragung und Gegenübertragung in der psychoanalyse, Gestalttherapie und Integrativen Therapie. *Integrative Therapie, 17*(4), 466-488.

Lumma, K., & Sintke, M. (1999). Beratungspädagogik im Kontext der Gesundheitswissenschaften. *Humanistische Psychologie, 22 (Sonderausgabe I)*, 209-249.

Mackay, B. A. N. (2002). Effects of Gestalt therapy two-chair dialogues on divorce decision making. *Gestalt Review,*

6(3), 220-235.

Manton, M. (2014). The application of Gestalt field theories to working with Stepfamily situations. *Gestalt Journal of Australia & New Zealand, 2*, 17-37.

Maragkos, M., & Butollo, W. (2006). Mehrphasige Integrative Therapie der Posttraumatischen Belastungsstörung. *Psychotherapie im Dialog, 7*(4), 408-412.

Marcus, E. H. (1979). *Gestalttherapie.* Hamburg: Isko-Press.

Martin, K., & Süss, H. J. (1978). Gestalttherapie. In: L. J. Pongratz (Ed.), *Handbuch der Psychologie.* Bd. 8. Klinische Psychologie. Göttingen: Hogrefe.

Martinez, M. E. (2002). Effectiveness of operationalized Gestalt therapy role playing in the treatment of phobic behaviors. *Gestalt Review, 6*(2), 148-167.

Maslow, A. (1958). *Toward a Psychology of Being.* New York: Van Nostrand.

McConville, M. (2001). Shame, interiority, and the heart-space of skateboarding: A clinical tale. In: M. McConville & G. Wheeler (Eds.), *The heart of development. vol II: Adolescence: Gestalt approaches to working with children, adolescents and their worlds.* Hilsdale, NJ: Analytic Press, Inc.

McConville, M., & Wheeler, G. (2001). *The heart of development. vol II: Adolescence: Gestalt approaches to working with children, adolescents and their worlds.* Hilsdale, NJ: Analytic Press, Inc.

Merleau-Ponty, M. (1976). *Die Struktur des Verhaltens.* Berlin: W. de Gruyter.

Meyer, L. M. (1991). Using Gestalt therapy in the treatment of anorexia nervosa. *British review of Bulimia and anorexia nervosa, 5*(1), 7-16.

Mittermair, F., & Singer, S. (2008).Veränderung von Beschwerdedruck, Kohärenzsinn und Depressivität nach dem gestaltpädagogischen Seminar "Die Heldenreise". *Musik-, Tanz- und Kunsttherapie, 19*(2), 62-69.

Moore, B. E., & Fine, B. D. (Eds.). (1990). *Psychoanalytic terms and concepts.* American Psychoanalytic Association.

Mortola, P. (2001). Sharing disequilibrium. A link between Gestalt Therapy Theory and Child development. *Gestalt Review, 5*(1), 45- 56.

Mortola, P. (2012). Commentary III. Finding the Line: Resolving Dialectical Tensions in Developmental and Gestalt Therapy Theory. *Gestalt Review, 16*(3), 259-266.

Mulder, C. L., Antoni, M. H., Emmelkamp, P. M. G., Veuglelers, P. J., Sandfort, T. G. M., Van de Vijver, F. A. J. R., & de Vries, M. J. (1995). Psychosocial group intervention and the rate of delcine of immunological parameters in asymptomatic HIV-infected homosexual men. *Psychotherapy and Psychosomatics, 63*, 185-192.

Naranjo, C. (1971). Present Centeredness: Technique, Prescription and Ideal. In: J. Fagan & I. L. Shepherd (Eds.), *Gestalt Therapy Now*. New York: Harper Colophon Books.

Naranjo, C. (1978). Gestalt therapy as a transpersonal approach. *The Gestalt Journal, 1*(2), 75-81.

Naranjo, C. (1995). *Gestalt Therapy. The attitude and practice of an atheoretical experientialism*. Nevada City, California. Gateways/IDHHB Publishing.

Neuhold, H. (2008). Gestaltpädagogik im Religionsunterricht. Beispiele und Möglichkeiten. *Zeitschrift für Gestaltpädagogik, 19*(2), 50-59.

Nevis, E. C. (1998). The Search for Personal Knowledge: Phenomenological, Gestalt, and Cognitive Approaches to Awareness. *Gestalt Review, 2*(1).

Nietzsche, F. (1905). *Jenseits von Gut und Böse*. Leibzig: Naumann.

Nietzsche, F. (1955). *Also sprach Zarathustra*. Köln, Aggrippina Verlag.

Nietzsche, F. (1969). *Der Antichrist, Fluch auf das Christentum*. Frankfurt: Ullstein TB.

O'Leary, E., & Nieuwstraten, I. M. (1999). Unfinished business in gestalt reminiscence therapy: A discourse analytic study. *Counselling Psychology Quarterly, 12*(4), 395-411.

Oaklander, V. (1982). The relationship of gestalt therapy to children. *The Gestalt Journal, 5*(1), 64-75.

Oaklander, V. (2006). 아이들에게로 열린 창: 아동 및 청소년을 위한 게슈탈트 예술치료(김정규, 윤인, 이영이 공역). 서울: 학지사.

Pack, M. (2008). "back from the edge of the world": Reauthoring a story of practice with stree and trauma using Gestalt theories and narrative approaches. *Journal of Systemic Therapies, 27*(3), 30-44.

Papernow, P. (1987). Thickening the middle ground: Dilemmas and vulnerabilities of remarried couples. *Psychotherapy, 24*(3), 630-639.

Papernow, P. (1999). Therapie mit wiederverheirateten Paaren.

In: G. Wheeler & S. Backman (Hrsg.), *Gestalttherapie mit Paaren* (S. 129-162). Wuppertal: Hammer.

Parlett, M., & Hemming, I. (1996). Gestalt therapy. In: Dryden, W. (Hrsg.), *Handbook of individual therapy*. London: Sage Publication.

Parlett, M., & Lee, R. G. (2005). Contemporary Gestalt Therapy: Field theory. In: A. L. Woldt & S. M. Toman (Eds.), *Gestalt Therapy. History, Theory, and Practice*. London, Sage Publications Inc.

Passons, W. R. (1975). *Gestalt approach in counselling*. New York: Holt, Rinehart & Winston.

Perls, F. S. (1969a). *Ego, Hunger and Aggression*. New York: Vintage Books.

Perls, F. S. (1969b). *Gestalt Therapy Verbatim*. Moab, UT: Real People Press.

Perls, F. S. (1975). Group vs Individual Therapy. In: J. O. Stevens (Ed.), *Gestalt is*. Moab, UT: Real People Press.

Perls, F. S. (1976). *The Gestalt Approach & Eyewitness to Therapy*. New York: Bantam Books.

Perls, F. S. (1988). *Gestalt-Therapie In Aktion*. deutsche Übersetzung von Gestalt Therapy Verbatim. Kösel: Klett Kotta.

Perls, F. S. (1993). A life chronology. *The Gestalt Journal, 16*(2), 5-9.

Perls, F. S., Hefferline, R. E., & Goodman, P. (1951). *Gestalt Therapy: Excitement and Growth in the Human Personality*. New York: Delta.

Perls, L. (1989). *Leben an der Grenze. Essays und Anmerkungen zur Gestalt-Therapie*. Köln: Edition Humanistische Psychologie.

Perls, L. (2005). Laura Perls Ein Trialog im Gespraech mit Richard Kitzler und E. Mark Stern. Gestalt Kritik. *Die Zeitschrift fuer Gestalttherapie 14*. GIK. http://www.gestalt.de

Petzold, H. (1979). Zur Veränderung der sozialen Mikrostruktur im Alte r-eine Untersuchung von 40 'sozialen Atomen' alter Menschen. *Integrative Therapie, 1-2*, 51-78.

Petzold, H. (1988). *Psychotherapie & Körperdynamik. Verfahren psycho-physischer Bewegungs-und Körpertherapie*. Paderborn: Junfermann Verlag.

Petzold, H. (1991). *Schulen der Kinderpsychotherapie*. Paderborn: Junfermann Verlag.

Petzold, H. (Hrsg.) (1983). *Puppen und Puppenspiel in der*

Psychotherapie mit Kindern, Erwachsenen und alten Menschen. München: J. Pfeiffer Verlag.

Petzold, H. G., & Josic, Z. (2007). Integrative Traumatherapie. Ein leibtherapeutischer Ansatz nicht-exponierender Therapie. *Gestalttherapie, 21*(1), 61-97.

Pfluger, I. (2014). Gestalt Approaches to Working with Clients Presenting with Bulimia. *Gestalt Journal of Australia & New Zealand, 10*(2), 60-69.

Polster, E. (1987). *Every Person's Life is Worth a Novel.* New York: Norton.

Polster, E. (1990). Interview with Erving Polster. In: R. L. Harman (Ed.) *Gestalt Therapy Discussions with the masters.* Springfield: Charles C Thomas Pub.

Polster, E. (1994). *Gestalt therapy.* unpublished lecture in San Diego Gestalt Therapy Institute.

Polster, E. (2006). *Uncommon Ground. Harmonizing Psychotherapy & Community.* Phoenix: Zeig, Tucker, & Theisen, Inc.

Polster, E., & Polster, M. (1974). *Gestalt Therapy Integrated.* New York: Vintage Books.

Polster, E., & Polster, M. (1987). *Gestalttherapie Theorie und Praxis der integrativen Gestalttherapie.* Deutsche Übersetzung von Gestalt Therapy Integrated. Frankfurt: Fisher TB.

Polster, E., & Polster, M. (1993). *The Gestalt Journal, 16*(2), 23-26.

Polster, E., & Polster, M. (1995). *Gestalt therapy training group in San Diego.*

Quirmbach, I. M. (1990). Schizophrene Erlebnis und Verhaltensweisen. *Gestalttherapie, 4*(1), 11-21.

Rahm, D. (1990). Gestaltberatung. *Grundlagen und Praxis integrativer Beratungsarbeit.* Paderborn: Junfermann Verlag.

Rahm, D., Otte, H., Bosse, S., & H. Ruhe-Hollenbach. (1993). *Einführung in die Integrative Therapie.* Paderborn: Junfermann Verlag.

Raulinat, A. (1991). Michael ist so ein Problem. *Pädagogik, 43,* 24-28.

Reich, W. (1949). *Charakter analysis.* New York: Orgon Institute Press.

Reich, W. (1972). *Die Entdeckung des Orgons. Die Funktion des Orgasmus: Frankfurt/Main.* Fisher Verlag TB 6140.

Reichmann, C. (1992). Gestalttherapie mit einem Pädophilen im Gefängnis. In: R. Krisch & M. Ulbing (Hrsg.), *Beiträge zur angewandten Gestalttherapie.* Köln: Edition Humanistische Psychologie.

Resnick, R. (1990). Interview with Robert Resnick. In: R. L. Harman. (Ed.) *Gestalt Therapy Discussions with the masters.* Springfield: Charles C Thomas Pub.

Resnick, R. (1997). The recursive loop of shame. An alternative Gestalt therapy viewpoint. *Gestalt Review, 1*(3), 256-269.

Resnick, S. (2004). Somatic experiential sex therapy. A body centered Gestalt approach to sexual concern. *Gestalt Review, 8*(1), 40-64.

Riedel, H. (2000). Fraktionierte stationäre Psychotherapie. Selbst- und fremdevaluierte Ergebnisse eines Integrativ orientierten Behandlungsansatzes bei chronischen Erkrangungen des Bewegungssystems, In: U. Peschel & R. Sandweg. (Hrsg.), *Therapiekonzepte und Therapieerfarungen bei chronischen Schmerzen des Bewegungssystems. Kongressband zur 7. Fachtagung der Stiftung 'Psychosomatik der Wirbelsäule'.*

Ritter, K. M. (2008). Die zweifache Fremdheit. *Gestalttherapie, 22*(2), 33-38.

Rohrle, B., Schmolder, H., & Schmolder, H. (1989). Merkmale sozialer Netzwerke als Kriterien zur Nachuntersuchung von Patienten einer therapeutischen Gemeinschaft. *Zeitschrift für Klinische Psychologie, Psychopathologie und Psychotherapie, 37*(3), 291-302.

Rosenblatt, D. (1975). *Opening doors: What happens in Gestalt therapy.* New York: Harper and Row.

Rosenblatt, D. (1991). An Interview with Laura Perls. In: *The Gestalt Journal, 14*(1), 7-26.

Rosenfeld, E. (1978). An Oral History of Gestalt therapy 1: A Conversation with Laura Perls. *The Gestalt Journal, 1*(1), 8-31.

Rosner, R., & Henkel, C. (2010). Die Gestalttherapie in der Psychotraumatologie. Charakteristika und Wirksamkeit gestalttherapeutischer Interventionen bei Posttraumatischen Belastungsstörungen. *Trauma & Gewalt, 2010, 4*(4), 294.

Roth, S. (2010). Neurowissenschaftliche Gestalten. Hirnforschung und Gestalttherapie. *Gestalttherapie, 2010, 24*(1), 90-101.

Roubal, J. (2012). The Three Perspectives Diagnostic Model (How Can Diagnostics Be Used In The Gestalt Approach

And In Psychiatry Without An Unproductive Competition). *Gestalt Journal of Australia & New Zealand, 8*(2), 51-53.

Ruschmeier, S. (2010). Traumatherapie und Menschenrechte. Vom Nutzen der Gestalttherapie in der Arbeit mit Frauen und Mädchen, die Opfer einer Vergewaltigung wurden. *Gestalttherapie, 2010, 24*(2), 86-104.

Scala, E. (1990). Eine gestaltpädagogische Schule. *Pädagogik, 42*(5).

Schad, C. (2003). Bei Hitzefrei doch 'Gruppe machen'. Gestaltarbeit mit Kindern an einer Grundschule. *Gestaltzeitung, 16*, 31-36.

Schleeger, B. (1992). *Und Wo ist das Problem? Zen-Buddhismus und Gestalt-therapie.* Sankt Augustin: Akademia Verlag.

Schmoll, D. (2013). Arbeit mit Tätern und andere gewaltpräventive Interventionen im psychosozialen Feld. *Gestalttherapie, 27*(1), 123-134.

Schnee, M. (2014). Scham und Beschämung in der Schule. *Gestalttherapie, 28*(1), 58-80.

Schoenberg, P., & Feder, B. (2005). *Gestalt Therapy in Groups.* In: A. L. Woldt & S. M. Toman (Eds.), *Gestalt Therapy. History, Theory, and Practice.* London: Sage Publications Inc.

Schön, S. (1991). Psychotherapy as sacred ground. *Journal of Humanistic Psychology, 31*(1), 51-55.

Schulthess, P. (2006). Die Fähigkeit zur sozialen und politischen Verantwortung als gestalttherapeutisches Ziel. *Gestalttherapie, 20*(1), 34-45.

Schuster, M. (2009). Hospizliche Sterbe-und Trauerbegleitung von Kindern und deren Familien vor dem Hintergrund der Gestalttherapie. *Gestalttherapie, 23*(1), 59-92.

Serok, S. (1985). Implications of The Gestalt therapy with post traumatic patients. *The Gestalt Journal, 8*(1), 78-89.

Serok, S. (1986). The Application of Gestalt therapy to group with the aged. *Clinical Gerontologist, 5*(3-4), 231-243.

Serok, S., & Levi, N. (1993). Applications of Gestalt therapy with long-term prison inmates in Israel. *The Gestalt Journal, 16*(1), 105-127.

Serok, S., & Zemet, R. M. (1983). An experiment of Gestalt group therapy with hospitalized schizophrenics. *Psychotherapy: Theory, Research and Practice, 20*(40), 417-424.

Shepherd, J. L. (1971). Limitations and cautions in the gestalt approach. In: J. Fagan, & I. L. Shepherd (Eds.), *Gestalt Therapy Now.* New York: Harper Colophon Books.

Siampani, K. (2013). Incorporating Sandplay Therapy into Gestalt Therapy in the Treatment of Dementia. *Gestalt Review. 2013, 17*(1), 35-58.

Siemens, H. (1993). A The Gestalt Approach in the care of persons with HIV. *The Gestalt Journal, 16*(1), 23-37.

Simkin, J. S. (1976). *Gestalt Therapy: Mini-Lectures.* Millbrae, CA: Celestial Arts.

Simkin, J. S., & Yontef, G. M. (1984). Gestalt therapy. In: R. J. Corsini (Ed.), *Current Psychotherapies.* Itasca. IL: F.E. Peacock.

Sluckin, A., Weller, A., & Highton, J. (1989). Recovering from trauma: Gestalt therapy with an abused child. *Maladjustment and Therapeutic Education, 7*(3), 147-157.

Smith, E. (1990). In: R, L. Harman. (Ed.) *Gestalt Therapy Discussions with the Masters.* Springfield: Charles C Thomas Pub.

Sperry, L. (1986). Contemporary approaches to family therapy. *Individual Psychology Journal of Adlerian Theory, Research, and Practice, 42*(4), 591-601.

Stauffer, U. (2006). Beratung und Therapie mit schwulen und lesbischen KlientInnen - Eine Grenzerfahrung auch für TherapeutInnen? *Gestalttherapie, 20*(1), 46-58.

Stern, D. (2002). Non-Interpretative Mechanisms in Psychoanalytic Therapy. Somet Something more than Interpretation. *International Gestalt Journal, 25*(1), 37-71.

Stern, D. (2003). On the other side of the moon: The import of implicit knowledge for Gestalt therapy. In: Spagnuolo Lobb & Amendt-Lyon (Eds.), *Creative Licence. the art of gestalt therapy* (pp. 21-35). Springer, Wien. New York.

Stern, D. (2006). Moments of Meeting: An Exploration of the Implicit Dimensions of Empathic Immersion in Adult and Child Treatment. *International Journal of Psychoanalytic Self Psychology, 1*(1), 103-119.

Stevens, J. O. (Ed.). (1975). *Gestalt Is.* Moab, UT: Real People Press.

Stolorow, R. D. (2002). Impasse, affectivity, and intersubjective systems. *Psychoanalytic Review, 89*(3), 329-337.

Stolorow, R. D. (2011). The pheonomenology, contextuality, and existentiality of emotional trauma: ethical implications. *Journal of Humanistic Psychology, 51*(2), 142-151.

Stolorow, R. D., Orange, D. M., & Atwood, G. E. (2001). Psychoanalysis—A contextual Psychology: Essay in memory of Merton M. Gill. *psychoanalytic Review, 88*(1), 15-28.

Strümpfel, U. (1991). *Forschungsergebnisse zur Gestalttherapie 1991.* Deutsche Vereinigung für Gestalttherapie.

Strümpfel, U. (2006). Therapie der Gefühle. Forschungsbefunde zur Gestalttherapie. Frensdorf: Edition Humanistische Psychologie.

Stubbs, E. A. (2011). Body Process in Obesity Within The Medical (Surgical) Field. *Gestalt Journal of Australia & New Zealand, 8*(1), 57-66.

Thomä, H., & Kächele, H. (1989). *Lehrbuch der Psychoanalytischen Therapie.* Berlin: Springer Verlag.

Thomas, A. (2010). Imaginatives 360-Grad-Feedback. Eine Methode im Einzel-Coaching. *OSC Organisationsberatung - Supervision - Coaching, 17*(3), 245-254.

Thomson, R. (1968). *The Pelican History of Psychology.* Middlesex, England: Penguin Books.

Tillich, p. (1953). *Der Mut zum Sein.* Stuttgart: Steingrüben.

Tønnesvang, J., Sommer, U., Hammink, J., & Sonne, M. (2010). Gestalt therapy and cognitive therapy-contrasts or complementarities? *Psychotherapy (Chic), 47*(4), 586-602.

Tugendhat, E. (2012). Spiritualität, Religion und Mystik. *Gestalttherapie, 2012, 26*(2), 2-12.

Tyson, G. M., & Range, L. M. (1981). Depression. A Comparison and other views. *The Gestalt Journal, 4*(1), 57-64.

Tyson, G. M., & Range, L. M. (1987). Gestalt dialogues as a treatment for mild depression: Time work just as well. *Journal of Clinical Psychology, 43*(2), 227-231.

Van Baalen, D. (2010). Gestalt Therapy and Bipolar Disorder. *Gestalt Review, 14*(1), 71-88.

Van Dusen, W. (1975). Wu Wei, No mind, and the Fertile Void. In: J. O. Stevens (Ed.), *Gestalt Is.* Moab, UT: Real Peoplr Press.

Van Leest, C., & Braun, R. (2008). Konsultation in der täglichen Begleitung von Menschen mit einer geistigen Behinderung und starken Verhaltensauffälligkeiten. Mechanismen der Umsetzung von Empfehlungen in die Praxis. *Geistige Behinderung, 2008, 47*(4), 342-357.

Van Vugt, G., & Besems, T. (1989). Psychotherapie mit inzestbetroffenen Mädchen und Frauen. *Acta Pädopsychiatrica, 53*(4), 318-338.

Wardetzki, B. (2013). Narzissmus - zwischen Normalität und Persönlichkeitsstörung. *Gestalttherapie, 27*(2), 96-107.

Watson, J.C., Gordon, L.B., Stermac, L., Kalogerakos, e., & Stckley, P. (2003). Comparing the effectiveness of process-experiential with cognitive-behavioral psychotherapy in the treatment of depression. *Journal of Consulting and Clinical Psychology, 71,* 773-781.

Weber, H. (1990). *Literatur für die Aus-und Weiterbildung in Organisationen wichtige Fachbücher für management, training und Weiterbildung. Mit Kurzbesprechungen.* Windmühle Verlag.

Weber, R. (2014). Alte kriegstraumatische Bilder - neue alltagshoffnungsvolle Bilder. *Gestalttherapie, 2014, 28*(1), 2-23.

Weichselbraun, A. (2009). Demenz-ein (un)zeitiger Abschied, eine offene Gestalt? Betrachtungen zu Feldbedingungen und zur Phänomenologie von Demenz an Hand eines Familienschicksals. *Gestalttherapie, 2009, 23*(1), 15-28.

Weischedel, W. (1990). *34 große Philosophen in Alltag und Denken.* Munchen: F. A. Herbig Verlagsbuchhandlung.

Wetschka, C. (2013). Leben in Gemeinschaft: Missing Link zwischen Suchttherapie und Wohnungslosenhilfe? *Gestalt Theory, 2013, 35*(3), 265-300.

Wheeler, G. (2011). *Unpublished Lecture* held at Seoul National University on Oct. 20. 2011. on the occasion of 2-day workshop for Korean Counsellors.

Wheeler, G., & Backman, S. (Eds.). (1994). *On Intimate Ground. A Gestalt approach to working with couples.* San Francisco: Jossey-Bass Publishers.

Wicke, H. (1995). Gestalttherapie und Gynäkologie. *Integrative Therapie, 21,* 368-375.

Williams, L. (2010). Making Contact with the Self-Injurious Adolescent: Borderline Personality Disorder, Gestalt Therapy, and Dialectical Behavioral Therapy Interventions. *Gestalt Review, 14*(3), 250-274.

Wilson, R. A., & Foglia, L. (2011). "Embodied Cognition." *The Stanford Encyclopedia of Philosophy,* Retrieved from http://plato.stanford.edu/archives/fall2011/entries/embodied-cognition/

Winnicott, D. W. (1974). *Reifungsprozesse und fördernde Umwelt.* München: Psychosozial-Verlag.

Winnicott, D. W. (1989). *Psychoanalytic Explorations.* London: The Winnicott Trust.

Woldt, A. L., & Toman, S. M. (Eds.). (2005). *Gestalt Therapy. History, Theory, and Practice.* London, Sage Publications Inc.

Wolf, H. U. (1999). Behandlungsergebnisse ganzheitlicher stationaer Psychosomatik in Bad Zwesten. In: *Bad Zwestener Hefte zur klinischen Gestalttherapie/Integrativer Therapie (Bd. 2).* Bad Zwesten: Hardtwaldklinik, Werner Wicker KG.

Wolf, H. U. (2000a). Der therapeutischer Ansatz im Gestalt-Klinikum Bad Zwesten. *Gestaltzeitung, 13,* 9-17.

Wolf, H. U. (2000b). Evaluation of an in-station-psychotherapy in the Gestaltclinic Bad Zwesten, Germany. *Vortrag aouf der International Conference on Client-Centered and Experiential Psychotherapy, ICCEP in Chicago, USA, Juni 2000.*

Yalom, I. D., & Leszcz, M. (2005). *The Theory and Practice of Group Psychotherapy* (5th ed). New York: Basic Books.

Yontef, G. (1979). Gestalt therapy. Clinical phenomenology. *The Gestalt Journal, 2*(1), 27-45.

Yontef, G. (1984). Gestalt therapy. In: R. J. Corsini (Ed.) *Current Psychotherapies.* Peacock Pub. Inc.

Yontef, G. (1988). Assimilating diagnostic and psychoanalytic perspectives into Gestalt therapy. *The Gestalt Journal, 11*(1), 5-32.

Yontef, G. (1990). In: R. L. Harman. (Ed.) *Gestalt Therapy Discussions with the masters.* Springfield: Charles C Thomas Pub.

Yontef, G. (1993). *Awareness Dialogue & Process: Essays on Gestalt therapy.* New York: The Gestalt Journal Press, Inc.

Yontef, G. M. (2008). 알아차림, 대화, 그리고 과정(김정규, 김영주, 심정아 공역). 서울: 학지사.

Zinker, J. (1977). *Creative Process in Gestalt Therapy.* New York: Vintage Books.

Zinker, J. (1980). The Developmental process of a Gestalt therapy group. In: B. Feder & R. Ronall (Eds.), *Beyond the hot seat:* Gestalt approaches to group. New York: Brunner/Mazel.

Zinker, J. (1990). Interview with Joseph Zinker. In: R. L. Harman. (Ed.) *Gestalt Therapy Discussions with the masters.* Springfield: Charles C Thomas Pub.

Zinker, J. (1994). *In search of good form. Gestalt therapy with couples and families.* San Francisco: Jossey-Bass Inc.

찾·아·보·기

인 명

내 용

저자 소개

◉ 김정규(Kim, Jungkyu)

1951년 부산 출생
고려대학교 철학과 학사
독일 본 대학교 임상심리학 석사 및 박사
독일 프리츠 펄스 연구소 게슈탈트치료 수련
미국 샌디에이고 게슈탈트치료 연구소 수련
미국 GTIP 및 GATLA 치료센터 수련
전 성신여자대학교 부설 심리건강연구소장
  성신여자대학교 사회과학대학장
  한국게슈탈트치료학회장
  한국임상심리학회장
  International Gestalt Journal 편집위원
현 성신여자대학교 심리학과 교수
  Gestalt ejournal(Gestalt!) 편집위원

〈자격〉
한국심리학회 임상심리전문가
국가 정신보건임상심리사 1급
한국심리학회 상담심리전문가
게슈탈트 심리치료 수련감독자
대인관계역동 부부치료 전문가

〈저서〉
게슈탈트 심리치료
성격요인검사(16PF) 실시요강
게슈탈트 관계성 향상 프로그램(GRIP)

〈역서〉
아이들에게로 열린 창(공역)
게슈탈트상담의 이론과 실제(공역)
알아차림, 대화 그리고 과정(공역)

게슈탈트치료 관련 기관 소개
한국게슈탈트포럼-www.gestalt.co.kr
한국게슈탈트상담심리학회-www.kgcpa.or.kr
게슈탈트미디어-www.gestaltmedia.co.kr

2판
게슈탈트 심리치료
-창조적 삶과 성장-

1995년 9월 20일 1판 1쇄 발행
2014년 3월 10일 1판 22쇄 발행
2015년 3월 17일 2판 1쇄 발행
2024년 1월 25일 2판 11쇄 발행

지은이 • 김 정 규
펴낸이 • 김 진 환
펴낸곳 • ㈜ **학지사**
    04031 서울특별시 마포구 양화로 15길 20 마인드월드빌딩 5층
대표전화 • 02) 330-5114   팩스 • 02) 324-2345
등록번호 • 제313-2006-000265호

홈페이지 • http://www.hakjisa.co.kr
인스타그램 • https://www.instagram.com/hakjisabook

ISBN 978-89-997-0629-5 93180

정가 **22,000원**

■ 출판미디어기업 **학지사**

간호보건의학출판 **학지사메디컬** www.hakjisamd.co.kr
심리검사연구소 **인싸이트** www.inpsyt.co.kr
학술논문서비스 **뉴논문** www.newnonmun.com
원격교육연수원 **카운피아** www.counpia.com